Engelsk ■ Svenskt

Engelsk ■ Svenskt

Fritiof Freudenthal

Uno Cronwall

Rudolf Löfgren m. fl.

Natur och Kulturs HANDlexikon

Printed in Sweden.
AB Kopia, Stockholm 1983

ISBN 91-27-71294-X

FONETISKA TECKEN

(accenttecknet) efter en vokal anger, att stavelsen i fråga har tonvikten. **I ord, där accenttecknet ej är utsatt, ligger tonvikten alltid på första stavelsen.**

: efter vokal betecknar långt vokalljud.

VOKALER:

a:	såsom i	**car, father**
ai	» »	**I, my**
au	» »	**house, now**
æ	» »	**hat, man**
e	» »	**bed, head**
ei	» »	**day, make**
εə	» »	**hair, there**
ə:	» »	**her, third**
ə	» »	**about, better** [əbau′t], [betə]
i:	» »	**be, feel, seat**
i	» »	**it, thin**
iə	» »	**here, near**
ou	» »	**no, rose**
ɔ:	» »	**four, all, caught**
ɔ	» »	**on, not**
ɔi	» »	**boy, oil**
u:	» »	**you, who, moon**
u	» »	**put, foot**
ʌ	» »	**us, one**

KONSONANTER:

ð	(tonande läspljud)	såsom i	**they, mother**
þ	(tonlöst läspljud)	» »	**thing, tooth**
ŋ	(*äng*-ljud)	» »	**long**
ŋg	(*äng*-ljud + g)	» »	**finger, longer**
z	(tonande *s*-ljud)	» »	**is, boys**
ʃ	(tonlöst *sje*-ljud)	» »	**shop, English**
tʃ	(t + *sje*-ljud)	» »	**much, church**
ʒ	(tonande *sje*-ljud)	» »	**pleasure** [*pleʒə*]
dʒ	(d + tonande *sje*-ljud)	» »	**joke, George**
w		» »	**walk, why**
x	(tyskt *ach*-ljud)	» »	**loch**

Uttalsbeteckningen är given inom klammer [ ]. Parentes ( ) omkring ett tecken anger, att ljudet i fråga kan uttalas eller utelämnas: [*s(j)u:t*] betyder alltså, att ordet kan uttalas *sju:t* eller *su:t*, *neiʃ(ə)n*, att det kan uttalas med eller utan ə-ljud. Nasala vokaler (som i franskan) betecknas med ~ över vokalen: *ã*, *ε̃*, *ɔ̃*, *æ̃*.

FÖRKORTNINGAR

adj.	adjektiv	*fr.*	fransk(a)
agr.	agraruttryck, åkerbruksterm	*fys.*	fysik(aliks term)
akust.	akustik	*fysiol.*	fysiologi
allm.	allmän	*fäkt.*	fäktning
amr.	amerikansk el. ursprungl. amerikansk	föraktl.	föraktligt
		förk. f.	förkortning för
anat.	anatomi(sk term)	*geol.*	geologi
ant.	antiken (forntiden)	gnm	genom
a p.	a person	*gr., grek.*	grekisk(a)
ark.	arkitektur	*gram.*	grammatik
astr.	astronomi	*gruv.*	gruvterm
astrol.	astrologi	*hand.*	handelsterm
attr.	attribut(ivt)	*herald.*	heraldik
auto.	automobil- och motorcykelterm	*hist.*	historia
barnspr.	barnspråk	*hyg.*	hygien
bet.	betydelse(r)	*i allm.*	i allmänhet
betr.	beträffande	ibl.	ibland
bibl.	bibliskt uttryck	*imperf.*	imperfekt
bildl.	bildlig(t)	*Ind.*	Indien
bilj.	biljardterm	*interj.*	interjektion
biol.	biologi	*Irl.*	Irland
bokb.	bokbinderiterm	*iron.*	ironiskt
boktr.	boktryckeriterm	is.	i synnerhet
bot.	botanik	*ital.*	italiensk(a)
boxn.	boxning	*jakt.*	jaktterm
byggn.	byggnadsterm	jfr	jämför
börs.	börsterm	*jordbr.*	jordbruk
dial.	dialekt	*jur.*	juridik
d. s.	densamma	*järnv.*	järnvägsterm
eg.	egentligen	*kat.*	katolsk
ekon.	ekonomi(sk term)	*kem.*	kemi
el.	eller	*kir.*	kirurgi
elektr.	elektricitet	*kok.*	kokkonst
eng.	engelsk(a)	*koll.*	kollektiv(t)
etc.	etcetera, och så vidare	*komp.*	komparativ
ev.	eventuellt	*konst.*	konstterm
ex.	exempel	*kort.*	kortspel
fam.	familjärt	*kyrk.*	kyrklig term
fig.	figurlig betydelse	*lat.*	latin
film.	filmterm	*litt.*	litterär stil
filos.	filosofi	*log.*	logik
fisk.	fiskeriterm	*mat.*	matematik
flyg.	flygterm	*med.*	medicinisk term, läkarterm
folkspr.	folkspråk	*mek.*	mekanik
fonet.	fonetisk term	*meteor.*	meteorologi
fotb.	fotboll	*metr.*	metrisk term
foto.	fotografisk term	*mil.*	militärterm

min.	mineralogi
moham.	mohammedansk
mot.	motorsport
mus.	musik
myt.	mytologi
mål.	målarkonst
naturv.	naturvetenskap
nek.	nekande
ngn, ngt	någon, något
npr	nomen proprium, egennamn
o.	och
o. d.	och dylikt
opers.	opersonlig(t)
opt.	optik
oregelb. vb	oregelbundet verb
ordspr.	ordspråk
o. s.	oneself
parl.	parlamentariskt språk
perf. part.	perfektum particip
pidgineng.	pidginengelska
pl	pluralis
poet.	poetiskt
pol.	politik
post.	postterm
pp.	perfektum particip
pron.	pronomen
psyk.	psykologi
radio.	radioterm
regelb. vb	regelbundet verb
rel.	relativ
relig.	religion
resp.	respektive
ret.	retorik
rom.	romersk
räkn.	räkneord
sg	singularis
sjö.	sjöterm
skeppsb.	skeppsbyggnadsterm
skog.	skogsskötsel
skol.	skolspråk
Skottl.	Skottland
skämts.	skämtsamt
sl	slanguttryck
sms.	sammansättning
sp.	spansk(a)
spel.	spelterm
sport.	sportterm
språkv.	språkvetenskap
ss.	såsom
subst.	substantiv
superl.	superlativ
sv.	svensk(a)
sydafr.	sydafrikansk
sydamer.	sydamerikansk
särsk.	särskild
teat.	teater
tekn.	teknisk term
tel.	telefon
teol.	teologisk term
tidn.	tidningsspråk
trädg.	trädgårdsterm
ty.	tysk(a)
typ.	typografisk term
ung.	ungefär
univ.	universitetsspråk
urspr.	ursprungligen
uttr.	uttryck
vanl.	vanligen
vb	verb
vetensk.	vetenskaplig term
veter.	veterinärterm
vulg.	vulgärt uttryck
zool.	zoologi
åld.	ålderdomligt (föråldrat)
äv.	även

A

A, a [*ei*] (*pl As, A's* [*eiz*]) bokstaven a, noten a; **A (number) 1** [*ei (nʌmbə) wʌn*] prima, förstklassig (eg. om fartyg)
a [*ə*, (tryckstarkt) *ei*] el. **an** [*ən, æn*] obest. artikel: en, ett; **£ 40 a year** 40 pund om året
a- 1) [*ə*] på, i (brukas nu blott i sammansättningar, t. ex.: **go a-hunting** gå på jakt; **be a-building** vara under byggnad)
a- 2) (i lånord, is. från grekiskan) a-, o-, -lös; **amoral** amoralisk; **amorphous** formlös, amorf
A.-A. (*anti-aircraft*) luftvärns-
Aaron [*ɛərən*] Aron; **~'s rod** *bot.* kungsljus
AB (= *able-bodied seaman*) helbefaren sjöman
aback [*əbæ'k*] bakåt, tillbaka; **taken ~** överraskad
abacus [*æbəkəs*] räkneram, kulram
abaft [*əba:'ft*] *sjö.* akterut, akterom
abandon [*əbæ'ndən*] lämna, övergiva, svika; **~ed** otyglad, moraliskt fördärvad, nödställd; **~ee** [*əbæ'ndəni:'*] person som åtager sig bärgning av ett fartyg; **~ment** övergivande, övergivenhet, frigjordhet
abase [*əbei's*] förödmjuka, förnedra; **~ment** förödmjukelse, förnedring
abash [*əbæ'ʃ*] göra förlägen; **~ment** blygsel
abate [*əbei't*] minska, rabattera, avtaga, upphäva; **~ment** minskning, rabatt
abatis [*æbətis*] bråte, förhuggning
abattoir [*æbətwa:*] slakthus
abbacy se *abbotcy*; **abbess** [*æbis*] abbedissa, *sl* kopplerska; **abbey** [*æbi*] abbotkloster; **the Abbey** Westminster Abbey; **abbot** [*æbət*] abbot; **abbotcy** [*æbətsi*] abbotskap
abbreviate [*əbri:'vjeit*] förkorta; **abbreviation** [*əbri:viei'ʃ(ə)n*] förkortning
A B C [*eibi:si:'*] alfabet, abc, alfabetiskt register
abdicate [*æbdikeit*] avsäga sig [tronen], abdikera; **abdication** [*æbdikei'ʃən*] [tron]avsägelse
abdomen [*æbdou'mən*] abdomen, buk, bakkropp; **abdominal** [*æbdɔ'minəl*] underlivs-
abduct [*æbdʌ'kt*] bortföra (person med list el. våld); **abduction** [*æbdʌ'kʃən*] bortförande; **abductor** muskel som rör lemmar isär
abeam [*əbi:'m*] tvärs (om fartyg)
abecedarian [*eibisidɛ'əriən*] nybörjare; alfabetiskt ordnad
abed [*əbe'd*] till sängs
abele [*əbi:'l*] vitpoppel
Aberdeen [*æbədi:'n*] (skotsk stad); **~ cutlet** (skämtsamt) stycke kolja (fisk); **~ terrier** strävhårig skotsk terrier; **Aberdonian** [*æbədou'njən*] person från Aberdeen
aberdevine [*æbədəvai'n*] *zool.* grönsiska
aberrant [*æbe'rənt*] avvikande, vilseförd, ovanlig; **aberrancy** [*æbe'rəns(i)*], **aberration** [*æbərei'ʃən*] villfarelse, avvikelse, förvillelse; **mental ~** sinnesrubbning
abet [*əbe't*] uppvigla, underblåsa; **~ment** uppvigling; **abettor** [-*ə*] uppviglare
abeyance [*əbei'əns*] temporär vila (om t. ex. lag); **fall into ~** tills vidare upphävas (träda ur kraft)
abhor [*əbhɔ:'*] avsky; **abhorrence** [*əbhɔ'rəns*] avsky; **abhorrent** [*əbhɔ'rənt*] avskyvärd, motbjudande; oförenlig (**to** med)
abide [*əbai'd*] förbli, bida, vänta, uthärda, tolerera; **~ by** hålla fast vid; **abidance** [*əbai'dəns*] fasthållande; **abiding** fortvarande, permanent
abigail [*æbigeil*] kammarjungfru
ability [*əbi'liti*] förmåga, duglighet, begåvning; **to the best of my ~** efter bästa förmåga
abiogenesis [*eibaio(u)dʒe'nisis*] självalstring, livets uppkomst ur livlöst stoff
abject [*æbdʒekt*] usel, krypande, modfälld; **abjection** [*æbdʒe'kʃən*] förnedring, uselhet
abjure [*əbdʒu:'ə*] avsvärja; **abjuration** [*æbdʒurei'ʃ(ə)n*] avsvärjelse
ablaze [*əblei'z*] i brand
able [*eibl*] i stånd [till], duktig, begåvad; **to be ~ to** att kunna; **~-bodied** rask, helbefaren, duglig till sjötjänst
abloom [*əblu:'m*] blomstrande
ablution [*əblu:'ʃən*] tvagning; **perform o's ~s** två (tvätta) sig
abnegate [*æbnigeit*] förneka, avstå; **abnegation** [*æbnigei'ʃən*] förnekelse, avsägelse; **abnegator** [*æbnigeitə*] förnekare
abnormal [*æbnɔ:'m(ə)l*] abnorm, oregelbunden; **abnormality** [*æbnɔ:mæ'liti*] oregelbundenhet, avvikelse från typ; **abnormity** [*æbnɔ:'miti*] abnormitet, missfoster
aboard [*əbɔ:'d*] ombord, längs efter, nära; **fall ~** stöta ihop med
abode [*əbou'd*] boning, boplats; **take up one's ~** bosätta sig
abolish [*əbɔ'liʃ*] upphäva, avskaffa; **~ment** avskaffande
abolition [*æbəli'ʃən*] avskaffande, utplånande; **abolitionist** [*æbəli'ʃənist*] anhängare av negerslaveriets upphävande
abominable [*əbɔ'minəbl*] avskyvärd; **abominate** [*əbɔ'mineit*] avsky; **abomination** [*əbɔminei'ʃən*] avsky, styggelse
aboriginal [*æbəri'dʒinəl*] urinvånare; ursprunglig, ur-; **aborigines** [*æbəri'dʒini:z*] *pl* urinvånare
abort [*əbɔ:'t*] få missfall, skrumpna; **abortion** [*əbɔ:'ʃən*] missfall, felslående, förkrympning; fosterfördrivning; **abortive** [*əbɔ:'tiv*] ofullgången, felslagen, rudimentär
abound [*əbau'nd*] överflöda; **~ in** vara rik på; **~ with** vimla av
about [*əbau't*] omkring (i el. på), ungefär, angående, om; **out and ~** ute och i farten (t. ex. efter sjukdom); **be ~ to** stå i begrepp att, skola [till att]; **beat ~ the bush** göra omsvep; **rumours are ~** det går rykten; **put ~** förvirrad, nervös; **come ~** ske; **bring ~** åvägabringa; **~ turn!** helt om!
above [*əbʌ'v*] ovanstående; högre upp [än], ovanför, ovan; **~ all** framför allt; **~ suspicion** höjd över all misstanke; **the ~ authors** de ovannämnda författarna; **the ~ proves** det ovannämnda bevisar; **over and ~** till på köpet; **~-board** [*əbʌ'v-bɔ:d*] öppet och ärligt
abracadabra [*æbrəkədæ'brə*] abrakadabra, trollformel
abrade [*əbrei'd*] avskava
Abraham [*eibrəhæm, a:b-*], **Abram** [*eibrəm, a:b-*]; **~ man (cove)** tiggare som ställer sig vansinnig
abrasion [*əbrei'ʒən*] avskavning, skavsår; **abrasive** [*əbrei'ziv*] slipmedel
abreast [*əbre'st*] i bredd, i höjd med; **~ of** el. **with** tvärs för (*sjö.*); **~ of the times** med sin tid
abridge [*əbri'dʒ*] sammandraga, förkorta, inskränka; **~ment** förkortning, inskränkning
abroach [*əbrou'tʃ*] uppslagen (om våtvarukärl)
abroad [*əbrɔ:'d*] utomlands; ute, vitt och brett, i omlopp, i otakt; **from ~** från utlandet; **a rumour is ~** ett rykte är i omlopp; **the schoolmaster is ~** nu är skolan på tapeten; **all ~** bortkollrad, 'borta'
abrogate [*æbrəgeit*] upphäva, avskaffa; **abrogation** [*æbrəgei'ʃən*] avskaffande
abrupt [*əbrʌ'pt*] plötslig, brysk, ryckig, avbruten, osammanhängande, brant; **abruption** [*əbrʌ'pʃən*] brott, lösryckande
abscess [*æbsis*] bulnad, böld

abscond [*əbskɔ'nd*] avvika, hålla sig undan; **abscondence** [*-əns*] avvikande, rymning
absence [*æbsəns*] frånvaro, brist; ~ **of mind** tankspriddhet
absent [*æbsənt*] frånvarande, förströdd; ~**-minded** tankspridd; **absent** [*əbse'nt*] **oneself** avlägsna sig; **absentee** [*æbsənti:'*] frånvarande person, arbetsskolkare, *sl* förbrytare (i fängelse) **absenteeism** [*æbsenti:'izm*] skolk från arbetet
absinth [*æbsinþ*] absint
absolute [*æbsəl(j)u:t*] fullständig, absolut, obetingad, oinskränkt; **absolutely** absolut, ovillkorligen; **absolution** [*æbsəl(j)u:'ʃən*] frikännande; syndaförlåtelse; **absolutism** [*æbsəl(j)u:tizm*] envälde; **absolutist** [*æbsəl(j)u:tist*] anhängare av envälde
absolve [*əbsɔ'lv, əbzɔ'lv*] frikänna, lösa
absorb [*əbsɔ:'b*] absorbera, uppsuga, uppsluka (intresse); **absorbability** [*əbsɔ:bəbi'liti*] uppsugbarhet; **absorbed** fördjupad (**in** i); **absorbedly** [*əbsɔ:'bidli*] med djup uppmärksamhet; **absorbefacient** [*əbsɔ:bifei'ʃənt*] [något] som framkallar uppsugning; **absorbent** [*əbsɔ:'bənt*] uppsugare; uppsugande; **absorbing** mycket intressant, allt uppslukande
absorption [*əbsɔ:'pʃən*] uppsugning; försjunkenhet, uppgående; **absorptive** [*əbsɔ:'ptiv*] uppsugande
absquatulate [*əbskwæ'tjuleit*] *sl* ge sig i väg
abstain [*əbstei'n*] avhålla sig, avstå (**from** från); ~**er** helnykterist
abstemious [*æbsti:'mjəs*] måttlig, avhållsam
abstention [*əbste'nʃ(ə)n*] avhållsamhet
abstergent [*əbstə:'dʒənt*] rening[smedel]
abstersion [*əbstə:'ʃən*] rening, rensning; **abstersive** [*əbstə:'siv*] rengörande
abstinence [*æbstinəns*] avhållsamhet; **abstinent** [*æbstinənt*] avhållsam, nykter
abstract [*æbstrækt*] sammandrag, resumé; abstrakt, teoretisk, svårfattlig; [*əbstræ'kt*] abstrahera, skilja, avsöndra, destillera, undansnilla, stjäla, sammandraga; **abstracted** [*əbstræ'ktid*] tankspridd; **abstraction** [*əbstræ'kʃən*] abstraktion, tomt begrepp; undansnillande; tankspriddhet
abstruse [*əbstru:'s*] svårfattlig, dunkel
absurd [*əbsə:'d*] orimlig, löjlig; **absurdity** [*əbsə:'diti*] orimlighet, löjlighet
abundance [*əbʌ'ndəns*] överflöd, mängd; ~ **of the heart** översvallande känsla; **abundant** [*əbʌ'ndənt*] överflödande, rik; ~ **in minerals** rik på mineralier
abuse [*əbju:'s*] missbruk, missförhållande, ovett (**terms of** ~); [*əbju:'z*] missbruka; skymfa, okväda; **abusive** [*əbju:'siv*] ovettig, grov
abut [*əbʌ't*] gränsa [till], vara sammanbyggd [med], stöta [till]; ~ **upon** gränsa till; ~**ment** strävpelare, landfäste; **abutter** rågranne
aby[e] [*əbai'*] böta för
abyss [*əbi's*] avgrund, bottenlöst djup, svalg, underjorden; **abysmal** [*əbi'zməl*] bottenlös; **abyssal** [*əbi'səl*] mera än 300 famnar under havsytan
Abyssinia [*æbisi'njə*] Abessinien; **Abyssinian** [*-n*] abessinier; abessinsk
acacia [*əkei'ʃə*] akacia
academy [*əkæ'dimi*] akademi, högre skola, läroanstalt, konstakademi, Platons skola nära Aten; **academic** [*ækəde'mik*] platoniker, akademiker, *pl* akademiska bevisgrunder, akademisk uniform; akademisk, vetenskaplig, teoretisk, opraktisk; **academical** akademisk, *pl* se *academics*; **academically** teoretiskt; opraktiskt; **academician** [*əkædimi'ʃən*] akademiker
acanthus [*əkæ'nþəs*] *bot.* björnklo
accede [*æksi:'d*]; ~ **to** tillträda; gå in på (**a request** en begäran)
accelerate [*əkse'ləreit*] påskynda, öka hastigheten, accelerera; **acceleration** [*əkseləre i'ʃən*] hastighetsökning, acceleration; **accelerative** [*əkse'lərətiv*] påskyndande; **accelerator** [*əkse'lər-eitə*] *auto.* gaspedal
accent [*æksnt*] [efter]tryck, accent, tonfall, brytning (i tal), *pl* tal; [*əkse'nt*] betona, accentuera; **accentual** [*əkse'ntjuəl*] accent-; **accentuate** [*əkse'ntjueit*] betona; **accentuation** [*əksentjuei'ʃən*] accentuering
accept [*əkse'pt*] mottaga, erkänna [för giltig], acceptera (också *hand.*), hålla till godo med; **acceptability** [*əkseptəbi'liti*] antaglighet; **acceptable** [*əkse'ptəbl*] antaglig, välkommen; **acceptance** [*əkse'ptəns*] antagande, gillande, *hand.* accept, accepterad växel; **acceptation** [*æksəptei'ʃən*] vedertagen betydelse; **acceptor** [*əkse'ptə*] *hand.* acceptant
access [*ækses, əkse's*] tillträde, tillgång, [sjukdoms]anfall; **easy of** ~ lätt tillgänglig; **accessary** el. **accessory** [*ækse'səri*] bidragande; medbrottsling; *pl* tillbehör; **accessibility** [*æksesibi'liti*] tillgänglighet; **accessible** [*əkse'sibl*] tillgänglig, mottaglig; **accession** [*əkse'ʃ(ə)n*] tillträde, tronbestigning, tillskott; **accessory** [*ækse'səri*] *mil.* giftgas, *pl* tillbehör, bård (på dräkt); se äv. *accessary*
accidence [*æksidəns*] *gram.* formlära
accident [*æksidənt*] tillfällighet, olyckshändelse; **by** ~ av en händelse; **accidental** [*ækside'ntl*] tillfällig; sekundär
acclaim [*əklei'm*] tilljubla, hälsa med jubel; **acclamation** [*ækləmei'ʃən*] bifallsrop, acklamation
acclimate [*æklaimeit*] acklimatisera (is. *amr.*); **acclimatation** [*əklaimətei'ʃən*] acklimatisering (is. *amr.*); **acclimation** [*æklaimei'ʃən*] acklimatisering; **acclimatization** [*əklaimətaizei'ʃən*] acklimatisering; **acclimatize** [*əklai'mətaiz*] acklimatisera
acclivity [*əkli'viti*] höjning, stigning
accolade [*ækolei'd*] dubbning, *mus.* klammer över flera notplan
accommodate [*əkɔ'mədeit*] jämka, bringa i överensstämmelse, bilägga, tillgodose, inhysa, härbärgera, utrusta; **accommodating** foglig, medgörlig; **accommodation** [*əkɔmədei'ʃən*] avpassande, anordning, hjälpmedel, bekvämlighet, logi, mat och rum, lån, understöd; ~**-bill** proformaväxel; ~**-ladder** fallrepstrappa
accompany [*əkʌ'mpəni*] beledsaga, ackompanjera **accompaniment** ledsagande, ackompanjemang **accompanist** ackompanjatör
accomplice [*əkɔ'mplis*] medbrottsling
accomplish [*əkɔ'mpliʃ*] fullborda, utföra, lyckas med, tillryggalägga; ~**ed** fulländad, fint bildad; ~**ment** fullbordande; talang
accord [*əkɔ:'d*] samstämmighet, endräkt, överensstämmelse; stämma överens, bevilja; **of one's own** ~ frivilligt, av sig själv; **accordance** [*-əns*] överensstämmelse; **accordant** [*-ənt*] överensstämmande, villig
according [*əkɔ:'diŋ*] överensstämmande; ~ **as** allteftersom, i den mån som; ~ **to** i överensstämmelse med, enligt; **accordingly** i överensstämmelse därmed, följaktligen
accordion [*əkɔ:'djən*] dragharmonika, handklaver; **accordionist** dragharmonikaspelare
accost [*əkɔ'st*] vända sig till, tilltala
accouchment [*əku:'ʃma:ŋ*] förlossning
account [*əkau'nt*] räkenskap, räkning, konto, beräkning, förklaring, orsak, redogörelse, fördel; betrakta som, anse, redovisa, redogöra; ~ **current** *hand.* kontokurant; **open an** ~ [**with**] öppna konto [hos]; **keep** ~**s** föra böcker; **on** ~ *hand.* à conto; **on (for) your** ~ *hand.* för Eder räkning; **on no** ~ på inga villkor; **on that** ~ av det skälet; **on** ~ **of** på grund av; **turn to** ~ draga fördel av; **of no** ~ av ingen vikt; **take into** ~ räkna med; ~ **for** ansvara för, redogöra för, förklara; ~**-sales** *hand.* försäljningskonto; **accountable** [*-əbl*] ansvarig (**for** *a thing* **to** *a person*); **accountability** [*əkauntəbi'liti*] ansvarig-

het; **accountant** [-*ənt*] räkenskapsförare, kamrer; **chartered accountant** auktoriserad revisor; **accounting machine** bokföringsmaskin
accoutre [*əku:'tə*] utrusta, utstyra; **accoutrements** [*əku:'trəments*] utstyrsel, mundering
accredit [*əkre'dit*] väcka tillit till, skänka tillit, befullmäktiga, tillskriva; **~ed** befullmäktigad, betrodd
accretion [*əkri:'ʃən*] tillväxt, hopväxande, tillökning
accrue [*əkru:'*] växa, uppstå; **~ to** tillfalla
accumulate [*əkju:'mjuleit*] lägga i hög, hopa, samla; ökas, hopa sig; **accumulation** [*əkju:-mjulei'ʃən*] hopande, kapitaltillväxt, hop; **accumulative** [*əkju:'mjuleitiv*] hopande, hopad; **accumulator** [*əkju:'mjuleitə*] ackumulator
accuracy [*ækjurəsi*] noggrannhet; **accurate** [*ækjurit*] noggrann, riktig; **~ measure** precisionsmått
accursed [*əkə:'sid*] förbannad
accusatorial [*əkjuzətɔ:'riəl*], **accusatory** [*əkju:'-zətəri*] anklagande; **accusation** [*ækjuzei'ʃən*] anklagelse; **accusative** [*əkju:'zətiv*] *gram.* ackusativ
accuse [*əkju:'z*] anklaga, beskylla; **~ of** anklaga för
accustom [*əkʌ'stəm*] vänja; **be accustomed to** vara van vid
ace [*eis*] äss, öga på kort eller tärning, (i tennis) vinstpoäng, *sl* överdängare (särskilt om flygare och idrottsmän); **~ of spades** spader äss, *sl* änka; **within an ~** på ett hår när; **~ in the hole** *amr. sl* hjälp i nöden, fördel; **~s up** *amr. sl* utmärkt; **~ pics** [*piks*] *amr. sl* första klass film
Aceldama [*əke'ldəmə*] blodsåker, slagfält
acerbity [*əsə:'biti*] bitterhet, skärpa; **acerbate** [*əsə:'beit*] förbittra
acetated [*æsiteitid*] ättiksyrad; **acetic** [*əsi:'tik, əse'tik*] ättik-; **acetification** [*əsetifikei'ʃən*] ättiksbildning; **acetify** [*əse'tifai*] förvandla till ättika, syra, surna; **acetone** [*æsitoun*] aceton; **acetous** [*æsitəs*] ättiksur, ättiks-; **acetylene** [*əse'tili:n*] acetylen
Achates [*əkei'ti:z*] (*äv.*) trofast vän
ache [*eik*] värk; värka
achieve [*ətʃi:'v*] utföra, uträtta, [upp]nå; **~ment** fullbordat värv, utförande, bedrift, dåd, prestation, vapenmärke
Achilles [*əki'li:z*] Akilles; **~' tendon** akillessena
achromatic [*ækromæ'tik*] färglös, genomskinlig; **achromaticity** [*əkroumәti'siti*], **achromatism** [*əkrou'mətizm*] färglöshet; **achromatize** [*əkrou'-mətaiz*] göra färglös
acid [*æsid*] syra; sur; **~ looks** sura miner; **~ test** syraprov; avgörande prov; **come the ~** *sl* överdriva, yvas; **acidify** [*əsi'difai*] göra (bli) sur; **acidification** [*əsidifikei'ʃən*] förvandling till syra; **acidimeter** [*əsidi'mitə*] syramätare; **acidity** [*əsi'diti*] surhet; magsyra; **acidulated** [*əsi'dju-leitid*], **acidulous** [*əsi'djuləs*] syrlig
ack emma [*æke'mə*] *sl* på förmiddagen (*a. m.*); flygmekaniker
acknowledge [*əknɔ'lidʒ*] erkänna, tillstå, erkänna som riktig, visa sig tacksam för; **~ment** erkännande, erkänsla, kvitto, tacksägelse
aclinic [*əkli'nik*]; **the ~ line** den magnetiska ekvatorn
acme [*ækmi*] höjdpunkt, kulmination
acne [*ækni*] (liten hård) finne
acock [*əkɔ'k*] satt på sned, trotsigt
acolyte [*ækəlait*] lägre kyrkotjänare, hängiven anhängare (tjänare)
aconite [*ækənait*] *bot.* stormhatt; gift, utdraget ur stormhatt
acorn [*eikɔ:n*] ekollon
acotyledon [*əkɔtili:'dən*] sporväxt; **acotyledonous** [*əkɔtili:'dənəs*] utan blommor, spor-
acoustic [*əkau'stik*] hör-, akustisk; **acoustical** [-*əl*] akustisk; **acoustician** [*æk(a)usti'ʃən*] akustiker; **acoustics** akustik, ljudlära
acquaint [*əkwei'nt*] göra bekant, underrätta; **be ~ed with** vara bekant, förtrogen med; **acquaintance** [*əkwei'ntəns*] kunskap, bekantskap, umgängeskrets, (en) bekant; **acquaintanceship** [-*ʃip*] bekantskap
acquiesce [*ækwie's*] **(in)** finna sig (i), ge sitt [tysta] medgivande (till); **acquiescence** [*ækwie'səns*] [stillatigande] samtycke, eftergivenhet; **acquiescent** [*ækwie'snt*] medgörlig, foglig
acquire [*əkwai'ə*] förvärva, vinna, få, förskaffa, inhämta; **~ment** förvärv; **~ments** förvärvade egenskaper, talanger
acquisition [*ækwizi'ʃən*] förvärvande, förvärv, vinst, talang; **acquisitive** [*əkwi'zitiv*] förvärvslysten
acquit [*ekwit*] fritaga, frikänna, befria; **~ oneself of a duty** fullgöra en plikt; **~ oneself well** väl utföra sitt åliggande; **acquittal** [-*əl*] fritagande, frikännande; **acquittance** [-*əns*] betalning av gäld, befrielse från gäld, kvitto
acre [*eikə*] (ytmått: 0,405 ha, 0,82 tunnland); *pl* land, jord; **God's A—** kyrkogård; **acreage** [*eikəridʒ*] areal (i acre), vidd
acrid [*ækrid*] bitter, skarp; **acridity** [*əkri'diti*] bitterhet, skärpa
acrimony [*ækriməni*] bitterhet; **acrimonious** [*ækrimou'njəs*] bitter, skarp
acrobat [*ækrobæt*] lindansare, akrobat; vindflöjel (person); **acrobatic** [*ækrobæ'tik*] akrobatisk; **acrobatism** [*ækrobætizm*] akrobatik
acropolis [*əkrɔ'pəlis*] högborg, Akropolis
across [*əkrɔ(:)'s*] tvärs över, på andra sidan [om]; på tvären, i kors, i beröring med; **come ~** möta, komma över; **put ~** (från *amr.*) klara, få infört; **~ from** *amr.* gentemot
acrostic [*əkrɔ'stik*] akrostikon
act [*ækt*] handling, gärning, lag, dokument, akt; handla, utföra, spela, uppföra sig, vara i verksamhet, verka; **caught in the ~** gripen på bar gärning; **~ of God** naturhinder; **~ and deed** bindande dokument; **the A—s [of the Apostles]** Apostlagärningarna; **~ Othello** spela Othello; **~ [up]on** inverka på; **~ up to** handla i enlighet med, motsvara; **acting** fungerande; **acting copy** scenexemplar (av teaterstycke)
actinic [*ækti'nik*] aktinisk; **actinism** [*æktinizm*] solstrålarnas kemiska verkan
action [*ækʃən*] handling, verksamhet, verkan, dåd, sätt att röra sig på, mekanism, rättssak, förhållningsregler, träffning, kamp; rättegång, åtal; **bring an ~ against** åtala; **take prompt ~** ögonblickligen handla; **actionable** [-*əbl*] som kan el. bör åtalas
active [*æktiv*] verksam, handlingskraftig, aktiv, energisk; **~ list** förteckning över officerare i aktiv tjänst; **the market is ~** marknaden är livlig; **the ~ [voice]** *gram.* aktiv; **activity** [*əkti'viti*] verksamhet, energiutveckling, affärsomsättning, *pl* strävanden, verksamhetsområden
actor [*æktə*] skådespelare; **actorine** [*æktərin*] *amr.* skådespelerska; **actress** [*æktris*] skådespelerska
actual [*æktjuəl, æktʃuəl*] verklig, faktisk, nuvarande, pågående; **the ~** *sl* reda pengar; **actuality** [*æktjuæ'liti*] verklighet, faktiskt förhållande; **actualization** [*æktjuəlaizei'ʃən*] förverkligande, verklighetstrogen behandling; **actualize** [*æktjuəlaiz*] förverkliga, behandla verklighetstroget; **actually** [*æktjuəli*] verkligen, till och med
actuary [*æktjuəri, æktʃuəri*] försäkringstekniker
actuate [*æktjueit, æktʃueit*] sätta i rörelse, inverka på, driva; **actuation** [*æktjuei'ʃən*] igångsättning, inverkan
acuity [*əkju:'iti*] skärpa, spetsighet, häftighet
acumen [*əkju:'mən*] skarpsinnighet
acurdle [*əkə:'dl*]; **it set my blood ~** det kom mitt blod att stelna

acute [*əkju:'t*] skarp, spetsig, intensiv, häftig, skarpsinnig, akut, gäll; ~ **angle** spetsig vinkel
ad [*æd*] förk. f. *advertisement*
A. D. [*ei'di:'*] förk. f. *anno domini*
adage [*ædidʒ*] ordspråk, tänkespråk
Adam [*ædəm*] Adam; **I don't know him from** ~ jag känner honom alls icke; ~ **and Eve's togs** *sl* adamskostym; ~**'s ale** vatten; ~**-and- Eveing** *amr. sl* förälskad
adamant [*ædəmənt*] diamant, diamanthårt ämne; **adamantine** [*ædəmæ'ntain*] diamanthård
adapt [*ədæ'pt*] avpassa (**to** efter); aptera, lämpa, bearbeta; **adaptability** [*ədæptəbi'liti*] anpassningsförmåga, användbarhet; **adaptation** [*ædəptei'ʃən*] anpassning; bearbetning, omstuvning
add [*æd*] tillägga, lägga till, addera; ~ **in** inbegripa; ~ **to** öka; ~ **up** summera ihop; stämma, bli rätt (om siffror)
addendum [*ədeˈndəm*] (*pl addenda* [*ədeˈndə*]) tillägg, bihang
adder [*ædə*] huggorm
addict [*ədi'kt*]; ~ **oneself to** hängiva sig åt, förfalla till; [*ædikt*] slav (under en last); **addiction** [*ədi'kʃən*] hängivenhet, böjelse, hemfallenhet
addition [*ədi'ʃən*] tilläggande, ökning, addition; **additional** [*-əl*] tillagd, ökad, ny, extra
addle [*ædl*] ofruktbar, tom, fördärvad, skämd, virrig; göra el. bli virrig, ruttna; ~**-cove** *amr. sl* godtrogen narr
address [*ədre's*] adress, tal, sätt att vara el. uttrycka sig på, färdighet; rikta, adressera, hålla tal till; ~ **oneself to** vända sig till, taga itu med; **addressee** [*ædresi:'*] person till vilken man riktar sig, adressat
adduce [*ədju:'s*] anföra, andraga
adduct [*ədʌ'kt*], **adduction** [*ədʌ'kʃən*] anförande
Adelphi [*ədeˈlfi*]; **the** ~ (kvarter i London)
adenoids [*ædinɔidz*] adenoider, polyper
adept [*ədeˈpt*] kännare, mästare, lärd; invigd, lärd, skicklig
adequacy [*ædikwəsi*] tillräcklighet, motsvarighet, ändamålsenlighet
adequate [*ædikwit*] adekvat, tillräcklig, träffande; **be** ~ **to** motsvara
adhere [*ədhi'ə*] hänga fast, vidhålla, stå fast (**to** vid); **adherence** [*ədhi'ərəns*] vidhängande, fasthållande, trohet; **adherent** [*ədhi'ərənt*] anhängare; fastsittande (**to** vid)
adhesion [*ədhi:'ʒən*] vidhäftande, anslutning; **adhesive** [*ədhi:'siv*] vidhängande, klibbig; ~ **tape** isolerband
adiantum [*ædiæ'ntəm*] *bot.* jungfruhår
adieu [*ədju:'*] avsked; **make** el. **take one's** ~ säga farväl
adipose [*ædipous*] fett; fet; **adiposity** [*ædipɔ'siti*] fetma
adit [*ædit*] stollgång i en gruva, tillträde
adjacency [*ədʒei'sənsi*] grannskap, närbelägenhet; **adjacent** *ədʒei'sənt*] tillstötande, närgränsande
adjective [*ædʒiktiv*] *gram.* adjektiv; ~**-jerker** *sl* bladneger, journalist; **adjectival** [*ædʒektai'vl*] *gram.* adjektivisk; förbannad (säges i stället för *damned*)
adjoin [*ədʒɔi'n*] gränsa till; **adjoining** angränsande
adjourn [*ədʒə:'n*] ajournera, uppskjuta; ~**ment** ajournering, uppskjutande
adjudge [*ədʒʌ'dʒ*] bedöma, döma, fälla omdöme, tilldöma, fälla (**to** till); **adjudgement** ådömande, dom
adjudicate [*ədʒu:'dikeit*] döma, tilldöma; ~ **upon** sitta till doms över; **adjudication** [*ədʒu:dikei'ʃən*] domfällande; konkursbeslut; **adjudicative** [*ədʒu'dikeitiv*] dömande; **adjudicator** [*ədʒu:'-dikeitə*] domare
adjunct [*ædʒʌŋkt*] underordnat ting, bihang, biomständighet, komplement, *gram.* attribut, bestämning; medhjälpare; bifogad, adjungerad
adjure [*ədʒu'ə*] besvärja; **adjuration** [*ædʒurei'ʃən*] besvärjelse
adjust [*ədʒʌ'st*] bringa i ordning, avpassa, bilägga; *flyg.* justera; **adjustable** [*-əbl*] reglerbar; *flyg.* inställbar; ~ **wrench** skiftnyckel; **adjustment** reglering, biläggande
adjutancy [*ædʒutənsi*] adjutantplats; **adjutant** [*ædʒutənt*] adjutant, medhjälpare; marabustork; ~**-general** generaladjutant
adlet [*ædlit*] *amr.* kort annons (*ad*)
administer [*ədmi'nistə*] förvalta, administrera, taga vård om, utdela, skipa; ~ **him a box on the ear** ge honom en örfil; **administrate** [*ædmi'nistreit*] *amr.* administrera; **administration** [*ædministrei'ʃən*] förvaltning, den lagskipande makten, *amr.* regeringen; administration, utdelning; **administrative** [*ədmi'nistrətiv*] administrativ, förvaltnings-; **administrator** [*ədmi'nistreitə*] administrator, förvaltare, guvernör, utredningsman
admirable [*ædm(ə)rəbl*] beundransvärd, utmärkt
admiral [*ædmərəl*] amiral, amiralskepp; **A— of the Fleet, A—, Vice-A—, Rear-A—** fyra grader inom flottan; **Red A—**, **White A—** amiral (fjäril); **admiralship** amiralskap; **admiralty** [*ædmərəlti*] amiralitet, makten på havet; **First Lord of the A—** marinminister
admiration [*ædmərei'ʃən*] beundran; **he is the** ~ **of all** han beundras av alla; **note of** ~ utropstecken; **admire** [*ədmai'ə*] beundra, svärma för, komplimentera, *amr.* gärna vilja, ha lust; **admirer** [*ədmai'ərə*] beundrare, älskare
admissible [*ədmi'sibl*] presentabel, antagbar; **admission** [*ədmi'ʃ(ə)n*] upptagande, tillträde, inträde; medgivande, erkännande
admit [*ədmi't*] släppa in, intaga, antaga, upptaga, erkänna, medgiva, rymma; ~ **of** tillåta, medgiva; **admittance** [*ədmi'təns*] tillträde; **admittedly** [*ədmi'tidli*] erkänt, obestridligt
admix [*ədmi'ks*] blanda i; **admixture** [*ədmi'kstʃə*] tillblandning, tillsats
admonish [*ədmɔ'niʃ*] förmana, förehålla; påminna, varna
admonition [*ædmoni'ʃən*] förmaning; påminnelse, varning; **admonitory** [*ədmɔ'nitəri*] förmanande, varnande
ado [*ədu:'*] väsen, besvär, bråk; **without more** ~ utan vidare
adobe [*ədou'bi*] soltorkat tegel
adolescence [*ædole'səns*] ynglingaålder, uppväxttid; **adolescent** [*ædole'sənt*] yngling, ungmö; ung
Adonis [*ədou'nis*] Adonis, skön yngling, sprätt
adopt [*ədɔ'pt*] adoptera, antaga, tillägna sig, lägga sig till med; **adoption** [*ədɔ'pʃ(ə)n*] adoptering, antagande, omfattande; **adoptive** [*ədɔ'ptiv*] adoptiv-
adorable [*ədɔ:'rəbl*] bedårande, förtjusande, tillbedjansvärd; **adoration** [*ædɔrei'ʃən*] dyrkan, hyllning; **adore** [*ədɔ:'*] dyrka, avguda, tillbedja; **adorer** tillbedjare, beundrare, älskare
adorn [*ədɔ:'n*] pryda, smycka, utsmycka; ~**ment** prydnad; utsmyckning
adown [*ədau'n*] ned, nere, utför
adrenalin [*ædre'nəlin*] *med.* adrenalin
Adriatic [*eidriæ'tik*], **the** ~ [**Sea**] Adriatiska havet
adrift [*ədri'ft*] i drift, vind för våg; **turn** ~ skära loss, sända vind för våg
adroit [*ədrɔi't*] behändig, flink, skicklig, förslagen
adulate [*ædjuleit*] smickra; **adulation** [*ædjulei'ʃən*] smicker; **adulator** [*-ə*] smickrare; **adulatory** [*ædjuleitəri*] smickrande, krypande
adult [*ədʌ'lt*] fullvuxen person; fullvuxen, mogen
adulterant [*ədʌ'ltərənt*] (beståndsdel i) förfalskning; **adulterate** [*ədʌ'ltəreit*] förfalska; **adulteration** [*ədʌltərei'ʃən*] förfalskning, försämring (genom tillsats); **adulterator** [*ədʌ'ltereitə*] förfalskare; **adulterer** [*ədʌ'ltərə*] äktenskapsbrytare; **adulteress** [*ədʌ'ltəris*] äktenskapsbryterska; **adulterine** [*ədʌ'ltərain*] hor-, förfalskad, oäkta; **adulterous** [*ədʌ'ltərəs*] horisk, skyldig till äkten-

skapsbrott; **adultery** [*ədʌ'ltəri*] äktenskapsbrott, hor
adumbrate [*ædəmbreit*] skissera, bebåda, svagt antyda; **adumbration** [*ædʌmbrei'ʃən*] utkast, skiss, dunkel antydan; **adumbrative** [*ədʌ'mbrətiv*] skissartad
adust [*ədʌ'st*] svedd, solbränd, förtorkad
advance [*ədva:'ns*] framryckning, framsteg, (försök till) närmande, prisstegring, lån, förskott; flytta fram, röra framåt, rycka fram, befordra, främja, påskynda, framlägga (förslag), ge i förskott, utlåna, stegra priset, förkovra sig, stiga i pris; **make ~s** göra närmanden; **~ copy** förhandsexemplar; **~ sheets** ark till uthängning; **in ~** på förhand; **in ~ of** framför, före; **advanced** försigkommen, framskriden; **advanced studies** högre studier; **advanced thinkers** tänkare före sin tid; **advancement** befordran, befrämjande, framåtskridande
advantage [*ədva:'ntidʒ*] fördel, nytta, överlägsenhet, företräde; gagna, främja; **you have the ~ of me** ni känner mig men jag icke er; **take ~ of** utnyttja, överlista, narra; **advantageous** [*ædvəntei'dʒəs*] fördelaktig
advent [*ædvənt*] advent, ankomst; **adventist** [*ædvəntist*] adventist
adventitious [*ædventi'ʃəs*] tillfällig, utifrån tillkommen
adventure [*ədve'ntʃə*] äventyrlig upplevelse, äventyr, vågstycke, spekulation; sätta på spel, äventyra; **adventurer** [*-rə*] äventyrare, spekulant; **adventuress** [*-ris*] äventyrerska; **adventurous** [*ədve'ntʃərəs*] äventyrslysten, äventyrlig; **adventuresome** [*-səm*] vågsam, djärv
adverb [*ædvə:b*] adverb; **adverbial** [*ədvə:'bjəl*] adverbiell
adversary [*ædvəsəri*] motståndare; **the A—** djävulen; **adverse** [*ædvə:s*] motsatt, fientlig, motig, olycklig; **adversity** [*ədvə:'siti*] motgång, olycka
advert [*ədvə:'t*] hänsyfta (**to** på)
advertise [*ædvətaiz*] annonsera, tillkännagiva, göra reklam, underrätta (**of** om); **he does it to ~ himself** han gör det för att väcka uppmärksamhet; **~ for** annonsera efter; **advertising office** annonskontor; **advertisement** [*ədvə:'tismənt*] tillkännagivande, annons
advice [*ədvai's*] råd, *hand.* meddelande, avi; **take my ~** följ mitt råd; **take medical ~** konsultera en läkare
advisability [*ədvai'zəbi'liti*] tillrådlighet; **advisable** [*ədvai'zəbl*] rådlig; **advise** [*ədvai'z*] råda, rådslå, *hand.* ge avi om, meddela; **well-~d** välbetänkt, **ill-~d** mindre välbetänkt; **~dly** [*-idli*] överlagt; **adviser** [*-ə*] *amr.* rådgivare; **advisory** [*ədvai'zəri*] rådgivande
advocacy [*ædvəkəsi*] försvar, rekommendation; **advocate** [*ædvəkit*] sakförare, talesman, försvarare; [*ædvəkeit*] försvara, förfäkta, tala för
advowson [*ədvau'zn*] patronatsrätt
adz[e] [*ædz*] skarvyxa; yxa till
Aegean [*i(:)dʒi:'ən*], **the ~** [**Sea**] Egeiska havet
aegis [*i:dʒis*] egid, sköld, värn
aegrotat [*igrou'tæt*] läkarintyg
Aeneas [*i(:)ni:'æs*] Eneas; **the Aeneid** [*ini:'id*] Eneiden
Aeolian [*i(:)ou'liən*] eolisk, hörande till vindguden Eolus; **~ harp** eolsharpa
aeon [*i:ən*] omätlig tidsperiod
aerate [*ɛəreit*] utsätta för luftens påverkan, pressa kolsyra i; **~d water** sodavatten; **aeration** [*ɛərei'ʃən*] utsättande för luftens påverkan, påfyllning av kolsyra
aerial [*ɛəriəl*] antenn; luft-, eterisk; **~ view** flygfoto
aeriator [*eirieitə*] *amr.* *sl* flygare
aerie [*ɛəri*] rovfågelsnäste, högtliggande bostad
aeriform [*eiərifɔ:m*] luftformig, overklig
aero- [*eiəro-, ɛəro-*] luft-, flyg[ar]-
aerobatics [*eiərobæ'tiks*] konstflygning; **aerobus** [*eiərobʌs*] *sl* passagerarplan; **aerodrome** [*eiərodroum*] flygplats; **aerogram** [*eiərogræm*] trådlöst telegram; **aerolite** [*eiərolait*], **aerolith** [*eiərolip*] meteorsten; **aeronaut** [*eiərona:t*] luftseglare, flygare; **aeronautic[al]** [*eiərona:'tik(l)*] flygar-; **aeronautics** [*eiərona:'tiks*] luftsegling, flygkonst; **aeroplane** [*ɛəroplein*] flygmaskin; **aerostat** [*eiərostæt*] ballong, luftseglare; **aerostatics** aerostatik; **aerostation** [*eiərostei'ʃən*] ballongflygning
aery se *aerie*
Aesculapius [*i:skjulei'piəs*] Aeskulapius, läkare
aesthete [*i:spi:t*] estetiker; **aesthetic[al]** [*i:spe'tik(l)*] estetisk, smakfull; **aestheticism** [*i:spe'tisizm*] det estetiska; **aesthetics** [*i:spe'tiks*] estetik
aetiological [*i:tiəlɔ'dʒikl*] etiologisk; **aetiology** [*iti:ɔ'lədʒi*] etiologi (orsakslära)
afar [*əfa:'*] fjärran; **~ off** långt bort; **from ~** långt borta ifrån
afear[e]d [*əfi'əd*] rädd
affability [*æfəbi'liti*] tillgänglighet, artighet; **affable** [*æfəbl*] tillgänglig, vänlig, förbindlig
affair [*əfɛ'ə*] göromål, åliggande, affär, sak, angelägenhet, [erotiskt] förhållande; **public ~s** offentliga angelägenheter; **~ of honour** duell
affect [*əfe'kt*] använda, antaga rollen av, föregiva, låtsa, inverka på, drabba, gripa; **~ed** tillgjord, stämd, rörd; **how is he ~ed towards us?** hur är han stämd gentemot oss? **affectation** [*æfiktei'ʃən*] tillgjordhet; **affecting** gripande; **affection** [*əfe'kʃən*] känsla, stämning, hängivenhet, kärlek (**towards** till), sjuklighet; **affectionate** [*əfe'kʃənit*] tillgiven, hängiven; **affective** [*əfe'ktiv*] känslo-
affiance [*əfai'əns*] förtroende; trolova
affidavit [*æfidei'vit*] edligt intyg; **swear, make, take an ~** avgiva edlig skriftlig förklaring
affigraphy [*əfi'grəfi*]; **to an ~** noggrant
affiliate [*əfi'lieit*] adoptera, upptaga, antaga, fastslå [faderskap], tillskriva; **~d company** dotterbolag; **affiliation** [*əfiliei'ʃn*] adoption, fastslående [av faderskap]
affined [*əfai'nd*] besläktad; **affinity** [*əfi'niti*] släktskap, svågerskap, likhet, sympati, kemisk frändskap; **have an ~ for** känna sig dragen till
affirm [*əfə:'m*] bekräfta, försäkra, påstå, stadfästa; **affirmation** [*æfəmei'ʃən*] bekräftelse, försäkring, stadfästelse; **affirmative** [*əfə:'mətiv*] bekräftande, jakande; **answer in the affirmative** svara jakande; **affirmatory** [*əfə:'mətəri*] bekräftande
affix [*æfiks*] tillägg, förstavelse, avledningsändelse; [*əfi'ks*] tillfoga, påsätta, fästa
afflatus [*əflei'təs*] ingivelse, inspiration
afflict [*əfli'kt*] ängsla, bedröva, plåga; **be ~ed with** plågas av; **affliction** [*əfli'kʃən*] bekymmer, sorg, smärta, olycka
affluence [*æfluəns*] rikedom, överflöd; **affluent** [*æfluənt*] biflod; rik, överflödande; **affluent in minerals** rik på mineralier
afflux [*æflʌks*] tillströmning
afford [*əfɔ:'d*] ha råd till, bestrida, frambringa, förmå, ge; **I can ~ to take a taxi** jag har råd att ta en bil; **~ an explanation** avgiva en förklaring
afforest [*əfɔ'rist*] förvandla till skog; **afforestation** [*əfɔristei'ʃən*] skogsplantering
affranchise [*əfræ'ntʃaiz*] befria [från slaveri]
affray [*əfrei'*] slagsmål på offentlig plats, oväsen
affright [*əfrai't*] skräck, panik, förskräcka
affront [*əfrʌ'nt*] förolämpning; förolämpa
affusion [*əfju:'ʒən*] övergjutning
Afghan [*æfgæ'n*] afgan; **Afghanistan** [*æfgæ'nistæn*]
afield [*əfi:ld*] på fältet, i fält, bort[a]; **far ~** långt bort[a]; **it would take me too far ~ to . . .** det skulle föra [mig] för långt att . . .
afire [*əfai'ə*] i brand, brinnande
aflame [*əflei'm*] i flammor, glödande

afloat [*əflou't*] flott, flytande, till sjöss, likvid, i full gång, i omlopp, i farten, *amr. sl* full
afoot [*əfu't*] till fots, i gång
afore [*əfɔ:'*] före, *sjö.* för om, förut (inombords); ~**named** förutnämnd; ~**said** förutnämnd; ~**thought** överlagd; ~**time** tillförne
afraid [*əfrei'd*] rädd; ~ **of ghosts** spökrädd; **I am** ~ [**that**] jag är rädd att, tyvärr
afresh [*əfre'ʃ*] ånyo
Africa [*æfrikə*] Afrika; **African** [*-n*] afrikan; afrikansk; ~ **dominoes** el. **golf** *amr. sl* tärningar
Afrikaans [*æfrika:'ns*] holländare i Kapkolonien; kapholländsk; kapholländska (språket)
Afrikander [*æfrikæ'ndə*] sydafrikan av vit härkomst; ~ **Bond** sammanslutning för att främja Sydafrikas intressen
aft [*a:ft*] akterut, akteröver
after [*a:ftə*] senare, akter-; efter, enligt, sedan; **in** ~ **years** under senare år; **look** ~ se efter; **be** ~ sträva efter; **he is just** ~ **telling** (*Irl.*) han har just berättat; ~ **all** när allt kommer omkring; ~**birth** efterbörd; ~**-damp** gasen, som finnes kvar i en gruva efter en explosion; ~**-dark spot** *amr. sl* nattklubb; ~**-dinner speaker** middagstalare; ~**-dinner speech** middagstal; ~**glow** aftonrodnad; ~**math** efterslåtter, efterverkningar; ~**most** akterst (inombords)
afternoon [*a:'ftənu:'n*] eftermiddag; **in the** ~ om eftermiddagen; ~ **farmer** *sl* sölmåns; **this** ~ i eftermiddag
afterthought efteråt kommande tanke
afterwards [*a:ftəwədz*] senare, efteråt
ag [*æg*] *amr.* college-*sl* lantbrukskurs, lantbruksstuderande (*agriculture*); ~ ~ (pojkslang) tortyr
again [*əgei'n, əge'n*] igen, åter, vidare, å andra sidan; **now and** ~ då och då; **as much** ~ dubbelt så mycket
against [*əgei'nst, əge'nst*] mot, inemot, i avvaktan på; i jämförelse med; **there is nothing** ~ **him** det är intet ont att säga om honom; ~ **a rainy day** för kommande onda dagar; **run** ~ **a friend** händelsevis råka en vän; **over** ~ mitt emot; **put a cross** ~ **his name** sätta ett kors för hans namn; **be ready** ~ **he comes** vara färdig, då han kommer; **be up** ~ *fig.* stå inför
agamic [*əgæ'mik*] könlös; **agamous** [*ægəməs*] könlös, utan könsorgan
agape [*əgei'p*] gapande, häpen
agate [*ægit*] agat
agave [*əgei'vi*] *bot.* agave
agaze [*əgei'z*] stirrande
age [*eidʒ*] ålder, tidsålder, lång tid; åldras, göra gammal; **what** ~ **is he?** hur gammal är han? **middle** ~ medelålder; **the Middle Ages** medeltiden; **old** ~ ålderdom; **moon's** ~ tiden som förgått sedan nymåne; **full** ~ 21 år; **come of** ~ bli myndig; **for** ~**s** en hel evighet; **the ice** ~ istiden; **the golden** ~ guldåldern; **the iron** ~ järnåldern; ~ **of discretion** mogen ålder; **aged** [*eidʒd*] av en viss ålder; över sex år (hästar); **aged 9** 9 år gammal; [*eidʒid*] gammal, åldrande; **ageless** utan ålder, tidlös, som aldrig blir gammal
agency [*eidʒənsi*] verksamhet, verkan, agentur, byrå, förrättning
agenda [*ədʒe'ndə*] promemoria, föredragningslista
agent [*eidʒənt*] handlande person, verkande medel, kraft, agent, representant; *amr.* betjäna; **chance was the sole** ~ slumpen var den enda orsaken; **agential** [*eidʒe'nʃl*] verkande, förorsakande
agglomerate [*əglɔ'mərit*] hopgyttrad; [*əglɔ'məreit*] gyttra ihop [sig]; **agglomeration** [*əglɔmərei'ʃən*] hopgyttring
agglutinate [*əglu:'tinit*] hoplimmad; [*əglu:'tineit*] hoplimma[s], sammanställa [ord]; **agglutination** [*əglu:tinei'ʃən*] hoplimning, agglutinering;
agglutinative [*əglu:'tinətiv*] hoplimmande, agglutinerande (om ord)
aggrandize [*ægrəndaiz*] förstora, öka, upphöja; ~**ment** [*əgræ'ndizmənt*] förstoring, upphöjelse
aggravate [*ægrəveit*] förvärra, skärpa, förarga, reta; ~ **the mischief** göra ont värre; **aggravation** [*ægrəvei'ʃən*] förvärrande, förtret; **aggravators** [*ægrəveitəz*] *sl* hårlock vid tinningen
aggregate [*ægrigit*] hop, gyttring, massa, samlad summa, stenskärvor till betong, aggregat; samfälld, förenad; **in the** ~ taget som ett helt; [*ægrigei't*] samla, förena; **aggregation** [*ægrigei'ʃən*] sammanhopning; **aggregative** [*ægrigeitiv*] kollektiv, samfälld
aggress [*əgre's*] anfalla; **aggression** [*əgre'ʃən*] överfall, anfall; **aggressive** [*əgre'siv*] angripande, aggressiv; **assume the aggressive** gå till anfall; **aggressor** [*-ə*] angripare
aggrieved [*əgri:'vd*] kränkt
aghast [*əga:'st*] bestört, häpen
agile [*ædʒail*] snabb, vig, hurtig; **agility** [*ədʒi'liti*] raskhet, vighet
agio [*ædʒiou, eidʒiou*] agio, uppgäld; **agiotage** [*ædʒətidʒ*] börsspel, aktiejobberi
agitate [*ædʒiteit*] skaka, oroa, agitera; **agitation** [*ædʒitei'ʃən*] skakning, oro, upphetsning, agitation; **agitator** [*-ə*] agitator, upphetsare
aglet [*æglit*] stift på snodd, paljett, ägiljett
aglow [*əglou'*] glödande
agnail [*ægneil*] nagelrot, nagelböld
agnate [*ægneit*] släkting (i synnerhet på fädernet), stamförvant; besläktad, tillhörande samma stam eller land; **agnation** [*əgnei'ʃən*] blodsfrändskap
agnomen [*ægnou'mən*] binamn, tillnamn
agnostic [*ægnɔ'stik*] agnostiker; agnostisk; **agnosticism** [*ægnɔ'stisizm*] agnosticism
Agnus Dei [*ægnəs di:ai*] Guds lamm; del av mässan, som börjar med *Agnus Dei*
ago [*əgou'*] för — sedan; **10 minutes** ~ för 10 minuter sedan; **long** ~ för länge sedan
agog [*əgɔ'g*] ivrig, upphetsad; ~ **for** på utkik efter
agoing [*əgou'iŋ*] i gång, i farten, i begrepp
agonize [*ægənaiz*] pina, vålla smärta, lida kval, göra förtvivlade ansträngningar; **agonizing suspense** pinsam ovisshet; **agony** [*ægəni*] pina, kval, ångest, dödskamp, svår kamp; **agony column** tidningsspalt för efterlysning av försvunna släktingar o. d.
agoraphobia [*ægərəfou'bjə*] torgskräck
agrarian [*əgrɛ'əriən*] person som önskar en ny fördelning av jorden; egendoms-, jordbruks-; **agrarianism** [*əgrɛ'əriənizm*] åsikt om ny fördelning av jorden
agree [*əgri:'*] samtycka (**to** till), vara ense (**on** om), vara (bringa) i överensstämmelse; stämma överens; **the climate does not** ~ **with me** klimatet passar mig icke; ~ **with** harmoniera med, hålla med; **be** ~**d** vara ense, stämma överens; **agreeable** [*-əbl*] angenäm, villig, hågad; **agreement** överensstämmelse, enighet, överenskommelse
agricultural [*ægrikʌ'ltʃərəl*] lantbruks-; **agricultur[al]ist** lantman; **agriculture** [*ægrikʌltʃə*] lantbruk
agronome [*ægrənoum*], **agronomist** [*əgrɔ'nəmist*] agronom; **agronomy** [*əgrɔ'nəmi*] lanthushållning
aground [*əgrau'nd*] på grund
ague [*eigju:*] frossa, rysning; ~**d** febersjuk; **aguish** [*eigjuiʃ*] feberaktig, febersjuk
ah [*a:*] ah! o! ack!
aha [*a:ha:'*] ha! aha! åhå!
ahead [*əhe'd*] förut, framför, framåt; **he went on** ~ han gick före; ~ **of** framom; **breakers** ~! bränningar förut! **go** ~ ha framgång; gå på!
ahem [*hm*] hm! (interjektion för att väcka någons uppmärksamhet eller vinna tid)
ahoy [*əhɔi'*] ohoj!
ai [*a:i*] ajdjur, sengångare

aid [*eid*] hjälp, hjälpare, hjälpmedel; hjälpa, bistå
aide-de-camp [*eiddəka:'ŋ*] *mil.* adjutant
aiglet [*eiglit*] se *aglet*
aigrette [*eigret*] häger, fjäderbuske (hårprydnad)
aiguilette [*eigwile't*] ägiljett, adjutantsnöre, *bot.* hänge
aiguille [*eigwil*] spetsig bergstopp
ail [*eil*] plåga, vara sjuk; **does anything ~ him?** fattas honom något? **ailing** sjuk, opasslig; **ailment** sjukdom, illamående
aileron [*eilərɔn*] balansklaff (på flygmaskin), skevningsroder
aim [*eim*] sikte, mål, syftemål, *amr. sl* morgon (*a.m.*); måtta, sikta, syfta, peka, trakta; **take ~** ta sikte; **~ at** (*amr.* **to**) sikta på, sätta sig som mål; **the law was ~ed at** lagen var riktad mot; **aimless** utan mål
aîné [*einei*] äldre son
ain't [*eint*] = (*fam.*) are not, is not, (*vulg.*) am not, have not, has not
air [*εə*] luft, min, melodi, *pl* tillgjorda miner, *amr. sl* skrävel, (radio-*sl*) eter; lufta, göra bekant, *amr. sl* utsända i radio; **give oneself ~s** spela förnäm; **take the ~** hämta frisk luft; **~ one's French** lufta sin franska; **hot ~** *amr.* ogrundat påstående, skryt; **by ~** med luftpost; **in the open ~** i fria luften; **on the ~** i radio; **~-balloon** ballong; **~-base** flygbas, flygstation; **~-bladder** simblåsa (för simmare); **~boat** flygbåt; **~cast** *amr.* radioutsändning; utsända i radio; **~ channel** lufttrör; **~ chute** fallskärm; **~-conditioning** [*kəndi'ʃ(ə)niŋ*] reglering av inomhusluften; **~ cooling** luftavkylning; **~craft** flygplan; luftskepp, *äv.* ballong; **~craft carrier** hangarfartyg, -skepp; **~ force** flygvapen; **~-gun** luftbössa; **~ harbour** flyghamn; **~ holder** gasometer; **~-hostess** flygvärdinna; **~-jacket** räddningsväst; **~line** luftlinje; **~liner** linjeflygplan; **~mail** luftpost; **~man** flygare; **~-mechanic** flygmekaniker; **~-minded** flygintresserad; **~ pill** *sl* luftbomb; **~ pilot** flygförare; **~plane** aeroplan; **~-pocket** luftgrop; **~port** flyghamn; **~pressure gauge** lufttrycksmätare; **~-raid** luftangrepp; **~ route** flygled; **~screw** propeller; **~sick** flygsjuk; **~sickness** flygsjuka; **~threads** sommartråd, spindelväv; **~-tight** lufttät; **~-truck** transportplan; **~-way** luftlinje; **~worthy** flygduglig; **airing** vädring, promenad, *amr.* radioutsändning; **airless** kvav, stilla, lugn; **airy** [*εəri*] luftig, lätt, tunn, livlig, näsvis; **~-fairy** [*-fεəri*] lätt som en älva
Airedale [*εədeil*] långhårig terrier, *amr.* backfisch-*sl* otäck, otilltalande man
aisle [*ail*] sidoskepp i en kyrka, *amr.* gång, korridor
ait [*eit*] liten ö (i flod), holme
aitch [*eitʃ*] bokstaven h; **drop one's ~es** ej uttala h (tecken på obildning); **he hadn't an ~ to his name** *fam.* han var ej av förnämt stånd (*honourable*)
aitchbone [*eitʃboun*] ländstycke
ajar [*ədʒa:'*] på glänt, delad, stridig
akimbo [*əki'mbou*]; **with one's arms ~** med händerna i sidan
akin [*əki'n*] besläktad
alabaster [*æləba:stə*] alabaster; av alabaster
alack [*əlæ'k*] ack! o ve! **~-a-day** Gud hjälpe mig
alacrity [*əlæ'kriti*] livlighet, iver
alagazam [*æləgæ'zəm*] *amr. sl* förträfflig
alarm [*əla:'m*] alarm, oro, ängslan; alarmera, förskräcka, oroa; **take the ~** ana oråd; **in ~** orolig, ängslig; **~-bell** stormklocka, alarmklocka; **~-clock** väckarur; **alarmist** panikmakare
alarum [*əlæ'rəm*] alarmringning, alarmanordning; **~-clock** väckarur, *amr. sl* 'förkläde'
alas [*əla:'s*] ack! tyvärr!
alb [*ælb*] mässkjorta
albacore [*ælbəkɔ:*] *zool.* bonit
Albania [*ælbei'njə*] Albanien; **Albanian** [*-n*] albanier; albansk
Albany [*ɔ:lbəni*]; **the ~** (fint ungkarlskvarter i London)
albata [*ælbei'tə*] nysilver
albatross [*ælbətrɔs*] albatross
albeit [*ɔlbi:'it*] ehuru
Albert [*ælbət*]; **~ Hall** (konsertsal i London)
albescent [*ælbe'snt*] vitnande
Albigenses [*ælbidʒe'nsi:z*] *pl* albigenser
albiness [*ælbi:'nis*] kvinnlig albino; **albino** [*ælbi:'nou*] albino
Albion [*ælbjən*] Albion (Storbritannien)
album [*ælbəm*] album
albumen [*ælbju:'mən*] äggvita, äggviteämne; **albuminoid** [*ælbju:'minɔid*] äggviteämne; äggviteaktig; **albuminous** [*ælbju:'minəs*] äggviteaktig
alburnum [*ælbə:'nəm*] nybildat trä, vitved
alchemic[al] [*ælke'mik(l)*] alkemistisk; **alchemist** [*ælkimist*] alkemist, guldmakare; **alchemistic[al]** [*ælkimi'stik(l)*] alkemistisk; **alchemy** [*ælkimi*] alkemi, guldmakeri
alcohol [*ælkəhɔl*] alkohol, sprit, alkoholhaltig dryck; **~ lamp** *amr.* spritlampa; **alcoholic** [*ælkəhɔ'lik*] alkoholisk; **alcoholism** [*ælkəhɔlizm*] alkoholism; **alcoholization** [*ælkəhɔlaizei'ʃ(ə)n*] förvandling till alkohol; **alcoholize** [*ælkəhəlaiz*] förvandla till alkohol, mätta med alkohol
Alcoran [*ælkɔra:'n*] Koranen
alcove [*ælkouv*] alkov, nisch, lusthus
aldehyde [*ældihaid*] *kem.* aldehyd
alder [*ɔ:ldə*] al
alderman [*ɔ:ldəmən*] ålderman, rådman, *sl* lång pipa; **aldermanic** [*ɔ:ldəmæ'nik*] rådmans-; **aldermanry** [*ɔ:ldəmənri*] rådmanskap; **aldermanship** [*ɔ:ldəmənʃip*] rådmansvärdighet
Alderney [*ɔ:'ldəni*] Alderney (boskap)
Aldershot [*ɔ:ldəʃɔt*] (militärläger i Hampshire)
Aldgate [*ɔ:ldgit, -geit*]; **a draught on the pump at ~** *sl* en värdelös växel
ale [*eil*] öl
alee [*əli:'*] i lä
alembic [*əle'mbik*] destillerkolv
alert [*ələ:'t*] alarmrop, flyglarm; vaksam, rask, pigg; **on the ~** på sin vakt, vaksam
Alexander [*æligza:'ndə*]; **Alexandra** [*-drə*]; **~ Day** dag i juni, då det insamlas pengar för välgörande ändamål; **Alexandria** [*-driə*]
alexandrine [*æligzæ'ndrain*] alexandrinsk vers, bestående av sex jamber
alfalfa [*ælfæ'lfə*] *bot.* lucern (foderväxt)
alfresco [*ælfre'skou*] al fresco, i fria luften
alga [*ælgə*] (*pl* **algæ** [*ældʒi:*]) *bot.* alg
algebra [*ældʒibrə*] algebra; **algebraic[al]** [*ældʒibrei'ik(l)*] algebraisk
algid [*ældʒid*] iskall
alias [*eiljəs*] annat namn; alias, också kallad
alibi [*ælibai*] alibi, *amr. sl* undskyllan; **prove an ~** bevisa sitt alibi, *amr. sl* ursäkta sig
alien [*eiljən*] främling, utlänning; främmande, utländsk, motbjudande; **~-bill** lag om utlänningar; **~-office** passbyrå; **alienable** [*eiljənəbl*] överlåtlig; **alienate** [*eiljəneit*] avhända sig, göra främmande [för], stöta bort; **alienation** [*eiljənei'ʃən*] överlåtelse, avhändande, sinnesförvirring; **alienator** [*eiljəneitə*] säljare; **alienee** [*eiljəni:'*] köpare; **alienist** [*eiljənist*] psykiater
alight 1) [*əlai't*] antänd, brinnande
alight 2) [*əlai't*] stiga ned, stiga av, falla ned, landa (om flygplan)
align [*əlai'n*] uppställa [sig] i rad, inrikta; **alignment** uppställning i rad
alike [*əlai'k*] lika, lik; på samma sätt, i lika mån
aliment [*ælimənt*] näring; **alimental** [*ælime'ntəl*] närande; **alimentary** [*ælime'ntəri*] närings-, närande; **alimentary canal** tarmkanal; **alimentation** [*ælimentei'ʃən*] näringsvärde, näring

alimony [*æliməni*] understöd, underhållsbidrag (till frånskild hustru)
aline [*əlai'n*] = *align*
alive [*əlai'v*] vid liv, med en levande känsla (**to** för), livlig; **dead or** ~ död el. levande; **the town was all** ~ **with people** staden var full av folk; **man** ~ människa! gosse! **become** ~ **to** vakna till insikt om; ~ **and kicking** *sl* livslevande
Al Joe [*ældʒou'*] *amr. sl* [något] förstklassigt
alkali [*ælkəl(a)i*] alkali, *amr. sl* kaffe; **alkalify** [*əlkæ'lifai*] förvandla till alkali; **alkaline** [*ælkəlain*] alkalisk; **alkalescence** [*ælkəle'səns*] utveckling av lutsalt; **alkalescent** [*ælkəle's-ənt*] utvecklande lutsalt; svagt alkalisk; **alkaloid** [*ælkəlɔid*] *kem.* alkaloid; **alkaloidal** [*ælkəlɔi'dəl*] alkaloidisk
all [*ɔ:l*] all, allt, alla, idel; **above** ~ framför allt; **after** ~ när allt kommer omkring; **not at** ~ alls icke, ingenting att tacka för, för all del, det betyder ingenting; ~ **but** nästan; **first of** ~ först och främst; ~ **in** ~ (**all told**) inalles; ~ **in** *sl* uttröttad, tröttkörd; ~**-in-one** korselett; **by** ~ **means** för all del, naturligtvis; ~ **of us** vi alla; **it is** ~ **one to me** det är mig likgiltigt; ~ **out** av all kraft; ~**over** *amr.* överallt; ~**overish** sjuk i hela kroppen; ~ **right** i ordning, nåväl! för all del! (som svar på: *I'm sorry*, ursäkta!); ~ **set** *amr.* klar (att börja eller gå); ~ **there** vid sina sinnen; ~ **the same** likgiltigt, likafullt; ~ **the time** *amr.* när som helst; ~ **the better** så mycket bättre; ~ **the difference** hela skillnaden, en mycket stor skillnad; ~ **too** alltför; ~ **my eye and Betty Martin** *sl* nonsens; **A— Fool's Day** 1 april; **A— Hallow's Day**, **A— Saints' Day** Allhelgonadagen (1 nov.); **A— Souls' Day** Alla helgons dag (2 nov.); ~**-a-hunky** *amr. sl* all right, tillfredsställande; ~**-fired** *amr.* förbannat (*hell-fired*); ~**-get-out** *amr.* mycket smart; ~**-in insurance** *hand.* generell försäkring; ~**-mains** *elektr.* allströms-; ~**-powerful** allsmäktig; ~**spice** jamaikapeppar, kryddpeppar; ~**-wool** helylle
allay [*əlei'*] lindra, mildra, dämpa
allegation [*æligei'ʃən*] påstående, utsago, anklagelse; **allege** [*əle'dʒ*] påstå, vilja göra gällande, anföra (som ursäkt)
allegiance [*əli:'dʒəns*] tro och lydnad, lojalitet
allegoric [*æligɔ'rik*] allegorisk, bildlig; **allegorist** [*æligərist*] allegorisk författare; **allegorize** [*æligəraiz*] förklara el. framställa allegoriskt; **allegory** [*æligəri*] allegori
alleluia [*ælilu:'jə*] halleluja
allergy [*ælədʒi*] allergi; **allergic** [*ælə:'dʒik*] allergisk
alleviate [*əli:'vieit*] lindra; **alleviation** [*əli:viei'ʃən*] lindring; **alleviator** [*əli:'vieitə*] som lindrar, lindrande medel, *sl* förfriskning (dryck); **alleviatory** [*əli:'vjətəri*] lindrande
alley [*æli*] gränd, gång, allé, kägelbana, marmorkula, *amr.* bakgata (parallell med huvudgata; också **back-**~); klart spår (på järnväg); ~**way** gränd, korridor
alley tootsweet [*əlei' tu:tswi:t*] *sl* (fr. *allez tout de suite*) försvinn! ge dig i väg!
alliance [*əlai'əns*] förbund, allians, giftermål, släktskap
allied se *ally*
alligator [*æligeitə*] *zool.* alligator
alliterate [*əli'təreit*] allitterera; **alliteration** [*əlitərei'ʃən*] allitteration, stavrim; **alliterative** [*əli'tərətiv*] allittererande
allocate [*æləkeit*] överlåta, tilldela, anvisa; **allocation** [*ælokei'ʃən*] överlåtelse, anvisning
allocution [*ælokju:'ʃən*] tilltal, högtidligt tal
allodial [*əlou'djəl*] odal-, oberoende; **allodium** [*əlou'djəm*] fritt arvgods, odalgods
allopathic [*ælopæ'þik*] allopatisk; **allopathist** [*əlɔ'pəþist*] allopat; **allopathy** [*əlɔ'pəþi*] allopati
allot [*əlɔ't*] fördela genom lott, tilldela; **allotment** fördelning, andel, jordlott
allotropic[al] [*ælətrɔ'pik(l)*] allotropisk; **allotropy** [*əlɔ'trəpi*] allotropi
allottee [*æləti:'*] en som erhållit ngt genom lottning
allow [*əlau'*] tillåta, erkänna, bevilja; *amr.* påstå; **be** ~**ed** få lov (tillåtelse); **dogs are not** ~**ed in this garden** hundar få ej tillträde till denna trädgård; ~ **for** ta med i beräkningen, ta hänsyn till, frånräkna; ~ **in** ge tillträde, låta komma in; ~ **of** tillåta; **allowable** [*-əbl*] tillåtlig
allowance [*əlau'əns*] medgivande, avdrag, penningunderstöd; **sh'ort** ~ inknappad ranson; **we must make** ~ **for that** vi måste ta hänsyn till detta; **one must make** ~**s for him** man måste ha överseende med honom
alloy [*əlɔi'*] legering, tillsats; tillblanda, försämra
allude [*əlju:'d*] hänsyfta, anspela (**to** på)
allure [*əl(j)u'ə*] locka; ~**ment** lockelse, lockmedel
allusion [*əl(j)u:'ʒ(ə)n*] anspelning; **allusive** [*əl(j)u:'siv*] anspelande, syftande
alluvial [*əl(j)u:'vjəl*] alluvial, uppslammad; **alluvium** [*əl(j)u:'vjəm*] uppslamning; **alluvion** [*əl(j)u:'vjən*] uppslamning, svämbildning
ally [*ælai*] allierad, bundsförvant; [*əlai'*, *æ'lai*] förena, alliera; **allied to** besläktad med
Alma [*ælmə*]; ~ **mater** [*meitə*] Alma mater (universitetet)
almanac [*ɔ:lmənæk*] almanack
almighty [*ɔ:lmai'ti*] allsmäktig, väldig; mycket; ~ **glad** glittrande glad
almond [*a:mənd*] mandel
almoner [*ælmənə*] officiell utdelare av allmosor
almost [*ɔ:lmoust*] nästan
alms [*a:mz*] allmosa; ~**-house** fattighus (i synnerhet *amr.*); ~**-man** fattighjon
aloe [*ælou*] aloe, *pl* aloesaft
aloft [*əlɔ(:)'ft*] högt uppe, i höjden, uppåt, *sjö.* till väders; **go** ~ *sl* dö
alone [*əlou'n*] allena, ensam; endast, blott; **let** ~, **leave** ~ låta bli (vara i fred); **let** ~ **the expense** för att icke tala om kostnaderna
along [*əlɔ'ŋ*] längs efter, åstad, fram, med; **I knew it all** ~ jag har vetat det hela tiden; **come** ~ komma med; följ med, kom hit! ~ **with** tillsammans med; **get** ~ komma fram, ha tur; ~**side** (**of**) långsides (med)
aloof [*əlu:'f*] på avstånd, fjärran från, reserverad; **aloofness** likgiltighet, högdragenhet
aloud [*əlau'd*] högt; med ljudlig röst; **read** ~ läsa upp, läsa högt
alp [*ælp*] alp, bergstopp, säter; **the A—s** Alperna
alpaca [*ælpæ'kə*] alpacka
alpenstock [*ælpənstɔk*] alpstav
alpha [*ælfə*] alfa (den första bokstaven i det grekiska alfabetet); ~**-rays** alfastrålar
alphabet [*ælfəbit*] alfabet; ~ **soup** *amr. sl* Roosevelts många regeringsåtgärder nämnda med begynnelsebokstäverna; **alphabetic[al]** [*ælfəbe'tik(l)*] alfabetisk
Alpine [*ælpain*] alp-, alpin, hög; **Alpinist** [*ælpinist*] alpbestigare
already [*ɔ(:)lre'di*] redan
Alsatia [*ælsei'ʃiə*] Elsass; fristad för förbrytare (efter kloster i London, som hade asylrätt för förrymda gäldenärer); **Alsatian** [*-ʃiən*] elsassisk; stor tysk fårhund
also [*ɔ(:)lsou*] också; ~ **ran** *sl* dålig häst vid kapplöpning, *amr. sl* obetydlig person eller sak
alt [*ælt*] *mus.* alt
altar [*ɔ:ltə*] altare, *amr. sl* toalett; ~ **it** *amr. s* bli gift; ~**-piece** altartavla
alter [*ɔ:ltə*] ändra, förändra; **alteration** [*ɔltərei'ʃən*] förändring, ändring; **alterative** [*ɔ(:)ltərətiv*] föränderlig; botemedel
altercate [*ɔ:ltəkeit*] träta, gräla; **altercation** [*ɔltəkei'ʃən*] träta, ordväxling

alternate [*ɔltə:'nit*] omväxlande, turvis skeende, växel-; **on ~ days** varannan dag; [*ɔ:ltəneit*] växelvis utföra, låta omväxla, växla; *amr.* suppleant; **alternation** [*ɔltənei'ʃən*] växling, omflyttning; **alternative** [*ɔltə:'nətiv*] alternativ, val; **~ current** växelström; **alternator** [*ɔ:ltəneitə*] växelströmsdynamo
although [*ɔ(:)lðou'*] ehuru
altimeter [*ælti'mitə*] höjdmätare
altitude [*æltitju:d*] höjd, höghet; *pl* högtliggande platser
alto [*æltou*] alt[stämma]
altogether [*ɔ:ltəge'ðə*] sammanlagt, tillsammans, alldeles, på det hela taget
alto-relievo [*æ'ltorili:'vou*] högrelief
altruism [*æltruizm*] oegennytta, altruism; **altruist** [*æltruist*] altruist; **altruistic** [*æltrui'stik*] altruistisk, oegennyttig
alum [*æləm*] alun; **alumina** [*əl(j)u:'minə*] aluminiumjord; **aluminium** [*æljumi'njəm*] aluminium; **aluminous** [*əl(j)u:'minəs*] alunhaltig; **aluminum** [*əl(j)u:'minəm*] *amr.* aluminium
alumna [*əlʌ'mnə*] *amr.* kvinnlig alumn el. elev; **alumnus** [*əlʌ'mnəs*] (*pl alumni* [*-ai*]) alumn, elev
always [*ɔ:lwiz*] alltid
a. m. [*ei' e'm*] [på] förmiddagen
am [*æm, əm*] är (se *be*)
amadou [*æmədu:*] fnöske
amah [*a:ma*] infödd barnjungfru (i Indien och Orienten)
amain [*əmei'n*] med all kraft, raskt, i hast
amalgam [*əmæ'lgəm*] amalgam; **amalgamate** [*əmæ'lgəmeit*] blanda, sammansmälta, förena; **amalgamation** [*əmælgəmei'ʃən*] sammansmältning, sammanslagning; rasblandning; **amalgamative** [*əmæ'lgəmeitiv*] sammansmältande
amanuensis [*əmænjue'nsis*] amanuens, handsekreterare
amaranth [*æmərænþ*] *bot.* amarant, evighetsblomster, purpurröd färg; **amaranthine** [*æməræ'nþain*] oförvissnelig
amaryllis [*æməri'lis*] *bot.* amaryllis
amass [*əmæ's*] lägga i hög, samla
amateur [*æmətə:', æmətju'ə*] amatör; **~ish** [*æmətə:'riʃ*] dilettantisk
amative [*æmətiv*] erotisk; **amatory** [*æmətəri*] älskogs-
amatol [*æmətɔl*] amatol (sprängämne)
amaze [*əmei'z*] göra häpen; häpnad; **amazement** häpnad
Amazon [*æməzɔn*] amason, karlavulen kvinna; **the ~** Amasonfloden; **Amazonian** [*æməzou'njən*] amason-
ambassador [*æmbæ'sədə*] ambassadör; **~ of commerce** *skämts.* handelsresande; **ambassadorial** [*æmbæ'sədɔ:'riəl*] ambassadörs-; **ambassadress** [*æmbæ'sədris*] kvinnligt sändebud, ambassadörsfru
amber [*æmbə*] bärnsten; bärnstensgul; **~ holder** bärnstensmunstycke
ambergris [*æmbəgri:s*] [grå]ambra
ambidexter [*æmbide'kstə*] [person] som kan använda båda händerna lika väl; opålitlig [person]; **ambidexterity** [*æmbidekste'riti*] tvehänthet, dubbelspel; **ambidext[e]rous** [*æmbide'kst(ə)rəs*] tvehänt, behändig
ambient [*æmbjənt*] omgivande, omslutande
ambiguity [*æmbigju'iti*] tvetydighet, ovisshet; **ambiguous** [*əmbi'gjuəs*] tvetydig, otydlig
ambish [*æmbi'ʃ*] *amr. fam.* förk. f. *ambition*
ambit [*æmbit*] omkrets, omfång, område
ambition [*əmbi'ʃən*] äregirighet, [ärelysten] strävan; **ambitious** [*əmbi'ʃəs*] äregirig, ivrigt traktande (**of** efter)
amble [*æmbl*] passgång; gå i passgång, trippa
ambrosia [*əmbrou'ziə, -ʒiə*] ambrosia, gudaspis, välsmakande eller välluktande ting; **ambrosial** [*əmbrou'ziəl*] ambrosisk, läcker

ambs-ace [*eimzeis*] ässen par, värdelöshet, otur
ambulance [*æmbjuləns*] ambulans; **~ chaser, ~ lawyer** *amr.* alltför smart sakförare (med specialitet att utkräva skadestånd av trafikbolag)
ambulant [*æmbjulənt*] vandrande (om sjukdom, som flyttar sig från en kroppsdel till en annan); **ambulatory** [*æmbjulətəri*] galleri, pelargång; spatser-; kringvandrande, rörlig, flyttbar
ambuscade [*æmbəskei'd*] bakhåll; ligga i bakhåll
ambush [*æmbuʃ*] bakhåll, försåt; ligga i bakhåll [för]; **make, lay an ~** lägga försåt; **lie in ~** ligga i bakhåll
ameer [*əmi'ə*] emir
ameliorate [*əmi:'ljəreit*] förbättra, bli bättre; **amelioration** [*əmi:'ljərei'ʃən*] förbättring; **ameliorative** [*əmi:'ljəreitiv*] förbättrande
amen [*ei'me'n, a:'me'n*] amen; **~-bawler** *sl* präst
amenability [*əmi:nəbi'liti*] ansvarighet, eftergivenhet; **amenable** [*əmi:'nəbl*] ansvarig, medgörlig, tillgänglig (**to** för)
amend [*əme'nd*] rätta, upphjälpa, bättra sig; komma med ändringsförslag [till], förbättra; **amendment** förbättring, ändringsförslag; **amends** [*əmendz*] gottgörelse; **make amends for** ersätta, ge upprättelse för
amenity [*əmi:'niti*] skönhet, behaglighet, bekvämlighet; *pl* behagligt uppträdande, behagligt väsen
amerce [*əmə:'s*] pliktfälla, straffa; **~ him [in] £ 2** ådöma honom 2 pund i böter; **amercement** [*əmə:'smənt*] plikt, böter; **amerciable** [*əmə:'ʃiəbl*] förfallen till böter
America [*əme'rikə*] Amerika; **American** [*əme'rikən*] amerikan[are]; amerikansk; **~ cloth** vaxduk; **Americanism** [*əme'rikənizm*] amerikansk språkegenhet; sympati för Amerika; **Americanize** [*əme'rikənaiz*] amerikanisera[s]; göra till amerikansk medborgare; använda amerikanska uttryck
amethyst [*æmiþist*] ametist, ametistfärg; **amethystine** [*æmiþi'stain*] ametist-
amiability [*eimjəbi'liti*] älskvärdhet; **amiable** [*eimjəbl*] älskvärd
amicability [*æmikəbi'liti*] vänskaplighet; **amicable** [*æmikəbl*] vänskaplig, vänlig
amicably [*æmikəbli*] i godo
amice [*æmis*] vitt mässkläde för katolska präster; hätta, märke
amid[st] [*əmi'd(st)*] mitt i, ibland; **amidships** midskepps
amidol [*æmidɔl*] *foto.* framkallningsvätska
amir [*əmi'ə*] se *ameer*
amiss [*əmi's*] på tok, orätt, galet; **take ~** taga illa upp
amity [*æmiti*] vänskap, endräkt
ammeter [*æmitə*] *elektr.* amperemätare
ammo [*æmou*] *sl* ammunition
ammonia [*əmou'njə*] ammoniak; **liquid ~** ammoniaklösning; **ammoniac** ammoniakhaltig; **ammoniacal** [*æmənai'əkl*] ammoniak-; **ammoniated** [*əmou'nieitid*] påverkad av ammoniak
ammonite [*æmənait*] ammonshorn (fossil snäcka)
ammunition [*æmjuni'ʃən*] ammunition; **~ boots** kommisstövlar; **~ bread** kommissbröd
amnesty [*æmnisti*] amnesti, tillgift; ge amnesti åt
amoeba [*əmi:'bə*] amöba
amok [*əmɔ'k*]; **run ~** löpa omkring galen (av blodtörst)
among[st] [*əmʌ'ŋ(st)*] [i]bland; **we have not 5 s. ~ us** vi ha icke 5 shilling tillsammans
amoral [*əmɔ'rəl*] amoralisk
amorous [*æmərəs*] förälskad, kärleks-, kärlig
amorphous [*əmɔ:'fəs*] amorf, formlös, oregelbunden
amortization [*əmɔ:tizei'ʃən*] amortering; **amortize** [*əmɔ:'taiz*] amortera
amount [*əmau'nt*] summa, belopp, mängd; belöpa sig (**to** till); **this ~s to a refusal** detta är detsamma som ett avslag; **what does it ~ to?** vad

går det ut på? **it ~s to the same thing** det kommer på ett ut
amour [*əmu'ə*] erotiskt förhållande
ampelopsis [*æmpilɔ'psis*] vildvin
ampère [*æmpɛə*] *elektr.* ampere
ampersand [*æmpəsæ'nd*] tecknet &
amphibian [*æmfi'bjən*] amfibie; amfibieflygplan; person som lever dubbelliv; amfibisk; **amphibious** [*əmfi'bjəs*] amfibisk
amphisbaena [*æmfisbi:'nə*] svanshuvud, fabeldjur med huvud i båda ändarna
amphitheatre [*æmfiþiətə*] amfiteater; **amphitheatrical** [*æmfiþiæ'trikl*] amfiteater-, amfiteatralisk
Amphitryon [*æmfi'triən*] *skämts.* värd
amphora [*æmfərə*] amfora (kärl med två öron och smal hals)
ample [*æmpl*] rymlig, riklig; frikostig; **amplify** [*æmplifai*] förstora; förstärka; utföra i detalj; utbreda sig; **amplification** [*æmplifikei'ʃn*] utvidgning, förstärkning, utläggning; **amplifier** [*æmplifaiə*] *mek. o. radio.* förstärkare; **amplitude** [*æmplitju:d*] omfång, vidd
ampoule [*æmpu:l*] *med.* ampull
ampulla [*əmpu'lə*] romersk flaska med två handtag, *med.* ampull; **ampullaceous** [*æmpulei'ʃəs*] flaskformad
amputate [*æmpjuteit*] amputera; **~ one's mahogany** *sl* 'smita'; **amputation** [*æmpjutei'ʃən*] amputation
amuck [*əmʌ'k*] se *amok* (*run ~*)
amulet [*æmjulit*] amulett
amuse [*əmju:'z*] roa, underhålla, förströ; **how amusing!** så lustigt! **you ~ me** du är löjlig; **he is amused (by, with)** han är road (av); **amusement** nöje, förlustelse
amyl [*æmil*] amyl, stärkelse; **amyloid** [*æmilɔid*] stärkelserikt näringsmedel; stärkelsehaltig; **amylaceous** [*æmilei'ʃəs*] stärkelseaktig
an se *a*
ana [*einə*] anekdotsamling, anekdoter
anabaptist [*ænəbæ'ptist*] vederdöpare; **anabaptism** [*ænəbæ'ptizm*] vederdöparnas lära
anachronism [*ənæ'krənizm*] anakronism; otidsenligt ting; **anachronistic** [*ənækrəni'stik*] anakronistisk
anaclastic [*ænəklæ'stik*] strålbrytnings-
anacoluthon [*ænəkəl(j)u:'þən*] *gram.* anakolut, avbrott (brist på följdriktighet)
anaconda [*ænəkɔ'ndə*] jätteorm
anacreontic [*ənəkriɔ'ntik*] anakreontisk [dikt]; levnadsglad
anaemia [*əni:'mjə*] blodbrist, anemi; **anaemic** [*əni:'mik*] blodfattig
anaesthesia [*æni:sþi:'ʃə*] okänslighet, bedövning; **anaesthetic** [*æni:sþe'tik*] bedövningsmedel; bedövande; **anaesthetist** [*æni:'sþetist*] person som bedövar; **anaesthetize** [*əni:'sþitaiz*] bedöva
anagram [*ænəgrəm*] anagram (ord eller uttryck, bildat genom omflyttning av bokstäverna i ett annat)
anal [*einəl*] hörande till ändtarmsöppningen; **~ fin** analfena
analecta [*ænəle'ktə*], **analects** [*ænəlekts*] brottstycken, fragment
analgesia [*ænəldʒi:'zjə*] frånvaro av smärta; **analgetic** [*ænəldʒe'tik*], **analgesic** [*ænəldʒi:'sik*] smärtstillande [medel]
analogical [*ænəlɔ'dʒikl*] analogisk; **analogize** [*ənæ'lədʒaiz*] förklara analogiskt; bruka analogier; **analogous** [*ənæ'ləgəs*] likartad, analog; **analogue** [*ænəlɔg*] motstycke; **analogy** [*ənæ'lədʒi*] analogi
analyse [*ænəlaiz*] analysera; **analysis** [*ənæ'lisis*] analys; upplösning; **analyst** [*ænəlist*] analytiker; **analytic[al]** [*ænəli'tik(l)*] analytisk
ananas [*ənei'nəs, əna:'nəs*] ananas
Ananias [*ænənai'es*] *bibl.* Ananias; *sl* lögnare; **~-fest** *amr. sl* utväxling av lögnhistorier
anapaest [*ænəpest*] anapest (versfot)
anaphoric [*ænəfɔ'rik*] *gram.* anaforisk (retoriskt upprepande samma ord)
anarchic[al] [*əna:'kik(l)*] laglös, anarkisk; **anarchism** [*ænəkizm*] anarkism; **anarchist** [*ænəkist*] anarkist; **anarchy** [*ænəki*] anarki
anastomose [*ənæ'stəmouz*] anastomosera, förena sig; **anastomosis** [*ænəstəmou'sis*] anastomos, förening av ådror eller vattendrag
anathema [*ənæ'þimə*] förbannelse, bannlysning; **anathematize** [*ənæ'þimətaiz*] förbanna, bannlysa
anatomical [*ænətɔ'mikl*] anatomisk; **anatomist** [*ənæ'təmist*] anatom; **anatomize** [*ənæ'təmaiz*] dissekera; **anatomy** [*ənæ'təmi*] anatomi, dissektion, utmagrad kropp, benrangel, kropp
anbury [*ænbəri*] blodsvulst (hos hästar och boskap)
ancestor [*ænsistə*] stamfader; **ancestral** [*ænse'strəl*] fäderneärvd; **ancestress** [*ænsistris*] stammoder; **ancestry** [*ænsistri*] ätt, anor, börd
anchor [*æŋkə*] ankare; förankra, kasta ankar; **cast ~** kasta ankar; **weigh ~** lätta ankar; **ride at ~** ligga för ankar; **come to an ~** ankra; *sl* sätta sig, falla omkull; **anchorage** [*æŋkəridʒ*] ankring, liggande för ankar, ankarplats
anchoress [*æŋkəris*] kvinnlig eremit; **anchoret** [*æŋkərit*], **anchorite** [*æŋkərait*] eremit; **anchoretic** [*æŋkəre'tik*] eremit-
anchovy [*æntʃou'vi, æntʃəvi*] ansjovis
anchylosis [*æŋkilou'sis*] ledstyvhet
ancient [*einʃənt*] [ur]gammal, forn[tida]; **~ lights** fönster som ej får berövas ljuset genom uppförande av grannbyggnad; **The A— of Days** Gud; **the ~s** forntidens (antikens) människor, de gamle
ancillary [*ænsi'ləri*] tjänande, bi-
ancle [*æŋkl*] se *ankle*
and [*ænd, ənd, ən*] och; **~ so on, ~ so forth** och så vidare (o. s. v.)
andante [*ændæ'nti*] andante
Andes [*ændi:z*]; **the ~** Anderna
andiron [*ændaiən*] flyttbar järnbock i öppen eldstad
anecdotage [*ænikdoutidʒ*] anekdotberättande, senil pratsamhet (*anecdote dotage*); **anecdote** [*ænikdout*] anekdot; **anecdotic[al]** [*ænikdɔ'tik(l)*] anekdotisk; **anecdotist** [*ænikdoutist*] anekdotberättare
anele [*əni:'l*] smörja med olja; ge sista smörjelsen
anemometer [*ænimɔ'mitə*] vindmätare
anemone [*əne'məni*] sippa; **[sea] ~** havsanemon
anent [*əne'nt*] *åld.* angående, om
aneroid [*ænirɔid*] **[barometer]** aneroidbarometer
aneurism [*ænjurizm*] pulsåderbråck
anew [*ənju:'*] ånyo, igen
anfractuosity [*ænfræktjuɔ'siti*] krokighet, bukt, invecklad beskaffenhet
angary [*æŋgəri*] krigförande stats användning (mot ersättning) av privata eller neutrala skepp i krigföringen
angel [*eindʒəl*] ängel; gammalt engelskt mynt; **talk of the ~ and here she is** när man talar om trollet, så står det i farstun; **~ food** *amr. sl* predikan, religion; **angelic** [*ændʒe'lik*] änglalik
angelica [*əndʒe'likə*] *bot.* angelica, tjuton
angelus [*ændʒiləs*] katolsk bön (Angelus Domini); **~-bell** angelusringning
anger [*æŋgə*] vrede; förarga, reta
angina [*ændʒai'nə*] halsinflammation; angina
angle [*æŋgl*] vinkel, hörn, metkrok; meta; **angler** metare
Angles [*æŋglz*]; **the ~** anglerna
Anglican [*æŋglikən*] medlem av den engelska [hög]kyrkan; tillhörande den engelska [hög-]kyrkan; **Anglicanism** [*æŋglikənizm*] den anglikanska kyrkans lära
Anglicism [*æŋglisizm*] engelsk språkegenhet; **Anglicize** [*æŋglisaiz*] göra engelsk; uttrycka på engelska
Anglo-Indian [*æŋgloui'ndjən*] engelsman bosatt

i Indien; **Anglomania** [*æŋgloumei'njə*] anglomani; **Anglomaniac** [*-jək*] en som vurmar för allt engelskt; **Anglophobia** [*-foubjə*] skräck för engelsmän; **Anglo-Saxon** [*-sæ'ksən*] anglosaxare; anglosaxisk, av engelskt ursprung
angola [*æŋgou'lə*] tyg av angoraull; **angora-cat** [*æŋgɔ:'rə-*] angorakatt
angostura [*æŋgɔstju'ərə*] angostura; **~ bitters** angosturalikör
angry [*æŋgri*] vred, ond (**at, with** på), inflammerad, värkande
anguish [*æŋgwiʃ*] pina, vånda, kval
angular [*æŋgjulə*] vinkelformad, kantig, med skarpa hörn, anbragt i vinkel; **angularity** [*æŋgjulæ'riti*] vinkelform, kantighet
anil [*ænil*] indigo; **aniline** [*ænilain*] anilin
animadvert [*ænimədvə:'t*] **upon** kritisera, tadla; **animadversion** [*ænimədvə:'ʃən*] kritik, klander
animal [*ænimәl*] levande varelse, djur, djurisk människa; animalisk, djur-, fysisk, sinnlig; **~ spirits** levnadslust; **animalcule** [*ænimæ'lkju:l*] mikroskopiskt djur; **animalism** [*ænimәlizm*] livsprocess; sinnlighet; **animality** [*ænimæ'liti*] animalisk natur; **animalize** [*ænimәlaiz*] ge animaliskt liv åt; förnedra till djur
animate [*ænimit*] levande; [*ænimeit*] ge liv åt, uppliva, animera; **animation** [*ænimei'ʃən*] upplivande, livlighet
animism [*ænimizm*] animism, spiritualism; **animistic** [*ænimi'stik*] animistisk
animosity [*ænimɔ'siti*] fientlighet, hat; **animus** [*ænimәs*] ovilja
anise [*ænis*] *bot.* anis; **aniseed** [*ænisi:d*] anisfrö; **anisette** [*ænize't*] anislikör
anker [*æŋkә*] ankare (8 ½ gallons)
ankle [*æŋkl*] fotled, fotknöl, smalben, *amr. sl* kvinna med oäkta barn; *amr. sl* gå; **anklet** [*æŋklit*] ring om fotleden
anna [*ænә*] anna (indiskt mynt: 1/16 rupie)
annalist [*ænәlist*] krönikeskrivare; **annals** [*ænәlz*] tideböcker, annaler, krönika
anneal [*әni:'l*] göra seg genom upphettning och långsam avkylning, utglödga, moderera
annelid [*ænilid*] ringmask
annex[e] [*æneks*] flygelbyggnad, tillägg; [*әne'ks*] bifoga, tillägga, förknippa, annektera; **annexation** [*æniksei'ʃәn*] bifogning, tillägg, annektering
Annie Laurie [*æni lɔ:ri*] *sl* lastvagn (*lorry*)
annihilate [*әnai'ileit*] tillintetgöra; **annihilation** [*әnaiilei'ʃәn*] tillintetgörelse
anniversary [*ænivә:'sәri*] årsdag, årsfest
Anno Domini [*ænou dɔminai*] år efter Kristus
annotate [*ænoteit*] förse med förklarande noter, anteckna, göra anteckningar (**on** om); **annotation** [*ænotei'ʃәn*] anteckning; **annotator** [*ænoteitә*] kommentator
announce [*әnau'ns*] tillkännage, anmäla, bebåda; **announcement** kungörelse; **announcer** hallåman
annoy [*әnɔi'*] förarga, reta; **~ed at** förargad över; **annoyance** [*әnɔi'әns*] förargelse, förtret
annual [*ænjuәl*] årlig; ettårig växt, årsskrift
annuitant [*әnju:'itәnt*] ägare av livränta; **annuity** [*әnju:'iti*] årsränta, livränta
annul [*әnʌ'l*] annullera, förklara för ogiltig; upphäva; **annulment** annullering, upphävande
annular [*ænjulә*] ringformad; **~ eclipse** ringformad solförmörkelse; **annulate[d]** [*ænjuleit(id)*] bildad av ringar
annunciate [*әnʌ'nʃieit*] förkunna, bebåda; **the Annunciation** [*әnʌnsiei'ʃәn*] Jungfru Marie bebådelse; **annunciator** [*әnʌ'nsieitә*] förkunnare; nummertavla i förbindelse med ringledningar
anode [*ænoud*] *elektr.* anod
anodyne [*ænodain*] smärtstillande [medel]; **~ necklace** *amr. sl* rep till hängning
anoint [*әnɔi'nt*] smörja, inviga, helga; *sl* genomprygla; **~ment** smörjelse, salva
anomalous [*әnɔ'mәlәs*] oregelbunden, onormal; **anomaly** [*әnɔ'mәli*] oregelbundenhet, abnormitet, missförhållande
anon [*әnɔ'n*] snart, strax; **ever and ~** då och då
anonymity [*ænәni'miti*] anonymitet; **anonymous** [*әnɔ'nimәs*] anonym
anopheles [*әnou'fili:z*] ett slags mygga
another [*әnʌ'ðә*] en annan, en till; **one ~** varandra; **ask me ~** *fam.* det bör du icke fråga mig om; **~ cup** en kopp till; **one man's meat is ~ man's poison** den enes död, den andres bröd
anserine [*ænsәr(a)in*] gås-
answer [*a:nsә*] svar, försvar; svara, besvara, bemöta, ansvara, duga, vara användbar, ha framgång; **~ the door** öppna dörren; **~ for** garantera, ansvara för, stå till svars för; **~ to** motsvara
ant [*ænt*] myra; **~-eater** myrslok; **~-hill** myrstack
antagonism [*әntæ'gәnizm*] motverkan, motstånd, fiendskap; **antagonist** [*әntæ'gәnist*] motståndare; **antagonistic** [*әntægәni'stik*] stridig, motsatt; **antagonize** [*әntæ'gәnaiz*] (is. *amr.*) göra motstånd mot, motarbeta, motverka, uppreta mot varandra
antarctic [*ænta:'ktik*] antarktisk, sydpols-; **the A—** Antarktis; **the ~ circle** södra polcirkeln
ante [*ænti*] *lat.* före; insats av pokerspelare, innan de ta nya kort; *amr. sl* pris; göra insats; **~ up** *amr. sl* göra sitt, bidraga; **~-bellum** [*-belәm*] förkrigs-
antecedence [*æntisi:'dәns*] företräde, prioritet; **antecedent** [*æntisi:'dәnt*] något föregående; *pl* föregåenden, antecedentia; tidigare (**to** än)
antechamber [*æntitʃeimbә*] förrum
antechapel [*æntitʃæpl*] platsen framför koret i en kyrka, vapenhus
antedate [*æ'ntidei't*] antedatera, föregå, föregripa
antediluvian [*æntidil(j)u:'vjәn*] från tiden före syndafloden, föråldrad, antediluviansk
antelope [*æntiloup*] *zool.* antilop
ante meridiem [*ænti mәri'djәm*] före middagen (kl. 12); (förkortat **a. m.**)
antenatal [*æ'ntinei'tl*] före födseln
antenna [*ænte'nә*] (*pl antennæ* [*ænte'ni:*]) känselspröt, antenn
antepenult[imate] [*æntipinʌ'lt(imit)*] antepenultima; den tredje [stavelsen] från slutet
anterior [*ænti'әriә*] tidigare; främre; **anteriority** [*æntiәriɔ'riti*] företräde i tiden, prioritet
ante-room [*æntirum*] förrum, väntrum
anthem [*ænþәm*] kyrklig växelsång, kantat, hymn, lovsång; **national ~** nationalsång
anther [*ænþә*] *bot.* ståndarknapp
anthology [*ænþɔ'lәdʒi*] antologi
Anthony [*æntәni*] Anton
anthracite [*ænþrәsait*] antracit
anthrax [*ænþræks*] elakartad böld, mjältbrand
anthropoid [*ænþrәpɔid*] människoapa; människolik; **anthropological** [*ænþrәpәlɔ'dʒikl*] antropologisk; **anthropologist** [*ænþrәpɔ'lәdʒist*] antropolog; **anthropology** [*ænþrәpɔ'lәdʒi*] antropologi, läran om människan
anthropomorphic [*ænþrәpәmɔ:'fik*] antropomorfisk; **anthropomorphism** [*ænþrәpәmɔ:'fizm*] antropomorfism, föreställningen om Gud i mänsklig gestalt; **anthropomorphize** [*ænþrәpәmɔ:'faiz*] tillägga Gud mänskliga egenskaper
anthropophagi [*ænþrәpɔ'fәdʒai*] människoätare; **anthropophagous** [*ænþrәpɔ'fәgәs*] kannibalisk; **anthropophagy** [*ænþrәpɔ'fәdʒi*] kannibalism
anti-aircraft [*æ'ntiɛ'әkra:ft*] luftvärns-; **~ gun** luftvärnskanon
antibilious [*æntibi'ljәs*] tjänlig mot gallsjuka
antibody [*æntibɔdi*] antikropp
antic [*æntik*] krumsprång, gycklare; besynnerlig, grotesk, fantastisk
Antichrist [*æntikraist*] Antikrist; **antichristian** [*æ'ntikri'stjәn*] okristlig, kristendomsfientlig

anticipate [*ænti'sipeit*] motse, förutse, föregripa, njuta i förväg, komma i förväg för; **he had to ~ his income** han måste ta ut förskott på sin inkomst; **anticipation** [*æntisipei'ʃən*] föregripande, förväntan; **thanking you in anticipation** i det jag tackar Eder på förhand; **anticipative** [*ænti's-ipeitiv*] föregripande, förhands-; **anticipatory** [*ænti'sipeitəri*] föregripande

anticlimax [*æ'ntiklai'mæks*] antiklimax, trivial avslutning

anti-clockwise [*æ'ntiklɔ'kwaiz*] motsols

anti-conceptional [*æ'ntikənse'pʃənəl*] barnbegränsnings-

anti-cyclone [*æ'ntisai'kloun*] högt lufttryck, anticyklon

antidotal [*æntidoutl*] motgifts-; **antidote** [*æntidout*] motgift

anti-freezing [*æ'ntifri:'ziŋ*] köldmotverkande

antimacassar [*æntiməkæ'sə*] antimakassar

antimony [*æntiməni*] antimon

antinomian [*æntinou'mjən*] antinomist; antinomistisk, motsägande; **antinomy** [*ənti'nəmi*] motsägelse (i en lag eller mellan två lagar)

antipathetic [*æntipəþe'tik*] antipatisk; **antipathy** [*ænti'pəþi*] antipati, motvilja

antiphlogistic [*æ'ntiflədʒi'stik*] medel mot inflammation; inflammationshämmande

antiphon [*æntifən*] antifoni, kyrklig växelsång; **antiphonal** [*ænti'fənəl*] koralbok; antifonisk; **antiphonary** [*ənti'fənəri*] koralbok; **antiphony** [*ənti'fəni*] växelsång

antipodal [*ænti'pədəl*] rakt motsatt; **antipode** [*æntipoud*] antipod, rak motsats; **antipodean** [*æntipədi:'ən*] antipod-; **antipodes** [*ænti'pədi:z*] antipoder; diametral motsats

antipole [*æntipoul*] motsatt pol, direkt motsats

antipyrin [*æntipairin*] feberstillande medel

antique [*ænti:'k*] fornlämning; forntida, antik, gammaldags; **the ~** den antika konststilen; **antiquarian** [*æntikwɛ'əriən*] fornforskare; antikvarisk; **antiquarianism** [*æntikwɛ'əriənizm*] fornforskning; **antiquary** [*æntikwəri*] fornforskare; **antiquate** [*æntikweit*] göra föråldrad, upphäva; **antiquity** [*ænti'kwiti*] hög ålder; *pl* fornminnen, fornlämningar; **A—** forntiden, forntidens människor

antirrhinum [*æntirai'nəm*] *bot.* lejongap

antiscorbutic [*æ'ntiskɔ:bju:'tik*] medel mot skörbjugg

anti-Semite [*æ'ntisi:'mait*] antisemit; **anti-Semitic** [*æntisimi'tik*] antisemitisk; **anti-Semitism** [*æntisi:'maitizm*] antisemitism

antiseptic [*æntise'ptik*] antiseptiskt medel (behandling); antiseptisk

anti-social [*æ'ntisou'ʃl*] samhällsfientlig

antithesis [*ænti'þisis*] antites, motsats; **antithetic[al]** [*æntiþe'tik(l)*] antitetisk

antitoxic [*æ'ntitɔ'ksik*] *med.* tjänande som antitoxin; **antitoxin** [*æntitɔ'ksin*] *med.* antitoxin, motgift

antitrade [*æntitreid*] vind som blåser mot passadvindens riktning

antitype [*æntitaip*] förebild, urbild

antler [*æntlə*] horn på hjortdjur, hornkrona

Antonio [*æntou'niou*] Anton

antonym [*æntənim*] motsats

anvil [*ænvil*] städ; **be on the ~** vara i görningen

anxiety [*æŋ(g)zai'əti*] ängslan, spänning; [ivrig] önskan

anxious [*æŋkʃəs*] ängslig, ivrig, angelägen; **be on the ~ seat** *amr.* sitta som på nålar

any [*eni*] någon, något, några [alls, överhuvudtaget]; vilken som helst, varje, all; **in ~ case** i varje fall; **~ time** när som helst; **it gives ~ amount of trouble** det förorsakar en massa besvär; **is that ~ better?** är det bättre? **~body** [*enibədi*] någon [alls]; vem som helst, envar; **~how** [*enihau*] på något sätt; hur som helst, i alla fall, si och så; på måfå; **~one** [*eniwʌn*] = *anybody;* **~thing** [*eniþiŋ*] något [alls]; vad som helst, allt; **~thing will do** vad som helst duger; **~thing but** allt annat än; **~way** i alla fall; **~when** *amr.* när som helst; **~where** någonstans; var[t] som helst; **~who** *amr.* vem som helst; **~why** *amr.* av vilken orsak som helst; **~wise** på varje sätt

Anzac [*ænzæk*] australisk soldat (förk. f. *Australian and New Zealand Army Corps*)

aorta [*eiɔ:'tə*] *anat.* aorta

apace [*əpei's*] hastigt

apache [*əpa:'ʃ*] parisisk bandit; **A—s** [*əpæ'tʃiz*] apacher (en indianstam)

apanage [*æpənidʒ*] apanage; provins som betalar apanage; extrainkomst; bihang

apart [*əpa:'t*] åt sidan, för sig själv, isär; **~ from** frånsett, oavsett; **set ~** reservera; **joking ~** skämt åsido

apartment [*əpa:'tmənt*] rum, *pl* våning, *amr.* lägenhet; **~-house** hyreshus

apathetic [*æpəþe'tik*] känslolös, slö, apatisk; **apathy** [*æpəþi*] känslolöshet, slöhet, apati

ape [*eip*] apa, imitator; härma; **to lead ~s in hell** dö som gammal ungmö; **apery** [*eipəri*] efterapning

apeak [*əpi:'k*] lodrätt, upp och ned

aperient [*əpi'əriənt*] avföringsmedel, avförande

aperitif [*əperiti:'f*] aperitif

aperture [*æpətjuə*] öppning, glugg, lucka

apex [*eipeks*] spets

aphaeresis [*əfi'ərisis*] *gram.* (förk. av ett ord genom att utelämna bokstäver i dess början)

aphasia [*əfei'zjə*] afasi, förlust av talförmågan

aphelion [*əfi:'ljən*] *astr.* afelium (punkt av en planets bana, som är avlägsnast från solen)

aphis [*æfis, eifis*] (*pl aphides* [*æfidi:z*]) bladlus

aphorism [*æfərizm*] aforism, tänkespråk; **aphoristic** [*æfəri'stik*] aforistisk

aphrodisiac [*æfrədi'zjæk*] [medel] som eggar könsdriften

apiarian [*eipiɛ'əriən*], **apiarist** [*eipjərist*] biodlare; **apiary** [*eipjəri*] bigård

apical [*æpikl, ei-*] spets-

apiculture [*eipikʌltʃə*] biodling

apiece [*əpi:'s*] var för sig, särskilt, per styck

apish [*eipiʃ*] apaktig, dum, narraktig

aplenty [*əple'nti*] *amr.* riklig, nog

apocalypse [*əpɔ'kəlips*] uppenbarelse; **the A—** Johannes' uppenbarelse; **apocalyptic[al]** [*əpɔkəli'ptik(l)*] apokalyptisk

apocope [*əpɔ'kəpi*] apokope, bortfall av slutvokal

apocrypha [*əpɔ'krifə*] apokryfiska böckerna (i bibeln); **apocryphal** [*əpɔ'krifəl*] apokryfisk, tvivelaktig, sken-

apogee [*æpədʒi:*] apogeum, månens el. solens största avstånd från jorden, höjdpunkt

apolaustic [*æpəlɔ'stik*] svag mot sig själv, lättfrestad

apollinaris [*əpolinɛ'əris*] apollinaris (ett slags bordsvatten)

Apollo [*əpɔ'lou*] Apollo, solguden, en skön man

Apollyon [*əpɔ'liən*] djävulen

apologetic [*əpɔlədʒe'tik*] ursäktande

apologist [*əpɔ'lədʒist*] apologet, försvarare; **apologize** [*əpɔ'lədʒaiz*] be om ursäkt

apologue [*æpəlɔg*] fabel

apology [*əpɔ'lədʒi*] ursäkt, försvar, förklaring, surrogat; **make an ~** bedja om ursäkt; **this ~ for a letter** detta surrogat för ett brev; **~ for an oath** ersättning för en ed, mild svordom

apophthegm [*æpoþem*] tänkespråk

apoplectic [*æpəple'ktik*] apoplektisk; **apoplexy** [*æpəpleksi*] slag

aposiopesis [*æpəsaiəpi:'sis*] (*pl -ses* [*-si:z*]) retorisk paus

apostasy [*əpɔ'stəsi*] avfall; **apostate** [*əpɔ'stit*] avfälling; **apostatize** [*əpɔ'stətaiz*] avfalla

apostle [*əpɔ'sl*] apostel, missionär; **apostolate**

[*əpɔ'stəlit*] apostlaämbete; **apostolic** [*æpəstɔ'lik*] apostolisk, påvlig
postrophe [*əpɔ'strəfi*] apostrof, direkt hänvändelse till en [död eller frånvarande] person i ett tal e. d.; **apostrophic** [*æpəstrɔ'fik*] apostrofisk; **apostrophize** [*əpɔ'strəfaiz*] apostrofera, direkt tilltala
pothecary [*əpɔ'þikəri*] *åld.* apotekare
potheosis [*əpəþiou'sis*] apoteos, förgudning, kanonisering; **apotheosize** [*əpɔ'þiəsaiz*] apoteosera, göra till helgon
ppal [*əpɔ:'l*] skrämma, förfära; **appalling** förskräcklig, förfärlig
ppanage se *apanage*
pparatus [*æpərei'təs*] apparat[ur], maskiner, don
pparel [*əpæ'rəl*] dräkt, broderi på prästs dräkt; kläda
pparent [*əpæ'rənt, əpɛ'ərənt*] påtaglig, uppenbar, skenbar
pparition [*æpəri'ʃən*] framträdande, syn, vålnad
pparitor [*əpæ'ritə*] rättstjänare, härold, pedell
ppeal [*əpi:'l*] appell, vädjan, upprop, lockelse; vädja (**to** till), åberopa, tilltala; ~ **to the country** spörja väljarna; upplösa parlamentet; **those pictures do not** ~ **to me** de där tavlorna tilltala mig icke
ppear [*əpi'ə*] bli synlig, visa sig, framträda [offentligt], synas, framgå, utkomma, *amr.* se ut; **~ance** [*əpi'ərəns*] uppträdande, framträdande, utseende, yttre; *pl* yttre former, 'skenet'; **put in an** ~ infinna sig; **to all** ~ av allt att döma; **keep up ~s** bevara skenet
ppease [*əpi:'z*] lugna, stilla, tillfredsställa; **~ment** lugnande, biläggande
ppellant [*əpe'lənt*] kärandepart; vädjande, vad-; **appellate** [*əpe'lit*] vad-
ppellation [*æpəlei'ʃən*] namn, titel, beteckning; **appellative** [*əpe'lətiv*] släktord, appellativ
ppend [*əpe'nd*] vidhänga, tillfoga; **~age** [*əpe'ndidʒ*] tillfogning, bihang, tillägg
ppendectomy [*æpənde'ktəmi*] *amr.* blindtarmsoperation
ppendicitis [*əpendisai'tis*] blindtarmsinflammation
ppendix [*əpe'ndiks*] bihang, tillägg
pperception [*æpəse'pʃn*] självmedvetande, uppfattning
ppertain [*æpətei'n*]; ~ **to** tillhöra, tillkomma, angå
ppetence [*æpitəns*], **appetency** [*æpitənsi*] åtrå, drift; **appetent** [*æpitənt*] lysten (**of** efter)
ppetite [*æpitait*] aptit, hunger, begär; **appetizer** [*æpitaizə*] ngt som retar aptiten, aperitif; **appetizing** [*æpitaizing*] aptitretande
pplaud [*əplɔ:'d*] applådera, hylla, ge sitt bifall
pplause [*əplɔ:'z*] bifall, applåd; **applausive** [*əplɔ:'siv*] bifalls-, välvillig
pple [*æpl*] äpple; ~ **of discord** tvistefrö; ~ **of the eye** ögonsten, pupill; **~-cart** äppelkärra; **upset a person's ~-cart** korsa ngns planer; **(make an) ~-pie bed** (bädda) 'säck'; **~-pie order** fullkomlig ordning; **~sauce** äppelmos, prygel, *amr. sl* prat, skryt
ppliance [*əplai'əns*] användning, anordning, medel, redskap; **applicability** [*æplikəbi'liti*] användbarhet; **applicable** [*æplikəbl*] användbar, passande, tillämplig (**to** på); **applicant** [*æplikənt*] sökande; **application** [*æplikei'ʃən*] påläggning, anbringande, användande, flit, omsorg, anmodan, ansökning, hänvändning
ppliqué [*æpli:'kei*] applikationssöm
pply [*əplai'*] bringa i beröring med, föra till, använda, tillämpa, anbringa, ansöka (**for** om); ~ **the jug to your lips** för kruset till dina läppar! ~ **the brake** bromsa; **this does not** ~ **to beginners** detta gäller ej för nybörjare; ~ **to the secretary** hänvända sig till sekreteraren
ppogiatura [*əpɔ'dʒiətju'ərə*] *mus.* förslag (berövande den följande tonen en del av dess tidsvärde)
appoint [*əpɔi'nt*] avtala, föreskriva, anordna, utnämna, bestämma; **our ~ed lot** den oss beskärda lotten; **well ~ed** väl utrustad; **appointee** [*æ'pɔinti:'*] utnämnd person; **appointive** [*əpɔi'ntiv*] *amr.* (om tjänst) som besättes genom utnämning (ej genom val)
appointment [*əpɔi'ntmənt*] överenskommelse, avtal, utnämning, ämbete, *pl* utrustning; **make an** ~ bestämma tid för möte; **break an** ~ bryta ett avtal; **a lucrative** ~ ett inbringande ämbete
apportion [*əpɔ:'ʃən*] utdela, tilldela, skifta; **~ment** utdelning, tilldelning, skifte
apposite [*æpəzit*] passande, träffande; **apposition** [*æpəzi'ʃən*] apposition, ställning vid sidan av
appraisal [*əprei'zəl*] värdering, prissättning; **appraise** [*əprei'z*] värdera, taxera; **appraisement** värdering; **appraiser** värderingsman
appreciable [*əpri:'ʃ(i)əbl*] märkbar, uppskattbar, betydlig
appreciate [*əpri:'ʃieit*] uppskatta, värdera, öka värdet på; **appreciation** [*əpri:ʃiei'ʃən*] värdering, stigande i värde; **appreciative** [*əpri:'ʃiətiv*], **appreciatory** [*əpri:'ʃiətəri*] uppskattande, erkännande
apprehend [*æprihe'nd*] gripa, häkta, fatta, förstå, befara, frukta; **apprehensibility** [*æ'prihensibi'liti*] begriplighet; **apprehensible** [*æprihe'nsibl*] fattlig, begriplig; **apprehension** [*æprihe'nʃən*] häktning, uppfattning, farhåga; **apprehensive** [*æ'prihe'nsiv*] rädd, orolig
apprentice [*əpre'ntis*] lärling, sätta i lära; **apprenticeship** [*əpre'ntisʃip*] lärlingskap, lärotid
apprise [*əprai'z*] underrätta
appro [*æprou*]; **on** ~ (*approbation*) *hand.* på prov, i urval
approach [*əprou'tʃ*] annalkande, närmande, tillträde, uppfart, inflygning, (i golf) slag utefter banan; närma sig, träda i förbindelse med, likna, *amr. sl* besticka
approbation [*æprəbei'ʃən*] gillande, bifall; **approbatory** [*æprobei'təri*] bifallande, gillande
appropriate [*əprou'priit*] lämplig, passande, utmärkande, säregen; [*əprou'prieit*] tillägna sig, ta i besittning, bevilja, anvisa; **appropriation** [*əproupriei'ʃən*] tillägnande, tillvällande; bevillning; **appropriative** [*əprou'priətiv*] tillägnande; bevillnings-
approval [*əpru:'vəl*] bifall; **on** ~ till påseende; **approve** [*əpru:'v*]; ~ **of** godkänna, gilla, visa, bevisa; **approver** [*əpru:'və*] kronvittne (som angiver och vittnar mot sina medskyldiga)
approximate [*əprɔ'ksimit*] ungefärlig; [*əprɔ'ksimeit*] närma sig, närma; **approximation** [*əprɔksimei'ʃən*] närmande, approximation
appurtenance [*əpə:'tinəns*] (is. *pl*) tillbehör
apricot [*eiprikɔt*] aprikos
April [*eipril*] april; ~ **fool** aprilnarr
apron [*eiprən*] förkläde, förskinn, fotsack; *flyg.* hangarplatta; ~ **and gaiters** *sl* biskop; **~-string** förklädsband; **to be tied to one's wife's ~-strings** stå under toffeln
apropos [*æprəpou*] apropå
apse [*æps*] absid, kor-rundel; **apsidal** [*æpsidəl*] apsisformad, *astr.* (om planet) längst borta från el. närmast solen; **apsis** [*æpsis*] *astr.* planets närmaste eller fjärmaste punkt i förh. till solen, månens i förh. till jorden
apt [*æpt*] benägen, böjd, lämplig; ~ **to learn** läraktig
apteryx [*æptəriks*] *zool.* kivi
aptitude [*æptitju:d*] lämplighet, anlag, fallenhet, benägenhet
aqua-fortis [*ei'kwəfɔ:'tis*] skedvatten
aqua-marine [*æ'kwəməri:'n*] blågrön beryll, akvamarin; **aqua-planing** [*ei'kwəplei'niŋ*] surfing
aquarelle [*ækwəre'l*] akvarell

aquarium [*əkwɛ'riəm*] akvarium
aquatic [*əkwæ'tik*] vatten-; *pl* vattensport
aquatint [*ækwətint*] akvatinta
aqua-vitae [*æ'kwəvai'ti*] akvavit
aqueduct [*ækwidʌkt*] akvedukt, vattenledning
aqueous [*eikwiəs*] vattenaktig, bildad av vatten
aquiline [*ækwilain*] örn- (t. ex. ~ *nose*)
Arab [*ærəb*] arab, arabisk häst; arabisk; [**street**] **a**— gatpojke; **Arabia** [*ərei'bjə*] Arabien; **Arabian** [*-n*] arab; arabisk; **The Arabian Nights** Tusen och en natt; **Arabic** [*ærəbik*] arabiska; arabisk
arabesque [*ærəbe'sk*] arabesk; fantastisk
arable [*ærəbl*] odlingsbar, odlad, under plogen
arachnid [*əræ'knid*] spindeldjur
Aramaic [*ærəmei'ik*] arameisk
arbalest [*a:bəlest*] armborst
arbiter [*a:bitə*] skiljedomare, envåldshärskare; **arbitrage** [*a:'bitridʒ*] *hand.* arbitrage; **arbitrament** [*a:bi'trəment*] skiljemannadom; **arbitrary** [*a:bitrəri*] godtycklig, nyckfull, tyrannisk; **arbitrate** [*a:bitreit*] avgöra, förlika, försona (gm skiljedom); **arbitration** [*a:bitrei'ʃən*] skiljedom; **arbitrator** [*a:bitreitə*] skiljedomare; **arbitress** [*a:bitris*] kvinnlig skiljedomare
arbor [*a:bə*] axel (*amr.* också för *arbour*); **arboraceous** [*a:bərei'ʃəs*] trädlik, trädbevuxen; **arboreal** [*a:bɔ:'riəl*] träd-; levande i träd; **arborescent** [*a:bəre'sənt*] trädartad, trädlik; **arboretum** [*a:bəri:'təm*] trädplantering, trädskola; **arboriculture** [*a:bərikʌ'ltʃə*] trädodling; **arboriculturist** [*a:bərikʌ'ltʃərist*] trädodlare
arbour [*a:bə*] lövsal; **Arbo[u]r Day** *amr.* årligen återkommande dag för trädplantering
arbutus [*a:bju:'təs*] smultronträd, mjölonbuske
arc [*a:k*] båge, [elektrisk] ljusbåge; **~-lamp** båglampa
arcade [*a:kei'd*] arkad, rad av valvbågar; **arcaded** [*a:kei'did*] försedd med arkader
Arcadian [*a:kei'djən*] arkadier; arkadisk, lantlig, idyllisk
arcanum [*a:kei'nəm*] (*pl arcana* [*-nə*]) hemlighet, mysterium; hemligt [läke]medel
arch [*a:tʃ*] båge, valv; böja, välva [sig]; ärke-, skälmsk, näsvis; **~ed** välvd, bågformig; **~way** valvgång, portvalv; **~wise** i valvform
archaeology [*a:kiɔ'lədʒi*] arkeologi; **archaeological** [*a:kiəlɔ'dʒikl*] arkeologisk; **archaeologist** [*a:kiɔ'lədʒist*] arkeolog
archaic [*a:kei'ik*] föråldrad, gammaldags, arkaistisk; **archaism** [*a:keiizm*] arkaism, gammaldags ord el. talesätt; **archaistic** [*a:keii'stik*] arkaiserande, arkaistisk; **archaize** [*a:keiaiz*] arkaisera, använda gammaldags talesätt
archangel [*a:keindʒəl*] ärkeängel
archbishop [*a:'tʃbi'ʃəp*] ärkebiskop; **archbishopric** ärkestift, ärkebiskoplig värdighet
archdeacon [*a:'tʃdi:'kn*] ärkediakon; **archdeaconry** [*a:'tʃdi:'kənri*] ärkediakons ämbete, värdighet el. bostad
archdiocese [*a:'tʃdai'əsis*] ärkestift
archducal [*a:'tʃdju:'kl*] ärkehertiglig
archduchess [*a:'tʃdʌ'tʃis*] ärkehertiginna; **archduchy** [*a:'tʃdʌ'tʃi*] ärkehertigdöme
archduke [*a:'tʃdju:'k*] ärkehertig
archer [*a:tʃə*] bågskytt; **the A**— *astr.* Skytten; **archery** [*a:tʃəri*] bågskjutning
archetype [*a:kitaip*] urtyp, original, förebild
arch-fiend [*a:'tʃfi:'nd*] ärkefiende, djävulen
archidiaconal [*a:kidaiæ'kənəl*] ärkediakons-
archie [*a:tʃi*] *mil. sl* luftvärnskanon, soldat i luftvärnet
archiepiscopal [*a:kiipi'skəpəl*] ärkebiskops-
archimandrite [*a:kimæ'ndrait*] abbot (i grek. katolskt kloster)
archipelago [*a:kipe'ləgou*] arkipelag, ögrupp, skärgård; **the A**— Egeiska havet
architect [*a:kitekt*] arkitekt, byggmästare; ~ **of one's own fortunes** sin egen lyckas smed; **architectonic** [*a:kitektɔ'nik*] arkitektonisk, byggnads**architectural** [*a:kite'ktʃərəl*] arkitektur-; **architecture** [*a:kitektʃə*] byggnadskonst, arkitektu konstruktion
architrave [*a:kitreiv*] arkitrav, fönsterinfattnin
archives [*a:kaivz*] arkiv, urkundssamling; **archivi** [*a:kivist*] arkivarie
archness [*a:tʃnis*] skälmskhet, slughet
arctic [*a:ktik*] arktisk, nordpols-; **the A— Circ** norra polcirkeln; **the A— Ocean** Norra ishave
ardency [*a:dənsi*] iver, häftighet, värme
ardent [*a:dənt*] ivrig, häftig, eldig, brännand ~ **spirits** spirituosa
ardour [*a:də*] iver, nit, hänförelse
arduous [*a:djuəs*] ansträngande, besvärlig, ene gisk
are [*a:*, (trycksvagt) *a, ə*] är(o) (se *be*)
area [*ɛəriə*] område, areal, ytinnehåll, trakt, verl ningskrets; sänkt förgård mellan trottoar oc hus; **~-bell** köksdörrklocka
arena [*əri:'nə*] arena; **arenaceous** [*ærinei'ʃə* sandig
Areopagus [*æriɔ'pəgəs*] Areopagen (i Aten)
'arf-an-'arf [*a:fəna:f*] *sl* mörkt öl och port blandat; drucken
argent [*a:dʒənt*] silver[färg]; silverfärgad; **argenti ferous** [*a:dʒənti'fərəs*] silverhaltig, silverförand
argentine [*a:dʒəntain*] silver-; **A**— argentinar argentinsk
argil [*a:dʒil*] krukmakarlera; **argillaceous** [*a:dʒ lei'ʃəs*] ler-
argle [*a:gl*] *sl* gräla; **~-bargle** [*ba:gl*] gräl, disku sion
argon [*a:gən*] argon (gas)
Argonaut [*a:gənɔ:t*] argonaut; *amr.* guldgräva (i Kalifornien el. Klondyke)
argosy [*a:gəsi*] *åld. poet.* stort handelsfartyg, skep
argot [*a:gou*] tjuvspråk, slang
argue [*a:gju:*] disputera, argumentera, hävd bevisa, röja; ~ **a person into** överbevisa ngn om
argument anfört skäl, argument, resoneman dispyt, innehållssammandrag; **argumentatic** [*a:gjuməntei'ʃ(ə)n*] resonemang, bevisförin **argumentative** [*a:gjume'ntətiv*] opposition lysten, polemisk; **argufier** [*a:gjufaiə*] *sl* pra makare, pratsjuk person; **argufy** [*a:gjufai*] diskutera ivrigt [och länge]
Argus [*a:gəs*] Argus; **argus-eyed** skarpsynt, va sam
argute [*a:gju:t*] skarpsinnig
aria [*a:riə*] *mus.* aria
Arian [*ɛəriən*] arian; ariansk; **Arianism** [*ɛəriəniz* Arius' lära
arid [*ærid*] torr, tråkig, *amr. sl* törstig; **aridi** [*əri'diti*] torrhet, torka
Aries [*ɛərii:z*] *astr.* Väduren
aright [*ərai't*] rätt, riktigt; väl
arise [*ərai'z*] (*oregelb. vb*) uppstå, framträda, hä röra
aristocracy [*æristɔ'krəsi*] aristokrati, adelsväld adel; **aristocrat** [*æristəkræt*] aristokrat, adel man; **aristocratic** [*æristəkræ'tik*] aristokratisk
Aristotelean [*æristɔti:'ljən*] anhängare av Arist teles' lära; aristotelisk
arithmetic [*əri'þmitik*] aritmetik, räkning, räkn konst; **arithmetical** [*æriþme'tikl*] aritmetis räkne-; **arithmetician** [*əriþmiti'ʃən*] aritmetike räknemästare
ark [*a:k*] ark (*Noah's* ~), låda, kista
Arkansas [(staten) *a:kənsɔ:*, (staden) *akæ'nsəs* ~ **chicken** *amr. sl* salt fläsk; ~ **lizard** *amr.* lus; ~ **toothpick** *amr. sl* stor dolk; **Arkansawy** [*a:kənsɔ:jə*] *amr. sl* person från Arkansas
arm 1) [*a:m*] arm, ärm, gren; **keep at ~'s lengt** hålla på [vederbörligt] avstånd; **chance one's** *sl* riskera; **~ful** fång, armfull; **~pit** armhåla; **waver** *amr. sl* politiker
arm 2) [*a:m*] vapenslag, *pl* vapen, vapensköl

beväpna, rusta sig, förse, utrusta, omlinda (elektromagnet); **bear ~s** göra krigstjänst; **take up ~s** väpna sig; **up in ~s** i uppror; **~ed camp** *amr. sl* europeisk stat
armada [*a:ma:'də*] armada, krigsflotta
armadillo [*a:mədi'lou*] bälta
Armageddon [*a:məge'dən*] *bibl.* Harmageddon (Uppenb.b. 16: 16), avgörande kamp
armament [*a:məmənt*] krigsmakt, krigsutrustning; bestyckning; **~s race** kapprustning
armature [*a:mətʃə*] vapen, beväpning, (magnets) armatur
armchair länstol
Armenia [*a:mi:'njə*] Armenien; **Armenian** [*-n*] armenier; armenisk
Arminian [*a:mi'njən*] anhängare av Arminius, arminian; arminiansk
armistice [*a:mistis*] vapenstillestånd, vapenvila; **A— Day** åminnelsedag av vapenstilleståndet efter första världskriget (11 nov.), 'Vapenstilleståndsdagen'
armlet [*a:mlit*] armbinda, armring; liten vik
armorial [*a:mɔ:'əriəl*] heraldisk; **~ bearings** sköldemärke, vapen; **armory** [*a:məri*] heraldik
armour [*a:mə*] rustning, pansar, dykardräkt; förse med pansar, armera; **~ plate** pansarplåt; **~ed cruiser** pansarkryssare; **armourer** [*a:mərə*] vapensmed, vapenfabrikant, rustmästare; **armoury** [*a:məri*] arsenal, *amr.* vapenfabrik, vapensmedja
Armstrong [*a:mstrɔŋ*]; **~ mower** *amr. sl* slåttermaskin
army [*a:mi*] här, armé, härskara; **Grand A—** *amr.* sammanslutning av veteraner från inbördeskriget; **the A— Service Corps** trängen; **~ bible** *mil. sl* arméreglemente; **~-list** arméns officersrulla
aroma [*ərou'mə*] arom, doft; **aromatic** [*ærəmæ'tik*] aromatisk
around [*ərau'nd*] omkring, runt om; **fool ~** *sl* irra omkring på måfå; **~ the corner** om hörnet; **no getting ~ it** *amr.* omöjligt att kringgå det
arouse [*ərau'z*] väcka, uppväcka
arpeggio [*a:pe'dʒiou*] *mus.* arpeggio
arquebus [*a:kwibʌs*] se *harquebus*
arrack [*ærək*] arrak, palmvin
arrah [*ærə*] (*Irl.*) i sanning, sannerligen
arraign [*ərei'n*] draga inför rätta, anklaga, anmärka på
arrange [*ərei'ndʒ*] ordna, bringa i ordning, bilägga, arrangera, uppställa, föranstalta, inrätta, avtala, komma överens om; **arrangement** arrangemang, ordning, förlikning, föranstaltande; *pl* planer, förhållningsregler; **come to an ~** träffa uppgörelse
arrant [*ærənt*] uppenbar, ärke-, nedrig
arras [*ærəs*] tapet, gobeläng
array [*ərei'*] rad, dräkt, uppsättning, slagordning; kläda, pryda, ordna, uppställa
arrear [*əri'ə*] (is. *pl*) arbete med vilket man är på efterkälken, *pl* restantier; **~ of interest** upplupen ränta; **in ~s** efter-, resterande; **arrearage** [*əri'əridʒ*] resterande skuld; restlängd
arrest [*əre'st*] arrestering, arrest, beslag, hejdande; hejda, arrestera, fånga (ngns uppmärksamhet); **~ judgement** hejda felaktigt inledd rättegång; **~ment** arrestering, häktning
arride [*ərai'd*] behaga, glädja
arris [*æris*] kant
arrival [*ərai'vəl*] ankomst, framträdande, nykomling, nyfött barn; **arrive** [*ərai'v*] anlända (**at, in, on** till), inträffa, lyckas, slå igenom; **arrive at a conclusion** komma till en avslutning el. resultat
arrogance [*ærəgəns*] högmod, förmätenhet; **arrogant** [*ærəgənt*] högmodig, påflugen; **arrogate** [*ærəgeit*] tillåta sig, framställa förmätna krav på; **arrogation** [*ærəgei'ʃən*] förmätet anspråk; krav
arrow [*ærou*] pil; **the broad ~** den eng. regeringens märke på kronopersedlar (bl. a. på straffångars dräkt); **~-head** fiskbensmönster; **~root** maranta, arrowrot (västindisk växt); **arrowy** pilformad
arroyo [*ərɔi'ou*] *amr.* uttorkat vattendrag
arse [*a:s*] bakdel, säte
arsenal [*a:sənəl*] arsenal
arsenic [*a:sənik*] arsenik; **arsenic[al]** [*a:se'nik(l)*], **arsenious** [*a:si:'njəs*] arsenikhaltig
arsis [*a:sis*] arsis, tryckstavelse
arson [*a:sən*] mordbrand
art 1) [*a:t*] *åld.* är (se *be*)
art 2) [*a:t*] konst, konstfärdighet, skicklighet, list, förslagenhet, knep; **Master of Arts fil. mag.**, fil. lic.; **~ and part** planläggning och utförande
artefact [*a:tifækt*] kulturprodukt
arterial [*a:ti'əriəl*] pulsåders-, pulsåderliknande; **~ road** trafikled; **arterialization** [*a:tiəriəlaizei'ʃən*] blodets förvandling från venöst till arteriellt; **arteriosclerosis** [*a:tiəriousklirou'sis*] åderförkalkning; **artery** [*a:təri*] pulsåder
artesian [*a:ti:'ziən*] artesisk (**well** brunn)
artful [*a:tf(u)l*] slug, förslagen; **~ dodger** 'slug räv', fiffikus
arthritic [*a:þri'tik*] gikt-; **arthritis** [*a:þrai'tis*] ledgångsreumatism
artichoke [*a:titʃouk*] kronärtskocka; **Jerusalem ~** jordärtskocka
article [*a:tikl*] artikel, punkt, underavdelning, moment, vara; sätta i lära, specificera, anklaga; **[in]definite ~** [o]bestämd artikel; **in the ~ of death** i själva dödsögonblicket; **A—s of War** krigslagar
articular [*a:ti'kjulə*] led-; **articulate** [*a:ti'kjulit*] försedd med leder, tydlig, artikulerad; [*a:ti'kjuleit*] artikulera, tala tydligt; förena genom leder; **articulation** [*a:tikjulei'ʃən*] artikulation, uttal, ledfogning, led
artifice [*a:tifis*] finurligt påhitt, konstgrepp, knep; **artificial** [*a:tifi'ʃl*] konstgjord, konstlad, tillgjord; **artificiality** [*a:tifiʃiæ'liti*] konstgjordhet, förkonstling; **artificialize** [*a:tifi'ʃəlaiz*] göra på konstlad väg, förkonstla
artillery [*a:ti'l(ə)ri*] artilleri; **~man** artillerist; **~-train** artillerikolonn; **artillerist** [*a:ti'lərist*] artillerist
artisan [*a:tizæn*] hantverkare
artist [*a:tist*] konstnär (is. målare); **~'s proof** provavtryck (av gravyr); **artiste** [*a:ti'st*] artist, skådespelare, sångare
artistic [*a:ti'stik*] konstnärs-, konstnärlig; **artistry** [*a:tistri*] konstnärsverksamhet, konstnärsskicklighet
artless [*a:tlis*] okonstlad, naturlig, naiv
arty [*a:ti*] konstnärsaktig, 'konstnärlig' (men onyttig)
arum [*εərəm*] *bot.* Arum (dansk ingefära)
Aryan [*εəriən*] arier; arisk
as [*æz, əz*] som, liksom, eftersom, då, allteftersom, medan, (vulgärt) att; **as — as** lika (så) — som; **I thought ~ much** det tänkte jag just; **it is so distinct ~ to preclude all doubt** det är så klart, att det utesluter allt tvivel; **fair ~ she is** hur fager hon än är; **other countries, ~ Portugal** andra länder, som t. ex. Portugal; **he came ~ I was speaking** han kom, medan jag talade; **~ far ~ I know** såvitt jag vet; **~ for, ~ to** vad beträffar, angående; **~ from** (i dateringar) från; **~ if, ~ though** som om; **~ it is** som det nu är, redan nu; **~ it were** så att säga; **~ good ~** så gott som, nästan; **~ long ~** så länge som, om blott; **~ per** *hand.* enligt; **~ regards** vad beträffar; **~ well ~** så väl som, ävensom; **~ yet** ännu, hittills

asafoetida [*æsəfe'tidə*] *bot.* dyvelsträck
asbestine [*æzbe'stin*] asbest-, icke brännbar; **asbestos** [*æzbe'stɔs*] asbest, (teater-*sl*) ridå
ascend [*əse'nd*] stiga uppåt, höja sig, bestiga, gå uppför; ~ **to a former century** gå tillbaka till ett tidigare århundrade
ascendancy, -dency [*əse'ndənsi*] makt, inflytande, överlägsenhet; **ascendant, -dent** [*əse'ndənt*] stjärnbild, dominerande vid ngns födelse, horoskop, inflytande; uppstigande, överlägsen; **be in the ascendant** ha makten
ascension [*əse'nʃən*] uppstigning, uppstigande; **A— Day** Kristi Himmelsfärdsdag
ascent [*əse'nt*] *äv. flyg.* uppstigning, uppgång, backe, stigning, trappa
ascertain [*æsətei'n*] förvissa sig om, fastslå, bekräfta
ascetic [*əse'tik*] asket, asketisk; **asceticism** [*əse'tisizm*] askes
Ascot [*æskət*] hästkapplöpning (i maj el. juni)
ascribe [*əskrai'b*] tillskriva
ascription [*əskri'pʃən*] tillskrivande, tillräknande, lovprisande
aseptic [*əse'ptik*] aseptisk[t medel]
asexual [*æse'ksjuəl*] könlös
ash 1) [*æʃ*] (is. *pl*) aska; **peace to his ashes** frid över hans stoft; ~ **can** *amr.* soplår, *amr. mil. sl* stor tysk granat; ~ **cart,** ~ **truck** *amr.* kärra för sopor; ~**man** *amr.* renhållningskarl; ~**-receiver** *amr.*, ~**-tray** askkopp; **Ash-Wednesday** askonsdag; **ashen** askgrå
ash 2) [*æʃ*] *bot.* ask; ~**key** askens frukt; **mountain** ~ rönn; **ashen** [*æʃən*] ask-
ashamed [*əʃei'md*] skamsen, blyg; **be** ~ **of** skämmas för (över); **feel** ~ **for somebody** skämmas å ngns vägnar
ashlar [*æʃlə*] kvadersten (fyrkantigt huggen sten), kvaderstensmur
ashore [*əʃɔ:'*] i land, på grund
ashy [*æʃi*] ask-, betäckt med aska, askgrå
A. S. I. *flyg.* **air speed indicator** hastighetsmätare
Asia [*eiʃə*] Asien; ~ **Minor** Mindre Asien; **Asiatic** [*eiʃiæ'tik*] asiat; asiatisk
aside [*əsai'd*] avsides replik; åt sidan, för sig själv; **setting** ~ **from** *amr.* bortsett från, frånsett; **speak** ~ tala avsides
asinine [*æsinain*] åsne-, dum; **asininity** [*æsini'niti*] åsneaktighet, dumhet
ask [*a:sk*] fråga, bedja [om], anmoda, inbjuda, äska, kräva, fordra; ~ **after** göra sig underrättad om; ~ **for** bedja om; **no questions were asked of us** ingen ställde några frågor till oss; ~ **out** bjuda ut (på restaurang); ~ **me another** den som det visste! ~ **for it** *sl* själv inbjuda till det, tigga stryk; ~ **the banns** avkunna lysning
askance [*əskæ'ns, əska:'ns*], **askant** [*əskæ'nt*] åt sidan, snett; **look askant at** se snett, misstänksamt på
askew [*əskju:'*] snett, skevt; **look** ~ **at a person** icke se ngn i ögonen
aslant [*əsla:'nt*] på sned, snett över
asleep [*əsli:'p*] sovande, i sömn; **be** ~ sova; **fall** ~ falla i sömn; **my foot is** ~ min fot har domnat ('sover')
aslope [*əslou'p*] sluttande, lutande, korsvis
asnore [*əsnɔ:'*] *amr. sl* sovande
asp 1) [*æsp*], **aspen** [*æspən*] *bot.* asp; **aspen** av asp, asp-
asp 2) [*æsp*] *zool.* egyptisk huggorm, giftorm *i allm.*
asparagus [*əspæ'rəgəs*] *bot.* sparris
aspect [*æspekt*] utseende, synvinkel, sida, läge, riktning; **the southern** ~ **of a house** sydsidan av ett hus
asperity [*æspe'riti*] kärvhet, barskhet, hårdhet, skrovlighet
asperse [*əspə:'s*] bestänka, baktala; **aspersion** [*əspə:'ʃən*] bestänkning, förtal
asphalt [*æsfælt*] asfalt; asfaltera; **asphaltic** [*æsfæ'ltik*] asfalt-
asphodel [*æsfədel*] *bot.* pingstlilja
asphyxia [*æsfi'ksjə*], **asphyxy** [*æsfi'ksi*] kvävning; **asphyxial** [*æsfi'ksiəl*] kvävande; **asphyxiate** [*æsfi'ksieit*] kväva
aspic [*æspik*] äsping (se *asp* 2); aladåb, gelé
aspidistra [*æspidi'strə*] *bot.* aspidister (dekorationsväxt)
aspirant [*æspirənt, əspai'ərənt*] aspirant; eftertraktande; **aspirate** [*æspireit*] uttala med aspiration, dra ut gas ur kärl; **aspiration** [*æspirei'ʃən*] längtan (**for** el. **after** efter), andning; **aspirator** [*æspireitə*] pump, [säd]kastmaskin
aspire [*əspai'ə*] längta, sträva (**to** el. **after** efter), nå högt, höja sig
aspirin [*æspirin*] *med.* aspirin
asprawl [*əsprɔ:l*] med ben och armar utsträckta, raklång
asquint [*əskwi'nt*] skelande; snett, skevt
ass [*æs, a:s*] åsna, dåre; **make an** ~ **of oneself** bära sig åt som en tok, blamera sig
assagai [*æsəgai*] assegaj (sydafrikanskt spjut)
assail [*əsei'l*] angripa, bestorma, ge sig [energiskt] i kast med; **assailant** [*əsei'lənt*] angripare
assassin [*əsæ'sin*] [lönn]mördare; (*amr.* boxar-*sl*) boxare; **assassinate** [*əsæ'sineit*] [lönn]mörda; **assassination** [*əsæsinei'ʃən*] [lönn]mord; **assassinator** [*əsæ'sineitə*] [lönn]mördare
assault [*əsɔ(:)'lt*] angrepp, överfall, försök till misshandel; angripa; ~ **and battery** överfall och misshandel; ~ **at arms** utfall (i fäktning); **carry by** ~ ta med storm; **make an** ~ **upon** angripa
assay [*æsei'*] [metall]prov, probering; pröva (metall), probera, försöka
assegai [*æsigai*] assegaj (*assagai*)
assemblage [*əse'mblidʒ*] [för]samling; **assemble** [*əse'mbl*] [för]samla; [för]samlas, hopsätta (maskindelar); **assembly** [*əse'mbli*] sällskap, församling; hopsättning (av maskindelar); **the Assembly** lagstiftande representantförsamling i vissa amerikanska stater; **assembly shop** *mek.* (*auto.* etc.) monteringsverkstad
assent [*əse'nt*] samtycke, bifall; samtycka (**to** till), ge sitt bifall (**to**), biträda (**to**); **assentation** [*æsəntei'ʃən*] krypande lydnad; **assentient** [*əse'nʃiənt*] samtyckande
assert [*əsə:'t*] hävda, påstå, försäkra; ~ **oneself** hävda sin rätt; **assertion** [*əsə:'ʃən*] hävdande, försäkran; **assertive** [*əsə:'tiv*] bestämd, påståelig; **assertor** [*əsə'tə*] förfäktare
assess [*əse's*] bestämma belopp av (skatt, böter), pålägga (**upon**), taxera, värdera (egendom); **assessment** [*əse'smənt*] taxering, värdering, beskattning; **assessor** [*əse'sə*] värderingsman, bisittare
asset [*æset*] tillgång, kreditpost
asseverate [*əse'vəreit*] [högtidligt] förklara, försäkra; **asseveration** [*əsevərei'ʃən*] försäkran
assiduity [*æsidju:'iti*] flit, *pl* efterhängsenhet, uppmärksamhet; **assiduous** [*əsi'djuəs*] trägen, flitig, uthållig
assign [*əsai'n*] rättsinnehavare; överlåta, avträda, angiva, fastslå; ~ **to** hänföra till, tillskriva; **assignable** [*əsai'nəbl*] bestämbar, påvislig; **assignation** [*æsignei'ʃən*] överlåtelse, avtal; **assignee** [*æsini:'*] fullmäktig, representant, godman; **assignment** [*əsai'nmənt*] överlåtelse [-handling], angivande, *amr.* värv, (journalists) uppdrag
assimilability [*əsimiləbi'liti*] förmåga att assimilera sig
assimilate [*əsi'mileit*] assimilera[s], sammanställa, göra lika; **assimilation** [*əsimilei'ʃ(ə)n*] assimilation, upptagande; **assimilative** [*əsi'mileitiv*], **assimilatory** [*əsi'milətəri*] assimilerande

assist [*əsi'st*] bistå, hjälpa, vara tillstädes, bevista; **assistance** [*əsi'stəns*] bistånd, hjälp; **assistant** [*əsi'stənt*] medhjälpare, assistent; hjälp-; ~ **surgeon** underläkare

assize [*əsai'z*] ting, domstol, *pl* periodiska rättsting i landsorten; fastställt pris (på bröd och öl)

associable [*əsou'ʃiəbl*] samhörande, förenlig; **associate** [*əsou'ʃiit*] kollega, kamrat, föreningsmedlem; förenad, förbunden, med-; **associate professor** *amr.* extra ordinarie professor; [*əsou'ʃieit*] förbinda, förena, upptaga, sluta sig till; **associate with** umgås med; **association** [*əsouʃiei'ʃən*] förbindelse, förening, association; **A— football** internationell fotboll

assonance [*æsənəns*] assonans, halvrim; **assonant** [*æsənənt*] assonerande

assort [*əsɔ:'t*] sortera, passa ihop, umgås (**with** med); **an ill-assorted pair** ett omaka par; **~ment** sortering, sortiment, urval

assuage [*əswei'dʒ*] mildra, lindra, stilla; **assuagement** mildring, lindring

assume [*əs(j)u:'m*] påtaga [sig], övertaga, antaga; **assuming** anspråksfull, förmäten

assumption [*əsʌ'mʃən*] övertagande, antagande, inbilskhet; **A—** Jungfru Marie himmelsfärd; **assumptive** [*əsʌ'mtiv*] förutsatt, förmäten

assurance [*əʃu'ərəns*] försäkring, säkerhet, självtillit, fräckhet, garanti

assure [*əʃu: ə, əʃɔ:'*] försäkra, trygga, övertyga; **assuredly** [*əʃu'əridli*] säkert, bestämt

Assyria [*əsi'riə*] Assyrien; **Assyrian** [*-n*] assyrier; assyrisk; **Assyriologist** [*æsiriɔ'lədʒist*] assyriolog; **Assyriology** [*æsiriɔ'lədʒi*] assyriologi

astare [*əstɛ'ə*] stirrande; **set** ~ få att spärra upp ögonen

aster [*æstə*] *bot.* aster

asterisk [*æsterisk*] asterisk, stjärna (i tryck *)

astern [*əstə:'n*] *sjö.* akter ut, akter över

asteroid [*æstərɔid*] *astr.* asteroid, stjärnformad

asthma [*æsmə*] astma; **asthmatic** [*æsmæ'tik*] astmatiker; astmatisk

astigmatic [*æstigmæ'tik*] astigmatisk; **astigmatism** [*əsti'gmətizm*] astigmatism (fel i ögonlinsen)

astir [*əstə:'*] i rörelse, på benen

astonish [*əstɔ'niʃ*] förvåna; **~ed at** förvånad över; **~ment** förvåning

astound [*əstau'nd*] slå med häpnad

astraddle [*əstræ'dl*] grensle

astrakhan [*æstrəkæ'n*] astrakanskinn

astral [*æstrəl*] stjärn-; ~ **body** astralkropp

astray [*əstrei'*] vilse; **go** ~ fara vilse

astrict [*əstri'kt*] *med.* hopdraga; inskränka

astride [*əstrai'd*] grensle, tvärs över

astringent [*əstri'n(d)ʒənt*] sammandragande [medel]; adstringerande, bindande

astrologer [*əstrɔ'lədʒə*] astrolog, *amr. sl* kännare av filmstjärnor; **astrological** [*æstrəlɔ'dʒikl*] astrologisk; **astrology** [*əstrɔ'lədʒi*] astrologi

astronomer [*əstrɔ'nəmə*] astronom; **astronomic[al]** [*æstrənɔ'mik(l)*] astronomisk; **astronomy** [*əstrɔ'nəmi*] astronomi

astute [*əstju:'t*] slug, förslagen

asunder [*əsʌ'ndə*] isär, sönder

asylum [*əsai'ləm*] asyl, sinnessjukhus, tillflyktsort, fristad

asymmetry [*əsi'mitri*] brist på symmetri

asymptote [*æsimtout*] *mat.* asymptot

asyndeton [*əsi'nditən*] *gram.* asyndeton (utelämnande av bindeord)

at [*æt, ət*] i, på, vid, till; ~ **the corner** i hörnet; ~ **the club** på klubben; ~ **Bath** i Bath; ~ **my house** hemma hos mig; ~ **my uncle's** hos min farbror; ~ **the Browns'** hos familjen B.; **he is ~ it again** nu går han på igen på sitt vanliga sätt; **where would we be ~?** *amr.* var vore vi väl? ~ **five past six** 5 minuter över sex; **it is sold ~ 4 d. a pound** det säljes till 4 pence per skålpund; ~ **one** ense (**with** med); ~ **that** till på köpet, dessutom, också; ~ **times** ibland

atavism [*ætəvizm*] atavism; **atavistic** [*ætəvi'stik*] atavistisk

ataxic [*ətæ'ksik*] oregelbunden (kroppsfunktion); **ataxy** [*ətæ'ksi*] ataxi; **locomotor ataxy** osäkerhet i lemmarnas bruk

ate [*et*, (is. *amr.*) *eit*] åt (se **eat**)

atheism [*eiþiizm*] ateism, gudsförnekelse; **atheist** [*eiþiist*] ateist; **atheistic** [*eiþii'stik*] ateistisk

athenaeum [*æþini:'əm*] litterär el. vetenskaplig klubb, bibliotek; **the A—** Londonklubb; eng. tidskrift

Athenian [*əþi:'niən*] atenare; atensk; **Athens** [*æþinz*] Aten

athirst [*əþə:'st*] törstig, ivrig

athlete [*æþli:t*] atlet, idrottsman; **athletic** [*æþle'tik*] atletisk; kroppsligt stark; ~ **sports** el. **athletics** allmän idrott

at-home mottagning (hemma)

athwart [*əþwɔ:'t*] på tvären, tvärs över, galet

a-tilt [*əti'lt*] med till angrepp sänkt vapen

Atkins [*ætkinz*]; **Tommy** ~ (beteckning för den eng. soldaten)

Atlantic [*ətlæ'ntik*] atlantisk; **the** ~ Atlanten; ~ **Ocean** *amr. sl* oljekälla med mycket vatten och föga olja

atlas [*ætləs*] atlas, stort folioformat

atmosphere [*ætməsfiə*] atmosfär, luftkrets, 'jordmån'; **atmospheric** [*ætməsfe'rik*] atmosfärisk; *pl* atmosfäriska störningar

atoll [*ətɔ'l*] atoll (ringformigt korallrev)

atom [*ætəm*] atom, smula; **atomic** [*ətɔ'mik*] atom- (**bomb** -bomb); **atomism** [*ætəmizm*] atomteori; **atomist** [*ætəmist*] atomistisk filosof; **atomize** [*ætəmaiz*] förvandla till atomer, finfördela; **atomization** [*ætəmaizei'ʃən*] finfördelning; **atomizer** [*ætəmaizə*] finfördelande spruta; **atomy** [*ætəmi*] skelett, 'vandrande lik'

atone [*ətou'n*]; ~ **for** sona; **~ment** försoning, gottgörelse, bot

atop [*ətɔ'p*] i toppen, överst; ~ **of** över, ovanpå

atrabilious [*ætrəbi'ljəs*] melankolisk, gallsjuk

atrocious [*ətrou'ʃəs*] fruktansvärd, gräslig, gruvlig; **atrocity** [*ətrɔ'siti*] skändlighet, grymhet, illdåd

atrophy [*ætrəfi*] atrofi, utmärgling; atrofiera, tvina

atropine [*ætrəpain*] atropin (gift)

attaboy [*ætəbɔi*] *amr. sl* det är bra! bravo!

attach [*ətæ'tʃ*] fästa, häfta, vidlåda (**to** vid), placera (**to** vid), kommendera (**to** till), arrestera, beslagtaga; **no liability is ~ed** utan förpliktelse; ~ **people to oneself** vinna vänner; **be deeply ~ed to one's friends** vara sina vänner djupt tillgiven; **attaché** [*ətæ'ʃei*] attaché; **attaché case** dokumentväska; **attachment** hopfästning, tillgivenhet, konfiskation

attack [*ətæ'k*] angrepp, anfall; angripa, anfalla

attain [*ətei'n*] uppnå, vinna, nå; **attainable** [*ətei'nəbl*] uppnåelig; **attainder** [*ətei'ndə*] medborgerlig vanfrejd; **attainment** uppnående, *pl* talanger, kunskaper

attaint [*ətei'nt*] förklara medborgerligt förtroende förlustig, vanära, besudla

attar [*ætə*] rosenolja (också ~ *of roses*)

attemper [*əte'mpə*] temperera, moderera, avpassa, härda

attempt [*əte'm(p)t*] försök, anslag, attentat; försöka [sig på], begå attentat

attend [*əte'nd*] vårda, sköta, bevista, uppvakta, åtfölja; ~ **to** ge akt på, sköta, expediera (kund); ~ **on** uppvakta, passa upp på; **attendance** [*əte'ndəns*] vård (**medical** ~ läkarvård), närvaro, antal närvarande, uppvaktning, upppassning; **attendant** [*əte'ndənt*] tjänare, ledsagare, deltagare, vaktmästare, skötare; tjänstgörande (**on** hos), ledsagande, närvarande, uppvaktande

attention [*ətenʃən*] uppmärksamhet, artighet, *mil.* giv akt! **pay ~ to** lägga märke till, uppmärksamt följa; **attract ~** väcka uppmärksamhet; **call ~ to** fästa uppmärksamheten på; **stand at ~** *mil.* stå i givaktställning; **attentive** [*əte'ntiv*] uppmärksam, artig

attenuate [*əte'njuit*] förtunnad, svag; [*əte'njueit*] förtunna, försvaga; **attenuation** [*ətenjuei'ʃən*] förtunning, utmärgling

attest [*əte'st*] bevittna, bekräfta, enrollera; **attestation** [*ætestei'ʃən*] underskrift, vittnesbörd; **attestor** [*əte'stə*] undertecknare, vittne

attic [*ætik*] vindskupa; *sl* huvud; **A—** attisk, atensk; **A— salt** attiskt salt, fin kvickhet

attire [*ətai'ə*] skrud, dräkt; kläda

attitude [*ætitju:d*] ställning, hållning, inställning, stämning; **~ of mind** tänkesätt; **attitudinize** [*ætitju:'dinaiz*] intaga en teatralisk ställning, posera, göra sig till

attorney [*ətə:'ni*] advokat, sakförare, ombud; **letter (power) of ~** fullmakt; **A— General** *jur.* kronjurist, *amr.* justitieminister, (i de enskilda staterna *ung.* =) statsadvokat; **district ~, circuit ~** *amr.* allmän åklagare

attract [*ətræ'kt*] tilldraga sig, ådraga sig, locka, fängsla; **attraction** [*ətræ'kʃən*] attraktion, dragningskraft; **attractive** [*ətræ'ktiv*] tilldragande, lockande, intagande, sympatisk

attribute [*ætribju(:)t*] egenskap, kännetecken, attribut; [*ətri'bju(:)t*] tillskriva, tillägga, tillräkna; **attribution** [*ætribju:'ʃən*] funktion, egenskap; **attributive** [*ətri'bjutiv*] attributivt ord; attributiv

attrition [*ətri'ʃən*] gnidning, nötning, avskrapning, förkrosselse

attune [*ətju:'n*] stämma (musikinstrument), anpassa

auburn [*ɔ:bən*] kastanjebrun

auction [*ɔ:kʃən*] [sälja på] auktion; **auctioneer** [*ɔ:kʃəni'ə*] auktionsförrättare

audacious [*ɔ:dei'ʃəs*] dristig, djärv, fräck; **audacity** [*ɔ:dæ'siti*] djärvhet, fräckhet

audibility [*ɔ:dibi'liti*] hörbarhet; **audible** [*ɔ:dibl*] hörbar, högljudd, ljudlig

audience [*ɔ:djəns*] uppmärksamhet, audiens, åhörarskara, publik; **~-proof** *amr.* teater-*sl* säker om publikframgång

audies [*ɔ:diz*] *amr. sl* talfilm

audit [*ɔ:dit*] revision; revidera; **~ ale** univ.-*sl* starkt öl, urspr. i bruk på revisionsdagar; **audition** [*ɔ:di'ʃən*] hörselförmåga, provspelning, provsjungning (i och för ev. engagemang); **auditor** [*ɔ:'ditə*] revisor, åhörare; **auditorial** [*ɔ:ditɔ:'riəl*] revisions-; **auditorium** [*ɔ:ditɔ:'riəm*] *amr.* mötessal, hörsal; **auditory** [*ɔ:ditəri*] auditorium; hörsel-

Augean [*ɔ:dʒi:'ən*]; **~ stable** augiasstall

auger [*ɔ:gə*] navare (borr)

aught [*ɔ:t*] något; **for ~ I know** så vitt jag vet

augment [*ɔ:gme'nt*] utvidga[s], öka[s]; **augmentation** [*ɔ:gməntei'ʃən*] ökning; **augmentative** [*ɔ:gme'ntətiv*] förökande, betydelseförstärkande

augur [*ɔ:gə*] augur, teckentydare; förutsäga, spå, varsla; **augural** [*ɔ:gjurəl*] augur-, varslande; **augury** [*ɔ:gjuri*] förutsägelse, förebud, omen

august [*ɔgʌ'st*] vördnadsvärd, upphöjd

August [*ɔ:gəst*] augusti; **Augustan** [*ɔ:gʌ'stən*] augustisk, klassisk; **Augustus** [*ɔgʌ'stəs*] Augustus

auk [*ɔ:k*] *zool.* alka; **great ~** garfågel (numera utdöd)

auld lang syne [*ɔ:ld læŋ sai'n*] *Skotll.* (= *old long since*) forna dar

aunt [*a:nt*] tant, faster, moster, *amr. sl* gammal gatslinka; **my ~!** du milde! Gud bevare oss!

auntie [*a:nti*] lilla tant; **aunt's sisters** *skämts.* förfäder (*ancestors*)

aura [*ɔ:rə*] aura, utstrålning, atmosfär, doft

aural [*ɔ:rəl*] hörsel-, öron-

aureola [*ɔ:ri:'ələ*] [martyr]gloria; **aureole** [*ɔ:rioul*] strålglans, gloria (på gamla bilder), mångård

aurev [*oure'v*] förk. f. *aurevoir* [*ourəvwa:*] på återseende, adjö

auric [*ɔ:rik*] guldhaltig

auricula [*ɔri'kjulə*] *bot.* aurikel

auricular [*ɔri'kjulə*] öron-, öronformad; **~ confession** öronbikt

auriferous [*ɔri'fərəs*] guldförande

aurist [*ɔ:rist*] öronspecialist

aurochs [*ɔ:rɔks*] uroxe, europeisk bisonoxe

aurora [*ərɔ:'rə*] morgonrodnad; **~ borealis** norrsken; **~ australis** sydsken; **A—** morgonrodnadens gudinna

auscultation [*ɔ:skəltei'ʃən*] *med.* auskultation (lyssnande med stetoskop)

auspice [*ɔ:spis*] [fågel]varsel, *pl* auspicier, beskydd; **auspicious** [*ɔspi'ʃəs*] lyckobådande, lovande, gynnsam

Aussie [*ɔ:si*] *sl* australier

austere [*ɔsti'ə*] sträng, stram, bitter (i smak eller lukt); **austerity** [*ɔste'riti*] stränghet, stramhet, stram livsföring; **~ goods** kristidsvaror

austral [*ɔ:strəl*] sydlig

Australasian [*ɔ:strəlei'ʃən*] person från Australien eller omliggande öar; polynesisk

Australia [*ɔ:strei'ljə*] Australien; **Australian** [*-jən*] australier; australisk

Austria [*ɔ:striə*] Österrike; **Austrian** [*ɔ:striən*] österrikare; österrikisk; **Austro-Hungarian** [*ɔ:strou-hʌngɛ'əriən*] österrikisk-ungersk

authentic [*ɔ:þe'ntik*] pålitlig, autentisk, äkta; **authenticate** [*ɔ:þe'ntikeit*] bevisa äktheten av, bekräfta; **authentication** [*ɔ:þentikei'ʃən*] bekräftelse, bevis på pålitlighet; **authenticity** [*ɔ:þenti'siti*] trovärdighet, äkthet

author [*ɔ:þə*] författare, upphovsman; *amr. sl* skriva; **authoress** [*ɔ:þəris*] författarinna; **authorial** [*ɔþɔ:'riəl*] författar-; **authorship** [*ɔ:þəʃip*] författarverksamhet, författarskap

authoritative [*ɔþɔ'riteitiv*] myndig, officiell; **authority** [*ɔþɔ'riti*] myndighet, auktoritet, fullmakt, befogenhet, inflytande, hemul, sakkunnig; **those in ~** de maktägande; **on one's own ~** på eget bevåg; **the authorities** myndigheterna; **authorize** [*ɔ:þəraiz*] göra laggiltig, bemyndiga, auktorisera; **the Authorized Version** auktoriserad bibelöversättning (is. den från 1611); **authorization** [*ɔþəraizei'ʃən*] bemyndigande, auktorisering

auto [*ɔ:tou*] *amr.* bil; bila; **~bus** *amr.* buss

autobiographer [*ɔ:təbaiɔ'grəfə*] självbiograf; **autobiographic[al]** [*c:təbaiəgræ'fik(l)*] självbiografisk; **autobiography** [*ɔ:təbaiɔ'grəfi*] självbiografi

auto-brake [*ɔ:toubreik*] självstoppare (på grammofon)

autocar [*ɔ:touka:*] automobil; turistbuss

autocrome [*ɔ:təkroum*] *foto.* plåt för bilder i naturliga färger

autochthon [*ɔtɔ'kþən*] ursprunglig inbyggare; **autochthonous** [*ɔtɔ'kþənəs*] infödd, ur-

autocracy [*ɔ:tɔ'krəsi*] envälde; **autocrat** [*ɔ:təkræt*] enväldshärskare; **autocratic** [*ɔ:təkræ'tik*] autokratisk, enväldig

autodrunk [*ɔ:tədrʌŋk*] *amr. sl* bilbiten; **autogo** *amr.* åka bil

autograph [*ɔ:təgra:f*] autograf, manuskript

autogyro [*ɔ:'tədʒai'rou*] autogiro

autoist [*ɔ:toist*] *amr.* bilist

automatic [*ɔ:təmæ'tik*] automatisk, mekanisk; **~ machine** automat; **automatism** [*ɔtɔ'mətizm*] automatiskt handlande; **automaton** [*ɔtɔ'mətən*] (*pl* -*ta* [-*tə*]) automat, självrörlig mekanism

automobile [ɔ:təməbi:l] (is. *amr.*) automobil; åka bil
autonomous [ɔ:tɔ'nəməs] självstyrande, oavhängig; **autonomy** [ɔ:tɔ'nəmi] självstyre
autophone [ɔ:təfoun] automattelefon
autopsy [ɔ:tɔpsi, ɔ:təpsi] likbesiktning, obduktion
auto-suggestion [ɔ:tou-sədʒe'stʃ(ə)n] självsuggestion
autotype [ɔ:tətaip] fotografiskt tryck, ljustryck, kopia; kopiera
autumn [ɔ:təm] höst; **autumnal** [ɔ:tʌ'mnəl] höst-
auxiliary [ɔgzi'ljəri] hjälpare, hjälpverb, *pl* hjälptrupper; hjälp-, hjälpande; ~ **arm** avvisare, riktningsvisare (på bil)
avail [əvei'l] nytta, gagn; gagna, nytta, hjälpa; ~ **oneself of** (*amr.* ~ **of**) utnyttja, betjäna sig av; **availability** [əveiləbi'liti] användbarhet, gagnelighet, nytta; **available** [əvei'ləbl] användbar, disponibel, gällande, giltig
avalanche [ævəla:nʃ] lavin
avarice [ævəris] girighet; **avaricious** [ævəri'ʃəs] girig
avast [əva:st] stopp!
avatar [ævəta:'] inkarnation
avaunt [əvɔ:'nt] *åld.* bort! ut!
ave [eivi, a:vi] Ave Maria; var hälsad! farväl! **Ave Maria** [a:'viməri'ə, eivi mərai'ə]
avenge [əve'n(d)ʒ] hämnas, straffa; **be avenged** ta hämnd
avenue [ævinju] väg, allé, *fig.* väg, *amr.* huvudgata; ~**s to fame** vägar till berömmelse
aver [əvə:'] försäkra, förklara; **averment** [əvə:'mənt] försäkran, förklaring
average [ævəridʒ] genomsnitt, medeltal, beräkning av ersättning för sjöskada; genomsnittlig; beräkna medeltalet av, utgöra i medeltal; **on an** ~ i medeltal; ~**-adjuster** dispaschör (beräknare av ersättning för sjöskada)
averse [əvə:'s] motvillig, motsträvig, ovillig; **aversion** [əvə:'ʃən] motvilja, avsky, ting eller person man har motvilja mot
avert [əvə:'t] avvärja, bortvända
aviary [eivjəri] voljär, fågelhus
aviate [eivieit] föra en flygmaskin, flyga; **aviation** [eiviei'ʃən] flygning; **aviator** [eivieitə] flygare
avid [ævid] sniken, girig, glupsk, snål; **avidity** [əvi'diti] lystnad, begär
aviette [eivjet] segelplan, glidplan
avifauna [eivifɔ:'nə] fågelvärlden
avigation [ævigei'ʃ(ə)n] *amr.* flygning; **avigator** [ævigeitə] *amr.* flygare
avocation [ævəkei'ʃən] kall, värv, småbestyr, biförtjänst
avoid [əvɔi'd] undvika, sky, undgå, annullera; **I cannot** ~ **seeing him** jag kan icke undgå att se honom; ~**ance** [əvɔi'dəns] undvikande
avoirdupois [ævədəpɔi'z] handelsvikt (enhet: 1 pound = 16 ounces = 453,6 g)

avometer [eivɔ'mitə] *elektr.* kombinerad ampere- och voltmätare
avouch [əvau'tʃ] försäkra, påstå, bekräfta, tillstå; **avouchment** försäkring, bekräftelse
avow [əvau'] tillstå, erkänna; ~**al** [əvau'əl] bekännelse, erkännande; ~**edly** [əvau'idli] fritt, öppet, erkänt
avuncular [əvʌ'ŋkjulə] farbrors-, morbrors-
await [əwei't] avvakta, vänta på, vänta, vara förbehållen
awake [əwei'k] vaken, vaksam; (*oregelb. vb*) vakna, väcka; **be** ~ **to** vara medveten om; **awaken** [əwei'kn] väcka, vakna
award [əwɔ:'d] utslag, dom, belöning, tillerkännande; tillerkänna, tilldöma, tilldela, skänka
aware [əwɛ'ə] varse, medveten (**of** om); **become** ~ **of** varsna, bli varse
awash [əwɔ'ʃ] i vattenytan, översköljd av vattnet
away [əwei'] bort[a], undan, *amr.* långt, *sl* i fängelse; **explain** ~ bortförklara; **I cannot** ~ **with it** jag kan ej uthärda det; **do** el. **make** ~ **with** göra av med, röja ur vägen; **work** ~! arbeta på! ~ **off** *amr.* långt borta
awe [ɔ:] vördnad, respekt; ingiva fruktan, skrämma; **stand in** ~ **of** hysa vördnad för; **awesome** [ɔ:səm] förfärlig; **awestruck** [ɔ:strʌk] gripen av vördnad, slagen av skräck; **awful** [ɔ:f(u)l] vördnadsbjudande, förskräcklig; **an awful bore** en förskräcklig tråkmåns; **awfully** förskräckligt, rysligt, mycket
awhile [ə(h)wai'l] en stund, en tid bortåt
awkward [ɔ:kwəd] tafatt, tölpig
awl [ɔ:l] syl
awn [ɔ:n] agnborst, snärp
awning [ɔ:niŋ] solsegel, markis
awry [ərai'] skev, sned, på tok; **things went** ~ det gick på tok; ~**-eyed** *amr. sl* drucken
axe [æks] yxa, *sl* nedskärning, nedskära (utgifter); **he has an** ~ **to grind** han har sitt privata intresse därav
axial [æksiəl] axel-
axiom [æksiəm] axiom, självklar sats; **axiomatic** [æksiəmæ'tik] självklar
axis [æksis] axel
axle [æksl] *flyg.* [hjul]axel; **live** ~ *auto.* bakaxel; ~**-bush** *auto.* axellager; ~**-shaft** bakaxel; ~**-tree** vagnsaxel
ay [ai] ja, ja-röst; **the ayes have it** ja-rösterna äro övervägande
ayah [aiə] indisk barn- el. tjänsteflicka
aye [ei] alltid
azalea [əzei'ljə] *bot.* azalea
azimuth [æziməþ] *astr.* azimut; **azimuthal** [æzimju:'þl] azimut-
Aztec [æztek] aztek
azure [æʒə, eiʒə] himmelsblå färg, den blå himlen; himmelsblå

B

B, b [bi:] (*pl Bs, B's* [bi:z]) bokstaven b, noten b
B. A. = **Bachelor of Arts**
baa [ba:] bräkande; bräka; ~**-lamb** bä-lamm
Baal [beiəl] Baal, fenicisk gud, avgud
babble [bæbl] pladder, vattensorl, *amr.* skrävlare; babbla, pladdra, sluddra, sorla; **babbler** pratmakare
babe [beib] dibarn, *sl* yngste medlem i Underhuset; **kiss the** ~ *sl* ta sig en tår på tand

Babel [beibl] Babelstorn, förbistring, virrvarr av stämmor, förvirrad scen
baboo [ba:bu] hinduisk herreman, (som titel =) Mr., halvangliserad hindu
baboon [bəbu:'n] babian
babul [bəbu:'l] gummiträd i Indien och Arabien
baby [beibi] litet barn, barnslig person, barnunge; behandla som ett barn; ~**'s head** *sl* köttpudding; **be left holding the** ~ lämnas i sticket; **be** ~**-bound** *amr. sl* vänta barn; ~**-carriage,**

~**-coach** *amr.* barnvagn; ~**-farmer** *sl* änglamakare, -erska; ~**-jumper** ett slags gunga för småbarn; ~**-kisser** *amr. sl* politiker; ~ **state** *amr.* Arizona; **babyhood** späd barndom; **babyish** [*beibiiʃ*] barn-, barnslig
Babylon [*bæbilən*] Babylon, fördärvad stad, påvens Rom; **Babylonian** [*bæbilou'njən*] babylonisk
baccalaureate [*bækəlɔ:'riit*] kandidatexamen
baccarat [*bækəra:*] baccarat (kortspel)
bacchanal [*bækənəl*] backusdyrkare, fyllbult; backantisk, svirande; **bacchanalia** [*bækənei'ljə*] backusfest, supkalas; **bacchanalian** backantisk; **Bacchant** [*bækənt*] backuspräst, backusdyrkare; **Bacchante** [*bəkæ'nt*(*i*)] backusprästinna; **Bacchantic** [*bəkæ'ntik*], **Bacchic** [*bækik*] backantisk; **Bacchus** [*bækəs*] Backus
baccy [*bæki*] tobak (förk. f. *tobacco*)
bach [*bætʃ*] förk. f. *bachelor* ungkarl; leva som ungkarl (också *keep* ~)
bachelor [*bætʃilə*] ungkarl, ung riddare; ~ **girl** ogift och oberoende flicka; **B— of Arts** kandidat (efter tre års studier); ~**'s button** knapp (som ej behöver sys i), *bot.* Lychnis, Ranunculus acris, Centaurea nigra; ~**dom**, ~**hood** ungkarlsstånd
bacillary [*bəsi'ləri*] bacill-; **bacillus** [*bəsi'ləs*] bakterie, bacill
back [*bæk*] rygg, baksida, back (i fotboll); bak-, bakomliggande; stå bakom, understödja, hålla på (vid vad), endossera, rida på, backa, gå tillbaka, (om vinden) vända sig; baklänges, tillbaka, igen; ~ **and belly** mat och kläder; **put one's** ~ **up** hetsa; 'borsta sig'; **the B—s** (i Cambridge) sträckning av floden Cam bakom kollegierna; **B— blocks** trakterna i det inre Australien; **go** ~ **on** (is. *amr.*) komma tillbaka till; svika; ~ **and forth** *amr.* fram och tillbaka; ~ **down**, ~ **out** [**of**] draga sig tillbaka; ~ **of** *amr.* bakom; ~ **up** hjälpa, stå bakom; ~ **water** *sjö.* stryka (med åror); råka i bakvatten, stagnation; ~ **and fill** *amr.* vara obeslutsam; ~**ache** ont i ryggen, ryggvärk; ~**bite** baktala; ~**board** backbräde, ryggbräde; räta barns rygg; ~**bone** ryggrad; ~**chat** motsägelse, näsvist svar, oförskämdhet; ~ **district** *amr.* landsdistrikt; ~**fire** *mek.* för tidig explosion i motor; ~ **formation** (språkligt) ord- eller formbildning genom falsk härledning; ~**-friend** falsk vän; ~**ground** bakgrund; ~**handed** oväntad; ~**hander** slag med handens baksida; sidohugg; ~**lash** maskins bakslag; ~ **number** äldre [tidnings]nummer, *sl* omodern metod; ~ **pay** *amr.* lönerestantier; ~**pedal** trampa (pedalerna) baklänges, *amr. sl* hålla igen; ~**road** *amr.* bakgata, avsides väg; ~ **rent** *amr.* obetalad hyra; **be on one's** ~ **seam** ha otur; ~**seat** anspråkslös plats; ~**seat driving** *amr. sl* inblandning i andras göromål; ~**set** bakslag, motgång, motström; ~**-settler** nybyggare; ~**side** bakdel; ~**slang** slang bildad genom att stava baklänges; ~**slide** återfalla; ~**space** returslag (på skrivmaskin); ~**stop** kricketspelare placerad ett stycke bakom gärdet; ~**sword** huggvärja; ~ **taxes** *amr.* skatterestantier; ~ **teeth** kindtänder; **have one's** ~ **teeth underground** ha ätit för mycket; ~**wash** propellerström; ~**water** *sjö.* strykning; bakvatten, dödvatten, stagnation; ~**way** bakväg, biväg, *bildl.* omväg; ~**woods** *amr.* urskog, Västern; ~**woodsman** *amr.* nybyggare (i Västern), *pol.* medlem av senaten (i England: överhuset), som blott infinner sig för att rösta mot reformer; **backer** vadhållare
backfisch [*bækfiʃ*] ung flicka, backfisch
backgammon [*bækgæ'mən*] triktrak (brädspel)
backsheesh se *baksheesh*
backward [*bækwəd*] bakvänd, motvillig, generad, slö; ~**s** baklänges, baktill, tillbaka; **backwardation** [*bækwədei'ʃən*] *hand.* deport; **bac** **wardize** [*bækwədaiz*] *amr. sl* förvärra
Bacon [*beikn*] Bacon; **Baconian** [*beikou'niə* Baconanhängare; baconsk
bacon [*beikn*] saltat och rökt fläsk; **save one** ~ *sl* rädda skinnet; **bacony** fläskig
bacterial [*bækti'əriəl*] bakterie-, bakteriefyll **bacteriologist** [*bæktiəriɔ'lədʒist*] bakteriolo **bacteriology** [*bæktəriɔ'lədʒi*] bakteriolog; **ba** **terium** [*bækti'əriəm*] bakterie
bad [*bæd*] dålig, ond, elak, bristfällig, falsk, orikti skämd, fördärvad, lastbar; **go** ~ förfalla; **to the** ~ komma på förfall, bli ruinerad; £ 2 **the** ~ 2 punds förlust; **a** ~ **egg**, **a** ~ **hat** *sl* rö ägg; ~ **man** *amr.* man (från Västern), som lä griper till revolvern; **take in** ~ **part** upptag illa; **baddish** ganska dålig; **badly** illa, allvarlig **badly off** fattig; **badness** dålig beskaffenhe osundhet, elakhet
bade [*bæd*] bjöd, befallde (se *bid*)
badge [*bædʒ*] medlemsmärke, kännetecken, kå märke, mössmärke, armbindel, ordenstecke vagnsskylt (*auto.*)
badger [*bædʒə*] grävling; ansätta, plåga; **overdra** **the** ~ *sl* överbelasta sitt konto
badinage [*bædina:'ʒ*, *ba-*] skämt
badminton [*bædmintən*] badminton, rödvinsbål
baff [*bæf*] paff
baffle [*bæfl*] gäcka, svika, omintetgöra
baffy [*bæfi*] ett slags golfklubba
bag [*bæg*] säck, påse, pung, resväska, jaktväsk jaktbyte, *pl sl* byxor, *amr. sl* flicka; pack i säck etc., fullproppa, *sl* stjäla; ~**s of roo** *sl* fullt upp med plats; ~ **and bottle** *sl* ma och dryck; ~ **of bones** *sl* magert skräll 'benrangel'; ~ **of mystery** *sl* korv; **the last sha** **of the** ~ *sl* den sista i raden, den yngsta i f miljen; **be left holding the** ~ *amr. sl* få beta fiolerna; **set one's** ~ *amr.* lägga an på; ~**s (** (skol-*sl*) pax! el. pass! (för en viss sak); ~ **a** **baggage** pick och pack; ~**ful** en påse full; ~**ma** handelsresande; ~**pipe** säckpipa, *sl* pratmaka
bagatelle [*bægəte'l*] bagatell, småsak; spel li nande biljard
baggage [*bægidʒ*] tross, (is. *amr.*) bagage, *sl* slink flickebarn, fruntimmer; ~ **smasher** *amr.* bärare
baggy [*bægi*] påsig, hängande
bagnio [*bænjou*] orientaliskt fängelse, bordell
bah [*ba:*] bah! pytt!
Bahadur [*bəha:'də*] (*Ind.*) Ers Höghet, *sl* inbils ämbetsman
baignoire [*beinwa:*] parterrloge
bail 1) [*beil*] borgen, borgensman; borga fö deponera; **save one's** ~ infinna sig inför rätt **forfeit one's** ~ utebli från rättssammanträde **go** ~ **for** gå i borgen för, garantera sanninge av; ~ **out** få fri mot borgen; **bailsman** borgens man; **bailable** för vilken kan ställas borge **bailee** [*beili:'*] person hos vilken något är d ponerat; **bailment** säkerhet, deposition a egendom; **bailor** [*beilə*] en som deponerar god som säkerhet
bail 2) [*beil*] spiltbalk (i stall), pinne över två a de tre kricketstolparna
bail 3), **bale** [*beil*] ösa (en båt); **bailer** [*beil* öskar
bailey fängelse[gård]; **Old B—** gammalt fängelse numera centralbrottmålsdomstolen i London
bailie [*beili*] ålderman, rådman (i Skottland)
bailiff [*beilif*] länsman, fogde, godsförvaltar **bailiwick** [*beiliwik*] en *bailiff's* distrikt
bairn [*bɛən*] (*Skottl.*) barn
bait [*beit*] bete, lockmedel; *fam.* häftighet; bet påsätta bete; hetsa
baize [*beiz*] boj (grov flanell)
bake [*beik*] baka, bakas, steka, bränna (om solen **a baking hot day** en brännhet dag; ~**-hous**

bageri; **baked** *sl* utmattad; **baked wind** *amr. sl* skryt; **baker** [*beikə*] bagare; **baker's dozen** tretton; **baker's [shop]** bageri, bagarbod; **bakery** bageri, bakning, *amr.* (också) bagarsyssla
bakelite [*beikəlait*] bakelit
baking-powder bakpulver
baksheesh [*bækʃi:ʃ*] drickspenningar (i Levanten)
Balaam [*beiləm*] falsk profet, falsk bundsförvant, spaltfyllnad (i tidning)
balalaika [*bæləlai'kə*] balalajka
balance [*bæləns*] vikt, motvikt, jämvikt, våg, balans, oro (i ur), *hand.* saldo, övervikt, (is. *amr.*) rest; väga, uppväga, bringa i jämvikt, komma i jämvikt, vackla, sammanlikna, balansera, *hand.* betala (räkning), uppgöra (böcker); **~-sheet** balanskonto, överslag; **balancing-flap** skevningsroder (på flygmaskin)
balcony [*bælkəni*] balkong, altan, (*teat.*) andra rad; **balconied** försedd med altan
bald [*bɔ:ld*] skallig, bar, naken, torr (om stil); **~ as a coot** *sl* kal som en biljardboll; **~coot**, **~head**, **~icoot** [*bɔ:ldiku:t*], **~pate** flintskallig person; **~-headed** skallig; **go ~-headed into** sätta allt på spel
baldachin [*bældəkin*], **baldaquin** [*bɔldəkwin*] baldakin, tronhimmel
balderdash [*bɔ:ldədæʃ*] gallimatias
baldric [*bɔ:ldrik*] gehäng, smyckat bälte
bale 1) [*beil*] ont, förstörelse, ve; **when ~ is hext, boot is next** när nöden är störst, är hjälpen närmast
bale 2) se *bail* 3)
bale 3) bal, packe
baleen [*beli:'n*] valfiskben, bard
balefire [*beilfaiə*] bloss, stor öppen eld
baleful [*beilf(u)l*] ond[skefull], förödande, fördärvlig
balk, baulk [*bɔ:k*] bjälke, balk, plogås, hinder, stötesten; sätta sig på tvären, hindra, tvärstanna, bereda missräkning, beröva modet, vara efterlåten; **balky** [*bɔ:ki*] istadig (häst)
Balkans [*bɔ:lkənz*]; **the ~** Balkan; **balkanize** [*bɔ:lkənaiz*] dela i små stater, som alltid ligga i strid med varandra
ball [*bɔ:l*] boll, kula, klump, nystan, bal, *amr.* baseball, fotboll; bilda klumpar; **~ and bat** *rhyming-sl* f. hatt; **have the ~ at one's feet** se en utväg; **keep the ~ rolling** hålla målron vid makt; **~ and socket joint** kulled; **~ of eye** ögonglob, ögonsten; **~ and chain** *amr. sl* hustru; **~-bearings** kullager; **~cock**, **~tap** automatiskt slutande vattenkran med luftfylld kula i cisternen; **~race** kullager; **~room** balsal; **all balled up** *amr.* förvirrad
ballad [*bæləd*] folkvisa, visa; **~-monger** försäljare av, (föraktfullt) författare av visor; **ballade** [*bəla:'d*] ballad; **balladry** [*bælədri*] [folk]visdiktning
ballast [*bæləst*] ballast, slagg, vägfyllnad, *sl* pengar; förse med ballast
ballerina [*bæləri:'nə*] dansös
ballet [*bælei*] balett
ballista [*bəli'stə*] kastmaskin, blida; **ballistic** [*bəli'stik*] projektil-; **ballistics** projektillära, ballistik
ballonet [*bælənit*] gascell (i luftskepp)
balloon [*bəlu:'n*] ballong; stiga upp i ballong; **ballooner** [*bəlu:'nə*], **balloonist** [*bəlu:'nist*] luftseglare; **balloon-tyre** ballongdäck, -ring
ballot [*bælət*] (liten) kula, valsedel, (sluten) omröstning, valresultat; rösta; **~-box** valurna
bally [*bæli*] *sl* utmärkt, väldig, förbaskad, förbannad
ballyhoo [*bælihu:'*] *amr.* våldsam förhandsreklam, svada
ballyrag [*bæliræg*] kujonera, hålla för narr, grovt skämta [med]
balm [*ba:m*] balsam, salva, doft, helbrägdagörelse, lindring, balsamträ, *amr.* ersättning, balsam på såret
balmoral [*bælmɔ'rəl*] ett slags kängor, underkjol, skotsk mössa; **B— Castle** (kgl. slott i Skottland)
balmy [*ba:mi*] balsamisk, doftande, lindrande, svagsint
balsam [*bɔ:lsəm*] balsam, salva, balsamträd, balsamin; **balsamic** [*bɔ:lsæ'mik*, *bæl-*] balsamisk
Baltic [*bɔ:ltik*] baltisk; **the ~** Östersjön
baluster [*bæləstə*] liten kolonn i balustrad; **balustrade** [*bæləstrei'd*] balustrad
bamboo [*bæmbu:'*] bambu
bamboozle [*bæmbu:'zl*] *sl* förvirra, narra, locka
ban [*bæn*] bann, förbannelse, förbud, fredlöshetsdom, *pl* lysning t. äktenskap, förbanna, förbjuda, (*Skottl.*) svärja; **come under a ~** bli förbjuden
banal [*bænəl*, *beinl*] banal, trivial; **banality** [*bənæ'liti*] banalitet
banana [*bəna:nə*] banan; **hand of ~s** knippe bananer; **~-oil** *sl* struntprat, smicker, humbug; **~ plug** banankontakt
Banbury [*bænbəri*] (engelsk stad); **~ cake** ett slags pastej
band [*bænd*] band, bindel, linning, ring, rem, kår, orkester, grupp, *pl* prästkrage; sammanknyta, påsätta band; **that beats the ~** *sl* det är ändå märkligt, det bästa; **~box** hattask; **he looks as if he came out of a ~box** han ser ut som klippt ur en modejournal; **~ brake** *auto.* bandbroms; **~leader**, **~master** musikanförare; **~ pass tuning** inställning (radio) med två eller flera serier spolar för att göra en apparat starkt selektiv; **~saw** bandsåg; **~sman** orkestermedlem; **~stand** musiktribun; **bandage** [*bændidʒ*] bandage, ögonbindel; förbinda
bandan[n]a [*bændæ'nə*] kulört näsduk
bandeau [*bændou'*] hårband, band inne i damhatt
banderol[e] [*bændəroul*, *-rɔl*] vimpel, band med inskription
bandicoot [*bændiku:t*] stor indisk råtta, australisk insektätare
bandit [*bændit*] bandit, rövare; **a banditti** [*bændi'ti*] ett rövarband
bandog [*bændɔg*] bandhund, blodhund, *sl* kungens fogde
bandoleer, bandolier [*bændəli'ə*] bantler med patronkök
bandoline [*bændəli:n*] bandolin (ett hårmedel)
'**bandy** [*bændi*] bandy[klubba]; hjulbent (**~-legged**); kasta fram och tillbaka, dryfta, utväxla, sprida ut
bane [*bein*] fördärv, undergång, gift; **rat's-bane** råttgift; **baneful** fördärvlig, giftig
bang [*bæŋ*] smäll, brak, *amr.* pannlugg; dundra, knalla, dåna, prygla, klippa pannlugg; larmande, dundrande; pang! fullständigt, plötsligt; **go ~** explodera; **~ the door** smälla igen dörren; **~ the market** *sl* pressa ned priserna; **it fell ~ in the middle** det föll precis mitt i; **~-off** *sl* strax; **~-up** *sl* utmärkt, prima; **banger** *sl* en kraftig en (is. lögn)
bangle [*bæŋgl*] armring, fotring
banian [*bænjən*] hinduköpman, indisk flanellrock, indiskt fikonträd; **~ day** köttlös dag; **~ hospital** djurklinik
banish [*bæniʃ*] [lands]förvisa, bortvisa; **~ment** (lands)förvisning, bortvisning
banister [*bænistə*] liten kolonn i balustrad, *pl* balustrad
banjo [*bændʒou*] banjo; **banjoist** [*bændʒouist*] banjospelare
bank 1) [*bæŋk*] bank, grund, molnbank, flodbrädd; *flyg.* skevning; dämma; (om vagn, flygmaskin etc.) luta, kränga (i en svängning), skeva; **~ indicator** tvärlutningsmätare; **banked curve** doserad kurva; **~ on** *amr.* lita på, räkna

med; ~ **up** hopa [sig], lägga bränsle så, att det brinner långsamt
bank 2) [*bæŋk*] bank; driva bankverksamhet, insätta i bank; **the B—** Bank of England; ~ **with** ha bankaffärer med; ~ **holiday** fyra dagar om året, då banker och andra inrättningar äro stängda; ~**-note** penningsedel; ~**-rate** diskonto; **bankable** som mottages i bankerna; **banker** [*bæŋkə*] bankman, bankir, bankör
bank 3) [*bæŋk*] galärslavs bänk, roddarbänk, verkbänk
banket [*bæŋkit*] puddingsten (stenkonglomerat)
banko [*bæŋkou*] *amr.* svindel
bankrupt [*bæŋkrʌpt*] bankruttör; insolvent, tom på; göra bankrutt; **go** ~ göra konkurs; **bankruptcy** [*bæŋkrəpsi*] konkurs, insolvens, fullständig förlust
banksia [*bæŋkʃə*] *bot.* banksia
banner [*bænə*] baner, fana, *amr.* förstklassig, första; ~**-screen** ett slags kakelugnsskärm
bannock [*bænək*] ojäst, hembakat bröd (i Nordengland och Skottland)
banns [*bænz*] lysning (till äktenskap); **ask the** ~ uttaga lysning; **publish (put up, call) the** ~ lysa till äktenskap; **forbid the** ~ inlägga äktenskapsjäv
banquet [*bæŋkwit*] bankett, festmiddag; undfägna, deltaga i bankett; **banquette** [*bæŋke't*] förhöjning bakom bröstvärnet i skyttegrav, varifrån fienden beskjutes; bänken bakom kuskbocken i diligens
banshee [*bænʃi:*] (*Skottl.* o. *Irl.*) övernaturligt väsen, som genom sin jämmer varslar om död i ett hus
bant [*bænt*] banta, genomgå avmagringskur
bantam [*bæntəm*] bantamhöna, liten men tapper person, bantamvikt, liten soldat; ~ **battalion** bataljon av småväxt folk
banter [*bæntə*] skämt; retas med, skämta
bantling [*bæntliŋ*] barnunge, barn
Bantu [*ba:'ntu:'*] bantuspråken, bantuneger
banyan se *banian*
banzai [*bænzai'*] japanskt hurrarop
baobab [*beiobæb*] baobabträd
baptism [*bæptizm*] dop, namngivning; ~ **of blood** martyrium; **baptismal** [*bæpti'zməl*] dop-; **baptist** [*bæptist*] döpare, baptist; **John the Baptist** Johannes döparen; **baptist[e]ry** [*bæbtist(ə)ri*] dopkapell, baptisters dopfunt; **baptize** [*bæptai'z*] döpa, rena, ge öknamn
bar [*ba:*] stång, bom, sandbank, band, strimma, takt[streck], skrank, rättsskrank, advokatstånd, restaurangdisk, bar, metalltacka, kaka (t. ex. choklad-); stänga, hindra, utesluta, hysa ovilja mot, göra strimmig; utom; **at the** ~ inför rätta; **be called to the** ~ upptagas i advokatståndet; ~**-iron** stångjärn; ~**maid** barflicka, skänkjungfru; ~ **sinister** heraldiskt tecken för oäkta börd
barb 1) [*ba:b*] hulling, [fjäder]fan, skäggtöm (på fiskar); förse med hulling[ar]; **barbed wire** [*ba:bd waiə*] taggtråd
barb 2) [*ba:b*] berberhäst
barb 3) [*ba:b*] *amr.* univ.-*sl* icke-medlem av studentförening (*barbarian*)
barbarian [*ba:bɛ'əriən*] barbar; barbarisk; **barbaric** [*ba:bærik*] barbarisk; **barbarism** [*ba:bərizm*] barbari, barbarism, vulgärt el. främmande uttryck; **barbarization** [*ba:bəraizei'ʃən*] barbarisering; **barbarize** [*ba:bəraiz*] barbarisera, bli barbarisk; **barbarous** [*ba:bərəs*] barbarisk, ociviliserad, grym, grov
barbecue [*ba:bikju:*] stekrost, helstekt djur, slaktfest, 'jättekalas'; plattform, varpå kaffe soltorkas; helsteka djur
barbel [*ba:bəl*] bardfisk
bar-bell [*ba:bel*] hantel, vikt
barber [*ba:bə*] barberare, frisör; ~**'s block** perukstock, *sl* liderlig person; ~**'s cat** *sl* spelevink; ~**'s chair** barberarstol, *sl* luder; ~**'s itch** skäggklåda; ~**'s pole** perukmakarskylt
barberry [*ba:bəri*] *bot.* berberis
barbette [*ba:be't*] kanonfundament
barbican [*ba:bikən*] porttorn, skans
barcarole [*ba:kəroul*] venetiansk fiskarsång
bard [*ba:d*] (keltiskt ord) bard, skald; **bardic** [*ba:dik*] bard-; **bardling** [*ba:dliŋ*] klen skald
bare [*bɛə*] naken, bar, utsatt, ringa, utblottad; avkläda, blotta, utsätta [för]; ~ **sword** draget svärd; ~**back[ed]** barbacka; ~**faced** fräck; **barely** [*bɛəli*] knappt, nätt och jämnt
baresark [*bɛəsa:k*] bärsärk (*berserk*)
bargain [*ba:gin*] handel, köp, rampris, vinst, beting, överenskommelse, köpt sak; köpslå, pruta, betinga sig; **strike a** ~ uppgöra ett köp; **is it a bargain?** är det överenskommet? **into the** ~ till på köpet; **he got this a** ~ han fick detta billigt; **King's bad** ~ *sl* dålig soldat; ~ **counter** disk för restvaror eller slutförsäljning
barge [*ba:dʒ*] *sjö.* pråm, praktslup, slup; ~ **in[to]** *sl* ragla mot, knuffa till; ~**-pole** båtshake; **would not touch him with a** ~**-pole** ville icke ta i honom med tång; **bargee** [*ba:dʒi:'*] pråmskeppare
baric [*bɛərik*] barium-
baritone se *barytone*
barium [*bɛəriəm*] barium
bark 1) [*ba:k*] *sjö.* bark, båt (*barque*); garvarbark; kinabark, *sl* hud, *sl* irländare; avbarka, skrapa; **man with the** ~ **on** *amr.* råbarkad, obildad person
bark 2) [*ba:k*] skall, hosta, knall; skälla, säga i retlig ton, hosta; **barker** [*ba:kə*] *amr.* utropare, *sl* pistol, bössa
barley [*ba:li*] korn, bjugg; ~**corn** bjuggkorn, helgryn; **John Barleycorn** öl, visky; ~**corn sugar** bröstsocker
barm [*ba:m*] jäst
barmecide [*ba:misaid*] en som giver värdelösa gåvor; illusorisk, overklig
barmy [*ba:mi*] skummande, *sl* tokig
barn [*ba:n*] lada, (*amr.* också) stall, spårvagnsstall; ~**-door** ladudörr, måltavla som man ej kan undgå att träffa
barnacle [*ba:nəkl*] person som man ej kan slippa, *zool.* långhals (mussla som fäster sig på fartygs botten), prutgås, *pl* nosklämma (för hästar), *pl sl* brillor
barney [*ba:ni*] humbug
barometer [*bərɔ'mitə*] barometer; **barometric[al]** [*bærəme'trik(l)*] barometer-
baron [*bærən*] baron, *amr.* magnat; **baronage** [*bærənidʒ*] baroner, adeln, adelskalender; **baroness** [*bærənis*] baronessa; **baronet** [*bærənit*] baronet; göra till baronet; **baronetage** [*bærənitidʒ*] (förteckning över) samtliga baroneter; **baronetcy** [*bærənitsi*] baronetvärdighet; **baronial** [*bərou'njəl*] baron-; **barony** [*bærəni*] baroni, (*Irl.*) distrikt inom grevskap, (*Skottl.*) stort gods
baroque [*bərou'k*] barock, skev
barouche [*bəru:'ʃ*] fyrhjulig vagn med sufflett
barque [*ba:k*] bark[skepp] (*bark 1*)
barquentine [*ba:kənti:n*] skonert
barrack [*bærək*] *pl* kasern, hyreskasern, *sl* vissla ut (kricketspelare)
barracoon [*bærəku:'n*] barack för slavar, straffångar o. d.
barrage [*bæra:ʒ*] fördämning (is. i Nilen), avspärrning, spärreld, ballongspärr, *sl* oerhört antal el. väldig mängd
barrator [*bærətə*] krångelmakare; **barratrous** [*bærətrəs*] krånglig; **barratry** [*bærətri*] krånglighet; kaptens eller besättnings efterlåtenhet, som medför förlust för redare
barrel [*bærəl*] tunna, fat, vals, cylinder, gevärslopp, tunnlikt föremål, *amr.* valfond; fylla i

tunnor, *amr. sl* skynda sig; **~-fever** *sl* sjukdom förorsakad av dryckenskap; **~ nut** hylsmutter; **~-organ** speldosa, positiv; **~-shop** *amr.* krog
barren [*bærən*] ödemark; öde, ofruktbar, ofruktsam, fattig, ofördelaktig, andefattig, gagnlös
barricade [*bærikei'd*] barrikad; barrikadera
barrier [*bæriə*] skrank, galler, bom, spärr (på station), balk, gränsbefästning
barrikin [*bærikin*] obegripligt tal, struntprat
barring [*ba:riŋ*] utom
barrister [*bæristə*] advokat
barrow [*bærou*] bår, gatuhandlares vagn, skottkärra, kummel, ättehög; **~-bunter** *sl* gatuförsäljerska; **~-man** *sl* gatuförsäljare
Bart. = *baronet*
Bart's [*ba:ts*] *fam.* St. Bartholomew's Hospital
barter [*ba:tə*] byteshandel; byta bort, driva byteshandel
bartizan [*ba:tizæ'n*] *mil.* inskuret bröstvärn, hörntorn
barytes [*bərai'ti:z*] tungspat
barytone [*bæritoun*] baryton
basal [*beisəl*] bas-, basisk
basalt [*bəsɔ:'lt, bæsɔ:lt*] basalt; **basaltic** [*bəsɔ:'ltik*] basalt-; **basaltiform** [*bəsɔ:'ltifɔ:m*] basaltaktig
bascule [*bæskjul*] **bridge** vindbrygga med motvikter, klaff[bro]
base 1) [*beis*] grund[val], postament, sockel, fot, botten, princip, utgångspunkt, *mil.* bas, grundlinje; grundlägga, grunda, basera; **off one's ~** *amr. sl* bortkollrad; **~ball** baseball (amerikanskt bollspel); **~ chamber** vevhus (*auto.*); **~-line** *mat.* grundlinje; **baseless** ogrundad; **basement** våning under gatunivån; **basic** grund-, liggande till grund, fundamental, (*kem.*) basisk; **Basic English** ett slags förenklad engelska för internationellt bruk; **~ industry** nyckelindustri
base 2) [*beis*] dålig, låg, föraktlig, usel, oäkta, mindre värdefull; **~born** av oäkta börd; **~-court** yttre gård (vid slott); bakgård
bash [*bæʃ*] slå [in], kasta
bashaw [*bəʃɔ'*] pacha (*pasha*)
bashful [*bæʃf(u)l*] blyg, försagd
bashi-bazouk [*bæʃibazu:'k*] irreguljär turkisk legosoldat; **bashibazoukery** [*bæʃibəzu:'kəri*] irreguljära turkiska legosoldater; förhärjning, plundring
basil [*bæzil*] *bot.* basilikeört
basilica [*bəsi'likə*] basilika
basilisk [*bæzilisk*] basilisk, fabelödla
basin [*beisn*] skål, tvättfat, dalkittel, bassäng, skeppsdocka
basis [*beisis*] bas, grundprincip, grundval
bask [*ba:sk*] värma sig, sola sig
basket [*ba:skit*] korg; **~ball** korgboll; **~carriage** korgvagn; **~ful** en korg full; **~hilt** korgfäste (på sabel); **~salt** bordssalt; **~-stitch, ~-weave** flätmönsterstickning; **~-work** korgarbete; **basketry** [*ba:skitri*] korgarbete
basque [*ba:sk*] skört på blus el. kofta, damkofta; **B—** bask[isk]
bas-relief [*ba:rili:f, bæsrili:f*] basrelief
bass 1) [*beis*] bas[stämma]; bas-, djup; **~-viol** violoncell; [*bæs*] abborre (flera arter)
bass 2) [*bæs*], **bast** [*bæst*] bast; **~broom** grov kvast; **~-wood** amerikansk lind
bass 3) [*bæs*] en ljus ölsort
basset [*bæsit*] grävlingshund
bassinet, bassinette [*bæsine't*] korgvagga, korgbarnvagn
basso [*bæsou*] bassångare
bassoon [*bəsu:'n*] fagott; **bassoonist** [*bəsu'nist*] fagottblåsare
bass-relief [*bæsrili:f*] = *bas-relief*
bast se *bass* 2
bastard [*bæstəd*] bastard, oäkta barn; oäkta (född); **~slip** (träds) rotskott; **~-title** smutstitel;
bastardization [*bæstədaizei'ʃən*] förklaring av ett barn för oäkta; **bastardize** [*bæstədaiz*] förklara för oäkta; **bastardy** [*bæstədi*] oäkta börd
baste [*beist*] tråckla; späcka, prygla; **basted** *amr. sl* drucken
bastille [*bæsti:'l*] fästning, fängelse; **the B** Bastiljen
bastinado [*bæstinei'dou*] bastonad; ge bastonad
bastion [*bæstiən*] bastion; **bastioned** försedd med bastioner
bat 1) [*bæt*] flädermus; **have ~s in one's belfry** vara tokig; **blind as a ~** stenblind
bat 2) [*bæt*] sällträ, slagträ (i kricket), slagman; slå med slagträ (i kricket); *sl* uppassare; *sl* fart, tegelbit, vadd; **be at ~** *amr. sl* vara i tur; **off one's own ~** *sl* på egen hand; **on a ~** på vift; **~-horse** bagagehäst; **~-man** officers uppassare (kalfaktor); **~-pay** (officers) penninghjälp (till bagagetransport); **~sman** den som för slagträt i kricket; **batting** skötande av slagträt i kricket, förbandsbomull
batata [*bəta:'tə*] *bot.* batat
Batavian [*bətei'vjən*] invånare i Batavia, holländare; batavisk, holländsk
batch [*bætʃ*] bal, sats, massa, kull, bunt; *sl* hushålla själv (*bachelor*); **batchy** [*bætʃi*] *sl* tåpig, larvig, dum
bate [*beit*] (skol-*sl*) raseri; förminska, minska, hämma, draga från; **bating** med undantag av
bath [*ba:þ*] bad, badbalja, badhus, badanstalt, badort; bada ngn; **B—** Bath (badort i England); **knight of the B—** riddare av Bathorden; **go to B—** gå åt skogen; **Bath-brick** skursten; **B— chair** rullstol; **~room** badrum; **~-tub** badkar
bathe [*beið*] [frilufts]bad; bada, badda; **bather** badande, badgäst
bathetic [*bəþe'tik*] fallande från sublimt till löjligt, simpel
bathing [*beiðiŋ*] badning; bad-; **~-cap** badmössa; **~-helmet** badmössa; **~-hut** badhytt; **~-machine** badhytt på hjul; **~-pool** simbassäng; **~ trunks** *amr.* simbyxor; **~-wrap** badkappa
bathos [*beiþɔs, bæ-*] fall från det sublima till det löjliga, antiklimax
batiste [*bæti:'st*] batist
baton [*bætən*] kommandostav, polisklubba, taktpinne, stafett; **~ sinister** tecken på oäkta härkomst (i heraldik)
batrachian [*bətrei'kjən*] groddjur, grod-
batta [*bætə*] (*Ind.*) lönetillägg för militärer
battalion [*bətæ'ljən*] bataljon
battels [*bætəlz*] univ.-*sl* räkning på inackorderingen (i ett college)
batten [*bætn*] planka (7 × 2 ½ el. 3 tum), ribba, list, läkt, latta; skalka, förstärka med plankor; fetma, göda
batter [*bætə*] deg; slå, klappa, uthamra (t. ex. plåt), angripa, beskjuta, fara illa med, skarpt kritisera, *amr. sl* tigga
battery [*bætəri*] batteri, uppsättning av kokkärl, *jur.* våld, misshandel
battle [*bætl*] slag; kämpa, (*amr.* också) bekämpa, angripa; **join ~** leverera batalj; **the ~ was to the strong** slaget vanns; **~ bowler** *sl* stålhjälm; **~-plane** stridsplan; **~-ship** slagskepp
battledore [*bætldɔ:*] sällträ för fjäderboll, klappträ; **~ and shuttlecock** fjäderbollspel.
battlement [*bætlmənt*] bröstvärn försett med murtinnar
battue [*bætu:'*] klappjakt
batty [*bæti*] *sl* tokig, vriden
bauble [*bɔ:bl*] grannlåt, leksak
baulk [*bɔ:'k*] se *balk*
bauxite [*bɔ:ksait*] bauxit
bawbee [*bɔ:bi:*] (*Skottl.*) ½ penny, *pl sl* penningar
bawd [*bɔ:d*] kopplerska; **bawdy** otuktig
bawl [*bɔ:l*] skråla, *amr.* skälla ut (~ *out*)

bay 1) [*bei*] lagerträd, *pl* lagerkrans; ~**berry** lagerbär; ~**rum** lagerbärssprit (hårmedel)
bay 2) [*bei*] havsvik, bukt, klyfta, fönsternisch, fack, ok, *flyg.* stagfält; ~-**window** burspråk; *sl* stor mage
bay 3) [*bei*] skall (is. när hundarna äro tätt in på villebrådet), ståndskall; ställa (villebråd), skälla på; **stand at** ~ vara försvarsberedd; hårt ansatt; **bring to** ~ driva till det yttersta
bay 4) [*bei*] fux (häst)
Bayard [*beiəd*] ridderlig person
bayonet [*beiənit*] bajonett; sticka med bajonetten
bazaar [*bəza:'*] orientalisk marknad, basar
bazoo [*bəzu:'*] *amr. sl* skrävel
bazooka [*bezu:'kə*] *amr.* ett musikinstrument, skjutvapen
bdellium [*(b)deljəm*] bdellium, ostindiskt välluktande gummiharts
be [*bi:, bi*] vara, vara till, (vid bildning av passivformer:) bliva; **my wife that is to** ~ min tillkommande; ~ **it so** ske alltså! ~ **for** förorda; **am (was) to** (+ *inf.*) skall (skulle); **for the time being** för närvarande, tillsvidare; **being** [*biiŋ*] tillvaro, väsen; **human being** mänsklig varelse
beach [*bi:tʃ*] [sand]strand, långsluttande strand; draga upp på land; ~-**comber** [*bi:tʃkoumə*] förfallen vit man på söderhavsöarna
beacon [*bi:kn*] båk, fyr, trafikfyr, signalstation, vårdkas, ledstjärna; lägga ut sjömärke, lysa för; **aerial** ~ *flyg.* luftfyr
bead [*bi:d*] pärla, kula, korn på gevär, droppe, bubbla, *pl* radband; förse med pärlor, träda upp på snöre, avrunda, antaga pärlform; ~-**roll** förteckning, lista; **beadsman** [*bi:dzmən*] understödstagare; **beaded tyre** *auto.* pärlad bilring; **beading** ornament i form av pärlrad, pärltyg; **beady** pärlformig, (om ögon) små och klara
beadle [*bi:dl*] pedell, sockenfogde med viss bestraffningsmyndighet, [kyrk]vaktmästare; **beadledom** överdriven tjänstvillighet, fjäskighet, (dum) formalism
beagle [*bi:gl*] stövare, harhund, spion, fogde
beak [*bi:k*] näbb, krokig näsa, framstam, spetsig udde, pip, *sl* överhetsperson, domare; **beaky** kroknäst
beaker [*bi:kə*] stor bägare, kopp med pip
beam [*bi:m*] bjälke, däcksbalk, plogtistel, vågbalk, balans (på ångmaskin), stråle, glans, leende; utstråla, skina, le; **she beamed on him** hon log glatt mot honom; ~-**ends** däcksbalksändar; **beamish** *fam.* strålande; ~ **scale** balansvåg; **beamy** bred (om fartyg)
bean [*bi:n*] böna, *sl* huvud, *sl* pengar; *sl* slå; **old** ~ *sl* gamle vän; **full of** ~s på gott humör; *amr. sl* alldeles på tok; **give one** ~s *sl* ge på huden (i ord el. handl.); **spill the** ~s *sl* försäga sig, röja; ~-**feast** fest för ens arbetare; ~-**fed** på gott humör
beano [*bi:nou*] fest (is. för ens arbetare)
bear 1) [*bɛə*] björn, ohövlig person, börsspekulant i prisfall, baisse; driva ned priset på; **the Great, the Little B**— Stora, Lilla Björnen; ~-**garden** björngård, tumult; ~ **movement** *hand.* baisse; ~'**s-grease** pomada; ~**skin** björnskinnsmössa (för gardet); ~**ish** [*bɛəriʃ*] ohövlig, plump
bear 2) [*bɛə*] (*oregelb. vb*) bära, bestrida, tåla, hysa, tillåta, föda; **it was borne in upon me** jag blev övertygad om det; ~ **no relation to** icke ha ngn förbindelse med; ~ **oneself** uppföra sig; ~ **a grudge** hysa agg; ~ **a hand** hjälpa till; ~ **a person company** hålla ngn sällskap; ~ **witness to** bära vittne om; ~ **down** kasta överända; ~ **down upon** slå ned på, styra ned på; ~ **hard on** låta gå ut över; ~ **in mind** minnas; ~ **out** bestyrka; ~ **to** luta mot; ~ **up** hålla ut; ~ [**up**]-**on** beröra, syfta; ~ **with** ha tålamod med; **bearable** [*bɛərəbl*] dräglig; **bearer** [*bɛərə*] likbärare, bud, innehavare, checkinnehavare, indisk tjänare; **bearing** [*bɛəriŋ*] uppförande, vapenmärke, förhållande, riktning, pejling, läge; *flyg.* bäring; *pl mek.* lager; **take a bearing** *sjö. flyg.* pejla; **I lost my bearings** jag gick vilse; **bearing-rein** stuptygel
beard [*biəd*] skägg; trotsa; ~ **rash** skäggsvamp; ~**ed** skäggig
beast [*bi:st*] fyrfota djur, fä, dragdjur, brutal person, best; **the B**— Antikrist; ~ **of burden** lastdjur; **beastliness** djuriskhet, ting som man vämjes åt; **beastly** djurisk, otäck, hemsk
beat [*bi:t*] slag, trumslag, taktslag, bultande, (poliskonstapels) distrikt, rond, *amr.* nyhet (speciellt för tidning); (*oregelb. vb*) slå, bulta, vispa, prygla, besegra, överträffa, slå takt, *sjö.* kryssa, *amr.* narra; ~ **at the door** bulta på dörren; ~ **a retreat** slå till reträtt; ~ **one's brains** bråka sin hjärna; ~ **down** slå ned priset; **the beaten track** den banade vägen, slentrianen; **that beats cock-fighting** det är det mest skrattretande; **that beats me** det går över min horisont; ~ **it** *sl* ge sig av; ~ **the air** förspilla sina krafter; ~ **about for** söka efter; ~ **out** uthamra; ~ **up** vispa, värva; **beater** drevkarl; **beating** slående, stryk, *sjö.* kryss
beatific [*bi:əti'fik*] lycksaliggörande; **beatification** [*biætifikei'ʃən*] lycksaliggörelse; **beatify** [*biæ'tifai*] saliggöra, förklara salig
beatitude [*biæ'titju:d*] salighet, sällhet, välsignelser (se Matt. 5: 3—11)
beau [*bou*] sprätt, *amr.* älskare, kavaljer
Beaune [*boun*] ett slags bourgognevin
beaut [*bju:t*] *sl* förk. f. *beauty*
beauty [*bju:ti*] skönhet; ~ **doctor** skönhetsläkare; ~ **parlour** *amr.* skönhetssalong; ~-**sleep** sömnen före midnatt; ~-**spot** skönhetsfläck, musch, vacker plats; **beauteous** [*bju:tiəs*] skön; **beautiful** [*bju:tiful*] vacker, skön, utmärkt; **beautifier** [*bju:tifaiə*] förskönare; **beautify** [*bju:tifai*] försköna
beaver 1) [*bi:və*] bäver, bäverskinn, bäverskinnsmössa, *sl* helskägg el. man med helskägg
beaver 2) [*bi:və*] visir, hjälmgaller
becalm [*bika:'m*] lugna, taga loven av
became [*bikei'm*] blev etc. (se *become*)
because [*bikɔ(:)'z*] emedan; ~ **of** på grund av
beccafico [*bekəfi:'kou*] trädgårdssångare
bechamel [*beʃəmel*] ett slags vit sås
beck 1) [*bek*] vink, tecken; ge en vink; **at the** ~ **of** helt i ens våld
beck 2) [*bek*] *dial.* bäck
beckon [*bekən*] vinka, vinka till sig
becloud [*biklau'd*] täcka med moln, omtöckna
become [*bikʌ'm*] (*oregelb. vb*) bliva, passa, anstå, kläda; **what has** ~ **of** vad har det blivit av; **becoming** klädsam, passande, tillbörlig; **becomingly** [*bikʌ'miŋli*] på passande el. tillbörligt sätt
bed [*bed*] säng, läger, bädd, underlag, trädgårdssäng, flodbädd, lager, skikt; lägga i säng, bädda ned, plantera, fästa; **die in one's** ~ dö en naturlig död; **get out of** ~ **on the wrong side** visa dåligt humör på morgonen; **go to** ~ gå till sängs; **take to** ~ bli sängliggande; **keep one's** ~ vara sängliggande (sjuk); ~ **a boiler** stjälpa en kittel; **lie in the** ~ **one has made** få ligga som man har bäddat; ~ **out** plantera ut; ~**chamber** sängkammare, sovrum; ~**fast** *amr.* sängliggande; ~**head** huvudgård; ~**maker** tjänare, uppassare (i Oxford och Cambridge); ~-**pan** sängvärmare; ~**plate** fundament; ~**post** sängstolpe; **between you and me and the** ~**post** oss emellan sagt; ~**ridden** sängliggande; ~**rock** klippgrund, fast grund; ~-**roll** (is. *amr.*) bylte med sängkläder; ~**room** sovrum; ~-**settee** soffa som kan användas som säng; ~-**side** sjukbädd; ~-**sitter, -sittingroom** möblerat rum (med säng); ~**sore** liggsår; ~-**spread** *amr.* sängtäcke; ~**stead** säng[ställ]; ~**straw** sänghalm, *bot.* gul-

måra (Galium verum); ~**tick** dynvar; **bedding** sängkläder, strö, underlag
bedabble [*bidæ'bl*] nedstänka
bedad [*bidæ'd*] (*Irl.*) vid Gud!
be-dam [*bidæ'm*]; **as** ~ *sl* som [bara] fan
bedaub [*bidɔ:'b*] nedsöla
bedder [*bedə*] Oxford-*sl* f. *bedroom*
bedding se *bed*
bedeck [*bide'k*] pynta, pryda
bedel[l] [*bi:dəl*] (Oxford och Cambridge) universitetspedell
bedevil [*bide'vl*] behandla djävulskt, förhäxa; ~**ment** stor oreda
bedew [*bidju:'*] daggstänka, fukta
Bedfordshire [*bedfədʃə*] (ett eng. grevskap); **go to** ~ *fam.* gå till sängs (*bed*)
bedight [*bidai't*] pryda, kläda
bedim [*bidi'm*] fördunkla
bedizen [*bidai'zn*] styra ut
bedlam [*bedləm*] dårhus; **B—** sinnessjukhus i London; **bedlamite** [*bədləmait*] dårhushjon
Bedlington [*bedliŋtən*] Bedlington terrier
bedouin [*bedui:n*] beduin, zigenare
bedraggle [*bidræ'gl*] nedsmutsa
bee 1) [*bi:*] bokstaven B; ~ **aitch** (= *b. h.*) *sl* förk. f. *bloody hell*
bee 2) [*bi:*] bi, flitig arbetare, *amr.* grannars hjälp vid arbete; **have a** ~ **in one's bonnet** ha en fix idé el. en skruv lös; ~**s and honey** *rhyming-sl* för *money* pengar; ~**hive** bikupa; ~**-keeping** biodling; ~**-line** rak linje, fågelvägen; ~**-master** biodlare
beech [*bi:tʃ*] bok; ~**mast** (*koll.*) bokollon; ~**nut** bokollon; **beechen** [*bi:tʃən*] bok-, av boksträ
beef [*bi:f*] nötkött, gödd oxe, muskel; *sl* beklaga sig över, kritisera; ~**eater** livgardist, drabant, uppsyningsman i Tower of London; ~**steak** oxstek, biff; ~ **tea** köttextrakt, buljong; **beefy** köttig, muskulös
Beelzebub [*bie'lzibʌb*] djävulen
been [*bi:n*] varit (se *be*)
beer [*bi:ə*] öl; **small** ~ svagdricka; **think no small** ~ **of oneself** *sl* ha ingen liten tanke om sig själv; **not all** ~ **and skittles** *sl* icke enbart angenämt; ~**house** ölstuga; ~**-money** drickspengar; **beery** [*biəri*] påverkad av öl, berusad
beestings [*bi:stiŋz*] råmjölk
bees-wax [*bi:zwæks*] vax
beeswing [*bi:zwiŋ*] [hinna på] gammalt portvin
beet [*bi:t*] beta (rotfrukt); **red** ~ rödbeta; **white** ~ vitbeta; ~**root** vitbeta
beetle 1) [*bi:tl*] jungfru (stensättarredskap), ramm; bulta med klubba
beetle 2) [*bi:tl*] skalbagge; utskjutande, framskjutande; skjuta ut; ~ **brows** buskiga ögonbryn, dyster min; ~**-crusher** *sl* stor fot, infanterist
beezer [*bi:zə*] *amr. sl* näsa
befall [*bifɔ:'l*] hända, ske, drabba
befit [*bifi't*] passa, anstå
befog [*bifɔ'g*] insvepa i dimma
befool [*bifu:'l*] hålla för narr, narra
before [*bifɔ:'*] förut, tidigare; framför, inför, före; förrän; ~ **Christ** (förk. *B. C.*) före Kristi födelse; ~ **God** vid Gud; ~ **long** inom kort; **beforehand** förut, på förhand; **be beforehand with** förekomma; **be beforehand with the world** ha pengar på sig; ha pengar i reserv
befoul [*bifau'l*] smutsa ned
befriend [*bifre'nd*] vara vänlig mot, understödja
beg [*beg*] tigga [om], bedja om, bönfalla; **I** ~ **(leave) to state** jag ber att få meddela; **go [a-]begging** gå och tigga, icke finna köpare, gehör; ~ **off** skaffa fri; ~ **the question** ta för givet
begad [*bigæ'd*] vid Gud, min salighet
began [*bigæ'n*] började (se *begin*)
beget [*bige't*] (*oregelb. vb*) avla, frambringa
beggar [*begə*] tiggare, *fam.* kurre, gosse; bringa i fattigdom; ~**s must not be choosers** den fattige får icke vara nogräknad; ~ **description** trotsa all beskrivning; ~**-my-neighbour** 'svälta räv' (kortspel); **beggarly** fattig, ynklig; **beggary** yttersta armod
begin [*begin*] (*oregelb. vb*) börja; ~ **at** begynna med; **to** ~ **with** till att börja med; **beginner** nybörjare; **beginning** begynnelse, ursprung
begird [*bigə:'d*] omgjorda, omgiva
begob [*bigɔ'b*] (*Irl.*) för tusan!
begone [*bigɔ'n*] bort, gå din väg!
begonia [*bigou'njə*] *bot.* begonia
begot(ten) [*bigɔ't(n)*] avlade (avlat) (se *beget*)
begrime [*bigrai'm*] nedsmutsa
begrudge [*bigrʌ'dʒ*] missunna
beguile [*bigai'l*] lura, förleda, locka, roa, fördriva (tiden o. d.); ~**ment** bedrägeri
begum [*bi:gəm*] drottning el. högtstående dam (i Indien), rik änka
begun [*begʌn*] börjat (se *begin*)
beguy [*bigai'*] för tusan!
behalf [*biha:'f*]; **on** ~ **of** på någons vägnar; **in** ~ **of** till förmån för
behave [*bihei'v*] uppföra sig; ~ **[oneself]** uppföra sig väl; **behaviour** [*bihei'viə*] uppförande; **behaviourism** [*bihei'vjərizm*] behaviorism
behead [*bihe'd*] halshugga
beheld [*bihe'ld*] skådade, skådat (se *behold*)
behemoth [*bi(h)i:'məþ*] väldig varelse
behest [*bihe'st*] befallning
behind [*bihai'nd*] baksida, bakdel; bakom, tillbaka, dolt, i reserv, efter, kvar, bakåt, (pidgin-engelska) efteråt; ~ **the times** föråldrad; ~ **time** för sent; ~**hand [with]** efter, på efterkälken med
behold [*bihou'ld*] (*oregelb. vb*) skåda; **beholden** förbunden, tack skyldig
behoof [*bihu:'f*] fördel, förmån
behoove [*bihou'v*] (is. *amr.*) = *behove*
behove [*bihou'v*] hövas, passa sig
beige [*beiʒ*] beige, ofärgat ylletyg
being se *be*
belabour [*bilei'bə*] prygla
belated [*bilei'tid*] försenad, överraskad av mörkret
belaud [*bilɔ:'d*] högt prisa
belay [*bilei'*] belägga, göra fast; ~ **there** *sl* stopp! **belaying-pin** *sjö.* koffernagel
belch [*bel(t)ʃ*] rapning, uppstötning; rapa, ge luft åt, utsända (rökmoln etc.)
belcher [*belʃə*] brokig halsduk
beldam[e] [*beldəm*] häxa, handfast kvinna, ragata
beleaguer [*bili:'gə*] belägra
belfry [*belfri*] klockstapel, klockrum i torn
belga [*belgə*] belgisk myntenhet (= 5 francs)
Belgian [*be'ldʒən*] belgisk; belgare
Belgium [*be'ldʒəm*] Belgien
Belgravia [*belgrei'vjə*] fint kvarter i London
Belial [*bi:ljəl*] djävulen; **man of** ~ en fördömd
belie [*bilai'*] beljuga, ge falsk föreställning om, *amr.* beskylla för lögn
belief [*beli:'f*] tro, tillit; **the B—** trosbekännelsen; **to the best of my** ~ så vitt jag vet
believe [*beli:'v*] tro, mena; ~ **in** tro på, ha tilltro till; **believer** en troende
belike [*bilai'k*] sannolikt, kanske
belittle [*bili'tl*] förklena, förminska, förringa
bell 1) [*bel*] klocka, *sjö.* glas; sätta klocka på; ~ **the cat** *fig.* taga risken för andra; ~**-flower** blåklocka; ~**-founder** klockgjutare; ~**-boy**, ~**-hop** *amr.* pickolo; ~**-metal** klockmetall; ~**-pull** klocksträng; ~**punch** konduktörs klippapparat; ~**-push** knapp (till klocka); ~**-ringing** ringning med kyrkklockor; ~**-wether** skällgumse
bell 2) [*bel*] hjorts skrik; skrika
bell 3) [*bel*] (pidgin-engelska) mage (*belly*)
belladonna [*belədɔ'nə*] belladonna
belle [*bel*] skönhet (kvinna)

belles-lettres [*belle'təz*] litterära studier el. skrifter
belletrist [*bel-le'trist*] litteraturkritiker, litterär skribent; **belletristic** [*bel-lətri'stik*] skönlitterär
bellicose [*belikous*] krigisk; **bellicosity** [*belikɔ'siti*] stridslystnad
belligerency [*beli'dʒərənsi*] krigstillstånd; **belligerent** [*beli'dʒərənt*] krigförande land el. parti; krigförande
Bellona [*belou'nə*] krigsgudinnan
bellow [*belou*] råmande, rytande; råma, ryta
bellows [*belouz*] *pl* blåsbälg; bälg på fotografiapparat, *sl* lungor; **pair of** ~ blåsbälg (med två handtag)
belly [*beli*] buk, mage, underliv, bukighet; [bringa att] svälla ut; **~-ache** kolik; **~-worship** frosseri; **bellyful** lystmäte
belong [*bilɔ'ŋ*] **to** tillhöra, tillkomma, vara utmärkande för, höra hemma; ~ **in England** höra hemma i England; **where do you** ~ var bor du? **cups** ~ **on the shelf** kopparnas plats är på hyllan; ~ **him** (pidgin) hans el. hennes; ~ **me** (pidgin) min; ~ **you** (pidgin) din; **eye** ~ **me 'e like sleep** (pidgin) jag är sömnig; **belongings** [*bilɔ'ŋiŋz*] tillhörigheter, *sl* släktingar, tillbehör
beloved [*bilʌ'vd*] älskad person; älskling; [*bilʌ'vid*] älskad
below [*bilou'*] under, lägre än, nedanför, nedan, nere
belt [*belt*] bälte, maskinrem, (*mil.*) patronband, armerat bälte på fartyg, zon; *sl* prygla med rem; **below the** ~ *sl* 'foulslag' (under bältet); **the Black B—** *amr.* område med fler negrer än vita; ~ **line** *amr.* (spårvagns) ringlinje
belvedere [*belvidi'ə*] utsiktstorn
bemire [*bimai'ə*] smutsa ned
bemoan [*bimou'n*] jämra sig över
bemuse [*bimju:'z*] omtöckna
ben [*ben*] *sl* förk. f. *benefit* recett
bench [*ben(t)ʃ*] bänk, domarsäte, rätt, hyvelbänk (*work-bench*); **the B— and the Bar** domare och advokater; **King's B—** avdelning av *High Court of Justice*; **be on the** ~ vara domare; ~ **show** *amr.* hundutställning
bend [*bend*] böjning, bukt, krök, knut, knop; (*oregelb. vb*) böja [sig], inrikta, vända, styra, luta, buga sig, fastgöra (ankartåg); **~-leather** bästa sorts sulläder; ~ **one's step towards** styra sina steg mot; **on the** ~ *sl* oärligt; ~ **one's brows** rynka ögonbrynen; ~ **sinister** ginbalk (i heraldik); **bender** [*bendə*] *sl* = sixpence; **over the bender** *sl* osant; **on a bender** *amr. sl* på vift
bendigo [*bendigou*] skinnmössa
beneath [*bini:þ*] under, nedanför; ~ **contempt** icke ens värd att förakta; ~ **me** under min värdighet
benedick [*benidik*] nygift man
Benedictine [*benidi'ktin*] benediktinmunk, munklikör
benediction [*benidi'kʃən*] välsignelse; **benedictory** [*benidi'ktəri*] välsignande
benefaction [*benifæ'kʃən*] välgärning, välgörenhet[sgåva]; **benefactor** [*benifæ'ktə*] välgörare; **benefactress** [*benifæ'ktris*] välgörarinna
benefice [*benifis*] pastorat; **beneficed** innehavare av ett pastorat; **beneficence** [*bine'fisəns*] välgärning; **beneficent** [*bine'fisənt*] idkande välgörenhet, välgörande; **beneficial** [*benifi'ʃəl*] fördelaktig, tjänlig; **beneficiary** [*benifi'ʃəri*] innehavare av prästgäll, understödstagare; länsbenefit [*benifit*] fördel, välgärning, understöd, recettföreställning, *sl* (*iron.*) fint arbete; göra gott, gagna, ha fördel (**by** av); **for the** ~ **of** till förmån för; ~ **of clergy** prästerskapets rättsliga särställning; **~-club** förening för ömsesidig hjälp; **~-society** sjuk-, pensionskassa
benevolence [*bine'vələns*] välvilja, välgörenhet; **benevolent** [*bine'vələnt*] välvillig, välgörenhets-

Bengalee, Bengali [*beŋgɔ:'li*] bengal, bengaliska; bengalisk
bengi [*bendʒai*] *sl* lök
benighted [*binai'tid*] överraskad av natten; levande i (andl.) mörker
benign [*binai'n*] välvillig, vänlig, fördelaktig, gynnsam, välgörande, *med.* godartad; **benignancy** [*bini'gnənsi*] välvilja, nedlåtenhet; **benignant** [*bini'gnənt*] välvillig, nedlåtande, hälsosam; **benignity** [*bini'gniti*] vänlighet
benison [*benizn*] *åld.* välsignelse
Benjamin [*bendʒəmin*] yngsta barn, kelgris, *sl* stor överrock; **~'s mess** brorslotten
benjy [*bendʒi*] *sl* låg, bredskyggig halmhatt
bennet [*benit*] grässtrå
benny [*beni*] *amr. sl* överrock
bent 1) [*bent*] ängsven (Agrostis), visset gräs, *åld.* grässtubb
bent 2) [*bent*] böjelse, riktning; **to the top of one's** ~ av hjärtans lust
bent 3) [*bent*] böjde, böjt (se *bend*); ~ **on** besluten för
Benthamism [*bentəmizm*] Benthams samhällslära, utilitarism; **Benthamite** [*bentəmait*] utilitarist
benthos [*benþɔs*] havsbottnens växt- och djurliv
benumb [*binʌ'm*] göra stel, känslolös; isa, förlama
benzene [*benzi:n*] *kem.* bensol, fenylhydrid
benzine [*benzi:n*] (renad) bensin
benzoic [*benzou'ik*] bensoe-; **benzoin** [*benzouin*] bensoeharts; **benzoline** [*benzəli:n*] (renad) bensin, (is. oren) bensol
bequeath [*bikwi:ð*] testamentera, lämna i arv åt
bequest [*bikwe'st*] arv, legat, testamente
berate [*birei't*] *amr.* ge ovett
Berber [*bə:bə*] berber; mor, morisk
berberry [*bə:bəri*] se *barberry*
bere [*biə*] *åld.* (sexradigt) korn, bjugg
bereave [*biri:'v*] (*oregelb. vb*) beröva, hemsöka; **the bereaved** de efterlevande; **~ment** hemsökelse, förlust, dödsfall
beret [*berit*] baskermössa
berg [*bə:g*] isberg
bergamot [*bə:gəmɔt*] bergamottträd (Citrus bergamia), bergamoessens, bergamottpäron
berhyme [*birai'm*] skriva vers om
beriberi [*be'ribe'ri*] *med.* beriberi
Berlin [*bə:lin*] berlinare (vagn); ~ **wool** brodergarn
berry [*bəri*] bär, romkorn, *amr. sl* dollar; plocka bär; **in** ~ med rom
berserk[**er**] [*bə:sə:k(ə)*] bärsärk
berth [*bə:þ*] ankarplats, förtöjningsplats, koj, anställning, ställning; förtöja, skaffa kojplats; **give a wide** ~ **to** hålla sig på avstånd från, undvika
bertha [*bə:þə*], **berthe** [*bə:þ*] spetskrage; **Big B—** Tjocka Berta (stor tysk kanon)
Bertie smeknamn för *Albert*, *Robert* o. *Bertha*
Bertillon [*bə'tilɔ'n*] **system** identifieringsmetod genom mätningar
beryl [*beril*] beryll, grön ädelsten
beseech [*bisi:'tʃ*] (*oregelb. vb*) bönfalla, bedja om
beseem [*bisi:'m*] passa sig, anstå
beset [*bise't*] omringa, innesluta, blockera; **his besetting sin** hans skötesynd
beshrew [*biʃru:'*] **me** fan ta mig!
beside [*bisai'd*] vid sidan av, tätt vid, utom, jämte; ~ **oneself** utom sig
besides [*bisai'dz*] dessutom, vid sidan av, utom, också, för övrigt
besiege [*bisi:'dʒ*] belägra, omringa, bestorma med böner
beslaver [*bislæ'və*], **beslobber** [*bislɔ'bə*] drägla ned, smickra, betäcka med kyssar
besmear [*bismi'ə*] nedsmörja
besmirch [*bismə:'tʃ*] nedsmutsa
besom [*bi(:)zəm*] kvast
besot [*bisɔ't*] förslöa (is. gm dryckenskap)

besought [*bisɔ:'t*] bönföll, bönfallit (se *beseech*)
bespangle [*bispæ'ŋgl*] pryda med glitter
bespatter [*bispæ'tə*] överstänka
bespeak [*bispi:'k*] beställa, betinga sig, tilltala (*poet.*); **bespoke suit** kostym efter mått
besprent [*bispre'nt*] bestänkt
besprinkle [*bispri'ŋkl*] bestänka
Bess [*bes*] smeknamn för Elizabeth
best [*best*] (se *good*) bäst; besegra, kugga; **the ~** *fam.* pund (£); [**Sunday**] ~ söndagskläder, och = ~ **girl** *sl* käresta; ~ **man** brudgummens marskalk; **make the ~ of** göra det bästa av; **get the ~ of it** avgå med seger; **had ~** gör bäst i att; ~ **seller** bok som sålts i de flesta exemplaren under en viss period
bestead [*biste'd*] gagna, hjälpa
bested [*biste'd*] ansatt, [illa] däran
bestial [*bestjəl*] djur-, djurisk; **bestiality** [*bestiæ'liti*] djuriskhet; **bestialize** [*bestiəlaiz*] förfäa; **bestiary** [*bestiəri*] medeltida djursaga, djurfabel
bestir [*bistə:'*] **oneself** skynda sig, raska på
bestow [*bistou'*] giva, skänka (**on** till), nedlägga, skaffa logi; **bestowal** [*bistou'əl*] tilldelande
bestrew [*bistru:'*] beströ, ligga utspridd över
bestride [*bistrai'd*] (*oregelb. vb*) rida på, sätta sig grensle på
bet [*bet*] vad; slå vad, hålla på; **you ~** *sl* det kan du vara säker på; **betting** vadhållning
betake [*bitei'k*] **oneself to** bege sig, taga sin tillflykt till
betel [*bi:tl*] betel[peppar]
bethel [*beþəl*] helig plats, bönehus som ej tillhör statskyrkan, sjömanskyrka
bethink [*biþi'ŋk*] **oneself** betänka [sig], tänka sig för, föresätta sig
betide [*bitai'd*] (*oregelb. vb*) hända, tima; **woe ~ him** Gud nåde honom
betimes [*bitai'mz*] i god tid, i rättan tid
betoken [*bitou'kn*] bebåda, antyda
betony [*betəni*] *bot.* humlesuga (Betonica)
betook [*bitu'k*] imperf. av *betake*
betray [*bitrei'*] förråda, röja, vara tecken på, svika; **betrayal** [*bitrei'əl*] förräderi
betroth [*bitrou'ð*] trolova; **betrothal** [*bitrou'ðəl*] trolovning
better 1) [*betə*] (se *good*) bättre; överman; förbättra [sig], bli bättre; **be all the ~ for** fara väl av; **for ~ for worse** under alla omständigheter, hur det än går; **had ~** gör bäst i att; **get the ~ of** besegra; **think ~ of it** komma på bättre tankar; ~ **oneself** komma sig upp; ~ **off** i bättre omständigheter, förmånligare; **the ~ part** flertalet; **~ment** förbättring
better 2), **bettor** [*betə*] vadhållare
betting [*betiŋ*] vadhållning
betty [*beti*] **about** gnälla, bråka om småsaker
between [*bitwi:'n*] emellan; ~ **us** tillsammans, gemensamt; **betwixt and ~** mitt emellan, varken det ena eller det andra; ~ **the devil and the deep sea** mellan Scylla och Charybdis, räddningslöst förlorad; ~ **wind and water** på ett farligt ställe, på en sårbar punkt; ~ **ourselves** oss emellan; **~-maid** hjälpflicka; ~ **whiles** under mellanstunderna
betwixt [*bitwi'kst*] emellan (se *between*)
bevel [*bevl*] vinkelmått, gering, smygvinkel, sned vinkel, sluttning; ha sneda vinklar, snedda av; ~ **pinion** *mek.* koniskt tandhjul; **~-wheel** *auto.* koniskt hjul
beverage [*be'vəridʒ*] dryck
bevvy [*bevi*] *sl* dryck (is. öl)
bevy [*bevi*] flock, svärm
bewail [*biwei'l*] jämra sig över, begråta
beware [*biwɛ'ə*] taga sig i akt, passa på; ~ **of pickpockets!** akta er för ficktjuvar!
bewilder [*biwi'ldə*] förvirra; **~ment** förvirring
bewitch [*biwi'tʃ*] förhäxa, förtrolla; **~ment** tjusning, förhäxning, förtrollning
bewray [*birei'*] röja
bey [*bei*] turkisk ståthållare, bej; **beylic** [*beilik*] bejs område
beyond [*bijɔ'nd*] livet efter detta; bortom, på andra sidan [om], utöver, med undantag av; **it is ~ me** det går över mitt förstånd el. mina krafter; **the back of ~** bortom all ära och redlighet
bezel [*bezl*] mejselegg, snedslipad egg, ädelstens sidoytor, infattning
bezique [*bizi:'k*] bésique, besick (ett kortspel)
bhang [*bæŋ*] haschisch
bi- [*bai:*] (*lat.*) bi-, tve-, två-, dubbel
bias [*baiəs*] sned riktning, benägenhet, förkärlek, partiskhet; ge sned riktning, påverka; **a ~ed opinion** en ensidig uppfattning
bib [*bib*] haklapp; supa, smutta
bib-cock [*bibkɔk*] vattenkran, avloppskran
bibelot [*bi:blou*] konstnärligt smycke, raritet
Bible [*baibl*] bibel; **~-clerk** Oxfordstudent med vissa gudstjänståligganden; **~-puncher** *sl* bröst; **biblical** [*biblikl*] biblisk
bibliographer [*bibliɔ'grəfə*] författare av bibliografi; **bibliographic[al]** [*bibliəgræ'fik(l)*] bibliografisk; **bibliography** [*bibliɔ'grəfi*] bibliografi; **bibliomania** [*bibliəmei'njə*] boksamlingsmani; **bibliomaniac** [*bibliomei'niæk*] bokvurm; **bibliophile** [*bibliəfail*] bokvän; **bibliopole** [*bibliəpoul*] bokhandlare
bibulous [*bibjuləs*] supig, uppsugande
bicameral [*baikæ'mərəl*] tvåkammar-
bice [*bais*] bergblått
bicentenary [*baise'nti:nəri*] 200-årsdag, 200-årsfest; **bicentennial** [*baisente'njəl*] 200-års-
bicephalous [*baise'fələs*] tvåhövdad
biceps [*baiseps*] muskel i överarmen, muskelstyrka
bicker [*bikə*] träta, (om regn) piska
bicycle [*baisikl*] cykel; cykla; **bicyclist** [*baisiklist*] cyklist
bid [*bid*] [köpean]bud, (*amr.* också) säljares utbud; (*oregelb. vb*) bjuda, befalla, inbjuda, erbjuda, kungöra; **make a ~ for** göra anbud på, söka komma i besittning av; ~ **fair to** se lovande ut; **biddable** villig, lydig; **bidding** bud, befallning, bud på auktion; **bidding-prayer** gemensam bön
bide [*baid*] bida, avvakta
biennial [*baie'njəl*] inträffande vartannat år, tvåårig växt; tvåårig; **biennium** [*baie'njəm*] period av två år
bier [*biə*] likbår
biff [*bif*] *sl* slag; slå, sticka i väg; vips! **be biffed** *sl* få stryk
bifocal [*baifou'kl*] (om glasögon) försedd med två fokuspunkter
bifoliate [*baifou'liit*] tvåbladig
bifurcate [*baifəkit*] tvågrenad, gaffelformig; [*baifə:keit*] dela i två grenar; **bifurcation** [*baifəkei'ʃən*] tvådelning, förgreningspunkt, gren
big [*big*] stor, fullvuxen, dräktig, viktig, övermodig; **talk ~** *sl* skryta; **too ~ for one's boots** *sl* stor i munnen; ~ **bug** *sl* inflytelserik person; **B— Ben** tornuret på parlamentsbyggnaden i London; ~ **cheese** *sl* ämbetsman, stor man; ~ **fella** (pidgin-engelska) stor; ~ **fella sick** (pidgin) mycket sjuk; **the ~ Four** Frankrike, England, Italien, U. S. A. (1915—18); **the ~ house** *amr. sl* korrektionshuset; ~ **noise** (= ~ **gem**) *fam. fig.* stor kanon; **~wig** viktig el. inflytelserik person, pamp
bigamist [*bigəmist*] bigamist; **bigamous** [*bigəməs*] skyldig till bigami; **bigamy** [*bigəmi*] bigami
bigaroon [*bigəru:'n*] bigarrå
bigg [*big*] fyrradigt korn, bjugg
biggish [*bi'giʃ*] tämligen stor
bight [*bait*] bukt

bigot [*bigət*] bigott person; **~ed** bigott; **~ry** [*bigətri*] bigotteri, skenhelighet
bijou [*bi:ʒu:*] juvel, smycke; liten och näpen; **bijouterie** [*biʒu:'təri*] juveler
bike [*baik*] *fam.* cykel; cykla
bilabial [*bailei'biəl*] bilabialt ljud; bilabial
bilateral [*bailæ'tərəl*] tvåsidig, ömsesidig
bilberry [*bilbəri*] blåbär, odon
bilbo [*bilbou*] svärd, värja
bilboes [*bilbouz*] fotblack
bile [*bail*] galla, bitterhet
bilge [*bildʒ*] *sjö.* kölrum, slagvatten, *sl* struntprat, avfall; springa läck i bottnen; svälla; **~-water** (stinkande) slagvatten
bilharzia [*bilha:'ziə*] parasitisk mask (i Afrika)
biliary [*biljəri*] gall-
B-licence *flyg.* trafikflygarcertifikat
bilingual [*baili'ŋgwəl*] tvåspråkig
bilious [*biljəs*] gallsjuk, knarrig
bilk [*bilk*] *sl* lura
bill 1) [*bil*] stridsyxa, kvistyxa, näbb, udde, spets av ankarfly (pynt); (om duvor) näbbas, kyssas; **~ and coo** smekas
bill 2) lagförslag, (skriftlig) anklagelse, räkning, plakat, program, växel, *amr.* penningsedel; affischera, överklistra med plakat, *amr.* lova, meddela; **fill the ~** uppfylla alla krav; **find a true ~** *jur.* (om en *grand jury*) finna en anklagelse berättigad (och inleda rättsligt förfarande); **ignore the ~** *jur.* (om en *grand jury*) finna en anklagelse oberättigad; **meet a ~** *hand.* betala en växel; **stick no ~s** affischering förbjuden! **~ of exchange** *hand.* växel; **~ of fare** menu; **~ of health** sundhetspass; **~ of lading** *hand.* konossement; **~ of sale** *jur.* pantförskrivning, köpebrev; **~board** *amr.* plakat; **~book** *amr.* plånbok; **~broker** växelmäklare; **~-poster** affischör, plakatklistrare, *amr. sl* växelförfalskare; **~-sticker** plakatklistrare
billet [*bilit*] kvarter, *sl* anställning, bestämmelseort, vedträ, liten metallstång, inkvarteringsorder; inkvartera; **every bullet has its ~** varje kula har sitt förutbestämda mål
billet-doux [*bileidu:'*] kärleksbrev
billiards [*biljədz*] biljard
billingsgate [*biliŋzgeit*] ovett; **B—** (fisktorg i London)
billion [*biljən*] biljon (en miljon miljoner), *amr.* ett tusen miljoner
billow [*bilou*] våg; bölja, svalla; **billowy** [*biloui*] böljande
billy [*bili*] bleckkittel, påk, stav, *amr.* polisklubba
billycock [*bilikɔk*] filthatt, plommonstop
billy-goat [*biligout*] getabock
billy-o [*biliou'*] den onde; **like ~** våldsamt, som [bara] fan; **go to old ~** gå åt fanders
biltong [*biltɔŋ*] (i Sydafrika) soltorkat kött
bimbashi [*bimba:'ʃi*] brittisk officer i egyptisk tjänst
bimbo [*bimbou*] *amr. sl* pojke, flicka
bimetallism [*baime'təlizm*] dubbelmyntfot
bimp [*bimp*] *sl* shilling, *amr. sl* bedrägeri
bin [*bin*] binge, lår, kista, förrådsrum, påse (för insamling av humle)
binary [*bainəri*] två-, bestående av två, dubbel; **~ time** *mus.* $^2/_4$ takt
binaural [*b(a)inɔ:rəl*] med två hörlurar
bind [*baind*] *mus.* båge, reva, ranka, kjolfåll; (*oregelb. vb*) binda, fästa, sammanhålla, förbinda, bekransa, hänga samman, förplikta, kanta, binda in, avsluta (handel); **be bound to** måste, vara tvungen att; **~ over** rättsligt förplikta; **~weed** *bot.* åkervinda (Convolvulus); **binder** bokbindare, självbindare (skördemaskin), bindemedel, *sl* ägg; **binding** bokband; förpliktande; **full binding** helklot (*bokb.*)
bindle [*bindl*] *sl* 'jättegroda'
bine [*bain*] ranka, böjlig kvist
bing [*biŋ*] vips!
binge [*bindʒ*] gille
bingle [*biŋgl*] ett slags frisyr; klippa hår i denna frisyr
bingo [*biŋgou*] *sl* brandy, konjak
binnacle [*binəkl*] *sjö.* nakterhus
binocular [*bainɔ'kjulə*] dubbelkikare; avsedd för båda ögonen
binomial [*bainou'mjəl*] *mat.* binom; binomisk, binomial-; **binominal** [*bainɔ'minəl*] en som har två namn
bint [*bint*] *amr. sl* flicka
biochemistry [*bai'ɔke'mistri*] biokemi
biogenesis [*bai'ɔʒe'nisis*] biogenes (teorin, att allt liv uppstår blott ur annat liv)
biograph [*baiəgra:f*] *åld.* biografteater; **biographer** [*baiɔ'grəfə*] biograf, levnadstecknare; **biographical** [*baiəgræ'fikl*] biografisk; **biography** [*baiɔ'grəfi*] biografi, levnadsteckning
biological [*baiəlɔ'dʒikl*] biologisk; **biologist** [*baiɔ'lədʒist*] biolog; **biology** [*baiɔ'lədʒi*] biologi
biophysics [*baiəfi'ziks*] biofysik
bioplasm [*baiɔplæzm*] levande protoplasma; **bioplast** [*baiɔplæst*] = *bioplasm*
bioscope [*baiɔskoup*] = *biograph*
bipartite [*baipa:'tait*] tvådelad, berörande två parter
biped [*baiped*] tvåfoting; tvåfotad; **bipedal** [*baipidəl*] tvåfotad
biplane [*baiplein*] biplan, tvådäckare
biquadratic [*baikwedræ'tik*] fjärde potensen av ett tal; i fjärde potens
birch [*bə:tʃ*] björk, björkris; piska med ris; **~-rod** ris; **birchen** av björk
bird [*bə:d*] fågel, *sl* sköka, fånge, man; **the big ~** *sl* utvissling (på teatern); **get the ~** *sl* bli utvisslad; **give the ~** *sl* avskeda; **~ in the hand** säkerhet; **~ in the bush** osäkerhet; **~s of a feather** folk av samma slag; **~s of a feather flock together** kaka söker maka; **~ of paradise** paradisfågel; **~ of passage** flyttfågel; **~'s-eye** *bot.* våradonis (Adonis vernalis), majviva (Primula); ett slags tobak; **~'s-eye-view** fågelperspektiv; **~'s-nesting** plundring av fågelbon; **~-cherry** hägg; **~-fancier** fågelvän, fågelhandlare; **~-lime** fågellim; *sl* rekryteringssergeant; **~-seed** frö åt fåglar, *sl* prat, sötsaker
bireme [*bairi:m*] romerskt fartyg med två rader åror
biretta [*bire'tə*] (katolsk prästs) barett
birth [*bə:þ*] födelse, börd, upphov, ursprung, härkomst; **~-controller** anhängare av födelsekontroll; **~day** födelsedag; **~day suit** *sl* adamskostym; **~-mark** födelsemärke; **~-rate** födelsetal; **~right** bördsrätt; förstfödslorätt
bis se *bi-*
biscuit [*biskit*] skorpa, käx, *amr.* bulle; oglaserat porslin, ljusbrun färg; **cold ~** *amr. sl* flicka utan charm
bise [*bi:z*] skarp nordanvind i Schweiz och Frankrike
bisect [*baise'kt*] dela i två delar, halvera; **bisection** [*baise'kʃən*] halvering; **bisector** [*baise'ktə*] halveringslinje
bisexual [*baise'kʃuəl*] tvåkönad
bishop [*biʃəp*] biskop, löpare (i schack); **bishopric** [*biʃəprik*] biskopsdöme
Bisley [*bizli*] en plats i England (Surrey), där stora skjuttävlingar årligen anordnas
Bismillah [*bismi'lə*] (arab.; kan översättas:) vid Allah!
bismuth [*bizməþ*] vismut
bison [*baisn*] bisonoxe
bisque [*bisk*] oglaserat porslin
bissextile [*bise'kstail*] skottår
bistort [*bistɔ:t*] *bot.* ormnäva (Polygonum bistorta)
bistoury [*bistəri*] kirurgisk kniv
bistre [*bistə*] mörkbrun [färg]

bit [*bit*] bit, smula, litet silvermynt (*'a three penny bit'*), matbit, borrbett, betsel, *amr. sl* liten roll (i skådespel), strafftid; betsla, tygla, behärska; ~ **by** ~ småningom; **do one's** ~ göra sin del; **not a** ~ alls icke, icke det ringaste; **quite a** ~ en hel del; **he is a** ~ **on** *sl* han är litet påstruken; **short** ~ *amr.* tiocentstycke
bitch [*bitʃ*] hynda, sköka; förstöra, fuska bort
bite 1) [*bait*] bett, napp, bit mat, tag, grepp; (*oregelb. vb*) bita, gnaga, stinga; **the biter is bit** den som gräver en grop åt andra, faller själv däri; ~ **and sup** hastigt undanstökad måltid; ~ **one's lip** bita sig i läppen; ~ **off more than one can chew** gapa över för mycket; ~ **on granite** förspilld möda; ~ **the dust** bita i gräset; **once bitten twice shy** bränt barn skyr elden
bite 2) [*bait*] man från Yorkshire
bitter [*bitə*] bitterhet, beskhet, bittert öl, *pl* dryck tillsatt med malört, 'besk'; bitter, besk, oförsonlig; ~**ness** bitterhet; ~**-sweet** *bot.* kvesved (Solanum dulcamara)
bittern [*bitən*] *zool.* rördrom
bitumen [*b(a)itju:'mən*] asfalt, jordbeck; **bituminous** [*b(a)itju:'minəs*] bituminös
bivalve [*baivælv*] tvåskalig mussla; tvåskalig; **bivalvular** [*baivæ'lvjulə*] tvåskalig
bivouac [*bivuæk*] bivack; bivackera
bivvy [*bivi*] *sl* öl, bivack
biz [*biz*] *fam.* affär (också *biznai* [*biznei*])
bizarre [*biza:'*] bisarr, säregen
blab [*blæb*] prata bredvid mun, skvallra om
black [*blæk*] svart färg, svarthet, svart fläck, svarta kläder, neger; svart, mörk; ~ **as your hat** svart som synden; **B— and Tans** engelsk truppstyrka, förlagd till Irland i slutet av det första världskriget; ~**-and-white drawing** pennteckning; **the B— Country** industriområdet omkring Birmingham; **the B— Watch** högländarregemente; ~**amoor** svarting, morian, neger; ~**avised** [*blækəvaizd*] svarthudad; ~ **ball** utesluta; ~**-beetle** kackerlacka; ~**berry** björnbär; ~**bird** koltrast, infångad negerslav; ~**birder** slavhandlare; ~**board** svart väggtavla; ~ **box** *sl* sakförare; ~ **cap** svart mössa (som domaren har på sig, då han uttalar dödsdom); ~**-cock** orrtupp; ~**-currant** svart vinbär; ~ **draught** ett laxermedel; ~ **fellow** australisk infödingt; ~ **friar** svartbroder, dominikanmunk; ~ **frost** frost vid bar mark; ~**guard** [*blægəd*] slyngel, skojare; slyngelaktig; okväda; ~**guardly** skurkaktigt, gement; ~ **head** pormask; ~ **hole** militärarrest; ~**jack** *amr.* batong; ~ **jack** läderflaska för vin; ~ **lead** blyerts; ~**leg** *sl* svindlare; strejkbrytare; ~ **letter** frakturstil; ~**mail** penningutpressning; utpressa; **B— Maria** *sl* fångvagn; ~**-out** mörkläggning; ~ **out** utplåna, mörklägga; ~**-pudding** blodpudding, -korv; ~ **Rod** ceremonimästare i Överhuset; **B—-shirt** fascist; ~**smith** grovsmed; ~**smith's daughter** *sl* nyckel; ~**thorn** *bot.* slån; ~ **velvet** blandning av öl och champagne; ~**-water** *med.* tropisk febersjukdom (~ *fever*); **blacken** [*blækn*] svärta, svartna, baktala; **blacking** blanksmörja
bladder [*blædə*] blåsa, blemma, uppblåst person; ~ **of lard** *sl* flintskallig person
blade [*bleid*] [gräs]strå, blad (också på kniv), skulderblad, propellerblad, *sl* hygglig karl
blaeberry [*bla:bəri*] *dial.* blåbär
blah [*bla:*] *amr.* prat, humbug
blain [*blein*] blemma, böld, inflammerat ställe
blame [*bleim*] tadel, skuld; tadla, förebrå; ~**ful** tadelvärd; ~**less** oskyldig; ~**worthy** tadelvärd
blanch [*bla:nʃ*] göra vit, bleka, blekna
bland [*blænd*] smickrande, blid, mild, lindrande, ironisk; **blandishment**[s] [*blændiʃmənt(s)*] smicker
blank [*blæŋk*] tom plats, lös patron, nit, tankstreck, mellanslag (*typ.*), råämne; *amr.* blankett; oskriven, blank, resultatlös, ren, fullständig; *amr.* slå fullständigt; **my mind was a** ~ mitt huvud var tomt; **in** ~ in blanco; ~ **cartridge** lös patron; **give a** ~ **cheque** ge fria händer; ~ **verse** blankvers (orimmad, is. 5-fotad, jambisk vers)
blanket [*blæŋkit*] filt av ylle, hästtäcke; täcka med filt, dämpa, förkväva, *sjö.* ta vinden ur seglen; **wet** ~ person som lägger band på andra; **born on the wrong side of the** ~ bastard; ~ **drill** *sl* eftermiddagsvila; ~ **fair** *sl* säng
blankly [*blæŋkli*] förfärat, hjälplöst; rent ut; **deny** ~ absolut förneka
blare [*blɛə*] trumpetskräll; skrälla som trumpet, utbasunera
blarney [*bla:ni*] smicker; smickra; **have kissed the B— Stone** ha en flytande tunga el. stor övertalningsförmåga
blasé [*bla:zei'*] blaserad
blaspheme [*blæsfi:'m*] häda; **blasphemous** [*blæsfiməs*] hädisk; **blasphemy** [*blæsfimi*] hädelse, blasfemi
blast [*bla:st*] vindstöt, blåst, trumpetstöt; sprängladdning, *amr.* explosion; spränga, sveda, bringa att vissna, ödelägga; ~ [**it**] anamma! för fan! ~**-furnace** blästerugn; **blasted** förbannad
blatancy [*bleitənsi*] inbilskhet, påflugenhet, skränig högljuddhet; **blatant** [*bleitənt*] påträngande, inbilsk, högljudd
blather [*blæðə*] prat, nonsens; pladdra, prata nonsens (*blether*)
blatherskite [*blæðəskait*] *amr.* pratmakare; struntprat
blaze [*bleiz*] flamma, låga, uppbrusning, bläs (på häst), ljus, bläcka (märke i träd), fan, helvete; blossa, flamma, bläcka (träd), utbasunera; **in a** ~ i ljusan låga; **go to** ~**s** gå åt helvete; **like** ~**s** som bara fan; ~ **away** fyra på, klämma på
blazer [*bleizə*] kulört sportjacka
blazon [*bleizən*] vapenmärke, heraldik, skönmålning; framställa heraldiska figurer, utbasunera; **blazonry** [*bleizənri*] heraldiska figurer, heraldik
bleach [*bli:tʃ*] bleka[s]; **bleacher** *amr.* åskådarplats utan tak
bleak 1) [*bli:k*] *zool.* löja
bleak 2) [*bli:k*] blek, dyster, kuslig, ruskig, råkall, blåsig
blear [*bliə*] skum, rinnande (om ögon), med oklara konturer, oklar; göra skum; ~**-eyed** surögd, slö
bleat [*bli:t*] bräkande; bräka; tala med svag röst el. enfaldigt
bleb [*bleb*] blemma, blåsa
bleed [*bli:d*] (*oregelb. vb*) blöda, åderlåta, utpressa penningar, avtvingas pengar; ~ **the monkey** stjäla sprit från mässen (på ett fartyg); **bleeder** blödare, *sl* (= *fellow*) karl, prisse, kille, sovereign; **bleeding** blödande, förbannad (i st. f. *bloody*)
blemish [*blemiʃ*] vank, fel, fläck; fläcka, förstöra, förtala
blench [*blenʃ*] rygga tillbaka för, sluta ögonen för
blend [*blend*] blandning; blanda [sig], omärkligt övergå i varandra
blende [*blend*] zinkbländе
Blenheim [*blenim*] ett slags hönshund, en äppelsort
blent [*blent*] blandade, blandat (se *blend*)
bless [*bles*] välsigna, lovprisa, *fam.* förbanna; ~ **me!** du milde! **blest** [*blest*], **blessed** [*blesid*] välsignad, kär, lycklig, salig, *fam.* fördömd; **blessedness** [*blesidnis*] lycksalighet; **blessing** [*blesiŋ*] välsignelse, bordsbön, gudomlig gåva
blether [*bleðə*], **blather** [*blæðe*] struntprat, (*Skottl.*) pratmakare; prata strunt
blew [*blu:*] blåste (se *blow*)
blight [*blait*] mjöldagg, rost, brand, bladlus, ödeläggelse, dis; fördärva, få att vissna; **blighted** (också) fördömd; **blighter** [*blaitə*] *sl* (= *fellow*) karl, prisse, kille

Blighty [*blaiti*] England, hemmet; sår som medför hemsändning för soldat
blimey [*blaimi*] *sl* (interj. f. förvåning) nej! nej men!
blimp [*blimp*] *sl* flygmaskin el. litet luftskepp för jakt på undervattensbåtar
blind [*blaind*] skärm, rullgardin, förevändning; blind, *sl* döddrucken (också ~ *drunk*); blända, förblinda, förmörka, dölja; ~ **of one eye** blind på ena ögat; ~ **alley** återvändsgränd; ~ **baggage** *amr.* blindpassagerare; ~ **letter office** 'svart kammare' (för brevgranskning); ~ **-man's -buff** blindbock; ~ **man's holiday** *sl* skymning; ~ **coal** antracitkol; ~ **pig** el. **tiger** *amr.* lönnkrog; ~ **stamped** el. **tooled** tryckt för blinda; ~**fold** (~**folded**) med förbundna ögon; binda för ögonen; ~**-worm** *zool.* ormslå; **blindage** [*blaindidʒ*] blindverk, blindering; **blinder** skygglapp; **take a blinder** *sl* dö; **blindly** blint, hänsynslöst; **blindness** blindhet, förblindelse
bling [*bliŋ*] bringa, bröst
blink [*bliŋk*] glimt, blink, blinkljus, *sl* cigarrettstump; blinka, blunda med ett öga, undvika; **blinker(s)** [*bliŋkə(z)*] skygglapp(ar), *sl* öga, (= *fellow*) karl, prisse, kille; **blinking** (eufemism för *bleeding*) förbannad
bliss [*blis*] glädje, sällhet, salighet; **blissful** lycksalig
blister [*blistə*] blemma, blåsa, *sl* olidlig person; framkalla el. få blemmor, *sl* uttråka, prygla
Blitey [*blaiti*] se *Blighty*
blithe [*blaið*] glad, munter; **blithesome** glad, munter
blither [*bliðə*] *sl* struntprat; prata strunt; **blithering** *sl* nonsens; enfaldig; ~ **idiot** *sl* uridiot
blizzard [*blizəd*] *amr.* snöstorm
bloat [*blout*] röka (sill), blåsa upp, bli uppblåst; **bloater** rökt sill
blob [*blɔb*] droppe, klump; **blobber-lipped** med tjocka läppar
bloc [*blɔk*] block (av stater el. partier)
block [*blɔk*] block, kubbe, kvarter, *amr.* jordareal, dumhuvud, hinder, söndrigt fordon som trafikhinder, *sl* huvud, (i parlamentet) meddelande, att lagförslag kommer att möta motstånd; blockera, hindra, mota, stärka med klossar; ~ **of flats** hyreskomplex; ~ **in** el. **out** skissera; ~ **in** el. **up** begränsa; ~**head** *sl* dumhuvud; ~**house** blockhus; ~ **letters** stora tryckbokstäver; ~**system** spärrsystem vid järnvägar etc.
blockade [*blɔkei'd*] blockad, blockera; ~**-runner** blockadbrytare
blockish [*blɔkiʃ*] drumlig, dum
bloke [*blouk*] *sl* (= *fellow*) man, karl, prisse
blond[e] [*blɔnd*] blondin; blond
blood [*blʌd*] blod, blodsutgjutelse, ung man på modet; åderlåta, ge blod på tand; **in cold** ~ med berått mod; **prince of the** ~ prins av blodet; **his** ~ **is up** hans blod kokar; **taste** ~ få blodad tand; ~ **and guts** *mil. sl* engelska handelsflaggan; ~ **and thunder tales** dålig äventyrslitteratur; ~**feud** blodshämnd; ~**-guilty** skyldig till ngns död; ~**-horse** fullblod; ~**hound** blodhund, detektiv; ~**-letting** åderlåtning, *sl* blodsutgjutelse; ~**shed** blodsutgjutelse; ~**shot** blodsprängd; ~**-sucker** blodigel; penningutpressare; ~**-vessel** blodkärl; **blooded** *amr.* fullblods; **bloodless** blodlös, blek, känslolös; **bloody** [*blʌdi*] blodig, förbannad, helvetes, *sl* djävla (grov ed); bestänka med blod; **bloody flux** *med.* dysenteri
bloom 1) [*blu:m*] blomma, blomstring, flor; blomstra; **blooming** eufemism för *sl bloody*
bloom 2) [*blu:m*] halvcylindriskt järnstycke, smältstycke; råsmida, valsa ut göt
bloomer [*blu:mə*] *pl* byxkjol, *sl* blunder, *amr.* ett slags spårvagn
blossom [*blɔsəm*] blom, blomma (is. som lovar frukt), blomkrona; blomstra, spricka ut; ~ **nose** *sl* drinkare
blot [*blɔt*] fläck, plump; plumpa, fläcka, stryka ut, torka med läskpapper; ~ **out** utplåna; **blotting-pad** skrivunderlag (också *blotter*); **blotting-paper** läskpapper
blotch [*blɔtʃ*] inflammerat ställe, bläckplump, *sl* läskpapper; **blotched** [*blɔtʃt*], **blotchy** [*blɔtʃi*] inflammerad, nedplumpad
blotter [*blɔtə*] läskare, *hand.* kladd, *amr.* polisrapport
blotto [*blɔtou*] *sl* drucken; ~ **service** S. O. S.-tjänst (för bilister)
blouse [*blauz*] arbetsblus, [dam]blus
blow [*blou*] slag, stöt, vindstöt, flugägg (i kött), blomstring; (*oregelb. vb*) blåsa, flåsa, ljuda, (om flugor) lägga ägg på kött, slösa, spricka ut, blomstra, *elektr.* (om säkring) springa, *sl* skryta, *amr. sl* bryta sig ut ur fängelse; ~ **in** (is. *amr.*) visa sig, ankomma; ~ **over** gå förbi, över; ~ **up** spränga (springa) i luften, *fam.* förebrå; ~ **hot and cold** vackla; ~ **out one's brains** skjuta sig en kula för pannan; ~ **the expense** *sl* slösa; ~**fly** spyfluga; ~**gun** sprutpistol; ~**hole** valfisks sprutthål; ~**lamp** blåslampa; ~**-out** ringexplosion; *sl* grundlig måltid; ~**-out pipe** utblåsningsrör; ~**-pipe** blåsrör; ~**ed** förbannad, eufemism för *bloody* (is. i *I'm* ~ *if*); **I am** ~**ed** det var tusan; **I'm** ~**ed if I know** fördöme mig, om jag vet; **I am** ~**ed if I do!** det gör jag absolut inte; ~**er** kompressor, fläkt; **blowing-up** straffpredikan, utskällning
blowsy [*blauzi*] rufsig
blowy [*bloui*] blåsig
blowzed [*blauzd*], **blowzy** [*blauzi*] rödbrusig
blub [*blʌb*], **blubber** [*blʌbə*] gråta, lipa, tjuta
blubber [*blʌbə*] valspäck; ~ **and guts** *sl* fetma, dästhet
bluchers [*blu:tʃəz*] snörkängor
bludgeon [*blʌdʒən*] käpp med blykula, [slå med] klubba
blue [*blu:*] blått, blåelse, blått tyg, flottdivision, idrottsman som representerar sitt universitet, blåstrumpa, *sl* betjänt; blå, melankolisk; *sl* slösa bort; **the** ~**s** *sl* nedslagenhet, dåligt humör; **the B—s** kungl. livgardet till häst; **win one's** ~ få idrottsrepresentantmärket för sitt universitet; **feel** ~ vara melankolisk; **in the** ~ ut i rymden; **make the air** ~ svära, förbanna; **be in a** ~ **funk** vara i en dödlig förskräckelse; **once in a** ~ **moon** nästan aldrig; **call** ~ **murder** skrika som med kniven på strupen; ~ **apron** politisk kannstöpare; **B—beard** Blåskägg (Riddar B.), man som är grym mot sin hustru; ~**bell** *bot.* blåklocka; ~**-book** officiellt meddelande från parlamentet, *amr.* statskalender; ~**bottle** *zool.* spyfluga, *bot.* blåklint; ~**breast** *zool.* blåhakesångare; ~**-buttons** *bot.* vintergröna (Vinca); ~ **devils** *sl* melankoli, dille, missmod; ~**jacket** blåjacka, matros i flottan; ~ **laws** *amr.* puritansk lagstiftning; **Blue Peter** blå flagga med vit fyrkant, hissad före avsegling; ~ **print** blåkopia; ~ **ribbon** riddare av Strumpebandsorden, nykterist; ~ **roses** *sl* ngt ouppnåeligt; ~ **ruin** *sl* gin; ~**stocking** blåstrumpa; **blueish** [*blu:iʃ*] blåaktig; **bluer** blå flanelljacka; **bluing** blåelse
bluff [*blʌf*] brant udde, bluff; brant, tvär, barsk; bluffa, dupera; **call one's** ~ *sl* utmana en person för att visa hans svaghet
blunder [*blʌndə*] missgrepp, blunder; stappla, göra en blunder, försumma, icke passa upp; ~ **out** tanklöst förråda, skvallra om (en hemlighet)
blunderbuss [*blʌndəbʌs*] muskedunder
blunt [*blʌnt*] kort tjock nål, *sl* reda pengar; slö, trubbig, brysk, rättfram; avtrubba, göra slö; **John B—** slöfock

blur [*blə:*] fläck, oredig bild; fläcka, översudda, göra otydlig

blurb [*blə:b*] *amr. sl* prisande anmälan av en bok på omslaget, redaktörs randanmärkningar i manuskript, struntprat

blurry [*blʌri*] omskrivning för *sl bloody*

blurt [*blə:t*] [**out**] yttra obetänksamt, skvallra ut

blush [*blʌʃ*] skymt, glimt, rodnad; rodna, skämmas; vara röd; **at the first** ~ vid första anblicken; **put to the** ~ bringa att rodna

bluster [*blʌstə*] dån, buller, högröstat tal, hotelser; bullra, tala högröstat

bly me [*blaimi:*] för fan (*blimey*)

bo [*bou*] *amr.* kamrat

bo[h] [*bou*] bu! **he can't say** ~ **to a goose** han är mycket blyg

boa [*bouə*] boaorm, boa; ~ **constrictor** (brasiliansk) kungsorm

Boanerges [*bouənə:'dʒi:z*] högröstad predikant eller talare

boar [*bɔ:ə*] vildsvin, galt

board [*bɔ:d*] bräde, bricka, papp, *pl* scen, bord, pension, förplägning, råd, kommission, skeppsbord; brädfodra, vara matgäst, ha som matgäst, gå ombord på, äntra; ~ **and lodging** helinackordering; **groaning** ~ överdådig måltid; **above** ~ ärligt, öppet; **in** ~s kartonnerad (om bok); **on** ~ ombord (på); **B— of Agriculture** lantbruksministerium; **B— of Education** undervisningsministerium; **B— of Trade** handelsministerium, *amr.* handelsförening; ~**walk** *amr.* promenad; **boarder** [*bɔ:də*] gosse i internatskola, kostgängare; **boarding** ställning av bräder; **boarding-house** pensionat, inackorderingsställe; **boarding-school** internatskola; **boarding-out** måltidsinackordering ute i sta'n, utackordering; **boarding-ship** krigsskepp som inspekterar neutrala fartyg beträffande kontraband

boast [*boust*] skryt, stolthet; skryta [med], vara stolt över; **boastful** skrytsam

boat [*bout*] båt, såsskål; ro, segla i båt, transportera i båt; ~**-age** båthyra; ~**-hook** båtshake; ~**-race** kapprodd

boatswain [*bousn*] *sjö.* båtsman

bob [*bɔb*] vikt på pendel, bobbat hår, stubbsvans, lock; refräng, ryck, nigning, melodi (i klockringning); *amr.* med (på släde etc.), *sl* shilling; gå fram och tillbaka, klippa [håret] kort; hoppa upp och ned, niga, rycka; **strike my** ~ *sl* för sjutton; ~ **up** [**again**] komma i gång igen; ~**-sled,** ~**-sleigh** släde sammansatt av två kälkar; ~**tail** stubbsvans

bobbajee [*bɔbəʒi'*] *mil. sl* kock

bobbery [*bɔbəri*] oro, uppståndelse; ~**-monger** orostiftare

bobbin [*bɔbin*] spole, bobin, snöre att lyfta dörrklinka; **bobbinet** [*bɔbinet*] spetsbotten, engelsk tyll

bobbish [*bɔbiʃ*] rask, frisk

bobby [*bɔbi*] *sl* polis; ~**-dazzler** *sl* bländande person eller sak; ~**'s job** *sl* lätt arbete

bobolink [*bɔbəliŋk*] risfågel (Emberiza oryzivora)

Boche [*bɔʃ*] (franskt öknamn på) tysk

bock [*bɔk*] *fr.* tyskt öl

bode [*boud*] varsla, bebåda; **bodeful** olycksbådande

bodega [*bɔdi:'gə*] vinhandel

bodice [*bɔdis*] klänningsliv, livstycke

bodiless [*bɔdilis*] utan kropp; **bodily** [*bɔdili*] kroppslig, kroppsligt, fullständigt, bokstavligt

boding [*boudiŋ*] förebud, omen

bodkin [*bɔdkin*] pryl, trädnål, hårnål; **ride** ~ (om åkande) sitta i knät på el. inklämd mellan två personer

body [*bɔdi*] kropp, lik, person, huvuddel, helhet, kvalitet, avdelning, skara, församling, *flyg.* flygkropp, *auto.* karosseri; förkroppsliga, forma; **the** ~ **of laws** lagsamling; **in the** ~ vid liv; **not a** ~ (*Skottl.*) ingen; **a** ~ (*Skottl.*) man; ~**-colour** täckfärg; ~ **forth** lekamliggöra, ge kropp åt; ~**-guard** livvakt; ~**-snatcher** *sl* polis, likuppgrävare, soldat som samlar upp sårade; *amr. sl* kidnapper

Boeotian [*biou'ʃiən*] dum, slö [person]

Boer [*bouə, buə*] boer(-)

bog [*bɔg*] kärr, mosse, slaskbrunn; nedsänka i dy; ~ **oak** ekträ som bevarats i mosse; ~**-trotter** irländare

bogey [*bougi*] djävul; spöka; (också golfterm)

boggle [*bɔgl*] rygga tillbaka, vackla, vara tvetydig, famla

boggy [*bɔgi*] sumpig

bogie [*bougi*] underrede, chassi

bogle [*bougle*] se *bogy*

bogus [*bougəs*] falsk, oäkta

bogy [*bougi*] djävul, varulv, troll, spöke, buse, skräckbild

bohea [*bouhi:'*] dålig tesort

Bohemia [*bouhi:'mjə*] Böhmen, bohem; **Bohemian** [*-n*] bömare; bohem; **bohemianism** [*bouhi:'mjənizm*] bohemliv

bohunk [*bohʌ'ŋk*] *amr. sl* bömare, arbetare från Sydeuropa

boil 1) [*bɔil*] böld

boil 2) [*bɔil*] kokpunkt; koka; ~ **down** inkoka; ~ **away** koka bort; **boiled shirt** stärkskjorta; **boiler** [*bɔilə*] kittel, ångpanna; **boiling** kokning; **the whole boiling** *sl* alltsamman; **boiling point** kokpunkt

boisterous [*bɔistərəs*] våldsam, uppsluppet glad

boko [*boukou*] *sl* näsa

bold [*bould*] modig, fräck, kraftig, utpräglad; **make** [**so**] ~ [**as**] **to** drista sig att; **as** ~ **as brass** ogenerad, fräck

bole [*boul*] trädstam

bolero [*bəlɛ'ərou*] en spansk dans, damjacka

bolide [*boulaid*] eldkula, meteor

boll [*boul*] frögömme

bollard [*bɔləd*] pollare, *flyg.* knapp

boloney [*bəlou'ni*] *amr. sl* struntprat, humbug, avfall

Bolshevik [*bɔlʃəvik*] bolsjevik, revolutionär; **bolshevist** [*bɔlʃəvist*] (*fam.* **Bolshy, bolshie** [*bɔlʃi*]) bolsjevik; **bolshevize** [*bɔlʃəvaiz*] bolsjevisera, *fam.* beslagtaga, stjäla

bolster [*boulstə*] lång kudde, underlag, stöd; understödja, slåss med kuddar

bolt [*boult*] pil, åskvigg, bult, nagel, flykt; fästa med bult, regla till, fjättra; störta i väg, skena, rymma, vara olydig, sluka, *amr.* övergiva; sila, sålla, pröva; **like a** ~ **from the blue** som en blixt från klar himmel; ~ **upright** kapprak; **make a** ~ **of it** *sl* rymma; **bolter** istadig häst, sikt, såll

bolus [*bouləs*] *med.* stort piller

bomb [*bɔm*] bomb; bombardera; ~**-aimer** bombkastare (person i flygmaskin); *flyg.* bombfällning; ~**-proof** bombsäker[t rum]; **bomb rack** bombupphängningsanordning; **bomb release gear** bombfällningsanordning; **bomb sight** bombsikte; **bombard** [*bɔmba:'d*] bombardera, okväda; **bombardier** [*bɔmbədi'ə*] artillerikonstapel; **bombardment** [*bɔmba:'dmənt*] bombardemang; **bombardon** [*bɔmbədən*] bombardong (musikinstrument); **bomber** [*bɔmə*] bombplan

bombasine [*bɔmbəzi:'n, bʌm-*] halvsiden

bombast [*bɔmbəst*] bombastiskt tal; **bombastic** [*bɔmbæ'stik*] bombastisk

Bombay duck [*bɔmbei dʌk*] sydasiatisk fisk

bombing-raid bombräd, luftanfall

bonanza [*bənæ'nzə*] tur, framgång, stort utbyte; fördelaktig

bonce, bonse [*bɔns*] kula (för lek), *sl* huvud

bond 1) [*bɔnd*] band, överenskommelse, obligation, skuldsedel; avge förbindelse för; **in** ~ *hand.* på tullnederlag; **in** ~**s** i fängelse; **bonded**

goods *hand.* varor på nederlag i packhus; **bonded warehouse** *hand.* packhus
bond 2) [*bɔnd*] träldom; ~[s]**man** träl; ~**service** träldom, livegenskap; **bondage** [*bɔndidʒ*] träldom, tvång
Bond Street [*bɔnd stri:t*] fin affärsgata i London
bone [*boun*] ben, knota, *amr. sl* dollar, *pl* tärningar; bena (*vb*), *sl* stjäla; ta ngn i vingbenet; **he made no** ~**s of it** han gjorde inga svårigheter; **make old** ~**s** bli gammal; **feel it in one's** ~**s** ha på känn; ~ **of contention** stridsäpple; ~ **box** *sl* mun; ~**-dry** kruttorr, nykter; ~**-head** *sl* kyrkogård; ~**-polisher** *sl* niosvansad katt, dagg; ~**-setter** chiropraktiker, [amatör]kirurg; ~**-shaker** *sl* bil; ~**-shop** *sl* fattighus; ~**-up** *amr.* studera; **boner** *sl* hårt slag i ryggen
Boney [*bouni*] öknamn för (Napoleon) Bonaparte
bonfire [*bɔnfaiə*] lusteld
bonhomie [*bɔnəmi:*] munterhet, vänlighet
Boniface [*bɔnifeis*] krogvärd
bonnet [*bɔnit*] hatt, huva, mössa, *auto.* huv; bulvan; sätta mössa på, slå ned hatten över ögonen på; **a bee in one's** ~ *fam.* en skruv lös; ~**-man** *sl* (*Skottl.*) högländare; ~**-pin** hattnål
bonnie, bonny [*bɔni*] (*Skottl.*) glad, rask, blomstrande; vän, älskling
bonse se *bonce*
bonus [*bounəs*] bonus, extra utdelning, premie
bony [*bouni*] av ben, benig
bonze [*bɔnz*] buddistisk präst i Japan
boo [*bu:*] vissling; vissla ut; pytt! bu!
boob [*bu:b*] fån, enfaldig person; drummel
booby [*bu:bi*] *zool.* sula; drummel; **beat the** ~ *sl* ta sig en åkarbrasa; ~ **hatch** *amr. sl* dårhus, cell; ~**-trap** föremål anbragt på en dörr så, att det faller ned på den som öppnar dörren
boodle [*bu:dl*] *amr.* ett kortspel, mutor
boohoo [*buhu:'*] högljudd gråt; *fam.* gråta högljutt
book [*buk*] bok, insats (vid kapplöpning); införa i en bok, beställa biljett; **the B—** [**of B—s**] bibeln; **it suits my** ~**s** det passar mig i stycket; **in the black** ~ på svarta listan; ~ **an order** *hand.* notera en order; **I have booked for London** jag har köpt biljett till L.; **be booked for** vara säker på att bli utsatt för; ~**-agent** kolportör; ~**binder** bokbindare; ~**case** bokhylla; ~**cover** bokband; ~**-end** bokstöd; ~**-keeper** bokförare, bokhållare; **B— land** bokhandlarkvarteret; ~**-lore** boklärdom; ~**-maker** professionell vadhållare; ~**-mark**[**er**] bokmärke; ~**-muslin** organdi; ~**-plate** exlibris; ~**-post** korsband; ~**-rest** läspulpet; ~**seller** bokhandlare; ~**-slide** bokställ; ~**stall** bokstånd, tidningskiosk; ~**-work** kammarlärdom; **bookie** *sl* bookmaker; **booking-clerk** biljettförsäljare; **booking-office** biljettkontor; **bookish** boklärd, pedantisk; **booklet** [*buklit*] liten bok, broschyr
boom [*bu:m*] [segel]bom, dån, uppsving, hausse, rusning; dåna, uppblomstra, vara starkt efterfrågad, göra reklam för; **boomster** *amr. sl* pressagent
boomerang [*bu:məræŋ*] bumerang
boon [*bu:n*] bön, ynnest, förvärv; frodig; ~ **companion** dryckesbroder
boor [*buə*] tölp; **boorish** [*buəriʃ*] bondsk
boose se *booze*
boost [*bu:st*] *amr.* angrepp, hjälp på väg, bombardemang; *sl* protegera, framhjälpa, rosa
boot 1) [*bu:t*] fördel, nytta; **to** ~ till på köpet
boot 2) [*bu:t*] stövel, känga, skodon, 'spansk stövel', fotsack; *sl* avskeda; **with one's heart in one's** ~**s** med hjärtat i halsgropen; **get the** ~[**s**] *sl* bli avskedad; **give** [**the order of**] **the** ~ *sl* avskeda; ~**black** skoputsare; **-jack** stövelknekt; **booted** [*bu:tid*] försedd med stövlar; **bootee** [*bu:ti'*] halvstövel
booth [*bu:ð*] bod, skjul, stånd
bootleg [*bu:tleg*] stövelskaft, *amr.* sälja olovligt (is. sprit under förbudstiden); **bootlegger** [*bu:tlegə*] *amr.* spritsmugglare
bootless [*bu:tlis*] onyttig, utan stövlar
boots [*bu:ts*] skoputsare (på hotell)
booty [*bu:ti*] byte, rov; **play** ~ spela oärligt
booze, boose [*bu:z*] sprit, dryckenskap; svira; ~**-booster** *amr. sl* drinkare; **boozer** [*bu:zə*] drinkare, dryckesbroder; **boozy** [*bu:zi*] drucken
bo-peep [*boupi:'p*] titt-ut, *sl* sömn; leka titt-ut, *sl* sova; **play** ~ driva opålitlig politik
boracic [*boræ'sik*] borax-
borage [*bɔridʒ*] stofferblomma (Borrago officinalis)
borax [*bɔ:ræks*] borax
Bordeaux [*bɔ:dou'*] bordeaux (ett slags rödvin)
border [*bɔ:də*] gräns[land], kant, bård, marginal; begränsa; **the B—** trakterna omkring gränsen mellan England och Skottland; ~ **light** *flyg.* gränsmarkeringsljus; ~ **upon** gränsa till; **borderer** [*bɔ:dərə*] gränsbo
bore [*bɔ:*] borrhål, gevärslopp, tråkig person, stor tidvattensbölja; borra, urholka, tränga åt sidan (vid kapplöpning), utttråka; **what a** ~ så förargligt! en sådan tråkmåns! **he is an awful** ~ han tråkar ut en; **be** ~**d** ha tråkigt; **boredom** tråkighet; **boring**[**s**] borrspån
boreal [*bɔ:riəl*] nord-; **Boreas** [*bɔ:riæs*] nordanvind
boric [*bɔrik*] bor-; ~ **acid** borsyra
born [*bɔ:n*] född [till], bestämd [till]; **in all my** ~ **days** i alla mina levnadsdagar
boron [*bɔ:rən*] *kem.* bor
borough [*bʌrə*] köping, stadskommun; **the B—** Southwark (i London); **pocket** ~, **rotten** ~ valkrets med mycket få valmän; ~**-English** stadgande, varigenom arv tillfaller yngste sonen
borrow [*bɔrou*] låna, få till låns
Borstal [*bɔ:stl*] **system** villkorlig dom
borzoi [*bɔ:zɔi*] rysk varghund
bos[**s**] [*bɔs*] bom; skjuta bom, gissa orätt
boscage [*bɔskidʒ*] buskage
bosh [*bɔʃ*] nonsens; prata skräp
boskage = *boscage*; **bosk**[**et**] [*bɔsk*(*it*)] vildmark; **bosky** [*bɔski*] täckt med buskskog
bosom [*buzəm*] bröst, barm, *amr.* skjortbröst; **in the** ~ **of one's family** i familjens sköte; ~**-friend** förtrolig vän
boss [*bɔs*] knopp, runt föremål, *flyg.* propellerns centrala del, principal, chef, bas, arbetsförman, *amr.* politiskt inflytelserik man; spela husbonde, stå för, styra; ~ **the show** stå för det hela; **bossy** prydd med bucklor, *sl* flott
bosthoon [*bɔstu:'n*] (*Irl.*) tölp
Boston [*bɔstən*] Boston, (också) långsam vals
Boswell [*bɔzwəl*] Dr Johnsons biograf
botanical [*bətæ'nikl*] botanisk; **botanist** [*bɔtənist*] botaniker; **botanize** [*bɔtənaiz*] botanisera; **botany** [*bɔtəni*] botanik
botch [*bɔtʃ*] lapp, böld, fuskverk; lappa, fuska [med]
both [*bouþ*] bägge, båda; ~ .. **and** både .. och
bother [*bɔðə*] bryderi, besvär; 'bråka', plåga, förarga sig; ~ **about** bry sig om; ~ **it** för tusan! **I cannot be bothered** jag gitter inte; **botheration** [*bɔðərei'ʃən*] plåga, förargelse; **bothersome** [*bɔðəsəm*] besvärlig, förarglig
bottle 1) [*bɔtl*] flaska; tappa på butelj; *sl* fånga, misslyckas; ~ **up** dölja, behärska (känslor); ~**-holder** sekundant (i boxningskamp); ~**-neck** flaskhals, trångt ställe på väg; ~**-nose** potatisnäsa; ~**-washer** underordnad medhjälpare
bottle 2) [*bɔtl*] knippe, kärve; **a needle in a** ~ **of hay** en nål i en höstack
bottom [*bɔtəm*] nedersta del, botten, skeppsbotten, djup, bas, grund, styrka, bakdel, uthållighet; bottna, grunda, tränga djupt ned i; ~ [**land**] *amr.* floddal; **he was** ~ **of the pol**

han kom sist i valet; **at** ~ i grund och botten; **stand on one's own** ~ stå på egna fötter; **rock-~ price** allra lägsta pris; **~rung** den nedersta pinnen på en stege; **bet one's ~ dollar** sätta in allt; **in British** ~s på brittisk köl; **bottomless** [*bɔtəmlis*] bottenlös; **bottommost** [*bɔtəmmoust*] djupast, lägst [nere]; **bottomry** [*bɔtəmri*] bodmeri (lån mot pant i fartyg)

boudoir [*bu:dwa:*] budoar

bough [*bau*] (större) gren

bought [*bɔ:t*] köpt(e) (se *buy*)

bougie [*bu:ʒi:*] sond

bouillon [*buljɔ'ŋ*] buljong; **be in the** ~ *sl* vara uppe i smöret, ha det bra (. . *the soup*)

boulder [*bouldə*] erratiskt klippblock, rullsten

boulevard [*bu:lva:*] bulevard

bounce [*bauns*] språng, hopp, stöt, skryt, överdrift; hoppa, studsa, skryta, narra, *amr.* avskeda, kasta ut; ~ **off** studsa tillbaka; **bouncer** [*baunsə*] *sl* stort exemplar, grov lögn; *amr.* utkastare; **bouncing** [*baunsiŋ*] duktig, kraftig

bound 1) [*baund*] gränslinje, *pl* omgivande gränser; begränsa; **out of** ~s utanför tillåtet område; **boundary** [*baundəri*] (naturlig) gräns; **boundless** [*baundlis*] obegränsad, gränslös

bound 2) [*baund*] språng, hopp; hoppa, studsa; **bounder** [*baundə*] *fam.* ohyfsad person, bracka, knöl

bound 3) [*baund*] band, bundit (se *bind*); **I'll be** ~ det kan jag försäkra; **we are** ~ **to go the right way** vi måste gå den rätta vägen; ~ **for** *sjö.* destinerad till; ~ **to** tvungen att, *amr.* ivrig efter

boundary se *bound* 1)

bounder se *bound* 2)

bounteous [*bauntiəs*] givmild; **bountiful** [*bauntif(u)l*] givmild; **bounty** [*baunti*] givmildhet, exportpremie; **King's bounty** gåva till mor som fått trillingar; **Queen Anne's bounty** fond till hjälp för fattiga prästgäll (stiftad av drottning Anna)

bouquet [*bukei'*] bukett

bourdon [*bu:dən*] basregisterknapp

bourgeois [*buəʒwa:*] borgare, medelklassare; medelklass-, respektabel, tråkig, prosaisk; **bourgeois** [*bə:dʒɔi's*] borgis (tryckstil); **bourgeoisie** [*buəʒwa:zi'*] medelklass

bourn [*buən*] bäck

bourn[e] [*buən*] mål

bourse [*buəs*] börs (utanför Storbritannien)

bout 1) [*baut*] *amr.* omkring, cirka (se *about*)

bout 2) [*baut*] omgång, anfall, kraftprov, *amr.* boxningskamp

bovine [*bouvain*] ox-; slö; **bovril** [*bɔvril*] ett köttextrakt

bow 1) [*bou*] båge, stråke, ögla, *amr.* glasögonbåge; spela fiol; **draw the long** ~ *sl* överdriva; **~-head** grönlandsval; **~-legged** hjulbent; **~man** bågskytt; **~-saw** lövsåg; **~-string** bågsträng; strypa; **~-window** burspråk, bågformigt utskjutande fönster, *sl* istermage

bow 2) [*bau*] bugning; bog, framstam, främsta roddare; buga, böja sig, nicka, underkasta sig; **make one's** ~ draga sig tillbaka, *sl* dö; **bowing acquaintance** flyktig bekantskap

Bow bells [*bou belz*] klockorna i kyrkan St. Mary le Bow; **be born within the sounds of** ~ vara ett äkta Londonbarn

bowdlerization [*baudləraizei'ʃən*] censur; **bowdlerize** [*baudləraiz*] utmönstra allt anstötligt ur en bok, censurera

bowel [*bauəl*] tarm, tarmkanal, *pl* inälvor, inre

bower 1) [*bauə*] bogankare

bower 2) [*bauə*] budoar, lövsal, lusthus; **bowery** [*bauəri*] skuggig

bowie [*boui*] **[knife]** *amr.* lång jaktkniv

bowl 1) [*boul*] bål, skål, piphuvud, *amr.* amfiteater; **bowler** [*boulə*] styv filthatt, 'plommonstop'

bowl 2) [*boul*] boll, klot, *pl* bowling-spel; bolla, rulla; bowla; ~ **out** slå ut (i kricket); **bowling-alley** täckt bowlingbana; **bowling-crease** linje där bowlingspelarna skola stå; **bowling-green** gräsplan för spel med klot; **bowler** bollkastare (i kricket)

bowline [*boulin*] bolin; **bowsprit** [*bousprit*] bogspröt, *sl* näsa

Bow-street [*boustri:t*] polisdomstol i London (eg. gatan vid vilken den ligger)

bow-wow [*bau'wau'*] vov-vov; skälla

box [*bɔks*] *bot.* buxbom, låda, ask, kuskbock, *teat.* loge, *fam.* hus, hydda; lägga i ask, boxa; ~ **one's ears** ge någon en örfil; ~ **off** åtskilja med mellanvägg; avplanka; ~ **the compass** ständigt ändra mening; ~ **up** inspärra; ~ **Harry** *sl* sammanslå två måltider (**lunch** och **tea**); **~-calf** boxkalvläder; **~-car** *amr.* sluten fraktvagn; **~-iron** strykjärn med lod; **~-office** *teat.* biljettkontor; ~ **spanner** hylsnyckel; **~wood** buxbom; **boxing** boxning; **Boxing-day** annandag jul; **boxer** boxare; *sl* hög hatt; **boxful** en ask full

boy [*bɔi*] gosse, tjänare, slav; **the** ~ *sl* champagne; **~-scouts** scouter

boycott [*bɔikət*] bojkott; bojkotta

boyhood [*bɔihud*] gossår; **boyish** [*bɔiiʃ*] goss-; gossaktig

bozo [*bouzou*] *amr. sl* karl, grabb

brace [*breis*] stötta, brass, par, klammer, borrskaft, *pl* hängslen; stötta, *flyg.* staga; stärka, spänna, sätta inom klammer; **bracing air** kylig, stärkande luft; **bracelet** [*breislit*] (is. *amr.*) armband; **braceleted** [*breislitid*] bärande armband; **bracer** styrketår; **bracing** *flyg.* förstagning; **bracing wire** wirestag

bracken [*brækn*] bräken, ormbunke

bracket [*brækit*] konsol, hylla, lamphållare, klammer, parentes; stödja med konsoler, sätta inom klammer

brackish [*brækiʃ*] saltaktig, bräckt

bract [*brækt*] *bot.* skärmblad; **bracteate** [*bræktiit*] brakteat; försedd med skärmblad

brad [*bræd*] tunn platt spik, *pl sl* pengar, cigarretter; **~awl** [*brædɔ:l*] flatspetsborr

bradbury, B— [*brædbəri*] *fam.* enpundssedel

Bradshaw [*bræ'dʃɔ:*], **a** ~ en tidtabell

brae [*brei*] (*Skottl.*) backsluttning (*braeside*)

brag [*bræg*] skryt, ett kortspel; skryta; **braggadocio** [*brægədou'tʃiou*] tomt skryt; **braggart** [*brægət*] storskrytare; skrytsam

Brahma [*bra:mə*] Brama; **b—** = *brahmapootra*; **brahman[ic[al]]** [*bra:mæ'n(ik)(əl)*] bramansk

brahmapootra [*bra:məpu:'trə*] bramaputrahöna

brahmin [*bra:min*] bramin; **brahminic[al]** [*bra:mi'nik(l)*] braminsk; **brahminee** [*bra:mini:'*] kvinnlig bramin; **brahminism** [*bra:minizm*] bramakult

braid [*breid*] fläta, flätat band; fläta, pryda med flätat band, kanta; **braider** snörmakare

braille [*breil*] blindskrift

brain [*brein*] hjärna; *pl* begåvning; slå ut hjärnan på; **beat one's** ~s bry sin hjärna; **suck somebody's** ~ 'pumpa' ngn på upplysningar; ~ **trust** *amr.* rådgivare; **~-wave** ljus idé; **brainy** begåvad

braise [*breiz*] steka i ångtätt kärl, stuva

brake [*breik*] broms, framvagn, harv, hämsko, ormbunke, snår; bromsa; bråka (lin)

bramah [*bra:mə*] ett slags lås el. dess nyckel

bramble [*bræmbl*] björnbärsbuske, taggig buske; **brambling** [*bræmbliŋ*] *zool.* bergfink; **brambly** [*bræmbli*] snårig, törnig

bran [*bræn*] kli

branch [*bra:nʃ*] gren, förgrening, filial, bransch, *amr.* liten bäck; förgrena sig, breda ut sig; ~ **off** (t. ex. om en väg) taga av; **~-office** filial

branchiae [*bræŋkii:*] gälar; **branchial** [*bræŋki:əl*] gäl-; **branchiate** [*bræŋkiit*] gäl-

branchy [*bra:nʃi*] grenig, lummig
brand [*brænd*] brand, svärd, brännmärke, varumärke, stämpel, sort; märka, brännmärka, stämpla; **brandish** [*brændiʃ*] svinga
brand-new [*bræn'nju:*] splitterny (*bran-new*)
brandy [*brændi*] konjak; ~ **pawnee** (*Ind.*) grogg
brantgoose se *brent*
brass [*bra:s*] mässingsplåt, *sl* pengar, fräckhet; *pl* mässingsinstrument; ~ **off** knota; **I don't care a ~ farthing** det angår mig inte det bittersta; **come down to ~ tacks** *fam.* komma till saken; ~ **band** mässingsorkester; ~ **hat** *sl* officer; **part ~ rags** gräla
brassard [*brəsa:'d*] armbindel
brassiere [*bræsjɛ'ə*] brösthållare
brassy [*bra:si*] mässingsbeslagen golfklubba; lik mässing, hård, *sl* fräck
brat [*bræt*] unge (barn)
bravado [*brəva:'dou*] dumdristighet; **brave** [*breiv*] indiansk krigare; modig, präktig, förträfflig; trotsa; **bravery** [*breivəri*] tapperhet, ståt; **bravo** [*bra:vou*] lejd mördare; ropa bravo till; bravo! **bravura** [*brəvju'ərə*] bravur
braw [*brɔ:*] (*Skottl.*) fin, utmärkt
brawl [*brɔ:l*] träta, larm; träta (*vb*), föra oljud, brusa
brawn [*brɔ:n*] muskel, magert kött, sylta; **brawny** [*brɔ:ni*] muskelstark
bray 1) [*brei*] åsneskri, trumpetstöt; skria
bray 2) [*brei*] bronsera, löda med slaglod, härda
brazen [*breizn*] mässings-; lik mässing, *sl* fräck; trotsa; **brazier** [*breiziə, breiʒə*] gelbgjutare, kopparslagare, fyrfat
Brazil [*brəzi'l*], **the ~s** Brasilien; **b—-nut** paranöt; **~ian** [*brəzi'ljən*] brasilsk, brasilier
breach [*bri:tʃ*] brott, brytning, oenighet, rämna, bräsch; skjuta bräsch i; **~-of-promise case** rättssak om brutet äktenskapslöfte
bread [*bred*] bröd; panera; ~ **and butter** smörgås[ar]; **~-and-butter-letter** *sl* skriftligt tack efter ett besök; ~ **and jam** *rhyming-sl* f. *tram* spårvagn; ~ **and pullet** *sl* bröd; ~ **basket** *sl* mage; **know which side one's ~ is buttered** veta vad som är i ens intresse, vara om sig; **~-crumb** inkråm (i bröd), *pl* brödsmulor, rivet bröd; panera
breadth [*bredþ*] bredd, frisinthet; **~ways** [*bredþweiz*], **~-wise** [*-waiz*] på bredden
break [*breik*] brott, avbrott, fristund, uppehåll, kricketbolls avvikelse, stor vagn, *amr.* felsteg, tur; (*oregelb. vb*) bryta, bräcka, avbryta[s], slå (gå) sönder, spränga, lida avbräck, rämna, bryta lös, bryta fram, upphöra, vara i målbrottet, bryta samman, förändra riktning (boll), gå ur led, skrapa (huden av), kränka, undertrycka, rida in, försvaga, bana sig väg, avskeda, säga; **a bad ~** malplacerad anmärkning el. handling; **an even ~** *amr.* kvitt; ~ **of day** daggryning; ~ **bread with** bli underhållen av; ~ **bulk** börja lossa ett fartyg; ~ **on the wheel** rådbråka; ~ **butterfly on the wheel** förspilla sina krafter; ~ **the back of** komma över det värsta av (ngt); ~ **the law** bryta mot lagen; ~ **wind** släppa väder; ~ **one's back** bli ruinerad; ~ **away** hastigt lämna; ~ **down** bryta samman, nedriva; ~ **in** bana sig väg, rida in, betvinga; ~ **into** bryta sig in, avbryta, utbrista i; ~ **off** upphöra; ~ **out** bryta sig ut, utbryta; ~ **up** sönderbryta[s], *skol.* sluta; **~-down** sammanbrott, negerdans; **~down car** bärgningsbil; **~-neck** halsbrytande; **~-up** uppbrott, upplösning; **~-water** vågbrytare; **breakable** [*breikəbl*] bräcklig, skör; **breakage** [*breikidʒ*] sönderbrytning, 'bräckage'; **breaker** störtsjö, bränning; **breaker points** tändrörselektroder; **breaking** (språkhist.) brytning; *flyg.* **breaking limit** bristningsgräns
breakfast [*brekfəst*] [äta] frukost
bream [*bri:m*] *zool.* braxen

breast [*brest*] bröst; stämma bröstet mot, manligt möta, kämpa med; **~-pin** kråsnål; **~work** bröstvärn
breath [*breþ*] anda, andedräkt, fläkt; **waste one's ~** spilla ord; **keep one's ~ to cool one's porridge** spara sina ord; **take ~** hämta andan, pusta ut; **out of ~** andfådd; **under** el. **below one's ~** viskande; **breathless** [*breþlis*] andlös; stilla (om luften), död
breathe [*bri:ð*] andas, låta vila, andas ut; **breather** [*bri:ðə*] paus, en stunds motion; ~ [**pipe**] *flyg.* urluftningsrör; **go for a ~** gå ut för att få frisk luft; **breathing** [*bri:ðiŋ*] andedräkt, andning; **deep breathing** andningsgymnastik
breech [*bri:tʃ*] bakdel, bakstycke (av gevär); *pl* knäbyxor; kläda i byxor; **she wears the ~es** det är hon som bestämmer; **~-loader** bakladdningsgevär; **the B—es Bible** bibeleditionen av 1560; **breeching** [*bri:tʃiŋ*] svansrem, hindertyg
breed [*bri:d*] ras, släkt; (*oregelb. vb*) avla, alstra, utbilda, framkalla; **what is bred in the bone** det som är medfött; ~ **in and in** alltid gifta sig med nära släktingar; **breeding** alstring, uppfödande, levnadsvett
breeze 1) [*bri:z*] broms (insekt)
breeze 2) [*bri:z*] kolstybb, koksavfall, bris, *sl* tumult; blåsa, fläkta, *sl* skryta, *amr.* fara; **breezy** [*bri:zi*] luftig, uppfriskande, livlig, munter, ansvarslös
brekker [*brekə*] *fam.* förk. f. *breakfast*
brent[**-goose**] [*brent(gu:s)*] *zool.* prutgås
brer [*brə:*] i negerhistorier förk. f. *brother* (~ *fox*, ~ *rabbit* o. d.)
brethren [*breðrən*] *fig.* bröder, medmänniskor (*pl* av *brother*)
Breton [*bretn*] bretagnare; bretonsk
breve [*bri:v*] *mus.* brevis; **brevet** [*brevit*] fullmakt på utnämning till titulär rang (för officer) **breviary** [*bri:viəri*] breviarium, ritualbok **brevier** [*brəvi'ə*] petit (tryckstil); **brevity** [*breviti*] korthet
brew [*bru:*] brygd; brygga; **be brewing** vara i jäsning; **brewage** [*bru:idʒ*] brygd, dryck; **brewer** [*bru:ə*] bryggare; **brewer's horse** bryggarhäst fyllbult; **fetch the brewer** *sl* berusa sig; **brewery** [*bru:əri*] bryggeri; **brewster** [*bru:stə*] bryggare
briar se *brier*
bribe [*braib*] mutning, mutor; muta; **bribee** [*braibi:'*] bestucken person; **bribery** [*braibəri*] bestickning
bric-a-brac [*brikəbræk*] kuriosa, antikviteter
brick [*brik*] tegelsten, *sl* präktig karl, hederspascha; mura, belägga med tegel; **drop a ~** *fam.* vara indiskret, göra en blunder; **she came down on me like a thousand of ~s** *fam.* hon kastade sig över mig som en lavin; **~-bats** tegelstensbitar; **~layer** murare; **~work** murverk; **~-works** *pl* tegelbruk; **~yard** tegelbruk
bridal [*braidl*] bröllop; brud-, bröllops-
bride [*braid*] brud; ~ **and groom** *rhyming-sl* f. *broom* sopkvast; **~groom** [*braidgru:m*] brudgum; **bridesmaid** [*braidzmeid*] brudtärna
bridewell [*braidwəl*] tukthus
bridge [*bridʒ*] brygga, bro, kommandobrygga, bridge (kortspel), näsben, stall (på fiol); slå bro över, tjäna som bro; ~ **of boats** pontonbro
bridle [*braidl*] betsel, tygel, ridtyg; lägga betsel på, tygla, kråma sig; **~-path** ridväg
brief [*bri:f*] påvlig skrivelse, kort skrift, protokollsutdrag, skriftlig sammanfattning av klientens mål; kortvarig, kortfattad; meddela i utdrag; **hold a ~ for** föra någons talan, taga sig an en sak; **~-bag** liten läderväska
brier [*braiə*] törnbuske, träslag använt till pipor, pipa (*briar*)
brig [*brig*] *sjö* brigg, (*Skottl.*) bro
brigade [*brigei'd*] *mil.* brigad; formera i brigader **brigadier** [*brigədi'ə*] brigadchef
brigand [*brigənd*] fribytare, stråtrövare; **brigan**

dage [*brigəndidʒ*] rov, röveri; **brigantine** [*brigəntain*] brigantin, skonertbrigg
bright [*brait*] ljus, blank, klar, strålande, livlig, munter; **brighten** [*braitn*] göra klar el. blank, bli klar el. blank
brill [*bril*] *zool.* slätvar
brilliance [*briljəns*], **brilliancy** [*-nsi*] glans; **brilliant** (minsta tryckstil); strålande, glimrande, briljant; **brilliantine** [*briljənti:'n*] briljantin
brim [*brim*] kant, rand, brätte; fylla[s] till randen; **brimmer** [*brimə*] bräddfull bägare
brimstone [*brimstən*] svavel; **brimstony** [*brimstəni*] svavelaktig, helvetes-
brindled [*brindld*] strimmig, brokig
brine [*brain*] saltvatten, saltlake, tårar, havet; lägga i saltlake; **~-pan** saltpanna
bring [*briŋ*] (*oregelb. vb*) bringa, ha (ta) med sig, medföra, förmå; ~ **about** åstadkomma, förorsaka; ~ **back** påminna om; ~ **down** nedbringa; ~ **down the house** ta publiken med storm; ~ **forth** föda, frambringa; ~ **home to** överbevisa om; ~ **off** med framgång slutföra; ~ **round** väcka till liv (sans), omvända till sin åsikt, återkalla i minnet; ~ **up** uppfostra, draga inför rätta, hejda
brink [*briŋk*] brink, kant; **on the** ~ **of** på branten av, nära
briny [*braini*] salt (adj.)
brio [*bri:ou*] livlighet, brio
briquet [*brikei'*] elddon, [*brikit*] brikett
briquette [*brike't*] brikett
brisk [*brisk*] rask, livlig, frisk; ~ **up** uppliva, bli rask
brisket [*briskit*] bringa (på djur)
bristle [*brisl*] borst, styvt hår; resa [sig] på ända, resa borst, vara tätt besatt; **set up one's ~s** resa borst; **~-brush** tagelborste
bris[t]ling [*brisliŋ*] *zool.* liten sardinliknande fisk
Britain [*britn*] Storbritannien (*Great* ~); **North** ~ Skottland; **Greater** ~ det brittiska världsväldet; **Britannia** [*britæ'njə*] Britannia; **Britannic** [*britæ'nik*] brittisk
British [*britiʃ*] brittisk; ~ **warm** soldatkappa; **Britisher** [*britiʃə*] britt (i motsats till amerikanare); **Britishism** [*britiʃizm*] brittisk språkegendomlighet (i motsats till amerikanism); **Briton** [*britn*] britt (inbyggare i Storbritannien under romartiden)
brittle [*britl*] skör, bräcklig
broach [*broutʃ*] spett, spira, borrspets; slå upp (tunna), börja, bringa på tal; ~ **to** *sjö.* köra upp i vind; **broachings** *pl* skavspån
broad [*brɔ:d*] utvidgning (av vattendrag; i Norfolk), *amr. sl* flicka; bred, vid, förstående, fördragsam, otvetydig, klar; **in** ~ **daylight** [mitt] på ljusa dagen; **a** ~ **story** en saftig historia; **speak** ~ tala bred dialekt (t. ex. **Broad Scotch** lågskotskt landsmål); **broadly speaking** i allmänhet sagt; **B— Church** mindre doktrinärt kyrkligt parti; **~-blown** i full blomstring; **~cast** utsända i radio, tala i radio; **~casting** radioutsändning, [rund]radio; **~casting transmitter** rundradiosändare; **sow ~cast** bredså; **~cloth** fint svart kläde, *amr.* poplin; **~minded** fördomsfri; **Broadmoor** anstalt för sinnessjuka förbrytare; **~side** fartygssida, bredsida; **broaden** [*brɔ:dn*] bli el. göra el. vara bred; **broadways** [*brɔ:dweiz*], **broadwise** [*brɔ:dwaiz*] på bredden
Brobdingnag [*brɔbdiŋnæg*] jättarnas land (i Gullivers resor)
brocade [*brokei'd*] brokad; **brocaded** [*brokei'did*] brokadvävd, guldstickad
broccoli [*brɔkəli*] ett slags blomkål, sparriskål
brochure [*brɔʃju'ə*] broschyr
brock [*brɔk*] grävling
brogue [*broug*] grov sko, vattentät stövel, golfsko, irländsk brytning (**Irish** ~)
broil [*brɔil*] gräl, tumult; halstra, rosta, upphetta, upphettas, glöda
broke [*brouk*] *sl* bankrutt, pank, avskedad; bröt etc. (se *break*)
broken [*broukn*] bruten, bräckt (se *break*); **be on ~ bottles** *sl* vara på knä; ~ **English** bruten engelska; ~ **ground** bruten terräng; ~ **time** förspilld tid; ~ **water** krabb sjö; ~ **weather** ostadigt väder; **brokenly** krampaktigt, stötvis
broker [*broukə*] varumäklare, agent, kommissionshandlande, säljare av konfiskerat gods; **brokerage** [*broukəridʒ*] *hand.* mäkleri, mäklararvode; **broking** [*broukiŋ*] mäklarverksamhet, mäkleri
brolly [*brɔli*] *sl* paraply (*umbrella*)
bromate [*broumeit, -mit*] *kem.* bromsyrat salt; **bromic** [*broumik*] *kem.* brom-; **bromide** [*broumaid*] *kem.* bromid, *sl* banalt uttryck; **bromidic** [*broumi'dik*] *kem.* bromid-, *sl* banal; **bromine** [*broumin*] *kem.* brom; **bromism** [*broumizm*] bromförgiftning
bronchial [*brɔŋkiəl*] bronkial-, hörande till luftrören; **bronchitis** [*brɔŋkai'tis*] *med.* bronkitis
bronco [*brɔŋkou*] vild häst i Kalifornien etc.; ~ **buster** *amr.* hästtämjare
bronze [*brɔnz*] brons, bronsarbete; bronsera, göra el. bli solbränd
brooch [*broutʃ*] brosch, kråsnål
brood [*bru:d*] kull, avkomma, hop; ruva; **~-hen** ligghöna; **~-mare** avelssto; **broody** [*bru:di*] själsfrånvarande, slö, liggsjuk
brook [*bruk*] bäck; (endast i nek. sats) finna sig i, tåla; **brooklet** [*bruklit*] liten bäck
broom [*bru:m*] kvast, ginst (Genista); *sl* ge sig av; **new ~s sweep clean** nya kvastar sopa väl; **~-stick** kvastskaft
broth [*brɔ(:)þ*] köttsoppa; ~ **of a boy** (*Irl.*) flink pojke
brothel [*brɔðl, brɔþl*] bordell
brother [*brʌðə*] broder; **~s german** helbröder; **~-in-law** svåger; **brotherhood** [*brʌðəhud*] broderskap; **brotherly** [*brʌðəli*] broderlig
brougham [*bru:əm*] ett slags lätt fyrhjulig vagn
brought [*brɔ:t*] bragt(e) (se *bring*)
brow [*brau*] ögonbryn, bryn, panna, kant, passhöjd, *amr. sl* dumbom; **~-ague** huvudvärk; **~beat** skrämma, tyrannisera
brown [*braun*] brun färg, brunt tyg, *sl* kopparmynt; brun; göra el. bli brun; **do** ~ lura; ~ **hat** *rhyming-sl* f. *cat*; **in a** ~ **study** i djupa tankar; **B— Bess** flintlås-musköt; ~ **ware** lerkärl; **look ~ed off** se utråkad ut; **brownie** [*brauni*] tomte, fotografiapparat
browning [*brauniŋ*] automatisk pistol
browse [*brauz*] kvist, betande av kvistar; avbeta löv och kvistar, nedskära
brudderkins [*brʌdəkinz*] *fam.* [min] bror
Bruin [*bruin*] björn, nalle (i djurfabeln)
bruise [*bru:z*] krossår, slag, bula, blånad, skåra; stöta, krossa, ge krossår, vara mottaglig för blånader, *sl* rida oförsiktigt (på jakt); **bruiser** [*bru:zə*] boxare
bruit [*bru:t*] utsprida (rykte); **it is bruited that** det går ett rykte, att
brum [*brʌm*] oäkta
Brummagem [*brʌmədʒəm*] imiterad, simili-, oäkta
brumous [*bru:məs*] vinterlig
brunette [*bru:ne't*] brunett
Brunswick [*brʌnzwik*] Braunschweig; **the** ~ **line** huset Hannover; ~ **black** svart fernissa
brunt [*brʌnt*] [strids] hetta; **bear the ~ of the battle** ha att utstå den hetaste kampen
brush [*brʌʃ*] borste, pensel, småskog, snår (Amr., Austr.), katt, rävsvans, borstning, skärmytsling, *amr.* (kort) tävlingskamp, kapplöpning; borsta, snudda vid; ~ **a person's jacket** prygla ngn; **the** ~ målarkonsten; ~ **up** snygga (fiffa) upp, friska upp (*amr.* ~ **up on**); **~wood** underskog

brusque [*bru:sk, brʌsk*] brysk
Brussels [*brʌslz*] Bryssel; ~ **sprouts** brysselkål
brutal [*bru:tl*] djurisk, rå, brutal; **brutality** [*bru:tæ'liti*] djuriskhet, råhet; **brutalize** [*bru:təlaiz*] göra till ett djur, förråa, behandla brutalt, brutalisera; **brute** [*bru:t*] djur, best, rå människa; djurisk; **the brute!** det odjuret! **brutish** [*bru:tiʃ*] djurisk
bryony [*braiəni*] *bot.* hundrova (Bryonia)
bubble [*bʌbl*] bubbla, blåsa, luftslott, svindel; (*vb*) bubbla; ~**-and-squeak** kallt kött uppstekt med grönsaker; **bubbly** [*bʌbli*] *sl* champagne; bubblande; **bubbly-jock** kalkontupp
bubo [*bju:bou*] pestböld; **bubonic** [*bju:bɔ'nik*] pest-
buccaneer [*bʌkəni'ə*] sjörövare; **buccaneering** [*bʌkəni'əriŋ*] sjöröveri; sjörövar-
Bucephalus [*bju:se'fələs*] ridhäst
buck 1) [*bʌk*] bock, handjur av rådjur, dovhjort, stenget, antilop, hare, kanin; sprätt, [häst]spark, *amr.* neger, indian, *amr. sl* dollar; hoppa, para sig; **pass the** ~ **to** *fig.* hålla för narr, flytta ansvaret över på; ~ **off** kasta av (ryttare); ~ **up** sätta fart i, skynda sig; ~ **up!** upp med humöret! ~**-jump** göra krumsprång; ~**-party** *amr.* herrsällskap; **bucked** uppmuntrad, viktig; **bucker** [*bʌkə*] häst som sparkar; **buckish** [*bʌkiʃ*] sprättig
buck 2) [*bʌk*] samtal, skryt; prata, skryta; ~**stick** *sl* storskrytare
bucket [*bʌkit*] ämbar, hink; rida hårt, fara i väg; **kick the** ~ *sl* dö, krepera; ~**-shop** *amr.* ett slags mäklarkontor
Buckingham Palace [*bʌkiŋəm pælis*] (kungliga slottet i London)
buckle [*bʌkl*] spänne, *sl* jude; spänna, knäppa ihop, locka sig; ~ **for spring** *auto.* dragband; ~ **to** hugga i, taga fatt; **buckler** sköld, beskyddare; beskydda
bucko [*bʌkou*] *sjö. sl* dominerande storskrävlare
buckram [*bʌkrəm*] grovt styvt lärft, styvhet, låtsat kraftprov; stel, uppstyltad
buckshee [*bʌkʃi:*] *mil. sl* extrautdelning (av pengar el. matvaror); gratis-
buckwheat [*bʌkwi:t*] bovete
bucolic [*bju(:)kɔ'lik*] herdedikt; lantlig
bud [*bʌd*] knopp, *amr.* debuterande ung dam; knoppas, utveckla knoppar, ympa, förökas genom knoppar; **budding** lovande
Buddha [*budə*] Buddha; **Buddhism** [*budizm*] buddism; **Buddhist** [*-ist*] buddist; **Buddhistic**[**al**] [*budi'stik(l)*] buddistisk
buddy [*bʌdi*] *amr.* kamrat; ~ **up** *amr.* bli vänner
budge [*bʌdʒ*] röra sig [ur stället]
budget [*bʌdʒit*] säck, brevbunt, budget; ~ **for** budgetera; ~**ary** [*bʌdʒitəri*] budget-
budgy [*bʌdʒi*] *sl* drucken
buff [*bʌf*] buffelläder, -hud; brunaktig, brungul; **in** ~ naken; **to** ~ **it** svära som en turk, stå fast; **say neither** ~ **nor baff** säga varken bu el. ba
buffalo [*bʌfəlou*] buffel
buffer [*bʌfə*] buffert, *auto.* stötfångare, *sl* = *fellow*; **old** ~ *sl* gammal gosse; ~ **state** buffertstat
buffet [*bʌfit*] slag, stöt, pall, skänk (i privathus); [*bufei'*] byffé (i restauration); slå, stöta, kämpa med
buffoon [*bʌfu:'n*] narr, spefågel, pajas; gyckla, göra narrstreck; **buffoonery** [*bʌfu:'nəri*] narrspel, upptåg
buffy [*bʌfi*] *sl* dagen efter
bug [*bʌg*] vägglus, *amr.* skalbagge, insekt, *amr. pl* bakterier, *amr. sl* brandstiftare (*fire* ~); **big** ~ *sl* pamp, betydande man; ~**house** *amr. sl* dårhus; **drive** ~ *amr. sl* göra galen; **go** ~**house** *amr. sl* bli galen; ~**eye** *amr. sjö.* liten skonert; ~**-hunter** *fam.* insektsamlare
bugaboo [*bʌgəbu*], **bugbear** [*bʌgbɛə*] buse, skrämbild
bugger [*bʌgə*] homosexuell person; **buggery** [*bʌgəri*] homosexualitet
buggy [*bʌ:gi*] gigg; full av vägglöss (*bug*)
bugle [*bju:gl*] signalhorn, jakthorn, *bot.* käringruka (Ajuga), *pl* långa glaspärlor; blåsa på signalhorn; **bugler** [*bju:glə*] hornblåsare; **buglet** [*bju:glit*] signalhorn (till cykel)
bugloss [*bju:glɔs*] *bot.* oxtunga (Anchusa)
bugs [*bʌgz*] *amr.* bakterier; *amr. sl* galen
buhl [*bu:l*] inlagt arbete
build [*bild*] byggning, byggnadssätt, kroppsbyggnad, hållning; (*oregelb. vb*) bygga; **built** [*bilt*] byggde, byggt (se *build*); **built-up areas** tätbebyggda områden; [**master**]**-builder** byggmästare; **building** byggnad, byggning
bulb [*bʌlb*] lök, elektr. lampa, *flyg.* känselkropp på distanstermometer; **bulbed** [*bʌlbd*] med lök, lökformig; **bulbiform** [*bʌlbifɔ:m*] lökformad; **bulbous** [*bʌlbəs*] lökformig
bulbul [*bulbul*] orientalisk näktergal
Bulgaria [*bʌlgɛ'əriə*] Bulgarien; ~**n** bulgar[isk]
bulge [*bʌldʒ*] svullnad, utbuktning; svälla ut, vara svullen; **bulger** [*bʌldʒə*] golfklubba med tjockt huvud; **bulgy** [*bʌldʒi*] svällande
bulk [*bʌlk*] last, huvuddel, mängd, massa, väldig bit; vara av betydelse; **in** ~ *hand.* i parti, i lös vikt; ~**head** *sjö.* skott; **bulky** [*bʌlki*] stor, tjock, skrymmande
bull [*bul*] tjur, hane av stort djur, bulla, fel, paradox, haussespekulant; köpa (aktier); ~ **in a china shop** fumlig person; **Irish** ~ orimlighet, löjlig katakres; ~**dog** bulldogg, ihärdig person, *sl* universitetspedell, *fam.* pistol, pipa; **the** ~**dog breed** engelsmännen; ~**doze** tyrannisera; ~**fight** tjurfäktning; ~**finch** domherre; ~**frog** bölgroda; ~**head** *zool.* simpa; ~**'s-eye** rund ljusöppning, 'oxöga', centrum av måltavla, stort fickur, litet moln med rödaktig mitt; ~ **pen** *amr. sl* fängelse
bullace [*bulis*] *bot.* krikon
bullet [*bulit*] [böss]kula; ~**-head** klotrunt huvud; ~**-proof** skottsäker
bulletin [*bulitin*] bulletin, *amr.* tidningsnotis; **news** ~ radiomeddelande
bullion [*buljən*] guld- el. silvertacka; guld- eller silversnörmakeri; **bullionist** [*-ist*] anhängare av metallmyntfot
bullock [*bulək*] stut, oxe; ~**'s liver** rhyming-*sl* f. *river* flod; ~**'s horn** rhyming-*sl* f. *pawn* pantsätta, stampa; **bullocky** [*buləki*] (australisk) oxdrivare
bully [*buli*] översittare, storskrytare, lejd bandit, hop av spelare (i fotboll); *amr.* förstklassig; tyrannisera; bravo! ~ **beef** konserverat nötkött; ~**rag** *sl* tyrannisera
bulrush [*bulrʌʃ*] säv, kaveldun (Typha), papyrus
bulwark [*bulwɔ:k*] bålverk, skydd, brädgång, reling
bum 1) [*bʌm*] bakdel, säte; ~**-boat** provianteringsbåt; ~**card** märkt spelkort; ~**brusher** *sl* skollärare; ~**-freezer** *sl* frack
bum 2) [*bʌm*] *amr. fam.* landstrykare, dagdrivare, tölp; dålig, slö; driva omkring, *amr. sl* tigga; **be on the** ~ *amr. sl* stryka omkring; **go on the** ~ *amr. sl* snylta på samhället; **put on the** ~ *amr. sl* ödelägga
bumble [*bʌmbl*] beskäftig ämbetsman; **bumbledom** högfärd hos underordnade ämbetsmän
bumble-bee [*bʌmblbi:*] humla
bumble-puppy [*bʌmblpʌpi*] oskickligt spel (kort, tennis); ett slags bollspel
bumf [*bʌmf*] *sl* papper, toalettpapper, snitseljakt
bump [*bʌmp*] sammanstötning, stöt, bula, knöl, organ, rördroms skrik; stöta, dunsa, skumpa, törna mot, *sl* bombardera; med en duns; ~ **of locality** lokalsinne; ~ **off** *sl* mörda; **bumped off** *amr. mil. sl* fallen; **bumping-race** kapprodd, där det gäller att med förstäven ramma framförliggande båt; **bumper** [*bʌmpə*] kofångare (på bil), *amr.* buffert, rekord, stort resultat

bräddfullt glas; **bumpkin** [*bʌm(p)kin*] tölp, drummel; **bumptious** [*bʌm(p)ʃəs*] inbilsk, viktig; **bumpy** [*bʌmpi*] ojämn
bun [*bʌn*] bulle, rund frisyr, harsvans, *sl* ekorre, kanin; **that takes the ~** (el. *the cake*) det tager priset
bunce [*bʌns*] *sl* kommission; **sell on ~** sälja i kommission
bunch [*bʌnʃ*] bunt, klase, bukett, flock; sammanbunta, göra en bunt; **~ of fives** handen, knytnäven; **chuck up the ~ of fives** *sl* dö; **bunchy** [*bʌnʃi*] växande i klasar, bildande knippor
bunco-steerer [*bʌŋkou-stiərə*] *amr. sl* svindlare, svindlares medhjälpare
buncombe se *bunkum*
bundle [*bʌndl*] bylte, knyte, bunt, knippa; bylta ihop, binda i knippa, fösa, ge sig av, snabbt sända i väg
bundobust [*bʌndobʌst*] (*Ind.*) arrangemang
bung [*bʌŋ*] sprund, tapp (i tunna), *sl* bryggare, *sl* lögn; täppa till, *sl* kasta; **bunged up** *fam.* igenmurat (öga)
bungalow [*bʌŋgəlou*] lätt byggt hus, villa (i Indien)
bungle [*bʌŋgl*] klåperi, oskicklighet; [bort]fuska
bunion [*bʌnjən*] svullnad i stortåleden
bunk 1) [*bʌŋk*] förk. f. *bunkum*, struntprat
bunk 2) [*bʌŋk*] koj; krypa till kojs, ligga, *sl* gömma sig, smita (också *do a ~*)
bunker [*bʌŋkə*] *sjö.* lastrum för kol, hinder, kistbänk; bringa i svårigheter; **bunkered** hindrad
bunkum, buncombe [*bʌŋkəm*] humbug, ouppfyllbara löften
bunny [*bʌni*] (barnspråk) kanin, ekorre; **~-hugging** ett slags dans
bunt [*bʌnt*] buk (på segel)
bunting [*bʌntiŋ*] flaggduk
buoy [*bɔi*] *sjö.* boj, prick; hålla flytande, hålla uppe, utpricka; **buoyage** [*bɔiidʒ*] rad (samling) av bojar; **buoyancy** [*bɔiənsi*] bärkraft, spänstighet; **buoyant** [*bɔiənt*] som kan flyta, bärig, spänstig
bur [*bə:*] taggig frukt (ss. kardborre), efterhängsen person
burberry [*bə:bəri*] vattentätt tyg
burble [*bə:bl*] klucka av skratt
burbot [*bə:bət*] *zool.* lake
burden [*bə:dn*], **burthen** [*bə:ðən*] börda, förpliktelse, omkväde, refräng (is. *burthen*), skeppstonnage; belasta, betunga, besvära; **burdensome** [*bə:dnsəm*] betungande
burdock [*bə:dɔk*] *bot.* kardborre
bureau [*bjuərou'*] skrivbord, kontor, *amr.* byrå (dragkista), ämbetsverk; **Weather B—** *amr.* meteorologisk anstalt; **~cracy** [*bjuərɔ'krəsi*] byråkrati, ämbetsmannavälde; **~crat** [*bjuərokræt*] byråkrat; **~cratic** [*bjuərokræ'tik*] byråkratisk
burg [*bə:g*] *amr.* stad, småstad
burgee [*bə:dʒi:*] vimpel
burgeon [*bə:dʒən*] *bot.* skott, knopp; skjuta skott, knoppas
burgess [*bə:dʒis*] borgare, parlamentsmedlem, som representerar ett stadssamhälle el. ett universitet
burgh [*bʌrə*] småstad i Skottland; **burgher** [*bə:gə*] borgare
burglar [*bə:glə*] inbrottstjuv; **~ious** [*bə:glɛ'əriəs*] inbrotts-; **~ entry** inbrott; **~ize** [*bə:gləraiz*] begå inbrott hos; **~y** [*bə:gləri*] inbrottsstöld; **burgle** [*bə:gl*] begå inbrott [hos]
burgomaster [*bə:goma:stə*] holländsk borgmästare
burgoo [*bə:gu:'*] [havre]gröt
burgundy [*bə:gəndi*] burgunder
burial [*beriəl*] begravning; **~-ground** begravningsplats; **~-service** jordfästning
burin [*bjuərin*] gravstickel
burke [*bə:k*] kväva, undertrycka; **no burking** omöjligt att negligera
burlesque [*bə:le'sk*] fars; burlesk; förlöjliga, parodiera
burly [*bə:li*] frodig, grov
Burman [*bə:mən*], **Burmese** [*bə:mi:'z*] invånare i Birma, språket i B.; birma-
burn 1) [*bə:n*] (*Skottl.*) bäck
burn 2) [*bə:n*] brännsår; (*oregelb. vb*) bränna, brinna, komma nära ngt eftersträvat, *amr. sl* bli avrättad i den elektriska stolen; **money to ~** *amr.* pengar i överflöd; **~ a hole in one's pocket** om pengar, som använts, emedan de funnits till hands; **~ one's boats** *fig.* bränna sina skepp; **~ daylight** bränna ljus om dagen; **~ the midnight oil** arbeta sent; **~-crust** *sl* bagare; **burner** brännare; **burning-glass** brännglas; **burning shame** uppenbar orätt
burnet [*bə:nit*] *bot.* pimpinell
burnish [*bə:niʃ*] polera, bli blank
burnous [*bə:nu:'s*] burnus
burnt [*bə:nt*] brann, brunnit, brände, bränt (se *burn*)
burnt offering brännoffer
burp [*bə:p*] *amr.* rapning; rapa
bur[r] [*bə:*] skorrning, uttalet av *r* i Northumberland och norra Frankrike; skorra
burrow [*bʌrou*] kanins hål; rävlya; gräva en jordkula, bo i en håla, hålla sig gömd
bursar [*bə:sə*] universitetskvestor, (*Skottl.*) stipendiat; **bursary** [*bə:səri*] räntkammare, universitetskvestur, (*Skottl.*) stipendium
burst [*bə:st*] sprängning, spurt, fullt drev, utbrott, dryckesgille, (*mil.*) salva; (*oregelb. vb*) brista, spricka, springa sönder, spränga, störta [fram]; **~ one's sides** dö av skratt; **~ out** utbrista; **~ upon** plötsligt visa sig, stå klart för
burthen se *burden*
bury [*beri*] begrava
bus [*bʌs*] omnibus, *sl* flygmaskin; åka buss; **miss the ~** komma för sent till bussen, *sl* försitta tillfället; **~boy (~girl)** *amr.* gosse (flicka), som i matservering bär ut använda tallrikar; **~man's holiday** för nöjes skull utföra sitt arbete under fritid
busby [*bʌzbi*] husarmössa, 'björnskinnsmössa'
bush 1) [*buʃ*] buske, snår, murgrönsranka som skylt för vinhandel, (australisk) vildmark; **beat about the ~** gå som katten kring het gröt; **good wine needs no ~** det verkligt goda behöver ingen reklam; **go ~** (pidgin-engelska) ge sig av; **take to the ~** (*Austr.*) bli stråtrövare; **~ telegraph** (australisk *sl*) ryktet; **~-fighting** gerillakrig; **B—man** (*Afr.*) buschman; **~man** rövare, skogsman (*Austr.*); **~-ranger** [*-reindʒə*] bandit (*Austr.*); **bushy** [*buʃi*] buskig, yvig
bush 2) [*buʃ*] hjulbössa, bussning; förse med bussning
bushel [*buʃəl*] mått för säd, frukt o. d. (= 36,348 l); **hide one's light under a ~** ställa sitt ljus under en skäppa
business [*biznis*] göromål, affär, arbete, handling, uppgift, pantomim; *åld.* [*bizinis*] (också *busyness*) upptagenhet, brådska; **on ~** i affärer; **~ of the day** uppgift för dagen; **make a ~ of** el. **make it one's ~ to** göra det till sin uppgift att; **after ~ hours** efter stängningsdags; **~ suit** *amr.* vardagsdräkt
busk [*bʌsk*] planschett (i snörliv)
buskin [*bʌskin*] höga stövlar, koturn, tragedi; **buskined** [*bʌskind*] iförd höga stövlar
buss [*bʌs*] *fam.* puss, kyss; pussa, kyssa
bust [*bʌst*] byst, bröst; *fam.* gå i stycken, förstöra (*burst*)
bustard [*bʌstəd*] *zool.* trapp (Otis)
buster [*bʌstə*] *sl* djärv sälle
bustle [*bʌsl*] brådska; turnyr; ha bråttom, vara beskäftig, skynda sig (också *~ oneself*)
busy [*bizi*] flitig, upptagen, bråd, fjäskig; sysselsätta; **line ~** *amr.* (i telefonen) upptaget; **get ~** *amr.* skynda sig, ta itu med; **~ idleness**

bortplottrande av tiden; **~-body** beskäftig person
but [*bʌt, bət*] men, utan, utom, bortsett från; blott; som icke; **there is no one ~ knows it** det finns ingen, som icke vet det; **he is not such a fool ~ he can tell that** han är icke en sådan narr, att han icke kan säga det; **I cannot ~** jag kan icke underlåta att, kan icke annat än; **all ~** nästan; **~ for this** om detta ej hade varit, annars; **~ me no ~s** inga invändningar, inga men; **it never rains ~ it pours** när det kommer, så kommer det på en gång
butcher [*butʃə*] slaktare; *amr.* (också) chokladförsäljare på tåg; slakta, förstöra, spoliera; **~'s bill** *sl* lista över fallna; **~-bird** törnskata; **butchery** [*butʃəri*] slakteri, slaktande, mördande
butle [*bʌtl*] vara hovmästare hos; **butler** [*bʌtlə*] hovmästare
butt [*bʌt*] fat, mått för vin (= 5,72 hl) och öl (= 4,91 hl); skottvall, 'driftkucku', tjockända, kolv, *amr.* cigarrstump, stöt, stångning; stöta, stånga; med en stöt; **~ in** blanda sig i leken; **butt-end** [*bʌ'te'nd*] tjockända, kolv
butte [*bju:t*] *amr.* kulle
butter [*bʌtə*] smör, smicker; bestryka med smör, tillreda med smör, smickra; **know on which side one's bread is buttered** se sin fördel, vara om sig; **fine words ~ no parsnips** vackra ord förändra ej fakta; **~-and-eggs** *bot.* gul och vit blomma (t. ex. gulsporre); **~-boat** smörsnipa, såsskål; **~bur** *bot.* skråp (Petasites); **~cup** *bot.* smörblomma; **~-fingers** slapphänt person; **~-scotch** ett slags knäck; **~wort** *bot.* tätört (Pinguicula); **buttery** [*bʌtəri*] smörig, lik smör
butterfly [*bʌtəflai*] fjäril, sprätt; **~-nut, ~-screw** *mek.* vingskruv
butterine [*bʌtəri:n*] konstsmör
buttermilk [*bʌtəmilk*] kärnmjölk
buttery [*bʌtəri*] proviantrum (i universitets-*college*); **~-hatch** halvdörr till proviantrum, över vilken matvaror utdelas
buttinsky [*bʌti'nski*] *amr.* påflugen person
buttock [*bʌtək*] skinka, *pl* säte, bakdel
button [*bʌtn*] knapp, knopp, *bot.* ståndarknapp, *amr.* emblem (under valkampanj); knäppa (*button up*), sy i knappar; **~s** pagedräkt, page, pickolo; **press the ~** sätta i gång; **touch the ~** frambringa stort resultat med ringa ansträngning; **~hole** knapphål; sy knapphål i; uppehålla med onödigt prat, ta en person i anspråk mot hans vilja; **~hook** kängknäppare
buttress [*bʌtris*] strävpelare, sträva, stötta; stödja med stöttor
butyric acid [*bju:ti'rik æ'sid*] smörsyra
buxom [*bʌksəm*] frodig, fyllig, fryntlig
buy [*bai*] (*oregelb. vb*) köpa; köp, (god) affär; **~ a pig in a poke** köpa grisen i säcken; **~ off** köpa fri; **~ over** besticka
buzz [*bʌz*] surr, rykte; surra, kasta (med kraft), tömma (en flaska vin), *sl* ringa upp; **~ about** fjäska omkring; **~ off!** i väg! **~-saw** *amr.* cirkelsåg
buzzard [*bʌzəd*] *zool.* vråk
buzzer [*bʌzə*] något som frambringar ett surrande ljud, summer, ångvissla, *sl* signalist
by [*bai*] vid, med, av, över, via, hos, efter, enligt; nära, tillstädes, förbi, undan, bort; bi-, sido-, underordnad, tillfällig, hemlig; **~ land and sea** till lands och sjöss; **~ rail** med tåget; **~ now** vid det här laget; **~ to-morrow** senast i morgon; **~ hundreds** i hundratal; **little ~ little** småningom; **~ far the best** det allra bästa; **~ and ~** inom kort, efter hand; **~ and large** i det stora hela; **~ reason of** på grund av; **~ the ~** inom parentes sagt; **~ the hour** i timtal; **~ the way** för resten, i förbigående sagt, apropå; **~ [the] way of** via; för att; **~ -blow** *sl* oäkta barn; **~-end** hemlig avsikt; **~gone** förbigången; **let ~gones be ~gones** låt det förflutna vara glömt; **~-lane** sidoväg, avsides gata; **~-name** öknamn; **~-pass** sidoledning; vägförgrening, använd för att undvika stad o. d.; **~path** föga använd stig; **~-play** handling som ej hör till huvudhandlingen, stumt spel; **~-product** biprodukt; **~stander** åskådare; **~-way** avväg, sidoväg; **~word** ordstäv, skymford, visa; **~-work** bisyssla
bye [*bai*] bisak, udda spelare, övertalig person
bye-bye [*baibai*] *fam.* vyss-vyss, sängdags; farväl (*goodbye*)
by[e]-law [*bailɔ:*] lagbestämmelse för ett bestämt avgränsat område, polisförordning
byre [*baiə*] fähus, ladugård
Byzantine [*b(a)izæ'ntain*] bysantinsk

C

C, c [*si:*] (*pl Cs, C's* [*si:z*]) bokstaven c, noten c; **C 3** *sl* eländig, dålig
ca' [*kɔ:*] (*Skottl.*) kalla (*call*); se också *canny*
cab [*kæb*] droska, förarhytt på lokomotiv; *sl* moja, drill; **~man** droskkusk; **~-rank, ~stand** droskstation
cabal [*kəbæ'l*] kabal, intrig, klick; intrigera
cabaret [*kæbəret*] kabaré, varieté
cabbage [*kæbidʒ*] kål, kålhuvud, *sl* dålig cigarr; **~-gelder** *sl* grönsakshandlare; **~-head** *sl* dumhuvud
cabby [*kæbi*] droskkusk (*cabman*)
caber [*keibə*] (*Skottl.*) stång; **toss the caber** störta stång (skotsk sport)
cabin [*kæbin*] *amr.* hydda, koja, stuga, *sjö.* hytt; **~-boy** kajutvakt; **cabined** trångbodd
cabinet [*kæbinit*] kabinett, ministär, skåp; **C— Council** konselj, kabinettssammanträde; **~ edition** bokupplaga till ordinärt pris; **~-maker** möbelsnickare; **~ piano** pianino; **~ pudding** pudding av sockerkaka, mjölk, ägg m. m.
cable [*keibl*] kabel, tross, telegram; fästa med kabel; telegrafera; **~gram** [kabel]telegram; **slip one's ~** *sl* krepera, dö; **~-stitch** ett slags stickning
caboodle [*kəbu:'dl*]; **the whole ~** *amr.* hela surven
caboose [*kəbu:'z*] kabyss, *amr.* tjänstevagn (på godståg)
cabriolet [*kæbriolei'*] kabriolett
cacao [*kəka:'ou, kəkei'ou*] kakao[träd]
cachalot [*kæʃəlɔt*] kaskelot (val)
cache [*kæʃ*] depå, gömställe
cachet [*kæʃei*] kännemärke
cachinnation [*kækinei'ʃ(ə)n*] gapskratt
cacique [*kəsi:'k*] indianhövding, politisk ledare
cackle [*kækl*] kackel, pladder, prat; kackla, pladdra; **cackler** *sl* skådespelare
cacoethes [*kækoi:'þi:s*] mani
cacophonous [*kækɔ'fənəs*] missljudande; **cacophony** [*kækɔ'fəni*] missljud
cactus [*kæktəs*] kaktus
cad [*kæd*] bracka, simpel person, slusk, *sl* omni-

buskonduktör; **caddish** simpel, illa uppfostrad, brackig

cadaver [*kədei'və*] kadaver, lik; **cadaverous** [*kədæ'vərəs*] lik-, likblek

caddie [*kædi*] golfspelares bärare

caddis [*kædis*] husmask

caddy [*kædi*] tedosa, *amr. sl* förk. f. *Cadillac* (bilmärke)

cadence [*keidəns*] kadens, slutfall

cadet [*kəde't*] yngre son, kadett, *amr. sl* kopplare

cadge [*kædʒ*] idka gårdfarihandel, [gå och] tigga; **cadger** vandrande handelsman, gatstrykare

cadi [*ka:di*] kadi, mohammedansk domare

Cadmean [*kædmi:'ən*] **victory** pyrrusseger

cadmium [*kædmiəm*] kadmium (metall)

cadre [*ka:də*] *mil.* kader

caduceus [*kədju:'siəs*] kaducé, merkuriusstav

caducity [*kədju:'siti*] skröplighet, ålderdomssvaghet, förgänglighet; **caducous** [*kədju:'kəs*] *bot. zool.* tidigt bortfallande, kortvarig

cady [*kædi*] stadsbud, *sl* hatt

caecum [*si:kəm*] blindtarm

Caesar [*si:zə*] Cæsar; **Caesarian** [*sizɛ'əriən*] **cut, birth** kejsarsnitt

café [*kæfei*] kafé, *amr.* bar; ~ **chantant** [*ʃã:(n)-tã:(ŋ)*] musikkafé

cafeteria [*kæfiti'əriə*] *amr.* mjölkbar, självservering

caffeine [*kæfii:n*] koffein

caffre [*kæfə*] kaffer

caftan [*kæftən*] kaftan

cage [*keidʒ*] bur, hisskorg, fängelse, fångläger; sätta i bur

cagey [*keidʒi*] *amr. sl* försiktig, misstänksam, förbehållsam

cahoots [*kəhu:'ts*] *amr. sl* i sällskap, i slang med

caiac [*keijæ'k*] kajak

Cain [*kein*] Kain; **raise** ~ ställa till bråk

caïque [*kæi:'k*] turkisk roddbåt

cairn [*kɛən*] stenkummel, röse, ett slags terrier

caisson [*keisən*] brokista, ammunitionsvagn el. -låda, kassun

caitiff [*keitif*] feg [usling], skurk

cajole [*kədʒou'l*] smickra, ställa sig in hos, locka, övertala; **cajolery** [*kədʒou'ləri*] smicker, fagert tal

cake [*keik*] kaka, sockerkaka, havrekaka, tårta; *sl* dumhuvud; forma till kakor; **the land of** ~**s** Skottland; **a** ~ **of soap** en tvål; ~**s and ale** förlustelse; **sell like hot** ~**s** gå åt som smör; **take the** ~ ta priset; **that takes the** ~ det är det präktigaste; **you cannot eat your** ~ **and have it** 'uppäten kaka får man inte tillbaka'; ~**-walk** dans, uppkommen ur negertävlingar med kakor som pris, *sl* ngt oväntat lätt; **caky** klibbig, full av klumpar

calabash [*kæləbæʃ*] kalebass[pipa]

calaboose [*kæləbu:'z*] *amr.* fängelse

calamine [*kæləmain*] *min.* galmeja

calamitous [*kəlæ'mitəs*] olycklig, sorglig; **calamity** [*kəlæ'miti*] olycka; **calamity howler** el. **Jane** *amr.* pessimist

calash [*kəlæ'ʃ*] kalesch, huva

calcar [*kælkə*] *biol.* sporre

calcareous [*kælkɛ'əriəs*] kalkartad, kalk-

calciferous [*kælsi'fərəs*] kalkhaltig

calcification [*kælsifikei'ʃ(ə)n*] förkalkning; **calcify** [*kælsifai*] förkalka[s]; **calcimine** [*kælsimain*] [stryka med] kalkfärg

calcination [*kælsinei'ʃ(ə)n*] förkalkning, kalcinering; **calcine** [*kælsain*] kalcinera, rosta (malm)

calcium [*kælsiəm*] *kem.* kalcium

calculate [*kælkjuleit*] beräkna, *amr.* räkna med, tro, anta, ämna; **calculated** beräknad, ägnad; beräknande, självisk; **calculating machine** räknemaskin; **calculation** [*kælkjulei'ʃ(ə)n*] beräkning; **calculator** [*kælkjuleitə*] beräknare, tabell, räknemaskin

calculus [*kælkjuləs*] *med.* sten (t. ex. gallsten), *mat.* kalkyl

Caledonia [*kælidou'njə*] Kaledonien, Skottland; **Caledonian** kaledonier, skotte; skotsk

calendar [*kæləndə*] kalender, almanacka, förteckning, register; införa, ordna efter datum

calender [*kæləndə*] mangel; mangla; **calendered** glättat (papper)

calf [*ka:f*] (*pl calves* [*ka:vz*]) kalv, kalvskinn; vad (på benet); enfaldig stackare, våp; ~**-love** barnförälskelse

calibre [*kælibə*] kaliber

calico [*kælikou*] kalikå, kattun

calipash [*kælipæʃ*] sköldpaddsragu

caliph [*kælif*] kalif; **caliphate** [*kælifit*] kalifat

calk 1) [*kɔ:k*] isbrodd; brodda, skarpsko (en häst); **calkin** [*kɔ:kin*] brodd, ishake på hästsko

calk 2) [*kɔ:k*] kalkera

call [*kɔl*] rop, (fågels) lockrop, inropning (teater), signal, telefonsamtal, visit, kallelse, anledning, efterfrågan, krav, bud (i kortspel); kalla, avlägga visit, väcka, bjuda (i kortspel); **pay a** ~ göra visit; **long distance** ~ rikssamtal; **put a** ~ **through to** släppa fram (få) ett samtal till; ~ **down** *amr. fig.* tillrättavisa; ~ **for** ropa på (ngt), tillkalla, fordra, kräva; ~ **in** anlita (läkare); ~ **in question** betvivla; ~ **it a day** *sl* sluta [upp], låta sig nöja; ~ **on** göra besök hos; ~ **out** [ut]ropa, uppbåda, utmana; ~ **over** förrätta namnupprop; ~ **to account** ställa till svars, avfordra räkenskap; ~ **to mind** erinra sig; ~ **to the bar** ge advokaträttigheter; ~ **up** inkalla (till militärtjänst), ringa upp; ~ **upon** vända sig till, anmoda; ~**-box** telefonkiosk, -hytt; ~**-boy** sufflörbud; ~**-loan** lån som skall återbetalas vid anfordran; ~**-over** namnupprop; **callee** [*kɔ:li:'*] värd; **caller** gäst på visit; **calling** yrke, kall

callipers [*kælipəz*] *pl*, **a pair of** ~ krumpassare

callisthenics [*kælisþe'niks*] plastik

callosity [*kələ'siti*] valk, förhårdnad; **callous** [*kæləs*] förhärdad, hårdhjärtad; **callousness** [*kæləsnis*] känslolöshet

callow [*kælou*] utan fjädrar, oerfaren, grön

calm [*ka:m*] ro, stillhet; lugn, stilla; lugna; **calm down** lugna sig

caloric [*kələ'rik*] värme; **calorie** [*kæləri*] kalori; **calorific** [*kæləri'fik*] värmealstrande; **calorimeter** [*kæləri'mitə*] kalorimeter

calumet [*kæljumet*] indianpipa; **smoke the** ~ röka fredspipan

calumniate [*kəlʌ'mnieit*] baktala; **calumniator** [*kəlʌ'mnieitə*] baktalare; **calumnious** [*kəlʌ'mniəs*] smädlig, baktalande; **calumny** [*kæləmni*] förtal

calvary [*kælvəri*] kalvarium (Golgata)

calve [*ka:v*] kalva

calves [*ka:vz*] *pl* av *calf* kalv, vad

Calvinism [*kælvinizm*] kalvinism; **Calvinist** [*kælvinist*] kalvinist

calx [*kælks*] *kem.* kalcinerad metall, metallaska

calyx [*kæliks*] *bot.* blomfoder

cam [*kæm*] *mek.* excenterkam, lyftarm; ~**-shaft** *mek.* kamaxel

camber [*kæmbə*] konvex båge, välvning, rundning av väg eller skeppsdäck; dosera

Cambrian [*kæmbriən*] walesare; walesisk, kambrisk

cambric [*kæmbrik*] batist (fint lärft)

Cambridge [*keimbridʒ*] (eng. universitetsstad)

came [*keim*] kom (se *come*)

camel [*kæməl*] kamel; **break the** ~**'s back** komma bägaren att rinna över; **cameleer** [*kæmili'ə*] kameldrivare

camellia [*kəme'ljə*] *bot.* kamelia

cameo [*kæmiou*] kamé; **camera** [*kæmərə*] fotografiapparat; **in** ~ inför lyckta dörrar; ~ **angle** kameravinkel; ~**man** filmfotograf

cami-knickers [*kæminikəz*] (ett slags) combination (för kvinnor)

camion [*kæmiən*] låg lastvagn, -bil
camisole [*kæmisoul*] undertröja, korsettskyddare
camister [*kæmistə*] *sl* predikant, präst
camlet [*kæmlit*] kamlott (tygsort)
camomile [*kæmomail*] *bot.* kamomill
camouflage [*kæmufla:ʒ*] kamouflage, kamouflera
camp [*kæmp*] läger; slå läger, vara lägrad, kampera, kampa; **~-bed** tältsäng; **~-chair** fällstol; **~-fever** tyfus; **~-meeting** *amr.* religiöst friluftsmöte; **~-stool** fällstol; **camping** lägerliv; **camping-ground** kampingplats
campaign [*kæmpei'n*] kampanj, fälttåg; ligga i fält; **old campaigner** gammal soldat; en som vet att rätta sig efter förhållandena
campanile [*kæmpəni:'li*] kampanil, fristående klocktorn
camphor [*kæmfə*] kamfer
campus [*kæmpəs*] *amr.* skolas el. universitets område, skolgård
can 1) [*kæn*] kanna, *amr.* [konserv]burk, *amr. sl* huvud, 1 dollar, w.c., fängelse, (flygar-*sl*) flygmaskin; (hermetiskt) konservera, *amr. sl* hejda; **~-opener** konservöppnare, *amr. sl* tjuv med kassaskåp som specialitet; **canned** inlagd, konserverad, burk-, *sl* drucken; **canned music** *amr. sl* mekanisk musik
can 2) [*kæn, kən*] (*oregelb. vb*) kan, är i stånd till
Canada [*kænədə*]; **Canadian** [*kənei'djən*] kanadensare, kanadensisk; **Canader** [*kənei'də*] *fam.* kanadensare (kanot)
canal [*kənæ'l*] kanal; **canalize** [*kænəlaiz*] kanalisera; **canalled** försedd med kanaler
canard [*kəna:'d*] [tidnings]anka
canary [*kənɛ'əri*] kanariefågel, *pl. amr. sl* missljud ('kanariefåglar' i ljudupptagning för ljudfilm el. i radio)
cancel [*kænsəl*] stryka [ut], upphäva, annullera, avbeställa, *hand.* ristornera
cancer [*kænsə*] *med.* kräfta; **the tropic of C—** kräftans vändkrets; **cancerous** [*kænsərəs*] kräftartad
candelabrum [*kændilei'brəm*] (*pl candelabra*) kandelaber
candid [*kændid*] öppen, uppriktig
candidacy [*kændidəsi*] *amr.* kandidatur; **candidate** [*kændidit*] kandidat, sökande; **candidature** [*kændidətʃə*] kandidatur
candle [*kændl*] [stearin]ljus; **he won't hold a ~ to her** han kan icke mäta sig med henne; **burn the ~ at both ends** bränna sitt ljus i båda ändarna; **snuff the ~** *sl* dö; **a 21 ~ power bulb** en 21-ljuslampa; **C—mas** [*kændlməs*] kyndelsmässa; **~-stick** ljusstake
candour [*kændə*] uppriktighet, frispråkighet
candy [*kændi*] kandisocker, *amr.* karameller, konfekt; kandera, inkoka med socker; **~-kid** *amr. sl* flott karl; **~-store** *amr.* konfektyraffär
cane [*kein*] rör, käpp, spö, *amr.* käpp, stör; prygla, bombardera (i första världskriget); **~ chair** rottingstol; **~ sugar** rörsocker
canine [*kænain*] hund-; **~ tooth** hörntand
canister [*kænistə*] bleckdosa, *sl* huvud; **~-shot** kartesch
canker [*kæŋkə*] kräfta; kräftsår; fräta, fördärva
canned [*kænd*] konserverad, *sl* drucken (se *can* 1)
cannel [*kænl*] glanskol
cannibal [*kænibəl*] kannibal; **cannibalism** [*kænibəlizm*] människoätande, kannibalism
cannikin [*kænikin*] liten kanna
cannon [*kænən*] kanon[er], artilleri, (i biljard) karambolage; karambolera; **~-ball** kanonkula; **~-fodder** kanonföda, -mat; **cannonade** [*kænəneid*] kanonad
cannot [*kænɔt, ka:nt*] kan icke (se *can* 2)
canny [*kæni*] slug, försiktig; **ca' ~** (*Skottl.*) fara försiktigt fram; **ca' ~ policy** avsiktligt minskad arbetsintensitet för att framtvinga löneförhöjning, obstruktion
canoe [*kənu:'*] kanot; **cano[e]ist** [*kənu:'ist*] kanotroddare
canon [*kænən*] kanon, rättesnöre, kyrkligt påbud; förteckning på böcker antagna av kyrkan; kanik; **canonical** [*kənɔ'nikl*] kanonisk; **canonist** [*kænənist*] kännare av kyrklig rätt; **canonization** [*kænənaizei'ʃ(ə)n*] kanonisering; **canonize** [*kænənaiz*] kanonisera, göra till helgon
canoodle [*kənu:'dl*] *amr.* smeka, kela
canopy [*kænəpi*] tronhimmel, sänghimmel, spiselkappa, *amr.* himmel, himlavalvet
canorous [*kənɔ:'rəs*] välklingande
cant [*kænt*] jargong, yrkesspråk, hycklande tal; lutning; tala affekterat, hyckla; luta, välta, *amr. sl* sladdra, överösa med ovett
can't [*ka:nt*] = *cannot*
Cantab [*kæntæb*] förk. f. *Cantabrigian*
Cantabrigian [*kæntəbri'dʒ(i)ən*] student från Cambridge; Cambridge-
cantaloup [*kæntəlu:p*] ett slags ljus melon
cantankerous [*kæntæ'ŋkərəs*] giftig, elak, grälsjuk
cantata [*kænta:'tə*] kantat; **cantate** [*kanta:'ti*] = *canticle*
canteen [*kænti:'n*] marketenteri, fältkök, fältflaska, kokkärl, matsäcksskrin; **~ medals** *sl* ölfläckar
canter [*kæntə*] kort galopp; galoppera, *amr. sl* tala för mycket el. för snabbt
Canterbury [*kæntəbəri*] (ärkebiskopssäte i Sydengland) ; **c—** hylla för noter o. d.
cantharides [*kænþæ'ridi:z*] *pl* spansk fluga
canticle [*kæntikl*] sång, psalm, koral
cantilever [*kæntili:və*] utskjutande stöd, konsol
cantle [*kæntl*] bit, sadelbom
canto [*kæntou*] sång (som del av dikt)
canton [*kæntɔn*] kanton (i Schweiz); [*kəntu:'n*] inkvartera; **cantonment** [*kəntu:'nmənt*] inkvartering
Canuck [*kənʌ'k*] *sl* (fransk) kanadensare
Canute [*kənju:'t*] Knut den store
canvas [*kænvəs*] kanfas, segelduk, [målar]duk, tavla; **kiss the ~** *amr. sl* bli slagen i golvet; **under ~** *mil.* i tält; **~ town** tältstad, tältläger
canvass [*kænvəs*] skärskåda, värva röster, samla abonnenter; *amr.* (också) officiell rösträkning; **canvasser** [val]agitator, röstvärvare, *amr.* (också) medlem av valnämnd
canyon [*kænjən*] kanjon, djup floddbädd, ravin
caoutchouc [*kautʃuk*] kautschuk
cap [*kæp*] mössa, hätta, hatt, kapsel, huv, hylsa, icke-medlems avgift för deltagande i rävjakt, *amr. sl* kapten (*captain*); betäcka, täcka till; tilldela lärd grad, överträffa, *sl* taga av sig mössan (hatten) för; **~ and gown** akademisk dräkt; **set one's ~ at** *sl* lägga an på; **~-paper** papper i stort format, omslagspapper
capability [*keipəbi'liti*] förmåga, duglighet, möjlighet, anlag; **capable** [*keipəbl*] mottaglig (**of** för), i stånd till, duglig
capacious [*kəpei'ʃəs*] rymlig, omfattande; **capacitate** [*kəpæ'siteit*] göra duglig, göra befogad, sätta i stånd till; **capacity** [*kəpæ'siti*] förmåga, kubikinnehåll, kompetens, egenskap, anlag, *amr.* yttersta förmåga
cap-à-pie [*kæpəpi:'*] från topp till tå
cape [*keip*] krage, cape; udde; **the C—** Godahoppsudden, Kapkolonien, Sydafrika; **C— boy** sydafrikan av blandras; **the C— doctor** stark sydostvind i Sydafrika; **C— smoke** sydafrikansk brandy
caper [*keipə*] skutt, luftsprång, skoj, upptåg; kapris (kryddväxt); skutta
capercailzie [*kæpəkei'lzi*] tjäder (äv. *capercailye*)
capias [*kæpiæs*] arresteringsorder
capillarity [*kæpilæ'riti*] kapillaritet, hårrörskraft; **capillary** [*kəpi'ləri*] hårrör; hårfin, hår-; **capillary attraction** kapillärkraft
capital [*kæpitl*] huvudstad, stor bokstav, kapital, kapitäl, huvud-, stor (om bokstav), utmärkt,

belagd med dödsstraff; **capital!** storartat! **capitalism** [*kæpitəlizm*] kapitalism; **capitalist** kapitalist; **capitalistic** [*kæpitəli'stik*] kapitalistisk; **capitalize** [*kæpitəlaiz*] kapitalisera

capitation [*kæpitei'ʃ(ə)n*] folkräkning, beräkning per huvud

capitulate [*kəpi'tjuleit*] kapitulera; **capitulation** [*kəpitjulei'ʃ(ə)n*] kapitulation

capon [*keipən*] kapun

caprice [*kəpri:'s*] nyck, kapris; **capricious** [*kəpri'ʃəs*] nyckfull

Capricorn [*kæprikɔ:n*] *astr.* Stenbocken; **the tropic of ~** Stenbockens vändkrets

caprine [*kæprain*] get-; **capriole** [*kæprioul*] (hästs) krumsprång, luftsprång

caps [*kæps*] förk. f. *capital letters* stora bokstäver

capsicum [*kæpsikəm*] spansk peppar

capsize [*kæpsai'z*], **capsizal** kantring; **capsize** kantra

capstan [*kæpstən*] *sjö.* gångspel

capsule [*kæpsjul*] kapsel

captain [*kæptin*] kapten, anförare, ledare (sport, kamratskap m. m.); *amr.* polisofficer; anföra; **captaincy** [*kæptənsi*] kaptenstjänst, ledarskap

caption [*kæpʃən*] *amr.* överskrift, filmtext, slagord

captious [*kæpʃəs*] snärjande, kitslig, spetsfundig

captivate [*kæptiveit*] fängsla, förtrolla; **captive** [*kæptiv*] fånge; fången; **~ balloon** ballon captif; **captivity** [*kæpti'viti*] fångenskap; **capture** [*kæptʃə*] tillfångatagande; erövring, uppbringande, fångst; ta till fånga, intaga, bemäktiga sig, uppbringa, kapa

Capuchin [*kæpjuʃin*] kapucinmunk

car [*ka:*] bil, vagn, spårvagn, luftskeppsgondol, *amr.* järnvägsvagn, hisskorg; **the ~s** *amr.* tåget; **the Car** Karlavagnen; **~ it** *amr.* bila; **~ fare** *amr.* spårvagnsavgift; **~let** *amr.* liten bil; **~man** chaufför, forman; **~man's pull-up** matställe för chaufförer; **~-park** parkeringsplats

carafe [*kəra:f*] karaff[in]

caramel [*kærəmel*] karamell (bränt socker), kola

carapace [*kærəpeis*] *zool.* ryggsköld

caravan [*kærəvæ'n*] karavan, hus på hjul, husvagn; **caravanserai** [*kærəvæ'nsərai*] karavanseraj

caravel [*kærəvel*] *sjö.* karavell

caraway [*kærəwei*] *bot.* kummin

carbide [*ka:baid*] karbid

carbine [*ka:bain*] karbin

carbohydrate [*ka:bouhai'dreit*] *kem.* kolhydrat

carbolic [*ka:bɔ'lik*] karbol-

carbon [*ka:bən*] kol; **~ brush** *mek.* släpborste; **~[-paper]** karbonpapper; **carbonic** [*ka:bɔ'nik*] kol-; **carboniferous** [*ka:bəni'fərəs*] kolförande; **carbonize** [*ka:əbənaiz*] förkola

carbonate [*ka:bənit*] *kem.* karbonat

carborundum [*ka:bərʌ'ndəm*] karborundum

carboy [*ka:bɔi*] stor korgflaska, damejeanne

carbuncle [*ka:bʌŋkl*] karbunkel, böld, finne

carburettor [*ka:bjuretə*] *auto.* karburator, förgasare

carcass [*ka:kəs*] lik, as, åtel, skrov, spillror

card 1) [*ka:d*] kort (brevkort, spelkort, visitkort, vinlista), *amr.* (personligt) meddelande, *sl* person, original, (konstig) prick; **big ~** matador; **on the ~s** troligt; **speak by the ~** väga vart ord; **have a ~ up one's sleeve** ha något i bakfickan; **~board** papp; **~board box** pappask, kartong; **~-case** visitkortsfodral; **~-index** kartotek; **~-sharper** falskspelare; **~-trick** kortkonst

card 2) [*ka:d*] karda, kardansk

cardamom [*ka:dəməm*] kardemumma

cardan [*ka:dæ'n*] *auto.* kardan, kardansk; **~ shaft** *auto.* kardanaxel

cardiac [*ka:diæk*] hjärt-, hjärtstimulerande[medel]

cardigan [*ka:digən*] stickad yllejacka

cardinal [*ka:dinl*] kardinal, *äv. zool.*; ardinalröd, huvud-, huvudsaklig; **~ numbers** kardinaltal

care [*kɛə*] bekymmer, omsorg, försiktighet, vård; **~ about (for)** bekymra sig om, bry sig om **~ for** sörja för, tycka om; **I don't ~ a damn** det bryr jag mig inte ett dugg om; **take ~** akta sig, se upp; **take ~ of** sörja för, ta hand om, vara rädd om, *amr.* (också) göra sig av med, avlägsna; **~free** sorglös; **~ful** omsorgsfull, aktsam, rädd [om], noggrann, försiktig; **~less** vårdslös, slarvig, likgiltig; **~-nothing** obekymrad; **~-taker** uppsyningsman, [kyrk-, musei]vaktmästare; **~-worn** tärd, förgrämd

careen [*kəri:'n*] *sjö.* kölhala; kränga

career [*kəri'ə*] karriär, lopp; *amr.* professionell; ha stark fart, sätta i väg; *amr.* **~ man** diplomat; **careerist** [*kəri'ərist*] streber

caress [*kəre's*] smekning; smeka

caret [*kærit*] utelämningstecknet ʌ

cargo [*ka:gou*] last

Carib [*kærib*] karib; karibisk; **Caribbean** [*kæribi(:)'ən*] karibisk

caribou [*kæribu:*] amerikansk ren

caricature [*kæ'rikətju'ə*] karikatyr, karikera; **caricaturist** [*kærikətju'ərist*] karikatyrtecknare

caries [*kɛəri:z*] karies (tandröta, benröta); **carious** [*kɛəriəs*] angripen av karies

carillon [*kəri'ljən, kærilən*] klockspel

carking [*ka:kiŋ*] tung, besvärlig

Carlovingian [*ka:lovi'ndʒiən*] karolinger, -isk

Carmelite [*ka:milait*] karmelitmunk

carmine [*ka:min*] karmin (röd färg)

carnage [*ka:nidʒ*] blodbad

carnal [*ka:nl*] köttslig, sinnlig

carnation [*ka:nei'ʃ(ə)n*] köttfärg; ljusröd, skär; *bot.* nejlika

carney [*ka:ni*] *sl* smicker, hyckleri; smickra, locka genom smicker

carnival [*ka:nivəl*] karneval

carnivore [*ka:nivɔə*] köttätande djur; **carnivorous** [*ka:ni'vərəs*] köttätande

carol [*kærəl*] lovsång, sång, julpsalm; lovsjunga

Caroline [*kærəlain*] karolinsk, Karolina

carom [*kærəm*] *amr.* (i biljard och *fig.*) karambolage; karambolera

carotid [*kərɔ'tid*] halspulsåder

carousal [*kərau'zl*] supkalas, dryckesgille, *amr.* karusell

carouse [*kərau'z*] rummel, dryckeslag; pokulera, dricka

carp [*ka:p*] *zool.* karp; anmärka (småaktigt), klanka (**at** på)

carpel [*ka:pel*] *bot.* fruktblad, karpell

carpenter [*ka:pəntə*] timmerman, [byggnads]-snickare; timra, snickra; **carpentry** [*ka:pəntri*] timmermansarbete, -yrke, snickeri[arbete]

carpet [*ka:pit*] matta; belägga med matta; *fam.* ge en uppsträckning; **on the ~** på tapeten; **~-bag** nattsäck; **~-bagger** yrkespolitiker, politisk lycksökare; **~-dance** improviserad bal; **~-knight** salongshjälte; **carpeting** mattvävnad, *koll.* mattor

carpus [*ka:pəs*] handlove

carriage [*kæridʒ*] transport, frakt[avgift], hållning, vagn, lavett, vagn på skrivmaskin; **~-and-four** fyrspann; **~-dog** dalmatinerhund; **~-drive** privat körväg, parkväg; **~-free** franko; **carriageable** [*kæridʒəbl*] farbar

carrier [*kæriə*] bärare, överbringare, bud, forman, smittbärare, månglare, pakethållare, *amr.* postbud; **~-pigeon** brevduva

carriole [*kærioul*] karriol

carrion [*kæriən*] kadaver

carrot [*kærət*] morot, *pl sl* rött hår, rödhårig person (också *~-nob*); **carroty** rödhårig

carry [*kæri*] bära, föra, transportera, leda, medföra, genomföra, vinna, intaga, uppbära; *amr. hand.* föra (en vara); **~ two** *mat.* två i minne; **~ away** hänföra; **~ forward** transportera (i räkenskaper); **~ off** bortföra, bortrycka, vinna (pris), bära (som en man); **~ on** fortsätta, bedriva, flirta (**with** med); **~ out** utföra; **~ over** = **~** *forward*; **~ conviction** verka övertygande;

~ the day vinna seger; ~ weight vara inflytelserik; ~all *amr.* vagn (*carriole*); **carrying capacity** lastkapacitet
cart [*ka:t*] arbetskärra (tvåhjulig); forsla med arbetskärra, *sl* besegra med lätthet i spel; **put ~ before horse** göra något bakvänt; **in the ~** *sl* i knipa; **~-horse** arbetshäst; **~-ladder** häck på en skrinda; **~-load** vagnslast; **~-road** uppkörd väg, körbana; **~-wheel** vagnshjul, hjulring, *sl* 5 sh. mynt; **turn ~-wheels** hjula (lek); **~-whip** formanspiska; **~-wright** vagnmakare
cartage [*ka:tidʒ*] körning, forlön; **carter** forman, obildad person
cartel [*ka:tel*] skriftlig utmaning, fördrag om utväxling av fångar, sammanslutning av fabrikanter
Carthusian [*ka:þu:'zjən*] kartusiansk munk, elev i Charterhouse School
cartilage [*ka:tilidʒ*] brosk; **cartilaginous** [*ka:tilæ'dʒinəs*] broskartad
cartographer [*ka:tɔ'grəfə*] kartograf, kartritare; **cartographic[al]** [*ka:təgræ'fik(l)*] kartografisk; **cartography** [*ka:tɔ'grəfi*] kartritning
cartomancy [*ka:təmænsi*] spående i kort
carton [*ka:tən*] kartong, pappask
cartoon [*ka:tu:'n*] mönsterteckning, (politisk) karikatyrteckning, tecknad film; teckna, karikera; **cartoonist** [*ka:tu:'nist*] karikatyrtecknare
cartouche [*ka:tu:'ʃ*] kartusch, uthuggen eller målad infattning
cartridge [*ka:tridʒ*] patron; **blank ~** lös patron
caruncle [*kærəŋkl*] *anat.* köttsvulst
carve [*ka:v*] utskära, snida, skära för (kött), rista, (runor); **carver** förskärarkniv; **carving** sniderі; **carving-knife** förskärarkniv
carvel [*ka:vəl*] karavell; **carvel-built** kravellbyggd
caryatid [*kæriæ'tid*] karyatid
cascade [*kæskei'd*] kaskad, vattenfall
case 1) [*keis*] fall, förhållande, ställning, sak, mål, kasus; **in ~ of** i händelse av; **in the ~ of** i fråga om; **in any ~** under alla förhållanden; **put the ~ that** antaget att
case 2) [*keis*] skrin, låda, ask, fodral, kappsäck; packa in; **~-bottle** fyrkantig resflaska; **~-harden** göra hård på ytan, härda; **~-shot** granatkartesch
casein [*keisiin*] kasein, ostämne
casemate [*keismeit*] kasematt
casement [*keismənt*] fönster på gångjärn, fönsterram; **~-curtain** spångardin
caser [*keisə*] *sl* fem shillings
cash [*kæʃ*] reda penningar, kontanter; inkassera, lyfta pengar; **~ on delivery** pr efterkrav; **~ down** mot kontant betalning; **~ in [one's checks** el. **chips]** *amr. sl* dö; **~ register** kassaapparat
cashier [*kæʃi'ə*] kassör; avskeda
cashmere [*kæʃmiə*] kaschmir
casing [*keisiŋ*] överdrag, omhölje, hylsa, beklädnad
casino [*kəsi:'nou*] kasino
cask [*ka:sk*] fat, tunna, drittel
casket [*ka:skit*] skrin, *amr.* likkista
casque [*kæsk*] hjälm
cassation [*kæsei'ʃ(ə)n*] upphävande; **court of ~** kassationsdomstol
casserole [*kæsəroul*] eldfast form (vari maten tillagas och serveras)
cassock [*kæsək*] prästkaftan
cassowary [*kæsowəri*] *zool.* kasuar
cast [*ka:st*] kast, gjutform, [gips]avgjutning, utseende, min, skiftning, provbit, sort, rollfördelning, knep, skelande; (*oregelb. vb*) kasta, avgöra, lägga av (kläder), krypa ur (skinn), kassera, avskeda, kugga, ställa (horoskop), sammanräkna, gjuta, forma, tilldela roller, *sjö.* kasta loss; **~ about for** se sig om efter, försöka hitta på, fundera ut; **~ down** slå ned (ögonen); **be ~ down** vara nedslagen; **~ off** kasta av, överge, kasta loss, maska av (stickning); **~ on** lägga upp maskor; **~-away** skeppsbruten, utstött; **~-off** avlagd (kostym); **~ iron** gjutjärn; **casting-vote** utslagsröst
castanet [*kæstəne't*] kastanjett
caste [*ka:st*] kast, kastväsende, sluten samhällsklass; **lose ~** bli utstött, göra sig omöjlig, förlora i prestige
castigate [*kæstigeit*] tukta; **castigation** [*kæstigei'ʃ(ə)n*] näpst
castle [*ka:sl*] borg, slott, herrgård, torn (i schack); rockera; **build ~s in the air (in Spain)** bygga luftslott; **~ one's king** rockera (i schack)
castor 1) [*ka:stə*] bävergäll, *sl* hatt; **~ oil** ricinolja; **~-oil artist** el. **merchant** *sl* läkare
castor 2) [*ka:'stə*] strödosa (peppardosa etc., *pl* bordställ), trissa (på bordsben etc.); **~ sugar** strösocker
castrate [*kæstrei't*] kastrera; **castration** [*kæstrei'ʃ(ə)n*] kastrering
casual [*kæʒ(j)uəl*] tillfällig; **casualty** [*kæʒ(j)uəlti*] olycksfall, *mil. pl* förlust (i döda och sårade); **casualty ward** avdelning för olycksfall (på sjukhus)
casuist [*kæzjuist*] kasuist; **casuistry** [*kæzjuistri*] kasuistik
cat [*kæt*] katt, kattdjur, elak och skvalleraktig kvinna, pinne i spelet 'driva katt'; lyfta ankaret till kranbalken, *sl* kasta upp; **C— Street** förk. f. *St. Catherine Street*; **see which way the ~ jumps** förhålla sig avvaktande; **fight like Kilkenny ~s** slåss tills båda äro döda; **the ~ is out of the bag** hemligheten har kommit ut; **it rains ~s and dogs** regnet står som spön i backen; **~-and-dog life** liv som hund och katt; **Cat-and-Mouse Act** *sl* lag som tillåter temporär frigivning av hungerstrejkande; **~ burglar** fasadklättrare; **~call** utvissling; **~-eyed i stånd** att se i mörker; **~fish** *zool.* havskatt; **~gut** tarmsträng, *med.* kattgutt; **~gut scraper** *sl* violinist; **~-head** kranbjälke; **~-ice** svag is; **~-lap** teskvalp, skummad mjölk; **~ nap** *amr.* tupplur; **~-o'nine-tails** dagg, den niosvansade katten; **~'s cradle** 'vagga' (lek med en mellan händerna spänd tråd); **~'s eye** *min.* kattögon (grönaktig kvarts); **the ~'s meow, pajamas (pyjamas)** etc. *amr. sl* utmärkt, lysande; **~'s-paw** blint redskap (också *sjö.* om krusning på vattnet); **~'s whisker** detektornål i kristallapparat; **catty** kattlik, lömsk, obehaglig
catachresis [*kætəkri:'sis*] katakres, oriktig användning av ett ord, folketymologisk betydelseutvidgning
cataclysm [*kætəklizm*] översvämning, syndaflod, politisk el. social omvälvning; **cataclysmic** [*kætəkli'zmik*] omstörtnings-
catacomb [*kætəkoum*] katakomb
catafalque [*kætəfælk*] katafalk
Catalan [*kætəlæn*] katalan; katalansk
catalectic [*kætəle'ktik*] katalektisk (en stavelse för kort versrad)
catalepsy [*kætəlepsi*] katalepsi, stelkramp; **cataleptic** [*kætəle'ptik*] stelkramps-
catalogue [*kætəlɔg*] katalog, *amr.* universitetsprogram, skolprogram; katalogisera
catalysis [*kətæ'lisis*] katalys; **catalyst** [*kæ'təlist*] katalysator; **catalyze** [*kæ'təlaiz*] katalysera
catamount [*kæ'təmaunt*] *amr.* puma, lodjur; **catamountain** [*kætəmau'ntin*] vildkatt, leopard, panter
cataplasm [*kætəplæzm*] *med.* [gröt]omslag
catapult [*kætəpʌlt*] katapult, blida, slangbåge
catamaran [*kætəməræ'n*] timmerflotte, grälsjuk käring
cataract [*kætərækt*] vattenfall, *med.* grå starr
catarrh [*kəta:'*] *med.* katarr, snuva
catastrophe [*kətæ'strəfi*] katastrof
catch 1) [*kætʃ*] fångst, handgrepp, smitta, snärjande fråga, spärrhake, fönsterhake, fälla, lås

(på väska o. d.), *mus.* kanon; **no ~** dålig affär; **what is the ~?** vad ligger det bakom?
catch 2) [*kætʃ*] (*oregelb. vb*) fånga, nå, hinna [till], sitta fast, fatta tag i, begripa, smitta, ådraga sig smitta, ertappa; **~-as-~-can** fribrottning; **~ [a] cold** förkyla sig; **~ a crab** *sjö.* 'fånga en krabba' (roddfel); **~ 'em** (pidginengelska) få; **~-'em-alive** flugpapper; **~ it** få en skopa ovett; **~ on** slå an, bli populär; **~ up [with]** hinna fatt; **~-penny** skräp; **~ the speaker's eye** få ordet (i parlamentet); **~ the train** hinna med tåget; **~-title** förkortad men expressiv rubrik; **~word** slagord; **catching** smittosam; **catchy** som slår an (**~ song** schlager)
catechetical [*kætike'tikl*] kateketisk (avfattad i frågor och svar); **catechism** [*kætikizm*] katekes; **catechize** [*kætikaiz*] katekisera; **catechumen** [*kætikju:'men*] katekumen, neofyt
categorical [*kætigɔ'rikl*] kategorisk; **category** [*kætigəri*] kategori
catena [*kəti:'nə*] kedja, serie; **catenary** [*kəti:'nəri*] kedje-, serie-
cater [*keitə*] fyra (på tärning); anskaffa mat eller nöjen (**for** för); **~-cousin** avlägsen släkting, *fam.* intim vän, snyltgäst; **caterer** leverantör (av mat etc.) till fester
caterpillar [*kætəpilə*] larv, kålmask; traktor (el. stridsvagn) försedd med drivband; **~ wheel** kedjehjul, drivband
caterwaul [*kætəwɔ:l*] skrika (som en katt); **caterwauling** kattmusik, olåt
catharsis [*kəþa:'sis*] rening, *med.* laxering; **cathartic** [*kəþa:'tik*] avförande [medel]
cathedral [*kəþi:'drəl*] katedral, domkyrka
Catherine [*kæþrin*] Katarina; **~-wheel** sol (i fyrverkeri)
catheter [*kæþitə*] *med.* kateter
cathode [*kæþoud*] *elektr.* katod (den negativa polen i batteri m. m.); **~ ray** katodstråle; **~ ray tube** katodrör
catholic [*kæþəlik*] katolik; universell, katolsk, frisinnad; **catholicism** [*kəþɔ'lisizm*] katolicism; **catholicity** [*kæþoli'siti*] universalitet, frisinne, fördomsfrihet, överensstämmelse med katolicismen
catkin [*kætkin*] *bot.* hänge
catoptrics [*kətɔ'ptriks*] läran om ljusets brytning
catsup [*kætsʌp*] ett slags sås, t. ex. tomatsås, svampsås (äv. *catchup, ketchup*)
cattle [*kætl*] [nöt]boskap, *sl* hästar; **black ~** *sl* präster, löss; **~-lifter, ~-rustler** *amr.* boskapstjuv; **~man** boskapsskötare; *amr.* boskapsägare; **~-show** kreatursutställning
Caucasian [*kɔ:kei'ziən*] kaukasier; kaukasisk
caucus [*kɔ:kəs*] *amr.* möte för uppställning av valkandidater och förberedelse av val, valkommitté; förbereda val
caudal [*kɔ:dl*] svans-, stjärt-; **caudate** [*kɔ:deit*] med svans el. stjärt
caudle [*kɔ:dl*] varm dryck med vin
cauf [*kɔ:f*] korg för stenkolsuppfordring
caught [*kɔ:t*] fångade, fångat (se *catch* 2)
caul [*kɔ:l*] *anat.* fosterhinna, segerhuva
cauldron [*kɔ:ldrən*] kittel
cauliflower [*kɔliflauə*] blomkål
caulk [*kɔ:k*] *sjö.* kalfatra, dikta, täta
causal [*kɔ:zəl*] kausal; **causality** [*kɔ:zæ'liti*] orsakssammanhang; **causation** [*kɔ:zei'ʃ(ə)n*] förorsakande; **causative** [*kɔ:zətiv*] *gram.* kausativ; **cause** [*kɔ:z*] orsak, sak, rättssak; förorsaka, låta; **causeless** ogrundad, grundlös
causeway [*kɔ:zwei*] landsväg, gångbana längs väg
caustic [*kɔ:stik*] frätmedel (silvernitrat); frätande, skarp
cauterize [*kɔ:təraiz*] bränna; **cautery** [*kɔ:təri*] brännjärn
caution [*kɔ:ʃ(ə)n*] försiktighet, varsamhet, kaution, varning; varna; **cautious** [*kɔ:ʃəs*] försiktig
cavalcade [*kævəlkei'd*] ryttartåg, historisk procession; **cavalier** [*kævəli'ə*] ryttare, riddare, kavaljer; övermodig, ogenerad; **cavalry** [*kævəlri*] kavalleri
cave 1) [*keiv*] håla; urholka, ge tappt; **~ in** ge vika, ge efter, rasa; **~-in** [gruv]ras; **~-man, ~-dweller** grottinvånare
cave 2) [*keivi:*] (*lat.* akta dig) *sl* läraren kommer! tyst!
caveat [*keiviæt*] *jur.* protest
cavendish [*kævəndiʃ*] ett slags tobak
cavern [*kævə:n*] håla; **cavernous** [*kævənəs*] full av hålor; djuptliggande (om ögon); ihålig (om röst)
caviar [*kævia:'*] kaviar; **~ to the general** kaviar för bönder
cavil [*kævil*] spetsfundighet; kritisera, tadla
cavity [*kæviti*] hålighet
cavort [*kəvɔ:'t*] *amr.* hoppa och springa, göra krumsprång
cavy [*keivi*] *amr.* marsvin
caw [*kɔ:*] kraxande; kraxa; **~-handed (~-pawed)** oskicklig, fumlig
cayenne [*keie'n*] kajennpeppar
cayman [*keimən*] *zool.* alligator
cease [*si:s*] upphöra, sluta [med]; **~ fire** eld upphör! **without ~** utan uppehåll; **~less** oupphörlig
cedar [*si:də*] *bot.* ceder
cede [*si:d*] avträda, avstå
cedilla [*sidi'lə*] cedilj
ceil [*si:l*] förse med innertak; **ceiling** [*si:liŋ*] innertak, maximihöjd för flygplan
celandine [*seləndain*] *bot.* svalört (Chelidonium)
celanese [*seləni:z*] ett slags konstsilke
celebrate [*selibreit*] fira, högtidlighålla; **celebrated** berömd; **celebration** [*selibrei'ʃ(ə)n*] högtidlighållande, beröm; **celebrity** [*sile'briti*] berömdhet
celerity [*sile'riti*] snabbhet
celery [*seləri*] selleri
celestial [*səle'stjəl*] himlainvånare; himmelsk; **~ body** himlakropp
celibacy [*selibəsi*] celibat; **celibate** [*selibit*] ogift (man); **celibatarian** [*selibətɛ'əriən*] ogift, anhängare av celibat
cell [*sel*] cell, *elektr.* element
cellar [*selə*] källare; **cellarage** [*seləridʒ*] källarutrymme; **cellaret** [*selәre't*] vinskåp
cello [*tʃelou*] *mus.* cello
cellophane [*selofein*] cellofan
cellular [*seljulə*] cell-, cellformig
cellule [*selju:l*] liten cell eller hålighet
celluloid [*seljulɔid*] celluloid; **cellulose** [*-lous*] cellulosa
Celt [*selt, kelt*] kelt; **Celtic** [*seltik, keltik*] keltisk
cement [*sime'nt*] cement, bindemedel; cementera, sammankitta
cemetery [*semitri*] kyrkogård, begravningsplats
cenotaph [*senota:f*] minnesvård över någon som är begravd annorstädes; **the C—** monument på Whitehall till minne av de i första världskriget fallna
cense [*sens*] tända rökelse för; **censer** [*sensə*] rökelsekar
censor [*sensə*] censor; censurera; **censorial** [*sensɔ:'riəl*] censors-; **censorious** [*sensɔ:'riəs*] tadelsjuk; **censorship** censorskap, censur
censure [*senʃə*] klander; kritisera, klandra, tadla
census [*sensəs*] folkräkning
cent [*sent*] hundra, *amr.* cent; **per ~** procent; **~ per ~** ockrarränta
centaur [*sentɔ:*] centaur
centenarian [*sentinɛ'əriən*] hundraårig, -åring
centenary [*senti:'nəri*] hundraårsfest; hundraårig
centennial [*sente'njəl*] (is. *amr.*) hundraårsfest; hundraårig
centesimal [*sente'siməl*] hundradels
centigrade [*sentigreid*] hundragradig; C (= Celsius)
centimetre [*sentimi:tə*] centimeter
centipede [*sentipi:d*] *zool.* tusenfoting
centner [*sentnə*] centner (viktenhet)
cento [*sentou*] cento; potpourri

central [*sentrəl*] central, ledande, huvud-; *amr.* telefonstation, telefonist; ~**-heating** centralvärme, värmeledning; **centralism** [*-izm*] tro på centralisation; **centralist** [*-ist*] anhängare av centralisation; **centrality** [*sentræ'liti*] centralt läge; **centralization** [*sentrəlaizei'ʃ(ə)n*] centralisation; **centralize** [*sentrəlaiz*] centralisera
centre, center [*sentə*] centrum, center, mitt, (i fotboll) centring, centerforward; mitt-; anbringa i centrum; finna centrum av, koncentrera, (i fotboll) centra; ~ **of gravity** tyngdpunkt; ~**-bit** centrumborr; ~**-board** *sjö.* centerbord; ~**-piece** bordsuppsats, bordlöpare; ~**-rail** mellersta skenan på tandhjulsbana
centrical [*sentrikl*] central, centrum-; **centricity** [*sentri'siti*] plats i förhållande till centrum; **centrifugal** [*sentri'fjugəl*] centrifugal; **centripetal** [*sentri'pitəl*] centripetal
centuple [*sentjupl*] hundrafaldig
century [*sentʃəri*] århundrade, centuria, 100 poäng (i kricket), hundratal
ceramic [*siræ'mik*] keramisk; **ceramics** [*siræ'miks*] *pl* keramik, lergods
Cerberus [*sə:bərəs*] Cerberus
cere [*siə*] vaxhud; ~**-cloth** vaxat tyg; **cerement** vaxad liksvepning
cereal [*siəriəl*] sädesslag; sädes-; *pl* majsflingor, torkat ris e. d. (som frukosträtt)
cerebral [*seribrəl*] hjärn-; **cerebration** [*seribrei'ʃ(ə)n*] hjärnverksamhet; **cerebellum** [*seribe'ləm*] lilla hjärnan; **cerebrum** [*seribrəm*] hjärna
ceremonial [*serimou'njəl*] ceremoniel; högtidlig; **ceremonius** [*serimou'njəs*] formell, stel
ceremony [*seriməni*] ceremoni, högtidlighet, formaliteter; **without** ~ utan krus; **stand upon** ~ hålla på formerna
cert [*sə:t*] *fam.* förk. f. *certainty* säkerhet, visshet; **it's a [dead]** ~ det är ett faktum
certain [*sə:tn*] säker (**of** på); **he is** ~ **to come** han kommer säkert; **for** ~ säkert; **certainly** säkert, javisst; **certainty** [*sə:tnti*] bestämdhet, visshet; **to (for) a certainty** alldeles säkert; **certes** [*sə:tiz*] *åld.* förvisso
certificate [*sə:ti'fikit*] intyg, betyg, attest, certifikat, *amr.* penningsedel (*silver* ~); [*sə:ti'fikeit*] ge intyg åt; **certify** [*sə:tifai*] intyga; **this is to certify** härmed intygas; **certified milk** kontrollmjölk
certitude [*sə:titju:d*] visshet, säkerhet
cerulean [*siru:'ljən*] himmelsblå
ceruse [*siru:'s*] blyvitt
cervical [*sə:vikl*] hals-
cervine [*sə:vain*] hjort-
cessation [*sesei'ʃ(ə)n*] upphörande, slut
cession [*seʃ(ə)n*] avträdande, cession
cesspool [*sespu:l*] kloakbrunn
cetacean [*sitei'ʃən*] valdjur; val- (*cetaceous*)
Chablis [*ʃæbli:*] ett slags vitt vin
Chadband [*tʃædbænd*] hycklare (person hos Dickens)
chafe [*tʃeif*] irritation, hetta, upphetsning; gnida (sönder el. varm), irritera, bli upphetsad, rasa; **chafing-dish** fyrfat
chafer [*tʃeifə*] *zool.* ollonborre
chaff [*tʃa:f*] agnar, hackelse, skräp; skämta; **be caught with** ~ vara lätt lurad
chaffer [*tʃæfə*] köpslå, pruta
chaffinch [*tʃæfin(t)ʃ*] bofink
chagrin [*ʃægrin*] förtret, harm; [äv. *ʃəgri:'n*] förarga, kränka
chain [*tʃein*] kedja, kätting; fastlänka, fjättra; ~**-armour** ringbrynja ~**-bridge** hängbro; ~ **gang** *amr.* arbetslag av fjättrade fångar; ~**-letter** kedjebrev; ~ **store** *amr.* filial
chair [*tʃɛə*] stol, talarstol, ordförandeplats, lärostol, säte, (*amr.* också) ordförande, plats för vittne; insätta i ämbete, bära i gullstol; **the** ~ *amr.* den elektriska stolen; **take the** ~ intaga ordförandeplatsen, öppna mötet; ~**man** ordförande; ~**woman** kvinnlig ordförande
chaise [*ʃeiz*] låg fyrhjulig vagn, schäs
chalcedony [*kælse'dəni*] kalcedon (halvädelsten)
Chaldean [*kældi'ən*] kaldé; kaldeisk
chaldron [*tʃɔ:ldrən*] kolmått (36 bushels, 13 hl)
chalet [*ʃæ'lei, ʃəlei'*] schweizerhydda, bekvämlighetsinrättning
chalice [*tʃælis*] bägare, kalk
chalk [*tʃɔ:k*] krita; skriva med krita; **not by a long** ~ inte på långt när; ~**-pit** kritbrott; ~**-stone** giktknöl; **chalky** kritaktig, nedkritad
challenge [*tʃælindʒ*] utmaning; utmana, ropa an; ~**-round** finalen i Davis-Cup-turneringen
chalybeate [*kəli'bjət*] järnhaltig
cham 1) [*kæm*] kan, furste
cham 2) [*ʃæm*] champagne
chamade [*ʃəma:'d*] *mil.* kapitulations-, parlamenteringssignal
chamber [*tʃeimbə*] kammare, rum, *pl* jurists kontor; **live in** ~**s** hyra rum (som ungkarl); ~**lain** [*tʃeimbəlin*] kammarherre; ~**maid** hotellstäderska, *amr.* städerska; ~**-pot** nattkärl
chameleon [*kəmi:'ljən*] *zool.* kameleont
chamfer [*tʃæmfə*] räffla, fåra; avfasa, räffla, fåra
chamois [*ʃæmwa:*] stenget; [*ʃæmi*] sämskskinn[s-]
champ 1) [*tʃæmp*] bita, tugga, mumsa
champ 2) [*tʃæmp*] förk. f. *champion*
champagne [*ʃæmpei'n*] champagne
champaign [*tʃæmpein*] slätt[land]
champerty [*tʃæmpəti*] *jur.* orättmätig del i ev. vinst efter process
champignon [*tʃæmpi'njən*] *bot.* champinjon
champion [*tʃæmpiən*] [för]kämpe, riddare, mästare, *sl* prima; kämpa för, förfäkta; ~**ship** mästerskap
chance [*tʃa:ns*] tillfällighet, möjlighet, tillfälle, (*amr.* också) risk; tillfällig; hända, riskera, våga; **by** ~ händelsevis; **on the** ~ **of** i händelse, för att möjligen, i hopp om; **stand a good** ~ ha goda utsikter; **take a** ~ ta tillfället i akt, *amr.* löpa risken; ~ **it** ta risken, våga försöket; ~ **one's arm** ta chansen; ~ **upon** tillfälligtvis möta el. finna; **chancy** [*tʃa:nsi*] riskabel, osäker
chancel [*tʃa:nsl*] kor
chancellery [*tʃa:nsələri*] kanslers ämbetslokal, kansli
chancellor [*tʃa:nsələ*] kansler; *amr.* (stundom) universitetsrektor; **Lord C—** lordkansler (Englands högsta juridiska ämbetsman); **C— of the Exchequer** finansminister
Chancery [*tʃa:nsəri*] (avdelning av *the High Court of Justice*); **in c—** *sl* (om boxares huvud) fastklämt under motståndarens arm
chancre [*ʃænkə*] *med.* schanker
chandelier [*ʃændili'ə*] ljuskrona
chandler [*tʃa:ndlə*] handlande, krämare
change [*tʃeindʒ*] förändring, byte, skifte, ombyte, växelmynt, omgång av kläder, fondbörs (*the 'Change*); förändra, byta, ömsa, växla, skifta; **for a** ~ för omväxlings skull; **small** ~ småmynt, växelpengar; **take the** ~ **out of** gengälda; **get no** ~ **out of** icke komma någon vart med; **ring the** ~**s of** byta bättre mot sämre; ~ **one's mind** komma på andra tankar, ändra åsikt; **changeable** [*tʃeindʒəbl*] föränderlig, utbytbar; **changeling** bortbyting
channel [*tʃænl*] brett sund, flodränna, informationsväg; **the C—** Engelska kanalen (jfr *canal*) ~ **iron** U-balk
chant [*tʃa:nt*] sång, mässa; sjunga, mässa
chantage [*tʃa:ntidʒ*] utpressning
chanterelle [*tʃæntəre'l*] kantarell
chanticleer [*tʃæntikli'ə*] tupp (personif.)
chantress [*tʃa:ntris*] *poet.* sångerska
chantry [*tʃa:ntri*] stiftelse för sjungande av själamässor
chanty [*tʃa:nti*] *sjö.* sjömäns och arbetares hejasång (*shanty*)

chaos [*keiɔs*] kaos; **chaotic** [*keiɔ'tik*] kaotisk
chap [*tʃæp*] *fam.* karl, gosse; spricka; spräcka; **~-fallen** lång i ansiktet; **chappie** [*tʃæpi*] *fam.* kurre, prisse, *sl* torrskaffning
chaparral [*tʃæpəræ'l*] *amr.* snår av törnbuskar el. låga ekar; *zool.* väglöpare (en amerikansk fågel)
chape [*tʃeip*] metallbeslag (-spets) på sabelbalja
chapel [*tʃæpəl*] kyrka, som tillhör institution el. sekt; kapell, missionshus, boktryckeri, bönemöte; **~ of ease** annexkyrka
chaperon [*ʃæpəroun*] 'förkläde'; vara förkläde för
chaplain [*tʃæplin*] kapellpredikant, kaplan, regementspastor, fängelsepräst etc.
chaplet [*tʃæplit*] krans, rosenkrans, radband, pärllist
chapman [*tʃæpmən*] gårdfarihandlare
chaps [*tʃæps*] *amr.* förk. f. *chaparejos* [*tʃæpəræ'hous*] cowboys läderbyxor
chapter [*tʃæptə*] kapitel, domkapitel, *amr.* studentförening
char [*tʃa:*] förk. f. *charwoman*, *zool.* röding; arbeta som hjälp i hemmen (*chare*), kola; **~coal** träkol; **~lady** (skämtsamt), **~woman** hjälpgumma, skurkäring
char-à-banc [*ʃærəbæŋ*] charabang, turistbil
character [*kæriktə*] karaktär, skrivtecken, särmärke, betyg, rykte, person, original, [levnads]ställning; **in his ~ as** i egenskap av; **in ~** överensstämmande med rollen; **out of ~** icke överensstämmande med rollen; **characteristic** [*kæriktəri'stik*] kännetecken; karakteristisk; **characterize** [*kæriktəraiz*] karakterisera, beskriva; **characterization** [*kæriktəraizei'ʃ(ə)n*] karakteristik
charade [*ʃəra:'d*] charad
chare [*tʃɛə*] hjälpa till i hemmen (*char*)
charge [*tʃa:dʒ*] laddning, kostnad, pris, pålaga, omsorg, vård, anklagelse, angrepp, anfall, chock; anförtrott gods, myndling; *elektr.* ladda, lasta, pålägga, debitera, anklaga, ålägga, anfalla, *jur.* ge rättshjälp, *amr. jur.* överklaga; **at his own ~** på egen bekostnad; **be in ~ of** ha ansvaret för, ha hand om; **lay to his ~** anklaga honom för; **sound the ~** blåsa till angrepp; **~ with** anklaga för; **~ 2/- for** debitera 2 sh. för; **~ account** *amr.* månadsräkning; **chargeable** [*-əbl*] som kan påläggas, påföras, anklagas; **charger** stridshäst, stort fat
chariot [*tʃæriət*] stridsvagn, fyrhjulig vagn, *sl* bil
charitable [*tʃæritəbl*] välgörenhets-, välgörande, överseende; **charity** [*tʃæriti*] människokärlek, välgörenhet, allmosa, mildhet, överseende; **~ begins at home** envar är sig själv närmast; **~ school** fattigskola
charivari [*ʃa:riva:'ri*] kattmusik, larm, oljud
charlatan [*ʃa:lətən*] charlatan
Charlemagne [*ʃa:ləmei'n*] Karl den store
Charles [*tʃa:lz*] Karl, Charles; **~'s Wain** [*wein*] *astr.* Karlavagnen; **Charley, Charlie** [*tʃa:li*] smeknamn för Charles, Kalle; **charley horse** *amr.* träningsvärk
Charleston [*tʃa:lstən*] Charleston (stad och dans)
charlock [*tʃa:lɔk*] *bot.* åkersenap
charlotte [*ʃa:lət*] ett slags äppelkaka
charm [*tʃa:m*] trollmedel, trolleri, charm; förtrolla, hänföra, tjusa; **bear a ~ed life** vara osårbar; **charmer** tjusare, tjuserska; **charming** förtjusande, bedårande, tjusig
charnel-house [*tʃa:nlhaus*] benhus
Charon [*kɛərən*] Karon (färjkarl i underjorden)
charpoy [*tʃa:pɔi*] indisk säng
chart [*tʃa:t*] sjökort, tabell; kartlägga; **~-room** *sjö.* navigationshytt
charter [*tʃa:tə*] frihetsbrev, privilegium, koncession; privilegiera, *hand.* befrakta; **~ed accountant** auktoriserad revisor; **~-party** *hand.* certeparti, befraktningsbrev
Charterhouse [*tʃa:təhaus*] [**School**] (stor eng. skola)
chartism [*tʃa:tizm*] chartism (eng. radikal rörelse på 1830-talet)
chary [*tʃɛəri*] försiktig, sparsam
chase [*tʃeis*] jakt, förföljelse; jaga, förfölja, driva, ciselera; **chaser** bog- eller akterkanon; ciselör; gängback
chasm [*kæzm*] djup klyfta, avgrund
chassis [*ʃæsi*] chassi, underrede till vagn el. bil
chaste [*tʃeist*] kysk, ren, enkel; **chasten** [*tʃeisn*], **chastise** [*tʃæstai'z*] tukta; **chastisement** [*tʃæstizmənt*] aga, tuktan; **chastity** [*tʃæstiti*] kyskhet
chasuble [*tʃæzjubl*] mässhake
chat [*tʃæt*] förtroligt samspråk, prat; prata; **chattage** [*tʃætidʒ*] prat
chattels [*tʃætəlz*] lösöre
chatter [*tʃætə*] kvitter, sladder; kvittra, sladdra, prata; **~box** sladdertaska; **chatty** pratsam
chauf [*ʃouf*] *amr. sl* köra bil, vara chaufför
chauffeur [*ʃoufə:'*, *ʃoufə*] [vara] chaufför
chauvinism [*ʃouvinizm*] chauvinism (överdriven patriotism); **chauvinist** chauvinist; **chauvinistic** [*ʃouvini'stik*] chauvinistisk
chaw [*tʃɔ:*] *amr.* tuggbuss; tugga, idissla, tugga tobak; **~ up** *amr.* klå, i grund besegra; **~-bacon** bondtölp
cheap [*tʃi:p*] billig, *sl* nedslagen; **hold ~** förakta; **on the ~** på billigt sätt; **C— Jack** gårdfarihandlare; **cheapen** pruta, sänka priset på, bli billigare
cheat [*tʃi:t*] bedrägeri, bedragare; bedraga, lura, narra[s], fuska; **cheaters** *amr. sl* brillor
check [*tʃek*] schack! hinder, stopp, *bildl.* band, tygel, *amr.* räkning, check; kontroll, kontramärke, ruta (i mönster), *pl amr.* spelmarker; hejda, hindra, tygla, kontrollera, förpricka, konferera, tadla, *amr.* lämna in (kläder i klädloge etc.); **certified ~** *amr.* noterad check; **hand in one's ~** *sl* dö; **keep in ~** hålla i schack (också *fig.*); **~ up with** *amr.* stämma med; **~mate** schackmatt; **~-nut** låsmutter; **~room, checking-room** *amr.* garderob; **~-up** *amr.* undersökning
checker-board [*tʃekəbɔ:d*] *amr.* schackbräde; **checkers** [*tʃekəz*] *amr.* dam (spel)
cheddar [*tʃedə*] cheddarost
cheek [*tʃi:k*] kind, fräckhet, 'panna' (ha panna att), *pl* parvis motsvarande delar, ss. skänklar på en sax, tång; vara fräck mot; **~ by jowl** förtroligt sida vid sida; **cheeky** fräck; **cheekiness** fräckhet, oblyghet
cheep [*tʃi:p*] kvittra; **cheeper** ung rapphöna
cheer [*tʃiə*] sinnesstämning, förplägnad, mat, bifallsrop, hurra; uppmuntra, ge bifall, ropa hurra för; **~ up** fatta mod; **cheerful** glad, munter; **cheerless** dyster, bedrövlig; **cheerly** *sjö.* med kläm; **cheery** munter; **cheerily** muntert, glatt
cheerio [*tʃi'əriou'*] *fam.* hej! skål!
cheese [*tʃi:z*] ost; niga djupt; *sl* sluta; **that is the ~** *sl* det är rätt; **~ monger** osthandlare; **~-paring** ostkant; knusslighet; **cheesy** ostaktig, *sl* stilig, *amr. sl* dålig
cheetah [*tʃi:tə*] jaktleopard
chef [*ʃef*] [mäster]kock, köksmästare
chela [*tʃeilə*] (buddistisk) novis, lärjunge
chemise [*ʃimi:'z*] lintyg; **chemisette** [*ʃemi:ze't*] chemisett
chemical [*kemikl*] kemisk; **chemist** [*kemist*] kemist, apotekare; **chemist's shop** apotek; **chemistry** [*kemistri*] kemi
cheque [*tʃek*] check
chequer [*tʃekə*] ruta i tygmönster; göra rutig, omväxlande
cherish [*tʃeriʃ*] omhulda, beskydda, hålla av, hysa
cheroot [*ʃəru:'t*] lång cigarr
cherry [*tʃeri*] körsbär; körsbärsröd; **~ brandy** körsbärslikör; **~-tree** körsbärsträd
chersonese [*kə:'səni:z*] halvö

cherub [*tʃerəb*] kerub, ängel
chervil [*tʃə:vil*] *bot.* körvel
Cheshire [*tʃeʃə*] (eng. grevskap); **grin like a ~ cat** grina som en solvarg
chess [*tʃes*] schack; **~-board** schackbräde; **~-man** schackpjäs
chest [*tʃest*] kista, bröstkorg; **~ of drawers** byrå; **get off one's ~** lätta sitt hjärta; **chesty** *amr. sl* inbilsk, skrytsam
chesterfield [*tʃestəfi:ld*] ett slags överrock eller soffa
chestnut [*tʃesnʌt*] kastanj, fux (häst), gammal vits; kastanjebrun
cheval [*ʃəvæ'l*]; **~-glass** toalettspegel; **chevalier** [*ʃevəli'ə*] riddare
cheviot [*tʃeviət*] (ylletyg); **the C— Hills** Cheviothöjderna
chevron [*ʃevrən*] sparre (i vapensköld), vinkeldistinktionsmärke på ärm
chevy, chiv[v]ey [*tʃivi*] jaga, hetsa
chew [*tʃu:*] tugga, tobaksbuss; tugga [på]; **~ the cud** idissla, grubbla; **~ that fat** *sl* knota; **~ the rag** *sl* idissla gamla oförrätter; **chewing-gum** tuggummi
chiaroscuro [*kja:rəskju'ərou*] klärobskyr
chic [*ʃi:k*] stil; elegant
chicane [*ʃikei'n*] (i bridge) chikan (vara chikan = vara utan kort i en färg); lura, förleda; **chicanery** [*ʃikei'nəri*] advokatknep, lagvrängning
chick [*tʃik*] kyckling; unge, barn, *sl* tjej; **chickabiddy** [*tʃikəbidi*] kyckling, lilla vän; **Chickabiddy Shortshanks** tulting
chicken [*tʃikin*] kyckling, *amr.* (ibland) höna; **~ feed** *amr. sl* småpengar; **~-hearted** försagd; **~-livered** harhjärtad; **~-pox** vattenkoppor; **~-yard** *amr.* hönsgård
chickery-pockery [*tʃi'kəri-pɔ'kəri*] *sl* hokus pokus, humbug
chick-pea kikärt; **chick-weed** [våt]arv (Stellaria)
chicory [*tʃikəri*] cikoria, chicorée, 'endiv'
chide [*tʃaid*] (*oregelb. vb*) tillrättavisa, banna
chief [*tʃi:f*] överhuvud, hövding, ledare, chef; huvud-, först, överst, främst, viktigast; **in ~** huvud-, i spetsen; **chiefess** [*tʃi:fis*] hövdings hustru; **chiefly** huvudsakligen, i synnerhet; **chieftain** [*tʃi:ftən, -tin*] hövding
chiff-chaff [*tʃif-tʃæf*] *zool.* gransångare; **~ column** tidningsspalt med smånotiser
chiffonier [*ʃifəni'ə*] skänk, byffé
chignon [*ʃi:njɔŋ*] hårknut, chignon
chilblain [*tʃilblein*] frostknöl
child [*tʃaild*] (*pl children* [*tʃildrən*]) barn; **this ~** *skämts.* jag; **~bed** barnsäng; **~'s-play** barnlek *äv. bildl.*; **~hood** barndom; **childish** barnslig, enfaldig; **~like** barnslig
chill [*tʃil*] kyla, köld, rysning; kylig; kyla, isa, göra modfälld; **take the ~ off** kylslå; **chilly** kylig
chilli [*tʃili*] spansk peppar
Chiltern [*tʃiltən*] **Hundreds; accept the stewardship of the ~** avsäga sig sitt mandat i underhuset
chime [*tʃaim*] klockspel (*~ of bells*); ringa, klinga, överensstämma; **~ in** falla in, samtycka
chimera [*kaimi'ərə*] chimär, hjärnspöke; **chimerical** [*kaime'rikl*] chimärisk
chimney [*tʃimni*] skorsten, rökgång, lampglas; **~-piece** kaminhylla; **~-pot** skorstenspipa, *fam.* cylinderhatt; **~-stalk** skorstenspipa; **~-sweep** skorstensfejare
chimpanzee [*tʃimpænzi:'*] schimpans
chin [*tʃin*] haka, *sl* tokprat; **~-music, ~-wag** *sl* prat; prata
China [*tʃainə*] Kina; **~-ink** tusch; **[heathen] ~man** kines, kinafarare; **~town** kinesstaden
china [*tʃainə*] porslin, *sl* kamrat (också *chiner*); **~-clay** kaolin
chin-chin [*tʃin-tʃin*] *sl* farväl
chinchilla [*tʃintʃi'lə*] *zool.* chinchilla
chine [*tʃain*] djup klyfta; ås, ryggrad, ryggstycke
Chinee [*tʃaini:'*] *fam.* kines; **Chinese** [*tʃaini:'z*] kines, kinesiska (språket); kinesisk
chink 1) [*tʃiŋk*] klirrande, skrammel, *sl* pengar; klirra, skramla
chink 2) [*tʃiŋk*] spricka, springa
Chink [*tʃiŋk*] *sl* kines
chinook [*tʃinu:'k*] het amerikansk vind; **C—** indianskt-europeiskt blandspråk (i Nordamerika); **the C— State** *amr.* Washington
chintz [*tʃints*] sits, brokigt kattun, kretong
chip [*tʃip*] flis, spån, avfall, *pl* stekt potatis, *sl* skeppstimmerman; spänta, avtälja, hugga, skava; **~ in** *sl* avbryta, göra inpass, *amr. sl* ge ett bidrag; **he is a ~ of the old block** äpplet faller ej långt från trädet; **chippy** torr, ointressant, *sl* i bakrus; påflugen
chipmunk [*tʃipmʌŋk*] *amr.* ekorre
Chippendale [*tʃipəndeil*] möbelstil
chipper [*tʃipə*] *fam.* livlig, glad; **~ as a tomtit** glad som en lärka
chippy [*tʃipi*] *amr. sl* moraliskt tvivelaktig
chiropodist [*kairɔ'pədist*] liktornsoperatör, fotläkare; **chiropody** [*kairɔ'pədi*] fotvård; **chiropractor** [*kairəpræ'ktə*] kotknackare
chirp [*tʃə:p*] kvitter; kvittra; **chirpy** munter
chirr [*tʃə:*] gnissla (som en gräshoppa); **chirrup** [*tʃirəp*] kvitter, gnissel; kvittra
chisel [*tʃizl*] mejsel; mejsla, *sl* bedraga
chit [*tʃit*] barn, jänta; brev, brevlapp; **a ~ of a girl** flicksnärta
chit-chat [*tʃit-tʃæt*] prat, skvaller
chiv [*tʃiv*] *amr. sl* kniv; flå
chivalric [*ʃivəlrik*], **chivalrous** [*ʃivəlrəs*] ridderlig; **chivalry** [*ʃivəlri*] ridderskap, ridderlighet
chive [*tʃaiv*] gräslök
chiv[v]ey [*tʃivi*] jaga (*chevy*)
chloral [*klɔ:rəl*] kloral; **chloride** [*klɔ:raid*] klorid; **chlorine** [*klɔ:ri:n*] klor[gas]; **chloroform** [*klɔrəfɔ:m*] kloroform; **chlorophyll** [*klɔrəfil*] klorofyll; **chlorosis** [*klorou'sis*] bleksot
chock [*tʃɔk*] kloss, kil; kila fast; **~-a-block** *sjö.* dikt an, sammanträngd
chocolate [*tʃɔklit*] choklad; **~ cream** chokladpralin
choice [*tʃɔis*] val; utvald; **for ~** helst; **make ~ of** välja; **have one's ~** få välja fritt
choir [*kwaiə*] sångkör, kor (i kyrka)
choke [*tʃouk*] luftspjäll, *radio.* dämpspole; kväva, strypa, kvävas; **~ it** *sl* håll munnen! **~-damp** gruvgas; **chokee** [*tʃouki*], **chokey** *sl* fängelse; **choker** ngn, ngt som kväver, *sl* styv hög krage, 'fadermördare'
choler [*kɔlə*] vrede; **cholera** [*kɔlərə*] kolera, sommarsjuka; **choleric** [*kɔlərik*] kolerisk
choose [*tʃu:z*] (*oregelb. vb*) välja; **~ to** finna för gott att; **cannot ~ but** kan icke annat än
chop [*tʃɔp*] hugg, avhugget stycke, kotlett, sigill, licens, fabriksmärke, käk, *pl sl* munnen; hugga i mindre stycken, svänga fram och tillbaka (om vinden), driva smyghandel; **~-house** matservering; **~-suey** [*-s(j)u:i*] *amr.* en kinesisk kötträtt; **~ in** avbryta (samtal); **first ~** prima; **~stick** kinesisk ätpinne; **chopper** köttyxa, hackkniv; *amr.* biljettkontrollör; **choppy** krabb (sjö)
choral [*kɔ:rəl*] koral; kör-; **chorale** [*kəra:'l*] koral; **choralist** [*kɔ:rəlist*] körsångare
chord [*kɔ:d*] sträng, korda, ackord
chore [*tʃɔ:*] *amr.* husliga småsysslor
choric [*kɔrik*] kör-; **chorine** [*kɔri:n*] *amr.* korist; **chorister** [*kɔristə*] körsångare, korgosse
chortle [*tʃɔ:tl*] kluckande skratt; skratta kluckande
chorus [*kɔ:rəs*] kor, kör, körsång; sjunga i kör; **~ girl** korist
chose [*tʃouz*] valde; **chosen** [*tʃouzn*] valt (se *choose*)
chough [*tʃʌf*] *zool.* alpkråka
chouse [*tʃaus*] lura, bedraga
chow [*tʃau*] *sl* mat

chowder [*tʃaudə*] *amr.* ett slags soppa el. stuvning
chrism [*krizm*] invigd olja
Christ [*kraist*] Kristus
christen [*krisn*] döpa; **Christendom** kristenhet[en]; **christening** dop
Christian [*kristjən*] kristen (*adj.*), *sl* kristlig, ordentlig; ~ **name** förnamn; **Christianity** [*kristjæ'niti*] kristendom[en]; **christianize** [*kristjənaiz*] göra kristen, kristna
Christmas [*krisməs*] jul[en]; **a merry** ~ glad jul; ~**-box** julklapp, julklappslåda; ~ **Eve** julafton; ~ **holidays** jullov, -ferier; ~ **present** julklapp; ~ **pudding** ett slags plumpudding; ~**-tide** jultid, jul[en]; ~**-tree** julgran; **Christmasy** julaktig
Christy [*kristi*] **Minstrels** varietésångare, utklädda till negrer
chromatic [*kromæ'tik*] *pl* färglära; kromatisk; ~ **accent** musikalisk accent
chrome [*kroum*], **chromium** [*kroumjəm*] krom
chrome-plated förkromad
chromosome [*kroumәsoum*] kromosom
chronic [*krɔnik*] kronisk, tids-; **chronicle** [*krɔnikl*] krönika; nedskriva; **chronicler** krönikeskrivare; **chronological** [*krɔnəlɔ'dʒikl*] kronologisk; **chronology** [*krənɔ'lədʒi*] kronologi; **chronometer** [*krənɔ'mitə*] kronometer
chrysalis [*krisəlis*] puppa
chrysanthemum [*krisæ'nþimәm*] *bot.* krysantemum
chub [*tʃʌb*] *zool.* id
chubby [*tʃʌbi*] liten paraply; knubbig
chuck [*tʃʌk*] kast, ryck, klapp, *sl* mat; kasta, slänga; skrocka, lämna; **give the** ~ avskeda; ~ **a dummy** *sl* låtsa illamående; ~ **away** *fig.* förslösa (pengar); ~ **it** *sl* håll munnen! ~ **out** kasta ut; ~ **up** ge upp, lämna, sluta; ~**-box** *amr.* matsäcksskrin; ~**-farthing** spel med slantar; **chucker-out** 'utkastare'
chuckle [*tʃʌkl*] kluckande skratt; klucka, skratta kluckande, hånle; ~**-head** dumbom
chug [*tʃʌg*] puttra (om motor)
chum [*tʃʌm*] *sl* rumskamrat, intim vän; dela rum med; **new** ~ (i Australien) nyanländ immigrant; **chummy** kamratlig, god vän med
chump [*tʃʌmp*] träbit, kloss, *sl* huvud, träskalle; **off one's** ~ vriden, fnoskig
chunk [*tʃʌŋk*] tjock skiva, klump
church [*tʃə:tʃ*] kyrka, kyrktagning, gudstjänst[en]; kyrktaga; **be at** ~ vara i kyrkan; **go to** ~ gå i kyrkan; **go into the Church** bli präst; **the C— of England** den engelska statskyrkan; **the C— of Scotland** den skotska statskyrkan; ~**-goer** kyrkobesökare; ~**man** medlem av statskyrkan; **as poor as a** ~ **mouse** fattig som en kyrkråtta; ~**-rate** kyrkoskatt; ~**warden** kyrkvärd; ~**yard** kyrkogård, plats omkring kyrkan; ~**yard cough** svår hosta; **churchly** *amr.* kyrklig; **churchy** starkt kyrklig
churl [*tʃə:l*] bonde, tölp; **churlish** tölpig
churn [*tʃə:n*] smörkärna; kärna
chute [*ʃu:t*] vattenfall, timmerränna, vattenrutschbana, kälkbacke, *flyg.* fallskärm (*parachute*)
chutney [*tʃʌtni*] ett slags indisk sås el. krydda
chyle [*kail*] mjölksaft, kylus; **chyme** [*kaim*] chymus, 'maggröt'
cicada [*sikei'də*] *zool.* strit
cicatrice [*sikətris*] ärr; **cicatrize** [*sikətraiz*] ärra sig, helas, läkas
cicely [*sisili*] spansk körvel
cicerone [*tʃitʃərou'ni*] ciceron, förare
cider [*saidə*] cider, äppelvin
cigar [*siga:'*] cigarr; ~**-case** cigarrfodral; ~**-holder** cigarrmunstycke; **cigarette** [*sigəre't*] cigarrett
cilia [*siljə*] ögonhår, flimmerhår, *bot.* kanthår
cinch [*sintʃ*] *amr.* sadelgjord, *sl* säkert tag, fördel, lätt arbete; få gott grepp i; ngt självklart
cinchona [*siŋkou'nə*] kinaträd, kinabark
cincture [*siŋktʃə*] gördel, omgjorda
cinder [*sində*] kolaska, slagg, sinder; ~**-path** löparbana belagd med kolstybb
cinderella [*sindəre'lə*] askunge; bal som slutar kl. 12
cine [*sini*]; ~**-camera** filmapparat
cinema [*sinimə*] biograf[teater]; ~ **goer** biografbesökare; **cinematograph** [*sinimæ'təgra:f*] filmapparat (i biografteater)
cinerary [*sinirəri*] ask-
Cingalese [*siŋgəli:'z*] singales; singalesisk
cinnabar [*sinəba:*] cinnober
cinnamon [*sinəmən*] kanel
cinque [*siŋk*] fem (på kort och tärningar); **the C— Ports** fem hamnar på Englands sydkust
cipher [*saifə*] nolla, noll, siffra, chifferskrift, monogram; räkna
Circassian [*sə:kæ'sjən*] tjerkess; tjerkessisk
circle [*sə:kl*] cirkel, krets, galleri (i teater); gå runt, omringa; **circlet** [*sə:klit*] liten cirkel, ring
circs [*sə:ks*] *fam.* förk. f. *circumstances*
circuit [*sə:kit*] kretsgång, omlopp, (område för) domares rundresa, rutt, omkrets, omväg; *elektr.* ledning, strömkrets; **short** ~ kortslutning; **circuitous** [*səkju'itəs*] kringgående, vidlyftig, på omvägar
circular [*sə:kjulə*] cirkulär; cirkelrund, cirkulerande; ~ **note** resekreditiv; ~ **saw** cirkelsåg; ~ **ticket** rundresebiljett; ~ **tour** rundresa
circulate [*sə:kjuleit*] [låta] cirkulera, vara (sätta) i omlopp, gälla; **circulating library** lånbibliotek; **circulation** [*sə:kjulei'ʃ(ə)n*] cirkulation, [blod]omlopp, utbredning, spridning, [tidnings]upplaga, betalningsmedel; **circulator** [*sə:kjuleitə*] (också) periodiskt decimalbråk; **circulatory** [*sə:kjuleitəri*] cirkulerande
circum- [*sə:kəm-*] omkring-, om-; ~**bendibus** [*-be'ndibəs*] omsvep, omvägar; ~**cise** [*-saiz*] omskära; ~**cision** [*-si'ʒən*] omskärning; ~**ference** [*sə:kʌ'mfərəns*] periferi, omkrets; ~**fluent** [*sə:kʌ'mfluənt*] omkringflytande, omgivande; ~**jacent** [*-dʒei'sənt*] kringliggande; ~**locution** [*-ləkju:'ʃ(ə)n*] omskrivning, omsvep; ~**navigate** [*-næ'vigeit*] kringsegla; ~**navigator** [*-næ'vigeitə*] världsomseglare; ~**polar** [*-pou'lə*] cirkumpolar; ~**scribe** [*-skraib*] omskriva, begränsa, inskränka; ~**scription** [*-skri'pʃ(ə)n*] omskrivning, begränsning, inskränkning; ~**spect** [*-spekt*] försiktig, omtänksam; ~**spection** [*-spe'kʃ(ə)n*] försiktighet, omtanke; ~**stance** [*-stəns*] omständighet, förhållande, högtidlighet; **not a** ~**stance to** *amr.* ingenting i jämförelse med; ~**stanced i** en belägenhet, situerad; ~**stantial** [*-stæ'nʃəl*] som beror på omständigheterna; omständlig; ~**vallation** [*-vælei'ʃ(ə)n*] *mil.* kringskansning; ~**vent** [*-ve'nt*] snärja, överlista
circus [*sə:kəs*] cirkus, gatukorsning, runt torg
cirrus [*sirəs*] fjädermoln, *bot.* klänge
Cistercian [*sistə:'ʃ(ə)n*] cisterciens(er)[munk]
cistern [*sistən*] cistern
citadel [*sitədl*] citadell
citation [*sitei'ʃ(ə)n*] stämning, kallelse, citat, hänvisning; **cite** [*sait*] stämma, citera
citizen [*sitizn*] medborgare, borgare, stadsbo, (*amr.* också) civilperson, undersåte; **citizenship** medborgarskap
citrate [*sitreit*] citrat; **citric** [*sitrik*] citronsyra; **citron** [*sitrən*] citron
cits [*sits*] *amr. sl* civila kläder (*in* ~)
city [*siti*] stad, storstad, stad med domkyrka; ~ **hall** *amr.* rådhus; **the C—** Londons affärskvarter; **C—man** affärsman, finansman
civet [*sivit*] *zool.* sibetkatt
civi, civvy [*sivi*] *fam.* civil person; **civvies** *fam.* civila kläder
civic [*sivik*] *pl* samhällslära; stads-, medborgar-
civil [*sivil*] stads-, medborgar-; borgerlig, civil, civiliserad, hövlig; ~ **engineer** civilingenjör; ~ **law** civillag; ~ **list** civillista; ~ **marriage** borgerlig vigsel; **C— Servant** statsämbetsman;

the C— Service civilförvaltningen; ~ war inbördeskrig; **civilian** [*sivi'ljən*] civil [person]; **civility** [*sivi'liti*] hövlighet

civilization [*sivilaizei'ʃən*] civilisation; **civilize** [*sivilaiz*] civilisera

civvy se *civi*

clabber [*klæbə*] filmjölk, långmjölk; surna

clachan [*klækən*, (skotska) *klaxan*] (*Skottl.*) kyrkby

clack [*klæk*] slammer, skrammel, *sl* prat, skvaller, tunga; klappra, skramla, sladdra, sorla

clad [*klæd*] klädd (se *clothe*)

claim [*kleim*] fordran, krav, gruvlott, inmutning, *amr.* påstående; fordra, kräva, *amr.* bekräfta, försäkra, påstå; lay ~ to göra anspråk på; **claimant** [*kleimənt*] fordringsägare, pretendent

clairvoyance [*klɛəvɔi'əns*] clairvoyance; **clairvoyant** [*klɛəvɔi'ənt*] clairvoyant

clam [*klæm*] *zool.* ett slags mussla, *amr. sl* tystlåten person; as close as ~s mycket intima

clamber [*klæmbə*] kravla, klättra

clammy [*klæmi*] klibbig, degig

clamour [*klæmə*] skrik, skrål, protest; skrika, skråla; **clamorous** [*klæmərəs*] larmande

clamp [*klæmp*] klamp; krampa, skruvtving

clan [*klæn*] klan, stam

clandestine [*klænde'stin*] hemlig

clang [*klæŋ*] klirrande, skrammel, klang; klirra, rassla; **clangour** [*klæŋgə*] trumpetstöt, klang; **clangorous** [*klæŋgərəs*] klingande

clank [*klæŋk*] skrammel, rassel; klirra, skramla

clap [*klæp*] klapp, slag, knall, smäll; klappa, applådera, slå tillsamman; ~ of thunder åskskräll; ~ eyes on få syn på; ~ its beak klappra (om stork); ~ on hastigt pålägga; ~ up snabbt slå ihop (förfärdiga;) ~-net lärknät; ~trap teatereffekt, tomma fraser; **clapper** kläpp, klapp, läderventil i pump; **clapperclaw** slå och klösa

claque [*klæk*] [hejar]klack

clarence [*klærəns*] täckt fyrhjulig vagn

clarendon [*klærəndən*] [halv]fet stil

claret [*klærət*] rödvin (bordeaux), *sl* blod; I tapped his ~ jag slog hans näsa i blod; ~-jug *sl* näsa

clarify [*klærifai*] klara, rena, klargöra, klarna

clarinet [*klærinet*] klarinett

clarion [*klæriən*] trumpet

clarity [*klæriti*] klarhet

clash [*klæʃ*] skräll, sammanstötning; klirra, stöta samman, stå i strid [med]

clasp [*kla:sp*] häkta, spänne, omfamning, grepp; haka, gripa, trycka (hand), omfamna; ~-knife fällkniv

class [*kla:s*] klass; *mil.* årsklass; ordna i klasser, klassificera; *amr. sl* utmärkt; first ~ prima; no ~ *sl* värdelös; ~-mate klasskamrat; ~ struggle klasskamp; **classy** överlägsen

classic [*klæsik*] klassiker; klassisk, mönstergill; **classical** [*klæsikəl*] klassisk; **classicism** [*klæsisizm*] klassicism; **classicist** [*klæsisist*] klassisk filolog

classification [*klæsifikei'ʃ(ə)n*] klassifikation; **classify** [*klæsifai*] klassificera

clatter [*klætə*] slammer, pladder; slamra, pladdra

clatty [*klæti*] *amr.* slarvig

clause [*klɔ:z*] klausul, paragraf, [bi]sats

claustral [*klɔ:strəl*] klosterlik, kloster-

clave [*kleiv*] klibbade (se *cleave*)

clavichord [*klævikɔ:d*] *mus.* ett slags klaver

clavicle [*klævikl*] *anat.* nyckelben

clavier [*klæviə*] klaviatur

clavier [*kləvi'ə*] piano el. annat instrument med klaviatur

claw [*klɔ:*] klo; klösa, rafsa åt sig; ~-hammer klohammare, *amr. fam.* frack (~ *coat*)

clay [*klei*] lera; **clayey** lerig

-cle (diminutivändelse)

clean [*kli:n*] ren, skicklig, *amr.* utan pengar; alldeles, rakt; rensa, *amr.* plundra; ~ potato *fig.* det rätta, korrekta; a ~ slate rent mjöl i påsen; ~ timber kvistfritt trä; come ~ *amr.* säga sanningen, säga rent ut; I've ~ forgotten it jag har helt och hållet glömt det; ~ up *amr.* städa, tjäna; **cleanliness** [*klenlinis*] renlighet; **cleanly** [*klenli*] renlig; **cleanly** [*kli:nli*] rent, klart; **cleanse** [*klenz*] rensa (is. *amr.*)

clear [*kliə*] klar, ren, *amr.* hela vägen, hela tiden; göra klar, röja, likvidera; the coast is ~ ingen fara! get ~ bli klar, komma fri; ~ a ship klarera ett skepp; ~ the pillar-box tömma brevlådan; ~ one's throat harkla sig, klara strupen; ~ away röja undan, duka av; ~ off ge sig av; ~ out tömma, *sl* ge sig av, *amr.* göra upp, betala sin räkning; ~ up klarna, ordna; **clearing house** avräkningsbyrå; **clearance** [*kliərəns*] undanröjande, klarering; **clearance sale** slutförsäljning

cleat [*kli:t*] klamp, klackjärn, krysshult

cleave [*kli:v*] (*oregelb. vb*) klyva, klibba fast, vidlåda; **cleavage** [*kli:vidʒ*] klyvning, *fig.* spricka, brytning; **cleaver** köttyxa; in a cleft stick i klämma, i knipa; **cloven hoof** klöv, bockfot

cleek [*kli:k*] ett slags golfklubba

clef [*klef*] *mus.* klav

cleft [*kleft*] klyfta, spricka; klöv (*vb*), kluven (se *cleave*)

cleg [*kleg*] hästfluga

clematis [*klemətis*] *bot.* klematis

clemency [*klemənsi*] mildhet; **clement** [*klemənt*] mild

clench [*klen(t)ʃ*], **clinch** [*klin(t)ʃ*] nitning, krampa, fast tag; klinka, nita (spik), knyta (näven), bita (tänderna) samman, gå i närkamp (om boxare), avsluta, avgöra; **clencher** ovedersägligt argument

clerestory [*kliəstɔ:ri*] klerestorium

clergy [*klə:dʒi*] prästerskap; ~man andlig, präst; **cleric** [*klerik*] präst; klerikal; **clerical** [*klerikl*] andlig, klerikal; **clerical error** skrivfel

clerk [*kla:k*, *amr. klərk*] kontorist, skrivare, klerk, klockare, *amr.* (också) affärsbiträde; vara kontorist

clever [*klevə*] duktig, fiffig, begåvad, intelligent, fyndig, sinnrik, *amr.* snäll

clevis [*kli:vis*] pin *mek.* sprint

clew [*klu:*] (clue) ledtråd, nyckel

cliché [*kli:ʃei*] kliché

click [*klik*] knäpp, tungsmäll (med inandning); knäppa, ticka, smälla, klicka, *mek.* gripa, *sl* ha tur, råka ut för; ~ for ha tur; ~ with a girl ha tur hos en flicka; I think this will ~ *sl* jag tror det går; ~ heels slå ihop klackarna; fail to ~ *sjö. sl* låta osannolikt; **clicker** ombrytare (typograf)

client [*klaiənt*] klient, kund

cliff [*klif*] klippa; **cliffsman** bergbestigare

climacteric [*klaimækte'rik*] kritiskt (levnadsår), klimakteriskt år; klimakterisk

climate [*klaimit*] klimat; go to a warmer ~ *sl* gå åt helvete; **climatic[al]** [*klaimæ'tik(ə)l*] klimatisk

climax [*klaimæks*] klimax, höjdpunkt

climb [*klaim*] klättrande; *flyg.* stigning; klättra [uppför, upp i]; *flyg.* stiga; bestiga; **climber** bergbestigare, klängväxt; **climbing speed** *flyg.* stighastighet

clinch [*klinʃ*] omfatta, nita, *fig.* bekräfta, avgöra (se *clench*)

cling [*kliŋ*] (*oregelb. vb*) klänga sig, hänga fast, klibba (to i, vid)

clinic [*klinik*] klinik (också = klinisk demonstration); **clinical** [*klinikl*] klinisk

clink [*kliŋk*] klirrande; *sl* fängelse, *mil.* vaktrum; klirra med; ~ glasses skåla; **clinker-built** klinkbyggd; **clinking** *sl* prima

clip [*klip*] klipp, klippning, [pappers]klämma, ullskörd, *amr.* fart, hastighet, episod i filmveckorevy; klippa, förkorta; **clipper** *sjö.* klipperskepp, *pl* klippmaskin, *sl* ngt utmärkt; **clipping**

avklippt stycke, *amr.* [tidnings]urklipp, *sl* prima; **clipping bureau** *amr.* tidningsurklippsbyrå
clique [*kli:k*] klick, kotteri
cloak [*klouk*] kappa, mantel, täckmantel; hölja, dölja; ~ **bag** kappsäck; ~-**room** kapprum, garderob (*ladies' cloak-room* damtoalett)
cloche [*klɔʃ*] klockhatt
clock [*klɔk*] klocka, väggur, *sl* ansikte; broderi[pil] på strumpa; **what o'clock is it?** vad är klockan? **at 4 o'~** kl. 4; **sleep the ~ round** sova 12 el. 24 timmar; ~ **stopped** ingen kredit gives; ~**wise** medsols
clod [*klɔd*] jordklump, tjockskalle; kasta jordklumpar på; ~-**hopper** bonddräng, bondknöl; **cloddish** dum
clog [*klɔg*] klamp, black, hinder, träsko; vara en black om foten, belamra, stoppa till, stocka sig
cloister [*klɔistə*] korsgång, pelargång, kloster; inspärra i kloster; **cloistral** [*klɔistrəl*] klosterlig
cloop [*klu:p*] knall (som av utdragen kork); knalla
close 1) [*klous*] inhägnad plats, smal gång; sluten, instängd, kvav, trång, nära, hemlig, dold, noggrann, nästan jämn, snål, knusslig; ~ **air** dålig luft; ~ **by** tätt invid; nära; **a ~ call** *amr.* på ett hår när; **at ~ quarters** i närkamp, på nära håll; ~ **season** fredningstid; **a ~ shave** fara undsluppen med knapp nöd (*amr.* ~ *call*); ~-**shaven** slätrakad; ~ **upon** närapå, nästan; ~-**fisted** närig; ~-**fitting** åtsittande; ~-**hauled** *sjö.* dikt bidevind; ~-**stool** nattstol; ~-**up** närbild (i film)
close 2) [*klouz*] avslutning, slutkamp; sluta, stänga, gå varandra in på livet, sluta sig, närma sig, avsluta (också *hand.*); **the days closed in** dagarna blevo kortare; ~ **with** gå in på, råka i handgemäng med
closet [*klɔzit*] kammare, studerkammare, skåp, klosett; **closeted** [*klɔzitid*] i enrum (**with** med)
closure [*klouʒə*] avslutande, avslutning av debatten i parlamentet; avsluta debatten
clot [*klɔt*] klimp, klump; tjockna, levra sig; ~ **of blood** *med.* blodpropp
cloth [*klɔþ*] tyg, kläde, lärft, duk, prästerskap; ~**boards**, ~-**cover** klotband (se *clothes* och *cloths*)
clothe [*klouð*] [be]kläda
clothes [*klouðz*] kläder; ~-**brush** klädesborste; ~-**line** klädstreck; ~-**peg**, *amr.* ~-**pin** klädnypa; ~-**press** klädskåp
clothier [*klouðiə*] klädesfabrikant (-handlare)
clothing [*kloudiŋ*] beklädning, -ad, [gång]kläder
cloths [*klɔþs*] dukar, tyger (*pl* av *cloth*)
cloud [*klaud*] moln, svärm; betäcka med moln, förmörka; ~**berry** hjortron; ~-**burst** skyfall; ~-**land** luftslott; ~-**rack** molnbank; **cloudless** molnfri; **cloudy** molnig
clough [*klʌf*] bergsklyfta
clout [*klaut*] klut, trasa, lapp, blöja, slag med knogarna; 'lappa till', klå; **a ~ over the ear** örfil
clove [*klouv*] kryddnejlika; klyfta; klöv (se *cleave*)
cloven [*klouvn*] kluven (se *cleave*); ~ **foot** klöv, 'bockfot' (djävulens)
clover [*klouvə*] klöver; **be in ~** må som pärla i guld
clown [*klaun*] bondtölp, clown; **clownish** bondsk
cloy [*klɔi*] övermätta, överlasta
club [*klʌb*] klubba, klöver (i kort), klubb; klubba (till el. ned), samverka; ~-**foot** klumpfot; ~-**land** klubbvärlden (ss. opinionsbildande etc.); ~-**law** nävrätt; **clubbable** ägnad för klubbliv, sällskaplig; **clubster** *amr.* klubbmedlem
cluck [*klʌk*] klucka
clue [*klu:*] *fig.* nystan, ledtråd, nyckel; hållpunkt (för undersökning), tråden (i berättelse)
clumber [*klʌmbə*] ett slags spaniel
clump [*klʌmp*] klump, klunga (av träd), slag; klampa, gå tungt; ~-**sole** tjock dubbelsula; **a ~ on the head** örfil
clumsy [*klʌmzi*] klumpig, tafatt
clung [*klʌŋ*] klängde, klängt (se *cling*)
cluster [*klʌstə*] klase, klunga; samlas (växa) i klase (klunga); flocka sig
clutch [*klʌtʃ*] grepp; *auto.* koppling; kull (av fåglar); gripa; **let in the ~**, *amr.* **engage the ~** *auto.* släppa upp kopplingspedalen; **take out the ~** trampa ur kopplingen, frikoppla
clutter [*klʌtə*] virrvarr, larm, oväsen; vända upp och ned på, larma
co- [*kou*] samman-, sam-, tillsammans med
coach [*koutʃ*] fyrhjulig täckt vagn, diligens, (genomgående) järnvägsvagn, turistbil, privatlärare, tränare; undervisa privat, taga privatlektioner, träna; ~-**and four** vagn med fyrspann; ~**man** kusk; ~**work** *auto.* karosseri
coadjutor [*kouæ'dʒutə*] medhjälpare
coagulate [*kouæ'gjuleit*] stelna, koagulera; **coagulation** [*kouægjulei'ʃ(ə)n*] koagulering
coal [*koul*] kol, stenkol; kola; **haul him over the ~s** ge [ngn] en skarp läxa; **carry ~s to Newcastle** bjuda bagarbarn bullar; **heap ~s of fire on his head** samla glödande kol på hans huvud; ~-**bed** kolfält, -lager; ~-**box** kollår, *mil. sl* granat som utsänder rök; ~ -**bunker** kolbox; ~-**factor** kolagent; ~-**field** kol[gruv]fält; ~-**fish** ett slags torsk; ~-**flap** kolkällarlucka i trottoar; ~-**heaver** kolbärare; ~-**hod** *amr.* kolhämtare (för eldning i rum); ~-**oil** *amr.* petroleum, fotogen; ~-**owner** gruvägare; ~-**pit** kolgruva; ~-**screen** sorteringsmaskin; ~-**scuttle** liten kolhållare; **the C— State** *amr.* Pennsylvanien; ~-**tar** stenkolstjära; ~-**tit** (~**mouse**) kolmes; ~-**whipper** kolsjåare, kolkran; **coaly** kolhaltig
coalesce [*kouəle's*] växa samman, förena sig
coalition [*kouəli'ʃ(ə)n*] koalition, förbund
coarse [*kɔ:s*] grov, rå, plump; **coarsen** [*kɔ:sn*] förgrova
coast [*koust*] kust; segla längs kust; åka utför (kälkbacke), åka med frihjul
coat [*kout*] rock, (djurs) päls, hud, beläggning; ikläda rock, belägga, bestryka, överdraga; ~ **of arms** vapensköld; **cut one's ~ according to one's cloth** rätta munnen efter matsäcken; ~-**hanger** rockhängare; ~-**tails** rockskört; **trail one's ~-tails** söka strid; **coatee** [*kouti:'*] kort jacka; **coating** beläggning
coax [*kouks*] lirka med, locka, inställsamt övertala, truga
cob [*kɔb*] klippare (häst), knopp, majskolv, huvud; kolklump, halmblandad lera; ~-**nut** hasselnöt
cobalt [*koubɔ:lt*] *min.* kobolt
cobber [*kɔbə*] (Australien) kamrat
cobble [*kɔbl*] rullsten, fältsten, kullersten, *pl* gatsten, kol av fältstens storlek; lappa, flicka; **cobbler** skoflickare, fuskare, iskyld dryck
coble [*koubl*] fiskebåt
cobra [*koubrə*] glasögonorm
cobweb [*kɔbweb*] spindelväv; ~ **throat** torr strupe
coca cola [*koukə koulə*] *amr.* ett slags läskedryck
cocaine [*kokei'n*] kokain
cochineal [*kɔtʃini:l*] koschenill
cock 1) [*kɔk*] tupp, hane, vattenkran, vindflöjel, *sl* penis, tungan på en våg, höstack; **that ~ won't fight** den gubben går inte; **the ~ of the school** skolans främste; **the ~ of the walk** högsta hönset i korgen, mannen för det hela; ~-**a-doodle-doo** kuckeliku; ~-**a-doodle broth** äggtoddy; ~-**a-hoop** triumferande, morsk; ~-**and-bull story** lögnhistoria; ~-**and-hen-club** klubb med medlemmar av båda könen; ~**boat** jolle; ~-**brained** med hönshjärna, tanklös; ~**chafer** ollonborre; ~-**crow** hanegäll; ~-**eyed** skelögd, skev, *amr. sl* vild, galen; ~-**fight** tuppfäktning; ~-**loft** vindskupa, *sl* huvud; ~**pit** tuppfäktningsarena, förbandsplats ombord på krigsskepp, förarhytt, sittrum (i flygplan); ~**scomb** tuppkam, *bot.* namn på flera växter; ~**shead** *bot.* esparsett (Hedysarum); ~-**shot** (~-**shy**) måltavla för kastning (på marknader

etc.); ~**spur** sporre på en tupp; ~**sure** självsäker; ~**swain** [*kɔksn*] *sjö.* slupstyrman, styrman (i roddbåt); ~**tail** halvblodshäst, cocktail; **cocky** [*kɔki*] viktig, näsvis
cock 2) [*kɔk*] sätta i vädret, spänna (hanen på en bössa), pösa; ~ **one's eye** blinka; ~**one's hat** skjuta hatten i nacken; **cocked hat** uniformshatt; **knock into a cocked hat** slå armar och ben av, illa tilltyga
cockade [*kɔkei'd*] kokard
cockaigne [*kɔkei'n*] drömland, 'Cockneyland' (London)
cockalorum [*kɔkəlɔ:'rəm*] viktigpetter; bockhoppning, 'spänna kyrka'
cockatoo [*kɔkətu:'*] *zool.* kakadu
cockatrice [*kɔkətris*] *zool.* basilisk
cocker [*kɔkə*] ett slags fågelhund; klema med (~ *up*); **according to C—** säkert, riktigt, enligt alla regler
cockerel [*kɔkərəl*] ungtupp, tuppkyckling (också *bildl.*)
cockle [*kɔkl*] *bot.* klätt, åkerklint (Agrostemma Githago), *zool.* hjärtmussla (Cardium), ett slags eka; krusa sig, rynka; **rejoice the ~s of his heart** glädja honom in i hjärterötterna; ~**stairs** spiraltrappa
cockney [*kɔkni*] infödd londonbo; londondialekt
cockroach [*kɔkroutʃ*] kackerlacka
cocky [*kɔki*] näsvis, viktig
coco, cocoa [*koukou*] kokospalm; ~**-nut** kokosnöt, *sl* huvud; ~**-nut-shy** ett slags kastspel (på marknader)
cocoa [*koukou*] kakao, choklad (som dryck)
cocoon [*kəku:'n*] kokong
cod [*kɔd*] torsk, fyllhund, narr, spratt; lura, narra, smickra; ~**fish** torsk, kabeljo; ~**-liver oil** levertran, fiskleverolja
coddle [*kɔdl*] vekling; bortklema, klema med
code [*koud*] kodex, lagbok, kod; avfatta i kod; **codify** [*koudifai*] kodifiera
codex [*koudeks*] (*pl codices* [*koudisi:z*]) kodex, manuskript
codger [*kɔdʒə*] *sl* gnidare, gubbe, original; **old ~** gamla gosse!
codicil [*kɔdisil*] kodicill, tilläggsbestämmelse i testamente
codling [*kɔdliŋ*] ett slags matäpple; ung torsk
co-ed [*koue'd*] *amr.* kvinnlig studerande vid undervisningsanstalt för båda könen
co-education [*kou'edjukei'ʃ(ə)n*] samundervisning; **co-educational school** samskola
coefficient [*kouifi'ʃənt*] *mat.* koefficient; medverkande
coerce [*kouə:'s*] betvinga, tvinga; **coercion** [*kouə:'ʃ(ə)n*] tvång; **coercive** [*kouə:'siv*] tvingande, tvångs-
coessential [*kouise'nʃəl*] av samma väsen; **coeternal** [*kouitə:'nəl*] också evig; **coeval** [*koui:'vəl*] samtidig, jämnårig, samtida; **coexecutor** [*kouigze'kjutə*] medexekutor; **coexist** [*kouigzi'st*] vara till på samma tid; **coexistence** [*kouigzi'stəns*] samtidighet, samtidig existens; **coextensive** [*kouikste'nsiv*] av samma utsträckning
coffee [*kɔfi*] kaffe; ~**-house** kafé; ~**-pot** kaffepanna, kaffekanna; ~**-room** kafé (i värdshus el. hotell)
coffer [*kɔfə*] kista, kassaskrin, kassett (i tak); *pl* skattkammare
coffin [*kɔfin*] likkista; kistlägga; **make one's ~** *sl* taga för höga pris, 'klå'; ~**-nail** *sl* cigarrett
cog [*kɔg*] kugge; förfalska tärningar, fuska, spela falskt; **cogged** med kuggar; **cog-wheel** kugghjul
coggage [*kɔgidʒ*] *sl* tidning
cogency [*koudʒənsi*] tvingande kraft; **cogent** [*koudʒənt*] tvingande
cogitate [*kɔdʒiteit*] tänka, begrunda; **cogitation** [*kɔdʒitei'ʃ(ə)n*] tänkande, begrundande; **cogitative** [*kɔdʒiteitiv*] tänkande, tankfull
cognac [*kounjæk, kɔn-*] konjak
cognate [*kɔgneit*] släkting; besläktad
cognition [*kɔgni'ʃ(ə)n*] förnimmelse
cognizance [*kɔgnizəns*] kännedom, vetskap, behörighet, jurisdiktion, kännetecken; **cognizant** [*kɔgnizənt*] medveten (**of** om); kompetent
cognomen [*kɔgnou'mən*] tillnamn
cohabit [*kouhæ'bit*] bo (leva) tillsamman; **cohabitation** [*kouhæbitei'ʃ(ə)n*] sammanlevnad
coheir(ess) [*kou'εə(ris)*] (kvinnlig) medarvinge
cohere [*kohi'ə*] sammanhänga, hänga ihop; **coherence** [*kouhi'ərəns*] sammanhang; **coherent** [*kouhi'ərənt*] sammanhängande; **cohesion** [*kouhi:'ʒ(ə)n*] sammanhang; **cohesive** [*kouhi:'siv*] sammanhängande
cohort [*kouhɔ:t*] kohort
coif [*kɔif*] huva, kalott; juris doktors kalott
coign [*kɔin*] **of vantage** fördelaktig observationsplats, utkikspost
coil [*kɔil*] ring, spiral, slinga, rulle, spole; rulla [sig] samman, lägga i ringar, bukta sig, ringla ihop [sig]
coin [*kɔin*] mynt; prägla, göra pengar, smida ihop; **coinage** [*kɔinidʒ*] myntning, myntsystem, nybildat ord; **coiner** falskmyntare
coincide [*kouinsai'd*] sammanfalla; **coincidence** [*koui'nsidəns*] sammanträffande; **coincident** [*koui'nsidənt*] sammanfallande; **coincidental** [*kouinside'ntəl*] sammanträffande, överensstämmande
coir [*kɔiə*] kokosbast
coit [*kɔit*] diskus, kastskiva; kasta, slänga
coition [*koui'ʃ(ə)n*] coitus, samlag
coke [*kouk*] koks, *sl* kokain; ~**-breeze** brikett
colander [*kʌləndə*] blecksil, durkslag
cold [*kould*] köld, förkylning; kall, kallblodig; **catch (take) ~ (a ~)** förkyla sig; **I am ~** jag fryser; **leave in the ~** försumma, behandla styvmoderligt; **the ~ meat train** *sl* sista nattåget för officerare till Aldershot; **have ~ feet** *sl* vara rädd; ~ **pig** kallt vatten som väckningsmedel; **give the ~ shoulder (to ~-shoulder)** behandla kyligt, icke vilja se; ~ **store** kylrum; ~ **storage** *sl* arrest, fängelse
cole [*koul*] kål; **cole-slaw** [*koul-slɔ:*] *amr.* kålsallad
colic [*kɔlik*] kolik
coll. [*kɔl*] *fam.* förk. f. *college, colleague*
collaborate [*kəlæ'bəreit*] vara medarbetare, samarbeta; **collaboration** [*kəlæbərei'ʃ(ə)n*] samarbete, medarbetarskap; **collaborator** [*kəlæ'bəreitə*] medarbetare
collapse [*kəlæ'ps*] sammanbrott, hopfallande; falla ihop, bryta samman; **collapsible** hopfällbar
collar [*kɔlə*] krage, halsband; gripa en i kragen, få fatt i, *sl* tillägna sig, knycka, rulla (kött); ~ **of brawn** rullsylta; ~ **of S S (esses)** prydnad på vissa uniformer; ~**-work** *fig.* tungt arbete; ~**ed eels** rullål; ~**-bone** nyckelben; ~**-stud** kragknapp; **collarette** [*kɔləre't*] spetskrage
collate [*kɔlei't*] kollationera, jämföra, kalla (till präst)
collateral [*kɔlæ'tərəl*] släkting i sidoled; sido-, i sidoled, parallell; bi-; ~ **security** extra säkerhet, underborgen; **collation** [*kɔlei'ʃ(ə)n*] jämförelse, kollationering, anrättning, förfriskningar
colleague [*kɔli:g*] kollega
collect 1) [*kɔlekt*] kort bön
collect 2) [*kəle'kt*] samla, insamla, samla sig, draga slutsats; **collected** sansad, lugn; **collection** [*kəle'kʃ(ə)n*] samling, insamling, kollekt, tömning (av brevlåda), inkassering; **collective** [*kəle'ktiv*] samfälld, samlad, kollektiv; **collectivism** [*kəle'ktivizm*] samägande (som doktrin); **collectivist** [*-ist*] anhängare av denna doktrin
collector [*kəle'ktə*] samlare, biljettupptagare, uppbördsman, inkasserare, ett slags domare och skatteutkrävare i Indien, *amr.* tullnär
college [*kɔlidʒ*] kollegium, högre skola, universitetssamfund av studenter o. lärare, högskola

utan examensrätt, ofta för kvinnor, institut för specialutbildning; *sl* fängelse; ~ **cap** skolmössa; ~ **pudding** liten pudding för en person; **collegian** [*kɔli:'dʒən*] alumn, student; *sl* tukthusfånge; **collegiate** [*kɔli:'dʒiit*] kollegie-
collet [*kɔlit*] infattning, hylsa
collide [*kəlai'd*] sammanstöta, kollidera
collie [*kɔli*] skotsk vallhund
collier [*kɔljə*] kolgruvearbetare, kolfartyg, sjöman på kolfartyg; **colliery** [*kɔljəri*] kolgruva
collision [*kəli'ʒən*] sammanstötning
collocation [*kɔlokei'ʃ(ə)n*] placering
collocutor [*kɔlokju:tə*] den man talar med
collodion [*kəlou'djən*] kollodium
collogue [*kɔlou'g*] tala enskilt med, lägga råd
colloid [*kɔlɔid*] limaktigt el. geléartat ämne; limaktig, gelélik, icke kristallinisk
collop [*kɔləp*] köttskiva; *pl* kalops
colloquial [*kəlou'kwiəl*] hörande till samtalsspråket, vardags-, vardaglig; **colloquialism** [*kəlou'kwiəlizm*] vardagsuttryck; **colloquy** [*kɔləkwi*] samtal
collusion [*kəlu:'ʒ(ə)n*] hemligt samförstånd, maskopi; **collusive** [*kəlu:'siv*] hemligt avtalad, sveklig
collymolly [*kɔ'limɔ'li*] *amr. sl* melankolisk
collyrium [*kəli'riəm*] ögonsalva
colly-wobbles [*kɔliwɔblz*] *sl* magkurrning
Colney Hatch [*kouni hætʃ*] sinnessjukhus vid London; **fit for** ~ rubbad
colocynth [*kɔləsinþ*] kolokvint
colon [*koulən*] kolon, tjocktarm
colonel [*kə:nl*] överste; **colonelcy** överstebefattning
colonial [*kəlou'njəl*] *amr.* nybyggare, kolonial, koloni-; **colonist** [*kɔlənist*] nybyggare; **colonize** [*kɔlənaiz*] kolonisera; **colonization** [*kɔlənaizei'ʃ(ə)n*] kolonisation; **colony** [*kɔləni*] koloni
colonnade [*kɔlənei'd*] kolonnad
colophony [*kəlɔ'fəni*] kolofonium, stråkharts
coloration [*kʌlərei'ʃ(ə)n*] färgning; **colorature** [*kʌlərətʃə*] koloratur; **colorific** [*kʌləri'fik*] färggivande
colossal [*kəlɔ'səl*] kolossal; **colossus** [*kəlɔ'səs*] koloss
colour [*kʌlə*] färg, *pl* sken, ljus, flagga, färggranna kläder; färga, utsmycka; **under** ~ **of** under förevändning av [att]; **get one's** ~**s** bli medlem av [skol]laget i sport; **show one's** ~**s** 'bekänna färg'; **full of** ~ munter; **off** ~ ur form, nedstämd; ~**-blind** färgblind; ~ **bar** rasskillnad; ~**-fast** tvättäkta; ~**man** färghandlare; ~**-sergeant** fanjunkare; **colouring** [*-riŋ*] färgläggning; **colourist** [*-rist*] kolorist, färgberedare
colt [*koult*] föl, unghäst, ung obetänksam person, pistol, dagg; ~**sfoot** *bot.* hästhovsört (Tussilago Farfara)
colter [*koultə*] plogkniv, plogrist
columbarium [*kɔləmbɛ'əriəm*] duvslag, kolumbarium (gravkammare med nischer)
columbine [*kɔləmbain*] akleja (Aquilegia)
column [*kɔləm*] pelare, kolonn *äv. flyg.*, spalt, kolumn, *amr.* avdelning av tidning, slaskspalt; ett partis hela väljarskara; ~ **distance** *flyg.* avstånd; **columnist** [*kɔləm(n)ist*] *amr.* redaktör för en *column*, tidningsman
colza [*kɔlzə*] *bot.* raps
com- [*kɔm-, kəm-*] sam-, samman-
coma 1) [*koumə*] letargi, dvala; **comatose** [*koumətous*] letargisk, dvalliknande
coma 2) [*koumə*] *bot.* hårpensel
comb [*koum*] kam, karda, vaxkaka; kamma, karda, rykta; **cut the** ~ **of** förödmjuka; ~ **out** finkamma (också *fig.*)
combat [*kʌmbət*] kamp, *flyg.* strid; kämpa, bekämpa; **combatant** [*kʌmbətənt*] kämpe, kämpande; **combative** [*kʌmbətiv*] stridslysten
combe se *coomb*
combination [*kɔmbinei'ʃ(ə)n*] förbindelse, kombination, förening, sammanställning; *pl* combinations, damkalsonger; motorcykel med sidovagn; ~ **room** (i Cambridge) sällskapsrum i college; **combine** [*kɔmbain*] kartell; [*kəmbai'n*] förbinda[s], förena [sig]
combustibility [*kəmbʌstibi'liti*] brännbarhet; **combustible** [*kəmbʌ'stibl*] *pl* brännbara ting; brännbar, *fig.* lättantändlig, eldfängd
combustion [*kəmbʌ'stʃ(ə)n*] förbränning; ~ **chamber** *auto.* förbränningsrum, explosionsrum; ~ **engine** explosionsmotor
come [*kʌm*] (*oregelb. vb*) komma, räcka, ske, härröra, (imperativ) se så! nej hör du! **for years to** ~ för kommande år; ~ **the old man** *sl* bluffa; ~ **about** ske, hända; ~ **across** påträffa, möta, *amr.* göra sin del, betala sin skuld, säga sanningen; ~ **again** *amr.* va'sa? ~ **along** följa med; ~ **along!** skynda dig! ~ **at** nå; ~ **by** få fatt i, komma över; ~ **down** falla; ~ **down out of the tree!** *amr. sl* vakna! ~ **down upon** straffa, fara ut mot; ~ **down with** betala; ~ **in for** få, få del i; ~ **in handy** komma till nytta; ~ **into** tillträda; ~ **it strong** gå till ytterligheter, överdriva; ~ **of age** bli myndig; ~ **off** ske, *fig.* äga rum, komma ifrån ngt, utfalla; ~ **off your high horse** el. **perch** *amr.* kom ned på jorden igen; ~ **on** gå framåt, börja, trivas; skynda på! kom an! ~ **out** strejka, dyka upp, debutera, slå ut, falla av, ha sin utkomst, utfalla, visa sig vara, *amr.* ske; ~ **round** titta in (till ngn), hämta sig; ~ **short** komma till korta; ~ **through** *amr.* bli omvänd, betala, bidraga; ~ **to** kvickna till; ~ **to bat** *amr.* stå inför ett problem; ~ **true** gå i uppfyllelse; ~ **under** bli inordnad i; ~ **unstuck** degraderas, ha otur; ~ **up** närma sig, komma i bruk, immatrikuleras; ~ **upon** komma över, träffa, överfalla; ~ **up to** uppnå, motsvara; ~ **up with** upphinna; ~**-back** återvändande (t. ex. till scenen), framgång efter lång bortovaro; *fig.* svar; ~**-down** fall; **comer** kommande, besökare
comedian [*kəmi:'djən*] skådespelare, komiker; **comedienne** [*kəmi:dje'n*] komediaktris; **comedy** [*kɔmədi*] komedi
comely [*kʌmli*] täck
comestibles [*kəme'stiblz*] matvaror
comet [*kɔmit*] komet
comfort [*kʌmfət*] tröst, bekvämlighet, lisa, hjälp, tillfredsställelse; trösta, uppliva; **public** ~ **station** *amr.* offentlig bekvämlighetsinrättning; **comfortable** [*-əbl*] *amr.* vadderat täcke; bekväm, behaglig, lugn; **comforter** tröstare, yllehalsduk, *amr.* stoppat täcke; **comfortless** tröstlös, obehaglig, obekväm
comfrey [*kʌmfri*] *bot.* vallört (Symphytum officinale)
comfy [*kʌmfi*] *fam.* förk. f. *comfortable* (*adj.*)
comic [*kɔmik*] komisk, komiker, skämttidning, *pl* tecknade serier; ~ **strip** tecknad serie; ~**al** komisk
comma [*kɔmə*] komma
command [*kəma:'nd*] order, kommando, makt, förfogande, *hand.* beställning; befalla, kommendera, dominera, behärska, beställa; **at** ~ efter order, till er tjänst; **in** ~ **of** med befäl över; **commandant** [*kɔməndæ'nt*] kommendant; **commandeer** [*kɔməndi'ə*] taga i besittning; **commander** [*kəma:'ndə*] befälhavare, kommendörkapten; ~**-in-chief** överbefälhavare; **commandment** [*kəma:'ndmənt*] bud; **commando** [*kəma:'ndou*] commandotrupp, -soldat
commem(.) [*kəme'm*] Oxford-*sl*, förk. f. *commemoration*
commemorate [*kəme'məreit*] minnas, fira; **commemoration** [*kəmeməre'iʃ(ə)n*] åminnelse; minnesfest; **commemorative** [*kəme'məreitiv*] minnes-

commence [*kəme'ns*] börja; **~ment** början, promotion
commend [*kəme'nd*] anbefalla, rekommendera; **~ me to** *åld.* jag ber om min hälsning till; *fam.* tacka vet (vill) jag; **commendable** [*-əbl*] lovvärd; **commendation** [*kɔməndei'ʃ(ə)n*] rekommendation; **commendatory** [*kəme'ndətəri*] prisande, rekommendations-
commensurable [*kəme'nʃərəbl*] kommensurabel, proportionell, svarande [mot] (också *commensurate* [*kəme'nʃərit*])
comment [*kɔment*] kommentar, anmärkning; kommentera, göra anmärkningar [om]; **commentary** [*kɔməntəri*] kommentar; **commentator** [*kɔmenteitə*] kommentator, radioreporter
commerce [*kɔməs*] handel, umgänge; **commercial** [*kəmə:'ʃəl*] kommersiell, handels-; **commercial traveller** handelsresande
commination [*kɔminei'ʃ(ə)n*] hot, fördömelse; **comminatory** [*kɔminətəri*] hotande, fördömande
commingle [*kəmi'ŋgl*] blanda, blandas
commish [*kəmi'ʃ*] *sl*, förk. f. *commission* provision
comminute [*kɔminju:t*] krossa, pulverisera
commiserate [*kəmi'zəreit*] hysa medlidande med, beklaga; **commiseration** [*kəmizerei'ʃ(ə)n*] medlidande
commissar [*kɔmisa:'*] sovjetkommissarie
commissary [*kɔmisəri*] kommissarie, intendent; **commissariat** [*kɔmisɛ'əriət*] kommissariat, intendentur
commission [*kəmi'ʃ(ə)n*] uppdrag, värv, befattning, kommission, provision, fullmakt; befullmäktiga, förordna, ge i kommission; **get a ~** bli officer; **on ~** i kommission; **commissioned officer** officer (med kunglig fullmakt); **non-commissioned officer** underofficer; **commissionaire** [*kəmiʃənɛ'ə*] kommissionär, stadsbud, dörrvakt, vaktmästare; **commissioner** [*kəmi'ʃənə*] ombud, kommissionsledamot, kommissarie
commissure [*kɔmiʃuə*] *tekn.* fog
commit [*kəmi't*] anförtro, överlämna, begå; **~ oneself** förbinda sig, engagera sig, kompromettera sig; **~ to memory** lägga på minnet; **~ to writing** skriva ned; **committal** [*kəmi'təl*] häktning, hänvisande till utskott (i parl.), begående, blottställande; **commitment** förbindelse, förpliktelse; **committee** [*kəmi'ti*] kommitté, utskott (*C— of Supply, C— of Ways and Means* de två finansutskotten i underhuset); [*kəmiti:'*] förmyndare (för sinnessjuk)
commo [*kɔmou*] förbindelseskyttegrav
commode [*kəmou'd*] liten byrå; **commodious** [*kəmou'djəs*] rymlig, bekväm; **commodity** [*kəmɔ'diti*] artikel, vara
commodore [*kɔmədɔ:*] eskaderchef, kommendör; **air-~** flygofficer
common [*kɔmən*] allmänning, *pl* borgare, ofrälse, menig man, (i Oxford) portion mat; gemensam, allmän, vanlig, simpel, menig; **as ~ as mud** genomsimpel el. banal; **in ~** gemensamt; **on short ~s** på smal kost; **the House of C—** underhuset; **~ law** samling av prejudikat, ej kodifierad lag; **C— Prayer** anglikansk liturgi; **~place** allmänsanning, banalitet, alldaglig företeelse; banal; **~-room** samlingsrum, lärarrum; **~ sense** sunt förnuft; **~ time** två- el. fyrdelad takt; **~wealth** stat, republik; **commonage** [*kɔmənidʒ*] rätt till allmänning; **commoner** ofrälse person; medlem av underhuset, student utan andel i legat; **commonly** vanligen
commotion [*kəmou'ʃ(ə)n*] skakning, uppror, upprördhet
communal [*kɔmjunəl, kəmju:'nəl*] kommunal; **commune** [*kɔmju:n*] kommun
communicant [*kəmju:'nikənt*] meddelare, nattvardsgäst; **communicate** [*kəmju:'nikeit*] meddela, stå i förbindelse med, begå nattvarden; **communication** [*kəmju:nikei'ʃ(ə)n*] meddelande, förbindelse; **communicative** [*kəmju:'nikeitiv*] meddelsam; **communicator** [*kəmju:'nikeitə*] meddelare
communion [*kəmju:'njən*] gemenskap, förbindelse, kyrkosamfund, nattvard
communique [*kəmju:'nikei*] kommuniké, officiellt meddelande
communism [*kɔmjunizm*] kommunism; **communist** [*-st*] kommunist; **communistic** [*kɔmjuni'stik*] kommunistisk
community [*kəmju:'niti*] gemenskap, samfund, samhälle; **~ singing** gemensam sång, allsång
commutation [*kɔmjutei'ʃ(ə)n*] utbyte, avlösning, straffnedsättning, *elektr.* omkastning; **commutation ticket** *amr.* säsongbiljett; **commutator** [*kɔmjuteitə*] *elektr.* strömomkastare; **commutative** [*kəmju:'tətiv*], **commutable** [*kəmju:'təbl*] utbytbar; **commute** [*kəmju:'t*] utbyta, avlösa, förvandla (om straff), *amr.* resa regelbundet mellan hemmet och arbetet; **commuter** [*kəmju:'tə*] *amr.* innehavare av säsongbiljett
comp. [*kɔmp*] *fam.* förk. f. *compositor* sättare, *amr. compliment* artighet, fribiljett
compact [*kɔmpækt*] överenskommelse; puderdosa; [*kəmpæ'kt*] [göra] tät, kompakt, kortfattad
companion [*kəmpæ'njən*] kamrat, följeslagare, sällskapsdam, pendang, make, handbok; beledsaga; **~ hatch** kapp över kajuttrappa; **~-in-arms** vapenbroder; **companionable** [*kəmpæ'njənəbl*] sällskaplig; **companionate** [*kəmpæ'njənit*] **marriage** samvetsäktenskap; **companionship** kamratskap, umgänge
company [*kʌmpəni*] sällskap, umgänge, gäster, kompani, konsortium, bolag, skara; **keep ~ with** sällskapa med, uppvakta; **keep a person ~** hålla ngn sällskap; **~'s water** vatten från vattenverket
comparable [*kɔmpərəbl*] jämförlig; **comparative** [*kəmpæ'rətiv*] *gram.* komparativ; relativ, jämförande
compare [*kəmpɛ'ə*] jämförelse; jämföra (**with** med), tåla jämförelse med; **~ to** förlikna vid; **comparison** [*kəmpæ'risən*] jämförelse, *gram.* komparation
compartment [*kəmpa:'tmənt*] avdelning, rum, kupé
compass [*kʌmpəs*] omfång, omkrets, utsträckning, kompass; omgiva, innesluta, fatta, bringa till stånd; **box of ~es** cirkelbestick; **a pair of ~es** passare
compassion [*kəmpæ'ʃən*] medlidande; **compassionate** [*kəmpæ'ʃənit*] medlidsam; [*kəmpæ'ʃəneit*] hysa medlidande med
compatibility [*kəmpætibi'liti*] förenlighet; **compatible** [*kəmpæ'tibl*] förenlig (**with** med)
compatriot [*kəmpæ'triət*] landsman
compeer [*kɔmpi'ə*] like
compel [*kəmpe'l*] tvinga, framtvinga
compendium [*kəmpe'ndjəm*] sammandrag, kortfattad lärobok; **compendious** [*kəmpe'ndjəs*] summarisk, sammandragen
compensate [*kɔmpənseit*] uppväga, gottgöra, ersätta; **~ for** uppväga, ersätta; **compensation** [*kɔmpənsei'ʃ(ə)n*] ersättning, *amr.* (också) gage, honorar
compete [*kəmpi:'t*] tävla (**for** om), konkurrera; **competition** [*kɔmpiti'ʃ(ə)n*] tävling, tävlan, konkurrens; **competitive** [*kəmpe'titiv*] konkurrerande; **competitor** [*kəmpe'titə*] tävlande, medtävlare, konkurrent
competence [*kɔmpitəns*], **competency** [*kɔmpitənsi*] kompetens, utkomst, tillräcklighet; **competent** [*kɔmpitənt*] kompetent, sakkunnig befogad, tillräcklig
compile [*kəmpai'l*] kompilera, sammanställa; **compilation** [*kɔmpilei'ʃ(ə)n*] sammelverk, sammanställning, sammandrag från olika författare

complacence [*kəmplei'səns*], **complacency** [*kəmplei'sənsi*] [själv]belåtenhet, tillfredsställelse, välbehag, artighet; **complacent** [*kəmplei'sənt*] [själv]belåten, tillfredsställd, vänlig
complain [*kəmplei'n*] klaga, beklaga sig (**of** över); **complaint** [*kəmplei'nt*] klagan, klagomål, anmärkning, beklagande, sjukdom
complaisance [*kəmplei'zəns*] foglighet, förbindlighet, älskvärdhet; **complaisant** [*kəmplei'zənt*] förbindlig, tillmötesgående, foglig, tjänstvillig
complement [*kɔmplimənt*] utfyllnad, fyllnad, komplement; ~ **of ship** full besättning; [*kɔmpliment*] komplettera, göra fullständig; **complementary** [*kɔmplime'ntəri*] fyllnads-, komplement-
complete [*kəmpli:'t*] fullständig, komplett; göra fullständig, fullborda; **completion** [*kəmpli:'ʃ(ə)n*] fullbordan, fullständighet, ifyllande
complex [*kɔmpleks*] komplex; komplicerad, invecklad; **complexity** [*kəmple'ksiti*] sammansatt beskaffenhet, det invecklade (**of** i), invecklad sak
complexion [*kəmple'kʃ(ə)n*] hudfärg, hy, utseende
compliance [*kəmplai'əns*] samtycke, eftergift, foglighet, beredvillighet; **in** ~ **with** i enlighet med; **compliant** [*kəmplai'ənt*] eftergiven, beskedlig
complicate [*kɔmplikeit*] inveckla, hoptrassla; **complicated** invecklad; **complication** [*kɔmplikei'ʃ(ə)n*] förveckling, komplikation; **complicity** [*kəmpli'siti*] medbrottslighet
compliment [*kɔmplimənt*] komplimang, hälsning; **the** ~**s of the season**, t. ex. god jul, gott nytt år; [*kɔmpliment*] komplimentera, lyckönska; **complimentary** [*kɔmplime'ntəri*] komplimenterande, hyllnings-; fri- (t. ex. ~ *ticket*)
comply [*kəmplai'*] ge efter, samtycka (**with** till), gå in på
compo [*kɔmpou*] *sl* löneförskott, *mil.* lön
component [*kəmpou'nənt*] beståndsdel; (språkligt) sammansättningsled; ingående (~ *parts*)
comport [*kəmpɔ:'t*] stämma överens; ~ **o.s.** uppföra sig
compose [*kəmpou'z*] sammansätta, bilda, avfatta, komponera, sätta (typer); ~ **o.s.** sansa sig, lugna sig; **composedly** [*kəmpou'zidli*] sansat, lugnt; **composer** kompositör; **composing-machine** sättmaskin; **composing-stick** vinkelhake
composite [*kɔmpəzit*] sammansättning; sammansatt; ~ **shot** (i film) flera upptagningar på samma negativ; **composition** [*kɔmpəzi'ʃ(ə)n*] sammansättning, författande, sammanhang, komposition, verk, uppsats[skrivning], stil, sats, ackord, förlikning; **composition-book** *amr.* temabok, skrivhäfte; **compositor** [*kəmpɔ'zitə*] sättare
compost [*kɔmpɔst*] kompost
composure [*kəmpou'ʒə*] lugn, sans
compote [*kɔmpout*] kompott, inlagd frukt
compound [*kɔmpaund*] sammansättning, sammansatt ord, (i Indien) inhägnad gård; sammansatt; [*kəmpau'nd*] sammansätta, blanda, förlika, göra ackord, avgöra genom överenskommelse
comprehend [*kɔmprihe'nd*] förstå, begripa, innefatta; **comprehensible** [*kɔmprihe'nsibl*] begriplig; **comprehension** [*kɔmprihe'nʃ(ə)n*] förståelse, fattningsförmåga; **comprehensive** [*kɔmprihe'nsiv*] omfattande
compress [*kɔmpres*] kompress; [*kəmpre's*] komprimera, sammanpressa, -tränga; **compression** [*kəmpre'ʃ(ə)n*], **compressure** [*kəmpre'ʃə*] sammantryckning, kompression
comprise [*kəmprai'z*] innefatta, omfatta
compromise [*kɔmprəmaiz*] kompromiss, överenskommelse, förlikning; bilägga genom kompromiss, göra eftergifter, göra upp ackord, kompromettera, blottställa
comptometer [*kɔm(p)tɔ'mitə*] ett slags räknemaskin
comptroller [*kəntrou'lə*] kontrollör (i några titlar)
compulsion [*kəmpʌ'lʃ(ə)n*] tvång; **compulsory** [*kəmpʌ'lsəri*] obligatorisk, tvångs-
compunction [*kəmpʌ'ŋkʃ(ə)n*] samvetskval
compute [*kəmpju:'t*] beräkna; **computable** [*kəmpju:'təbl*] beräknelig; **computation** [*kɔmpjutei'ʃ(ə)n*] beräkning
comrade [*kɔmrid*] kamrat
con [*kɔn*] *amr. sl* förk. f. *consul* konsul el. *conductor* konduktör el. *consumption* tuberkulos el. *convict* straffånge; lära, studera, översätta från latin, lotsa; = *contra*; *amr.* lura; **conning tower** utkikstorn; **the pros and cons** grunderna för och emot; ~ **man** *amr. sl* bondfångare (*confidence man*)
con- [*kɔn-*, *kən-*] samman-, sam-
concatenate [*kɔnkæ'tineit*] kedja samman; **concatenation** [*kɔnkætinei'ʃ(ə)n*] sammanlänkning
concave [*kɔnkeiv*] ihålig, konkav; **concavity** [*kɔnkæ'viti*] urholkning
conceal [*kənsi:'l*] dölja; ~**ment** fördöljande, gömställe
concede [*kənsi:'d*] medgiva, ge efter, bevilja
conceit [*kənsi:'t*] idé, föreställning, inbilskhet; **conceited** inbilsk, egenkär
conceivable [*kənsi:'vəbl*] fattlig, tänkbar; **conceive** [*kənsi:'v*] avla, bli havande, [av]fatta, begripa, tänka sig
concentrate [*kɔnsəntreit*] koncentrera, inrikta sig
concentration [*kɔnsəntrei'ʃ(ə)n*] koncentration, koncentrering; ~ **camp** koncentrationsläger
concentric [*kɔnse'ntrik*] koncentrisk
concept [*kɔnsept*] begrepp; **conception** [*kənse'pʃ(ə)n*] avlelse, begrepp, föreställning, fattningsgåva; **conceptional** [*kənse'pʃənəl*] avlelse-; begreppsmässig; **conceptive** [*kənse'ptiv*] fruktbar (om sinnet); idérik; **conceptual** [*kənsə:'ptjuəl*] = *conceptional*
concern [*kənsə:'n*] angelägenhet, sak, bekymmer, [an]del (i firma), förrättning, affärsfirma; angå, röra, intressera, bekymra; **it is no** ~ **of yours** det angår icke dig; **a** ~**ed air** bekymrad min; **as far as he was** ~**ed** i den mån det angick honom; **concerning** angående
concert [*kɔnsət*] konsert, förbindelse, förståelse; **the C— of Europe** den europeiska konserten (samförståndet mellan stormakterna); [*kənsə:'t*] avtala, uttänka
concertina [*kɔnsəti:'nə*] (litet sexkantigt) dragspel
concerto [*kəntʃɛ'ətou*] konsertstycke för solo och orkester
concession [*kənse'ʃ(ə)n*] medgivande, koncession; **concessionnaire** [*kənseʃənɛ'ə*] innehavare av koncession; **concessive** [*kənse'siv*] medgivande
conch [*kɔŋk*] mussla, snäcka
conciliate [*kənsi'lieit*] försona, vinna; **conciliation** [*kənsiliei'ʃ(ə)n*] försoning; **conciliator** [*kənsi'lieitə*] försonare, fredsstiftare; **consiliatory** [*kənsi'ljətəri*] försonande, försonlig, konciliant
concinnity [*kənsi'niti*] elegant litterär stil
concise [*kənsai's*] koncis, kortfattad; **concision** [*kənsi'ʒ(ə)n*] korthet i uttryck
conclave [*kɔnkleiv*] konklav (kardinalförsamling, som väljer ny påve); hemligt möte
conclude [*kənklu:'d*] avsluta, sluta, föra till slut, sluta sig till, dra slutsatsen [att], (is. *amr.*) besluta
conclusion [*kənklu:'ʒ(ə)n*] avslutning, slutsats; **jump to** ~**s** dra förhastade slutsatser; **foregone** ~ förhastad slutsats; **conclusive** [*kənklu:'siv*] övertygande, bindande
concoct [*kənkɔ'kt*] koka ihop, uppdikta, uttänka; **concoction** [*kənkɔ'kʃ(ə)n*] hopkok, uppdiktning, planläggning
concomitant [*kənkɔ'mit(ə)nt*] beledsagande omständighet
concord [*kɔŋkɔ:d*] enighet, överensstämmelse

concordance [*kənkɔ:'d(ə)ns*] konkordans, överensstämmelse; **concordant** [*kənkɔ:'d(ə)nt*] överensstämmande; **concordat** [*kɔnkɔ:'dæt*] konkordat
concourse [*kɔŋkɔ:s*] sammanlopp, samling, hop, *amr.* järnvägsstations hall, idrottsplan
concrete [*kɔnkri:t*] konkret begrepp, betong; konkret, hård; belägga med betong; [*kənkri:'t*] hårdna; **concretion** [*kənkri:'ʃ(ə)n*] fast massa, *med.* sten (som sjuklig bildning)
concubinage [*kɔnkju:'binidʒ*] konkubinat; **concubine** [*kɔŋkjubain*] älskarinna, konkubin
concupiscence [*kənkju:'pisns*] sexuellt begär
concur [*kənkə:'*] sammanfalla, samtidigt inträda, vara ense, instämma, samverka; **concurrence** [*kənkʌ'r(ə)ns*] sammanträffande, samverkan; överensstämmelse, konkurrens; **concurrent** [*kənkʌ'r(ə)nt*] sammanträffande, bidragande omständighet
concussion [*kənkʌ'ʃ(ə)n*] [hjärn]skakning
condemn [*kənde'm*] fördöma, döma; *amr.* expropriera; **the condemned cell** de dödsdömdas cell; **condemnation** [*kɔndemnei'ʃ(ə)n*] dom, fördömelse; *amr.* expropriation; **condemnatory** [*kənde'mnət(ə)ri*] fördömande, fällande
condensability [*kəndensəbi'liti*] förmåga att förtätas; **condensation** [*kɔndensei'ʃ(ə)n*] förtätning, kondensering; **condensative** [*kənde'nsətiv*] förtätande; **condense** [*kənde'ns*] kondensera, förtäta; **condenser** kondensator
condescend [*kɔndise'nd*] nedlåta sig; **condescending** [*kɔndise'ndiŋ*] nedlåtande; **condescension** [*kɔndise'nʃ(ə)n*] nedlåtenhet
condign [*kəndai'n*] passande, välförtjänt
condiment [*kɔndimənt*] krydda, sås, smakförhöjande tillsats
condition [*kəndi'ʃ(ə)n*] villkor, tillstånd, [samhälls]ställning, *pl* (nödvändiga) betingelser; betinga, uppställa som villkor; **in a certain** ~ havande; **change one's** ~ gifta sig; **on** ~ **that** med villkor att; **conditional** [*kəndi'ʃnl*] *gram.* konditionalis; konditional bisats; villkorlig, *gram.* konditional
condole [*kəndou'l*] visa deltagande, kondolera; **condolence** [*kəndou'l(ə)ns*] deltagande, sorgebetygelse
condominium [*kɔndəmi'njəm*] kondominat, samvälde (flera staters gemensamma herravälde över ett distrikt)
condonation [*kɔndo(u)nei'ʃ(ə)n*] tillgift, förlåtelse; **condone** [*kəndou'n*] förlåta
condor [*kɔndɔ:*] *zool.* kondor
condottiere [*kɔndɔtiɛ'əri*] (*pl* *condottieri* [*-ri:*]) kondottiär
conduce [*kəndju:'s*] bidraga (**to** till); **conducive** [*kəndju:'siv*] bidragande
conduct [*kɔndəkt*] uppförande, ledning, präst vid skolan i Eton; [*kəndʌ'kt*] föra, leda, *mus.* dirigera; **~ed tour** sällskapsresa; ~ **o.s.** uppföra sig; **conduction** [*kəndʌ'kʃ(ə)n*] ledning; **conductive** [*kəndʌ'ktiv*] ledande; **conductivity** [*kɔndəkti'viti*] ledande förmåga; **conductor** [*kəndʌ'ktə*] ledsagare, dirigent; [spårvagns- el. buss]konduktör (*amr.* också järnvägs-), [åsk]ledare
conduit [*kɔndit*] ledningsrör, vattenledning, ränna
condyle [*kɔndil*] ledhuvud; **condyloid** [*kɔndilɔid*] knappformad
cone [*koun*] kon, kägla, kotte
coney [*kouni*] kaninskinn (*cony*)
confab [*kɔnfæb*] *fam.* småprat; **confabulate** [*kənfæ'bjuleit*] samtala; **confabulation** [*kənfæbjulei'ʃ(ə)n*] samtal, samspråk
confection [*kənfe'kʃ(ə)n*] framställning, konfekt, damkonfektion; **confectioner** [*kənfe'kʃənə*] sockerbagare, konditor; **confectionery** [*kənfe'kʃənəri*] sötsaker, konfekt, konditori
confederacy [*kənfe'd(ə)rəsi*] sammanslutning, förbund, sammansvärjning; **the C—** *amr.* sydstaterna under inbördeskriget; **confederate** [*-rit*] allierad, medskyldig; *amr.* sydstatsman (under inbördeskriget); förenad, förbunden; [*-reit*] förena [sig], ingå förbund; **confederation** [*kənfedərei'ʃ(ə)n*] förbund
confer [*kənfə:'*] tilldela (**something on somebody** någon något), dryfta, konferera; **conference** [*kɔnf(ə)rəns*] konferens, rådplägning; **conferment** [*kənfə:'mənt*] tilldelande, förlänande
confess [*kənfe's*] tillstå, bekänna, bikta (också = skrifta); **confessedly** [*kənfe'sidli*] enligt egen bekännelse, uppenbarligen; **confession** [*kənfe'ʃ(ə)n*] bekännelse, bikt; **confessional** [*-nl*] biktstol; bekännelse-, bikt-; **confessor** [*kənfe'sə*] bekännare; biktfader
confetti [*kənfe'ti*] konfetti
confidant(e fem.) [*kɔnfidæ'nt*] ngns förtrogne(a); **confide** [*kənfai'd*] lita (**in** på), anförtro; **confiding** [*kənfai'diŋ*] tillitsfull, omisstänksam
confidence [*kɔnfid(ə)ns*] förtroende, tillit, självtillit, förtroligt meddelande; ~ **trick** bondfångeri (*amr.* ~ *game*); ~ **man** bondfångare; **confident** [*kɔnfid(ə)nt*] tillitsfull, säker, självsäker; **confidential** [*kɔnfide'nʃ(ə)l*] förtrolig, konfidentiell, förtroende-
configuration [*kənfigjurei'ʃ(ə)n*] form, figur, konturer
confine [*kɔnfain*] gräns, gränsmark; [*kənfai'n*] begränsa, inskränka, fängsla, hålla under bevakning; **be confined** ligga i barnsäng; **be confined to bed** vara sängliggande; **confinement** [*kənfai'nmənt*] fångslande, fångenskap, bevakning, nedkomst, barnsäng
confirm [*kənfə:'m*] [be]styrka, bekräfta, stadfästa, konfirmera; **confirmation** [*kɔnfəmei'ʃ(ə)n*] bekräftelse, konfirmation; **confirmative** [*kənfə:'mətiv*] bekräftande; **confirmatory** [*kənfə:'mət(ə)ri*] bekräftande; **confirmed** [*kənfə:'md*] inbiten, obotlig, oförbätterlig; **confirmee** [*kɔnfəmi:'*] konfirmand
confiscate [*kɔnfiskeit*] konfiskera; **confiscation** [*kɔnfiskei'ʃ(ə)n*] konfiskation
conflagration [*kɔnfləgrei'ʃ(ə)n*] brand, eldsvåda, krigsutbrott
conflict [*kɔnflikt*] strid, konflikt; [*kənfli'kt*] strida, sammandrabba, råka (stå) i strid (**with** med)
confluence [*kɔnfluəns*] sammanflöde, tillopp; **confluent** biflod, tillopp; sammanlöpande; **conflux** [*kɔnflʌks*] sammanflöde, sammanlopp
conform [*kənfɔ:'m*] tillämpa, rätta sig (**to** efter), överensstämma; **conformable** [*kənfɔ:'məbl*] överensstämmande, jämlik, medgörlig; **conformation** [*kɔnfɔ:mei'ʃ(ə)n*] likformighet, byggnad, form; **conformist** [*kənfɔ:'mist*] konformist (engelska protestanter, som erkänna statskyrkans 39 artiklar); **conformity** [*kənfɔ:'miti*] överensstämmelse, anslutning till statskyrkans lära
confound [*kənfau'nd*] förvirra, sammanblanda; (svordom) 'besitta'! 'fördömt'! **confound it (you)!** anfäkta! anamma! **confounded** [*kənfau'ndid*] förbannad
confraternity [*kɔnfrətə:'niti*] broderskap
confront [*kənfrʌ'nt*] ställa ansikte mot ansikte, stå inför, konfrontera; **confrontation** [*kɔnfrəntei'ʃ(ə)n*] konfrontation
Confucian [*kənfju:'ʃiən*] anhängare av Konfutses lära; **Confucianism** [*-izm*] Konfutses lära
confuse [*kənfju:'z*] förvirra, sammanblanda, förväxla; **confusion** [*kənfju:'ʒ(ə)n*] förvirring, sammanblandning, *åld.* undergång
confutation [*kɔnfju:tei'ʃ(ə)n*] vederläggning; **confute** [*kənfju:'t*] vederlägga
congeal [*kəndʒi:'l*] komma att stelna, stelna; **congelation** [*kɔndʒilei'ʃ(ə)n*] stelnande
congener [*kɔndʒinə*] likartad person el. sak; besläktad
congenial [*kəndʒi:'niəl*] av samma art, besläktad tilltalande, sympatisk; **congeniality** [*kən*

dʒi:niæ'liti] släktskap, överensstämmelse, sympati
congenital [*kɔndʒe'nitl*] medfödd
conger [*kɔŋgə*] havsål (~ *eel*)
congeries [*kɔndʒe'rii:z*] gyttring, massa
congestion [*kəndʒe'stʃ(ə)n*] blodkongestion, stockning, överbefolkning
conglomerate [*kɔnglɔ'mərit*] konglomerat, blandning, massa; [*-reit*] hopgyttra[s]; **conglomeration** [*kɔnglɔmərei'ʃ(ə)n*] hopgyttring, massa
congou [*kɔŋgu:*] ett slags kinesiskt te
congrats [*kɔngræts*] *fam.* förk. f. *congratulations*
congratulate [*kəngræ'tjuleit*] lyckönska (**on** till); **congratulation** [*kəngrætjulei'ʃ(ə)n*] lyckönskan; **congratulatory** [*kəngræ'tjulət(ə)ri*] lyckönsknings-
congregate [*kɔŋgrigeit*] samla sig, hopsamla; **congregation** [*kɔŋgrigei'ʃ(ə)n*] församling, menighet; **congregational** [*-nl*] församlings-; **Congregationalism** [*-nəlizm*] kyrkoförfattning med självstyrande församlingar, sådant kyrkosamfund; **Congregationalist** [*-ist*] independent
congress [*kɔŋgres*] kongress, möte; **C—** Förenta staternas parlament; **~-man** kongressledamot; **congressional** [*kəngre'ʃənl*] kongress-
congruence [*kɔŋgruəns*] kongruens, överensstämmelse; **congruent** [*kɔŋgruənt*] kongruent, överensstämmande; **congruity** [*kɔŋgru'iti*] = *congruent*
conhead [*kɔnhed*] *sl* bondfångare
conic [*kɔnik*] konisk, kägelformig; **conical** [*kɔnik(ə)l*] konisk
conifer [*kounifə*] barrträd, kottbärande träd; **coniferous** [*kouni'fərəs*] kottbärande
conjectural [*kəndʒe'ktʃərəl*] vilande på gissningar; **conjecture** [*kəndʒe'ktʃə*] gissning; gissa, förmoda
conjoin [*kəndʒɔi'n*] förena [sig]; **conjoint** [*kɔndʒɔint*] förenad
conjugal [*kɔn(d)ʒug(ə)l*] äktenskaplig
conjugate [*kɔndʒugit*] förenad, *bot.* parbladig (med endast ett par småblad), *gram.* besläktad; [*kɔn(d)ʒugeit*] *gram.* böja (verb); **conjugation** [*kɔn(d)ʒugei'ʃ(ə)n*] *gram.* böjning (av verb)
conjunct [*kəndʒʌ'ŋ(k)t*] medverkande, förenad, med-; **conjunction** [*kəndʒʌ'ŋ(k)ʃ(ə)n*] förening, sammanträffande, *astr. gram.* konjunktion; **conjunctive** [*kəndʒʌ'ŋ(k)tiv*] förenande, förbindande; **conjuncture** [*kəndʒʌ'ŋ(k)tʃə*] konjunktur
conjuration [*kɔndʒuərei'ʃ(ə)n*] besvärjelse, enträgen bön; **conjure** [*kəndʒu'ə*] besvärja, bönfalla; [*kʌndʒə*] frambesvärja, trolla, mana; **conjure up** frambesvärja, framtrolla; **conjurer** [*kʌndʒərə*] taskspelare, trollkarl
conk [*kɔŋk*] *sl* näsa; (om motor) strejka (~ *out*); **conkey** *sl* [sinnes]förvirrad; **conky** *sl* med stor näsa
conker [*kɔŋkə*] *bot.* kastanjefrukt
connate [*kɔneit*] medfödd, *bot.* sammanvuxen
connatural [*kənæ'tʃərəl*] av samma natur
connect [*kəne'kt*] förbinda, ha förbindelse med; **be connected** stå i förbindelse; **do the trains ~** ha tågen förbindelse? **connecting rod** *auto.* vevstake; **connection** [*kəne'kʃ(ə)n*] förbindelse, kundkrets, religiöst samfund, släkting; **connective** [*kəne'ktiv*] förbindande; **connective tissue** bindväv; **connexion** [*kəne'kʃ(ə)n*] = *connection*
conniption [*kəni'pʃ(ə)n*] *amr.* upphetsning, raseri
connivance [*kənai'v(ə)ns*] seende genom fingrarna, efterlåtenhet; **connive** [*kənai'v*] se genom fingrarna (**at** med), blunda (**at** för)
connoisseur [*kɔnəsə:'*] kännare
connotation [*kɔno(u)tei'ʃ(ə)n*] bibetydelse, inbegripande; **connote** [*kɔnou't*] ha bibetydelse av, inbegripa, beteckna
connubial [*kənju:'biəl*] äktenskaplig
conoid [*kounɔid*] konformigt ting; konformig
conquer [*kɔŋkə*] erövra, vinna, besegra; **conqueror** [*kɔŋk(ə)rə*] erövrare; [**William**] **the Conqueror** Wilhelm Erövraren; **conquest** [*kɔŋkwest*] erövring, seger; **the** [**Norman**] **Conquest** den normandiska erövringen av England 1066
conquian [*kɔŋkiən*] ett kortspel
consanguineous [*kɔnsæŋgwi'niəs*] blodsförvant; **consanguinity** [*kɔnsængwi'niti*] blodsförvantskap
conscience [*kɔnʃ(ə)ns*] samvete; **in all ~** sannerligen; **conscientious** [*kɔnʃie'nʃəs*] samvetsgrann; **conscientious objector** person som vägrar göra militärtjänst på grund av samvetsbetänkligheter, samvetsöm värnpliktig
conscious [*kɔnʃəs*] medveten; **consciousness** [*kɔnʃəsnis*] medvetenhet, medvetande
conscribe [*kənskrai'b*] utskriva, uppbåda
conscript [*kɔnskript*] uttagen till krigstjänst; [*kənskri'pt*] ta ut (till militärtjänst), inkalla; **conscription** [*kənskri'pʃ(ə)n*] uppbåd, värnplikt
consecrate [*kɔnsikreit*] inviga, helga, ägna; **consecration** [*kɔnsikrei'ʃ(ə)n*] invigning; **consecratory** [*kɔnsikreitəri*] invignings-, helgande
consecution [*kɔnsikju:'ʃ(ə)n*] följd; **consecutive** [*kənse'kjutiv*] följande på varandra, i följd, å rad
consensus [*kənse'nsəs*] samstämmighet, enighet
consent [*kənse'nt*] samtycke; samtycka till; **consentaneous** [*kɔnsentei'njəs*] överensstämmande, med allmänt samtycke; **consentient** [*kənse'nʃnt*] samtyckande
consequence [*kɔns(i)kwəns*] följd, resultat, orsak, vikt, inflytande; **consequent** [*kɔns(i)kwənt*] följande, inträdande som följd ([**up**]**on** av); **consequential** [*kɔnsikwe'nʃ(ə)l*] kommande som en naturlig följd, konsekvent, inbilsk, dryg
consequently [*kɔns(i)kwəntli*] följaktligen, därför
conservancy [*kənsə:'v(ə)nsi*] hamnbevaknings-, flodbevakningskommission; naturskydd; **conservation** [*kɔnsə(:)vei'ʃ(ə)n*] konservering, bevarande; **conservation of energy** energiens oförstörbarhet; **conservatism** [*kənsə:'vətizm*] konservatism; **conservative** [*kənsə:'vətiv*] konservativ; samhällsbevarande; **conservatoire** [*kənsə:'vətwa:*] musikkonservatorium
conservator [*kənsə:'vətə*] medlem av hamnbevakningskommission, inspektör, konservator vid museum o. d.; **conservatory** [*kənsə:'vətri*] växthus, *amr.* musikkonservatorium; **conserve** [*kənsə:'v*] bevara; *pl* konserver
conshie, conshy [*kɔnʃi*] *sl* förk. f. *conscientious objector*, se detta
consider [*kənsi'də*] betrakta, överväga, anse för, mena, taga hänsyn till, tänka efter, betänka sig; **considerable** [*kənsi'd(ə)rəbl*] betydlig, *amr.* (också) mycket, en hel del; **considerably** betydligt; **considerate** [*kənsi'd(ə)rit*] hänsynsfull, human; **consideration** [*kənsidərei'ʃ(ə)n*] övervägande, betraktande, hänsyn, synpunkt, vikt, vederlag, hänsynsfullhet, aktning
consign [*kənsai'n*] överlämna, anförtro, *hand.* konsignera; **consignee** [*kɔnsini:'*, *kɔnsaini:'*] *hand.* mottagare av avsända varor; **consignment** [*kənsai'nmənt*] överlämnande, konsignering, försändelse; **consigner** [*kənsai'nə*] avsändare
consist [*kənsi'st*] stämma överens, bestå; **~ of** bestå av; **~ in** bestå i, bero på; **consistence** [*kənsi'st(ə)ns*] konsistens, fasthet; **consistency** [*kənsi'st(ə)nsi*] konsekvens; **consistent** [*kənsi'st(ə)nt*] konsekvent; **consistory** [*kənsi'stəri*] konsistorium, kyrkoråd, andlig domstol
consolation [*kɔnsəlei'ʃ(ə)n*] tröst; **consolatory** [*kənsɔ'lət(ə)ri*] tröstande; **console** [*kɔnsoul*] konsol, spelbord (till orgel); [*kənsou'l*] trösta
consolidate [*kənsɔ'lideit*] konsolidera, befästa, förena, slå samman; **~d annuities** statsobligationer; **consolidation** [*kənsɔlidei'ʃ(ə)n*] konsolidering, befästande, förening; **consolidatory** [*kənsɔ'lideitəri*] konsoliderande

consols [*kɔnsɔlz*] statsobligationer, förk. f. *consolidated annuities*
consonance [*kɔnsənəns*] harmoni, överensstämmelse; **consonant** [*kɔnsənənt*] konsonant, medljud; harmonierande; **consonantal** [*kɔnsənæ'ntl*] konsonant-
consort [*kɔnsɔ:t*] gemål, *sjö.* skepp som ledsagar ett annat; [*kənsɔ:'t*] ledsaga, sällskapa med, harmoniera; **prince ~** [*kɔnsɔ:t*] prinsgemål
conspectus [*kənspe'ktəs*] överblick, översikt
conspicuous [*kənspi'kjuəs*] iögonenfallande, framträdande; **make o.s. ~** väcka uppmärksamhet
conspiracy [*kənspi'rəsi*] sammansvärjning; **conspirator** [*kənspi'rətə*] konspiratör, sammansvuren; **conspiratress** [*kənspi'rətris*] kvinnlig sammansvuren; **conspire** [*kənspai'ə*] konspirera, samverka, bidraga, förbereda
constable [*kʌnstəbl*] poliskonstapel, (förr) fältmarskalk; **Lord High C—** riksmarskalk; **outrun the ~** överskrida sina tillgångar; **constabulary** [*kənstæ'bjuləri*] poliskår; polis-
constancy [*kɔnst(ə)nsi*] beständighet, ståndaktighet, uthållighet, trohet; **constant** [*kɔnst(ə)nt*] *mat.* konstant storhet; bestående, konstant, oavbruten, ståndaktig, trogen; **constantly** ständigt, ofta
constellation [*kɔnstəlei'ʃ(ə)n*] konstellation, stjärnbild
consternation [*kɔnstə(:)nei'ʃ(ə)n*] bestörtning
constipate [*kɔnstipeit*] stoppa igen, förstoppa; **constipation** [*kɔnstipei'ʃ(ə)n*] förstoppning
constituency [*kənsti'tjuənsi*] valkrets, klientel, kundkrets; **constituent** [*kənsti'tjuənt*] beståndsdel, väljare; utgörande, bildande, grundlagsstiftande, väljande
constitute [*kɔnstitju:t*] utnämna, bilda, nedsätta, utgöra; **constitution** [*kɔnstitju:'ʃ(ə)n*] inrättning, sammansättning, konstitution, statsförfattning, förordning; **constitutional** [*kɔnstitju:'ʃnl*] daglig promenad; konstitutionell, medfödd, inskränkt (om statsförfattning); **constitutionalism** [*kɔnstitju:'ʃənəlizm*] konstitutionell författning; **constitutive** [*kɔnstitju:tiv, kənsti'tjutiv*] grundläggande, konstituerande
constrain [*kənstrei'n*] tvinga, betvinga, underkuva; **constrained** [*kənstrei'nd*] påtvungen; tvungen; **constraint** [*kənstrei'nt*] tvång, inspärrning, undertryckande, tvunget sätt
constrict [*kənstri'kt*] sammandraga, binda; **constriction** [*kənstri'kʃ(ə)n*] sammandragning; **constrictor** [*kənstri'ktə*] sammandragande muskel; boaorm (*boa ~*)
constringent [*kənstri'ndʒənt*] sammandragande, bindande
construct [*kənstrʌ'kt*] konstruera, inrätta, bygga; **construction** [*kənstrʌ'kʃ(ə)n*] konstruktion, byggnad, tolkning; **constructive** [*-tiv*] uppbyggande, positiv, konstruktiv, härledd, inneboende; **constructor** [*kənstrʌ'ktə*] konstruktör; **construe** [*kɔnstru:, kənstru:'*] konstruera, tyda, analysera, [gå att] översätta
consubstantial [*kɔnsəbstæ'nʃ(ə)l*] av samma väsen; **consubstantiation** [*kɔnsəbstænʃiei'ʃ(ə)n*] närvaron av Kristi lekamen i nattvarden
consuetude [*kɔnswitju:d*] sedvana, skick och bruk; **consuetudinary** [*kɔnswitju:'dinəri*] sedvanlig
consul [*kɔns(ə)l*] konsul; **~ general** generalkonsul; **consular** [*kɔnsjulə*] f. d. konsul (i Rom); konsuls-; **consulate** [*kɔnsjulit*] konsulat
consult [*kənsʌ'lt*] rådslå, rådfråga, ta hänsyn till; **consultant** [*kənsʌ'ltənt*] rådsökande; konsulterande läkare; **consultation** [*kɔns(ə)ltei'ʃ(ə)n*] rådslag, konsultation; **consultative** [*kənsʌ'ltətiv*] rådslående, rådgivande, konsulterande
consume [*kənsju:'m*] förbruka, förtära; förtäras, tyna bort; **consumedly** [*kənsju:'midli*] omåttligt; **consumer** förbrukare, konsument
consummate [*kənsʌ'mit*] fulländad, fullständig; [*kɔnsʌmeit*] fullborda, fullända; **consummation** [*kɔnsʌmei'ʃ(ə)n*] fullbordan, fulländning; **consummator** [*kɔnsʌmeitə*] en som fullbordar
consumption [*kənsʌ'm(p)ʃ(ə)n*] förtäring, förbrukning, lungsot; **consumptive** [*kənsʌ'mptiv*] tuberkulös (person)
contact [*kɔntækt*] beröring, förbindelse, kontakt; **close (loose) ~** (i fonetik) fast (lös) anslutning; **direct ~ classes** arbetarinstitut, folkhögskola
contagion [*kəntei'dʒ(ə)n*] smitta; **contagious** [*kəntei'dʒəs*] smittosam
contain [*kəntei'n*] innehålla, rymma, vara delbar med, behärska, *mil.* hejda (fienden); **container** behållare; **containment** [*kəntei'nmənt*] *mil.* hejdande (av fiendens rörelser)
contaminate [*kəntæ'mineit*] besmitta, kontaminera; **contamination** [*kəntæminei'ʃ(ə)n*] besmittelse, kontamination
contango [*kəntæ'ŋgou*] *hand.* report (extra ränta för åtnjutande av uppskov med betalning av värdepapper)
contemn [*kənte'm*] förakta, nonchalera
contemplate [*kɔntempleit*] betrakta, hysa planer på, förutse; **contemplation** [*kɔntempleiʃ(ə)n*] betraktelse, övervägning; **contemplative** [*kɔntempleitiv, kənte'mplətiv*] betraktande, övervägande, kontemplativ; **contemplator** [*kɔntempleitə*] betraktare, begrundare
contemporaneity [*kəntemp(ə)rəni:'iti*] samtidighet; **contemporaneous** [*kəntempərei'njəs*] samtidig; **contemporary** [*kənte'mp(ə)rəri*] samtida; samtidig, modern, jämnårig
contempt [*kənte'm(p)t*] förakt, vanära, olydnad (mot överheten); **contemptible** [*kənte'm(p)təbl*] föraktlig; **contemptuous** [*kənte'm(p)tjuəs*] föraktfull, hånfull
contend [*kənte'nd*] kämpa, tävla, debattera, anstränga sig, påstå, förfäkta
content 1) [*kənte'nt*] belåtenhet, tillfredsställelse, lystmäte; nöjd, belåten; tillfredsställa; **~ o.s. with** nöja sig med; 2) [*kɔntent*] innehåll, innebörd, volym; **~s** [*kənte'nts, kɔntents*] *pl* innehåll; **~s bill** löpsedel; **contented** [*kənte'ntid*] nöjd, belåten; förnöjsam; **contentment** [*kənte'ntmənt*] tillfredsställelse, förnöjsamhet
contention [*kənte'nʃ(ə)n*] kamp, tvist, tävlan, påstående; **contentious** [*kənte'nʃəs*] stridslysten, medförande strid
conterminous [*kəntə:'minəs*] angränsande
contest [*kɔntest*] strid, tävlan, konkurrens; [*kənte'st*] bestrida, strida om, konkurrera om; **contestant** [*kənte'stənt*] kämpande, tävlande, konkurrent
context [*kɔntekst*] sammanhang, *bibl.* kontext; **contextual** [*kɔnte'kstjuəl*] framgående av sammanhanget; **contexture** [*kɔnte'kstʃə*] sammanvävning, sammanhang
contiguity [*kɔntigju'iti*] beröring; **contiguous** [*kənti'gjuəs*] tillstötande, närgränsande
continence [*kɔntinəns*] återhållsamhet, kyskhet; **continent** [*kɔntinənt*] fastland; återhållsam, kysk; **continental** [*kɔntine'ntl*] kontinental, fastlands-
contingency [*kənti'ndʒ(ə)nsi*] möjlighet, tillfällighet, eventualitet; **contingent** [*kənti'ndʒ(ə)nt*] truppkontingent; tillfällig, osäker, eventuell, avhängig (**upon** av)
continual [*kənti'njuəl*] ständig, oupphörlig; **continuance** [*kənti'njuəns*] fortvaro, beständighet, varaktighet, uppskov; **continuation** [*kəntinjuei'ʃ(ə)n*] fortsättning, *pl sl* byxor; **continuation school** fortsättningsskola; **continuative** [*kənti'njueitiv*] fortsättnings-, fortsättande; **continue** [*kənti'nju:*] fortsätta, förbli, vara, framhärda; **to be continued** forts. i nästa nummer; **continuity** [*kɔntinju(:)'iti*] kontinuitet, sammanhang, (is. mellan olika filmavsnitt) filmtext; **continuous** [*kənti'njuəs*] sammanhängande, fortlöpande, beständig, oavbruten; **continuum**

[kənti'njuəm] sammanhängande massa, sammanhang
contort [kəntɔ:'t] vrida, förvrida; **contortion** [kəntɔ:'ʃən] vridning, grimas; **contortionist** [kəntɔ:'ʃənist] ormmänniska
contour [kɔntuə] omkrets, kontur; ~ **line** höjdkurva (på karta); ~ **map** karta med höjdkurvor
contra [kɔntrə] motskäl; mot
contra- [kɔntrə] mot-, emot-
contraband [kɔntrəbænd] smuggling, smuggelgods, kontraband; **contrabandist** [kɔntrəbændist] smugglare
contrabass [kɔntrəbeis] basfiol
contraceptive [kɔntrəse'ptiv] preventiv, preventivmedel
contract [kɔntrækt] överenskommelse, kontrakt, trolovning; [kəntræ'kt] ingå överenskommelse, avtala, kontrahera, sammandraga, förminska, inskränka, ådraga sig, ingå äktenskap, göra upp; **contracted** [kəntræ'ktid] inskränkt, trång, uppgjord; **contractile** [kəntræ'ktail] som kan sammandraga sig, infällbar, som åstadkommer sammandragning; **contraction** [kəntræ'kʃ(ə)n] sammandragning, förkortning, ingående av överenskommelse o. d.; **contractive** [kəntræ'ktiv] sammandragande; **contractor** [kəntræ'ktə] sammandragande muskel, kontrahent, entreprenör, leverantör
contradict [kɔntrədi'kt] motsäga, bestrida, stå i strid med; **contradiction** [kɔntrədi'kʃ(ə)n] motsägelse, inkonsekvens (också ~ **in terms**); **contradictious** [kɔntrədi'kʃəs] genstridig; **contradictory** [kɔntrədi'kt(ə)ri] motsägande, stridig
contradistinction [kɔntrədisti'ŋ(k)ʃ(ə)n] åtskillnad genom motsatta egenskaper, motsats; **contradistinguish** [kɔntrədisti'ŋgwiʃ] skilja, ställa i motsats till
contralto [kəntræ'ltou] *mus.* kontraalt
contraposition [kɔntrəpəzi'ʃ(ə)n] motsättning
contraption [kəntræ'pʃ(ə)n] *sl* anordning, 'manick', 'grej'
contrapuntal [kɔntrəpʌ'ntl] *mus.* i överensstämmelse med reglerna om kontrapunkt
contrariety [kɔntrərai'əti] motsats, stridighet; **contrariwise** [kɔntrəriwaiz] i motsatt fall, tvärtom; **contrary** [kɔntrəri] motsats; motsatt; **on the contrary** tvärtom; **contrary to my expectation** mot min förväntan; [kəntrɛ'əri] egensinnig, genstörtig
contrast [kɔntræst] motsats, kontrast; [kəntræ'st] motsätta, jämföra, sticka av, kontrastera (**with** mot)
contravene [kɔntrəvi:'n] överträda, sätta sig emot, komma i konflikt med; **contravention** [kɔntrəve'nʃ(ə)n] överträdelse
contribute [kəntri'bju(:)t] bidraga med, bidraga; **contribution** [kɔntribju:'ʃ(ə)n] medverkan, bidrag, krigsskatt; **contributor** [kəntri'bjutə] en bidragande, medarbetare; **contributory** bidragande, skattdragande
contrite [kɔntrait] ångerfull; **contrition** [kəntri'ʃ(ə)n] ånger
contrivance [kəntrai'v(ə)ns] uppfinning, uppfinnarförmåga, inrättning, 'manick'; **contrive** [kəntrai'v] uttänka, utfinna, uppfinna, planlägga, lyckas, klara sig, få det att gå ihop, hushålla
control [kəntrou'l] herravälde, uppsikt, kontroll; behärska, ha uppsyn över, kontrollera; ~ **cable** *flyg.* roderlina; ~ **column** *flyg.* spak; ~ **surface** (flygmaskins) roderyta; ~ **wheel** ratt i flygmaskin; **dual** ~ *flyg*, dubbelkommando; **controls** *flyg.* instrument, spakar, roder; **controller** [kəntrou'lə] offentlig kontrollör
controversial [kɔntrəvə:'ʃl] polemisk, omtvistad, stridslysten; **controversialist** [-ʃəlist] polemiker; **controversy** [kɔntrəvə:si] polemik, strid; **controvert** [kɔntrəvə:t] bestrida, polemisera emot
contumacious [kɔntju(:)mei'ʃəs] trotsig; **contumacy** [kɔntjuməsi] gensträvighet
contumelious [kɔntju(:)mi:'liəs] hånfull; **contumely** [kɔntjumili] hån, övermod
contuse [kəntju:'z] stöta, krossa; **contusion** [kəntju:'ʒ(ə)n] kontusion, krosskada
conundrum [kənʌ'ndrəm] gåta, där svaret ligger i en ordlek, kvistig fråga
convalesce [kɔnvəle's] tillfriskna; **convalescence** [-sns] rekonvalescens; **convalescent** [-snt] konvalescent; tillfrisknande, på bättringsvägen
convene [kənvi:'n] sammankalla, hålla möte
convenience [kənvi:'njəns] lämplighet, bekvämlighet, fördel, lägligt tillfälle; **public** ~ bekvämlighetsinrättning; **at your early** ~ *hand.* vid första lägliga tillfälle; **marriage of** ~ förnuftsäktenskap; **make a** ~ **of** utnyttja hänsynslöst; **convenient** [-nt] bekväm, läglig
convent [kɔnvənt] [nunne]kloster; **conventicle** [kənve'ntikl] församlingshus, (hemligt) religiöst möte; **conventual** [kənve'ntjuəl] kloster-
convention [kənve'nʃ(ə)n] sammankomst, församling, kongress, överenskommelse, konvention, skick och bruk, det konventionella, *amr.* konferens; **conventional** [kənve'nʃnl] sedvanlig, konventionell
converge [kənvə:'dʒ] löpa samman, konvergera; **convergent** [kənvə:'dʒənt] konvergerande
conversable [kənvə:'səbl] meddelsam; **conversance** [kɔnvəsns] förtrolighet; **conversant** [kɔnvəsnt] väl bevandrad (**with** i); **conversation** [kɔnvəsei'ʃ(ə)n] samtal; **conversational** samtals-; hörande hemma i talspråket; pratsam; **conversationalist** angenäm sällskapsmänniska; **conversazione** [kɔ'nvəsætsiou'ni] sällskaplig sammankomst med konstnärlig underhållning; **converse** [kənvə:'s] konversera; [kɔnvə:s] samtal, andligt umgänge; omvänd, motsatt, motsats; **conversion** [kənvə:'ʃ(ə)n] omvändelse, förändring, förvandling, konvertering; **conversion table** förvandlingstabell
convert [kɔnvə:t] en omvänd; [kənvə:'t] omvända, förvandla, transformera, konvertera, tillägna sig
convertible [kənvə:'tibl] [bil] med nedfällbart tak
convex [kɔnveks] bukig, konvex; **convexity** [kɔnve'ksiti] konvex yta
convey [kənvei'] befordra, överföra, överlåta, förmedla, meddela, låta förstå, *sl* stjäla; **conveyance** [kənvei'əns] fortskaffningsmedel, överlåtelse, köpebrev; **conveyancer** [kənvei'ənsə] jurist som upprättar köpebrev
convict [kɔnvikt] straffånge; [kənvi'kt] överbevisa, fälla, förklara skyldig; **conviction** [kənvi'kʃ(ə)n] fällande, överbevisning, vederläggande, övertygelse
convince [kənvi'ns] överbevisa, övertyga
convivial [kənvi'viəl] fest-, festlig; sällskaplig, jovialisk, påstruken; **conviviality** [kənviviæ'liti] festlig stämning, munterhet
convocation [kɔnvokei'ʃ(ə)n] sammankallande, möte av prästmän, (i Oxf.) den akademiska senaten; **convoke** [kənvou'k] sammankalla
convolute[d] [kɔnvəlu:t(id)] spiralformad; **convolution** [kɔnvəlu:'ʃ(ə)n] hopveckling, virvel, spiralform, vindling
convolvulus [kənvɔ'lvjuləs] *bot.* åkervinda
convoy [kɔnvɔi] konvoj; [kɔnvɔi'] konvojera, (om krigsfartyg) ledsaga handelsfartyg
convulse [kənvʌ'ls] våldsamt [upp]skaka, framkalla krampryckningar hos; **convulsion** [kənvʌ'lʃ(ə)n] krampryckning, *pl* konvulsiviskt skratt; **convulsive** [kənvʌ'lsiv] krampaktig
cony [kouni] *fam.* kaninskinn
coo [ku:] kutter; kuttra
cooee [ku(:)i] rop använt som signal (hälsning) i Australien; ropa *cooee*
cook [kuk] kock, köksa; laga mat, tillaga, förfalska (räkenskaper), *sl* utmatta; ~ **oneself** se

till egen fördel; ~ **up** 'koka ihop' historia; ~**book** *amr.* kokbok; ~**-house** fältkök; kabyss; ~**-house official** *sl* grundlöst rykte; ~**-shop** matservering; **cooker** kokapparat, gaskokare, lättkokad föda; **cookery** kokkonst; **cookery-book** kokbok; **cookie, cooky** [*kuki*] *amr.* ett slags liten kaka, (*Skottl.*) bulle
cookie [*kuki*] *sl* kokain, kokainslav; köksa (*cook*)
cool [*ku:l*] kylig, sval, lugn; svalka, sval luft; avkyla, svalka, svalna; ~ **one's coppers** 'släcka av' (dagen efter); ~ **one's heels** vara tvungen att vänta, antichambrera; ~**-headed** kallblodig; **cooler** [*ku:lə*] kylare, isskåp; *sl* fängelse; **cooling system** *auto.* kylsystem
coolie [*ku:li*] kuli
coolth [*ku:lþ*] *skämts.* köld (i motsats till *warmth*)
coomb [*ku:m*] kitteldal
coon [*ku:n*] tvättbjörn, gosse, barn, *amr.* neger; *amr.* klättra (upp i ett träd); **he is a gone** ~ det är slut med honom; ~**'s age** *amr.* 'en hel evighet'; ~ **skinner** *amr. sl* bonde
coon-can [*ku:n-kæn*] ett mexikanskt kortspel
coop [*ku:p*] bur, korg, *sl* fängelse; sätta i bur; ~ **in, up** hålla i fångenskap; **cooper** tunnbindare; tillverka el. laga tunnor; ~ **up** ställa i ordning; **cooperage** [*ku:pəridʒ*] tunnbindarverkstad, tunnbindararbete
co-op [*kouɔ'p*] *fam.* förk. f. *co-operative shop* konsumbutik
co-operate [*kouɔ'pəreit*] samarbeta, samverka; **co-operation** [*ko(u)ɔperei'ʃ(ə)n*] samarbete; **co-operative** [*ko(u)ɔ'p(ə)rətiv*] samarbetande, samverkande; **co-operator** [*ko(u)ɔ'pəreitə*] medarbetare
co-opt [*kouɔ'pt*] invälja (bland sig); **co-optation** [*kouɔptei'ʃ(ə)n*] inval; **co-optative** [*kouɔptətiv*] invald
co-ordinate [*ko(u)ɔ:'d(i)nit*] ngt likställt, koordinat; samordnad, likställd; [*ko(u)ɔ:'dineit*] likställa, samordna; **co-ordination** [*ko(u)ɔ:dinei'-ʃ(ə)n*] samordning
coot [*ku:t*] sothöna; *sl* narr; **bald as a** ~ kal som en biljardboll; **mad as a** ~ sprittgalen; **cootie** [*ku:ti*] *amr. sl* lus
cop 1) [*kɔp*] garnspole
cop 2) [*kɔp*] *sl* poliskonstapel, byling (också *copper*); gripa, stjäla; ~ **it** *sl* råka illa ut, dö; ~ **a packet** *sl* dö; ~ **the sneak** *amr. sl* ge sig av; ~ **out** *sl* dö
copal [*koup(ə)l*] kopal
coparcenar [*koupa:'sinə*] *jur.* medarvinge
copartner [*kou'pa:'tnə*] partner, kompanjon; **copartnery** [*kou'pa:'tnəri*] kompanjonskap; **copartnership** [*kou'pa:'tnəʃip*] kompanjonskap, bolag, bolagsmän
cope [*koup*] kåpa, mantel, valv; förse med kåpa; ~ **with** ha att göra med, tävla med, gå i land med, vara vuxen
copeck [*koupek*] kopek
Copernican [*kopə:'nikən*] kopernikansk
coping [*kouping*] krönlist, murkappa
copious [*koupjəs*] riklig, överflödande, rikhaltig
copper [*kɔpə*] kopparmynt, kopparstick, kopparkittel, *sl* poliskonstapel, byling; beklāda med koppar; **hot** ~**s** 'kopparslagare', halsbränna (efter dryckeslag); ~**plate** [**engraving**] kopparstick; ~**-smith** kopparslagare; **copperas** [*kɔpərəs*] *kem.* järnvitriol; **coppery** [*kɔpəri*] kopparfärgad
coppice [*kɔpis*] lund, skogsdunge
copra [*kɔprə*] kopra
coprolite [*kɔprolait*] *geol.* koprolit; **coprophagous** [*kəprɔ'fəgəs*] (om skalbagge) livnärande sig av gödsel
copse [*kɔps*] = *coppice*
Copt [*kɔpt*] kopter; **Coptic** [*kɔptik*] koptisk
copula [*kɔpjulə*] kopula, bindeord; **copulate** [*kɔpjuleit*] para sig; **copulation** [*kɔpjulei'ʃ(ə)n*] samlag; **copulative** [*kɔpjulətiv*] förbindande, *gram.* kopulativ; samlags-
copy [*kɔpi*] kopia, exemplar, förskrift, övningsskrivning, handskrift, manuskript, material (för tidningsartikel); kopiera, skriva av; ~**-book** förskriftsbok, skrivbok, *amr.* kopiebok; ~**hold** del av storgods, som innehas på grund av godsägarens testamente, frälsehemman; ~**-paper** koncept; ~**right** förlagsrätt; **copying book** kopiebok; **copying-paper** kopiepapper; **copyist** [*kɔpiist*] avskrivare, kopist
coquet [*kɔke't*] kokettera; **coquetry** [*koukitri*] koketteri; **coquette** [*kɔke't*] kokett; **coquettish** [*kɔke'tiʃ*] kokett
coracle [*kɔrəkl*] rund båt av flätverk överspänt med skinn eller tyg (keltisk)
coral [*kɔr(ə)l*] korall, hummerrom; **coralline** [*kɔrəlain*] korallröd, korall-
corbel [*kɔ:bl*] kragsten, bjälkhuvud
corbie [*kɔ:bi*] (*Skottl.*) korp; ~**-steps** steg på en trappgavel
cord [*kɔ:d*] snöre, sträng, navelsträng, famn (128 kubikfot); fastsurra; **vocal** ~ stämband; ~**s** *pl* korderojbyxor; **cordage** [*kɔ:didʒ*] tågverk
cordate [*kɔ:deit*] hjärtformig, hjärtlik
cordelier [*kɔ:dili'ə*] franciskanmunk
cordial [*kɔ:diəl*] hjärtstyrkande medel; hjärtlig; **cordiality** [*kɔ:diæ'liti*] hjärtlighet
cordite [*kɔ:dait*] kordit (sprängämne)
cordon [*kɔ:d(ə)n*] kordong, snodd, ordensband, truppkedja; omringa
cordovan [*kɔ:dəvən*] karduan (sämskat getskinn)
corduroy [*kɔ:djurɔi*] korderoj (grovt bomullstyg)
cordwainer [*kɔ:dweinə*] *åld.* skomakare
core [*kɔ:*] kärnhus, böldkärna, innanmäte, kärna; kärna ur; **to the** ~ helt igenom
co-religionist [*kou'rili'dʒənist*] trosfrände
co-respondent [*kou'rispɔ'ndənt*] i skilsmässosak: den person som stått i förhållande till en av makarna, medsvarande i skilsmässomål
corf [*kɔ:f*] kolkorg, -vagn (i gruva)
coriaceous [*kɔriei'ʃəs*] läder-, läderartad
coriander [*kɔriæ'ndə*] *bot.* koriander
Corinthian [*kɔri'nþiən*] korintier, nöjeslysten person; korintisk
cork [*kɔ:k*] kork, propp; tillkorka, svärta med bränd kork; ~**-screw** korkskruv; röra sig i spiral; **corker** *sl* något som fäller utslaget, t. ex. avgörande (slående) argument; grov lögn; **corking** utomordentligt stor, fin el. god; **corky** korkartad, flyktig
cormorant [*kɔ:mərənt*] *zool.* kormoran, skarv; tjuvaktig, glupsk person
corn [*kɔ:n*] korn, spannmål, säd, *amr.* majs, visky (på majs); liktorn; nedsalta; *sl* dricka rusig; ~ **in Egypt** överflöd, välstånd; **the C— Belt** *amr.* majsbältet (några stater i mellersta och södra U. S. A.); ~**-chandler** spannmålshandlare; ~**-cob** majskolv; ~**-crake** kornknarr; ~**-cutter** liktornsoperatör; ~**-field** sädesfält, *amr.* majsfält; ~**-flower** blåklint; klätt; ~**stalk** humlestör (om lång person); **corny** [*kɔ:ni*] *amr.* lantlig
cornea [*kɔ:niə*] hornhinna
cornel [*kɔ:nəl*] *bot.* kornell (Cornus mascula)
cornelian [*kɔ:ni:'ljən*] karneol
corner [*kɔ:nə*] hörn, hörna, vrå, ring (på börsen); tränga in i ett hörn, sätta fast, bringa i förlägenhet; **cut off a** ~ ta en genväg; **the C—** Tattersalls kapplöpningsbörs (urspr. vid Hyde Park Corner); ~**-kick** hörnspark; ~**-man** gatstrykare
cornet [*kɔ:nit*] *mil.* o. *mus.* kornett, barmhärtighetssysters vita huvudbonad, strut; **cornetist** [*kɔ:nitist*] kornettblåsare
cornice [*kɔ:nis*] karnis, kranslist, kornisch
Cornish [*kɔ:niʃ*] det utdöda språket i Cornwall, korniska; kornisk
cornucopia [*kɔ:njukou'pjə*] ymnighetshorn, överflöd

corolla [*kərɔ'lə*] [blom]krona; **corollary** [*kərɔ'ləri*] korollarium
corona [*kərou'nə*] korona, ljuskrona
coronach [*kɔrənæk*] (skotsk) klagosång
coronal [*kɔrənl*] krona; [*kərou'nl*] kron-, krönings-; **coronation** [*kɔrənei'ʃ(ə)n*] kröning
coroner [*kɔrənə*] tjänsteman som anställer förhör om orsaken till dödsfall vid olyckshändelse etc.
coronet [*kɔrənit*] [adels]krona; diadem
corporal [*kɔ:pərəl*] korpral; kroppslig; **corporality** [*kɔ:pəræ'liti*] kroppslighet; **corporate** [*kɔ:p(ə)rit*] korporationell, förenad till samfund; ~ **body** korporation; **corporation** [*kɔ:pərei'ʃ(ə)n*] råd med utövande myndighet, korporation, *fam.* isterbuk, *amr.* [aktie]bolag; **municipal corporation** stadsstyrelse; **corporator** [*kɔ:pəreitə*] rådsmedlem; **corporeal** [*kɔ:pɔ:'riəl*] kroppslig
corposant [*kɔ:pəzənt*] elmseld
corps [*kɔ:*] (*pl corps* [*kɔ:z*]) kår
corps-de-ballet [*kɔ:' də bæ'lei*] balett
corpse [*kɔ:ps*] lik; ~**-provider** *sl* läkare
corpsman [*kɔ:mən*] *amr.* medlem av *the medical corps* (sjukvårdare, läkare)
corpulence [*kɔ:pjuləns*] korpulens; **corpulent** fetlagd, tjock
corpus [*kɔ:pəs*] samling (av böcker om ett bestämt ämne), kropp, kapital
corpuscle [*kɔ:pʌsl*] cell, atom, liten kropp, blodkropp; ~ **of the blood** blodkropp
corral [*kɔra:'l*] inhägnad (för hästar el. boskap), vagnborg; hålla el. driva in i inhägnad, bilda en vagnborg, *amr. sl* få, skaffa
correct [*kəre'kt*] riktig, rätt, korrekt; rätta, beriktiga, korrigera, straffa, tillrättavisa, motverka; **correction** [*kəre'kʃ(ə)n*] rättelse, aga, avstraffning; **correctitude** [*kəre'ktitju:d*] korrekt uppförande; **corrective** [*kəre'ktiv*] korrektiv, motgift; rättande, motverkande; **corrector** [*kəre'ktə*] ngn el. ngt som rättar, korrekturläsare, korrektiv
correlate [*kɔrileit*] ngn el. ngt motsvarande, motstycke; [bringa till att] motsvara varandra; **correlation** [*kɔrilei'ʃ(ə)n*] korrelation, växelförhållande; **correlative** [*kɔre'lətiv*] motsvarande, sammanhörande
correspond [*kɔrispɔ'nd*] motsvara varandra, överensstämma, korrespondera; ~ **to (with)** motsvara; **correspondence** [*kɔrispɔ'ndəns*] överensstämmelse, korrespondens; **correspondent** [*kɔrispɔ'ndənt*] korrespondent; motsvarande, överensstämmande
corridor [*kɔridɔ:*] korridor; ~**-train** tåg med genomgångsvagnar
corrigendum [*kɔridʒe'ndəm*] (*pl -da* [*-də*]) ngt som bör rättas; **corrigible** [*kɔridʒəbl*] som kan rättas
corroborant [*kərɔ'bərənt*] *med.* stärkande [medel]; **corroborate** [*kərɔ'bəreit*] bestyrka, bekräfta; **corroboration** [*kərɔbərei'ʃ(ə)n*] bekräftelse; **corroborative** [*kərɔ'bərətiv*] bestyrkande, bekräftande
corroboree [*kərɔ'bəri*] australisk krigsdans
corrode [*kərou'd*] fräta, tära på, rosta
corrosion [*kərou'ʒ(ə)n*] korrosion, frätning, inetsning, rost; **corrosive** [*kərou'siv*] frätmedel, etsmedel; frätande
corrugate [*kɔrugeit*] vecka, rynka; **corrugated iron** korrugerad järnplåt; **corrugated paper** wellpapp
corrupt [*kərʌ'pt*] (moraliskt) fördärvad, bestucken, opålitlig; fördärva, besticka, muta, ruttna, fördärvas; **corruptibility** [*kərʌ'ptəbi'liti*] bestickllighet; **corruption** [*kərʌ'pʃ(ə)n*] fördärv, bestickning, förfalskning
corsage [*kɔ:sa:'ʒ*] klänningsliv
corsair [*kɔ:sɛə*] (muhammedansk) sjörövare, korsar
corse [*kɔ:s*] = *corpse*
corselet [*kɔ:slit*] korselett; **corset** [*kɔ:sit*] korsett; **corsetry** [*kɔ:sətri*] korsettfabrikation

Cortes [*kɔ:tiz*] riksdagen i Spanien el. Portugal
cortex [*kɔ:teks*] hinna, bark, hjärnbark
cortical [*kɔ:tik(ə)l*] hinnartad, barkartad; **corticated** [*kɔ:tikeitid*] täckt av hinna el. bark
corundum [*kɔrʌ'ndəm*] *min.* korund, diamantspat
coruscate [*kɔrəskeit*] skimra, glimta, blixtra; **coruscation** [*kɔrəskei'ʃ(ə)n*] skimmer, blixt
corvée [*kɔ:vei*] dagsverke, hårt arbete
corvette [*kɔ:ve't*] *sjö.* korvett
corvine [*kɔ:vain*] korp-, kråk-
corymb [*kɔrimb*] *bot.* kvast; **corymbose** [*kəri'mbous*] kvastlik
coryphée [*kɔrifei*] premiärdansös
cosaque [*kɔza:'k*] smällkaramell
cosh [*kɔʃ*] slag, påk; slå (hårt)
cosher [*kɔʃə*] omhulda, kela med
co-signatory [*kousi'gnətəri*] medundertecknare
cosmetic [*kɔzme'tik*] kosmetik, skönhetsmedel; kosmetisk, förskönande
cosmic [*kɔzmik*] kosmisk
cosmogony [*kɔzmɔ'gəni*] lära om världens ursprung; **cosmography** [*kɔzmɔ'grəfi*] kosmografi, beskrivning av världsalltet; **cosmological** [*kɔzmolɔ'dʒik(ə)l*] kosmologisk; **cosmology** [*kɔzmɔ'lədʒi*] kosmologi, vetenskapen om världsalltet; **cosmopolitan** [*kɔzmopɔ'litən*] världsmedborgare; kosmopolitisk; **cosmopolite** [*kɔzmɔ'pəlait*] kosmopolit, världsmedborgare
cosmos [*kɔzmɔs*] världsalltet som ett ordnat helt
Cossack [*kɔsæk*] kosack
cosset [*kɔsit*] klema med, bortklema
cost [*kɔst*] pris, kostnad, *pl* kostnad[er], omkostnader; (*oregelb. vb*) kosta; göra kostnadsberäkningar; **at my** ~ bekostat av mig, på min bekostnad; **to my** ~ på min bekostnad (till min skada); ~ **of living index** levnadskostnadsindex; ~ **price** inköpspris
costal [*kɔstl*] revbens-
co-star [*kou-sta:*] **with, be costarred with** spela huvudrollen tillsammans med
costard [*kɔstəd*] ett slags stort äpple
coster[monger] [*kɔstə(mʌŋgə)*] gatmånglare
costive [*kɔstiv*] förstoppad, trög, *amr. sl* dyr, kostbar (*costly*)
costly [*kɔstli*] kostbar
costume [*kɔstju:m*] klädedräkt, dräkt (is. kvinnas); **costumier** [*kɔstju:'miə*] skräddare
cosy [*kouzi*] tehuva, tehätta, äggvärmare; hemtrevlig, bekväm
cot [*kɔt*] hydda, koj, fålla, barnsäng, vagga, driva in (får) i fålla
cote [*kout*] fålla, stall, duvslag
coterie [*koutəri*] kotteri
cothurnus [*kəþə:'nəs*] koturn
cotillion [*kəti'ljən*] kotiljong
cottage [*kɔtidʒ*] hydda, stuga, lanthus, villa; ~ **piano** pianino; **cottager** [*kɔtidʒə*] backstugusittare, lantbruksarbetare
cottar, cotter [*kɔtə*] (skotsk) backstugusittare, daglönare
cotter [*kɔtə*] kil; ~**-pin** sprint (till bult)
cotton [*kɔtn*] bomull; komma väl överens, fatta tycke för; ~ **[on] to** bli god vän med; ~ **up with** bli vän med; ~**-grass** ängsull; ~**-lord** bomullsmagnat; ~**-mill** bomullsspinneri; ~**-reel** trådrulle; ~**tail** (vanlig amerikansk) kanin; ~ **waste** bomullsavfall, trassel; ~**-wool** råbomull, vadd; **cottonocracy** [*kɔtənɔ'krəsi*] bomullsindustrien som politisk el. social maktfaktor; **Cottonopolis** [*kɔtənɔ'polis*] bomullsstaden, dvs. Manchester; **cottony** [*kɔtni*] bomullslik, ullig
cotyledon [*kɔtili:'dən*] *bot.* hjärtblad
couch [*kautʃ*] vilobädd, läger, vilsoffa, schäslong, lya, kvickrot; ha sitt läger, lägga, ligga på vakt, ligga på lur, sänka (lans till angrepp), avfatta
cougar [*ku:gə*] *zool.* kaguar, puma
cough [*kɔ:f*] hosta; hosta (*vb*); ~ **up** *sl* betala

could [*kud,* (trycksvagt) *kəd*] kunde (se *can*)
coulisse [*ku:li:'s*] kuliss
coulter [*koultə*] plogkniv
council [*kaunsl*] råd[sförsamling], fullmäktige, styrelse, kyrkomöte; **~-board** rådsbord; **councillor** [*kaunsilə*] rådsmedlem, 'stadsfullmäktig', 'landstingsman'
counsel [*kauns(ə)l*] rådslag, plan, råd, advokat; råda; **counsellor** [*kaunslə*] rådgivare
count [*kaunt*] räkning, anklagelsepunkt, (utländsk) greve; [med]räkna; **take ~ of** sammanräkna; **take the ~** (om boxare) bli utslagen; **counting-house** kontor; **counting-out rhyme** räkneramsa
countenance [*kauntinəns*] ansiktsuttryck, fattning, medhåll, stöd; ge medhåll, se genom fingrarna med; **keep one's ~** hålla sig för skratt
counter [*kauntə*] spelmark, bricka, [bod]disk, bringa (på häst), bakkappa (på skodon); motsatt, baklänges; parera med en motstöt
counter- [*kauntə*] mot-
counteract [*kauntəræ'kt*] motverka
counter-attack [*kauntərətæk*] [företaga] motangrepp
counter-attraction [*kau'nt(ə)rətræ'kʃ(ə)n*] dragning till ngt motsatt
counterbalance [*kauntəbæləns*] motvikt; [*kauntəbæ'ləns*] verka som motvikt, motväga, uppväga
counterblast [*kauntəbla:st*] motskäl, motpåstående
counter-charge [*kauntətʃa:dʒ*] [rikta] motanklagelse (mot)
counter-clockwise [*kau'ntəklɔ'kwaiz*] motsols
counterdeed [*kauntədi:d*] hemlig överenskommelse
counterfeit [*kauntəfit*] efterapning, förfalskning; oäkta; efterlikna, förfalska
counterfoil [*kauntəfɔil*] talong
counterjumper [*kauntədʒʌmpə*] *sl* bodknodd
countermand [*kauntəma:nd*] kontraorder; [*kauntəma:'nd*] kontramandera, återkalla (order)
countermarch [*kauntəma:tʃ*] kontramarsch, återtåg; [*kauntəma:'tʃ*] återtåga
countermine [*kauntəmain*] *mil.* kontramina; [*kau'ntəmai'n*] utlägga kontraminor, motarbeta
countermove [*kauntəmu:v*] motdrag
counterpane [*kauntəpein*] sängtäcke
counterpart [*kauntəpa:t*] motstycke
counterpoint [*kauntəpɔint*] kontrapunkt
counterpoise [*kauntəpɔiz*] jämvikt, motvikt; bringa el. hålla i jämvikt, uppväga
counter-revolution [*kauntərevəlu:ʃ(ə)n*] motrevolution
countersign [*kauntəsain*] lösen; [*kauntəsai'n*] bekräfta, kontrasignera
countersink [*kauntəsiŋk*] försänkning
countervail [*kauntəvei'l*] uppväga
counterwork [*kauntəwə:'k*] motarbeta
countess [*kauntis*] grevinna
countless [*kauntlis*] otalig
country [*kʌntri*] land, rike, landsbygd; **~ cousin** oskuld från landet; **~-house** lantställe, herrgård; **~man** lantman, landsman; **~-seat** lantgods; **~-side** landsbygd; **~-town** landsortsstad; **countrified** [*kʌntrifaid*] lantlig, bondsk
county [*kaunti*] grevskap; **~ borough** stad med över 50 000 invånare, vilken styres som ett grevskap; **~ college** ett slags fortsättningsskola; **~ council** grevskaps administrativa myndighet, landsting; **~ court** grevskapsrätt
coup [*ku:*] kupp, hugg
coupé [*ku:pei*] täckt vagn med plats för två, tvåsitsig bil
coupla [*kʌplə*] *amr. sl* ett par (*a couple of*)
couple [*kʌpl*] par, koppel; sammankoppla, para [sig]; **hunt in ~s** samarbeta (om två personer); **couplet** [*kʌplit*] verspar; **coupling** förbindelse, koppling
coupon [*ku:pɔ:ŋ*] kupong, *sl* partiledares erkännande av uppställd kandidat
courage [*kʌridʒ*] mod; **courageous** [*kərei'dʒəs*] modig
courier [*kuriə*] ilbud, kurir, researrangör
course [*kɔ:s*] lopp, gång, riktning, kurs, förlopp, färd, förfaringssätt, lärokurs, maträtt, löparbana, jakt, segel; jaga, förfölja, bruka hundar till jakt (på hare), löpa; **in the ~ of** under loppet av; **in due ~** i sinom tid; **a matter of ~** ngt självklart; **of ~** naturligtvis; **courser** [*kɔ:sə*] springare, häst; jakthund; **coursing** harjakt
court [*kɔ:t*] gård, [tennis]plan, återvändsgränd, kur, (is. *C—*) hov, rätt, domstol, rådsförsamling, *amr.* (också) domare; kurtisera, söka vinna, söka att locka till sig; **covered ~** badminton- el. tennishall; **~ of justice** domstol; **pay ~ to** kurtisera, behandla med utsökt hövlighet; **at C—** vid hovet; **in C—** inför rätta; **put out of ~** *jur.* avvisa (rättssak); **~-card** klätt kort, honnör (i kort); **~-guide** hovkalender; **~-martial** krigsrätt; ställa inför krigsrätt; **~-plaster** häftplåster; **~yard** sluten gårdsplan; **courteous** [*kə:tiəs*] artig, belevad
courtesan [*kɔ:tizæ'n*] kurtisan, sköka
courtesy [*kə:tisi*] höviskhet, artighet, tillmötesgående; **by ~** som en gunst; **~ title** äretitel, artighetstitel
courtier [*kɔ:tjə*] hovman
courtly [*kɔ:tli*] belevad, hov-
courtship [*kɔ:tʃip*] kurtis, frieri
cousin [*kʌzn*] kusin; **~ german, first ~** köttslig kusin; **second ~** syssling; **~ship** kusinskap
cove [*kouv*] vik, bukt; *sl* karl, prisse
covenent [*kʌvinənt*] pakt, överenskommelse, träffa avtal; **covenanted** [*kʌvinəntid*] tryggad genom avtal; **covenanter** [*kʌvinəntə*] anhängare av det protestantiska skotska förbundet av 1643
Covent Garden [*kɔvənt ga:dn*] Londons största grönsakstorg; Londons opera
Coventry [*kɔvəntri*] stad i mellersta England; **send to ~** undvika, ignorera
cover [*kʌvə*] täcke, *auto.* däck, lock, konvolut, överdrag, bokband, pärm, skydd, betäckning, bordskuvert, reservkapital, täckning; täcka, betäcka, dölja, hölja, omfatta, innehålla, räcka till, vara täckning för, betäcka (om djur), *amr.* referera; **under ~** under tak; **in ~ of** *hand.* till täckning för; **choice of the end ~s choice of the means** ändamålet helgar medlen; **coverlet** [*kʌvəlit*] sängtäcke
covert [*kʌvət*] gömställe, täckfjäder; förstulen, förtäckt, hemlig; **coverture** [*kʌvətjuə*] betäckning, hustrus rättsliga ställning
covet [*kʌvit*] eftertrakta, åtrå; **covetous** [*kʌvitəs*] begärlig, lysten
covey [*kʌvi*] fågelkull, flock, samling
cow [*kau*] ko, *sl* £ el. $ 1000, *amr. pl* boskap; underkuva, kuscha, kujonera; **~-bane** *bot.* sprängört (Cicuta); **~-boy** *amr.* beriden boskapsherde; **~-catcher** kofångare (på lokomotiv); **~-hide** oxläder, piska därav; *amr.* prygla; **~lick** 'slickad' pannlugg; **~man** ladugårdskarl; **~-pox** kokoppor; **~puncher** *amr.* cowboy; **~slip** *bot.* gullviva
coward [*kauəd*] feg stackare, pultron, kruka; **cowardice** [*kauədis*] feghet; **cowardly** feg; fegt
cower [*kauə*] krypa samman
cowl [*kaul*] munkhätta, munkkåpa, rökhuv, torped (på bil); **~-neck** draperad urringning (på damklänning); **cowling** motorhuv (på flygmaskin)
cowrie [*kauri*] porslinssnäcka
cox [*kɔks*] styrman; vara styrman
coxcomb [*kɔkskoum*] narr, glop, inbilsk snobb; **coxcombical** [*kɔkskou'mikl*] narraktig, inbilsk; **coxcombry** [*kɔkskəmri*] narraktighet, inbilskhet
coxswain [*kɔkswein, kɔksn*] *sjö.* styrman (i roddbåt)
coxy [*kɔksi*] inbilsk, fåfäng
coy [*kɔi*] tillbakadragen, blyg

coyote [*kɔiou'ti, kɔi'out*] prärievarg; **C—** *amr. sl* man från South Dakota
coz [*kʌz*] *fam.* förk. f. *cousin* kusin
cozen [*kʌzn*] bedraga; **cozenage** [*kʌznidʒ*] bedrägeri
cozy [*kouzi*] = *cosy* hemtrevlig
crab [*kræb*] krabba, gångspel; vildäpple; *sl* flatlus; sur; förarga, tala nedsättande om, fördärva, förfuska; *flyg.* kana, tvära; **the C—** *astr.* Kräftan; **catch a ~** fånga en krabba (vid rodd); **~-apple** vildäpple; **~shells** *sl* skor, kängor; **crabbed** [*kræbid*] knarrig, krånglig, kinkig
crack [*kræk*] spricka, rämna, smäll, slag, stöld, (*Skottl.*) samtal, skämt, *amr.* slagfärdig el. skarp anmärkning; finfin, prima, ultramodern, knallande; med en smäll; spricka, spräcka, knäcka, smälla, skada, (*Skottl.*) prata, skämta; **take a ~ at** *amr.* göra ett försök med; **in a ~** på ett ögonblick, vips; **~ a bottle** tömma en flaska; **~ a crib** (om tjuv) öppna ett kassaskåp; **~ a joke** säga en kvickhet; **~ wise** tala överlägset, låtsas vara vis; **~-jaw** omöjlig att uttala; **~man** *amr. sl* förste man; **~pot** storskrytare; **~sman** *sl* inbrottstjuv; **cracked** [*krækt*] galen, förryckt; **cracker** nötknäppare, smällkaramell, svärmare, käx; *sl* lögn; **cracker-jack** *sl* ovanligt fin eller skicklig; **crackle** [*krækl*] sprakande, krackelering; spraka; **crackling** [*krækling*] brunstekt (knaprig) svål; **cracknel** [*kræknl*] mör skorpa; **cracky** [*kræki*] tokig
cradle [*kreidl*] vagga; vagga, lägga i vagga
craft [*kra:ft*] konst, hantverk, listighet, fartyg, flygplan; **the ~** frimurarna; **the gentle ~** nöjesfiske; **~sman** hantverkare; **~smanship** yrkesskicklighet; **~sroom** slöjdsal; **crafty** [*kra:fti*] förslagen, listig
crag [*kræg*] (brant) klippa; **~sman** bergsbestigare; **craggy** klippig
crake [*kreik*] *zool.* ängsknarr; knarra
cram [*kræm*] 'plugg', inpluggad lärdom, *sl* uppenbar lögn; proppa, plugga [med], drilla, proppa i [sig], *sl* ljuga
crambo [*kræmbou*] rimlek, rim
crammer [*kræmə*] privatlärare, 'inpluggare', *sl* lögnare, lögn
cramp [*kræmp*] kramp, krampa, skruvtving; inskränkt, svår; sammanpressa, -trycka, intvinga; **cramped** [*kræmpt*] krampaktig, tvungen; **crampons** [*kræmpənz*] isbroddar
cranage [*kreinidʒ*] kranavgift
cranberry [*krænb(ə)ri*] tranbär; **~ eyes** (av drickande) blodsprängda ögon
crane [*krein*] trana, kran; sträcka fram halsen (för att bättre kunna se), flytta med kran; **~ at** hejda sig inför, tveka inför
cranial [*kreiniəl*] hörande till huvudskålen, kranie-; **cranium** [*kreiniəm*] (*pl* **~ia** [*-iə*]) kranium; **craniology** [*kreiniɔ'lədʒi*] läran om kraniets byggnad; **craniometry** [*kreiniɔ'mitri*] huvudskålsmätning
crank [*kræŋk*] vev, [pump]svängel, knä på axel eller rör, egendomlighet, originalitet, original; livlig, ostadig, rank; **~ up** *auto.* starta (med vev); **~-case** *auto.* vevhus; **~-handle** *auto.* startvev; **~shaft** *auto.* vevaxel; **~shaft bearing** *auto.* ramlager
cranky [*kræŋki*] nyckfull, vriden, ostadig, i olag
cranny [*kræni*] spricka, springa, vrå, gömställe
crap [*kræp*] *amr. pl* ett slags tärningsspel (också *~ game, ~ shooting*)
crape [*kreip*] krusflor; **craped** [*kreipt*] florartad, prydd med flor
crapulence [*kræpjuləns*] 'kopparslagare', fylleri, supighet
crash [*kræʃ*] brak, sammanbrott, flygolycka, katastrof, bankrutt; med ett brak; falla med ett brak, braka, störta ned, falla samman, *flyg.* 'kvadda'; *amr. sl* bryta sig ut; **~ helmet** *flyg.* störthjälm; **~ wagon** *flyg.* bärgningsvagn
crass [*kræs*] krass, grov, dum; **crassitude** [*kræsitju:d*] dumhet
crate [*kreit*] packkorg, packlåda, *amr. sl* gammal låda (om bil el. flygmaskin)
crater [*kreitə*] krater, fördjupning
cravat [*krəvæ't*] halsduk, slips; **hempen ~** *sl* rep (till hängning)
crave [*kreiv*] kräva, bedja om, begära
craven [*kreivn*] kujon, mes; feg, försagd
craw [*krɔ:*] kräva, mage; **~ thumper** *sl* katolik, *amr. sl* man från Maryland
crawfish [*krɔ:fiʃ*] kräfta (*crayfish*)
crawl [*krɔ:l*] krälande, crawl, långsam promenad; krypa, kräla, gå långsamt, vimla; **crawler** [*krɔ:lə*] kryp, lus, ledig hyrvagn, som söker passagerare
crayfish [*kreifiʃ*] kräfta
crayon [*kreiən*] pastellkrita
craze [*kreiz*] galenskap, mani; göra galen; **crazy** [*kreizi*] fallfärdig, skröplig, förryckt, galen, tokig (**about** i); **crazy-quilt** lapptäcke
creak [*kri:k*] knarr, gnisslande; knarra, gnissla, knaka; **creaky** [*kri:ki*] knarrande
cream [*kri:m*] grädde; sätta grädde, skumma grädden; **the ~ of** den bästa delen av; **~ of tartar** renad vinsten; **~ separator** separator; **creamery** [*kri:m(ə)ri*] mejeri; **creamy** rik på grädde, gräddlik
crease [*kri:s*] rynka, veck, märke, 'hundöra' i bok; vecka, skrynkla [sig], pressa (veck på byxor); **creasy** [*kri:si*] veckig, rynkig
create [*kriei't*] skapa, framställa, utnämna, *sl* ställa till gräl; **creation** [*kriei'ʃ(ə)n*] skapelse, skapande; **what in creation?** vad i all världen? **creative** [*kriei'tiv*] skapande; **creator** [*kriei'tə*] skapare; **creature** [*kri:tʃə*] ngt skapat, djur, varelse; **the Prime Minister's creatures ...** 'kreatur', verktyg; **creature comforts** livets nödtorft, mat och dryck
crèche [*kreiʃ*] barnkrubba, julkrubba
credence [*kri:d(ə)ns*] tilltro
credentials [*kride'nʃ(ə)lz*] kreditiv, rekommendationsbrev
credibility [*kredibi'liti*] trovärdighet; **credible** [*kredəbl*] trolig, trovärdig
credit [*kredit*] tilltro, tillit, aktning, ära, kredit, kreditsida, *amr.* betygspoäng; tro, lita på, tilltro, kreditera; **pass to one's ~** gottskriva ngn för; **~ one's account with** kreditera ens konto för; **creditable** [*kreditəbl*] hederlig, aktningsvärd, trovärdig; **creditor** [*kreditə*] kreditor, kreditsida; **credo** [*kri:dou*] tro; **credulity** [*kridju:'liti*] lättrogenhet; **credulous** [*kredjuləs*] lättrogen
creed [*kri:d*] *relig.* tro, trosbekännelse, trosartiklar
creek [*kri:k*] liten vik, bukt, *amr.* å, bäck, [bi]flod
creel [*kri:l*] (metares) fiskkorg, hummertina
creep [*kri:p*] 'gåshud', *pl* rysningar (*it gives one the creeps*); (*oregelb. vb*) krypa, smyga, ha rysningar, 'få gåshud'; **creeper** [*kri:pə*] krypväxt, klängväxt; **creepy** [*kri:pi*] krypande, kännande rysningar, åstadkommande rysningar, ohygglig; **creepy-crawly** = *creepy*
creese [*kri:s*] kris (malajisk dolk)
cremate [*krimei't*] bränna; **cremation** [*krimei'ʃən*] likbränning; **cremationist** [*krimei'ʃənist*] anhängare av likbränning; **crematorium** [*kremətɔ:'riəm*], (is. *amr.*) **crematory** [*kremətəri*] krematorium
cremona [*krimou'nə*] kremonesare (fiol)
crenellated [*krenileitid*] krenelerad, försedd med murtinnar, naggad
Creole [*kri:oul*] kreol
crêpe [*kreip*] kräpp; **~ rubber** ett slags rågummi; **~ paper** kräppapper
crepitate [*krepiteit*] spraka, knastra; **crepitation** [*krepitei'ʃ(ə)n*] sprakande, knastrande
crept [*krept*] kröp, krupit (se *creep*)

crepuscular [*kripʌ'skjulə*] skymnings-; **crepuscule** [*krepəskju:l*] skymning
crescendo [*kriʃe'ndou*] *mus.* crescendo
crescent [*kresnt*] halvmåne, halvmånformig gata; halvmånformad; växande
cress [*kres*] *bot.* krasse
cresset [*kresit*] marschall
crest [*krest*] kam, topp, vågkam, fjäderbuske; pryda med fjäderbuske, nå toppen av; ~ **-fallen** modfälld, slokörad; **crested** försedd med kam, vapensköld
cretaceous [*kritei'ʃ(ə)s*] krit-
cretin [*kretin*] kretin; **cretinism** [*-izm*] kretinism
cretonne [*kretɔ'n*] kretong
crevasse [*krivæ's*] rämna i en glaciär
crevice [*krevis*] spricka, klyfta
crew 1) [*kru:*] *sjö. äv. flyg.* besättning, hop, *amr.* arbetslag
crew 2) [*kru:*] gol (se *crow*)
crewel [*kru:əl*] tunt ullgarn
crib [*krib*] krubba, barnsäng, *fam.* anställning, *sl* hus, ordagrann översättning, 'lurk', 'drill', *amr. sl* kassaskåp; inspärra, plagiera, fuska (i skolan); **cribbage** ett slags kortspel
crick [*krik*] sendrag, ryggskott
cricket [*krikit*] syrsa, kricket, *amr.* pall; spela kricket; **it isn't** ~ det är icke rent spel, det går icke an; **as merry as a** ~ glad som en lärka: ~**-ground** kricketplan
cricoid [*kraikɔid*] **cartilage** *anat.* ringbrosk (i struphuvudet)
crier [*kraiə*] utropare
crikey [*kraiki*] herrejestanes!
crime [*kraim*] brott, förbrytelse; *mil.* rikta beskyllning mot; *mil.* överbevisa om förseelse; **criminal** [*kriminl*] brottsling; brottslig, kriminell; ~ **conversation** (förk. **crim. con.**) äktenskapsbrott; ~ **law** strafflag; **criminality** [*kriminæ'liti*] brottslighet; **criminate** [*krimineit*] anklaga, överbevisa om skuld; **crimination** [*kriminei'ʃ(ə)n*] anklagelse; **criminology** [*kriminɔ'lədʒi*] systematiskt studium av brott och brottslingar; **criminous** [*kriminəs*] brottslig (blott: **criminous clerk** präst som begått en förbrytelse)
Crimea [*kraimi'ə*], **the** ~ Krim; **Crimean** Krim- (t. ex. **the** ~ **War**)
crimp [*krimp*] värvare, värvares lockfågel, *amr.* hinder, *fig.* band, *pl* lockar; värva, hyra, krusa, *amr.* hindra, lägga band på
crimson [*krimzn*] karmosinrött; högröd, djupröd; bli mörkröd
cringe [*krin(d)ʒ*] krypande sätt; krypa för, krypa ihop
crinkle [*kriŋkl*] skrynkla, krökning, rynka; krusa, rynka; **crinkly** [*kriŋkli*] buktig, veckig, rynkig
crinkum-crankum [*kriŋkəm-kræŋkəm*] snirklar
crinoline [*krinoli:'n*] krinolin, *sjö.* skyddsanordning mot torpeder, torpednät
Cripes [*kraips*] minsann, du milde!
cripple [*kripl*] krympling, halt person; göra till krympling, förlama, ramponera
cris [*kris*] se *creese*
crisis [*kraisis*] (*pl crises* [*kraisi:z*]) kris, vändpunkt
crisp [*krisp*] *sl koll.* sedlar; skör, mör, krusad, frisk, oviken (om sedel), skarp; krusa, krusa sig; ~ **bread** knäckebröd; **crispate** [*krispeit*] krusad, krusig; **crispies** [*krispiz*] tunna stekta och torkade potatisstrimlor
criss-cross [*kriskrɔs*] kors som bomärke; korsande, tvärs; korsa; **everything is going** ~ allting går på tok
cristate [*kristeit*] *zool.* försedd med kam
criterion [*kraiti'əriən*] (*pl -a* [*-ie*]) kriterium, kännemärke, princip
critic [*kritik*] kritiker; **critical** [*kritikl*] kritisk, krisartad, avgörande; **criticaster** [*kritikæ'stə*] småaktig kritiker; **criticism** [*kritisizm*] kritiskt bedömande, kritik; **criticize** [*kritisaiz*] kritisera;
critique [*kriti:'k*] kritik, kritisk artikel, recension, anmälan
croak [*krouk*] kväkande, kraxande, skrik; kväka, kraxa, uttala olycksspådomar, *amr. sl* dö, slå ihjäl; **croaker** olycksprofet; **croaky** [*krouki*] kväkande, skrikande, olycksbådande
Croat [*krouət*] kroat; **Croatian** [*kroueiʼʃiən*] kroatisk
crochet [*krouʃei*] virkning, virkat arbete; virka
crock [*krɔk*] kruka, krukbit, sot, hästkrake, gubbstackare, vrak; sönderbryta, nedbryta; **crockery** [*krɔkəri*] lergods
crocket [*krɔkit*] lövornament, krabba (i arkitektur)
crocodile [*krɔkədail*] krokodil, hycklare, *sl* skolflickor, gående två och två i rad
crocus [*kroukəs*] *bot.* krokus
Croesus [*kri:səs*] Krösus
croft [*krɔ:ft*] täppa, småbruk, (*Skottl.*) bortarrenderad del av större egendom; **crofter** [*krɔ:ftə*] arrendator av mindre jordområde, torpare
cromlech [*krɔmlek*] keltiskt stenaltare, stendös
crone [*kroun*] gammal tacka, käring, gubbstut
crony [*krouni*] förtrogen vän
crook [*kruk*] krok, hake, krumstav, biskopskräkla, skarp krök, sväng, *sl* svindlare, förbrytare; kröka, *amr. sl* stjäla; **by hook or by** ~ med godo eller ondo; **on the** ~ oärligt; ~**-arm** membranarm (på grammofon); ~**-back[ed]** puckelrygg[ig]; **crooked** [*krukid*] krokig, oärlig
croon [*kru:n*] gnolande; gnola; **crooner** refrängsångare
crop [*krɔp*] kräva (hos fågel), svullnad, jaktpiska, kortklippt hår, gröda, årsväxt, skörd, topp, ax; klippa kort, avhugga, stubba, skörda, beså, giva skörd; ~ **up** komma i dagen, dyka upp; ~**-eared** stubbörad; **cropper** [*krɔpə*] fall, fiasko; **come a cropper** ha otur, misslyckas
croquet [*kroukei*] krocket; krockera
croquette [*krouke't*] krokett
crosier [*krouʒə*] kräkla, biskopsstav
cross [*krɔs*] kors, kryss, korsning, lidande; korsande, tvär-, motig, retlig, förargad; korsa, lägga i kors, korsa över, motarbeta, komma i vägen; **the C—** Kristi kors, kristendomen; **no** ~, **no crown** utan ansträngning ingen seger; **as** ~ **as two sticks** på dåligt humör; ~ **a person's hand with silver** ge ngn pengar för att bli spådd; ~ **my heart!** på min ära! ~ **one's mind** falla en in; **be at** ~ **purposes** ömsesidigt missförstå varann; ~ **questions and crooked answers** 'frågor och svar' (sällskapslek); ~**-bar** tvärslå, tvärstång; ~ **bench** bänk för partilösa (i parlamentet); ~**-bench mind** fördomsfritt sinne; ~**bill** *zool.* korsnäbb; ~**-bones** korslagda benknotor; ~**-bow** armborst; ~**-breed** korsning; korsa (raser); ~**-bun** bulle märkt med ett kors; ~**-buttock** brottargrepp (över höften); ~**-country** över stock och sten; ~**-cut** genväg; ~**-examination** korsförhör; ~**-examine** korsförhöra; ~**-grained** med tvärgående fibrer; vresig; ~**-head** (~**ing**) underrubrik; ~**-patch** tvärvigg; ~ **reference** hänvisning; ~**-road** sidoväg; ~**-roads** korsväg; ~**-stitch** korsstygn; ~**-trees** *sjö.* [tvär]salning; ~ **voting** röstavgivning för motpartiet, votering med upplösta partiband; ~**-word** [**puzzle**] korsord; ~**wise** korsvis; **crossing** övergångsställe, överresa; **crossing, no gates** *auto.* obevakad [järnvägs]övergång; **crossing-sweeper** gatsopare
crotch [*krɔtʃ*] klyka, skrev, gren
crotchet [*krɔtʃit*] krok, hake, fjärdedelsnot, nyck; **crotcheteer** [*krɔtʃiti'ə*] vurm, nyckfull människa, monoman
crouch [*krautʃ*] krypa ihop, ligga på lur
croup [*kru:p*] krupp, strypsjuka
croup[e] [*kru:p*] kors, länd (på häst)
croupier [*kru:piə*] croupier
crow [*krou*] galande, kråka; gala, jollra, jubla,

stoltsera; **eat** ~ *amr.* förödmjuka sig (= *eat humble pie*); **Jim C—** *amr.* neger; **have a** ~ **to pick with one** ha en gås oplockad med ngn; **as the** ~ **flies** fågelvägen; ~**-bar** bräckjärn; ~**berry** kråkbär; ~**'s feet** rynkor vid ögonen; ~**'s-nest** *sjö.* mastkorg

crowd [*kraud*] hop, flock, skara, trängsel, mängd, *pl* åskådare, publik (vid idrottstävling); hopa sig, vimla, tränga ihop, överfylla; **it might pass in a** ~ på långt håll och för svaga ögon; ~ **of sail** stor segelföring; ~ [**on**] **sail** pressa med segel

crown [*kraun*] krona, topp, 5 sh., hjässa, hattkulle; kröna; **C— Colony** koloni utan självstyrelse; ~ **law** strafflag; ~ **lawyer** kronjurist; ~ **prince** kronprins; ~**-wheel** kronhjul

crozier [*krouʒə*] kräkla, biskopsstav

crucial [*kru:ʃiəl*] pinsam, avgörande; **crucible** [*kru:sibl*] smältdegel; **cruciferous** [*kru:si'fərəs*] *bot.* korsblomstrig; **crucifix** [*kru:sifiks*] krucifix; **crucifixion** [*kru:sifi'kʃ(ə)n*] korsfästelse; **cruciform** [*kru:sifɔ:m*] korsformig; **crucify** [*kru:sifai*] korsfästa

crude [*kru:d*] rå, obearbetad, osmält; ~ **oil** råolja; **crudity** [*kru:diti*] grovhet, råhet, anstötlighet

cruel [*kruəl*] grym; **cruelty** [*kruəlti*] grymhet

cruet [*kruit*] flaska i ett bordsställ; ~**-stand** bordssyrtut, bordsställ

cruise [*kru:z*] kryssning; kryssa; **cruising speed** marschhastighet; **cruiser** kryssare

crumb [*krʌm*] smula, inkråm; panera; **crumble** [*krʌmbl*] smula, söndersmulas, falla sönder; **crumbly** [*krʌmbli*] smulig, skör; **crumby** [*krʌmi*] beströdd med smulor

crummy [*krʌmi*] *sl* fyllig, rar, munter, välbärgad

crump [*krʌmp*] slag, fall, *sl* exploderande granat; slå hårt, knarra (om snö)

crumpet [*krʌmpit*] porös tekaka, *sl* huvud; **off one's** ~ *sl* vriden

crumple [*krʌmpl*] skrynkla; skrynklas; ~ **up** skrynkla ihop, krossa, falla ihop; **crumpled** [*krʌmpld*] tilltufsad, skrynklig

crunch [*krʌn(t)ʃ*] knastrande; krossa (med tänderna), knapra; **crunchy** [*krʌnʃi*] skör, spröd

crupper [*krʌpə*] svansrem

crural [*kru:rəl*] ben-

crusade [*kru:sei'd*] [draga ut på] korståg

cruse [*kru:z*] krus, lerkruka

crush [*krʌʃ*] krossning, press, trängsel, *sl* stor bjudning; krossa, skrynkla, klämma sönder, förstöra, förkrossa; **have a** ~ **on** *amr. sl* vara begiven på; ~ **hat** chapeau-claque; **crusher** *sl* poliskonstapel, en duktig en

crust [*krʌst*] skorpa, *sl* huvud, *amr. sl* fräckhet; bilda skorpa; **a crusted habit** en ingrodd vana; **crusty** [*krʌsti*] skorpartad, vresig

crustacean [*krʌstei'ʃən*] kräftdjur; **crustaceous** [*krʌstei'ʃəs*] skorpaktig, kräftdjurs-

crutch [*krʌtʃ*] krycka, stötta; **crutched** [*krʌtʃt*] försedd med krycka, stöttad; [*krʌtʃid*] bärande ett kors (om munkar)

crux [*krʌks*] *lat.* svårighet

cry [*krai*] skrik, rop, gråt; ropa, gråta, skrika [ut]; ~ **craven** ge sig på nåd och onåd; **in full** ~ i full fart; **a far** ~ lång väg, långt; ~ **for** ropa efter, fordra; ~ **for the moon** begära det omöjliga; ~ **off** draga sig tillbaka, uppgiva; ~ **over spilt milk** klaga över sådant som ej kan ändras; ~ **stinking fish** bringa sina egna varor i vanrykte; ~ **wolf** slå falskt alarm; ~**-baby** skrikhals, lipsill

crypt [*kript*] krypta; ~**ic** hemlig, förborgad

cryptogram [*kriptougræm*] kryptogram, chiffer

crystal [*kristl*] kristall, kristallglas, *amr.* urglas; kristallklar; **the C— Palace** Kristallpalatset (utställningsbyggnad i London (1851), nedbrunnen 1938); ~ **set** *radio.* kristallmottagare; **crystalline** [*kristəlain*] kristallinisk, kristallklar; **crystallize** [*kristəlaiz*] kristallisera; utkristallisera [sig]; **crystallized fruit** kanderad frukt

cub [*kʌb*] unge, barnunge; föda ungar; **cubbing** jakt på rävungar; **cubbish** valpig, tölpig, ouppfostrad; **cubhood** [*kʌbhud*] valptid

cubby [*kʌbi*], **cubby-hole** [*kʌbihoul*] skrubb, hemtrevlig vrå

cube [*kju:b*] kub, tärning, *mat.* kubiktal; *mat.* upphöja till tredje potensen; **cubic** [*kju:bik*] kubisk, kubik-, med tre dimensioner; **cubism** [*kju:bizm*] kubism

cubicle [*kju:bikl*] enskilt sovrum (i skolor etc.)

cubiform [*kju:bifɔ:m*] kubisk

cubit [*kju:bit*] gammal eng. aln (= 4,6 dm)

cuboid [*kju:bɔid*] kubformig

cuckold [*kʌkəld*] hanrej; bedraga en äkta man

cuckoo [*kuku:*] gök, enfaldig person; *amr. sl* vriden; ~**-flower** gökblomma (Lychnis flos cuculi); ängskrasse (Cardamine pratensis); ~**-pint** dansk ingefära (Arum maculatum); ~**-spit** grodspott (skum på växter åstadkommet av vissa larver)

cucumber [*kju:kəmbə*] gurka; **as cool as a** ~ fräck, ogenerad

cud [*kʌd*] idisslares halvsmälta föda; **chew the** ~ idissla; fundera; ~**weed** kattfot (Gnaphalium)

cudbear [*kʌdbɛə*] röd indigo

cuddle [*kʌdl*] omfamning; omfamna, krama; ligga hopkrupen

cuddy [*kʌdi*] ruff, skrubb, (*Skottl.*) åsna

cudgel [*kʌdʒ(ə)l*] påk; slå med påk; ~ **one's brains** pina (bry) sin hjärna

cue [*kju:*] replik, vink, antydning, biljardkö, kö (jfr *queue*); **cueist** [*kju:ist*] biljardspelare

cuff [*kʌf*] slag, manschett, *pl* handklovar; slå; ~**-links** manschettknappar

Cufic [*kju:fik*] kufisk skrift (fornarabisk)

cuirass [*kwiræ's*] harnesk; **cuirassier** [*kwirəsi'ə*] kyrassiär

cuisine [*kwi(:)zi:'n*] matlagning, kök

cul-de-sac [*ku'ldəsæ'k*] återvändsgränd

culinary [*kʌlinəri, kju:linəri*] kulinarisk, matlagnings-

cull [*kʌl*] *sl* enfaldig narr, kamrat; locka, samla, utvälja

cullender [*kʌlində*] durkslag, blecksil

cully [*kʌli*] *sl* prisse, fyr; lura

culminate [*kʌlmineit*] kulminera; **culmination** [*kʌlminei'ʃənb*] kulmination, höjdpunkt

culpable [*)klʌpəl*] brottslig, skyldig

culprit [*kʌlprit*] anklagad, brottsling

cult [*kʌlt*] kult, gudsdyrkan

cultivate [*kʌltiveit*] odla, kultivera; **cultivation** [*kʌltivei'ʃ(ə)n*] odling; **cultivator** [*kʌltiveitə*] odlare, kultivator (jordbruksredskap)

cultural [*kʌltʃərəl*] kulturell; **culture** [*kʌltʃə*] kultur, bildning, odling; odla, förfina; **culture pearl** odlad pärla

culvert [*kʌlvət*] kulvert, vägtrumma

cum [*kəm*] (*lat.*) med (brukas i sammansättningar, t. ex. *dance-cum-bridge party* bjudning med dans o. bridge)

cumber [*kʌmbə*] hinder; hindra, betunga; **cumbersome** [*kʌmbəsəm*], **cumbrous** [*kʌmbrəs*] besvärlig, hindrande

Cumberland [*kʌmbələnd*] (eng. grevskap); **live in** ~ leva i svåra förhållanden

Cumbrian [*kʌmbriən*] inbyggare i Cumberland

cumbrous se *cumbersome*

cumin [*kʌmin*] *bot.* kummin

cummerbund [*kʌməbʌnd*] (*Ind.*) skärp att binda om livet

cummin [*kʌmin*] se *cumin*

cumulative [*kju:mjulətiv*] sammanhopad, växande

cumulus [*kju:mjuləs*] (*pl* -*li* [-*lai*]) cumulus, stackmoln

cuneiform [*kju:niifɔ:m*] tecken i kilskrift; kilformig, kilskrift-

cunning [*kʌniŋ*] slughet; slug, *amr.* söt, fin

cup [*kʌp*] kopp, bägare, pokal, kalk, bål; **~ and ball** bilboké (spel); **a ~ and saucer** kopp med fat, *dial.* 'ett par koppar'; **in one's ~s** berusad; **be a ~ too low** behöva en hjärtstyrkare; **~-final** slutkampen i pokalturnering; **~-tournament** pokalturnering; **with her chin cupped in her hands** med händerna under hakan

cupboard [*kʌbəd*] skåp; **~ love** matfrieri, kärlek med beräkning

Cupid [*kju:pid*] Cupido; **cupidity** [*kju(:)pi'diti*] lystnad

cupola [*kju:pələ*] kupol

cupreous [*kju:priəs*] koppar-; **cupric** [*kju:prik*] kopparhaltig, koppar-; **cupriferous** [*kju(:)pri'fərəs*] kopparförande; **cuprous** [*kju:prəs*] = *cupric*

cur [*kə:*] byracka, arg hund, slusk, usling

curaçao [*kjuərəsou'*] curaçao

curacy [*kjuərəsi*] en *curate's* syssla, 'komministratur'

curare [*kjura:'ri*] pilgift

curate [*kjuərit*] kaplan, hjälppräst, pastorsadjunkt; **~ in charge** vice pastor; **perpetual ~** *åld.* komminister

curative [*kjuərətiv*] botande, helande [medel]; **curator** [*kju(ə)rei'tə*] kurator, intendent, medlem av förvaltningsråd

curb [*kə:b*] tygel, trottoarkant (*kerb*); tygla; **~ roof** brutet tak; **~-stone** trottoarkant

curd [*kə:d*] ostämne; **curdle** [*kə:dl*] ysta, [komma att] koagulera, [bringa att] stelna (även *fig.*)

cure [*kjuə*] omsorg, kur, *sl* original; kurera, konservera

curfew [*kə:fju:*] (under medeltiden) aftonringning; signal för folk att hålla sig inne (under belägringstillstånd)

curia [*kjuəriə*] curia, senatshus, påvestolen

curio [*kjuəriou*] kuriosum

curiosity [*kjuəriɔ'siti*] nyfikenhet, märkvärdighet, antikvitet; **curious** [*kjuəriəs*] nyfiken, vetgirig, noggrann, märkvärdig, pornografisk

curl [*kə:l*] lock, spiralrörelse; locka, röra sig i spiral; **~ up** rulla ihop [sig], falla ihop; **~ of the lips** föraktfullt löje; **~-paper** papiljott; **curling** [*kə:liŋ*] *sport.* curling; krusning; **curling tongs** frisertång

curlew [*kə:lju:*] *zool.* storspov

curlicue [*kə:likju:*] sväng, onödigt tillägg

curly [*kə:li*] lockig, *sl* besvärlig; **~-pate** krushårig

curmudgeon [*kə:mʌ'dʒ(ə)n*] gnidare; **curmudgeonly** girig

currant [*kʌr(ə)nt*] korint; **black ~s** svarta vinbär; **red ~s** röda vinbär

currency [*kʌr(ə)nsi*] lopp, gångbarhet, giltighetstid, spridning, valuta; **current** [*kʌr(ə)nt*] bruklig, gängse, innevarande, [lätt]flytande; ström, lopp, strömning, tendens; **pass current** bli allmänt erkänd; **current direction indicator** *auto.* elektrisk strömvisare

curricle [*kʌrikl*] lätt tvåhjulig schäs

curriculum [*kəri'kjuləm*] (*pl* **-la** [*-lə*]) studiekurs

currier [*kʌriə*] garvare

currish [*kə:riʃ*] vresig, gemen

curry [*kʌri*] curry; tillreda med curry; rykta, garva läder; **~ favour with** ställa sig in hos; **~-comb** hästskrapa

curse [*kə:s*] förbannelse; förbanna; **not worth a ~** icke värt en smula; **not care a ~ for** icke bry sig det minsta om; **the ~ of Scotland** *sl* ruter nia; **~ you!** för fan! **cursed** [*kə:sid*] förbannad

cursive [*kə:siv*] kursiv

cursorial [*kə:sɔ:'riəl*] ägnad för löpande, för gång; **cursory** [*kə:s(ə)ri*] kursorisk, hastig, flyktig

curt [*kə:t*] kort[fattad], snäv; **curtail** [*kə:tei'l*] förkorta, beskära; **curtailment** [*kə:tei'lmənt*] förkortning, beskärning

curtain [*kə:tn*] gardin, förhänge, ridå; förse med gardin[er], avskilja med förhänge; tablå! **the ~ rises** ridån går upp; **the ~ is dropped** förhänget faller; **fire-proof ~** järnridå

curtilage [*kə:tilidʒ*] gårdstomt, täppa

curtsy [*kə:tsi*] nigning; niga; **drop a ~** niga

curvature [*kə:vətʃə*] rörelse i kurva, krökning; **curve** [*kə:v*] kurva, krökning; **curvilinear** [*kə:vili'niə*] kroklinjig

cushat [*kʌʃət*] skogsduva, ringduva

cushion [*kuʃin, -ən*] dyna, biljardvall; förse med dyna, skydda med dyna; **cushiony** [*kuʃini, -əni*] mjuk som en dyna, fet

cushy [*kuʃi*] *mil. sl* ofarligt sår; *sl* lätt, behaglig

cusp [*kʌsp*] udd, spets; **cusped** [*kʌspt*], **cuspidal** [*kʌspidl*] spetsig

cuspidor [*kʌspidɔ:*] *amr.* spottlåda

cuss [*kʌs*] *sl* person, gosse; *fam.* svära (*curse*); **~word** svordom; **cussedness** [*kʌsidnis*] ondska, elakhet

custard [*kʌstəd*] söt gräddsås, vaniljsås

custodian [*kʌstou'diən*] vårdare, tillsyningsman; **custody** [*kʌstədi*] uppsikt, fängsligt förvar

custom [*kʌstəm*] sed, kundkrets, *pl* tull[väsen]; **~ clothes** *amr.* kläder efter mått; **~-house** tullhus; **customary** [*kʌstəm(ə)ri*] vanlig, hävdvunnen; **customer** [*kʌstəmə*] kund, *sl* sälle, gosse

cut [*kʌt*] snitt, skärning, klippning, nedskärning, genväg, slag, vänskapsbrott, skiva, avskuret stycke, *amr.* andel; (*oregelb. vb*) skära, hugga, slå, klippa, skära ned, tillskära, kupera, avskära, avbryta förbindelsen med, ta en genväg, skolka från, ge sig i väg, *sl* skynda sig (**~** *along*); **a ~ above** en grad högre; **~ a joke** skämta, vitsa; **~ a loss** rädda sig, innan förlusten blir för stor; **~ and come again** taga för sig flera gånger; **~ and dried** fix och färdig; **~ and run** lägga i väg; **~ and thrust** fäktning, diskussion; **~ a tooth** förvärva erfarenhet; få en tand; **~ both ways** gälla både för och emot; **~ one's coat according to one's cloth** rätta munnen efter matsäcken; **~ [a person dead]** låtsa att ej se ngn; ej hälsa på någon; **~ down** beskuren, förkortad; **he has ~ his eye-teeth** han är icke född i går; **~ in** ta en annans plats (i kortspel); **~ no ice** ha ringa el. ingen verkan; **~ off with a shilling** avspisa med en obetydlighet; **~ out** utkonkurrera, avskära fientligt skepp, tillskära, draga sig ur spelet; **~ it out** *sl* sluta upp; **~ out for** ägnad för; **~ prices** sänka priserna; **~ short** avbryta; **~ the cackle and get to the hosses** *fam.* komma till saken; **~ the knot** avskära knuten (också *fig.*) **~ the record** slå rekordet; **~ to pieces** kritisera sönder och samman; **~ up** *sl* baktala; **~ up well** efter döden visa sig ha varit förmögen; **~in** *amr.* filmtext på själva bilden; **~-back** återblick; **~purse** ficktjuv; **~-throat** mördare, *amr. sl* opålitlig person; **~-throat bridge** rövarbridge; **~-up** upprörd; **~water** förstäv; **~-work** venetianskt broderi; **cutter** tillskärare, kutter, slup; **cutting** skärning av höjd, tidningsurklipp, *film.* snabb övergång från en bild till en annan; vass, bitande

cutaneous [*kju(:)tei'niəs*] hud-

cute [*kju:t*] klok, skarpsinnig, *amr.* stilig, söt (*acute*)

Cuthbert [*kʌþbət*] Cuthbert, *sl* skolkare från militärtjänst

cuticle [*kju:tikl*] överhud; överflödig hud (t. ex. vid nagelroten)

cutie [*k(j)u:ti*] *amr. sl* lus

cutis [*kju:tis*] *anat.* läderhud

cutlass [*kʌtləs*] huggare; **cutler** [*kʌtlə*] knivsmed; **cutlery** [*kʌtləri*] knivsmide, eggjärn (kollektivt)

cutlet [*kʌtlit*] kotlett

cuttle[-fish] [*kʌtl(fiʃ)*] bläckfisk

cutty [*kʌti*] kort pipa, kritpipa

cyclamen [*sikləmən*] cyklamen, alpviol
cycle [*saikl*] krets, period, cykel, omloppstid; kretsa, cykla; ~ **car** lätt trehjulig bil; **cycler** *amr.* cyklist; **cyclic[al]** [*siklik(l)*] regelbundet återkommande; tillhörande en bestämd period; **cyclist** [*saiklist*] cyklist; **cycloid** [*s(a)iklɔid*] cykloid, hjullinje; **cycloidal** [*saiklɔ'idl*] cykloidal; **cyclometer** [*saiklɔ'mitə*] kilometerräknare
cyclone [*saikloun*] cyklon (virvelstorm); **cyclonic** [*saiklɔ'nik*] cyklon-, virvlande
cyclop[a]edia [*saiklopi:'djə*] konversationslexikon; **cyclop[a]edic** [*-dik*] encyklopedisk
Cyclops [*saiklɔps*] cyklop, enögd person; **Cyclopean** [*saiklopi:'ən*] cyklopisk, jättelik, klumpig, av ohuggen sten (murverk)
cygnet [*signit*] ung svan
cylinder [*silində*] cylinder; **cylindrical** [*sili'ndrik(ə)l*] cylindrisk
cymbal [*simb(ə)l*] *mus.* cymbal
cyme [*saim*] *bot.* blomknippe; **cymose** [*saimous*] lik blomknippe, bärande blomknippe
Cymric [*kimrik*] kymrisk
cynic [*sinik*] cyniker; **cynical** [*sinik(ə)l*] cynisk; **cynicism** [*sinisizm*] cynism
cynosure [*sinəzjuə*] stjärnbilden Lilla Björn, ledstjärna, medelpunkt; ~ **of all eyes** mål för allas blickar
cypher [*saifə*] nolla, chiffer (se *cipher*)
cypress [*saipris*] *bot.* cypress
Cyprian [*sipriən*] invånare på Cypern, sköka; cyprisk, osedlig
cyst [*sist*] [urin]blåsa; **cystic** [*sistik*] blås-; **cystitis** [*sistai'tis*] blåskatarr
cytology [*sitɔ'lədʒi*] läran om celler
Czar [*za:*] tsar
Czech [*tʃek*] tjeck[isk]
Czecho-Slovak [*tʃekouslou'væk*] tjeckoslovak[isk]; ~**ia** [*tʃe'kouslouvæ'kiə*] Tjeckoslovakien

D

D, d [*di:*] (*pl Ds, D's* [*di:z*]) bokstaven d, noten d; **d(.) and d(.)** *amr. sl* förk. f. *drunk and disorderly*; **a big d** förk. f. *a big damn*
'd [*d*] *fam.* för *had, would*
da [*da:*] se *dad*
dab [*dæb*] klapp, stänk, *zool.* sandskädda (fisk), slarva, litet barn, *pl* fingeravtryck, *sl* mästare; lätt beröra, klappa, badda, smörja, torka; **dabble** [*dæbl*] plaska, doppa, stänka, fuska (**in** i); **dabbler** fuskare, dilettant; **dabster** [*dæbstə*] *fam.* mästare
dace [*deis*] *zool.* en art mört, *sl* twopence, *amr. sl* 2 cents
dachshund [*dækshund*] grävlingshund, tax
dacoit [*dəkɔi't*] bandit (i Burma); **dacoity** [*dəkɔi'ti*] banditväsen (i Burma)
dactyl [*dæktil*] daktyl; **dactylic** [*dækti'lik*] daktylisk vers; daktylisk
dad [*dæd*], **dada** [*dædə*], **daddy** [*dædi*] *fam.* far; **daddy-long-legs** *zool.* harkrank, *amr.* lockespindel, helga högben
daddle [*dædl*] labb, hand; stulta, stappla fram
dado [*deidou*] postament, bröstpanel; **dadoed** [*deidoud*] panelförsedd
daedal [*di:dəl*] mystisk, konstrik
daemonic se *demonic*
daff [*dæf*] *amr. sl* vriden, sinnessjuk
daffodil [*dæfədil*] påsklilja, påsklilja som nationell symbol för Wales (*fam. daff* [*dæf*])
daffy [*dæfi*] *amr. sl* galen
daft [*da:ft*] fånig, vild, från förståndet
dag [*dæg*] nedhängande ulltott på får, lös ända, *sl* pistol, cigarrett
dagger [*dægə*] dolk, *boktr.* kors (†); **at** ~**s drawn** i bitter fiendskap; **look** ~**s** kasta mördande blickar
daggle [*dægl*] släpa i smutsen, söla ner
dago [*deigou*] *amr. sl* sydeuropé (i U. S. A. is. spanjorer); ~ **red** *amr. sl* billigt rödvin
daguerreotype [*dəge'rotaip*] dagerrotypi
dahlia [*deiljə*] *bot.* dahlia, georgin
Dail [*dɔil*], **Dail Eireann** [*dɔi'lɛ'ərən*] parlamentet i den irländska fristaten
daily [*deili*] daglig tidning, städhjälp; daglig[en]; **D— Mail** (stor eng. daglig tidning)
dainty [*deinti*] läckerbit; utsökt, läcker, nätt, kräsen
dairy [*dɛəri*] mejeri, mjölkhandel; ~**maid** mejerska; ~**man** mejerist; **dairying** [*dɛəriiŋ*] mejerihantering
dais [*deis*] förhöjning, estrad
daisy [*deizi*] tusensköna, *sl* praktexemplar; ~ **cutter** häst som blott obetydligt lyfter benen, snabb och låg boll (i kricket el. tennis)
dak, dåk se *dawk*
dale [*deil*] dal (i Nordengland); **dalesman** [*deilzmən*] dalbo (i Nordengland)
dalliance [*dæljəns*] förhalande av tiden, gyckel, smek; **dally** [*dæli*] förhala tiden, söla, smekas, skämta, leka, flörta
Dalmatian [*dælmei'ʃ(ə)n*] dalmatisk hönshund; **dalmatic** [*dælmæ'tik*] dalmatika, katolsk mässdräkt
dam [*dæm*] (om djur) moder, damm, fördämning, dam (i spel), indiskt mynt; uppdämma; **not worth a** ~ icke värd ett dyft
damage [*dæmidʒ*] skada, skadegörelse, *pl* skadestånd, *sl* kostnad, pris; skada; **a damaging admission** ett erkännande som skadar ens ställning; **damaged** (också) *sl* drucken
damascene [*dæməsi:'n*], **damaskeen** [*dæməski:'n*] damaskera (stål)
damask [*dæməsk*] damast, damaskenerstål; väva med framträdande figurer, bringa att rodna; ~ **rose** månadsros; **damaskeen** se *damascene*
dame [*deim*] (förnäm) fru; titel för kvinnlig innehavare av *the Order of the British Empire*, husmor (Eton), *amr. sl* flicka; ~**-school** privat småskola (som hålles av äldre dam)
damfino [*dæmfai'nou*] *amr. sl* nej, det vet jag sannerligen icke (förvridning av *damned if I know!*)
damfool [*dæmfu:'l*] tokstolle; idiotisk
damme [*dæmi:*] = *damn me*, se *damn*
damn [*dæm*] ed, dyft, smula; förbanna, svära, fördöma, utvissla, 'nedskälla', förstöra, fälla; ~ **me!**, ~ **it!** fan anamma! ~ **the rain!** förbannade regn! **I'll be damned if** tamejfan om; **be damned to you** drag för fan i våld; **the damned** de fördömda; **damning evidence** fällande vittnesmål; **damnable** [*dæmnəbl*] fördömlig, förbannad; **damnation** [*dæmnei'ʃ(ə)n*] fördömelse; fördömt! **damnatory** [*dæmnətəri*] fördömande; **damned** [*dæmd*] (förk. **d—d** [*di:d*]) förbannad; **damnification** [*dæmnifikei'ʃ(ə)n*] *jur.* skadande; **damnify** [*dæmnifai*] *jur.* skada

Damocles [*dæməkli:z*], **swoord of** ~ damoklessvärd
Damon and Pythias [*deimən ən piþiəs*] trofasta vänner
damp [*dæmp*] fukt, fuktighet, nedslagenhet; fuktig; göra fuktig, dämpa, nedstämma; **throw a** ~ **on** avkyla, dämpa; **damper** pedal (på piano); dämpare, sordin, spjäll, (Australien) ett slags osyrat bröd bakat i aska, *amr. sl* kassaapparat
damsel [*dæmzl*] jungfru, ungmö, tärna
damson [*dæmzən*] damaskusplommon; ~ **cheese** tjock marmelad (av damaskusplommon och socker)
dance [*da:ns*] dans; dansa, hoppa, *amr. sl* bli hängd; **lead a person a** ~ göra livet surt för ngn; ~ **upon nothing** *sl* bli hängd; ~ **marathon** uthållighetsdans; **dancer** [*da:nsə*] dansör
dancethon [*da:nsəþən*] *amr. sl* danstävling (i uthållighet) (*dance marathon*)
dandelion [*dændilai'ən, dæ'n-*] *bot.* maskros
dander [*dændə*] *sl* vrede; **get a person's** ~ **up** upphetsa ngn
dandie [*dændi*], **Dandie Dinmont** ett slags terrier
dandle [*dændl*] gunga (ett barn på knäet eller i armarna), vyssa, kela med
dandruff [*dændrəf*], **dandriff** [*dændrif*] mjäll
dandy [*dændi*] sprätt, modenarr, *amr.* ngt utmärkt; ett slags slup; elegant, sprättaktigt klädd, förträfflig, prima; **dandyism** [*dændiizm*] sprättaktighet
Dane [*dein*] dansk, viking; **Great D—** grand danois (hund)
dang [*dæŋ*] **me**! (mild ed i stället för) *damn me*!
danger [*dein(d)ʒə*] fara; **dangerous** [*dein(d)ʒərəs*] farlig
dangle [*dæŋgl*] [låta] dingla, hänga efter, släntra; **dangler** [*dæŋglə*] loj person, kvinnojägare, *amr. sl* trapetskonstnär
Daniel [*dænjəl*] vis domare
Danish [*deiniʃ*] dansk, danska (språket); dansk
dank [*dæŋk*] fuktig
Dantesque [*dænte'sk*] i Dantes stil
dap [*dæp*] slanta, pimpla (fisk), [låta] studsa
daphne [*dæfni*] *bot.* olika slag av blombärande buskar
dapper [*dæpə*] nätt, rask
dapple [*dæpl*] fläckig, spräcklig; göra fläckig; ~**-grey** apelkastad (häst); **dappling** [ljus]fläck
darbies [*da:biz*] *sl* handbojor
darby [*da:bi*] *amr. sl* pengar
Darby and Joan gammalt trofast äkta par
dare [*dɛə*] våga, töras, utmana; ~**-devil** våghals; dumdristig; ~**-devilry** dumdristighet; **daring** [*dɛəriŋ*] dristighet; dristig
dark [*da:k*] mörker; mörk; **in the** ~ i mörkret, i okunnighet; **the** ~ **ages** medeltiden; ~ **days** motgång; **keep** ~ hålla sig gömd; hålla tyst; ~ **horse** häst eller person om vilken man ej vet ngt; ~ **lantern** blindlykta; ~ **room** mörkrum; **darken** [*da:kn*] mörkna, förmörka[s], mörklägga; **darkey, darkie** *amr. fam.* neger; **darkling** nattlig, mörk; **darkness** mörker; **darksome** [*da:ksəm*] dunkel, dyster; **darky** [*da:ki*] blindlykta, *amr. fam.* neger (*darkey*)
darling [*da:liŋ*] älskling; kär, älskad
darn 1) [*da:n*] stopp, stoppat ställe; stoppa (med nål och tråd); **darning** stoppning
darn 2) [*da:n*], **darned** [*da:nd*] *sl* förvrängning av *damn* (också *darnation* [*da:nei'ʃ(ə)n*])
darnel [*da:nəl*] repe, rajgräs
darp [*da:p*] *amr. sl* söt flicka; duktig (gosse), ngt utmärkt
dart [*da:t*] kastspjut, kastpil; stark fart, glimt; kasta, störta
Dartmoor [*da:tmuə*] fängelse på Dartmoor i Devon; **Dartmouth** [*da:tməþ*] kadettskola i Dartmouth, Devon
Darwinian [*da:wi'njən*] anhängare av Darwin; darwinistisk; **Darwinism** [*da:winizm*] darwinism; **Darwinist** [*da:winist*] darwinist
dash [*dæʃ*] stöt, framstöt, slag, plask, släng, raskt grepp, anstrykning, kläm och fart, tankstreck; slänga, slå sönder, krossa, rusa, ge en anstrykning av; **milk with a** ~ mjölk med litet kaffe i; **make a** ~ **for** rusa efter (för att nå); **cut a** ~ briljera, slå på stort; ~ **down** nedskriva i en fart; ~ **into** stöta samman med; ~**-board** instrumentbräda; **I am dashed**! det var tusan! **dashing** stilig, vräkig, klämmig; **dasher** stav i smörkärna, vräkig person; **dashy** *sl* stilig, modern
dastard [*dæstəd*] pultron; **dastardly** [*dæstədli*] feg
data [*deitə*] *pl* av *datum* (i *amr.* ibland använt som *sg*)
dataller, daytaller [*deitələ*] daglönare
date 1) [*deit*] dadel
date 2) [*deit*] datum, avtal (om möte), 'träff', förfallotid; datera; **out of** ~ föråldrad; **up to** ~ fullt modern; ~ **back** gå tillbaka (**to** till), *amr. sl* minnas; ~**less** odaterad, urminnes, *amr.* fri, oupptagen
dative [*deitiv*] *gram.* dativ
datum [*deitəm*] (*pl data* [*deitə*]) utgångspunkt, faktum, *amr. pl* nyheter
datura [*dətju'ərə*] *bot.* spikklubba
daub [*dɔ:b*] kludderi, smörja; smeta [ner], kludda [ihop]; **dauber** dålig målare; *amr. sl* målare som hastigt övermålar stulna bilar; **daubster** kluddmålare; **dauby** [*dɔ:bi*] smetig, kluddig
daughter [*dɔ:tə*] dotter; **daughter-in-law** svärdotter; **daughterly** [*dɔ:təli*] dotter-, dotterlig
daunt [*da:nt, dɔ:nt*] skrämma; **nothing** ~**ed utan** att låta sig bekomma; **dauntless** oförfärad
dauphin [*dɔ:fin*] dauphin (fransk tronarvinge)
davenport [*dævənpɔ:t*] skrivbord, *amr.* ett slags divan
David and Jonathan [*deivid ən dʒɔnəþən*] trofasta vänner
davit [*dævit*] *sjö.* dävert
Davy [*deivi*] [**lamp**] säkerhetslampa
davy [*deivi*]; **take one's** ~ *sl* svära på
Davy Jones [*deividʒounz*] *sl* havet, hin onde; ~**'s locker** havet som sjömannens grav
daw [*dɔ:*] kaja
dawdle [*dɔ:dl*] förnöta tiden
dawk, dåk, dak [*dɔ:k*] (*Ind.*) postskjuts
dawn [*dɔ:n*] dag[gry]ning; gry, ljusna; ~ **upon** gå upp för
day [*dei*] dag; **the other** ~ häromdagen; **in broad** ~ mitt på dagen; **men of the** ~ betydelsefulla samtida personer; **in the** ~**s of old** i forna dagar; **have one's** ~ ha sin lyckliga tid; ~ **by** ~ dag för dag; ~ **of grace** nådatid, respitdag; ~ **of judgment** domedag; **this** ~ **week** i dag om en vecka, för en vecka sedan; **on one's** ~ i god form; **know the time of** ~ veta gott besked, *fig.* veta vad klockan är slagen; **win (carry) the** ~ segra; **lose the** ~ bli besegrad; ~**-boarder** inackorderad blott i maten (om elev i en skola); ~**-book** dagkladd; journal; ~**-boy** skolelev som bor i sitt hem (och ej i skolinternatet); ~**break** morgongryning; ~**-bug** *sl* se *-boy*; ~**-fly** dagslända; ~**-labourer** daglönare; ~**light** dagsljus, offentlighet, *pl amr. sl* ögon; **let** ~**-light into** *sl* mörda; ~ **saving time** *amr.* sommartid (1 timme framskjuten); ~**-school** dagskola (mots. internatskola); ~**-spring** daggryning
daze [*deiz*] blända, förvirra; **dazzle** [*dæzl*] blända; **dazzle headlights** *auto.* bländande lyktor; **dazzle paint** camouflage (av fartyg)
deacon [*di:kn*] diakon, ordförande i skrå, sysslоman (i presbyteriansk församling); **deaconess** [*di:kənis*] diakonissa; **deaconry** diakonat
dead [*ded*] död; fullständigt, mycket; **cut** ~ behandla som luft; **in the** ~ **of night** mitt i natten; ~ **above the ears** *amr. sl* enfaldig; ~ **as a doornail** el. **as mutton** el. **as a bilge** stendöd; **in** ~ **earnest** på fullaste allvar; ~ **ahead** rakt

förut; ~-**alive** slö; ~-**beat** utmattad; **a ~ cert** el. **cinch** *amr.* [ngt som är] absolut säkert; ~ **eye** (på vant) jungfru; ~**fall** *amr.* fälla för storvilt; ~-**head** gratispassagerare, gratist; låta passera gratis; ~ **heat** dött lopp; ~ **letter** död bokstav, obeställbart brev; ~ **lift** fåfäng ansträngning; ~-**light** *sjö.* lucka för kajutfönster; ~**lock** baklås, dödvatten; ~ **man,** ~ **marine** *sl* tom flaska; ~ **man's finger** *bot.* Jungfru Marie hand (Orchis maculata), torkad banan; ~ **meat** *sl* lik; ~-**nettle** *bot.* blindnässla; ~ **one** *amr. sl* flicka utan 'det'; ~ **pan** *amr. sl* uttryckslöst ansikte; ~ **point** dödläge; ~ **reckoning** *sjö.* bestämning av fartygets läge efter loggning; ~ **shot** träffsäker skytt; ~ **soldier** *sl* tom flaska; **deaden** [*dedn*] försvaga, dämpa, göra okänslig; **deader** *sl* död man; **deadly** [*dedli*] dödsbringande, dödlig

deaf [*def*] döv; ~ **as an adder** stendöv; **turn a ~ ear** slå dövörat till; ~-**and-dumb alphabet** dövstumsalfabetet; ~-**mute** dövstum; **deafen** [*defn*] bedöva, göra döv; **deafening** öronbedövande; golvfyllning

deal 1) [*di:l*] gran- el. furuplanka; ~ **suit** *sl* likkista

deal 2) [*di:l*] mängd, giv (i kortspel), [affärs]uppgörelse, kohandel; fördela, tilldela, ge (i kortspel), handla, behandla; **a good (great) ~** en hel hop, mycket; **your ~** det är din tur att ge; **the New D—** 'den nya given' (president Franklin Roosevelts nya inrikespolitiska program); **have no ~ with** inte ha ngt att göra med; ~ **in** handla med, föra; ~ **with** stå i handelsförbindelse med, behandla, taga itu med, (om bok) handla om; **dealer** [*di:lə*] handlare, givare (i kortspel); **dealings** förbindelse, affärer, handel och vandel

dean [*di:n*] domprost, (is. **rural** ~) prost, i *college* boende *fellow* med viss disciplinär myndighet, fakultetsdekanus; **deanery** [*di:nəri*] domprosts syssla, boställe el. inkomster

dear [*diə*] raring; kär, älskad, dyr[t]; **for ~ life** för brinnande livet; **there's a ~** så är du snäll; ~ **me** (också *deary me*!) du milde! **buy ~** köpa dyrt; **dearth** [*də:þ*] dyrtid, brist; **deary** [*diəri*] *fam.* älskling

death [*deþ*] död; ~ **on** *amr. sl* begiven på; **put to ~** ta livet av; **do to ~** slå ihjäl; **it was the ~ of him** det tog livet av honom; **be in at the ~** *jakt.* vara framme vid rävens död, *bildl.* se ngt slutfört; ~-**bed repentance** för sen ånger; ~-**blow** dödsstöt; ~-**duties** arvsskatt; ~-**rate** dödlighetstal, mortalitet; ~-**rattle** dödsrossling; ~-**roll** förteckning över fallna; ~'**s-head** dödskalle; ~-**warrant** underskriven dödsdom; ~-**watch** (~-**beetle**) *zool.* dödsur; ~**less** odödlig; ~**ly** dödlig, dödsbringande

debag [*di:bæ'g*] *univ.-sl* draga av byxorna (som straff)

debar [*diba:'*] utesluta

debarkation [*di:ba:kei'ʃ(ə)n*] landstigning, landsättning

debase [*dibei's*] försämra, förfalska

debatable [*dibei'təbl*] tvistig, omstridd

debate [*dibei't*] debatt; debattera, överväga; **debater** [*dibei'tə*] debattör

debauch [*dibɔ:'tʃ*] utsvävning; förföra, fördärva (moraliskt); ~**ed** utsvävande; **debauchee** [*debɔ:(t)ʃi:'*] liderlig sälle; **debauchery** [*dibɔ:'tʃəri*] utsvävningar

debby [*debi*] *amr. sl* förk. f. *débutante*

debenture [*dibe'ntʃə*] obligation, skuldsedel

debilitate [*dibi'liteit*] försvaga; **debility** [*dibi'liti*] kraftlöshet

debit [*debit*] skuld, debetsida; debitera; ~ **note** *hand.* debetnota; ~ **someone's account with** *hand.* debitera ngns konto för

debonair [*debənɛ'ə*] älskvärd, trevlig

debouch [*dibau'tʃ, dibu:'ʃ*] utmynna, dyka fram, *mil.* debouchera

debris [*debri:*] spillror, skräp

debt [*det*] skuld; **get into ~** råka i skuld; **National D—** statsskuld; **pay the ~ of nature** dö; **debtor** [*detə*] gäldenär

debunk [*di:bʌ'ŋk*] *amr. fam.* beröva glorian

debus [*dibʌ's*] stiga ur buss

début [*deibu*] debut; **débutant** [*deibuta:'ŋ, -tɔ'ŋ*] (manlig) debutant; **débutante** [*deibuta:'nt, -tɔ:'nt*] (kvinnlig) debutant

decad[e] [*dekəd*] decennium, dekad, tiotal

decadence [*dekədəns*] dekadans, nedgång; **decadent** [*dekədənt*] dekadent författare el. konstnär; dekadent, i förfall

decagon [*dekəgən*] tiohörning

decalogue [*dekəlɔg*] tio Guds bud

decamp [*dikæ'mp*] bryta upp (ur läger), avtåga, skyndsamt ge sig av; **decampment** [*dikæ'mpmənt*] uppbrott

decant [*dikæ'nt*] avhälla (så att bottensatsen blir kvar); **decanter** [*dikæ'ntə*] karaffin

decapitate [*dikæ'piteit*] halshugga; **decapitation** [*dikæpitei'ʃ(ə)n*] halshuggning

decarbonize [*di:ka:'bənaiz*] befria från kolsyra, slipa (cylindrar), sota (bil)

decathlon [*dekæ'þlɔn*] tiokamp; **decathlete** [*dekæ'þli:t*] tiokampare

decay [*dikei'*] förfall, avtyning, förmultnande; [låta] förfalla, förmultna

decease [*disi:'s*] dödsfall; avlida; **the deceased** den avlidne

deceit [*disi:'t*] bedrägeri, bakslughet; **deceitful** [*disi:'tf(u)l*] svekfull

deceive [*disi:'v*] bedraga, svika

decelerate [*di:se'ləreit*] sakta farten

December [*dise'mbə*] december

decemvir [*dise'mvə*] decemvir (medlem av tiomannaråd); **decemvirate** [*dise'mvirit*] tiomannavälde

decency [*di:sənsi*] anständighet, tillbörlighet

decennial [*dise'niəl*] tioårsdag; tioårig

decent [*di:sənt*] anständig, tillbörlig, ganska bra, vänlig, hygglig

decentralize [*di:se'ntrəlaiz*] decentralisera

deception [*dise'pʃ(ə)n*] bedrägeri, svek, illusion; **deceptive** [*dise'ptiv*] vilseledande

decide [*disai'd*] bestämma, avgöra, besluta, döma; **decided** avgjord, säker; **decidedly** bestämt, otvivelaktigt

deciduous [*disi'djuəs*] *bot.* o. *zool.* årligen avfallande

decigram[me] [*desigræm*] decigram

decilitre [*desili:tə*] deciliter

decimal [*desiməl*] decimalbråk, decimal, *pl* decimalräkning; decimal-; ~ **coinage** decimalmyntsystem; ~ **notation** med arabiska siffror; ~ **point** decimalkomma (i eng. punkt); **two decimal** (el. **point**) **seven five** 2,75

decimate [*desimeit*] decimera, döda var tionde man; **decimation** [*desimei'ʃ(ə)n*] decimering; **decimetre** [*desimi:tə*] decimeter

decipher [*disai'fə*] dechiffrera, tyda; **decipherment** [*disai'fəmənt*] dechiffrering, uttydning

decision [*disi'ʒ(ə)n*] avgörande, beslut, beslutsamhet; **decisive** [*disai'siv*] avgörande

deck [*dek*] skeppsdäck; pryda, betäcka; ~ **of cards** kortlek; **decked** däckad; **decked out** pyntad

declaim [*diklei'm*] deklamera, ivra; **declamation** [*dekləmei'ʃ(ə)n*] deklamation; **declamatory** [*diklæ'mətəri*] deklamatorisk

declare [*diklɛ'ə*] förklara [sig], deklarera, förtulla; **well, I ~!** nej, det må jag säga! ~ **off** frisäga sig; **declaration** [*deklərei'ʃ(ə)n*] förklaring, tillkännagivande, deklaration; **declaratory** [*diklæ'rətəri*] förklarande, uttrycklig; **declarer** [*diklɛ'ərə*] spelare (som har kontraktet i bridge)

declension [*dikle'nʃ(ə)n*] lutning, förfall, avböjande, *gram.* deklination, böjning (i kasus)

declination [*diklinei'ʃ(ə)n*] *astr. gram.* deklination; (kompassens) missvisning; *amr.* avslag; **declinational** [*deklinei'ʃənəl*] deklinations-, missvisnings-; **decline** [*diklai'n*] avtagande, tillbakagång, nedgång; sjunka, avtaga, gå utför, förfalla, avböja, vägra, deklinera

declivity [*dikli'viti*] sluttning

declutch [*di:klʌ'tʃ*] *auto.* koppla ur

decoction [*dikɔ'kʃ(ə)n*] avkok[ning], dekokt

decode [*dikou'd*] dechiffrera

decolletage [*d(e)ikɔ'lta:ʒ*] urringning; **décolleté**[e] [*d(e)ikɔ'ltei*] urringad

decompose [*di:kəmpou'z*] upplösa[s], sönderdela, vittra; **decomposition** [*di:kɔmpəzi'ʃ(ə)n*] upplösning, förruttnelse

decompress [*di:kəmpre's*] minska trycket på; **decompression** [*di:kəmpre'ʃ(ə)n*] tryckförminskning

decontrol [*di:kəntrou'l*] befria från kontroll

decorate [*dekoreit*] pryda, dekorera; **decoration** [*dekərei'ʃən*] dekorering, dekoration; **Decoration Day** *amr.* 30 maj (minnesdag över de i inbördeskriget fallna); **decorative** [*dekərətiv*] prydnads-; **decorator** [*dekəreitə*] dekoratör

decorous [*dikɔ:'rəs*] anständig, passande; **decorum** [*dikɔ:'rəm*] anständighet, det passande

decoy [*dikɔi'*] fångdamm, lockbete, lockelse, lockfågel; locka (i fällan); **~-duck** lockfågel

decrease [*di:kri:s*] avtagande, förminskning; [*dikri:'s*] minska[s], avtaga

decree [*dikri:'*] förordning, domslut, påbud, skickelse; förordna, besluta; **~ nisi** [*naisai*] villkorlig skilsmässodom

decrement [*dekrimənt*] avtagande

decrepit [*dikre'pit*] ålderdomssvag, skröplig; **decrepitude** [*dikre'pitju:d*] orkeslöshet, skröplighet

decretal [*dikri:'təl*] påvligt påbud

decry [*dikrai'*] förklena, nedsätta

decuple [*dekjupl*] tiofaldigt belopp; tiofaldig; tiodubbla

dedicate [*dedikeit*] inviga, helga, ägna, dedicera; **dedication** [*dedikei'ʃ(ə)n*] invigning, helgande, hängivande, dedikation, tillägnan; **dedicatory** [*dedikeitəri*] dedikations-, tillägnande

deduce [*didju:'s*] härleda, sluta [sig till]

deduct [*didʌ'kt*] avdraga, frånräkna; **deduction** [*didʌ'kʃ(ə)n*] avdrag, slutledning, slutsats; **deductive** [*didʌ'ktiv*] deduktiv, härledande

deed [*di:d*] dåd, handling, dokument, förskrivning; is. *amr.* överlåta genom förskrivning; **~-poll** *jur.* ensidigt kontrakt

dee-dee [*di:-di:*] *amr. sl* dövstum (i verkligheten el. simulant)

dee-donk [*di:dɔ'ŋk*] *amr. sl* fransman (*fr. dis donc*)

dee-horn [*di:hɔ:n*] *amr. sl* sprit

deem [*di:m*] anse, mena, döma; **deemster** [*di:mstə*] domare på ön Man

deemer [*di:mə*] *amr. sl* 10 cent (*dime*)

deep [*di:p*] djup; djup, *sl* slug; djupt; **stand four ~** stå i fyra led; **go off the ~ end** mista förståndet; **in ~ water**[s] i stora svårigheter; **~-laid** fint uttänkt; **~-read** välbevandrad, grundligt beläst; **~-seated** djuptliggande, djuptrotad (*deep-set*); **deepen** [*di:pn*] fördjupa, bli djupare

deer [*diə*] hjort; **fallow ~** dovhjort; **red ~** kronhjort; **~-stalker** hjortskytt, jägarhatt

deface [*difei's*] vanställa, göra oläslig; **defacement** [*difei'smənt*] vanställning, vanprydnad

defalcate [*difæ'lkeit*] försnilla; **defalcation** [*di:fəlkei'ʃ(ə)n*] försnillning; **defalcator** [*di:fəlkeitə*] försnillare

defamation [*di:fəmei'ʃ(ə)n*] förtal; **defamatory** [*difæ'mətəri*] ärekränkande, ärerörig; **defame** [*difei'm*] bringa i vanrykte, baktala, förtala

default [*difɔ(:)'lt*] försummelse, förfallolöst uteblivande, brist; ej fylla en plikt, tredskas, uraktlåta att betala; **in ~ of** i brist på; **defaulter** [*difɔ(:)'ltə*] skolkare, person som ej betalar sina skulder, ej infinner sig inför rätta eller försnillar anförtrodda medel; frånvarande utan permission

defeat [*difi:'t*] nederlag; besegra, tillintetgöra

defecate [*defikeit*] rensa, ha avföring; **defecation** [*defikei'ʃ(ə)n*] rensning, avföring

defect [*dife'kt*] brist, fel, lyte; **defection** [*dife'kʃ(ə)n*] svikande, avfall; **defective** [*dife'ktiv*] bristfällig, ofullständig, sinnesslö

defence [*dife'ns*] försvar, *pl* försvarsverk; **defenceless** [*dife'nslis*] försvarslös

defend [*dife'nd*] försvara; **defendant** [*dife'ndənt*] *jur.* svarande; **defender** [*dife'ndə*] försvarare; **Defender of the Faith** trons försvarare (en av den engelska konungens titlar)

defensibility [*difensibi'liti*] försvarsmöjlighet; **defensible** [*dife'nsibl*] som kan försvaras, försvarlig; **defensive** [*dife'nsiv*] defensiv; försvars-; **be on the defensive** hålla sig på defensiven

defer [*difə:'*] uppskjuta; **~ to** böja sig (giva efter) för; **deference** [*defərəns*] undseende, vördnad; **deferential** [*defəre'nʃəl*] vördnadsfull, vördsamt eftergivande; **deferment** [*difə:'mənt*] uppskov

defi [*difai'*] *amr. fam.* förk. f. *defiance*

defiance [*difai'əns*] trots; **bid ~ to, set at ~** trotsa; **defiant** [*difai'ənt*] trotsig

deficiency [*difi'ʃənsi*] brist, underskott; **deficient** [*-nt*] otillräcklig, underhaltig, bristfällig; **deficit** [*defisit, di:-*] underskott

defile [*di:fail*] defilé, trångt pass; **defile** [*difai'l*] defilera, förorena, besmitta; **defilement** [*difai'lmənt*] besudlande, besmittelse

define [*difai'n*] avgränsa, begränsa, bestämma, definiera; **definite** [*definit*] bestämd, begränsad; **definition** [*defini'ʃən*] avgränsning, definition, bildskärpa (telev.); **definitive** [*difi'nitiv*] bestämd, slutgiltig, definitiv

deflate [*diflei't*] släppa ut luft, bedriva deflationspolitik, undergå deflation; **deflation** [*diflei'ʃ(ə)n*] deflation

deflect [*difle'kt*] böja åt sidan, avvända, avvika; **deflection, deflexion** [*difle'kʃ(ə)n*] böjande åt sidan, avvikelse

deflower [*di:flau'ə*] beröva blommor, ödelägga, kränka

deform [*difɔ:m*] vanställa, förvrida; **deformation** [*di:fɔ:mei'ʃ(ə)n*] vanställande, förvrängning; **deformed** [*difɔ:'md*] vanställd, vanskapt; **deformity** [*difɔ:'miti*] vanskaplighet, lyte

defraud [*difrɔ:'d*] frånnarra, bedraga

defray [*difrei'*] bestrida, bekosta

deft [*deft*] flink, rask, skicklig

defunct [*difʌ'ŋkt*] avliden, död

defy [*difai'*] utmana, trotsa

degeneracy [*didʒe'nərəsi*] urartning, degeneration; **degenerate** [*didʒe'nərit*] degenererad person; degenererad; [*didʒe'nəreit*] urarta, degenerera; **degeneration** [*didʒenərei'ʃ(ə)n*] degeneration

deglutition [*di:glu:ti'ʃ(ə)n*] sväljning

degradation [*degrədei'ʃ(ə)n*] tillbakagång, degradering, nedsättning; **degrade** [*digrei'd*] förringa, nedsätta, degradera, försämra; **degradement** [*digrei'dmənt*] förnedring

degree [*digri:'*] grad, (akademisk) examen; **by ~s** gradvis; **to a** [**high**] **~** i hög grad; **~ of latitude** breddgrad; **third ~** *amr.* 'tredje graden' (pinligt förhör); **~-day** avslutningsdag (vid universitet)

dehiscent [*dihi'sənt*] *bot.* öppnande sig, uppspringande

deictic [*daiktik*] demonstrativ, deiktisk

deification [*di:ifikei'ʃ(ə)n*] upphöjande till gud, förgudning; **deify** [*di:ifai*] upphöja till gud, förguda

deign [*dein*] nedlåta sig, värdigas
deil [*di:l*] (*Skottl.*) djävul
deism [*di:izm*] deism; **deist** [*di:ist*] deist; **deistic** [*di:i'stik*] deistisk; **deity** [*di:iti*] gudom, gudomlighet, gud[inna]
deject [*didʒe'kt*] göra nedslagen, nedslå; **dejected** modfälld; **dejection** [*didʒe'kʃ(ə)n*] modfälldhet
dejobment [*didʒɔ'bmənt*] *amr.* arbetslöshet
dekko [*dekou*] *sl* titt
delate [*di:lei't*] angiva, anmäla; **delation** [*dilei'ʃ(ə)n*] angivelse, anmälan
delay [*dilei'*] dröjsmål, uppskov, hinder; fördröja, uppehålla, uppskjuta
dele [*di:li*] utgår (korrekturanvisning) (*deleatur*)
delectable [*dile'ktəbl*] *fam.* ljuvlig, skön, nöjsam; **delectation** [*di:lektei'ʃ(ə)n*] nöje, förnöjelse, lust
delegacy [*deligəsi*] delegation; **delegate** [*deligit*] ombud, delegerad; [*deligeit*] befullmäktiga, anförtro; **delegation** [*deligei'ʃ(ə)n*] befullmäktigande, delegation, deputation
delete [*dili:'t*] utplåna, utstryka; **deletion** [*dili:'ʃ(ə)n*] utstrykande
deleterious [*deliti'əriəs*] skadlig
deliberate [*dili'bərit*] avsiktlig, betänksam, välbetänkt; [*dili'bəreit*] överväga; **deliberately** med avsikt, efter moget övervägande; **deliberation** [*dilibərei'ʃ(ə)n*] övervägande; **deliberative** [*dili'bərətiv*] överläggande, betänksam, rådplägnings-
delible [*delibl*] *sl* onyttig, oduglig
delicacy [*delikəsi*] finhet, ömtålighet, [fin]känslighet, läckerhet, *pl* delikatesser; **delicate** [*delikit*] läcker, finkänslig, ömtålig, kinkig, kräsen, känslig, fin, *amr.* sjuklig; **delicious** [*dili'ʃəs*] läcker, ljuvlig
delicatessen [*delikəte'sn*] (is. *amr.*) delikatesshandel, matvaruaffär (också ~ *store*)
delight [*dilai't*] glädje, fröjd, förtjusning; glädja, fröjda, glädja sig (**in** över); **delightful** [*dilai'tf(u)l*] förtjusande, ljuvlig, härlig
Delilah [*dilai'lə*] *bibl.* Delila, slug förförerska
delimitation [*dilimitei'ʃ(ə)n*] gränsbestämning, avgränsning
delineate [*dili'nieit*] teckna, skissera, skildra; **delineation** [*diliniei'ʃ(ə)n*] teckning, skildring; **delineator** [*dili'nieitə*] tecknare, skildrare
delinquency [*dili'ŋkwənsi*] förseelse; **delinquent** [*dili'ŋkwənt*] brottsling, gärningsman; *amr.* förfallen (skatt etc.)
deliquesce [*di:likwe's*] smälta; **deliquescence** [*di:likwe'sns*] smältning
delirious [*dili'riəs*] yrande, utom sig, upphetsad; **delirium** [*dili'riəm*] yrsel, yra, upphetsning; **delirium tremens** [*tri:mənz*] delirium
deliver [*dili'və*] befria, förlossa, [av]lämna, tilldela, framföra, framsäga; **be delivered of** nedkomma med, frambringa; **deliverance** [*dili'vərəns*] befrielse, räddning, uttalande
delivery [*dili'vəri*] förlossning, avlämnande, utdelning (av brev), framställningssätt, kast; **General** ~ postkontors avdelning för ankommande post; **cash on** ~ **(C. O. D.)** kontant vid leverans, efterkrav; ~ **car (van)** paketbil
dell [*del*] däld
delouse [*di:lau'z*] avlusa
Delphian [*delfiən*], **Delphic** [*delfik*] delfisk, orakelmässig
delphinium [*delfi'njəm*] *bot.* riddarsporre
delta [*deltə*] delta (grekisk bokstav); floddelta; ~ **connection** *elektr.* D-koppling; **deltoid** [*deltɔid*] *anat.* deltamuskeln; deltaformad
delude [*dil(j)u:'d*] lura, narra
deluge [*delju:dʒ*] översvämning; översvämma; **the D—** syndafloden
delusion [*dil(j)u:'ʒ(ə)n*] villfarelse, besvikelse, självbedrägeri; **delusive** [*dil(j)u:'siv*] vilseledande, illusorisk
delve [*delv*] *åld.* gräva
demagogic [*deməgɔ'gik*] demagogisk; **demagogue** [*deməgɔg*] demagog, folkledare, folkuppviglare; *amr.* uppträda som demagog; **demagogy** [*deməgɔgi*] demagogi
demand [*dima:'nd*] krav, fordran, efterfrågan; kräva, fordra, *amr.* fråga; **in** ~ efterfrågad; **on** ~ *hand.* a vista, vid anfordran; ~ **draft** *hand.* avistaväxel
demarcation [*di:ma:kei'ʃ(ə)n*] gränslinje, avgränsning
demean [*dimi:'n*] *fam.* förringa, förnedra; ~ **oneself** uppföra sig; **demeanour** [*dimi:'nə*] uppförande
demented [*dime'ntid*] förryckt, vansinnig
demerit [*di:me'rit*] fel, brist
demesne [*dimi:'n, dimei'n*] gods, domän, huvudgård, maktområde; **hold in** ~ inneha med oinskränkt äganderätt
demi- [*demi-*] halv-
demigod [*demigɔd*] halvgud
demijohn [*demidʒɔn*] damejeanne
demilune [*demilu:n*] *mil.* ravelin (ett slags skans)
demi-monde [*demimɔnd*] demimond
demi-rep [*demirep*] dam med tvetydigt rykte (*demi-reputable*)
demise [*dimai'z*] överlåtelse (av gods el. värdighet), död; överlåta; ~ **of the Crown** tronskifte, abdikation
demisemiquaver [*de'misemikwei'və*] *mus.* $^1/_{32}$-not
demission [*dimi'ʃn*] avsägelse, abdikation
demo [*demou*] *amr. sl* förk. f. *democrat*
demob [*dimɔ'b*] förk. f. **demobilize** [*di:mou'bilaiz*] *mil.* demobilisera, hemsända; **demobilization** [*dimoubilaizei'ʃ(ə)n*] demobilisering
democracy [*dimɔ'krəsi*] demokrati; **the D—** *amr.* det demokratiska partiet; **democrat** [*deməkræt*] demokrat; **democrat [wagon]** *amr.* ett slags lätt vagn; **democratic** [*deməkræ'tik*] demokratisk; **democratization** [*dimɔkrətaizei'ʃ(ə)n*] demokratisering; **democratize** [*dimɔ'krətaiz*] demokratisera
demolish [*dimɔ'liʃ*] nedriva, slopa, tillintetgöra; **demolition** [*deməli'ʃ(ə)n*] nedrivning
demon [*di:mən*] demon, djävul, hednisk gud; **demoniac** [*dimou'njək*] besatt; **demoniacal** [*di:mənai'əkl*] demonisk, djävulsk, besatt; **demonic** [*di:mɔ'nik*] demonisk; **demonolatry** [*di:mənɔ'lətri*] demondyrkan; **demonology** [*di:mənɔ'lədʒi*] demonlära
demonstrate [*demənstreit*] påvisa, bevisa, demonstrera; **demonstration** [*demənstrei'ʃ(ə)n*] ådagaläggande, bevis, yttring, demonstration; **demonstrational** [*demənstrei'ʃənəl*] bevis-, demonstrations-; **demonstrative** [*dimɔ'nstrətiv*] *gram.* demonstrativt pronomen; bevisligen riktig, obehärskad, demonstrativ, påpekande; **demonstrator** [*demənstreitə*] prosektor, demonstrant
demoralization [*dimɔrəlaizei'ʃ(ə)n*] demoralisering, sedefördärv; **demoralize** [*dimɔ'rəlaiz*] demoralisera, fördärva
Demos [*di:mɔs*] [personifikation av] folket, (den oansvariga) massan
Demosthenes [*dimɔ'sþəni:z*] Demosthenes; **Demosthenic** [*deməsþe'nik*] vältalig som Demosthenes
demote [*dimou't*] *amr. fam.* degradera, *amr. sl* demobilisera
demur [*dimə:'*] betänklighet, invändning; göra invändningar, *jur.* göra formell invändning för att vinna uppskov i mål
demure [*dimju'ə*] värdig, sedesam, pryd, spelat allvarlig
demurrage [*dimʌ'ridʒ*] överliggedagspengar; **demurrer** [*dimʌ'rə*] *jur.* formell invändning
demy [*dimai'*] ett pappersformat (20 × 15,5 tum, 50 × 39 cm); stipendiat; **demyship** [*-ʃip*] stipendium vid Magdalen College, Oxford
den [*den*] håla, näste, kyffe

denarius [*dinɛ'əriəs*] denar (romerskt mynt), engelsk penny, förk. *d.*; **denary** [*di:nəri*] tiotals-
denaturant [*dinæ'tʃurənt*] denaturerande ämne; **denature** [*dinei'tʃə*] denaturera
dene [*di:n*] sanddyn, dal
denial [*dinai'əl*] vägran, avslag; **take no ~** icke låta avvisa sig
denim [*dəni'm*] grovt bomullstyg (till overalls)
denizen [*denizn*] inbyggare, naturaliserad utlänning, bebyggare; ge (utlänning) medborgarrätt
denominate [*dinɔ'mineit*] benämna, beteckna; **denomination** [*dinɔminei'ʃ(ə)n*] beteckning, benämning, valör, myntenhet, måttsenhet, kyrkosamfund, trosbekännelse; **denominational** [*dinɔminei'ʃnl*] tillhörande en bestämd kyrklig riktning, *amr.* protestantisk; **denominator** [*dinɔ'mineitə*] *mat.* nämnare
denotation [*di:noutei'ʃ(ə)n*] [grund]betydelse; **denotative** [*dinou'tətiv*] tydande (**of** på), angivande; **denote** [*dinou't*] angiva, beteckna, tyda på, utmärka, betyda; **denotement** [*dinou'tmənt*] betydelse, tecken, antydan
dénouement [*deinu:'ma:ŋ*] (en handlings) upplösning
denounce [*dinau'ns*] angiva, fördöma, utpeka, uppsäga
dense [*dens*] tät, fast, tjock, *fam.* dum; **density** [*densiti*] täthet, dumhet
dent [*dent*] märke, buckla; hak, tand (i ornament); göra hak i
dental [*dentl*] tandljud, dental; tand-; **~ surgeon** (legitimerad) tandläkare; **dentate** [*denteit*] tandad; **dentifrice** [*dentifris*] tandpasta, tandpulver; **dentine** [*denti:n*] tandben; **dentist** [*dentist*] tandläkare; **dentistry** [*dentistri*] tandläkaryrke[t]; **dentition** [*denti'ʃ(ə)n*] tandsprickning, tandbyggnad; **denture** [*dentʃə*] tandgarnityr
denudation [*di:nju(:)dei'ʃ(ə)n*] blottande, *geol.* erosion; **denude** [*dinju:'d*] blotta, avkläda, beröva; **denuded area** kalhuggen [skogs]yta
denunciation [*dinʌnsiei'ʃ(ə)n*] fördömande, angivelse, skarpt klander, uppsägelse; **denunciatory** [*dinʌ'nsiətəri*] hotande, fördömande, anklagande
deny [*dinai'*] neka, förneka, avslå, vägra
deodar [*di(:)ouda:*] *bot.* ceder (på Himalaya)
deodorize [*di:ou'dəraiz*] befria från lukt, desinficera; **deodorizer** [*di:ou'dəraizə*] desinfektionsmedel
depart [*dipa:'t*] gå bort, avresa, avgå, dö, avvika; **department** [*dipa:'tmənt*] departement, avdelning, fack, bransch, *amr.* ministerium; **department[al] store** *amr.* varuhus; **departmental** [*dipa:tme'ntl*] avdelnings-, ministeriell; **departure** [*dipa:'tʃə*] avresa, avgång; **a new departure** ett nytt uppslag, en ny metod
depend [*dipe'nd*] hänga ned, bero; **that ~s** det beror på; **~ [up]on** bero på, vara beroende av, lita på; **dependable** [*dipe'ndəbl*] pålitlig; **dependant** [*dipe'ndənt*] beroende person, underlydande; **dependence** [*dipe'ndəns*] tillit, beroende; **dependency** [*-nsi*] beroende, lydland; **dependent** beroende, underordnad
depict [*dipi'kt*] avmåla, skildra; **depictor** [*dipi'ktə*] målare, skildrare
depilation [*depilei'ʃ(ə)n*] borttagande av hår el. skägg; **depilatory** [*depi'lətəri*] hårborttagningsmedel; hårborttagande
deplete [*dipli:'t*] tömma; **depletion** [*dipli:'ʃ(ə)n*] tömning
deplorable [*diplɔ:'rəbl*] beklaglig; **deplore** [*diplɔ:'ə*] beklaga, begråta
deploy [*diplɔi'*] *mil.* deployera, utveckla; **deployment** [*-mənt*] deployering
deponent [*dipou'nənt*] *jur.* edligt vittne, *gram.* deponens (verb)
depopulate [*di:pɔ'pjuleit*] avfolka; **depopulation** [*di:pɔpjulei'ʃ(ə)n*] avfolkning
deport [*dipɔ:'t*] deportera, uppföra sig; **deportation** [*di:pɔ:tei'ʃ(ə)n*] deportering; **deportment** [*dipɔ:'tmənt*] uppförande
depose [*dipou'z*] avsätta, vittna
deposit [*dipɔ'zit*] anförtrott gods, pant, deposition, avlagring; avlagra, lägga ned, insätta (pengar), anförtro, deponera, lämna som säkerhet; **depositary** [*dipɔ'zitəri*] person som har fått ngt i förvar; **deposition** [*depəzi'ʃ(ə)n*] avsättning, nedläggande, insättning, edligt skriftligt intyg, avlagring; **the Deposition** Kristi nedtagning från korset; **depositor** [*dipɔ'zitə*] deponent, insättare; **depository** [*dipɔ'zitəri*] förvaringsrum
depot [*depou*] lager, depå, *mil.* högkvarter, *amr.* järnvägsstation
depravation [*deprəvei'ʃn*] fördärvande, (sedligt) fördärv; **deprave** [*diprei'v*] fördärva; **depravity** [*dipræ'viti*] fördärv, lastbarhet
deprecate [*deprikeit*] genom böner söka avvända, avvärja, ogilla; **deprecation** [*deprikei'ʃ(ə)n*] bön om frälsning [från], ogillande; **deprecatory** [*deprikeitəri*] avvärjande, (i förväg) urskuldande
depreciate [*dipri:'ʃieit*] förklena, nedsätta (sjunka) i värde, förringa; **depreciation** [*dipri:ʃiei'ʃ(ə)n*] värdeminskning; **depreciatory** [*dipri:'ʃieitəri*] nedsättande
depredation [*depridei'ʃ(ə)n*] plundring, *pl* skövlingar; **depredator** [*deprideitə*] plundrare
depress [*dipre's*] nedslå, deprimera, nedtrycka, sänka; **depressible** [*dipre'sibl*] som kan nedtryckas; **depression** [*dipre'ʃ(ə)n*] fördjupning, nedslagenhet, lågtryck, *hand.* depression, lågkonjunktur
deprivation [*deprivei'ʃ(ə)n*] förlust, avsättning, berövande; **deprive** [*diprai'v*] beröva, avsätta
depth [*depþ*] djup, *pl* avgrund; **in the ~ of winter** mitt i [den kallaste] vintern; **he is out of his ~** han bottnar icke, han har kommit för långt ut; **~-charge** sjunkbomb (bomb till bruk mot undervattensbåtar)
deputation [*depju(:)tei'ʃ(ə)n*] deputation; **depute** [*dipju:'t*] befullmäktiga, uppdraga åt; **deputize** [*depjutaiz*] vara representant; **deputy** [*depjuti*] ställföreträdare, representant, deputerad, vice-, *amr.* (ibland) förk. f. *deputy sheriff* undersheriff
derail [*direi'l*] urspåra; **~ment** [*-mənt*] urspårning
derange [*direi'n(d)ʒ*] bringa i oordning; **deranged** [*direi'n(d)ʒd*] sinnesförvirrad; **derangement** [*-mənt*] störning, sinnesrubbning
Derby [*da:bi*] stad i England, hästkapplöpning vid Epsom; **d—** *pl sl* handklovar; *amr.* [*də:bi*], **~ [hat]** plommonstop; **Derby desk** skrivbord med nedfällbart lock
derelict [*derilikt*] herrelöst gods, övergiven [person]; herrelös; *amr.* försumlig; **dereliction** [*derili'kʃ(ə)n*] försumlighet, pliktförgätenhet, torrlagt land
deride [*dirai'd*] håna, förlöjliga
derision [*diri'ʒən*] begabberi, hån, åtlöje; **derisive** [*dirai'siv*] hånfull, gäckande; **derisory** [*dirai'səri*] löjlig, futtig
derivation [*derivei'ʃ(ə)n*] (is. språklig) avledning, härledning, härstamning; **derivative** [*diri'vətiv*] avlett ord; avledd; **derive** [*dirai'v*] avleda, härleda, uppnå, härstamma
dermatology [*də:mətɔ'lədʒi*] läran om hudsjukdomarna, dermatologi
derogate [*derogeit*], **~ from** förringa; **derogation** [*derogei'ʃ(ə)n*] förringande, inskränkning; **derogatory** [*dirɔ'gət(ə)ri*] förringande, nedsättande
derrick [*derik*] lyftkran, lastbom
derring-do [*de'riŋ-du:'*] dristighet, förtvivlans mod
derringer [*derin(d)ʒə*] ett slags liten pistol
dervish [*də:viʃ*] dervisch

descant [*deskænt*] diskant, sång, melodi, variation av huvudmelodien såsom ackompanjemang; [*diskæ'nt*] (i ord) utbreda sig (**on** över)
descend [*dise'nd*] stiga ned, slutta nedåt, nedlåta sig, slå ned, härstamma, nedärvas; **descendant** [*dise'ndənt*] ättling; **descended** [*dise'ndid*], **descendent** härstammande; **descent** [*dise'nt*] nedstigning, sluttning, nedgång, angrepp, härstamning, strandhugg
describe [*diskrai'b*] beskriva; **description** [*diskri'pʃ(ə)n*] beskrivning, slag, sort; **descriptive** [*diskri'ptiv*] beskrivande, målande
descry [*diskrai'*] upptäcka, varsna
desecrate [*desikreit*] vanhelga, kränka; **desecration** [*desikrei'ʃ(ə)n*] vanhelgande; **desecrator** [*desikreitə*] person som vanhelgar
desert 1) [*dizə:'t*] förtjänst (oftast **i** *pl*)
desert 2) [*dezət*] öken, ödemark; folktom, öde; [*dizə:'t*] övergiva, svika, desertera; **deserter** [*dizə:'tə*] desertör, överlöpare; **desertion** [*dizə:'ʃ(ə)n*] övergivande, rymning, desertering, övergivenhet
deserve [*dizə:'v*] förtjäna, vara förtjänt av; **deservedly** [*dizə:'vidli*] efter förtjänst; **deserving** förtjänt (**of** av), värdig
déshabillé [*deizæbi:'jei*], **in** ~ i negligé
desiccate [*desikeit*] [ut]torka, göra torr; **desiccative** [*desikeitiv*] torkande; **desiccator** [*desikeitə*] torkmaskin
desiderate [*dizi'dəreit*] sakna, åstunda; **desideratum** [*dizidərei'təm*] (*pl* -*a* [-*ə*]) önskemål, känd brist
design [*dizai'n*] avsikt, anslag (**on** mot), föresats, plan, konstruktion, teckning, mönster; bestämma, planlägga, ha för avsikt, konstruera, teckna, göra utkast; **designate** [*dezigneit*] beteckna, utnämna, angiva, utpeka; **designation** [*dezignei'ʃ(ə)n*] bestämmelse, beteckning, utnämning; **designedly** [*dizai'nidli*] avsiktligt; **designer** [*dizai'nə*] tecknare, konstruktör, planläggare; *amr. sl* falskmyntare; **designing** [*dizai'niŋ*] beräknande, intrigant, utspekulerad
desirability [*dizaiərəbi'liti*] önskvärdhet; **desirable** [*dizai'ərəbl*] önskvärd; **desire** [*dizai'ə*] begär, önskan, begäran; begära, önska, anmoda, befalla; **desirous** [*dizai'ərəs*] lysten (**of** efter)
desist [*dizi'st*], ~ **from** upphöra med, avstå från
desk [*desk*] pulpet, kassa (i butik)
desolate [*desolit*] övergiven, öde, försummad, tröstlös; [*desoleit*] avfolka, ödelägga; **desolation** [*desolei'ʃ(ə)n*] avfolkning, ödeläggelse, enslighet, tröstlöshet
despair [*dispɛ'ə*] hopplöshet, förtvivlan; uppgiva hoppet, förtvivla
despatch = *dispatch*, avskicka
desperado [*despərei'dou*] vild sälle, bandit
desperate [*despərit*] hopplös, förtvivlad, hänsynslös; **desperation** [*despərei'ʃ(ə)n*] förtvivlan
despicable [*despikəbl*] föraktlig
despise [*dispai'z*] förakta
despite [*dispai't*] ondska, agg; [**in**] ~ **of** el. **despite** trots; **in my** ~ mot min vilja
despoil [*dispɔi'l*] plundra; ~**ment** [-*mənt*] plundring
despoliation [*dispouliei'ʃ(ə)n*] plundring
despond [*dispɔ'nd*] förtvivla; **despondency** [*dispɔ'ndənsi*] förtvivlan; **despondent** [-*nt*] modfälld, förtvivlad
despot [*despɔt*] självhärskare, tyrann; **despotic** [*despɔ'tik*] tyrannisk, despotisk; **despotism** [*despətizm*] tyranni, envälde
desquamate [*deskwəmeit*] fjälla [av]
dessert [*dizə:'t*] dessert, efterrätt
destination [*destinei'ʃ(ə)n*] bestämmelseort; **destine** [*destin*] [förut]bestämma, destinera; **destiny** [*destini*] öde
destitute [*destitju:t*] utfattig, utblottad (**of** på); **destitution** [*destitju:'ʃ(ə)n*] armod, nöd
destroy [*distrɔi'*] ödelägga, tillintetgöra, förstöra; **destroyer** [*distrɔi'ə*] förstörare, ödeläggare, *sjö.* jagare
destructible [*distrʌ'ktəbl*] förstörbar, förgänglig; **destruction** [*distrʌ'kʃ(ə)n*] förstörelse, undergång; **destructive** [*distrʌ'ktiv*] ödeläggande, tillintetgörande, nedbrytande; **destructor** [-*tə*] förbränningsugn
desuetude [*deswitju:d*]; **fall into** ~ komma ur bruk
desultory [*des(ə)lt(ə)ri*] ostadig, flyktig, planlös
detach [*ditæ'tʃ*] avskilja, detachera; **detached** [*ditæ'tʃt*] avskild, fristående, självständig; **detachable** [*ditæ'tʃəbl*] löstagbar, lös; **detachable motor** löstagbar motor; **detachment** [-*mənt*] lösgörande, avskildhet, opartiskhet, *mil.* detachement
detail [*di:teil*] detalj, enskildhet, *mil.* kommendering, detachement (*amr.* också om polisstyrka); **go into** ~ ingå i detaljer; [*ditei'l*] berätta omständligt, *mil.* uttaga (till särskild tjänstgöring); **detailed** [*di:teild*] detaljerad, utförlig
detain [*ditei'n*] uppehålla, hindra, hålla i häkte, undanhålla; **detainer** *jur.* order om kvarhållande i häkte
detect [*dite'kt*] upptäcka; **detection** [*dite'kʃ(ə)n*] upptäckt; **detective** [*dite'ktiv*] detektiv; detektiv-, upptäckts-; **detector** [*dite'ktə*] detektor (i radio), (nattvakts) kontrollapparat
detention [*dite'nʃ(ə)n*] uppehållande, kvarhållande (i häkte), kvarsittning (efter skoldagens slut)
deter [*ditə:'*] avskräcka
detergent [*ditə:'dʒənt*] renande [medel]
deteriorate [*diti'əriəreit*] försämra[s]; **deterioration** [*ditiəriərei'ʃ(ə)n*] försämring
determinant [*ditə:'minənt*] avgörande (faktor); **determinate** [*ditə:'m(i)nit*] avgjord, bestämd; **determination** [*ditəminei'ʃ(ə)n*] bestämning, beslut, beslutsamhet; **determinative** [*ditə:'mineitiv*] determinativt pronomen; bestämmande; **determine** [*ditə:'min*] bestämma, fastslå, besluta, avgöra, *jur.* göra slut på, utlöpa; **determind** [*ditə:'mind*] besluten, beslutsam; **determinism** [*ditə:'minizm*] determinism
deterrent [*dite'r(ə)nt*] avskräckande [medel]
detersive [*ditə:'siv*] renande
detest [*dite'st*] avsky; **detestable** [*dite'stəbl*] avskyvärd; **detestation** [*di:testei'ʃ(ə)n*] avsky
dethrone [*diþrou'n*] störta från tronen, avsätta; ~**ment** [-*mənt*] störtande, avsättning
detonate [*di:toneit*] explodera (med en knall); **detonation** [*di:tonei'ʃ(ə)n*] explosion; **detonator** [*di:toneitə*] detonator, knallsignal
detour [*deituə*] omväg, avvikelse
detract [*ditræ'kt*]; ~ **from** nedsätta, förklena; **detraction** [*ditræ'kʃ(ə)n*] förringande, förtal; **detractor** [*ditræ'ktə*] förtalare, belackare
detrain [*di:trei'n*] *mil.* lasta av (trupper) från tåg
detriment [*detrimənt*] skada; **detrimental** [*detrime'ntl*] *sl* ovälkommen friare; skadlig, menlig
detrition [*ditri'ʃn*] avnötning; **detritus** [*ditrai'təs*] *geol.* grus, avnötningsprodukter
deuce [*dju:s*] tvåa (i kort, tärningar), *amr. sl* 2-dollarsedel; fyrtio lika (i tennis); **the** ~ fan; åh tusan; **a** ~ **of a hurry** en förbaskad hast; ~ **a bit** så tusan heller; ~ **a one** ingen fan; **the** ~ **he did!** det gjorde han så tusan heller! **play the** ~ **with** totalt fördärva; **like the** ~ som bara fan; **deuced** [*dju:st, dju:sid*] förbannad
Deuteronomy [*dju:tərɔ'nəmi*] Femte mosebok, Deuteronomion
deutzia [*dju:tsiə*] *bot.* deutzia
devastate [*devəsteit*] förhärja; **devastation** [*devəstei'ʃ(ə)n*] förödelse
develop [*dive'ləp*] utveckla [sig], *foto.* framkalla, *amr.* visa sig, bringa el. komma i dagen; ~**ment** [-*mənt*] utveckling, *foto.* framkallning
deviate [*di:vieit*] avvika; **deviation** [*di:viei'ʃ(ə)n*] avvikelse, missvisning

device [*divai's*] plan, anordning, påhitt, apparat, motto, devis; **leave a person to his own ~s** låta någon sköta sig själv
devil [*devl*] djävul, medhjälpare (hos sakförare el. författare), springpojke, starkt kryddad kötträtt; göra förarbete (i rättssak), krydda; **a ~ of a fellow, of a job** en tusan till karl, ett sjusabla arbete; **there will be the ~ [and all] to pay** då kommer fan lös; **give the ~ his due** vara rättvis också mot sina fiender; **~ on two sticks** diabolospel; **have a ~** vara besatt; **drink from day to ~** dricka oavbrutet; **~ a cent** inte ett öre; **the ~ he does!** det gör han så fan heller! **~'s advocate** advocatus diaboli, nedvärderare; **~'s bedpost** klöver fyra; **~'s bones** tärningar; **~-catcher, ~-dodger, ~-driver** *sl* präst, predikant; **~-dog** *amr. sl* marinsoldat; **~-may-care** oförvägen; **the ~'s picture-books** (el. **picture-gallery**) spelkort; **the ~'s snow** *amr. sl* sandstorm, damm; **the ~'s tattoo** trummande med fingrarna; **devilish** djävulsk, infam; förbannat, mycket; **devilment** djävulskap, fanstyg; **devilry** (*amr.* **~try**) djävulskap, trolldom, dumdristighet
devious [*di:viəs*] avsides, villsam, slingrande
devise [*divai'z*] testamentera, uttänka, uppfinna, finna på (utväg); **devisee** [*devizi:'*] arvinge; **devisor** [*devizɔ:', divai'zɔ:(')*] *jur.* testator
devoid [*divɔi'd*], **~ of** blottad på, fri från
devoir [*dəvwa:'*] plikt; **pay one's ~s to a person** visa någon en uppmärksamhet; **do one's ~** göra sitt bästa
devolution [*divəl(j)u:'ʃ(ə)n*] övergående till efterträdare, hemfall, överlåtande
devolve [*divɔ'lv*] överlåta, övergå, hemfalla
Devonian [*devou'niən*] hemmahörande i Devonshire, *geol.* devonisk; **Devonshire** (*devnʃiə*] ett engelskt grevskap; **Devonshire cream** vispgrädde
devote [*divou't*] ägna, helga; **devoted** [*divou'tid*] hängiven, dömd till undergång; **devotee** [*devouti:'*] dyrkare, hängiven anhängare; **devotion** [*divou'ʃ(ə)n*] hängivenhet, självuppoffring, fromhet; **devotions** böner, andaktsövningar, andakt; **devotional** [*divou'ʃnl*] andäktig, andakts-
devour [*divau'ə*] förtära, [upp]sluka; **~ the way** ila, flyga fram
devout [*divau't*] from, innerlig, uppriktig, andäktig; **I devoutly hope** jag hoppas innerligt
dew [*dju:*] dagg; (*opers.*) falla dagg, daggbestänka; **~berry** blåhallon (Rubus caesius); **~-drop** daggdroppe; *amr. sl* kasta kolstycken på en vagabond (blindpassagerare) för att få honom att hoppa av tåget; **~dropper** *amr. sl* dagdrivare
dewlap [*dju:læp*] dröglapp, isterhaka
dewy [*dju:i*] daggig, immig
dexter [*dekstə*] höger; **dext[e]rous** [*dekst(ə)rəs*] behändig, händig, flink; **dexterity** [*dekste'riti*] [be]händighet
dhow [*dau*] arabiskt [slav]skepp
dhudeen [*dudi:'n*] (*Irl.*) kort kritpipa
diabetes [*daiəbi:'ti:z*] sockersjuka; **diabetic** [*daiəbi:'tik*] sockersjuk patient; lidande av sockersjuka
diablerie [*dia:'bləri*] häxeri, tjuskraft
diabolic[al] [*daiəbɔ'lik(əl)*] djävulsk, satanisk; **diabolism** [*daiæ'bəlizm*] häxeri, djävulsdyrkan; **diabolo** [*d(a)iæ'bəlou*] diabolospel
diachylon [*daiæ'kilən*] ett slags häftplåster
diaconal [*daiæ'kənəl*] diakon-; **diaconate** [*daiæ'kənit*] diakonämbete, diakonat
diadem [*daiədəm*] diadem
diaeresis [*daii'ərəsis*] trema
diagnose [*daiəgnouz*] ställa diagnos, diagnosticera; **diagnosis** [*daiəgnou'sis*] diagnos; **diagnostic** [*daiəgnɔ'stik*] symptom, *pl* diagnoslära; diagnostisk
diagonal [*daiæ'gənl*] diagonal
diagram [*daiəgræm*] diagram, schematisk teckning; **diagrammatic** [*daiəgrəmæ'tik*] diagramartad
dial [*daiəl*] urtavla, visartavla, solur, nummerskiva (på telefon), 'petmoj', *sl* ansikte; slå på en nummerskiva, ringa upp; **dialer** *amr. sl* radiolyssnare
dialect [*daiəlekt*] dialekt; **dialectal** [*daiəle'ktl*] dialektal, dialektisk; **dialectic[s]** [*daiəle'ktik(s)*] dialektik; **dialectic[al]** [*daiəle'ktik(l)*] dialektisk; logiskt skarp; **dialectician** [*daiəlekti'ʃ(ə)n*] dialektiker
dialogue [*daiəlɔg*] samtal, dialog
diameter [*daiæ'mitə*] diameter; **diametral** [*daiæ'mitr(ə)l*] diametral; **diametrical** [*daiəme'trik(ə)l*] diametral, motsatt
diamond [*dai(ə)mənd*] diamant, *pl* ruter; rutig; **black ~s** kol; **rough ~** oslipad diamant, *sl* grovhuggare; **~ cut ~** hårt mot hårt; **~ wedding** diamantbröllop
Diana [*daiæ'nə*] Diana, skicklig ryttarinna, amason, kvinna som ej vill gifta sig
diapason [*daiəpei'sn*] harmoni, *mus.* röstomfång, register
diaper [*daiəpə*] dräll, haklapp, blöja, nätliknande mönster; **diapered** med nätmönster
diaphanous [*daiæ'fənəs*] genomskinlig
diaphoretic [*daiəfəre'tik*] svettdrivande [medel]
diaphragm [*daiəfræm*] mellangärde, skiljevägg, membran, bländare; **get off one's ~** *fam.* lätta sitt hjärta; **diaphragmatic** [*daiəfrægmæ'tik*] mellangärds-
diarchical [*daia:'kikl*] regerad av två myndigheter; **diarchy** [*daia:ki*] diarki
diarist [*daiərist*] dagboksförfattare
diarrhoea [*daiəri'ə*] *med.* diarré
diary [*daiəri*] dagbok
diastole [*daiæ'stəli*] *med.* utvidgning av hjärtat
diathermy [*daiəþə:'mi*] diatermi
diathesis [*diæ'þisis*] medfödd benägenhet
diatom [*daiətəm*] *bot.* diatomé; **diatomaceous** [*daiətəmei'ʃəs*] diatoméaktig
diatomic [*daiətɔ'mik*] bestående av två atomer
diatonic [*daiətɔ'nik*] *mus.* diatonisk
diatribe [*daiətraib*] smädelse, häftigt utfall
dibble [*dibl*] sättpinne; plantera
dibs [*dibz*] spelmarker, insats; *sl* pengar, *amr. sl* tillfälle
dic [*dik*] *fam.* förk. f. *dictionary* ordbok
dice [*dais*] tärningar etc. (se *die*); spela tärningspel; **dice-box** [*daisbɔks*] tärningsbägare; **~ insulator** telegrafklocka; **dicer** tärningspelare, *amr. sl* hatt
dichotomy [*daikɔ'təmi*] tudelning
dichromatic [*daikrəmæ'tik*] tvåfärgad
Dick [*dik*] smeknamn för Richard; *amr. sl* detektiv; förk. f. *dictionary*
dick [*dik*] *sl* ed; **take one's ~** svära på; **be up to ~** duga, vara bra
dickens [*dikinz*]; **the ~** för tusan!
dicker [*dikə*] däcker, halvtjog (hudar); *amr. sl* idka byteshandel, schackra
dickey, dicky [*diki*] *sl* åsna, löst skjortbröst, kuskbock, betjäntsäte (bakpå vagn), baksäte (i 2-sitsig bil); *sl* eländig, skröplig; **~-bird** (barnspråk) 'pippi', *sl* sångare; **~-dealing** *sl* prutande, schackrande (se *dicker*)
dicotyledon [*dai'kɔtili:'d(ə)n*] växt med två hjärtblad; **dicotyledonous** [*dai'kɔtili:'dənəs*] tvåhjärtbladig
dicta se *dictum*
dictaphone [*diktəfoun*] diktafon
dictate [*dikteit*] (is. *pl*) befallning, föreskrift, maktspråk; [*diktei't*] diktera, föreskriva, befalla; **dictation** [*diktei'ʃ(ə)n*] diktamen; **write to dictation** skriva efter diktamen; **dictator** [*diktei'tə*] diktator; **dictatorial** [*diktətɔ:'riəl*] diktatorisk; **dictatorship** [*diktei'təʃip*] diktatur; **dictatress** [*diktei'tris*] kvinnlig diktator

diction [*dikʃ(ə)n*] uttryckssätt, stil, diktion
dictionary [*dikʃ(ə)n(ə)ri*] ordbok, lexikon
dictum [*diktəm*] (*pl dicta* [*diktə*]) utsago, uttalande
didactic [*didæ'ktik*] didaktisk, läro-
didapper [*daidæpə*] *zool.* smådopping
diddle [*didl*] *amr. sl* sprit; *sl* narra
diddums [*didəmz*] så, så, gråt inte! (till småbarn)
dido [*daidou*] *sl* kvinnfolk, sprit, krumsprång
didst [*didst*] gjorde etc. (2:a person; se *do*)
die 1) [*dai*] (*pl dice* [*dais*]) tärning, *pl* tärningspel; (*pl dies*) myntstämpel, stans, plint; **as straight as a ~** rak som ett ljus, *fig.* genomhederlig
die 2) [*dai*] dö, försvinna; **~ a beggar** dö som tiggare; **never say ~** aldrig ge upp, man skall aldrig misströsta; **dying wish** sista önskan; **take one's dying oath** ta på sin salighetsed; **~ in harness** arbeta tills man stupar; **~ in one's shoes** få en våldsam död; **~ in the last ditch** slåss till sista blodsdroppen; **~ down** dö bort, slockna; **~ away** trånande; **~-hard** soldat som säljer sitt liv dyrt, *pl* yttersta högern; **dying for** mycket ivrig efter
dies [*daii:z*] (latin) dag; **~ irae** [*aiəri:*] domedag; **~ non** *jur.* icke rättegångsdag
diesel [*di:zl*], **~ engine** dieselmotor
diet [*daiət*] icke-engelsk riksdag, diet; hålla diet; **dietary** [*daiət(ə)ri*] matordning, kosthåll; dietisk, diet-; **dietetics** [*daiite'tiks*] läran om dieten
diff [*dif*] *fam.* förk. f. *difference*
differ [*difə*] vara olika, avvika, vara oense
difference [*difr(ə)ns*] olikhet, [mellan]skillnad, meningsskiljaktighet; tjäna som skiljemärke; **make no ~ between** icke skilja emellan, behandla lika; **split the ~** gå halva vägen var; **different** [*difr(ə)nt*] olik (**from** el. **than** el. **to**), [helt] annan, *sl* säregen, ovanlig; **differentia** [*difərə'nʃiə*] särmärke, kännemärke
differential [*difəre'nʃ(ə)l*] föränderlig, glidande, kännetecknande, differentiell, differential; **~ case** differentialkåpa; **~ gear** differentialväxel; **differentiate** [*difəre'nʃieit*] vara särmärke på, skilja [sig], differentiera[s]; **differentiation** [*difərenʃi-ei'ʃ(ə)n*] differentiering
difficile [*difisi:l*] besvärlig, grinig, kinkig, snarstucken
difficult [*difik(ə)lt*] svår, omedgörlig; **difficulty** [*difik(ə)lti*] svårighet; **have some ~ in** ha svårt att
diffidence [*difid(ə)ns*] bristande självtillit; blyghet; **diffident** [*difid(ə)nt*] försagd
diffract [*difræ'kt*] brytas (om ljusstrålar); **diffraction** [*difræ'kʃ(ə)n*] brytning; **diffractive** [*difræ'ktiv*] skör, brytande, med benägenhet att brytas
diffuse [*difju:'z*] spridd, vidlyftig, svamlig; sprida[s]; [ut]gjuta[s]; **~ness** omständlighet, vidlyftighet; **diffusibility** [*difju:zəbi'liti*] flyktighet; **diffusible** [*difju:'zibl*] flyktig, som lätt utbreder sig; **diffusion** [*difju:'ʒ(ə)n*] spridning, utbredning; **diffusive** [*difju:'siv*] som lätt utbreder sig, vida spridd, utstrålande, översvallande
dig [*dig*] grävning, stöt; pik, *amr. sl* plugghäst; (*oregelb. vb*) gräva, stöta, puffa, *amr. sl* lura, plugga; **a ~ in the ribs** puff i sidan; **~ oneself in** säkerställa sig, göra det bekvämt för sig; **where do you ~?** *fam.* var bor du? (se *diggings*); **digger** grävare, guldgrävare, *sl* australisk eller nyzeeländsk soldat, (*Austral.*) kamrat; **diggings** [*digiŋz*] guldfält, *sl* logi, lya; **digs** [*digz*] *sl* logi, lya (*diggings*)
digest [*daidʒest*] utdrag, sammandrag, lagsamling; [*didʒe'st*] ordna, genomtänka, smälta, sluka, finna sig i; **digestible** [*didʒe'stəbl*] smältbar; **digestion** [*didʒe'stʃ(ə)n*] matsmältning; **digestive** [*didʒe'stiv*] avföringsmedel; avförande
digger, diggings se *dig*
dight [*dait*] smyckad, prydd
digit [*didʒit*] *mat.* siffra, *zool.* tå, *fam.* finger; **digitalis** [*didʒitei'lis*] *bot. med.* digitalis; **digitigrade** [*didʒitigreid*] *zool.* tågångare
dignify [*dignifai*] hedra, utmärka; **dignified** [*dignifaid*] värdig, högtidlig
dignitary [*dignit(ə)ri*] dignitär, hög ämbetsman (is. kyrklig); **dignity** [*digniti*] värdighet
digraph [*daigræf*] digraf (två bokstäver för ett ljud)
digress [*daigre's*] avvika, komma från ämnet; **digression** [*daigre'ʃ(ə)n*] utvikning; **digressive** [*daigre'siv*] på sidan liggande, inom parentes sagd
digs se *dig*
dihedral [*daihi:'drel*] *flyg.* V-form
dike [*daik*] dike, fördämning; fördämma; **diked out** *amr. sl* utstyrd
dilapidated [*dilæ'pideitid*] förfallen, fallfärdig; **dilapidation** [*dilæpidei'ʃ(ə)n*] förfall, fallfärdighet
dilatation [*daileitei'ʃ(ə)n*] (is. *med.*) = *dilation*; **dilate** [*dailei't*] utvidga [sig], utbreda sig (**upon** om); **dilation** [*dailei'ʃ(ə)n*] utvidgning, tänjning
dilatory [*dilət(ə)ri*] förhalande, trög, senfärdig
dilemma [*dile'mə*] dilemma
dilettante [*dilitæ'nti*] dilettant, konstälskare; dilettantisk; **dilettantism** [*dilitæ'ntizm*] dilettanteri, dilettantism
diligence [*dilidʒ(ə)ns*] flit, noggrannhet; [*diliʒa:ns*] diligens (utom England); **diligent** [*dilidʒ(ə)nt*] flitig, ivrig
dill [*dil*] *bot.* dill
dilly [*dili*] *amr. sl* galen
dilly-dally [*dilidæli*] söla, vackla
dilute [*dailju:'t*] utspädd; förtunna, utspäda, försvaga; **dilution** [*dailju:'ʃ(ə)n*] utspädning; **dilution of labour** anställning av outbildade arbetare jämte fackarbetare
diluvial [*dailju:'viəl*] diluvial, syndaflods-
dim [*dim*] oklar, matt, skum, svag; förmörka[s], blända; **~-back** *sl* lus; **~-box** *amr. sl* taxibil; **~ light** halvljus
dime [*daim*] *amr.* 10 cent, *pl* penningar; **~ museum** *amr. sl* struntutställning el. dåligt teaterstycke; **~ novel** billig sensationsroman; **dimery** [*daiməri*] *amr. sl* 10-centsaffär
dimension [*dime'nʃ(ə)n*] dimension, storlek; dimensionera; **dimensional** [*dime'nʃənl*] dimensional
diminish [*dimi'niʃ*] förminska[s]; **hide one's diminished head** skamsen gömma sig
diminuendo [*diminjue'ndou*] *mus.* diminuendo; **diminution** [*diminju:'ʃ(ə)n*] förminskning; **diminutive** [*dimi'njutiv*] *gram.* diminutiv; mycket liten, obetydlig
dimity [*dimiti*] bomullskypert
dimmer [*dimə*] avbländningsljus
dimness [*dimnis*] dunkelhet, skumhet
dimple [*dimpl*] skrattgrop, fördjupning; bilda gropar; **dimply** [*dimpli*] smågropig, med gropar i kinderna
din [*din*] dån; dåna, tuta (ngn i öronen)
dincher [*dintʃə*] *amr. sl* halvrökt cigarrett
dine [*dain*] äta middag, ge middag för; **~ out** äta ute; **~ with Duke Humphrey** vara utan middag; **diner** [*dainə*] middagsgäst, restaurangvagn; **dining-car** [*dainiŋ*] restaurangvagn; **dining recess** matvrå; **dining-room** matsal
ding [*diŋ*] *amr. sl* tigga; **dingbat[tus]** [*diŋbæt(əs)*] *amr. sl* landstrykare; **dingbatty** *amr. sl* galen
ding-dong [*di'ŋ-dɔ'ŋ*] bing-bång; **~ fight (game)** jämn kamp
dinged [*diŋd*] förbannad (*damned*)
dinghy (dingey) [*diŋgi*] jolle; 'sittbur', baksits (på bil)
dingle [*diŋgl*] djup trång dal, klyfta
dingo [*diŋgou*] *zool.* australisk hund, dingo, *amr. sl* luffare som inte vill arbeta
dingus [*diŋgəs*] *amr.* inrättning, 'moj'

dingy [*din(d)ʒi*] mörk, smutsig, *amr. sl* enfaldig
dinkum [*diŋkəm*] (*Austral.*) arbete, slit; *sl* äkta, god; ~ **oil** rena rama sanningen
dinky [*diŋki*] *fam.* fin, nätt, söt, *amr.* dålig
dinner [*dinə*] middag, bankett; **eat one's ~s** *jur. sl* studera juridik; **~-jacket** smoking; **~-set** *sl* tänder; **~-waggon** serveringsbord på hjul
dino [*dainou*] *amr. sl* gammal tiggare
dinosaur [*dainəsɔ:*] *zool.* dinosaurus (forntida jätteödla)
dint [*dint*] slag, märke; göra märken el. bulor i; **by ~ of** med hjälp av, förmedelst
diocesan [*daiɔ'sis(ə)n*] biskop, stiftshövding; stifts-; **diocese** [*daiəsis*] stift
Dionysiac [*daiənai'siæk*], **Dionysian** [*daiənai'siən*] dionysisk
dioptric [*daiɔ'ptrik*] dioptri; dioptrisk
diorama [*daiəra:'mə*] diorama
dip [*dip*] doppning, dopp, bad, stöpljus, lutning, sänka (i marken), (magnetnåls) inklination; doppa, stöpa, dyka, sänka sig; **the sun ~s** solen går ned; **the road ~s** vägen sänker sig; ~ **the flag** hälsa med flaggan; ~ **into** ögna i; **dipped** *sl* skuldsatt; **dipper** doppare, baptist, *amr.* skopa; **the [Big** el. **Great] Dipper** *amr. astr.* Karlavagnen
diphtheria [*difþi'əriə*] *med.* difteri; **diphtheritic** [*difþəri'tik*] *med.* difteri-
diphthong [*difþɔŋ*] *gram.* diftong; **diphthongal** [*difþɔ'ŋg(ə)l*] diftongisk; **diphthongize** [*difþɔŋgaiz*] diftongera
diploma [*diplou'mə*] dokument, diplom; **diploma'd** [*diplou'məd*] försedd med diplom
diplomacy [*diplou'məsi*] diplomati, slughet; **diploma'd** se *diploma*; **diplomat** [*diplomæt*] diplomat; **diplomatic** [*diplomæ'tik*] diplomatisk; **diplomatist** [*diplou'mətist*] diplomat, klok underhandlare
dipper se *dip*
dippy [*dipi*] *sl* galen, vriden
dipsomania [*dipso(u)mei'niə*] alkoholism; **dipsomaniac** [*dipso(u)mei'niæk*] alkoholist
diptych [*diptik*] tudelad gångjärnsförsedd skriveller altartavla
dire [*daiə*] gräslig, förskräcklig; ~ **necessity** bleka nöden
direct [*d(a)ire'kt*] direkt, omedelbar, öppen, tydlig; rakt, omedelbart; rikta, styra, leda, visa vägen, adressera, beordra, instruera (is. om filminstruktör); ~ **current** likström; ~ **hit** fullträff; **direction** [*d(a)ire'kʃ(ə)n*] direktion, ledning, riktning, håll, anvisning, befallning, adress; **directions for use** bruksanvisning; **directional** [*dire'kʃənəl*] riktnings-, riktad; **direction arrow (indicator)** körriktningsvisare; **direction finder** radiopejlare; **directive** [*-tiv*] ledande; **director** [*-tə*] direktör, styrelsemedlem (i aktiebolag), [film]regissör; **directly** [*d(a)ire'k(t)li*] direkt, strax, så snart som; **directorate** [*-tərit*] styrelse, direktorat; **directory** [*-təri*] vägvisare, adresskalender (**telephone directory** telefonkatalog); ledande; **Directory Enquiry** nummerbyrå; **directress** [*-tris*] direktris
direful [*daiəful*] förfärlig, gruvlig
dirge [*də:dʒ*] klagosång
dirigible [*diridʒəbl*] styrbart luftskepp; styrbar
dirk [*də:k*] dolk
dirt [*də:t*] smuts, strunt, skräp, *amr. äv.* jord, *amr. sl* sladder, pengar; **eat ~** svälja en förödmjukelse; **~-cheap** till vrakpris; **~-track** jordbana, tävlingsbana för motorcyklister; ~ **wagon** *amr.* renhållningsvagn
dirty [*də:ti*] smutsig, osnygg, lumpen, ruskig; smutsa; ~ **work at the cross-roads** *sl* ruskigheter (ofta sexuella); **do the ~ (dirt) on** baktala
disability [*disəbi'liti*] bristande förmåga, oduglighet, inkompetens, invaliditet
disable [*disei'bl*] göra oduglig, göra till invalid; **~d** obrukbar, ramponerad, vanför; **~d soldier** krigsinvalid; **disablement** [*disei'blmənt*] urståndsättande, invaliditet
disabuse [*disəbju:z*] taga (ngn) ur villfarelse
disaccord [*disəkɔ:'d*] bristande överensstämmelse
disadvantage [*disədva:'ntidʒ*] olägenhet, nackdel; **disadvantageous** [*disædva:ntei'dʒəs*] ofördelaktig
disaffected [*disəfe'ktid*] missnöjd; **disaffection** [*disəfe'kʃ(ə)n*] missnöje, avoghet
disagree [*disəgri:'*] vara oense; **pork ~s with me** jag tål ej fläsk; **disagreeable** [*disəgri'əbl*] obehaglig, *pl* obehagligheter; **disagreement** [*disəgri:'mənt*] oenighet
disallow [*disəlau'*] förkasta, neka sitt bifall till
disappear [*disəpi'ə*] försvinna; **disappearance** [*disəpi'ər(ə)ns*] försvinnande
disappoint [*disəpɔi'nt*] göra besviken; **agreeably disappointed** angenämt överraskad; **~ment** besvikelse
disapprobation [*disæprobei'ʃ(ə)n*], **disapproval** [*disəpru:'v(ə)l*] ogillande; **disapprove** [*disəpru:'v*] (*vanl.* ~ **of**) ogilla
disarm [*disa:'m*] avrusta, avväpna; **disarmament** [*disa:'məmənt*] avrustning; **disarming** [*disa:'miŋ*] avväpnande
disarrange [*disərei'n(d)ʒ*] bringa i oordning; **~ment** [*-mənt*] oordning
disarray [*disərei'*] [bringa i] oordning
disassemble [*disəse'mbl*] taga isär
disaster [*diza:'stə*] olycka, katastrof; **disastrous** [*diza:'strəs*] olycksdiger, katastrofal
disavow [*di'səvau'*] ej erkänna, förneka; **disavowal** [*di'səvau'əl*] förnekelse, desavuering
disband [*disbæ'nd*] *mil.* upplösa[s]; **~ment** [*-mənt*] *mil.* upplösning, hemförlovning
disbar [*disba:'*] utesluta ur advokatståndet
disbelief [*di'sbili:'f*] misstro; **disbelieve** [*di'sbili:'v*] hysa misstro
disburden [*disbə:'dn*] lätta, befria, avbörda sig
disburse [*disbə:'s*] utbetala, lägga ut; **~ment** [*-mənt*] utgift
disc = *disk*
discard [*diska:d*] 'sakat' kort, kasserande, *amr.* ngt kasserat; [*diska:'d*] lägga bort, 'saka', kassera, avskeda; **throw into the ~** *amr.* kassera
discern [*dizə:'n*] urskilja, inse, skönja; **discerning** [*dizə:'niŋ*] skarpsinnig, kritisk; **discernible** [*dizə:'nibl*] urskiljbar; **~ment** [*-mənt*] skarpsinne, omdöme, urskillning
discharge [*distʃa:'dʒ*] lossning, befrielse, avfyrning, skott, fullgörande, uttömning, decharge, betalning, frigivning, urladdning; lossa, befria, urladda, uttömma, avskeda, utföra (plikt o. d.), avbörda sig, fritaga, frigiva, upphäva; **a river ~s [itself] . .** flyter, strömmar ut; **a tumour is discharging** en tumör öppnar sig; **a pipe ~s into a cesspool . .** har utlopp i . .
disciple [*disai'pl*] lärjunge, anhängare
disciplinarian [*disiplinɛ'əriən*] myndig person, disciplinkarl; **disciplinary** [*disiplinəri*] disciplinär; **discipline** [*disiplin*] disciplin, skolning; disciplinera; **adversity is a good discipline** motgången är en god läromästare
disclaim [*disklei'm*] *jur.* avsäga sig rätten till, förneka, frånsäga sig; **disclaimer** [*disklei'mə*] dementi, avstående, protest
disclose [*disklou'z*] uppenbara, blotta; **disclosure** [*disklou'ʒə*] avslöjande, yppande
discolour [*diskʌ'lə*] avfärga[s], urbleka, vanställa; **discolo[u]ration** [*diskʌlərei'ʃ(ə)n*], **discolourment** [*diskʌ'ləmənt*] avfärgning, urblekning, fläck
discomfit [*diskʌ'mfit*] besegra, gäcka, bringa ur fattningen; **discomfiture** [*diskʌ'mfitʃə*] nederlag, besvikelse, förvirring
discomfort [*diskʌ'mfət*] obehag, besvär; besvära, oroa
discommode [*diskəmou'd*] besvära

discompose [*diskəmpou'z*] oroa, bringa ur jämvikt; **discomposure** [*diskəmpou'ʒə*] oro, upprördhet
disconcert [*diskənsə:'t*] omintetgöra, förvirra; ~**ment** [*-mənt*] upprördhet, förvirring
disconnect [*diskəne'kt*] avkoppla, skilja, avbryta; **disconnected** osammanhängande
disconnexion [*diskəne'kʃ(ə)n*] skiljande, avkoppling
disconsolate [*diskɔ'ns(ə)lit*] tröstlös, dyster
discontent [*di'skənte'nt*] missnöje; missnöjd; **discontented** [*di'skənte'ntid*] missnöjd
discontinuance [*diskənti'njuəns*] upphörande, avbrott; **discontinue** [*di'skənti'nju(:)*] sluta, avbryta, nedlägga; **discontinuity** [*di'skɔnti'nju(:)iti*] brist på sammanhang; **discontinuous** [*di'skənti'njuəs*] osammanhängande, avbruten
discord [*diskɔ:d*] oenighet, oöverensstämmelse, dissonans; [*diskɔ:'d*] vara oense, vara oförenlig; **discordance** [*diskɔ:'d(ə)ns*] oenighet, disharmoni; **discordant** [*-nt*] oenig, oförenlig, disharmonisk
discount [*diskaunt*] rabatt, diskonto; [*diskau'nt*] diskontera, ta för givet (på förhand), blott delvis tro på, förringa; **at a** ~ lågt i kurs
discountenance [*diskau'ntin(ə)ns*] bringa ur fattningen, avråda, avskräcka
discourage [*diskʌ'ridʒ*] göra modfälld, avskräcka, motarbeta; ~**ment** [*-mənt*] modlöshet, motarbetande
discourse [*diskɔ:'s*] föreläsning, föredrag, avhandling, samtal; hålla föredrag, avhandla, samtala
discourteous [*diskə:'tiəs*] ohövlig; **discourtesy** [*diskə:'tisi*] ohövlighet
discover [*diskʌ'və*] upptäcka, *åld.* uppenbara; ~ **oneself** förråda sig; **discovery** [*diskʌ'v(ə)ri*] upptäckt
discredit [*diskre'dit*] vanrykte; neka att tro på, blamera, bringa i vanrykte; **discreditable** [*diskre'ditəbl*] vanärande
discreet [*diskri:'t*] grannlaga, försiktig, förtegen
discrepancy [*diskre'p(ə)nsi*] oförenlighet, motsägelse; **discrepant** [*diskre'pənt, diskripənt*] motsägande, avvikande
discrete [*diskri:'t*] skild, fristående
discretion [*diskre'ʃ(ə)n*] handlingsfrihet, klokhet, försiktighet, grannlagenhet; ~ **is the better part of valour** klokhet är bättre än tapperhet; **at the** ~ **of a person** efter ngns gottfinnande, i någons våld; **surrender at** ~ ge sig på nåd och onåd; **years of** ~ mogenhetsålder (eng. *jur.* 14 år); **discretionary** [*diskre'ʃn(ə)ri*] beroende på ngns gottfinnande, godtycklig
discriminate [*diskri'mineit*] skilja, åtskilja; ~ **against** ta parti emot; **discriminating** [*diskri'mineitiŋ*] särskiljande, skarpsinnig, som har ögonen med sig; **discrimination** [*diskriminei'ʃ(ə)n*] skiljande, urskillning, omdöme; **discriminative** [*diskri'mineitiv*] utmärkande, urskiljande, skarpsinnig
discrown [*diskrau'n*] beröva kronan
discursive [*diskə:'siv*] vittsvävande, planlös, resonerande
discus [*diskəs*] diskus
discuss [*diskʌ's*] dryfta, diskutera, *fam.* äta och dricka (i lugn och ro); **discussible** [*diskʌ'səbl*] diskutabel; **discussion** [*diskʌ'ʃ(ə)n*] dryftning, diskussion
disdain [*disdei'n*] förakt, ringaktning; förakta; **disdainful** [*disdei'nf(u)l*] föraktfull
disease [*dizi:'z*] sjukdom; **diseased** [*dizi:'zd*] sjuk, fördärvad
disembark [*di'simba:'k*] landsätta, landstiga; **disembarkation** [*disemba:kei'ʃ(ə)n*] landstigning, landsättning
disembarrass [*di'simbæ'rəs*] befria, hjälpa ur en svår situation
disembodiment [*disimbɔ'dimənt*] befrielse från kroppen, *mil.* upplösning; **disembody** [*di'simbɔ'di*] befria [själen] från kroppen, *mil.* upplösa
disembogue [*disimbou'g*] (om flod) ha sitt utlopp
disembowel [*disimbau'əl*] taga inälvorna ur
disembroil [*disimbrɔi'l*] utreda
disenchant [*di'sintʃa:'nt*] lösa ur förtrollning, ta ur villfarelse; ~**ment** [*disintʃa:'ntmənt*] brytande av förtrollning, gäckad förhoppning
disencumber [*di'sinkʌ'mbə*] befria
disendow [*di'sindau'*] fråntaga (is. kyrkan) donationer el. myndighet; ~**ment** [*disindau'mənt*] indragning av donationer el. myndighet
disengage [*di'singei'dʒ*] frigöra, lösa, frikoppla; **disengaged** [*di'singei'dʒd*] ledig, lös, fri; ~**ment** [*disingei'dʒmənt*] frigörelse, ledighet
disentail [*di'sintei'l*] upphäva jordagods' oförytterlighet
disentangle [*di'sintæ'ŋgl*] utreda, frigöra; ~**ment** [*disintæ'ŋglmənt*] utredning, frigörelse
disestablish [*di'sistæ'bliʃ*] upphäva, skilja (kyrkan från staten); ~**ment** [*disistæ'bliʃmənt*] upphävande, kyrkans skiljande från staten
disfavour [*di'sfei'və*] onåd
disfigure [*disfi'gə*] vanställa; ~**ment** [*-mənt*] vanställande, vanprydnad
disforest [*disfɔ'rist*] avverka skogen, göra skoglös
disfranchise [*di'sfræ'n(t)ʃaiz*] beröva rösträtt; ~**ment** [*disfræ'n(t)ʃizmənt*] berövande av rösträtt
disfrock [*disfrɔ'k*] avsätta från andligt ämbete
disgorge [*disgɔ:'dʒ*] kasta upp, utspy, lämna tillbaka (orätt fånget gods), (om flod) utmynna, hälla ut
disgrace [*disgrei's*] onåd, vanära, skam; bringa i onåd; vara en skam för, vanhedra; **disgraceful** [*disgrei'sf(u)l*] vanhedrande
disgruntled [*disgrʌ'ntld*] missnöjd, vresig; **disgruntlement** [*disgrʌ'ntlmənt*] missnöje
disguise [*disgai'z*] förklädnad, förställning; maskera, förkläda, dölja, förställa; **throw off one's** ~ kasta masken; **disguised in (with) drink** berusad
disgust [*disgʌ'st*] motvilja, avsky, besvikelse; väcka avsky hos, äckla; **disgusting** äcklig, vämjelig, vidrig
dish [*diʃ*] fat, maträtt; lägga på fat, *sl* göra kål på, stuka; ~ **up** servera, duka upp; ~ **the dirt** el. **the dope** *amr. sl* springa med skvaller: ~**-cloth,** ~**-clout** disktrasa, *amr. sl* dålig karl; ~**pan** *amr.* diskbalja; ~**-washer** tallriksdiskare, ett slags sädesärla; ~**-water** diskvatten, *amr. sl* banala fraser
dishabille [*disəbi:'l*] negligé
disharmonious [*disha:mou'njəs*] disharmonisk; **disharmony** [*disha:'məni*] disharmoni
dishearten [*disha:'tn*] beröva modet; **disheartening** nedslående; **disheartenment** [*-mənt*] modlöshet
dishevelled [*di:ʃə'v(ə)ld*] (om hår) upplöst, rufsig
dishonest [*disɔ'nist*] ohederlig; **dishonesty** [*disɔ'nisti*] ohederlighet
dishonour [*disɔ'nə*] skam, vanära; kränka, vanära; ~ **a cheque** neka att inlösa en check; **dishonourable** [*disɔ'n(ə)rəbl*] vanhedrande, skamlig, gemen
disillusion [*disilju:'ʒ(ə)n*] desillusion; ~ och ~**ize** beröva någon hans illusioner; **disillusionment** [*-mənt*] desillusionering
disinclination [*disinklinei'ʃ(ə)n*] obenägenhet; **disincline** [*di'sinklai'n*] göra obenägen
disinfect [*disinfe'kt*] desinficera; **disinfectant** [*-tənt*] desinfektionsmedel; **disinfection** [*disinfe'kʃən*] desinfektion
disingenuous [*di'sindʒe'njuəs*] lömsk, oredlig
disinherit [*di'sinhe'rit*] göra arvlös; **disinheritance** [*disinhe'rit(ə)ns*] arvlöshet[sförklaring]
disintegrate [*disi'ntigreit*] upplösa, sönderdela; **disintegration** [*disintigrei'ʃ(ə)n*] upplösning; **disintegrator** [*disi'ntigreitə*] sönderdelare, pulveriseringsmaskin
disinter [*di'sintə:'*] upptaga ur graven, bringa i dagen

disinterested [*disi'ntristid*] oegennyttig, opartisk
disjoin [*disdʒɔi'n*] skilja, upplösa; **disjoint** [*disdʒɔi'nt*] åtskilja, bringa ur led, upphäva förbindelsen mellan; **disjointed** osammanhängande
disjunction [*disdʒʌ'ŋ(k)ʃ(ə)n*] åtskiljande; **disjunctive** [*disdʒʌ'ŋ(k)tiv*] åtskiljande, *gram.* disjunktiv
disk, disc [*disk*] flat rund skiva, lamell, *amr. sl* grammofonplatta
dislike [*dislai'k*] motvilja; hysa motvilja mot, tycka illa om, ogilla
dislocate [*dislokeit*] bringa ur led, rubba ur läge, vricka; **dislocation** [*dislokei'ʃ(ə)n*] ryckning ur led, vrickning, förskjutning
dislodge [*dislɔ'dʒ*] fördriva, flytta, rycka loss; **~ment** [*-mənt*] fördrivande, avflyttning
disloyal [*dislɔi'(ə)l*] illojal, falsk; **disloyalty** [*dislɔi'(ə)lti*] illojalitet
dismal [*dizm(ə)l*] trist, hemsk, dyster; **the ~ science** nationalekonomi; **the ~s** melankoli, tungsinthet
dismantle [*dismæ'ntl*] avkläda, avtackla, slopa (befästning)
dismast [*disma:'st*] avmasta
dismay [*dismei'*] bestörtning, förfäran; göra bestört, bringa i förtvivlan
dismember [*disme'mbə*] sönderslita, stycka; **~ment** [*-mənt*] styckning
dismiss [*dismi's*] skicka bort, hemförlova, avskeda, avföra; **dismiss!** höger och vänster om marsch! **~ a prisoner** frigiva en fånge; **~ the idea of** uppgiva tanken på; **~ the subject** lämna ämnet; **the case is dismissed** *jur.* målet avvisas som obefogat; **dismissal** [*dismi's(ə)l*] bortskickande, entledigande, avvisande
dismount [*dismau'nt*] sitta av, kasta av, demontera; **dismountable** [*dismau'ntəbl*] isärtagbar
disobedience [*disobi:'djəns*] olydnad; **disobedient** olydig; **disobey** [*di'sobei'*] vara olydig mot
disoblige [*di'soblai'dʒ*] göra emot, förnärma; **disobliging** ogin, ovänlig
disorder [*disɔ:'də*] oordning, förvirring, sjukdom, *pl* oroligheter; förvirra; **disordered digestion** dålig matsmältning; **disorderly** oordentlig, bråkig, utsvävande; **disorderly behaviour** förargelseväckande beteende
disorganization [*disɔ:gənaizei'ʃ(ə)n*] desorganisation; **disorganize** [*disɔ:'gənaiz*] bringa i upplösningstillstånd
disown [*disou'n*] ej [vilja] erkänna, förneka
disparage [*dispæ'ridʒ*] tala nedsättande om, bringa i vanrykte, ringakta; **~ment** förringande, missaktning
disparate [*dispərit*] olikartad, oförenlig, ojämförbar; **disparity** [*dispæ'riti*] olikhet
dispassionate [*dispæ'ʃnit*] lugn, opartisk
dispatch [*dispæ'tʃ*] avsändande, snabbhet, snabb expedition, depesch, officiell skrivelse; avsända, göra undan, expediera, ge nådestöten, få ur händerna, kasta i sig; **~-box** dokumentskrin; **~-rider** bud, ordonnans (is. på motorcykel)
dispel [*dispe'l*] förjaga, skingra
dispensable [*dispe'nsəbl*] umbärlig; **dispensary** [*dispe'ns(ə)ri*] apotek, dispensär, poliklinik; **dispensation** [*dispensei'ʃ(ə)n*] utdelning, dispens, befrielse, skickelse; **dispense** [*dispe'ns*] utdela, skipa, ge dispens, fritaga; **dispense with** lösa från, undvara, onödiggöra; **dispenser** [*dispe'nsə*] utdelare, farmaceut
dispeople [*dispi:'pl*] avfolka
dispersal [*dispə:'s(ə)l*] skingring; **disperse** [*dispə:'s*] skingra, sprida [sig]; **dispersedly** [*dispə:'sidli*] här och där; **dispersion** [*dispə:'ʃ(ə)n*] spridande, förskingring; **dispersive** [*dispə:'siv*] spridande
dispirit [*dispi'rit*] göra modfälld; **dispirited** [*dispi'ritid*] modlös
displace [*displei's*] flytta, rubba, undanröja, undantränga, **~d person** statslös; **~ment** [*-mənt*] förskjutning, deplacement
display [*displei'*] uppvisning, utställning, stående, skryt; framlägga, utställa, pråla med
displease [*displi:'z*] misshaga, stöta; **displeasure** [*disple'ʒə*] misshag, vrede
disport [*dispɔ:'t*] tidsfördriv; **~ oneself** tumla om, roa sig
disposable [*dispou'zəbl*] disponibel; **disposal** [*dispou'zl*] anordning, [fritt] förfogande, avyttring; **at one's disposal** till ens förfogande; **dispose** [*dispou'z*] lägga till rätta, ordna, bestämma, göra benägen; **dispose of** disponera, göra sig av med, bringa ur världen; **disposed** benägen, hågad, sinnad (**well, ill ~**)
disposition [*dispəzi'ʃ(ə)n*] anordning, förberedelse, böjelse, sinnelag, tendens; **make one's ~s** träffa sina dispositioner
dispossess [*di'spəze's*] fördriva, beröva; **dispossession** [*dispəze'ʃ(ə)n*] fördrivande, avhändande
dispraise [*disprei'z*] tadel; tadla
disproof [*dispru:'f*] motbevis
disproportion [*di'sprəpɔ:'ʃ(ə)n*] missförhållande; **disproportionate** [*disprəpɔ:'ʃənit*] oproportionerlig
disprove [*dispru:'v*] vederlägga
disputable [*dispjutəbl, dispju:'-*] omtvistlig, omtvistad; **disputant** [*dispjut(ə)nt*] disputand; tvistande; **disputation** [*dispju(:)tei'ʃ(ə)n*] dispyt, disputation; **disputatious** [*dispju(:)tei'ʃəs*] böjd för dispyter; **dispute** [*dispju:'t*] strid, dispyt, ordväxling, konflikt; dryfta, tvista, bestrida, betvivla, ifrågasätta; **in dispute** omstridd, ännu oavgjord; **beyond dispute** otvivelaktigt, obestridligt
disqualification [*diskwɔlifikei'ʃ(ə)n*] diskvalifikation, oduglighet; **disqualify** [*diskwɔ'lifai*] diskvalificera, förklara oförmögen
disquiet [*diskwai'ət*] oro, ängslan; oroa; **disquietness** [*diskwai'ətnis*]; **disquietude** [*diskwai'itju:d*] oro
disquisition [*diskwizi'ʃ(ə)n*] utredning, framställning
disregard [*di'sriga:'d*] åsidosättande; ignorera, ej bry sig om, lämna obeaktad
disrelish [*disre'liʃ*] motvilja; ha motvilja mot
disrepair [*di'sripɛ'ə*] förfall, dåligt skick
disreputable [*disre'pjutəbl*] illa beryktad, ökänd; **disrepute** [*di'sripju:'t*] vanrykte
disrespect [*di'srispe'kt*] missaktning; missakta; **disrespectful** [*disrispe'ktf(u)l*] vanvördig
disrobe [*di'srou'b*] avkläda, klä av sig
disrupt [*disrʌ'pt*] sönderslita, spränga; **disruption** [*disrʌ'pʃ(ə)n*] splittring, rämna, sprängning; **the Disruption** skotska kyrkans sprängning år 1843; **disruptive** [*disrʌ'ptiv*] sprängnings-, eruptiv
dissatisfaction [*di'(s)sætisfæ'kʃ(ə)n*] missnöje; **dissatisfactory** [*di'sætisfæ'ktəri*] otillfredsställande; **dissatisfy** [*di'(s)sæ'tisfai*] ej tillfredsställa, göra missnöjd
dissect [*dise'kt*] dissekera, noga granska; **dissection** [*dise'kʃ(ə)n*] dissektion, grundlig analys; **dissector** [*dise'ktə*] dissektor
dissemble [*dise'mbl*] dölja, förställa sig, hyckla
disseminate [*dise'mineit*] utså, utbreda, sprida; **dissemination** [*diseminei'ʃ(ə)n*] sådd, utbredning, spridning; **disseminator** [*dise'mineitə*] utbredare, spridare
dissension [*dise'nʃ(ə)n*] meningsskiljaktighet, splittring; *pl* stridigheter
dissent [*dise'nt*] avvikande mening, separatism, frikyrklighet; hysa en avvikande åsikt, avvika från statskyrkans lära; **dissenter** [*dise'ntə*] sektanhängare, frikyrklig; **dissentient** [*dise'nʃiənt*] [person] som har en avvikande mening, reservant
dissertation [*disə(:)tei'ʃ(ə)n*] avhandling
disservice [*di's(s)ə:'vis*] björntjänst, otjänst

dissever [*di:se'və*] åtskilja, sönderdela, avskära
dissidence [*disidəns*] avvikande mening; **dissident** oliktänkande, dissenter
dissimilar [*di'si'milə*] olik; **dissimilarity** [*disimilæ'riti*] olikhet
dissimulate [*disi'mjuleit*] förställa sig; **dissimulation** [*disimjulei'ʃ(ə)n*] förställning
dissipate [*disipeit*] skingra[s], förslösa, bortplottra, leva ett utsvävande liv; **dissipated** [*disipeitid*] utsvävande; **dissipation** [*disipei'ʃ(ə)n*] utsvävning
dissociate [*disou'ʃieit*] [åt]skilja, söndra; **~ oneself from** ta avstånd från; **dissociation** [*disousiei'ʃ(ə)n*] skiljande, avståndstagande, personlighetsklyvning; **dissociative** [*disou'ʃiətiv*] åtskiljande, upplösande
dissolubility [*disɔljubi'liti*] upplöslighet; **dissoluble** [*disɔ'ljubl*] upplösbar
dissolute [*disəl(j)u:t*] utsvävande, omoralisk; **dissolution** [*disəl(j)u:'ʃ(ə)n*] upplösning, undergång
dissolve [*dizɔ'lv*] upplösa[s], smälta; **~ in tears** vara upplöst i tårar; **Parliament ~s** el. **is dissolved ..** upplöses; **dissolvent** [*dizɔ'lvənt*] lösningsmedel
dissonance [*disənəns*] dissonans, missljud; **dissonant** oharmonisk, missljudande
dissuade [*diswei'd*] avråda
dissuasion [*diswei'ʒ(ə)n*] avrådande; **dissuasive** [*diswei'siv*] avrådande
dissyllable se *disyllable*
distaff [*dista:f*] slända, spinnrockshuvud; **the ~ side** spinnsidan
distance [*dist(ə)ns*] avstånd, sträcka; lämna bakom sig, distansera, ställa på avstånd; **keep one's ~** hålla sig på vederbörligt avstånd; **at this ~ of time** så långt efteråt; **at a ~** på ngt avstånd; **in the ~** i fjärran; **in the middle ~** mellan för- och bakgrund; **~ control** fjärrstyrning; **distant** [*dist(ə)nt*] avlägsen, fjärran, dunkel, reserverad
distaste [*di'stei'st*] avsmak, motvilja; **distasteful** [*distei'stf(u)l*] motbjudande, obehaglig
distemper [*diste'mpə*] sjukdom, valpsjuka, politisk oro, limfärg; måla med limfärg; **distempered** rubbad, förvirrad
distend [*diste'nd*] utvidga[s], utspänna[s]
distensible [*diste'nsəbl*] uttänjbar; **distension** [*diste'nʃ(ə)n*] utvidgning, omfång
distich [*distik*] distikon
distil [*disti'l*] droppa, destillera, rena; **distillation** [*distilei'ʃ(ə)n*] destillation; **distiller** [*disti'lə*] destillator, brännvinsbrännare; **distillery** [*disti'ləri*] bränneri
distinct [*disti'ŋ(k)t*] [tydligt] skild, uttrycklig, bestämd, tydlig; **as ~ from** till skillnad från; **distinction** [*disti'ŋkʃ(ə)n*] särskiljande, åtskillnad, särmärke, personlig stil, utmärkelse, anseende; **draw distinction** draga gräns; **a distinction without a difference** hårklyveri; **distinctive** [*disti'ŋ(k)tiv*] utpräglad, typisk
distinguish [*disti'ŋgwiʃ*] skilja, särskilja, känneteckna, utmärka, urskilja; **~ oneself** utmärka sig; **distinguishable** [*disti'ŋgwiʃəbl*] [ur]skiljbar; **distinguished** utmärkt, förnäm, framstående
distort [*distɔ:'t*] förvrida, förvränga; **distortion** [*distɔ:'ʃ(ə)n*] förvridning, förvrängning
distract [*distræ'kt*] bortleda, distrahera, förvirra, göra förryckt; **distracted** förvirrad, galen; **distraction** [*distræ'kʃ(ə)n*] förströelse, distraktion, förvirring, oro, raseri; **to distraction** ända till vanvett
distrain [*distrei'n*] taga i mät, göra utmätning; **distraint** [*distrei'nt*] kvarstad, utmätning
distrait [*distrei'*] disträ
distraught [*distrɔ:'t*] vanvettig, förryckt
distress [*distre's*] sorg, smärta, nöd, fara, utmattning, *jur.* utmätning; vålla smärta, utmatta, plåga; **ship in ~** fartyg i sjönöd; **~-gun** [kanon för avlossande av] nödskott; **distressed** [*distre'st*] nödställd, olycklig, bekymrad; **distressful** [*distre'sf(u)l*] sorglig, eländig; **the distressful country** Irland; **distressing** plågsam, beklämmande
distribute [*distri'bju(:)t*] fördela, distribuera, sprida, klassificera; **distribution** [*distribju:'ʃ(ə)n*] fördelning, distribution; **distributive** [*distri'bjutiv*] utdelande, fördelnings-; **distributor** [*distri'bjutə*] fördelare, distributör, strömfördelare
district [*distrikt*] distrikt, område, bygd, *amr.* valkrets; **~ council** distriktsråd; **D— Railway** ringbana i London; **~ visitor** fattigbesökare i ett distrikt
distrust [*distrʌ'st*] misstroende; misstro, hysa misstro mot; **distrustful** [*distrʌ'stf(u)l*] misstrogen
disturb [*distə:'b*] störa, oroa; **disturbance** [*distə:'b(ə)ns*] störning, oordning, oroligheter, övergrepp
disunion [*di'sju:'njən*] söndring, split, upplösning; **disunite** [*di'sju(:)nai't*] gå isär, göra oense, söndra
disuse [*di'sju:'s*] kommande ur bruk, bristande övning; **fall into ~** komma ur bruk; [*di'sju:'z*] sluta att använda; **~d** [*disju:'zd*] bortlagd, utdöd
disyllabic [*di'silæ'bik*] tvåstavig; **disyllable** [*disi'ləbl*] tvåstavigt ord
ditch [*ditʃ*] dike, grav; gräva diken, dika, dränera, kasta i diket, *amr. sl* smita undan, gömma sig; **be ditched** *amr. sl* ha otur
dither [*diðə*] darrning; darra, skälva; **he was all in a ~** han darrade i hela kroppen
dithyramb [*diþiræm(b)*] dityramb; **dithyrambic** [*diþiræ'mbik*] dityrambisk
ditto [*ditou*] dito, detsamma; **a suit of ~es** kostym av samma tyg; **say ~ to** säga ja och amen till
dittography [*ditɔ'grəfi*] felaktig dubbelskrivning
ditty [*diti*] visa
diuretic [*daiju(ə)re'tik*] urindrivande [medel]
diurnal [*daiə:'nl*] dag[s]-, daglig
divagate [*daivəgeit*] göra digressioner; **divagation** [*daivəgei'ʃ(ə)n*] digression, avvikelse
divan [*divæ'n*] österländsk konselj el. audienssal, divan, rökrum
dive [*daiv*] dykning, brant glidflykt, *amr. sl* kroghåla; dyka, köra med handen, rota, gräva, djupt intränga (**into** i); **a lucky ~** tombola; **diving-bell** dykarklocka; **diving-board** trampolin; **diving-dress** dykardräkt; **diving-helmet** dykarhjälm; **diver** dykare, dykarfågel, *sl* ficktjuv, *pl sl* fingrar
diverge [*daivə:'dʒ*] gå åt olika håll, avvika; **divergence** [*daivə:'dʒ(ə)ns*] avvikelse; **divergent** avvikande
divers [*daivə(:)z*] diverse, åtskilliga, flera; **diverse** [*daivə:'s*] olika; **diversify** [*daivə:'sifai*] variera, ge omväxling åt; **diversion** [*daivə:'ʃ(ə)n*] avledande av flod, omväg (*road* ~), förströelse, tidsfördriv, *mil.* krigslist; **diversity** [*daivə:'s(i)ti*] olikhet, mångfald
divert [*daivə:'t*] avleda, avvända, förströ, roa; **diverting** [*daivə:'tiŋ*] underhållande, rolig
Dives [*daivi:z*] *bibl.* den rike mannen
divest [*daive'st*] avkläda, beröva; **~ment** [*-mənt*] avklädning
divide [*divai'd*] *amr.* vattendelare; dela[s], åtskilja, vara av olika åsikt, omrösta (i parlamentet), anställa omröstning, *mat.* dividera, gå jämnt upp (**into** i); **dividend** [*dividend*] dividend, utdelning (på aktier o. d.); **[pair of] divider**[s] [*divai'də(z)*] passare
divination [*divinei'ʃ(ə)n*] aning, spådom; **divine** [*divai'n*] teolog, *åld.* präst; gudomlig; varsla, spå, ana, gissa; **divine service** gudstjänst; **diviner** [*divai'nə*] spåman, magiker; **divining-rod** slagruta; **divinity** [*divi'niti*] gudomlighet, gudom, teologi; **Doctor of divinity** teologie doktor

divisibility [*divizibi'liti*] delbarhet; **divisible** [*divi'zəbl*] delbar (by med); **division** [*divi'ʒ(ə)n*] delning, avdelning, skiljelinje, del, *mat.* division, omröstning (i parlament), *mil.* division; **divisional** [*divi'ʒənl*] delnings-, divisions-; **divisor** [*divai'zə*] *mat.* divisor

divorce [*divɔ:'s*] skilsmässa, äktenskapsskillnad; skilja[s] (om äkta makar), få skilsmässa från; **divorcee** [*d(a)ivɔ:si:'*] [en] frånskild

divot [*divət*] (*Skottl.*) torv

divulge [*daivʌ'ldʒ*] avslöja, röja

Divvers [*divəz*] Oxford-*sl* förk. f. *Divinity moderations* förberedande teologisk examen

divvy [*divi*] *sl* del; dela (rovet)

Dixie [*diksi*] [**Land**] *amr. sl* sydstaterna

dixie, dixy [*diksi*] fältgryta

dizen [*daizn*] pynta

dizzy [*dizi*] yr, svindlande; göra yr; **dizziness** [*dizinis*] yrsel, svindel

do 1) [*dou*] *mus.* do

do. 2) förk. f. *ditto*

do 3) [*du:*] *fam.* knep, bedrägeri, fest, tillställning; göra, utföra, laga, ordna, sköta om, avsluta, räcka till, *fam.* lura; ~ **the room** städa rummet; ~ **one's hair** kamma sig; ~ **a sum** räkna ett tal; ~ **a town** bese en stad; **he does himself** [**well**] han ställer det bra för sig, smörjer kråset; ~ **time** *amr. sl* avtjäna fängelsestraff; ~ **it all** *amr. sl* avsitta livstids straff; **there is nothing doing** ingenting står att göra, det sker ingenting; ~ **or die** segra eller dö; **it is time to be doing** det är tid att handla; **I think we shall** ~ jag tänker vi klarar oss; **will that** ~? är det nog? duger det? **that size won't** ~ den storleken passar icke; **it does not** ~ **to offend the great** det går inte an att förnärma de mäktiga; **that will** ~ det räcker; **let us have done with it** låt oss få slut på det; **get it done with** få det undanstökat; ~ **away with** röja ur vägen, göra av med; **how** ~ **you** ~? god dag; **she is doing well** hon har det bra, det går bra för henne; **business is doing splendidly** affärerna gå utmärkt; **but I** ~ **like you** men jag tycker verkligen om dig; ~ **come** var snäll och kom; ~ **one's bit** göra sitt, göra sin del; ~ **credit to** hedra; ~ **one's damnedest** *sl* göra sitt värsta, sitt yttersta; ~ **justice to the food** göra rättvisa åt maten; **it isn't done** så gör man helt enkelt inte! **done brown** *sl* narrad; **done to a turn** väl kokt el. stekt; **done up** utmattad; ~ **the honours** vara värd; ~ **the polite** vara artig; ~ **the trick** *sl* klara skivan, göra susen; ~ **by** handla mot, behandla; ~ **for** tjäna som, duga till, förstöra, göra av med, *amr.* hushålla för; ~ **in** *sl* slå ihjäl; ~ **in the eye** *sl* lura; ~ **into** översätta till; ~ **to** handla mot; **what shall he be done to?** vad skall det göras åt honom? ~ **unto** *åld.* = ~ *to*; ~ **up** sätta skick på, laga, 'fixa', packa in, slå in, *fam.* ruinera; ~ **with** reda sig med, göra med, finna sig i; **I could** ~ **with** *fam.* jag kunde behöva; **done with** färdig med; ~ **without** klara sig utan, undvara; ~**-nothing** dagdrivare; **doing**[**s**] [*du:iŋ(z)*] görande[n], handling[ar], 'sak[er]'; **it is all his doing** han bär skulden till alltsammans

doat se *dote*

Dobbin [*dɔbin*] häst (smeknamn = Robert)

doc(.) [*dɔk*] förk. f. *doctor*

docile [*dousail*] läraktig, lydig; **docility** [*do(u)si'liti*] läraktighet, lydnad

dock [*dɔk*] *bot.* syra (Rumex), skeppsdocka, kaj (*pl äv.* varv), svansstump, de anklagades bänk; stubba, avskära, förminska, föra i docka; **dry** ~ torrdocka; **floating** ~ flytdocka; ~**-glass** stort glas; ~**tailed** med stubbsvans; ~**yard** skeppsvarv (med dockor); **dockage** *sg*, **dockdues** *pl* dockavgift[er]; **docker** dockarbetare

docket [*dɔkit*] innehållsöversikt, register, adresslapp; förse med innehållsöversikt el. adresslapp

doctor [*dɔktə*] doktor, *pl amr. sl* falska tärningar; *fam.* kurera, plåstra om, förfalska, lägga ngt i; ~**s disagree** el. **differ** de lärde tvista; **D—s' Commons** före 1867 institution i London för testaments- och skilsmässoärenden; **doctoral** [*dɔktərəl*] doktors-, lärd; **doctorate** [*dɔktərit*] doktorsgrad

doctrinaire [*dɔktrinɛ'ə*] doktrinär person; **doctrinairism** [*dɔktrinɛ'ərizm*] doktrinära åsikter; **doctrinal** [*dɔktrai'nl*] läro-, doktrin-; **doctrine** [*dɔktrin*] lära, doktrin

document [*dɔkjumənt*] dokument, bevismaterial; dokumentera, förse med vederbörliga papper; **documentary** [*dɔkjume'ntəri*] dokumentarisk; **documentation** [*dɔkjumentei'ʃ(ə)n*] dokumentariskt bestyrkande

dodder [*dɔdə*] snarreva (Cuscuta); darra; **doddered** [*dɔdəd*] utan topp, fallfärdig; **doddery** [*dɔdəri*] darrig, senil

dodecagon [*doude'kəgən*] tolvhörning

dodge [*dɔdʒ*] sidsprång, knep; hoppa åt sidan, undvika, bruka knep; ~ **the column** *amr. sl* skolka, smita från; ~ **the issue** kringgå frågan; **dodger** 'hal fisk', *amr.* reklambroschyr; **dodgy** [*dɔdʒi*] slug, 'hal'

dodo [*doudou*] *zool.* dront, *amr. sl* gammalt original

dodunk [*doudʌŋk*] *amr. sl* narr

doe [*dou*] hind, har- el. kaninhona

doer [*du:ə*] (av *do*) görare; **a** ~ en handlingens man

does [*dʌz*] gör (3:e person, se *do*)

doff [*dɔf*] ta av [sig]

dog [*dɔg*] hund, gynnare, stackare, *pl* järnunderlag för ved i spisel, krampa: följa i hälarna; **go to the** ~**s** komma på förfall; **let sleeping** ~**s lie** väck ej den björn som sover; **put on** ~ spela viktig; **throw to the** ~**s** kasta bort, offra till ingen nytta; **every** ~ **has his day** envar får sitt tillfälle; **not a** ~**'s chance** icke den ringaste möjlighet; **give a** ~ **a bad name and hang him** *ung.* 'spottar man på en sten, blir den våt'; ~ **in a blanket** ett slags pudding; ~ **in the manger** missunnsam person; **die a** ~**'s death** dö ensam och övergiven; **lead a person a** ~**'s life** göra livet surt för ngn; **gay** ~ livad lax; **lucky** ~ lycklig ost; ~**s of war** ödeläggelse; ~**'s ear** hundöra i bok; vika hundöron; ~**'s nose** blandning av gin och öl; ~**-box** hundkupé; ~**-cart** jaktvagn; ~**-cheap** för en spottstyver; ~ **clutch** *auto.* klokoppling; ~**-collar** *sl* hundhalsband, hög trång krage; **the dog-days** *pl* rötmånaden; ~**-fish** hundhaj; ~**-fox** rävhane; ~ **latin** kökslatin; ~**like** trogen som en hund; ~**-robber** *amr. mil. sl* ordonnans, uppassare; ~**-rose** nyponbuske; ~**-sleep** sömn med avbrott; ~**-star** *astr.* Sirius; ~**-tired** dödstrött; ~**-violet** hundviol; ~**-watch** *sjö.* vakten 4—6 o. 6—8 e. m.; ~**-wolf** varghane; **dogged** [*dɔgid*] envis, ihärdig; **doggery** *amr. sl* lönnkrog; **doggie** [*dɔgi*] *fam.* vovve, *sl* korv; **doggy** [*dɔgi*] = *doggie*; hundvänlig, *sl* flott

doge [*doudʒ*] doge

dogged se *dog*

doggerel [*dɔg(ə)r(ə)l*] knittelvers, usel vers, burlesk

doggie, doggy se *dog*

doggo [*dɔgou*]; **lie** ~ *sl* ligga stilla (och vänta), ligga på lur

doggone[**d**] [*dɔgɔ'n(d)*] *amr.* förbannad

dogma [*dɔgmə*] (*pl dogmata* [*dɔgmətə*] el. (is.) *dogmas*) dogm, trossats, lärosats, dogmatik; **dogmatic** [*dɔgmæ'tik*] dogmatisk; **dogmatism** [*dɔgmətizm*] dogmatiskt väsen, självsäkerhet; **dogmatize** [*dɔgmətaiz*] vara dogmatisk

doily [*dɔili*] tallriksunderlägg

doit [*dɔit*] *åld.* styver, dyft

doited [*dɔitid*] (*Skottl.*) galen, fnoskig

doldrums [*dɔldrəmz*] dåligt humör, vindstillansbälte (omkring ekvatorn)

dole [*doul*] gåva, skärv, arbetslöshetsunderstöd

sorg; utdela, (sparsamt) tilldela; **be on the ~** vara arbetslös (och få understöd); **doleful** [*doulf(u)l*] klagande, sorglig, dyster, sorgsen
ll [*dɔl*] docka, *amr. sl* flicka; *fam.* kläda fin (*~ oneself up*)
llar [*dɔlə*] dollar; **it is ~s to buttons** el. **doughnuts** *amr.* det är fullkomligt säkert
llop [*dɔləp*] klump (av ngt mjukt), massa
lly [*dɔli*] *fam.* docka
lman [*dɔlmən*] lång rock, husardolma
lmen [*dɔlmən*] dös, stenåldersgrav
lomite [*dɔləmait*] dolomit; **the D—s** Dolomiterna
lorous [*dɔlərəs*] smärtsam, sorglig; **dolour** [*doulə*] *poet.* smärta, sorg
lphin [*dɔlfin*] delfin, guldmakrill
lt [*doult*] dumhuvud; **doltish** dum
main [*domei'n*] domän, besittning, område; **domanial** [*domei'njəl*] hörande till ens besittningar
me [*doum*] kupol, *amr.* oljekälla, *amr. sl* huvud; **domed** [*doumd*] försedd med kupol, välvd
omesday [*du:mzdei*] **Book** Wilhelm Erövrarens jordabok av 1086
mestic [*dome'stik*] tjänare; hus-, huslig, tam, (is. *amr.*) inhemsk, hemgjord; **~ missions** *amr.* inre mission; **domesticate** [*dome'stikeit*] göra hemmastadd, odla (växter o. d.), tämja; **domesticated** [*dome'stikeitid*] hemkär, tam; **domestication** [*domestikei'ʃ(ə)n*] tämjande, odlande; **domesticity** [*doumesti'siti*] hemkänsla, tamt tillstånd
micile [*dɔmisail*] hemvist; *hand.* domicil (ort el. bank, där växel är gjord betalbar); **domiciled** [*dɔmisaild*] bosatt, med fast bostad; **domiciliary** [*dɔmisi'ljəri*] bostads-; **domiciliary visit** husundersökning
minance [*dɔminəns*] [över]makt, inflytande; **dominant** [*-nt*] *mus.* dominant; [för]härskande, dominerande
minate [*dɔmineit*] härska, behärska, ha inflytande, höja sig; **domination** [*dɔminei'ʃ(ə)n*] herravälde; **dominator** [*dɔmineitə*] behärskare
mineer [*dɔmini'ə*] behärska, uppträda tyranniskt, dominera
minical [*domi'nik(ə)l*] Herrens, söndags-
ominican [*domi'nikən*] dominikanmunk; dominikaner-
minie [*dɔmini*] (*Skottl.*) lärare
minion [*domi'njən*] herravälde, maktområde; **the D—s** till brittiska imperiet anslutna självstyrda länder; **D— status** självstyre
mino [*dɔminou*] domino (maskeraddräkt), dominobricka, *pl* domino (spel), *pl amr. sl* tänder; **dominoed** [*dɔminoud*] klädd i domino
n [*dɔn*] universitetslärare, spanjor, *sl* expert, flott herre; (bokstaven) D (i *mil.* signalspråk); taga på, ikläda sig; **dona[h]** [*dounə*] kvinna, käresta; **donnish** [*dɔniʃ*] högviktig, pedantisk
nate [*douneit*] *amr.* skänka; **donation** [*dounei'ʃ(ə)n*] donation, gåva; **donative** [*dounətiv*] donations-, skänkt
ne [*dʌn*] gjort, färdig, slut, lurad (se *do*)
njon [*dɔn(d)ʒ(ə)n*] huvudtorn (i slott)
n Juan [*dɔn(d)ʒu:'ən*] Don Juan
nk [*dɔŋk*] *amr. sl* visky
nkey [*dɔŋki*] åsna, dumhuvud; **ride the ~ to market** spela den avgörande rollen; **~'s breakfast** *sl* halmhatt, -madrass; **~-engine** donkeymaskin (för lossning o. lastning); **~'s years ago** på mycket länge
nnish se *don*
nnybrook [*dɔnibruk*] [**Fair**] kalabalik, oväsen
nor [*dounɔ:*] givare
odad [*du:dæd*], **doodah** [*du:da:*] *amr.* i spänning
odle [*du:dl*] *amr. sl* dumhuvud, prima
ok [*du:k*] *sl* hand
olaly [*du:læ'li*] *sl* 'vriden', galen

doom [*du:m*] öde, undergång, *åld.* dom, fördömelse, domedag; [för]döma; **doomed** [*du:md*] vigd till undergång; **doomsday** [*du:mzdei*] domedag
door [*dɔ:*] dörr; **shut the ~ upon** omöjliggöra för; **lay at the ~ of** ge skulden åt; **~-bell** dörrklocka; **~-keeper** dörrvakt; **dead as a ~-nail** stendöd; **~-way** dörröppning; **~yard** *amr.* [bak]gård
doozy [*du:zi*] *amr. sl* livlig, lätt, behaglig
dope [*doup*] tjock smörja, narkotiskt medel, impregneringsämne, *amr. sl* upplysning; taga el. giva narkotiska medel, tillsätta sprit; **have the ~** *amr. sl* veta besked; **~ out** *amr. sl* förutsäga; **~-fiend** *amr.* slav under narkotiska medel; **dopy** *sl* bedövad
dor [*dɔ:*] tordyvel, skalbagge
Dorcas [*dɔ:kəs*] syförening; medlem därav
do-re-mi [*dou-ri:-mi:*] *amr. sl* pengar (fortsättning av *dough* [*dou*])
Dorian [*dɔ:riən*] dorier; dorisk; **Doric** [*dɔrik*] dorisk dialekt, landsmål; dorisk
Dorking [*dɔ:kiŋ*] en hönsras
dorm [*dɔ:m*] (skol-*sl*) förk. f. *dormitory*
dormancy [*dɔ:mənsi*] tillstånd av vila; **dormant** vilande, slumrande; **lie dormant** ligga obegagnad
dormer [*dɔ:mə*] [**window**] vindskupefönster
dormitory [*dɔ:mitri*] sovsal, *amr.* härbärge (för studenter)
dormouse [*dɔ:maus*] *zool.* hasselmus, 'sjusovare'
dormy [*dɔ:mi*] (i golf) ett visst antal hål
dorsal [*dɔ:s(ə)l*] rygg-
dory [*dɔ:ri*] *zool.* Sankte Pers fisk
dose [*dous*] dosis; ge en dos, blanda, förfalska
doss [*dɔs*] *sl* sovplats; sova (i ett härbärge) **~-house** *sl* natthärbärge
dossier [*dɔsiə*] dossier, bunt handlingar
dost [*dʌst*] *åld.* gör (2:a person; se *do*)
dot [*dɔt*] prick, punkt, *sl* huvud, förstånd; pricka, punktera, beströ, översålla, *sl* slå till; **off one's ~** *sl* tokig; **~s and dashes** punkter och streck (morsealfabetet); **~ an i** sätta prick över i; **~ the i's and cross the t's** göra fullt färdigt; **~-and-go-one** [*dɔtəngouwʌn*] halta; **dotty** prickad, *sl* vriden
dotage [*doutidʒ*] ålderdomssvaghet; **he is in his ~** han har blivit barn på nytt; **dotard** [*doutəd*] ålderdomsslö gubbe; **dote** [*dout*] vara barn på nytt; **dote upon** avguda
doth [*dʌþ*] *åld.* gör (3:e person; se *do*)
dott[e]rel [*dɔtrəl*] *zool.* fjällpipare
dottle [*dɔtl*] orökt piprest, 'länsman'
dotty [*dɔti*] se *dot*
double [*dʌbl*] dubbelgångare, skarp vändning, double (i tennis), ilmarsch, dubbla beloppet; dubbel, tvetydig; fördubbla[s], dubblera, vika ihop, knyta (handen), *mil.* göra språngmarsch, göra skarp vändning, studsa tillbaka, bruka knep; **at the ~** i språngmarsch; **doubled up with pain** krökt av smärta; **~ up!** raska på! **~-barrelled** tvåpipig, tvetydig; **~-bass** *mus.* kontrabas; **~-breasted** tvåradig (rock); **~-cross** *amr. sl* bedrägeri; lura; **~-dealer** bedragare, en som spelar dubbelspel; **~-dealing** dubbelspel;. **~-decker** tvåvåningsbuss, dubbeldäckare; **~-Dutch** rotvälska; **~-dyed** äkta, ärke-; **~-edged** tveeggad; **~-entry** dubbel bokföring; **~-faced** hycklande; **~-first** utmärkelse i två ämnen (i universitetsexamen), innehavare av sådan utmärkelse; **~-harness** äktenskapet; **~quick**, **~time** språngmarsch; **doubled** dubblerad etc., *amr. sl* gift; **doublet** [*dʌblit*] tättåtsittande jacka, dubblett, *pl* kast, varvid bägge tärningarna visa samma antal ögon, 'allor';
doubloon [*dʌblu:'n*] dublon (spanskt guldmynt)
doubt [*daut*] tvivel; tvivla, betvivla, *åld.* frukta; **no ~** utan tvivel; **make no ~ of** anse för givet; **throw ~ on** betvivla sanningen av; **give a person**

the benefit of the ~ hellre fria än fälla; ~ **if** tvivla på att, undra om; **doubtful** tvivelaktig, oviss, villrådig; **doubtless** otvivelaktigt
douce [*du:s*] (*Skottl.*) lugn, besinningsfull
douche [*du:ʃ*] dusch; duscha
dough [*dou*] deg, *amr. fam.* pengar, *amr. sl* bröd (~ *well done*); ~**boy** *amr.* munk (bröd), *mil. sl* amerikansk soldat; ~**face** *amr.* slapp el. dum person; ~**nut** munk (bröd); **it is dollars to doughnuts** *amr.* det är absolut säkert; **doughy** [*doui*] degig, kladdig, trög
doughty [*dauti*] tapper, manhaftig
doughy se *dough*
dour [*duə*] (*Skottl.*) hård, oböjlig
douse se *dowse*
dove 1) [*dʌv*] duva; ~**-colour** grå färg; ~**-cot** [*-kɔt*] duvslag; **flutter the dovecots** ställa till oro i lägret; ~**-cote** [*-kout*] = ~*cot*; ~**tail** laxstjärt (i snickeri); sammanfoga med laxstjärt; inpassa, noga passa ihop
dove 2) [*douv*] *amr.* dök (imp. av *dive*)
dowager [*dauədʒə*] förnäm änkefru; **Queen** ~ änkedrottning
dowdy [*daudi*] illa klädd (kvinna), slampig
dowel [*dauəl*] [hopfästa med] tapp, dymling
dower [*dauə*] änkas del i boet, *åld.* hemgift, begåvning; ge hemgift, begåva
dowlas [*dauləs*] dubbellärft
down 1) [*daun*] dyn, sandbank; dun; **the D—s** kritåsar i Sydengland
down 2) [*daun*] nedgång; ned, nere, nedåt, utför, *fam.* kasta (slå) ned, nedlägga; **ups and** ~**s** medgång och motgång; **have a** ~ **on** *sl* bära agg till; **be** ~ vara nere (nerkommen, nedslagen); ~ **with** sängliggande på grund av; **worn** ~ **with use** utsliten; **calm** ~ lugna; **be** ~ **and out** vara slut; ~ **at heel** kippskodd, sluskig; ~ **home** *amr.* hemma; ~ **in the mouth** nedslagen; ~ **on the nail** kontant (betalning); ~ **the wind** med vinden; **let .. go** ~ **the wind** uppge ..; ~ **tools** nedlägga arbetet; ~ **to the ground** fullständigt; **8/-** ~ 8 shillings kontant; ~**cast** nedslagen; ~**-easter** *amr.* invånare i Nya England (is. Maine); ~**fall** nedgång, fall, slagregn; ~**grade** *järnv.* lutning, försämring; ~**-hearted** modlös; ~**hill** sluttning, utförsbacke; sluttande; ~**most** lägst; ~ **platform** perrong för ~ *trains*; ~**pour** ösregn; ~**right** rättfram, regelrätt, brysk; fullkomligt, äkta; ~**stairs** i nedre våningen; nedför trappan, ned; ~**-town** *amr.* ner[e] i staden; ~ **train** tåg från London; ~**ward** nedåtgående; ~**wards** nedåt
Downing Street [*dauniŋ stri:t*] gata i London; regeringen el. premiärministern
downy [*dauni*] backig, dunig, dunlik, *sl* slug
dowry [*dauri*] hemgift, talang
dowse, douse [*daus*] genomblöta, kasta i vattnet; gå med slagruta; ~ **the glim** *sl* släcka ljuset; **dowsing-rod** [*dausiŋrɔd*] slagruta; **dowser** [*dausə*] slagruteman
doxology [*dɔksɔ'lədʒi*] (kyrklig) lovsång
doxy [*dɔksi*] *sl* (tiggares el. förbrytares) käresta, *amr. sl* slinka
doyen [*dwaiɛ:ŋ, d(w)ɔi-*] doyen, nestor
doyley [*dɔili*] tallriksunderlägg, dessertservett
doze [*douz*] blund; dåsa, blunda
dozen [*dʌzn*] dussin; **baker's** ~ 13 st.
drab [*dræb*] gråbrun färg, enformighet, slinka; **drabs** gulbruna byxor
drachm [*dræm*] drakma, nypa; **drachma** [*drækmə*] (*pl drachmae* [*drækmi:*] el. *-mas* [*-məz*]) drakma
Draconian [*dreikou'niən*], **Draconic** [*dreikɔ'nik*] drakonisk
draff [*dræf*] drav, avskräde
draft [*dra:ft*] *mil.* uppbåd (av manskap); *hand.* tratta, växel; utkast, kladd, plan; *mil.* detachera (manskap); göra utkast till, avfatta; **draftsman** [*dra:ftsmən*] person som gör utkast, tecknare; **drafter** *amr.* draghäst

drag [*dræg*] släpighet, hämsko, charabang, drag drög, tung harv, *amr. sl* (långsamt) godstå rov, byte, inflytande, luftmotstånd; släpa dragga, hindra, bromsa; **put the** ~ **on** gå lång samt; ~ **on** släpa på, släpa sig fram; ~ **ou** förhala, *amr.* utmatta; ~ **up** strängt uppfostr
draggle [*drægl*] släpa i smutsen, söla, bli efte ~**-tail** slampigt kvinnfolk
dragoman [*drægo(u)mən*] tolk (i Främre orienten
dragon [*dræg(ə)n*] drake, odjur; **water the** ~ kasta sitt vatten; ~**-fly** *zool.* trollslända
dragoon [*drəgu:'n*] dragon; undertrycka me militär, förfölja, underkuva
drain [*drein*] avloppsrör, kloak, täckdike, *fi* åderlåtning, *fam.* sup; dränera, uttorka, tor lägga, dricka ur, uttömma; **drainage** [*dreinid* dränering, avloppsvatten
drake [*dreik*] fluga anv. vid mete; ankbond andrake
dram [*dræm*] snaps, styrketår (*drachm*)
drama [*dra:mə*] drama; **dramatic** [*drəmæ'ti* dramatisk, teatralisk; **dramatist** [*dræmətis* dramatiker; **dramatization** [*dræmətaizei'ʃ(ə)r* dramatisering; **dramatize** [*dræmətaiz*] drama tisera
drank [*dræŋk*] drack (se *drink*)
drape [*dreip*] drapera, bekläda; **draper** kläde handlare; **drapery** manufakturvaror, -hande draperi
drastic [*dræstik*] kraftig, drastisk
drat [*dræt*] fördömt, förbaskat
draught [*dra:ft*] drag, notvarp, dryck, klunk (fartygs) djupgående, utkast, *pl* damspel; *åld* = *vb draft*; **there's a** ~ det drar; **beast of** dragdjur; ~ **beer** öl från fat; ~**-board** dambräde ~**sman** [*dra:ftsmæn*] ritare, tecknare, dam bricka; **draughty** [*dra:fti*] dragig
draw [*drɔ*] drag, dragning, attraktion, fångs vinst, oavgjord strid, remi; draga [för, i undan, upp], spänna (båge), inandas, medför rensa, tappa, pumpa, lämna oavgjord, *han* draga, lyfta (pengar), trassera, utställa; rit teckna; ~ **a bead on** sikta på (med bössa); ~ **blank** dra en nit, misslyckas; ~ **the line** sätta gränsen vid; ~ **on** utnyttja, tillgrip ösa ur; ~ **to a close** närma sig slutet; ~ **it mi** *fam.* ta det försiktigt; ~ **the long bow** berätt skepparhistorier; ~ **in one's horns** dra i känselspröten; ~ **out** få ngn att yttra si 'pumpa'; ~ **up** utfärda, avfatta, (köra fram ocl stanna; ~ **up with** hinna fatt; ~**back** nackde avbräck; ~**bridge** vindbrygga; ~**-well** brun med hissämbar; **drawn face** härjat ansikt **drawn game** oavgjort spel; **drawee** [*drɔ:i:* *hand.* trassat; **drawer** [*drɔ:ə*] ritare, trassen bordslåda, byrålåda, *pl* kalsonger; **chest** **drawers** dragkista, byrå
drawing [*drɔ:iŋ*] dragning, teckning; **out of** oriktigt tecknad; ~**-card** dragplåster; ~**-pi** häftstift; ~**-room** salong, förmak, kur på slotte ritsal
drawl [*drɔ:l*] släpande tal; släpa på orden
dray [*drei*] bryggarkärra, långkärra
dread [dred] skräck; bävan; fruktansvärd; frukt ~**ful** [*dredf(u)l*] förskräcklig, faslig; **a penn dreadful** rafflande kriminalhistoria; **dread nought** grovt ylletyg; **D—nought** *sjö.* dread nought (slagskeppstyp)
dream [*dri:m*] dröm, drömma; **dreamer** [*dri:m* drömmare; **dreamy** [*dri:mi*] drömmande, svä misk, drömlik
dreary [*driəri*] dyster, mörk, trist
dredge [*dredʒ*] mudderverk, släpnät, ostronskrap uppmuddra, skrapa upp, beströ (med mjöl **dredger** [*dredʒə*] mudderverk, ostronfiskar bottenskrapa, ströflaska
dree [*dri:*] *åld.* (*Skottl.*) tåla, uthärda; ~ **one' weird** bära sitt öde

dreg [*dreg*] drägg, grums, liten rest, *pl* bottensats; **dreggy** [*dregi*] grumsig, oren

drench [*dren(t)ʃ*] dosis (flytande medicin åt kreatur), hällregn, rotblöta; dränka, genomblöta, tvinga medicin i (djur); **drenched** genomvåt, *sl* drucken; **drencher** [*dren(t)ʃə*] hällregn, apparat att ge djur medicin med

dress [*dres*] kläder, klädsel, dräkt, klänning, toalett; *mil.* intaga rättning, rätta, kläda [sig], utstyra, smycka, bereda, rykta, ansa, garva, appretera, tillhugga, tillreda (mat), förbinda (sår); ~ **down** *fam.* ge smörj; ~ **up** maskera sig, kläda sig fin; ~ **up to the nines** styra ut sig; ~ **a fish** rensa en fisk; ~ **trees** beskära träd; **dressed boards** hyvlade bräder; **dressed salad** tillagad sallad; ~ **circle** första raden (på teatern); ~ **coat** frack; ~**-guard** kjolskydd (på cykel); ~**maker** damskräddare; ~ **preserver,** ~ **shield** ärmlapp; ~ **rehearsal** generalrepetition; ~**-shirt** frackskjorta; ~**-show** mannekänguppvisning; ~ **waist** *amr.* klänningsliv; **dresser** [*dresə*] påklädare, beredare, köksbord, serveringsbord, skänkbord, operationsassistent, *amr.* byrå, toalettbord; **dressing** [*dresiŋ*] påklädning, förband, gödsel, glasyr, stärkelse, uppsträckning, kok stryk; **dressing-case** toalettväska, necessär; **dressing-down** *fam.* kok stryk; **dressing-gown** kamkofta, morgonrock; **dressing-room** toalettrum, klädloge; **dressing-station** förbandsplats; **dressy** [*dresi*] förtjust i kläder, elegant

drew [*dru:*] drog (se *draw*)

dribble [*dribl*] droppe, droppande; droppa, dregla, *fotb.* dribbla; **dribblet** [*driblit*] smula, skvätt, småsumma

dried, drier se *dry*

drift [*drift*] drift, drivande, kurs, avdrift, riktning, tendens, overksamhet, stoll (i gruva), snödriva, vadställe (i Sydafrika); driva, yra, hopas i drivor, flotta (timmer), ha sin gång; ~ **apart** glida isär; ~ **indicator** *flyg.* avdriftsmätare

drill [*dril*] drillborr, exercis, drill, radsåningsmaskin, 'dräll' (ett slags bomullstyg); borra, exercera, drilla, radså, *amr. sl* skjuta

drily [*draili*] torrt (se *dry*)

drink [*driŋk*] dryck, sup, drickande, dryckenskap; dricka; **in** ~ drucken; **on the** ~ försupen; ~ **deep** ta en djup klunk, supa; ~ **in** insupa, begärligt upptaga; ~ **like a fish** dricka som en svamp; ~ **the waters** dricka brunn; **drinking-bout** supgille; **drinkable** [*driŋkəbl*] *pl* dryckesvaror; drickbar; **drinkery** *sl* utskänkningsställe, krog

drip [*drip*] drypande; drypa, droppa; **dripping** [*dripiŋ*] dropp, stekflott; drypande våt; **dripstone** [*dripstoun*] vattenlist, regnlist (över dörr el. fönster)

drive [*draiv*] körtur, drivande, drev, slag (i tennis), kraft, fart, riktning, tendens, uppkörsväg, kampanj; köra, driva; **left hand** ~ vänsterstyrning; vänsterstyrd; ~ **logs** *amr.* flotta timmer; ~ **a bargain** göra en affär; ~ **at** mena; ~ **mad** göra galen; ~ **out** fördriva; ~ **pips** *sl* snarka; ~**-shaft** *auto.* kardanaxel; ~ **a coach and six through** lätt kringgå (bestämmelse); **driving-belt** *mek.* drivrem; **driving certificate (licence)** körkort; ~**way** *amr.* körväg; **driver** chaufför, lokomotivförare, golfklubba, drivhjul, *amr.* flottningskarl

drivel [*drivl*] dravel, dregel; dregla, prata smörja

driver se *drive*

drizzle [*drizl*] duggregn; dugga

droll [*droul*] rolig, underlig; **drollery** [*drouləri*] lustighet, skämt

drome [*droum*] (flygar-*sl*) flygplats

dromedary [*drʌməd(ə)ri*] *zool.* dromedar

drone [*droun*] drönare, lätting, surr, säckpipa; surra, brumma, slöa

drool [*dru:l*] dregla

droop [*dru:p*] slokande ställning, modlöshet; hänga slappt ned, sloka, avtyna, tappa modet

drop [*drɔp*] droppe, fall, nedgång, fallucka, fallskärmshopp, fallhöjd; droppa, falla, låta falla, tappa, uppgiva, undfalla, upphöra, sjunka, sänka, segna ned, stupa, avlämna, *sl* förlora pengar; **get a** ~ **on** *amr.* få övertag över; **have had a** ~ **too much** *fam.* vara påstruken; ~ **a person a postcard** sända ett brevkort; ~ **one's h's** icke uttala h (d. v. s. tala vulgärt); ~ **lamb** föda lamm; ~ **a passenger** sätta av . .; **ready to** ~ nära att stupa; ~ **it!** var tyst! sluta upp! ~ **on** förebrå; ~ **out** försvinna; ~ **away** gå bort den ena efter den andra; ~ **in** titta in, hälsa på; ~**-curtain** ridå; ~**-scene** ridå, slutscen, final; ~**-shutter** *foto.* ridåslutare; **droplet** liten droppe; **dropper** *amr. sl* (professionell) mördare; **droppings** [*drɔpiŋz*] dropp, spillning

dropsical [*drɔpsik(ə)l*] vattusiktig; **dropsy** [*drɔpsi*] vattusot

dros[h]ky [*drɔʃki*] droska (rysk)

dross [*drɔs*] slagg, avfall, skräp; **drossy** slaggig, värdelös

drought [*draut*], **drouth** [*drauþ*] torka; *åld.* törst; **droughty** [*drauti*] torr

drove [*drouv*] hjord på vandring, drift; drev etc. (se *drive*); **drover** kreatursfösare, -handlare

drown [*draun*] drunkna, dränka, översvämma; **be** ~**ed** drunkna; ~ **it!** *amr. sl* sluta upp (med spektaklet)!

drowse [*drauz*] dåsa, vara sömnig; **drowsy** [*drauzi*] dåsig, sömnig, tråkig

drub [*drʌb*] prygla, klå; **drubbing** prygel, kok stryk

drudge [*drʌdʒ*] arbetssträl; träla, slita och släpa; **drudgery** [*drʌdʒ(ə)ri*] slit och släp, trälgöra

drug [*drʌg*] apoteksvara, gift, osäljbar vara, *pl* narkotika; förgifta, bedöva, använda narkotika; **the** ~ **habit** benägenhet för narkotika; ~ **in the market** osäljbar vara; ~**-addict,** ~**-fiend** se *dope-fiend*; ~ **store** *amr.* kemikaliehandel, apotek; ~**-store cowboy** *sl* käringaktig karl

drugget [*drʌgit*] drogett (grovt ylletyg)

druggist [*drʌgist*] droghandlare, *amr.* apotekare

Druid [*dru(:)id*] druid; **druidism** [*dru(:)idizm*] druidism (druidernas kult); **druidical** [*dru(:)i'dik(ə)l*] druid-

drum [*drʌm*] trumma, trumslag, trumslagare, vals, cylinder, dosa, *åld.* kvällsbjudning, trumma; ~ **of the ear** trumhinna; ~**fire** trumeld; ~**head** trumskinn; ~**major** regementstrumslagare; ~**stick** trumpinne, ben av stekt fågel, *sl* ben; **drummer** trumslagare, *amr.* handelsresande

drunk [*drʌŋk*] *sl* supgille, fyllerifall hos polisen, fyllerist; berusad; druckit (se *drink*); ~ **as a fiddler (a lord, an owl** m. fl.) full som en kaja; **drunkard** [*drʌŋkəd*] drinkare; **drunken** [*drʌŋk(ə)n*] drucken, supig, framkallad av ruset

drupe [*dru:p*] stenfrukt

dry [*drai*] *amr.* förbudsanhängare; torr; *fam.* torrlagd, törstig; torka; ~ **hole** *amr. sl* narr; ~ **up** uttorka, *fam.* hålla mun; ~ **cow** sinko; ~ **goods** *amr.* manufakturvaror (~**-goods store** manufakturvaruhandel); ~ **pile** torrelement; ~ **rot** torröta, moraliskt förfall; ~**-as-dust** *fig.* genomtorr, urtråkig; ~**-bob** skol-*sl* kricketspelare; ~**-clean** kemiskt tvätta; ~**-nurse** barnjungfru (mots. *wet-nurse* amma); ~**-salter** droghandlare, *amr.* konservhandlare; ~**-shod** torrskodd; **drying-cabinet** torkskåp

dryad [*draiəd*] dryad, skogsnymf

dual [*dju(:)əl*] dubbel; ~ **control** dubbelstyrning (i flygmaskin); **dualism** [*dju(:)əlizm*] dualism; **dualist** [*dju(:)əlist*] dualist; **dualistic** [*dju(:)əli'stik*] dualistisk; **duality** [*dju(:)æ'liti*] dubbelhet

dub [*dʌb*] *amr. sl* dumhuvud, dålig spelare, tråk-

måns; dubba till riddare, kalla, titulera, smörja (läder)
dubiety [*dju(:)bai'əti*] tvivel, tvivelaktighet; **dubious** [*dju:biəs*] tvivelaktig, oviss, tveksam, tvivlande; **dubitation** [*dju:bitei'ʃ(ə)n*] tvivel, tvekan; **dubitative** [*dju:biteitiv*] tvivlande, tveksam
ducal [*dju:k(ə)l*] hertiglig
ducat [*dʌkət*] dukat, *amr.sl* dollar
duchess [*dʌtʃis*] hertiginna, *sl* (förk. **dutch**) gatumånglares hustru; **duchy** [*dʌtʃi*] hertigdöme
duck [*dʌk*] and, anka, (smekord) raring, dykning, dopp, nick, buldan, *pl* buldansbyxor, *amr.* flygar-*sl* sjöflygplan; dyka, doppa, *amr. sl* smita (~ *out*); **like a ~ in a thunderstorm** som en yr höna; **like water off a ~'s back** som vatten på gåsen; **in two shakes of a ~'s tail** ögonblickligen; **~'s egg** noll (i kricket); **make a ~** få noll poäng; **play ~s and drakes** kasta smörgås, slösa bort, handskas vårdslöst; **~-bill** näbbdjur; **~-boards** brädgång i skyttegrav; **~weed** *bot.* andmat (Lemna); **~-and-drake** slösa; **ducker** smådopping, *amr. sl* Dodge-bil; **ducking** doppning; **duckling** ankunge; **ducky** *fam.* raring; söt, rar
duct [*dʌkt*] rör, [rör]ledning, kanal, kärl
ductile [*dʌktail*] plastisk, smidig, böjlig, läraktig, lättledd; **ductility** [*dʌkti'liti*] böjlighet
dud [*dʌd*] blindgångare, odugling, tomt hot, *pl* paltor, kläder; *amr. sl* plugghäst; oduglig; **~ show** fiasko
dude [*dju:d*] *amr.* snobb, sprätt, turist, karl, student; **~ hat** *amr.* hård hatt
dudgeon [*dʌdʒ(ə)n*] vrede, harm
dud[h]een [*dudi:'n*] (*Irl.*) kort kritpipa
due [*dju:*] skyldighet, rätt, *pl* fastställda avgifter, *amr.* kontingent; skyldig, tillbörlig, betalbar, väntad; rakt, precis; **in ~ course** i sinom tid; (~) **and over-~** försenad; **be ~ to** bero på; **fall ~** *hand.* förfalla; **~ east** *sjö.* rakt i öster; **without ~ process of law** utan laga dom
duel [*dju(:)əl*] duell, tvekamp; duellera; **duellist** [*dju(:)əlist*] duellant
duenna [*dju(:)e'nə*] duenna (äldre guvernant), 'förkläde'
duet [*dju(:)e't*] duett; **duettist** [*dju(:)e'tist*] duettsångare
duff [*dʌf*] *sl* deg, ett slags pudding; lura, förfuska
duffel [*dʌfl*] doffel
duffer [*dʌfə*] *fam.* idiot, odugling
dug [*dʌg*] juver, spene; grävde, grävt (se *dig*)
dugong [*du:gɔŋ*] dugong, sjöko
dug-out [*dʌgaut*] *mil.* skyddsrum; urholkad kanot, *sl* gammal officer
duke [*dju:k*] hertig; **the ~s** *sl* nävarna; **dukedom** [*dju:kdəm*] hertigdöme, hertigtitel
dukie [*du:ki*] *amr. sl* matpollett
dulcet [*dʌlsit*] ljuv, smekande
dulcimer [*dʌlsimə*] *mus.* cymbal, hackbräde
Dulcinea [*dʌlsini'ə*] dulcinea, käresta
dull [*dʌl*] trög, tråkig, slö, dov, matt, glanslös; förslöas; **dullard** [*dʌləd*] slö[fock]
duly [*dju:li*] vederbörligen (se *due*)
duma [*du:mə*] duma (rysk riksdag 1906—1917)
dumb [*dʌm*] stum, *amr.* dum; förstumma; **~ Dora** *amr. sl* (eng. ~ *Doll*) dum flicka; **~ John** *amr. sl* rekryt, nybörjare; **~ barge** pråm som använder tidvattnet som drivkraft; **~-bell** hantel, *amr. sl* dumhuvud; **~found** [*dʌmfau'nd*] förbluffa; **~head** *amr. sl* dumhuvud; **~show** pantomim; **~-waiter** serveringsbord, *amr.* mathiss
dumdum [*dʌmdʌm*] **bullet** dumdumkula
dummy [*dʌmi*] stum person, fårskalle, träkarl (i kortspel), bulvan, skyltfigur, mannekäng, *amr.* pung, plånbok; falsk, sken-; **chuck a ~** *sl* låtsas svimma; **~ up** *amr. sl* hålla mun
dump [*dʌmp*] stöt, dovt slag, lossningsplats, ammunitionsupplag, klump, bult, *pl sl* pengar; kasta ned, avstjälpa, slänga, underbjuda, sända ut varor i marknaden till underpris för a erövra denna (*dumping*); **in the ~s** ur humö **I don't care a ~** det rör mig inte ett dy **dumpling** äppelmunk; **dumpy** undersätsig, *am* dyster, sjuk
dun [*dʌn*] gråbrun färg, gråbrun häst, skatt indrivare, björn; gråbrun; björna; **~ning lett** kravbrev
dunce [*dʌns*] dumbom
dunderhead [*dʌndəhed*], **dunderpate** [*-peit*] tjoc skalle; **dunder-headed** [*dʌndəhedid*] dum
Dundreary [*dʌndri'əri*] **whiskers** långa polisong
dune [*dju:n*] dyn, flygsandskulle
dung [*dʌŋ*] dynga, gödsel; gödsla; **~-beetle** to dyvel; **~hill** gödselhög, sophög; **cock on one own ~hill** hustyrann, kaxe på sitt område
dungaree [*dʌŋgəri:'*] överdragskläder, overal tyg till dessa
dungeon [*dʌn(d)ʒ(ə)n*] fängelsehåla, fångtorn
dunlin [*dʌnlin*] *zool.* kärrsnäppa
duo [*d(j)uou*] *amr.* duett
duodecimal [*dju(:)oude'siməl*] grundad på 12-tale **duodecimo** [*dju(:)oude'simou*] duodesformat
duodenum [*dju(:)oudi:'nəm*] *anat.* tolvfingertar
duologue [*djuəlɔg*] dialog
dup [*dʌp*] förk. f. *duplicate*
dupe [*dju:p*] lättlurad person; narra, föra bako ljuset; **be the ~ of** låta lura sig av; **dupe** [*dju:pəri*] bedrägeri
duple [*dju:pl*] dubbel; **~ time** tvåtakt
duplex [*dju:pleks*] dubbel, tvåfaldig
duplicate [*dju:plikit*] duplikat, pantkvitto, du blett; dubbel, motsvarande; [*dju:plikeit*] d plicera; **duplication** [*dju:plikei'ʃ(ə)n*] dupl cering, fördubbling; **duplicator** [*dju:plikeit* duplikator
duplicity [*dju(:)pli'siti*] falskhet
durability [*djuərəbi'liti*] varaktighet, hållbarhe **durable** [*djuərəbl*] varaktig, hållbar
durance [*djuər(ə)ns*], **in ~** [**vile**] i fångenskap
duration [*dju(ə)rei'ʃ(ə)n*] fortvaro, varaktighe **for the ~** så länge . . varar
durbar [*də:ba:*] indisk furstes mottagning, audien sal i indiskt palats
duress[e] [*dju(ə)res*] fångenskap, våld, tvång
during [*djuəriŋ*] under loppet av, under, i
durn [*də:n*] *sl* = *darn*
durst [*də:st*] *åld.* vågade (se *dare*)
dusk [*dʌsk*] skymning; mörk, skum; **dusky** [*dʌsk* dunkel, mörklagd, dyster
dust [*dʌst*] damm, stoft, *sl* pengar; göra dammi torka damm, damma, *amr. sl* ge sig av (~ *out* **~ to ~, and ashes to ashes** 'av jord är du kom men, till jord skall du åter varda'; **throw ~ in person's eyes** narra någon; **bite the ~** bita i gräse **in the ~** död; **raise a ~** ställa till bråk; **~ a per son's coat** prygla ngn; **~bin, ~-hole** soplå **~-cap** stänkskydd; **~-cart** sopkärra; **~-chu** sopnedkast; **~-guard** dammskydd; **~man** sop hämtare; Jon Blund; **~man's hat** *fam.* slokhat **~pan** sopskyffel; **~-sheet** [sommar]överdra **~-up** oväsen, bråk; **duster** dammhanddu dammrock; **dusting** *sl* gungning i storm, ko stryk; **dusty** dammig; **not so dusty** *sl* icke il
Dutch [*dʌtʃ*] holländska (språket), holländsk; **th ~** holländarna; **beat the ~** *amr.* gå utanp allting; **get in ~ with** *amr.* råka i krakel me **~ auction** auktion där priserna sänkas, tills e köpare anmäler sig; **~ courage** mod som ma dricker sig till; **~ treat** 'knytkalas'; **talk like a ~ uncle** hålla förmaningstal; **Dutchman** hollän dare; **I'm a Dutchman if** jag vill vara skap som en nors om; **~-oyster** hålla hemligt; **Dutch woman** holländska; **Dutchie** [*dʌtʃi*] *amr. s* holländare, (ibland) tysk; **dutchy** *amr. sl* slarv
duteous [*dju:tiəs*] plikttrogen; **dutiable** [*dju:tiəb* tullpliktig; **dutiful** [*dju:tif(u)l*] plikttrogen
duty [*dju:ti*] plikt, vördnad, tull, avgift, tjänst göring, effekt; **on ~** i tjänst, i funktion, p

post, jourhavande; **off** ~ ledig från tjänstgöring; **take a person's** ~ övertaga ngns arbete; **do** ~ **for** göra tjänst som; ~ **call** skyldighetsvisit; ~**-free** tullfri

luumvir [*djuʌ'mvə*] (*pl -rs* el. *-ri* [*-rai*]) duumvir; **duumvirate** [*djuʌ'mvirit*] duumvirat

lwarf [*dwɔ:f*] dvärg; förkrympt; förkrympa, ställa i skuggan; **dwarfish** dvärglik, förkrympt

lwell [*dwel*] dväljas, bo, utbreda sig (**upon** över); ~ **upon a note** *mus.* hålla ut en ton; **dwelling** boning, bostad

lwindle [*dwindl*] krympa ihop, svinna hän, mista sin betydelse

lyad [*daiəd*] tvåtal

lyarchy [*daia:ki*] se *diarchy*

lye [*dai*] färg, färgämne, slag, sort; färga; ~**d-in-the-wool** tvättäkta, stock- (*conservative*); ~**-house,** ~**-works** färgeri; **dyer** [*daiə*] färgare

dying [*daiiŋ*] döende (se *die* 2)

dyke [*daik*] se *dike*

dynamic[al] [*dainæ'mik(əl)*] dynamisk; ~ **accent** tryckaccent; **dynamics** [*dainæ'miks*] dynamik, kraftlära, krafter; **dynamite** [*dainəmait*] dynamit; spränga med dynamit; **dynamiter** [*dainəmaitə*] dynamitard; **dynamo** [*dainəmou*] dynamo; **dynamometer** [*dainəmɔ'mitə*] dynamometer, kraftmätare

dynast [*dinəst*] dynast, härskare; **dynastic** [*dinæ'stik*] dynastisk; **dynasty** [*dinəsti*] dynasti

dyne [*dain*] dyn (kraftenhet)

dysenteric [*disnte'rik*] *med.* dysenterisk; **dysentery** [*disntri*] *med.* dysenteri

dyspepsia [*dispe'psiə*] *med.* dyspepsi, dålig matsmältning; **dyspeptic** [*dispeptik*] *med.* en som lider av dålig mage; magsur, dyster

E

E, e [*i:*] (*pl Es, E's* [*i:z*]) bokstaven e, noten e, beteckning för andra klass fartyg i Lloyds register

each [*i:tʃ*] var, varje särskild, vardera; ~ **other** varandra; **(put . .)** ~ **way** *kapplöpn.* (sätta) både på vinnare och plats

eager [*i:gə*] ivrig, spänd, angelägen, otålig; ~ **for** el. **after fame** äregirig; ~**ness** iver, otålighet, begär

eagle [*i:gl*] örn, *amr.* 10 dollars; ~**-eye** *amr. sl* lokomotivförare, detektiv; ~**-eyed** skarpsynt; ~**-owl** uv; **eaglet** [*i:glit*] örnunge

eagre [*eigə*] stor tidvattensvåg i flodmynning

ear [*iə*] öra; handtag; ax; **bite a person's** ~ *fam.* låna pengar av ngn; **prick up one's** ~**s** spetsa öronen; **over head and** ~**s in love** förälskad upp över öronen; **set them by the** ~**s** ställa till osämja mellan dem; **bring a hornet's nest about one's** ~**s** sticka sin hand i ett getingbo; **I would give my** ~**s to know** jag skulle ge vad som helst för att få veta; **give** ~ **to** lyssna till; **be all** ~**s** vara idel öra; ~**-ache** örsprång, örvärk; ~**-phone** hörlur (is. radio); **get an** ~**ful** få en skopa ovett; **give an** ~**ful** berätta en lång historia; ~**mark** ägarmärke på fårs öra; märka (får), anslå pengar för visst ändamål; ~**-piece** hörlur; ~**shot** hörhåll; ~**-trumpet** hörlur för lomhörda; ~**wig** *zool.* tvestjärt; påverka någon på bakvägar; ~**wigging** örontasslande

earl [*ə:l*] (engelsk) greve; **earldom** grevevärdighet

early [*ə:li*] tidig[t]; **as** ~ **as the 12th century** redan på 1100-talet; **keep** ~ **hours** vara tidigt uppe och tidigt i säng; **it is the** ~ **bird that catches the worm** *ordspr.* morgonstund har guld i mund; **an** ~ **riser (bird)** en som är tidig av sig, *sl* avföringsmedel; *amr. sl* rask karl

earn [*ə:n*] förtjäna (genom arbete), vinna, skörda; **earnings** förtjänst

earnest [*ə:nist*] allvar; handpenning (*earnest-money*), försmak; allvarlig; **be in** ~ mena allvar

earth [*ə:þ*] jord, mark, *elektr.* jordkontakt, rävlya; nedgräva, täcka med jord, driva räv att gå i gryt, gå i gryt, *elektr.* jorda; **no use on** ~ icke [till] den minsta nytta; **why on** ~? varför i all världen? **run to** ~ förfölja till det yttersta, uppdaga, få tag i; **take an** ~ **bath** *sl* dö och begravas; ~**quake** jordbävning; ~**work** jordvall; ~**-worm** daggmask; **earthen** [*ə:þ(ə)n*] jord-; **earthenware** lerkärl, keramik; **earthing connection** *elektr.* jordkontakt; **earthly** [*ə:þli*] jordisk, timlig; **no earthly [use]** *sl* icke till minsta nytta; **earthy** [*ə:þi*] jordisk, jord-; jordfärgad, jordbunden

ease [*i:z*] ro, bekvämlighet, lättnad; lätta, lossa, fira, *sl* plundra; **at** ~ i lugn och ro; **ill at** ~ illa till mods; **stand at** ~ på stället vila; **with** ~ lätt, otvunget; ~ **nature** besöka avträde; ~ **up!** sakta farten! ~ **her!** sakta! **easeful** [*i:zf(u)l*] lugnande, bekväm

easel [*i:zl*] staffli

easement [*i:zmənt*] servitut

east [*i:st*] öster, östanvind; östlig, österut; **the E—** Österlandet, *amr.* Öststaterna; **[to the]** ~ **of** öster om; **the near E—** Främre orienten; **the far E—** Fjärran östern; **easterly** [*i:stəli*] östlig, åt öster, från öster; **eastern** [*i:stən*] österlänning, grekisk katolik; östlig, orientalisk; **easterner** [*i:stənə*] österlänning, *amr.* person från Öststaterna; **easternmost** [*-moust*] östligast; **easting** [*i:stiŋ*] *sjö.* ostlig differens; **eastward** [*i:stwəd*] ostvart; **to the eastward** åt öster; **eastwards** [*i:stwədz*] österut

Easter [*i:stə*] påsk; ~ **eve** påskafton; ~ **day,** ~ **Sunday** påskdagen; ~ **Monday** annandag påsk

easterly, eastern, easterner, easternmost, easting, eastward[s] se *east*

easy [*i:zi*] lätt, bekväm, otvungen, foglig, lugn, lindrig, *hand.* föga efterfrågad; ~**-chair** länstol; ~ **circumstances** välstånd; ~ **manners** otvunget sätt; **easy!** ingen brådska! **go** ~! sakta! ~ **all!** håll upp (att ro etc.); **take it** ~ tag det lugnt; ingen brådska! **free and** ~ gemytlig, otvungen; **is** ~ **on the eye** *amr.* ser bra ut; **the market is** ~ *hand.* penningtillgången är god; ~**-going** sorglös; ~**-mark** *sl* lättlurad person; **be in E— Street** *fam.* ha det bra ekonomiskt

eat [*i:t*] *amr. pl* mat; äta, förtära; **I'll** ~ **my hat if** jag vill vara skapt som en nors, om; ~ **one's heart out** ruva över sina sorger; ~ **one's words** få äta upp vad man sagt; ~ **from somebody's hands** äta ur handen på (stå på tå för) ngn; ~ **crow** bita i det sura äpplet; **the cakes** ~ **crisp** kakorna äro möra; ~ **one's terms** el. **dinners** studera juridik; **eatable** [*i:təbl*] *pl* matvaror; ätbar; **eatery** *amr.* restaurang

eaves [*i:vz*] takfot, -skägg; ~**drop** takdropp; lyssna i smyg; ~**dropper** dörrlyssnare

ebb [*eb*] ebb, tillbakagång; falla, ebba, gå tillbaka, förfalla

ebon [*ebən*] ebenholts-; **ebonite** [*ebənait*] ebonit; **ebony** [*ebəni*] ebenholts

ebullience [*ibʌ'ljəns*], **-ency** [*-ənsi*] kokning, uppbrusning; **ebullient** [*-nt*] kokande, uppbrusande; **ebullition** [*ebəli'ʃ(ə)n*] kokning, uppbrusning, utbrott
écarté [*eika:'tei*] ecarté (kortspel)
Ecce Homo [*eksi houmou*] (*lat.* se människan!) bild av den korsfäste Kristus
eccentric [*ikse'ntrik*] excentrisk [person], originell [person], excenter- (**shaft** -axel); **eccentricity** [*eksentri'siti*] excentricitet, underlighet
Ecclesiastes [*ikli:ziæ'sti:z*] *bibl.* Predikaren; **ecclesiastic** [*ikli:ziæ'stik*] präst; **ecclesiastical** [*-k(ə)l*] andlig, kyrko-; **Ecclesiasticus** [*-kəs*] *bibl.* Jesu Syraks bok; **ecclesiology** [*ikli:ziɔ'lədʒi*] kyrkobyggnadskonst
echelon [*eʃəlɔn*] *mil.* echelong (trappstegsformering)
echinus [*ekai'nəs*] *zool.* sjöborre
echo [*ekou*] eko; eka, vara ett eko av, återkasta
éclair [*eklɛə*] *fr.* gräddfylld bakelse
eclectic [*ekle'ktik*] eklektiker; eklektisk, utväljande, tolerant; **eclecticisme** [*ekle'ktisizm*] eklekticism
eclipse [*ikli'ps*] *astr.* o. *fig.* förmörkelse; förmörka, fördunkla; **ecliptic** [*ikli'ptik*] *astr.* ekliptika; förmörkelse-
eclogue [*eklɔg*] eklog, kort herdedikt
economic [*i:kənɔ'mik*] ekonomisk, praktisk; **economical** [*i:kənɔ'mik(ə)l*] ekonomisk, sparsam; **economics** [*i:kənɔ'miks*] ekonomi, nationalekonomi; **economist** [*i(:)kɔ'nəmist*] ekonom, sparsam person, nationalekonom; **economization** [*ikɔnəmaizei'ʃ(ə)n*] ekonomiserande, sparsamhet; **economize** [*i(:)kɔ'nəmaiz*] spara på, ekonomisera, vara sparsam; **economy** [*i(:)kɔ'nəmi*] ekonomi, hushållning, sparsamhet; **political economy** nationalekonomi
ecstasize [*ekstəsaiz*] försätta (falla) i extas; **ecstasy** [*ekstəsi*] extas, hänryckning; **exstatic** [*ekstæ'tik*] hänryckt, extatisk
ecumenical [*i:kju(:)me'nik(ə)l*] ekumenisk (som rör hela kyrkan) (*oecumenical*)
eczema [*eksimə*] *med.* eksem
edacious [*idei'ʃəs*] glupsk; **edacity** [*idæ'siti*] glupskhet
Edda [*edə*] edda
eddy [*edi*] vattenvirvel, virvel; virvla
edelweiss [*eidlvais*] *bot.* edelweiss
Eden [*i:dn*] Eden, paradis
edentate [*i:de'nteit*] tandlös
edge [*edʒ*] egg, kant, krön, rand, brädd, bryn; vässa, slipa, kanta, jämka, förflytta sig; *flyg.* **leading** ~ framkant; **trailing** ~ bakkant; **on** ~ ur jämvikt, nervös; **it sets my teeth on** ~ det irriterar mig; **~-bone** (*aitchbone*) ländben; **~-tool** eggjärn, skarpt verktyg; **~ways** med kanten först; **get a word in ~ways** få ett ord med i laget; **~wise** = *~ways;* **edged** kantig, räfflad, *sl* drucken; **edging** kant; **edgy** skarp, kantig, med för skarpa konturer
edibility [*edibi'liti*] ätbarhet; **edible** [*edibl*] *pl* matvaror; ätbar
edict [*i:dikt*] edikt, förordning, *amr.* befallning, order
edification [*idifikei'ʃ(ə)n*] (andlig) uppbyggelse; **edifice** [*edifis*] (stor) byggnad; **edify** [*edifai*] uppbygga (ibl. *iron.*)
edit [*edit*] utgiva, redigera; **edition** [*edi'ʃ(ə)n*] upplaga; **limited** ~ liten upplaga; **editor** [*editə*] utgivare, redaktör; **editorial** [*editɔ'riəl*] ledare (i tidning); utgivare-, redaktionell; **editress** [*editris*] utgivarinna, redaktris
educability [*edju(:)kəbi'liti*] mottaglighet för uppfostran; **educate** [*edju(:)keit*] uppfostra, lära, träna; **education** [*edju(:)kei'ʃ(ə)n*] uppfostran, utbildning; **educational** [*edju(:)keiʃnl*] uppfostrings-, pedagogisk; **education[al]ist** [*edju(:)kei'ʃən(əl)ist*] pedagog, bildningsivrare; **educative** [*edju(:)keitiv*] uppfostrande; **educator** [*edju(:)keitə*] (is. *amr.*) skol- el. universitetsman
educe [*i(:)dju:'s*] ut-, framdraga, utveckla, *kem* utvinna, frigöra; **educible** [*i(:)dju:'səbl*] som kan framdragas etc.; **eduction** [*i(:)dʌ'kʃ(ə)n*] framdragande, utströmning, deduktion, slutsats
Edwardian [*edwɔ:'diən*] edwardian (person från Edward VII:s tid); edwardiansk
eel [*i:l*] ål; **~-spear** ålljuster
e'en [*i:n*], **e'er** [*ɛə*] se *even, ever*
eerie, eery [*iəri*] rädd, kuslig, hemsk
efface [*ifei's*] utplåna, [ut]stryka, fördunkla; **~ oneself** hålla sig i bakgrunden; **~ment** [*-mənt*] utplånande
effect [*ife'kt*] verkan, effekt, *pl* tillhörigheter; verka, genomföra; **carry into** ~ bringa i verkställighet, göra effektiv; **come into** ~ träda i kraft; **to the following** ~ av följande innehåll; **no ~s** *hand.* ingen täckning; **effective** [*ife'ktiv*] *pl* mobiliserade soldater; effektiv, faktisk, tjänstduglig; **be effective** *amr.* träda i kraft; **effectual** [*ife'ktju(ə)l*] ändamålsenlig, effektiv; **effectuate** [*ife'ktjueit*] genomföra, bringa i verkställighet; **effectuation** [*ifektjuei'ʃ(ə)n*] genomförande
effeminacy [*ife'minəsi*] förvekligande, omanlighet; **effeminate** [*ife'minit*] förvekligad, omanlig, yppig
effendi [*efe'ndi*] effendi (turkisk titel)
effervesce [*efəve's*] skumma, bubbla; **effervescence, -ency** [*efəve'səns, -ənsi*] bubblande, uppbrusning; **effervescent** [*-nt*] uppbrusande, jäsande
effete [*efi:'t*] utsliten, kraftlös
efficacious [*efikei'ʃəs*] verksam, effektiv; **efficacy** [*efikəsi*] verkan, ändamålsenlighet
efficiency [*ifi'ʃ(ə)nsi*] verkningsfullhet, verkningsgrad, effektivitet; **efficient** [*ifi'ʃ(ə)nt*] verkningsfull, verksam, duktig
effigy [*efidʒi*] bild (is. på mynt etc.); **in** ~ in effigie
effloresce [*eflore's*] *bot.* slå ut i blom, *kem.* utkristallisera[s]; **efflorescence** [*eflore'səns*] *kem* efflorescering, blomstring; **efflorescent** blommande, efflorescerande
effluence [*efluəns*] utflöde; **effluent** utlopp; utströmmande
effluvium [*eflu:'viəm*] (*pl -ia* [*-iə*]) utdunstning
efflux [*eflʌks*], **effluxion** [*eflʌ'kʃ(ə)n*] utströmmande
effort [*efət*] ansträngning, strävan, kraftprov
effrontery [*efrʌ'ntəri*] oförskämdhet
effulgence [*efʌ'ldʒ(ə)ns*] glans; **effulgent** strålande
effuse [*efju:'z*] utgjuta, utsända; **effusion** [*ifju:'ʒ(ə)n*] utgjutelse; **effusive** [*ifju:'siv*] överströmmande, hjärtlig
eft [*eft*] vattenödla
egad [*igæ'd*] vid Gud, minsann
egg [*eg*] ägg, *sl* huvud, *mil. sl* bomb, *amr. sl* flygarrekryt; egga, driva på (~ *on*); **bad** ~ skämt ägg, rötägg; **have all one's ~s in one basket** sätta allt på ett kort; **as sure as ~s is ~s** så säkert som att två gånger två är fyra; **~ and spoon race** äggkapplöpning; **~-cup** äggkopp; **~-flip, ~-nog** äggtoddy; **~-whisk** äggvisp
eglantine [*egləntain*] *bot.* lukttörne (Rosa rubiginosa el. eglanteria)
ego [*egou*] jag
egoism [*ego(u)izm*] egoism, självviskhet, självupptagenhet; **egoist** [*ego(u)ist*] egoist; **egoistic[al]** [*ego(u)i'stik(ə)l*] egoistisk; **egotism** [*ego(u)tizm*] självupptagenhet, inbilskhet, egoism; **egotist** [*ego(u)tist*] egocentriker, egoist; **egotistic[al]** [*ego(u)ti'stik(əl)*] egocentrisk, egoistisk
egregious [*igri:'dʒiəs*] utomordentlig, enastående (ironiskt)
egress [*i:gres*] utgång, utträdande
egret [*i:gret*] *zool.* silverhäger, *bot.* fröfjun, pensel på maskros etc.
Egypt [*i:dʒipt*] Egypten; **Egyptian** [*idʒi'pʃ(ə)n*]

egyptier, zigenare; egyptisk; **Egyptologist** [*i:dʒiptɔ'lədʒist*] egyptolog; **Egyptology** [*-dʒi*] egyptologi
eh [*ei*] va? eller hur? va sa? åh!
eider [*aidə*] ejder; **~-down** ejderdun
eight [*eit*] åtta; **eighteen** [*ei'ti:'n*] aderton; **eighteenfold** [*ei'ti:nfou'ld*] adertonfaldig; **eighteenth** [*ei'ti:'nþ*] adertonde[del]; **eightfold** [*ei't-fou'ld*] åttafaldig; **eighth** [*eitþ*] åttonde[del]; **eightieth** [*eitiiþ*] åttionde[del]; **eighty** [*eiti*] åttio; **eightyfold** [*ei'tifou'ld*] åttiofaldig
eirenicon [*airi:'nikɔn*] fredssträvan, fredsförslag
eisteddfod [*eiste'ðvɔd*] walesisk skaldetävling
either [*aiðə, i:ðə*] vardera, endera, vilken som helst (av två); antingen, vare sig, heller; **at ~ end was a lamp** vid vardera ändan var en lampa; **put the lamp at ~ end** ställ lampan vid någondera ändan; **it is ~ black or white** den är antingen svart eller vit; **if you do not go, I shall not ~** om du inte går, gör jag det inte heller
ejaculate [*idʒæ'kjuleit*] utstöta, utslunga; **ejaculation** [*idʒækjulei'ʃ(ə)n*] utkastande, utrop, brinnande bön; **ejaculatory** [*idʒæ'kjuleitəri*] plöstlig[t utstött]
eject [*i(:)dʒe'kt*] kasta ut, förvisa, utstråla, avsätta; **ejection** [*i(:)dʒe'kʃ(ə)n*] utkastning, utstrålning, fördrivande; **ejective** [*i(:)dʒe'ktiv*] utstötande, utstrålande, utkastnings-
eke 1) [*i:k*] **out** utfylla, komplettera, utöka, *fam.* nödtorftigt dra sig fram
eke 2) [*i:k*] *åld.* också
El [*el*] *fam.* förk. f. [*the*] *Elevated Railroad* (*amr.*) högbana[n]
elaborate [*ilæ'b(ə)rit*] (fint) utarbetad, fulländad; [*ilæ'b(ə)reit*] i detalj utarbeta, frambringa; **elaboration** [*ilæbərei'ʃ(ə)n*] utarbetning, fulländning; **elaborator** [*ilæ'bəreitə*] bearbetare
eland [*i:lənd*] sydafrikansk antilop
elapse [*ilæ'ps*] förflyta, förgå
elastic [*ilæ'stik*] resår; elastisk, böjlig; **~ [band]** gummiband; **~-sides** resårkängor; **elasticity** [*elæsti'siti*] elasticitet
elate [*ilei't*] övermodig, upprymd; göra övermodig, liva; **elation** [*ilei'ʃ(ə)n*] övermod, upprymdhet
elbow [*elbou*] armbåge, vinkel; armbåga[s], knuffa; **out at ~s** med hål på armbågarna, utsliten; **be up to the ~s in work** ha fullt upp att göra; **~ one's way** armbåga sig fram; **~-grease** strängt arbete, energi
elchee [*eltʃi:*] ambassadör (Turk.)
eld [*eld*] *åld.* ålderdom, gamla dagar
elder 1) [*eldə*] *bot.* fläder
elder 2) [*eldə*] en äldre, församlingsäldste; äldre; **elderly** litet till åren kommen, äldre; **eldest** [*eldist*] äldst, förstfödd
El Dorado [*eldora:'dou*] eldorado
eldritch [*eldritʃ*] (*Skottl.*) hemsk, kuslig
elecampane [*elikæmpei'n*] *bot.* alant, ålandsrot (Inula Helenium)
elect [*ile'kt*] utvald, utsökt; välja, utvälja; **election** [*ile'kʃ(ə)n*] val; **general election** val till underhuset; **electioneer** [*ilekʃəni'ə*] driva valagitation; **elective** [*ile'ktiv*] vald, val-, valberättigad, *amr.* frivillig, valfri; **elector** [*ile'ktə*] väljare, kurfurste, *amr.* elektor vid presidentval; **electoral** [*ile'ktərəl*] väljar-, kurfurstlig, *amr.* elektors-; **electorate** [*ile'ktərit*] valmanskår, kurfurstendöme; **electress** [*ile'ktris*] kvinnlig väljare, kurfurstinna
electric [*ile'ktrik*] elektrisk; **~ shock** elektrisk stöt; **~ torch** elektrisk ficklampa; **~ blue** stålblå; **electrical** [*ile'ktrikəl*] elektricitets-, elektrisk; **electrician** [*ilektri'ʃ(ə)n*] elektriker, elektrotekniker; **electricity** [*ilektri'siti*] elektricitet, elektricitetslära; **electrification** [*ilektrifikei'ʃ(ə)n*], **electrization** [*ilektraizei'ʃi(ə)n*] elektrifiering; **electrify** [*ile'ktrifai*], **electrize** [*ile'ktraiz*] elektrisera, elektrifiera, ge elektrisk stöt, förskräcka, upphetsa
electro [*ile'ktrou*] *fam.* förk. f. *electroplate, electrotype;* **electrocute** [*ile'ktrəkju:t*] avrätta med elektricitet; **electrocution** [*ilektrəkju:'ʃ(ə)n*] avrättning med elektricitet; **electrode** [*ile'ktroud*] elektrod; **electrodynamics** [*ile'ktroudainæ'miks*], **electrokinetics** [*ile'ktroukaine'tiks*] starkströmselektroteknik; **electrolier** [*ilektrəli'ə*] elektrisk ljuskrona; **electrolyse** [*ile'ktrəlaiz*] elektrolysera; **electrolysis** [*ilektrɔ'lisis*] elektrolys; **electro-magnetic ignition** *auto.* magnettändning; **electron** [*ile'ktrɔn*] elektron; **electronegative** [*ile'ktrəne'gətiv*] negativt elektrisk; **electropathy** [*ilektrɔ'pəþi*] *med.* elektrisk behandling; **electroplate** [*ile'ktro(u)pleit*] försilvra på galvanisk väg; **electropositive** [*ile'ktrəpɔ'zitiv*] positivt elektrisk; **electroscope** [*ile'ktrəskoup*] elektroskop; **electrostatics** [*ile'ktro(u)stæ'tiks*] elektrostatik; **electrotype** [*ile'ktroutaip*] elektrotyp
eleemosynary [*elii:mɔ'sinəri*] allmose-, välgörenhets-, fattig-
elegance [*eligəns*] elegans, förfining; **elegant** elegant, fin, smakfull, *amr. fam.* utmärkt, prima
elegiac [*elidʒai'ək*] elegisk vers; elegisk, klagande, sorglig; **~ couplet** distikon; **elegize** [*elidʒaiz*] skriva en elegi [över]; **elegy** [*elidʒi*] elegi, klagosång
element [*elimənt*] element, grunddrag, grundämne, *pl* första grunder; **elemental** [*elime'ntl*] elementarisk, elementär, väsentlig; **elementary** [*elime'ntəri*] elementär, nybörjar-; **elementary school** folkskola
elephant [*elifənt*] elefant; **white ~** sak som kostar mer än den smakar; **elephantiasis** [*elifæntai'əsis*] *med.* elefantiasis; **elephantine** [*elifæ'ntain*] elefant-, elefantlik, klumpig, kolossal
elevate [*eliveit*] upplyfta, höja; **elevated** *sl* i hög stämning; **elevated railway** högbana; **elevation** [*elivei'ʃ(ə)n*] upphöjande, höjning, elevation, vertikalprojektion; **elevator** [*eliveitə*] lyftmuskel, *flyg.* höjdroder, (is. *amr.*) elevator, hiss; **elevatory** [*eliveitəri*] lyftande, lyft-
eleven [*ile'vn*] lag (fotbolls- etc.); elva; **~-aside** *sl* liten mustasch; **elevenfold** [*ile'vnfould*] elvafaldig; **eleventh** [*ile'vnþ*] elfte
elf [*elf*] (*pl elves* [*elvz*]) alf, älva; **~-locks** martova; **elfin** [*elfin*] dvärg, småtting; älvlik; **elfish** [*elfiʃ*], **elvish** [*elviʃ*] älvlik, okynnig
elicit [*ili'sit*] framlocka (**from** ur)
elide [*ilai'd*] *gram.* elidera, utstöta
eligibility [*elidʒəbi'liti*] valbarhet, önskvärdhet; **eligible** [*elidʒəbl*] valbar, önskvärd
eliminate [*ili'mineit*] eliminera, bortskaffa, utesluta; **elimination** [*iliminei'ʃ(ə)n*] eliminering, utelämnande, uteslutning
elision [*ili'ʒ(ə)n*] *gram.* elision, uteslutning, utelämnande
elixir [*ili'ksə*] elixir, universalmedel
Elizabethan [*ilizəbi:'þ(ə)n*] person under drottning Elisabets tid; elisabetansk
elk [*elk*] älg; **E—** medlem av den amerikanska föreningen *The Benevolent and Protective Order of Elks*
ell [*el*] *åld.* eng. aln (= 45 inches = 1.14 m), *amr.* flygelbyggnad
ellipse [*ili'ps*] *mat.* ellips; **ellipsis** [*ili'psis*] (*pl -pses* [*-psi:z*]) *gram.* ellips; **ellipsoid** [*ili'psɔid*] ellipsoid; **elliptical** [*ili'ptik(ə)l*] elliptisk
elm [*elm*] *bot.* alm
elocute [*eləkju:t*] *amr.* recitera; **elocution** [*eləkju:'ʃ(ə)n*] välläsning, framställningssätt; **elocutionary** [*eləkju:'ʃnəri*] uttals-, tal-
elongate [*i:lɔŋgeit*] förlänga, utsträcka; **elongation** [*i:lɔŋgei'ʃ(ə)n*] förlängning
elope [*ilou'p*] (om kvinna) rymma från hemmet, låta sig enleveras; **~ment** [*-mənt*] rymning
eloquence [*elokwəns*] vältalighet; **eloquent** vältalig

else [*els*] annars, annan; **nobody ~** ingen annan; **or ~** eller också; **~where** annorstädes
elucidate [*ilju:'sideit*] belysa, förklara; **elucidation** [*ilju:sidei'ʃ(ə)n*] belysning, förklaring; **elucidative** [*ilju:'sideitiv*], **elucidatory** [*ilju:'sideitəri*] belysande
elude [*ilju:'d*] slingra sig undan, undgå, gäcka
elusion [*ilju:'ʒ(ə)n*] (listigt) undkommande; **elusive** [*ilju:'siv*] undvikande, flyktig, oåtkomlig
elves, elvish se *elf*
Elysian [*ili'ziən*] elyseisk; **Elysium** [*ili'ziəm*] Elysium, himmel
em [*em*] bokstaven M, m, typenhet (fyrkant) i boktryck, *amr. sl* morfin
emaciate [*imei'ʃieit*] utmärgla, utsuga (jord); **emaciation** [*imeisiei'ʃ(ə)n*] avtärdhet
emanate [*eməneit*] utströmma, härflyta; **emanation** [*emənei'ʃ(ə)n*] utströmning, härflytande; **emanative** [*eməneitiv*] utströmmande
emancipate [*imæ'nsipeit*] frigöra; **emancipation** [*imænsipei'ʃ(ə)n*] frigörelse, frigivning ur slaveri, emancipation; **emancipationist** [*imænsipei'ʃənist*] förkämpe för slaveriets upphävande; **emancipatory** [*imæ'nsipeitəri*] befriande, emancipations-
emasculate [*imæ'skjulit*] kastrerad, förvekligad; **emasculate** [*imæ'skjuleit*] kastrera, försvaga; **emasculation** [*imæskjulei'ʃ(ə)n*] kastrering; **emasculative** [*imæ'skjuleitiv*] försvagande
embalm [*imba:'m*] balsamera, bevara åt minnet, fylla med vällukt; **embalmed** [*imba:'md*] (också) *amr. sl* starkt påstruken; **embalmment** [*imba:'mmənt*] balsamering, bevarande
embank [*imbæ'ŋk*] anlägga kaj längs, indämma; **embankment** [*imbæ'ŋkmənt*] flodkaj, vägbank
embargo [*emba:'gou*] *jur.* kvarstad på fartyg, spärrning av hamn, handelsspärr; beslagtaga
embark [*imba:'k*] gå ombord, inskeppa, inlåta sig (**in** el. **on**); **embarkation** [*emba:kei'ʃ(ə)n*] inskeppning
embarrass [*imbæ'rəs*] besvära, förbrylla, göra förlägen; **embarrassed** [*imbæ'rəst*] skuldsatt, förlägen; **embarrassment** [*-mənt*] ekonomiska svårigheter, förlägenhet
embassy [*embəsi*] ambassad, beskickning
embattle [*imbæ'tl*] uppställa i slagordning, krenelera, förse med murtinnar
embay [*imbei'*] *sjö.* instänga i en havsvik
embed [*imbe'd*] inbädda
embellish [*imbe'liʃ*] försköna, pryda; **~ment** [*-mənt*] förskönande, prydnad
ember [*embə*] *zool.* lom, *pl* glöd; **E— days** allmänna böne- och fastedagar; **~-diver, ~-goose** *zool.* lom
embezzle [*imbe'zl*] försnilla, förskingra; **~ment** [*-mənt*] underslev, försnillning
embitter [*imbi'tə*] förbittra, förvärra; **~ment** [*-mənt*] förbittring, förvärring
emblazon [*imblei'z(ə)n*] utstyra, utsmycka, förhärliga (*blazon*)
emblem [*embləm*] sinnebild, symbol; symbolisera; **emblematic[al]** [*emblimæ'tik(əl)*] symbolisk
embodiment [*imbɔ'dimənt*] förkroppsligande, införlivning; **embody** [*imbɔ'di*] förkroppsliga, *mil.* göra till en kår; innefatta, vara uttryck för
embolden [*imbou'ld(ə)n*] uppmuntra, ingjuta mod
embolism [*embolizm*] *med.* blodpropp
embosom [*imbu'zəm*] omfamna, omgiva
emboss [*imbɔ's*] utskära i relief, pryda med reliefer; **~ing** prägling; **~ment** [*-mənt*] reliefutförande, relief
embowel [*imbau'əl*] ta inälvorna ur
embower [*imbau'ə*] omgiva med träd
embrace [*imbrei's*] omfamning, omfattning; omfamna (varandra), innesluta, mottaga, antaga, omfatta
embrasure [*imbrei'ʒə*] fönstersmyg, skottglugg
embrocate [*embrokeit*] badda, ingnida, lindra; **embrocation** [*embrokei'ʃ(ə)n*] liniment
embroider [*imbrɔi'də*] brodera, försköna; **embroidery** [*imbrɔi'dəri*] brodering, broderi, färgprakt
embroil [*imbrɔi'l*] hoptrassla, förvirra, inveckla i stridigheter (**with** med); **~ment** [*-mənt*] oreda, förveckling
embryo [*embriou*] embryo, sak i sin linda; **embryologist** [*embriɔ'lədʒist*] embryolog; **embryology** [*-dʒi*] embryologi; **embryonic** [*embriɔ'nik*] embryonisk
embus [*imbʌ's*] inlasta i lastbil, buss
emend [*i(:)me'nd*] förbättra, företaga rättelser i; **emendation** [*i:mendei'ʃ(ə)n*] textförbättring; **emendator** [*i:məndeitə*] textförbättrare; **emendatory** [*i(:)me'ndətəri*] textförbättrande
emerald [*emərəld*] smaragd, smaragdgrön färg; **E— Isle** Irland
emerge [*imə:'dʒ*] dyka upp, komma fram, vara resultat (**from** av), framgå; **emergence** [*imə:'dʒ(ə)ns*] uppdykande
emergency [*imədʒənsi*] nödläge; **~brake** hand-, nödbroms; **~ car** bärgningsbil; **~ exit** reservutgång; **~ seat** (is. *auto.*) reservsäte (t. ex. i baklucka); **emergent** [*-nt*] uppdykande
emeritus [*i(:)me'ritəs*] emeritus
emersion [*imə:'ʃ(ə)n*] uppdykande, *astr.* utträdande ur förmörkelse
emery [*eməri*] smärgel; **~-cloth** smärgelduk; **~-paper** smärgelpapper, sandpapper
emetic [*ime'tik*] kräkmedel; kräk-
emigrant [*emigrənt*] utvandrare; utvandrande; **emigrate** [*emigreit*] utvandra, hjälpa att emigrera; **emigration** [*emi:greiʃ(ə)n*] emigration; **emigratory** [*emigreitəri*] utvandrings-
eminence [*eminəns*] anseende, eminens, hög rang, upphöjning, stigning (i terrängen); **His E—** Hans Eminens (kardinals titel); **eminent** ansedd, utmärkt, framstående; **eminent domain** *amr.* expropriation; **eminently** i ovanlig grad, särdeles
emir [*emi'ə*] emir, Muhammeds ättling
emissary [*emis(ə)ri*] en utskickad, kunskapare, hemligt sändebud; **emission** [*imi'ʃ(ə)n*] utsändande, utstrålning, utgivande, emission (av sedlar etc.); **emissive** [*imi'siv*] utsändande
emit [*imi't*] utsända, utstråla, avgiva, emittera
emma gee [*e'medʒi:'*] *sl* maskingevär
emmet [*emit*] *dial.* myra
emollient [*imɔ'liənt*] uppmjukande [medel]
emolument[s] [*imɔ'ljumənt(s)*] inkomst, löneförmåner
emotion [*imou'ʃ(ə)n*] sinnesrörelse; **emotional** [*imou'ʃnl*] känslomässig, känslosam; **emotionality** [*imouʃənæ'liti*] lättrördhet; **emotive** [*imou'tiv*] känslo-, gripande
empanel [*impæ'nl*] uppföra på jurylistan
empathy [*empəþi*] inlevelse
empennage [*empenidʒ*] *flyg.* stjärtparti
emperor [*emp(ə)rə*] kejsare; *amr. sl* full karl; **empress** [*empris*] kejsarinna
emphasis [*emfəsis*] eftertryck, vikt, betoning; **emphasize** [*emfəsaiz*] starkt betona, framhäva; **emphatic** [*imfæ'tik*] eftertrycklig, kraftig
empire [*empaiə*] kejsarrike, kejsardöme; **E— City** New York; **E— Day** 24 maj; **E— State** staten New York
empiric [*empi'rik*] empiriker, kvacksalvare; erfarenhetsmässig; **empirical** [*empi'rik(ə)l*] empirisk; **empiricism** [*empi'risizm*] metod som grundar sig på erfarenhet; empirism; **empiricist** [*empi'risist*] empirisk filosof
emplacement [*emplei'smənt*] placering, *mil.* emplacement
emplane [*implei'n*] stiga el. föra ombord på flygmaskin
employ [*implɔi'*] tjänst; använda, sysselsätta; **employee** [*implɔii:'*] anställd, tjänsteman; **employer** [*implɔi'ə*] chef, arbetsgivare; **employment** [*implɔi'mənt*] användning, anställning, plats; **employment agency** arbetsförmedling

emporium [*empɔ:'riəm*] handelscentrum, marknad, varuhus
empower [*impau'ə*] bemyndiga, sätta i stånd till
empress se *emperor*
empty [*em(p)ti*] tomvagn, -kärl, -fat, -flaska etc.; tom, tanklös; tömma[s]
empurple [*impə:'pl*] färga purpurröd
empyrean [*empairi(:)'ən*] den högsta (sjunde) himlen
emu [*i:mju:'*] *zool.* emu
emulate [*emjuleit*] tävla med, söka efterlikna; **emulation** [*emjulei'ʃ(ə)n*] tävlan; **emulative** [*emjuleitiv*] tävlande, tävlings-; **emulator** [*emjuleitə*] konkurrent; **emulous** [*emjuləs*] ivrig att efterlikna, tävlingslysten, ivrig, tävlings-
emulsify [*imʌ'lsifai*] göra mjölkaktig; **emulsion** [*imʌ'lʃ(ə)n*] mjölkliknande vätska, emulsion; **emulsive** [*imʌ'lsiv*] mjölklik
enable [*inei'bl*] sätta i stånd till
enact [*inæ'kt*] antaga (lag), stadga, föreskriva, utföra (roll); **~ment** [*-mənt*] antagande, antagen lag; **~ive** [*inæ'ktiv*] föreskrivande såsom lag
enamel [*inæ'm(ə)l*] emalj; emaljera
enamoured [*inæ'məd*] förälskad
encaenia [*ensi:'niə*] invigningshögtidlighet, (vid Oxforduniversitetet) minneshögtid, *flyg.* flygtid
encage [*inkei'dʒ*] sätta i bur
encamp [*inkæ'mp*] förlägga i läger, ligga i läger; **~ment** [*-mənt*] lägerplats
encase [*inkei's*] omgiva, inkapsla, innesluta; **~ment** [*-mənt*] hölje, fodral
encaustic [*enkɔ:'stik*] enkaustik (färgers inbrännande)
enchain [*intʃei'n*] fjättra
enchant [*intʃa:'nt*] förtrolla, bedåra; **~ment** [*-mənt*] förtrollning; **~ress** [*intʃa:'ntris*] trollkvinna, tjuserska
encircle [*insə:'kl*] omgiva; **~ment** [*-mənt*] omringning
enclasp [*inkla:'sp*] omsluta, omfamna
enclave [*inklei'v, ɔŋkla:'v*] enklav (av främmande välden inneslutet område)
enclitic [*inkli'tik*] *gram.* enklitisk[t ord] (vidhängt obetonat ord)
enclose [*inklou'z*] inhägna, omgiva, bifoga, begränsa; **enclosure** [*inklou'ʒə*] inhägnad, inlägg, bilaga
encomiast [*enkou'miæst*] lovtalare, smickrare; **~ic** [*enkoumiæ'stik*] lovprisande; **encomium** [*enkou'miəm*] lovtal
encompass [*inkʌ'mpəs*] omgiva, omringa
encore [*ɔŋkɔ:'*] framropning (på teatern etc.), dakapo; begära dakapo
encounter [*inkau'ntə*] fientligt möte, sammanstötning; möta, stöta samman med
encourage [*inkʌ'ridʒ*] inge mod, uppmuntra, främja; **~ment** [*-mənt*] uppmuntran
encroach [*inkrou'tʃ*] inkräkta, göra intrång (**on** på); **~ment** [*-mənt*] intrång, övergrepp
encrust [*inkrʌ'st*] täcka med en skorpa, förgylla, försilvra o. d.
encumber [*inkʌ'mbə*] hindra, besvära, belamra, betunga; **encumbrance** [*inkʌ'mbr(ə)ns*] börda, hinder, påhäng, inteckning, servitut
encyclic[al] [*ensai'klik(əl)*] påvlig encyklika; beräknad för många läsare, rund-
encyclopaedia [*ensaiklopi:'diə*] konversationslexikon, encyklopedi; **encyclopaedic** [*-pi:'dik*] encyklopedisk; **encyclopaedist** [*-pi:'dist*] encyklopedist
end [*end*] ände, slut, mål, ändamål; ända, sluta; **keep one's ~ up** hålla ut, stå på sig; **make both ~s meet** få det att gå ihop; **no ~ of a hypocrite** en förfärlig hycklare; **put an ~ to** göra slut på; **be at an ~** vara slut; **at your ~** *hand.* på Eder ort; **he is at the of ~ his tether** han vet icke mera, vad han skall göra; han kan icke göra mera; han kan icke uthärda längre; **he was at his wits' ~** han visste sig ingen levande råd; **at a loose ~** utan något att göra; **in the ~** till slut, i längden; **on ~** på ända, i sträck; **~ up by (-ing)** sluta med (att); **~-on collision** kollision (två vagnar rakt mot varandra); **~ paper** försättspapper (i bok); **~ing** [*endiŋ*] ändelse, slut
endanger [*indei'n(d)ʒə*] bringa i fara
endear [*indi'ə*] göra kär, göra omtyckt; **~ment** [*-mənt*] ömhetsbetygelse
endeavour [*inde'və*] strävan, bemödande; sträva, försöka
endemic [*ende'mik*] *med.* endemisk sjukdom, folksjukdom; endemisk; **endemicity** [*endimi'siti*] *med.* endemisk karaktär
endive [*endiv*] *bot.* endivia (Cichorium Endivia)
endless [*endlis*] ändlös, oändlig
endocrine [*endokrain*] *anat.* endokrin (körtel) (~ *gland*)
endogamous [*endɔ'gəməs*] benägen för ingifte; **endogamy** [*endɔ'gəmi*] ingifte
endorse [*indɔ:'s*] skriva på baksidan av, *hand.* endossera; bekräfta; **endorsee** [*endɔ:si:'*] *hand.* endossat; **endorsement** [*-mənt*] *hand.* endossement, bekräftelse; **endorser** [*indɔ:'sə*] *hand.* endossent
endow [*indau'*] begåva, donera, förläna, utrusta; **~ment** [*-mənt*] donerande, donation, gåva, fond, begåvning, anlag
endue [*indju:'*] utrusta, ikläda sig
endurance [*indju'ər(ə)ns*] tålamod, uthållighet, fortvaro; **endure** [*indju'ə*] tåla, räcka
enema [*enimə*] lavemang[spruta]
enemy [*enimi*] fiende; **how goes the ~?** vad är klockan? **the E—** djävulen
energetic [*enədʒe'tik*] energisk, verksam; **energize** [*enədʒaiz*] ingjuta energi; **energumen** [*enə:gju:'mən*] besatt, hänförd beundrare; **energy** [*enədʒi*] energi, kraft, eftertryck
enervate [*inə:'vit*] svag, slapp; [*enə(:)veit*] försvaga; **enervation** [*enə:vei'ʃ(ə)n*] förslappning, kraftlöshet
enfeeble [*infi:'bl*] försvaga; **~ment** [*-mənt*] kraftlöshet, försvagande
enfeoff [*infe'f*] förläna
enfilade [*enfilei'd*] *mil.* enfilade, eldgivning (från flanken); *mil.* bestryka längs efter
enfold [*infou'ld*] inhölja, omsvepa, vecka
enforce [*infɔ:'s*] hävda, genomdriva, forcera, pålägga; **~ment** [*-mənt*] hävdande, tvång
enfranchise [*infræ'n(t)ʃaiz*] befria, ge stadsprivilegier, ge valrätt; **~ment** [*infræ'n(t)ʃizmənt*] befrielse, beviljande av stadsprivilegier el. valrätt
engage [*ingei'dʒ*] förplikta [sig], binda, lega, sysselsätta [sig], upptaga, tilldraga, anfalla, råka i strid med, inlåta sig, *mek.* koppla in; **engaged** förlovad, upptagen; **engagement** [*-mənt*] förpliktelse, sysselsättning, kamp, anställning, avtal, förlovning
engarland [*inga:'ələnd*] behänga med girlander
engender [*indʒe'ndə*] avla, frambringa
engine [*en(d)ʒin*] maskin, lokomotiv, motor, medel; **four cycle ~** fyrtaktsmotor; **two cycle ~** tvåtaktsmotor; **radial ~** *flyg.* stjärnmotor; **~ in line** *flyg.* radmotor; **~ failure** motorstopp; **~ mounting** motorfundament; **~-driver** lokomotivförare; **~ waste** bomullstrassel; **engineer** [*en(d)ʒini'ə*] ingenjör, mekaniker, maskinmästare, *amr.* lokomotivförare; utöva ingenjörsyrke, konstruera, *fam.* ordna om, styra med, hitta på, *amr. äv.* driva igenom; **Royal Engineers** fortifikationen; **engineering** ingenjörskonst; maskin-; **enginery** [*en(d)ʒinəri*] maskineri, maskiner
engird[le] [*ingə:'d(l)*] omgjorda, omsluta
England [*i'ŋglənd*] England
English [*iŋgliʃ*] engelsk; engelska språket; **the ~** engelsmännen; **e—** översätta till engelska;

in plain ~ rent ut sagt; ~**man** [*-mən*] engelsman; ~**woman** [*-wumən*] engelska
engraft [*ingra:'ft*] inympa, inplanta, infoga
engrain [*ingrei'n*] färga, impregnera, inplanta; ~**ed** [*ingrei'nd*] inrotad
engrave [*ingrei'v*] ingravera; **engraving** [koppar]stick, gravyr
engross [*ingrou's*] renskriva, pränta, helt upptaga, monopolisera; ~**ment** [*-mənt*] renskrivning, renskrift, upptagenhet, uppgående, tillskansande
engulf [*ingʌ'lf*] uppsluka
enhance [*inha:'ns*] öka, stegra, överdriva, stiga (i pris)
enhearten [*inha:'tn*] uppmuntra
enigma [*ini'gmə*] gåta; **enigmatic[al]** [*enigmæ'tik(əl)*] gåtfull
enisle [*inai'l*] göra ensam, isolera
enjoin [*indʒɔi'n*] pålägga, befalla, *amr.* förbjuda
enjoy [*indʒɔi'*] njuta av, åtnjuta, glädja sig åt; ~ **oneself** roa sig, ha det trevligt; ~**able** [*indʒɔi'əbl*] behaglig, angenäm, trevlig; ~**ment** [*-mənt*] njutning, glädje
enkindle [*inki'ndl*] [upp]tända
enlace [*inlei's*] omslingra, omgiva
enlarge [*inla:'dʒ*] utvidga, förstora, öka, bli större, *amr.* frigiva; ~ **upon a subject** utbreda sig om (över) ett ämne; ~**ment** [*-mənt*] ökning, förstoring; **enlarger** *foto.* förstoringsapparat
enlighten [*inlai'tn*] upplysa, kasta ljus över; ~**ment** [*-mənt*] upplysning
enlist [*inli'st*] *mil.* värva, ta värvning, vinna [för sig]; **the enlisted men** *amr. mil.* de menige, männen i ledet; ~**ment** [*-mənt*] värvning, enrollering
enliven [*inlai'vn*] ingjuta liv i, uppliva
enmesh [*inme'ʃ*] omsnärja, fånga
enmity [*enmiti*] fiendskap, hat
enneagon [*eniəgən*] niohörning; **enneagonal** [*eniæ'gənəl*] niohörnad
ennoble [*inou'bl*] adla, förädla; ~**ment** [*-mənt*] adlande, förädlande
ennui [*ɔnwi:*] leda, ledsnad
enormity [*inɔ:'miti*] det oerhörda i ngt, gräslighet, ogärning; **enormous** [*inɔ:'məs*] väldig, gräslig; **enormousness** [*inɔ:'məsnis*] oerhörd storlek
enough [*inʌ'f*] tillräcklig mängd; tillräckligt, nog
enounce [*i(:)nau'ns*] framställa, uttala
enquire [*inkwai'ə*] förfråga sig, fråga (se *inquire*)
enrage [*inrei'dʒ*] göra rasande
enrapture [*inræ'ptʃə*] hänrycka, hänföra
enrich [*inri'tʃ*] göra rik
enrobe [*inrou'b*] kläda
enrol [*inrou'l*] enrollera, inskriva, intaga; ~**ment** [*-mənt*] enrollering, inskrivning
ensconce [*inskɔ'ns*] förskansa
enshrine [*inʃrai'n*] nedlägga i skrin, gömma som relik, förvara
enshroud [*inʃrau'd*] insvepa
ensign [*ensain*] symbol, tecken, märke, flagga, fanbärare, fänrik; **the white** ~ den engelska örlogsflaggan
ensilage [*ensilidʒ*] ensilage, pressfoder; bereda foder genom ensilage; **ensile** [*insai'l*] ensilera
enslave [*inslei'v*] göra till slav; **enslaver** [*inslei'və*] underkuvare, förtrollande kvinna
ensnare [*insnɛ'ə*] fånga i snara, snärja
ensphere [*insfi'ə*] innesluta
ensue [*insju:'*] följa, bli följden (**from, on** av), *bibl.* söka efter
ensure [*inʃu'ə*] säkerställa, tillförsäkra
entablature [*entæ'blətʃə*] entablement, huvudgesims; **entablement** [*intei'blmənt*] sockel (till staty)
entail [*intei'l*] stamgods, arvsföljd; göra gods till fideikommiss, pålägga, åsamka
entangle [*intæ'ŋgl*] inveckla, hoptrassla, komplicera; ~**ment** [*-mənt*] trassel, förveckling, komplikation
enter [*entə*] inträda [i], tillträda, vinna inträde [i], anmäla [sig], införa, anteckna, dressera, träna; ~ **the church** bli präst; ~ **into** inlåta sig i, utgöra en del av; ~ **[up]on** tillträda, inlåta sig på, börja
enteric [*ente'rik*] *med.* gastrisk feber; tarm-
enterprise [*entəpraiz*] företag, vågstycke, företagsamhet; **enterprising** [*entəpraiziŋ*] företagsam, initiativrik
entertain [*entətei'n*] upprätthålla, underhålla, hysa, undfägna; ~**ment** [*-mənt*] underhållning, nöjestillställning
enthral[l] [*inþrɔ:'l*] göra till träl, taga till fånga; ~**ment** [*-mənt*] tillfångatagande
enthrone [*inþrou'n*] upphöja på tronen, installera; ~**ment** [*-mənt*] upphöjande på tronen, biskopsinstallation
enthuse [*inþju:'z*] *fam.* hänföra, bli hänförd; **enthusiasm** [*inþju:'ziæzm*] hänförelse; **enthusiast** [*-ziæst*] entusiast, svärmare, vurmare
entice [*intai's*] locka; ~**ment** [*-mənt*] lockelse, lockmedel
entire [*intai'ə*] hel; **entirely** helt, fullständigt; **entirety** [*intai'əti*] helhet, fullständighet
entitle [*intai'tl*] titulera, berättiga
entity [*entiti*] väsen
entomb [*intu'm*] begrava; ~**ment** [*intu:'mmənt*] gravläggning
entomological [*entəməlɔ'dʒik(ə)l*] entomologisk; **entomologist** [*entəmɔ'lədʒist*] entomolog, insektkännare; **entomologize** [*entəmɔ'lədʒaiz*] studera insekter; **entomology** [*entəmɔ'lədʒi*] entomologi, insektlära
entrails [*entreilz*] inälvor, innandöme, inre
entrain [*intrei'n*] inlasta på tåg (mest om trupper)
entrance [*entr(ə)ns*] ingång, inträde, inträdesavgift, tillträde; [*intra:'ns*] hänrycka, överväldiga; ~ **examination** inträdesprövning; ~**ment** [*intra:'nsmənt*] hänryckning; **entrant** [*entr(ə)nt*] inträdande, nytillträdande, nybörjare, aspirant, anmäld tävlande
entrap [*intræ'p*] fånga i fälla, narra, förleda
entreat [*intri:'t*] bönfalla, *bibl.* behandla; **entreaty** [*intri:'ti*] enträgen bön
entrée [*ɔntrei*] tillträde, mellanrätt
entrench [*intre'n(t)ʃ*] omgiva med skyttegrav; ~**ment** [*-mənt*] förskansning
entrust [*intrʌ'st*] betro, anförtro
entry [*entri*] inträde, ingång, anmälning (av deltagare), post (i bokföring), *amr.* entré, början
entwine [*intwai'n*] sammanfläta, omvira
enumerate [*inju:'məreit*] uppräkna; **enumeration** [*inju:mərei'ʃ(ə)n*] uppräkning, **enumerative** [*inju:'məreitiv*] uppräknande; **enumerator** [*inju:'məreitə*] uppräknare, räknare
enunciate [*inʌ'nsieit*] förkunna, förklara, uttala; **enunciation** [*inʌnsiei'ʃ(ə)n*] tillkännagivande, formulering, uttalande; **enunciative** [*inʌ'nʃieitiv*] uttryckande, uttals-
envelop [*inve'ləp*] inhölja, *mil.* omringa; ~**ment** [*-mənt*] inhöljande
envelope [*enviloup*] konvolut, kuvert, omslag, *bot.* hylle
envenom [*inve'nəm*] förgifta
envious [*enviəs*] avundsjuk; **envy** [*envi*] avund; missunna, avundas
environ [*invai'ərən*] omgiva, omringa; ~**ment** [*-mənt*] omgivning, miljö; **environs** [*invai'ərənz*] omgivningar
envisage [*invi'zidʒ*] se i ögonen, möta, betrakta
envoy [*envɔi*] sändebud, envoyé, *åld.* kort slutstrof
envy se *envious*
enwind [*inwai'nd*] omslingra[s]
enwrap [*inræ'p*] inhölja, innesluta
eocene [*i(:)osi:n*] *geol.* eocen
eon [*i:ən*] eon, tidsålder, evighet (*aeon*)
eozoic [*i:ozou'ik*] *geol.* eozoisk
epact [*i:pækt*] epakt, solårets överskott av dagar över månåret

epaulet[te] [*epɔ:let*] epålett
epée [*eipei'*] värja
epergne [*ipə:'n*] borduppsats
ephemera [*ife'mərə*] dagslända; **ephemeral** [*ife'mərəl*] som varar en dag; **ephemerality** [*ifemə-ræ'liti*] kort varaktighet; **ephemeron** [*ife'mərɔn*] dagslända
ephor [*efə*] efor
epic [*epik*] episk dikt; episk, berättande; **epical** [*epikəl*] episk
epicure [*epikjuə*] läckergom, epikuré; **epicurean** [*epikju(ə)ri(:)'ən*] epikuré; epikureisk; **epicureanism** [*-izm*] epikurism, njutningslystnad; **epicurism** [*epikjuərism*] vällevnad, njutningslystnad
epicycle [*episaikl*] *mat.* epicykel, bicirkel (med medelpunkten på en annan cirkels periferi); **epicyclic** [*episai'klik*] **gear** *auto.* planetkoppling; **epicycloid** [*e'pisai'kloid*] *mat.* epicyklisk
epidemic [*epide'mik*] epidemi; epidemisk
epidermal [*epidə:'m(ə)l*], **epidermic** [*-mik*] överhuds-; **epidermis** [*-mis*] överhud
epigastrium [*epigæ'striəm*] *anat.* epigastrium (del av buken omedelbart ovanför magsäcken)
epigenesis [*epidʒe'nisis*] epigenesis (uppkomst genom flera krafters samverkan)
epiglottic [*epiglɔ'tik*] struplocks-; **epiglottis** [*epiglɔ'tis*] struplock
epigram [*epigræm*] epigram; **epigrammatic** [*epigrəmæ'tik*] epigrammatisk, kort och sinnrik; **epigrammatist** [*epigræ'mətist*] epigrammatiker; **epigrammatize** [*epigræ'mətaiz*] författa epigram [om]
epigraph [*epigræf*] inskrift; **epigraphy** [*ipi'grəfi*] epigrafik, studiet av inskrifter
epilepsy [*epilepsi*] epilepsi; **epileptic** [*epile'ptik*] epileptiker; epileptisk
epilogue [*epilɔg*] efterskrift, epilog
Epiphany [*ipi'fəni*] trettondagen
epiphyte [*epifait*] *bot.* epifyt, oegentlig parasit
episcopacy [*ipi'skəpəsi*] episkopalstyrelse, biskoparna; **episcopal** [*ipi'skəpəl*] biskops-; **episcopalian** [*ipiskəpei'liən*] episkopal, anhängare av episkopalstyrelse; **episcopate** [*ipi'skəpit*] biskopsvärdighet, -döme, samtliga biskopar
episode [*episoud*] episod; **episodic[al]** [*episɔ'dik(əl)*] episodisk
epistle [*ipi'sl*] brev, rimbrev, epistel; **epistolary** [*ipi'stələri*] brev-; **epistoler** [*ipi'stələ*] uppläsare av (biblisk) epistel
epitaph [*epita:f*] gravskrift
epithalamium [*epiþəlei'miəm*] bröllopssång
epithet [*epiþet*] epitet, attribut, benämning, tillnamn; **epithetic** [*epiþe'tik*] epitetisk
epitome [*ipi'təmi*] sammandrag, utdrag; **epitomize** [*ipi'təmaiz*] göra ett sammandrag av
epoch [*i:pɔk*] epok, period
epode [*epoud*] epod (ett slags kort lyrisk dikt)
eponymous [*ipɔ'niməs*] efter vilken ngt är uppkallat; **the church and its ~ saint** kyrkan och det helgon efter vilket den är uppkallad
epopee [*epopi:*] episk dikt, hjältedikt
epos [*epɔs*] episk dikt, epos, berättande dikt
epsilon [*epsai'lən*] epsilon (grekisk bokstav)
Epsom [*epsəm*] Epsom, kapplöpningsbana i Surrey, kapplöpning i Epsom (Derby, Oaks); **~ salt** engelskt salt (ett avföringsmedel)
equability [*ekwəbi'liti*] likformighet; **equable** [*ekwəbl*] likformig, jämn, enhetlig
equal [*i:kwəl*] like, jämlike; lik; vara lik; **be ~ to the occasion** vara situationen vuxen; **equality** [*ikwɔ'liti*] likhet, jämlikhet; **on an equality** på jämlik fot; **equalization** [*i:kwəlaizei'ʃ(ə)n*] likställande, utjämning; **equalize** [*i:kwəlaiz*] göra lika, neutralisera, utjämna (också om antal mål i sportlek); **equalizer, equalizing goal** utjämnande mål
equanimity [*i:kwəni'miti*] jämnmod, självsro
equate [*ikwei't*] [ut]jämna, likställa; **equation** [*ikwei'ʃ(ə)n*] utjämnande, jämkning, ekvation; **equational** [*ikwei'ʃənəl*] ekvations-; **equator** [*ikwei'tə*] ekvator; **equatorial** [*ekwətɔ:'riəl*] ekvatorial
equerry [*ekwəri*] [hov]stallmästare
equestrian [*ikwe'striən*] ryttare; rid-, ryttar-
equiangular [*i:kwiæ'ŋgjulə*] *mat.* likvinklig
equidistant [*i:'kwidi'st(ə)nt*] på samma avstånd
equilateral [*i:'kwilæ'tərəl*] *mat.* liksidig
equilibrate [*i:kwilai'breit*] bringa i jämvikt, vara i jämvikt, motväga; **equilibration** [*i:kwilaibrei'ʃ(ə)n*] jämvikt; **equilibrist** [*i:kwi'librist*] lindansare, akrobat; **equilibrium** [*i:kwili'briəm*] jämvikt, sinnesjämvikt
equine [*i:kwain*] häst-
equinoctial [*i:kwinɔ'kʃ(ə)l*] dagjämningslinje, *pl* dagjämningsstormar; dagjämnings-, ekvatorial-
equinox [*i:kwinɔks*] dagjämning; **vernal ~** vårdagjämning; **autumnal ~** höstdagjämning
equip [*ikwi'p*] utrusta, förse, ekipera; **equipage** [*ekwipidʒ*] ekipering, ekipage; **equipment** [*-mənt*] utrustning, mundering
equipoise [*ekwipɔiz*] jämvikt, motvikt; motväga, hålla i ovisshet
equipollence [*i:kwipɔ'ləns*] jämbördighet; **equipollent** jämbördig, likvärdig
equitation [*ekwitei'ʃ(ə)n*] ridning, ridkonst
equitable [*ekwitəbl*] rimlig, skälig, billig, rättvis; **equity** [*ekwiti*] rättvisa, billighet
equivalence [*ikvi'vələns*] likvärdighet; **equivalent** ngt likvärdigt, full ersättning, motsvarighet; likvärdig, liktydig, motsvarande
equivocal [*ikwi'vək(ə)l*] tvetydig, oviss, tvivelaktig; **equivocality** [*ikwivəkæ'liti*] tvetydighet; **equivocate** [*ikwi'vəkeit*] vara tvetydig; **equivocation** [*ikwivəkei'ʃ(ə)n*] tvetydighet; **equivocator** [*ikwi'vəkeitə*] tvetydig person; **equivoke, equivoque** [*ekwivouk*] ordlek, tvetydighet
era [*iərə*] era, tidsålder
eradicate [*iræ'dikeit*] utrota; **eradication** [*irædikei'ʃ(ə)n*] utrotning; **eradicator** [*iræ'dikeitə*] utrotare
erase [*irei'z*] utplåna, radera
erasure [*irei'ʒə*] utplånande, radering
ere [*ɛə*] *åld.* före, innan; **~while** förut
erect [*ire'kt*] upprätt, rak; uppresa, bygga, montera, grunda; **erectile** [*ire'ktail*] som kan resa sig; **erection** [*ire'kʃ(ə)n*] uppresande, uppförande, montering, höjande; **erector** [*ire'ktə*] en som uppreser, byggmästare, grundläggare
eremite [*erimait*] eremit; **eremitic** [*erimi'tik*] eremit-
ergatocracy [*ə:gətɔ'krəsi*] arbetarvälde
ergot [*ə:gət*] *bot.* mjöldryga; **ergotism** [*ə:gətizm*] *med.* ergotism, dragsjuka
Erin [*erin*] *poet.* Irland
eristic [*eri'stik*] disputationslysten, grälsjuk
ermine [*ə:min*] *zool.* hermelin
erne [*ə:n*] (skotska) *zool.* [havs]örn
erode [*irou'd*] fräta bort, erodera
erosion [*irou'ʒ(ə)n*] sönderfrätning, erosion; **erosive** [*irou'siv*] frätande, erosions-
erotic [*irɔ'tik*] kärleksdikt; kärleks-, erotisk
err [*ə:*] misstaga sig, fara vill, fela
errand [*erənd*] ärende; **~-boy** springpojke
errancy [*erənsi*] missförstånd, villfarelse; **errant** [*er(ə)nt*] kringvandrande, vilsefarande, felande; **knight errant** vandrande riddare; **errantry** [*erəntri*] irrfärd
erratic [*iræ'tik*] irrande, underlig; **erratum** [*irei'təm*] (*pl -ta* [*tə*]) fel, tryckfel
erroneous [*irou'njəs*] felaktig, oriktig; **error** [*erə*] fel, missförstånd, villfarelse, förseelse
Erse [*ə:s*] *åld.* gäliska; gälisk
erst[while] [*ə:st(hwail)*] *åld.* förr, fordom
erubescent [*eru(:)be'snt*] rodnande
eructation [*i:rʌktei'ʃ(ə)n*] uppstötning, rapning, vulkanutbrott

erudite [*eru(:)dait*] lärd; **erudition** [*eru(:)di'ʃ(ə)n*] lärdom

erupt [*irʌ'pt*] ha utbrott (om vulkan), spricka fram (om tänder); **eruption** [*irʌ'pʃ(ə)n*] utbrott, tandsprickning, utslag; **eruptive** [*irʌ'ptiv*] vulkanisk, eruptiv

erysipelas [*erisi'piləs*] *med.* ros

escalade [*eskəlei'd*] stormning (av mur med stormstegar); storma; **escalator** [*eskəleitə*] rulltrappa

escallop [*iskɔ'ləp*] *zool.* kammussla, *pl* uddning (ss. prydnad); **escalloped** uddad

escapade [*eskəpei'd*] upptåg, snedsprång

escape [*iskei'p*] rymning, flykt, förvildad trädgårdsväxt, avlopp, brandstege; undkomma, undgå, fly, strömma ut, frigöra sig

escarp [*iska:'p*] brant sluttning på fästningsvall; göra brant, uppkasta brant vall; **~ment** [*-mənt*] uppkastning av brant vall

eschatology [*eskətɔ'lədʒi*] eskatologi, läran om de yttersta tingen

escheat [*istʃi:'t*] egendoms hemfall till kronan, hemfallen egendom; hemfalla, överlämna som hemfallet gods, konfiskera

eschew [*istʃu:'*] undfly, sky, avhålla sig från

escort [*eskɔ:t*] eskort, betäckning, beskydd; [*iskɔ:'t*] eskortera, ledsaga

escritoire [*eskri(:)twa:'*] skrivpulpet, skrivschatull

esculent [*eskjulənt*] födoämne; ätbar

escutcheon [*iskʌ'tʃ(ə)n*] vapensköld, namnbräde på fartyg, låsbleck

Eskimo [*eskimou*] eskimå; eskimåisk

esoteric [*eso(u)te'rik*] esoterisk, hemlig

espalier [*ispæ'ljə*] spaljé

esparto [*espa:'tou*] *bot.* espartogräs

especial [*ispe'ʃ(ə)l*] särskild, speciell, utmärkt; **especially** [*ispe'ʃ(ə)li*] i synnerhet, speciellt

Esperanto [*espəræ'ntou*] esperanto

espial [*ispai'(ə)l*] spejande, spionage

espionage [*espiəna:'ʒ*] spionage

esplanade [*esplənei'd*] esplanad, öppen promenadplats

espousal [*ispau'zl*] omfattande, anslutning, *åld.* (is. *pl*) trolovning, giftermål; **espouse** [*ispau'z*] taga till äkta, bortgifta, omfatta, antaga sig

espy [*ispai'*] få syn på

Esquimau [*eskimou*] (*pl* *-aux* [*-ouz*]) eskimå; eskimåisk

esquire [*iskwai'ə*] (som titel på brev; förk. *Esq.*) Herr, *åld.* godsägare

essay [*esei*] essä, uppsats, studie, försök; [*esei'*] försöka, pröva; **essayist** [*eseiist*] essäförfattare

essence [*esns*] väsen, innersta natur, essens, parfym

essential [*ise'nʃ(ə)l*] grundbeståndsdel; väsentlig; **essentiality** [*isenʃiæ'liti*] väsentlighet, det väsentliga

establish [*istæ'bliʃ*] upprätta, grundlägga, fastslå, stadfästa, bevisa; **~ oneself** bosätta sig, börja egen affär; **Established Church** statskyrka; **~ment** [*-mənt*] upprättande, grundande, fastställande; institution, etablissemang, hushåll; **the E—ment** statskyrkan

estate [*istei't*] stånd, egendom, förmögenhet, ekonomisk ställning, tillstånd, statsmakt, besittningsrätt; **the three ~s** de tre stånden (de adliga och andliga överhusmedlemmarna samt underhusets medlemmar); **the fourth ~** fjärde ståndet (näml.: pressen); **real ~** jordegendom; **personal ~** lösöre; **~ agent** fastighetsmäklare, förvaltare

esteem [*isti:'m*] aktning; uppskatta, anse

Esthonia [*esþou'niə*] Estland; **Esthonian** est, estniska; estnisk

estimable [*estiməbl*] aktningsvärd; **estimate** [*estimit*] uppskattning, kostnadsberäkning, omdöme; [*estimeit*] uppskatta, bedöma, taxera; **the Estimates** *pol.* statsbudgeten; **estimation** [*estimei'ʃ(ə)n*] aktning, värdering; **estimator** [*esmeitə*] värderingsman

estop [*istɔ'p*] utesluta, hindra, avskära; **estoppa** [*isstɔ'pidʒ*] hinder

estrade [*estra:'d*] estrad, tribun

estrange [*istrei'n(d)ʒ*] göra främmande, stö bort; **~ment** [*-mənt*] kyligt förhållande

estreat [*istri:'t*] *jur.* protokollsutdrag; *jur.* tag el. göra protokollsutdrag, indriva böter

estuary [*estju(ə)ri*] flodmynning, havsfjord

esurient [*isju'əriənt*] *fam.* hungrig

et [*et*] och; **~ cetera** [*itse'trə*] och så vidar m. m.; **etceteras** diverse

etch [*etʃ*] etsa; **etching** etsning, radering

eternal [*i(:)tə:'nl*] evig; **etern[al]ize** [*i(:)tə:'n(əl)ai*] föreviga; **eternity** [*itə:'niti*] evighet

Etesian [*iti:'ʒiən*] etesisk, periodisk; **~ wind** nor lig vind i Medelhavet

ether [*iþ:ə*] eter; **ethereal** [*iþi'əriəl*] eterisk, öve sinnlig, lätt; **ethereality** [*iþiəriæ'liti*] eteriskhe **etherealize** [*iþi'əriəlaiz*] göra eterisk; **etheriza tion** [*i:þəraizei'ʃ(ə)n*] bedövning, narkos; **ethe ize** [*i:þəraiz*] bedöva, ge narkos

ethic [*eþik*] (is. *pl*) etik; etisk; **ethical** [*eþikl*] etis moralisk

Ethiopia [*i:þiou'pjə*] Etiopien; **Ethiopian** [*-ə* etiopier; etiopisk

ethnical [*eþnik(ə)l*] etnologisk, folk-, ras-, he nisk; **ethnographic[al]** [*əþnəgræ'fik(l)*] etn grafisk; **ethnography** [*eþnɔ'grəfi*] etnogra

ethnology [*eþnɔ'lədʒi*] etnologi, raslära; **ethno logical** [*eþnəlɔ'dʒik(ə)l*] etnologisk

ethos [*i:þɔs*] folklynne, kynne, anda

etiolate [*i:tioleit*] *bot.* bleka, bringa att förtvin **etiolation** [*i:tiolei'ʃ(ə)n*] *bot.* blekning, bor tvinande

etiquette [*etike't*] etikett, god ton, hederskodex

etna [*etnə*] spritkök

Eton [*i:tn*] Eton (stad med berömd interna skola); **~ collar** bred, vit krage; **~ crop** poj klippt hår (hos dam); **~ jacket** kort gossjack

Etruscan [*itrʌ'skən*] etrurier; etrurisk

etui, etwee [*etwi'*] etui

etymological [*etimələ'dʒik(ə)l*] etymologisk; **ety mologist** [*etimɔ'lədʒist*] etymolog; **etymologiz** [*etimɔ'lədʒaiz*] etymologiskt förklara, ety mologisera; **etymology** [*etimɔ'lədʒi*] etymolog

etymon [*etimɔn*] etymologisk rot, stamord

eucalyptus [*ju:kəli'ptəs*] *bot.* eukalyptus

eucharist [*ju:kərist*] nattvardens sakrame (**the E—**); **eucharistic** [*ju:kəri'stik*] nattvards

euchre [*ju:kə*] ett amerikanskt kortspel; gör bet, lura

eugenic [*ju:dʒe'nik*] *pl* rashygien; eugenisk, ra hygienisk; **eugenist** [*ju:dʒinist*] rashygienik

eulogist [*ju:lədʒist*] lovprisare; **eulogistic** [*ju:lədʒi stik*] lovprisande; **eulogize** [*ju:lədʒaiz*] lovpris förhärliga; **eulogy** [*ju:lədʒi*] lovtal, beröm

eunuch [*ju:nək*] eunuck, kastrat

eupeptic [*ju:pe'ptik*] som har god matsmältnin

euphemism [*ju:fimizm*] eufemism, förmildrand uttryck; **euphemistic** [*ju:fimistik*] eufemistis **euphemize** [*ju:fimaiz*] uttrycka sig eufemistisk

euphonic [*ju:fɔ'nik*], **euphonious** [*ju:fou'niəs*] väl ljudande; **euphonize** [*ju:fənaiz*] göra välljuda de; **euphony** [*ju:fəni*] välljud, eufoni

euphrasy [*ju:frəsi*] *bot.* ögontröst

euphuism [*ju:fju(:)izm*] konstlad stil, euphuism **euphuist** [*ju:fju(:)ist*] tillgjord skribent; **eu phuistic** [*ju:fju(:)i'stik*] affekterad, sirlig

Eurasian [*juərei'ʒiən*] person av europeisk-asiatis blandras, eurasier; eurasisk

eureka [*juəri:'kə*] heureka! jag har (funnit) de

Europe [*juərəp*] Europa; **European** [*juərəpi(:)'ən*] europé, europeisk; **europeanize** [*juərəpi:'ənaiz*] europeisera

eurythmics [*ju:ri'þmiks*] *pl* eurytmi, dalcrozeme tod, rytmik

Euterpe [*ju:tə:'pi*] Euterpe (musikens musa)

euthanasia [*ju:þənei'ziə*] lätt död (beredd obotligt sjuka av läkare)
evacuate [*ivæ'kjueit*] evakuera, utrymma, tömma, beröva; **evacuation** [*ivækjuei'ʃ(ə)n*] uttömmande, utrymning
evade [*ivei'd*] undgå, undvika, undandraga sig, gäcka, kringgå, göra undanflykter
evaluate [*ivæ'ljueit*] värdera, räkna ut; **evaluation** [*ivæljuei'ʃ(ə)n*] värdering, värdeberäkning
evanesce [*i:vəne's*] bli otydlig, blekna, försvinna; **evanescence** [*i:vəne'səns*] försvinnande; **evanescent** försvinnande, omärklig
evangel [*ivæ'ndʒəl*] *åld.* evangelium; **evangelic[al]** [*ivændʒe'lik(əl)*] evangelisk; **evangelism** [*ivæ'n-(d)ʒəlizm*] utbredande av evangelium; evangelisk lära; **evangelist** [*ivæ'n(d)ʒilist*] evangelist, ordets förkunnare, lekmannapredikant; **evangelistic** [*ivæn(d)ʒili'stik*] evangelie-, evangelisk; **evangelize** [*ivæ'n(d)ʒilaiz*] förkunna evangeliet för, omvända till kristendomen
evanish [*ivæ'niʃ*] försvinna
evaporate [*ivæ'pəreit*] fördunsta, bringa att avdunsta, torka, avgiva fuktighet, *fam.* göra sig osynlig; **evaporation** [*ivæpərei'ʃ(ə)n*] fördunstning; **evaporative** [*ivæ'pərətiv*] avdunstnings-, ångbildnings-; **evaporator** [*ivæ'pəreitə*] destillationsapparat, torkapparat
evasion [*ivei'ʒ(ə)n*] undvikande, undflykt; **evasive** [*ivei'siv*] undvikande
Eve [*i:v*] Eva; ~ **with the lid on** *amr. sl* äppelpastej
eve [*i:v*] afton el. dag före fest, tid omedelbart före ngt, *åld.* afton; **Christmas E—** julafton; **on the ~ of an election** strax före ett val
even 1) [*i:v(ə)n*] afton; **~song** aftonsång; eftermiddagsgudstjänst; **~tide** *poet.* afton
even 2) [*i:v(ə)n*] jämn, vågrät, likformig, lugn; i jämvikt, kvitt, opartisk; till och med, ens, en gång, dock, rent av, redan; utjämna, behandla som jämbördig, jämställa; ~ **[up] to** ända till; ~ **up with** göra upp med; **I am ~ with him now** nu äro vi kvitt; **of ~ date** *hand.* av samma datum; **on an ~** på jämlik fot; **does he ~ suspect the danger?** har han ens en aning om faran? **~-handed** opartisk
evening [*i:vniŋ*] afton; **~-dress** aftondräkt, frack
event [*ive'nt*] händelse, tilldragelse, evenemang, möjlighet, nummer (på program), tävling, utgång, resultat; **in the ~ of** i händelse av, ifall; **in any (either) ~** vad som än händer; **at all ~s** i alla händelser; **~full** händelserik, betydelsefull
eventual [*ive'ntju(ə)l*] under vissa omständigheter inträffande, slutlig; **eventuality** [*iventjuæ'liti*] möjlighet; **eventually** slutligen, till sist
eventuate [*ive'ntjueit*] utfalla, resultera (**in** i), *amr.* hända, bli följden
ever [*evə*] någonsin, *åld.* alltid; **for ~** för alltid; **for ~ and ~** i all evighet; **~ and anon** då och då; **~ so** *fam.* mycket, väldigt; **thank you ~ so [much]** tusen tack; **~green** ständigt grön (växt); **~lasting** evighet, *bot.* eternell; beständig, varaktig, evig; **~more** städse, evigt
every [*evri*] varje, envar, var, varenda; **~ now and then** allt emellanåt; **~ three days** var tredje dag; **~ one** var och en; **~body** envar, var och en; **~day** daglig, alldaglig, vardags-; **~one** envar; **~thing** allt, allting, vad som helst; **~way** på varje sätt, i alla avseenden; **~where** överallt
evict [*i(:)vi'kt*] *jur.* vräka, avhysa, återfå; **eviction** [*i(:)vi'kʃ(ə)n*] *jur.* vräkning, avhysning
evidence [*evid(ə)ns*] vittnesbörd, bevis, vittnesmål; vittnes-; vittna, bevisa, ådagalägga; **turn King's ~** vittna (som 'kronvittne') mot sina medskyldiga; **in ~** uppenbarligen; **evident** [*evid(ə)nt*] uppenbar, påtaglig; **evidential** [*evide'nʃ(ə)l*] bevisande, bevisnings-; **evidentiary** [*evide'nʃəri*] bevisande

evil [*i:vl*] ont, det onda, synd; ond, dålig; **the E— One** den (hin) onde; **~-doer** missdådare, ogärningsman, syndare
evince [*ivi'ns*] visa, bevisa, röja
eviscerate [*ivi'səreit*] ta inälvorna ur, skära upp, beröva ngt dess värde, urvattna; **evisceration** [*ivisərei'ʃ(ə)n*] inälvornas uttagande
evocation [*evokei'ʃ(ə)n*] frammaning; **evocatory** [*ivɔ'kətəri*] frammanande
evoke [*ivou'k*] frammana
evolution [*i:vəlu:'ʃ(ə)n*] utveckling, förlopp, *mat.* rotutdragning; **evolutional** [*i:vəlu:'ʃənl*] utvecklings-; **evolutionism** [*i:vəlu:'ʃənizm*] utvecklingslära; **evolutionist** [*i:vəlu:'ʃənist*] anhängare av utvecklingsläran
evolve [*ivɔ'lv*] utveckla [sig], skapa
evulsion [*ivʌ'lʃ(ə)n*] utrivande, uppryckning
ewe [*ju:*] tacka, honfår; **~-lamb** tacklamm
ewer [*ju(:)ə*] vattenkanna
ex [*eks*] *hand.* från; *amr. sl* frånskild kvinna
ex- [*eks*] ex-, förutvarande (*ex-kaiser* exkejsare)
exacerbate [*eksæ'sə(:)beit*] förvärra, reta; **exacerbation** [*eksæsə(:)bei'ʃ(ə)n*] förvärrande, utbrott, förbittring
exact [*igzæ'kt*] noggrann, exakt; utkräva, avfordra; **exaction** [*igzæ'kʃ(ə)n*] (orimligt) krav; **exactitude** [*igzæ'ktitju:d*] noggrannhet; **exactly** [*igzæ'ktli*] noga, precis, just
exaggerate [*igzæ'dʒəreit*] överdriva; **exaggeration** [*igzæ'dʒərei'ʃ(ə)n*] överdrift; **exaggerative** [*igzæ'dʒəreitiv*] överdrivande
exalt [*igzɔ'lt*] upphöja, [upp]lyfta, förhärliga, *sl* hänga; **exaltation** [*igzɔltei'ʃ(ə)n*] upphöjelse, hänförelse
exam [*igzæ'm*] examen
examination [*igzæminei'ʃ(ə)n*] undersökning, examen; **examinatorial** [*igzæminətɔ:'riəl*] examens-; **examine** [*igzæ'min*] undersöka, förhöra, examinera, granska, visitera; **examinee** [*igzæmini:'*] examinand; **examiner** [*igzæ'minə*] examinator; **bank examiner** *amr.* bankinspektör
example [*igza:'mpl*] exempel, prov; **for ~** till exempel; **make an ~ of** statuera ett exempel på; **set a good ~** föregå med gott exempel
exanthema [*eksənþi:'mə*] hudutslag
exarch [*eksa:k*] exark, *grek.-kat.* patriark; **exarchate** [*eksa:kit*] exarkat, provins
exasperate [*igza:'spəreit*] skärpa, reta, förbittra; **exasperation** [*igza:spərei'ʃ(ə)n*] förvärrande, uppretande, förbittring
excavate [*ekskəveit*] urholka, gräva (grop), utgräva; **excavation** [*ekskəvei'ʃ(ə)n*] urholkning, utgrävning; **excavator** [*ekskəveitə*] utgrävare, grävmaskin
exceed [*iksi:'d*] övergå, överskrida, överträffa, vara bäst, gå för långt; **exceedingly** [*iksi:'-diŋli*] ytterst, synnerligen
excel [*ikse'l*] överträffa, vara främst
excellence [*eks(ə)ləns*] förträfflighet; **excellency** [*eks(ə)lənsi*] excellens; **excellent** [*eks(ə)lənt*] utmärkt
excelsior [*ekse'lsiɔ:*] uppåt; (adj.) extra fin
except [*ikse'pt*] med undantag av; *åld.* så framt icke; undantaga, göra invändning[ar]
exception [*ikse'pʃ(ə)n*] undantag, invändning; **take ~ to** göra invändning mot, ta avstånd från; **exceptionable** [*ikse'pʃənəbl*] klandervärd, framkallande invändningar; **exceptional** [*ikse'p-ʃənl*] ovanlig, undantags-; **exceptive** [*ikse'ptiv*] undantags-, hyperkritisk
excerpt [*eksə:pt*] utdrag; [*eksə:'pt*] göra utdrag; **excerption** [*eksə:'pʃ(ə)n*] utdrag, excerpering
excess [*ikse's*] överskridande, överskott, överdrift, omåttlighet; **in ~ of** utöver; **~ fare** tilläggsbetalning (på järnväg); **excessive** [*ikse'siv*] överdriven, ytterlig
exchange [*ikstʃei'n(d)ʒ*] byte, växling, växelkurs, börs, central; byta, växla; **bill of ~** växel;

first of ~ primaväxel; **rate of** ~ kurs; **exchangeability** [*ikstʃein(d)ʒəbi'liti*] utbytbarhet, bytesvärde; **exchangeable** [*ikstʃei'n(d)ʒəbl*] [ut]bytbar, bytes-
exchequer [*ikstʃe'kə*] skattkammare, kunglig räntkammare; **Chancellor of the E—** (engelsk) finansminister
excisable [*eksai'zəbl*] accispliktig; **excise** [*eksai'z*] accis (avgift på tillverkning av vissa varor); belägga med accis, skära bort; **exciseman** [*-mən*] uppbördsman; **excision** [*eksi'ʒ(ə)n*] bort-, utskärning
excitability [*iksaitəbi'liti*] lättretlighet; **excitable** [*iksaitəbl*] lättretlig; **excitant** [*eksitənt*] stimulerande [medel]; **excitation** [*eksitei'ʃ(ə)n*] retning, eggelse, *fys.* impuls; **excitative** [*iksai'tətiv*], **excitatory** [*iksai'tət(ə)ri*] stimulerande; **excite** [*iksai't*] reta, egga, upphetsa, väcka, stimulera, *fys.* magnetisera; **excitement** [*iksai'tmənt*] retning, uppståndelse, upphetsning, eggelse; **exciting** retande, eggande, spännande
exclaim [*iksklei'm*] utropa, skrika; ~ **against** högljutt anklaga
exclamation [*eksklәmei'ʃ(ə)n*] utrop, skrik; **note (mark) of** ~ utropstecken; **exclamatory** [*eksklæ'mət(ə)ri*] skrikande, utrops-
exclude [*iksklu:'d*] utesluta
exclusion [*iksklu:'ʒ(ə)n*] uteslutning; **exclusive** [*iksklu:'siv*] uteslutande, förnäm, exklusiv, ensam, enda; **exclusive of** ej inberäknat, exklusive
excogitate [*ekskɔ'dʒiteit*] uttänka, hitta på; **excogitation** [*ekskɔdʒitei'ʃ(ə)n*] uttänkande
excommunicate [*ekskəmju:'nikeit*] bannlysa; **excommunication** [*e'kskəmju:nikei'ʃ(ə)n*] bannlysning; **excommunicative** [*ekskəmju:'nikeitiv*] bannlysande
ex-con [*eks-kɔn*] *sl* förk. f. *ex-convict* f.d. straffånge
excoriate [*ekskɔ:'rieit*] flå huden av, skrapa; **excoriation** [*ekskɔ:riei'ʃ(ə)n*] avskrapande
excrement [*ekskrimənt*] exkrement; **excremental** [*ekskrime'ntl*] exkrement-
excrescence [*ikskre'sns*] utväxt; **excrescent** utväxande, överflödig
excreta [*ekskri:'tə*] *med.* exkrementer och urin; **excrete** [*ekskri:'t*] uttömma, avsöndra; **excretion** [*ekskri:'ʃ(ə)n*] uttömning, avsöndring; **excretive** [*ekskri:'tiv*], **excretory** [*ekskri:'təri*] avsöndrande
excruciate [*ikskru:'ʃieit*] pina; **excruciation** [*ikskru:'ʃiei'ʃ(ə)n*] pina, kval
exculpate [*ekskʌlpeit*] urskulda, rentvå (från beskyllning); **exculpation** [*ekskʌlpei'ʃ(ə)n*] urskuldande, rättfärdigande; **exculpatory** [*ekskʌ'lpət(ə)ri*] urskuldande, rättfärdigande
excursion [*ikskə:'ʃ(ə)n*] utflykt; **excursionist** [*ikskə:'ʃnist*] deltagare i utflykt; **excursive** [*ekskə:'siv*] irrande, planlös (i tal eller tankegång); **excursus** [*ekskə:'səs*] exkurs, avvikelse
excusatory [*ikskju:'zət(ə)ri*] ursäktande; **excuse** [*ikskju:'s*] ursäkt; [*ikskju:'z*] ursäkta; **excuse me from coming** ursäkta, att jag icke kommer
exeat [*eksiæt*] *lat.* lov (i skola etc.)
execrable [*eksikrəbl*] avskyvärd
execrate [*eksikreit*] avsky, förbanna, svära; **execration** [*eksikrei'ʃ(ə)n*] förbannelse, avsky
executant [*igze'kjutənt*] utövande musiker o. d.; **execute** [*eksikju:t*] utföra, utfärda, avrätta; **execution** [*eksikju:'ʃ(ə)n*] utförande, utövning, ödeläggelse, avrättning; **execution day** *amr. sl* tvättdag; **executioner** [*eksikju:'ʃənə*] bödel; **executive** [*igze'kjutiv*] utövande (makt), *amr.* funktionär; utövande; **executive committee** bestyrelse, arbetsutskott; **executor** [*igze'kjutə*] verkställare, exekutor; **executorial** [*igzekjutɔ:'riəl*] verkställande, exekutors-; **executrix** [*igze'kjutriks*] (*pl -trices* [*-kju:'trisi:z*]) kvinnlig exekutor
exegesis [*eksidʒi:'sis*] exeges, tolkning; **exegetic[al]** [*eksidʒe'tik(əl)*] exegetisk
exemplar [*igze'mplə*] mönster, typ, exemplar; **exemplary** [*igze'mpləri*] exemplarisk, typisk; **exemplification** [*igzemplifikei'ʃ(ə)n*] exemplifiering; **exemplify** [*igze'mplifai*] ge exempel på, exemplifiera, vara exempel på, taga bestyrkt avskrift av
exempt [*igze'm(p)t*] fri; fritaga; **exemption** [*igze'mpʃ(ə)n*] fritagning, undantag
exequies [*eksikwiz*] *pl* begravningsceremonier, likbegängelse
exercise [*eksəsaiz*] utövande, användning, motion, skrivövning, andaktsövning, *pl amr.* ceremonier; utöva, använda, öva, träna, exercera, störa, taga motion; **exercised in mind** bestört, irriterad; ~ **book** skrivbok, -häfte; ~ **ring** fängelsegård
exert [*igzə:'t*] öva, bruka; ~ **oneself** anstränga sig; **exertion** [*igzə:'ʃ(ə)n*] utövande, ansträngning
exes(.) [*eksiz*] *fam.* förk. f. *expenses* utgifter
Exeter [*eksətə*] stad i Devonshire; ~ **Hall** möteslokal i London
exfoliate [*eksfou'lieit*] avfjälla[s]; **exfoliation** [*eksfouliei'ʃ(ə)n*] avfjällning
exhalation [*ekshəlei'ʃ(ə)n*] utdunstning, ånga, andedräkt, utbrott; **exhale** [*ekshei'l*] utdunsta, utandas
exhaust [*igzɔ:'st*] *mek.* avloppsrör, utblåsning, avlopp; avgas-; uttömma, förbruka, utmatta; ~ **box** *mek.* ljuddämpare; ~ **gas** *mek.* avloppsgas; ~ **pipe** *mek.* avlopps-, utblåsningsrör; ~ **valve** *mek.* avloppsventil; **exhaustible** [*igzɔ:'stəbl*] som kan [ut]tömmas (ta slut); **exhaustion** [*igzɔ:'stʃ(ə)n*] uttömning, utmattning; **exhaustive** [*igzɔ:'stiv*] uttömmande, omfattande
exhibit [*igzi'bit*] utställning[sföremål], [vittnes]utsaga, företeende; visa, förete, framlägga, utställa; **exhibition** [*eksibi'ʃ(ə)n*] förevisning, utställning, stipendium, *amr. sl* mat som ges åt en tiggare; **make an exhibition of oneself** göra sig till narr, skämma ut sig; **exhibitioner** [*eksibi'ʃnə*] stipendiat; **exhibitor** [*igzi'bitə*] utställare, *amr.* biografägare
exhilarate [*igzi'ləreit*] uppmuntra, uppliva; **exhilaration** [*igzilərei'ʃ(ə)n*] upplivande, munterhet
exhort [*igzɔ:'t*] förmana, förorda, uppmana; **exhortation** [*egzɔ:tei'ʃ(ə)n*] uppmaning, förmaning; **exhortative** [*igzɔ:'tətiv*], **exhortatory** [*igzɔ:'tətəri*] förmanande, uppmuntrande
exhumation [*eks(h)ju:mei'ʃ(ə)n*] uppgrävning (t. ex. av lik); **exhume** [*eks(h)ju:'m*] gräva upp
exigence [*eksidʒ(ə)ns*], **exigency** [*eksidʒ(ə)nsi*] behov, nöd; **exigent** trängande, nödvändig, krävande; **exigent of** som kräver
exigible [*eksidʒəbl*] som kan utkrävas
exiguity [*eksigju'iti*] obetydlighet; **exiguous** [*egzi'gjuəs*] obetydlig, ringa
exile [*eksail*] förvisning, landsflykt, landsflykting; förvisa
exility [*egzi'liti*] tunnhet, finhet
exist [*igzi'st*] vara till, existera, leva; **existence** [*igzi'st(ə)ns*] tillvaro, existens; **existent** existerande
exit [*eksit*] frihet att gå, utgång, sorti, död
exodus [*eksədəs*] judarnas uttåg ur Egypten, utvandring; **E—** 2:a mosebok
exogamy [*eksɔ'gəmi*] äktenskap utom stammen
exonerate [*igzɔ'nəreit*] fritaga, rentvå från beskyllning; **exoneration** [*igzɔnərei'ʃ(ə)n*] fritagelse; **exonerative** [*igzɔ'nəreitiv*] fritagande
exorbitance [*igzɔ:'bit(ə)ns*] överdrift, orimlighet; **exorbitant** överdriven, orimlig
exorcism [*eksɔ:sizm*] utdrivande, besvärjelse; **exorcist** [*eksɔ:sist*] djävulsbesvärjare; **exorcize** [*eksɔ:saiz*] utdriva (djävul), besvärja

exordial [*ekso'diəl*] inlednings-; **exordium** [*ekso'diəm*] inledning
exoteric [*ekso(u)te'rik*] förståelig för oinvigda, allmän, banal, populär
exotic [*ekso'tik*] exotisk växt e. d.; främmande, exotisk
expand [*ikspæ'nd*] utbreda [sig], utveckla [sig], [ut]vidga[s], bli meddelsam el. översvallande
expanse [*ikspæ'ns*] vidd, rymd, omfång; **expansibility** [*ikspænsəbi'liti*] uttänjbarhet, förmåga att utvidga sig; **expansible** [*ikspæ'nsəbl*] uttänjbar; **expansion** [*ikspæ'nʃ(ə)n*] utvidgning, utbredning; **expansive** [*ikspæ'nsiv*] utvidgbar, vidsträckt, oreserverad, öppenhjärtig, meddelsam
expatiate [*ekspei'ʃieit*] utbreda sig (**on** över, om), ströva omkring; **expatiation** [*ekspeiʃiei'ʃ(ə)n*] vidlyftighet; **expatiatory** [*ekspei'ʃiətəri*] vidlyftig
expatriate [*ekspei'trieit*] landsförvisa; ~ **oneself** avsäga sig medborgarskap, utvandra; **expatriation** [*ekspeitriei'ʃ(ə)n*] landsförvisning, utvandring
expect [*ikspe'kt*] vänta [sig], förvänta, tänka, tro; **expectancy** [*ikspe'kt(ə)nsi*] förväntan; **expectant** [*-t(ə)nt*] väntande, förväntningsfull; **expectation** [*ekspektei'ʃ(ə)n*] väntan, förväntning, utsikt
expectorate [*ekspe'ktəreit*] hosta upp, *amr.* spotta; **expectoration** [*ekspektərei'ʃ(ə)n*] upphostning
expedience [*ikspi:'diəns*], *åld.* **expediency** [*ikspi:'diənsi*] ändamålsenlighet; **expedient** utväg, medel; ändamålsenlig, fördelaktig; **expedite** [*ekspidait*] påskynda, expediera, avsända; **expedition** [*ekspidi'ʃ(ə)n*] snabbhet, expedition; **expeditionary** [*ekspidi'ʃənəri*] expeditions-; **expeditious** [*ekspidi'ʃəs*] snabb, rask
expel [*ikspe'l*] driva ut, bortvisa, relegera
expend [*ikspe'nd*] utgiva, använda, lägga ut; **expenditure** [*ikspe'nditʃə*] utgift
expense [*ikspe'ns*] bekostnad, omkostnad, utgift; **expensive** [*ikspe'nsiv*] dyr
experience [*ikspi'əriəns*] erfarenhet, upplevelse; erfara, uppleva; **experienced** [*ikspi'əriənst*] erfaren; **experiential** [*ikspiərie'nʃl*] erfarenhets-
experiment [*ikspe'riment*] experiment, försök; göra ett experiment, experimentera; **experimental** [*eksperime'ntl*] försöks-, experimentell; **experimentalism** [*eksperime'ntəlizm*] experimentell metod; **experimentalist** [*eksperime'ntəlist*] experimentell forskare; **experimentalize** [*eksperime'ntəlaiz*] experimentera; **experimentation** [*eksperimentei'ʃ(ə)n*] experimenterande
expert [*ekspə:t*] sakkunnig, fackman; [*ekspə:'t*] förfaren, duktig, sakkunnig
expiate [*ekspieit*] [för]sona; **expiation** [*ekspiei'ʃ(ə)n*] försoning, bot; **expiator** [*ekspieitə*] försonare; **expiatory** [*ekspieitəri*] försonande, försonings-
expiration [*ekspirei'ʃ(ə)n*] utandning, utlöpande; **expiratory** [*ikspai'rət(ə)ri*] utandnings-; **expire** [*ikspai'ə*] andas ut, utandas, utlöpa; **expiry** [*ikspai'əri*] utlöpande, slut
explain [*iksplei'n*] förklara; ~ **away** bortförklara; ~ **oneself** lämna en förklaring
explanation [*eksplənei'ʃ(ə)n*] förklaring; **explanatory** [*iksplæ'nət(ə)ri*] förklarande
expletive [*ekspli:'tiv*] fyllnadsord, onödigt ord, svordom; utfyllande
explicable [*eksplikəbl*] förklarlig
explicate [*eksplikeit*] förklara, utveckla; **explicative** [*eksplikeitiv*], **explicatory** [*eksplikeitəri*] förklarande
explicit [*ikspli'sit*] detaljerad, uttrycklig, avgjord, tydlig, rättfram
explode [*iksplou'd*] explodera, spränga, bringa i misskredit, förkasta
exploit [*iksplɔit*] bragd, dåd; [*iksplɔi't*] exploatera, driva, utnyttja; **exploitation** [*eksplɔitei'ʃ(ə)n*] utnyttjande
exploration [*eksplɔ:rei'ʃ(ə)n*] utforskning; **explorative** [*eksplɔ:'rətiv*] utforskande, undersöknings-; **exploratory** [*eksplɔ:'rətəri*] utforsknings-; **explore** [*ikspɔ:'*] utforska, undersöka
explosion [*iksplou'ʒ(ə)n*] explosion, sprängning; **explosive** [*iksplou'siv*] sprängämne, *fonet.* stötljud; explosiv
exponent [*ekspou'nənt*] exponent, tolk, tolkare, talesman, framställare; **exponential** [*ekspo(u)ne'nʃ(ə)l*] exponential-
export [*ekspɔ:t*] export, exportvara; *pl* export (kollektivt); [*ekspɔ:'t*] exportera; **exportation** [*ekspɔ:tei'ʃ(ə)n*] export; **exporter** [*ekspɔ:'tə*] exportör
expose [*ikspou'z*] utsätta, blottställa, avslöja, röja, exponera; **exposition** [*ikspozi'ʃ(ə)n*] utsättande (av barn), utställande, utställning, förklaring, beskrivning; **expositive** [*ekspɔ'zitiv*] förklarande; **expositor** [*ekspɔ'zitə*] framställare; **expository** [*ekspɔ'zitəri*] förklarande
expostulate [*ikspɔ'stjuleit*] göra föreställningar, förehålla; **expostulation** [*ikspɔstjulei'ʃ(ə)n*] föreställning, förebråelse; **expostulatory** [*ikspɔ'stjuleitəri*] förebrående
exposure [*ikspou'ʒə*] utsättande, utsatthet, blottande, *foto.* exponering
expound [*ikspau'nd*] uttyda, förklara
express [*ikspre's*] expresståg, expressbud; uttrycklig, exakt, express-, särskild; pressa ut, uttrycka, frampressa; enkom; snabbt; ~ **company** *amr.* budcentral, resebyrå; **expressible** [*ikspre'səbl*] som kan uttryckas; **expression** [*ikspre'ʃ(ə)n*] uttryck; **expressional** [*ikspre'ʃənl*] uttrycks-; **expressive** [*ikspre'siv*] uttryckande, betecknande
expropriate [*eksprou'prieit*] skilja från besittningsrätt, expropriera; **expropriation** [*eksproupriei'ʃ(ə)n*] expropriation
expulsion [*ikspʌ'lʃ(ə)n*] utdrivande, uteslutning, relegation; **expulsive** [*ikspʌ'lsiv*] utdrivande
expunge [*ekspʌ'n(ɩ)ʒ*] utstryka, utplåna
expurgate [*ekspə:geit*] rensa [bort]; **expurgation** [*ekspə:gei'ʃ(ə)n*] rensning; **expurgator** [*ekspəgeitə*] rensare, en som rensar; **expurgatorial** [*ekspə:gətɔ:'riəl*] rensande, avförande; **expurgatory** [*ekspə:'gət(ə)ri*] rensande
exquisite [*ekskwizit*] snobb; utsökt, underbar, häftig
extant [*ekstæ'nt*] ännu bevarad, i behåll
extemporaneous [*ekstempərei'njəs*], **extemporary** [*ikste'mp(ə)rəri*] extemporerad, utan förberedelse; **extempore** [*ekste'mpori*] extempore, på rak arm; **extemporization** [*ekstempəraizei'ʃ(ə)n*] extemporering; **extemporize** [*ekste'mpəraiz*] extemporera, tala utan förberedelse
extend [*ikste'nd*] sträcka [ut], utsträcka, sträcka sig, förlänga, utskriva, *sl* pressa, anstränga, *mil.* sprida i skyttelinje, *amr.* framsätta, framföra; ~ **hospitality to** visa gästfrihet mot; ~ **oneself** *sl* anstränga sig; **extended** utsträckt etc.; *amr.* lång; **extendible** [*ikste'ndəbl*] som kan utsträckas
extensibility [*ikste'nsəbi'liti*] uttänjbarhet; **extensible** [*ikste'nsəbl*] uttänjbar; **extensile** [*ekste'nsail*] *med.* som kan uttänjas el. förstoras; **extension** [*ikste'nʃ(ə)n*] utvidgning, omfång, extra telefonapparat, lokaltelefon, *amr.* utbyggnad; **University Extension** folkuniversitet; **extensive** [*ikste'nsiv*] vidsträckt, extensiv; **extensor** [*ikste'nsə*] *anat.* sträckmuskel
extent [*ikste'nt*] utsträckning, omfång; **to a great** ~ i stor skala, i hög grad
extenuate [*ekste'njueit*] förmildra, ursäkta; **extenuation** [*ikstenjuei'ʃ(ə)n*] förmildrande, ursäkt; **extenuatory** [*ekste'njueitəri*] förmildrande
exterior [*eksti'əriə*] yttre, yttersida; yttre; **exteriority** [*ekstiəriɔ'riti*] yttersida

exterminate [*ekstə:'mineit*] utrota, tillintetgöra; **extermination** [*ekstə:minei'ʃ(ə)n*] utrotning; **exterminator** [*ekstə:'mineitə*] ödeläggare; **exterminatory** [*ekstə:'mineitəri*] utrotande, utrotnings-
external [*ekstə:'nl*] yttre, utvärtes, utrikes-; *pl* yttre, oväsentligheter; **externality** [*ekstə:næ'liti*] yttre verklighet, yttre drag; **externalize** [*ekstə:'nəlaiz*] förkroppsliga
exterritorial [*e'ksteritɔ:'riəl*] exterritorial; **exterritoriality** [*eksteritɔ:riæ'liti*] exterritorialrätt
extinct [*iksti'ŋ(k)t*] utsläckt, utdöd; **extinction** [*iksti:'ŋ(k)ʃ(ə)n*] utsläckande, utplånande
extinguish [*iksti'ngwiʃ*] släcka, kväva, fördunkla, bringa till tystnad, tillintetgöra; **extinguisher** [*iksti'ngwiʃə*] ljussläckare, eldsläckningsapparat
extirpate [*ekstə:peit*] utrota, tillintetgöra; **extirpation** [*ekstə:pei'ʃ(ə)n*] utrotning; **extirpator** [*ekstə:peitə*] utrotare
extol [*ikstɔ'l*] lovprisa, höja till skyarna
extort [*ikstɔ:'t*] utpressa, avtvinga; **extortion** [*ikstɔ:'ʃ(ə)n*] [penning]utpressning; **extortionate** [*ikstɔ:'ʃnit*] utpressande, roffar-, ocker-; **extortioner** [*ikstɔ:'ʃnə*] penningutpressare
extra [*ekstrə*] extraavgift, extranummer, extraarbete, statist; extra, extra god; osedvanlig; ~ **special** sista aftonupplagan av en tidning
extra- [*ekstrə-*] extra-; utom, utanför
extract [*ekstrækt*] utdrag, extrakt; [*ikstræ'kt*] draga ut, utdraga, uttaga, utleda, göra utdrag ur; **extraction** [*ikstræ'kʃ(ə)n*] utdragning, härstamning, extraktion; **extractive** [*ikstræ'ktiv*] utdrag; extrakt-
extradite [*ekstrədait*] utlämna utländsk förbrytare till myndigheterna i hans eget land; **extradition** [*ekstrədi'ʃ(ə)n*] utlämning
extra-essential [*e'kstrəise'nʃ(ə)l*] oväsentlig
extra-judicial [*e'kstrədʒu(:)di'ʃ(ə)l*] ordnad utan domstols medverkan, icke rättsgiltig
extra-mundane [*e'kstrəmʌ'ndein*] utanför jorden el. den synliga världen
extra-mural [*e'kstrəmju'ərəl*] utanför murarna; ~ **lecture** föreläsning av främmande föreläsare
extraneous [*ekstrei'njəs*] främmande
extra-official [*e'kstrəəfi'ʃ(ə)l*] liggande utom ens ämbetsplikt
extraordinary [*ikstrɔ:'dnri*] särskild, sällsynt, ovanlig, enastående, märklig
extra-parochial [*e'kstrəpərou'kjəl*] utsocknes
extra-territorial [*e'kstrəterito:'riəl*] = *exterritorial*
extravagance [*ikstræ'vəgəns*] slöseri, orimlighet, överdrift, tygellöshet; **extravagant** [*ikstræ'vəgənt*] slösaktig, orimlig, överdriven, tygellös; **extravaganza** [*ekstrævəgæ'nzə*] fantasistycke (skrift el. musik)
extravasate [*ekstræ'vəseit*] pressa ut, rinna ut; **extravasation** [*ekstrævəsei'ʃ(ə)n*] utpressande, utgjutning
extreme [*ikstri:'m*] ytterlighet, yttersta punkt, ytterst, ytterlig, extrem; **the E— Unction** sista smörjelsen; **extremely** [*ikstri:'mli*] ytterst mycket; **extremeness** [*ikstri:'mnis*] radikal uppfattning; **extremist** [*ikstri:'mist*] radikal ytterlighetsman; **extremity** [*ikstre'miti*] yttersta gräns, yttersta nöd, ytterlighetsåtgärd, *pl* extremiteter
extricate [*ekstrikeit*] befria, hjälpa ut ur; **extrication** [*ekstrikei'ʃ(ə)n*] befrielse; **extricator** [*ekstrikeitə*] befriare
extrinsic [*ekstri'nsik*] främmande, utvärtes
extrude [*ekstru:'d*] utstöta
extrusion [*ekstru:'ʒ(ə)n*] utdrivande
exuberance [*igzju:'b(ə)rəns*] överflöd; **exuberant** yppig, överflödande, riklig
exuberate [*igzju:'bəreit*] överflöda
exudation [*eksju:dei'ʃ(ə)n*] utsvettning; **exude** [*igzju:'d*] utsvettas, avsöndra, ge ifrån sig
exult [*igzʌ'lt*] jubla, fröjdas; **exultancy** [*igzʌ'lt(ə)nsi*] jubel, triumf; **exultant** jublande; **exultation** [*egzʌltei'ʃ(ə)n*] jubel
exuviae [*igzju:'vii:*] avkastat skinn el. skal; **exuviate** [*igzju:'vieit*] avkasta skal, byta skinn; **exuviation** [*igzju:viei'ʃ(ə)n*] avkastning av skal, hudömsning
eyas [*aiəs*] falkunge
eye [*ai*] öga, blick, [liten] rund fläck, *amr. sl* detektiv; syna, iakttaga; **be all ~s** vara idel uppmärksamhet; **by [the] ~** efter ögonmått; **give a el. the glad ~** *sl* kasta sitt öga på, förälska sig i; **have a drop in your ~** *sl* vara litet påstruken; **mind your ~** *sl* se upp! **the apple of my ~** *fig.* min ögonsten; **my ~!** o du store! **all my ~ [and Betty Martin]** dumheter, prat; **keep an ~ on** hålla ett öga på; **see ~ to ~ with** se på samma sätt som; **throw dust in the ~s** vilseleda, slå blå dunster i ögonen på; **in my mind's ~** i fantasien, för mitt inre öga; **cast sheep's ~s at** kasta kärliga blickar på; **with an ~ to** med hänsyn till; **~ball** ögonglob, ögonsten; **~brow** ögonbryn; **an ~-ful** *sl* något att titta på; **~-glass** monokel, *pl* pincené; **~lash** ögonfrans; **~let** [*-lit*] revhål, snörhål; **~lid** ögonlock; **~-opener** *amr.* tankeställare, avslöjande, morgonsup, -mål; **~-piece** okular; **~shot** synhåll; **~sore** nagel i ögat; **he has cut his ~-teeth** *sl* han är icke född i går; **~-wash** ögonvatten, *sl* bluff, humbug
eyot [*aiət*] holme
eyre [*ɛə*] domares tingsresa
eyrie, eyry [*ɛəri*] rovfågelsnäste, örnnäste

F

F, f [*ef*] (*pl Fs, F's* [*efs*]) bokstaven F, f, *mus.* f; **f flat** *mus.* fess; **f sharp** *mus.* fiss, (skämtsamt) loppa
fa [*fa:*] *mus.* fa
Fabian [*feibiən*] fabiansk; ~ **policy** försiktig politik; **the ~ Society** en eng. socialistisk förening
fable [*feibl*] fabel, sägen, lögn, händelseförlopp; dikta [ihop], fabulera
fabric [*fæbrik*] byggnad, tyg, struktur; **fabricate** [*fæbrikeit*] uppfinna, tillverka, förfalska; **fabrication** [*fæbrikei'ʃ(ə)n*] påhitt, tillverkning, förfalskning
fabulous [*fæbjuləs*] fabel-, fabelaktig
façade [*fəsa:'d*] fasad
face [*feis*] ansikte, [ansikts]uttryck, min, grimas, djärvhet, fräckhet, utseende, det yttre, yta, framsida, rätsida, urtavla; uppträda mot, trotsa, ställa sig (stå) ansikte mot ansikte med, vända mot, vetta åt, förse med uppslag, garnera, bekläda, *mil.* låta göra vändning, *fam.* färga (te); **set one's ~ against** motsätta sig, trotsa, vara emot; **in [the] ~ of** trots, mitt för, inför; **in the ~ of day** öppet; **he told me to my ~** han sade mig mitt i ansiktet; **full ~** en face; **make ~s** göra grimaser; **pull a long ~** bli lång i synen;

lose one's ~ förlora sitt anseende, sin prestige; **save one's** ~ rädda skenet; **have the** ~ **to** ha panna att; **on the** ~ **of it** uppenbarligen; **put a good** ~ **on the matter** hålla god min; **left about** ~! *mil.* vänster om! ~ **about** vända sig om; ~ **out** fräckt trotsa, framhärda; ~ **up to** ta ställning till; ~ **one down** fräckt bestrida, stuka; ~ **the knocker** *sl* tigga; ~ **the music** *fig.* uppträda oförfärat, stå sitt kast ('stå skrällen'); ~**-ache** *med.* (nervös) ansiktsvärk; ~**-fungus** *sl* skägg; ~**-lace** *amr. sl* kindskägg; ~**-value** nominellt värde

facer [*feisə*] *sl* slag i ansiktet, *fig.* obehaglig överraskning; **facing** [*feisiŋ*] uppslag, bräm, beläggning; **put a person through his facing** sätta ngn på prov

facet [*fæsit*] fasett

facetiae [*fəsi:'ʃii:*] lustigheter; **facetious** [*fəsi:'ʃəs*] skämtsam, lustig

facial [*feiʃ(ə)l*] ansikts-

facile [*fæsail, -sil*] lätt, ledig, vänlig; **facilitate** [*fəsi'liteit*] [under]lätta; **facility** [*fəsi'liti*] lätthet, färdighet, möjlighet, *pl* fördelar, lättnader, tillfällen

facsimile [*fæksi'mili*] faksimile

fact [*fækt*] faktum, (is. *jur.*) gärning, sak, ting, förhållande; *fam.* faktiskt; **the** ~ **is** saken är den; **as a matter of** ~, **in [point of]** ~ faktiskt, i verkligheten; **taken in the** ~ *jur.* gripen på bar gärning

faction [*fækʃ(ə)n*] (politiskt) parti, klick; partiel. klickväsen, strid, split; **factious** [*fækʃəs*] parti-, orostiftande

factitious [*fækti'ʃəs*] konstlad, tillgjord

factor [*fæktə*] faktor, agent, (*Skottl.*) förvaltare; **factory** [*fæktəri*] fabrik, faktori, handelsstation

factotum [*fæktou'təm*] faktotum, ensamtjänare, *fig.* högra hand

facultative [*fæk(ə)lteitiv*] valfri, fakultativ

faculty [*fæk(ə)lti*] förmåga, fallenhet, talang, *amr.* praktisk läggning, huslighet; fack, stånd, fakultet, *amr.* lärarkår; **the [medical]** ~ läkarkåren

fad [*fæd*] vurm, fluga, infall, 'käpphäst', entusiast, ivrig anhängare (också *faddist*); **faddy** [*fædi*] monoman, vurmig; **get** ~ gripas av vurm

fade [*feid*] vissna, blekna, försvinna, bleka; ~ **away** småningom försvinna; ~ **away!** *amr. sl* försvinn! ~ **out** *sl* dö, försvinna, tiga, tystna; ~**-out** *amr. sl* försvinnande, fiasko

fadge [*fædʒ*] *fam.* passa; **it won't** ~ det går inte

faeces [*fi:si:z*] *pl* grums, bottensats, *med.* exkrementer

Faerie, faery [*fɛəri*] Felandet, feerna

fag [*fæg*] slit, utmattning, trötthet, liten skolgosse, som skall passa upp de större, *sl* cigarrett, *amr. sl* homosexuell; slita, träla; ~ **for a ball** springa efter en boll; ~**-end** *sl* stump, cigarrettstump, 'fimp'; **fagged [out]** utmattad

faggot [*fægət*] risknippa, bunt

Fahrenheit [*fær(ə)nhait*]; ~ **thermometer** (den i England gängse termometern)

fail [*feil*] svika, tryta, fattas, slå fel, göra konkurs, försumma, bli kuggad; **without** ~ säkert; **failing this** i annat fall; ~ **to appear** utebliva; ~ **in persuading** el. **to persuade** icke kunna övertala; **failing** [*feiliŋ*] svaghet, brist; i brist på; **failure** [*feiljə*] svikande, brist, uteblivande, fiasko, *hand.* konkurs, försummelse, kuggning, misslyckad individ

fain [*fein*] *åld.* glad; gärna

fain[s], fen[s] [*fein(z), fen(z)*] (i barnlek) tu fri! låt bli! inte!

faint [*feint*] svimning, vanmakt; svag, matt, utmattad, klenmodig; bli svag, svimma; ~ **away** svimma; ~**-heart** harhjärta, mes

fair 1) [*fɛə*] marknad; **a day after the** ~ *fig.* post festum

fair 2) [*fɛə*] fager, vacker, riklig, tämligen stor, ljus, blond, rimlig, tämligen god, gynnsamt (om vädret), klar (himmel); (is. *amr.*) ordentligt, ärligt, gott; fläckfri, rättvis, mild; **in a** ~ **way** på god väg; ~ **copy** el. **draft** renskrift; ~ **fame** gott rykte; ~ **field and no favour** lika rätt för alla; ~ **fight** ärlig kamp; ~ **game** *fig.* god pris, välförtjänt skottavla; ~ **play** ärligt spel; ~ **trade** *hand.* fri handel på grund av ömsesidighet; **bid** ~ se lovande ut; **fight** ~ kämpa ärligt; **write out** ~ renskriva; ~ **and softly!** sakta i backarna! ~ **and square** ärligt; ~**-haired** ljushårig; ~**-spoken** hövlig, belevad; ~**way** *sjö.* farled, (i golf) det klippta stycket av banan, (i tennis) planens mitt; **fairly** [*fɛəli*] (is.) behörigen, fullständigt, tämligen

fairing [*fɛəriŋ*] marknadsgåva

fairy [*fɛəri*] fe, älva; felik, trolsk, uppdiktad; ~**land** älvornas land, förtrollat land; ~ **ring** älvdans; ~**-tale** saga, osann historia

faith [*feiþ*] tro, tillit, givet löfte, trohet; **the** ~ den sanna tron; **pin one's** ~ **to** el. **on** tro blint på; **give (break) one's** ~ giva (bryta) sitt löfte el. ord; **Punic** ~ förräderi; **my** ~! **in** ~! ~! på min ära! sannerligen! **on the** ~ **of** i tillit till; ~**-cure**, ~**-healing** helbrägdagörelse genom tro; **faithful** trogen, trofast; **the Faithful** de rättrogna (is. om muhammedanerna); **Father of the Faithful** kalif; **faithfully** [*feiþfuli, -(ə)li*] trofast, samvetsgrant; **Yours faithfully** med utmärkt högaktning, högaktningsfullt

fake [*feik*] *sl* förfalskning, bedragare; förfalskad, falsk; förfalska, låtsa, bättra på; ~ **an alibi** skaffa sig ett falskt alibi; ~ **scratch** *sl* falska penningar; **fakement** *sl* förfalskning, trick; **faker** förfalskare, gatuförsäljare

fakir [*fa:kiə*] fakir

fal-al [*fæ'læ'l*] grannlåt, bjäfs

falcon [*fɔ:(l)kən*] *zool.* falk; **falconer** falkenerare; **falconry** falkjakt

falderal [*fæ'ldəræ'l*] grannlåt, skräp

faldstool [*fɔ:ldstu:l*] biskopsstol i kyrka, pulpet för litanians läsning

Falernian [*fələ:'niən*] falernervin

fall [*fɔ:l*] fall (i flera betydelser), *amr.* höst, (is. *pl*) vattenfall, nappatag, ett slags slöja, avverkning, löplina i block; (*oregelb. vb*) falla, födas, bli, inträffa, mojna, gå under, *amr. sl* bli dömd; **the F— Adams** fall; **try a** ~ pröva sina krafter; ~ **guy** *amr. sl* syndabock; **lambs** ~ lamm födas; **his face fell** han blev lång i synen; **the wind fell** vinden mojnade; ~ **a victim to** bli ett offer för; ~ **away** falla ifrån, desertera, göra uppror, falla av, tyna bort; ~ **back** draga sig tillbaka, falla tillbaka (**upon** på); ~ **behind** bli efter; ~ **down** *amr.* göra fiasko; ~ **down on the job** inte gå i land med sin uppgift; ~ **due** *hand.* förfalla till betalning; ~ **flat** (is. *fig.*) falla platt till marken; ~ **for it** låta lura sig, gå i fällan; ~ **foul of** kollidera med; ~ **in** ställa sig på sin plats (i ledet); *mil.* uppställning; falla samman, ge efter, *hand.* förfalla, utlöpa (om tid); ~ **in love (with)** bli förälskad (i); ~ **in with** tillfälligtvis träffa, sluta sig till, vara ense med, sammanfalla med; ~ **into** försjunka i, råka i, hemfalla till; ~ **into line** *mil.* rycka upp i linje (~ *in*); ~ **into line with** ansluta sig till; ~ **into a rage** bli rasande; ~ **off** falla av (också *sjö.*), draga sig tillbaka, avfalla, gå tillbaka; ~ **on** överfalla, hugga in (på maten); ~ **out** utfalla, ske, gå ur ledet, råka i gräl; ~ **short** icke nå fram, misslyckas; ~ **short of** icke nå upp till; ~ **through** falla igenom, kuggas, misslyckas; ~ **to** börja (se också ~ *on*); ~ **to pieces** falla sönder; **fall-down** *sl* matrester; **fall-off** tillbakagång, försämring; **falling-sickness** *med.* fallandesjuka, epilepsi

fallacious [*fəlei'ʃəs*] vilseledande, bedräglig;

fallacy [*fæləsi*] vilseledning, felslut, sofism, villfarelse, illusion, bedräglighet
fallible [*fælibl*] felbar, bedräglig
fallow 1) [*fælou*] trädesåker, träda; obrukad, i träde; lägga i träde
fallow 2) [*fælou*] gulbrun, rödgul; **~-deer** *zool.* dovhjort
false [*fɔ:ls*] falsk, oriktig, oäkta, felaktig, lögnaktig, provisorisk; **~ imprisonment** *jur.* olaga häktning; **play a person ~** bedraga ngn, spela ngn ett spratt; **~ teeth** löständer; **falsehood** [*fɔ(:)lshud*] falskhet, lögn; **falsetto** [*fɔ:lse'tou*] *mus.* falsett; affekterad; **falsification** [*fɔ(:)lsifikei'ʃ(ə)n*] förfalskning; **falsify** [*fɔ(:)lsifai*] förfalska, förvränga, svika, vederlägga
Falstaff [*fɔ(:)lsta:f*] person hos Shakespeare
falter [*fɔ(:)ltə*] vackla, stappla, stamma, famla, vara osäker
fam [*fæm*] *sl* hand
fame [*feim*] ryktbarhet, rykte; **famed** berömd
familiar [*fəmi'ljə*] förtrolig vän, tjänande ande; känd, förtrolig, vanlig, otvungen; **I am ~ with the town** el. **the town is ~ to me** jag känner väl till staden; **~ spirit** tjänande ande; **familiarity** [*fəmiliæ'riti*] förtrolighet, förtrogenhet; **familiarize** [*fəmi'ljəraiz*] göra förtrogen (**with** med)
family [*fæmili*] familj, släkt, hushåll; **the ~ bus** *fam.* familjens bil; **happy ~** djur av olika ras i en bur, *pl* ett kortspel (med särskilda kort, 'löjliga familjen'); **official ~** *amr.* ministerkabinett; **in the ~ way** i grossess; **in a ~ way** utan ceremonier, i all enkelhet; **~ man** husfader, hemkär man; **~ tree** stamträd
famine [*fæmin*] hungersnöd, svält, brist; **~ prices** dyrtidspriser; **famish** [*fæmiʃ*] uthungra, bli uthungrad, svälta; **famishing** *fam.* utsvulten
famous [*feiməs*] berömd, *fam.* väldigt god, ypperlig
fan 1) [*fæn*] solfjäder, fläkt; fläkta, underblåsa, *amr. sl* visitera; **~ out** sprida sig solfjädersformigt; **~ the flame** *fig.* blåsa upp elden; **~ with a slipper** *amr. sl* klå; **~light** halvrunt fönster (över en dörr); **~-tail** *zool.* solfjädersformad stjärt, ett slags duva, *sjö.* sydväst
fan 2) [*fæn*] *sl* fanatisk anhängare; **film (football) ~** film- (fotbolls-)entusiast
fanatic [*fənæ'tik*] fanatiker; fanatisk; **fanatical** fanatisk; **fanaticism** [*fənæ'tisizm*] fanatism
fancy [*fænsi*] fantasi, inbillning, nyck, böjelse, smak; fantasi-, fantastisk, fin, lyx-, pikant, mode-; inbilla sig, föreställa sig, förmoda; **take a ~ to** fatta tycke för; **~ [that]** tänk! **~ oneself** ha höga tankar om sig; **~ dress** karnevalsdräkt; **~ dress ball** maskeradbal, karneval; **~-free** ej förälskad; **~-goods** *hand.* galanterivaror; **~ man** fästman, alfons; **~ religion** modereligion; **fanciful** nyckfull
fandangle [*fændæ'ŋgl*] fantastisk prydnad, dumheter
fandango [*fændæ'ŋgou*] fandango, *amr.* dans, bal
fane [*fein*] tempel
fang [*fæŋ*] huggtand, gifttand, tandrot
Fanny [*fæni*] Fanny, *amr. sl* bakdel; **~ Adams** ung flicka, mördad 1812; *sl* konserverat kött; **he gave me sweet F. A. . .** absolut intet
fan-tan [*fæn-tæn*] kinesiskt spel (med mynt)
fantasia [*fæntəzi'ə*] *mus.* fantasi; **fantast** [*fæntæst*] fantast; **fantastic** [*fəntæ'stik*] fantastisk
fantasy [*fæntəsi*] vild fantasi, infall
fantods [*fæntɔdz*] illamående
far [*fa:*] (*farther* el. *further*, *farthest* el. *furthest*) fjärran, avlägsen; långt borta, vida, långt; **~ and away** i hög grad, långt; **by ~** i hög grad, allra; **go ~** gå långt, räcka länge; **how ~** i vad mån; **so ~** hittills; **~-away** fjärran, avlägsen, drömmande; **~-between** sällan; **~-famed** vida känd; **~-fetched** långsökt; **~-gone** långt gången, avancerad; **~-off** fjärran, avlägsen; **~-reaching** vittgående; **~-seeing** förutseende; **~-sighted** fjärrsynt, långsynt, förutseende
farad [*færəd*] farad (elektrokemisk kraftenhet)
farce [*fa:s*] fars, gyckelspel; **farcical** [*fa:sik(ə)l*] farsartad
fard [*fa:d*] (rött) smink, läppstift
fardel [*fa:dl*] bunt, bylte
fare [*fɛə*] skjutspengar, avgift, biljettpris, passagerare, kosthåll, mat; ske, färdas, fara väl el illa, leva (äta och dricka); **bill of ~** matsedel
farewell *åld.* farväl; avskeds-
farina [*fərai'nə*] mjöl, stärkelse; **farinaceous** [*færinei'ʃəs*] mjöl-, mjölaktig; **farinose** [*færinous*] mjölig
farm [*fa:m*] farm, gård, lantgård, bondgård, barnhem; utarrendera, odla, bortackordera (barn), driva jordbruk; **~stead** bondgård; **~yard** kringbyggd gård[splats]; **farmer** lantbrukare, arrendator
faro [*fɛərou*] farao (ett kortspel)
Faroe [*fɛərou*], **the ~ Islands** Färöarna; **Faroese** [*fɛəroi:'z*] färöbo, färöiska (språket)
farrago [*fərei'gou*] röra, blandning, sammelsurium
farrier [*færiə*] hovslagare, veterinär
farrow [*færou*] griskull; föda grisar, grisa
fart [*fa:t*] (vulgärt) fjärt; fjärta
farther [*fa:ðə*] fjärmare, längre bort; **~most** [*-moust*], **farthest** [*fa:ðist*] avlägsnast, fjärmast (se *far*)
farthing [*fa:ðiŋ*] ¼ penny; **not a ~** inte ett dugg (öre)
fascia [*fæʃiə*] band, list
fascinate [*fæsineit*] tjusa, förtrolla; **fascination** [*fæsinei'ʃ(ə)n*] förtrollning
fascine [*fæsi:'n*] *mil.* faskin, risknippa
fascism [*fæsizm*] fascism; **fascist** [*-st*] fascist
fash [*fæʃ*] (*Skottl.*) besvär, omak; göra omak, besvära, förarga
fashion [*fæʃ(ə)n*] form, stil, sätt, mod, snitt, fason, sed; forma, dana, sätta fason på; **after** el. **in a ~** någorlunda; **set the ~** diktera modet; **in [the] ~** på modet; **out of ~** omodern; **man of ~** en man ur 'fina världen'; **~-plate** modeplansch; **fashionable** [*fæʃ(ə)nəbl*] modeherre; modern, fin, fashionabel
fashy [*fæʃi*] *sl* vred, förargad
fast 1) [*fa:st*] fasta; **break one's ~** äta frukost
fast 2) [*fa:st*] fast, hållbar, stadig, trofast, snabb, hastig, lättsinnig, nöjeslysten, frigjord, vågad; **~ colour** äkta färg; **~ friend** trofast vän; **~ person** nöjeslysten person, vivör; **play ~ and loose** vara opålitlig; **your watch is ~ . .** går för fort; **~ asleep** djupt insomnad; **live ~** leva om; **~-boiling (~-washing)** som kan tåla kokning (tvättning), tvättäkta; **fastness** snabbhet, fasthet, fästning
fasten [*fa:sn*] fästa [sig], binda, regla, fastna, bemäktiga sig; **~ a quarrel upon** ställa till gräl med; **~ upon** gripa; **fastener** [*fa:snə*], **fastening** [*fa:sniŋ*] ngt som fäster, spänne, lås, blixtlås, tryckknapp
fastidious [*fæsti'diəs*] kräsen, granntyckt
fat [*fæt*] fett, det feta (av ngt); fet, gödd, tjock, göd-, flottig, bördig; göda, fetma; **the ~ is in the fire** nu är det gjort, nu är det färdigt (*iron.*), 'nu är det kokta fläsket stekt'; **chew the ~** *sl* brumma, knota; **cut up ~** dö rik; **cut it ~** slå på stort; **~ cat** *amr. sl* en som ger pengar för politiska ändamål; **a ~ lot** *sl* en fet bit (is. *iron.*), **~-head** *fig.* dumhuvud
fatal [*feitl*] ödesdiger, olycksbringande, dödlig; **the ~ shears** döden; **the ~ sisters** ödets gudinnor; **~ thread** livstråd; **fatalism** [*feitəlizm*] fatalism; **fatalist** [*-st*] fatalist; **fatalistic** [*feitəli'stik*] fatalistisk; **fatality** [*fətæ'liti*] oundvikligt öde, olycksöde, olycka
fata morgana [*fa:tə mɔ:ga:'nə*] hägring
fate [*feit*] öde[t]; **the Fates** ödesgudinnorna; **fated**

[*feitid*] förutbestämd, dömd till undergång; **fateful** ödesdiger, avgörande
father [*fa:ðə*] fader, *pl* förfäder, äldste; vara fader el. upphov till, erkänna sig vara fader (upphovsman) till; **F— Christmas** jultomten; **F— Time** *amr. sl* äldre man, man över trettio år; ~ **upon** utpeka som far, *fig.* tillskriva; **~hood** faderskap; **~-in-law** svärfar
fathom [*fæðəm*] famn (= 6 feet = 1,83 m); *sjö.* mäta, loda, *fig.* fatta; **fathomless** bottenlös, *fig.* ofattlig
fatigue [*fəti:'g*] utmattning, ansträngning, *mil.* handräckning; trötta, utmatta: **~-party** *mil.* handräckningsmanskap
fatling [*fætliŋ*] gödkalv, -lamm etc.; **fatten** [*fætn*] göda, fetma; **fatty** *fam.* tjockis; fet, oljig
fatuity [*fətju:'iti*] enfald, slöhet, tomhet; **fatuous** [*fætjuəs*] enfaldig, idiotisk, slö, tom
faucet [*fɔ:sit*] *amr.* vattenkran
faugh [*fɔ:*] fy!
fault [*fɔ(:)lt*] fel[steg], brist, skuld, *geol.* förkastning, (jakt) villospår, förlorande av spåret; *geol.* förskjuta sig; **find ~ with** kritisera, klandra; **be at ~** vara på villospår, ha skulden; **in ~** skyldig; **to a ~** överdriven; **~-finding** klandersjuka; **faulty** felaktig, klandervärd
faun [*fɔ:n*] faun; **fauna** [*-ə*] fauna
favour [*feivə*] gunst, ynnest, välvilja, tjänst, vänlighet, rosett (som ynnestbevis av dam); gynna, hylla, göra en tjänst, hedra, likna; **your ~** *hand.* Edert ärade brev; **by** el. **under ~ of** med benägen tillåtelse; **in your ~** *hand.* Eder till godo; ~ **one's father** likna sin far; **favourable** [*feivərəbl*] gynnsam; **favoured** gynnad; **most favoured nation** mest gynnad nation (med avseende på införseltull)
favourite [*feiv(ə)rit*] favorit, gunstling; favorit-, älsklings-; **the ~** favoriten (den tippade segraren); **favouritism** [*-tizm*] gunstlingssystem, nepotism
fawn 1) [*fɔ:n*] *zool.* dovhjortskalv; gulbrun; kalva (om dovhind)
fawn 2) [*fɔ:n*] vifta med svansen, krypa (**on** el. **upon** för)
fay [*fei*] *poet.* fe, älva
faze [*feiz*] *amr.* störa, besvära, göra generad
fealty [*fi:əlti*] trohetsed, länsplikt
fear [*fiə*] fruktan, ängslan, fara; frukta, vara rädd för; **no ~!** det är inte troligt, visst inte: **~nought** [*-nɔ:t*] vadmal; **fearful** fruktansvärd, förskräcklig, rädd; **fearsome** [*-səm*] förskräcklig, ryslig
feasible [*fi:zibl*] görlig, möjlig
feast [*fi:st*] fest, festmåltid; undfägna, traktera
feat [*fi:t*] bedrift, dåd, konst, konststycke
feather [*feðə*] fjäder; täcka med fjädrar, skifta hamn, skeva (en åra); ~ **one's nest** sko sig, göra sig rik; **show the white ~** visa feghet; **birds of a ~ flock together** kaka söker maka; **in high ~s** vid briljant lynne; **in full ~** *sl* i full stass; ~ **bed** fjäderbolster; **~-brained** tanklös; **~-weight** fjädervikt; **feathering** fjäderdräkt; **featherlet** [*feðəlit*] liten fjäder; **feathery** befjädrad, lätt som en fjäder
feature [*fi:tʃə*] drag, ansiktsdrag, stort nummer, huvudnummer, specialitet; skissera, framhäva, lägga vikt vid, (is. *amr.*) filma, spela en huvudroll (i film), *amr.* förstå; **featured** *amr. sl* drucken
feaze [*fi:z*] *amr.* förarga; **be in a ~** *amr.* vara förargad
febrifuge [*febrifju:dʒ*] *med.* feberstillande medel
febrile [*fi:brail*] febersjuk, feberaktig
February [*februəri*] februari
feckless [*feklis*] (*Skottl.*) hjälplös, kraftlös
feculence [*fekjuləns*] grums, bottensats; **feculent** grumlig, stinkande
fecund [*fi:kənd, fekənd*] fruktbar; **fecundate** [*fi:kəndeit, fe-*] göra fruktbar, befrukta; **fecundity** [*fi(:)kʌ'nditi*] fruktsamhet, fruktbarhet
fed [*fed*] närde, närt etc. (se *feed*); ~ **up with** *sl* utledsen på
federal [*fedərəl*] förbunds-, federal; **the F—s** Nordstaterna under inbördeskriget; **federalism** [*-izm*] federalism; **federalist** [*-ist*] federalist; **federate** [*fedəreit*] förbunden; förena [sig]; **federation** [*fedərei'ʃ(ə)n*] förbund, liga
fee [*fi:*] honorar, arvode, betalning, skolavgift, [examens]avgift, (is. *amr.*) drickspengar, län, ärvd jordegendom; betala honorar etc., engagera; ~ **simple** *jur.* full äganderätt
feeble [*fi:bl*] svag, matt
feed [*fi:d*] foder, bete, *auto.* påfyllning, matning; (*oregelb. vb*) utfodra, nära, mata, föda, förse, ge; **out at ~** ute på bete; **off one's ~** utan aptit; ~ **one's face** *amr. sl* stoppa i sig, äta; ~ **the forward line** (i fotboll) mata forwardskedjan; ~ **down** avbeta; ~ **on** förtära, leva av; ~ **up** uppföda; **be fed up with** vara utledsen på; **feedback** återföring (av energin i en maskin till utgångspunkten); **feeder** [*fi:də*] matare, boskapsuppfödare, tillflöde, bibana, diflaska; **gross feeder** storätare; **feeder unit** (i radio) förstärkare
fee-faw-fum [*fi:-fɔ:-fʌm*] (hotfullt jätterop i sagor) gluff! uhu! strunt, barnsagor
feel [*fi:l*] känsel, känsla, förnimmelse; (*oregelb. vb*) känna [på]; *mil.* rekognoscera, söka få känning med, känna sig, ha en förnimmelse av, kännas; **cold to the ~** kall att känna på; ~ **bitter** känna sig bitter; ~ **cold** frysa; ~ **one's legs** försöka gå, *fig.* pröva sina krafter; ~ **like** [**doing**] vara livad för; ~ **of** *amr.* = *feel*; ~ **one's way** treva sig fram, känna sig för (*äv. fig.*); **feeler** känselspröt, *mil.* spanare, försöksballong
feeling [*fi:liŋ*] känsla, förnimmelse, stämning; känslig, deltagande, varm; **good ~** välvilja; **~-toned** känslobetonad
feet [*fi:t*] fötter (se *foot*)
fee-tail [*fi:'tei'l*] fideikommiss
feign [*fein*] hitta på, låtsas, föregiva, simulera
Fein [*fein*]; **Sinn** [*ʃin*] ~ (nationalistiskt irländskt parti)
feint [*feint*] fint, list, skenanfall; göra ett skenanfall
feldspar [*feldspa:*] *geol.* fältspat
felicitate [*fili'siteit*] lyckönska; **felicitation** [*filisitei'ʃ(ə)n*] lyckönskan
felicitous [*fili'sitəs*] lyckad, välvald; **felicity** [*fili'siti*] lycka, salighet, lyckad vändning
feline [*fi:lain*] kattdjur; kattlik, katt-
fell 1) [*fel*] fäll, skinn, tjockt hår
fell 2) [*fel*] (dialektalt) fjäll, hed
fell 3) [*fel*] avverkning, fällsöm; fälla, sömma
fell 4) [*fel*] grym, vild, blodtörstig
fell 5) [*fel*] föll (se *fall*)
fellah [*felə*] egyptisk bonde
feller [*felə*] (vulgärt) = *fellow*
felling [*feliŋ*] hygge, fällande av träd
felloe [*felou*] hjullöt, hjulring
fellow [*felou*] kamrat, gelike, medmänniska, kollega, stipendiat (vid universitet), medlem av lärt samfund, *fam.* karl, pojke, gynnare; med-, ämbets-; ~ **me lad** gamla gosse; **I never saw his ~** jag har aldrig sett hans like; **old ~!** gamle vän! **a ~** (ofta) = man, d. v. s. den talande (t. ex. *what can a ~ do?*); ~ **citizen** medborgare; ~ **commoner** student som äter vid *fellow's* bord; **~-countryman** landsman; **~-feeling** sympati; ~ **suffs** *amr. sl* kamrater, kolleger, medmänniskor; **~-traveller** reskamrat, [kommunist]sympatisör; **fellowship** gemenskap, kamratskap, docentstipendium (med bostad och mat i ett *college*)
felly [*feli*] fälg, hjullöt, hjulring
felo de se [*fi:'loudi:si:'*] *jur.* självmördare; självmord
felon [*felən*] missdådare, nagelböld; grym;

felonious [*felou'njəs*] brottslig; **felonry** skara brottslingar, förbrytarklassen; **felony** grov förbrytelse
felspar [*felspa:*] *geol.* fältspat (*feldspar*)
felt [*felt*] filt, filthatt; valka, bekläda med filt, filta sig; kände, känt (se *feel*)
felucca [*felʌ'kə*] feluck (fartyg med åror och latinsegel i Medelhavet)
female [*fi:meil*] hona, kvinna; hon-, kvinnlig; ~ **screw** skruvmutter
feminine [*feminin*] kvinnlig, feminin; ~ **rhyme** kvinnligt (tvåstavigt) rim; **femininity** [*femini'niti*] kvinnlighet; **feminism** [*feminizm*] feminism
fen [*fen*] kärr; ~ **pole** hoppstav; **fenny** [*feni*] sank, kärr-, träsk-
fence [*fens*] staket, fäktning, *sl* tjuvgömmare; skydda, inhägna, parera, fäkta, *sl* köpa tjuvgods; **sunk** ~ mur med grav; **sit on the** ~ *amr.* förhålla sig neutral; **fencing** fäktning, stängsel; **fencing-cully** [*-kʌli*] *sl* tjuvgömmare
fend [*fend*] avvärja (~ **away** el. **from** el. **off**); ~ **for oneself** reda sig själv; **fender** [*fendə*] fender, sprakgaller (framför eldstad), frihult, stötfångare, *amr. auto.* stänkskärm
Fenian [*fi:niən*] fenier (medlem av en antiengelsk förening av irländare i U. S. A.); fenisk
fen[**s**] [*fenz*] (i barnlek) låt bli! (för *fain*[*s*])
feoff [*fef*] län; förläna
Fera [*fiərə*] *amr.* = *F.E.R.A.*, dvs. *Federal Emergency Relief Administration*
Feringhee [*fəri'ŋgi*] (indisk benämning på) europé
ferment [*fə:ment*] jäsämne, jäsning; [*fə(:)me'nt*] jäsa; **fermentation** [*fə:mentei'ʃ(ə)n*] jäsning
fern [*fə:n*] *bot.* ormbunke; ~**-owl** *zool.* nattskärra
ferocious [*fərou'ʃəs*] vild, grym; **ferocity** [*fərɔ'siti*] vildhet, grymhet
-ferous [*-fərəs*] (is. *zool. o. bot.*) -bärande, -förande (t. ex. *argentiferous*)
ferret [*ferit*] *zool.* vessla, iller, spårhund; jaga med vessla; ~ **out** uppsnoka, uppspåra
ferriage [*feriidʒ*] färjpengar
ferric [*ferik*], **ferrous** [*ferəs*] (is. *kem.*) järn-, järnhaltig; **ferro-** [*fero*(*u*)] järn-; **ferro-concrete** armerad betong
ferruginous [*feru:'dʒinəs*] rost-, rostfärgad
ferrule, ferrel [*feru:l, ferəl*] doppsko
ferry [*feri*] färja, färjställe; (transportera med) färja; ~**-boat** färja; ~**-bridge** tågfärja; ~**-man** färjkarl
fertile [*fə:tail*] fruktbar; **fertility** [*fə:ti'liti*] fruktbarhet; **fertilize** [*fə:tilaiz*] befrukta, göra fruktbar, gödsla; **fertilizer** (is.) konstgödning (*artificial* ~)
ferule [*feru:l*] färla
fervency [*fə:v*(*ə*)*nsi*] iver, värme, innerlighet; **fervent** varm, glödande, stark, ivrig; **fervid** [*fə:vid*] brännande, brinnande; **fervour** [*fə:və*] iver, värme, innerlighet
fescue [*feskju:*] pekpinne, *bot.* svingel (Festuca)
'fess [*fes*]; ~ **up** *fam.* bekänna (*confess*)
-fest [*-fest*] *amr.* -fest (t. ex. *eatfest* festmåltid, *bloodfest* krig etc.)
festal [*festl*] fest-, festlig
fester [*festə*] varbildning; bulna, vara sig, *fig.* fräta, förgifta
festival [*festiv*(*ə*)*l*] fest, festdag, högtid
festive [*festiv*] festlig, glad; **festivity** [*festi'viti*] fest[lighet]
festoon [*festu:'n*] feston; pryda med festoner
fetal [*fi:tl*] foster- (se *f*[*o*]*etal*)
fetch 1) [*fetʃ*] knep; hämta, inbringa, fånga, tjusa; ~ **a blow** ge ett slag; ~ **bottom** nå botten; ~ **a compass** ta en omväg; ~ **and carry** vara ngns passopp, (om hund) apportera; ~ **up** tvärstanna, kasta upp, *amr.* uppfostra, sluta; **fetching** intagande
fetch 2) [*fetʃ*] spöke, dubbelgångare

fête [*feit*] fest, högtidlighet; fira, festa
fetid [*fetid*], **foetid** [*fi:tid*] stinkande
fetish, fetiche [*fi:tiʃ, fetiʃ*] fetisch
fetlock [*fetlɔk*] (hästs) hovskägg
fetter [*fetə*] fotboja, fjättrar, *fig.* black om foten; fjättra, *fig.* lägga band på
fettle [*fetl*] skick, vigör; **in good** ~ i god kondition
fetus [*fi:təs*] foster (*f*[*o*]*etus*)
feud [*fju:d*] län, förläning, fejd; **feudal** [*fju:dl*] läns-; **the** ~ **system** feodalväsendet; **feudalism** [*fju:dəlizm*] länsväsen; **feudality** [*fju:dæ'liti*] länsförhållande, länsväsende; **feudatory** [*fju:dətəri*] läntagare, vasall; läns-
fever [*fi:və*] feber[sjukdom]; få el. ge feber; **fevered** febersjuk; **feverish** [*fi:vəriʃ*] feberaktig, febril
few [*fju:*] (blott) få; **a** ~ några, ett par; *sl* icke så litet; **a good** ~ *fam.* rätt många; ~ **and far between** tunnsådda, glest liggande
fey [*fei*] (*Skottl.*) dödsvigd, dödsmärkt
fez [*fez*] (turkisk) fez
fiancé, fiancée [*fia:'ŋsei*] fästman, fästmö
fiasco [*fiæ'skou*] fiasko
fiat [*faiæt*] medgivande, order, samtycke
fib [*fib*] slag, lögn; slå, ljuga; **fibber** [*fibə*], **fibster** [*fibstə*] lögnare
fibre [*faibə*] fiber, tråd, tåga, *fig.* ämne, virke, rottråd; ~**-board** fiberplatta; ~**-needle** grammofonstift; **fibril** [*faibril*] liten fiber etc.; **fibrin** [*faibrin*] fibrin; **fibrous** [*faibrəs*] fibrig, fibrös
fibula [*fibjulə*] (*pl -lae* [*-li:*], *-las* [*-ləz*]) fibula, spänne, *med.* vadben
-fic [*-fik*] -görande, t. ex. *beatific* lycksaliggörande; **-fication** [*-fikei'ʃ(ə)n*] -görelse (*beatification*)
fichu [*fi:ʃu:*] fischy (trekantig damhalsduk)
fickle [*fikl*] ombytlig, granntyckt, vankelmodig
fiction [*fikʃ(ə)n*] uppdiktande, skönlitteratur, historia; [**works of**] ~ prosalitteratur; **fictitious** [*fikti'ʃəs*] oäkta, falsk, overklig, uppdiktad, skönlitterär
fid [*fid*] splitshorn, kil, sluthult
fiddle [*fidl*] fiol, *fam.* prat; spela fiol, leka med, fingra på; ~ **away** plottra bort; **fit as a** ~ pigg som en mört; **go out on the** ~ bedriva bondfångeri; **he hangs up his** ~ **when he comes home** byblid—hemstrid; ~**-de-dee** dumheter! ~**-faced** *amr.* melankolisk, trist; ~**-faddle** dumt prat; ~**stick** fiolstråke, *pl* dumheter; **fiddler** fiolspelare, *sl* sex pence; **fiddling** beskäftig, obetydlig; *fam.* fusk, fiffel
fidelity [*faide'liti, fi-*] trohet
fidget [*fidʒit*] rastlöshet, nervositet, nervös människa; vara rastlös (nervös), irritera; **get the** ~**s** bli nervös; **on the** ~, **fidgety** orolig, nervös
fiduciary [*fidju:'ʃiəri*] förmyndare, förtroendeman; betrodd, förtroende-
fie [*fai*] fy!
fief [*fi:f*] län
field [*fi:ld*] fält, mark, kricketplan, alla deltagare i sportlek, alla hästar vid kapplöpning utom favoriten, (i kricket) uteparti; tillhöra uteparti, gripa och kasta bollen tillbaka; **keep the** ~ fortsätta fälttåget; **take the** ~ draga i fält; **in the** ~ ute i terrängen; **on the** ~ i fält, på slagfältet; ~**-day** trupprevy, *fig.* evenemang; ~**-glass**[**es**] kikare; ~ **greys** tyska soldater i fältuniform; ~ **marshal** *mil.* fältmarskalk; ~**-piece** *mil.* fältkanon; ~**-preacher** friluftspredikant; ~ **secretary** *amr.* resesekreterare; **fielder, fieldsman** (i kricket) en av utepartiet
fiend [*fi:nd*] djävul (också *fig.*), demon, *sl* entusiast; **the** ~ djävulen; **radio** ~ *sl* radioentusiast; **fiendish** djävulsk
fierce [*fiəs*] vild, häftig, rasande, *amr. fam.* obehaglig, besvärlig
fiery [*faiəri*] flammande, eldig, irritabel, häftig, eld-

fife [*faif*] *mus.* pipa; liten, gäll flöjt; blåsa pipa el. flöjt; **fifer** pipare, flöjtblåsare
fifteen(th) [*fi'fti:'n(þ)*] femton (femtonde, femtondedel); femtonmannalag i rugbyfotboll; **fifth** [*fifþ*] femte, femtedel; **fiftieth** [*fiftiiþ*] femtionde, femtiondedel; **fifty** [*fifti*] femtio; **go fifty fifty** dela jämnt
fig 1) [*fig*] fikon[träd]; **I don't care a ~** jag bryr mig inte ett dugg om det
fig 2) [*fig*] stass, t. ex. **in full ~**; **~ out** styra ut, fiffa upp
fight [*fait*] kamp, slagsmål; (*oregelb. vb*) kämpa, slåss, bekämpa, utkämpa, föra i strid, tussa ihop; **show ~** sätta sig till motvärn; **~ the case** *jur.* draga saken inför domstol; **~ shy of** undvika; **fighter** kämpe, slagskämpe, jaktplan
figment [*figmənt*] påfund
figurant[e] [*figjurənt*] balettdansör, -dansös, statist
figuration [*figjurei'ʃ(ə)n*] formning, gestaltning
figurative [*figjurətiv*] figurlig, bildlig, överförd, symbolisk
figure [*figə*] figur, form, gestalt, bild, siffra, belopp, pris; avbilda, beräkna, pryda, *amr. sl* draga slutsats, beräkna, räkna (**out** ut); **~ on** räkna med, lita på; **high ~** högt pris; **cut a ~** spela en roll; **clever in ~s** skicklig i räkning; **~-head** *sjö.* galjonsfigur, *sl* huvud
figurine [*figjuri:'n*] statyett
filament [*filəmənt*] fiber, tråd, ståndarsträng
filbert [*filbə(:)t*] hasselnöt (odlad)
filch [*fil(t)ʃ*] snatta, knipa
file 1) [*fail*] fil, *sl* filur; fila; **filings** filspån
file 2) [*fail*] tråd, pappershållare av styv ståltråd, brevordnare, *mil.* rote, fil, rad, bunt, årgång; ordna (handlingar), registrera, inge, inlämna (**~ a suit for divorce**), marschera i fil eller rotar, *amr. sl* kasta i papperskorgen; **the rank and ~** gemene man; **single** el. **Indian ~** gåsmarsch; **filing cabinet** kartotek
filemot [*filimɔt*] brungul
filial [*filjəl*] sonlig, dotterlig
filiation [*filiei'ʃ(ə)n*] sonskap, härkomst, filial, gren
filibeg [*filibeg*], **philabeg** [*filəbeg*] (*Skottl.*) högländares kjortel
filibuster [*filibʌstə*] [vara] fribytare, *amr.* bedriva förhalningspolitik, obstruera
filigree [*filigri:*] filigran
fill [*fil*] fylla, fyllas, plombera, utfylla, stoppa [till], besätta (en tjänst), *amr.* (också) uppfylla; **~ in** ifylla (t. ex. en blankett); **~ out** utfylla, supplera; **~ up** uppfylla, fylla i (blankett etc.); **~ the bill** motsvara behovet; **eat one's ~** äta sig mätt; **have one's ~** ha fått nog; **filling** (is.) plomb; **filling station** bensinstation
fillet [*filit*] hårband, pannband, list, kant, *pl* länder, filé; binda upp, förse med list, skära i filéer, filea
fillip [*filip*] knäpp med fingrarna, stimulans, bagatell; knäppa med fingret
filly [*fili*] stoföl, *sl* jänta
film [*film*] hinna, film; täcka[s] med en hinna, filma; **~-fan** filmbiten person; **~-pack** filmblock; **Filmdom** filmvärlden; **filmic** [*filmik*] filmatisk; **filmy** tunn som spindelväv
filter [*filtə*] filter; filtrera, rena, sila igenom, *sl* gå; **~ out** el. **through** (om nyheter) sippra ut; **filtrate** [*filtreit*] filtrat; filtrera; **filtration** [*filtrei'ʃ(ə)n*] filtrering
filth [*filþ*] smuts, orenhet; **filthy** smutsig (också *fig.*)
fin [*fin*] fena, stjärt (på flygmaskin), *amr. sl* hand, karda; **tip us your ~** *sl* ge mig handen
final [*fainl*] final (i turnering), kvällsupplaga, (också *pl*) avslutande examen; slutlig, avslutande, sist; **~ clause** *gram.* avsiktsbisats; **finale** [*fina:'li*] (is. *mus.*) final; **finality** [*fainæ'liti*] slutgiltighet, resultat
finance [*finæ'ns*] finans, *sl* käresta; finansiera; **financial** [*finæ'nʃəl*] finansiell; **financier** [*finæ'nsiə*] finansman; [*finænsi'ə*] leda finansoperationer, *sl* lura
finch [*fin(t)ʃ*] *zool.* fink
find [*faind*] fynd, fyndplats; (*oregelb. vb*) finna, få, träffa, skaffa, märka, *jur.* döma, avkunna utslag, förse, sörja för; **sure ~** säkert ställe att finna räven; **no jury would ~ him guilty** *jur.* ingen jury skulle förklara honom skyldig; **the hotel does not ~ tea . .** serverar ej te (utan extrabetalning); **~ one in** förse ngn med; **3/- a day and ~ yourself** 3 shilling om dagen på egen kost; **~ one's feet** få fotfäste; **~ it in one's heart to** ha hjärta att, få lust att; **~ out** ta reda på, uppdaga, genomskåda; **finder** (bl. a.) sökare; **finding** *jur.* utslag; resultat
fine 1) [*fain*] böter, vite; döma till böter, pliktfälla; **in ~** kort sagt, slutligen
fine 2) [*fain*] fin, vacker, ren, utmärkt, elegant; rena, raffinera, klara, bli finare el. tunnare; **cut it too ~** *fig.* beräkna tiden för knappt; **~ day** vackert väder; **one ~ day** en vacker dag; **~ feathers** eleganta kläder; **the ~ arts** de sköna konsterna; **~-draw** smygsy, konststoppa (tyg); **~-spun** fin, subtil, utspekulerad; **finery** [*fainəri*] stass, pynt
finesse [*fine's*] konstgrepp, mask; maska (i kortspel)
finger [*fiŋgə*] finger; fingra på, röra vid, spela (piano etc.), lägga vantarna på; **with a wet ~** med lätthet; **have a ~ in the pie** ha ett finger med i spelet; **have at one's ~-tips** el. **~-ends** kunna ngt på sina fem fingrar; **~-bowl, ~-glass** sköljkopp; **~-plate** skyddsplåt på dörr; **~-post** vägvisare, stolpe; **~-print** fingeravtryck; **~-stall** fingertuta; **~-tip** fingertopp; **fingering** *mus.* fingersättning, strumpgarn
finical [*finik(ə)l*], **finicking** [*finikiŋ*], **finikin** [*finikin*], kinkig, petig, sirlig
finis [*fainis*] slut
finish [*finiʃ*] slut, avslutning, sista bearbetning, slutkamp, -spurt, *hand.* appretur; [av]sluta, appretera (tyg), upphöra, göra slut på, göra av med, göra färdig, avputsa; **fight to a ~** strid på liv och död; **be in at the ~** vara med om slutet; **finished** fulländad; **finisher** dråpslag, person el. maskin för den sista avputsningen
finite [*fainait*] begränsad, *gram.* finit
fink [*fiŋk*] *amr. sl* strejkbrytare, strejkvakt, angivare, tvivelaktig person
Finland [*finlənd*]; **Finlander** [*finləndə*] finländare, finne; **Fin[n]** [*fin*] finne; **Finnic** [*finik*] finskugrisk; **Finnish** [*finiʃ*] finska (språket); finsk
Finnan [*finən*] el. **Finnon** [*finɔn*] **haddies** el. **haddocks** rökt kolja (fisk)
finny [*fini*] fenig, fiskrik
fiord, fjord [*fjɔ:d*] fjord
fir [*fə:*] gran, *äv.* tall; **~-cone** grankotte
fire [*faiə*] eld, brasa, brand, eldsvåda; antända, avfyra, bränna, elda, fatta eld; (is. *amr.*) avskeda; **catch** el. **take ~** fatta eld; **on ~** i brand, förälskad; **set on ~, put ~ to** antända; **St. Anthony's ~** *med.* ros; **~ away** börja! gå på! **~ out** *sl* avskeda, köra ut; **~ up** blossa upp (*fig.*); **~ the question** *amr. sl* fria; **~-alarm** brandalarm; **~-arm** skjutvapen; **~-ball** *astr.* eldkula, meteor, kulblixt; **~-balloon** montgolfière; **~-brand** brand, *fig.* orostiftare; **~-brigade** brandkår; **~-bug** *amr.* pyroman, brandstiftare; **~-clay** eldfast lera; **~cracker** svärmare (fyrverkeripjäs); **~ day** *amr. sl* 4 juli (Amerikas nationaldag); **~-damp** gruvgas; **~-dog** järnbock (i öppen spisel); **~-eater** eldslukare, slagskämpe, *amr. fam.* storskrytare; **~-engine** brandspruta, brandbil; **~-escape** brandstege, reservutgång; **~-guard** brasgaller; **~-insurance** brandförsäkring; **~-irons** bras-

redskap (*poker, tongs, shovel*]; ~**-lighter** braständare; ~**lock** flintlås[gevär]; ~**man** brandsoldat, eldare; ~ **office** brandförsäkringskontor; ~**-place** eldstad, härd (**place of the** ~ brandplats); ~**-plug** brandpost; ~**proof** eldfast, brandfri; ~**proof curtain** skyddsridå, järnridå; ~**side** den husliga härden, spiselvrå; ~**-step** *mil.* upphöjning i löpgraven för skottlossning; ~**wood** ved; ~**works** fyrverkeri (också *fig.*); *amr. sl* strålkastarsken, lysbomber över fronten; **firing** [*faiəriŋ*] bränsle, eldgivning, skottlossning; **firing-data** *pl* skjutelement; **firing-line** eldlinje; **firing-pin** tändnål på skjutvapen; **firing-step** se *fire-step*

firkin [*fə:kin*] kagge, halvankare (= 40,9 liter)

firm 1) [*fə:m*] firma; **long** ~ svindlarfirma

firm 2) [*fə:m*] fast, stadig, bestämd

firmament [*fə:məmənt*] firmament

first [*fə:st*] etta (t. ex. examinand i högsta betygsklass, vinnare av första plats o. d.); först, främst, förnämst, bäst; ~ **come** ~ **served** den som kommer först till kvarnen får först mala; ~ **class** prima; ~ **floor** 1 tr. upp; ~ **name** *amr.* förnamn; ~ **night** premiär; ~**-nighter** premiärbesökare; ~**-rate** förstklassig, prima; ~ **thing** strax; ~ **thing in the morning** så snart man stigit upp, i morgon bitti; ~ **of exchange** *hand.* prima växel; **at** ~ först, i början; ~ **-fruits, firstlings** förstlingar; **firstly** för det första

firth [*fə:þ*], **frith** [*friþ*] fjord

fisc [*fisk*] statskassa; **fiscal** [*fisk(ə)l*] fiskal-, skatte-

fish 1) [*fiʃ*] fisk (också om person), spelmark, *amr. sl* katolik, ny fånge; diska; **the F—es** *astr.* Fiskarna; **a pretty kettle of** ~ *fig.* skön röra; **drink like a** ~ dricka som en svamp; **feed the** ~ *sl* 'mata fiskarna', drunkna; **a queer** ~ underlig kropp; **other** ~ **to fry** annat att göra; ~**eater** *amr. sl* rom. katolik; ~ **day** fredag; ~**-dealer** *amr.* fiskhandlare; ~**-glue** fisklim; ~**-hook** fiskkrok, *sl* finger; ~**-hound** *amr. sl* obehaglig karl; ~**-monger** fiskhandlare; ~**-slice** fiskspade; ~**-sound** simblåsa; ~ **story** *amr.* skepparhistoria; **fisher[man]** fiskare; **fishery** [*fiʃəri*] fiskeri, fiske, fiskeplats; **fishy** fiskaktig, *sl* otrolig, tvivelaktig, misstänkt

fish 2) [*fiʃ*] skål[ning], skamfilningslatta (också ~*-plate*); skåla

fission [*fiʃ(ə)n*] (i biologi) klyvning; **fissure** [*fiʃə*] spricka, klyfta

fist [*fist*] näve, *sl* handstil, labb; slå med knytnäven; **fisticuffs** [*fistikʌfs*] slagsmål, knytnävskamp; **fisty** *amr.* vred, vresig, irriterad, livlig

fistula [*fistjulə*] rör, *med.* fistel

fit 1) [*fit*] anfall, konvulsioner; **beat into** ~**s** slå ngn sönder och samman; **by** ~**s and starts** ryckvis, krampaktigt

fit 2) [*fit*] lämplig, värdig, färdig, pigg; anstå, passa, sitta, prova (kläder), inreda, montera, sätta på, *amr.* förbereda sig; **the survival of the fittest** de livskraftigaste individernas fortbestånd, det naturliga urvalet; **as** ~ **as a fiddle** i full vigör; **it is not** ~ det passar sig icke; ~ **to die with shame** färdig att dö av skam; **the** ~ **of this coat** rockens passform; **keep** ~ hålla sig rask (i form); ~ **in with** passa ihop med; ~ **on** prova (kläder); ~ **out** utrusta; **fitment** möbel; **fitter** inredare, tillskärare, montör; **fitting** avpassning, apparat, inmontering, *pl* tillbehör, inredning

fitch [*fitʃ*], **fitchew** [*fitʃu:*] *zool.* iller

fitful [*fitf(u)l*] ryckig, ojämn, nyckfull

Fitz- [*fits-*] *eg.* son (i namn med tryck på senare leden med undantag av **Fitzroy** [*fitsrɔi*])

five [*faiv*] fem; ~**-and-ten** [**store**] *amr.* basar; **fiver** fempundssedel; **fives** ett slags handboll

fix [*fiks*] knipa; fästa, bestämma, *foto.* fixera, ordna, stelna, *hand.* befrakta, sluta, *amr.* muta, ordna på förhand (på ohederligt sätt); ~ **up** *fam.* ordna, arrangera; ~ **upon** bestämma sig för, utse; **well fixed** *amr.* välställd; **fixation** [*fiksei'ʃ(ə)n*] fastgörande, stelnande; **fixative** [*fiksətiv*] fästmedel; **fixature** [*fiksətʃə*] pomada; **fixedly** [*fiksidli*] bestämt, fast; **fixings** *amr.* utrustning, tillbehör; **fixity** fasthet; **fixture** [*fikstʃə*] fast inventarium, något fastslaget, t.ex. fast avtal, (på förhand bestämd) tävling

fiz-gig [*fizgig*] flyktig, lättsinnig

fizz [*fiz*] *fam.* champagne; fräsa, väsa; **fizzle** [*fizl*] fiasko; väsa svagt, sluta snöpligt; ~ **out** göra fiasko

flabbergast [*flæbəga:st*] göra flat

flabby [*flæbi*] slapp, ryggradslös

flaccid [*flæksid*] slapp, sladdrig, slokande

flag [*flæg*] flagga, *bot.* svärdslilja, stenplatta, vingpenna; flagga, signalera, hänga slapp, avtyna; ~**-officer** amiral, flaggman; ~**staff** flaggstång; ~**-station** anhalt; ~**stone** stenplatta; ~**-wagging** *sl* signalering

flagellant [*flædʒilənt*] flagellant, självplågare; självgisslande; **flagellate** [*flædʒəleit*] piska

flageolet [*flædʒole't*] *mus.* flageolett (flöjt)

flagitious [*flədʒi'ʃəs*] skändlig

flagon [*flægən*] vinflaska, -krus

flagrant [*fleigrənt*] uppenbar, i full gång, skändlig

flail [*fleil*] slaga

flair [*flɛə*] väderkorn, fin näsa

flake [*fleik*] flaga, flinga, skiva; fjälla sig, flaga sig, flag[n]a [av] (~ *off*)

flam [*flæm*] lögnhistoria

flambeau [*flæmbou*] fackla, ljusstake

flamboyant [*flæmbɔi'ənt*] flammande, *fig.* blomstrande, praktfull

flamdoodle [*flæmdu:dl*] se *flapdoodle*

flame [*fleim*] flamma (också *fig.*), låga; flamma upp, bryta ut (~ *out* el. *up*); ~**-projector,** ~**-thrower** *mil.* eldkastare

flamingo [*fləmi'ŋgou*] *zool.* flamingo

Flanders [*fla:ndəz*] Flandern; ~ **poppy** konstgjord vallmo (som på *Poppy Day* den 11 nov. säljes till minne av dem som fallit i första världskriget)

flange [*flæn(d)ʒ*] fläns, utstående list

flank [*flæŋk*] sida, flank; flankera; **flanker** flankör, *sl* slag, svar

flannel [*flæn(ə)l*] flanell; flanell-; *pl* flanellkläder, is. flanellbyxor, träningsdräkt; **flannelled** flanellklädd; **flannelled fools** (hos Kipling) kricketspelare

flannellette [*flænəle't*] bomullsflanell

flap [*flæp*] dask, vingslag, flugsmälla, flik, klaff, ficklock, örsnibb; smälla, slå, flaxa; **split** ~ *flyg.* klyvklaff; **trimming** ~ *flyg.* lättroder; daska, slå, flaxa; ~**doodle** nonsens, humbug; ~**jack** pannkaka, puderdosa

flapper [*flæpə*] flugsmälla, fena, hummerstjärt, *zool.* ung vildand, *fam.* backfisch, *sl* hand, labb, påminnelse; ~ **bracket** *sl* 'bönholk' (på motorcykel)

flare [*flɛə*] bloss, ljussignal, ostadigt ljus; blossa upp, brusa upp; ~**-up** uppflammande, uppbrusning, spektakel; **flaring** [*flɛəriŋ*] fladdrande; iögonenfallande, skrikande

flash [*flæʃ*] blink, glimt, tjuvspråk, ögonblick, *amr.* kort tidningsnotis, telegram; grann, flott, falsk; glimta, blixtra, *sl* briljera med; **the idea flashed on me** det slog mig; **the news was flashed over England** nyheterna uttelegraferades över England; ~**-lamp** elektrisk ficklampa; ~**-light** blixtljus, ficklampa; ~**-pan** magnesiumlampa för fotografering; **flashy** bländande, lysande, prålig (men oäkta)

flashing [*flæʃiŋ*] (i arkitektur) täckplåt över takfog

flask [*fla:sk*] metall-, korg- el. läderflaska, plunta, kruthorn

flat [*flæt*] platta, lågland, slätt, *sjö.* långgrund strand, pråm, flat korg, *sl* enfaldig person, narr, *mus.* förtecknet ♭, lokal, våning, fond (på teatern), *amr.* *sl* pannkaka; platt (också *fig.*), flat, plan, jämn, tråkig, uttrycklig, uppenbar, *hand.* matt, flau, (om öl) duvet, *mus.* moll, *amr.* *sl* pank; fullkomligt, alldeles; **that's ~** har du förstått! det är klart; **fall ~** falla platt till marken (också *fig.*); **B ~** *mus.* b-moll; **~ tire** *amr.* *sl* övergiven kvinna, odugling, tråkig person, misslyckad plan; **~ wheeler** *amr.* *sl* tråkig person; **~-fish** plattfisk; **~foot** *sl* poliskonstapel; **~head** *sl* dumhuvud; **~-iron** strykjärn; **flatlet** *amr.* liten våning; **flatly** uttryckligen, rent ut, bestämt; **flatten** [*flætn*] göra el. bli flat etc., jämna[s], planera; **flatten out** *amr.* *sl* ligga på lur; *flyg.* ta upp för landning

flatter [*flætə*] smickra, försköna; **he flattered himself that** han inbillade sig att; **flattery** [*flætəri*] smicker

flattie, flatty [*flæti*] dumhuvud, *sl* polis

flatulency [*flætjulənsi*] *med.* väderspänning; **flatulent** [-*nt*] *med.* lidande av väderspänning; *fig.* uppblåst

flaunt [*flɔ:nt*] prål; pråla [med], stoltsera [med], vaja

flautist [*flɔ:tist*] *mus.* flöjtist, flöjtspelare

flavour [*fleivə*] arom, smak, doft, bismak; ge smak åt, krydda; **flavourless** fadd, smaklös

flaw [*flɔ:*] brist, fel, spricka, brott; vindkast; spricka, spräcka

flax [*flæks*] (*bot.* etc.) lin; **flaxed out** *amr.* *sl* trött, utmattad; **flaxen** [*flæks*(*ə*)*n*] lin-, lingul

flay [*flei*] flå, skinna, skarpt kritisera

flea [*fli:*] *zool.* loppa; **a ~ in one's ear** något att tänka på, en tagg i hjärtat; **~ bag** *sl* sovsäck, säng; **~-bite** loppbett, *fig.* obetydlighet, bagatell

fleck [*flek*] fläck, fräkne, stänk; fläcka, stänka; **flecker** [*flekə*] marmorera

flection [*flekʃ*(*ə*)*n*] *gram.* böjning

fled [*fled*] flydde, flytt (se *flee* och *fly* 2)

fledge [*fledʒ*] befjädra, betäcka med fjädrar; **fledged** fjäderbeklädd, flygfärdig; **fledg[e]ling** [*fledʒliŋ*] flygfärdig fågelunge, gröngöling

flee [*fli:*] (*oregelb. vb*) fly, försvinna, sky

fleece [*fli:s*] fårskinn, fäll; ull; *fig.* skinna; **the Golden F—** gyllene skinnet; *fig.* **~ cloud** strömoln; **fleecy** [*fli:si*] ullig

fleer [*fliə*] hån, hånskratt; hånle, håna

fleet [*fli:t*] flotta, eskader; vik; snabbfotad, snabb; grund; ila, sväva förbi; **F— Street** gata i City, *fig.* pressen

Fleming [*flemiŋ*] flamländare; **Flemish** [-*iʃ*] flamländska (språket); flamländsk

flench [*flen*(*t*)*ʃ*], **flense** [*flens*] flänsa (avspäcka) val, flå (säl)

flesh [*fleʃ*] kött, hull, människosläkte; mata med kött, vänja; **put on ~** lägga på hullet; **my ~ creeps** det kryper i mig (av fasa); **~-bag** *sl* skjorta; **~-creep** *amr.* 'gåshud'; **~-fly** spyfluga; **~-pots** köttgryta (ofta *fig.*); **~ tights (fleshings)** trikåer; **flesher** (*Skottl.*) slaktare; **fleshly** köttslig, världslig; **fleshy** köttig

Fletcherism [*fletʃərizm*] (rörelse gående ut på att lära folk att tugga maten omsorgsfullt för hälsans skull)

flew [*flu:*] flög (se *fly* 2)

flews [*flu:z*] hängande käft på blodhund

flex [*fleks*] *elektr.* elektrisk sladd

flexibility [*fleksəbi'liti*, -*ibi'*-] böjlighet; **flexible** [*fleksəbl*, -*ibl*], **flexile** [*fleksil*] böjlig, smidig, foglig; **flexion** [*flekʃ*(*ə*)*n*] böjning (i flera betydelser); **flexor** [*fleksə*] *med.* böjmuskel; **flexuous** [*fleksjuəs*] buktig; **flexure** [*flekʃə*] böjning, bukt, krök

flibbertigibbet [*fli'bətidʒi'bit*] slarver, slamsa

flick [*flik*] snärt, småll, knäpp; snärta, knäppa, knalla; **the ~s** *sl* biograf

flicker [*flikə*] fladdrande, *amr.* *sl* svimning; fladdra, fläkta, flämta, flimra, *amr.* *sl* svimma, låtsas svimma; **the ~[s]** el. **flicks** *sl* biograf, film

flier [*flaiə*] flygare *amr.* spekulationsköp, flygblad (se *fly* 2)

flight [*flait*] flykt, flygning, flock, svärm, *mil.* liten avdelning militärplan, grupp; **wing one's ~** flyga; **put to ~** slå på flykten; **take to ~** ta till flykten, fly; **~ of stairs** el. **steps** trappa; **~-commander** *mil.* flygkapten

flighty [*flaiti*] flyktig, ombytlig, lättsinnig

flim-flam [*flim-flæm*] *sl* *fig.* dumheter, undanflykter, knep; bedraga, lura

flimmery-flammery [*flimɘri-flæmɘri*] *sl* grannlåter

flimsy [*flimzi*] tunt kopiepapper, *sl* sedel (is. £ 5), nyheter; tunn, bräcklig, lös, ytlig

flinch [*flin*(*t*)*ʃ*] rygga tillbaka, svikta; **without ~ing** utan att blinka

flinders [*flindəz*] *pl* spillror, skärvor

fling [*fliŋ*] kast, *fig.* hugg, vilt liv; (*oregelb. vb*) slänga, kasta, slunga, fara, störta, (om häst) slå bakut; **have a ~ at** försöka sig på, ge ngn en släng; **have one's ~** slå sig lös, rasa ut; **~ [fact] into a p.'s teeth** slunga ngn ngt i ansiktet

flint [*flint*] flinta; **~-lock** flintlåsgevär

flip [*flip*] ett slags glögg, knäpp, snärt; knäppa, smälla, *sl* fly, flyga

flip-flap [*flip-flæp*] kullerbytta, svärmare (fyrverkeri); roterande luftgunga

flipflop [*flipflɔp*] *amr.* helomvändning, dumheter

flippancy [*flipənsi*] näsvishet; **flippant** respektlös, munvig, flabbig

flipper [*flipə*] simfot, *sl* näve, labb

flirt [*flə:t*] knyck, flört, kokett, flörtig person; vifta med, kasta, flörta, kokettera; **flirtation** [*flə:tei'ʃ*(*ə*)*n*] flört, koketteri

flit [*flit*] (*Skottl.*) flyttning; flytta, vandra, fladdra

flitch [*flitʃ*] fläsksida (**the Dunmow** [*dʌnmou*] **~** tilldelad det äkta par i byn D. som ej grälat under ett år och en dag efter bröllopet)

flitter [*flitə*] fladdra omkring

flivver [*flivə*] *sl* billig bil, (is.) 'fordhoppa'; gå dåligt, misslyckas

float [*flout*] flöte, flotte, ponton, flottör, rampljus, hjulskovel, vagn i festtåg; flyta, sväva, översvämma, flotta, starta, sätta i gång; **~-chamber** flottörrum (i motor); **floatage** [*floutidʒ*] flytgods, drivgods; **floater** ngt som flyter, flaskpost, flottkarl, statsobligation använd som gångbart mynt, *amr.* *sl* lös arbetare, partilös valman

floating flytande, variabel; **~ kidney** vandrande njure; **~ light** *sjö.* fyrskepp, lysboj

flock 1) [*flɔk*] [ull]tott, *pl* avfallsull, ylleflock, *pl* *kem.* flockig fällning

flock 2) [*flɔk*] flock, hjord, *fig.* menighet; flockas, gå i flock

floe [*flou*] isflak

flog [*flɔg*] piska, prygla, *sl* sälja i smyg; **~ a dead horse** spilla sina krafter; **flogging** [*flɔgiŋ*] smörj, prygel

flood [*flʌd*] flod (motsats till ebb), översvämning, menstruation; översvämma; **the F—** syndafloden; **~-gate** slussport; **~-light** strålkastare, projektör, *flyg.* flodljus, *pl* fasadbelysning; [fasad]belysa

flooey [*flu:i*] *amr.* *sl* fiasko; full; **go ~** *sl* bli dödfull

floor [*flɔ:*] golv, [havs]botten, våning; lägga golv, slå ngn i golvet, besegra, förbluffa; **ground ~** bottenvåning; **take the ~** *amr.* hålla tal; **floored** *sl* drucken; **be floored** få dråpslag, bli kuggad; **~walker** *amr.* inspektör el. inspektris (i butik); **floorer** [*flɔ:rə*] överraskande slag (nyheter, frågor osv.)

floos[e]y, floozy [*flu:zi*] *amr.* *sl* jänta, tös; munter, rask

flop [*flɔp*] småll, fiasko, *amr.* sovplats, säng; slå, hänga och slänga, dunsa, flaxa, *amr.* lida

nederlag, svikta, gå till sängs; ~-house *amr.* billigt härbärge; **flopper** *amr.* pladask, *sl* sittande tiggare; **floppy** slapp
flora [*flɔ:rə*] flora; **floral** blomster-; **floral piece** blomsterdekoration
Florence [*flɔr(ə)ns*] Florens, Firenze; **Florentine** [*flɔr(ə)ntain*] florentinare; florentinsk
florescence [*flɔ:re'sns*] blomstring, blomning
floret [*flɔ:rit*] liten blomma, disk- el. strålblomma
floriculture [*flɔ:rikʌltʃə*] blomsterodling
florid [*flɔrid*] blomster-, blomstrande, rödlätt
florin [*flɔrin*] florin (= 2 shillings), gulden
florist [*flɔrist*] blomsterhandlare, -odlare, -älskare
floss [*flɔs*] otvinnat råsilke
flotilla [*flo(u)ti'lə*] *sjö* flottilj
flotsam [*flɔtsəm, -sæm*] vrakgods, sjöfynd
flounce 1) [*flauns*] kastning, knyck; kasta sig häftigt, sprattla; ~ **out of a room in a rage** störta ut ur ett rum i vredesmod
flounce 2) [*flauns*] kappa på kjol, garnering; garnera
flounder [*flaundə*] *zool.* flundra; sprattlande, stammande; plumsa, tumla, stå och hacka
flour [*flauə*] [sikt]mjöl; beströ med mjöl; **floury** [*flauəri*] mjölig
flourish [*flʌriʃ*] snirkel, släng (i skrift), svingande av vapen, salut med värja, elegant sväng, floskler, *mus.* fioritur, preludium, fanfar; blomstra, florera, trivas, skriva med slängar, begagna blomsterspråk, skrodera, briljera, svinga, svänga
flout [*flaut*] hån; håna
flow [*flou*] ström, lopp, flöde, flod; flyta, strömma, glida, (om blodet) cirkulera, bölja, (om vatten) stiga
flower [*flauə*] blomma, blomning; blomma, smycka med blommor; **floweret** [*flauərit*] liten blomma; **flowery** [*flauəri*] blomrik, blomsterrik, blommig
flown [*floun*] flugit (se *fly* 2)
flu [*flu:*] *fam.* influensa
flubdub [*flʌbdʌb*] *amr. sl* prat, humbug
fluctuate [*flʌktjueit*] fluktuera, variera, skifta; **fluctuation** [*flʌktjuei'ʃ(ə)n*] variation, skiftning, växling, vacklan
flue [*flu:*] rökkanal; fjun; vidgas, vidga; se också *flu*; ~-**pipe** skorstensrör, orgelpipa
fluency [*flu:ənsi*] ledighet, ledigt uttryckssätt; **fluent** (is. *fig.*) flytande, lätt
fluff [*flʌf*] ludd, dun; *sl* staka sig i roll; **fluffy** dunig, mjuk
fluid [*flu(:)id*] vätska; flytande; **fluidity** [*flu(:)i'diti*] flytande tillstånd
fluke [*flu:k*] lyckträff, *zool.* flundra, *sjö.* ankarfly, hulling, *pl* valstjärt, lyckträff; ha tur
flukum [*flu:kəm*] *amr. sl* fiasko, grannlåt
flume [*flu:m*] *amr.* konstgjord vattenränna, flodravin
flummery [*flʌməri*] havregröt, smicker, nonsens
flummocky [*flʌməki*] *amr.* förvirrad, slarvig
flummox [*flʌməks*] *sl* förvirra, bringa ur fattningen
flump [*flʌmp*] duns; dunsa
flung [*flʌŋ*] slängde, slängt (se *fling*)
flunk [*flʌŋk*] *amr.* kuggning; kugga, bli kuggad, 'köra'
flunkey [*flʌŋki*] lakej, snobb, lakejsjäl, *amr.* kock (i arbetarläger)
fluor [*flu(:)ɔ:*] *geol.* flusspat
fluorescence [*fluəre'səns*] fluorescens; **fluorescent** fluorescerande
fluorine [*fluərain*] *kem.* fluor
flurry [*flʌri*] nervositet, hastverk, vindstöt, *amr.* regnby; göra nervös; **be in a** ~ vara nervös
flush [*flʌʃ*] ström, alla kort i samma färg (i kortspel), rodnad, hänförelse, kraft; frisk, kraftig, vid god kassa; strömma, rodna, betaga, spola; **hold a straight** ~ ha alla korten i en svit; ~ **with** i jämnhöjd med
flusie [*flu:zi*] *amr. sl* flicka, tös
fluster [*flʌstə*] nervositet; dricka berusad, berusa, vara el. göra nervös, förvirra
flute [*flu:t*] *mus.* flöjt, räffla; blåsa flöjt, pipa, goffrera; **flutist** *mus.* flöjtblåsare
flutter [*flʌtə*] fladdrande, brådska, uppståndelse, *sl* spekulation; fladdra, ängsla; **be in a** ~ *fam.* vara uppjagad
fluty [*flu:ti*] flöjt-
fluvial [*flu:viəl*], **fluviatile** [*flu:viətil*] flod-
flux [*flʌks*] *med.* flytning; ström, flod, flöde, ständig växling; utströmma, smälta; **bloody** ~ rödsot
fluxion [*flʌkʃ(ə)n*] strömning, *pl mat.* infinitesimalräkning
fly 1) [*flai*] (*pl flies*) fluga; **a** ~ **on the wheel** person som överskattar sig själv; **break a** ~ **on the wheel** slå ihjäl mygg med slägga; **a** ~ **in the ointment** malört i bägaren; **there are no flies on him** *sl* den är det inget fel på; ~-**blow** flugägg, flugsmuts; ~-**blown** flugsmutsad, fläckad; ~-**book** (fiskares flugbok; ~-**catcher** *zool.* flugsnappare; ~-**flap** flugsmälla
fly 2) [*flai*] (*pl flies*) flykt, flygning, flik, gylf, *hand.* regulator, *pl* luftkulisser; (*oregelb. vb*) flyga, fly, slunga bort, släppa upp (drake), hissa flagg, vaja; **as the crow flies** fågelvägen; ~ **a kite** sända upp en drake, *bildl.* även en försöksballong, *sl* utställa värdelös check; skaffa pengar på en växel; **let** ~ avskjuta, låta gå (ankaret); ~ **at** gå lös på; ~ **high** vara äregirig; ~ **in the face of** uppenbart trotsa; ~ **into a rage** bli rasande; ~ **off the handle** *amr. fam.* mista självkontrollen; ~ **out at** flyga i luven på; ~-**away** flyktig, fladdrig; ~-**by-night** *amr. fig.* nattsvärmare, person som rymmer från sina skulder; nyckfull, opålitlig; ~-**leaf** försättsblad (i bok); ~**man** droskkusk, scenarbetare; ~-**sheet** flygblad; ~-**wheel** svänghjul; **flier, flyer** flygare, *amr.* affärsrisk, spekulation; **flying boat** flygbåt; **flying buttress** strävbåge; **flying fish** *zool.* flygfisk, *sl* person från Barbados; **flying ground** flygplats; **flying man** flygare
fly 3) [*flai*] *sl* fiffig, vaken, rask
foal [*foul*] föl; föla, föda; **in** ~ dräktig
foam [*foum*] skum, fradga; skumma, fradga; **foamy** skummande, fradgande
fob 1) [*fɔb*] lura (också ~ *off upon* pracka på ngn ngt); = f. o. b. (*free on board*)
fob 2) [*fɔb*] klockficka, -kedja
focal [*fouk(ə)l*] brännpunkts-, [som är] i brännpunkten; ~ **length** brännvidd; **focus** [*foukəs*] (*pl foci* [*fousai*]) brännpunkt, centrum; inställa (fotografiapparat o. d.), koncentrera
fo'c'sle [*fouksl*] *sjö.* förk. f. *forecastle* back, skans
focus se *focal*
fodder [*fɔdə*] foder; utfodra
foe [*fou*], **foeman** *poet.* fiende
f[o]etal [*fi:tl*] foster-; **f[o]eticide** [*fi:tisaid*] fosterfördrivning; **f[o]etus** [*fi:təs*] foster
foetid se *fetid*
fog [*fɔg*] dimma, tjocka, efterslåtter; hölja i dimma, göra förvirrad; ~ **up** *amr.* tända pipan; **foggy** dimmig; **I have not the foggiest idea of** . . ej den dunklaste aning om; ~-**horn** mistlur
fog[e]y [*fougi*] gammal stofil; **old** ~ perukstock; (is. *amr.*) stockkonservativ
foible [*fɔibl*] svaghet, svag punkt
foil [*fɔil*] florett, bakgrund, folie, spår; bilda bakgrund för, narra, korsa ens spår, tillintetgöra, parera
foist [*fɔist*] insmuggla, pracka ngt på ngn, påtvinga, ge skulden
fold 1) [*fould*] fårfålla; instänga i fålla
fold 2) [*fould*] fåll, fals, veck; vika, falsa, omfamna, lägga armarna i kors, inpacka, hölja, vikas, vika ihop sig; ~ **up** sammanvika;

[kunna] fällas ihop; **folding-bed** tältsäng; **folding-door**[s] flygeldörr[ar]; **folding-seat** klappsäte; **folder** broschyr, samlingspärm, *pl* dubbellornjett
fold [*-fould*] -faldig, t. ex. **tenfold** tiofaldig
olderol [*fɔldərɔl*] *amr.* struntprat
oliage [*fouliidʒ*] lövverk, trädkrona, blad; **foliate** [*foulieit*] bladlik; foliera
olio [*fouliou*] folio, foliant
olk [*fouk*] folk; ~**-lore** folklore
ollicle [*fɔlikl*] *bot.* fröhylsa, luftblåsa
ollow [*fɔlou*] följa, följa med; **do you** ~? uppfattar du? ~ **the hounds** följa drevet; ~ **the sea** vara sjöman; ~ **out** strängt följa, genomföra; **to** ~ **out the image** för att genomföra bilden; ~ **suit** bekänna färg (i kort); följa exemplet; ~ **up** fullfölja (*the victory* segern), göra en 'skjuts' (i biljard); ~**-my-leader** (barnlek); **follower** anhängare, efterföljare, tjänsteflickas kavaljer; **following** följande; **a following wind** medvind
folly [*fɔli*] dårskap, tokeri
foment [*fo(u)me'nt*] badda, lägga varmt omslag på, *fig.* nära, underblåsa; **fomentation** [*foumentei'ʃ(ə)n*] baddning, värmande omslag, *fig.* underblåsning, näring
fond [*fɔnd*] öm, kärleksfull, blint älskande, godtrogen; **be** ~ **of** vara förtjust i, tycka om
fondant [*fɔndənt*] fondant (ett slags konfekt)
fondle [*fɔndl*] kela med, smeka
font [*fɔnt*] dopfunt, lampas oljebehållare; **fontal** [*fɔntl*] ursprunglig, dop-
food [*fu:d*] föda, mat, näring; ~ **for powder** kanonmat; ~**-card** livsmedelskort; ~**-controller** livsmedelsminister; ~**-faddist** en som har fixa idéer om maten, fantastisk matreformator; ~**-hoarder** *fig.* hamstrare, livsmedelslagrare; ~**-stuffs** matvaror; ~**-value** näringsvärde
fool [*fu:l*] narr, dåre, dumbom, is. *amr.* överdängare, kräm; lura, narra, spela idiot, bära sig åt som ett fån; **every man has a** ~ **in his sleeve** vi ha alla våra svaga ögonblick; **make a** ~ **of** hålla för narr; **make a** ~ **of oneself** blamera sig; ~**hardy** dumdristig; ~**scap** [*fu:lzkæp*] narrhätta, skrivpapper (i folioformat); ~**'s wedding** kvinnomöte; **foolery** [*fu:ləri*] dårskap, tokeri; **foolish** dum, dåraktig
foot [*fut*] (*pl feet* [*fi:t*]) fot, *mil.* fotfolk; beträda, få fotfäste, *amr.* nedsummera; ~ **a bill** betala en räkning; **know the length of his** ~ känna hans svagheter, linda honom om fingret; **at** ~ (is. *hand.*) nedanstående; **on** ~ till fots, på fötter, i gång; **on one's feet** rask, på benen; **sweep** el. **carry him off his feet** alldeles hänföra (överväldiga) ngn; **keep one's feet** stå på fötterna, stå på sig; **put one's** ~ **down** säga stopp; **put one's** ~ **in it** *fam.* trampa i klaveret, dabba sig; **set one's** ~ **on the neck of** underkuva; ~ **it** dansa, gå; ~**-and-mouth disease** mul- och klövsjuka; ~**ball** fotboll; ~**baller** fotbollsspelare; ~**board** fotsteg; ~**boy** pickolo; ~**-brake** *auto.* fotbroms; ~**-bridge** gångbro, spång; ~**fall** [ljud av] steg; ~**-gear** skoplagg; fotbeklädnad; ~**guards** *mil.* fotgarde; ~**-hill** låg höjd vid foten av bergskedja; ~**hold** fotfäste; ~**lights** rampljus; ~**man** lakej, betjänt; ~**-mark** fotspår; ~**pad** stigman; ~**-passenger** fotgängare; ~**-path** gångstig; ~**-plate** golv i förarhytten på lokomotiv; ~**-pound** energimängd, som fordras att lyfta ett skålpund en fot; ~**print** fotspår, fotavtryck; ~**-race** kappspringning; ~**-rule** tumstock (en fot lång); ~**-slogger** *mil. sl* infanterist; ~**-slogging** *mil. sl* marsch; ~**sore** ömfotad; ~**step** fotsteg, fjät; ~**stool** [fota]pall; ~**-wear** fotbeklädnad; **footage** antal fot (is. i filmspråk); **footer** *sl* fotboll; **footing** fotfäste, totalsumma, fotstycke; **on an equal footing with** på jämlik fot med
footle [*fu:tl*] *fam.* strunt, dårskap; bära sig fånigt åt; **footling** idiotisk
foots [*futs*] *amr. sl* förk. f. *footlights* rampljus
footy [*futi*] eländig, ynklig
foozle [*fu:zl*] *sl* misslyckat slag osv., bom, gubbstut; fördärva, missa; **foozlified** [*fu:zlifaid*] *sjö. sl* drucken; **foozling** fånig
fop [*fɔp*] snobb, narr; ~**-doodle** *amr. sl* narr, dåre
for [*fɔ:, fə*] ty, för; i stället för, (om tid) under, i, på, till förmån för, med hänsyn till, som, av, på grund av, trots, motsvarande, angående, som .. betraktad, för att vara; **as** ~ vad beträffar; **but** ~ **him** om ej han hade varit; **hard up** ~ **money** i svår penningknipa; ~ **two years** i två års tid, på två år; ~ **all I know** så vitt jag vet; ~ **all that** trots allt, likväl; **was** ~ **all the world like** liknade fullständigt; ~ **better** ~ **worse** under alla omständigheter; ~ **fear of** av fruktan för; ~ **sale** till salu; ~ **want of** av brist på; **ask** ~ bedja om; **be** ~ vara anhängare av el. stämd för; **be** ~ **it** *mil. sl* råka fast; **cry** ~ ropa på, kräva; **long** ~ längta efter; **make** ~ styra mot; **mistake** ~ förväxla med; **run** ~ **it** ge sig av, springa, lägga benen på ryggen; **send** ~ sända bud efter, skicka efter; **wait** ~, vänta på; **wish** ~ önska
forage [*fɔridʒ*] foder, foderanskaffning; fodra, furagera, söka [efter]; ~**-cap** *mil.* lägermössa
foramen [*fərei'mən*] öppning, hål
foray [*fɔrei*] plundringståg; plundra
forbad[**e**] [*fəbæ'd*] förbjöd (se *forbid*)
forbear [*fɔ:bɛ'ə*] (*oregelb. vb*) avhålla sig från, underlåta, vara tålig, ha fördrag; **forbearance** [*fɔ:bɛ'ər(ə)ns*] avhållelse, tålamod, överseende
forbid [*fəbi'd*] (*oregelb. vb*) förbjuda; ~ **him the house** portförbjuda honom; **forbidding** stötande, ogästvänlig
forbore [*fɔ:bɔ:'*], **forborne** [*fɔ:bɔ:'n*], avhöll, avhållit sig från (se *forbear*)
forbye [*fɔ:bai'*] (*Skottl.*) förbi, dessutom
force [*fɔ:s*] kraft, styrka, (*mil.* is. *pl*) trupp, makt, tvång, innebörd; tvinga, forcera, betvinga, driva fram, bryta upp; **the** ~ polisen; **in** ~ i stort antal; **by** ~ **of** i kraft av, med hjälp av; ~ **a p.'s hand** tvinga ngn att bekänna färg (också *fig.*); ~ **the pace** (i sport) forcera farten; **forced landing** *flyg.* nödlandning; **forced march** forcerad marsch, ilmarsch; ~**-pump** tryckpump; **forcedly** [*fɔ:sidli*] forcerat
force-meat [*fɔ:smi:t*] köttfärs
forceps [*fɔ:seps*] tång; ~ **delivery** *med.* tångförlossning
forcible [*fɔ:sibl*] kraftig, verkningsfull, övertygande, tvångs- (t. ex. ~ **feeding** tvångsmatning)
Ford [*fɔ:d*] Ford, fordbil
ford [*fɔ:d*] vadställe; vada över; **fordable** [*fɔ:dəbl*] vadbar
fordone [*fɔ:dʌ'n*] helt utmattad
fore [*fɔ:*] framdel, *sjö.* för, fockmast; främst, främre, framtill belägen; **to the** ~ till hands, aktuell, i livet; **be to the** ~ föreligga; **come to the** ~ komma i förgrunden
fore- [*fɔ:-*] förut-, för[e]-, fram-
forearm [*fɔ:ra:m*] underarm; [*fɔ:ra:'m*] beväpna på förhand
forebode [*fɔ:bou'd*] varsla, ana; **foreboding** varsel, aning
forecast [*fɔ:ka:st*] förhandsberäkning, väderleksförutsägelse, -rapport; [*fɔ:ka:'st*] planlägga, förutse
forecastle, fo'c'sle [*fouksl*] *sjö.* back, skans
foreclose [*fɔ:klou'z*] utestänga, förhindra, avskära [från], föregripa; **foreclosure** [*fɔ:klou'ʒə*] utestängning etc., *jur.* upphävande av gäldenärs inlösningsrätt till inteckad egendom
forefathers [*fɔ:fa:ðəz*] förfäder
forefinger [*fɔ:fiŋgə*] pekfinger
forefoot [*fɔ:fut*] framben

foregather se *forgather*
forego [*fɔ:gou'*] (*oregelb. vb*) gå framför el. förut, avstå ifrån, uppgiva; **foregone** [*fɔ:gɔn, fɔ:gɔ(:)'n*] förhands-, föregående
foreground [*fɔ:graund*] förgrund
forehand [*fɔ:hænd*] (hästs) framdel, bog, (i tennis) forehand; forehand-; **forehanded** förtänksam, välbärgad
forehead [*fɔrid, fɔred*] panna
foreign [*fɔrin*] främmande, utländsk, *amr.* från en annan stat; **the F— Office** utrikesdepartementet i London; ~ **parts** utlandet; ~ **trade** utrikeshandel; **foreigner** [*fɔrinə*] utlänning
foreknow [*fɔ:nou'*] veta på förhand; **foreknowledge** [*fɔ:nɔ'lidʒ*] vetskap på förhand
foreland [*fɔ:lənd*] udde, markremsa
forelock [*fɔ:lɔk*] pannlugg; **seize time by the** ~ gripa tillfället i flykten, nyttja tiden väl
foremast [*fɔ:ma:st*, (sjömansuttal:) *fɔ:məst*] *sjö.* fockmast
foremost [*fɔ:moust, -məst*] främst, först, bäst; **first and** ~ först och främst; **head** ~ huvudstupa, på huvudet
forenoon [*fɔ:nu:n*] förmiddag
forensic [*fəre'nsik*] juridisk, rätts-
foreordain [*fɔ:'rɔ:dei'n*] förutbestämma
foresail [*fɔ:seil*, (sjömansuttal:) *fɔ:sl*] *sjö.* fock
foresee [*fɔ:si:'*] (*oregelb. vb*, som *see*) förutse
foreshadow [*fɔ:ʃæ'dou*] varsla, vara en förelöpare till
foresheet [*fɔ:ʃi:t*] fockskot
foreshore [*fɔ:ʃɔ:*] yttersta strand
foreshorten [*fɔ:ʃɔ:'tn*] förkorta
foreshow [*fɔ:ʃou'*] förutsäga
foresight [*fɔ:sait*] förutseende, försiktighet, korn (på gevär)
foreskin [*fɔ:skin*] *anat.* förhud
forest [*fɔrist*] skog, (kungligt) jaktområde; plantera skog; **forester** [*fɔristə*] skogvaktare, skogsbo; **forestry** [*fɔristri*] skogsbruk, -vetenskap
forestall [*fɔ:stɔ:'l*] förekomma, gå i förväg
foretaste [*fɔ:teist*] försmak; [*fɔ:tei'st*] få en försmak av
foretell [*fɔ:te'l*] förutsäga
forethought [*fɔ:þɔ:t*] omtanke, försiktighet
foretoken [*fɔ:toukn*] varsel; [*fɔ:tou'kn*] varsla om
foretop [*fɔ:tɔp*, (sjömansuttal:) *fɔ:təp*] *sjö.* fockmärs
forewarn [*fɔ:wɔ:'n*] varsko
foreword [*fɔ:wə:d*] förord
forfeit [*fɔ:fit*] förbrutet gods, förbrytelse, böter, *pl* panter, pantlek; förbruten, förspilld; förverka, förspilla, mista; **forfeiture** [*fɔ:fitʃə*] förverkande, förlust
forfend [*fɔ:fe'nd*] avvända, förbjuda, (is. i) **God** ~!
forgather [*fɔ:gæ'ðə*] samlas
forgave [*fəgei'v*] förlät (se *forgive*)
forge [*fɔ:dʒ*] smedja, ässja; smida, uppdikta, förfalska; pina sig fram; **forgery** [*fɔ:dʒəri*] förfalskning, efterapning, falsarium
forget [*fəge't*] (*oregelb. vb*) glömma, icke minnas; **I** ~ jag har glömt, kommer inte ihåg; ~ **it** glöm det, låt det vara, var tyst! ~**-me-not** *bot.* förgätmigej; **forgetful** [*fəge'tf(u)l*] glömsk; **forgetfulness** glömska
forgive [*fəgi'v*] (*oregelb. vb*) förlåta, efterskänka; **forgiven** [*fəgi'vn*] förlåtit, efterskänkt; **forgiveness** [*fəgi'vnis*] förlåtelse, efterskänkande
forgo [*fɔ:gou'*] (*oregelb. vb* som *go*) se också *forego*
forgot [*fəgɔ't*] glömde; **forgotten** [*fəgɔ'tn*] glömt (se *forget*)
fork [*fɔ:k*] gaffel, förgrening, tjuga, grep, stämgaffel, biflod, delningspunkt; lyfta (kasta, gräva etc.) med grep el. gaffel, dela sig, förgrena sig; ~ **out** el. **up** *sl* betala; ~ **over** *sl* överlämna, punga ut med; **forked lightning** (också *fork*) grenblixt
forlorn [*fəlɔ:'n*] övergiven, ödslig, ömklig, hopplös; ~ **hope** *mil.* stormkolonn; hopplöst företag

form [*fɔ:m*] form, gestalt, [skol]klass, skick, ordning, metod, formulär, formel, blankett, formalitet, uppförande, stånd (tillstånd), humör, lång bänk utan ryggstöd, skolbänk, (hares) lega, kondition; forma, dana, bilda, taga form, bildas, utbilda, träna, *mil.* uppställa, formera, utveckla; **fill in (up) a** ~ ifylla en blankett; **good (bad)** ~ god (icke god) ton; **be in** ~ vara i god kondition; **in great** ~ vid förträffligt humör; ~ **a word** bilda ett ord; ~ **up** *mil.* formera sig, ställa upp sig
-form [*-fɔ:m*] -formad (t. ex. *cuneiform*)
formal [*fɔ:m(ə)l*] formell, form-, yttre, sken-, stel; uttrycklig, formlig; **formalism** [*fɔ:məlizm*] formalism; **formalist** [*-st*] formalist; **formality** [*fɔ:mæ'liti*] formalitet, stelhet
formalin [*fɔ:məlin*] formalin
format [*fɔ:ma:*] format
formation [*fɔ:mei'ʃ(ə)n*] formation (också *mil.*), gestaltning, bildning (också *geol.*)
formative [*fɔ:mətiv*] *gram.* ordbildningselement; formande, form-, avlednings-
forme [*fɔ:m*] *boktr.* form (också *form*)
former [*fɔ:mə*] tidigare, förstnämnd, förre; **formerly** fordom, förut
formic [*fɔ:mik*] myr-; ~ **acid** *kem.* myrsyra
formication [*fɔ:mikei'ʃ(ə)n*] *med.* myrkrypning i huden
formidable [*fɔ:midəbl*] fruktansvärd, förfärlig
formula [*fɔ:mjulə*] formel, recept; **formulary** [*fɔ:mjuləri*] formelsamling; formel-; **formulate** [*fɔ:mjuleit*] formulera; **formulation** [*fɔ:mjulei'ʃ(ə)n*] formulering; **formulism** [*fɔ:mjulizm*] formalism
fornicate [*fɔ:nikeit*] bedriva otukt; **fornication** [*fɔ:nikei'ʃ(ə)n*] boleri, hor; **fornicator** [*fɔ:nikeitə*] bolare, horkarl
forrader [*fɔrədə*] *fam.* längre fram[me], vidare (av *forward*)
forsake [*fəsei'k*] (*oregelb. vb*) övergiva, lämna i sticket, uppgiva, avstå från; **forsaken** [*fəsei'kn*] övergiven etc.; **forsook** [*fəsu'k*] övergav etc.
forsooth [*fəsu:'þ*] minsann, sannerligen
forswear [*fəswɛ'ə*] (*oregelb. vb*, som *swear*) avsvärja, försvärja sig, begå mened
fort [*fɔ:t*] *mil.* fort; (i Amerika) handelsstation; **fortalice** [*fɔ:təlis*] litet fort
forte [*fɔ:t*] (ens) starka sida, styrka; [*fɔ:ti*] *mus.* forte
forth [*fɔ:þ*] fram, framåt, till synes, utan vidare **and so** ~ och så vidare; **forthcoming** snart utkommande, förestående, till hands; **forthright** [*fɔ:þrait*] rättfram, öppenhjärtig; **forthwith** [*fɔ:'þwi'þ, -wi'ð*] genast, skyndsamt
fortieth [*fɔ:tiiþ*] fyrtionde; fyrtiondedel
fortification [*fɔ:tifikei'ʃ(ə)n*] befästningskonst, befästning; **fortify** [*fɔ:tifai*] förstärka, styrka, bekräfta, befästa
fortitude [*fɔ:titju:d*] mod, själsstyrka
fortnight [*fɔ:tnait*] fjorton dagar; **fortnightly** [*fɔ:tnaitli*] utkommande var fjortonde dag
fortress [*fɔ:tris*] fästning
fortuitous [*fɔ:tju'itəs*] tillfällig; **fortuity** [*fɔ:tju'iti*] tillfällighet
fortune [*fɔ:tʃən*] öde, lycka, förmögenhet; **F—** [*fɔ:tju:n*] Fortuna (lyckans gudinna); **it will make your** ~ det kommer att göra dig rik; **marry** ~ göra ett gott parti; **have one's** ~ **told** bli spådd; ~**-hunter** lyckojägare; ~**-teller** spåman, spåkvinna; **fortunate** [*fɔ:tʃənit*] gynnad av lyckan, lycklig; **fortunately** lyckligtvis
forty [*fɔ:ti*] fyrtio; ~ **winks** middagslur; **the Forty-five** det stuartska upproret 1745; ~**-niner** *amr.* (tidig) guldgrävare i Kalifornien (1849)
forum [*fɔ:rəm*] forum, domstol
forward [*fɔ:wəd*] (i fotboll) forward; framtill belägen, avancerad, långt hunnen, *hand.* framtida, välutvecklad, brådmogen, **ivrig, rask,** överilad, näsvis, framfusig; **framåt, vidare;**

framhjälpa, framsända, vidarebefordra, eftersända, *hand.* [av]sända; ~ **delivery** *hand.* senare leverans; **bring** ~ komma fram med; **look** ~ **to** emotse, längta efter; **make [charges]** ~ *hand.* uttaga omkostnader i efterskott; **send** ~ (också) sända i förväg; **get any forwarder** el. *fam.* **forrader** göra framsteg, komma vidare; **forwardly** näsvist

forwards [*fɔ:wədz*] framåt etc. (se *forward*)

fosse [*fɔs*] *mil.* [löp]grav

fossick [*fɔsik*] (australisk *sl*) rota, leta efter guld, snoka, arbeta hårt utan framgång

fossil [*fɔsl, fɔsil*] *geol.* förstening, *fig.* petrifikat; *geol.* fossil, förstenad, *fig.* antikverad, hopplöst föråldrad; **fossilize** [*fɔsilaiz*] förstena[s]

foster [*fɔstə*] nära (känslor), fostra, gynna; ~**-brother** (etc.) fosterbroder (etc.); ~**-mother** (också) äggkläckningsapparat; **fosterage** [*fɔstəridʒ*] uppfostran; **fosterling** fosterbarn

fought [*fɔ:t*] kämpade, kämpat (se *fight*)

foul [*faul*] sammanstötning, förveckling, brott mot reglerna (i sport etc.); stinkande, smutsig, rutten, oren, oanständig, oärlig, otäck, ruskig (om väder), mot-(vind); smutsa, bringa i oordning, bli invecklad, stöta ihop med, blockera; **the** ~ **fiend** djävulen; **fair or** ~ i vått och torrt; ~ **play** oärligt spel, *fig.* förräderi, sattyg; **fall** el. **run** ~ **of** *sjö.* kollidera med, stöta emot; **play** ~ spela falskt (också *fig.*); ~**-mouthed** [*fau'lmau'ðd*] rå, grov; **foully** skändligt, vidrigt

foumart [*fu:ma:t*] *zool.* iller

found 1) [*faund*] grundlägga, stifta, bygga el. vila (**upon** el. **on** på, is. *fig.*), basera; **founder** [*faundə*] grundläggare, stiftare; ~**'s kin** grundläggarens (privilegierade) släktingar; ~**'s share** stamaktie

found 2) [*faund*] stöpa, smälta, gjuta; **founder** [*faundə*] gjutare; **foundry** [*faundri*] gjuteri

found 3) [*faund*] fann, funnit (se *find*)

foundation [*faundei'ʃ(ə)n*] stiftelse, inrättning, grundval, grund, fundament, bas; **be on the** ~ vara frielev; ~ **muslin** kanfas; ~**-school** donationsskola; ~**-stone** grundsten; **foundationer** [*faundei'ʃ(ə)nə*] stipendiat, frielev

founder [*faundə*] *sjö.* o. *fig.* stranda, sjunka, förlisa, segla (fartyg) i kvav, (i golf) slå i jorden, sjunka samman, ge efter, störta in, (om häst) bli el. rida halt, spränga (häst), fastna i kärr; se också *found* 1) och 2)

foundling [*faundliŋ*] hittebarn

foundress [*faundris*] stiftarinna

foundry [*faundri*] gjuteri

fount [*faunt*] stilsats, källa, brunn, lampreservoar

fountain [*fauntin*] källa, fontän, reservoar; ~**-head** flods källa, upprinnelse, urkälla; ~ **pen** reservoarpenna

four [*fɔ:*] fyra; **by** ~**s** fyra och fyra; **on all** ~**s** på alla fyra; ~**-by-two** läskstång; ~**-cycle** fyrtakts-; ~**-eyes** *sl* man med glasögon; ~**-flush[er]** *amr. sl* svindlare, hycklare, skrävlare; ~**-in-hand** fyrspann; ~ **point suspension** *auto.* fyrpunktsupphängning; ~**-poster** dubbelsäng; ~**-seater** fyrsitsig bil; ~**some** (i golf) spel med fyra deltagare, sällskap om fyra; ~**-square** fyrkantig, stadig, bastant; ~**-stroke** fyrtaktsmotor; ~**ways** korsväg; ~**-wheeler** fyrhjulig droska

fourteen [*fɔ:ti:'n*] fjorton; **fourteenth** fjortondedel; fjortonde

fourth [*fɔ:þ*] fjärdedel; fjärde; **the F— of July** frihetsdagen i Amerika; **the** ~ **estate** den fjärde (tredje) statsmakten (pressen)

fowl [*faul*] fjäderfä, höns, (sällan) fågel; jaga, skjuta el. fånga fåglar; ~**-run** hönsgård; **fowling-piece** fågelbössa; **fowler** [*faulə*] fågelfängare

fox [*fɔks*] räv (också *fig.*), *amr. sl* person som reser **utan biljett**; glätta (papper), *sl* hålla öga på, narra, spela komedi; **catch a** ~ *sl* dricka sig berusad; ~ **and geese** rävspel; ~**-brush** rävsvans; ~**-earth** rävlya, gryt; ~**glove** *bot.* digitalis, fingerborgsblomma; ~**hound** rävhund; ~**-hunter** rävjägare; ~**trot** foxtrot (dans); **foxy** rävlik, slug, rödhårig, fläckig, *amr.* flott

frabjous [*fræbdʒəs*] glad (?), utomordentlig (?) (första gången använt i *Alice in Wonderland*; betydelsen osäker)

fracas [*fræka:*] oväsen, bråk

fraction [*frækʃ(ə)n*] bråk, bråkdel; **(im)proper** ~ (o)egentligt bråk; **vulgar** ~ vanligt bråk; **fractional** [*frækʃ(ə)nəl*] bruten, bråk-, obetydlig

fractious [*frækʃəs*] oregerlig, tredsk

fracture [*fræktʃə*] *med.* brytning, brott; bryta, brista

fragile [*frædʒail*] skör, spröd, bräcklig; **fragility** [*frədʒi'liti*] bräcklighet etc.

fragment [*frægmənt*] fragment, brottstycke, skärva; **fragmentary** [*frægmənt(ə)ri*] fragmentarisk, lösryckt

fragrance [*freigrəns*] vällukt, doft; **fragrant** doftande, välluktande

frail [*freil*] *amr. sl* flicka, sävkorg; bräcklig, skröplig, skör, svag, lätt på foten; **frailty** [*freilti*] skröplighet, svaghet

frame [*freim*] form, gestalt, organisation, system, byggnad, tillstånd, ram, ställ, stomme, *auto.* bilram, chassiram, cykelram, drivbänk, kroppsbyggnad, *sl* rond (i boxningskamp); forma, gestalta, inrätta, uttänka, arta sig, bygga, sätta ihop, koka ihop, inrama, infatta, tjäna som ram för; ~ **of mind** sinnesstämning; ~ **well** arta sig; ~**-house** *amr.* fackverkshus; ~**-up** *sl* sammansvärjning, falsk anklagelse, fälla; ingå sammansvärjning; ~**work** stomme, inre byggnad (också *fig.*), fackverk

franc [*fræŋk*] franc (franskt mynt)

France [*fra:ns*] Frankrike

franchise [*fræn(t)ʃaiz*] rösträtt, medborgarrätt, privilegium, koncession

Franciscan [*frænsi'skən*] franciskan[munk]; franciskansk

Franco- [*fræŋkou-*] fransk-, t. ex. ~**phil[e]** [*-fil*] franskvänlig [person]

frangible [*frændʒibl*] bräcklig, skör

frangipane [*frændʒipein*] jasminparfym, ett slags mandelkaka

Frank [*fræŋk*] Frank (namn), frank[er]; **Frankish** frankisk

frank [*fræŋk*] frankerat brev; uppriktig, öppen, ohöljd; frankera

frankincense [*fræŋkinsens*] virak, rökelse

franklin [*fræŋklin*] storbonde (under medeltiden)

frantic [*fræntik*] vild, vanvettig, upphetsad, våldsam

frap [*fræp*] *sjö.* surra

frat [*fræt*] *amr. sl* förk. f. *fraternity*

fraternal [*frətə:'n(ə)l*] broderlig; **fraternity** [*frətə:'niti*] broderlighet, broderskap; *amr.* studentförening; **fraternize** [*frætənaiz*] umgås förtroligt med, fraternisera

fratricide [*frætrisaid*] brodermord, brodermördare

fraud [*frɔ:d*] bedrägeri, svindel, svek, bedragare, svindlare; **fraudulence** [*frɔ:djuləns*] svekfullhet; **fraudulent** bedräglig, svekfull

fraught [*frɔ:t*] **with** uppfylld av, som bär i sitt sköte

fray [*frei*] strid, kamp, slitet ställe, frans; nöta, slita[s], fransa sig; **frayed** sliten, fransig, irriterad

frazzle [*fræzl*] *amr.* (tillstånd av) utmattning; fransa [sig], bli trådsliten, trötta ut; **worn to a** ~ *amr.* utsliten; **frazzled [out]** *amr.* utmattad

freak [*fri:k*] nyck, infall, abnormitet; **freakish** [*fri:kiʃ*] nyckfull, konstig

freckle [*frekl*] fräkne; göra el. bli fräknig

free [*fri:*] fri, oavhängig, tillåten, som äger medborgarrätt, oförtjänt, gratis, givmild, öppen, dristig, oförskämd, oanständig; befria, fritaga;

make ~ to taga sig friheten att; **make ~ with** taga sig friheter mot; **make ~ of this city** upptaga som medborgare i denna stad; **I am ~ to confess** jag skall villigt tillstå; **~ from** fri från; **~ of his money** frikostig; **~ of charges** *hand.* franko; **~ and easy** (också *~-and-easy*) otvungen samvaro; otvungen, ogenerad; **~ fight** slagsmål (som de omkringstående blanda sig i); **a ~ hand** *fig.* fria händer; **~ labour** oorganiserad arbetskraft; **~-thinker** fritänkare; **~ trade** frihandel; **~booter** fribytare; **~-hand** frihandsteckning; **~-handed** frikostig; **~hold** egendom med full besittningsrätt; **~holder** innehavare av *freehold*; **~-lance** medeltida legoknekt, sin egen herre, vilde (*pol.*), fri journalist, frilans; vara sin egen herre etc.; **~-list** förteckning över tullfria varor el. personer med fribiljetter; **~man** borgare; **~mason** frimurare; **~masonry** frimureri; **~-pass** fribiljett, fripass; **~port** *hand.* frihamn; **~stone** *geol.* kvadersten, sandsten; **~-thinking** fritänkeri; **~-trader** frihandlare; **~-will** frivillig

freedman [*fri:dmən*] frigiven (slav)

freedom [*fri:dəm*] frihet, frigjordhet, lätthet, borgarrätt, fritt tillträde; **~ of this city** borgarrätt, hedersborgarskap; **take ~s with** taga sig friheter gentemot

freeze [*fri:z*] (*oregelb. vb*) frysa, stelna (av köld), tillfrysa, förfrysa, *fig.* isa, förlama; **~ on to** *sl fig.* hålla fast vid, bli fäst vid; **~ out** *sl fig.* konkurrera ut; **freezer** glassmaskin, frysbox; **freezing** iskall (också *fig.*); **freezing-point** fryspunkt; **frozen** frusen etc., *amr.* ovillig att köpa

freight [*freit*] frakt, last, skeppslast; *amr.* godståg; [be]frakta, lasta; **freightage** [*freitidʒ*] befraktning, frakt, last, laddning; **freighter** [*freitə*] lastbåt

French [*fren(t)ʃ*] franska (språket); fransk; **~ bean** skärböna; **~ chalk** talk; **~ horn** valthorn; **~ leave** franskt avsked (utan att säga adjö), rymning; **~man** fransman; **~ polish** schellack; **~ window** glasdörr; **Frenchy** (skämtsamt) fransman, *sl* utlänning; lättsinnig

frenzy [*frenzi*] ursinne, raseri, vanvett; **frenzied** [*frenzid*] vild av raseri

frequency [*fri:kwənsi*] frekvens, vanlighet, talrikhet; **frequent** ofta förekommande, allmän, snabb; [*frikwe'nt*] ofta besöka, frekventera; **frequently** ofta, flitigt, titt och tätt

fresco [*freskou*] freskomåleri, fresk

fresh [*freʃ*] frisk, färsk, ny, *sl* 'påstruken', fräck, försigkommen, grön, blomstrande; **~ paint!** nymålat! **~ air fiend** friluftsfanatiker; **as ~ as paint** pigg som en mört; **~man** recentior, novis; **~water** sötvatten; **freshen** friska upp, öka (om vind); **freshener** promenad för att hämta frisk luft; **fresher** = *freshman*; **freshet** [*freʃit*] översvämning; **freshly** kraftigt, friskt, nyligen

fret 1) [*fret*] alagreckbård, -mönster, *mus.* tvärband (på gripbräde); **~work** lövsågsarbete

fret 2) [*fret*] irritation, förargelse, häftighet, oro; gnaga, slita på, irritera, nöta, tära, fräta, förarga sig, gräma sig, (om vatten) krusa sig; **~ and fume** skumma av raseri; **fretful** irritabel, otålig, (om vind) byig

Freud [*frɔid*] Freud; **Freudian** [*frɔidiən*] freudian; freudiansk

friable [*fraiəbl*] skör, lös

friar [*fraiə*] [tiggar]munk; **friary** [*fraiəri*] munkkloster

fribble [*fribl*] narr, fjant; slarva, fördriva tiden

fricandeau [*frikəndou*] ett slags kalvkyckling

fricassee [*frikəsi:'*] frikassé; frikassera

fricative [*frikətiv*] *fonet.* gnidljud, frikativa; frikativ

friction [*frikʃ(ə)n*] gnidning, friktion; **~-clutch** friktionskoppling

Friday [*fraidi*] fredag; **Good ~** långfredag

friend [*frend*] vän; **F—** kväkare; **the Society of F—s** kväkarna; **my learned ~** (advokats benämning på kollega inför rätta); **be el. keep (make) ~s with** vara (bli) god vän med

friendly [*frendli*] vänlig, vänskaplig; **F— Society** förening för ömsesidig hjälp; **be ~ with** vara god vän med

friendship [*frendʃip*] vänskap

frier [*fraiə*] (is.) fiskstekpanna (se *fry* 2)

frieze [*fri:z*] fris, ylletyg (med grov lugg på ena sidan)

frigate [*frigit*] *sjö.* fregatt, *zool.* fregattfågel

fright [*frait*] skräck, fruktan, *fig.* fågelskrämma; **look a ~** se ut som en fågelskrämma; **frighten** [*fraitn*] skrämma; **frightened** förskräckt, rädd; **frightful** förskräcklig, förfärlig, hemsk, väldig, stor; **frightfulness** vederstygglighet, terrorisering (av civilbefolkning)

frigid [*fridʒid*] kall, formell; **frigidity** [*fridʒi'diti*] köld

frill [*fril*] krås, veckad remsa, *pl* choser, grannlåter; rynka, krusa; **put on ~s** *sl* ta sig förnäma miner; **frillies** *fam.* damunderkläder

fringe [*frin(d)ʒ*] frans, pannlugg, kant, utkant; pryda med fransar

frippery [*fripəri*] bjäfs, prål

Frisian [*friziən*] fris, frisiska (språket); frisisk

frisk [*frisk*] *amr.* visitering; hoppa, skutta, dansa, *amr. sl* visitera; **frisky** yster, lekfull, livlig

frith se *firth*

fritter [*fritə*] ett slags liten pannkaka (ofta med inbakad frukt); plottra bort

Fritz [*frits*], **Fritzie** [*fritsi*] *fam.* tysk soldat, tysk; **put on the ~ (f—)** *amr. sl* spoliera alltsamman

frivol [*friv(ə)l*] *fam.* fars; slarva, tramsa; **frivolity** [*frivɔ'liti*] lättsinne, tomhet, ytlighet; **frivolous** [*frivələs*] obetydlig, intetsägande, lättsinnig, innehållslös, ytlig, nöjeslysten

friz[z] 1) [*friz*], **frizzle** [*frizl*] krusat hår; krusa

frizz 2) [*friz*] fräsa (i stekpannan); **frizzle** [*frizl*] steka, fräsa

fro [*frou*]; **to and ~** fram och tillbaka

frock [*frɔk*] munkkåpa, kolt, damklänning, bonjour, militärrock, sjömanströja, arbetsblus; **~-coat** bonjour

frog [*frɔg*] groda, stråle (i hästhov), kordongknapp på uniform, klack för bajonett, hjärtplåt, *sl* fransman; **~ in the throat** 'tupp' i halsen; **~-march** bära en person i alla fyra lemmarna med ansiktet nedåt; **~-sticker** *amr. sl* fickkniv; **froggie** *sl* fransk soldat

frolic [*frɔlik*] glad tillställning, skoj, *amr.* underhållning; rasa, roa sig (*amr.* också *frolicate* [*frɔlikeit*]); **frolicsome** [*frɔliksəm*] uppsluppen

from [*frɔm, frəm*] från, av, på grund av, efter; **suffer ~** lida av; **~ a child** från barndomen; **~ home** icke hemma; **~ nature** efter naturen el. verkligheten

frond [*frɔnd*] *bot.* ormbunksblad, palmblad; **frondage** [*frɔndidʒ*] *bot. koll.* ormbunksblad, palmblad

front [*frʌnt*] front, framsida, främre del, första rad, strandpromenad, löshår över pannan, skjortbröst, halsduk, fasad, panna, ansikte, fräckhet, *amr.* situation; mot gatan, främre, främst, front-; göra front mot, vända mot; **come to the ~** komma i förgrunden; **have the ~ to** ha fräckheten att; **show a bold ~** ha obesvärad uppsyn; **in ~ [of]** framför; **two-pair ~** rum åt gatan två trappor upp; **the ~ bench** (i underhuset) ministerbänken; **~ on the street** vetta mot gatan; **~ door** gatudörr, huvudingång; **frontage** [*frʌntidʒ*] fasad, frontlinje; **frontal** [*frʌntl*] fasad; pann-, front-, frontal; **frontier** [*frʌntjə, frɔn-*] [land]gräns; **frontispiece** [*frʌntispi:s, frɔn-*] frontespis, fasad, titelbild, *sl* ansikte; **frontlet** [*frʌntlit*] pannband; **frontward** [*frʌntwəd*] framåtvänd

frost [*frɔst*] frost, rimfrost, *sl* fiasko, besvikelse; frysa, glasera, frostskada, brodda (hästskor); **blue** ~ *kem.* smalts, pulvriserat koboltglas; **white** ~ rimfrost; **black** ~ barfrost; **frosted glass** matt glas; ~**-bite** *med.* frost-, kylskada; ~**-work** isblommor på fönster; **frosting** glasyr, matt yta; **frosty** frost-, frostig, rimfrostklädd, grånad, *sl* kopparrig
froth [*frɔþ*] skum, fradga, tomt prat; skumma, bringa att skumma; ~**-blower** *sl* öldrickare; **frothy** [*frɔ(:)þi*] skummande, fradgande, *fig.* innehållslös
frou-frou [*fru:fru:*] klännings frasande
frown [*fraun*] rynkad panna, bister uppsyn, sura miner; rynka pannan, se ogillande (hotande, dyster) ut; ~ **down** kuva (med en blick); ~ [**up**]**on** el. **at** se vredgat på
frowst [*fraust*] *fam.* instängd luft; vara en stuggris; **frowsty** *fam.* instängd, kvav
frowsy, frowzy [*frauzi*] stinkande, unken, snuskig, slampig
frowy [*fraui*] *amr.* illaluktande
froze [*frouz*] frös; **frozen** [*frouzn*] frusit (se *freeze*)
fructification [*frʌktifikei'ʃ(ə)n*] befruktning, befruktningsorgan (is. på ormbunkar etc.); **fructify** [*frʌktifai*] befrukta, bära frukt
frugal [*fru:g(ə)l*] sparsam, måttlig, knapp, torftig; **frugality** [*frugæ'liti*] sparsamhet, förnöjsamhet, enkelhet, torftighet etc.
fruice [*fru:s*] *amr. sl* fruktsaft (*fruit juice*)
fruit [*fru:t*] frukt, avkomma, *fig.* resultat, avkastning; bära frukt; **fruitage** [*fru:tidʒ*] frukt (*koll.*), fruktskörd; **fruitarian** [*fru:tɛ'əriən*] en som lever på frukt, råkostätare; **fruiter** [*fru:tə*] fruktfartyg, frukträd, fruktodlare; **fruiterer** [*fru:tərə*] frukthandlare; **fruitful** fruktbar, fruktbringande, givande; **fruitless** fruktlös, fåfäng, ofruktbar; **fruiteria** [*fru:ti'əriə*] *amr.* fruktaffär (med självbetjäning)
fruition [*frui'ʃ(ə)n*] njutning av ngt, förverkligande
fruity [*fru:ti*] frukt-, med fruktsmak
frumenty [*fru:mənti*] vetevälling
frump [*frʌmp*] gammal tant; **frumpish, frumpy** tantaktig, gammalmodigt klädd
frustrate [*frʌstrei't, frʌstreit*] omintetgöra, svika, gäcka, korsa
frustum [*frʌstəm*] brottstycke, stump, stympad kon
frutescent [*frute'sənt*], **fruticose** [*fru:tikous*] *bot.* buskartad
fry 1) [*frai*] *zool.* fiskyngel, gli, två års lax; **small** ~ *fig.* småfolk, barnungar
fry 2) [*frai*] stekt kött; steka (i panna), stekas; **frying-pan** stekpanna; **out of the frying-pan into the fire** *fig.* ur askan i elden; **fryer, frier** [*fraiə*] fiskstekpanna
fubsy [*fʌbzi*] kort och tjock
fuchsia [*fju:ʃə*] *bot.* fuchsia
fuck [*fʌk*] *sl* ha samlag
fuddle [*fʌdl*] supperiod, rus; dricka sig berusad, supa; **fuddled** full
fuddy [*fʌdi*] *amr. sl* slampig, slarvig; **fuddy-duddy** [*fʌ'didʌ'di*] *amr. sl* beskäftig person, käringaktig karl
fudge [*fʌdʒ*] humbug, fusk, dumheter, (bland frimärkssamlare) ett oäkta frimärke, ett slags kola, senaste nyhet (i tidning); flicka ihop, dölja fel, fuska
fuel [*fjuil, fjuəl*] bränsle, brännmaterial, *fig.* näring (för passion); mata bränsle, skaffa bränsle, bunkra, tanka; ~ **consumption** *flyg.* bränsleförbrukning; ~ **line** *flyg.* bränsleledning; ~ **oil** brännolja; ~ **pump** *mek.* matarpump
fug [*fʌg*] *sl* instängdhet, kvalm; **fuggy** [*fʌgi*] *sl* instängd, kvav luft
fugitive [*fju:dʒitiv*] flykting; flyende, flyktig
fugle [*fju:gl*] vara talesman el. ordförande; **fugleman** [*fju:glmæn*] ledare, talesman, ordförande
fugue [*fju:g*] *mus.* fuga; komponera el. framföra en fuga
-ful [*-f(u)l*] -full, besittande egenskapen.., benägen för
fulcrum [*fʌlkrəm*] stödje- el. vridpunk
fulfil [*fulfi'l*] uppfylla, fullborda; ~**ment** [*-mənt*] uppfyllande, fullbordan
fulgent [*fʌldʒənt*] strålande, lysande
fulgurate [*fʌlgjureit*] blixtra
full 1) [*ful*] full (*amr.* o. *Skottl.* berusad), uppfylld, fyllig, fullständig, riklig, hel, djup (färg), kraftig; fullt, helt, rakt, *fam.* rikligt; **the** ~ **of it** det hela; **in** ~ fullständigt; **to the** ~ i fullt mått, helt; ~ **up** fullt upptagen; **he hit him** ~ **on the nose** . . rakt på näsan; ~**-back** (i fotboll) målvakt; ~ **brother** köttslig bror; ~ **face** en face; ~ **fig** *sl* aftondräkt; ~ **guy** *amr. sl* flott kavaljer; ~ **stop** punkt; **in** ~ **swing** i full gång; ~**-blooded** fullblods-; ~**-blown** fullt utslagen; ~**-dress rehearsal** generalrepetition; ~**-fledged** fullfjädrad; ~**-grown** fullvuxen; ~**-timer** skolbarn som deltager i alla lektioner
full 2) [*ful*] valka
ful[l]ness [*fulnis*] fullhet, rikedom
fully [*fuli*] helt, fullständigt
fulmar [*fulmə*] *zool.* stormfågel
fulminant [*fʌlminənt*] ljungande, *med.* galopperande, plötslig; **fulminate** [*fʌlmineit*] ljunga, åska, braka, *fig.* ljunga fram, slunga bannstråle; **fulmination** [*fʌlminei'ʃ(ə)n*] ljungande, tordön, bannstråle
fulness se *ful[l]ness*
fulsome [*fulsəm*] motbjudande, äcklig, grov (om smicker etc.)
fulvous [*fʌlvəs*] gulbrun
fumarole [*fju:məroul*] fumarol, het källa
fumble [*fʌmbl*] fumla [med], famla, treva, rota (**for** efter)
fume [*fju:m*] rök, ånga, dunst, *fig.* rus; anfall av häftighet; ryka, röka, färga (trä) mörkt, *fig.* rasa, skumma av raseri; **fumigate** [*fju:migeit*] röka, desinficera, parfymera
fumitory [*fju:mitəri*] *bot.* jordrök (Fumaria)
fun [*fʌn*] nöje, upptåg, roligt, skoj[igt], 'kul'; **make** ~ **of** göra narr av; **for** el. **in** ~ på skämt, för ro skull; **like** ~ *fam.* av tusan; **figure of** ~ komisk figur
funambulist [*fjunæ'mbjulist*] lindansare
function [*fʌŋ(k)ʃ(ə)n*] funktion (också *mat.*), verksamhet, syssla, fest; fungera; **functional** [*fʌŋ(k)ʃənəl*] funktions-; **functionary** [*fʌŋ(k)ʃənəri*] funktionär; funktions-
fund [*fʌnd*] fond, kapital, kassa, insamling, *pl* statsobligationer; fondera, placera i statspapper; **be in** ~**s** ha pengar, vara vid kassa
fundament [*fʌndəmənt*] säte, bakdel
fundamental [*fʌndəme'ntl*] grundregel, *mus.* grundton; fundamental, grundläggande, grund-; ~ **note** *mus.* grundton; **fundamentalist** [*-ist*] *amr.* person som tror på bibelns bokstavliga sanning
funeral [*fju:nərəl*] begravning, *amr.* (också) sorgefest; begravnings-; **that's his** ~ *sl* det blir hans sak; **go on with the** ~ *amr. sl* fortsätta; **funereal** [*fjuni'əriəl*] begravnings-, dyster, trist
fungi [*fʌŋgai, fʌndʒai*] *pl* av *fungus*; **fungicide** [*fʌndʒisaid*] svampdödande medel; **fungoid** [*fʌŋgɔid*], **fungous** [*fʌŋgəs*] svampaktig; **fungus** [*fʌŋgəs*] *bot.* svamp, *amr. sl* gammal gosse
funicular [*fəni'kjulə, fju(:)ni'-*] rep-, kabel-; ~ **railway** linbana, bergbana
funk [*fʌŋk*] rädsla, skräck (*blue* ~), pultron; vara rädd, skolka från; ~**-hole** *mil.* skyddsrum; syssla, varigenom ngn kan undgå krigstjänst, *amr. sl* gömställe, säkert ställe; **funky** rädd, skraj
funkey [*fʌŋki*] *amr. sl* svettluktande
funnel [*fʌn(ə)l*] tratt, rökfång, skorsten (på lokomotiv el. ångbåt)
funny [*fʌni*] lätt roddbåt, *amr. pl* tecknade serier,

skämtsida; lustig, rolig, egendomlig, löjlig; **~-bone** tjuvsena i armbågen; **be hit on the ~-bone** få en änkestöt; **~-man** komiker, clown; **funniment** lustighet, skoj
fur [*fə:*] skinn, pälsverk, fjun, pälsdjur, vinsten, beläggning (på tungan), pannsten; fodra med pälsverk, knacka pannsten; **~ coat** päls; **~ cloak** [dam]päls; **hunt ~** jaga hare
furbelow [*fə:bilou*] garnering (på kjol), *pl* grannlåter
furbish [*fə:biʃ*] polera, putsa (**up** upp)
furcate [*fə:keit, -kit*] tvekluven; [*fə:kei(')t*] förgrena sig
furious [*fjuəriəs*] rasande
furl [*fə:l*] rulla samman, *sjö.* beslå (segel), fälla ihop, hoprullas, -fällas
furlong [*fə:lɔŋ*] 1/8 eng. mil (220 yards)
furlough [*fə:lou*] permission; permittera
furnace [*fə:nis*] smältugn, eldstad, varmt ställe
furnish [*fə:niʃ*] förse, skaffa, leverera, inreda, möblera; **~ particulars** (is. *hand.*) ge närmare upplysningar; **furnishing** utrustning, *pl* inredning
furniture [*fə:nitʃə*] möbler, bohag, tillbehör, utrustning, *sjö.* rigg; **~-picture** 'väggfyllnad'; **~ of one's pocket** *fam.* pengar; **a piece of ~** en möbel; **~-remover** flyttkarl
furore [*fju(ə)rɔ:'ri*] furor; **make a ~** väcka furor
furrier [*fʌriə*] buntmakare, körsnär
furrow [*fʌrou*] fåra, kölvatten, hjulspår; fåra, plöja
furry [*fə:ri*] päls-, pälsklädd etc.
further [*fə:ðə*] (komp. av *far*) ytterligare, längre, fjärmare, närmare (*particulars* etc.); främja; **I'll see you ~ first** aldrig i tiden; **furthermore** dessutom; **furthermost** fjärmast, ytterst; **furtherance** [*fə:ðərəns*] befrämjande; **furthest** [*fə:ðist*] fjärmast, längst bort
furtive [*fə:tiv*] förstulen, hemlig
fury [*fjuəri*] raseri, våldsamhet, furie; **work like ~** arbeta som en galning
furze [*fə:z*] *bot.* gultörne
fuscous [*fʌskəs*] svartbrun el. -grå
fuse [*fju:z*] brandrör, tändrör, lunta, *elektr.* [säkerhets]propp; smälta, sammanslå; **a ~ has gone** en propp har gått; **~-cap** granatspets; **fusible** [*fju:zəbl*] smältbar
fusee [*fju:zi:'*] snäcka (i ur), stormsticka, lunta
fusel [*fju:zl*] **oil** finkelolja
fuselage [*fju:sila:ʒ, -lidʒ*] flygkropp (aeroplanstomme)
fusil [*fju:zil*] *åld.* musköt; **fusilier** [*fju:zili'ə*] musketör; **fusillade** [*fju:zilei'd*] *mil.* gevärseld, fysiljering; beskjuta, fysiljera
fusion [*fju:ʒ(ə)n*] smältning, sammansmältning; **~ administration** *amr.* samlingsregering
fuss [*fʌs*] onödigt bråk, fjäsk, besvär; fjäska, bråka, göra väsen, vara (göra) nervös, *amr.* förvirra, göra förlägen; **make a ~** göra väsen (**about, of** av); **fussed** *amr.* förvirrad, nervös; **fussify** [*fʌsifai*] *amr.* förvirra, göra förlägen; **fussy** beskäftig; **fussy tail** *amr. sl* nervös och omedgörlig person
fustian [*fʌstiən*] manchestersammet, *fig.* svulst, bombastiskt språk; bombastisk, värdelös
fustigate [*fʌstigeit*] (skämtsamt) prygla
fusty [*fʌsti*] unken, förlegad, antikverad (också ~ *musty*)
fut, phut [*fʌt*]; **go ~** explodera, gå sönder
futile [*fju:tail*] fåfäng, onyttig, tom; **futility** [*fjuti'liti*] gagnlöshet, intighet
future [*fju:tʃə*] framtid, *gram.* futurum, tillkommande (man el. hustru), *pl hand.* varor sålda för senare leverans; kommande, framtida, blivande, *gram.* futural; **~ tense** *gram.* futurum; **futurism** [*fju:tʃərizm*] futurism; **futurist** [*-st*] futurist; **futurity** [*fju(:)tju'əriti*] framtid, framtida händelser
fuzz [*fʌz*] fjun, stoft, *amr.* hår, kindskägg, *amr. sl* polis, fångvaktare; **~-face** *amr. sl* ung vagabond; **fuzzy** ullhårig, fjunig, otydlig, *sl* drucken; **Fuzzy-wuzzy** sudanesisk krigare
fy[e] [*fai*] fy
fylfot [*filfɔt*] hakkors

G

G, g [*dʒi:*] (*pl Gs, G's* [*dʒi:z*]) bokstaven G, g, *mus.* g, *amr. sl* 1000 dollars (*a grand*): **G-man** *amr.* förk. f. *Government man* medlem av hemliga polisen
gab [*gæb*] *fam.* prat, struntprat; prata strunt; **hold your ~** håll mun! **gift of the ~** gott munläder; **gabby** *amr.* pratsjuk, näsvis
gabble [*gæbl*] pladder; pladdra
gaberdine [*gæbədi:n*] judisk kaftan, (tyg) gabardin
gabion [*geibiən*] *mil.* skanskorg
gable [*geibl*] gavel, *sl* huvud
gaby [*geibi*] fån, narr
gad [*gæd*] omskrivning för *God* Gud; pigg, metallspets; driva omkring; **~about** dagdrivare, skvallerkäring
gad-fly [*gædflai*] *zool.* broms
gadget [*gædʒit*] manick, knep, tillbehör
gadoid [*geidɔid*] *zool.* torskfisk
Gael [*geil*] gael; **Gaelic** [*geilik*] gaeliska (språket)
gaff [*gæf*] huggkrok, ljuster, gaffel (på mast), *sl* dålig varieté el. teater, prat, mun, brottsligt företag; ta med ljuster el. krok, *amr. sl* lura, straffa; **blow the ~** *sl* skvallra ur skolan
gaffer [*gæfə*] gamling, gubbe, 'kära far', arbetsförman
gag [*gæg*] munkavle, berövande av ordet (i parlamentet), (skådespelares) improvisation, publiknummer, *sl* lögn, *amr. sl* alibi; lägga munkavle på, tysta, improvisera, *sl* ljuga; **gagger** *amr. sl* man som lever på sin hustrus inkomster
gaga [*gægə, ga:'ga:'*] *sl* senil
gage [*geidʒ*] pant, stridshandske, utmaning, *sjö.* vindriktning; sätta i pant; **have the weather ~ of** *sjö.* ligga i lovart om
gaiety [*gei(i)ti*] uppsluppen glädje, förlustelse, grannlåt
gain [*gein*] vinning, vinst, förtjänst, överskott; vinna, nå, förtjäna, övertala, vinna (**by** på), dra sig före (om ur); **~ over** övertala; **~ the day** vinna seger; **~ ground** vinna terräng; **~ one's point** nå sitt mål; **~ upon** vinna på, komma närmare; **gainful** vinstgivande; **gainings** intäkter, förtjänst
gainsay [*geinsei'*] bestrida, motsäga
gait [*geit*] gång, hållning, *amr.* fart, tempo
gaiter [*geitə*] damask; **ready to the last ~ button** alldeles färdig
gal [*gæl*] *sl* flicka (*girl*)
gala [*geilə, ga:lə*] gala, fest, högtidlighet
galantine [*gælənti:n*] aladåb på kött, sylta
galaxy [*gæləksi*] Vintergatan, *fig.* lysande församling
gale [*geil*] *bot.* pors, blåst, *sjö.* kultje, storm (7—10 Beaufort)

galeeny [*gəli:'ni*] *zool.* pärlhöna
Galilean [*gælili(:)'ən*] galilé; galileisk; **Galilee** [*gælili:*] Galiléen; **galilee** vapenhus (i kyrka)
galimatias [*gælimæ'tiəs*] gallimatias
gall [*gɔ:l*] galla, bitterhet, hätskhet, *amr.* fräckhet, mod; skavsår, öm punkt, *bot.* galläpple; skava, irritera, såra
gallant [*gælənt*] tapper, ståtlig, präktig; [*gəlæ'nt, gælənt*] kavaljer, friare; [*gəlæ'nt*] galant; kurtisera, flörta med, beledsaga (dam); **gallantry** [*gæləntri*] tapperhet, galanteri, *pl* galanta äventyr
gallery [*gæləri*] galleri, läktare, tredje raden (på teater), pelargång, konstgalleri, ateljé, korridor; **play to the ~** spela för galleriet, jaga efter mängdens bifall
galley [*gæli*] *sjö.* galär, slup, kabyss, (i typografi) skepp; **~ west** *sl* fan i våld; **~ proof** oombrutet korrektur; **~-slave** galärslav, *sl* faktor
Gallic [*gælik*] gallisk, fransk; **gallicism** [*gælisizm*] franskt uttryckssätt
galligaskins [*gæligæ'skinz*] vida knäbyxor
gallimaufry [*gælimɔ:'fri*] röra, mischmasch
gallinaceous [*gælinei'ʃəs*] *zool.* höns-
gallipot [*gælipɔt*] apoteksburk, *sl* apotekare
gallivant [*gælivæ'nt*] flanera, kurtisera
Gallo- [*gælo-*] gallo-, fransk-
gallon [*gælən*] gallon (mått för våta varor, 4,5 liter, i Amerika 3,8 liter)
galloon [*gəlu:'n*] galon, träns
gallop [*gæləp*] galopp; galoppera; **gallopade** [*gæləpei'd*] galopp[ad]; **galloper** [*gæləpə*] en som galopperar, adjutant, lätt fältkanon
galloway [*gælowei*] liten skotsk häst
gallows [*gælouz*] galge; **~-bird** galgfågel; **~-faced** med galgfysionomi
galoot [*gəlu:'t*] *amr. sl* tölp
galop [*gæləp*] [dansa] galopp
galoptious [*gəlɔ'pʃəs*] *amr. sl* härlig, ljuvlig
galore [*gəlɔ:'*] massvis, i överflöd
galosh[e] [*gəlɔ'ʃ*] galosch
galumph [*gəlʌ'mf*] kråma sig (*gallop + triumph*)
galvanic [*gəlvæ'nik*] galvanisk, *fig.* spasmodisk, forcerad; **galvanism** [*gælvənizm*] galvanism; **galvanize** [*gælvənaiz*] galvanisera; **galvanometer** [*gælvənɔ'mitə*] galvanometer
galway [*gɔlwei*] *amr. sl* (rom.-kat.) präst
gambade [*gəmbei'd*], **gambado** [*gəmbei'dou*] krumsprång
gambit [*gæmbit*] gambit, spelöppning; **what is his ~?** *sl* vad är han ute efter?
gamble [*gæmbl*] högt spel, hasard; spela högt spel, spela hasard, sätta på spel; **gambler** spelare; **gamblesome** hemfallen åt spel; **gambling** hasardspel
gamboge [*gæmbu:'ʒ*] gummigutta (gummiharts)
gambol [*gæmb(ə)l*] krumsprång; hoppa och dansa
game [*geim*] spel, lek, idrottstävling, parti, match, game (i tennis), *pl* sport, idrott, sportartiklar, villebråd, byte, mod, *sl* inbrott, *amr. sl* konkurrens; jakt-, modig, beslutsam, duktig, färdig, lam; spela (om pengar); **fair ~** rättmätigt tillkommande byte; **make ~ of** göra narr av; **play the ~** följa spelets regler, handla just; **I know his ~** jag genomskådar honom; **the ~ is not worth the candle** det lönar sig icke; **none of your ~s!** försök inte (något av dina vanliga knep)! **the ~ is up** spelet är förlorat; **two can play at that ~** det blir vi två om; **are you ~?** är du beredd (villig)? **~-bag** jaktväska; **~-cock** stridstupp; **~keeper** skogvaktare; **~ leg** lamt ben; **gaming-table** spelbord
gamesome [*geimsəm*] lekfull, yster
gamester [*geimstə*] spelare
gamma [*gæmə*] gamma (grekisk bokstav), *zool.* gammafly (en nattfjäril)
gammer [*gæmə*] mor, kära mor
gammon [*gæmən*] rökt skinka, dubbelspel (i bräde), humbug, struntprat; röka skinka, vinna dubbelspel, lura, föra bakom ljuset
gamp [*gæmp*] *fam.* paraply
gams [*gæmz*] *amr. sl pl* kvinnoben
gamut [*gæmət*] *mus.* (etc.) skala, *fig.* område
gamy [*geimi*] rik på villebråd, med 'hög' smak, morsk
gander [*gændə*] gåskarl, dumbom, *amr.* eftersyn; se på; **go gandering** se efter (ngt)
gandy [*gændi*] *amr. sl* järnvägsarbetare (också *~ dancer*)
gang 1) [*gæŋ*] lag, gäng, band, verktygsuppsättning, *amr. sl* baseball-lag; **gang-board** landgång; **ganger** lagförman; **gangster** *amr.* gangster, förbrytare (medlem av ett band)
gang 2) [*gæŋ*] (*Skottl.*) gå; **~ agley** [*əglei'*] gå på tok
gangling [*gæŋgliŋ*] gänglig, slank
ganglion [*gæŋgliən*] *anat.* ganglion, nervknut
gangrene [*gæŋgri:n*] kallbrand; angripa[s] av kallbrand, övergå till kallbrand
gangster [*gæŋstə*] se *gang* 1)
gangway [*gæŋwei*] *sjö.* fallrep, landgång, gångbro, mellangång (i eng. underhuset)
gannet [*gænit*] *zool.* havssula (fågel)
ganoid [*gænɔid*] *zool.* ganoid (fisk)
gantry [*gæntri*], **gauntri** [*gɔ:ntri*] underlag för tunnor, lyftkran m. m.
Ganymede [*gænimi:d*] Ganymedes, ganymed (*skämts.* om kypare)
gaol, jail [*dʒeil*] fängelse; sätta i fängelse; **~-bird** fängelsekund, vaneförbrytare; **gaoler, jailer, jailor** [*dʒeilə*] fångvaktare
gap [*gæp*] öppning, avbrott, klyfta
gape [*geip*] gap, gapande, gäspande; gapa, gäspa, stå och gapa; **the ~s** (låtsad) gäspattack
garage [*gæra:ʒ, gæridʒ, gəra:'ʒ*] garage; [*gæridʒ*] ställa in i garage
garb [*ga:b*] dräkt, skrud; **garbed** klädd, skrudad
garbage [*ga:bidʒ*] avfall (*amr.* is. köksavfall), smutslitteratur; **~-can** avfallstunna; **~-incinerator** *amr.* förbränningsugn
garble [*ga:bl*] förvanska, vanställa
garden [*ga:dn*] trädgård; bedriva trädgårdsskötsel; **back ~** trädgård bakom huset; **~ suburb** villastad; **the G— of Eden** Edens lustgård; **common or ~** *sl* vanlig; **~-frame** drivbänk; **~-house** lusthus; **~-party** trädgårdsfest; **~-stuff** grönsaker och frukt; **gardener** [*ga:d(ə)nə*] trädgårdsmästare; **gardening** trädgårdsarbete, trädgårdsskötsel
gardenia [*ga:di:'niə*] *bot.* gardenia
garfish [*ga:fiʃ*] näbbgädda
Gargantuan [*ga:gæ'ntjuən*] jättelik
gargle [*ga:gl*] gurgelvatten, *sl* dryck; gurgla sig
gargoyle [*ga:gɔil*] droppnäsa, fantastiskt formad tut på takränna
garibaldi [*gæribɔ'ldi, -bæ'ldi*] vid blus för barn och kvinnor
garish [*gɛəriʃ*] grann, skrikande
garland [*ga:lənd*] girland, krans, segrarkrans, diktarkrans; bekransa
garlic [*ga:lik*] vitlök
garment [*ga:mənt*] klädesplagg, *pl* kläder
garner [*ga:nə*] spannmålsbod, *fig.* förrådsbod; samla, lagra
garnet [*ga:nit*] granat (sten)
garnish [*ga:niʃ*] garnering, utstoffering; pryda, garnera; **garniture** [*ga:nitʃə*] tillbehör, prydnad, garnityr, beslag
garotte se *gar*[*r*]*otte*
garret [*gærit*] vindsrum, *sl* huvud
garrison [*gærisən*] garnison; förlägga i garnison
gar[**r**]**otte** [*gərɔ't*] garrotering, [avrättning genom] strypning; garrotera, strypa
garrulity [*gæru:'liti*] pratsjuka; **garrulous** [*gæruləs*] pratsjuk
garter [*ga:tə*] strumpeband; **the G—** Strumpebandsorden
gas [*gæs*] gas, *amr.* bensin, *sl* pladder, *amr. sl*

sprit; ge gas, gasa, fylla på bensin, skryta, skrävla; **step on the ~** *amr.* trampa ned gaspedalen; **~-bag** gasbehållare (i luftskepp), *sl* ballong, pratmakare, högfärdsblåsa; **~-cooker** gasspis; **~-fitter** gasinstallatör; **~-helmet** gasmask; **~-jet** gaslåga; **~-main** gasledning; **~-mask** gasmask; **~-meter** gasmätare; **like a ~-meter** väldigt; **~-pipe** gasrör; **~-plant** gasverk; **~-pliers** rörtång; **~-raid** *mil.* gasangrepp; **~-ring** gasapparat; **~-shell** *mil.* granat fylld med gas; **~-tank** *amr.* gasklocka; **~ water-heater** gaskamin för vattenuppvärmning; **~-works** gasverk; **gassed** gasförgiftad, *sl* full; **gasser** *sl* skrävlare; **gassy** full av gas, gas-, pratsam

Gascon [*gæskən*] gascognare, skrävlare; gascognisk; **gascon[n]ade** [*gæskənei'd*] skrävel; skrävla

gaselier [*gæsəli'ə*] gaskrona

gaseous [*geiziəs, gæziəs*] gasformig, -artad

gash [*gæʃ*] skåra, gapande sår, *amr. sl* mun; fläka upp

gasify [*gæsifai*] förvandla[s] till gas

gasket [*gæskit*] packning (i maskindelar)

gasogene se *gazogene*

gasolene, gasoline [*gæsoli:n*] gasolin, *amr.* bensin; **~ gauge** *auto.* bensinmätare

gasometer [*gæsɔ'mitə*] gasometer, gasklocka

gasp [*ga:sp*] flämtning; flämta, kippa efter andan; **gasper** *sl* (dålig) cigarrett

gassy [*gæsi*] full av gas, gas-, gasartad, mångordig

gasteropod [*gæstərəpɔd*] *zool.* gastropod, bukfoting

gastric [*gæstrik*] *med.* gastrisk, mag-; **~ juice** magsaft

gastritis [*gæstrai'tis*] *med.* magkatarr

gastronome [*gæstrənoum*], **gastronomer** [*gæstrɔ'nəmə*] gastronom, läckergom; **gastronomy** [*gæstrɔ'nəmi*] kokkonst

gat [*gæt*] *amr. sl* revolver (*Gatling gun*)

gate [*geit*] port, grind, bergpass, dammlucka, åskådarantal el. inträdesavgifter (t. ex. vid match); utfärda portförbud för; **get the ~** *amr.* få avsked på grått papper; **~-bill** förteckning över studenternas hemkomsttider om aftonen vid ett *college*; **~-crash** infinna sig som objuden gäst (*~-crasher*); **~house** grindstuga; **~-keeper** grindvakt; **~-leg table** slagbord

gather [*gæðə*] [för]samla[s], samla sig, plocka, insamla, sluta sig till, förstå (**from** av), draga ihop [sig], tillväxa, rynka, bulna; **be gathered to one's fathers** samlas till sina fäder; **a rolling stone ~s no moss** en ostadig människa kommer ingen vart; **~ head** vinna styrka; **~ speed (way)** börja skjuta fart; **gathering** [för]samling, skördande, böld; **gathers** rynkor

Gatling [*gætliŋ*] gatlingkanon (**~ gun**)

gauche [*gouʃ*] klumpig, ofin

gaucho [*gautʃou*] gaucho

gaud [*gɔ:d*] grannlåt, prål; **gaudy** fest (is. årsfest för gamla studentkamrater); prålig, grann, utstyrd

gauffer [*gɔ(:)fə*] goffrera, pipa, vecka (se *gof[f]er*)

gauge [*geidʒ*] mått, spårvidd, kaliber, tjocklek, mätare, mätningsinstrument, *fig.* kriterium; mäta, beräkna, värdera; **gauging rod** probermått, pejlstock

Gaul [*gɔ:l*] Gallien, gallier, fransman

gaunt [*gɔ:nt*] avtärd, mager

gauntlet [*gɔ:ntlit*] järn-, strids-, rid-, kraghandske, gatlopp (*run the ~*); **throw down (take up) the ~** kasta (uppta) handsken,

gauze [*gɔ:z*] flor, gas, silduk; **gauzy** florstunn

gave [*geiv*] gav (se *give*)

gavel [*gævəl*] *amr.* ordförande-, auktionsklubba

gavotte [*gəvɔ't*] (*mus.* och dans) gavott

gawd [*gɔ:d*] *vulg.* f. *God* Gud

gawk [*gɔ:k*] tafatt person: **gawky** [*gɔ:ki*] tafatt, klumpig, otymplig

gawp [*gɔ:p*] *amr. sl* stå och gapa

gay [*gei*] munter, glad, prålande, brokig, utsvävande, *amr. sl* näsvis

gazabo [*gəzei'bou*] *amr.* se *gazebo*

gaze [*geiz*] stirrande, spänd blick; stirra, oavvänt blicka; **gazebo** [*gəzi:'bou*] utsiktstorn, *amr. sl* pedant, original, viktigpetter

gazelle [*gəze'l*] *zool.* gasell

gazette [*gəze't*] nyhetsblad, officiell tidning; officiellt tillkännagiva; **gazetter** [*gæziti'ə*] tidningsman, geografiskt lexikon

gazogene, gas- [*gæzodʒi:n*] apparat för tillverkning av kolsyrat vatten

gear [*giə*] i varandra gripande kugghjul, kopplingsmekanism, utväxling, redskap, tillbehör, utrustning, kläder, tackel, seldon, lösören; påsela, påkoppla, (om kugghjul) gripa in; **in ~** påkopplad, i ordning; **out of ~** frånkopplad, i olag, ur gängorna; **high (low) ~** stor (liten) utväxling; *flyg.* **undercarriage ~** landningsställ; **~-box** *auto.* kedjelåda, kopplingsbox (**~-case**); **~-lever**, *amr.* **~-shift** växelspak

gee [*dʒi:*] smackning åt häst, (barnspråk) häst, ptroptro (*äv.* **gee-gee**), *amr. sl* sup, karl; jösses!

geese [*gi:s*] gäss (se *goose*)

geezer [*gi:zə*] *sl* gammal gubbe el. gumma

Gehenna [*gihe'nə*] gehenna, helvete

geisha [*geiʃə*] geisha (japansk danserska)

gelatin[e] [*dʒelətin*] gelatin; **gelatinous** [*dʒilæ'tinəs*] geléartad

geld [*geld*] gälla, kastrera; **gelding** (is.) valack

gelid [*dʒelid*] iskall; **gelidity** [*dʒeli'diti*] iskyla

gelt [*gelt*] *amr. sl* pengar; kastrerad (se *geld*)

gem [*dʒem*] ädelsten, klenod; pryda med ädelstenar

geminate [*dʒeminit*] tvilling-, parvis; [*-neit*] fördubbla, ordna parvis; **gemination** [*dʒeminei'ʃ(ə)n*] fördubbling

Gemini [*dʒeminai*] *astr.* Tvillingarna; **Oh ~** Herre Jemine

gemma [*dʒemə*] *bot.* bladknopp; **gemmation** [*dʒemei'ʃ(ə)n*] *bot.* knoppning[stid]; **gemmiferous** [*dʒemi'fərəs*], **gemmiparous** [*dʒemi'pərəs*] *bot.* knoppalstrande

gender [*dʒendə*] *gram.* genus, kön

genealogical [*dʒiniəlɔ'dʒikl*] genealogisk; **genealogist** [*dʒiniæ'lədʒist*] genealog; **genealogy** [*dʒiniæ'lədʒi*] genealogi, stamtavla

genera [*dʒenərə*] *pl* av *genus*

general [*dʒenərəl*] general, fältherre, ensamjungfru; allmän, förhärskande, vag, obestämd; **in ~** i allmänhet; **caviare to the ~** kaviar för hopen; **Attorney G—** justitiekansler; **Postmaster G—** generalpostdirektör; **~ dealer** handelsman; **~ education (knowledge)** allmänbildning; **~ election** *pol.* parlamentsval; **~ goods** *hand.* styckegods; **~ post** första morgonpost, *fig.* tätt platsombyte, många utnämningar på en gång; **the G— Post Office** huvudpostkontoret i London (G.P.O.); **~ practitioner** praktiserande läkare; **~ servant** ensamjungfru; **generalissimo** [*dʒen(ə)rəli'simou*] *mil.* generalissimus; **generality** [*dʒenəræ'liti*] allmängiltighet, allmänhet, huvudmassa, obestämdhet; **generalize** [*dʒen(ə)rəlaiz*] generalisera; **generally** [*dʒen(ə)rəli*] i allmänhet, på det hela taget; **generally speaking** i allmänhet talat; **generalship** [*dʒenərəlʃip*] generalsvärdighet, fältherretalang, skicklig ledning, diplomati

generate [*dʒenəreit*] avla, frambringa; **generation** [*dʒenərei'ʃ(ə)n*] fortplantning, alstring, generation; **the rising ~** det uppväxande släktet; **generative** [*dʒenəreitiv, dʒen(ə)rətiv*] produktiv; **generator** [*dʒenəreitə*] alstrare, *mek.* generator, *amr.* dynamo

generic [*dʒine'rik*] generisk, släkt- i motsats till art-, allmänt omfattande

generosity [*dʒenərɔ'siti*] högsinthet, ädelhet, givmildhet; **generous** [*dʒenərəs*] högsint, ädel[mo-

dig], frikostig, (om jord) fruktbar, (om vin) stark och fyllig
genesis [*dʒenisis*] ursprung, uppkomst; **G—** 1:a Mosebok
genet [*dʒenit*] *zool.* genett, ginstkatt
genetic [*dʒine'tik*] arvs-, ärftlighets, genetisk; **~s** ärftlighetslära
geneva [*dʒini:'və*] genever (enbärsbrännvin)
Geneva [*dʒini:'və*] Genève; **the ~ Cross** röda korset (som ambulansmärke); **~ gown** presbyteriansk prästrock
genial [*dʒi:niəl*] mild (om klimat), vänlig, jovialisk; **geniality** [*dʒi:niæ'liti*] mildhet, vänlighet
genie [*dʒi:ni*] (*pl genii* [*dʒi:niai*]) genie, ande (i arabiska sagor)
genista [*dʒini'stə*] *bot.* ginst
genital [*dʒenitl*] fortplantnings-, genital-; **~s** genitalier, yttre könsorgan
genitival [*dʒenitai'v(ə)l*] *gram.* genitivisk; **genitive** [*dʒenitiv*] *gram.* genitiv
genius [*dʒi:njəs*] (*pl genii* [*dʒi:niai*]) genius, [skydds]ande; (*pl geniuses* [*dʒi:njəsiz*]) snille; **~ loci** [*lousai*] ett ställes skyddsande
Genoa [*dʒenoə*] Genua; **Genoese** [*dʒenoi:'z*] genuesare, genuesisk
gent [*dʒent*] (*vulg.*) gentleman
genteel [*dʒenti:'l*] (*vulg.* el. *iron.*) elegant, flott
gentian [*dʒenʃiən*] *bot.* gentiana, stålört
gentile [*dʒentail*] hedning (i motsats till jude; *amr.* i motsats till mormon); hednisk, otrogen
gentility [*dʒenti'liti*](is. *iron.*) förnämitet; fint folk
gentle [*dʒentl*] förnäm, ädel, mild, blid, vänlig; **the ~ craft** metning; **the ~ reader** den benägne läsaren; **the ~ sex** det svaga könet; **~ slope** svag sluttning; **~folk[s]** fint folk
gentleman [*dʒentlmən*] gentleman (ridderlig man), herre, herreman; **the ~** *amr.* den ärade kongressmedlemmen; **Gentlemen!** mina herrar! **coloured** el. **dark ~** färgad person; **the Old G—** djävulen; **~ in waiting** kammarherre; **~'s agreement** överenskommelse utan skriftlig förbindelse; **~'s gentleman** *skämts.* betjänt; **gentlemanly** gentlemannalik, fin, bildad
gentleness [*dʒentlnis*] vänlighet, mildhet, saktmod
gentlewoman [*dʒentlwumən*] (förnäm) dam
gently [*dʒentli*] milt, vänligt, lugnt, sakta; **~ born** av förnäm börd
gentry [*dʒentri*] lågadel, fint folk; (*äv. iron.*) folk
genuflect [*dʒenju(:)flekt*] böja knä; **genuflexion** [*dʒenju(:)fle'kʃ(ə)n*] knäböjning
genuine [*dʒenjuin*] äkta
genus [*dʒi:nəs*] (*pl genera* [*dʒenərə*]) *bot.* o. *zool.* släkte; slag, klass
geo- [*dʒi:o-, dʒiɔ'-*] geo-, jord-
geocentric [*dʒi:ose'ntrik*] geocentrisk
geodesic [*dʒi(:)ode'sik*] geodetisk; **geodesy** [*dʒi(:)ɔ'disi*] geodesi, jordmätningskonst
geographer [*dʒiɔ'grəfə*] geograf; **geographic[al]** [*dʒiogræ'fik(ə)l*] geografisk; **geography** [*dʒiɔ'grəfi*] geografi; **will you show me the ~, please** vill du vara så vänlig och visa mig toaletten
geological [*dʒiolɔ'dʒik(ə)l*] geologisk; **geologist** [*dʒiɔ'lədʒist*] geolog; **geology** [*dʒiɔ'lədʒi*] geologi
geometer [*dʒiɔ'mitə*] geometriker, *zool.* mätare (fjäril); **geometric[al]** [*dʒiome'trik(l)*] geometrisk; **geometrician** [*dʒiometri'ʃ(ə)n*] geometriker; **geometry** [*dʒiɔ'mətri*] geometri
George [*dʒɔ:dʒ*] Georg; **St. ~** Englands skyddshelgon; **by ~!** du milde! **Georgia** [*dʒɔ:dʒə*] Georgia; **Georgian** [*dʒɔ:dʒən*] georgiansk, georgisk
geranium [*dʒirei'njəm*] *bot.* geranium, storknäbb; *sl* röd näsa
gerfalcon [*dʒə:fɔ:lkən*] *zool.* jaktfalk
germ [*dʒə:m*] grodd, mikrob, bakterie; *fig.* frö; *fig.* gro, spira
german [*dʒə:mən*] (om släktingar) hel-, köttslig; **brother ~** helbroder
German [*dʒə:mən*] tysk; tyska (språket); **High ~** högtyska; högtysk; **Low ~** lågtyska, plattyska; lågtysk; **~ letters** fraktur (skrift); **~ measles** *med.* röda hund; **the ~ Ocean** Nordsjön; **~ silver** nysilver; **~ text** fraktur; **Germanic** [*dʒə:mæ'nik*] germansk; **Germanism** [*dʒə:mənizm*] germanism, tyskt uttryck; **germanize** [*dʒə:mənaiz*] germanisera, förtyska; **Germany** [*dʒə:məni*] Tyskland
germane [*dʒə:mei'n*] besläktad, relevant (*äv.* **~ to the matter**)
germicide [*dʒə:misaid*] bakteriedödande [medel]
germinal [*dʒə:min(ə)l*] grodd-, förefintlig i embryo
germinant [*dʒə:minənt*] spirande; **germinate** [*-neit*] [bringa att] spira
gerrymander [*dʒerimændə*] *amr.* omläggning (på beräkning) av valkretsar, svindel, svindlare; omlägga valkretsar, fuska
gerund [*dʒerənd*] *gram.* gerundium; **~-grinder** *sl* skolmästare, latinlärare; **gerundive** [*dʒirʌ'ndiv*] *gram.* gerundivum
gesso [*dʒesou*] gips, kalk (som botten för måleri)
gestation [*dʒestei'ʃ(ə)n*] havandeskap, dräktighet
gesticulate [*dʒesti'kjuleit*] gestikulera
gesture [*dʒestʃə*] gest, åtbörd
get [*get*] (*oregelb. vb*) få, uppnå, vinna, skaffa [sig], få tag i, få in (i radio), fånga, förstå, komma, bli, avla; **~ out** ge dig av! försvinn! (**~** *along*); **have got** ha; **have you got a match?** har du en tändsticka? **have got to** måste

Med objekt

~ a person's back up göra ngn motsträvig el. vred; **~ the best of it** vinna; **~ the better of** få övertag över; **~ the boot** få sparken (avsked); **~'em** *sl* bli rädd; **~ the G.B.** (**the go by**) *amr. sl* bli avskedad; **~ one's hand in** få handlag; **~ the heels of** *amr. sl* vinna, få övertaget; **~ it** *sl* få på pälsen; **~ it done** få det överståndet; **I've got it from him** jag har hört det av honom; **I've got it on the brain** jag bara tänker på det; **~ it in the neck** *sl* bli straffad, förlora, misslyckas; **~ it into one's head that** få i sitt huvud att; **you will ~ little by it** det får du föga fröjd av; **~ a line on** *amr.* få upplysningar om; **it ~s me** det förargar mig; **there you've got me** nu är jag svarslös; **~ a move on** skynda sig; **~ the news** höra nyheten; **~ the sack** få avsked; **~ speech of** få tala vid; **~ the upper hand of** få övertaget över; **~ one's way** el. **will** få sin vilja fram; **~ wind** dunsta ut; **~ wind of** få nys om; **~ the wind up** *mil. sl* bli rädd; **~ the worst of it** draga det kortaste strået

Med adjektiv

~ drunk bli berusad; **~ even with** ge [lika gott] igen; **~ ready** bli el. göra färdig; **~ rid of** bli av med, slippa fri; **~ tired** bli trött; **~ well** bli frisk; **~ wise to** *amr.* få reda på

Med prepositioner och adverb

~ about komma omkring, se sig om [i], (om rykte) spridas; **~ across** [**the footlights**] slå an; **~ along** komma vidare, klara sig, komma överens; **~ along with you!** laga dig i väg! prat! **~ at** få tag i, nå, syfta på, lära känna, komma underfund med, *sl* driva med; **~ away** komma undan, starta; i väg med dig! **~ away closer** *sl* komma närmare; **~ away with it** *sl* klara sig; **~ back at** ge igen (betalt); **~ back** [**some of**] **one's own** *sl* få revansch; **~ behind** bli efter, *amr.* stödja; **~ by** passera, klara sig; **~ by heart** lära sig utantill; **~ down to** (energiskt) taga itu med; **~ home** komma hem, träffa (prick); **~ in** få in, komma in; **~ in with** komma i lag med, innästla sig hos; **~ into it** bli varm i kläderna; **~ into one's head** få i sitt huvud; **~ left** *amr.* lämnas i sticket; **~ next to** *amr. sl* förstå; **~ off** stiga av (hästen etc.), komma ifrån, komma i väg, komma undan, bli gift, taga av, undanskaffa, få (ngn) frikänd, hjälpa (ngn) undan med lindrigt straff; ~ **it off one's chest** lätta sitt hjärta; ~ **off with** *sl* få ihop det med; ~ **on** ta på sig, gå vidare, göra framsteg, trivas, dra jämnt; ~ **on like a house on fire** trivas utmärkt tillsammans; **it is getting on for midnight** det är nästan midnatt; ~ **on one's feet** el. **legs** resa sig (för att hålla tal); ~ **on ill (well)** trivas illa (bra) (**together** tillsammans); ~ **on one's nerves** gå en på nerverna; ~ **on or get out!** gör någonting eller gå din väg! ~ **on to** komma upp på, *amr.* börja inse; ~ **something on** *amr. sl* få ofördelaktiga (och viktiga) upplysningar om; ~ **out** gå (komma, stiga) ut, stiga av, komma upp (ur vattnet), få (skaffa, locka) fram, *fam.* nej, hör du! prat! ~ **out of** komma [ut] ur, lämna, mista; ~ **out of bed on the wrong side** vara på misshumör; ~ **out of hand** bli oregerlig; ~ **over** komma över, undanstöka, övervinna, 'smälta', *sl* lura; = ~ *across;* ~ **round** omstämma, övertala, överlista, locka, kringgå (bestämmelse), bli frisk; ~ **there** komma dit (fram), nå sitt mål, lyckas; ~ **through** få igenom, gå igenom (om lagförslag, i examen), komma fram (i telefon); ~ **through with** klara; ~ **to** begynna, hugga in (börja äta); ~ **together** samla[s], *amr.* enas, konferera; ~ **under** kuva; ~ **under way** komma i gång; (om fartyg) lätta ankar, avsegla; ~ **up** få upp, få till stånd, anordna, organisera, ordna, iscensätta, bearbeta, utstyra, ta igen, plugga in, resa sig, stiga upp, springa el. flyga upp, tilltaga; ~ **with child** göra havande

get-at-able [*getæ'təbl*] *skämts.* tillgänglig

get-away [*ge'təwei'*] flykt, start; **make one's** ~ ge sig av; **get-there** *amr.* energi, framgång; **get-together** möte, församling; jovialisk

get-up [*getʌ'p, ge'tʌ'p*] utstyrsel; *amr. fam.* energi, företagsamhet

gew-gaw [*gju:gɔ:*] grant lappri, dyrbar leksak, *amr.* sak, 'grej'

gey [*gei*] (*Skottl.*) mycket, ganska

geyser [*geizə, gaizə*] gejser, varmvattenapparat

ghastly [*ga:stli*] ohygglig, förskräcklig, hemsk, spöklik, dödsblek; *fam.* faslig

gha[u]t [*gɔ:t*] bergspass (Indien), trappa ned till flod, landningsplats

ghazi [*ga:zi*] muhammedansk fanatiker

ghee [*gi:*] indiskt smör (av buffelmjölk)

gherkin [*gə:kin*] liten gurka

ghetto [*getou*] getto, judekvarter

ghost [*goust*] ande, spöke, gengångare, skugga; **lay a** ~ besvärja en ande; **the Holy G—** den Helige Ande; **give up the** ~ uppge andan; **not the** ~ **of a chance** inte den ringaste utsikt; **ghostly** [*goustli*] spöklik

ghoul [*gu:l*] likätande demon (i österländska sagor)

giant [*dʒaiənt*] jätte; jättelik, gigantisk; ~**-powder** dynamit; ~**ess** [*dʒaiəntis*] jättinna

giaour [*dʒauə*] otrogen (icke muhammedan)

gibber [*dʒibə*] snattrande; snattra, pladdra

gibberish [*gibəriʃ*] rotvälska, 'persilja'

gibbet [*dʒibit*] galge, hängning; hänga (i galge), *fig.* ställa vid skampålen; **on the gibbet** i galgen

gibbon [*gibən*] *zool.* gibbon

gibbosity [*gibɔ'siti*] bucklighet, puckel; **gibbous** [*gibəs*] bucklig, puckelryggig

gibe, jibe [*dʒaib*] smädelse, stickord, hån; pika, håna (**at**)

giblets [*dʒiblits*] fågelkrås

gibus [*dʒaibəs*] hög hatt, chapeau-claque

giddy [*gidi*] yr, vimmelkantig, tanklös, flyktig; svindlande; ~ **goat** narr; ~**-go-round** karusell

Gideon [*gidiən*] *bibl.* Gideon; **the** ~**s** *amr.* förening av kristligt sinnade handelsresande

gift [*gift*] gåva, begåvning, talang, gåvorätt; begåva; ~ **of the gab** gott munläder; **at a** ~ gratis; **look a** ~ **horse in the mouth** kritisera en gåva; **gifted** begåvad; **giftie** [*gifti*] (*Skottl.*) gåva, förmåga

gig [*gig*] gigg (tvåhjuligt åkdon, skeppsbåt)

gigantic [*dʒaigæ'ntik*] gigantisk, jättelik

giggle [*gigl*] fnissa; fnitter

gigolo [*dʒigəlou*] gigolo, yrkesdansör

gild [*gild*] förgylla, ge glans åt; ~ **the pill** sockra pillret; **the Gilded Chamber** överhuset; **the gilded youth** den mondäna ungdomen

gill 1) [*gil*] gäl, *bot.* lamell (under svamps hatt), *amr. sl* bondkanin; *skämts.* hak-, kindpåse, mun, *pl* fadermördare; **be rosy about the** ~**s** se sund och frisk ut

gill 2) [*gil*] klyfta

gill 3) [*dʒil*] (mått = $^1/_4$ pint = 1 $^1/_2$ dl)

Gill [*dʒil*]; **Jack and** ~ pojke och flicka

gillie [*gili*] (*Skottl.*) jaktkarl

gillyflower [*dʒiliflauə*] trädgårdsnejlika, lackviol, lövkoja

gilt [*gilt*] förgyllning, förgylld; ~**-edged** med guldsnitt; ~**-edged securities** 'guldkantade papper', prima säkerheter

gimbals [*dʒimbəlz*] balansringar (för kardansk upphängning)

gimcrack [*dʒimkræk*] grant skräp; värdelös, strunt-

gimlet [*gimlit*] handborr; **eyes like** ~**s** genomborrande blick

gimp, gymp [*gimp*] kantsnodd, gimp (revtafs av silke överspunnen med metalltråd)

gin 1) [*dʒin*] snara, giller, vinsch, vindspel, bomullsrensningsmaskin; fånga i snara, rensa (bomull)

gin 2) [*dʒin*] gin, genever; ~ **mill** *amr. sl* krog; ~**-palace** finare krog; ~**-sling** gingrogg; **ginned** [**up**] *amr. sl* drucken

gin 3) [*dʒin*] *amr. sl* negersköka

gin 4) [*dʒin*] (*Skottl.*) om

ginger [*dʒindʒə*] ingefära, rödgul [färg], energi, kurage, kraft, stimulans; stimulera, liva (~ **up**); **by** ~ för sjutton; ~**-beer** ingefärsdricka; ~**bread** pepparkaka, *sl* pengar; ~**-nut** pepparnöt; **gingerade** [*dʒindʒərei'd*] ingefärsdricka; **gingerly** försiktigt, varsamt

gingham [*giŋəm*] gingang (ett slags bomullstyg), *fam.* paraply

gink [*giŋk*] *amr. sl* karl, narr

gipsy [*dʒipsi*] zigenare, häxa, zigenaraktig (mörk) kvinna; leva friluftsliv (som zigenare); ~ **bonnet** bredskyggig damhatt; ~ **rose** *bot.* skabiosa; ~ **table** trädgårdsbord på tre ben

giraffe [*dʒira:'f*] *zool.* giraff; *amr. sl* sträcka hals

girandole [*dʒirəndoul*] eldhjul, 'sol' (i fyrverkeri), springbrunn, armljusstake, örhänge

gird [*gə:d*] (*oreglb. vb*) omgjorda, omge, inringa; utrusta; ~ **at** håna, pika; ~ **up one's loins** omgjorda sina länder; **girder** bärbjälke, bindbjälke

girdle [*gə:dl*] gördel, bälte, höfthållare, infattning (kring ädelsten); (*Skottl.*) ett slags brödrost; omgjorda, ring[bark]a, bläcka (ett träd)

girl [*gə:l*] flicka, (is. *amr.*) tjänsteflicka; **this little** ~ jag; ~ **guide** flickscout; **girlhood** flickår; **girlie** [*gə:li*] flicka lilla, min tös; **girlish** [*gə:liʃ*] flickaktig

Girondist [*dʒirɔ'ndist*] girondist

girt [*gə:t*] omgjordade, omgjordat (se *gird*)

girth [*gə:þ*] bukgjord, omfång, *bildl.* gördel; spänna gjord, omgiva, mäta omfånget av

Girton [*gə:tn*] **College** college för kvinnliga studenter i Cambridge

gist [*dʒist*] kärnpunkt, huvudinnehåll

git [*git*] *amr.* (= *get*) ge sig i väg

gittern [*gitə:n*] *åld.* luta, gitarr

give [*giv*] elasticitet; (*oregelb. vb*) giva, skänka, lämna, offra (tid o. d.), föredraga (sång o. d.), ge till, utstöta (ljud), ge vika, svikta, vetta ([**up**]**on** mot), (om trä) slå sig; ~ **the bird** *sl* vissla ut; ~ **birth to** föda (till världen) (också *fig.*); ~ **chase to** jaga; ~ **a cry (a laugh, a jump)** skrika (skratta, hoppa) till; ~ **ear** låna sitt öra, lyssna; ~ **me the good old times** tacka vet jag den gamla goda tiden; ~ **as good as one gets** betala tillbaka med samma mynt; ~ **ground** vika tillbaka; ~ **it him** [**hot**] ge honom ordentligt; ~ **(a horse) his head** ge (en häst) fria tyglar; ~ **him joy** lyckönska honom; ~ **judg[e]ment** uttala sin dom, *jur.* fälla utslag; ~ **a piece of one's mind** sjunga ut; ~ **place (to)** giva rum (åt), vika (för); ~ **rise to** förorsaka, ge upphov åt; ~ **the time of day** säga godmorgon etc.; ~ **a toast** föreslå en skål; **I** ~ **you the King** kungens skål! ~ **tongue** ge hals; ~ **trouble** vålla besvär; ~ **to understand** låta en veta; ~ **way** ge vika (efter) (**to** för), hemfalla (**to** åt), svikta, vika; ~ **a person what for** *sl* ge ngn vad han behöver; ~ **away** ge bort, ge bort bruden till brudgummen, förråda, röja, utlämna (till spott och spe); ~ **away the racket** el. **the** [**whole**] **show** *sl* röja alltsammans, förstöra allt; ~ **forth** utstöta, låta höra, tillkännagiva; ~ **in** inlämna (skrivelse, rapport), ge efter, falla till föga; ~ **off** avgiva, utsända; ~ **out** ge tappt, tryta, meddela, utdela; ~ **over** hålla upp med, uppgiva, överlämna; ~ **up** överlämna, uppgiva, upphöra, ge tappt, *sl* dö; ~ **oneself up to** hängiva sig åt; ~**-and-take** ömsesidig[hetsförhållande], lika mot lika, gåvor och gengåvor, kompromiss; ~**-away** avslöjande, utlevering; **given** givit, given, förutsatt, under förutsättning av; **be given** få; **be given to** vara begiven på (el. fallen för); **given name** *amr.* förnamn

gizzard [*gizəd*] mage (is. hos fåglar); **fret one's** ~ *sl* förarga sig; **stick in one's** ~ *sl fig.* fastna i halsen

glabrous [*gleibrəs*] *med.* hårlös, glatt

glacial [*gleisiəl, gleiʃəl*] is-, glacial, iskall, *kem.* kristalliserad; ~ **period** istid

glaciated [*glæsieitid, gleisieitid*] isbetäckt

glacier [*glæsiə, gleiʃiə*] glaciär

glacis [*glæsi(s)*] (*pl* [*glæsiz*]) *mil.* glacis, fältvall

glad [*glæd*] glad; **I am** ~ **of it** det gläder mig; **the** ~ **eye** *sl* förälskad el. flörtig blick; ~ **hand** *amr. sl* hjärtligt mottagande; ~ **rags** *sl* högtidsblåsa, civila kläder; **gladden** [*glædn*] glädja

glade [*gleid*] glänta

gladiator [*glædieitə*] gladiator

gladiolus [*glædiou'ləs, glæ'-*] *bot.* svärdslilja

gladly [*glædli*] med glädje, gärna

Gladstone [*glædstən*] Gladstone; ~**-bag** el. **g**— lätt kappsäck; **Gladstonian** [*glædstou'njən*] gladstonian; gladstonsk

glair [*glɛə*] äggvita; smörja med äggvita

glaive [*gleiv*] *åld.* glaven, svärd

glamour [*glæmə*] tjusning, förtrollning, glans; **glamorous** [*glæmərəs*] bländande

glance [*gla:ns*] blick, glimt, ögonkast, hastigt snuddande; snudda, glimta, *fig.* beröra, kasta en blick (**at** på); **at a** ~ med en enda blick, med detsamma; ~ **over** ögna igenom

gland [*glænd*] *med.* körtel; **glanders** [*-dəz*] rots (hästsjukdom); **glanderous** [*-dərəs*] rotssjuk; **glandiform** [*-difɔ:m*] körtelformad; **glandular** [*-djulə*], **glandulous** [*-djuləs*] körtelaktig, körtel-; **glandule** [*-dju:l*] liten körtel

glare [*glɛə*] bländande ljus, glans, genomträngande el. stirrande blick; sticka i ögonen, blända, stirra, glo; **in the** ~ [**of publicity**] i rampljuset; **glaring** [*glɛəriŋ*] gräll, iögonenfallande, skärande, påtaglig, (vilt) stirrande

Glasgow [*gla:sgou, glæs-*] Glasgow; ~ **magistrate** *sl* sill

glass [*gla:s*] glas, spegel, lins, kikare, barometer, timglas, *pl* glasögon; spegla; **turn down one's** ~ *sl* dö; ~ **arm** *amr. sl* svag arm; ~**-blower** glasblåsare; ~ **case** monter; ~**(-)cloth** glasduk, glastyg; ~**-house** glashus (*they who live in glass-houses should not throw stones*), drivhus, *sl* fängelse; ~ **jaw** *amr. sl* stackare; **glassy** glasaktig, spegelklar, glasartad (om blick)

Glaswegian [*glæswi:'dʒən*] person från Glasgow; Glasgow-

Glauber [*glaubə, glɔ:bə*]; ~**'s salt[s]** glaubersalt

glaucoma [*glɔ:kou'mə*] *med.* grå starr; **glaucomatous** [*-təs*] *med.* som har grå starr

glaucous [*glɔ:kəs*] grågrön, gråblå

glaum [*glɔ:m*] (*amr.* o. *Skottl.*) stjäla, nappa, snappa (efter)

glaze [*gleiz*] glasyr, glansig yta, *mål.* lasur; glasera, förse med glas, få ett glasartat uttryck; ~**d paper** glanspapper; **glazier** [*gleiʒə*] glasmästare; **is your father a** ~? tror du man kan se tvärs igenom dig?

gleam [*gli:m*] glimt, stråle, skimmer; glimta, stråla, skimra, lysa fram

glean [*gli:n*] plocka, insamla; **gleanings** axplockning, samling

glebe [*gli:b*] *poet.* jord, 'torva', prästgårdsjord

glee [*gli:*] flerstämmig sång, fröjd, glädje; ~**-club** sångförening; **gleeful** glad, munter

gleet [*gli:t*] *med.* tunt var

gleg [*gleg*] (*Skottl.*) slug, *fig.* glatt, hal

glen [*glen*] trång dal

glengarry [*glengæ'ri*] höglandsmössa (med band hängande baktill)

glib [*glib*] lätt, ledig, rapp

glide [*glaid*] glidande, svävande, glidflykt; glida, sväva, göra glidflykt; **glider** segelflygare, segelflygplan; **gliding** glidning, segelflygning

glim [*glim*] *sl* ljus

glimmer [*glimə*] glimt, skymt, sken; glimma, flimra

glimpse [*glim(p)s*] glimt; glimta, skymta, se en skymt av

glint [*glint*] glimt, glitter; blänka, glittra

glissade [*glisa:'d*] glidning; [åka] kana

glisten [*glisn*] skina, stråla, tindra

glitter [*glitə*] glans, gnistrande, glittrande; skina, gnistra, glittra

gloaming [*gloumiŋ*] skymning

gloat [*glout*] mysa skadeglatt; ~ **over** med förtjusning beskåda, fägna sig åt

global [*gloubl*] global, allomfattande

globe [*gloub*] klot, kula, kupa, glob; ~**-fish** klotfisk; ~**-flower** bullerblomster (Trollius); ~**-trotter** globetrotter; **globose** [*gloubou's*] klotformig; **globosity** [*globɔ'siti*] klotform; **globular** [*glɔbjulə*] rund; **globule** [*glɔbju:l*] litet klot el. kula, piller, blodkropp

glom [*glɔm*] *amr. sl* nappa, snappa [efter]

gloom [*glu:m*] mörker, djup skugga, melankoli, nedtrycktbet (också **the** ~**s**); se dyster ut, förmörka[s], fördystra; **gloomy** mörk, trist, nedtryckt

gloria [*glɔ:riə*] lovsång (vid engelsk gudstjänst)

glorification [*glɔ:rifikei'ʃ(ə)n*] förhärligande, *relig.* förklaring; **glorify** [*glɔ:rifai*] förhärliga, *relig.* förklara; **gloriole** [*glɔ:rioul*] gloria; **glorious** [*glɔ:riəs*] härlig, praktfull, ärorik, *fam.* 'salig' (= berusad); **glory** [*glɔ:ri*] ära, berömmelse, härlighet, salighet, prakt, glans, glanstid; fröjda sig, yvas (**in** över); **go to** ~ dö; **send to** ~ *skämts.* slå ihjäl; **in all one's** ~ i all sin glans; ~**-hole** *sl* skräprum, -låda etc.

gloss 1) [*glɔs*] glans, *fig.* fernissa; ge glans, förgylla upp; ~ **over** överskyla, -släta; **glossy** blank, skinande

gloss 2) [*glɔs*] glosa, not (i marginalen etc.), kommentar, bortförklaring; skriva glosor, kommentera, bortförklara; **glossary** [*glɔsəri*] glossar, ordförteckning; **glossitis** [*glɔsai'tis*] *med.* tunginflammation; **glossographer** [*glɔsɔ'grəfə*] kommentator; **glossology** [*glɔsɔ'lədʒi*] terminologi, termförklaring

glottal [*glɔt(ə)l*] (i fonetik) struphuvuds-; ~ **catch** el. **stop** stöt[ljud], knacklaut

glottis [*glɔtis*] *med.* röstspringa

Gloucester [*glɔstə*] Gloucester; ost från Gloucestershire; **double** ~ fet gloucesterost
glove [*glʌv*] handske; behandska; **take off the ~s** *fig.* icke lägga fingrarna emellan; **take up the** ~ upptaga handsken, antaga utmaningen; **be hand in ~ with** stå på förtrolig fot med; **~-fight** boxningskamp; **glover** [*glʌvə*] handskmakare
glow [*glou*] glöd, rodnad, häftighet, iver; glöda, rodna; **~-lamp** glödlampa; **~-worm** lysmask
glower [*glauə*] stirra vredgat el. förvånat (**at** på)
gloxinia [*glɔksi'njə*] *bot.* gloxinia
gloze [*glouz*] kommentera, bortförklara (is. ~ *over*), översläta med fagert tal
glucose [*glu:kous*] *kem.* druvsocker
glue [*glu:*] lim; limma; **gluey** [*glu:i*] klibbig
glum [*glʌm*] trumpen, dyster
glume [*glu:m*] *bot.* agn
glumph [*glʌmf*] (*Skottl.*) glo
glut [*glʌt*] övermättnad, överfyllnad, frossande; [över]mätta, överfylla; ~ **one's appetite** få sitt lystmäte
gluten [*glu:tən*] gluten, växtlim; **glutinosity** [*glu:tinɔ'siti*] klibbighet; **glutinous** [*glu:tinəs*] klibbig
glutton [*glʌtn*] frossare, matvrak, omättlig person, *zool.* järv; **gluttonous** [*glʌtənəs*] glupsk; **gluttony** [*glʌtəni*] glupskhet, frosseri
glycerin[e] [*glisəri:'n, glisəri:n*] glycerin
glycose [*glaikous*] glykos
glyptic [*gliptik*] glyptisk; **glyptography** [*gliptɔ'grəfi*] stengraveringskonst
gnarled [*na:ld*], **gnarly** [*na:li*] knotig, kvistig
gnash [*næʃ*] skära (tänder)
gnat [*næt*] mygga; **strain at a** ~ *fig.* sila mygg (och svälja kameler)
gnaw [*nɔ:*] gnaga, tära på; **that is a bone to** ~ det är ett problem att lösa
gneiss [*nais*] *geol.* gnejs
gnome [*noum*] aforism, tänkespråk, gnom, jordande, dvärg; **gnomic** [*noumik*] sententiös; **gnomish** [*noumiʃ*] dvärglik
gnomon [*noumɔn*] (solurs) visare
gnosis [*nousis*] kunskap
gnostic [*nɔstik*] gnostiker; gnostisk; **gnosticism** [*nɔstisizm*] gnosticism
gnu [*nu:*] *zool.* gnu
go [*gou*] (i diverse *fam.* talesätt) gång, liv, fart, omgång, glas, sup, försök, 'historia', överenskommelse; (*oregelb. vb*) gå, resa, ge sig av, gå sönder, avtaga, bli; **all the** ~ högsta modet; **near** ~ på ett hår när; **[it's] no** ~! det går inte! **there's no ~ in him** det är ingen kläm i honom; **is it a** ~? är det avgjort? **have a ~ at** göra ett försök; **a pretty** ~ en snygg historia; **make a ~ [of it]** *amr.* ha tur med sig; **on the** ~ i farten, i gång, mot sitt fall, (i sport) i väg! **who goes [there]**? vem där? **here goes!** nu börjas det! **the bell goes** klockan ringer; **the story goes** det berättas; **as actors ~ nowadays** som skådespelare äro nu för tiden; **as far as it goes** så långt, vad det beträffar; **as the phrase goes** som man brukar säga; **as things** ~ i stort sett; ~ **blind (brown, mad)** bli blind (brun, galen); ~ **dry** bli torrlagd (om spritförbud); ~ **phut** falla samman, punktera, kollabera, gå på tok; ~ **smash** göra konkurs; ~ **some** *amr.* klara sig bra; ~ **all lengths** gripa till vilka medel som helst; ~ **fetch!** apportera! (till hund); ~ **fish!** *amr. sl* å, låt bli! ~ **it** *mil. sl* bombardera; **~it!** *sl* häng i! ~ **it blind** el. **strong** *sl* handla djärvt, leva livet; ~ **one better** överträffa; ~ **red** bli röd (kommunist); ~ **shares with** dela med; ~ **sick** *mil.* anmäla sig sjuk; ~ **[for] a walk** ta en promenad; ~ **a long way** betyda mycket (**towards** för); ~ **to see** [fara och] hälsa på; ~ **to show** [be]visa; **let** ~ släppa (taget); **let oneself** ~ släppa sig lös

Med prepositioner och adverb
~ **about't** ta itu med; ~ **about it** bära sig åt; ~ **about't** cirkulera, umgås, stagvända; ~ **ahead** gå framåt, göra framsteg; ~ **along with you!** ge dig i väg! ~ **at** angripa, hugga i med; ~ **away** gå bort (också = dö); ~ **back from** el. **upon a promise** icke hålla ett löfte; ~ **behind** gå bakom, ta upp till förnyad undersökning; ~ **between** gå emellan, mäkla; ~ **by** gå förbi, gå efter (t. ex. **merit** förtjänst), döma efter; ~ **by hand** *amr. sl* gå (på sina ben); ~ **by steamer** fara med ångbåt; ~ **down** gå ned, gå utför, gå under; **that won't ~ down with me** det går inte i mig; ~ **for** gå för, räknas för, hämta, gå efter, gå lös på; ~ **in for** sträva efter, hänge sig åt, sysselsätta sig med, gå in för, läsa på el. anmäla sig till (examen); ~ **into** gå in i, gå in på, undersöka; ~ **into mourning** anlägga sorg; ~ **off** gå av, explodera, avresa, falla av, falla i sömn, bli bedövad, dö, svimma, *hand.* gå; förminskas; ~ **off well** utfalla el. lyckas bra; ~ **on** gå el. resa vidare, fortsätta, uppföra sig, fortgå, (om kläder) gå på; ~ **on!** *äv.* dumheter! ~ **on for** *(fifty)* närma sig; ~ **on to** övergå till; ~ **out** gå ut, komma ur modet, lämna hemmet, komma ut (i sällskapslivet), (om hjärta) öppna sig (**to** för), (om regering) avgå; strejka, slockna, svimma, dö, *amr.* (också) falla samman; ~ **over** gå över, övergå (till annat parti), genomgå, granska; ~ **over big** *amr. sl* göra succé; ~ **over the bags** el. **top** *mil.* lämna skyttegravarna för att angripa; ~ **round** gå [laget] runt; ~ **through** gå igenom, genomgå, utföra, bortslösa; *amr.* plundra; ~ **through with** slutföra; ~ **to** gå i (skola etc.), belöpa sig till, bli; ~ **to the bar** bli advokat (*barrister*); ~ **to Bath (to blazes)** gå åt helvete, åt skogen; ~ **to the country** fara till landet, appellera till väljarna; ~ **to the deuce** el. **devil** gå på tok; ~ **to the dogs** komma på förfall, gå åt skogen (pipan); ~ **to Jericho** = ~ *to Bath*; ~ **to pieces** gå i stycken; ~ **to seed** gå i frö; ~ **to sleep** falla i sömn; ~ **to trouble** göra sig besvär; ~ **under** gå under, försvinna; ~ **up for an examination** gå upp i en examen; ~ **up the line** *mil.* bli sänd till fronten; ~ **upon** gå efter, döma efter; ~ **west** *sl* dö, bli skjuten; ~ **with** gå med, stämma överens med, passa till, hålla med; ~ **with the tide and times** följa med strömmen; ~ **without** undvara; **it goes without saying** det är självklart

Sammansättningar och particip
go-ahead energisk, framåtsträvande; **go-between** mellanhand; **give the go-by** ignorera, fly från; **go-cart** gångstol (för att lära barn gå); **go-getter** *amr.* gåpåare; **go-off** början, start; **go-to-meeting** (*gou'-tə-mi:'tiŋ*) *skämts.* söndagskläder; **going** gång; gående, existerande, disponibel, i gång; **the best fellow going** den präktigaste karl som finns; **is there any cold meat going?** finns det något kallt kött? **going! gone!** första, andra, tredje (auktionsförrättares uttryck); **going strong** *fam.* vid full vigör; **be going to** skola, ämna; **goings-on** *fam.* förehavanden; **be gone! get you gone!** ge dig i väg! **he is long gone** det är länge sedan han gick; **6 months gone with child** (om kvinna i grossess) i sjätte månaden; **he is a gone man** *fam.* han är såld (färdig); **be far gone** ha gått långt, vara svårt medtagen; **a gone case** hopplöst företag; **gone on** *sl* kär i
goad [*goud*] pikstav; driva (med pikstav), sporra
goal [*goul*] mål; **~-keeper** målvakt; **~-kick** målspark; **~-post** målstolpe
goat [*gout*] get, syndabock; **the G—** *astr.* Stenbocken; **play the [giddy]** ~ spela idiot, föra ett utsvävande liv; **get a person's** ~ *fam.* reta ngn; **~sucker** *zool.* nattskärra; **goatee** [*gouti:'*] el. ~ [*gouti:*] **beard** hakskägg; **goatish, goaty** bock- el. getlik, frän, liderlig

gob [*gɔb*] spottklick, käft, *amr. sl* sjöman; spotta

gobble [*gɔbl*] sluka, lägga beslag på; **gobbler** storätare, kalkontupp

gobelin [*gɔbəlin*]; **~ tapestry** gobeläng

goblet [*gɔblit*] bägare, *hand.* glas på fot

goblin [*gɔblin*] elakt troll, *sl* pund (sterling)

god, God [*gɔd*] gud, avgud, Gud; **the ~s** galleriet (på teatern); **G— bless me (my life, my soul, us, you)!** du milde! **G— grant . .!** Gud give . .! **G— knows . .** Gud skall veta . .; **G—'s own country** Förenta staterna; **G—'s truth** rena sanningen; **G— willing** om Gud vill; **thank G—** gudskelov; **~-awful** förskräcklig; **~-booster** *amr. sl* präst, predikant; **~box** *amr. sl* kyrka, kapell; **~-child** gudbarn; **~-damn[ed], ~-darned** förbannad; **~father** fadder; **~-fearing** gudfruktig; **~-forgotten, ~-forsaken** gudsförgäten; **God-man** gud-människa (dvs. Kristus); **~mother** gudmor; **~parent** fadder; **G—'s-acre** kyrkogård; **~send** lycka, oväntad tur; **bid ~-speed** önska lycka på resan; **goddess** [*gɔdis*] gudinna; **godhead** [*gɔdhed*] guddom; **godless** gudlös, ogudaktig; **godlike** gudomlig; **godly** gudlig, gudfruktig

godet [*goudei'*] kil, insatt trekant (i damklänning)

godown [*goudaun*] (*Ind.*) varumagasin

godwit [*gɔdwit*] *zool.* rödspov

gof[f]er, gopher, gauffer [*gɔfə, goufə*] piptång, goffreringsjärn; rynka, pipa, vecka

Gog [*gɔg*] **and Magog** [*meigɔg*] (också: två stenstatyer i Londons Guildhall, symboler för det hedniska Asien)

goggle [*gɔgl*] utstående (om ögon); rulla med ögonen, glo; **goggles** glasögon

going se *go*

goitre [*gɔitə*] *med.* struma

Golconda [*gɔlkɔ'ndə*] *fig.* guldgruva

gold [*gould*] guld, guldfärg; gyllene, guld-; **black ~** *amr.* olja; **the ~ block** guldblocket (de länder som upprätthöllo guldmyntfoten, då England övergav den 1931); **~ brick** *amr.* humbug, svindel; bedraga; **~-digger** guldgrävare, *amr. sl* lycksökerska; **~-dust** guldstoft, *amr. sl* kokain; **~-field** gulddistrikt, guldfält; **~finch** *zool.* steglitsa, *sl* guldmynt; **~-fish** guldfisk; **~-foil** el. **~leaf** bladguld; **~ hunter** *amr.* kalifornier; **~plate** guldservis; **~-rimmed** guldbågad; **~-rush** guldfeber; **~smith** guldsmed

golden [*gould(ə)n*] guld-, gyllene; **[three] ~ balls** pantlånares skylt; **the G— Fleece** Gyllene Skinnet (österrikisk och spansk orden); **the G— Gate** inloppet till San Francisco; **the G— Horn** Gyllene Hornet (vik av Bosporen); **~ key** guldnyckel (också *fig.*); **~ mean** gyllene medelväg; **~ number** gyllental (*astr.*); **~ opinions** lovord; **~-rod** *bot.* kungsljus, gullris

goldilocks [*gouldilɔks*] *bot.* jungfruhår

golf [*gɔlf, gɔf*] golf; spela golf; **~-club** golfklubba, golfklubb; **~-course, ~ links** golfbana; **golfer** [*gɔlfə, gɔfə*] golfspelare

Goliath [*golai'əþ*] Goliat, jätte

golliwog [*gɔliwɔg*] ful docka, buse

gollop [*gɔləp*] sluka, slafsa i sig

golly [*gɔli*] (förvrängning av) *God*; **by ~**

gollywog se *golliwog*

golosh [*gələ'ʃ*] galosch (*galosh*)

goluptious [*golʌ'p(t)ʃəs*] *skämts.* läcker

gondola [*gɔndələ*] gondol, *amr.* ett slags järnvägsvagn; **gondolier** [*gɔndəli'ə*] gondoljär

gone [*gɔn*] gått, gången, borta etc. (se *go*)

goner [*gɔnə*] *sl* fiasko, död, dödens man

gonfalon [*gɔnfələn*] baner, standar

gong [*gɔŋ*] gongong, *sl* medalj; *sl* ge bilist order att stanna; **gongster** *sl* trafikkonstapel

gonger [*gɔŋə*] *amr. sl* opiumslav, opiumpipa

gonorrhea [*gɔnəri:'ə*] *med.* gonorré

gonsil [*gɔnsəl*] *amr. sl* pojke, ung lösdrivare

good [*gud*] gott, bästa, nytta, *pl* tillhörigheter, gods, varor; god, bra, snäll, vänlig, äkta (om pengar), riktig, (ganska) stor; **it is no ~ talking** det tjänar ingenting till att prata; **5/- to the ~** 5 shilling till godo; **be up to no ~** ha ont i sinnet; **much ~ may it do you!** *iron.* väl bekomme! **for ~ [and all]** för alltid, en gång för alla; **deliver the ~s** leverera varorna, hålla sitt ord; **get (have) the ~s on** *amr.* få ofördelaktiga upplysningar om, få tumskruvarna på; **he has the ~s** *sl* han är mycket duktig; **piece of ~s** *skämts.* person, 'kolli'; **~ day** goddag, adjö; **G— Friday** långfredag; **~ gracious (heavens)!** du store! **~ life** prima liv (vid försäkring); **~ man** solid man; **~ man!** väl gjort! det var duktigt av dig! **have a ~ mind to** vara starkt betänkt på; **~-mixer** *amr.* vänsäll person; **~ nature** godmodighet; **~ night!** *äv. amr. sl* så var det slut med det! **the ~ people** älvorna, feerna; **take in ~ part** upptaga väl; **~ sense** sunt förnuft; **have a ~ time [of it]** ha trevligt; **~ turn** tjänst, handräckning; **~ 'un** *sl* den var bra (om historia el. lögn); **~ word** rekommendation; **be feeling ~** *sl* känna sig vara vid god vigör; **hold ~** vara giltig, hålla; **~ at** skicklig i; **as ~ as** så gott som, praktiskt taget; **make ~** gottgöra, ersätta, inhämta, utföra, lyckas, klara sig; **~strain** godståg; **Robin Goodfellow** tomtenisse; **~-fellowship** sällskaplighet, kamratskap; **~-for-nothing** odåga; värdelös, onyttig; **~-humoured** godmodig; **~-looking** som ser bra ut; **~man** *åld.* husfader, make; **~-natured, ~-tempered** godmodig; **on your ~selves** *hand.* på Eder själv; **~wife** (*Skottl.* o. *åld.*) matmor, husmor, kära mor; **~will** välvilja, medgivande, kundkrets

good-bye [*gudbai', gu'dbai'*] farväl

goodish [*gudiʃ*] ganska bra, betydlig

goodly [*gudli*] vacker, utmärkt, rätt stor, t. ex. **a ~ size**

goodness [*gudnis*] godhet, älskvärdhet, vänlighet; (= *God*) **~ gracious! ~ me!** Gud bevare mig! **~ knows** Gud vet; **thank ~** gudskelov; **for ~' sake** för Guds skull

goody [*gudi*] (= *goodwife*); *pl* sötsaker; (också **~-~**) moralisk, gudsnådlig; **my ~!** du milde!

gooey [*gu:i*] *amr. sl* stuvning, lapskojs; sentimental, klibbig, späckad

goof [*gu:f*] *sl* narr, original (också **goofer**); **goofy** *sl* enfaldig, dum

goo-goo [*gu:-gu:*]; **make ~ eyes** *amr.* kasta förälskade blickar

gool [*gu:l*] *amr. sl* mål (*goal*)

goopher [*gu:fə*] *amr. sl* skicklig flygare

goose [*gu:s*] (*pl geese* [*gi:s*]) gås, pressjärn; **all his geese are swans** han överdriver; **cook a person's ~** *sl* göra kål på ngn; **~-club** välgörenhetsförening (för att skaffa fattigt folk en julgås); **~-flesh, ~-skin** 'gåshud' (= rysning); **~-grass** gåsört, snärjmåra; **~-step** *mil.* el. *fig.* på stället marsch; preussisk paradmarsch; **goosie** [*gu:si*] (barnspråk) gås

gooseberry [*guzbəri*] krusbär, *amr. sl* klädstreck; **play ~** vara förkläde (för älskande); **old ~** *sl* djävulen; **~ fool** krusbärskräm; **goosegog** [*gu:sgɔg*] *sl* = *gooseberry*

goos[e]y [*gu:si*] (= *goosie*); *amr. sl* nervös, retlig

gopher se *gof[f]er*

gorblimey [*gɔ:'blai'mi*] *sl* förbaske mig!

Gordian [*gɔ:diən*]; **the ~ knot** gordiska knuten

gore [*gɔ:*] levrat blod; kil, våd, trekant; sätta kil i (plagg), klippa i kil, stånga ihjäl, genomborra

gorge [*gɔ:dʒ*] strupe, svalg, hålväg, djup klyfta; sluka, svälja, fullproppa; **my ~ rises** jag får kväljningar (at av)

gorgeous [*gɔ:dʒəs*] strålande, praktfull

Gorgio [*gɔ:dʒou*] (i zigenarspråk) kristen

Gorgon [*gɔ:gən*] (grek. mytologi) Gorgon, Medusa; **gorgonian** [*gɔ:gou'niən*] gorgonisk, fasaväckande; **gorgonize** [*gɔ:gənaiz*] förstena

gorgonzola [*gɔ:g(ə)nzou'lə*] gorgonzolaost

gorilla [*gori'lə*] *zool.* gorilla, *amr. sl* ligist, bandit
gormandize [*gɔ:məndaiz*] frosseri; sluka, frossa
gorse [*gɔ:s*] *bot.* gultörne (Ulex europaeus)
gory [*gɔ:ri*] blodig
gosh [*gɔʃ*]; (*vulg.*) **by ~!** vid Gud! minsann!
goshawk [*gɔshɔ:k*] *zool.* duvhök
Goshen [*gouʃ(ə)n*] *bibl.* o. *fig.* Gosen
gosling [*gɔzliŋ*] *zool.* gåsunge, *fig.* gröngöling
gospel [*gɔspəl*] evangelium; **~-grinder** *sl* predikant, präst; **~-shop** *sl* kyrka; **~-pusher, ~-shark, ~-shooter, ~-whanger** *amr. sl* predikant; **~ truth** dagsens sanning, rena sanningen; **gospeller** präst som läser upp evangeliet i kyrkan; **hot gospeller** väckelsepredikant, ivrig propagandist
gossamer [*gɔsəmə*] 'sommartråd', spindelväv, tunt flor, *amr.* lätt regnkappa; lätt, luftig, spindelvävslik
gossip [*gɔsip*] skvaller, prat, skvallertaska; skvallra, prata, kåsera; **gossipy** skvalleraktig
gossoon [*gɔsu:'n*] (*Irl.*) gosse
got [*gɔt*] fick, fått etc. (se *get*); **~ it** *amr. mil. sl* stupat
Goth [*gɔþ*] got, *fig.* vandal, barbar
Gotham [*gɔtəm*] narrarnas by; **wise man of ~** = **Gothamite** [*gɔtəmait*] lättlurad, enfaldig person, 'täljetok'
Gothic [*gɔþik*] gotik; gotiska; gotisk (*äv.* götisk), *fig.* barbarisk
gotten [*gɔtn*] (*amr.* o. *Skottl.*) fått etc. (se *get*)
gouge [*gaudʒ, gu:dʒ*] håljärn, hålmejsel, *amr. sl* bedragare, bedrägeri; urholka, *amr. sl* bedraga, plundra; **~ out an eye** trycka ut ett öga (med tummen)
gourd [*gɔ:d, guəd*] *bot.* kurbits, kalebass
gourmand [*guəmənd*] *fr.* gurmand, läckergom; glupsk
gourmet [*gu'əmei*] *fr.* vin- el. matkännare
gout [*gaut*] podager, gikt, droppe (is. blod-); **gouty** giktbruten, uppsvälld
gov. [*gʌv*], **Govt.** förk. f. *governor, government*
govern [*gʌvən*] styra, regera; **governance** [*gʌvənəns*] styre, ledning; **governess** [*gʌvənis*] guvernant; **government** [*-mənt*] regering, styrelse, *gram.* rektion; **government securities** statsobligationer, *sl* handklovar; **governmental** [*gʌ'vənme'ntəl*] regerings-; **governor** guvernör, 'gubben' (fadern el. chefen), regulator; **Governor General** generalguvernör
gowk [*gauk*] (dialekt) gök; halvidiot; **see the ~ in one's sleep** hysa ogrundat hopp el. fruktan
gown [*gaun*] klänning, dräkt, fotsid ämbetsdräkt, toga; **arms and ~** *fig.* krig och fred; **town and ~** *fig.* borgare och studenter (i Oxford och Cambridge); **gownsman** [*gaunzmən*] akademiker
goy [*gɔi*] (judespråk) kristen
G.P.O. [*dʒi:'pi:ou'*] förk. f. *General Post Office*
G.R. = *Georgius Rex* (*lat.*) = *King George*
grab [*græb*] grepp, kupp, rofferi; gripa, roffa åt sig, hugga; **~-all** roffare; **get the ~ on** *sl* få övertaget över; **~-bag** 'fiskdamm' (ett slags tombola)
grabble [*græbl*] famla, treva, kravla
grabby [*græbi*] *sjö. sl* soldat
grace [*greis*] behag, grace, gunst, välvilja, ynnest-[bevis], nåd, anständighetskänsla, *mus.* koloratur, (i Cambridge) påbud av universitetsmyndigheter, frist, bordsbön; smycka, hedra; **the G—s** de tre gracerna; **with a bad ~** ogärna, ovilligt; **with a good ~** gärna, på ett värdigt el. älskvärt sätt; **act of ~** nådeakt, benådning; **saving ~** försonande egenskap; **airs and ~s** koketteri; **by the ~ of God** av Guds nåde; **the year of ~ 1936** nådens år 1936; **days of ~** *hand.* o. *jur.* respitdagar; **his (your) ~** hans (Eders) nåd; **say ~** be bordsbön; **~ful** behagfull, graciös; **~less** gudlös, oförskämd, oanständig
gracile [*græsil*] smärt, smal
gracing [*greisiŋ*] *sl* hundkapplöpning (*greyhound + racing*)

gracious [*greiʃəs*] nådig; **~! good ~! my ~! good ~ me! ~ goodness! goodness ~!** du milde! **for ~** för Guds skull
grad [*græd*] *fam.* förk. f. *graduate* kandidat
gradate [*grədei't*] gradera, [låta] övergå gradvis; **gradation** [*grədei'ʃ(ə)n*] gradation, skala, grad, nyansering, (språkligt) avljud
grade [*greid*] grad, stadie, rang, klass, *amr.* skolklass, *amr.* lutning, backe, avljudsform, *amr.* plan; gradera[s], sortera, planera, kroasera (boskapsraser); **make the ~** ha tur med sig, nå den rätta standarden; **higher ~ schools** högre skolor; **up ~** uppförsbacke, uppåtgång; **~ crossing** *amr.* plankorsning (väg)
gradient [*greidiənt*] stigning, lutning
gradual [*grædjuəl*] gradvis; **gradually** [*-i*] gradvis, så småningom, efter hand
graduate [*grædjuit*] graduerad, kandidat; [*grædjueit*] ta en akademisk grad el. examen, gå gradvis över (**into** i el. till), gradera; **graduated cup** mätglas
gradus [*greidəs*] latinsk ordbok
Gr[a]ecism [*gri:sizm*] grekiskt uttryck; **Gr[a]eco-** [*gri:kou-*] grekisk
graft [*gra:ft*] ympkvist, ympning, *med.* transplantation, *amr.* korruption[sförtjänst], smutsig vinst; ympa, *med.* transplantera, *amr.* tjäna genom (praktisera) korruption; **grafter** *amr.* mutkolv
grail [*greil*]; **the Holy ~, the Saint ~** den heliga Graal
grain [*grein*] [sädes]korn, frö, spannmål, grand, uns, gryn, fibers riktning, kornighet, *fig.* natur, tendens, riktning; korna sig, göra kornig, granulera, ådra, marmorera; **against the ~** emot fibrerna, *fig.* mot ngns vilja; **in ~** *fig.* alltigenom, äkta; **with a ~ of salt** med en nypa salt; **dyed in ~** *fig.* äkta färgad, *fig.* oförbätterlig; **grainy** kornig
gram se *gram[me]*
graminaceous [*greiminei'ʃəs, græm-*] gräs-, gräsartad; **graminivorous** [*græmini'vərəs*] gräsätande
grammar [*græmə*] grammatik, (korrekt) språkbruk, begynnelsegrunder; **bad ~, not ~** språkligt oriktigt, dåligt språk; **~-school** latinskola, högre läroverk; **grammarian** [*grəmɛ'əriən*] grammatiker; **grammatical** [*grəmæ'tik(ə)l*] grammatisk
gram[me] [*græm*] gram
gramophone [*græməfoun*] grammofon
grampus [*græmpəs*] *zool.* späckhuggare, fet man, en som pustar högljutt vid ringa ansträngning (*blow like a ~*)
gran [*græn*] (barnspråk) farfar el. farmor (*grandfather* el. *-mother*)
granary [*grænəri*] spannmålsmagasin
grand [*grænd*] flygel (*~ piano*), *amr. sl* 1 000 dollars; stor, flott, praktfull, imponerande, förnäm, *fam.* utmärkt; **do the ~** *fam.* spela förnäm; **G— Cross** storkors (av en orden); **G— Duke (Duchess)** storhertig(inna); **the G— Fleet** brittiska huvudflottan (under första världskriget); **G— Lodge** storloge (av frimurare); **G— Master** stormästare (inom orden, frimurare etc.); **the G— Monarch** (använt om) Ludvig XIV av Frankrike; **the G— National** årlig hinderritt i Liverpool; **the G— Old Man** (förk. *G.O.M.*) (is. om) Gladstone; **~ [piano]** flygel; **~ stand** åskådartribun; **~ total** huvudsumma; **gran[d]dad** [*grændæd*] *fam.* far- el. morfar; **~aunt** grandtant; **~child** barnbarn; **~daughter** son- el. dotterdotter; **~father** far- el. morfar; **great grandfather** farfarsfar; **~father['s] clock** skåpklocka, 'dalaklocka'; **~mamma** (barnspråk) far- el. mormor; **~mother** far- el. mormor, nonsens; bortklema; **great grandmother** farfars-, farmors, morfars- el. mormors mor; **~motherly** alltför efterlåten el. omsorgsfull; **~papa** (barnspråk) far- el. morfar; **~parent**

en av far- el. morföräldrarna; ~**sire** [*-saiə*] far-, el. morfar, *pl* förfäder; ~**son** son- el. dotterson; ~**stand play** *amr. sl fig.* spel för galleriet; ~**-uncle** grandonkel
grandee [*grændi:'*] (spansk) grand, storman
grandeur [*grændʒə*] höghet, adel, majestät, prakt, värdighet
grandiloquence [*grændi'ləkwəns*] stortalighet, svulst, bombasm; **grandiloquent** [*grændi'ləkwənt*] stortalig, bombastisk, svulstig
grandiose [*grændious*] storslagen, pompös, bombastisk; **grandiosity** [*grændiɔ'siti*] storslagenhet, pomp, svulst
grange [*greindʒ*] lantgård, *amr.* lantbrukssällskap
granite [*grænit*] *geol.* granit; **the ~ city** Aberdeen
granny [*græni*] *fam.* far- el. mormor
grant [*gra:nt*] beviljande, anslag, bidrag, koncession; bevilja, medgiva, förläna, anslå, överlåta; ~**-in-aid** statsbidrag; **I ~ you all that** jag medger allt det där; **granting (granted) that..** låt oss anta att..; **God ~ that..** Gud give att..; **granted!** medgives! **take (it) for granted** ta (det) för givet
granular [*grænjulə*] kornig; **granule** [*grænju:l*] litet korn, *bot.* pollenkorn, spor
granulate [*grænjuleit*] granulera, bli kornig, göra kornig (knottrig), läkas (om sår); **granulation** [*grænjulei'ʃən*] granulering, läkkött
grape [*greip*] druva; **sour ~s** 'de är sura', sa räven; ~**-fruit** grapefrukt; ~**-shot** *mil.* kartesch; ~**-sugar** druvsocker; ~**-vine** vinranka, *amr. sl* (grundlöst) rykte; **grapery** vindrivhus
graph [*græf, gra:f*] (is. *mat.*) diagram
graphic [*græfik*] grafisk, skrift-, åskådlig
graphite [*græfait*] grafit
graphology [*græfɔ'lədʒi*] grafologi
grapnel [*græpnəl*] *sjö.* änterhake, dragg [ankare]
grapple [*græpl*] *sjö.* änterhake, tag, grepp, handgemäng; gripa, hugga tag i; **~ with** brottas med, ta itu med; **grappling-iron** *sjö.* änterhake, dragg
grasp [*gra:sp*] tag, grepp, herravälde, fattningsgåva; gripa [fatt i], hålla fast [vid], fatta, begripa; **in a person's ~** i någons våld; **beyond one's ~** utom räckhåll, över ens horisont; **within one's ~** inom räckhåll; **~ at** gripa efter; **grasping** grip-, sniken
grass [*gra:s*] gräs, betesmark, gruvmynning; täcka med gräs, utfordra med gräs, slå till marken, skjuta (fågel); ~**hopper** gräshoppa, *mil. sl* fältpolis; ~**widow** gräsänka, frånskild hustru; **grassy** [*gra:si*] gräs-, gräsbevuxen, gräslik
grat [*græt*] (*Skottl.*) gråt (av *greet*)
grate 1) [*greit*] galler, spisgaller, ugnsrost, spis
grate 2) [*greit*] gnida, riva, skära (tänder), skrapa (mot sand), knarra; **~ on** skära, irritera, skorra; **grater** rivjärn, rasp
grateful [*greitf(u)l*] tacksam (**to** mot); behaglig
gratification [*grætifikei'ʃ(ə)n*] glädje, tillfredsställelse, dusör, muta; **gratify** [*grætifai*] glädja, tillfredsställa
grating [*greitiŋ*] galler[verk]; skärande, skorrande
gratis [*greitis*] gratis
gratitude [*grætitju:d*] tacksamhet
gratuitous [*grətju(:)'itəs*] gratis, villkorlig, ogrundad, oberättigad, opåkallad; **gratuity** [*-ti*] gåva, gratifikation, dusör, drickspengar
gratulatory [*grætjuleitəri*] lyckönsknings-
gravamen [*grəvei'mən*] *jur.* anklagelse, missförhållande
grave 1) [*greiv*] grav; ~**yard** kyrkogård; ~**yard watch** *amr. sl* nattskift (av arbetare)
grave 2) [*greiv*] [in]rista (också *fig.*), utskära
grave 3) [*greiv*] *gram.* grav accent; allvarlig, betydelsefull, värdig, högtidlig, (om ton) djup
grave 4) [*greiv*] *sjö.* rengöra och tjära (skeppsbotten)
gravel [*grævəl*] grus, grov sand, *med.* njurgrus; gruslägga, *sl* förvirra, stuka till; **~ pit** grustag
graven [*greivn*] utskuren (se *grave* 2)
gravid [*grævid*] gravid, havande, dräktig; **gravidity** [*grəvi'diti*] havandeskap
gravitate [*græviteit*] gravitera, sträva mot en medelpunkt, *fig.* dragas (**towards** mot); **gravitation** [*grævitei'ʃ(ə)n*] tyngdkraft, dragning; **centre of gravitation** tyngdpunkt; **gravity** [*græviti*] vikt, tyngd, allvar, värdighet, tyngdkraft; **specific gravity** specifik vikt
gravy [*greivi*] köttsås, *amr. sl* vinst; ~**-boat** såsskål
gray [*grei*] grå (se *grey*)
grayling [*greiliŋ*] harr (fisk)
graze 1) [*greiz*] snuddning, rispa, skrubbsår; snudda, skrapa
graze 2) [*greiz*] beta, låta beta, driva på bete; **grazier** [*greiziə*] boskapsuppfödare
grease [*gri:s*] fett, ister, flott, smörjfett, mugg (hos hästar), *amr. sl* smör; [*gri:z*] bestryka med fett, smörja, muta; **wool in the ~** orensad ull; **golden ~** mutor; **like a greased lightning** *sl* som en oljad blixt; ~**cock** smörjkran; ~**-cup** smörjkopp; ~**gun** fettspruta; ~**gun lubricant** konsistensfett; **greaser** *sjö.* smörjare, *amr. sl* mexikanare; **greaseproof [paper]** smör[gås]-papper; **greasy** fet, oljig, flottig, smörjig, smutsig, oanständig, (om väder) fult
great [*greit*] stor, väldig, betydande, förnäm, härlig, skicklig (**at, on** i); **greats** *pl* slutexamen för B.A. i Oxford; **G— Caesar!** *skämts.* du store! **the G— Charter** Magna Charta; **~ circle** *mat.* storcirkel; **the G— Day** domedag; **~ friends** goda vänner; **a ~ many** en hel mängd; **G— Powers** stormakter; **G— Scott!** du store! **the ~ unwashed** massan, plebsen; ~**-aunt** grandtant; ~**coat** vinterpaletå; ~**-grandfather** farfars el. morfars far; ~**-grandmother** farmors el. mormors mor; ~**-grandson** sonsons son; ~**-nephew** (~**-niece**) brorsons el. brordotters son (dotter); ~**-uncle** grandonkel; **greatly** i hög grad, mycket
greave [*gri:v*] (is. *pl*) benskena
greaves [*gri:vz*] *pl* talggrevar
grebe [*gri:b*] *zool.* dopping
Grecian [*gri:ʃ(ə)n*] grekisk; grekisk filolog
Greco- [*gri:kou-*] grekisk-
Greece [*gri:s*] Grekland
greed [*gri:d*] lystnad, snikenhet; **greedy** glupsk, lysten, girig
Greek [*gri:k*] grek, grekiska (språket), bedragare (is. falskspelare); grekisk; **it is ~ to me** det är hebreiska för mig; **St. Giles's ~** tjuvspråk; **the ~ Church** den grekisk-katolska kyrkan
green [*gri:n*] grönt, gräsplan, grönska, ungdomskraft, (is. *pl*) grönsaker; grön, omogen, ung, blomstrande, oerfaren, 'grön', färsk (också om sår); göra grön, grönska, *sl* narra, föra bakom ljuset; **do you see any ~ in my eye?** ser jag så naiv ut? **in the ~** i ungdomen; **~ eye** svartsjuka; **~ fly** *zool.* bladlus; **~ goose** ung gås; **~ linnet** *zool.* grönfink; **~ stuff** grönsaker; **~ table** spelbord; ~**back** *amr.* sedel; ~**-book** grön bok (utgiven av den indiska regeringen); ~**finch** *zool.* grönfink; **go to Parson G— fields** göra en promenad (i st. f. att gå i kyrkan); ~**gage** *bot.* renklo (ett slags plommon); ~**grocer** grönsakshandlare; ~**grocery** grönsakshandel; ~**horn** gröngöling; ~**house** drivhus; ~**keeper,** ~**-man** golfbaneskötare; ~**-room** artisternas foajé; ~**-sickly** bleksotssjuk; ~**-sickness** bleksot; ~**sward** gräsmatta; **the ~wood** den gröna skogen; **greener** nybörjare, gröngöling; **greenery** [*gri:nəri*] grönska, växthus; **greenish** grönaktig
Greenland [*gri:nlənd*] Grönland
Greenwich [*grinidʒ*]; **~ time** Greenwichtid
greet [*gri:t*] hälsa, (*Skottl.*) gråta; **greeting** hälsning
gregarious [*gregɛ'əriəs*] som lever i flock, sällskaplig
Gregorian [*gregɔ:'riən*] gregoriansk
grenade [*grinei'd, gre-*] handgranat; **grenadier** [*grenədi'ə*] *mil.* grenadjär

grenadine [*grenədi:'n*] grenadin (ett slags tunt [halv]siden), frikandå (på kalv el. fågel)
grew [*gru:*] växte etc. (se *grow*)
grey [*grei*] grå; grått; göra (bli) grå; ~ **matter** (grå) hjärnsubstans, intelligens; **the** ~ **mare is the better horse** hustrun bestämmer var skåpet skall stå; ~ **mite** *amr. sl* vegetarian (förvrängning av *Grahamite*); ~**-back** *zool.* grå kråka; ~**beard** gråskägg, stenkrus; ~ **friar** gråbrödramunk; ~**-hen** orrhöna; ~**hound** vinthund; **greyish** gråaktig
grid [*grid*] *elektr.* ledningsnät, galler (i radio o. television), bagagehållare (på bil); ~**-iron** halster, fartygsslip, *amr.* fotbollsplan
griddle [*gridl*] stekplatta, stekspjäll; *sl* sjunga på gatorna
gride [*graid*] skrapande ljud; skrapa, skorra
grief [*gri:f*] sorg, smärta; **come to** ~ förolyckas, råka illa ut, slå fel; **grievance** [*gri:vəns*] klagomål, olägenhet; **grieve** [*gri:v*] gräma sig, bedröva, smärta; **grieved** bedrövad (**at** över); **grievous** [*gri:vəs*] bitter, smärtsam, svår, allvarlig
griffin 1) [*grifin*] (*Ind.*) nyankommen europé, gröngöling
griffin 2) [*grifin*], **griffon** [*grifən*] grip, *zool.* gåsgam, *sl* harpa, häxa, vink, tips
grig [*grig*] *zool.* sandål, syrsa; **merry as a** ~ glad som en lärka
grill [*gril*] halster, halstrat kött, galler, = *grill-room*; halstra, steka på halster, pina, korsförhöra; ~**-room** restaurang, där maten halstras i gästens närvaro
grille [*gril*] galler
grilse [*grils*] unglax
grim [*grim*] barsk, bister, hård, sträng, ogästvänlig; **Old Mr. G—** döden; **hold on like** ~ **death** hålla i, som om det gällde livet
grimace [*grimei's*] grimas; grimasera
grimalkin [*grimæ'lkin*] gammal katta, led käring, häxa
grime [*graim*] smuts, svärta, sot; smutsa el. sota ned; **grimy** [*graimi*] smutsig, sotig
grin [*grin*] grin; grina, visa tänder, le; ~ **and bear it** hålla god min i elakt spel
grind [*graind*] slipning, malning, slit, *amr. sl* plugghäst, utropares svada; (*oregelb. vb*) mala, slipa, skrapa, träla, plugga, förtrycka (*äv.* ~ **down**), veva; **ground glass** matt glas; **take a** ~ ta en promenad; ~ **one's teeth** skära tänder; ~**stone** slipsten; **I keep his nose to the grindstone** jag håller honom i arbete; **grinder** [kind]tand, slipare, slipmaskin, privatlärare, utsvettare, *amr. sl* utropare
grip [*grip*] fast tag el. grepp, handtag, handtryckning, *amr.* resväska (~**-sack**); gripa, hålla fast, fängsla (intresse o. d.); **come to** ~**s** komma i handgemäng; **be wanting in** ~ icke vara situationen vuxen
gripe [*graip*] grepp, fäste, *pl* båtbrokar, nappatag, kolik, magknip; gripa, knipa (om kolik), gnida (och spara), *amr. sl* beklaga sig, gnälla
griskin [*griskin*] svinrygg
grisly [*grizli*] kuslig, ohygglig
grist [*grist*] mäld, fördel, *amr.* massa, antal; ~ **to his mill** vatten på hans kvarn; **all's** ~ **that comes to my mill** alla bidrag mottas med tacksamhet
gristle [*grisl*] brosk; **gristly** [*grisli*] broskig
grit [*grit*] sand, sandsten, struktur, *fam.* uthållighet, mod; gnissla, skrapa
grits [*grits*] havregryn, gröpe
grizzled [*grizld*] grå, gråsprängd; **grizzly** [*grizli*] gråbjörn (~ *bear*); grå, gråhårig
groan [*groun*] stönande, suck, mummel; stöna, sucka, brumma emot; ~**ing table** dignande bord
groat [*grout*] 4-pence-mynt av silver utgivet 1351—1662, *fig.* vitten, dyft; **I don't care a** ~ det bryr jag mig inte ett dyft om
groats [*grouts*] havregryn
grocer [*grousə*] specerihandlare, kolonialvaruhandlare; **grocery** [*grousəri*] specerihandel, *pl* specerier
grog [*grɔg*] grogg; ~**-blossom** brännvinsnäsa; **groggy** omtöcknad, ostadig
grogram [*grɔgrəm*] grogram (ett slags halvsidentyg)
groin [*grɔin*] *anat.* ljumske, kryssbåge, (eufemistiskt) könsdelar; förse med kryssvalv
groom [*gru:m*] stalldräng, ridknekt, *amr.* brudgum; rykta, sköta (hästar); **well-groomed** välryktad, välfriserad; **groomsman** *amr.* brudgummens marskalk
groove [*gru:v*] fåra, fals, ränna, *fig.* slentrian, gängor; urholka, sponta; **grooved and tongued** spontad
grope [*group*] famla, leta; ~ **one's way** treva sig fram
grosbeak [*grousbi:k*] *zool.* stenknäck
gross [*grous*] gross (12 dussin), huvudmassa; tjock, grov, plump, rå, brutto; **in [the]** ~ *hand.* en gros, på det hela taget
grotesque [*gro(u)te'sk*] grotesk, underlig, löjlig
grotto [*grɔtou*] grotta
grouch [*grautʃ*] *amr.* brumbjörn, grinvarg, horn i sidan; brumma, morra; **grouchy** sur, grinig
ground 1) [*graund*] jord, mark, område, grund (också *fig.*), botten, grundfärg, grundval, anledning, *pl* drägg, bottensats; *fig.* grunda, bygga (**on** på), undervisa i grunderna, lägga på marken, *elektr.* leda ned i jorden, jorda, *sjö.* sätta på grund, stöta på grund; **gain (lose)** ~ vinna (förlora) terräng; **shift one's** ~ ändra ståndpunkt el. taktik; **keep** el. **hold** el. **stand one's** ~ hålla stånd; **above** ~ över marken, vid liv; **it suits me down to the** ~ *fam.* det passar mig förträffligt; **on the** ~ **of** på grund av; ~ **floor** bottenvåning; ~ **swell** dyning; **football** ~ fotbollsplan; ~ **game** fyrfota vilt; ~ **hog** amerikanskt murmeldjur, *amr. sl* korv; ~**-loop** *amr.* (om flygmaskin) slå en kullerbytta vid landningen; **ground[s]-man** man som sköter om kricketplan; ~**-nut** *bot.* jordnöt; ~**-plan** grundplan; ~**-plot** hustomt; ~**-rent** jordränta, tomtören; ~**-sheet** bottenduk (i tält); ~**-wire** *amr. elektr.* jordledning; ~**work** grundval, grunddrag, botten; **grounding** grundläggande undervisning; **groundless** grundlös
ground 2) [*graund*] malde, malt (se *grind*)
groundling [*graundliŋ*] *zool.* sandkrypare (fisk)
groundsel [*grauns(ə)l*] *bot.* korsört (Senecio)
group [*gru:p*] grupp, *flyg.* eskader; gruppera
grouse 1) [*graus*] vild hönsfågel; **black** ~ orre; **hazel** ~ järpe; **red** ~ skotsk ripa; **white** ~ fjällripa; **wood** el. **great** ~ tjäder; **grousing** hönsfågeljakt
grouse 2) [*graus*] *sl* knota, gruffa; **grouser** gnatare
grout [*graut*] tunt murbruk, puts; fogstryka med puts, rota, böka (om svin)
grove [*grouv*] lund, skogsdunge
grovel [*grɔvl*] kräla i stoftet, krypa (också *fig.*), vara jordbunden, krypande; **groveller** krypande el. jordbunden person, kryp
grow [*grou*] (*oregelb. vb*) växa, gro, bliva, odla, låta växa, uppstå; ~ **upon** vinna alltmer insteg hos, mer och mer tilltala; **growing pains** tilltagande smärtor; **grown[-up]** fullvuxen; **grower** odlare
growl [*graul*] morrande, missnöjt mummel; brumma, knota; **growler** brumbjörn, *sl* fyrhjulig droska
grown [*groun*] vuxit, vuxen etc. (se *grow*)
growth [*grouþ*] växt, tillväxt, produkt[ion], *med.* utväxt; **of foreign** ~ som vuxit utomlands; **of one's own** ~ av egen skörd, hemgjord
grub [*grʌb*] *zool.* larv, arbetsträl, boll slagen utefter marken (i kricket), *sl* mat, godsaker;

rota, träla, gräva, *sl* äta; ~**-stake** proviantering, kosthåll; **grubby** smutsig
Grub-street [*grʌbstri:t*] (förr Londongata, som nu heter Milton Street, där fattiga författare bodde) författarproletariat, skräplitteratur
grudge [*grʌdʒ*] agg, ovilja; vara ovillig till, missunna; **have a ~ against a person, bear** el. **owe a person a ~** bära agg till en person; **grudgingly** motsträvigt
gruel [*gruəl*] välling, kok stryk; slå, besegra; **it settled his ~** han fick vad han tålde; ~**-stick** *mil. sl* gevär
gruesome [*gru:səm*], **gruey** [*gru:i*] hemsk, gräslig
gruff [*grʌf*] barsk, grov, butter
grumble [*grʌmbl*] brummande, knorrande, knot; brumma, knorra, knota (**at** el. **about** över); **grumbler** gnatare, *zool.* knorrhane (fisk)
grummet [*grʌmit*] kardelstropp
grump [*grʌmp*] gnatare, kverulant; **the ~s** missnöje, knarrighet; **grumpy** förargad, sur
Grundy [*grʌndi*]; **Mrs. ~** allmänna meningen; **g—** *sl* kort o. tjock person; **snap one's fingers at Mrs. ~** ge god dag i vad folk säger; ~**ism** [*-izm*] pryderi
grunt [*grʌnt*] grymtande, grymtning; *amr. sl* svinkött; grymta; **grunter** svin
gruyère [*gru:jɛə*] schweizerost, gruyère
gryphon [*grifən, graifən*] grip (se *griffon*)
guano [*gwa:nou*] guano, fågelgödsel
guarantee [*gærənti:'*] garanti, garant, säkerhet; garantera; **guarantor** [*gærəntɔ:'*] garant; **guaranty** [*gærənti*] garanti
guard [*ga:d*] vakt, skydd, gard (i fäktning), konduktör, *pl* garde, livvakt, skyddsanordning av olika slag, parerplåt på värja, stänkskärm, räcke, galler, kofångare; skydda, vakta, försvara, bevaka, vaka över, skydda sig; **be on [one's] ~** vara på sin vakt; **be off one's ~** ej vara på sin vakt; **take** el. **throw a person off his ~** överrumpla ngn; **stand ~ over** hålla vakt över; **mount ~** *mil.* överta vakten, gå på vakt; **relieve ~** avlösa; **~ against** förebygga, gardera sig mot; ~**-chain** urkedja, säkerhetskedja; ~**-house**, ~**-room** vaktlokal; **guarded** vaktad, garderad, försiktig, förbehållsam; **guarded railway crossing** bevakad järnvägsövergång; **guardsman** gardist
guardian [*ga:djən*] väktare, beskyddare, *jur.* förmyndare; **G—s of the Poor** fattigvårdsnämnd; **~ angel** skyddsängel; ~**ship** [*-ʃip*] förmynderskap
guava [*gwa:və*] guavaträd
gubernatorial [*g(j)u:bənətɔ:'riəl*] *amr.* guvernörs-
gudgeon [*gʌdʒən*] *mek.* ändtapp, axeltapp, *zool.* sandkrypare (fisk), dumbom, *sjö.* rormalja; lura
guelder [*geldə*] **rose** *bot.* snöbollsbuske
Guelph, Guelf [*gwelf*] welf
Guernsey [*gə:nzi*] Guernsey; **g—** tjock blå sjömanströja, Guernseyko
guer[r]illa [*gəri'lə*], **~ war** gerilla[krig]
guess [*ges*] gissning, förmodan; gissa, *amr.* tro, anta; **I ~** *amr.* jag tror, jag tänker, antagligen; **~ at** gissa [på]; ~**-work** gissning
guest [*gest*] gäst, *bot.* o. *zool.* parasit
guff [*gʌf*] *sl* tomt prat, nonsens
guffaw [*gʌfɔ:'*] gapskratt; gapskratta
guidance [*gaidəns*] ledning, vägledning; **guide** [*gaid*] förare, vägvisare, handbok, rättesnöre, vägledning; föra, vägleda, leda; ~**-book** resehandbok; ~**-post** vägvisare, vägstolpe
guidon [*gaidən*] *mil.* dragonstandar
guild [*gild*] gille, sällskap; **the Guildhall** (*eg.* gilleshus) rådhuset i *the City of London*; **guild socialism** gillesocialism (politiskt system, som anbefaller fackliga arbetarråd)
guilder [*gildə*] (holländsk) gulden
guile [*gail*] list, svek; ~**ful** listig, svekfull; ~**less** sveklös, ärlig
guillemot [*gilimɔt*] *zool.* grissla
guillotine [*giləti:'n*] giljotin, fallyxa, (parlam.) tidsbegränsning vid debatt; giljotinera
guilt [*gilt*] skuld, brottslighet; ~**less** skuldfri, oskyldig; **~less of Greek** okunnig i grekiska; **guilty** skyldig (**of** till), brottslig, skuldmedveten; **plead guilty** erkänna sig skyldig
guinea [*gini*] guinea (myntvärde: 21 shilling), *åld.* guldmynt (värt 21 shilling); ~**-fowl** pärlhöna; ~**-pig** marsvin, 'försökskanin', *sl* styrelsemedlem som får en guinea per möte; **G—worm** hårmask
guise [*gaiz*] förklädnad, klädsel, utseende, sken; **in the ~ of** i form av
guitar [*gita:'*] gitarr; **guitarist** [*gita:'rist*] gitarrspelare
gulch [*gʌltʃ*] *amr.* bergsklyfta, guldlager
gulden [*guldən*] gulden, gyllen (mynt)
gules [*gju:lz*] rött (i heraldik)
gulf [*gʌlf*] golf, havsvik, avgrund, *fig.* svalg, malström (is. *fig.*); uppsluka; **the Gulf Stream** Golfströmmen
gull [*gʌl*] mås, narr; lura; **gullible** [*gʌləbl*] lätt att lura, godtrogen
gullet [*gʌlit*] matstrupe
gully [*gʌli*] klyfta, rännsten, avlopp, *geol.* klyfta utgrävd av vatten, *sl* hals; urholka
gulp [*gʌlp*] sväljning, munfull, tugga, klunk; sluka, svälja, stjälpa i sig; **at one ~** i ett tag; **~ down one's rage** svälja sin vrede
gum 1) [*gʌm*] gummi, *pl sl* gummisko, *amr.* galoscher; klistra fast, gummera, *amr. sl* narra, förstöra (**~ up**); **~ dragon** gummidragant; ~**-shoe** gummisko, *amr. sl* smyg-; smyga fram, snoka; ~**-tree** gummiträd; **up a ~-tree** *sl* i knipa; **he has seen his last ~-tree** han sjunger på sista versen; **gummy** klibbig
gum 2) [*gʌm*] *pl* tandkött; ~**boil** tandböld; **gummy** *sl* tandlös person
gum 3) [*gʌm*], **gummy** [*gʌmi*] (förvrängning av *God*); **by ~** vid Gud
gump [*gʌmp*] *amr. sl* höna, narr
gumption [*gʌmpʃ(ə)n*] rådighet, företagsamhet, fart, praktiskt förstånd; **gumptious** [*gʌmpʃəs*] *amr. sl* finfin
gun [*gʌn*] bössa, kulspruta, kanon, *amr. sl* revolver, förbrytare (is. ficktjuv); skjuta; **son of a ~** *amr. sl* usling, rackare; **great ~** storpamp; **blow great ~s** blåsa orkan; **cut the ~** *amr.* flygar-*sl* stanna motorn; **~ it!** *amr.* skjut! (order till filmfotograf); **A.-A.** (*anti-aircraft*) **~** luftvärnskanon; **machine-~** kulspruta; ~**-barrel** gevärspipa; ~**boat** kanonbåt; ~**-bus** *sl* bombplan; ~**-carriage** *mil.* lavett; ~**-cotton** bomullskrut; ~**man** *amr.* revolverman, förbrytare (medlem av ett band); ~**-metal** nysilver; ~**-mob** *amr. sl* förbrytarband; ~**-moll** *amr. sl* förbrytares käresta; ~**powder** krut; **the Gunpowder Plot** krutkonspirationen (i England 1605); ~**-room** *sjö.* gunnrum, kadettmäss; ~**-runner** vapensmugglare; ~**shot** skottvidd; ~**-shy** skotträdd (is. om hund); ~**smith** gevärssmed; ~**-stock** gevärskolv; **gunner** *sjö.* kanonjär, *mil.* artillerist; *flyg.* kulspruteskytt; **kiss the gunner's daughter** *sl* få smaka daggen
gunnel [*gʌnəl*] *sjö.* reling (*gunwale*)
gunny [*gʌni*] jute, säckväv; ~**-bag** jutesäck
gunsel [*gʌnsl*] *amr. sl* gosse, ung lösdrivare
gunter [*gʌntə*] el. **Gunter's scale** räknesticka; **according to G—** *fam.* enligt alla regler
gunwale, gunnel [*gʌnəl*] *sjö.* reling
gup [*gʌp*] skvaller, rykten, prat
gurgitation [*gə:dʒitei'ʃ(ə)n*] svall[ande]
gurgle [*gə:gl*] porlande, skrockande; klunka, skvalpa, porla
gurnard [*gə:nəd*], **gurnet** [*gə:nit*] *zool.* knorrhane (fisk)
guru [*gu:ru:*] (*Ind.*) andlig vägledare
gush [*gʌʃ*] ström, utbrott, utgjutning, *fig.* utgjutelse; strömma [över], utgjuta, forsa;

gusher översvallande människa, *amr.* rik oljekälla; **gushing** översvallande
gusset [*gʌsit*] kil (i klädesplagg), *mek.* triangelformad plåt
gust [*gʌst*] vindstöt, regnskur, *fig.* utbrott, *åld.* smak, välbehag; **gusty** byig, stötvis, häftig
gusto [*gʌstou*] smak, välbehag
gut [*gʌt*] tarm, trångt pass, tafs (till metrev), *amr. sl* korv, kött, *pl sl* inälvor, innehåll, energi, kurage, fräckhet; rensa (fisk), tömma, utplundra, göra rent hus i, (*vulg.*) glupa i sig; ~ **plunge** *amr. sl* besök hos slaktaren för att tigga kött
gutta-percha [*gʌ'təpə:'tʃə*] guttaperka
gutter [*gʌtə*] takränna, rännsten, fåra; fåra, strömma, (om ljus) rinna; ~ **press** sensations- el. smutspress; ~**-snipe** gatpojke
guttle [*gʌtl*] sluka, proppa i sig; **guttler** storätare, frossare
guttural [*gʌtərəl*] (i fonetik) gutturalt ljud, strupljud; guttural, strup-
gutty [*gʌti*] (golf-*sl*) guttaperkaboll
guv [*gʌv*] *fam.* förk. f. *governor* 'gubben' (om fadern el. chefen)
guy [*gai*] Guy-Fawkes-figur (som brännes av barn den 5 november), *fig.* fågelskrämma, *amr.* karl, 'kille', 'prick', gaj, stötta; *sl* göra narr av, smita, fästa med gaj; ~**-rope** staglina
guzzle [*gʌzl*] sluka, vräka i sig, supa; **guzzler** fyllbult, drinkare
G.W.R. förk. f. *Great Western Railway*
gybe [*dʒaib*] *sjö.* gipa
gym [*dʒim*] *sl* förk. f. *gymnastics* el. *gymnasium*; ~**-master** gymnastiklärare; ~**-tunic** gymnastikdräkt (för flickor)
gymkhana [*dʒimka:'nə*] (eg. *Ind.*) idrottsplats, idrottsmöte
gymnasium [*dʒimnei'ziəm*] gymnastiksal; **gymnast** [*dʒimnæst*] gymnast; **gymnastics** [*dʒimnæ'stiks*] gymnastik
gymnosophist [*dʒimnɔ'səfist*] (indisk) asket el. mystiker
gynaecocracy [*dʒaini(:)kɔ'krəsi*], **gynocracy** [*dʒainɔ'krəsi*] kvinnostyre; **gynaecologist** [*dʒainikɔ'lədʒist*] gynekolog; **gynaecology** [*dʒaini(:)kɔ'lədʒi*] gynekologi; **gynolatry** [*dʒainɔ'lətri*] kvinnodyrkan
gyp [*dʒip*] uppassare (för studenter i Cambridge etc.), *amr. sl* bondfångare, bondfångarknep, tjuv; *amr. sl* lura, narra; **give** ~ ge på huden, pina
gyppo [*dʒipou*] *amr.* ackordsarbetare; arbeta på ackord
gyps[um] [*dʒips(əm)*] gips
gypsy [*dʒipsi*] zigenare (*gipsy*)
gyrate [*dʒaireit*] virvla, rotera; **gyration** [*dʒairei'ʃ(ə)n*] virvel, rotation; **gyratory** [*dʒairətəri*] roterande; **gyratory system** [**of traffic**] enkelriktad trafik runt öppen plats; **gyro** [*gairou, dʒai-*] gyro- (*compass* kompass; *-scope* -skop)
gyve [*dʒaiv*] *pl* bojor, black; fängsla, fjättra

H

H, h [*eitʃ*] (*pl Hs, H's* [*eitʃiz*]) H, h; **drop one's h's** icke uttala h (vulgärt språk)
ha [*ha:*] ha
the Habeas-Corpus [*hei'biæskɔ'pəs*] **Act** habeas-corpus-akten (av 1679); *jur.* bestämmelse, att arrestant inom 24 timmar efter häktning skall förhöras av domare
haberdasher [*hæbədæʃə*] kortvaruhandlare, sybehörsaffär; **haberdashery** [*-ri*] korta varor, *amr. sl* herrekiperingsartiklar
habiliment [*həbi'limənt*] (is. *pl*) dräkt, skrud, *skämts.* kläder
habit [*hæbit*] vana, karaktär, kroppskonstitution, *åld.* dräkt; kläda, *åld.* bebo; **be in the ~ of** ha för vana; **fall into a ~** få en [o]vana
habitability [*hæbitəbi'liti*] beboelighet; **habitable** [*hæbitəbl*] beboelig; **habitat** [*hæbitæt*] (is. *bot.* o. *zool.*) förekomstställe, fyndort; **habitation** [*hæbitei'ʃ(ə)n*] bebyggelse, bostad
habitual [*həbi'tjuəl, -tʃuəl*] vanemässig, vane-; ~ **drunkard** vanedrinkare; **habituate** [*həbi'tjueit*] vänja (**to** vid)
habitude [*hæbitju:d*] vana, läggning
habitué [*həbi'tjuei*] stamgäst
hacienda [*hæsie'ndə*] hacienda (spanskt gods el. gård i Amerika)
hack [*hæk*] hacka, hack, sår (efter spark), foderhäck, åkarkamp, *amr.* åkardroska, *sl* fattig skribent; hacka, hugga sten, sparka ngn, rida hyrhäst; ~**-saw** bågfil; **hacking cough** hackhosta
hackle [*hækl*] häckla, tupps nackfjäder, metfluga; häckla, sönderriva; **with his ~s up** i kamphumör; **show ~s** resa borst; **hackly** naggad, skrovlig
hackney [*hækni*] hyrhäst; uthyra, göra utsliten; ~**-coach** hyrvagn
had [*hæd, həd*] hade, haft (se *have*)
haddies [*hædiz*] *fam.* f. *haddocks*
haddock [*hædək*] *zool.* kolja, *sl* pung
Hades [*heidi:z*] Hades, underjorden
Hadji, Hajji [*hædʒi:*] muhammedansk pilgrim som besökt Mekka
haemal [*hi:məl*] *med.* blod-; **haematic** [*hi:mæ'tik*] *med.* blodmedel; blod-; **haematin** [*hi:mətin*] *med.* hematin; **h[a]ematite** [*hemətait*] *min.* hematit; **haemoglobin** [*hi:moglou'bin*] *med.* hemoglobin
h[a]emorrhage [*heməridʒ*] blödning
h[a]emorrhoids [*hemərɔidz*] *med.* hemorrojder
hafiz [*ha:fiz*] muhammedan som kan koranen utantill
haft [*hæft*] [kniv]skaft
hag [*hæg*] häxa; ~**-ridden** riden av maran
hagberry [*hægberi*] *bot.* häggbär
haggard [*hægəd*] otämd falk; vild, avtärd, otämd (om falk)
haggis [*hægis*] hackkorv; **Haggisland** *sl* Skottland
haggle [*hægl*] hacka [sönder], plåga, pruta (om pris)
hagiography [*hægiɔ'grəfi*], **hagiology** [*-ɔ'lədʒi*] helgonhistoria, -litteratur
Hague [*heig*]; **the ~** Haag; **the ~ Court** fredsdomstolen i Haag
hah [*ha*] ha!
ha ha [*ha: ha:*] ha ha! **give a person the ~** skratta ut ngn
hail 1) [*heil*] hagel; [låta] hagla; ~**stone** hagelkorn
hail 2) [*heil*] hälsning, prejning, rop; hälsa [som], preja, anropa; hell! var hälsad! **within ~** inom hörhåll; ~ **from** komma från, höra hemma i; ~**-fellow-well-met** mycket el. alltför förtrolig, kamratlig
hair [*hɛə*] hår; **do one's ~** kamma sig; **keep your ~ on** *sl* inte så häftigt! **his ~ stands on end**

håret reser sig på hans huvud; **not turn a ~** icke ändra en min; **take a ~ of the dog that bit you** fördriva ont med ont; **a fine head of ~** ett vackert hår; **~breadth** hårsbredd, hårsmån; **~cloth** hårduk, tageltyg; **~-cut** hårklippning; **~dresser** frisör; **~-drier** hårtorkningsmaskin; **~-line** uppstreck vid skrivning, tagelrev; **~pin** hårnål, *amr. sl* flicka; **~pin bend** el. **corner** el. **turn** hårnålskurva; **~-splitter** hårklyvare; **~-splitting** hårklyveri; **~-spring** spiralfjäder i ur; **~tonic** hårvatten; **~trigger** snälltryckare (på gevär); **~wash** hårvatten; **hairy** hårig, hår-, tagel-, *sl* arg, svår

hake [*heik*] *zool.* stockfisk, kummel

halberd, -bert [*hælbə(:)d, -bə(:)t*] hillebard

halcyon [*hælsiən*] isfågel; **~ days** stilla, lyckliga dagar

hale [*heil*] kraftig, rask; **~ and hearty** frisk och kry

half [*ha:f*] (*pl halves* [*ha:vz*]) halva, hälft, [skol]-halvår; halv; halvt, [till] hälften; **do things by halves** göra saker till hälften el. med halvt hjärta; **too clever by halves** alltför klok; **go halves** dela lika; **not ~ bad** icke illa; **not ~ long enough** inte på långt när tillräckligt lång; **~-seas-over** *sl* berusad, full; **~ and ~** blandning av öl och porter; **~-back** halvback; **~-baked** småfjollig, *amr. sl* halvfärdig; **~-ball** ett slags stöt i biljard; **~-binding** halvfranskt band (**~-bound**); **~-blood** halvblod; **~-bred** bastard; **~-breed** bastard; halvblods-; **~-caste** barn av hindu och europé; **~crown** mynt värt 2/6 (2 shilling 6 pence); **~-hearted** likgiltig, klenmodig, rädd; **~ holiday** halv fridag; [at] **~-mast** på halv stång; **~ pay** [på] halv sold, på reservstat; **~-timer** halvtidsläsande elev som har förtjänstarbete resten av dagen; **~-title** smutstitel; **~-way** halvvägs, *fig.* halv[-]; **~-witted** halvgalen, enfaldig

halfpenny [*heip(ə)ni*] halvpenny; *pl* **halfpennies** [*heip(ə)niz*] halvpennyslantar; **three halfpence** [*heipəns*] en och en halv penny; **turn up like a bad ~** alltid uppenbara sig i otid; **~-worth, ha'p'orth** [*heipəþ*] vad som kan fås för 1/2 penny

halfy [*ha:fi*] *amr. sl* man med blott ett ben (is. tiggare)

halibut [*hælibət, hɔl-*] helgeflundra

hall [*hɔ:l*] hall, sal, aula, förstuga, tambur, offentlig samlingslokal, rättssal, herrgård, varieté, (vid universitet) matsal, studentlokal, klubb[lokal]; **~-bedroom** *amr.* litet sovrum, avbalkat från tamburen; **~-mark** hallstämpel, (guldsmedernas) kontrollstämpel, *fig.* stämpel, prägel; stämpla, prägla; **~way** (is. *amr.*) tambur

hallelujah [*hælilu:'jə*] halleluja

halliard se *halyard*

hallo[a] [*həlou', hʌlou, hælou*] [ropa] hallå (*hullo*)

halloo [*həlu:'*] kalla, ropa hallå, ropa ut ngt

hallow [*hælou*] *åld.* helig; helga, inviga; **All H—s, Hallowmas** [*hæloumæs*] allhelgonadagen (den 1 nov.); **Hallowe'en** [*hæ'loi:'n*] (*Skottl.*) allhelgonaafton

hallucinate [*hælusineit*] hallucinera, blända; **hallucination** [*hælusinei'ʃ(ə)n*] hallucination, synvilla

halm [*ha:m*] se *haulm*

halma [*hælmə*] halma (spel)

halo [*heilou*] gloria, strålkrans; omgiva med gloria

halt [*hɔ:lt, hɔlt*] halt, rast, hållplats; stanna, göra halt, gå haltande, *fig.* vackla, halta

halter [*hɔ:ltə, hɔl-*] grimma, snara (till hängning); påsätta grimma, lägga snara om

halve [*ha:v*] halvera; **~ a hole with** (i golf) nå samma antal slag som

halves [*ha:vz*] hälfter (se *half*)

halyard, halliard [*hɔ:ljəd, hæl-*] *sjö.* fall

ham [*hæm*] has, lår, (rökt) skinka, *amr. sl* telegrafist, usel skådespelare

hamadryad [*hæmədrai'æd*] skogsnymf, *zool.* ett slags babian, giftig indisk orm

Hamite [*hæmait*] hamit; **Hamitic** [*hæmi'tik*] hamitisk

hamlet [*hæmlit*] liten by

hammer [*hæmə*] hammare, slägga, gevärshane; hamra, smida, *sl* förklara i konkurs, ge stryk, *amr.* kritisera strängt; **~ and tongs** av alla krafter; **~ away** arbeta hårt, 'tröska'; **~ out** smida, uthamra; **~-cloth** kuskbocksklåde; **~-head** *amr. sl* narr; *zool.* hammarhaj; **hammered** *sl* gift, bankrutt

hammock [*hæmək*] hängmatta; **~-chair** liggstol

hamper [*hæmpə*] stor klädkorg, torgkorg; hindra, klavbinda, belamra

hamshackle [*hæmʃækl*] binda djurs huvud vid dess framben, *fig.* klavbinda, fjättra

hamster [*hæmstə*] *zool.* hamster

hamstring [*hæmstriŋ*] hassena; avskära hassenan på; **hamstrung** [*-strʌŋ*] med avskurna hassenor

hand [*hænd*] hand (också = spelares kort), visare (på ur), arbetare, [sjö]man, handstil, handlag, handfull, bunt, *amr. sl* applåd; [över]räcka; **~ over ~** hand över hand, raskt; **~ to ~** handgemäng; **~s down** utan ansträngning; **~s off!** bort med fingrarna! **~s up!** upp med händerna! **be ~ in glove with** vara intim vän med; **be a good ~ at** vara skicklig i; **bind ~ and foot** binda till händer och fötter; **give a ~** hjälpa; **have a ~ in** ha ett finger med i; **keep one's ~ in** hålla sig i form i; **kiss one's ~** ge en slängkyss; **lay ~s on** lägga beslag på; **at ~** till hands; **by ~** med handkraft; **in ~** i sin ägo, under arbete; **be in his ~s** vara i hans händer; **keep oneself in ~** behärska sig; **take in ~** övertaga, företaga el. åtaga sig; **out of ~** genast, oregerlig; **off ~** på stående fot; **on ~** på hand, på lager, *amr.* = *at* **~**; **have on one's ~s** ha ansvaret för; **on [the] one ~ . . on the other (~)** å ena sidan . . å andra sidan; **to ~** till hands, tillhanda; **come to ~** komma tillhanda; **under ~** hemlig[en]; **with a high ~** nedlåtande; **~ it to him** *amr. sl* erkänna hans överlägsenhet; **~ down** lämna till eftervärlden; **~ in** inlämna, inleverera; **~ over** överlämna, överräcka; **~ round** låta gå runt; **~-bag** handväska; **~bill** flygblad, reklamlapp; **~book** handbok; **~book man** *amr.* bookmaker; **~brake** handbroms; **~car** dressin; **~cart** dragkärra; **~cuff** (is. *pl*) handklove, *amr. sl* förlovningsring; sätta handklovar på; **~cuffed** *amr. sl* gift; **~maid** tjänsteflicka; **~-me-down** *amr. sl pl* avlagda kläder, *amr.* färdigsydd, färdiggjord; **~-organ** positiv; **~out** *amr. sl* gåva (is. matpaket åt lösdrivare); **~-picked** *amr.* omsorgsfullt utvald; **~-rail** ledstång; **~scrub** *amr.* nagelborste; **~-shaker** *amr.* lismare; **~spike** (is. *sjö.*) handspak; **turn ~springs** *amr.* hjula; **~writing** handstil, skrift

handful [*hændf(u)l*] handfull, *fam.* besvärlig person el. besvärlig uppgift

handicap [*hændikæp*] handikapp (vid kapplöpning o. *fig.*), nackdel, börda; handikappa, stå i vägen för, nedtynga

handicraft [*hændikra:ft*] hantverk, handarbete; **~sman** hantverkare

handiwork [*hændiwə:k*] (händers) verk, praktiskt arbete

handkerchief [*hæŋkətʃif*] näsduk

handle [*hændl*] handtag, skaft, dörrvred; behandla, hantera, *amr.* handla med; **have a ~ to one's name** ha en titel; **~ without gloves** behandla hårdhänt; **~-bar** styrstång (på cykel)

han[d]sel [*hæns(ə)l*] nyårsgåva, handpengar, *fig.* försmak; ge handpengar etc., vara den första att bruka

handsome [*hænsəm*] vacker, ståtlig, ädelmodig; **do the ~** vara frikostig

handy [*hændi*] bekväm, till hands, praktisk, behändig, händig, läglig; **come in ~** komma lägligt; ~ **wagon** *amr. sl* polisbil; ~**-man** *amr.* hantlangare

hang [*hæŋ*] brant sluttning, fall (sätt att hänga); (*oregelb. vb*) hänga, upphänga, tapetsera, dekorera, sväva (över), tveka, bero; **get the ~ of** komma underfund med; **know the ~ of a thing** förstå en sak; **not a ~** inte ett dugg; ~ **it (me, him etc.)** för fan! **be hanged to him** fan må ta honom; **let him go ~** han kan dra åt skogen; ~ **about** stå (gå) och hänga; ~ **back** hålla sig tillbaka; ~ **back from** draga sig för; ~ **out** *sl* hålla till, bo; ~ **up** hålla munnen, ringa av ;~ **up one's hat** känna sig hemma; ~**-dog** galgfågel; ~**man** bödel: ~**-out** *sl* tillhåll, gömställe; ~**-over** *sl* kopparslagare, *amr.* rest, kvarleva

hangar [*hæŋga:*] hangar

hanger [*hæŋə*] hängare, tapetserare, jaktkniv, klädgalge; ~**-on** [*hæ'ŋərɔ'n*] påhäng, snyltgäst; **hanging-on** snyltande; **hangings** förhänge, draperier

hank [*hæŋk*] rulle, ögla, härva, *fig.* tag, grepp

hanker [*hæŋkə*] längta (**after** efter)

hanky [*hæŋki*] näsduk (barnspråk)

hanky-panky [*hæŋki-pæŋki*] taskspelarkonster, knep, fuffens; misstänkt

hanky-spanky [*hæŋki-spæŋki*] *sl* flott, smart

Hanover [*hænovə*] Hannover; **Hanoverian** [*hænovi'əriən*] hannoveran; hannoveransk

Hans [*hænz*] (öknamn för tysk el. holländare)

hansel se *han[d]sel*

hansom [*hænsəm*]; ~**cab** tvåhjulig droska

haphazard [*hæ'phæ'zəd*] lyckträff; tillfälligtvis; **at** el. **by** ~ på måfå

hapless [*hæplis*] olycklig, olycksalig

ha'p'orth [*heipəþ*] = *halfpennyworth*

happen [*hæp(ə)n*] ske, hända; ~ **to do** råka göra; ~ **upon** tillfälligtvis träffa el. finna; **happenings** händelser

happiness [*hæpinis*] lycka; **happy** [*hæpi*] lycklig, glad, träffande, *sl* drucken; ~ **dust** *amr. sl* kokain; ~**-go-lucky** sorglös, lättsinnig

hara-kiri [*ha:'rəki'ri, hæ'-*] harakiri, japanskt självmord

harangue [*həræ'ŋ*] tal, harang; hålla tal [till]

harass [*hærəs*] oroa, plåga, jäkta

harbinger [*ha:bindʒə*] förelöpare, förebud

harbour [*ha:bə*] hamn; gå i hamn, hysa (känslor), härbärgera; ~**-dues** hamnavgifter; **harbourage** [*ha:bəridʒ*] härbärge, hamn

hard [*ha:d*] landningsplats, *sl* straffarbete, pengar; hård, fast, barsk, sträng, svår, grym, obehaglig, tung, flitig, snål, *fonet.* tonlös; hårt, strängt etc.; **it is ~ lines on him** det är hårt för el. synd om honom; ~ **by** tätt vid; ~ **on** sträng mot, (~ **upon**) tätt efter; **be ~ up** vara i [penning]knipa; ~ **cash** kontanter; ~ **labour** straffarbete; ~ **of hearing** lomhörd; **be ~ put to it** ha svårt, vara svårt pressad; **as ~ as nails** hård som sten; ~ **liquor** *amr.* sprit; ~ **luck** otur; ~ **oil** *amr. sl* smör; **a ~ row to hoe** en hård nöt att knäcka, ett vanskligt värv; ~ **set** hårt ansatt, hungrig, (om ägg) ruvat; ~ **stuff** *sl* rusdryck, pengar; ~ **swearing** överlagd mened; ~ **tack** *sjö. sl* skeppsskorpa, svält; ~**-and-fast** styv, fast, orubblig; ~**-bake** mandelknäck; ~**bit** *sl* djupt förälskad; ~**-bitten** styvmunt, hårdnackad; ~**-boiled** hårdkokt, *fig.* hård, förhärdad; ~**-boiled collar** *amr.* styv krage; ~**-boiled egg** *amr. sl* hård och känslolös person; ~**-boiled hat** *amr. sl* plommonstop; ~**-favoured,** ~**-featured** frånstötande; ~**head** *amr.* narr; slughuvud; ~**-fisted** *sl* snål; ~**-frozen** stelfrusen; ~**-headed** kall, nykter, praktisk; ~**-mouthed** styvmunt, istadig; ~**-nosed** *amr. sl* styvmunt, svårstyrd; ~**-pressed** hårt pressad, ansatt; ~**-pushed** i svår penningförlägenhet; ~**shell** fanatisk, styvsint; ~**ware** metallvaror, *amr. sl* [eld]vapen; ~**wood** hårt träslag, *amr. sl* (biljett till) ståplats

harden [*ha:dn*] göra hård[are], härda, förhärda[s], hårdna

hardihood [*ha:dihu:d*] djärvhet

hardly [*ha:dli*] knappast, med möda; ~ **any** nästan ingen, knappast ngn; ~ **ever** nästan aldrig; ~ . . **when** knappast . . förrän

hardship [*ha:dʃip*] vedermöda, strapats

hardy [*ha:di*] djärv, härdad

hare [*hɛə*] hare; *sl* löpa i väg; **as mad as a March ~** spritt galen; **run with the ~s and hunt with the hounds** vända kappan efter vinden; ~ **and hounds** 'schnitseljakt'; ~ **it** ge sig av; ~**bell** *bot.* vild hyacint, blåklocka; ~**-brained** vild, tanklös; ~**-hearted** feg; ~**-lip** harmynthet

harem [*hɛərəm*] harem

haricot [*hærikou*] ragu; ~ **bean** turkisk böna

hark [*ha:k*] lyssna; ~ **back** återvända (till utgångspunkten)

harlequin [*ha:likwin*] harlekin; **harlequinade** [*ha:likwinei'd*] harlekinad

Harley [*ha:li*] Harley; ~ **Street** gata i London, vid vilken många läkarspecialister bo

harlot [*ha:lət*] sköka; **harlotry** [*ha:lətri*] otuktigt liv

harm [*ha:m*] skada, förtret; göra skada el. förtret; **I meant no ~** jag menade inte illa; **out of ~'s way** i säkerhet; ~**ful** skadlig; ~**less** oskadlig

harmonic [*ha:mɔ'nik*] harmonisk; **harmonica** [*ha:mɔ'nikə*] harmonika; **child's harmonica** munharmonika; **harmonious** [*ha:mou'niəs*] harmonisk, endräktig; **harmonist** [*ha:mənist*] kompositör, harmonikännare; **harmonize** [*ha:mənaiz*] harmoniera, harmonisera; **harmony** [*ha:məni*] harmoni

harness [*ha:nis*] seldon, rustning, harnesk; sela på, spänna för, utnyttja; **in ~** i selen, i arbete; ~ **bull** *amr. sl* uniformerad polis; ~**-maker** sadelmakare

harp [*ha:p*] harpa, *amr. sl* irländare, kvinnfolk; spela på harpa; ~ **on** jämt komma tillbaka till, 'idissla'; **harper, harpist** harpspelare

harpoon [*ha:pu:'n*] harpun; harpunera; ~**-gun** valfångarkanon

harpsichord [*ha:psikɔ:d*] *mus.* klavecin

harpy [*ha:pi*] harpya, *fig.* blodsugare

harquebus [*ha:kwibəs*] *åld.* hakebössa

harridan [*hæridæn*] gammal käring, häxa

harrier [*hæriə*] harhund, stövare, *amr. sl* långdistanslöpare

Harrovian [*hərou'viən*] harrow-, elev i Harrow [*hærou*] School (internatskola nära London)

harrow [*hærou*] harv; harva, plåga, såra; **under the ~** i trångmål

Harry [*hæri*] Harry, Henry; **Old ~, the Lord ~** djävulen; **play Old ~ with** fara illa fram med

harry [*hæri*] härja, plundra, plåga

harsh [*ha:ʃ*] hård, sträv, skarp, skärande, obehaglig

hart [*ha:t*] hjort; ~**'s-tongue** *bot.* hjorttunga

hartal [*ha:təl*] (*Ind.*) butiksstrejk

hartebeest [*ha:tibi:st*] *zool.* kama (sydafr. antilop)

hartshorn [*ha:tshɔ:n*] hjorthorn[ssalt] (luktsalt); **salt of ~** hjorthornssalt

harum-scarum [*hɛərəmskɛ'ərəm*] tanklös [person]

harvest [*ha:vist*] skörd, gröda; skörda, *amr. sl* arrestera; ~ **home** skördefest; ~ **fly** cikada; **harvester** skördeman, skördemaskin

has [*hæz*, (trycklöst) *hez*] har (se *have*); ~**-been** *amr.* fördetting

hash [*hæʃ*] ragu, hackmat, röra, haschisch; hacka sönder; **make a ~ of** förfuska; **settle his ~** göra kål på honom; ~**-dispensary** *amr. sl* pensionat; ~**-slinger, hasher** *amr. sl* uppassare (på billig restaurang)

hashish [*hæʃiʃ*], **hasheesh** [*hæʃi:ʃ*] haschisch (orientaliskt narkotiskt medel)

haslet [*heizlit*] innanmäte (av svin)

hasp [*ha:sp*] hasp; stänga med hasp

hassock [*hæsək*] [gräs]tuva, knäkudde

hast [hæst] åld. (du) har
haste [heist] hast; hasta; more ~, less speed skynda långsamt! make ~ skynda sig; **hasten** [heisn] skynda [sig], påskynda; **hasty** hastig, skyndsam, häftig; ~ pudding mjölgröt
hat [hæt] hatt; high (silk, top) ~ hög hatt; my ~! bevare! opera ~ chapeau-claque; red ~ kardinalshatt; talk through one's ~ skryta, överdriva; ~band hattband; ~stand hatt-, klädhängare; ~ trick (i kricket) att slå tre grindar i rad, (i fotboll) att göra tre mål i en match
hatch [hætʃ] halvdörr, sjö. lucka, skraffering, yngel, kull, häckande, kläckning, amr. sl polisstation, fängelse; skraffera, utkläcka, uttänka, häcka, krypa ur ägget; throw down the ~ kasta överända; under ~es under däck, fig. i nöd, död och begraven; ~es, catches, matches, and dispatches (tidn.) födda, förlovade, vigda och döda; count one's chickens before they are ~ed sälja skinnet, innan björnen är skjuten; **hatchway** sjö. skeppslucka
hatchet [hætʃit] bila, yxa; ~-face skarpt skuret ansikte; bury the ~ gräva ned stridsyxan; throw the ~ överdriva; throw the helve after the ~ låta resten (av pengarna) gå
hatchment [hætʃmənt] vapensköld (avliden persons, på hans hus eller i kyrkan)
hate [heit] hat; hata, avsky; mil. sl morning ~ bombardemang i daggryningen; **hateful** hatfull, avskyvärd
hath [hæþ] åld. har (has)
hatred [heitrid] hat, avsky
hatter [hætə] hattmakare; as mad as a ~ spritt-galen
hauberk [hɔ:bə:k] ringbrynja
haughty [hɔ:ti] högmodig
haul [hɔ:l] halning, fångst; hala, draga, frakta, transportera, sjö. (om vind) vända sig; a fine ~ ett gott kap; ~ over the coals ge en skrapa; **haulage** [hɔ:lidʒ] transport[omkostnader]
haulm [hɔ:m] stjälk, blast, ris, täckhalm, halmtak (halm)
haunch [hɔ:n(t)ʃ] höft, länd, (is. pl) bakdel
haunt [hɔ:nt] tillflyktsort, uppehållsställe, hemvist; ofta besöka, hemsöka, spöka i; the house is ~ed det spökar i huset
hautboy [(h)oubɔi] mus. oboe (oboe)
hauteur [outə:', outə:] högmod
Havana [həvæ'nə] Havanna[cigarr]
have [hæv] sl bedrägeri; (oregelb. vb) [hæv, (tryck-svagt) həv, əv, v] ha, få, låta, sl lura; ~ dinner äta middag; ~ tea dricka te; the book has it det står i boken; let him ~ it sl straffa honom; ~ it in for amr. ha ett gott öga till; ~ it out uppgöra ett mellanhavande; ~ it your own way gör som du vill; ~ at angripa; ~ done! håll upp! ~ in ha på besök; ~ one up stämma ngn (inför rätta); he has to do it han måste göra det; ~ on bära (kläder); ~ something on ha något för sig, amr. veta ngt ofördelaktigt (eller nyttigt) om; I was having you on jag skojade med dig; I've had some, thank you! I'm not having any! nej, tack! he had his coat mended han lät laga sin rock; I had better do it myself det vore bäst, att jag gjorde det själv; I had rather do it myself jag skulle hellre vilja göra det själv
haven [heivn] hamn, fristad
haver [hævə] (också pl Skotil.) skrävel
haversack [hævəsæk] mil. brödpåse, tornister
havildar [hævilda:] (Ind.) sepoysergeant
havoc [hævək] ödeläggelse; ödelägga; make ~ of ödelägga; play ~ with tilltyga, fara illa fram med
haw [hɔ:] hagtornsbär; hackning (i talet); hacka (i talet); ~finch zool. stenknäck; ~thorn hagtorn
Hawaii [ha:wai'i:] Hawaji; **Hawaiian** [ha:wai'jən] hawajisk, hawaji-
haw-haw [hɔ:-hɔ:] ha ha! gapskratt[a]
hawk 1) [hɔ:k] hök, falk, bedragare; slå ned på, jaga med falk; know a ~ from a handsaw ha god urskillning; ~-eyed falkögd; ~-nosed med örnnäsa
hawk 2) [hɔ:k] salubjuda (på gatan); **hawker** [hɔ:kə] gatumånglare, gårdfarihandlare
hawk 3) [hɔ:k] harkling; harkla sig
hawse [hɔ:z] sjö. klysparti, klys; ~-hole sjö. klys[gatt]
hawser [hɔ:zə] sjö. tross, kätting
hay [hei] hö; bärga hö (också make ~); hit the ~ sl gå till sängs; make ~ of vända upp och ned på; make ~ while the sun shines smida medan järnet är varmt; ~box hölåda (koklåda); ~-burner amr. sl häst; ~cock hövålm; ~ fever höfeber, hösnuva; ~-fork hötjuga; ~rick el. ~stack höstack; ~ seed amr. [man] från landet; ~wire sl oduglig, galen
hazard [hæzəd] hasard, våda, risk, fara, slump, (i biljard) hål; våga, riskera, sätta på spel; ~ous [hæzədəs] riskabel, slump-
haze [heiz] dis; göra disig, sjö. överanstränga, amr. drilla, tyrannisera, 'skända'; **hazy** disig, sl omtöcknad
hazel [heizl] hassel; nötbrun
he 1) [hi:, hi] han, den, hane; ~-blooded amr. sl stark, manlig: ~-goat bock; ~-man riktig karl
he 2) (he) [hi: (hi:)] hi hi!
head [hed] huvud, begåvning, framsida, ledare, chef, huvudpunkt, höjdpunkt, topp, rubrik, tät, sjö. förstäv, sl kopparslagare; överst, främst, huvud-; anföra, toppa, förse med rubrik, (i fotboll) nicka; deer of the first ~ hjort med första årets taggar; 20 ~ of cattle tjugu nötkreatur; ~ first huvudstupa; at the ~ of i spetsen för; come to a ~ kulminera; give him his ~ ge honom fria tyglar; keep one's ~ behålla huvudet kallt; keep one's ~ above water hålla sig flytande; lose one's ~ tappa huvudet; make ~ rycka fram; I can't make ~ or tail of it jag kan inte bli klok på det; off one's ~ galen; put it into his ~ sätta det i hans huvud; ~ over heels hals över huvud; ~ over heels el. ears in love förälskad upp över öronen; ~ for styra kurs mot; ~ into amr. börja; ~ache huvudvärk, sl förargelse, huskors; sick ~-ache migrän; ~band huvudband, bestick (på bok); ~clerk prokurist, förste bokhållare, kontorschef; ~-dress huvudbonad, hårklädsel; ~lamp lykta, strålkastare; ~lamp dipper auto. fotavbländare; ~ land udde; ~ light (auto. o. järnv.) framlykta, strålkastare; amr. sl pl ögon; ~line överskrift; ~liner amr. förgrundsfigur; ~linese tidningarnas rubrikspråk; ~long huvudstupa; ~man huvudman, ledare; ~master rektor; ~mistress skolföreståndarinna; ~ office huvudkontor; ~ phone hörlur; ~-piece huvudbonad, hjälm, fig. gott huvud, boktr. anfangslinje; ~quarters pl högkvarter; ~sman skarprättare, bödel; ~-stall huvudlag på betsel; ~stone hörnsten, gravsten; ~strong halsstarrig, envis; ~-waiter hovmästare; ~water källflod; ~way fart, framgång; ~ wind motvind; ~-work tankearbete; **header** huvudhopp, dykning, koppsten (sten med kortsidan utåt); **heading** rubrik; **heady** egensinnig, häftig, stark, berusande, amr. full
heal [hi:l] hela, läka, helas, läkas, försona; ~-all bot. valeriana, universalmedel
health [helþ] hälsa, sundhet; your ~ skål! ~ resort kurort, rekreationshem; ~ful sund, hälsosam, hälsobringande; ~y frisk, hälsosam
healthatorium [helþətɔ:'riəm] amr. kuranstalt
heap [hi:p] hop, hög, fam. massa; hopa, stapla, överhopa, fylla; ~ [of junk] amr. sl bil; struck all of a ~ fam. fullkomligt lamslagen, som fallen från skyarna
hear [hiə] (oregelb. vb) höra [på], bönhöra, erfara,

få veta, förhöra; ~, ~! bravo! ~ **of** höra talas om; ~ **out** höra [på] till slut; ~**say** hörsägen, rykte, prat; **hearing** hörsel, hörhåll, gehör, förhör, nyhet; **hard of hearing** lomhörd; **give a fair hearing** opartiskt lyssna till ngn; **hearing-trumpet** hörlur (för döva)
hearse [*hə:s*] rustvagn, likvagn, likbår
heart [*ha:t*] hjärta, kärna (i trä), *pl* hjärter (i kortspel), det innersta, själ; **lose one's** ~ bli förälskad; **have at** ~ ha intresse för; **lay to** ~ lägga på hjärtat; **take to** ~ lägga på sinnet; **find in one's** ~ **to** ha hjärta att; **searchings of** ~ onda aningar, betänkligheter; **have one's** ~ **in one's mouth** ha hjärtat i halsgropen; **wear one's** ~ **on one's sleeve** öppna sitt hjärta för vem som helst; **have one's** ~ **in one's boots** vara rädd; **at** ~ innerst inne; **with all one's** ~ av fullaste hjärta, hjärtans gärna; **learn by** ~ lära sig utantill; **lose** ~ tappa modet; **take up** ~ fatta mod; **out of** ~**s** på dåligt humör; **in one's** ~ **of** ~**s** i själ och hjärta; **take** ~ **of grace** repa mod; ~ **to** ~ förtroligt; ~ **of oak** ektimmer, kärnkarl; ~**-breaking** hjärtskärande; ~**-broken** förtvivlad; ~**burn** halsbränna; ~**burning** svartsjuka; ~**-disease** hjärtfel; ~**-failure** hjärtslag; ~**felt** djupt känd, uppriktig; ~**-rending** hjärtskärande; **heart's-ease** sinnesro, *bot.* styvmorsblomma, *sl* sovereign, gin; ~**-sick** beklämd; ~**-sore** bedrövad; ~**-whole** oförskräckt, helhjärtad, ej förälskad; ~**-wood** kärnved, kärntimmer; **hearten** uppmuntra; **hearty** se nedan
hearth [*ha:þ*] härd, spisel; ~**-rug** spiselmatta; ~**-stone** härd, skursten
heartily [*ha:tili*] hjärtligt, mycket; **hearty** [*ha:ti*] hjärtlig, kraftig, uppriktig, munter, solid; **a hearty meal** en kraftig måltid
heat [*hi:t*] hetta, värme, *sport.* [enkelt] lopp; upphetta, uppvärma, upphetsa; ~ **conduit**, ~ **piping** värmeledning; ~**-spot** fräkne; ~**-wave** värmebölja; **heatedly** hetsigt; **heater** värmeapparat, radiator, *amr. sl* revolver; **heating** uppvärmning, eldning
heath [*hi:þ*] hed, ljung; ~**-bell** *bot.* ljungblomma; ~**-cock** orrtupp
heathen [*hi:ðn*] hedning, okunnig person; hednisk; ~ **Chinee** (skämtsamt) kines; **heathendom, heathenism** [*-dəm, -izm*] hedendom; **heathenish** [*-iʃ*] hednisk
heather [*heðə*] ljung
heave [*hi:v*] hävning, höjning, böljegång, svall; häva, lyfta, hissa, svälla, svalla; **the** ~**s** kvickdrag; ~ **a sigh** draga en suck; ~ **ho** (vid ankarets hivande) hi å hå! ~ **in sight** komma i sikte; ~ **to** dreja bi, lägga bi
heaven [*hevn*] himmel, himlen, *pl* himlavalvet, Gud; ~**-reacher** *amr. sl* präst; **heavenly** himmelsk, himmels-
heavy [*hevi*] fet stil (~ *type*), den stränge fadern (~ *father*), *pl* tungt artilleri, *amr. sl* skurk (i ett drama); tung, trög, tråkig, fylld, dräktig; ~ **cavalry** tungt kavalleri; ~ **fire** våldsam eld; ~ **wagers** höga vad; **lie** ~ **on** vila tung på; ~**-weight** tungvikt[are], *fig.* ankare, skicklighet; tungvikts-
hebdomadal [*hebdɔ'mədl*] vecko-
Hebe [*hi:bi*] Hebe, *sl* barflicka
Hebraic [*hi(:)brei'ik*] hebreiska; hebreisk; **Hebraism** [*hi:breiizm*] hebreiskt [språk]bruk; **Hebraist** [*-ist*] kännare av hebreiskan; **Hebrew** [*hi:bru:*] hebreiska, hebréer, jude, *pl bibl.* hebréerbrevet; hebreisk, judisk
hecatomb [*hekətəm*] hekatomb, offer
heck [*hek*]; **by** ~ *amr.* för sjutton (f. *hell*)
hecker [*hekə*] *amr. sl* landsbo, bonde
heckle [*hekl*] häckla, interpellera, ansätta (vid möte); **heckler** besvärlig interpellant
hectare [*hekta:*] hektar
hectic [*hektik*] [patient med] hektisk feber, lungsot (~ *fever*); hektisk, *sl* vild, upphetsad
hecto- [*hekto-*] hundra-; ~**gram[me]** [*-græm*] hektogram; ~**graph** [*-gra:f, -græf*] hektograf; ~**litre** [*-li:tə*] hektoliter; ~**metre** [*-mi:tə*] hektometer
hector [*hektə*] skrävla, tyrannisera, dominera; ~ **about** tyrannisera, kujonera
hedge [*hedʒ*] häck, skrank, hinder, vadinsats på häst som kan hota den man hållit på; inhägna, innesluta, göra motvad, *fig.* inhägna, *sl* föra i säkerhet; ~**hog** igelkott; ~**row** häck; ~**-sparrow** järnsparv
hedonic [*hidɔ'nik*] njutnings-; **hedonist** [*hi:dənist*] hedonist, njutningsmänniska
heeby-jeebies [*hi:'bidʒi:'biz*] *amr. sl* nervositet
heed [*hi:d*] hänsynstagande, uppmärksamhet, omsorg; bekymra sig om, akta på; **take** ~ taga sig i akt; **pay** el. **give** ~ [**to**] ge akt på, ta hänsyn till; ~**ful** uppmärksam; ~**less** obekymrad, oaktsam
hee-haw [*hi:'hɔ:'*] åsneskri, gapskratt; skria, gapskratta
heel [*hi:l*] häl, sporre, klack, ände, mastfot; *amr. sl* snyltare, angivare; klacka, trampa, slå med klubba (i golf), följa hack i häl, *sjö.* kränga över, *amr.* väpna; **at, on my** ~**s** i hälarna på mig; **down at** ~**s** nedkippad (sko), slamsig, på dekis; **to** ~ tätt bakom; **head over** ~**s** hals över huvud; **come to** ~ falla till föga; **kick one's** ~**s** stå och vänta; **lay by the** ~**s** bura in; **show a clean pair of** ~**s, take to one's** ~**s** ta till fötterna; **have the** ~**s of** vara snabbare än; ~**ball** skomakares beckkula; ~**-tap** klacklapp, *sl* bottenskvätt; **heeler** *amr.* servil anhängare, *amr. sl* angivare, tjuv
heft [*heft*] lyfta på; **hefty** kraftig, tung, tryckande
hegemonic [*hegəmɔ'nik*] hegemoni-; **hegemony** [*hige'məni*] hegemoni
heifer [*hefə*] kviga, *amr. sl* kvinna; ~ **den** *amr. sl* bordell
heigh-ho [*hei'hou'*] håhå! (trötthet, besvikelse etc.)
height [*hait*] höjd, höjdpunkt, topp; **heighten** [*haitn*] förhöja, stärka, överdriva
heinie [*haini*] *amr. sl* tysk
heinous [*heinəs*] skändlig, förskräcklig
heir [*ɛə*] arvinge; ~ **apparent** närmaste arvinge; ~ **presumptive** presumtiv arvinge; **heirdom** [*ɛədəm*] arvingeskap, arvedel; **heiress** [*ɛəris*] (rik) arvtagerska; **heirloom** [*-lu:m*] släktklenod, ärvd pjäs
held [*held*] höll, hållit (se *hold*)
helical [*helikəl*] spiralformig, snodd
helicopter [*helikɔptə*] helikopter (lodrätt uppstigande flygmaskin)
helio- [*hi:lio*] sol-; ~**graph** [*-gra:f, -græf*] heliograf; ~**scope** [*-skoup*] helioskop (kikare för iakttagande av solen); ~**trope** [*heljətroup*] *bot.* heliotrop; ~**tropic** [*-trɔ'pik*] heliotropisk; som vänder sig efter solljuset
helium [*hi:ljəm*] *kem.* helium
helix [*hi:liks*] spiral, snäcka
hell [*hel*] helvete, spelhelvete, (i typografspråk) defektkast; **a** ~ **of a one** en tusan till karl; **the** ~ **of a noise** ett förbannat väsen; **the** ~ **it was**! det var så fan heller! **to beat** ~ *amr.* som bara fan; **raise** ~ röra upp himmel och jord; ~ **for leather** som med fan i hälarna; ~ **to pay** fan lös; ~ **around** *amr. sl* ställa till bråk; ~**'s delight** *sl* 'drake' (hysteriskt fruntimmer); ~**-bent** *amr.* = ~ *for leather;* ~**-stick** *amr. sl* tändsticka; **heller** tusan till karl; **hellish** helvetisk, infernalisk
hellebore [*helibɔ:*] *bot.* prustrot (Helleborus)
Hellene [*heli:n*] hellen; **Hellenic** [*heli:'nik*] hellensk
hellion [*heljən*] *amr.* (förvrängning av) *hell*
hello [*helou'*] hallå; ~**-girl** *amr. sl* telefonflicka
hellova, helluva [*heləvə*] *amr.* f. *hell of a* [en] helvetes, tusan till . .

helm [*helm*] rorkult, ratt, roder[inrättning]; **take the ~** (också) taga ledningen; **~sman** rorgängare
helmet [*helmit*] hjälm, tropikhjälm, *flyg.* huva
helminth [*helminþ*] inälvsmask
helot, H— [*helət*] helot, slav (i Sparta)
help [*help*] hjälp, hjälpare, *amr.* tjänare, tjänstflicka, hjälpmedel; hjälpa, förhindra; **~ yourself** (vid bordet) var så god! (och tag för er!); **it can't be ~ed** det kan inte hjälpas; **I can't ~ [but]** jag kan inte låta bli att; **so ~ me** och det är rena, klara sanningen; **~ one to** servera ngn (vid bordet); **~mate** (is. *bibl.*) medhjälpare (is. make el. maka); **helper** [med]hjälpare; **helpful** nyttig, tjänlig; **helping** portion (mat)
helter-skelter [*he'ltəske'ltə*] hals över huvud, huller om buller
helve [*helv*] skaft, handtag
Helvetia [*helvi:'ʃiə*] Helvetien, Schweiz; **Helvetian** [*helvi:'ʃiən*] helvetisk, schweizisk
hem 1) [*hem*] fåll; fålla; **~ in** innesluta, inspärra; **hemstitch** [*hemstitʃ*] [sy] hålsöm
hem 2) [*hem*] harkling; klara strupen; hm! tveka; **~ and haw** harkla sig
hem- se också *haem-*
hemi- [*hemi-*] halv-, halv
hemicycle [*hemisaikl*] halvcirkel
hemisphere [*hemisfiə*] halvklot; **hemispherical** [*hemisfe'rik(ə)l*] halvklotformig
hemistich [*hemistik*] halvvers
hemlock [*hemlɔk*] odört, giftdryck, gran
hemo- se *haemo-*
hemp [*hemp*] hampa, *sl* rep till hängning, haschisch; **hempen** [*hempən*] hamp-, av hampa
hen [*hen*] höna; hona; höns-; **~ with one chicken** heskäftig person; **~bane** bolmört; **~-coop** hönsbur; **~-harrier** duvhök; **~-party** fruntimmersbjudning; **~pecked husband** toffelbjälte; **~-roost** hönspinne, hönshus; **~-run** hönsgård; **~-witted** enfaldig, dum
hence [*hens*] härifrån, hädanefter, härav, följaktligen, därför; **go ~** gå hädan, avlida; **~forth, ~forward** hädanefter
henchman [*hen(t)ʃmən*] livtjänare, trogen följeslagare, drabant
henna [*henə*] henna (färgämne)
Henrietta [*henrie'tə*] Henriette, *amr. sl* fordbil (efter Henry Ford)
Henry [*henri*] Henry, Henrik, *amr. sl* fordbil (efter Henry Ford)
hep [*hep*] *amr. sl* medveten om, vaken; **get ~ to** *amr.* förstå
hepatic [*hipæ'tik*] *med.* lever-; **~a** blåsippa
hepta- [*heptə-*] sju-; **heptad** [*heptæd*] antal el. rad av sju; **heptagon** [*-ən*] sjuhörning; **the Heptateuch** [*-tju:k*] heptateuken (Gamla testamentets sju första böcker)
her [*hə:, hə, ə:, ə*] henne, hennes; **hers** [*hə:z*] hennes
herald [*herəld*] härold, vapenhärold, heraldiker; utropa, införa, förebåda; **~ic** [*heræ'ldik*] heraldisk; **~ry** [*herəldri*] heraldik, vapensköld, häroldsämbete
herb [*hə:b*] ört; **~s** grönsaker; **~-robert** *bot.* stinknäva (Geranium robertianum); **~aceous** [*hə:bei'ʃəs*] örtartad; **~age** [*hə:bidʒ*] örter, växtlighet, bete; **~al** [*hə:bəl*] växtlära; örtartad; **~alist** [*hə:bəlist*] växtsamlare, växtkännare; **~arium** [*hə:bɛ'əriəm*] herbarium; **~orize** [*hə:boraiz*] botanisera, samla örter
Herculean [*hə:kju(:)'liən*] herkulisk, Herkules-
herd [*hə:d*] hjord, flock, skock, (i sammansättningar) herde; gå i flock, valla, driva samman i flock; **~-book** stambok; **~sman** herde
here [*hiə*] här, hit; **~ and there** här och där; **~ we are** nu äro vi framme; **~ you are** var så god, se här! välkommen! **~ goes!** nu börjas det! **here's to you** din skål! **~about[s]** häromkring; **~after** i framtiden, framdeles, härefter; **the ~after** livet efter detta; **~by** härmed; **~inafter** *jur.* här nedan
hereditable [*hire'ditəbl*] ärftlig; **hereditament** [*heridi'təmənt*] arv
hereditary [*hire'ditəri*] ärftlig, arvs-; **heredity** [*hire'diti*] ärftlighet
heresiarch [*heri:'sia:k*] ärkekättare; **heresy** [*herəsi*] kätteri; **heretic** [*herətik*] kättare; kättersk; **heretical** [*hire'tik(ə)l*] kättersk
heriot [*heriət*] skatt (till jordägare vid arrendators död)
heritable [*heritəbl*] ärftlig; **heritage** [*-tidʒ*] arv
hermaphrodite [*hə:mæ'frədait*] hermafrodit; tvåkönad, samkönad
hermeneutic [*hə:minju:'tik*] *pl* uttolkning; uttolknings-
hermetic [*hə:me'tik*] hermetisk
hermit [*hə:mit*] eremit; **~-crab** eremitkräfta; **~age** [*hə:mitidʒ*] eremithydda
hern se *heron*
hernia [*hə:niə*] *med.* brock
hero [*hiərou*] hjälte, halvgud, huvudperson; **heroic** [*hirou'ik*] hjältedikt; heroisk, hjältemodig; **~ verse** hjältediktningens versmått (is. 5-fotade jamber); **heroine** [*herouin*] hjältinna; **heroism** [*herouizm*] hjältemod, *pl* hjältedåd
heron [*herən*], **hern** [*hə:n*] *zool.* häger
herpes [*hə:pi:z*] *med.* revorm
herring [*heriŋ*] sill; **kippered ~** fläkt, rökt sill; **red ~** rökt sill; **draw a red ~ across the trail** *fig.* söka att vilseleda; **~-bone** sillben, kråkspark (symönster), *sl* fotgängarövergång; sy kråkspark; **the ~-pond** Atlanten; **~ stitch** kråkspark; **~er** sillfiskare
hers [*hə:z*] hennes, sin, sitt, sina (*her*)
herself [*hə:se'lf*] hon [själv], henne [själv], sig [själv], själv
hesitancy [*hezitənsi*] tvekan; **hesitant** tvekande, tveksam; **hesitate** [*heziteit*] tveka, ha betänkligheter; **hesitation** [*hezitei'ʃ(ə)n*] tvekan
Hesperian [*hespi'əriən*] västerländsk; **Hesperus** [*hespərəs*] Hesperus, aftonstjärna
Hesse [*hesi*] Hessen; **Hessian** [*hesiən, hesjən*] hessare, lång stövel (**~** *boot*); ett slags grovt lärft, *amr.* legodräng; hessisk
het [*het*] **up** *amr. sl* vild, arg, drucken
hetaera [*heti'ərə*] hetär; **hetaerism** [*heti'ərizm*] (offentlig) prostitution
hetero- [*hetərə-, hetəro-*] olikartad, olika, annan
heteroclite [*hetəroklait*] oregelbunden
heterodox [*hetərədɔks*] heterodox, kättersk; **heterodoxy** [*-dɔksi*] heterodoxi, kätteri
heterogeneity [*hetərodʒini:'iti*] heterogenitet, olikartad beskaffenhet; **heterogeneous** [*hetərodʒi'niəs*] heterogen, olikartad
hew [*hju:*] (*oregelb. vb*) hugga, tillyxa, hugga ut, forma; **hewn** [*hju:n*] huggen; **hewer** [*hjuə*] huggare; **hewers of wood and drawers of water** *bibl.* vedhuggare och vattenbärare, *fig.* slavarbetare, tjänstehjon
hex [*heks*] *amr.* förhäxa
hexa- [*heksə-*] sex-; **hexad** [*heksəd*] antal el. grupp av sex; **hexagon** [*-gən*] sexhörning; **hexahedron** [*he'ksəhi:'drən*] *mat.* hexaeder, kub; **hexameter** [*heksæ'mitə*] hexameter
hey [*hei*] hej! hurra! vad? **~ presto!** hokuspokus, vips!
heyday [*heidei*] blomstring, glanstid, vår; hejsan!
H.H. = *His* (*Her*) *Highness*
hi [*hai*] ohoj! hör hit!
hiatus [*haiei'təs*] lucka i text, *gram.* vokalmöte
hibernal [*haibə:'n(ə)l*] vinterlig; **hibernant** [*haibə:nənt*] övervintrande; **hibernate** [*haibə:neit*] övervintra, ligga i vinterdvala; **hibernation** [*haibə:nei'ʃ(ə)n*] övervintring, vinterdvala
Hibernia [*haibə:'njə*] Irland; **~n** irländare, irländsk
hiccough, hiccup [*hikəp*] hicka; (att) hicka

hick [*hik*] *amr. sl* bondknöl, inskränkt individ; lantlig
hickboo [*hikbu:'*] *amr. sl* pass på! se upp!
hickie [*hiki*] *amr. sl* sak, inrättning
hickory [*hikəri*] amerikanskt valnötsträd
hid [*hid*] dolde, dolt; **hidden** [*hidn*] dolt, dold (se *hide*)
hidalgo [*hidæ'lgou*] hidalgo (spansk adelsman)
hide 1) [*haid*] hud, skinn, *sl* oförskämdhet; piska, prygla; **~-bound** med tätt åtsittande skinn, skinntorr, *bildl.* trångbröstad, inskränkt; **hiding** kok stryk
hide 2) [*haid*] (*oregelb. vb*) gömma [sig]; **play at ~ and seek** leka kurragömma; **~ one's light** ställa sitt ljus under en skäppa; **~-out** *amr.* gömställe, en som gömmer sig; **hiding** undangömmande, gömställe; **in hiding** gömd
hideous [*hidiəs*] otäck, avskyvärd
hierarch [*haiəra:k*] kyrkofurste; **hierarchy** [*-ki*] hierarki, prästvälde; **hieratic** [*haiəræ'tik*] präst-, prästerlig
hieroglyph [*haiəroglif*] hieroglyf; **~ic** [*-gli'fik*] *pl* hieroglyfer; hieroglyfisk
hierophant [*haiərofænt*] överstepräst
higgle [*higl*] schackra, pruta
higgledy-piggledy [*hi'gldipi'gldi*] *fam.* huller om buller
high [*hai*] hög, högtliggande, högtstående, (om matvaror) mogen, 'hög', ädel, fin, med högt pris, kraftig, full, tungt vägande, allvarlig, gäll, högmodig, upprymd; högt, starkt, dyrt, gällt; **H—** = *High Church*; **on ~** i el. mot höjden; **the High** = *the High Street*; **the Most H—** den Högste, Gud; **~ and dry** *sjö.* på torra landet, strandad, ur leken; **~ and low** hög och låg; uppe och nere; **~ and mighty** högfärdig; **~ball** *amr.* viskygrogg; **~binder** *amr.* kinesligist, bov, konspiratör; **~-bred** högättad, förfinad; **~brow** *amr.* intellektuell, intelligensaristokrat, snobb; **H— Church** (den engelska) högkyrkan; **H— Churchman** anhängare av högkyrkan; **~ day** festdag; **~ falutin[g]** [*-fəlu:'tin (-iŋ)*] bombastisk, högtravande; **~ feeding** hög diet; **~-flier** streber; **~-flown** högtflygande, högtravande; **~-frequency** högfrekvens, högspänning; **~-grade** *amr.* prima; **~-handed** egenmäktig, övermodig; **~ hat** *amr. sl* skicklig konstflygare; högfärdig; **go ~-hat** *sl* bli vriden; **~jack** *amr.* plundra (is. åkdon); **~-jump** höjdhopp; **the Highlands** högländerna (i Skottland); **Highlander** (skotsk) högländare; **~-life** (livet i) den fina världen; **~-minded** högsinnad; *bibl.* högmodig; **~-mucky-muck** *amr. sl* hög ämbetsman, 'högdjur'; **~-pitched** hög, gäll, högstämd, livlig; **~-pressure** högtryck; högtrycks-; **~priest** överstepräst; **~road** landsväg; **~-roller** *amr. sl* lösdrivare med pengar; **~-rolling** *amr. sl* flott uppträdande; **~school** läroverk; **~ seas** öppna havet; **~ spirit** mod; **~ spirits** gott humör; **~-stepper** häst som lyfter benen högt, *amr.* vräkig person, flott herre; **the H— Street** huvudgatan i småstäder; **~-strung** överkänslig, överspänd; **~ table** (vid universitetscollege) docenternas bord; **~tail** *amr. sl* fara i väg; **~ tea** måltid med te; **~-tension** högspänning; **~ tide** högvatten, flodtid; **~ treason** högförräderi; **~-voltage** högspänning; **~way** landsväg; **~wayman** stråtrövare; **~ words** vreda ord; **~ly** i hög grad, högeligen, högst, mycket, förnämt; **~ness** höghet (is. som tilltal: *Your H—*)
highty-flighty [*hai'tiflai'ti*] vidlyftig
highty-tighty [*hai'titai'ti*] grälsjuk, stortalig
hijack [*haidʒæk*] *amr.* plundra, råna; **~er** *amr.* rånare, en som rånar langare
hike [*haik*] (också *pl*) utflykt, fotvandring; vandra, fotvandra; **hiker** fotvandrare; **hiking** vandringssport
hilarious [*hilɛ'əriəs*] munter, uppsluppen; **hilarity** [*hilæ'riti*] munterhet, uppsluppenhet
hill [*hil*] höjd, kulle, mindre berg; **~billy** *amr. sl* bonde; **~-ridge** [berg]backe; **~-side** sluttning; **hilly** [*hili*] backig, bergig
hillo [*hilou*] hallå
hillock [*hilək*] kulle, hög
hilt [*hilt*] [svärd]fäste, handtag; **prove up to the ~** fullständigt bevisa
him [*him*] honom, den, *ibl.* sig
himself [*himse'lf*] han [själv], honom [själv], sig [själv], själv
hind [*haind*] hind, bonde, dräng; bakre, bak-; **~ leg** bakben; **~-pin** el. **~-shack** *amr. sl* järnvägsarbetare; **~ quarters** bakdel; **~ shifters** *sl* ben, fötter; **~sight** *amr. sl* efterklokhet; **~most, hinder[most]** [*haində (moust)*] bakerst
hinder [*hində*] hindra, förhindra
Hindi [*hi'ndi:'*] hindi (indiskt språk); nordindisk
hindrance [*hindrəns*] hinder
Hindu, -doo [*hi'ndu:'*, (vidfogat) *hi'ndu:*] hindu; hindu-; **Hinduism** [*-izm*] hinduism
Hindustan [*hindustæ'n*] Hindostan; **Hindustani** [*-stæ'ni, -sta:'ni*] hindu, urdu (indiskt språk); hindostansk
hinge [*hin(d)ʒ*] gångjärn, huvudsak, springande punkt; förse el. fästa med gångjärn, röra sig om, bero på; **off the ~s** i olag, ur gängorna; **~ bolt for steering-wheel** *auto.* rattbult; **~ spring** *auto.* fjäderresår
hinkie [*hiŋki*] *amr. sl* sak, inrättning
hinkty [*hiŋkti*] *amr. sl* misstänkt
hinny [*hini*] mulåsna
hint [*hint*] antydning, häntydning, vink, *pl* råd; antyda, häntyda (at på); **take a ~** förstå en vink
hinterland [*hintəlænd*] inland, bakland, uppland
hip [*hip*] höft, *bot.* nypon, melankoli; göra dyster; hipp! **have on the ~** ha ngn fast, ha övertaget; **smite ~ and thigh** slå armar och ben av; **~-bath** sittbad; **~-flask** plunta; **~-pocket** bakficka; **hipped, hippish** deprimerad, melankolisk, *amr. sl* förtrollad [av], full
hipe [*haip*] *sl* lura, ge för litet tillbaka
hippo [*hipou*] *fam.* förk. f. *hippopotamus*; **hippoed** *amr. sl* dragen vid näsan
hippocampus [*hipokæ'mpəs*] *zool.* sjöhäst
hippocras [*hipokræs*] kryddat vin
hippodrome [*hipodroum*] hippodrom, cirkus
hippogriff, -gryph [*hipogrif*] vinghäst
hippopotamus [*hippopɔ'təməs*] flodhäst
hirable [*haiərəbl*] att hyra
hiram [*haiərəm*] *amr. sl* rövarband
hire [*haiə*] hyra, lega; hyra, leja; **~-purchase** avbetalningsköp; **~ling** legohjon, hejduk, mutkolv
hirsute [*hə:sju:t*] luden, *fig.* oborstad
his [*hiz*] hans, sin, sitt, sina
Hispano [*hispæ'nou*] spansk (*~-American*)
hispid [*hispid*] strävhårig
hiss [*his*] väsning, vin, vissling; väsa, fräsa, vissla [ut] (*~ off*)
hist 1) [*s:t, hist*] tyst! hysch!
hist 2) [*haist*] *amr. sl* lynchad, stulen; **~er** *amr. sl* rövare (med skjutvapen)
histology [*histɔ'lədʒi*] histologi, cellvävnadslära
historian [*histɔ:'riən*] historiker
historic[al] [*histɔ'rik(əl)*] historisk; **history** [*hist(ə)ri*] historia; **natural history** naturalhistoria; **historiographer** [*histɔ:riɔ'grəfə*] historieskrivare
histrionic [*histriɔ'nik*] *pl* dramatiska föreställningar, teaterspråk; teater-, teatralisk
hit [*hit*] slag, träff, hugg, lyckträff, succé, schlager; (*oregelb. vb*) slå, träffa, drabba, passa; **make a ~** göra lycka; **~ or miss** på måfå; **~ for** *amr. sl* styra mot, resa till; **~ out** slå med knytnäven, stöta; **~ on a device** hitta på en utväg; **~ it** finna lösningen; **~ off** träffande återge; **~ it in his teeth** sticka det under hans näsa; **~ it**

off with komma överens (vara vän) med; ~ **the hay** *sl* krypa till kojs

hitch [*hitʃ*] hake, ryck, hinder, tillfälligt stopp, *amr. sl* (otillåten) körtur, *sjö.* stek (på tåg); rycka, häkta el. binda fast, spänna för, fastna; ~ **one's wagon to a star** ha höga ideal; **get ~ed up** *sl* bli gift; **~hike** *amr.* vandra, tigga (kämpa) sig fram

hither [*hiðə*] hit; ~ **and thither** hit och dit; **~most** [*hiðəmoust*] närmast; **~to** [*hi'ðətu:'*] hittills

Hittite [*hitait*] hettit, *sl* boxare (jfr *hit*)

hive [*haiv*] bikupa, bisvärm; ta in bisvärm, hysa, insamla, bo tillsammans

hives [*haivz*] *med.* nässelfeber, vattkoppor, halskatarr

H.M. = *His* (*Her*) *Majesty*

H.M.S. = *His Majesty's Service* (*Ship*)

ho [*hou*] hoj! hallå!

hoar [*hɔ:*] rimfrost; grånad, vit av ålder; **~-frost** rimfrost

hoard [*hɔ:d*] förråd, sammansparade pengar, skatt; spara ihop, samla förråd, lagra, gömma (i sitt hjärta); **~er** girigbuk, lagrare; **~ing** [*hɔ:diŋ*] plank, upplagring

hoarse [*hɔ:s*] hes

hoary [*hɔ:ri*] grånad, vithårig, ärevördig; **~-eyed** *amr. sl* drucken

hoax [*houks*] spratt; lura

hob [*hɔb*] hjulnav, spishäll; **~nail** skospik; **~nailed boots** spikbeslagna stövlar

hobbadehoy [*hɔ'bədihɔi'*] se *hobbledehoy*

hobble [*hɔbl*] haltande, knipa, fotklamp; halta, linka, guppa; **get into a** ~ komma i knipa; ~ **skirt** snäv kjol

hobbledehoy [*hɔ'bldihɔi'*] pojkspoling, lymmel

hobby [*hɔbi*] lärkfalk, klippare, käpphäst, favoritnöje; **~-horse** käpphäst, gunghäst

hobgoblin [*hɔ'bgɔ'blin*] tomte, spöke

hobnob [*hɔbnɔb*] umgås, sitta och dricka (**with** med)

hobo [*houbou*] omkringvandrande arbetare, landstrykare, *amr. radio-sl* oboe (*oboe*); **~-short line** *amr. sl* självmord (genom att kasta sig under tåget)

hock [*hɔk*] has, renvin, pant, *amr. sl* fängelse (*in* ~); avskära hasorna, *amr.* pantsätta; **~-shop** *amr.* pantlåneinrättning

hockey [*hɔki*] hockey (spel); *amr. sl* drucken

hocum [*houkəm*] *amr. sl* humbug etc. (se *hokum*)

hocus [*houkəs*] narra, ge el. tillsätta ett bedövande medel

hocus-pocus [*hou'kəspou'kəs*] hokuspokus, taskspeleri; narra, göra taskspelarkonster

hod [*hɔd*] (murares) tråg för murbruk, *amr. sl* pipa; **~man** murarhantlangare

Hodge [*hɔdʒ*] bonde, lantarbetare

hodge-podge [*hɔdʒpɔdʒ*] mischmasch, röra (*hotchpotch*)

hoe [*hou*] hacka, skyffel, kupplog; hacka, skyffla, kupa; ~ **one's own row** klara sig själv

hog [*hɔg*] svin, [bil]drulle, *amr. sl* lokomotiv; kortklippa, skjuta rygg, köra oförsiktigt, *amr.* snatta, stjäla; ~ **in armour** tafatt person; **go the whole** ~ ta steget fullt ut; **~'s back** svinrygg; **~head** *amr. sl* lokomotivförare; ~ **Latin** munklatin; ~ **leg** *amr. sl* bössa; **Hogopolis** [*hɔgɔ'pəlis*] *amr. sl* svinstaden (dvs. Chicago); **~pen** *amr.* svinstia

hogget [*hɔgit*] ungfår (på andra året)

hogshead oxhuvud (ca 238 liter), fat

hoi[e]k [*hɔik*] *flyg.* tvinga[s] tvärt uppåt

hoicks [*hɔiks*] (eggelserop till hundar)

hoickum [*hɔikəm*] *amr. sl* granplåter

hoi polloi [*hɔi pɔlɔi*], **the** ~ den stora massan, populasen

hoist [*hɔist*] hissning, hissinrättning, hiss, block; hissa, hala upp, lyfta; **be ~ with one's own petard** själv falla i den grop man grävt åt andra; **~er** *amr. sl* butikstjuv

hoity-toity [*hɔi'titɔi'ti*] stoj; yster, högfärdig; hör på den!

hokey-pokey [*houki-pouki*] = *hocus-pocus*, *sl* billig glass

hokum [*houkəm*] *amr.* svindel, teaterknep

hokus [*houkəs*] *sl* bedövande medel (*hocus*)

hold [*hould*] grepp, *sjö.* lastrum, kölrum; (*oregelb. vb*) hålla, inneha, innehålla, rymma, mena, anse, hålla sig, besluta, *amr.* hålla tillbaka; **catch ~ of** gripa tag i; **have a ~ on him** ha en hållhake på honom; ~ **him to his promise** tvinga honom att hålla sitt löfte; ~ **him to be** anse honom för; **that theory won't ~ [water]** den teorien håller ej; ~ **one's own** hävda sig; ~ **by** hålla fast vid; ~ **cheap** anse värdelös; ~ **down** hålla nere, *amr.* inneha; ~ **forth** lägga ut texten; ~ **on** hålla ut, fortsätta, hålla sig fast, *amr. sl* vänta litet; ~ **out** räcka fram, erbjuda, hålla ut; **~over** *amr.* kvarleva, rest; ~ **up** *amr.* råna; **~up** *amr.* rån, överfall, rånare, *amr. sl* oförskämt pris; **holder** skaft, [be]hållare, ägare, innehavare; **small holder** småbrukare; **holding** grepp, besittning, egendom, arrendegård, innehav, *pl* värdepapper; **small holding** småbruk; **holding company** holdingbolag

hole [*houl*] hål, grop, usel bostad, *sl* knipa, *amr. sl* ensamcell; göra hål i, urholka; **pick ~s in** finna fel hos, häckla; **~-and-corner** hemlig; **round peg in a square** ~ person på orätt plats

holiday [*hɔlidei*] fridag, ferie, *amr.* helgdag; hålla ledigt; **half** ~ halv fridag; **make** ~ ta sig ledigt; **~-maker** feriefirare

holiness [*houlinis*] helighet

holla [*hɔlə*] se *hollo*

Holland [*hɔlənd*] Holland; holländskt lärft; **brown** ~ oblekt lärft; **Hollander** holländare; **Hollands** holländsk genever

hollar [*hɔlə*] *amr.* göra reklam för

hollo, hollow [*hɔlou*], **holloa** [*hɔlou'*], **holla** [*hɔlə*] rop, skrik; ropa, skrika

hollow [*hɔlou*] hålighet, hål, dal; ihålig, urholkad, tom, dov, hungrig; urholka; **the ~ of his hand** göpen, handfull; ~ **pretence** förevändning; **beat** ~ slå fullständigt

holly [*hɔli*] järnek

hollyhock [*hɔlihɔk*] stockros

holm [*houm*] holme, sankmark, *bot.* stenek (också ~ **oak**)

holocaust [*hɔləkɔ:st*] brännoffer, förödelse

holograph [*hɔlogra:f*, *-græf*] egenhändigt skrivet dokument

hols [*hɔlz*] *fam.* förk. f. *holidays*

holster [*houlstə*] pistolhölster

holt [*hoult*] dunge, skogklädd höjd

holus-bolus [*hou'ləsbou'ləs*] i ett tag, i klump

holy [*houli*] helig, from; **the H— communion** nattvarden; **the H— of Holies** *bibl.* det allra heligaste; **the H— Week** veckan före påsk; ~ **Joe** *sl* präst, gudlig person; ~ **cow** *amr.* orubblig tradition; ~ **day** [*hou'lidei'*] helgdag; ~ **deadlock** *amr. sl* olyckligt äktenskap (rim på *wedlock*); ~ **roller** *amr. sl* präst; **the H— Spirit** el. **Ghost** den helige Ande; **H— Thursday** Kristi himmelsfärdsdag; ~ **water** vigvatten; **H— Scripture** el. **Writ** den heliga skrift

holystone [*houlistoun*] skursten; skrubba (däcket med sten)

homage [*hɔmidʒ*] hyllning, tro och huldhetsed

home [*houm*] hem, (*amr.* också) enfamiljshus, bo, (i spel) mål; hem-, hembygds-, inhemsk; hem, hemåt, precis, nära, eftertryckligt; ge hem, bo, flyga hem (om brevduvor); **at** ~ hemma, hemmastadd; **at-~** mottagning, fast mottagningsdag; **charity begins at** ~ var och en är sig själv närmast; **the last** el. **long** ~ graven; **there is no place like** ~ borta bra men hemma bäst; ~ **consumption** inhemsk förbrukning (*äv.*

~ *industries, products, trade* etc.); **the thrust went ~** stöten träffade rätt; **bring ~ to a person** överbevisa ngn, göra klart för ngn; **it comes ~ to him** det är klart för honom, det har gått upp ett ljus för honom; **~-bird** stugsittare, hemmänniska; **the H— Counties** grevskapen närmast London; **~-felt** innerlig; **the H— Office** inrikesministeriet; **H— Rule** självstyrelse (is. på Irland); **H— Secretary** el. **Secretary for H— Affairs** inrikesminister; **~sick** hemsjuk (*-sickness*); **~spun** homespun (ett slags ylletyg); hemmaspunnet, hemvävt; **~stead** hemman, småbruk, gård, *amr.* jordlott; **~ stretch** (i sport) sträckan just framför målet; **~ thrust** välriktad stöt; **~ truth** bitter sanning; **homer** brevduva; **homing** (duvas) förmåga att hitta hem; **homing pigeon** brevduva; **homely** enkel, torftig, vardaglig, ful (*home is home, be it ever so ~* .. huru torftigt det än är); **homeward**[s] hemåt
homeo- se *homoeo-*
Homer [*houmə*] Homeros; **Homeric** [*home'rik*] homerisk; **H— laughter** oemotståndligt, bullrande skratt
homicidal [*hɔmisai'dl*] mordisk; **homicide** [*hɔmisaid*] dråp, mord, dråpare; **the homicide squad** *amr.* mordkommissionen
homily [*hɔmili*] predikan
hominy [*hɔmini*] majsgröt
homo [*houmou*] *sl* förk. f. *homosexual*
homo- sam-, lik-
homoeopath [*houmiopæþ*] homeopat; **homoeopathic** [*-pæ'þik*] homeopatisk; **homoeopathist** [*houmiɔ'pəþist*] homeopat; **homoeopathy** [*-þi*] homeopati
homogeneity [*hɔmodʒeni:'iti*] homogenitet; **homogeneous** [*hɔmodʒe'niəs, -dʒi:'niəs*] likartad
homologous [*hɔmɔ'ləgəs*] motsvarande; **homologue** [*hɔmələg*] *fig.* parallell
homonym [*hɔmonim*] homonym, namne; **~ous** [*hɔmɔ'niməs*] likljudande
homosexual [*hɔmouse'kʃuəl*] homosexuell [person]
homy [*houmi*] hemtrevlig
hon [*hʌn*] *amr. sl* förk. f. *honey* älskling
Hon. = *honourable, honorary*
hone [*houn*] brynsten; vässa, slipa (rakkniv)
honest [*ɔnist*] hederlig, ärlig, äkta; **make an ~ woman of** gifta sig med (förförd kvinna); **~ Injun** (*Indian*) det försäkrar jag! **~-to-God** ärlig och uppriktig; **~ly** ärligt talat; **~y** [*ɔnisti*] ärlighet, heder, uppriktighet; **honesty is the best policy** ärlighet varar längst
honey [*hʌni*] honung, (is. *amr.*) älskling; **~-buzzard** *zool.* bivråk; **~comb** vaxkaka; göra hålig, *fig.* underminera; **~comb radiator** *auto.* cellkylare; **~-dew** honungsdagg, ett slags tobak; **~-fogle** [*-fougl*], **~-fugle** [*-fu:gl*] *amr.* förevändning; locka; **~moon** smekmånad; fira smekmånad; **~suckle** *bot.* kaprifolium
honk [*hɔŋk*] (vildgås') skrik, biltutande; skrika, tuta, *amr. sl* få överhand, skära ned
honky-tonk [*hɔŋki-tɔŋk*] *amr. sl* billigt nöje, *pl* småstäder
honorarium [*(h)ɔnərɛ'əriəm*] honorar
honorary [*ɔnərəri*] heders-; **~ member** hedersmedlem; **~ secretary** (oavlönad) sekreterare; **~ treasurer** (oavlönad) kassör (is. i en förening etc.); **honorific** [*ɔnəri'fik*] artighets-, heders-
honour [*ɔnə*] ära, heder, ärebetygelse, anseende, värdighet; ära, hedra, honorera (växel); **~s** utmärkelse (vid examen), honnörer (i kort); **Your H—** Ers Nåd (Höghet); **be in ~ bound** känna det som en hederssak; **upon my ~** på min heder; **point of ~** hederssak; **word of ~** hedersord; **in ~ of** till ngns ära; **do the ~s of the house** vara värd[inna]; **honourable** [*ɔnərəbl*] ärlig, hederlig, ärofull, förnäm, välboren; **Honourable** (*Hon.*) (titel, bl. a. för underhusmedlemmar); **Right Honourable** högvälboren
hooch [*hu:tʃ*] *amr. sl* sprit (is. dålig)
hood [*hu:d*] huva, kåpa, sufflett, huv, motorhuv, *amr. sl* förbrytare; sätta huv[a] på; **~wink** binda för ögonen på, lura
hoodlum [*hudləm*] *amr.* ligapojke, förbrytare
hoodoo [*hu:du:*] *amr.* [bringa] olycka
hoodus [*hu:dəs*] *amr. sl* sak, inrättning
hooey [*hu:i*] *amr. sl* struntprat
hoof [*hu:f*] hov, klöv, *sl* fot; sparka, *sl* avskeda, *amr. sl* dansa; **~ it** *sl* spatsera, ge sig av; **hoofer** *amr. sl* dansör, dansös, andra klass skådespelare, neger
hooha [*hu:hə*] *sl* spektakel, strid
hook [*huk*] krok, hake, dörrhake, skära, flodkrök, udde, *amr. sl* tjuv; gripa, fånga, haka [sig] fast, stånga, *sl* stjäla; **~ and eye** hake och hyska; **get one's ~s on** få klorna i; **take one's ~** avlägsna sig; **by ~ or by crook** med godo eller ondo; **drop off the ~s** *sl* dö; **on one's own ~** för egen räkning; **~ it** *sl* smita; **~-nosed** med örnnäsa; **~-shop** *amr. sl* bordell; **~up** *amr.* förbindelse mellan flera radiostationer (som möjliggör transmission); **hooked** böjd, krökt
hookah [*hukə, -ka:*] (indisk) vattenpipa
hooker [*hukə*] tjuv, *sjö.* skuta
hookey [*hu:ki*]; **play ~** *amr.* skolka från skolan
hooligan [*hu:ligən*] ligapojke
hoop 1) [*hu:p*] tunnband, krinolinband, båge i krocket, *pl* bandjärn; banda tunnor, binda samman; **~-stick** *sl* arm; **hooper** tunnbindare
hoop 2) [*hu:p*] tjut, hojtande; hojta, kikna; **hooping-cough** kikhosta
hoopoe [*hu:pu:*] härfågel
hoosegow [*hu:zgau*] *amr. sl* fängelse
hoosh [*hu:ʃ*] *sl* köttsoppa (på polarfärder)
hoosier [*hu:ziə*] *amr. sl* fängelsebesökare
hoot [*hu:t*] skrän, skri, tutande, ångvissla, bilhorn, *sl* kvickhet; skräna, skrika, skria (om uggla), tuta (om bil), vissla (om ångvissla); **I don't care a ~** det bryr jag mig inte ett dyft om; **hooted** *amr. sl* full; **hooter** skrikhals, ångvissla, bilhorn
hootch [*hu:tʃ*] *amr. sl* dålig visky, sprit
hop [*hɔp*] *bot.* humle, *amr. sl* opium, hopp, flygning, *sl* svängom, dans; plocka humle, hoppa, flyga, *sl* dansa; **~ a rattler** *amr. sl* hoppa på ett tåg; **on the ~** i flykten, på bar gärning; **be on the ~** vara i farten; **~ it** *sl* rymma; **~ off** *flyg.* starta; **~ the stick** el. **twig** *sl* dö; **~-bind, ~-bine** humleranka; **~-head, ~-hog** *amr. sl* opiumslav; **~-joint** *amr. sl* opiumhåla; **~-merchant** *sl* danslärare; **~over** *sl* angrepp; **~scotch** hoppa hage (lek); **~, step and jump** trestegshopp; **hopped up** *amr. sl* bedövad
hope [*houp*] hopp, förhoppning; hoppas [på]; **beyond all ~**[s] över all förväntan; **~ful** förhoppningsfull, lovande, hoppfylld; **~less** hopplös
Hop-o'-my-thumb [*hɔ'pəmiþʌ'm*] tummeliten
hopper [*hɔpə*] hoppare, loppa, matartratt, mudderpråm, humleplockare (*äv. hop-picker*)
hopster [*hɔpstə*] *amr. sl* dansör, dansös
Horace [*hɔrəs, -ris*] Horatius; **Horatian** [*horei'ʃiən*] horatiansk
horary [*hɔ:rəri*] tim-, timvis skeende
horde [*hɔ:d*] hord, band
horizon [*horai'zn*] horisont, synkrets; **artificial ~** konstgjord horisont; **horizontal** [*hɔrizɔ'ntl*] horisontal, horisont-; **horizontal rudder** höjdroder
hormone [*hɔ:moun*] *med.* hormon
horn [*hɔ:n*] horn, bilhorn, *sl* näsa, tratt, spröt, flodarm; **~ of plenty** ymnighetshorn; **draw in one's ~s** dra in på staten, stämma ned tonen; **~ in** *amr.* blanda sig i, tränga sig på; **~beam** avenbok; **~bill** hornskata; **~-book** abcbok; **~pipe** 'hornpipe' (en matrosdans); **~rims, ~rimmed glasses** hornbågade glasögon;

~swoggle *amr.* lura; **horny** horn-, hornig, hornartad, *amr. sl* kärleksfull
hornet [*hɔ:nit*] *zool.* bålgeting; **bring a ~'s nest about one's ears** *fig.* sticka handen i ett getingbo
Hornie [*hɔ:ni*]; **Old ~** djävulen
horny se *horn*
horologe [*hɔrəlɔdʒ*] solvisare, ur; **horology** urmakarkonst
horoscope [*hɔrəskoup*] horoskop; **cast a ~** ställa ett horoskop
horrible [*hɔribl*] förskräcklig, förfärlig; **horrid** [*hɔrid*] otäck; **horrific** [*hɔri'fik*] skräckinjagande, förskräcklig; **horrify** [*hɔrifai*] förskräcka, upproöra
horror [*hɔrə*] rysning, rädsla, skräck, avsky, *pl* delirium; **Chamber of H—s** skräckkammare; **~-stricken** el. **~-struck** skräckslagen
horse [*hɔ:s*] häst, kavalleri, ställning, [såg]bock, plint, *amr. sl* 1 000 dollar; förse med häst, bära på ryggen, prygla, driva på (vid arbete), rida; **mount** el. **ride the high ~** *fig.* sätta sig på sina höga hästar; **light ~** lätt kavalleri; **~ down** *amr. sl* (om flygare) dyka; **~back** hästrygg, *amr. sl* drucken; **on ~back** till häst; **~-breaker** hästtämjare, beridare; **~-cloth** hästtäcke; **~-collar** bogträ; **~-coper** [*-koupə*], **~-dealer** hästhandlare; **~-faker** *sl* hästhandlare; **~-feathers** *amr.* struntprat; **the H— Guards** hästgardet, dess huvudkvarter i Whitehall i London, *fig.* arméns överkommando; **~-laugh** gapskratt; **~-lawyer** *amr. sl* sämre advokat; **~-leech** blodigel, omättlig person; **~man** ryttare, 'hästkarl'; **~manship** ridkonst; **~-marines** 'sjöman till häst'; **tell that to the ~-marines** det kan du inbilla småbarn; **~ nails** *amr. sl* pengar; **~-play** hårdhänt lek, plumpt skämt; **~-power (H.P.)** *mek.* hästkraft[er]; **~-radish** *bot.* pepparrot; **~ sense** sunt förnuft; **~shoe curve** hårnålskurva; **~-whip** [slå med] ridpiska, piska upp; **~woman** ryttarinna; **horsy** häst-, hästlik, hästkär, jockeyaktig
hortative [*hɔ:tətiv*] förmanande
horticulture [*hɔ:tikʌ'ltʃə*] trädgårdsodling
hortus siccus [*hɔ:təs sikəs*] herbarium
hosanna [*hozæ'nə*] *bibl.* hosianna
hose [*houz*] långstrumpor (*koll.*), slang (till spruta), hylsa; bespruta, vattna med slang; **half ~** halvstrumpor (*koll.*); **hosier** [*houʒə*] trikåvaruhandlande; **hosiery** [*-ri*] trikåvaror
hosp [*hɔsp*] *amr. sl* förk. f. *hospital*
hospice [*hɔspis*] klosterhärbärge, skyddshem
hospitable [*hɔspitəbl*] gästfri
hospital [*hɔspitl*] sjukhus, härbärge, *amr. sl* fängelse; **mental ~** hospital; **H— Saturday, ~ Sunday** dagar då det insamlas pengar för sjukhusen; **Christ's H—** en högre skola i London; **~ fever** *med.* tyfus; **~ Greek** medveten förvrängning av ord genom omflyttning av bokstäver, t. ex. *flutterby* för *butterfly* fjäril; **~ity** gästfrihet **~[l]er** [*hɔspitələ*] johannitriddare, sjukhuspräst
host [*houst*] (is. *bibl.*) härskara, stor hop, värd, hostia; **reckon without one's ~** göra upp räkningen utan värden; **~ess** [*houstis*] värdinna
hostage [*hɔstidʒ*] gisslan, pant
hostel [*hɔstəl*] hospits, härbärge, studenthem; **youth ~** vandrarhem; **~ry** litet värdshus
hostess se *host*
hostile [*hɔstail*] *amr.* fiende; fientlig; **hostility** [*hɔsti'liti*] fientlighet
hostler [*ɔslə*] stallkarl (vanl. *ostler*); [*hɔs(t)lə*] krogvärd
hot [*hɔt*] het, varm, ny, nyemitterad, hetsig, eldig, svår, farlig, skicklig, oanständig; *mus.* hot (jazz); **~ and strong** våldsamt; **give it him ~** ge honom ordentligt; **~ up** (vulgärt) värma upp; **~ air** *sl* skryt, tomma ord; **~-air** varmlufts-; **~bed** drivbänk, *fig.* härd; **the ~ chair** *amr. sl* den elektriska stolen; **~ cockles** (lek) 'spänna kyrka'; **~ dog** *amr.* varm korv; **~-foot** i flygande fart; **~head** brushuvud; **~house** drivhus; **~ money** *sl* farliga pengar (i förbindelse med förbrytelse etc.); **~-plate** (*elektr.*) kokplatta; **~-pot** köttlåda; **~ pups** el. **puppies** *amr.* = **~** *dogs*; **the ~ seat** *amr. sl* den elektriska stolen; **~spot** *amr. sl* rövarköp; **~spur** hetsporre; hetsig; **the ~-squant** *amr. sl* den elektriska stolen; **~ stuff** *sl* varmblodig person, överdängare; **~-stuff** *sl* lidelsefull, framstående; **be in ~ water** *fig.* vara i klämma
Hotchkiss [*hɔtʃkis*] ett slags maskingevär
hotchpot[ch] [*hɔtʃpɔt(ʃ)*] hotchpotchsoppa, mischmasch, röra
hotel [*houte'l*] hotell; **~ beat** *amr. sl* hotellbedragare; **~ keeper** el. **manager** hotellvärd; **grand ~** *sl* fängelse
Hottentot [*hɔtntɔt*] hottentott, obildad person
hough (hock) [*hɔk*] has; skära av hassenan på
hound [*haund*] rävhund, stövare, usling, *amr. fig.* person 'biten' av ngt (*movie ~*); jaga (med hund); hetsa (at på)
hour [*auə*] timme, stund; **the small ~s** småtimmarna; **ask the ~** fråga vad klockan är; **by the ~** timvis, timme efter timme; **office ~s** kontorstid; **~-hand** timvisare på ur; **~-plate** urtavla
houri [*huəri*] huri (skön kvinna i Mohammeds paradis)
house [*haus*] (*pl* [*hauziz*]) hus, byggnad, bostad, hem, familj, firma; [*hauz*] hysa, inrymma, bo, *sjö.* stryka (en stång), hala in och surra (kanoner); **the H—** fattiggården, över- eller underhuset, börsen, Christ Church College i Oxford; **the big ~** *amr. sl* fängelset; **like a ~ on fire** med väldig kraft el. fart; **bring down the ~** ta publiken; **make a ~** vara beslutmässiga (minst 40 medlemmar av underhuset); **keep ~** ha eget hushåll, hushålla [för]; **keep the ~** hålla sig inne; **keep open ~** hålla fri taffel, *sl* sova ute; **capacity ~** proppfullt hus; **country ~** herrgård, lantställe; **disorderly ~** bordell, spelhåla; **the Lower H—** underhuset; **the Upper H—** överhuset; **public ~** värdshus; **~ of call** upplysningsbyrå; **~ of cards** korthus; **the H— of Commons** underhuset; **~ of ill fame** illa beryktat hus; **the H— of Keys** underhuset (på ön Man); **the H— of Lords** överhuset; **the H—s of Parliament** parlamentsbyggnaden (i London); **~-agent** fastighetsmäklare, vicevärd; **~breaker** inbrottstjuv; **~-flag** firmaflagg; **~-front** fasad; **~hold** hushåll, hus, familj; **join the ~hold brigade** *sl* gifta sig; **~hold troops** livtrupper, gardesregementen; **~hold words** allmänt gängse ord el. uttryck; **~holder** husinnehavare, familjefar; **~keeper** hushållerska; **~keeping** hushåll[ning]; **~leek** *bot.* taklök (Sempervivum tectorum); **~maid** husjungfru; **~maid's knee** *med.* 'skurknä'; **~master** lärare som har ledningen av en avdelning (*a house*) i en internatskola; **~ party** gäster (över minst en natt på lantställe); **~-room** husrum; **~-rule** husordning; **~-surgeon** lasarettsläkare; **~-top** tak; **~-warming** inflyttningskalas; **~wife** [*hauswaif*] husmor, [*hʌzif*] syskrin, ridikyl; **~wifery** hushållsgöromål, husmorsplikter; **the housing problem** bostadsproblemet
housing [*hauzing*] hästtäcke, inhysande, magasinering, bostad, skydd, *mek.* [lager]hus, hylsa, löst tak, inskärning, mastfot; **~ accommodation** bostad, logi
hove [*houv*] lyfte (se *heave*)
hovel [*hɔvl* el. *hʌvl*] skjul, kåk, lider
hover [*hɔvə*, *hʌvə*] sväva, kretsa, vackla
how 1) [*hau*] förk. f. *howitzer*
how 2) [*hau*] huru? så, vad; **~ about?** hur är det med? vad säger du om? **~ are you?** hur står det till? god dag! **and ~** *amr.* i hög grad;

~ **do you do?** [*hau'djudu:'*] god dag! **a pretty ~ d'ye do, howdy-do** [*hau'didu:'*] *sl* en snygg historia; ~ **much?** (skämtsamt) vad för något?
however [*haue'və*] hur än, hur som helst, emellertid, likväl, dock, hur i all världen?
howdah [*haudə*] baldakinförsett säte på elefantrygg
howitzer, H— [*hauitsə*] *mil.* haubits
howl [*haul*] tjut; tjuta; **howler** *sl* grovt fel, groda; **come a howler** komma till korta, göra fiasko
howlet [*haulit*] uggla
howsoever [*hausoe'və*] *åld.* hur . . än
hoy [*hɔi*] *sjö.* (förr) slup, (nu) pråm; ohoj! hallå!
hoyden [*hɔidn*] yrhätta, vildkatta
hub [*hʌb*] hjulnav, *fig.* centrum; *sl* förk. f. *husband* äkta man
hubble-bubble [*hʌbl-bʌbl*] vattenpipa, larm, väsen
hubbub [*hʌbəb*] larm, tumult
hubby [*hʌbi*] *sl* förk. f. *husband* äkta man
huckaback [*hʌkəbæk*] handduksväv
huckle [*hʌkl*] höft, länd; ~**-backed** kutig
huckleberry [*hʌklberi*] *amr.* (ett slags) blåbär; **red ~** lingon
huckster [*hʌkstə*] hökare, gatuförsäljare, *fig.* schackrare; schackra, utmångla, förfalska
huddle [*hʌdl*] hop, massa, röra, fläng; vräka ihop, hafsa med, skocka sig, krypa ihop
hue [*hju:*] färg, färgton; ~ **and cry** förföljelserop, efterlysning (av brottsling)
huff [*hʌf*] uppbrusande, stuckenhet; fara ut mot, skrämma [till], fnysa, bli stött; **huffish, huffy** fräck, stött, snarstucken
hug [*hʌg*] omfamning, famntag; omfamna, omhulda, hålla fast vid, *sjö.* hålla nära intill; ~ **oneself on** lyckönska sig till; ~**-me-tight** ylleschal
huge [*hju:dʒ*] mycket stor, väldig, ofantlig
hugger-mugger [*hʌgəmʌgə*] hemlighet, virrvarr; hemlig, oordentlig, huller om buller; tysta ned, hålla hemlig
[h]ugmer [*(h)ʌgmə*] narr
Huguenot [*hju:gənou, -nɔt*] hugenott
hulk [*hʌlk*] *sjö.* avtacklat skepp, skrov, *sl* koloss, åbäke; **hulking** stor, klumpig
hull [*hʌl*] omhölje, skal, balja, *sjö.* skrov, flygplanskropp; skala, sprita (ärter), genomskjuta skrovet
hullabaloo [*hʌləbəlu:'*] larm, tumult, *amr. sl* kungörelse i radio
hullo [*hʌ'lou', hʌlou'*] hallå
hum [*hʌm*] surr, mummel, gnolande, *sl* humbug; surra, mumla, gnola; **make things ~** sätta fart på spelet; ~ **and haw** stamma; ~**mer** *sl* gåpåare, jättelögn; ~**ming-bird** kolibri, *mil. sl* granatskärva; ~**ming-top** snurra
human [*hju:mən*] (is. i *pl*) människor; människo-, mänsklig; ~ **being** el. **creature** mänsklig varelse; ~**kind** människosläktet
humane [*hju(:)mei'n*] human, människovänlig, humanistisk; **II— Society** livräddningssällskap
humanism [*hju:mənizm*] humanism; **humanist** [*-st*] humanist
humanitarian [*hju(:)mænitɛ'əriən*] människovän; människovänlig
humanity [*hju(:)mæ'niti*] humanitet, mänsklighet, människonatur; **the humanities** humaniora
humanize [*hju:mənaiz*] bli el. göra mänsklig, humanisera, civilisera
humble [*hʌmbl*] ödmjuk, blygsam, ringa; göra ödmjuk, förödmjuka, nedsätta; **eat ~ pie** *fig.* gå till Canossa; **your ~ [servant]** Er ödmjuke tjänare, vördsammast
humble-bee [*hʌmblbi:*] humla
humbug [*hʌmbʌg*] humbug, svindel, svindlare; lura (**into** till)
humdinger [*hʌmdiŋə*] *amr. sl* en duktig karl; en bra en (om saker)
humdrum [*hʌmdrʌm*] tråkig, banal
humeral [*hju:mərəl*] *anat.* skulder-
humid [*hju:mid*] fuktig; **humidity** [*hju(:)mi'diti*] fuktighet
humiliate [*hju(:)mi'lieit*] förödmjuka; **humiliation** [*hju(:)miliei'ʃ(ə)n*] förödmjukelse; **humility** [*hju(:)mi'liti*] ödmjukhet
hummock [*hʌmək*] liten höjd el. kulle
humoral [*hju:mərəl*] *med.* [kropps]vätske-
humorist [*hju:mərist*] humorist; **humoristic** [*hju(:)məri'stik*], **humorous** [*hju:mərəs*] humoristisk
humour [*hju:mə*] humor, stämning, humör, *med.* kroppsvätska; foga sig efter, göra till viljes; **in the ~ for** upplagd för; **out of ~** på dåligt humör
hump [*hʌmp*] puckel, *sl* melankoli; kuta med (ryggen), bli arg, förarga; **he has got a ~** *sl* han är på misshumör; ~**-back** puckelrygg[ig person]; ~**-backed** puckelryggig
humph [*mm, hʌmf*] [säga] hm!, hm!
humpty [*hʌm(p)ti*] braskudde; ~**-dumpty** kort och tjock person, ägg, en rad olyckor; *amr. sl* dålig
humpy [*hʌmpi*] knölig, pucklig, *sl* på misshumör
humus [*hju:məs*] matjord, mylla
Hun [*hʌn*] hunn[er], barbar, (föraktligt) tysk, *sl* flygkadett
hunch [*hʌn(t)ʃ*] knöl, puckel, tjockt stycke, *sl* idé, ingivelse, aning; göra bucklig, kröka, skjuta rygg; ~**-back** puckelrygg, puckelryggig person; ~**-backed** puckelryggig
hundred [*hʌndrəd, -drid*] hundratal, härad; hundra; **by the ~** el. **by ~s** i hundratal; ~**fold** [*-fould*] hundrafaldig[t]; ~**weight** (*eng.* el. *amr.*) centner (*amr.* ngt mindre än *eng.*)
hung [*hʌŋ*] hängde, hängt (se *hang*)
Hungarian [*hʌŋgɛ'əriən*] ungrare, ungerska (*äv.* språket); ungersk; *sl* utsvulten man; **Hungary** [*hʌŋgəri*] Ungern
hunger [*hʌŋgə*] svält, hunger; [ut]svälta, hungra; **hungry** [*hʌŋgri*] hungrig, (om jordmån) mager; **Hungry** *amr. sl* ungrare
hunk 1) [*hʌŋk*] se *hunch*
hunk 2) [*hʌŋk*], **hunkie** [*hʌŋki*] *amr. sl* ungrare, immigrerad jordarbetare
hunks [*hʌŋks*] gnidare
hunky [*hʌŋki*] *amr. sl* ungrare; prima, i god form (också ~ *dory* [*dɔ:ri*])
Hunnish [*hʌniʃ*] hunner-, barbarisk
hunt [*hʌnt*] jakt, jaktområde, jaktsällskap; jaga (i England is. räv, i Amerika alla djur); driva [bort], söka efter, genomleta, (om maskin) gå ojämnt; **out of the ~** *sl* ur leken, icke med; ~ **down** jaga till döds, få fast; ~ **out** el. **up** uppspåra; ~**sman** jägare; ~**-the-slipper** smussla sko (lek); **hunter** jägare, jakthäst, jakthund, ur med boett över glaset; **hunting-box** jakthydda; **hunting-crop** jaktpiska; **hunting-ground** jaktmark; **the happy hunting-grounds** de sälla jaktmarkerna; ~**ress** [*hʌntris*] jägarinna
hurdle [*hə:dl*] spjälverk, stängsel, häck, hinder, bödelskärra, *pl* häcklöpning, hinderlöpning (~*-race*); inhägna, hoppa över, ta [hinder]; **hurdler** deltagare i häcklöpning el. hinderritt
hurdy-gurdy [*hə:di-gə:di*] positiv
hurl [*hə:l*] kast; kasta, slunga; **hurler** *amr. sl* bombkastare
hurly-burly [*hə:li-bə:li*] larm, oväsen
hurrah [*hura:'*], **hurray** [*-rei'*] [ropa] hurra
hurricane [*hʌrikən*] orkan; ~**-deck** *sjö.* översta däck
hurry [*hʌri*] hast, brådska; *amr.* il-; ila, skynda sig, skynda på; **not in a ~** icke i brådrasket; **be in a ~** ha bråttom; **in the ~** i brådskan; **there is no ~** det brådskar inte; **hurried work** hastverk; ~ **up** skynda sig; ~ **up and get born!** *amr. sl* använd ditt förstånd! ~ **buggy** *amr. sl* polisbil; ~**-scurry** förvirring; i flygande fläng, i vild oordning; flänga i väg, gno
hurst [*hə:st*] kulle, skogsbacke, sandbank
hurt [*hə:t*] skada, sår, stöt, förtret, men; (*oregelb.*

vb) skada, såra, stöta, göra förfång, göra ont; ~ **oneself** stöta sig, göra sig illa; ~**ful** skadlig, farlig; ~**less** ofarlig, oskadd
hurtle [*hə:tl*] rusa, virvla, skrälla, slunga
husband [*hʌzbənd*] make, äkta man; hushålla med, spara; ~**'s tea** *fam.* svagt te; ~**man** lantman; **be in** ~ **trouble** *amr. sl* tänka på skilsmässa; ~**ry** [*hʌzbəndri*] lanthushållning, hushållsaktighet
hush [*hʌʃ*] tystnad, stillhet; tysta, lugna, vara tyst, tystna, tiga; ~! tyst! stilla! ~ **up** nedtysta; ~**aby** [*hʌʃəbai*] vyssan lull! ~**-**~ hemlighetsfull; ~**-**~ el. ~**-boat** el. ~**-ship** camouflerad snabbgående kryssare; ~**-money** pengar för att tiga med ngt; *amr. sl* pengar hemifrån
husk [*hʌsk*] skal, hylsa, skida, *pl* agnar; skala
husky [*hʌski*] eskimå, eskimåhund, *amr. sl* kraftkarl (is. boxare); full av skal, hes, stor och stark
hussar [*huza:'*] husar
hussy, huzzy [*hʌzi*] jäntunge, slinka
hustings [*hʌstiŋz*] valtribun, talartribun, domstol i Londons City
hustle [*hʌsl*] knuffande, *amr.* fart, gåpåare; knuffa, stöta, fösa, tränga sig fram, *amr.* gno, gå på; **hustler** *amr.* rask karl, *sl* tjuv
hut [*hʌt*] hydda, *mil.* barack; bo i baracker
hutch [*hʌtʃ*] kista, kaninbur, hundkoja, *sl* fängelse
hutment [*hʌtmənt*] läger av baracker
huzza [*hʌza:'*] [ropa] hurra, hurra [för]
huzzy [*hʌzi*] se *hussy*
hyacinth [*haiəsinþ*] hyacint
hyaena [*haii:'nə*] hyena (*hyena*)
hyaline [*haiəlin, -lain*] kristallklar, genomskinlig
hyaloid [*haiəlɔid*] glasartad
hybrid [*haibrid*] korsning, bastard; hybrid, blandnings-; ~ **bill** (i parlamentet) lagförslag som berör både offentliga och privata förhållanden; ~**ism** [*-izm*] hybriditet, korsning
Hyde Park [*haid pa:k*] Hyde Park; **go to** ~ *sl* gömma sig för sina fordringsägare (*hide*)
hydra [*haidrə*] hydra, vattenorm
hydrangea [*haidrei'n(d)ʒə*] *bot.* hortensia
hydrant [*haidrənt*] vattenpost
hydrate [*haidreit, -drit*] *kem.* hydrat
hydraulic [*haidrɔ:'lik*] *pl* hydraulik; hydraulisk
hydric [*haidrik*] väte-
hydro [*haidrou*] *fam.* förk. f. *hydropathic establishment* vattenkuranstalt
hydro- [*haidrou-*] vatten-
hydroairplane [*hai'droɛ'əroplein*] hydroplan, sjöflygplan
hydrocarbon [*hai'droka:'bən, -bɔn*] *kem.* kolväte
hydrocyanic [*hai'drosaiæ'nik*] **acid** *kem.* blåsyra
hydrodynamics [*hai'drodainæ'miks*] hydrodynamik
hydrogen [*haidridʒ(ə)n*] väte; **hydrogenous** [*haidrɔ'dʒinəs*] väte-
hydrography [*haidrɔ'grəfi*] hydrografi, havsforskning
hydrokinetics [*haidroukaine'tiks*] läran om vätskors rörelse
hydrometer [*haidrɔ'mitə*] hydrometer (för bestämning av vätskors specifika vikt)
hydropathic [*hai'dropæ'þik*] vattenkuranstalt (~ *establishment*); vattenkur-; **hydropathy** [*haidrɔ'pəþi*] vattenkur
hydrophobia [*hai'drəfou'biə*] *med.* vattuskräck, rabies
hydroplane [*haidroplein*] hydroplan, höjdroder på undervattensbåt
hydropsy [*haidrɔpsi*] *med.* vattusot
hydroquinone [*hai'drokwinou'n, -kwain-, -kin-*] hydrokinon (för fotografisk framkallning)
hydrostat [*haidrostæt*] hydrostat; **hydrostatic** [*hai'drostæ'tik*] *pl* läran om vätskors jämvikt; hydrostatisk
hydrous [*haidrəs*] vattenhaltig
hyena [*haii:'nə*] hyena, *amr. sl* drummel
Hygeia [*haidʒi'ə*] Hygiea (hälsans gudinna)
hygiene [*haidʒ(i)i:n*] hygien; **hygienic** [*haidʒi:'nik*] hygienisk; *pl* hygien
hygro- [*haigrɔ-*] fuktighets-; **hygrometer** [*haigrɔ'mitə*] fuktighetsmätare; **hygroscope** [*haigrəskoup*] hygroskop
hymen [*haimen*] hymen; **hymeneal** [*haimini(:)'əl*] bröllops-
hymn [*him*] hymn, psalm; lovprisa; **hymnal** [*himnəl*] psalmbok (~*-book*); hymn-, psalm-; **hymnic** [*himnik*] hymn-, psalm-; **hymnody** [*himnodi*] psalmsång, psalmdiktning; **hymnography** [*-nɔ'grəfi*], **hymnology** [*-nɔ'lədʒi*] psalmdiktning
hyoscine [*haiosain*] *med.* hyoscin, scopolamin
hyp [*hip*] *amr. sl* dosis av narkotiskt medel
hyper- [*haipə-*] hyper-, över-, alltför
hyperbola [*haipə:'bələ*] *mat.* hyperbel; **hyperbolic** [*haipə(:)bɔ'lik*] hyperbolisk, hyperbel-
hyperbole [*haipə:'bəli*] retorisk överdrift; **hyperbolical** [*haipə(:)bɔ'lik(ə)l*] överdriven
hyperborean [*haipə(:)bɔ:'riən*] hyperboré, nordbo; hyperboreisk
hypermetrical [*haipə(:)me'trik(ə)l*] med för många stavelser; övertalig (stavelse)
hypertrophic [*haipə(:)trɔ'fik*] hypertrofisk; **hypertrophy** [*haipə:'trofi*] hypertrofi, sjuklig förstoring av organ
hypestick [*haipstik*] *amr. sl* morfinnål
hyphen [*haif(ə)n*] [förena med] bindestreck; **hyphenate** [*haifəneit*] förena med bindestreck; [*haifənit*] *amr.* = **hyphenated American** invandrad amerikanare (*Irish-American* etc.)
hypnosis [*hipnou'sis*] hypnos; **hypnotic** [*hipnɔ'tik*] sömngivande [medel], hypnotiserad, hypnotisk; **hypnotism** [*hipnətizm*] hypnotism; **hypnotist** [*-st*] hypnotisör; **hypnotize** [*hipnətaiz*] hypnotisera
hypo [*haipou*] *foto.* fixersalt, *amr. sl* morfinnål, morfinist
hypo- [*haipo-*] under-
hypochondria [*haipokɔ'ndriə*] mjältsjuka, tungsinne; **hypochondriac** [*-iæk*] mjältsjuk person; (*äv.* ~**cal** [*-iækl*]) mjältsjuk
hypocrisy [*hipɔ'krisi*] hyckleri
hypocrite [*hipokrit*] hycklare; **hypocritical** [*hipokri'tik(ə)l*] hycklande
hypodermic [*haipodə:'mik*] *med.* insprutning under huden (~ *injection*); subkutan; ~ **syringe** *med.* spruta för subkutan injektion
hypoplasia [*haipouplei'ziə*] underutveckling (av organ)
hypotenuse [*haipɔ'tinju:z*] *mat.* hypotenusa
hypothecate [*haipɔ'þikeit*] pantsätta, belåna
hypothesis [*haipɔ'þisis*] (*pl* *-theses* [*-þisi:z*]) hypotes, antagande; **hypothetic**[**al**] [*haipoþe'tik(l)*] hypotetisk
hyson [*haisn*] grönt te (från Kina)
hyssop [*hisəp*] *bot.* isop
hysteria [*histi'əriə*] hysteri; **hysterical** [*histe'rik(ə)l*] hysterisk; **hysterics** [*histe'riks*] hysteriskt anfall
hæ- se *hae-*

I

I, i [*ai*] (*pl* Is, I's [*aiz*]) I, i; *amr. sl* förk. f. *idea*; **I** jag
iamb [*aiæmb*], **iambus** [*aiæ'mbəs*] jamb; **~ic** [*aiæ'mbik*] jambisk
Iberian [*aibi'əriən*] iber, iberisk
ibex [*aibeks*] stenbock
ibidem [*ibai'dem*] ibidem, på samma ställe
ice [*ais*] is, glass, *sl* diamanter; isbelägga, isa, frysa, kandera; **break the ~** bryta isen; **cut no ~** *sl* vara utan verkan; **~-age** istid; **~berg** isberg; **~blink** isblink; **~-boat** isbåt, isbrytare; **~-bound** infrusen, tillfrusen; **~-box** kylskåp; **~-breaker** isbrytare; **~-cap** bälte av is omkring polerna; **~-cream** [grädd]glass; **~-field** isfält; **~-house** iskällare; **~man** ishandlare, iskarl; **~-pack** packis; **~-wool** ett slags glänsande ull, *amr.* frysvagn (järnväg); **icing** kandering
Iceland [*aislənd*] Island; **Icelander** [*aisləndə*, *-lændə*] isländning; **Icelandic** [*aislæ'ndik*] isländska (språket); isländsk
Ichabod [*ikəbɔd*] *bibl.* I-Kabod (härligheten är förbi)
ichneumon [*iknju:'mən*] faraokatt, faraoråtta; **~ fly** ichneumon (parasitstekel)
ichor [*aikɔ:*] *myt.* gudablod, *med.* blodvar
ichthyo- [*ikþiɔ'-*] fisk-; **~graphy** [*-ɔ'grəfi*] fiskbeskrivning; **~logy** [*-ɔ'lədʒi*] vetenskapen om fiskarna; **~phagous** [*-ɔ'fəgəs*] fiskätande; **~saurus** [*ikþiəsɔ:'rəs*] fisködla; **~id** [*ikþiɔid*] fiskartad
icicle [*aisikl*] istapp
icily [*aisili*] isande, iskallt
icon [*aikɔn*] ikon, helgonbild, bild
iconoclasm [*aikɔ'noklæzm*] bildstormeri; **iconoclast** [*-klæst*] bildstormare
iconography [*aikɔnɔ'grəfi*] ikonografi, bildbeskrivning, jämförande bildstudium
iconolatry [*aikɔnɔ'lətri*] bilddyrkan
icosahedron [*ai'kosəhi:'drən*] ikosaeder (20-siding)
icterus [*iktərəs*] gulsot *(jaundice)*
ictus [*iktəs*] betoning, versaccent
icy [*aisi*] isig, istäckt, iskall
idea [*aidi'ə*] idé, föreställning, aning; **I had no ~** [**that**] jag hade ingen aning om att; **the ~!** en sådan idé! **the young ~** barnasinnet; **~ pot** *sl* huvud; **ideal** [*aidi'əl*] ideal; ideell, idealisk, inbillad; **idealism** [*aidi'əlizm*] idealism; **idealist** [*aidi'əlist*] idealist; **idealize** [*aidi'əlaiz*] idealisera; **ideality** [*aidiæ'liti*] idealitet
identical [*aide'ntik(ə)l*] identisk, ifrågavarande
identification [*aidentifikei'ʃ(ə)n*] identifiering; **~ parade** konfrontation; **identify** [*aide'ntifai*] identifiera
identity [*aide'ntiti*] identitet
ideogram [*idiogræm*, *aidio-*], **ideograph** [*idiogra:f*, *aidio-*] ideogram; **ideographic[al]** [(*a*)*idiogræ'fik*(*əl*)] ideografisk; **ideography** [*idiɔ'grəfi*] ideografi, begreppsskrift
ideologic[al] [*idiolɔ'dʒik*(*l*)] ideologisk; **ideology** [*idiɔ'lədʒi*] ideologi, begreppslära
ides [*aidz*] idus; **the ~ of March** den 15 mars
id est [*id est*] *lat.* det vill säga (*i. e.*)
idiocy [*idiəsi*] idioti
idiom [*idiəm*] idiom, karakteristiskt uttryck el. dialekt; **idiomatic** [*idiomæ'tik*] idiomatisk
idiosyncrasy [*idiosi'ŋkrəsi*] idiosynkrasi (överkänslighet, ofrivillig motvilja), karakteristiskt uttryckssätt
idiot [*idiət*, *idjət*] idiot, fåne; **idiotic** [*idiɔ'tik*] idiotisk
idle [*aidl*] onyttig, fåfäng, utan mening, sysslolös, arbetslös, oanvänd, lättjefull; förnöta tiden, *mek.* gå på tomgång; **an ~ brain is the devil's workshop** lättjan är alla lasters moder; **~ wheel** *mek.* utväxlingshjul; **idler** dagdrivare, tomvagn
idol [*aidl*] idol, avgud; **~ater** [*aidɔ'lətə*] avgudadykare, tillbedjare, beundrare; **~atrous** [*-trəs*] avgudisk; **~atry** [*-tri*] avgudadyrkan, förgudning; **~ization** [*aidolaizei'ʃ(ə)n*] förgudning, avgudande; **~ize** [*aidolaiz*] förguda, avguda, driva avgudadyrkan
idyl[l] [*aidil*, *idil*] idyll; **idyllic** [*aidi'lik*, *idi'-*] idyllisk
if [*if*] om; **as ~** som om; **even ~** även om; **~ anything** snarare, närmast; **~ so** i så fall
igneous [*igniəs*] eld-, vulkanisk
ignis fatuus [*ignis fætjuəs*] *lat.* irrbloss
ignite [*ignai't*] tända, fatta eld
ignition [*igni'ʃ(ə)n*] *mek.* tändning; **advanced ~** högtändning; **retarded ~** lågtändning; **~ key** *auto.* tändnyckel
ignoble [*ignou'bl*] av låg börd, lumpen
ignominious [*ignomi'niəs*] skändlig; **ignominy** [*ignomini*] vanära, skam, skändlighet
ignoramus [*ignorei'məs*] ignorant, okunnig person
ignorance [*ignərəns*] okunnighet; **ignorant** okunnig, ovetande
ignore [*ignɔ:'*] ignorera, förkasta
iguana [*igwa:'nə*] *zool.* leguan
iguanodon [*igwa:'nədɔn*] iguanodon (utdöd ödleart)
ikey [*aiki*] *sl* jude; fräck; lura
ilex [*aileks*] *bot.* järnek, kristtorn
Iliad [*iliəd*]; **the ~** Iliaden
ilk [*ilk*] (*Skottl.*) *åld.* samma; **that ~** (vulgärt) den familjen, den sorten
ill [*il*] ont, det onda, förtret, skada, *pl* olyckor; sjuk, dålig, illa, ond, skadlig, knappast; **for good or ~** med fel och förtjänster; **be taken el. fall ~** bli sjuk; **~ blood** ond blod, fiendskap; **~ weeds grow apace** ont krut förgås ej så lätt; **~ will** ovilja, fiendskap; **it's an ~ wind that blows no good** det är inte ngt ont, som inte har ngt gott med sig; **~ at ease** illa till mods; **take ~** taga illa upp; **~-advised** obetänksam; **~-bred** ouppfostrad, ohövlig; **~-conditioned** dålig, skadad, elak; **~-disposed** illvillig, ogynnsamt stämd; **~-fated** förföljd av otur, olycksbringande; **~-favoured** vanlottad, ful; **~-gotten** orätt fången; **~-humoured** vresig; **~-judged** oklok; **~-mannered** ohyfsad; **~-natured** elak, ondskefull; **~-omened** olycksbådande; **~-starred** född under en olycklig stjärna; **~-tempered** knarrig, retlig; **~-timed** i otid, malplacerad; **~-treat**, **~-use** behandla illa, misshandla
illation [*ilei'ʃ(ə)n*] slutledning; **illative** [*ilei'tiv*] *gram.* konklusiv
illegal [*ili:'g(ə)l*] olaglig, lagstridig; **illegality** [*iligæ'liti*] olaglighet, lagstridighet
illegibility [*iledʒibi'liti*] oläslighet; **illegible** [*ile'dʒəbl*] oläslig
illegitimacy [*ilidʒi'timəsi*] oäkthet, oäkta börd, orättmätighet; **illegitimate** [*ilidʒi'timit*] oäkta (barn), oriktig; **illegitimation** [*ilidʒitimei'ʃ(ə)n*] oäkthet, oäkthetsförklaring
illiberal [*ili'bərəl*] tarvlig, trångbröstad, knusslig
illiberality [*ilibəræ'liti*] tarvlighet, trångsinthet, knusslighet;
illicit [*ili'sit*] olovlig, otillåten, olaglig
illimitable [*ili'mitəbl*] gränslös, obegränsad
illiteracy [*ili'tərəsi*] okunnighet; **illiterate** [*ili'tərit*] analfabet; icke läskunnig, obildad
illness [*ilnis*] sjukdom
illogical [*ilɔ'dʒik(ə)l*] ologisk
illuminant [*il(j)u:'minənt*] belysningsmedel; upplysande, belysande; **illuminate** [*il(j)u:'mineit*]

upplysa, belysa, illuminera, kasta glans över; **illuminated** *sl* drucken; **illuminated advertisement** ljusreklam; **illumination** [*il(j)u:minei'ʃ(ə)n*] illumination, belysning, upplysning; **illuminative** [*il(j)u:'minətiv*] upplysande, belysande
illuminati [*ilu:minei'tai*] invigda personer (i sekter o. d.)
illumine [*il(j)u:'min*] upplysa, belysa
illusion [*ilu:'ʒ(ə)n, ilju:'-*] illusion, bländverk, ett slags tyll; **illusionist** [*-nist*] trollkonstnär; **illusive** [*ilu:'siv*] illusorisk, bedräglig, gäckande; **illusory** [*ilu:'səri*] illusorisk
illustrate [*iləstreit*] illustrera, belysa, upplysa, förklara; **illustration** [*iləstrei'ʃ(ə)n*] illustration, förklaring; **illustrative** [*iləstreitiv, ilʌ'strətiv*] illustrerande belysande (**of** för), förklarande; **illustrator** [*iləstreitə*] illustratör
illustrious [*ilʌ'striəs*] strålande, lysande, frejdad, förnäm
image [*imidʒ*] bild, avbild, typ; avbilda, spegla, levande beskriva; **~ry** [*imidʒ(ə)ri*] bilder, bildverk, sceneri
imaginable [*imæ'dʒinəbl*] tänkbar; **imagine** [*imæ'dʒin*] föreställa sig, tänka sig, inbilla sig, tro
imaginary [*imæ'dʒinəri*] imaginär, inbillad; **imagination** [*imædʒinei'ʃ(ə)n*] fantasi, inbillning; **imaginative** [*imæ'dʒinətiv*] inbillnings-, fantasirik
imago [*imei'gou*] (*pl -gines, -gos*) fullt utvecklad insekt
imam [*ima:'m*] muhammedansk präst el. furste
imbecile [*imbisail*] sinnesslö, svagsint; **imbecility** [*imbisi'liti*] sinnesslöhet, svaghet
imbed = *embed* inbädda
imbibe [*imbai'b*] uppsuga, insupa
imbricate [*imbrikeit*] lägga över varandra (som taktegel); [*-kit*] lagda över varandra
imbroglio [*imbrou'liou*] virrvarr, invecklad situation
imbrue [*imbru:'*] fläcka, söla
imbue [*imbju:'*] genomdränka, genomsyra, inspirera, färga
imitate [*imiteit*] efterlikna, imitera; **imitation** [*imitei'ʃ(ə)n*] efterlikning, imitation; oäkta; **imitative** [*imiteitiv*] efterliknande; **imitator** [*imiteitə*] efterhärmare, imitator
immaculacy [*imæ'kjuləsi*] fläckfrihet; **immaculate** [*imæ'kjulit*] obefläckad
immanence, -ncy [*imənəns, -nsi*] immanens, inneboende; **immanent** inneboende, immanent
immaterial [*iməti'əriəl*] immateriell, andlig, oväsentlig
immature [*imətju'ə*] omogen; **immaturity** [*imətju'əriti*] omogenhet
immeasurable [*ime'ʒərəbl*] omätlig, oändlig
immediacy [*imi:'djəsi*] omedelbarhet; **immediate** [*imi:'djət*] omedelbar, ögonblicklig, närmaste; **immediately** omedelbart, ögonblickligen, strax
immemorial [*imimɔ:'riəl*] urminnes, uråldrig; **for times ~** för eviga tider
immense [*ime'ns*] ofantlig, väldig
immerse [*imə:'s*] doppa, nedsänka, döpa, fördjupa; **immersion** [*imə:'ʃ(ə)n*] nedsänkning, fördjupning
immigrant [*imigrənt*] invandrare; **immigrate** [*imigreit*] invandra; **immigration** [*imigrei'ʃ(ə)n*] invandring
imminence [*iminəns*] hotande närhet; **imminent** överhängande, hotande
immitigable [*imi'tigəbl*] oförsonlig, oblidkelig
immobile [*imou'bail*] orörlig; **immobility** [*imobi'liti*] orörlighet; **immobilize** [*imɔ'bilaiz*] göra orörlig
immoderate [*imɔ'dərit*] omåttlig, överdriven
immodest [*imɔ'dist*] oblyg, oanständig, oförsynt; **immodesty** oblyghet, oanständighet, oförsynthet
immolate [*imoleit*] offra; **immolation** [*imolei'ʃ(ə)n*] offrande, offer
immoral [*imɔ'rəl*] omoralisk; **~ity** [*imoræ'liti*] osedlighet, last
immortal [*imɔ:tl*] odödlig; **~ity** [*imɔ:tæ'liti*] odödlighet; **~ize** [*imɔ:'təlaiz*] odödliggöra, föreviga
immortelle [*imɔ:te'l*] eternell, evighetsblomma
immovability [*imu:vəbi'liti*] orörlighet; **immovable** [*imu:'vəbl*] *pl jur.* fast egendom; orörlig
immune [*imju:'n*] immun, oemottaglig, fri; **immunity** [*imju:'niti*] oemottaglighet, undantagsrätt; **immunize** [*imjunaiz*] immunisera, göra immun
immure [*imju'ə*] inmura, instänga
immutability [*imju:təbi'liti*] oföränderlighet; **immutable** [*imju:'təbl*] oföränderlig
imp [*imp*] satunge, smådjävul, barn
impact [*impækt*] sammanstötning, stöt
impair [*impɛ'ə*] skada, försvaga, förminska; **~ment** [*-mənt*] försämring, förminskning
impale [*impei'l*] spetsa på påle; **~ment** [*-mənt*] spetsning på påle
impalpability [*impælpəbi'liti*] opåtaglighet, svårfattlighet; **impalpable** [*impæ'lpəbl*] ej påtaglig, svårfattlig
impanel [*impæ'nl*] sätta upp på jurylista
impark [*impa:'k*] inhägna till park
impart [*impa:'t*] tilldela, meddela
impartial [*impa:'ʃ(ə)l*] opartisk; **~ity** [*impa:ʃiæ'liti*] opartiskhet
impassability [*impa:səbi'liti*] ofarbarhet; **impassable** [*impa:'səbl*] oframkomlig
impasse [*impa:'s*] död punkt, knipa, återvändsgränd
impassibility [*impæsibi'liti*] okänslighet; **impassible** [*impæ'sibl*] okänslig
impassioned [*impæ'ʃənd*] lidelsefull, passionerad
impassive [*impæ'siv*] okänslig, kall; **impassivity** [*impæsi'viti*] okänslighet, köld
impaste [*impei'st*] inälta, lägga tjockt med färg på
impatience [*impei'ʃ(ə)ns*] otålighet, iver; **impatient** otålig, ivrig
impawn [*impɔ:'n*] pantsätta
impeach [*impi:'tʃ*] anklaga, draga i tvivelsmål, förklena; **~ment** [*-mənt*] nedsättande, förklenande, anklagelse
impeccability [*impekəbi'liti*] syndfrihet, ofelbarhet; **impeccable** [*impe'kəbl*] ofelbar
impecuniosity [*impikju:niɔ'siti*] penningbrist; **impecunious** [*impikju:'niəs*] pank, fattig
impede [*impi:'d*] hindra, hämma; **impediment** [*impe'dimənt*] hinder, svårighet; **impediment in one's speech** talfel, stamning
impel [*impe'l*] förmå, [fram]driva; **~lent** [*-ənt*] drivkraft; framdrivande
impend [*impe'nd*] vara överhängande el. förestående, hota; **~ing** överhängande, förestående, hotande
impenetrable [*impe'nitrəbl*] ogenomtränglig
impenitence [*impe'nitəns*] förhärdelse; **impenitent** förhärdad
imperative [*impe'rətiv*] *gram.* imperativ; bjudande, tvingande, nödvändig
imperceptible [*impəse'ptibl*] omärklig, försvinnande liten
imperence [*impər(ə)ns*] *vulg.* fräckhet, oförskämdhet (*impudence*)
imperfect [*impə:'fikt*] *gram.* imperfektum; ofullbordad, bristfällig; **imperfection** [*impəfe'kʃ(ə)n*] ofullkomlighet
imperial [*impi'əriəl*] pipskägg, imperialformat (56 × 81 cm); riks-, kejserlig, suverän, majestätisk, storartad; **~ism** [*-izm*] imperialism; **~ist** imperialist; **~istic** [*impiəriəli'stik*] imperialistisk
imperil [*impe'ril*] bringa i fara, äventyra
imperious [*impi'əriəs*] befallande, bjudande, myndig, trängande
imperishable [*impe'riʃəbl*] oförgänglig

impermeability [*impə:miəbi'liti*] ogenomtränglighet; **impermeable** [*impə:'miəbl*] ogenomtränglig
impersonal [*impə:'sənəl*] opersonlig; **~ity** [*impə:sənæ'liti*] opersonlighet
impersonate [*impə:'səneit*] personifiera, framställa, spela; **impersonation** [*impə:sənei'ʃ(ə)n*] personifiering, framställning; **impersonator** [*impə:'səneitə*] framställare
impertinence [*impə:'tinəns*] näsvishet, oförskämdhet, ngt saken ovidkommande; **impertinent** näsvis, oförskämd, ovidkommande, absurd, dåraktig
imperturbability [*impə(:)tə:bəbi'liti*] orubblighet, själslugn; **imperturbable** [*impə(:)tə:'bəbl*] orubbligt lugn
impetuosity [*impetjuɔ'siti*] våldsamhet; **impetuous** [*impe'tjuəs*] våldsam, överilad; **impetus** [*impitəs*] levande kraft, fart, uppsving
impi [*impi*] krigarskara (hos zulu-kaffrerna)
impiety [*impai'əti*] ogudaktighet
impinge [*impi'n(d)ʒ*] slå emot, stöta emot, inkräkta; **~ment** [*-mənt*] sammanstötning, slag
impious [*impiəs*] ogudaktig
impish [*impiʃ*] ondskefull, djävulsk
implacability [*impleikəbi'liti*] oförsonlighet; **implacable** [*implei'kəbl*] oförsonlig
implant [*impla:'nt*] [in]plantera, inplanta, fästa
implement [*implimənt*] don, redskap; fullborda
implicate [*implikeit*] inveckla, innebära, indraga; **implication** [*implikei'ʃ(ə)n*] inblandning, inbegripande, slutsats
implicit [*impli'sit*] tyst (överenskommelse), blind (tro), obetingad
implore [*implɔ:'*] bönfalla
imply [*implai'*] antyda, innebära, förutsätta, inbegripa, insinuera
impo [*impou*] (i skolan) extra arbete (som straff) (*imposition*)
impolicy [*impɔ'lisi*] oklokhet
impolite [*impolai't*] oartig, ohövlig, ohyfsad
impolitic [*impɔ'litik*] oklok, odiplomatisk
imponderable [*impɔ'ndərəbl*] ovägbar, lätt, utan vikt
import [*impɔ:t*] (is. *pl*) importvaror, import, betydelse, vikt; [*impɔ:'t*] importera, införa, antyda, innebära, betyda, uttrycka, vara av betydelse; **~er** importör
importance [*impɔ:'təns*] betydelse, vikt; **important** viktig, betydelsefull, högtidlig
importunate [*impɔ:'tjunit*] angelägen, efterhängsen; **importune** [*impɔ:'tju:n*] bestorma med böner, vara efterhängsen
impose [*impou'z*] pålägga; **~ upon** begagna sig av, lura, imponera på, dupera; **imposing** imponerande
imposition [*impəzi'ʃ(ə)n*] pålaga, skatt, extraarbete (i skolan)
impossibility [*impɔsibi'liti*] omöjlighet; **impossible** [*impɔsəbl*] omöjlig
impost [*impoust*] pålaga, skatt, *sl* hästs handikapp
impostor [*impɔ'stə*] bedragare; **imposture** [*impɔ'stʃə*] bedrägeri
impot [*impɔt*] (skol-*sl*) extraarbete (*imposition*)
impotence [*impotəns*] impotens, kraftlöshet; **impotent** kraftlös, impotent
impound [*impau'nd*] instänga, konfiskera
impoverish [*impɔ'vəriʃ*] utarma, utsuga (jord)
impracticability [*impræktikəbi'liti*] ogenomförbarhet; **impracticable** [*impræ'ktikəbl*] ogenomförbar, oframkomlig, omedgörlig; **impractical** [*impræ'ktik(ə)l*] *amr.* ogenomförbar, opraktisk
imprecate [*imprikeit*] nedkalla (förbannelse över), förbanna; **imprecation** [*imprikei'ʃ(ə)n*] förbannelse, besvärjelse, ed
impregnability [*impregnəbi'liti*] ointaglighet; **impregnable** [*impre'gnəbl*] ointaglig
impregnate [*impre'gnit*] befruktad, mättad; [*impregneit*] befrukta, göra havande, mätta, fylla;
impregnation [*impregnei'ʃ(ə)n*] befruktning, impregnering
impresario [*impreza:'riou*] impressario
imprescriptible [*impriskri'ptəbl*] *jur.* oavhändlig, omistlig
impress [*impres*] märke, prägel; [*impre's*] pressa (till krigstjänst), påtrycka, inpränta, påverka, göra intryck på, imponera på; **~ed** imponerad; **~ibility** [*impresibi'liti*] mottaglighet; **~ible** [*impre'səbl*] mottaglig; **~ion** [*impre'ʃ(ə)n*] intryck, prägel, avtryck, nytryck, tryckning, upplaga (av bok); **~ionable** [*-əbl*] mottaglig, lätt påverkad; **~ionism** [*-izm*] impressionism; **~ionist** [*-ist*] impressionist
impressive [*impre'siv*] imponerande, verkningsfull
impressment [*impre'smənt*] pressning (till krigstjänst)
imprint [*imprint*] avtryck, märke, prägel; [*impri'nt*] avtrycka, märka, prägla, inprägla
imprison [*impri'zn*] inspärra i fängelse; **~ment** [*-mənt*] häktning, fångenskap, fängelsestraff
improbability [*imprɔbəbi'liti*] osannolikhet; **improbable** [*imprɔ'bəbl*] osannolik
improbity [*improu'biti*] oärlighet
impromptu [*imprɔ'm(p)tju:*] improvisation, impromptu; på rak arm, utan förberedelse
improper [*imprɔ'pə*] oegentlig, oriktig, olämplig, opassande; **~ fraction** oegentligt bråk
impropriate [*imprɔ'prieit*] *jur.* överlämna (kyrklig) egendom till en lekman
impropriety [*improprai'əti*] språkfel, oriktighet, olämplighet, oanständighet
improve [*impru:'v*] förbättra, begagna, utnyttja, förbättras, bli bättre; **~ the occasion** hålla ett uppbyggligt tal; **~ upon** förbättra, fullkomna; **~ment** [*-mənt*] förbättring, framgång; **improver** äldre lärling
improvidence [*imprɔ'vidəns*] brist på förutseende, oförsiktighet; **improvident** oförutseende, oförsiktig
improvisation [*improvaizei'ʃ(ə)n*] improvisation; **improvisator** [*imprɔ'vizeitə*] improvisatör; **improvise** [*improvaiz*] improvisera
imprudence [*impru:'d(ə)ns*] oklokhet, oförsiktighet; **imprudent** oklok, oförsiktig
impuck [*impʌk*]; **have the ~** *amr. sl* må illa
impudence [*impjudəns*] oförskämdhet, fräckhet; **impudent** oförskämd, fräck
impugn [*impju:'n*] draga i tvivelsmål, bestrida
impulse [*impʌls*] stöt, impuls, väckelse, drivfjäder; **impulsion** [*impʌ'lʃ(ə)n*] stöt, påverkan; **impulsive** [*impʌ'lsiv*] impulsiv, omedelbar
impunity [*impju:'niti*] strafflöshet; **with ~** ostraffat, saklöst
impure [*impju'ə*] oren, okysk, förfalskad; **impurity** [*impju'əriti*] orenhet, okyskhet, förfalskning
imputation [*impju(:)tei'ʃ(ə)n*] beskyllning, tillräknande; **impute** [*impju:'t*] tillvita, beskylla, tillräkna
imshi [*imʃi*] *sl* ge dig av!
in [*in*] i, på, om (om tid); **not 1 ~ 100** icke 1 på 100; **~ my opinion** enligt min mening; **be ~ cash** vara vid kassa; **be ~ liquor** vara drucken; **he is not ~ it** han har inga utsikter; **the Liberals were ~ ..** bildade regering; **summer is ~** sommaren har kommit; **~-breeding** inavel; **be ~ for** ha att vänta sig, ha anmält sig till; **~ order that** el. **to** för att; **~ so far as** i den mån [som]; **~ that** däri att; **~ with** *fam.* förtrolig med
inability [*inəbi'liti*] oduglighet, oförmåga
inaccessible [*inækse'səbl*] otillgänglig
inaccuracy [*inæ'kjurəsi*] bristande noggrannhet, felaktighet; **inaccurate** [*inæ'kjurit*] slarvig, felaktig
inaction [*inæ'kʃ(ə)n*] overksamhet; **inactive** [*inæ'ktiv*] overksam; **inactivity** [*inækti'viti*] overksamhet

inadequacy [*inæ'dikwəsi*] otillräcklighet, omotsvarighet; **inadequate** [*inæ'dikwit*] otillräcklig, bristfällig
inadmissible [*inədmi'səbl*] otillåtlig, oantaglig
inadvertence, -ncy [*inədvə:'təns, -nsi*] ouppmärksamhet, oaktsamhet, förbiseende; **inadvertent** ouppmärksam, oaktsam, oavsiktlig
inalienable [*inei'liənəbl*] oförytterlig
inane [*inei'n*] tom, dum, andefattig; **inanity** [*inæ'niti*] tomhet, fåfänglighet, dumhet
inanimate [*inæ'nimit*] livlös, tråkig; **inanimation** [*inænimei'ʃ(ə)n*] livlöshet, tråkighet
inanition [*inəni'ʃ(ə)n*] tomhet, kraftlöshet
inapplicability [*inæplikəbi'liti*] oanvändbarhet; **inapplicable** [*inæ'plikəbl*] oanvändbar, icke tillämplig
inappreciable [*inəpri:'ʃiəbl*] omärklig, oväsentlig
inappropriate [*inəprou'priit*] olämplig, otillbörlig
inapt [*inæ'pt*] oduglig, olämplig, oskicklig; **~itude** [*inæ'ptitju:d*] olämplighet, oskicklighet
inarch [*ina:'tʃ*] inympa (med sugymp)
inarticulate [*ina:ti'kjulit*] oartikulerad, otydlig
inartificial [*ina:tifi'ʃl*] okonstlad
inartistic [*ina:ti'stik*] okonstnärlig
inasmuch as eftersom
inattention [*inəte'nʃ(ə)n*] ouppmärksamhet; **inattentive** [*inəte'ntiv*] ouppmärksam
inaudible [*inɔ:'dibl*] ohörbar, ljudlös
inaugural [*inɔ:'gjurəl*] inträdestal; invignings-, installations-; **~ dissertation** doktorsavhandling; **inaugurate** [*inɔ:'gjureit*] inaugurera, inviga, högtidligt börja, installera; **inauguration** [*inɔ:gjurei'ʃ(ə)n*] inaugurering, invigning, installation
inauspicious [*inɔ:spi'ʃəs*] ogynnsam, olycksbådande
inboard [*inbɔ:d*] *sjö.* inombords
inborn [*inbɔ:n*], **inbred** [*inbred*] medfödd
inbreeding [*i'nbri:'diŋ*] inavel
Inca [*iŋkə*] inka
incalculability [*inkælkjuləbi'liti*] oberäknelighet; **incalculable** [*inkæ'lkjuləbl*] oberäknelig
incandescence [*inkænde'sns*] vitglödning; **incandescent** [vit]glödande; **incandescent lamp** glödlampa
incantation [*inkæntei'ʃ(ə)n*] besvärjelse
incapability [*inkeipəbi'liti*] oförmåga, oduglighet; **incapable** [*inkei'pəbl*] oförmögen, oduglig; **~ of** ur stånd till
incapacitate [*inkəpæ'siteit*] göra oförmögen, sätta ur stånd; **incapacity** [*inkəpæ'siti*] oduglighet, obehörighet
incarcerate [*inka:'səreit*] inspärra; **incarceration** [*inka:sərei'ʃ(ə)n*] fängsling
incarnate [*inka:'nit*] förkroppsligad, inbiten; [*inka'neit*] förkroppsliga, förverkliga; **incarnation** [*inka:nei'ʃ(ə)n*] inkarnation
incautious [*inkɔ:'ʃəs*] oförsiktig
incendiarism [*inse'ndjərizm*] mordbrand; **incendiary** [*inse'ndjəri*] brandstiftare; mordbrands-, brand-, upphetsande; **incendiary bomb, shell** brandbomb, brandgranat
incense [*insens*] rökelse, smicker; bränna rökelse; [*inse'ns*] uppreta, förtörna; **incensory** [*insensəri*] rökelsekar
incentive [*inse'ntiv*] bevekelsegrund, sporre; eldande
inception [*inse'pʃ(ə)n*] påbörjande; **inceptive** [*inse'ptiv*] begynnelse-
incertitude [*insə:'titju:d*] osäkerhet, ovisshet
incessant [*inse'sənt*] oupphörlig, oavbruten
incest [*insest*] blodskam; **incestuous** [*inse'stjuəs*] skyldig till blodskam
inch [*in(t)ʃ*] tum (25,4 mm); **by ~es** tum för tum; **a man of your ~es . .** av din längd; **~-tape** måttband
inchoate [*inkoueit*] börja; **inchoation** [*inkouei'ʃ(ə)n*] början; **inchoative** [*inkou'ətiv*] inkoativ, begynnande
incidence [*insidəns*] fallande, räckvidd; **angle of ~** infallsvinkel
incident [*insidənt*] händelse, episod, intermezzo, *amr. sl* felsteg (oäkta barn); **painting of ~** genremålning; **~ to** vidlådande; **~al** [*inside'nt(ə)l*] tillfällig; **~ally** tillfälligtvis, apropå, förresten
incinerate [*insi'nəreit*] förbränna till aska; **incineration** [*insinərei'ʃ(ə)n*] (is.) eldbegängelse; **incinerator** [*insi'nəreitə*] förbränningsugn
incipient [*insi'piənt*] begynnande
incise [*insai'z*] inskära, utskära; **incision** [*insi'ʒ(ə)n*] inskärning, skåra, snitt; **incisive** [*insai'siv*] skärande, bitande, skarp; **incisor** [*insai'zə*] framtand
incitation [*insitei'ʃ(ə)n*] uppeggande, tillskyndelse; **incite** [*insai't*] egga, sporra, hetsa till; **incitement** [*-mənt*] eggelse, sporre, motiv
incivility [*insivi'liti*] ohövlighet
inclemency [*inkle'mənsi*] omildhet; **inclement** sträng, bister (om väder)
inclination [*inklinei'ʃ(ə)n*] böjelse, lutning, fallenhet; **incline** [*inklai'n*] lutning, stigning; luta, vara böjd för, göra böjd för; **inclined** benägen
inclose = *enclose* innesluta etc.
include [*inklu:'d*] innefatta, inkludera, innesluta; **included** inberäknad; **including** inklusive; **inclusion** [*inklu:'ʒ(ə)n*] inbegripande, medräknande; **inclusive** [*inklu:'siv*] **of** inklusive
incog [*inkɔ'g*] *fam.* förk. f. **incognito** [*inkɔ'gnitou*] inkognito, okänd
incoherence [*inkohi'ərəns*] brist på sammanhang, oförenlighet; **incoherent** osammanhängande
incombustible [*inkəmbʌ'stəbl*] icke brännbar, eldfast
income [*inkəm, iŋk-*] inkomst[er], avkastning
incomer [*inkʌmə*] efterträdare, immigrant, inkräktare; **incoming** inträde, *pl* inkomster; inkommande, tillträdande
incommensurable [*inkəme'nʃərəbl*] inkommensurabel, ojämförbar
incommensurate [*inkəme'nʃərit*] ej motsvarande, otillräcklig (**to** för), ojämförbar
incommode [*inkəmou'd*] genera, besvära, störa, hindra; **incommodious** [*inkəmou'diəs*] obekväm, besvärlig
incommunicable [*inkəmju:'nikəbl*] som ej kan meddelas
incompact [*inkəmpæ'kt*] lös, osammanhängande
incomparable [*inkɔ'mpərəbl*] oförliknelig, makalös
incompatibility [*i'nkəmpætibi'liti*] oförenlighet; **incompatible** [*inkəmpæ'təbl*] oförenlig
incompetence [*inkɔ'mpitəns, iŋkɔ'm-*] inkompetens, odugliget; **incompetent** inkompetent, oduglig, obehörig
incomplete [*inkəmpli:'t*] ofullständig
incomprehensibility [*inkɔmprihensəbi'liti*] obegriplighet; **incomprehensible** [*inkəmprihe'nsəbl*] ofattlig, obegriplig; **incomprehension** [*-he'nʃ(ə)n*] oförmåga att förstå
incompressible [*inkəmpre'səbl*] osammantryckbar
incomputable [*inkəmpju:'təbl*] som ej kan beräknas
inconceivable [*inkənsi:'vəbl*] ofattbar, häpnadsväckande
inconclusive [*inkənklu:'siv*] ej avgörande, ej övertygande
incondensable [*inkənde'nsəbl*] ofortätbar
incondite [*inkɔ'ndit*] illa utförd, ovårdad stil
incongruity [*inkɔŋgru'iti*] brist på överensstämmelse, orimlighet; **incongruous** [*inkɔ'ŋgruəs*] oförenlig, olämplig, orimlig
inconsecutive [*inkənse'kjutiv*] osammanhängande
inconsequence [*inkɔ'nsikwəns*] inkonsekvens, ologiskhet; **inconsequent** inkonsekvent, ej följdriktig; **inconsequential** [*inkənsikwe'nʃ(ə)l*] inkonsekvent, oviktig, ovidkommande
inconsiderable [*inkənsi'dərəbl*] obetydlig
inconsiderate [*inkənsi'dərit*] obetänksam, hänsynslös
inconsistency [*inkənsi'stənsi*] inkonsekvens, motsägelse, ombytlighet; **inconsistent** inkonsekvent,

motsägande, oförenlig (med), ombytlig; **be ~ with** strida mot, icke överensstämma med
inconsolable [*inkənsou'ləbl*] otröstlig
inconsonance [*inkɔ'nsənəns*] oförenlighet, disharmoni; **inconsonant** oförenlig (**with** el. **to** med)
inconspicuous [*inkənspi'kjuəs*] oansenlig, som ej faller i ögonen
inconstancy [*inkɔ'nstənsi*] obeständighet, ombytlighet; **inconstant** obeständig, ostadig
incontestable [*inkənte'stəbl*] obestridlig
incontinence [*inkɔ'ntinəns*] tygellöshet; **incontinent** tygellös; **incontinently** (litterärt ord) strax, omedelbart
incontrovertible [*inkɔntrəvə:'təbl*] oomtvistlig, obestridlig, ovederlägglig
inconvenience [*inkənvi:'niəns*] besvär, olägenhet, omak; besvära; **inconvenient** oläglig, obekväm
inconvertible [*inkənvə:'təbl*] oföränderlig, *hand.* ej inlösbar
inconvincible [*inkənvi'nsibl*] omöjlig att övertyga
incorporate [*inkɔ:'pərit, iŋkɔ:'-*] införlivad, förenad med el. ansluten till en korporation; [*inkɔ:'-pəreit, iŋkɔ:'-*] inkorporera, upptaga; **incorporation** [*inkɔ:pərei'ʃ(ə)n, iŋk-*] inkorporering, upptagande i kår
incorporeal [*inkɔ:pɔ:'riəl*] okroppslig
incorrect [*inkəre'kt*] inkorrekt, oriktig
incorrigibility [*inkɔridʒibi'liti*] oförbätterlighet; **incorrigible** [*inkɔ'ridʒibl*] oförbätterlig
incorruptibility [*i'nkərʌptibi'liti*] obesticklighet; **incorruptible** [*inkərʌ'ptibl*] obesticklig, oförgänglig
increase [*inkri:s, iŋk-*] tilltagande, ökning, tillväxt; [*inkri:'s, iŋkri:'s*] stiga, öka[s], föröka [sig], växa, tilltaga; **on the ~** i stigande, tilltagande
incredibility [*inkredibi'liti*] otrolighet; **incredible** [*inkre'dibl*] otrolig
incredulity [*inkridju:'liti*] klentrogenhet; **incredulous** [*inkre'djuləs*] skeptisk
increment [*inkrimənt, iŋk-*] stigning, tillökning, värdestegring, [löne]tillägg
incriminate [*inkri'mineit*] anklaga
incrustation [*inkrʌstei'ʃ(ə)n*] beläggning, skorpa
incubate [*inkjubeit, iŋk-*] ruva, *med.* utveckla sig; **incubation** [*inkjubei'ʃ(ə)n, iŋk-*] ruvande, *med.* inkubation; **incubator** [*inkjubeitə, iŋk-*] äggkläckningsmaskin, kuvös
incubus [*iŋkjubəs, ink-*] mara, nattmara
inculcate [*inkʌlkeit, iŋk-*] inpränta; **inculcation** [*inkʌlkei'ʃ(ə)n, iŋk-*] inskärpande
inculpate [*inkʌlpeit, iŋk-*] anklaga, tadla; **inculpation** [*inkʌlpei'ʃ(ə)n, iŋk-*] anklagelse, beskyllning
incumbency [*inkʌ'mbənsi, iŋk-*] innehavande av kyrkligt ämbete, pastorat, ämbetstid; **incumbent** innehavare av kyrkligt ämbete; **be incumbent on** vila [tungt] på, åligga
incunabulum [*inkjunæ'bjuləm, iŋk-*] (*pl incunabula* [-*ə*]) inkunabel (bok tryckt före 1500)
incur [*inkə:', iŋkə:'*] ådraga sig, utsätta sig för
incurability [*inkjuərəbi'liti*] obotlighet; **incurable** [*inkju'ərəbl*] obotlig
incuriosity [*inkjuəriɔ'siti*] likgiltighet, ouppmärksamhet; **incurious** [*inkju'əriəs*] likgiltig, ouppmärksam
incursion [*inkə:'ʃ(ə)n, iŋk-*] fientligt infall
incurvation [*inkə:vei'ʃ(ə)n*] krökning; **incurve** [*inkə:'v*] kröka
indebted [*inde'tid*] skuldsatt, skyldig; **be ~ to** vara tack skyldig, ha att tacka
indecency [*indi:'snsi*] otillbörlighet, oanständighet; **indecent** otillbörlig, oanständig
indecipherable [*indisai'fərəbl*] omöjlig att tolka, odechiffrerbar
indecision [*indisi'ʒ(ə)n*] obeslutsamhet, villrådighet; **indecisive** [*indisai'siv*] icke avgörande, obeslutsam
indeclinable [*indiklai'nəbl*] oböjlig
indecorous [*inde'kɔrəs*] opassande, smaklös
indecorum [*indikɔ:'rəm*] opassande beteende, oanständighet
indeed [*indi:'d*] i sanning, verkligen, faktiskt, minsann, visserligen, ja (jo) visst, jaså
indefatigable [*indifæ'tigəbl*] outtröttlig
indefeasible [*indifi:'zibl*] oåterkallelig, omistlig
indefectible [*indife'ktibl*] ofelbar, oförgänglig
indefensible [*indife'nsibl*] oförsvarlig
indefinable [*indifai'nəbl*] obeskrivlig, odefinierbar
indefinite [*inde'finit*] obestämd, obegränsad
indelibility [*indelibi'liti*] oförstörbarhet; outplånlighet; **indelible** [*inde'libl*] outplånlig
indelicacy [*inde'likəsi*] plumphet, taktlöshet; **indelicate** [*inde'likit*] plump, grov, taktlös, ogrannlaga
indemnification [*indemnifikei'ʃ(ə)n*] gottgörelse, skadeersättning; **indemnify** [*inde'mnifai*] gottgöra, hålla skadeslös, ersätta, trygga; **indemnity** [*inde'mniti*] gottgörelse, skadestånd, säkerhet för förlust, befrielse från straff
indemonstrable [*inde'mənstrəbl*] obevislig, axiomatisk
indent [*inde'nt*] hak, skåra, kontrakt, *hand.* order, *typ.* indrag av raden; tanda, göra hak i, göra märke i, rekvirera; **~ation** [*indentei'ʃ(ə)n*] hak, insnitt
indenture [*inde'ntʃə*] kontrakt; binda med kontrakt
independence [*indipe'ndəns*] oberoende, ekonomiskt oberoende; **I— Day** den 4 juli (USA:s nationaldag); **independency** [-*nsi*] oberoende [stat]; **independent** *pol.* oavhängig, oberoende, förmögen, självständig, frihetsälskande
indescribable [*indiskrai'bəbl*] obeskrivlig
ndestructibility [*i'ndistrʌktəbi'liti*] oförstörbarhet; **indestructible** [*indistrʌ'ktibl*] oförstörbar
indeterminable [*inditə:'minəbl*] obestämbar, omöjlig att avgöra
indeterminate [*inditə:'minit*] obestämd, *jur.* beroende, svävande, oklar; **indetermination** [*i'nditə:minei'ʃ(ə)n*] obestämdhet, villrådighet
index [*indeks*] pekfinger (*~ finger*), visare, innehållsregister, *mat.* exponent; förse med register; **the I—** den romersk-katolska kyrkans lista över förbjudna böcker; **~ figure of prices** prisindex
India [*indjə*] Indien, Främre Indien; **Further ~** Bortre Indien; **~ Office** departementet för Indien i London; **~ paper** ett slags tunt tryckpapper; **i— rubber** gummi; **~man** *sjö.* ostindiefarare
Indian [*indjən*] indier, indian (*Red ~*); indisk, indiansk; **~ corn** majs; **~ file** gåsmarsch; **~ giver** *amr.* person som ger en gåva och sedan tar tillbaka den; **~ ink** tusch; **~ meal** *amr.* majsmjöl; **~ summer** vacker eftersommar, brittsommar; **~ weed** tobak; **Red** el. **American ~** indian; **honest Injun** *sl* det kan du lita på, på hedersord!
Indiana [*indiæ'nə*] Indiana
indicate [*indikeit*] antyda, angiva, tyda på, *med.* visa symtom; **indication** [*indikei'ʃ(ə)n*] angivande, tecken, antydning, indicium, *med.* symtom; **indicative** [*indi'kətiv*] *gram.* indikativ; tydande (**of** på); **indicator** [*indikeitə*] visare, indikator; **indicatory** [*indi'kətəri*] antydande, angivande
indict [*indai't*] *jur.* anklaga; **~able** [-*əbl*] *jur.* som kan anklagas, åtalbar; **~ment** [-*mənt*] *jur.* anklagelse; **bill of indictment** *jur.* skriftlig stämning
Indies [*indiz*]; **the ~** Indien; **the East ~** Ostindien; **the West ~** Västindien
indifference [*indi'fərəns*] likgiltighet, betydelselöshet; **indifferent** likgiltig, medelmåttig, skral, dålig, betydelselös; **indifferentism** [-*tizm*] (religiös) likgiltighet, indifferentism
indigence [*indidʒəns*] armod; **indigent** behövande, fattig
indigene [*indidʒi:n*] infödd; **indigenous** [*in-*

di'dʒinəs] infödd, inhemsk (**to** i), äkta, naturlig (**to** för)
indigested [indidʒe'stid] osmält; **indigestibility** [i'ndidʒestibi'liti] osmältbarhet; **indigestible** [indidʒe'stibl] osmältbar; **indigestion** [indidʒe'st-ʃ(ə)n] dålig matsmältning
indignant [indi'gnənt] indignerad, harmsen, uppbragt; **indignation** [indignei'ʃ(ə)n] indignation, harm, vrede; **indignation meeting** protestmöte
indignity [indi'gniti] ovärdighet, skamlig behandling, förnärmelse, skymf
indigo [indigou] indigo[färg]
indirect [indire'kt] indirekt, förtäckt, lömsk
indiscernible [indizə:'nibl] oförnimbar, omärkbar
indiscipline [indi'siplin] brist på disciplin, oregerlighet; **~d** odisciplinerad
indiscreet [indiskri:'t] obetänksam, indiskret
indiscretion [indiskre'ʃ(ə)n] oförsiktighet, indiskretion, taktlöshet
indiscriminate [indiskri'minit] utan åtskillnad, kritiklös; **indiscrimination** [i'ndiskriminei'ʃ(ə)n] förvirring, kritiklöshet
indispensability [indispensəbi'liti] oumbärlighet, nödvändighet; **indispensable** [indispensəbl] oumbärlig, nödvändig
indispose [indispou'z] göra oduglig, göra obenägen; **indisposed** indisponerad, icke upplagd, ogynnsamt stämd; **indisposition** [i'ndispəzi'ʃ(ə)n] indisposition, olust, obenägenhet, ovilja
indisputable [indi'spjutəbl, i'ndispju:'təbl] oomtvistlig
indissociable [indisou'ʃiəbl] oskiljaktig, oupplöslig
indissolubility [i'ndisɔljubi'liti] oupplöslighet; **indissoluble** [indisɔ'ljubl] oupplöslig
indistinct [i'ndisti'ŋ(k)t] otydlig, oklar; **~ive** [-iv] utan särdrag
indistinguishable [i'ndisti'ŋgwiʃəbl] omöjlig att skilja, som ej kan urskiljas, omärklig
indite [indai't] forma (i ord), avfatta, skriva
individual [indivi'djuəl] individ, (*vulg.*) person, gynnare; individuell, enskild, karakteristisk, egenartad; **~ism** [indivi'djuəlizm] individualism, egoism; **~ist** [-st] individualist; **~istic** [i'ndividjuəli'stik] individualistisk; **~ity** [i'ndividjuæ'liti] individualitet, personlighet; **~ization** [i'ndividjuælaizei'ʃ(ə)n] individualisering; **~ize** [indivi'djuəlaiz] individualisera, känneteckna
indivisibility [i'ndivizibi'liti] odelbarhet; **indivisible** [i'ndivi'zibl] odelbar
Indo-China [i'ndoutʃai'nə] Indo-Kina; **Indo-Chinese** [i'ndou-tʃaini:'z] indokines[isk]
indocile [indou'sail, i'ndou'-] oläraktig, motsträvig; **indocility** [indosi'liti, i'ndosi'liti] oläraktighet, motsträvighet
Indo-European [i'ndoujuərəpi'ən] indoeuropé; indoeuropeisk
Indo-Germanic [i'ndoudʒə:mæ'nik] indogerman; indogermansk
indolence [indoləns] lättja, lojhet; **indolent** lat, loj
indomitable [indɔ'mitəbl] okuvlig, outtröttlig
indoor [indɔ:] inomhus, inne; **~ relief** fattighuset; **indoors** [-z] inomhus, inne
indorse [indɔ:'s] *hand.* endossera, *fig.* godkänna; **indorser** *hand.* endossent; **indorsee** [indɔ:si:'] *hand.* endossat; **indorsement** [-mənt] *hand.* endossement, *fig.* godkännande
indubitable [indju:'bitəbl] otvivelaktig
induce [indju:'s] förleda, övertala, förorsaka, inducera, härleda; **~ment** [-mənt] övertalningsmedel, lockmedel, lockelse, anledning, ingress
induct [indʌ'kt] införa, insätta, installera
inductile [indʌ'ktail, i'ndʌ'k-] outtänjelig, *fig.* oböjlig
induction [indʌ'kʃ(ə)n] induktion, anförande, installation, införande, *auto.* insugningsslag; **inductive** [-tiv] induktiv; **inductor** [-tə] *elektr.* induktor
indue = *endue* utstyra
indulge [indʌ'ldʒ] ge efter för, tillfredsställa, ge fritt lopp åt, hysa, nära; **~ in** hängiva sig åt, unna sig, förfalla till; **indulgence** [-əns] överseende, tillfredsställande, gynnande, avlat; **indulgent** [-ənt] överseende, eftergiven, svag
indurate [indjuəreit] härda, förhärda, hårdna, förhärdas
industrial [indʌ'striəl] industriell, industri-; **~ maintenance** system, enligt vilket varje industrigren bör sörja för sina egna arbetslösa; **~ school** yrkesskola; **~ism** [-izm] industrialism
industrious [indʌ'striəs] flitig
industry [indəstri] industri, flit, ihärdighet, industrigren, näringsflit
indwelling [i'ndwe'liŋ] inneboende, beboende
inebriate [ini:'briit] drinkare, alkoholist; berusad; [ini:'brieit] berusa, göra berusad; **inebriation** [ini:briei'ʃ(ə)n] berusning; **inebriety** [ini(:)brai'əti] dryckenskap
inedibility [inedibi'liti] oätbarhet; **inedible** [ine'dibl] oätbar
inedited [ine'ditid, i'ne'-] opublicerad, otryckt
ineffable [ine'fəbl] outsäglig
ineffaceable [inifei'səbl] outplånlig
ineffective [inife'ktiv, i'nife'k-] overksam, kraftlös, onyttig; **ineffectual** [inife'ktjuəl, -tʃuəl], **inefficacious** [inefikei'ʃəs] gagnlös, till ingen nytta; **inefficacy** [ine'fikəsi] fruktlöshet, resultatlöshet
inefficiency [inifi'ʃənsi, i'nifi'-] ineffektivitet, oduglighet; **inefficient** ej effektiv, oduglig, obrukbar
inelastic [inilæ'stik] oelastisk
inelegance [ine'ligəns] brist på elegans, smaklöshet; **inelegant** oelegant, smaklös
ineligibility [inelidʒibi'liti] ovalbarhet, olämplighet; **ineligible** [ine'lidʒibl] ovalbar, oanvändbar
ineluctable [inilʌ'ktəbl] oundgänglig, ofrånkomlig
inept [ine'pt] olämplig, orimlig, befängd; **~itude** [-titju:d] oduglighet, orimlighet, dumhet
inequality [ini(:)kwɔ'liti] olikhet, otillräcklighet, oregelbundenhet, ojämnhet
inequitable [ine'kwitəbl] orättfärdig, orättvis; **inequity** [-ti] orättfärdighet, orättvisa
ineradicable [iniræ'dikəbl] outrotlig
inert [inə:'t] slö, trög, overksam; **inertia** [inə:'ʃə] tröghet, slöhet
inessential [inise'nʃ(ə)l] oväsentlig
inestimable [ine'stiməbl] ovärderlig
inevitability [inevitəbi'liti] oundviklighet; **inevitable** [ine'vitəbl] oundviklig
inexact [inigzæ'kt, i'nigzæ'kt] inexakt, otillförlitlig; **~itude** [-itju:d] brist på noggrannhet
inexcusable [inikskju:'zəbl, i'nikskju:'-] oursäktlig, oförlåtlig
inexhaustible [inigzɔ:'stibl] outtömlig, outtröttlig
inexorable [ine'ksərəbl] obönhörlig
inexpediency [inikspi:'diənsi, i'nikspi:'-] olämplighet; **inexpedient** olämplig
inexpensive [inikspe'nsiv] billig
inexperience [inikspi'əriəns, i'nikspi'ə-] oerfarenhet; **inexperienced** [-t] oerfaren
inexpert [inekspə:'t, i'nekspə:'t] oförfaren, oövad
inexpiable [ine'kspiəbl] som ej kan sonas, oförsonlig
inexplicability [i(')neksplikəbi'liti] oförklarlighet; **inexplicable** [i(')ne'ksplikəbl] oförklarlig
inexplorable [i(')niksplɔ:'rəbl] outforsklig
inexpressible [inikspre'sibl] *pl* onämnbara (dvs. byxor); outsäglig, obeskrivlig
inexpugnable [i(')nikspʌ'gnəbl] ointaglig, orubblig
inextinguishable [i(')niksti'ŋgwiʃəbl] outsläcklig
inextricable [i(')ne'kstrikəbl] oupplöslig, invecklad, tilltrasslad, omöjlig att ta sig ur
infallibility [infælibi'liti] ofelbarhet; **infallible** [infæ'libl] ofelbar, osviklig

infamous [*infəməs*] beryktad, neslig, skändlig, ärelös; **infamy** [*infəmi*] vanära, skändlighet, ärelöshet
infancy [*infənsi*] barndom, *jur*. minderårighet, omyndighet; **infant** [*infənt*] spädbarn, barn under sju år, *jur*. minderårig, omyndig person; ~**-school** småbarnsskola
infanta [*infæ'ntə*] infantinna (spansk el. portugisisk prinsessa); **infante** [*infæ'nti*] infant (spansk el. portugisisk prins)
infanticide [*infæ'ntisaid*] barnamord, barnamördare (-erska)
infantile [*infəntail, infæ'ntail*] barnslig, barndoms-; ~ **paralysis** barnförlamning, polio
infantry [*infəntri*] *mil*. infanteri, *sl* småbarn; ~**man** [*infəntrimən*] infanterist
infatuate [*infæ'tjueit*] förblinda; **infatuation** [*infætjuei'ʃ(ə)n*] förblindelse
infect [*infe'kt*] infektera, inficiera, smitta; ~**ion** [*infe'kʃ(ə)n*] infektion, smitta; ~**ious** [*infe'kʃəs*] smittosam
infecundity [*i(')nfikʌ'nditi*] ofruktbarhet
infelicitous [*i(')nfili'sitəs*] olycklig, olämpligt vald; **infelicity** [*-ti*] missöde, olyckligt uttryck
infer [*infə:'*] innebära, sluta sig till; **inference** [*infərəns*] slutsats; **inferential** [*infəre'nʃəl*] som man kan sluta sig till
inferior [*infi'əriə*] underordnad [person]; lägre, ringare, sämre, sekunda; **inferiority** [*infiəriɔ'riti*] underlägsenhet, ringare ställning; **inferiority complex** mindrevärdeskomplex
infernal [*infə:'nəl*] infernalisk, helvetes-, avskyvärd; ~ **machine** helvetesmaskin; **inferno, I—** [*infə:'nou*] inferno, helvete
infertile [*infə:'tail*] ofruktbar
infest [*infe'st*] hemsöka, plåga
infidel [*infidəl*] otrogen (icke-muhammedan osv.); ~**ity** [*infide'liti*] otro, trolöshet
infighting närkamp (is. i boxning)
infiltrate [*infi'ltreit*] infiltrera, sippra in; **infiltration** [*infiltrei'ʃ(ə)n*] infiltrering, genomsipprande
infinite [*infinit*] oändlig
infinitesimal [*infinite'siməl*] oändligt liten
infinitival [*infinitai'vəl*] *gram*. infinitiv-; **infinitive** [*infi'nitiv*] *gram*. infinitiv; infinitivisk
infinitude [*infi'nitju:d*], **infinity** [*infi'niti*] oändlighet
infirm [*infə:'m, i'nfə:'m*] skröplig, svag, vacklande; ~**ary** [*infə:'məri*] sjukhus; ~**ity** [*infə:'miti*] skröplighet, svaghet
infix [*infi'ks*] insätta, fästa
inflame [*inflei'm*] sätta eld på, ta eld, antända, uppflamma, upphetsa, bli upphetsad; **inflammability** [*inflæməbi'liti*] lättantändlighet; **inflammable** [*inflæ'məbl*] lättantändlig, eldfängd, lätt upphetsad; **inflammation** [*infləmei'ʃ(ə)n*] *med*. inflammation, antändning, upphetsning; **inflammatory** [*inflæ'mətəri*] upphetsande, inflammatorisk
inflate [*inflei't*] blåsa upp, göra uppblåst, pumpa upp (t. ex. bilring), osunt öka (sedelutgivning); **inflation** [*inflei'ʃ(ə)n*] uppblåsning, svulst, inflation
inflect [*infle'kt*] böja; ~**ion** se *inflexion*; ~**ive** [*infle'ktiv*] böjlig
inflexibility [*i(')nfleksibi'liti*] oböjlighet; **inflexible** [*infle'ksibl*] oböjlig, orubblig, obeveklig; **inflexion** [*infle'kʃ(ə)n*] (is. *gram*.) böjning, inflexion; **inflexional** [*-n(ə)l*] böjnings-
inflict [*infli'kt*] pålägga, tilldela, tillfoga, påtvinga; ~**ion** [*infli'kʃ(ə)n*] tillfogande (av lidande), lidande, straffdom
inflorescens [*inflɔ:re'səns*] *bot*. blomställning
inflow [*inflou*] inflöde, tillgång
influence [*influəns*] inflytande; påverka, ha inflytande på; **influential** [*influe'nʃ(ə)l*] inflytelserik
influenza [*influe'nzə*] influensa
influx [*inflʌks*] inflöde, tillflöde, tillströmning, uppsjö, tillgång
info [*infou*] *amr*. *sl* upplysning, råd (*information*)
inform [*infɔ:'m*] meddela, upplysa, underrätta; ~ **against** angiva
informal [*i(')nfɔ:'məl*] utan formaliteter, enkel, anspråkslös, formvidrig; ~**ity** [*i:(')nfɔ:mæ'liti*] åsidosättande av vanliga former, formfel, enkelhet
informant [*infɔ:'mənt*] meddelare, sagesman; **information** [*infəmei'ʃ(ə)n*] upplysning[ar], meddelande, kunskap, *jur*. angivelse; **informative** [*infɔ:'mətiv*] upplysande, upplysnings-; **informer** [*infɔ:'mə*] angivare
infra [*infrei*] *lat*. under, nedan; ~ **dig** [*infrə dig*] under ens värdighet
infract [*infræ'kt*] bryta; ~**ion** [*infræ'kʃ(ə)n*] brytande, kränkande
infrangible [*i(')nfræ'ndʒibl*] okränkbar
infrared [*i'nfrəre'd*] infraröd
infrequency [*i(')nfri:'kwənsi*] sällsynthet; **infrequent** sällsynt
infringe [*infri'n(d)ʒ*] bryta, överträda, inkräkta [på], göra intrång [på, i]; ~**ment** [*-mənt*] kränkning, överträdelse, intrång
infuriate [*infju'ərieit*] göra rasande
infuse [*infju:'z*] hälla, ingjuta, (om te) låta stå och dra; **infusion** [*infju:'ʒ(ə)n*] ingjutande, infusion, tillsats
infusoria [*infju:sɔ:'riə*] *pl* infusorier, infusionsdjur
ingathering [*ingæðəriŋ*] insamling, skörd
ingenious [*indʒi:'njəs*] fyndig, sinnrik, skarpsinnig; **ingenuity** [*indʒinju(:)'iti*] fyndighet, sinnrikhet, skarpsinne
ingenuous [*indʒe'njuəs*] uppriktig, öppenhjärtig, naiv
ingle [*iŋgl*] eld på härden, härd; ~**-nook** spiselvrå
inglorious [*i(')nglɔ:'riəs*] skamlig, neslig, obemärkt
ingoing [*ingouiŋ*] ingående, tillträdande
ingot [*iŋgət, iŋgɔt*] metalltacka
ingrain [*i'ngrei'n*] äkta färgad, inrotad, inneboende; ~**ed** inrotad, ingrodd
ingrate [*ingrei't*] otacksam person
ingratiate [*ingrei'ʃieit*] **o.s. with** ställa sig in hos; **ingratiating** inställsam
ingratitude [*i(')ngræ'titju:d*] otacksamhet
ingredient [*ingri:'diənt*] ingrediens, beståndsdel
ingress [*ingres*] inträde, tillträde
ingrowing [*ingrouiŋ*] som växer inåt
inguinal [*iŋgwin(ə)l*] ljumsk-
ingurgitate [*ingə:'dʒiteit*] nedsvälja; **ingurgitation** [*ingə:dʒitei'ʃ(ə)n*] nedsväljning
inhabit [*inhæ'bit*] bebo; ~**able** [*-əbl*] beboelig; ~**ant** [*-ənt*] invånare, inbyggare; ~**ation** [*inhæbitei'ʃ(ə)n*] beboende
inhalation [*inhəlei'ʃ(ə)n*] inandning, inhalation; **inhale** [*inhei'l*] inhalera, inandas, *sl* äta, dricka; **inhaler** inhalator
inharmonius [*i(')nha:mou'njəs*] disharmonisk
inhere [*inhi'ə*] innebo, tillhöra; **inherence** [*inhi'ərəns*] inneboende, förekomst; **inherent** inneboende, naturlig
inherit [*inhe'rit*] ärva; ~**ability** [*inheritəbi'liti*] ärftlighet; ~**able** [*inhe'ritəbl*] ärftlig; ~**ance** [*inhe'ritəns*] arv; ~**or** [*inhe'ritə*] arvtagare, arvinge; ~**rix** [*inhe'ritriks*] arvtagerska
inhibit [*inhi'bit*] förbjuda, [för]hindra, inhibera; **inhibition** [*inhibi'ʃ(ə)n*] förbud, förhindrande, hämning
inhospitable [*i(')nhɔ'spitəbl*] ogästvänlig; **inhospitality** [*i(')nhɔspitæ'liti*] ogästvänlighet
inhuman [*i(')nhju:'mən*] omänsklig, barbarisk
inhumane [*i(')nhju(:)mei'n*] inhuman
inhumanity [*i(')nhju(:)mæ'niti*] omänsklighet
inhumation [*inhju(:)mei'ʃ(ə)n*] begravning; **inhume** [*inhju:'m*] begrava, jorda
inimical [*ini'mik(ə)l*] fientlig, skadlig
inimitability [*inimitəbi'liti*] oefterhärmlighet; **inimitable** [*ini'mitəbl*] oefterhärmlig, oförliknelig

iniquitous [*ini'kwitəs*] orättfärdig, ond; **iniquity** [*-ti*] orättfärdighet, ondska, ogärning
initial [*ini'ʃəl*] initial, begynnelsebokstav, begynnelse; inledande; märka (underteckna) med initialer
initiate [*ini'ʃiit*] en invigd; [*ini'ʃieit*] inleda, börja, upptaga, inviga; **initiation** [*iniʃiei'ʃ(ə)n*] inledning, början, upptagning, invigning; **initiative** [*ini'ʃiətiv*] initiativ; begynnelse-, inledande
inject [*indʒe'kt*] *med.* spruta in, ge en insprutning; **injection** [*indʒe'kʃ(ə)n*] *med.* injektion, insprutning
injudicious [*i(')ndʒu(:)di'ʃəs*] omdömeslös, oförståndig
injunction [*indʒʌ'ŋ(k)ʃ(ə)n*] åläggande, *jur.* förständigande
injure [*in(d)ʒə*] skada, förorätta, såra; **injurious** [*indʒu'əriəs*] skadlig, orättfärdig, smädlig, ärerörig; **injury** [*in(d)ʒəri*] skada, oförrätt, förtret, kränkning
injustice [*i(')ndʒʌ'stis*] orättvisa, orättfärdighet
ink [*iŋk*] bläck, *amr. sl* kaffe; bläcka ned, överdraga med trycksvärta; **Indian ~** tusch; **printer's ~** trycksvärta; **red ~** *amr. sl* billigt rödvin; **~ in** omrama med bläck; **~ compass** tuschcirkel; **~-eraser** bläckgummi; **~-pot** bläckhorn; **~-slinger** *sl* skribent, 'tidningsmurvel'; **~stand** bläckhorn; **inky** bläckig, *sl* full; **inky cap** (grå) bläcksvamp
inkling [*iŋkliŋ*] aning, 'hum', vink; **get an ~ of** få nys om
inlaid [*i'nlei'd*, (*attr.*) *inleid*] inlagd; **~ floor** parkettgolv; **inlay** [*i'nlei'*] inläggning, intarsia; inlägga
inland [*inlənd, -lænd*] det inre av landet; in[ne] i landet, inre, inrikes; **inlander** [*inləndə*] person som bor inne i landet
inlet [*inlet*] inlopp, sund, vik, infällning; **~-valve** *auto.* insugningsventil
inmate [*inmeit*] invånare
inmost [*inmoust, -məst*] innerst
inn [*in*] värdshus; **~keeper** krögare, gästgivare; **Inns of Court** ett slags juridiska högskolor i London med vissa privilegier (t. ex. *Lincoln's Inn*)
innate [*inei't*] medfödd, naturlig
innavigable [*inæ'vigəbl, i'(n)næ'v-*] ej segelbar
inner [*inə*] inre; **the ~ man** själen; **refresh one's ~ man** äta; **~ tube** *auto.* innerring; **~most** innerst
innervate [*inə:veit*] stimulera; **innervation** [*inə:vei'ʃ(ə)n*] stimulering
innings [*iniŋz*] tur att vara 'inne' i kricket, glansperiod
innocence [*inəsəns*] oskuld; **innocent** oskyldig, barn-, barna-, enfaldig; **~ of** oskyldig till; utan
innocuous [*inɔ'kjuəs*] oskadlig
innovate [*inoveit*] införa nyheter, förändra, göra förändringar, reformera; **innovation** [*inovei'ʃ(ə)n*] förändring, reform; **innovator** [*inoveitə*] reformator
innuendo [*inju(:)e'ndou*] häntydning, insinuation
innumerability [*inju:mərəbi'liti*] oräknelighet; **innumerable** [*inju:'mərəbl*] otalig
innutrition [*inju(:)tri'ʃ(ə)n*] brist på näring
inobservance [*i(')nəbzə:'vəns*] ouppmärksamhet, åsidosättande (av lag etc.)
inoculate [*inɔ'kjuleit*] inympa, okulera; **inoculation** [*inɔkjulei'ʃ(ə)n*] ympning, okulering
inodorous [*i(')nou'dərəs*] luktfri
inoffensive [*i(')nofe'nsiv*] oskadlig, harmlös
inoperative [*i(')nɔ'p(ə)rətiv*] utan verkan
inopportune [*i(')nɔ'pətju:n*] oläglig
inordinate [*inɔ:'dinit*] överdriven, tygellös, regellös
inorganic [*i(')nɔ:gæ'nik*] oorganisk
inosculate [*inɔ'skjuleit*] *anat.* förbinda, hopfoga, växa ihop

input [*input*] *radio.* begynnelseenergi
inquest [*inkwest, iŋk-*] *jur.* rättslig besiktning el. undersökning; **the great** el. **last ~** yttersta domen
inquietude [*inkwai'itju:d*] oro
inquire [*inkwai'ə*] förfråga sig, fråga [efter], undersöka; **inquiring** frågande, vetgirig; **inquiry** [*-ri*] förfrågan, undersökning; **inquiry office** upplysningsbyrå
inquisition [*inkwizi'ʃ(ə)n*] inkvisition (*the I—*), undersökning; **inquisitive** [*inkwi'zitiv*] nyfiken, frågvis; **inquisitor** [*inkwi'zitə*] inkvisitor, undersökare; **inquisitorial** [*inkwizitɔ:'riəl*] inkvisitorisk
inroad [*inroud*] invasion, fientligt infall, ingrepp
inrush [*inrʌʃ*] inrusning, inträngande
insalubrious [*i(')nsəl(j)u:'briəs*] osund; **insalubrity** [*-ti*] osundhet
insane [*insei'n*] vansinnig, galen; **~ asylum** sinnessjukhus
insanitary [*i(')nsæ'nitəri*] osund, ohälsosam
insanity [*insæ'niti*] vansinne, vanvett, sinnessjukdom
insatiable [*i(')nsei'ʃiəbl*], **insatiate** [*insei'ʃiət*] omättlig
inscribe [*inskrai'b*] inskriva (också *mat.*), ingravera, tillägna
inscription [*inskri'pʃ(ə)n*] inskription, inskrift, påskrift, tillägnan
inscrutable [*inskru:'təbl*] mystisk, outgrundlig
insect [*insekt*] insekt; **insecticide** [*inse'ktisaid*] insektspulver; **insectivorous** [*insekti'vərəs*] insektätande; **insectology** [*insektɔ'lədʒi*] entomologi, insektlära
insecure [*i(')nsikju'ə*] osäker; **insecurity** [*-riti*] osäkerhet
inseminate [*inse'mineit*] inså, befrukta (på konstgjord väg)
insensate [*inse'nsit, -seit*] känslolös, dum
insensibility [*insensibi'liti*] okänslighet; **insensible** [*inse'nsəbl*] omärklig, medvetslös, känslolös, okänslig
insentient [*i(')nse'nʃiənt*] livlös
inseparability [*i(')nsepərəbi'liti*] oskiljaktighet; **inseparable** [*i(')nse'p(ə)rəbl*] oskiljaktig; *pl* oskiljaktiga vänner
insert [*insə:'t*] inskjuta, införa, inrycka; **insertion** [*insə:'ʃ(ə)n*] införande, insatt stycke, isättning, mellanspets, införande i en tidning, *anat. bot.* vidfästning
inset [*inset*] tillägg, inlägg, infälld specialkarta e. d.
inshore [*i'nʃɔ:'*] nära land, kust-
inside [*i'nsai'd*] insida, det inre, passagerare inuti vagn; invärtes; **~ of** *amr.* innanför, inom; **~ of a week** inom en vecka; **be on the ~ track** *sl* vara på den säkra sidan
insider [*i'nsai'də*] medlem av en förening, *amr.* en som vet besked
insidious [*insi'diəs*] lömsk, smygande
insight [*insait*] insikt
insignia [*insi'gniə*] *pl* insignier
insignificance [*i(')nsigni'fikəns*] betydelselöshet, obetydlighet; **insignificant** betydelselös, obetydlig
insincere [*i(')nsinsi'ə*] ej uppriktig, hycklande; **insincerity** [*-e'riti*] brist på uppriktighet, falskhet
insinuate [*insi'njueit*] smyga in, insinuera, antyda; **insinuation** [*insinjuei'ʃ(ə)n*] insinuation, häntydning
insipid [*insi'pid*] fadd, banal; **insipidity** [*insipi'diti*] faddhet, banalitet
insist [*insi'st*] vidhålla, hävda, insistera, envisas; **~ on** vidhålla, fordra, [bestämt] yrka på, framhäva; **insistence, -ncy** [*-əns, -ənsi*] fasthållande, hävdande, envishet, yrkande, krav; **insistent** [*-ənt*] envis, enträgen, ofrånkomlig
insobriety [*i(')nsobrai'əti*] onykterhet

insolation [*insolei'ʃ(ə)n*] utsättande för solen, solstyng, solstrålning
insolence [*insələns*] oförskämdhet; **insolent** oförskämd
insolubility [*i(')nsəljubi'liti*] olöslighet; **insoluble** [*i(')nsɔ'ljubl*] olöslig
insolvency [*insɔ'lvənsi*] *jur.* insolvens; **insolvent** *jur.* insolvent
insomnia [*insɔ'mniə*] *med.* sömnlöshet
insomuch [*insomʌ'tʃ*] i den mån, till den grad; ~ **that** så att; ~ **as** i den mån[som], i det att
inspect [*inspe'kt*] inspektera, syna, undersöka; **inspection** [*inspe'kʃ(ə)n*] inspektion, uppsyn, undersökning, besiktning; **inspector** [*inspe'ktə*] inspektör, inspektor, kontrollör, kontrollant, (ung.) kriminalkommissarie
inspiration [*inspirei'ʃ(ə)n*] inspiration, inandning; **inspirator** [*inspireitə*] inandningsapparat; **inspiratory** [*inspai'ərətəri*] inandnings-; **inspire** [*inspai'ə*] inspirera, ingiva, besjäla, inandas
inspirit [*inspi'rit*] uppliva
instability [*i(')nstəbi'liti*] obeständighet; **instable** [*i(')nstei'bl*] obeständig, ostadig
install [*instɔ:'l*] insätta, installera, montera; **installation** [*instɔlei'ʃ(ə)n*] insättning, installation, montering; **instalment** [*instɔ:'lmənt*] avbetalning, del, nummer av tidskrift som man prenumererat på; **instalment plan** (is. *amr.*) ratbetalning, avbetalning
instance [*instəns*] exempel, tillfälle, fall, *jur.* instans; anföra som exempel, vara exempel på; **at the** ~ **of** på yrkande av; **for** ~ till exempel; **in the first** ~ i första rummet, först och främst
instant [*instənt*] ögonblick; enträgen, ögonblicklig; **on the** ~ ögonblickligen; **the 5th inst[ant]** den 5 dennes; **instantly** ögonblickligen; **instanter** [*instæ'ntə*] strax; **instantaneous** [*instəntei'njəs*] ögonblicklig; **instantaneous photography** ögonblicksfotografering
instead [*inste'd*] i stället **(of** för)
instep [*instep*] vrist
instigate [*instigeit*] egga, anstifta; **instigation** [*instigei'ʃ(ə)n*] tillskyndelse, anstiftan
instil [*insti'l*] indrypa, ingjuta; **~lation** [*instilei'ʃ(ə)n*], **~ment** [*-mənt*] ingjutning, indrypande
instinct [*instiŋ(k)t*] instinkt; [*insti'ŋ(k)t*] fylld, besjälad; **instinctive** [*insti'ŋ(k)tiv*] instinktiv, ofrivillig
institute [*institju:t*] institut, förordning, *pl* lärobok; inrätta, sätta i gång, instifta, utnämna, installera; **institution** [*institju:'ʃ(ə)n*] institution, inrättande, inrättning, grundande, anstalt; **institutional** [*-əl*] elementär, stadgad; **institutor** [*institju:tə*] stiftare, upphovsman, installator
instruct [*instrʌ'kt*] undervisa, instruera; **instruction** [*instrʌ'kʃ(ə)n*] undervisning, instruktion, (is. *pl*) förhållningsorder; **instructive** [*-tiv*] lärorik, upplysande; **instructor** [*-tə*] instruktör, lärare, *amr.* universitetslärare av lägre rang än professor; **instructress** [*-tris*] instruktris, lärarinna
instrument [*instrumənt*] instrument, redskap; ~ **panel** *auto.* instrumentbräde; **instrumental** [*instrume'nt(ə)l*] *gram.* instrumentalis; instrumental, verksam, bidragande; **be instrumental in** medverka till; **instrumentality** [*instruməntæ'liti*] medverkan, hjälpmedel; **instrumentation** [*instruməntei'ʃ(ə)n*] *mus.* instrumentering
insubordinate [*insəbɔ:'dinit*] uppstudsig; **insubordination** [*i'nsəbɔ:dinei'ʃ(ə)n*] uppstudsighet, insubordination
insubstantial [*i(')nsəbstæ'nʃ(ə)l*] oväsentlig, okroppslig, overklig
insufferable [*i(')nsʌ'f(ə)rəbl*] olidlig, odräglig
insufficiency [*i(')nsəfi'ʃ(ə)nsi*] otillräcklighet, oduglighet; **insufficient** otillräcklig, oduglig
insufflator [*insəflei'tə*] inblåsningsapparat
insular [*insjulə*] ö-, trångsynt; **insularity** [*insjulæ'riti*] avskildhet, trångsynthet
insulate [*insjuleit*] isolera, avskilja; **insulation** [*insjulei'ʃən*] isolation, isolering; **insulator** [*insjuleitə*] isolator
insulin [*insjulin*] insulin (medel mot sockersjuka)
insult [*insʌlt*] förolämpning; [*insʌ'lt*] förolämpa, förnärma, skymfa
insuperability [*i(')nsju:pərəbi'liti*] oövervinnelighet; **insuperable** [*insju:'pərəbl*] oöverstiglig, oövervinnelig
insupportable [*i(')nsəpɔ:'təbl*] outhärdlig
insuppressible [*i(')nsəpre'sibl*] som ej kan undertryckas
insurance [*inʃu'ərəns*] försäkring, assurans, försäkringssumma, -premie; ~ **company** försäkringsbolag; **insure** [*inʃu'ə*] assurera, försäkra; **insurer** [*inʃu'ərə*] försäkringsgivare
insurgent [*insə:'dʒənt*] upprorsman; upprorisk
insurmountable [*i(')nsə(:)mau'ntəbl*] oöverstiglig
insurrection [*insəre'kʃ(ə)n*] uppror; **insurrectional** [*-n(ə)l*], **insurrectionary** [*-nəri*] upprorisk; **insurrectionist** [*-nist*] upprorsmakare
insusceptibility [*i'nsəseptibi'liti*] oemottaglighet; **insusceptible** [*i(')nsəse'ptibl*] oemottaglig
intact [*i(')ntæ'kt*] orörd, oskadad, hel
intaglio [*inta:'liou, -tæl-*] intaglio, sten med inskurna bilder
intake [*inteik*] intag, [luft]tillförsel, ventilationsledning (i gruva)
intangibility [*i(')ntæn(d)ʒəbi'liti*] ogripbarhet, ofattlighet; **intangible** [*intæ'n(d)ʒəbl*] ogripbar
integer [*intidʒə*] *mat.* helt tal; helhet
integral [*intigr(ə)l*] hel, odelad, väsentlig, integrerande; ~ **calculus** integralkalkyl
integrant [*intigrənt*] integrerande, väsentlig
integrate [*intigreit*] integrera, fullständiga; **integration** [*intigrei'ʃ(ə)n*] integrering, förening av delar till ett helt
integrity [*inte'griti*] integritet, okränkbarhet, renhet, rättskaffenhet
integument [*inte'gjumənt*] hud, omhölje, hinna, skal, hylle
intellect [*intilekt*] intellekt, förstånd, intelligent person; **~ion** [*intile'kʃ(ə)n*] begripande; **~ual** [*intile'ktjuəl*] intellektuell person; intellektuell, förstånds-, andlig; **~ual bulge** *amr. sl* (andlig) överlägsenhet; **~ualism** [*-izm*] intellektualism; **~ualist** [*-ist*] intellektualist; **~uality** [*i'ntilektjuæ'liti*] förstånd, intellektualitet
intelligence [*inte'lidʒəns*] intelligens, underrättelse[r], upplysning[ar]; ~ **department** militär informationsavdelning, underrättelseväsen; ~ **office** upplysningsbyrå; **intelligencer** [*-sə*] spion, reporter, tidningskorrespondent; **intelligent** intelligent; **the intelligentsia** [*intelidʒe'ntsiə*] intelligensen, de intelligenta; **intelligibility** [*intelidʒibi'liti*] förståelighet; **intelligible** [*inte'lidʒəbl*] förståelig
intemperance [*i(')nte'mpərəns*] omåttlighet, dryckenskap; **intemperate** [*inte'mpərit*] omåttlig, utsvävande, supig
intend [*inte'nd*] ha för avsikt, ämna, tänka, mena, avse; **~ed** påtänkt; **one's ~ed** ens fästmö
intendant [*inte'ndənt*] intendent, förvaltare
intense [*inte'ns*] stark, våldsam, intensiv; **intensification** [*intensifikei'ʃ(ə)n*] anspänning, stegring, skärpning; **intensify** [*inte'nsifai*] förstärka[s], föröka[s], skärpa[s]; **intension** [*inte'nʃ(ə)n*] spänning, ökning, intensitet; **intensity** [*inte'nsiti*] intensitet, styrka, iver; **intensive** [*inte'nsiv*] intensiv, stark, förstärkande
intent [*inte'nt*] syfte; spänd, ivrig, inriktad **(on** på); **to all ~s and purposes** praktiskt taget, faktiskt; **~ion** [*inte'nʃ(ə)n*] avsikt, syfte; **~ional** [*inte'nʃənl*] avsiktlig
inter [*intə:'*] jorda, begrava
inter- [*intə(:)-*] mellan, emellan, ibland, ömsesidig

interact [*i(')ntəræ'kt*] påverka varandra; **~ion** [*i(')ntəræ'kʃ(ə)n*] växelverkan
interbreed [*i(')ntə(:)bri:'d*] (om raser) korsa[s]
intercalary [*intə:'kələri, intəkæ'ləri*] inskjuten; **~ day** skottdag; **intercalate** [*intə:'kəleit*] inskjuta; **intercalation** [*intə:kəlei'ʃ(ə)n*] inskjutande
intercede [*intə(:)si:'d*] träda emellan, fälla förbön, medla
intercept [*intə(:)se'pt*] uppsnappa, avskära, hejda; **~ion** [*-se'pʃ(ə)n*] uppsnappande, hejdande; **~or** *flyg.* jaktflygplan
intercession [*intəse'ʃ(ə)n*] mellankomst, förbön
intercessor [*intəse'sə, intəsesə*] förespråkare, medlare
interchange [*i'ntə(:)tʃei'n(d)ʒ*] utbyte, utväxling, varuutbyte; utbyta, utväxla; **~able** [*i(')ntətʃei'n(d)ʒəbl*] som kan utbytas, likbetydande; **~ably** [*-li*] omväxlande
intercollegiate [*i(')ntəkəli:'dʒiit*] mellan *colleges*
intercolonial [*i(')ntə(:)kəlou'njəl*] mellan kolonier
intercommunicate [*i(')ntə(:)kəmju:'nikeit*] stå i förbindelse med varandra; **intercommunication** [*-kəmju:nikei'ʃ(ə)n*] förbindelse, samfärdsel
intercommunion [*i(')ntə(:)kəmju:'njən*] samhörighet, inbördes gemenskap
intercourse [*intə(:)kɔ:s*] umgänge, samfärdsel
interdependence [*i(')ntə(:)dipe'ndəns*] inbördes beroende; **interdependent** beroende av varandra
interdict [*intə(:)dikt*] interdikt, förbud; [*intə(:)di'kt*] förbjuda, förhindra, belägga med interdikt; **~ion** [*intə(:)di'kʃ(ə)n*] förbud
interest [*intrist, intərest*] intresse, ränta, inflytande; intressera; **take an ~** intressera sig (**in** för); **compound ~** ränta på ränta; **the landed ~** jordintresset, godsägarna; **simple ~** enkel ränta; **~ing** intressant
interfere [*intəfi'ə*] lägga sig i, stöta mot varandra, interferera; **~ with** blanda sig i, störa, hindra; **interference** [*-fi'ər(ə)ns*] inblandning, ingripande, sammanstötning, mellankomst, *fys.* interferens
interfuse [*i(')ntə(:)fju:'z*] blanda; **interfusion** [*-fju:'ʒ(ə)n*] blandning
interim [*intərim*] mellantid; provisorisk
interior [*i(')nti'əriə*] inre, insida, interiör; **Minister of the I—** inrikesminister (ej engelsk)
interject [*intə(:)dʒe'kt*] inskjuta; **~ion** [*-dʒe'kʃ(ə)n*] interjektion; **~ional** [*-n(ə)l*] inskjuten; interjektions-
interlace [*i(')ntə(:)lei's*] sammanfläta, infläta, blanda in; **~ment** [*-mənt*] sammanflätning, slinga
interlard [*i(')ntə(:)la:'d*] späcka
interleave [*i(')ntə(:)li:'v*] interfoliera
interline [*i(')ntə(:)lai'n*] skriva mellan raderna; **~ar** [*-li'niə*] skriven mellan raderna; **~ation** [*-liniei'ʃ(ə)n*] skrivning mellan raderna, *typ.* mellanslag
interlining [*intəlai'ning*] mellanradig (översättning o. d.); [*intəlainiŋ*] mellanfoder
interlink [*i(')ntə(:)li'ŋk*] kedja samman
interlock [*i(')ntə(:)lɔ'k*] gripa i varandra, synkronisera
interlocution [*i(')ntə(:)lokju:'ʃ(ə)n*] samtal; **interlocutor** [*intə(:)lɔ'kjutə*] deltagare i ett samtal, den som man talar med
interlope [*i(')ntə(:)lou'p*] göra ingrepp i andras affärer, bedriva smyghandel; **interloper** [*intəloupə*] smyghandlare
interlude [*intə(:)lju:d, -lu:d*] mellanspel
intermarriage [*i(')ntə(:)mæ'ridʒ*] giftermål mellan olika familjer; **intermarry** [*-mæ'ri*] (om familjer) förenas genom giftermål
intermeddle [*in(')ntə(:)me'dl*] blanda sig (**with** i)
intermediary [*intə(:)mi:'diəri*] mellanhand, mäklare, förmedling; förmedlande
intermediate [*intə(:)mi:'djət*] mellanled; mellanliggande, mellan-; [*intəmi:'dieit*] medla, förmedla övergången; **intermediation** [*intəmidiei'ʃ(ə)n*] mellankomst, förmedling; **intermedium** [*intəmi:'diəm*] redskap, medel
interment [*intə:'mənt*] begravning
intermezzo [*intə(:)me'dzou, -me'tsou*] intermezzo
interminable [*i(')ntə:'minəbl*] oändlig
intermingle [*i(')ntə(:)mi'ŋgl*] blanda [sig]
intermission [*intə(:)mi'ʃ(ə)n*] uppehåll, avbrott, *amr.* paus, mellanakt; **intermit** [*intə(:)mi't*] avbryta, inställa för en tid; **intermittent** avbruten, ojämn; **intermittent light** blinkfyr
intermix [*i(')ntə(:)mi'ks*] blanda samman; **~ture** [*-mi'kstʃə*] sammanblandning, tillsats
intern [*intə:'n*] internera; **~ment** [*-mənt*] internering
intern[e] [*intə:'n*] *amr.* läkarkandidat, underläkare (som bor på sjukhuset)
internal [*i(')ntə:'n(ə)l*] inre; **~ combustion engine** förbränningsmotor; **~ evidence** inre bevis
international [*i(')ntə(:)næ'ʃən(ə)l*] international; internationell; **Internationale** [*i(')ntə(:)næʃəna:'l*]; **the ~** internationalen; **internationalism** [*-izm*] internationalism; **internationalist** [*-ist*] internationalist; **internationalization** [*-næʃənəlaizei'ʃ(ə)n*] internationalisering; **internationalize** [*-næ'ʃənəlaiz*] internationalisera
internecine [*i(')ntə(:)ni:'sain*] (ömsesidigt) förödande (**~** *war*)
internee [*intəni:'*] internerad person, intern
internment se *intern*
interoceanic [*i(')ntə(:)rouʃiæ'nik*] mellan el. förbindande två världshav
inter-office [*i'ntərɔ'fis*] mellan kontoren
interpellant [*intə(:)pe'lənt*] interpellant; **interpellate** [*intə:'peleit*] interpellera, ställa frågor till; **interpellation** [*intə:pelei'ʃ(ə)n*] interpellation
interphone [*intəfoun*] lokaltelefon
interplanetary [*i(')ntə(:)plæ'nitəri*] mellan planeterna
interplay [*intəplei*] samspel, växelverkan
interpolate [*intə:'poleit*] interpolera, inskjuta; **interpolation** [*intə:polei'ʃ(ə)n*] inskjutning, interpolation
interposal [*intə(:)pou'zl*] mellankomst; **interpose** [*intə(:)pou'z*] placera emellan, sticka in, inflicka, träda emellan, mäkla, fälla förbön; **interposition** [*i(')ntə(:)pozi'ʃ(ə)n*] medling, mellankomst, mäklande
interpret [*intə:'prit*] tolka, tyda, förklara; **~or** tolk, uttolkare; **~ation** [*intə:pritei'ʃ(ə)n*] tolkning, tydning, förklaring, översättning
interracial [*i(')ntə(:)rei'ʃiəl*] mellan (för) medlemmar av olika raser
interregnum [*intəre'gnəm*] interregnum
interrogate [*inte'rogeit*] utfråga, förhöra; **interrogation** [*interogei'ʃ(ə)n*] utfrågning, förhör, fråga; **interrogation mark** el. **note of interrogation** frågetecken; **interrogative** [*intərɔ'gətiv*] frågande (ord); **interrogatory** [*intərɔgət(ə)ri*] (skriftlig) fråga; frågande
interrupt [*intərʌ'pt*] avbryta, störa; **~ion** [*-rʌ'pʃ(ə)n*] avbrott, avbrytande
intersect [*intə(:)se'kt*] genomskära, dela; **~ion** [*-se'kʃ(ə)n*] genomskärning
interspace [*i'ntəspei's*] mellanrum, -tid
intersperse [*intə(:)spə:'s*] inströ, inblanda; **interspersion** [*-spə':ʃ(ə)n*] inströende, inblandning
interstice [*intə:'stis*] mellanrum, rämna
intertribal [*i(')ntə(:)trai'b(ə)l*] mellan stammar (inbördes)
intertwine [*i(')ntə(:)twai'n*], **intertwist** [*-twi'st*] sammanfläta
interval [*intəv(ə)l*] mellanrum, paus, mellanakt, avbrott, intervall; **at rare ~s** med långa mellanrum
intervene [*intə(:)vi:'n*] träda emellan, intervenera,

komma hindrande emellan; **intervention** [*-ve'n-ʃ(ə)n*] mellankomst, intervention
interview [*intəvju:*] sammanträffande, intervju; intervjua
interweave [*i(')ntə(:)wi:'v*] (*oregelb. vb*, se *weave*) sammanväva, inblanda
intestacy [*inte'stəsi*] avsaknad av testamente; **intestate** [*inte'stit, -teit*] (person) som dött utan att efterlämna testamente
intestine [*inte'stin*] tarm, *pl* inälvor, tarmar; inre, invärtes; **large** ~ tjocktarm; **small** ~ tunntarm
intimacy [*intiməsi*] förtrolighet, förtroligt förhållande; **intimate** [*intimit*] förtrolig vän; förtrolig, intim; [*intimeit*] antyda, tillkännagiva; **intimation** [*intimei'ʃ(ə)n*] antydan, tillkännagivande
intimidate [*inti'mideit*] skrämma; **intimidation** [*intimidei'ʃ(ə)n*] skrämsel
intituled [*inti'tju:ld*] betitlad, med titeln
into [(framför vokal) *intu*, (framför konsonant) *intə*, (sist i satsen) *intu:*] i, in i, ned i, till, på, ut i, ut på
intoed [*i'ntou'd*] med tårna inåt
intolerable [*intɔ'lərəbl*] outhärdlig, odräglig; **intolerance** [*i(')ntɔ'lər(ə)ns*] intolerans, ofördragsamhet; **intolerant** intolerant, ofördragsam
intonate [*intoneit*] intonera, uppstämma, mässa; **intonation** [*intonei'ʃ(ə)n*] intonation, tonfall, modulation, mässande; **intone** [*intou'n*] se *intonate*
intoxicant [*intɔ'ksikənt*] berusningsmedel, rusdryck; berusande; **intoxicate** [*-keit*] berusa; **intoxicated** full, berusad; **intoxication** [*intɔksikei'ʃ(ə)n*] berusning
intra- [*intrə*] inom, innanför
intractability [*i(')ntræktəbi'liti*] omedgörlighet; **intractable** [*intræ'ktəbl*] omedgörlig, motspänstig
intramural [*i'ntrəmju'ərəl*] innanför murarna
intransigent [*i(')ntræ'nsidʒənt*] sträng republikan; oförsonlig, oböjlig
intransitive [*i(')ntræ'nsitiv*] *gram.* intransitiv
intrench [*intre'n(t)ʃ*] förskansa, göra ingrepp i; ~**ment** [*-mənt*] förskansning, ingrepp
intrepid [*intre'pid*] oförfärad; ~**ity** [*intripi'diti*] oförskräckthet
intricacy [*intrikəsi*] förveckling, invecklad beskaffenhet; **intricate** [*intrikit*] invecklad, förvirrad
intrigue [*intri:'g*] intrig, hemligt erotiskt förhållande; intrigera, ha ett förhållande, förbrylla, försätta i spänning, väcka nyfikenhet
intro- [*intrə-, intro-*] in, in i
intrinsic [*intri'nsik*] inre, inneboende
introduce [*intrədju:'s*] införa, inleda, presentera (to för), föra ut (ung dam i sällskapslivet), fästa (ngns uppmärksamhet vid); **introduction** [*intrədʌ'kʃ(ə)n*] införande, inledning, presentation; **letter of** ~ rekommendationsskrivelse; **introductory** [*intrədʌ'ktəri*] inledande
introit [*introu'it*] *relig.* introitus, ingångspsalm
introspection [*introspe'kʃ(ə)n*] introspektion, själviakttagelse; **introspective** [*-spe'ktiv*] inåtvänd
intrude [*intru:'d*] tränga sig på, truga [på], tränga [sig] in; **intruder** besvärlig person, objuden gäst, inkräktare; **intrusion** [*intru:'ʒ(ə)n*] påflugenhet, inträngande, inkräktande; **intrusive** [*intru:'siv*] påflugen
intuition [*intju(:)i'ʃ(ə)n*] intuition, omedelbar uppfattning; **intuitional** [*-n(ə)l*], **intuitive** [*intju(:)'itiv*] intuitiv
intumescence [*intjume'səns*] uppsvällning, svulst; **intumescent** svällande
inundate [*inʌndeit*] översvämma; **inundation** [*inʌndei'ʃ(ə)n*] översvämning
inure [*inju'ə*] vänja, *jur.* träda i kraft, gälla; ~**ment** [*-mənt*] vana
inurn [*inə:'n*] lägga (ngns aska) i en urna
inutility [*i(')nju(:)ti'liti*] onyttighet, gagnlöshet

invade [*invei'd*] infalla i, invadera, göra intrång i, kränka
invalid [*invəli:d*] sjukling, invalid; sjuklig, klen vanför; *mil.* [*invəli:'d*] hemsända som odugli till tjänst, upptaga på sjuklistan; [*invæ'lid*] ogiltig; ~**ate** [*invæ'lideit*] göra ogiltig, upphäva ~**ation** [*invælidei'ʃ(ə)n*] upphävande; ~**ism** [*invəlidizm*] sjuklighet, arbetsodugllighet, invaliditet; ~**ity** [*invəli'diti*] arbetsoförhet, invaliditet, ogiltighet
invaluable [*invæ'ljuəbl*] ovärderlig
invariability [*i(')nvɛəriəbi'liti*] oföränderlighet **invariable** [*invɛ'əriəbl*] *mat.* konstant; oföränderlig, beständig, fast
invasion [*invei'ʒ(ə)n*] invasion, infall, intrång **invasive** [*invei'siv*] invasions-
invective [*inve'ktiv*] invektiv, smädelse[r]
inveigh [*invei'*] **against** ivra emot, fara ut mot smäda
inveigle [*invi:'gl, invei'gl*] förleda; ~**ment** [*-mənt*] förledande
invent [*inve'nt*] uppfinna, uppdikta; ~**ion** [*inve'nʃ(ə)n*] uppfinning, påfund, lögn, uppfinningsförmåga; ~**ive** [*inve'ntiv*] uppfinningsrik ~**or** [*-tə*] uppfinnare
inventory [*inve'ntəri*] *hand.* inventarium, inventarieförteckning, inventeringsinstrument, *amr.* inventering; *hand.* inventera
inveracity [*i(')nvəræ'siti*] osannfärdighet
inverse [*i(')nvə:'s*] omvänd, motsatt; **inversion** [*invə:'ʃ(ə)n*] omvändning, homosexualitet; *gram.* inversion, omvänd ordföljd
invert [*invə:t*] homosexuell person; [*invə:'t*] vända om, vända upp och ned; ~**ed commas** anföringstecken
invertebrate [*i(')nvə:'tibreit*] ryggradslöst djur; ryggradslös (även *fig.*)
invest [*inve'st*] [i]kläda, belägra, investera, placera (pengar); ~ **in a hat** (*skämts.*) köpa en hatt; ~**ment** [*inve'stmənt*] (is.) penningplacering; ~**or** [*inve'stə*] en som har placerat pengar i ngt
investigate [*inve'stigeit*] undersöka, utforska; **investigation** [*investigei'ʃ(ə)n*] utforskning, undersökning; **investigator** [*inve'stigeitə*] forskare
investiture [*inve'stitʃə*] insättande (i ett ämbete), investitur
inveteracy [*inve'tərəsi*] ingroddhet; **inveterate** [*inve'tərit*] ingrodd, rotfäst, förhärdad, oförbätterlig
invidious [*invi'diəs*] odiös, motbjudande, nedsättande
invigilate [*invi'dʒileit*] vakta vid examen; **invigilation** [*invidʒilei'ʃ(ə)n*] examensuppsikt, vakt
invigorate [*invi'gəreit*] stärka, styrka; **invigoration** [*invigərei'ʃ(ə)n*] stärkande
invincibility [*invinsibi'liti*] oövervinnelighet; **invincible** [*invi'nsəbl*] oövervinnelig
inviolability [*i(')nvaioləbi'liti*] okränkbarhet; **inviolable** [*invai'oləbl*] okränkbar; **inviolate** [*invai'olit*] okränkt
invisibility [*i(')nvi(')zibi'liti*] osynlighet; **invisible** [*i(')nvi'zəbl*] osynlig
invitation [*invitei'ʃ(ə)n*] invitation, inbjudning; **invite** [*invai't*] inbjudan; invitera, inbjuda
invocation [*invokei'ʃ(ə)n*] åkallan
invoice [*invɔis*] *hand.* faktura; utfärda faktura över, fakturera
invoke [*invou'k*] åkalla, anropa
involucre [*invəlju:kə, -lu:kə*] *bot.* svepe
involuntary [*invɔ'lənt(ə)ri*] ofrivillig, oavsiktlig
involute [*invəlu:t, -lju:t*] spiralvriden, invecklad; **involution** [*invəlu:'ʃ(ə)n, -lju:'-*] invecklad beskaffenhet, oreda, *mat.* potentiering; spiralvridning
involve [*invɔ'lv*] inveckla, inhölja, innebära, medföra, *mat.* upphöja till högre potens
invulnerability [*i(')nvʌlnərəbi'liti*] osårbarhet; **invulnerable** [*i(')nvʌ'lnərəbl*] oanfäktbar, osårbar
inward [*inwəd*] *pl* inälvor; inre; invärtes, inåt;

inwards in, inåt, i ens inre; **inwardly** invändigt, i ens inre
inweave [*i(')nwi:'v*] (*oregelb. vb*, se *weave*) inväva
inwrought [*inrɔ:t*] blandad (**with** med), smyckad (**with** med), inarbetad (**in** el. **on** i)
iodate [*aiodeit*] *kem.* jodsurt salt, jodat; **iodic** [*aiɔ'dik*] jod-, jodhaltig; **iodide** [*aiodaid*] *kem.* jodid; **iodide of potassium** *kem.* jodkalium
iodine [*aiədi:n, aiodain*] jod; **iodize** [*aiodaiz*] tillsätta jod; **iodoform** [*aiɔ'dəfɔ:m*] jodoform
ion [*aiən, aiɔn*] *kem.* jon
Ionian [*aiou'njən*] jonier; jonisk; **Ionic** [*aiɔ'nik*] jonisk
iota [*aiou'tə*] jota, smula
I O U [*ai ou ju*] *fam.* skuldsedel, revers (*eg. I owe you*)
ipecacuanha [*ipikækjuæ'nə*] *med.* kräkrot
Iran [*iəra:'n, ira:'n, iəræn*] Iran; **~ian** [*airei'njən, irei'n-*] iranier; iransk
irascibility [*iræsibi'liti*] lättretlighet, hetsighet; **irascible** [*iræ'sibl*] lättretlig, hetsig; **irate** [*airei't*] vred; **ire** [*aiə*] *poet.* vrede
iridescence [*iride'səns*] regnbågsskimmer; **iridescent** regnbågsskimrande
iridium [*airi'diəm*] iridium
iris [*aiəris*] *anat.* ögats regnbågshinna, *bot.* iris; **I—** (gudinnan) Iris
Irish [*aiəriʃ*]; **the ~** irländarna; irländska språket; irländsk; **~ buggy** *amr. sl*, **~ man-of-war** *sl* skottkärra; **~ nightingale** *amr. sl* groda; **~ stew** fårstuvning med potatis och lök; **too bloody ~** *sl* naturligtvis; **~man, ~woman** [*-mən, -wumən*] irländare, irländska; **~man's dinner** *amr. sl* fasta
irk [*ə:k*] trötta, förarga, förtreta; **~some** [*ə:ksəm*] tråkig, tröttsam
iron [*aiən*] järn, *pl* bojor, *amr. sl* revolver; järnbeslå, stryka (med strykjärn); **rod of ~** *fig.* järnhand, järnhård disciplin; **~ out** *amr. fig.* jämna ut; **~ age** järnålder; **~-bound** järnbeslagen, orubblig, sträng; **~-clad** pansarbåt; bepansrad; **~ curtain** järnridå; **~-grey** stålgrå; **~ horse** 'järnhäst', 'stålhäst' (lokomotiv, cykel); **~ house** *amr. sl* fängelse; **~-man** *amr. sl* dollarmynt; **~-master** järnbruksägare; **~monger** järnhandlare; **~mongery** järnhandel; **~-mould** rostfläck; **~ ore** järnmalm; **Ironsides** 'järnsidor' (Cromwells soldater); **ironer** strykerska, strykmaskin; **ironing** strykning (med strykjärn); **ironing-table** strykbräde
ironic[al] [*airɔ'nik(əl)*] ironisk; **ironist** [*aiərənist*] ironiker; **irony** [*aiərəni*] ironi
Iroquois [*i'rokwɔi*] irokes; irokesisk
irradiance [*irei'diəns*] glans; **irradiant** strålande; **irradiate** [*-dieit*] bestråla, kasta ljus över, utstråla; **irradiation** [*ireidiei'ʃ(ə)n*] bestrålning, belysning, strålglans, strålbehandling
irrational [*iræ'ʃənəl*] *mat.* irrationellt tal; förnuftsvidrig, irrationell; **~ity** [*iræʃənæ'liti*] oförnuft
irreclaimable [*iriklei'məbl*] oåterkallelig, oförbätterlig
irreconcilability [*irekənsailəbi'liti*] oförsonlighet; **irreconcilable** [*ire'kənsailəbl*] oförsonlig, oförenlig
irrecoverable [*irikʌ'vərəbl*] obotlig, oersättlig
irredeemable [*iridi:'məbl*] hopplös, oförbätterlig, *hand.* oinlöslig
irredentist [*iride'ntist*] irredentist
irreducible [*iridju:'səbl*] oreducerbar
irrefragable [*ire'frəgəbl*] ovederläggilig
irrefrangible [*irifræ'ndʒəbl*] okränkbar
irrefutable [*ire'fjutəbl*] obestridlig
irregular [*ire'gjulə*] *pl* irreguljära trupper; irreguljär, oregelbunden; **~ity** [*iregjulæ'riti*] oregelbundenhet
irrelative [*ire'lətiv*] utan samband, absolut
irrelevance [*ire'livəns*] brist på samband; **irrelevant** irrelevant, saken ovidkommande
irreligious [*irili'dʒəs*] irreligiös
irremediable [*irimi:'diəbl*] ohjälplig, obotlig
irremissible [*irimi'səbl*] oförlåtlig, oeftergivlig
irremovable [*irimu:'vəbl*] orubblig, fast
irreparable [*ire'pərəbl*] irreparabel, obotlig
irreplaceable [*iriplei'səbl*] oersättlig
irrepressible [*iripre'səbl*] obetvinglig, okuvlig, oförbätterlig
irreproachable [*iriprou'tʃəbl*] oklanderlig, oförvitlig
irresistibility [*irizistibi'liti*] oemotståndlighet; **irresistible** [*irizi'stəbl*) oemotståndlig
irresolute [*ire'zəlu:t, -lju:t*] obeslutsam; **irresolution** [*irezəlu:'ʃ(ə)n, -lju:'-*] obeslutsamhet
irresolvable [*irizɔ'lvəbl*] oupplöslig
irrespective [*irispe'ktiv*] **of** oavsett
irresponsibility [*irispɔnsibi'liti*] oansvarighet; **irresponsible** [*irispɔ'nsəbl*] oansvarig; **irresponsive** [*irispɔ'nsiv*] som ej svarar mot (**to**), okänslig (**to** för), *fig.* döv
irretention [*irite'nʃ(ə)n*] opålitlighet, brist på förmåga att fasthålla ngt; **irretentive** [*irite'ntiv*] opålitlig
irretrievable [*iritri:'vəbl*] oersättlig, hopplös, ohjälplig
irreverence [*ire'vərəns*] vanvördnad; **irreverent** vanvördig
irreversible [*irivə:'səbl*] som ej kan vändas, oåterkallelig
irrevocability [*irevəkəbi'liti*] oåterkallelighet; **irrevocable** [*ire'vəkəbl*] oåterkallelig
irrigate [*irigeit*] bevattna, *sl* dricka; **irrigation** [*irigei'ʃ(ə)n*] bevattning; **irrigator** [*irigeitə*] bevattningsmaskin, irrigator
irritability [*iritəbi'liti*] lättretlighet; **irritable** [*iritəbl*] irritabel, lättretlig; **irritant** [*iritənt*] retmedel; retande; **irritate** [*iriteit*] irritera, reta; **irritation** [*iritei'ʃ(ə)n*] irritation, retning, förbittring; **irritative** [*iriteitiv*] irriterande
irruption [*irʌ'pʃ(ə)n*] infall, överfall
is [*iz*] är (se *be*)
-ish [*iʃ*] -isk, -aktig, t. ex. *reddish* rödaktig; (om tid) omkring, t. ex. *sixish* omkring kl. 6
Ishmael [*iʃmeiəl*] Ismael, en utstött; **Ishmaelite** [*iʃmiəlait*] ismaelit
isinglass [*aiziŋgla:s*] husbloss, gelatin
Islam [*izla:m, -læm, -ləm*] islam; **Islamic** [*izlæ'mik*], **Islamitic** [*izləmi'tik*] islamitisk; **Islamism** [*izləmizm*] muhammedanism; **Islamite** [*izləmait*] islamit
island [*ailənd*] ö, refuge; isolera; **islander** öbo
isle [*ail*] ö; **islet** [*ailit*] liten ö, holme
-ism [*izm*] -ism, -teori
iso- [*aiso(u)-*] iso-, lik-; **isobar** [*aisouba:*] isobar; **isobaric** [*aisobæ'rik*] isobar-; **isochronous** [*aisɔ'krənəs*] samtidig; **isocracy** [*aisɔ'krəsi*] politisk jämställdhet; **isosceles** [*aisɔ'səli:z*] *mat.* likbent (*triangle*); **isotherm** [*aisoþə:m*] isoterm; **isothermal** [*aisoþə:'məl*] isoterm-
isolate [*aisoleit*] isolera; **isolation** [*aisolei'ʃ(ə)n*] isolering, isolation; **isolationism** [*-lei'ʃənizm*] *pol.* isolationspolitik; **isolationist** [*-st*] *pol.* anhängare av isolationspolitik
Israel [*izreiəl*] Israel; **Israelite** [*izriəlait*] israelit, jude; **Israelitish** [*izriəlaitiʃ*] israelitisk, judisk
issuance [*isjuəns*] utfärdande
issue [*isju:*] utgång, utströmmande, utlopp, utgivande, emission, upplaga, nummer (av tidning), resultat, avkomma, [bröst]arvingar, *jur.* avkastning, [strids]fråga, problem, kärna, *sl* ranson, alltsamman; sända ut, utgå, resultera, utfärda, härflyta, utkomma, utgiva, offentliggöra; **a dead ~** sak utan praktisk betydelse; **male ~** manlig avkomma; **be at ~** vara omstridd; **the point at ~** den omstridda punkten; **dodge the ~** *amr.* undvika kärnpunkten; **join ~** lämna till avgörande; vara oense; **take ~ with** vara ense med; **to-day's ~** dagens tidning; **bank of ~** sedelbank; **~ price** teckningskurs (om aktier o. d.)

isthmian [*isþmiən, ismiən*] istmisk; **isthmus** [*isməs, isþm-, istm-*] landtunga, näs
it [*it*] den, det, den rätta, det rätta; se också *It*; **that's** ~ det är rätt; just det! **give** ~ **him** *fam.* ge honom [vad han tål]; **go** ~! häng i! på honom! **go** ~ **blind** el. **strong** *sl* leva om; **hare** ~, **hoof** ~, **hook** ~, **hop** ~, **leg** ~ ta till harvärjan; **lord** ~ spela herre; **queen** ~ spela drottning; **rough** ~ slita ont; **snuff** ~ *sl* dö; **be for** ~ *fam.* stå inför (ngt obehagligt); **we are in for** ~ *fam.* nu har vi det här; **nothing for** ~ intet annat att göra; **have a nice time of** ~ ha det bra; **all there is to** ~ allt som kan göras därvid
It, it [*it*] *sl* italienare, italiensk vermouth
Italian [*itæ'ljən*] italienare, italienska (även språket); italiensk; ~ **football** *amr. sl* bomb; ~ **iron** piptång; ~ **warehouseman** delikatesshandlare; **italic** [*itæ'lik*] kursiv typ, *pl* kursivering; kursiv; **italicize** [*itæ'lisaiz*] kursivera; **Italy** [*itəli*] Italien
itch [*itʃ*] klåda, skabb, häftigt begär (**for** efter); klia, känna begär (**to** att); **my fingers** ~ det kliar i fingrarna på mig; ~**y** [*itʃi*] skabbig, kliande
-ite [*-ait, -it*] anhängare av, dyrkare av, en som hör till (ett samfund etc.)
item [*aitem*] punkt, post, nummer; likaledes vidare; ~**ize** [*aitəmaiz*] specificera, ange detalj
iterate [*itəreit*] upprepa; **iteration** [*itərei'ʃ(ə)n*] upprepning; **iterative** [*itərətiv*] upprepande
itinerant [*iti'nərənt*] kringresande, kringvandrande; **itinerate** [*iti'nəreit*] resa omkring, vandra omkring (och predika)
itinerary [*iti'nərəri*] resebeskrivning, vägvisare resehandbok, reseplan; rese-
-itis [*-aitis*] ändelse för att beteckna sjukdomar (mycket använd i *amr.*); -itis, -sjuka, -galenskap
its [*its*] dess, sin, sitt, sina (*it*)
itself [*itse'lf*] den [själv], det [själv], sig [själv], själv; **by** ~ för (av) sig själv
itty [*iti*] *amr. sl* sexuellt tilldragande (*it*)
ivory [*aivəri*] elfenben, *pl sl* tärningar, biljardbollar, tangenter, tänder; **black** ~ negerslavar; ~ **black** svart färgämne
ivy [*aivi*] *bot.* murgröna
izzard [*izəd*] *amr. sl* Z, 'slut'; **from A to Izzard** från A till O, helt igenom

J

J, j [*dʒei*] (*pl Js, J's* [*dʒeiz*]) J, j
jab [*dʒæb*] stöt, slag, *amr. sl* insprutning, försök; stöta, sticka, *amr. sl* försöka
jabber [*dʒæbə*] tjatter, 'smörja', rotvälska; snattra, tjattra, pladdra
jacinth [*dʒeisinþ*] hyacint (ett slags ädelsten)
Jack [*dʒæk*] (se också *jack*) *fam.* f. *John*; **before you could say** ~ **Robinson** innan man visste ordet av; ~ **and Jill** Han och Hon; ~, **Tom and Harry** Per och Pål; ~**-a-dandy** *sl* sprätt; ~ **Frost** 'Kung Bore'; ~ **Ketch** [*ketʃ*] *sl* bödel; ~**-in-Office** *sl* 'viktigpetter'; ~ **Pudding** *sl* pajas; ~ **Sprat** spelevink
jack [*dʒæk*] (se också *Jack*) stekvändare, domkraft, matros, knekt (i *kort.*), gäddsnipa (liten gädda), [skepps]flagga, lotsflagga, läderflaska, sågbock, *amr. sl* pengar, man, lösdrivare, lokomotiv (m. m.); lyfta med domkraft; **every man** ~ vareviga en; ~**-snipe** *zool.* enkel beckasin; ~**-tar** matros; ~ **up** lyfta med domkraft, *sl* uppgiva (försök), *amr. sl* ge en uppsträckning; ~**anapes** glop, apa, näbbig barnunge; ~**ass** [*dʒækæs*] åsnehane, [*dʒæka:s*] *fig.* åsna, idiot; **laughing** ~**ass** jättekungsfiskare; ~**-boot** kragstövel; ~**daw** *zool.* kaja; ~**-in-the-box** trollet i asken, gubben i lådan; ~**-knife** stor fällkniv; ~**-of-all-trades** tusenkonstnär; ~**-o'-lantern** irrbloss; ~**-plane** skrubbhyvel; ~**-straws** skrapnos; ~**-towel** rullhandduk
jackal [*dʒækɔ:l*] *zool.* schakal; hantlangare (*fig.*)
jacket [*dʒækit*] rock, jacka, kavaj, tröja, *mek.* cylindermantel, bokomslag, potatisskal, skinn
Jacob [*dʒeikəb*] Jakob, *amr. sl* stege; ~**'s ladder** jakobsstege, *bot.* blågull, *sjö.* vantlejdare, sol mellan skyar, rännlycka, maska som löper (i strumpa)
Jacobean [*dʒækobi(:)'ən*] **times** Jakob I:s tid
Jacobin [*dʒækobin*] jakobin, dominikan; **j—** *zool.* perukduva
Jacobite [*dʒækobait*] jakobit (anhängare av Jakob II)
jaconet [*dʒækonit*] ett slags bomullstyg
jade 1) [*dʒeid*] hästkrake, käring, jänta; **jaded** tröttkörd, utsliten, utmattad; **jadish** 'lätt på foten'
jade 2) [*dʒeid*] *min.* nefrit
jaeger [*jeigə*] jäger (ylletyg)
jag [*dʒæg*] tagg, tand, spets, *sl* dryckeslag, rus; tanda, nagga; **have a** ~ **on** vara berusad; **jagged** [*dʒægid*] tandad, *sl* rusig; **jaggy** tandad; **jagger** krusjärn, gårdfarihandlare; **jaggers** *sl* gatpojke
jaguar [*dʒægwa:*] *zool.* jaguar
Jah [*dʒa:*] *bibl.* Jehova
jail [*dʒeil*] fängelse; fängsla (*gaol*); ~**-bird** fängelsekund, galgfågel; ~**-keeper, jailer** (*gaoler*) fångvaktare
Jainism [*dʒainizm*] jainism (indisk sekt)
jake [*dʒeik*] *amr. sl* avträde (*jakes*), dålig sprit; tillfredsställande; ~ **hound** *amr. sl* drinkare
jalap [*dʒæləp*] *med.* jalapa
jalousie [*ʒælu(:)zi:, ʒælu(:)zi:'*] jalusi, persienn
jam [*dʒæm*] klämma, press, stockning, trängsel, stopp, beknip, radiostörning, sylt; klämma, pressa, låsa (hänga upp) sig, stoppa, störa radioutsändning; **a real** ~ *sl* verklig fest; **a bit of** ~ *sl* nätt flicka; ~ **on it** *sl* någonting extra, lyx; **be in a** ~ vara i knipa; ~**med** proppfull; ~**-nut** *mek.* kontramutter
Jamaica [*dʒəmei'kə*] Jamaika, rom
jamb [*dʒæm*] sidopost i dörr el. fönster
jamboree [*dʒæmbəri:'*] jamboré, *sl* 'hippa', glad tillställning
James [*dʒeimz*] Jakob, *amr. sl* hovmästare, kofot
jamoca [*dʒəmɔ'kə*], **jamoke** [*dʒəmou'k*] *amr. sl* kaffe (*Java + Mocca*)
Jane [*dʒein*] Jane, Johanna, *amr. sl* flicka; flirta
Janet [*dʒænit*] Johanna
jangle [*dʒæŋgl*] gnissel, oljud, gräl; gnissla, skära i öronen, gräla; **janglers** *sl* pengar
janitor [*dʒænitə*] (is. *amr.*) dörrvaktare, portvakt
janizary [*dʒænizəri*] janitschar
jankers [*dʒæŋkəz*] *sl* fängelse
January [*dʒænjuəri*] januari
Janus [*dʒeinəs*]; ~ **face** janusansikte
Jap [*dʒæp*] *fam.* japan[es]
Japan [*dʒəpæ'n*] Japan; **j—** lackfernissa, lack-

arbete; lackera; **Japanese** [*dʒæpəni:'z*] japan[es], japanska (språket); japansk
jape [*dʒeip*] skämt; skämta
jar [*dʒa:*] kruka, krus, gnissel, skrammel, missljud, konflikt, träta; gnissla, skramla, ta på nerverna, irritera, gräla; **on the ~** *fam.* på glänt (*ajar*); **jarring** [*dʒa:riŋ*] skärande, disharmonisk
jargon [*dʒa:gən*] jargong
jarl [*ja:l*] jarl
jarvey [*dʒa:vi*] irländsk kusk el. chaufför
jasmin[e] [*dʒæsmin*], **jessamin[e]** [*dʒesəmin*] *bot.* jasmin
jasper [*dʒæspə, dʒa:spə*] jaspis
jaundice [*dʒɔ:ndis*] gulsot, *fig.* svartsjuka, missunnsamhet; **jaundiced** [*dʒɔ:ndist*] behäftad med gulsot, *fig.* svartsjuk, uttråkad, blaserad
jaunt [*dʒɔ:nt*] utfärd, nöjesresa; göra utfärd; **jaunting-car** mindre omnibus, irländsk tvåhjulig kärra
jaunty [*dʒɔ:nti*] ogenerad, överlägsen
Java [*dʒa:və*] Java, *amr. sl* kaffe; **Javanese** [*dʒa:vəni:'z*] javanes; javanesisk; javanesiska (språket)
javelin [*dʒævlin*] kastspjut
jaw [*dʒɔ:*] käke, *sl* ovett, prat; *sl* prata, läxa upp; **hold your ~** håll käften! **~-bone** käkben; *amr. sl* få el. ge kredit; **~-breaker** stenkross, *fam.* ord som är svårt att uttala; **~-cove** *amr. sl* sakförare; **~fest** *amr. sl* långt och tråkigt tal; **~harp** *amr. sl* munharmonika (*jew's harp*); **~smith** *amr. sl* folktalare
jawbation [*dʒɔ:bei'ʃ(ə)n*] *sl* skur ovett (av *jaw*)
jay [*dʒei*] *zool.* skrika, gaphals, dumhuvud; **~-walker** *amr.* fotdrulle
jazz [*dʒæz*] jazz, larm, *amr. sl* könsligt umgänge; *sl* skrikande i färg, grov, burlesk; jazza; **~ up** *amr. sl* piffa upp; **~ baby** *amr. sl* 'jazzböna'; **~-band** jazzorkester; **~-hound** *amr. sl* 'jazzgosse'; **jazzed** *amr. sl* drucken
jealous [*dʒeləs*] svartsjuk, avundsjuk, misstänksam, mån (**of** om); **jealousy** [*dʒeləsi*] svartsjuka, avund, *bibl.* nitälskan
jean [*dʒein*] *hand.* ett slags bomullstyg, *pl* overall
jeer [*dʒiə*] hån, speglosa; håna, driva (**at** med)
jehad [*dʒiha:'d*] (muhammedansk) kamp mot de otrogna, *fig.* korståg (*jihad*)
Jehoshaphat [*dʒihɔ'ʃəfæt*] *bibl.* Josafat (också använt som kraftuttryck)
Jehovah [*dʒihou'və*] *bibl.* Jehova
Jehu [*dʒi:hju:*] *bibl.* Jehu, (skämtsamt om) kusk
jejune [*dʒidʒu:'n*] torftig, tankefattig, mager
Jekyll [*dʒi:kil*]; **Dr. ~ and Mr. Hyde** [*haid*] dubbelpersonlighet (i roman av R. L. Stevenson)
jelly [*dʒeli*] gelé; bli el. göra till gelé; **~-belly** *sl* isterbuk; **~-fish** *zool.* manet; **~graph** [*dʒeligræf, -gra:f*] ett slags dupliceringsmaskin
jemmy [*dʒemi*] kofot, bräckjärn, kokt fårhuvud
jennet [*dʒenit*] liten spansk häst
Jenny [*dʒeni*] Jenny; **j—** spinnmaskin, kolkran, hona; **j— [wren]** gärdsmyg[shona]
jeopard [*dʒepəd*] *amr.*, **jeopardize** [*dʒepədaiz*] äventyra, riskera; **jeopardy** [*dʒepədi*] risk, fara
jerboa [*dʒə:bouə*] egyptisk springråtta
jeremiad [*dʒerimai'əd*] jeremiad; **Jeremiah** [*dʒerimai'ə*] Jeremias
Jericho [*dʒerikou*] Jeriko; **go to ~** dra åt fanders; **I wish you were at ~** jag önskar dig så långt pepparn växer
jerk [*dʒə:k*] ryck, kast, stöt; rycka, slänga, *amr.* soltorka köttstrimlor; **get a ~ on** *sl* skynda sig; **put ~ into it** *sl* sätta fart på det; **the ~s** spasmer, konvulsioner; **physical ~s** *sl* gymnastik; **~y** ryckig, krampaktig
jerkin [*dʒə:kin*] *åld.* lädertröja
Jeroboam [*dʒerəbou'əm*] *bibl.* Jerobeam; jättebutelj
jerry [*dʒeri*] *sl* ölkrog, potta; **J—** *mil. sl* tysk soldat; **~-built** fuskbyggd; **~-builder** husjobbare
Jersey [*dʒə:si*] Jersey, jerseyko; **j—** ylletröja
Jerusalem [*dʒeru:'sələm*] Jerusalem; **~ [pony]** åsna
jessamin[e] [*dʒesəmin*] *bot.* jasmin (*jasmine*)
Jesse [*dʒesi*] *bibl.*; **the root of ~** Jesse rot; **~ window** glasmålning med Kristi stamtavla
jessie [*dʒesi*] *amr. sl* humbug, hotelse
jest [*dʒest*] skämt, driftkucku; skämta; **in ~** på skämt; **~-book** anekdotsamling; **~er** skämtare, hovnarr
Jesuit [*dʒesjuit*] jesuit; **~ical** [*dʒesjui'tik(ə)l*] jesuitisk; **~ry** [*dʒesjuitri*] jesuitiska metoder
Jesus [*dʒi:zəs*] Jesus; **~ stiff** *amr. sl* religiös lösdrivare
jet [*dʒet*] jet, gagat, stråle, pip, *mek.* munstycke, strålventil (i karburator); spruta; **gas ~** gaslåga; **~-black** kolsvart; **~-pipe** slangmunstycke
jetsam [*dʒetsəm*] *sjö.* kastgods, vrakgods; **jettison** [*dʒetisən*] *sjö.* kastande över bord (av last); kasta (last) över bord
jet[t]on [*dʒetən*] spelmark
jetty [*dʒeti*] pir, vågbrytare, brygga, kaj
Jew [*dʒu:*] jude, ockrare; **j—** *sl* lura; **~ down** pruta; **the Wandering ~** den vandrande juden; **~-baiting** judeförföljelse; **~'s harp** munharmonika; **Jewess** judinna; **Jewish** judisk; **Jew[ish] flag** *amr. sl* dollarsedel; **Jewry** [*dʒuəri*] ghetto, judarna (*koll.*)
jewel [*dʒu(:)il, dʒu(:)əl*] ädelsten, juvel, kostbarhet, smycke; smycka med juveler, förse (ett ur) med stenar; **jeweller** [*dʒu(:)ilə*] juvelerare; **jewel[le]ry** [*dʒu(:)ilri*] juveler, smycken, *amr. sl* handbojor
Jez [*dʒez*] *amr.* (förvrängning av) Jesus (använt i kraftuttryck)
Jezebel [*dʒezəbl*] *bibl.* o. *fig.* Jesabel, fräck kvinna, kvinna som målar sig
jib [*dʒib*] *sjö.* klyvare; *sjö.* skifta (segel), gipa; vara istadig; **~ at** skygga för, streta emot; **~boom** *sjö.* klyvarbom; **~-door** tapetdörr
jibe [*dʒaib*] hån; håna (*gibe*)
jiff [*dʒif*], **jiffy** [*dʒifi*] *fam.* ögonblick; **in a ~** i ett nafs
jig [*dʒig*] jigg (solodans), *amr. sl* neger; jigga, skutta, sålla; **~-a-~** *sl* könsligt umgänge; **~saw** *amr.* maskinlövsåg; **~saw puzzle** läggspel; **jigger** sorterare, sorterarsåll, manick, sak; **jigger-mast** *sjö.* jiggermast (den bakersta på fyrmastare)
jigaboo [*dʒigəbu:*] *amr. sl* neger
jigger [*dʒigə*] *amr. sl* ödelägga, skada (**~ up**); **~ man** *amr. sl* förbrytarbands vaktpost
jiggered [*dʒigəd*] *amr. sl* full; **~ up** utpumpad; **I'm ~ if** ta mig katten om
jiggery-pokery [*dʒigəri-poukəri*] hokus pokus, humbug
jig-jag [*dʒig-dʒæg*] *amr. sl* dans; dansa
jigsocracy [*dʒigsɔ'krəsi*] *amr. sl* sjukligt intresse för läggspel (*jigsaw + crazy*)
jihad [*dʒiha:'d*] (muhammedansk) kamp mot de otrogna, *fig.* korståg (*jehad*)
Jill [*dʒil*] Julia; **Jack and ~** Han och Hon; **j—** käresta, flicka
jilt [*dʒilt*] kokett; svika (i kärlek)
jim [*dʒim*] *amr. sl* förstöra
Jim [*dʒim*] *fam.* f. *James*; **Jim Crow** [*krou*] *amr.* neger; **Jim-Crow car** *amr.* järnvägsvagn för negrer
jim-jams [*dʒim-dʒæms*] *sl* dille (delirium), darrning, skräck, dystert humör
jiminy [*dʒimini*]; **by ~** [Herre] Jemini
jimmies [*dʒimiz*]; **the ~** *amr. sl* dille (delirium), dyster sinnesstämning
jimmy [*dʒimi*] *amr. sl* kofot (bräckjärn) (*jemmy*); bräcka upp
jingle [*dʒiŋgl*] klirrande, rassel, klingande, banala rim; klirra, rassla; **jingled** *amr. sl* full
jingo [*dʒiŋgou*] chauvinist, krigslysten, kon-

servativ; by [the living] ~ min liv och kniv! ~ism chauvinism, krigslust
jink [*dʒiŋk*] *sl* pengar; **high ~s** galna upptåg
jinnee [*dʒini:'*] (*pl jinn* [*dʒin*]) (muhammedansk) ande, demon
jinricksha[w] [*dʒinri'kʃə, -ʃɔ:*] rickshaw
jinxed [*dʒiŋkst*] *amr. sl* förföljd av otur
jip [*dʒip*] *amr. sl* femcentsslant
jippo [*dʒipou*] *sl* sås
jit [*dʒit*] *amr.* förk. f. **jitney** [*dʒitni*] billig droskbil, femcentsslant, *amr. sl* negress
jitters [*dʒitəz*]; **the ~** *amr. sl* nervositet, svindel; **jitterish, jittery** *amr. sl* nervös, ängslig
j[i]u-jitsu [*dʒu:dʒi'tsu:*] jiu-jitsu
jive [*dʒaiv*] *amr. sl* bedrägeri, prat; lura
Job [*dʒoub*] *bibl.* Job; **~'s comforter** dålig tröstare
job 1) [*dʒɔb*] arbete, jobb, plats; utföra arbete, jobba, schackra, uthyra (åkdon); **odd ~s** tillfällighetsarbeten; **by the ~** på ackord; **a bad ~** en sorglig historia, ett hopplöst företag; **a good ~** en välsignad sak, tursamt; **on the ~** *sl* i farten; **out of a ~** arbetslös; **do somebody's ~** *sl* förstöra ngn, döda ngn; **~master** vagnuthyrare; **~-printing, -press** accidenstryckeri; **jobber** ackordsarbetare, börsspekulant, vagnsuthyrare, varumäklare, accidenspress; **jobbery** jobberi, missbruk av politisk makt, schackrande, korruption
job 2) [*dʒɔb*] stöt, stygn, ryckning i hästs betsel; stöta, sticka, rycka i betslet
jobation [*dʒobei'ʃ(ə)n*] *sl* straffpredikan
jock [*dʒɔk*] *mil. sl* högländare (soldat)
jockey [*dʒɔki*] jockey, (föraktl.) biträde, hantlangare; lura, konstra
jocko [*dʒɔkou*] *zool.* schimpans
jocose [*dʒəkou's*] skämtsam, uppsluppen; **jocosity** [*dʒokɔ'siti*] skämtsamhet; **jocular** [*dʒɔkjulə*] uppsluppen, skämtsam, munter; **jocularity** [*dʒɔkjulæ'riti*] munterhet
jocund [*dʒɔkənd*] munter, livad; **jocundity** [*dʒokʌ'nditi*] munterhet
Joe [*dʒou*] *fam.* f. *Joseph*; **j—** *amr. sl* kaffe, toalett; **not for ~** *sl* absolut inte, 'sällan'; **~ Miller** utnött vits
joey [*dʒoui*] ung känguru, *sl* fyrapennyslant, marinsoldat, nykomling i tukthus, *amr. sl* hycklare
jog [*dʒɔg*] stöt, knuff, påstötning, lunk; stöta, knuffa, ge en påstötning, lunka; **~-trot** lunk, slentrian; **joggle** skakning; skaka, ruska
John [*dʒɔn*] John, Johannes, Johan, Hans, *amr. sl* kines; **[dumb] ~** *amr. sl* nybörjare, rekryt; **~ Barleycorn** visky, sprit; **~ Bull** öknamn för engelska nationen, typisk engelsman; **~ Chinaman** typisk kines; **~ Doe** *jur.* Herr N. N.; **~ Fate** *amr. sl* ödet; **~ Law** *amr. sl* polisman; **~ O'Brien** *amr. sl* tomt kassaskåp; **~-o' Groat's [house]** Skottlands nordspets; **from ~-o'Groat's to Land's End** genom hela Storbritannien; **St. ~** [*sndʒɔ'n*] evangelisten Johannes; **Johnian** [*dʒounjən*] medlem av St. John's College, Cambridge
Johnnie, Johnny, j— [*dʒɔni*] *fam.* f. *John*, karl, janne, jazzgosse, *amr. sl* W. C.; **Johnny O'Brien** *amr. sl* godståg; **Johnnie Raw** gröngöling
Johnson [*dʒɔnsn*]; **Johnsonese** [*dʒɔnsəni:'z*] pompöst språk (à la Dr Sam. Johnson)
join [*dʒɔin*] *fam.* hopfogning, skarv; hopfoga, förena, förena sig med, ansluta sig till, deltaga i, råkas, gränsa till varandra; **~ battle** sammandrabba; **~ forces** göra gemensam sak; **~ hands** ta varann i hand; **~ the majority** *sl* dö; **~ us at York** sluta sig till oss i Y.; **~ up** anmäla sig som frivillig; **joiner** möbelsnickare, *amr.* en som är (el. gärna vill vara) medlem i många föreningar etc.; **joinery** snickeri
joint [*dʒɔint*] led, sammanfogning, fog, skarv, *bot.* ledknut, stek, *amr. sl* lönnkrog, (skumt) ställe; gemensam, förenad, sam-, med-; förbinda, hopfoga, stycka (efter lederna), fogstryka, hyvla jämn; **out of ~** ur-led, *fig.* i olag; **~ lives** samliv; **~ owner with me** min medägare; **~ property** gemensam egendom; **~ stock** aktiekapital; **~-stool** fällstol; **jointer** foghyvel, fogjärn; **jointly and severally** en för alla och alla för en
jointure [*dʒɔintʃə*] *jur.* [testamentera] änkesäte; **jointress** [*dʒɔintris*] *jur.* änka i oskiftat bo
joist [*dʒɔist*] tak- el. golvbjälke
joke [*dʒouk*] skämt, kvickhet, spratt; skämta [med]; **practical ~** spratt; **crack** el. **cut ~** säga kvickheter; **~-smith** *amr.* kvickhuvud (också **jokester**); **joker** spefågel, joker (i kortspel), *amr. sl* lönnkrog
jollification [*dʒɔlifikei'ʃ(ə)n*] muntration, hippa; **jollify** [*dʒɔlifai*] festa, ha det trevligt
jolly [*dʒɔli*] *sjö.* julle, jolle; glad, livad, lustig, *sl* skoja med, pigga upp; ganska, mycket, väldigt; **be in a ~ mess** vara i en skön knipa; **J— Roger** sjörövarflagga (svart med dödskalle); **~-boat** *sjö.* jolle; **~-up** *amr. sl* dans
jolt [*dʒoult*] skakning, stöt, *amr. sl* fängelsestraff; skaka, stöta, *amr. sl* klå
Jonah [*dʒounə*] Jonas, *fam.* olycksfågel
Jonathan [*dʒɔnəþən*] Jonathan; **Brother ~** typisk amerikan
Joosh [*dʒɔ:ʃ*] *amr. sl* f. *Jewish* judisk
Jordan [*dʒɔ:dn*] Jordan; **j—** (vulgärt) nattkärl
jorum [*dʒɔ:rəm*] pokal, bål
Joseph [*dʒouzif*] Josef; **j—** kysk man
josh [*dʒɔʃ*] *sl* skämt; skoja
joskin [*dʒɔskin*] *sl* bondlurk, drulle, pratmakare
joss [*dʒɔs*] kinesisk avgudabild; **~-house** tempel; **~-stick** rökelsepinne
josser [*dʒɔsə*] *sl* karl, idiot
jostle [*dʒɔsl*] knuff; knuffa[s]
jot [*dʒɔt*] jota, smula; anteckna, raspa **(down** ned); **not a ~** inte det minsta
journal [*dʒə:nəl*] journal, dagbok, loggbok, tidskrift, *mek.* axeltapp; **~ese** [*dʒə:'nəli:'z*] (dåligt) tidningsspråk; **~ism** [*dʒə:nəlizm*] journalistik; **~ist** [*-st*] journalist; **~istic** [*dʒə:nəli'stik*] journalistisk; **~ize** [*dʒə:nəlaiz*] införa i journal; vara journalist
journey [*dʒə:ni*] resa (med bestämt mål); [företaga en] resa; **the bus goes 8 ~s a day..** 8 turer om dagen; **J—'s End** skådespelet 'Männen vid fronten'; **~-man** gesäll, daglönare, arbetsträl
joust [*dʒu:st*] dust, tornering; tornera
Jove [*dʒouv*] Jupiter; **by ~!** sannerligen! **jovial** [*dʒouviəl*] jovialisk, munter; **joviality** [*dʒouviæ'liti*] munterhet
jowl [*dʒaul*] käkben, kind; **cheek by ~** kind mot kind, sida vid sida
joy [*dʒɔi*] glädje, fröjd, *amr.* bekvämlighet; **~-house** *amr. sl* bordell; **~ powder** *amr. sl* morfin; **~-ride** *sl* lusttur (is. utan tillåtelse), tjuvåkning; **~-rider** *amr. sl* en som tillfälligtvis prövar på narkotika; **~stick** styrspak i flygmaskin; **~ water** *amr. sl* alkohol; **joyful, joyous** glad, glädjestrålande, glädjande
jubilant [*dʒu:bilənt*] jublande; **jubilate** [*dʒu:bileit*] jubla; **jubilation** [*dʒu:bilei'ʃ(ə)n*] jubel
jubilee [*dʒu:bili:*] jubileum, jubel, *sl* fest; **the Diamond J—** drottning Victorias 60-års-jubileum; **silver ~** 25-års-jubileum
Judæa [*dʒudi:'ə*] Judéen; **judaic** [*dʒu:dei'ik*] judisk; **judaize** [*dʒu:deiaiz*] göra judisk
Judas [*dʒu:dəs*] Judas, förrädare; **j—** titthål (i en dörr)
judge [*dʒʌdʒ*] domare, kännare; döma, fälla dom, avgöra (spörsmål), bedöma, förmoda; **[the Book of] J—s** *bibl.* Domareboken; **J— Advocate [General]** *mil.* generalauditör; **tell it to the ~** *amr. sl* tänka på skilsmässa; **to ~ (judging) by** el. **from** att döma av; **~ for yourself** döm själv; **~ of** döma om; **~-made (law)** (lag) baserad på prejudikat; **~ship** domarämbete

udgmatical [*dʒʌdʒmæ'tik(ə)l*] *fam.* välbetänkt
udgment [*dʒʌdʒmənt*] dom, mening, omdöme, bedömande; **the last** ~ *bibl.* yttersta domen; **in my** ~ efter min mening; **day of** ~, ~**-day** domedag; ~**-seat** domarstol
udicature [*dʒu:dikətʃə*] domstol, rätt, jurisdiktion; **the Supreme Court of** ~ Högsta domstolen (i England); **judicial** [*dʒu(:)di'ʃ(ə)l*] rättslig, domar-, kritisk, opartisk; **judicial murder** justitiemord; **judicious** [*dʒu(:)di'ʃəs*] förnuftig, välbetänkt, rationell
Judy [*dʒu:di*] Punchs hustru i kasperteater, *sl* slampa, flicka (också **j**—); **make a** ~ **of oneself** *sl* göra sig till åtlöje
ug 1) [*dʒʌg*] kanna, krus, *sl* fängelse; *amr. sl* kassaskåp, bank; koka i kruka; *sl* bura in; ~**-handled** *amr. sl* ensidig; ~ **head** *amr. sl* narr, idiot
ug 2) [*dʒʌg*] näktergalens sång; slå (om näktergalen)
Juggernaut [*dʒʌgənɔ:t*] indisk avgudabild (av Krishna)
juggins [*dʒʌginz*] *sl* narr, idiot
juggle [*dʒʌgl*] trollkonst, bedrägeri; göra trollkonster, jonglera, lura; ~ **a person out of his money** lura pengar av en person; ~ **away** trolla bort; ~ **with facts** jonglera med fakta; **juggler** trollkonstnär
Jugo-Slav, Y— [*ju:'gousla:'v*] jugoslav; jugoslavisk; **Jugo-Slavia, Y—** [*ju:'gousla:'viə*] Jugoslavien
jugular [*dʒʌgjulə*] *med.* halsåder (~ *vein*); hals-; **jugulate** [*dʒʌgjuleit*] döda, strypa, hejda (sjukdom genom kraftiga medel)
juice [*dʒu:s*] saft, vätska, *sl* bensin, elektrisk ström, *amr. sl* pengar, alkohol; ~ **joint** *amr. sl* läskedrycksstånd, lönnkrog; **juiced** se *deuced* förbannad; **juiceless** saftlös, kraftlös; **juicer** *sl* elektriker; **juicy** saftig (också *fig.*), mustig, *amr. sl* rolig
jujube [*dʒu:dʒu:b*] *bot.* bröstbär; bröstsocker
ju-jutsu (jiu-jitsu) [*dʒu:dʒʌ'tsu:*] jiu-jitsu
julep [*dʒu:lep*] söt dryck, stimulans, grogg
Julia [*dʒu:ljə*] Julia; **Julian** [*dʒu:ljən*] juliansk
July [*dʒu(:)lai'*] juli
jumble [*dʒʌmbl*] virrvarr, röra; blanda ihop (utan ordning); ~**-sale** försäljning av olikartade billiga saker vid basar etc.
jumbo [*dʒʌmbou*] elefant, åbäke, bjässe, lyckans gullgosse
jump [*dʒʌmp*] hopp, språng, gupp, plötslig prisstegring, *amr. sl* olovlig friskjuts på järnväg; hoppa, hoppa över, förmå att hoppa, plötsligt stiga (i pris), höja (pris), stämma överens, överfalla; **the** ~**s** *fam.* delirium; **high** ~ höjdhopp; **long** ~ längdhopp; **get the** ~ **on** *sl* lura; ~ **a child on one's knee** låta ett barn rida ranka; ~ **a claim** (is. i Australien och Amerika) bemäktiga sig en annans guldfält (också *fig.*); ~ **a train** *amr.* hoppa upp på ett i gång varande tåg; ~ **at** hoppa på', antaga med uppräckta händer; ~ **at (to) conclusions** draga förhastade slutsatser; ~ **down a person's throat** *fam.* fara ut mot ngn; ~ **off** *amr. sl* begynna, *amr. mil. sl* angripa (från löpgravar); ~ **on** *fam.* kasta sig över, ge en uppsträckning; ~ **out of one's skin** fara ur skinnet (av glädje el. rädsla); ~ **to it!** *fam.* skynda dig! ~ **upon** = ~ *on*; **jumping-bean** *bot.* springört; **jumping-jack** *sl* fiskmås; **jumper** hoppare, medlem av hopparesekten, hoppande insekt, jumper, bussarong; **jumpy** nervös, orolig
junction [*dʒʌŋ(k)ʃ(ə)n*] förbindelse, förening, elektrisk koppling, järnvägsknutpunkt; **juncture** [*dʒʌŋ(k)tʃə*] sammanfogning, tidpunkt, (kritisk) punkt
June [*dʒu:n*] juni
jungle [*dʒʌŋgl*] djungel, *sl* aktiemarknaden, *amr.* tillhåll för lösdrivare; **jungled** *amr. sl* full; **junglese** [*dʒʌŋgli:'z*] *amr. sl* tjuvspråk
junior [*dʒu:njə*] junior, [den] yngre, *amr.* tredje årets student; **J—** junior (son med samma förnamn som fadern); **he is my** ~ **by 3 years** han är 3 år yngre än jag; **juniority** [*dʒu:niɔ'riti*] yngre anciennitet, ungdom
juniper [*dʒu:nipə*] *bot.* en; ~ **juice** *amr. sl* alkohol
junk [*dʒʌŋk*] klump, *sjö.* saltat kött, gammalt tågverk (is. *amr.*), skräp, kinesisk djonk, *amr. sl* narkotiskt medel, fordbil (också ~ *heap*); kassera, skrota ned; **junker, junkie** *amr. sl* morfinist
junket [*dʒʌŋkit*] kalvdans, kalas; festa
junta [*dʒʌntə*] (spansk el. italiensk) politisk förening
junto [*dʒʌntou*] hemlig politisk förening, junta
Jupiter [*dʒu:pitə*] (*astr.* o. romersk mytologi) Jupiter
Jura [*dʒuərə*]; **the** ~ Jurabergen; **jurassic** [*dʒu:ræ'sik*] *geol.* från juraperioden
jural [*dʒuərəl*] rättslig
jurat [*dʒuəræt*] överhetsperson, ålderman
juridical [*dʒuəri'dik(ə)l*] juridisk
jurisconsult [*dʒuəriskənsʌ'lt*] rättslärd
jurisdiction [*dʒuərisdi'kʃ(ə)n*] jurisdiktion, lagskipningsområde
jurisprudence [*dʒuərispru:'d(ə)ns*] juridik, lagfarenhet; **jurisprudent** lagfaren
jurist [*dʒuərist*] jurist
jury [*dʒuəri*] *jur.* jury, nämnd; **grand** ~ *jur.* brottmålsnämnd; **petty el. common el. trial** ~ *jur.* vanlig jury; **be (serve, sit) on a** ~ sitta i en jury; ~**-box** avskrankning för jury i domsal; ~**man, juror** [*dʒuərə*] *jur.* juryman, bisittare i jury
jury-mast [*dʒuəri-ma:st*] *sjö.* nödmast
jussive [*dʒʌsiv*] *gram.* jussiv, verbform uttryckande befallning
just 1) [*dʒu:st*] dust, tornering; tornera (*joust*)
just 2) [*dʒʌst*] rättvis, skälig, rättfärdig, noggrann; just, alldeles nyss, nätt och jämnt, endast, *fam.* minsann; ~ **another** *amr. sl* medelmåttig spelare, medelmåttigt spel; ~ **how** *amr.* precis; ~ **now** just nu, helt nyss; ~ **out** just utkommen; ~ **so** precis, jaså! **I'm** ~ **starving** jag svälter bokstavligen; ~**ly** med rätta, rättvist
justice [*dʒʌstis*] rättvisa, rätt, domare; **do** ~ **to** göra rättvisa (heder) åt; **do oneself** ~ hedra sig; **in all** ~ med all rätt; **J— of the Peace** fredsdomare
justifiable [*dʒʌstifaiəbl*] försvarlig, rättfärdig; **justification** [*dʒʌstifikei'ʃ(ə)n*] rättfärdigande, berättigande; **justificative** [*dʒʌstifikeitiv*], **justificatory** [*dʒʌstifikeitəri*) urskuldande; **justify** [*dʒʌstifai*] rättfärdiga, verifiera, försvara
jut [*dʒʌt*] utsprång; skjuta ut el. fram
jute [*dʒu:t*] jute
Jute [*dʒu:t*] jute; **Jutland** [*dʒʌtlənd*] Jylland
juvenescence [*dʒu:vine'sns*] tidig ungdom; **juvenescent** ungdomlig
juvenile [*dʒu:vinail*] ungdomlig, pueril, ungdoms-; **juvenility** [*dʒu:vini'liti*] ungdomlighet
juxtapose [*dʒʌkstəpouz*] ställa vid sidan av; **juxtaposition** [*dʒʌ'kstəpəzi'ʃ(ə)n*] ställning vid sidan av, juxtaposition

K

K, k [*kei*] (*pl Ks, K's* [*keiz*]) K, k
Kadi [*ka:di, keidi*) kadi (muhammedansk domare)
Kaf[f]ir, Caffre [*kæfə*] kaffer, *pl* sydafrikanska gruvaktier
kail [*keil*] (*Skottl.*); (*bot.* och som maträtt) grönkål; **kailyard** [*keilja:d*] (*Skottl.*) köksträdgård, kålgård; **the Kailyard Novelists** en nyskotsk författargrupp
kaiser [*kaizə*] (tysk el. österrikisk) kejsare; **the K—** (is.) kejsar Wilhelm II
kale [*keil*] *amr. sl* pengar; se också *kail*
kaleidoscope [*kəlai'dəskoup*] kaleidoskop; **kaleidoscopic** [*-skɔ'pik*] kalejdoskopisk, brokig
kalends, K— [*kælendz, -lindz*] Calendae (i latinsk tideräkning); **on** el. **till the Greek ~** aldrig
kanaka [*kænəkə, kənæ'kə*] inföding från Söderhavsöarna
kangaroo [*kæŋgəru:'*] känguru, *pl* västaustraliska gruvaktier; *amr. sl* döma på grund av falskt vittnesmål; **~ rat** *zool.* kängururåtta
Kant [*kænt*] Kant (tysk filosof); **Kantian** [*kæntiən*] kantisk, Kants; **Kantism** [*kæntizm*] Kants lära
kaolin [*keiolin*] kaolin
kapok [*keipək, kəpɔ'k*] kapok, glansull
kappa [*kæpə*] kappa (grekisk bokstav)
Kate [*keit*] Karin
kayo [*keiou*] *amr. sl* knockout; slå ut, ha stor tur
K. C. = *King's Counsel* (hög juristtitel)
keck [*kek*] känna kväljningar, *fig.* avvisa med vämjelse
kedge [*kedʒ*] *sjö.* varpankare; varpa
kedgeree [*kedʒəri:'*) ett slags fiskrätt med ris
keek [*ki:k*] (*Skottl.*) kika
keel [*ki:l*] *sjö.* köl, skepp, kolpråm; kantra; **keep on an even ~** hålla sig på rätt köl; **lay down a ~** sträcka en köl; **~ over** kantra, *amr. sl* svimma, ha otur; **~-haul** kölhala; **ke[e]lson** [*kelsn*] *sjö.* kölsvin
keen 1) [*ki:n*] skarp, intensiv, ivrig; **~ on** pigg på, angelägen om, förtjust i; **~ stuff** *amr. sl* trevlig, angenäm; **as ~ as mustard** entusiastisk; **~-set** hungrig, ivrig
keen 2) [*ki:n*] (*Irl.*) klagosång; begråta
keeno [*ki:nou*] *amr. sl* utmärkt, alldeles riktig
keep [*ki:p*] underhåll, uppehälle, [huvud]torn (i en borg); (*oregelb. vb*) hålla, behålla, bevara, föra (bok), *hand.* föra i lager, underhålla, hålla (djur), förvara, hålla sig, skydda, hindra, (i Cambridge) bo; **for ~s** *amr.* för alltid; **~ accounts** föra böcker el. räkenskaper; **~ body and soul together** nödtorftigt klara sig; **~ one's bed** hålla sig i sängen; **~ a diary** föra dagbok; **~ one's feet** hålla balansen; **~ the goal** vara målvakt; **~ one's ground** hävda sin ställning; **~ your hair (your shirt) on** *sl* var lugn! **~ one's hand in** hålla sig i övning; **~ one's head** behålla fattningen; **~ house** hushålla; **~ the house** hålla sig inomhus; **~ pace** hålla takten; **~ one's room** hålla sig i sitt rum; **~ a stiff upper lip** inte darra på läppen; **~ time** ge akt på tiden, slå takt; **~ cool** bibehålla fattningen; **~ indoors** hålla sig inomhus; **~ quiet** hålla sig lugn (tyst); **~ changing** ideligen ändra; **~ moving** hålla [sig] i gång; **~ somebody waiting** låta ngn vänta; **~ him working** hålla honom i arbete; **~ away** hålla [sig] borta; **~ back** hålla [sig] tillbaka, dölja; **~ down** hålla nere, undertrycka; **~ from** avhålla [sig] från; **~ in** hålla inne [med], tygla, låta (elev) sitta efter i klassen, hålla eld brinnande; **~ in touch with** upprätthålla förbindelsen med; **~ in with** hålla sig väl med; **~ off** hålla [sig] borta; **~ on [doing]** hålla i sig, fortfara med; **~ to** hålla sig till, stå fast vid; **~ up** hålla [sig] uppe upprätthålla; **~ up one's end** stå på sig; **~ u with** hålla jämna steg med, hinna med; **~sak** minne[sgåva]; **keeper** vakt, vårdare (av sin nessjuka), skogvaktare, djurvårdare; **keep-fit movement** frisksport; **keeping** förvar, vård överensstämmelse; **be in keeping with** vara stil med; **be out of keeping with** stå i strid med **keeping-room** *amr.* vardagsrum
keewe [*ki:wi:*], **kewie** [*ki:wi*] **bird** *amr. sl* en flygare som talar mycket om sina bedrifter men flyger litet
keg [*keg*] kagge, kutting; **~ party** *amr. sl* dryckeslag
kelly [*keli*] *amr.* plommonstop
kelpie [*kelpi*] (*Skottl.*) ond vattenande i en häst skepnad
kelson [*kelsn*] *sjö.* kölsvin
Kelt [*kelt*] kelt, *amr. sl* vit man; **Keltic** [*keltik*] keltiska; keltisk
ken [*ken*] (*Skottl.*) synkrets, *sl* tjuvnäste; känna [igen]; **beyond my ~** över mitt förstånd
kennel [*kenəl*) hundkoja, hundgård, usel bostad, rännsten; stänga in el. bo i en hundkoja
Kent [*kent*] grevskap sydost om London; **~ish** från Kent; **~ish rag** *geol.* ett slags hård kalksten
kept [*kept*] höll etc. (se *keep*)
kerb [*kə:b*] trottoarkant; **~-stone** kantsten (på trottoar)
kerchief [*kə:tʃif*] huvudduk, näsduk
kerf [*kə:f*] sågskåra, sågskär
kernel [*kə:n(ə)l*] kärna
kerosene [*kerosi:n*] fotogen
kersey [*kəzi*] ett slags grovt ylletyg, kersing
kerseymere [*kə:zimiə*) kaschmir (ett slags kläde
kestrel [*kestrəl*] tornfalk
ketch [*ketʃ*] litet tvåmastat fartyg
ketchup [*ketʃʌp*] skarpt kryddad sås, tomatsås
kettle [*ketl*] kastrull, kittel, *amr. sl* lokomotiv; **a pretty ~ of fish** *fam. fig.* en skön röra, en trevlig historia; **~-drum** *mus.* puka, *fam. åld.* stor tebjudning; **~-holder** grytlapp
Kew [*kju:*] **Gardens** en botanisk trädgård vid Themsen
kewpie [*kju:pi*] *amr. sl* barn
key 1) [*ki:*] nyckel, tangent, klav, tonart, grundton, kil, sprint; stämma, kila fast; **get (have) the ~ of the street** bli utkastad på gatan, 'gå brandvakt'; **to the same ~** i samma tonart; **the House of K—s** underhuset på ön Man; **keyed to the roof** *amr. sl* drucken; **~ up** stimulera; **keyed up** (också) med strama tyglar; **~board** klaviatur; **~-bugle** *mus.* ventilhorn; **~hole** nyckelhål; **~man** *amr.* telegrafist; **~ map** översiktskarta; **~ money** förskottsbetalning; **~note** *mus.* o. *fig.* grundton, klav; **~-ring** nyckelring; **~stone** slutsten i valv; **~-switch** nyckelavbrytare (till radio); **~-word** nyckelord
key 2) [*ki:*] *amr.* rev, låg ö
khaki [*ka:ki*] (is. *mil.*) khakityg; gulbrunt; **~ election** krigsval (efter boerkriget)
Khan [*ka:n, kæn*] kan, asiatisk furste; **Khanate** [*ka:neit, kæneit*] furstendöme, kanvärdighet
Khedive [*kidi:'v*] kediv (egyptisk regent)
kibe [*kaib*] kylsår
kibitz *amr.* oombedd ge råd; **~er** *amr.* en som oombedd ger råd
kibosh [*kaibɔʃ, kibɔ'ʃ*] *sl* struntprat, stil, sätt; **put the ~ on** *sl* göra kål på
kick [*kik*] spark, stöt, slag, rekyl, *fam.* kraft, spänstighet, fotbollsspelare, *amr.* kritik, klagan, *sl* byxficka, *pl* skor; sparka, stöta (om gevär), streta emot, slå bakut, *amr.* kritisera, beklaga

sig, *sl* ge sparken (~ *out*); **get a ~ out of** få nöje av; ~ **the bucket** el. ~ **it** *sl* dö; ~ **the gonger** *amr. sl* röka en opiumpipa; ~ **one's heels** stå och vänta; ~ **up one's heels** slå klackarna i taket; ~ **off** göra avspark (i fotboll), *amr. sl* dö; ~ **over** sparka omkull, *amr. sl* plundra; ~ **over the traces** *sl* hoppa över skacklarna; ~ **up a row** el. **a dust** ställa till bråk; **be kicked upstairs** bli framsparkad; **~-back** *auto.* backslag; **~-starter** fotstart (på motorcykel); **kicker** häst som sparkar, kverulant, *sl* ben
kickshaw [*kikʃɔ:*) småsak, hoprörd maträtt
kid [*kid*] killing, *sl* barnunge, ung man; kidla (få killingar), lura, narra; **~-gloves** glacéhandskar; *bildl.* silkesvantar; **~-skin** getskinn; ~ **oneself** *sl* vara högfärdig; **kiddy** barn; **kidnap** [*kidnæp*] stjäla (barn), bortröva (människor); **kidnapper** person som stjäl barn
kidney [*kidni*] njure, art, slag, *sl* uppassare; ~ **bean** turkisk böna; ~ **potato** ett slags oval potatis; **~-wort** *bot.* stenbräcka (Saxifraga stellaris)
kike 1) [*kaik*] *amr. sl* jude
kike 2) [*kaik*]; ~ **it** *amr. sl* gå
kilderkin [*kildəkin*] tunna, mått = 16 el. 18 gallon
kill [*kil*) dråp, (jägares) byte; dräpa, slå ihjäl, göra slut på, överväldiga; **the wall-paper ~s the furniture** tapeten förtar verkan av möblerna (genom sin färg); **got up to** ~ i bästa krigsrustning; ~ **it!** *amr. sl* sluta upp (med det)! ~ **off** utrota; ~ **the time** slå ihjäl tiden; ~ **two birds with one stone** slå två flugor i en smäll; **~-or-cure** hästkur; ~ **yourself** *amr. sl* sköt dina egna affärer; **~-joy** *amr.* glädjestörare; **~-time** tidsfördriv; **killer** dråpare, *amr. sl* boxare; **killing** mördande, fatal, *fam.* förtjusande, urkomisk, dråplig
kiln [*kiln, kil*] kalkugn, tegelugn, kolmila; **~-dried** ugnstorkad
kilo [*ki:lou*] kilo; **~gram[me]** [*kilogræm*] kilogram; **~litre** [*kiloli:tə*] kiloliter; **~metre** [*kilomi:tə*] kilometer; **~watt** [*wɔt*] kilowatt
kilt [*kilt*] kilt (skotsk högländares kjol); uppskörta, vecka; **kiltie, kilty** skotsk soldat (med *kilt*)
kimono [*kimou'nou*] kimono
kin [*kin*) släkt, familj; [be]släkt[ad) **(to** med); **next of** ~ närmaste släkting; **kinery** [*kinəri*] *amr. sl* familj; **kinship** släktskap
kinchin [*kin(t)ʃin*] *sl* barn; ~ **lay** *sl* stöld från barn
kind [*kaind*] art, sort, slag, natur, karaktär; vänlig, älskvärd; **coffee of a** ~ dåligt kaffe; **nothing of the** ~ ingenting ditåt, absolut inte; **payment in** ~ betalning i varor; **[re]pay in** ~ betala med samma mynt; **these ~ of men** *fam.* den sortens folk; **I ~ of** (på sätt och vis) **expected it** *fam.* jag hade det på känn; **it is ~ of you** det var vänligt av er; ~ **regards** en vänlig (hjärtlig) hälsning; **kindly** vänlig; vänligt; **kindly let me know** var god och underrätta mig; **take kindly to** [börja] trivas med
kinda, kinder [*kaində*] = *kind of* rentav, liksom
kindergarten [*kindəga:tn*] barnträdgård, lekskola; **kindergartenism** [*-izm*] lekskolrörelsen
kindle [*kindl*] tända, upptända, flamma, lysa upp, fatta eld; **kindling** upptändande, torrved (också *kindling wood*)
kindly se *kind*
kindred [*kindrid*] släkt, släktskap; besläktad
kine [*kain*] *åld. pl* av *cow* ko
kinema [*kainimə*] biograf (*cinema*); **kinematics** [*k(a)inəmæ'tiks*] kinematik (rörelselära); **kinetic** [*kine'tik*] kinetisk, rörelse-; *pl* kinetik, rörelselära, mekanik
king [*kiŋ*] kung (också i kort- och schackspel); [**the Book of**] **K—s** *bibl.* Konungaböckerna; **K— Cæsar** ett slags lek; **K— of Terrors** döden; ~ **of the castle** ett slags lek; ~ **it** spela kung; **~-craft** regeringskonst; **~-cup** *bot.* smörblomma, kabbeleka; **~fisher** kungsfiskare, isfågel; ~ **pin** *amr. sl* högsta hönset; **K—'s Counsel** kronjurist; **~'s evil** skrofler; **~'s head** frimärke; **~'s peg** blandning av konjak och champagne; **~'s pictures** *sl* pengar; **kingdom** [*kiŋdəm*] kungadöme, konungarike; **the United Kingdom** Storbritannien och Nord-Irland; **kingdomcome** det tillkommande livet; **kinglet** [*kiŋlet*], **kingling** småkonung; **kingly** kunglig; **kingship** [*kiŋʃip*] kungavärdighet
kink [*kiŋk*] *sjö.* kink på tåg, fnurra, *fig.* hugskott; *amr. sl* förbrytare; *sjö.* sno [sig]; hopsnodd, tovig; **kinky** *amr. sl* stulen, olovlig
kiosk [*kiɔ'sk*] kiosk
kip [*kip*] kvigläder, *sl* säng, sömn; *sl* sova; **~-house** härbärge
kipper [*kipə*] lax i lektiden, rökt fisk, *sl* karl; röka (om fisk)
kippy [*kipi*] *amr. sl* prydlig
kirk [*kə:k*] (*Skottl.* o. *Nordengl.*) kyrka; ~ **session** (*Skottl.*) kyrkoråd; **~man** medlem av *the K— of Scotland*
kismet [*kizmet*] kismet, ödet (Allahs vilja)
kiss [*kis*] kyss, beröring (i biljard), lack droppat bredvid brevsigill; kyssa[s]; ~ **the Bible** el. **the book** avlägga ed; ~ **the dust** bita i gräset; ~ **the ground** kasta sig i stoftet; ~ **the rod** kyssa riset, finna sig i straff; ~ **off** *amr. sl* avsked; avskeda; **~-in-the-ring** ett slags lek; **~proof** kyssäkta (om läppstift); **kisser** *sl* mun; **kissing crust** mjukt ställe i brödskorpan
kit [*kit*] ämbar, bytta, utrustning, *mil.* packning, ränsel; **first aid** ~ förbandslåda; **tool** ~ verktygssats; **~-bag** [res]väska, ränsel
kitchen [*kitʃən*] kök, *amr. sl* mage; ~ **garden** köksträdgård; **~-maid** kökspiga; ~ **midden** kökkenmödding; ~ **physic** mat; **~-range** [kok]-spis; **~-stuff** matvaror, is. grönsaker; **kitchener** kokspis, köksabbot; **kitchenette** [*kitʃəne't*] kokvrå
kite [*kait*] *zool.* glada, pappersdrake, *hand. sl* ryttarväxel, *sl* falsk check, *amr. sl* brev; **fly a ~** sända upp en pappersdrake, *sl* sända ut en trevare, skaffa pengar på låneväxel, *amr. sl* skicka ett brev; ~ **balloon** ballon captif
kith [*kiþ*] bekanta; ~ **and kin** släkt [och vänner]
kitten [*kitn*] kattunge; få ungar
kittle [*kitl*]; ~ **cattle** kitslig, vansklig
kitty [*kiti*] kattunge, (också) 'pott' i kortspel
kiwi [*ki:wi*] *zool.* kiwi (nyzeeländsk struts)
klaxon [*klæksən*] bilhorn
klep [*klep*] *sl* tjuv, förk. f. **kleptomaniac** [*kleptomei'njək*] kleptoman; **kleptomania** [*kleptomei'njə*] kleptomani
klink [*kliŋk*] *sl* fängelse
kluck [*klʌk*] *amr. sl* narr
klunk [*klʌŋk*] *amr. sl* dimpa
knack [*næk*] handlag, talang
knacker [*nækə*] hästslaktare, nedskrotare (av bilar, båtar o. d.)
knag [*næg*] torr kvist
knap [*næp*] knacka av, slå sönder
knapsack [*næpsæk*] ryggsäck, ränsel
knapweed [*næpwi:d*] *bot.* klint
knar [*na:*] knöl, utväxt på träd
knave [*neiv*] kanalje, knekt i kortspel; **knavery** [*neivəri*] skurkstreck, skurkaktighet; **knavish** [*neiviʃ*] skurkaktig
knead [*ni:d*] knåda (också *fig.*); **kneading-trough** baktråg
knee [*ni:*] knä, *pl* sköte; beröra med knäet, göra knän (på byxor); **bring (a person) to his ~s** bringa på knä; **be on the ~s of the gods** ligga i gudarnas knän, vara ovisst; **give a** ~ vara sekond (åt boxare); **~-breeches** knäbyxor; **~-cap** knäskål; **~-deep** som räcker till knäna (snö o. d.); **~-drill** hyckleri; **~-pan** knäskål; **~-swell** knäsvällare (på orgel)

kneel [*ni:l*] (*oregelb. vb*) knäböja
knell [*nel*] klämtning, själaringning, dödsklocka; klämta, varsla
knelt [*nelt*] knäböjde, knäböjt (se *kneel*)
knew [*nju:*] visste, kunde (se *know*)
knickerbockers [*nikəbɔkəz*] vida knäbyxor
knickers [*nikəz*] dambyxor
knick-knack [*nik-næk*] prydnadsföremål, (behändig) småsak; *pl* ~s = **knickery** [*nikəri*] nipper, krimskrams
knife [*naif*] (*pl knives* [*naivz*]) kniv; sticka med kniv; **war to the** ~ krig på kniven; **before you can say** ~ innan man vet ordet av; **get one's** ~ **into** sätta kniven i, ursinnigt angripa; ~ **it** *sl* sluta upp! ~**-board** skurbräde för bordsknivar, *åld.* dubbelbänk (på omnibustak); ~**-edge** knivsegg; ~**-grinder** skärslipare; ~**-rest** knivhållare (på matbord)
knight [*nait*] riddare, springare (i schack), adelsman av lägsta (icke ärftliga) rang; dubba till riddare, göra till *knight*; ~ **of the cleaver** *sl* slaktare; ~**-errant** vandrande riddare; **the** ~ **of the rueful countenance** riddaren av den sorgliga skepnaden (Don Quijote); ~**age** [*naitidʒ*] ridderskap, lista över *knights*; ~**hood** *knight*-värdighet; ~**-like,** ~**ly** ridderlig
knit [*nit*] sticka (strumpor), rynka (pannan), *fig.* knyta, förena; **well-**~ **frame** fast kroppsbyggnad; **knitting-needle** strumpsticka, *amr. mil. sl* sabel
knob [*nɔb*] knapp, knopp, knöl, dörrvred, radioratt, *sl* huvud; **give him one for his** ~ knacka honom i skallen; **with —s on** *sl* 'extrajäklig'; ~**-stick** knölpåk, *sl* strejkbrytare; **knobble** [*nɔbl*] liten knopp; **knobbly, knobby** knölig, kullig
knock [*nɔk*] knackning, slag; knacka, slå, *sl* göra häpen, *amr. sl* fördöma, kritisera; ~**ed all of a heap** *sl* överväldigad, lamslagen; ~ **the bottom out of** slå botten ur (också *fig.* t. ex. om argument); ~ **a person's head off** övertrumfa ngn; ~ **the spots off** *amr.* grundligt besegra; ~ **about** misshandla, kasta hit och dit, flacka omkring, 'leva rullan'; ~ **against** stöta emot, stöta på (oförmodat); ~ **down** slå till marken, (på auktion) slå bort, slå av på (pris), ta sönder (maskin för transport); ~ **into a cocked hat** *sl* mörbulta; ~ **off** sluta, upphöra med, göra undan raskt, 'smälla ihop', draga ifrån (summa), *amr. sl* plundra, slå ihjäl, arrestera; ~ **out** slå ut (i boxning), knacka ur (pipa); ~ **over** *amr. sl* arrestera; ~ **together** slå ihop, 'smälla ihop'; ~ **under** ge tappt; ~ **up** väcka (genom knackning), improvisera, 'smälla upp', utmatta, bli utmattad; ~ **up against** stöta ihop med; ~**-about** *amr.* liten segelbåt; kringflackande, bohem-, vardags- (*suit* kostym), bullersam, våldsam; ~**-down** minimipris vid auktion, dråpslag, *amr. sl* presentation; överväldigande, förkrossande; ~**-kneed** kobent, knäsvag (~*-knees*); ~**out** knockout, skenauktion (mellan kompanjoner), *amr. sl* stor succé; **knocker** dörrklapp, *amr.* häcklare; **up to the knocker** *sl* perfekt; **knockingshop** *sl* bordell
knoll [*noul*] kulle; klämta, ringa samman
knopweed [*nɔpwi:d*] klint (Centaurea)
knot [*nɔt*] knut, rosett, skärningspunkt, kvist (i trä), klunga, grupp, *sjö.* knop, *fig.* problem; knyta, sammanknyta, förveckla, rynka (pannan); **fool's** el. **granny's** ~ käringknut; **cut the** [**Gordian**] ~ hugga av [den gordiska] knuten, lösa svårigheten; **tie the** ~ knyta äktenskapsband; ~**-grass** trampgräs (Polygonum aviculare); **knotty** knutig, kvistig, kinkig
knout [*naut*] knutpiska; knuta
know [*nou*] (*oregelb. vb*) veta, känna, känna till, kunna (språk, läxor osv.); **in the** ~ invigd (i hemligheten), välunderrättad; **not that I** ~ **of** ej så vitt jag vet; **don't you** ~? (efter en annan sats) förstår du? ~ **by sight** känna till utseendet; ~ **one's own mind** veta vad man vill; ~ **what's what** *fam.* veta besked, inte vara bortkommen; **not** ~ **chalk from cheese** ha dåligt reda på sig; **knowing** kunnig, medveten, slug, slipad, *sl* stilig, flott; ~**-nothing** okunnig person
knowledge [*nɔlidʒ*] kunskap, kännedom; **to** [**the best of**] **my** ~ såvitt jag vet; ~ **box** *amr. sl* huvud, skola; ~**able** [*nɔlidʒəbl*] förståndig, välunderrättad, kunskapsrik
known [*noun*] känd, bekant; vetat etc. (se *know*)
knuck [*nʌk*] *amr. sl* ficktjuv
knuckle [*nʌkl*] knoge, smalare delen av låret (på djur); slå (gnida) med knogarna; ~ **down** el. **under** ge tappt; ~**-bone** ledknota (på får); ~**-duster** boxjärn, *sl* prålig ring; ~ **interview** *amr. sl* slagsmål
knucks [*nʌks*] *amr. sl* boxjärn
knurl [*nə:l*] (räfflad) knopp, skruv; räffla, krusa
kobold [*koubould*] (tyska) troll
kodak [*koudæk*] kodak[kamera]; fotografera, beskriva livligt
koh-i-noor [*kouinuə*] Koh-i-noor (berömd diamant)
kohl [*koul*] kohl (svart färgämne, använt i Orienten att svärta ögonlocken med)
kohlrabi [*kou'lra:'bi*] kålrabbi
kopje [*kɔpi*] (sydafrikanska) liten höjd
Koran [*kora:'n, kɔ:ræn*]; **the** ~ koranen
kosher [*kouʃə*] (för judarna) ren (mat el. butik)
ko[w]tow [*kou'tau'*] (kinesisk vördnadsbetygelse med pannan mot marken) kryperi; kasta sig i stoftet för
kraal [*kra:l*] kraal (negerby, inhägnad för boskap)
Kremlin [*kremlin*]; **the** ~ Kreml
Kroo, Kr[o]u [*kru:*] koroman (negerfolk, särskilt duktiga sjömän); ~**-boy;** ~**-man**
Kruschen [*krʌʃ(ə)n*]; **that** ~ **feeling** väldigt livsmod, 'kruschenkänsla'
kudos [*kju:dɔs*] (universitets-*sl*) heder, berömmelse
Ku-Klux[-Klan] [*kju:'klʌ'ks(klæ'n)*] Ku-Klux-Klan (ett hemligt sällskap i USA); sluta sig till K.
Kuomintang [*kju:ouminŧæŋ*] Kuomintang (kinesiska nationalistpartiet)
kuter [*kju:tə*] *amr. sl* 25 cent
kybosh [*kibɔ'ʃ, kaibɔʃ*] struntprat (se *kibosh*)
Kyrie eleison [*kiərii ilei'sɔn*] *grek.* 'Herre, förbarma dig över oss'

L

L, l [*el*] (*pl Ls, L's* [*elz*]) L, l, *amr.* förk. f. *Elevated Railroad* högbana
£ (förk. f. *lat. libra*) = *pound*
la [*la:*] *mus.* la
laager [*lagə*] [bygga en] vagnborg
lab [*læb*] *sl* förk. f. *laboratory*
label [*leibl*] etikett, adresslapp; märka, etikettera, pollettera (resgods)
labial [*leibiəl*] läppljud; labial, läpp-
labile [*leibil*] *fys. kem.* labil
labor *amr.* se *labour*
laboratory [*læbərətəri, ləbɔ'rət(ə)ri*] laboratorium
laborious [*ləbɔ:'riəs*] arbetsam, mödosam, ansträngande
labour [*leibə*] arbete, arbetskraft, möda, barnsnöd; **L—** arbetarpartiet (i England); arbeta hårt, anstränga sig, utarbeta, bearbeta; **hard ~** straffarbete; **lost ~** förspilld möda; **~ dispute** arbetskonflikt; **L— Exchange** arbetsförmedling; **~ leader** fackföreningsledare; **~ of Hercules** herkulesarbete; **~ of love** älsklingsgöra, kärleksverk; **~ the point** utförligt behandla punkten; **~ under a delusion** vara fången i en villfarelse; **laboured style** konstlad stil; **labourer** [*leibərə*] [grov]arbetare, *amr.* hantlangare; **labourite** [*leibərait*] medlem av arbetarpartiet
laburnum [*ləbə:'nəm*] *bot.* gullregn
labyrinth [*læbərinþ*] labyrint; **labyrinthine** [*læbəri'nþain*] labyrintisk
lac 1) [*læk*] gummilacka (rött harts)
lac 2), lakh [*læk*] (*Ind.*) 100 000 (t. ex. **~ of rupees**)
lace [*leis*] snöre, snörband, galon, spetsar; snöra, garnera (med spetsar), galonera; *sl* blanda i (sprit), piska upp; **~-boot** snörkänga; **~ curtains** *amr. sl* kindskägg; **~-pillow** knyppeldyna; **Brussels ~** brysselspetsar; **laced coffee** kaffegök; **lacing** snörning, garnering, *sl* 'spets' (på dryck), smörj
Lacedemonian [*læsidimou'njən*] spartan; spartansk
lacerate [*læsəreit*] slita sönder, riva upp, plåga, martera; **laceration** [*læsərei'ʃ(ə)n*] sönderslitning, rivet hål
laches [*lætʃiz*] *jur.* försummelse
lachrymal [*lækriməl*] (is. *anat.*) tår-; **~ vase** = **lachrymatory** [*lækrimətəri*] tårurna; **lachrymatory gas** tårgas; **lachrymose** [*lækrimous*] gråtmild, tårfylld, sorglig
lack [*læk*] brist; lida brist på; **for ~ of** av brist på; **be lacking** tryta, fattas; **be lacking in (courage)** sakna (mod); **John Lackland** (kung) Johan utan land; **~-lustre** glanslös, enformig
lackadaisical [*lækədei'zik(ə)l*] tillgjord
lackey [*læki*] lakej; vara lakej åt, hänga efter
laconic [*ləkɔ'nik*] lakonisk
lacquer [*lækə*] lackfernissa; lackera, fernissa
lacrosse [*la:krɔ's*] lacrosse (kanadensiskt bollspel)
lactation [*læktei'ʃ(ə)n*] digivning, mjölkavsöndring; **lacteal** [*læktiəl*] *pl* chylus-, mjölksaftkärl; **lactescent** [*lækte'sənt*] mjölkaktig; **lactic** [*læktik*] mjölk-; **lactometer** [*læktɔ'mitə*] mjölkprovare; **lactose** [*læktous*] mjölksocker
lacuna [*ləkju:'nə*] lakun
lacustrine [*ləkʌ'strin*] sjö-, insjö-
lacy [*leisi*] spetsliknande
lad [*læd*] pojke, grabb, karl; **laddie, laddy** [*lædi*] pojke
ladder [*lædə*] stege, *sjö.* lejdare, löpmaska (på strumpa); löpa (om maska); **get one's foot on the ~** komma i gång
lade [*leid*] lasta; **laden** lastad, fylld, tyngd; **lading** lastning; **bill of lading** konossement
la-di-da [*la:dida:'*] tillgjord (snobb)
ladle [*leidl*] slev, skopa; ösa
lady [*leidi*] dam, fru, titel för engelska adelsdamer; kvinnlig; **my ~** Ers nåd; **Our L—** Vår Fru (Jungfru Maria); **your good ~** er fru; **~ clerk** kvinnlig kontorist; **~ friend** väninna; **~-bird, ~-bug** nyckelpiga; **~-chapel** kapell, helgat åt jungfru Maria; **L— Day** Marie bebådelsedag; **~ help** sällskapsdam; **~ in waiting** hovdam; **~-killer** hjärtekrossare; **~-love** käresta; **L—'s bedstraw** *bot.* gulmåra; **~'s maid** kammarpiga; **~'s man** fruntimmerskarl; **L—'s smock** ängskrasse; **L—'s slipper** *bot.* akleja; **ladylike** förnäm, fin, fruntimmersaktig; **ladyship** ladys rang; **her ladyship** hennes nåd
laff [*læf*] (vulgärt f. *laugh*) skratta
lag [*læg*] lagg (i laggkärl), straffånge, *mek.* retardation; sacka akterut, bli efter, söla, arrestera, deportera; **old ~** fängelsekund; **~ behind the times** vara efter sin tid; **~-ship** deportationsskepp; **laggard** [*lægəd*] sölkorv, efterliggare; **lagging** *sl* fängelsevistelse
lager[beer] [*la:gə(biə)*] lageröl
lagoon [*ləgu:'n*] lagun
lah-dee-dah, lah-di-dah [*la:dida:'*] tillgjord (snobb)
laic [*leiik*] lekman; världslig
laid [*leid*] lade, lagt (se *lay*)
lain [*lein*] legat (se *lie*)
lair [*lɛə*] (djurs) läger, lya, kula, ide
laird [*lɛəd*] (skotsk) godsägare
laity [*leiiti*]; **the ~** lekmännen
lake 1) [*leik*] insjö; **the L—s, the L— District** sjödistriktet i Nordengland; **the Great L—s** de stora sjöarna i Nordamerika; **~ dwelling** (förhistorisk) pålbyggnad; **~-country, ~-land** = *the Lakes*; **the, ~ poets** el. **school** 'Sjöskolan' (Wordsworth, Coleridge, Southey); **lakelet** [*leiklit*] liten sjö; **Lakist** [*leikist*] = **~** *poet*
lake 2) [*leik*] lackfärg
lakh [*læk*] (anglo-ind.) 100 000 (*lac*)
lallapaloosa [*læləpəlu:'zə*] *amr. sl* flott karl
lallygag [*læligæg*] *amr. sl* flörta
lam [*læm*] *sl* slå, klå, *amr. sl* ge sig av
lama [*la:mə*] *zool.* lama (se *llama*); lama, tibetansk el. mongolisk buddistpräst; **lamasery** [*la:məsəri*] lamakloster
lamb [*læm*] lamm, lammkött; lamma, *sl* mörbulta; **~-pie** *sl* kok stryk; **~'s-tails** hasselhängen; **~'s tongue** *amr. sl* dollarsedel
lambda [*læmdə*] lambda (grek. bokstav)
lambency [*læmbənsi*] spelande liv; **lambent** strålande, lekande, levande
lambkin [*læmkin*] litet lamm; **lamblike** [*læmlaik*] (is.) from som ett lamm
lame [*leim*] halt, haltande (också *fig.*), *fig.* bristfällig; förlama, stympa; **~ duck** *fam.* börsspekulant med otur, *amr.* politiker som ej blivit omvald, affärsman med dålig kredit
lament [*ləme'nt*] veklagan, klagosång, -dikt; klaga, jämra, beklaga; **[late] lamented** avliden, salig; **~able** [*læməntəbl*] beklaglig, sorglig; **~ation** [*læməntei'ʃ(ə)n*] klagan; **the Lamentations** *bibl.* Jeremias klagovisor
lamina [*læminə*] tunn skiva, lamell; **laminate** [*læmineit*] uthamra el. utvalsa i skivor
lammer [*læmə*] *amr. sl* boxare
lamp [*læmp*] lampa, lykta, *pl sl* ögon; *amr. sl* se; **smell of the ~** lukta skrivbord; **hand on the ~** sprida kunskapens ljus; **~-black** kimrök; **~-chimney** lampglas; **~-cotton** veke; **~-light** lampljus; **~-lighter** lykttändare; **~-post** lyktstolpe; **~-shade** lampskärm; **lampion** [*læmpiən*] lykta för illumination

lampoon [*læmpu:'n*] pamflett, nidskrift, smädedikt; smäda (i skrift); ~**ist** [*-ist*] nidskrivare
lamprey [*læmpri*] *zool.* nejonöga
lamster [*læmstə*] *amr. sl* förrymd straffånge
Lancaster [*læŋkəstə*] (huset) Lancaster; **Lancastrian** [*læŋkæ'striən*] person från Lancaster; Lancaster-
lance [*la:ns*] lans, lansiär; *med.* öppna med lansett; **free** ~ 'frilans', (politisk) vilde; ~**-corporal** vicekorpral; ~**-jack** *mil. sl* vicekorpral; ~**-sergeant** *mil.* undersergeant; ~**wood** lansträ; **lancelet** [*la:nslit*] *zool.* lansettfisk; **lancer** *mil.* lansiär, *pl* lansiärkadrilj; **lancet** [*la:nsit*] *med.* lansett; spetsbåge
land [*lænd*] land, jord, jordegendom, terräng; landa, föra el. draga i land, dra upp (fisk), hamna, försätta (t. ex. i svårigheter), vinna (ett pris etc.); **by** ~ till lands; **the L— League** irländsk sammanslutning 1879—81; **L—'s End** sydvästspetsen av England; **the** ~ **of cakes** Skottland; **the** ~ **of promise** det förlovade landet; **the** ~ **of Scots** *amr. sl* himlen; **the lay of the** ~ hur landet ligger; ~ **him one on the chin** ge honom ett slag på hakan; ~**-agent** förvaltare, egendomsagent; ~**-agency** fastighetsbyrå; ~**-breeze** landvind; ~**-crab** *zool.* landkrabba; ~**fall** *sjö.* landkänning; ~**-forces** landtrupper; ~**grave** [*-greiv*] (tysk) lantgreve; ~**holder** jordägare; ~**-jobber** jordspekulant; ~**lady** [hyres- el. värdshus]värdinna; ~**-locked** omgivet av land; ~**lord** godsägare, [hus-, hotell-, krog]värd; ~**lordism** godsägarvälde; ~**-lubber** *fig.* landkrabba; ~**mark** gränsmärke, landmärke, *fig.* hållpunkt, milstolpe; ~**owner** jordägare; **become a** ~**owner** *sl* dö; ~**rail** *zool.* kornknarr; ~**scape** landskap; **landscape gardener** trädgårdsarkitekt; ~**-shark** bondfångare som lurar sjömän; ~**-slide** jordskred (*fig.* om stort valnederlag); ~**slip** jordskred; ~**sman** *fig.* landkrabba; ~**-tax** grundskatt; ~**-wind** landvind; **landed** [*lændid*] jord-, jordägande, land-, t. ex. **the** ~ **class,** ~ **property; landward**[**s**] mot land
landau [*lændɔ:*] landå (fyrhjulig täckvagn)
landing [*lændiŋ*] landning, landstigning, landningsplats, trappavsats; **forced** ~ *flyg.* nödlandning, *amr. sl* fall; **spot** ~ *flyg.* pricklandning; **tail first** ~ *flyg.* sporrlandning; **three point** ~ *flyg.* trepunktslandning; ~ **carriage,** ~ **gear** *flyg.* landningsställ; ~ **light** landningsljus, vingljus; ~**-net** fiskhåv, not; ~**-place,** ~**-stage** landningsplats, landningsbrygga; ~**-wheels** landningshjul (på flygmaskin); ~ **wire** *flyg.* landningsstag
landocracy [*lændɔ'krəsi*] (skämtsamt) landaristokrati
lane [*lein*] allé, smal väg (mellan häckar), trång gata, farled; **the red** ~ (barnspråk) strupen
langley [*læŋli*] konstgjord ö (som landningsplats för flygmaskiner)
language [*læŋgwidʒ*] språk; **bad** ~ svordomar el. skällsord; **strong** ~ eder el. kraftuttryck; ~**-master** språklärare
languid [*læŋgwid*] matt, trög, tråkig, *hand.* flau; **languish** [*læŋgwiʃ*] avmattas, tyna av, tråna, trängta, försmäkta; **languor** [*læŋgwə, -gə*] matthet, slapphet, tröghet, tristess, kraftlöshet
lank [*læŋk*] lång och mager, gänglig, stripig (om hår); **lanky** skranglig
lanolin [*lænolin*] lanolin
lansquenet [*lænskinit*] landsknekt, ett kortspel
lantern [*læntən*] lykta, lanterna, lanternin; genombruten; **dark** ~ blindlykta; **jack-o'-**~ irrbloss; ~ **jaws** infallna kinder; ~**-slide** skioptikonbild
lanyard [*lænjəd*] *sjö.* taljerep, sejsing, repstump
lap 1) [*læp*] flytande hundmat, skvalp, *sl* sprit; lapa, sörpla (**down, in, up** i sig), skvalpa, slicka (om böljor)
lap 2) [*læp*] sköte, flik, fång, fals, band, varv; veckla om, linda in, invagga; ~ **over** skjuta ut över (*overlap*); ~**-dog** knähund; ~**-robe** *amr.* reståcke; ~**-supper** *amr.* stående supé
lapel [*ləpe'l*] uppslag på rock; **lapelled** [*ləpe'ld*] försedd med uppslag
lapidary [*læpidəri*] stenskärare, -slipare; sten-, huggen i sten; lapidar, korthuggen och koncis; ~ **style** lapidarstil; **lapidate** [*læpideit*] stena
lapis lazuli [*læpis læzjulai*] lasursten
Lapland [*læplænd*] Lappland; **Laplander** lapp; **Lapp** [*læp*] lapp; **Lappish** lapska (språket); lapsk
lappet [*læpit*] flik, snibb, skört, öronlapp (på mössa)
Lapponian [*ləpou'njən*] lapsk
lapse [*læps*] lapsus, fel, förseelse, återfall, förbiseende, förlopp, fall (i temperatur); glida hän, förlöpa, förfalla, nedsjunka, försjunka, begå ett fel, utlöpa (om tidsfrist etc.)
lapwing [*læpwiŋ*] *zool.* vipa
larboard [*la:bɔ:d, -bəd*] *sjö. åld.* babord (*port*)
larcenous [*la:sinəs*] *jur.* tjuvaktig; **larceny** [*la:sni*] *jur.* stöld; **petty larceny** snatteri
larch [*la:tʃ*] *bot.* lärkträd
lard [*la:d*] svinister, späck; späcka; ~ **king** *amr. sl* fläskkung (från Cincinnati); **larder** skafferi; **larding-needle** späcknål
lardy-dah [*la:dida:'*] sprätthök, snobb (*lahdi-dah*); **lardy-dardy** [*la:di-da:di*] snobbig
Lares and Penates [*lɛəri:z ænd pinei'ti:z*] hus och hem
large [*la:dʒ*] stor, stor och bred, vid, rymlig, omfattande, vidsynt; ~**head** *amr. sl* dryckeskämpe; ~ **size** *amr.* stor; **at** ~ i frihet, utförligt, som helhet, vitt och brett; **in** ~ i full storlek; ~**-handed** generös; ~**-hearted** vidhjärtad; ~**-minded** storsint; **largess**[**e**] [*la:dʒes*] frikostighet; **largely** till stor del, i hög grad
lariate [*lɛəriət*] *amr.* [fånga med] lasso
lark [*la:k*] lärka, *sl* upptåg, skoj; skoja [med]; ~**spur** *bot.* riddarsporre; **larky** full av skoj
larrikin [*lærikin*] ligapojke
larrup [*lærəp*] *amr. sl* piska upp, klå; **larruper** *amr. sl* boxare
larva [*la:və*] (*pl larvae* [*la:vi:*]) larv
laryngal [*ləri'ŋg(ə)l*], **laryngeal** [*ləri'ndʒiəl*] *anat.* strup[huvuds]-; **laryngitis** [*lærindʒai'tis*] *med.* laryngitis; **laryngoscope** [*ləri'ŋgəskoup*] laryngoskop, struphuvudspegel; **larynx** [*læriŋks*] *anat.* struphuvud
Lascar [*læskə*] (indisk) matros
lascivious [*ləsi'viəs*] lasciv, lysten, vällustig; ~ **murder** lustmord
lash [*læʃ*] piskslag, [pisk]snärt, *fig.* bitande satir, (is. *pl*) ögonfrans; piska, slå, snärta, strömma [ned], rusa, bryta ut [mot], *sjö.* surra; **the** ~ spöstraffet; ~ **out** slå omkring sig, slå bakut, *fig.* störta sig i (utsvävningar); **lasher** fördämning; **lashing** prygel, piskande, *sjö.* surrning, surrtåg, *fam. pl* massor
lass [*læs*] flicka, tös; **lassie** [*læsi*] [min] flicka
lassitude [*læsitju:d*] trötthet, slöhet, leda
lasso [*læsou*] [fånga med] lasso
last 1) [*la:st*] (skomakares) läst, *hand.* läst (mått); **stick to one's** ~ *fig.* bli vid sin läst
last 2) [*la:st*] sist, ytterst; **as I said in my** ~ (is. *hand.*) .. mitt senaste brev; **breathe one's** ~ draga sin sista suck; **the** ~ **of the week** *amr.* slutet av veckan; **I shall never hear the** ~ **of it** det kommer jag alltid att få äta upp; **see the** ~ **of** slippa se vidare; **at** [**long**] ~ slutligen, till sist, äntligen; ~ **but not least** sist men inte minst viktigt; ~ **but one** näst sista; **the** ~ **but two** den tredje från slutet; **the** ~ **Day** den yttersta dagen; **fight to the** ~ [**ditch**] *fig.* slåss till det yttersta; **be on one's** ~ **legs** ligga för döden, sjunga på sista versen; ~ **night** i går kväll; ~

year i fjol; **matters of the ~ importance** saker av yttersta vikt; **~ name** *amr.* tillnamn

last 3) [*la:st*] uthållighet, hållbarhet; räcka, vara, hålla ut; **~ out** räcka (så länge som ngt annat), hålla ut; leva; **lasting** lasting (starkt tyg); hållbar; **lastly** till sist, slutligen

lat [*læt*]; **lat-house** *mil. sl* latrin

Latakia [*lætəki(:)'ə*] latakia (ett slags tobak)

latch [*lætʃ*] dörrklinka, säkerhetslås; stänga (dörr) med klinka, slå igen (dörr); **on the ~** olåst; **~-key** portnyckel; **~-key lady** dam med egen portnyckel

late [*leit*] sen, för sen, försenad, avliden, salig, före detta, nyligen inträffad; **of ~** nyligen; **of ~ years** under de senaste åren; **be [too] ~** komma för sent; **keep ~ hours** gå i säng och stiga upp sent; **the ~ John Smith** framlidne J. S.; **it is ~** klockan är mycket; **lately** nyligen, på sista tiden

lateen [*ləti:'n*]; **~ sail** *sjö.* latinsegel

latent [*leitənt*] latent, dold, bunden

later [*leitə*] senare (se *late*); **~ on** längre fram

lateral [*lætərəl*] sidoskott el. -gren; sido-

latest [*leitist*] senast (se *late*)

lath [*la:þ*] ribba, spjäla, läkt; **lathy** [*la:þi*] lång som en humlestör

lathe [*leið*] svarv, drejskiva, slagbom (i vävstol)

lather [*læðə, la:ðə*] [tvål]lödder, *sl* vrede, hetsighet; skumma, tvåla in, *sl* tvåla till (prygla); **put oneself in a ~** *sl* reta upp sig; **lathered** *amr. sl* drucken

Latin [*lætin*] latin, latinare (invånare i Latium); latin-, latinsk; **dog ~** kökslatin; **low ~** senlatin; **thieves' ~** hemligt tjuvspråk; **~ism** [*lætinizm*] latinskt uttryck, efterlikning av latinet; **~ist** [*-ist*] latinare; **~ity** [*ləti'niti*] latinitet, latinsk stil (skrivsätt); **~ize** [*lætinaiz*] latinisera

latitude [*lætitju:d*] latitud, breddgrad, obundenhet, rörelsefrihet; **degree of ~** breddgrad; **latitudinarian** [*læ'titju:dinɛ'əriən*] religiöst tolerant (person)

latrine [*lətri:'n*] (is. *mil.*) latrin

latter [*lætə*] senare, sistnämnde (av två); **the ~** den, det, de sistnämnda; **~-day** modern, nutida; **in these ~ days** i dessa yttersta dagar; **the ~-day saints** de sista dagarnas heliga, mormonerna; **~ end** (is.) döden; **~ly** på sista tiden, nyligen, till slut

lattice [*lætis*] gallerverk; **~[d] window** gallerfönster, fönster med små blyinfattade rutor

Latvia [*lætviə*] Lettland; **Latvian** lettisk

laud [*lɔ:d*] lov, pris; lova, prisa; **~able** [*lɔ:dəbl*] berömlig

laudanum [*lɔ:dənəm*] opietinktur

laudatory [*lɔ:dətəri*] prisande, berömmande, lov-

laugh [*la:f*] skratt; skratta, le; **have** el. **get the ~ of** triumfera över; **~ at** skratta åt, förlöjliga; **~ down** utskratta; **~ in** (el. **up**) **one's sleeve** skratta i mjugg; **~ (it) off** slå bort (det) med ett skratt; **~ on the wrong side [of one's mouth]** 'skratta lagom'; **~ to scorn** hånskratta åt; **~ out of court** utskratta, avhåna; **~ assignment** *amr. sl* roll i en komedi; **~ biz** *amr. sl* komedi; **laughing-gas** lustgas; **it is no laughing matter** det är ingenting att skratta åt; **laughing soup** *amr. sl* alkohol; **laughing-stock** driftkucku, åtlöje; **laughable** [*la:fəbl*] löjlig, skrattretande; **laughter** [*la:ftə*] skratt

launch [*lɔ:n(t)ʃ, la:n(t)ʃ*] *sjö.* barkass, ångslup, motorbåt, stapellöpning, sjösättning; utslunga, sjösätta, ge fart åt, inlåta sig (**into** på), sätta i gång, starta, lansera; **~ into eternity** förpassa till evigheten

launder [*lɔ:ndə*] *amr.* tvätta; **laundress** [*lɔ:ndris*] tvätterska; **laundry** [*lɔ:ndri*] tvättinrättning, tvättkläder

laureate [*lɔ:riit, -riət*] lagerkrönt; **[poet] ~** (engelsk) hovskald; [*lɔ:rieit*] lagerkröna; **~ship** värdighet som hovskald

laurel [*lɔrəl*] lager; **look to one's ~s** vara rädd om sin ställning; **laurelled** [*lɔrəld*] lagerkrönt

lava [*la:və*] lava

lavabo [*ləvei'bou*] tvättställ

lavatory [*lævətəri*] toalettrum, W.C.; **lave** [*leiv*] *poet.* tvätta, två, skölja, hälla

lavender [*lævəndə*] *bot.* lavendel; **lay up in ~** sorgfälligt bevara, *sl* pantsätta

lavish [*læviʃ*] slösaktig, ymnig; slösa; **~ment** [*-mənt*] slöseri

Laurentian [*lɔ:re'nʃiən*] anhängare av D. H. Lawrence; à la Lawrence (med primitivitet och sexualitet som religion)

law [*lɔ:*] lag, rätt, juridik, försprång, handikapp, frist, *sl* polisbetjänt, *amr. sl* juris studerande; **read (follow the) ~** studera juridik; **lay down the ~** vara dogmatisk; **necessity has** el. **knows no ~** nöden har ingen lag; **go to ~** börja process; **have** el. **take the ~ of** stämma; **be a ~ unto oneself** gå sina egna vägar; **~ French** franska uttryck använda i engelskt juridiskt språk; **~ merchant** handelsrätt; **~ of nations** statsrätt; **~-abiding** laglydig; **~-court** domstol; **~-lord** rättslärd medlem av överhuset; **~-officer** juridisk ämbetsman; **~suit** rättegång; **lawful** laglig, lagligt berättigad; **lawless** laglös

law[s] [*lɔ:(z)*], **lawk[s]** [*lɔ:k(s)*] (vulgärt) jösses!

lawn [*lɔ:n*] gräsplan, ett slags fint lärft; **~-mower** gräsklippningsmaskin; **~ party** *amr.* trädgårdsparti; **~ tennis** lawntennis

lawyer [*lɔ:jə*] advokat, jurist, *sl* kverulant

lax 1) [*læks*] rökt lax

lax 2) [*læks*] slapp, lös, vag; **~ative** [*læksətiv*] avförande [medel]; **~ity** [*læksiti*], **laxness** slapphet, löshet

lay 1) [*lei*] läge, jobb, sysselsättning, *amr.* tjuv-*sl* hus som skall plundras; (*oregelb. vb*) lägga, förlägga, duka (bord), värpa, sätta, lägga fram, sätta upp (vid vad), pålägga, tänka ut, slå (rep), slå vad; **the ~ of the land** hur landet ligger; **I'll ~ . .** det går jag i god för . .; **~ claim to** göra anspråk på; **~ the damages at** begära som skadeersättning; **~ the dust** binda dammet; **~ the fire** lägga in brasan; **~ hands on** lägga vantarna på; **~ one's hands on** hitta; **they ~ their heads together** de slå sina kloka huvuden ihop; **~ hold of** el. **on** gripa fatt i; **~ the hounds on** sätta hundarna på spåret; **~ an information against** *jur.* angiva; **~ oneself out** bemöda sig; **laid paper** skrivpapper med fina ränder; **~ siege to** belägra; **~ the table** duka (bordet); **~ about one** slå omkring sig; **~ aside** spara, lägga bort; **~ at (to) his door** påbörda honom; **~ bare** blotta; **~ before** förelägga; **~ by** lägga av, spara; **~ by the heels** bura in; **~ down** nedlägga, uppge, deponera, betala, offra, börja bygga, utstaka, fastställa, påstå, lagra (vin); **~ in** lägga in, lägga upp, insamla, slå in (slag); **~ into** *sl* prygla; **~ low** slå till marken, lägga i graven; **~ off** *amr.* hålla sig från, taga sig en vilostund, stänga fabrik för en tid, sluta, stoppa, avskeda; **~ on** lägga på, klå, sätta hund på spåret, inleda (gas, vatten etc.); **~ it on thick** el. **with a trowel** utbrodera, smickra grovt; **~ open** utsätta (**to** för); **~ out** *amr. sl* slå medvetslös; **~ to** *sjö.* lägga bi; **~ to heart** lägga på hjärtat, på sinnet; **~ to the charge of** påbörda, tillvita; **~ up** lägga upp; **laid up** sängliggande, (om fartyg) upplagd; **~-down** *amr. sl* fiasko; **~-off** *amr.* temporärt avskedande, ofrivillig ferie; *amr.* boxar-*sl* paus mellan omgångarna; **~-out** arrangemang, plan, *amr.* (alla slag av) idrottsplats, tävlingslokal

lay 2) [*lei*] låg (se *lie*)

lay 3) [*lei*] kväde, sång

lay 4) [*lei*] lekmanna-; **~ habit** världslig dräkt;

~ **lord** icke rättslärd medlem av överhuset; ~ **reader** lekman som är berättigad att leda gudstjänsten; **layman** lekman
lay 5) [*lei*]; ~ **figure** mannekäng, leddocka, statist, nolla, overklig figur (i roman)
layer 1) [*leiə*] värphöna, *bot.* avläggare, vadhållare; *bot.* föröka genom avläggare; ~**s and backers** vadhållare mot, resp. för, viss häst
layer 2) [*lɛə*] lager, skikt; ~ **cake** kaka i skikt
lazaretto [*læzəre'tou*] utländskt sjukhus för fattiga
Lazarus [*læzərəs*] (en) Lazarus, tiggare, stackare
laze [*leiz*] *fam.* vilostund; lata sig, slöa; **laziness** [*leizinis*] lättja; **lazy** [*leizi*] lat; **lazy-bones** latmask; **lazy-tongs** ledad tång
lazzarone [*læzərou'ni*] *ital.* lazzaron
lb. [*paund*] = *pound*, 454 g
lea [*li:*] (*poet.* och i ortnamn) äng[smark]
lead 1) [*li:d*] anförande, ledning, ledtråd, företräde, försprång, förhand (i kort), huvudroll, koppelrem, elektrisk ledning; (*oregelb. vb*) leda, föra, spela ut, dirigera; **be in the** ~ ligga i spetsen; **it's your** ~ du spelar ut; ~ **for the defence** vara ledande försvarsadvokat; ~ **captive** föra bort som fånge; ~ **a person a dance** ge ngn (en massa besvärliga saker) att göra; ~ **the dance** *fig.* stå i spetsen; ~ **the field** leda fältet, ligga i täten; ~ **a life** leva ett liv; ~ **a person a [pretty] life** göra livet surt för ngn; ~ **trumps** (kortspel) spela ut trumf; ~ **the van** el. **the way** visa vägen, gå i spetsen; ~ **away** förleda; ~ **by the nose** hålla i ledband, få ngn vart man vill; ~ **off** starta, begynna; ~ **on** locka med, förleda; ~ **up to** föra samtalet in på, föra till, bana väg för, resultera i; **leader** förare, ledare, anförare, ledande artikel, *mus.* dirigent, första fiol; **the L—** 'der Führer' (Hitler); **leaderette** [*li:dəre't*] liten ledare (i tidning); ~**ing** se nedan
lead 2) [*led*] bly, blyerts, kula, lod, plomb, *pl* blytak, *typ.* mellanslag; täcka el. infatta med bly, *typ.* slå emellan, plombera (med sigill), loda; **swing the** ~ *sjö.* o. *mil. sl* simulera, spela sjuk; **red** ~ mönja; **white** ~ blyvitt; ~ **joint** *amr. sl* skjutbana; ~ **pencil** blyertspenna; ~ **poisoning** blyförgiftning, *amr. sl* skottsår; **hail of** ~ kulregn; **leadsman** [*ledzmən*] *sjö.* lodhyvlare; ~ **spitter** *amr. sl* revolver; **leaden** [*ledn*] bly-, blyaktig, tung, matt, glanslös, mörk; **leaden favour** el. **pill** *amr. sl* [revolver]kula
Leadenhall [*le'dṇhɔ:'l*] Londons fjäderfä- och köttorg
leader[ette] se *lead 1*
leading [*li:diŋ*] ledning; ledande, förande, viktigast; ~ **article** ledande artikel, (billig) reklamartikel, *sl* näsa; ~ **case** *jur.* prejudikat; ~ **lady** primadonna; ~ **question** brännande fråga, ledfråga; **in** ~ **strings** *fig.* i ledband
leaf [*li:f*] (*pl leaves* [*li:vz*]) blad, löv, dörrhalva, dörrflygel, klaff (i bro), (tunt) metallblad; (fällbar) bordsskiva, *amr. sl* höst; lövas; ~ [**of the spring**] *auto.* fjäderblad; **a** ~ **out of the same book** ngt av samma slag; **turn over a new** ~ *fig.* börja ett bättre liv; ~**age** [*li:fidʒ*] lövverk; ~**let** [*li:flət*] flygblad *äv. flyg.*, reklamlapp; ~**y** lövrik, lummig, lövliknande
league 1) [*li:g*] fransk mil (3 eng. mil), 4 828 m
league 2) [*li:g*] förbund; sluta förbund med, förena; **the L— of Nations** Nationernas förbund; **the L— Council** folkförbundsrådet; **leaguer** [*li:gə*] förbundsmedlem
leak [*li:k*] läcka, läckage; läcka, sippra ut, *sl* låta sitt vatten; ~**age** [*li:kidʒ*] läckage, utsippring (av hemligheter), försvinnande (av pengar); ~**age of current** *elektr.* strömläckage; ~**y** läck, otät
leal [*li:l*] lojal, trogen; **the land of the** ~ de rättfärdigas boningar, himlen
lean 1) [*li:n*] mager; **take the** ~ **with the fat** ta det onda med det goda
lean 2) [*li:n*] lutning, vinkel; (*oregelb. vb*) luta [sig], stödja [sig], hysa benägenhet; ~ **upon** lita på, stödja sig på; **lean-to** liten utbyggnad (med lutande tak), lider, skjul; **leaning** lutning, *fig.* benägenhet; **leant** el. **leaned** [*lent*] lutade, stödde, lutat, stött
leap [*li:p*] språng, hopp; (*oregelb. vb*) hoppa [över]; **by** ~**s and bounds** med stormsteg; ~**-day** skottdag; **play at** ~**frog** hoppa bock; ~**-year** skottår; **leaping** *amr. sl* drucken; **leapt** el. **leaped** [*lept*] hoppade, hoppat
learn [*lə:n*] (*oregelb. vb*) lära sig, studera, få veta, erfara; (vulgärt) lära (andra); ~ **by heart** el. **by rote** [*rout*] lära sig utantill; **I'll** ~ **you** (vulgärt) jag skall lära dig; **learned** [*lə:nid*] lärd, [*lə:nt*] lärde sig, lärt sig; **learner** elev, nybörjare; **the new learning** humanismen, renässansen; **learnt** [*lə:nt*] lärde sig, lärt sig
leary [*liəri*] *amr. sl* osäker, villrådig, misstänksam, dålig; se också *leery*
lease [*li:s*] arrende, uthyrande, arrendetid, hyreskontrakt; [ut]hyra, giva eller taga på arrende; **on** ~ på arrende; **take a new** ~ **of life** få nytt liv, leva upp igen; ~**hold** arrende; ~**holder** arrendator, förpaktare
leash [*li:ʃ*] koppel, rem, tre [stycken]; **hold in** ~ föra i koppel, *fig.* tygla
least [*li:st*] minst; **to say the** ~ **of it** minst sagt, milt talat; ~ **said soonest mended** ju mindre det talas om det, desto bättre; **at** ~ åtminstone; **(not) in the** ~ (inte) det minsta, inte alls; ~**ways** (vulgärt) eller åtminstone
leat [*li:t*] vattenränna
leather [*leðə*] läder, *pl* damasker, ridbyxor, skor, *sl* kricketboll, fotboll, *amr. sl* plånbok, *mil. sl* kött; täcka med läder, *sl* piska; ~ **and prunella** ngt komplett likgiltigt; ~**-bumper** *sl* kavallerist; ~**-head** dumhuvud; ~**-neck** *amr. mil. sl* marinsoldat; **leatherette** [*leðəre't*] imiterat läder; **leathering** stryk; **leathern** [*leðen*] av läder; **leathery** läderaktig
leave 1) [*li:v*] lov, tillåtelse, permission; **ask** ~ **of** be (ngn) om tillåtelse; **on** ~ på permission; **take** ~ **of** ta avsked av; **take** ~ **of one's senses** mista förståndet; **take French** ~ resa utan att säga adjö, bara försvinna
leave 2) [*li:v*] (*oregelb. vb*) lämna, lämna kvar, lämna efter sig, avresa; ~ **a card on a person** lämna sitt visitkort (göra formell visit) hos ngn; ~ **cold (cool)** lämna oberörd; ~ **it at that** lämna det därhän, låta det vara; **I** ~ **it up to you** *amr.* jag överlämnar det åt dig; **6 from 8 leaves 2** 8 – 6 = 2; **he left for London** han [av]reste till L.; **the train will** ~ **at 2** tåget avgår kl. 2; **be left on the shelf** bli på överblivna kartan; ~ **alone** låta vara [i fred]; ~ **behind** lämna efter sig, efterlämna; ~ **go**, ~ **hold of** släppa; sluta med; ~ **off** sluta; ~ **out** utelämna; ~ **over** uppskjuta
-leaved [*-li:vd*] -bladig (se *leaf*)
leaven [*levn*] surdeg; syra, *fig.* genomsyra
leaves [*li:vz*] löv, blad (se *leaf*)
leavings [*li:viŋz*] lämningar, avfall
lecherous [*letʃərəs*] vällustig, liderlig; **lechery** [*letʃəri*] vällust, otukt, liderlighet
lectern [*lektə(:)n*] korpulpet (i kyrka)
lectionary [*lekʃənəri*] lektionarium, evangeliebok
lecture [*lektʃə*] föredrag, föreläsning, straffpredikan, förmaning; hålla föredrag, föreläsa, förmana; **read a person a** ~ ge någon en uppsträckning; **lecturer** [*lektʃərə*] lektor, föreläsare; **lectureship** (ung.) universitetslektorat
led [*led*] förde, fört, ledde, lett (se *lead* 1); ~ **captain** snyltgäst
ledge [*ledʒ*] hylla, klippavsats, klipprev
ledger [*ledʒə*] *hand.* huvudbok, tvärbjälke, liggande gravsten, ståndkrok; ~ **line** *mus.* hjälplinje (över el. under noter)
lee [*li:*] lä, läsida; ~ **shore** *sjö.* land i lä; ~ **side** *sjö. flyg.* läsida; ~**ward** [*li:wəd, lju(:)əd*] *sjö.*

lä, i lä; ~**way** *sjö.* avdrift; **much ~way to make up** mycket att ta igen
leech [*li:tʃ*] blodigel; ~**-rope** *sjö.* lik
leek [*li:k*] purjolök; **eat the** ~ svälja en oförrätt
leer [*liə*] sneglande, lömsk blick; skela, kasta lömska blickar; **leery, leary** [*liəri*] slug, dolsk; *amr. sl* berusad
lees [*li:z*] drägg, bottensats
leeward se *lee*
left 1) [*left*] lämnade, lämnat, kvar[lämnad] (se *leave*)
left 2) [*left*] vänster; **marry with the** ~ **[hand]** gifta sig till vänster; **over the** ~ *sl* tvärtom förstås; ~**-hand** vänster-, vänstergängad; ~**-handed** vänsterhänt, tafatt, tvetydig (*compliment* komplimang); ~**-hander** vänsterhänt person, vänsterslag el. -stöt; ~**-minded** *amr.* originell; ~**most** längst till vänster; ~ **turn** vänstervändning; ~**ward**[**s**] till (åt) vänster; ~**-winger** *amr.* liberal, radikal
leg [*leg*] ben, svindlare, *sjö.* slag, del av kricketbana till höger bakom mannen vid gärdet; **give a person a** ~ **up** hjälpa ngn i sadeln, ge ngn ett handtag; **not have a** ~ **to stand on** sakna grund för ett påstående; **have the** ~**s of** gå ifrån, köra om; **keep one's** ~**s** hålla sig på benen; **make a** ~ buga sig; **pull a person's** ~ draga ngn vid näsan, narra; **shake a** ~ dansa; **show a** ~ *sl* vakna upp, stiga upp; **take to one's** ~**s** taga till benen; ~ **it** ge sig av, springa; **be on one's** ~**s** vara på benen, stiga upp (för att hålla tal); **be on one's last** ~**s** sjunga på sista versen; ~**bail** pinne i kricketplan; **give** ~**bail** ta till fötterna; ~**-before-wicket** (*l.b.w.*) ben framför (i kricket; stoppande av bollen med benet, innan den når 'grinden'); ~**-bye** poäng för kast som går förbi grinden eller träffar slagmannen (i kricket); ~ **of mutton** fårlår, fårstek; ~**-of-mutton sleeve** lång puffärm; ~**-pulling** drift, skoj; *amr. sl* (också) penningutpressning; **leggings** benläder; **leggy** långbent
legacy [*legəsi*] arv; ~**-hunter** testamentsjägare, 'arvslukare'
legal [*li:g(ə)l*] laglig, rättslig, juridisk; ~ **adviser** juridisk rådgivare; ~ **light** framstående advokat, 'juridiskt ljus'; ~ **tender** *jur.* lagligt betalningsmedel; ~**ity** [*li(:)gæ'liti*] laglighet; ~**ize** [*li:gəlaiz*] legalisera, godkänna
legate [*legit*] legat (påvligt sändebud); **legatee** [*legəti:'*] *jur.* arvinge; **legation** [*ligei'ʃ(ə)n*] legation, ministerhotell
legato [*lega:'tou*] *mus.* legato
legend [*ledʒənd*] legend, sägen, inskrift; **legendary** [*-dəri*] legendarisk, sagoomspunnen
legerdemain [*le'dʒədəmei'n*] taskspelarkonst (*feat of* ~)
leggings, leggy se *leg*
Leghorn [*le'ghɔ:'n*] Livorno; **l**— ett slags halmhatt, ett slags höns
legibility [*ledʒibi'liti*] läslighet; **legible** [*ledʒibl*] läslig
legion [*li:dʒ(ə)n*] *mil.* legion, *bibl.* legio (stort antal); **foreign** ~ främlingslegion; **the L— of Honour** (den franska) hederslegionen; **legionary** [*li:dʒənəri*] soldat i främlingslegionen, legionär
legislate [*ledʒisleit*] stifta lag; **legislation** [*ledʒislei'ʃ(ə)n*] lagstiftning; **legislative** [*ledʒisleitiv*] legislativ, lagstiftande; **legislator** [*ledʒisleitə*] lagstiftare; **legislature** [*ledʒisleitʃə*] lagstiftande församling
legit [*lidʒit*] *amr. sl* anhängare av *the legitimate drama* (se *legitimate*)
legitimacy [*lidʒi'timəsi*] legitimitet, laggiltighet, äkta födsel, berättigande; **legitimate** [*lidʒi'timit*] legitim, laggiltig, äkta född, berättigad; **the legitimate [drama]** den gedignare teaterrepertoaren; [*lidʒi'timeit*] legitimera, göra legitim etc.; **legitimation** [*lidʒitimei'ʃ(ə)n*] legitimation
leguminous [*legju:'minəs*] *bot.* ärtväxt-
leisure [*leʒə*] fritid, ledighet; **wait his** ~ vänta tills han har tid; **at** ~ ledig, i lugn och ro; **at your** ~ när ni får tid, när det passar er; **leisured** [*leʒəd*] som förfogar över sin egen tid; **leisurely** [*leʒəli*] maklig
lek [*lek*] *sl* förk. f. *electricity*
lemming [*lemiŋ*] *zool.* fjällämmel
lemon [*lemən*] citron; *sl* huvud, ngt obehagligt; ~**-drop** citronkaramell; ~ **squash** [*skwɔʃ*] lemonsquash; ~**-squeezer** citronpress; **lemonade** [*lemənei'd*] limonad; **lemony** [*leməni*] citronaktig
lemur [*li:mə*] *zool.* maki, rävapa
lend [*lend*] (*oregelb. vb*) låna [ut], förläna; ~ **a [helping] hand** ge en handräckning; ~ **oneself to** låna sig åt, samtycka till, lämpa sig för; **lending library** lånbibliotek; **lendings** (is. *fig.*) lånta fjädrar
length [*leŋþ*] längd; **keep at arm's** ~ hålla på avstånd; **at** ~ utförligt, slutligen; **at full** ~ i sin fulla längd, raklång, utförligt; **go the** ~ **of saying** gå så långt som att säga; **go all** ~**s** gå hur långt som helst, gripa till alla medel; **of some** ~ ganska lång; långvarig, vidlyftig; **lengthen** [*leŋþən*] förlänga[s]; **lengthy** [för] lång, långrandig
lenience, -cy [*li:niəns, -si*] mildhet, överseende; **lenient** [*li:niənt*] mild, fördragsam; **lenitive** [*lenitiv*] *med.* smärtstillande [medel]; **lenity** [*leniti*] = *lenience*
lens [*lenz*] lins (i optik); ~ **shyness** *amr. sl* rampfeber (hos filmskådespelare)
lent 1) [*lent*] lånade, lånat (se *lend*)
lent 2) [*lent*] fastan, fastlagen; ~ **lily** påsklilja (*daffodil*); ~ **term** vårtermin; **lenten** faste-, mager, dyster
lentil [*lentil*] *bot.* lins; **lenticular** [*lenti'kjulə*] linsformad, dubbelt konvex
Leo [*li(:)ou*] *astr.* Lejonet; **leonine** [*li(:)onain*] lejon-, lejonlik
leopard [*lepəd*] *zool.* leopard; **leopardess** [*lepədis*] leopardhona
leper [*lepə*] en spetälsk
leporine [*leporain*] *zool.* har-, harlik
leprosy [*leprəsi*] spetälska; **leprous** [*leprəs*] spetälsk
Lesbian [*lezbiən*] lesbisk
lese-majesty [*li:zmæ'dʒisti*] *jur.* högförräderi, majestätsbrott
lesion [*li:ʒ(ə)n*] *med.* organskada, sjuklig förändring
less [*les*] mindre, minus; **none the** ~ icke desto mindre; **lessen** minskas, förminska; **lesser** mindre; **the Lesser Bear** *astr.* Lilla björnen
lessee [*lesi:'*] arrendator, hyresgäst
lessen, lesser se *less*
lesson [*lesn*] lektion, bibelstycke (uppläst vid gudstjänst), läxa, lärdom; tillrättavisa; **read a person a** ~ läxa upp ngn; **set the** ~ ge läxa (till nästa gång)
lessor [*lesɔ:', le'sɔ:'*] utarrenderare, hyresvärd
lest [*lest*] på det att icke, av fruktan att, ifall, (efter ord som beteckna fruktan) att (kanske); **I fear** ~ jag är rädd för att
let 1) [*let*] hinder, försening, nätboll (i tennis); **without** ~ **or hindrance** utan minsta hinder
let 2) [*let*] (*oregelb. vb*) låta, uthyra; ~ **alone** låta vara i fred, låta bli; för att icke tala om; ~ **blood** åderlåta; ~ **down** släppa ned, svika, överge; ~ **one's hair down** *amr. sl* bli häftig; ~ **drive** slå, måtta ett slag (**at** emot); ~ **fall** släppa, fälla, låta (ett yttrande) undfalla sig; ~ **fly** avskjuta, utslunga, låta gå; ~ **go** släppa; ~ **oneself go** låta sig ryckas med, slå sig lös; ~ **in** släppa in, *sl* lura, inveckla i svårigheter; ~ **into** inviga i, släppa in i, *sl* anfalla, okväda; ~ **loose** släppa lös; ~ **off** avfyra; ~ **off lightly** låta slippa undan billigt; ~ **on** *sl* skvallra, föregiva; ~ **out** släppa ut, förråda (hemlighet: ~ *the cat out of the bag*), yppa, hyra ut, *sl* slå;

~ **slide** *sl* vara liknöjd, låta det basa; ~ **slip** släppa lös, låta (tillfället) gå ur händerna; ~ **up** (is. *amr*) sluta upp (**on** med); ~**-up** uppehåll; ~ **well** (*amr.* **well enough**) **alone** nöjas med det, som det är
letch [*letʃ*] längtan, begär, mani
lethal [*li:þəl*] dödsbringande, döds-; ~ (**chamber**) rum, där hundar och katter avlivas
lethargic [*leþa:'dʒik*] letargisk, slö, försoffad; **lethargy** [*leþədʒi*] letargi, slöhet, apati, dvala; **Lethe** [*li:þi(:)*] Lethe (glömskans flod), glömska, död
Lett [*let*] lett; **Lettic** [*letik*], **Lettish** [*letiʃ*] lettiska språket; lettisk
letter 1) [*letə*] uthyrare (*of rooms*)
letter 2) [*letə*] bokstav, brev, *pl* lärdom, litteratur; sätta namn el. bokstäver på, märka; **to the** ~ efter bokstaven; ~ **of credence** (diplomat) kreditiv; ~ **of credit** bankkreditiv; ~**-box** brevlåda; ~**-card** kortbrev; ~**-carrier** *amr.* brevbärare; ~**-head** påtryckt adress; **be** ~**-perfect** *teat.* kunna sin roll perfekt; ~**press** handpress, text till illustrationer; ~**press engraving** textillustration; **lettered** beläst; **lettering** påstämpling av ryggtitel
lettuce [*letis*] sallad, *amr. sl* papperspengar
leucocyte [*lju:kosait*] *med.* vit blodkropp
Levant [*livæ'nt*]; **the** ~ Levanten, de östra medelhavsländerna; ~**er** [*livæ'ntə*] stark ostvind, oriental; ~**ine** [*livæ'ntain*] levantin (person el. siden); levantinsk
levant [*livæ'nt*] *sl* försvinna utan att betala
levee [*levi*] *åld.* levé, morgonuppvaktning, mottagning, *amr.* fördämning, bank
level [*levəl*] nivå, plan, vattenpass, jämnhöjd, ståndpunkt; plan, jämn, horisontal; planera, nivellera, rasera,'[ut]jämna, sikta; **on a** ~ **with** i nivå med; **find one's** ~ komma på sin rätta plats; **on the** ~ uppriktigt [sagt]; **keep one's head** ~ hålla huvudet klart; **one's** ~ **best** sitt yttersta; ~**-crossing** nivåövergång; ~**-crossing keeper** vakt vid övergång; ~**-headed** nykter, kallblodig; ~ **pegging** lika (i konkurrens); **leveller** nivellör, jämlikhetsivrare
lever [*li:və*] hävstång, spak; baxa, använda hävstång; ~**age** [*levəridʒ*] hävstångsverkan, *fig.* kraft; **throttle** ~ gasreglage
leveret [*levərit*] unghare
Leviathan [*livai'əþən*] *bibl.* Leviatan; havsvidunder, jätte, koloss; gigantisk
levigate [*levigeit*] pulvrisera, riva (till pulver); **levigation** [*levigei'ʃ(ə)n*] pulvrisering
levitate [*leviteit*] (spiritism) framkalla (ande), sväva
Levite [*li:vait*] *bibl.* levit; **Levitical** [*livi'tik(ə)l*] levitisk; **Leviticus** [*livi'tikəs*] *bibl.* 3:e Mosebok
levity [*leviti*] lättsinne, ytlighet
levy [*levi*] *mil.* utskrivning, uppbåd, utskrivet manskap, uttaxering, skatt; *mil.* utskriva, uttaxera, pålägga (skatt); ~ **war** börja krig
lewd [*l(j)u:d*] otuktig, liderlig
Lewis [*lu:is*] Lewis, Ludvig; ~ **gun** ett slags maskingevär
lexer [*leksə*] *amr. sl* juris studerande
lexical [*leksik(ə)l*] lexikalisk; **lexicographer** [*leksikɔ'grəfə*] ordboksförfattare; **lexicography** [*leksikɔ'grəfi*] lexikografi; **lexicon** [*leksikən*] lexikon (is. om grekiska och hebreiska ordböcker)
Leyden [*leidn, laidn*] Leyden; ~ **jar** *elektr.* Leydnerflaska
liability [*laiəbi'liti*] ansvar, benägenhet, *pl* skulder, skuldförbindelser, passiva; **liable** juridiskt förpliktad, ansvarig, utsatt, benägen (**to** för)
liaison [*li(:)ei'zn*] förbindelse, (erotiskt) förhållande, *gram.* bindning, *mil.* kontakt; ~ **officer** förbindelseofficer
liana [*lia:'nə*] *bot.* lian
liar [*laiə*] lögnare
lias [*laiəs*] *geol.* ett slags blå kalksten (från Juratiden)
lib [*lib*] *amr. sl* sova
libation [*laibei'ʃ(ə)n*] dryckesoffer, *skämts.* dryckeslag
libe [*laib*] *amr. sl* förk. av *library* bibliotek
libel [*laib(ə)l*] *jur.* ärekränkning, skandalskrift, klagoskrift; ärekränka, smäda, *jur.* instämma; **libellous** [*laibələs*] ärekränkande
liberal [*libərəl*] liberal; givmild; ~ **education** god uppfostran; **the** ~ **arts** de sköna konsterna; ~**ism** [*libərəlizm*] liberalism; ~**ity** [*libəræ'liti*] liberalitet, givmildhet
liberate [*libəreit*] befria, frige; **liberation** [*libərei'ʃ(ə)n*] befrielse, frigivning; **liberationism** [*libərei'ʃənism*] *pol.* rörelse för upphävande av statskyrkan; **liberator** [*libəreitə*] befriare
libertine [*libətin*] libertin; **libertinage** [*libətinidʒ*], **libertinism** [*libətinizm*] liderlighet, utsvävningar
liberty [*libəti*] frihet, *pl* privilegier; **at** ~ i frihet, fri, ledig, obehindrad, *amr.* teater-*sl* arbetslös; ~ **of the press** tryckfrihet; **L— Hall** hus, där gästerna kunna göra vad de vilja; ~ **man** sjöman med landpermission
libidinous [*libi'dinəs*] vällustig, liderlig; **libido** [*libi:'dou, libai'dou*] (psykoanalytiskt uttryck) libido, könsdrift
Libra [*laibrə*] *astr.* Vågen
librarian [*laibrɛ'əriən*] bibliotekarie; **library** [*laibrəri*] bibliotek; **library bird** *amr. sl* kringdrivare, som besöker bibliotek när det regnar
librettist [*libre'tist*] författare av libretto; **libretto** [*libre'to*] libretto, operatext
Libya [*libiə*] Libyen; **Libyan** [*libiən*] libyer; libysk
lice [*lais*] löss (*pl* av *louse*)
licence [*laisəns*] licens, tillstånd, spriträttigheter, körkort (*flyg.* **A-**~ privatflygarcertifikat; **B-**~ trafikflygarcertifikat), tygellöshet; ~ **plate** nummerplåt (på bil)
license [*laisəns*] auktorisera, bevilja rättighet; **licensed** med spriträttigheter; **licensed jester** person som får säga vad han vill; **licensee** [*laisənsi:'*] innehavare av rättigheter; **licenser** utfärdare av licenser, censor; **licentiate** [*laise'nʃieit*] licentiat; **licentious** [*laise'nʃəs*] tygellös, fräck
lichen [*laikən, litʃin*] *bot.* lav, *med.* revorm
lichgate [*litʃgeit*] likport (i kyrkogårdsmur)
lick [*lik*] slickning, sleke, *sl* rapp, fart; slicka, *sl* klå, överträffa, *sl* sätta iväg; **at a great** ~ *sl* med stark fart; ~ **into shape** sätta skick på; ~ **the dust** bita i gräset; **as hard as he could** ~ så snabbt som han kunde röra benen; **it** ~**s me** det går över mitt förstånd; ~**spittle** tallriksslickare; fjäska för
lickerish [*likəriʃ*] kräsen, lysten
lickety-split [*likiti-split*], **-switch** [*-switʃ*] *amr. sl* vips
licking [*likiŋ*] kok stryk, smörj
licorice [*likəris*] lakrits
lictor [*liktə*] (romersk) liktor, rättstjänare
lid [*lid*] lock; **put the** ~ **on** *sl* sätta kronan på verket, komma bägaren att rinna över; ~ **is off** *amr. sl* baseball-säsongen börjar
lie 1) [*lai*] lögn; ljuga; **white** ~ nödlögn; **give the** ~ **to** beskylla för lögn, vederlägga, dementera; **act a** ~ bedraga utan att ljuga med ord
lie 2) [*lai*] läge; (*oregelb. vb*) ligga; **the** ~ **of the land** *fig.* hur landet ligger, situationen; **let sleeping dogs** ~ väck ej den björn som sover; **it** ~**s with you (to)** det är din sak (att); **as far as in me** ~**s** så gott jag kan, försåvitt det beror på mig; ~ **about** ligga kringströdd, ligga och flyta; ~ **by** ligga bredvid, ligga oanvänd, vila; ~ **close** hålla sig dold; ~ **dead** ligga död, *amr. sl* gömma sig; ~ **down** lägga sig [ned]; **take it lying down** foga sig utan knot el. motstånd; ~ **idle** ligga oanvänd; ~ **in** ligga i barnsäng; bestå i, ligga i, bero på; ~ **low** krypa samman, huka

sig ned, *sl* hålla sig undan el. i stillhet; ~ **on** *fig.* åligga, bero på; ~ **open** vara utsatt; ~ **to** *sjö.* ligga bi; vara utsatt; ~ **up** ligga (sjuk) till sängs, gå i docka, lägga upp; ~ **waste** ligga öde; ~**-abed** sjusovare; ~**-about** lösdrivare; ~**-down** vila

lief [*li:f*] *åld.* gärna; **liefer** hellre

liege [*li:dʒ*] vasall, undersåte, länsherre (~ *lord*); ~**man** vasall

lien [*liən*] *jur.* pant-, kvarstadsrätt

lieu [*l(j)u:*]; **in** ~ **of** i stället för

lieutenancy [*lefte'nənsi*] löjtnantsrang, ståthållarskap

lieutenant [*lefte'nənt*, (*amr.*) *l(j)u:te'nənt*] löjtnant; **lord** ~ landshövding, vicekonung av Irland; ~ **colonel** överstelöjtnant; ~ **commander** kapten i flottan; ~ **general** generallöjtnant (i Amerika armébefälhavare); ~**-governor** viceguvernör

life [*laif*] liv, levnadsbeskrivning; **for** ~ på livstid; **for dear** ~ för brinnande livet; **for the** ~ **of me** om det så gällde mitt liv; **upon my** ~ på min ära; **as large as** ~ i naturlig storlek; **to the** ~ naturtroget; **good (bad)** ~ gott (dåligt) liv som försäkringsobjekt; **high** ~ (livet i) societeten; ~ **in the raw** primitivt liv; ~ **annuity** livränta; ~ **assurance** livförsäkring; ~**-belt** livbälte; ~**-blood** hjärteblod; ~**-boat** livbåt, *amr. sl* ändring av dödsdom; ~**-buoy** livboj; ~**-estate** gods, som innehas på livstid; ~ **guard** *amr.* livräddare (vid badstrand); **the L— Guards** livgardet; ~**-hook** båtshake; ~ **interest** livränta; ~**long** livslång, livstids-; ~**-office** livförsäkringsanstalt; ~**-preserver** livräddningsredskap, blydagg; ~ **sentence** livstidsstraff; ~**-size** i kroppsstorlek; ~**time** livstid; ~**-work** livsverk; **lifeless** livlös; **lifelike** livslevande, naturtrogen; **lifer** *sl* livstidsfånge

lift [*lift*] lyftning, hiss, (luftfartygs) bärkraft, *sjö.* topplänta; lyfta, upphäva (rop, sin röst), *sl* knycka, plagiera; **a dead** ~ ngt mycket tungt (som ej går att rubba); **give a person a** ~ ge ngn gratisskjuts el. ett handtag; ~ **potatoes** ta upp potatis; **the fog** ~**s** dimman lättar; ~**ed** *amr. sl* avskedad; ~**-boy(-man)** hisspojke

ligament [*ligəmənt*] ligament, band

ligature [*ligətʃə*] *med.* underbindning, band, ligatur; förbinda

light 1) [*lait*] ljus, belysning; ljus, blond; (*oregelb. vb*) tända, lysa, upplysa; **come to** ~ komma i dagen; **according to one's** ~**s** efter bästa förstånd; **shining** ~**s** 'ljus' (personer); **men of** ~ **and leading** tänkare och ledare, borna ledare; **window of three** ~**s** tredelat fönster; **will you give me a** ~ får jag be om eld (en tändsticka); **see the** ~ skåda dagens ljus; *amr.* bliva omvänd; **stand in a person's** ~ stå i vägen för ngn; ~ **and shade** ljus och skugga, skarpa kontraster; **box of** ~**s** ask tändstickor; **in the** ~ **of these facts** i belysning av dessa fakta; **get a** ~ få kredit; ~ **a fire** göra upp eld; ~ **out** *amr. sl* försvinna; ~ **up** tända, tändas, lysa upp; ~ **blues** anhängare av eller representanter för Cambridges universitet; ~**-bulb** glödlampa; ~**house** fyrtorn; ~**ship** fyrskepp; **lighting** tändning, belysning; **lighting-up time** lykttändningstid

light 2) [*lait*] lätt, lindrig, sorglös, lättsinnig; ~ **coin** mynt med undervikt; **make** ~ **of** bagatellisera; ~ **reading** nöjesläsning; ~ **sleeper** person som sover lätt; ~ **come,** ~ **go** lätt fånget, lätt förgånget; ~**-fingered** långfingrad; ~**-headed** yr, tanklös, fnoskig; ~**-hearted** sorglös; ~**-minded** flyktig; ~**-o'-love** dam som är lätt på foten; ~**some** [*laitsəm*] lätt, luftig, flink, glättig; ~**-weight** lättvikt; **lightly** lätt, ytligt, glatt; **think lightly of** inte ha någon hög tanke om

light 3) [*lait*], ~ **on** slå ned på, råka på

lighten [*laitən*] upplysa, ljusna, blixtra, lätta, hindra

lighter [*laitə*] cigarrettändare; liktare, pråm; ~**age** [*laitəridʒ*] pråmpengar

lightning [*laitniŋ*] blixt[en]; **a flash of** ~ en blixt; **sheet** ~ kornblixt; ~ **artist** snabbtecknare; ~**-conductor,** ~**-rod** åskledare

lights [*laits*] lungor (till mat)

ligneous [*ligniəs*] *bot.* trä-, träartad; **lignite** [*lignait*] brunkol

like 1) [*laik*] like, make; liknande, lik; som, liksom, som om; **the** ~ **of me** min like; **did you ever hear the** ~**(s)**? har du någonsin hört på maken? **be** ~ likna; **what is he** ~? hurdan är han? **feel** ~ känna sig som, känna sig upplagd för; **look** ~ likna, se ut som; **what does he look** ~? hur ser han ut? **it looks** ~ **rain** det ser ut att bli regn; **in** ~ **manner** på liknande sätt; **something** ~ **£100** omkring 100 pund; **it was** ~ **your impudence** det var just likt dig med din fräckhet; **and (or) the** ~ och (eller) dylikt; ~ **that** på det sättet, så, sådan(t); **I stumbled** ~ (vulgärt) jag var nära att snubbla; **he seemed angry** ~ (vulgärt) han såg närmast förargad ut; ~ **I do** (vulgärt) som jag gör (**as I do**); ~ **a thousand of bricks** *sl* som bara tusan; ~ **anything** *fam.* oerhört, kolossalt; ~ **a shot** *fam.* som en blixt; ~ **blazes** *sl* som bara fan; ~ **cures** ~ ont skall med ont fördrivas; ~ **master** ~ **man** sådan herre, sådan dräng; ~ **fun** el. ~ **mad** = ~ *anything;* ~ **one o'clock** = ~ *blazes*

like 2) [*laik*] tycka om, vilja; **I should** ~ jag skulle vilja; **I** ~ **your impudence** (*iron.*) din fräckhet klär dig; **I** ~ **that** (*iron.*) jo, det var snyggt! ~**s and dislikes** sympatier och antipatier; ~**able** [*laikəbl*] tilltalande, sympatisk

likelihood [*laiklihud*] sannolikhet; **in all** ~ med all sannolikhet; **likely** [*laikli*] sannolik, lovande, lämplig; **he is likely to come** han kommer troligen; **very likely, most likely, as likely as not** högst sannolikt

liken [*laik(ə)n*] förlikna (to vid); **likeness** [*laiknis*] likhet, porträtt, avbild; **likewise** [*laikwaiz*] likaledes

liking [*laikiŋ*] tycke, böjelse, smak; **take a** ~ **to** fatta tycke för

lik-lik [*liklik*] (*pidgineng.*) liten

lilac [*lailək*] *bot.* syren; lila

Lilliput [*lilipət*] Lilliput (dvärgarnas land i *Gulliver's Travels*); **Lilliputian** [*lilipju:'ʃiən*] lilleputt, dvärg; dvärg-, dvärgartad

lilt [*lilt*] visstump, trall, rytm; sjunga glatt, tralla

lily [*lili*] lilja, *amr. sl* hand, förvekligad man; **paint the** ~ *sl* överdriva ~**-livered** feg; ~ **of the valley** liljekonvalje

limb [*lim*] lem, gren, rackarunge (~ *of Satan*), kant, rand; ~ **of the law** *sl* jurist, polis

limber [*limbə*] *mil.* förställare till kanon; böjlig, smidig; *sl* arrestera

limbo [*limbou*] förgård till helvetet, *sl* fängelse

lime 1) [*laim*] kalk, [fågel]lim; kalka, bestryka el. fånga med lim, *fig.* snärja; **quick** ~ bränd (osläckt) kalk; **slaked** ~ släckt kalk; ~**-kiln** kalkugn; ~**light** kalkljus, rampljus; ~**stone** kalksten; ~**-wash** limfärg; vitlimma; **limy** [*laimi*] kalkartad, -haltig

lime 2) [*laim*] lind (~**-tree**), limon (citronart); ~**-juicer, limey** *amr. sl* engelsman (is. eng. sjöman)

limerick [*limərik*] limerick, femradig skämtvers

limit [*limit*] gräns, *hand.* limit (högsta el. lägsta pris); begränsa, avgränsa; **go the** ~ *amr.* (boxar-*sl*) gå igenom alla de fastställda ronderna; **set** ~**s to** begränsa; **that's the** ~ det är då höjden! ~ **man** tävlingsdeltagare med största möjliga handicap; **limited [express]** *amr.* blixttåg; **limited [liability] company** aktiebolag (med begränsad ansvarighet); **limitary** [*limitəri*

inskränkt; **limitation** [*limitei'ʃ(ə)n*] begränsning, inskränkning, giltighetstid
limnology [*limnɔ'lədʒi*] limnologi (sötvattnets naturlära)
limousine [*limuzi:n*] limousine (stor heltäckt bil)
limp [*limp*] haltande gång; slapp, böjlig, kraftlös; *amr. sl* drucken; halta
limpet [*limpit*] *zool.* skålsnäcka, (Patella) *sl* igel, krigsskolkare
limpid [*limpid*] klar, genomskinlig, blank; **limpidity** [*limpi'diti*] klarhet, genomskinlighet
linage [*lainidʒ*] radantal, arvode per rad
linden [*lindən*] lind
Lindy [*lindi*] smeknamn för flygaren Lindbergh; *amr. sl* flyga
line 1) [*lain*] lina, snöre, [met]rev, linje, rad, [front]linje, linje = 1/12 tum, bransch, *amr.* kö, gräns; strecka, teckna, ställa i rad, kanta, besätta, bilda linje; **all along the** ~ längs hela linjen; **he comes of a good** ~ han är av god familj; **draw the** ~ dra gränsen (at vid), säga stopp; **get a** ~ **on** *amr.* få en idé om; **take a** ~ **on** *amr.* få en idé om; **take a** ~ **of one's own** gå sin egen väg; **take a strong** ~ handla energiskt; **on economical** ~s efter ekonomiska principer; **in** ~ **with** *amr.* i harmoni med; **on the** ~ på gränsen (mellan två ting); **is not in my** ~ hör icke till mitt område; **a shop in the general** ~ diversehandel; **cross the** ~ *sjö.* passera ekvatorn; **that is hard** ~**s on him** det är synd om honom; [**marriage**] ~s vigselattest; (**a face**) **lined with pain.**, fårat av lidande; **lined paper** linjerat papper; **trees** ~ **the roads** träd kanta vägarna; ~ **out** skissera; ~ **through** stryka (streck) över; ~ **up** ställa [sig] i rad (i kö); ~ **abreast** *sjö.* linjeformering; ~ **ahead** *sjö.* kolonn; ~**-drawing** penneteckning; ~**-engraving** kopparstick; ~**-man** banvakt, linjearbetare; lantmätarbiträde; ~**sman** linjesoldat; linjedomare (i fotboll); ~**-up** kö, *amr.* fängelseparad; **lineage** [*liniidʒ*] härstamning; **lineal** [*liniəl*] i rätt nedstigande led; **lineament** [*liniəmənt*] anletsdrag; **linear** [*liniə*] linear-, linjeformad; **liner** [*lainə*] *sjö.* oceanångare på fast rutt, linjefartyg, *flyg.* linjeplan; **lining** se nedan
line 2) [*lain*] fodra, bekläda (invändigt), späcka; **fur-lined** pälsfodrad; ~ **one's inside** *sl* få ngt i krävan; **lined** (*äv.*) förmögen, 'tät', *amr. sl* berusad
linen [*linən*] linne, underkläder, lärft; linne-, lärfts-; ~ **draper** manufakturhandlare
ling [*liŋ*] *bot.* ljung; *zool.* långa (torskart)
linger [*liŋgə*] dröja, tveka, söla; ~ **on a subject** uppehålla sig länge vid ett ämne; ~ **on** leva vidare; **lingerer** [*liŋgərə*] sölare
lingo [*liŋgou*] rotvälska, *amr. sl* lögnhistoria
lingua franca [*li'ŋgwəfræ'ŋkə*] lingua franca (hjälpspråk i medelhavsländerna)
lingual [*liŋgwəl*] tung-, språk-, språklig
linguist [*liŋgwist*] språkkunnig person, språkforskare; **linguistic** [*liŋgwi'stik*] *pl* språkvetenskap; språklig, språkvetenskaplig
liniment [*linimənt*] *med.* liniment, ingnidningsmedel
lining [*lainiŋ*] foder, invändig beklädnad (också *auto.*), emalj (i kastrull), innehåll, försättspapper (i bok); **every cloud has a silver** ~ ingenting ont, som icke har ngt gott med sig
link [*liŋk*] länk, förbindelseled, manschettknapp (*sleeve-link*), *åld.* fackla; förbinda[s], sammanlänka[s]; **the missing** ~ den felande länken (i utvecklingshistorien); ~**-boy** *åld.* fackelbärare; ~**ed together** (bl. a.) arm i arm; ~ **up with** sluta sig samman med; ~**er** *amr. sl* lögnhals
links [*liŋks*] golfbana, (*Skottl.*) strandhed
Linn[a]ean [*lini(:)'ən*] linnéansk
linnet [*linit*] *zool.* hämpling
lino [*lainou*] förk. f. **linoleum** [*lainou'ljəm, li-*] linoleum
linotype [*lainotaip*] sättmaskin (~ *machine*)
linseed [*linsi:d*] *bot.* linfrö
linsey-woolsey [*linzi-wulzi*] halvylle; *sl* dravel
lint [*lint*] charpi, linneskav
lintel [*lintl*] överstycke på dörr el. fönster
liny [*laini*] streckad, fårad
lion [*laiən*] lejon, celebritet, *pl* sevärdheter; **the L—** *astr.* Lejonet; **the** ~**'s share** lejonparten; **twist the** ~**'s tail** skriva utmanande mot England (om amerikanska journalister); **a** ~ **in the path (way)** ett fruktansvärt hinder; ~**-hunter** lejonjägare, *fig.* person, som inbjuder berömdheter till sitt hus som attraktion; ~**ess** [*laiənis*] lejoninna; ~**ize** [*laiənaiz*] behandla som en berömdhet, bese el. visa (sevärdheter)
lip [*lip*] läpp, rand, *sl* oförskämdhet, prat, *amr sl* advokat; kyssa; **have a stiff upper** ~ inte hänga läpp; **hang on his** ~**s** hänga vid hans läppar; **none of your** ~! ingen oförskämdhet; ~**-deep** ytlig; ~ **muff** *amr. sl* skägg; ~**-service** tomma ord; **pay** ~**-service** vara ögontjänare; ~**stick** [använda] läppstift
liquefaction [*likwifæ'kʃ(ə)n*] smältning, upplösning, flytande tillstånd; **liquefy** [*likwifai*] smälta, lösa[s], bliva el. göra flytande
liqueur [*likju'ə*] likör
liquid [*likwid*] vätska; flytande, klar och genomskinlig (som en vätska); ~**ate** [*likwideit*] *hand.* likvidera, avveckla; ~**ation** [*likwidei'ʃ(ə)n*] *hand.* likvidation, avveckling
liquor [*likə*] vätska (is. spritdryck); **hard** ~ *amr.* sprit; **be in** ~, **the worse for** ~ vara drucken; ~ **up** *sl* taga sig en sup; ~**ed** [**up**] *sl* drucken
liquorice, licorice [*likəris*] lakrits
lira [*liərə*] lira (ital. mynt)
lisp [*lisp*] läspning; läspa; ~**ers** *amr. sl* tänder
lissom [*lisəm*] smidig, mjuk, vig
list [*list*] lista, förteckning; *sjö.* slagsida; *pl* tornerplats, *fig.* arena; sätta upp på lista, upprätta förteckning över; få slagsida; (*vulg.* o. *åld.*) *mil.* taga värvning; **on the active** ~ aktiv tjänst; **enter the** ~**s** *fig.* uppträda på arenan, träda i bräschen (**for** för); ~ [**over**] *sjö.* få slagsida; ~ **price** katalogpris
listen [*lisn*] lyssna, höra (**to** på); ~ **in** lyssna på radio; **listener** åhörare; **listener-in** radiolyssnare; **listening-post** *mil.* lyssnarpost
listerine [*listərin*] en antiseptisk lösning
listless [*listlis*] trött, apatisk, liknöjd
lit [*lit*] tände, tänt (se *light*); ~ **up** *sl* drucken; ~ **up like a Catholic Church** *sl* starkt berusad
litany [*litəni*] litania
literacy [*litərəsi*] läs- och skrivkunnighet
literal [*litərəl*] bokstavs-, bokstavlig; ~ **character** bokstavsskrift; ~ **error** tryckfel; ~ **translation** ordagrann översättning; **literalism** [*litərəlizm*] tolkning efter bokstaven
literary [*litərəri*] litterär; **literate** [*litərit*] (en) läs- och skrivkunnig; boklärd, vitter; **literati** [*litərei'tai*] de lärde; **literatim** [*litərei'tim*] bokstav för bokstav; **literature** [*lit(ə)ritʃə*] litteratur, *fam.* trycksaker
lithe [*laiðʒ*] smidig, böjlig (också ~**some**)
lithium [*liþiəm*] litium (ett grundämne)
lithograph [*liþəgræf, -gra:f*] litografi; litografera; **lithographer** [*liþɔ'grəfə*] litograf; **lithographic** [*liþogræ'fik*] litografisk; **lithography** [*liþɔ'grəfi*] litografi
lithotomy [*liþɔ'təmi*] *med.* stenoperation
Lithuania [*liþjuei'njə*] Litauen; **Lithuanian** [*liþjuei'njən*] litauer; litauisk; litauiska [språket]
litigant [*litigənt*] *jur.* part (i rättssak); processande; **litigate** [*litigeit*] processa; **litigation** [*litigei'ʃ(ə)n*] rättstvist, process; **litigious** [*liti'dʒəs*] processlysten, rätthaverisk
litmus [*litməs*] lackmus
litotes [*laitoti:z*] litotes
litre [*li:tə*] liter
litter [*litə*] [sjuk]bår, strö, gödsel, oreda, skräp

kull (grisar); lägga strö, beströ, skräpa ned, grisa; **littery** [*litəri*] skräpig, i oordning
little [*litl*] liten, (blott) litet, föga, ringa, småsint; **a ~** litet, en smula; **after (for) a ~** efter (för) en liten stund; **in ~** i smått; **every ~ helps** många bäckar små gör en stor å; **~ remains to be said** föga återstår att säga; **the L— Bear** *astr.* Lilla björnen; **~ by ~** småningom; **L— Englander** *pol.* motståndare till den engelska imperialismen; **~ house** el. **school** *amr. sl* uppfostringsanstalt (*reformatory*); **~ Mary** *fam.* (ens) mage; **a ~ one** en liten; **~ ones** barn, ungar; **the ~ people** tomtar och pysslingar; **~-go** *fam.* första delen av B.A.-examen i Cambridge
littoral [*litərəl*] kusttrakt; kust-, strand-
liturgical [*litə:dʒik(ə)l*] liturgisk; **liturgy** [*litə(:)dʒi*] liturgi
live 1) [*liv*] leva, bo; **~ and let ~** leva och låta leva; **~ to see** leva tills man får se, uppleva; **~ by** leva av; **~ on** leva på (av); **~ on'** leva vidare; **~ down** bringa i glömska; **~ out** överleva; bo ute (ej på arbetsplatsen); **~ up to** leva i enlighet med (t. ex. sina principer); **livelong** [*livlɔŋ*] lång (*the ~ day* hela Guds långa dag); **living** levande (se *living*)
live 2) [*laiv*] levande; **~ coal** glödande kol; **~ issue** fråga av praktisk betydelse; **~ shell** *mil.* laddad granat; **~ wire** *elektr.* strömförande ledning, energiladdad person; **~-stock** boskapsbesättning; *amr. sl* gatflickor; **lively** [*laivli*] livlig, livfull; **liveliness** livlighet, livaktighet
livelihood [*laivlihud*] levebröd
liven [*laivn*] liva upp, bli uppiggad, ljusna
liver [*livə*] lever; **~-colour** mörkrött; [**cod**] **~-oil** levertran; **~ wing** högra vingen av stekt fågel med levern stucken därunder, (skämtsamt) högra armen
Liverpool [*livəpu:l*] Liverpool; **Liverpudlian** [*livəpʌ'dliən*] (person) från Liverpool
livery 1) [*livəri*] livré, utmärkande dräkt, *jur.* lagfartsbevis; **keep a horse at ~** *åld.* ha en häst på foder; **~ company** lag, gille; **~man** medlem av ett gille, fodermarsk; **~ servant** livréklädd tjänare; **~ stable** hyrstall; **liveried** [*livərid*] i livré
livery 2) leverartad, leversjuk
lives [*laivz*] *pl* av *life* liv; [*livz*] lever, bor (se *live* 1)
livid [*livid*] askgrå, dödsblek; **~ity** [*livi'diti*] askgråhet, blåmärke
living [*liviŋ*] levnad, levebröd, utkomst, pastorat; levande; **make a ~** förtjäna sitt bröd; **a ~ wage** existensminimum; **within ~ memory** så långt någon nu levande kan minnas; **the ~** de levande; **in the ~ rock** på hälleberget; **~-room** (is. *amr.*) vardagsrum
lizard [*lizəd*] ödla
Lizzie [*lizi*] (flicknamn); *sl* stor kanon; **tin ~** *amr. sl* fordbil
'll [*l*] = *will*; **he'll = he will** etc.
llama [*la:mə*] *zool.* lama
Lloyd's [*lɔidz*] sjöförsäkrings- och klassificeringsanstalt i London; **Lloyd's Register** förteckning över alla engelska fartyg och de utländska, som äro försäkrade hos Lloyd's
lo [*lou*] *åld.* se; (skämtsamt) **~ and behold**! si! se! **Lo** *amr.* skämtsamt använt = indian (efter *Popes* dikt, som börjar: *Lo the poor Indian* . .)
loach [*loutʃ*] *zool.* smärling (fisk)
load [*loud*] börda, last, lass, laddning, *sl* rus; lasta, lossa, ladda; blanda (dryck) med narkotiskt medel; **a ~ was taken off my mind** en sten föll från mitt hjärta; **~ed** *amr. sl* 'laddad', drucken; **~ed up**, *amr.* **~ed down** fullastad; **~ed cane** käpp med blyknopp, mankill; **~ed dice** falska tärningar; **~ing** lastning, *flyg.* belastning; **power ~** *flyg.* effektbelastning; **wing ~** vingbelastning; **~-line** *sjö.* lastlinje; **~star** *fig.* ledstjärna; **~stone** naturlig magnet
loaf 1 [*louf*] (*pl loaves* [*louvz*]) bröd, limpa (**~** *of bread*), sockertopp (**~** *of sugar*), *sl* huvud; **half a ~ is better than no bread** små smulor äro också bröd; **loaves and fishes** brödfödan
loaf 2) [*louf*] slå dank; dagdriveri; **~er** dagdrivare
loam [*loum*] lerjord; **~y** lerig
loan [*loun*] lån; *amr.* låna [ut]; **on ~** till låns; **~ collection** utlånad samling (av målningar etc.); **~-word** lånord
loath, loth [*louþ*] obenägen; **nothing ~** gladeligen; **loathe** [*louð*] avsky, vämjas; **~ing** [*louðiŋ*] avsky, vämjelse; **~some** [*louðsəm*, *louþsəm*] vämjelig, avskyvärd, förhatlig
loaves [*louvz*] bröd, *pl* av *loaf*
lob [*lɔb*] hög boll (is. i tennis), *sl* tölp; kasta eller slå boll över huvudet på motspelare, *sl* ankomma; **lobbed** hög (boll); **~worm** *zool.* sandmask
lobate [*loubeit*] *bot.* flikig
lobby [*lɔbi*] (is. *amr.*) vestibul, hall, korridor; hall för allmänheten i parlamentet; driva korridorpolitik
lobe [*loub*] [ör]snibb, lob; **lobed** *bot.* flikig
lobelia [*lobi:'ljə*] *bot.* lobelia
lobster [*lɔbstə*] *zool.* hummer, *åld.* 'rödrock' (eng. soldat), *amr. sl* dumhuvud; **~-eyed** med utstående ögon; **~-pot** hummertina
lobular [*lɔbjulə*] *med.* flikformig. lob-; **lobule** [*lɔbju:l*] liten flik
local [*loukəl*] 'infödіng', lokaltåg, *amr.* lokalförening (av fackförening); lokal, orts-, lokalt begränsad; **~ adverb** *gram.* rumsadverb; **~ examination** (el. **~s**) skolexamen under universitetskontroll; **~ option** el. **veto** kommunal självbestämningsrätt ang. alkoholförsäljning; **locale** [*loka:'l*] lokal, scen (för händelse); **localism** [*loukəlizm*] lokalpatriotism, småstadsaktighet; **locality** [*lokæ'liti*] lokalitet, läge, lokalsinne; **localize** [*loukəlaiz*] lokalisera, finna platsen för; **locally** [*loukəli*] på vissa orter, lokalt
locate [*loukei't*] lokalisera, finna, *amr.* avgränsa, slå sig ned; **located** placerad; **location**[*loukei'ʃən*] lokalisering, placering, läge, *amr.* bestämmande av gränser, bosättning, ställning; **location scene** *amr.* friluftsscen (film); **locator** [*loukei'tə*] *amr.* ägare; **locative** [*lɔkətiv*] *gram.* lokativ; orts-
loch [*lɔk*, (på skotska) *lɔx*] (*Skottl.*) sjö, havsvik
lock [*lɔk*] lås, spärr, sluss, lock, tott; låsa, gå i lås, fastna, slussa; **under ~ and key** inom lås och bom; **~, stock, and barrel** allting, fullständigt; **~ in one's arms** sluta i sina armar; **~ up** låsa, låsa in; **L— Hospital** kurhus; **~-jaw** *med.* munlås; **~-keeper** slussvaktare; **~-out** lockout; **~sman** slussvaktare; **~smith** låssmed; **~-stitch** kedjesöm; **~-up** stängningstid, finka; som går att låsa
locker [*lɔkə*] skåp, förvaringsfack i skåp, *amr. sl* kassaskåp; **not a shot in the ~** inte ett korvöre; **be laid in the ~** *sl* dö
locket [*lɔkit*] medaljong
loco [*loukou*] *amr. sl* tokig; **~ point** el. **spot** svag punkt
locomote [*loukəmout*] *amr. sl* gå; **locomotion** [*loukəmou'ʃ(ə)n*] förflyttning ur stället, fortskaffning; **locomotive** [*loukəmoutiv*] (is. *amr.*) lokomotiv; rörelse-, rörlig; **locomotive engine** lokomotiv
locum [*loukəm*] förk. f. **~ tenens** [*ti:nənz*] ställföreträdare, vikarie (*sl* **loke**); **do ~** vikariera
locus [*loukəs*] plats, *mat.* geometrisk ort
locust [*loukəst*] gräshoppa, *bot.* akacia, *amr. sl* polisklubba
locution [*lokju:'ʃ(ə)n*] talesätt, uttryck
lode [*loud*] malmåder; **~star** *astr.* polstjärna, *fig.* ledstjärna; **~stone** *geol.* magnet (*loadstone*)
lodge [*lɔdʒ*] hydda, grindstuga, ordensloge, indiantält, (djurs) kula; [in]logera, giva logi,

hyra rum, bo, deponera, ingiva (klagomål), anbringa, hamna; **lodger** inneboende; **lodging**[s] logi, bostad; **lodgment** [*lɔdʒmənt*] logi, fotfäste, deposition, anhopning, *mil.* förskansning

loft [*lɔ(:)ft*] loft, vind, galleri, läktare; (*sport.*) slå el. sparka (boll) högt; **~er** ett slags golfklubba; **~iness** höghet, högdragenhet; **~y** hög, upphöjd, högdragen, värdig

log 1) [*lɔg*] *sl* förk. f. *logarithm*

log 2) [*lɔg*] stock, träkubb, *sjö.* logg, loggbok (*log-book*); avverka (timmer), införa i loggbok; **heave the ~** logga; *flyg.* **pilot's ~** flygdagbok; **~ cabin** blockhus; **~-rolling** *pol.* kohandel; **~wood** *bot.* kampeschträ, färgträ

loganberry [*lougənberi*] *bot.* loganbär (hybrid av hallon och björnbär)

logan[**-stone**] [*lougən*(*-stoun*)] *geol.* vackelsten

logarithm [*lɔgəriþm*] *mat.* logaritm; **logarithmic** [*lɔgəri'þmik*] logaritmisk

loggerhead [*lɔgəhed*] dumhuvud; **be at ~s** ligga i luven på varandra

logic [*lɔdʒik*] logik; **~al** [*lɔdʒik*(*ə*)*l*] logisk; **~ian** [*lədʒi'ʃ*(*ə*)*n*] logiker

logomachy [*logɔ'məki*] tvist om ord

Logos [*lɔgəs*] *bibl.* logos, Ordet, Kristus

loin [*lɔin*] njurstek, *pl* länder; **gird up one's ~s** *bibl.* omgjorda sina länder, *fig.* bereda sig att resa el. arbeta; **~-cloth** höftskynke

loiter [*lɔitə*] söla, gå och driva; **~ away** förslösa (tid); **~er** dagdrivare

loke [*louk*] *sl* ställföreträdare (*locum*)

loll [*lɔl*] vräka sig, hänga, hänga ut (om tunga)

lollipop [*lɔlipɔp*], **lolly** [*lɔli*] *pl* karameller, 'gotter'

Lombard [*lɔmbəd*] lombard, langobard; lombardisk, langobardisk, (förr) bankir; **~ Street** gata i London, där det finns många banker; **Lombardy** [*lɔmbədi*] Lombardiet

London [*lʌndən*] London; **~ particular** *sl* londondimma; **~ pride** *bot.* stenbräcka (Saxifraga umbrosa); **Londoner** londonbo

lone [*loun*] ensam[stående]; **~ wolf** varg som jagar ensam, person som klarar sig på egen hand; **play a ~ hand** klara sig utan hjälp; **~ly** [*-li*] enslig, ensam; **be ~ly for** *amr.* längta efter; **~some** [*lounsəm*] ensam, enslig; **all by one's lonesome** på egen hand

long [*lɔŋ*] lång; länge; längta; **the L—** [**Vacation**] sommarferien; **the ~ and the short of it** summan av kardemumman; **~ chance** stor risk; **it is ~ odds that** det är nästan säkert, att; **~ price** högt pris; **~ purse** späckad börs; **the ~ ago** förr i världen; **so ~** *fam.* adjö [så länge]; **be ~** dröja länge; **before ~** inom kort; **~ for** längta efter; **~ to** längta efter att; **~-bill** *zool.* snäppa; **~boat** storbåt; **~-bow** pilbåge (utan skaft); **draw the ~-bow** berätta lögnhistorier; **~ cloth** ett slags bomullstyg; **~-clothes** linda; **~-distance call** interurbant telefonsamtal; **~-drawn** långdragen; **~-eared** långörad; **~ field** = **~** *off* (*on*); **~ firm** bedragarband; **~-hand** vanlig skrift (i motsats till *shorthand* stenografi); **~ hundred** 120; **~ jump** längdhopp; **~-lived** [*lɔŋlivd*] långlivad, långvarig; **~long** (*pidginengelska*) galen; **~ off** spelare till vänster om bowlaren (i kricket); **~ on** dito, till höger om honom; **~ rod** *amr. sl* bössa; **~shoreman** *amr.* hamnarbetare; **~-shot** *foto.* fjärrfotografi; **~-sighted** långsynt, skarpsynt, förutseende; **~stop** spelare bakom gärdet (i kricket); (**his**) **~** (**strong**) **suit** (hans) starka sida; **~-suffering** långmodig; **~-term** långfristig, vittskådande; **~-timer** *sl* fånge ådömd långvarigt fängelsestraff; **~-winded** [*-windid*] långrandig; **~ways**, **~wise** på längden, längs efter; **~ish** ganska lång, långrandig

longeron [*lɔŋʒərɔn*] *flyg.* längdförstärkning (i flygmaskins kropp el. vinge), ramrör

longeval [*lɔndʒi:'vəl*] långlivad; **longevity** [*lɔndʒe'viti*] långt liv, hög ålder

longing [*lɔŋiŋ*] längtan (**for** efter); längtansfull

longitude [*lɔn*(*d*)*ʒitju:d*] longitud; **longitudinal** [*lɔndʒitju:'dinəl*] longitud-, längsgående

loo [*lu:*] (kortspel) knack

looblum [*lu:bləm*] *amr. sl* smicker

looby [*lu:bi*] drummel, fåne

loofah [*lu:fa:*] frottersvamp

loogan [*lu:gən*] *amr. sl* boxare

loogin [*lu:gin*] *amr. sl* rekryt, nybörjare

looie [*lu:i*] *amr. mil. sl* sekondlöjtnant

look [*luk*] blick, titt, (också *pl*) utseende; se, titta synas, se ut, vetta (**upon** mot); **have a ~ at** ta sig en titt på; **have a ~ in** komma i jämnhöjd (**with** med), *sport.* ha en chans, vara nära att vinna; **good ~s** fördelaktigt utseende; **the house ~s S.W.** huset vetter mot sydväst; **~ about** se sig om, *fig.* se sig för; **~ after** se efter, se till, vårda, följa med blicken; **~ one's age** se ut att vara så gammal som man är; **~ ahead** se framåt, tänka på framtiden; **~ alive!** skynda dig! **~ at** se på; **to ~ at him** att döma av hans yttre; **~ at home** sopa rent för egen dörr; **~ black** se mörk el. hotande ut; **~ blue** se nedslagen ut; **~ daggers at** se hatfullt på; **~ down one's nose at** *fam.* betrakta med dold ovilja; **~ for** se efter, söka efter, emotse; **~ forward to** emotse, glädja sig åt; **~ here!** hör på! **~ in** se in, titta in (besök); **~ into** undersöka; **~ like** likna, se ut som; **~ on** titta på; **~ out** titta ut, hålla utkik, söka (**for** efter), se upp; **~ over** se över, inspektera; **~ oneself** vara sig lik; **~ sharp** el. **slippy** skynda sig; **~ through and through** genomskåda; **~ to** passa på, se till, emotse, lita på; **~ to be** *amr.* tyckas vara; **~ towards** vetta åt, *fam.* skåla med; **~ up** se upp, *hand.* gå upp i pris, göra uppsving, uppsöka, slå upp (i bok); **~ up and down** mönstra från topp till tå; **~** [**up**]**on** anse, betrakta (**as** som); **~-in** visit (se också *have a ~ in* ovan); **~-~** (*pidginengelska*) se; **~-out** utkik, utkikspost, utsikt; **that is my ~-out** *sl* det angår inte dig; det klarar jag nog själv; **~-see** *sl* titt; **~-stick** kikare, periskop; **looker** *amr. sl* spion; **looker-on** åskådare (*pl lookers-on*); **looking-glass** spegel

loom [*lu:m*] vävstol, skymt; skymta fram, dyka upp, hänga (hotande) över; **~ large** (*äv.*) dominera

loon [*lu:n*] *zool.* lom; **crazy as a ~** *sl* splittergalen

loon[**e**]**y** [*lu:ni*] *sl* galning; galen (*lunatic*)

loop [*lu:p*] ögla, slinga, rosett, stropp, en skridskofigur, *amr. sl* omgång (boxningskamp); knyta rosett el. ögla; fästa med ögla, fästa; gå i en ögla; **the L—** *amr. sl* Chicago; **~ the ~** *flyg.* göra looping; **~ed** *amr. sl* drucken; **looping the ~** *flyg.* looping; **~-hole** skottglugg, kryphål; **~-line** sidobana; **looper** (is.) *zool.* lantmätare (larv)

loose [*lu:s*] lös; lösa; **give a ~ to** ge fritt lopp åt; **be on the ~** vara på vift; **let ~** släppa lös, ge fritt lopp åt; **get ~** slippa lös; **come** (**work**) **~** lossna; **have ~ bowels** ha benägenhet för diarré; **be at a ~ end** icke veta vad man skall ta sig till; **~ fish** rucklare; **~ rein** lösa tyglar; **have a tile** (**screw**) **~** *sl* ha en skruv lös; **~strife** *bot.* videört (Lysimachia vulgaris)

loosen [*lu:sn*] lösa, lossna; **looseners** *amr. sl* sviskon

loot [*lu:t*] byte, *sl* löjtnant; plundra

lop [*lɔp*] hänga slappt ned, hänga med, kapa av, hugga av; **~-ear** hängande öra, kanin (med hängande öron); **~-sided** skev (*äv. fig.*)

lope [*loup*] skutt; skutta

loppings [*lɔ'piŋz*] avhuggna kvistar o. d.

loquacious [*lokwei'ʃ*(*ə*)*s*] pratsam; **loquacity** [*lokwæ'siti*] pratsamhet

lor, lor' [*lɔ:*] (*vulg.* utrop) jösses! (*Lord*)

lord [*lɔ:d*] herre, överherre, lord; **the L—** Herren (Gud); **the ~ of the manor** godsägaren; **her ~**

and master hennes herre och man; **the ~s of creation** skapelsens herrar, männen; **~ it** spela herre; **the [House of] L—s** Överhuset; **~s spiritual** o. **~s temporal** andliga (biskoparna) och världsliga lorder i Överhuset; **L—!** Herre Gud! **L— knows** Gud vet; **Our L—** Vår Herre och Frälsare; **in the year of Our L— 1890** år 1890 e.Kr.; **the L—'s Prayer** Fadervår; **the L—'s Supper** nattvarden; **L— [High] Chancellor** lordkansler (Överhusets talman); **my ~** [*milɔ'd*] ers nåd (tilltal till biskopar, lorder och domare); **L— Chief Justice** president i högsta domstolen (*King's Bench Division*); **L— Lieutenant** högsta ämbetsman i ett grevskap; **L— Mayor** borgmästare (i vissa stora städer); **L— of the Admiralty** amiralitetslord; **L— of the Bedchamber** kammarherre; **L— of the Treasury** skattkammarlord; **lordly** förnäm, ståtlig, högmodig, storslagen; **lordship** herravälde; **his lordship** lorden, hans nåd

Lord's kricketplan i London

lore [*lɔ:*] kunskap, vetande

lorg [*lɔ:g*] *amr. sl* narr

lorgnette [*lɔ:nje't*] lornjett, teaterkikare

lorry [*lɔri*] (öppen) lastbil el. godsvagn; **~-hop** åka gratis

lose [*lu:z*] (*oregelb. vb*) förlora, mista, tappa, komma ngn att förlora, förspilla; **~ ground** förlora terräng; **~ heart** tappa modet; **~ the number of one's mess** *sl* dö; **~ oneself, one's** el. **the way** gå vilse; **~ one's temper** bli ond; **losing game** spel, där man är nästan säker på att förlora; **lost** [*lɔ(:)st*] förlorade, förlorat; försvunnen, vilsen, förtappad, förlist, förspilld; **lost in** fördjupad i, försjunken i; **lost-property office** hittegodsbyrå; **loser** förlorare; **good (bad) loser** en som tar (inte tar) en förlust med jämnmod

loss [*lɔs*] förlust; **be at a ~** vara villrådig el. rådlös

lost [*lɔst*] se *lose*

lot [*lɔt*] lott, *amr.* tomt, *hand.* parti, nummer på auktion, *fam.* massa, mängd; **cast** el. **draw ~s** dra lott; **cast** el. **throw one's ~ in with** förena sitt öde med; **by ~** genom lottdragning; **the whole ~** hela högen; **a ~ (lots) of** en massa, mycket, många; **a bad ~** odåga

Lothario [*lopɛ'əriou*] Don Juan, förförare

lotion [*louʃən*] vätska till utvärtes bruk, hårvatten, *sl* sprit

lottery [*lɔtəri*] lotteri; **lotto** [*lɔtou*] lotto (ett spel)

lotus [*loutəs*] *bot.* lotus; **~-eater** lotusätare, *fig.* lätting

loud [*laud*] högljudd, larmande, skrikande (t. ex. om färger); **in a ~ voice** med hög röst; **a ~ one** *sl* lögn; **~-speaker** högtalare; **loudly** högljutt, med hög röst

lough [*lɔk, lɔx*] (*Irl.*) sjö, havsvik

lounge [*laundʒ*] flanerande, slöande, hall (i hotell), soffa; släntra, driva omkring; **~-lizard** gigolo, professionell dansör; **~-suit** kavajkostym

lour, lower [*lauə*] se mörk el. hotande ut, hota, mulna, mörkna

louse [*laus*] (*pl lice* [*lais*]) lus, *amr. sl* angivare, förrädare; [*lauz*] löska, avlusa; **~ around** *amr. sl* driva omkring; snylta; **~-cage** *amr. sl* hatt; **lousy** lusig, oanständig

lout [*laut*] (stor) drummel, lymmel

louver, louvre [*lu:və*] rököppning i taket, *auto.* jalusigaller; **~-window** ljudöppning i klocktorn

love [*lʌv*] kärlek, hälsning, älskling; älska, tycka om; **for the ~ of** för . . . skull; **play for ~** spela utan insats; **three to ~** 3—0 (i spel); **~ all** noll mot noll (i tennis); **give him my ~** hjärtliga hälsningar till honom! **~ in a cottage** en koja och ett hjärta; **fall in ~** bli förälskad; **in ~** förälskad **(with** i); **make ~ to** kurtisera; **not for ~ or money** inte till något pris; **there's no ~ lost between them** de avsky varandra; **my ~** (min) älskling; **what a ~ of a cat** en sådan söt katt! **~ balm** *amr. sl* ersättning för äktenskapsbrott el. brutet äktenskapslöfte; **~-bird** *zool.* papegoja; **~-in-a-mist** passionsblomma; **~-in-idleness** styvmorsviol; **~-knot** kärleksknut; **~lock** kärlekslock (vid tinningen); **~-lorn** trånande, sviken; **~-nest** nygiftas hem; **~ pirate** erotisk fribytare; **~-philtre** el. **~-potion** kärleksdryck; **lovable** [*lʌvəbl*] älsklig; **loveless** [*lʌvlis*] kärlekslös, ej älskad; **lovely** förtjusande, älsklig; **lover** tillbedjare, käraste, älskare; **lovey** [*lʌvi*] (min) älskling; **loving** kärleksfull, öm; **loving-cup** festpokal; **loving-kindness** huldhet

Lovelace [*lʌvleis*] Lovelace, förförare

loveless, lovely, lover, lovey, loving se *love*

low 1) [*lou*] råmande; råma

low 2) [*lou*] låg, urringad, djup, simpel, oädel; lågt, djupt, simpelt; **the ~ latitudes** breddgraderna nära ekvatorn; **in a ~ voice** med låg röst; **in ~ spirits** på dåligt humör; **in ~ water** utan pengar; **bring ~** nedslå, förringa; **burn ~** brinna ned; **feel ~** vara 'nere'; **lay ~** kasta omkull, döda, kväsa; **lie ~** krypa samman, vara död, hålla sig undan, *sl* hålla sig på mattan; **run ~** vara på upphällningen; **~-born** av låg härkomst; **~-bred** ohyfsad; **~-brow** *amr. sl* andefattig, tarvlig; **~-browed** mörk, dyster; **L— Church** (riktning inom den engelska statskyrkan); **the L— Countries** Nederländerna; **~-cut** urringad; **~-down** låg, lumpen, förfallen; *amr. sl* sanningen; **get the ~-down on** *sl* få uttömmande upplysningar om; **play the ~-down upon** *sl* behandla tarvligt; **~-frequency** *elektr.* lågspänning; **L— German** lågtyska, plattyska; **~land** lågland; **the Lowlands** det skotska låglandet; **~-lid** *amr. sl* = *~-brow;* **~-pitched** låg (om ton); **L— Sunday** första söndagen efter påsk; **lowly** ödmjuk, ringa, oansenlig; **lowliness** ringhet, ödmjukhet

lower 1) [*louə*] lägre; sänka, sjunka, bli lägre, falla, *sl* svälja; **~-class** underklass-; **the ~ House** Underhuset; **~most** lägst, underst

lower 2) [*lauə*] se *lour*

loyal [*lɔiəl*] lojal, trofast **(to** mot); **~ist** [*lɔiəlist*] laglydig medborgare, regeringstrogen person; **~ty** [*lɔiəlti*] lojalitet, trohet

lozenge [*lɔzin(d)ʒ*] romb, diamantsnitt, spetsruta, pastill, tablett; **meat ~** buljongtärning

lubber [*lʌbə*] luns, drummel, landkrabba

lubricate [*lu:brikeit*] olja [in], smörja, *sl* muta; **lubricated** *amr. sl* drucken; **lubricant** [*lu:brikənt*] smörjolja, *amr. sl* smör; **lubrication** [*lu:brikei'ʃ(ə)n*] smörjning; **forced lubrication** trycksmörjning; **lubricator** [*lu:brikeitə*] smörjämne, smörjkopp; **lubricity** [*lu:bri'siti*] glatthet, slipprighet

lucerne [*lu:sə:'n*] *bot.* lusern (Medicago sativa)

lucid [*l(j)u:sid*] klar, genomskinlig; **~ intervals** 'ljusa stunder'; **~ity** [*l(j)u:si'diti*] klarhet

Lucifer [*lu:sifə*] Lucifer (Satan), morgonstjärnan; **l—** (*vulg.*) tändsticka

luck [*lʌk*] lycka, tur, slump; **be in ~** ha tur; **my ~ is in** jag har tur; **as ~ would have it** lyckligtvis; **down on one's ~** nere, i knipa; **hard ~!** sådan otur! **worse ~!** dessvärre! **luckless** förföljd av otur

lucky [*lʌki*] som har tur, tursam, lyckobringande; **be ~** ha tur; **a ~ dog** en lycklig ost; **cut one's ~** *sl* smita; **~-bag, ~ dip** el. **dive** lyckopåse; **~ penny** lyckopenning; **luckily** lyckligtvis

lucrative [*l(j)u:krətiv*] lukrativ, inbringande; **lucre** [*l(j)u:kə*] [snöd] vinning

lucubration [*lju:kju(:)brei'ʃ(ə)n*] (is. *pl*) nattliga studier, pedantiska skrifter, 'snillefoster'

ludicrous [*l(j)u:dikrəs*] löjlig, orimlig

lues [*l(j)u:i:z*] syfilis

luey [*lu:i*] *amr. sl* cirkusclown

luff [*lʌf*] *sjö.* lov; lova; *sl* löjtnant

lug [*lʌg*] ryck, grepe, öra, handtag, fläns, *amr. sl* anmodan, tung börda; släpa, hala, draga, rycka; ~ **in** *fig.* smuggla in; ~ **it** *sl* smita; ~**-sail** *sjö.* loggertsegel; **lugger** *sjö.* loggert

luggage [*lʌgidʒ*] bagage, *amr.* (tomma) koffertar etc.; ~**-grid** *auto.* bagagehållare; ~**-locker** *auto.* bagagerum; ~**-label** adresslapp; ~**-van** bagagevagn

lugubrious [*lu:gju:'briəs*] trist, sorglig

lukewarm [*lu:kwɔ:m, lju:k-*] ljum

lull [*lʌl*] uppehåll (i regn etc.), avbrott; vyssja, lugna, (om storm) lägga sig, bedarra; ~**aby** [*lʌləbai*] vaggsång

lu-lu [*lu:lu:*] *amr. sl* präktig karl el. sak

lumbago [*lʌmbei'gou*] ryggskott

lumber [*lʌmbə*] skräp, bråte, kram, *amr.* timmer; belamra, ligga och skräpa, *amr.* avverka timmer, lufsa, klampa; ~**-jack** skogsarbetare; ~**-jacket** lumberjacka, timmerhuggarjacka; ~**man** skogsarbetare, timmerhandlare; ~**-room** skräpkammare; ~**ing** timmeravverkning; stor och tung, klumpig

luminary [*lu:minəri, lju:-*] ljuskälla, (klart skinande) ljus; **luminous** [*lu:minəs, lju:-*] lysande, klar

lumme [*lʌmi*] (*vulg.*) jösses!

lump [*lʌmp*] klump, bula, massa, (socker) bit; trögmåns, *zool.* stenbit, sjurygg, *amr. sl* pengar; slå tillsamman (~ *together*), skära över en kam; **in (by) the** ~ i klump; rubb och stubb, *en bloc*; ~ **of lead** *rhyming-sl* f. *head* huvud; **if you don't like it you may** ~ **it** om du icke kan tåla det, kan du låta det vara; ~**-fish** *zool.* stenbit; ~ **oil** *amr. sl* kol; ~ **sugar** bitsocker; ~ **sum** rund summa; **lumping** *fam.* väldig; **lumpish** klumpig, slö, trög; **lumpy** klumpig, knölig, *sjö.* hög (sjö), *amr. sl* drucken

lunacy [*lu:nəsi, lju:-*] vansinne, vanvett; **lunar** [*lu:nə, lju:nə*] mån-; **lunar caustic** silvernitrat; **lunar [observation]** distansobservation; **lunate** [*lu:nit, lju:-*] halvmånformig; **lunatic** [*lu:nətik, lju:-*] (en) vansinnig, vanvettig; **lunatic asylum** hospital, sinnessjukhus; **lunation** [*lu:nei'ʃ(ə)n, lju:-*] *astr.* månomlopp

lunch [*lʌn(t)ʃ*] lunch, *amr.* lätt måltid (när som helst); luncha, giva lunch; ~ **hook** *amr. sl* arm, finger, tand; **luncheon** [*lʌnʃen*] (officiell) lunch, *amr.* = *lunch*; **luncheteria** [*lʌnʃəti'əriə*] *amr.* automatkafé

lunette [*lu:ne't, lju:-*] ljusöppning i tak, halvmånformigt el. halvrunt fält, platt urglas, *mil.* lynett

lung [*lʌŋ*] lunga; *amr. sl* diskutera; **the** ~**s of London** öppna platser och parker i L.; ~**-power** röststyrka; **lunger** *amr. sl* tuberkulospatient

lunge [*lʌn(d)ʒ*] stöt, utfall (is. i fäktning); göra utfall

lunkah [*lʌŋkə*] (*Ind.*) stark cigarr

lunkhead [*lʌŋkhed*] *amr. sl* tråkmåns, dumhuvud

luny [*lu:ni*] *sl* galning; galen, vanvettig (*lunatic*); ~**-bin** *sl* dårhus

lupine [*lu:pin, lju:-*] *bot.* lupin; [*lu:pain, lju:-*] varglik, varg-; **lupus** [*lu:pəs, lju:-*] *med.* lupus

lurch [*lə:tʃ*] *sjö.* krängning; kränga, göra en överhalning; **leave in the** ~ lämna i sticket; **walk with a** ~ ha en vaggande gång (som en sjöman)

lurcher [*lə:tʃə*] krypskytts hund; hund av blandras, tjuv, skojare

lure [*l(j)uə*] lockmedel, lockelse; locka

lurid [*l(j)uərid*] ohygglig, kuslig, spökaktig, brandröd, bländande

lurk [*lə:k*] dölja sig, ligga på lur; **on the** ~ på lur

luscious [*lʌʃəs*] läcker, vämjeligt söt, sliskig, *fig.* överlastad (stil)

lush [*lʌʃ*] *sl* spritdryck, fyllbult; saftig, frodig; ~**-worker** *amr. sl* en som plundrar berusade; **lush[e]y** *sl* drucken

lust [*lʌst*] lusta, begär; ~ **after** åtrå

lustral [*lʌstrəl*] renings-; **lustration** [*lʌstrei'ʃ(ə)n*] rening

lustre [*lʌstə*] glans, skimmer, kristallkrona, femårsperiod; **add** ~ **to, throw** el. **shed** ~ **on** kasta glans över; **lustrum** [*lʌstrəm*] femårsperiod

lusty [*lʌsti*] kraftfull, frisk och stark

lute 1) [*lju:t, lu:t*] *mus.* luta

lute 2) [*lju:t, lu:t*] kitt; kitta

Luther [*lu:þə*] Luther; **Lutheran** [*lu:þərən*] lutheran; luthersk

luxate [*lʌksei't*] vrida ur led, vricka; **luxation** [*lʌksei'ʃn*] vrickning

luxuriance [*lʌgzju'əriəns*] yppighet, frodighet; **luxuriant** [*lʌgzju'əriənt*] frodig, rik, i överflöd, blomsterrik (stil); **luxuriate** [*lʌgzju'ərieit*] leva i överflöd, frossa; **luxurious** [*lʌgzju'əriəs*] överdådig, njutningslysten, luxuös; **luxury** [*lʌkʃuri, lʌkʃəri*] lyx, överdåd, njutning

lyceum [*laisi'əm*] lyceum; litterär institution

lyddite [*lidait*] lyddit (ett slags sprängämne)

Lydia [*lidiə*] Lydia; Lydien; **Lydian** [*lidiən*] lydier; lydisk

lye [*lai*] lut

lying (se *lie* 1) och 2)) ljugande, lögnaktig; liggande; ~**-in hospital** barnbördshus

lymph [*limf*] lymfa; **lymphatic** [*limfæ'tik*] lymfkärl (~ *vessel*); lymfatisk

lynch [*lin(t)ʃ*] lyncha; ~ **law** lynchlag

lynx [*liŋks*] *zool.* lo; ~**-eyed** skarpsynt

lyre [*laiə*] lyra; ~**-bird** *zool.* lyrfågel; **lyric** [*lirik*] lyrisk dikt, *pl* lyrik; lyrisk; **lyrical** [*lirik(ə)l*] lyrisk; **lyricism** [*lirisizm*] lyriskt uttryck, lyrism; **lyrist** [*laiərist, lirist*] lyrspelare; [*lirist*] lyriker

lysol [*laisɔl*] lysol

M

M, m [*em*] (*pl Ms, M's* [*emz*]) M, m, den romerska siffran för 1 000

ma [*ma:*] förk. f. *mamma* mamma

ma'am [*mæm, məm*] förk. f. *madam* frun (tjänares tilltal)

Mabys [*meibis*] förk. f. *Metropolitan Association for Befriending Young Servants*

mac [*mæk*] *fam.* förk. f. *mackintosh* regnrock

macadam [*məkæ'dəm*] makadam; makadamisera; ~**ization** [*məkædəmaizei'ʃ(ə)n*] makadamisering; ~**ize** [*məkæ'dəmaiz*] makadamisera

macaroni [*mækərou'ni*] makaroni; **macaronics** [*mækərɔ'niks*] vers som innehåller moderna ord med latinska ändelser

macaroon [*mækəru:'n*] makron (bakelse)

macassar [*məkæ'sə*] hårolja (~ *oil*)

macaw [*məkɔ:'*] *zool.* röd arapapegoja

mace [*meis*] stridsklubba, spira, ett slags biljardkö, muskotblomma

maceration [*mæsərei'ʃ(ə)n*] avmagring, utmärgling, späkning; **macerate** [*mæsəreit*] urlaka, späka, utmärgla

machan [*mətʃa:'n*] (*Ind.*) upphöjd plattform för tigerjakt

Machiavellian [*mækiəve'ljən*] machiavell[ist]isk, hänsynslös, slug, cynisk

machinate [*mækineit*] planlägga, smida ränker; **machination** [*mækinei'ʃ(ə)n*] (is. *pl*) intrig, ränker; **machinator** [*mækineitə*] ränksmidare

machine [*məʃi:'n*] maskin, maskineri, cykel, bil, åkdon, partiledning; tillverka med maskin; **~-gun** [skjuta med] maskingevär; **~-gunner** soldat i maskingevärskompani; **~-made** maskingjord; **~-tool** verktygsmaskin; **machinery** [*məʃi:'nəri*] maskineri, maskiner; **machinist** [*məʃi:'nist*] maskinbyggare, maskinarbetare, mekaniker, maskinist, maskinsömmerska

mack se *mac*

mackerel [*mækrəl*] makrill; **~ sky** himmel med lätta strömoln

mackinaw [*mækənɔ:*] *amr.* grov filt el. rock

mackintosh [*mækintɔʃ*] regnrock

macrocosm [*mækrokɔzm*] makrokosmos, universum

macron [*mækrən*] längdtecken (-) över vokal

macula [*mækjulə*] (*pl maculae* [*mækjuli:*]) fläck; **maculate** [*mækjuleit*] fläcka; makulera; [*mækjulit*] fläckig, befläckad; **maculation** [*mækjulei'ʃ(ə)n*] befläckande, besudling

mad [*mæd*] vansinnig, galen, tokig, ond, arg, vild; **~ on** el. **about** galen efter; **~ at** el. **about** ond på el. över; **as ~ as a hatter** el. **as a March hare** splittergalen; **~cap** vildhjärna, yrhätta; **~-doctor** nervläkare; **~-house** sinnessjukhus; **~man** galning, dåre; **~ness** galenskap, vansinne, raseri; **~woman** sinnessjuk kvinna; **madly** vansinnigt

madam [*mædəm*], **ma'am** [*məm*] fru, fröken (i tilltal); **madame** [*mædəm*] fru; **Mme Tussaud's** [*-təsou'z*] (vaxkabinett i London)

madden [*mædn*] göra galen, upphetsa

maddening som kan göra en galen, ursinnig, vanvettig

madder [*mædə*] *bot.* krapp, krappfärg

made [*meid*] gjorde, gjord, gjort (se *make*); **made-to-measure** måttbeställd; **made-up** sammansatt, hopkokad, påhittad, sminkad

Madeira [*mədi'ərə*] Madeira, madeira (vin)

madonna [*mədɔ'nə*] madonna; **~ lily** vit lilja (på bilden av bebådelsen)

madrepore [*mædripɔ:*] stjärnkorall

madrigal [*mædrigəl*] kärlekssång, kärleksdikt

Maecenas [*misi:'næs*] mecenat

maelstrom [*meilstroum*] malström, virvel

maenad [*mi:næd*] menad, backant

maestro [*ma:e'strou*] stor kompositör el. dirigent

maffick [*mæfik*] jubla vilt

mag [*mæg*] *sl* prat; förk. f. *magneto* magnet (i motor); förk. f. *magazine*; *sl* prata

magazine [*mægəzi:'n*] magasin, tidskrift

magenta [*mədʒe'ntə*] anilinrött; anilinröd

maggot [*mægət*] larv, mask, *fig.* nyck, (fix) idé; **~ in one's head** besynnerlig idé; **maggoty** full av maskar, *sl* nyckfull, excentrisk

Magi [*meidʒai*] *pl* mager (persiska präster i forntiden); **the [three] Magi** de vise männen från Österlandet; **magian** [*meidʒən*] mager; magisk; **magic** [*mædʒik*] magi, trolldom; magisk; **magic lantern** laterna magica; **magic mirror** spegel, i vilken framtiden kan ses; **magical** [*mædʒikl*] magisk; **magician** [*mədʒi'ʃ(ə)n*] trollkonstnär, trollkarl

magisterial [*mædʒisti'əriəl*] myndig, bjudande; **magistracy** [*mædʒistrəsi*] ämbete som polisdomare; **magistral** [*mædʒi'strəl*] **staff** lärarkår; **magistrate** [*mædʒistrit, -streit*] ämbetsman; polisdomare, fredsdomare

magma [*mægmə*] magma (glödande massa i jordens inre)

Magna C[h]arta [*mægnə ka:tə*] det stora frihetsbrevet av år 1215

magnanimity [*mægnəni'miti*] storsinthet, ädelmod; **magnanimous** [*mægnæ'niməs*] storsint, ädelmodig

magnate [*mægneit*] magnat, rik man

magnesia [*mægni:'ʃə*] magnesia; **magnesium** [*mægni:'ziəm*] magnesium

magnet [*mægnit*] magnet; **~ic** [*mægne'tik*] magnetisk; **~ism** [*mægnitizm*] magnetism; **~ize** [*mægnitaiz*] magnetisera; **~o** [*mægni:'tou*] magnetapparat

magnificat [*mægni'fikæt*] Marie lovsång

magnification [*mægnifikei'ʃ(ə)n*] förstoring; **magnificence** [*mægni'fisəns*] storslagenhet, prakt; **magnificent** storartad, ståtlig, härlig; **magnifier** [*mægnifaiə*] förstoringsglas; **magnify** [*-fai*] förstora, överdriva; **magnifying glass** förstoringsglas

magniloquence [*mægni'lokwəns*] stortalighet; **magniloquent** storordig, skrytsam

magnitude [*mægnitju:d*] storlek, vikt

magnolia [*mægnou'ljə*] *bot.* magnolia

magnum [*mægnəm*] stor vinflaska; **~ bonum** [*bounəm*] stort plommon, potatissort

Magog [*meigɔg*]; **Gog and ~** (också: två figurer i Londons Guildhall; se *Gog*)

magpie [*mægpai*] skata, *sl* sladdertaska, dåligt skott

magsman [*mægzmən*] bondfångare

Magyar [*mægia:*] ungrare, ungerska (språket), ungersk blus (**~** *blouse*); magyarisk

Maharajah [*ma:(h)əra:'dʒə*] maharaja; **Maharanee** [*ma:(h)əra:'ni:*] maharajas gemål

mahatma [*məhæ'tmə*] (indisk) mahatma, mästare

Mahdi [*ma:di(:)*] (arabisk) ledare

Mah-jong[g] [*ma:'jɔ'ŋ*] mahjong (gammalt kinesiskt spel)

mahogany [*məhɔ'gəni*] mahogny; solbränd

Mahomet [*məhɔ'mit*] Muhammed; **Mahometan** [*məhɔ'mit(ə)n*] muhammedan; muhammedansk; **Mahometan gruel** kaffe

mahout [*məhau't*] (indisk) elefantförare

mahratta [*məræ'tə*] mahratta (indisk stam)

maid [*meid*] flicka, jungfru, hembiträde, ogift kvinna; vara kammarpiga åt; **house ~** tjänstflicka; **~ of all work** ensamjungfru; **~ of honour** hovdam; **~servant** tjänstflicka

maidan [*maida:'n*] *Ind.* slätt, exercisplats, esplanad, torg

maiden [*meidən*] jungfru, mö, ogift kvinna; ogift, jungfrulig; **~ assize** ting utan rättsmål; **~hair** *bot.* jungfruhår; **~ horse** häst, som ej förut deltagit i tävling; **~ name** flicknamn; **~ speech** jungfrutal; **~ voyage** jungfruresa; **~head** [*-hed*], **~hood** [*-hud*] jungfrulighet; **~ish, ~like, ~ly** ärbar, jungfrulig

mail 1) [*meil*] ringbrynja; **mailed** brynjeklädd

mail 2) [*meil*] postsäck, post, postförsändelse, postbåt; sända med posten, försända; **~-bag** postsäck, postväska; **~-box** *amr.* brevlåda; **~-cart** postvagn; barnvagn; **~-coach** diligens; **~man** *amr.* brevbärare; **~ order firm** postorderfirma

maim [*meim*] lemlästa

main [*mein*] kraft, huvuddel, öppet hav, huvudledning, huvudbana, tuppfäktning; viktigast, väsentlig; **with might and ~** med all makt; **in the ~** i huvudsak; **the ~ chance** egen fördel, egna intressen; **by ~ force** med våld; **fling a ~ with** våga ett spel med; **~ deck** huvuddäck; **~land** fastland; **~mast** [*-ma:st*] stormast; **~sail** storsegel; **~spring** huvudfjäder, *fig.* drivfjäder, huvudmotiv; **~ squeeze** *amr. sl* storstag, förnämsta stöd; **M— Street** Storgatan (huvudgatan i amerikanska småstäder); **~ top** *sjö.* stormärs, mastkorg; **~ yard** [*meinja:d*] *sjö.* storrå

maintain [*me(i)ntei'n*] uppehålla, upprätthålla, hävda, försörja; **~ance** [*meintinəns*] upprätthållande, hävdande, försvar, försörjning, underhåll, livsuppehälle

maisonette [*meizəne't*] litet hus, del av litet hyreshus

maistry [*meistri*], **mistry** [*mistri*] (indisk) facklärd arbetare, förman, kock
maize [*meiz*] majs
majestic [*mədʒe'stik*] majestätisk; **majesty** [*mædʒisti*] majestät
majolica [*məjɔ'likə*] majolika, italienska kulörta lervaror
major [*meidʒə*] *jur.* myndig person; major, *amr.* huvudämne, *mus.* dur; större; ~ **key** *mus.* dur; **the** ~ **part** större delen; ~ **road** huvudväg (med förkörsrätt); ~ **subject** huvudfack; ~ **suit** (i bridge) högfärg, spader el. hjärter; ~ **in** *amr.* ha till huvudämne
majority [*mədʒɔ'riti*] majoritet, flertal, myndighetsålder; **a bare** ~ enkel majoritet; **join the** ~ *sl* dö
majuscule [*mədʒʌ'skju:l*] majuskel, stor bokstav, versal
make [*meik*] tillverkning, fabrikat, märke, beskaffenhet; (*oregelb. vb*) göra, laga, skapa, fabricera, koka, sy, få till, göra till; **is this your own** ~ är detta din egen tillverkning? **on the** ~ *sl* profithungrig; ~ **a good wife** bli en god hustru; **what do you** ~ **the time** vad tror du klockan är? ~ **a beast of oneself** uppträda gement; ~ **a book** vinna en rad vad på kapplöpningsbanan; ~ **a clean breast of it** tillstå ärligt; ~ **a clean sweep of** helt utrota; ~ **after** förfölja; ~ **against** söka att hindra el. göra ogiltig; ~ **a pass at** flörta med; ~ **away with** undanröja; ~ **believe** låtsa[s]; ~ **bricks without straw** hålla på med ett ogörligt arbete; ~ **certain** förvissa sig om; ~ **do with** klara sig med; ~ **for** gå mot, anfalla; ~ **for land** styra kurs mot land; ~ **for a theory** stödja, befrämja; ~ **free with** ta sig friheter mot; ~ **friends with** göra sig till vän med; ~ **good** uppväga, gottgöra, uppfylla, uppnå, bevisa, klara sig, *sl* ha tur; ~ **haste** skynda sig; ~ **head** vinna terräng; ~ **head or tail of** bli klok på; ~ **it up** försonas; ~ **light of** försumma, bagatellisera; ~ **much of** skämma bort, lägga vikt vid; ~ **no bones of** el. **about doing** *sl* inte göra några svårigheter, inte tveka; **what do you** ~ **of it?** vad tror du om det? ~ **off** skynda bort; ~ **off with** stjäla, schappa med; ~ **or mar** hjälpa el. stjälpa, avgöra ens öde; ~ **out** tyda, förstå, skriva ut (räkning), bevisa, tycka, räkna ut, *amr.* klara sig; ~ **over** överlåta; ~ **sail** avsegla; ~ **shift with** klara sig, slå sig igenom med; ~ **sure** förvissa sig, vara säker på; ~ **the best of one's way** skynda sig så mycket man kan; ~ **the most of it** draga största möjliga fördel av; ~ **up** utfylla, gottgöra, försona sig, sminka sig; ~ **up for** gottgöra, ta igen; ~ **up one's mind** bestämma sig; ~ **up to** ställa sig in hos; ~-**believe** [*meikbili:v*] förställning, falskt sken, skenbild; låtsad, falsk; ~**shift** [*meikʃift*] surrogat, hjälpmedel, nödfallsutväg; ~-**up** [*meikʌp*] konstitution, karaktär, påhitt, lögn, maskering, sminkning, smink; kompletteringskurs; ~**weight** [*meikweit*] surrogat, fyllnadsgods, motvikt; **maker** skapare; **making** tillverkning, *pl* inkomster, *pl amr.* tobak och papper till cigarrettrullning
mal- [*mæl*] dålig
Malacca [**cane**] [*məlæ'kə*] brun spatserkäpp
malachite [*mæləkait*] malakit
maladjustment [*mæ'lədʒʌ's(t)mənt*] felaktig anordning; **maladministration** [*mæ'lədministrei'ʃ(ə)n*] vanstyre; **maladroit** [*mælədrɔit*] drumlig, tafatt
malady [*mælədi*] sjukdom
Malagasy [*mæləgæ'si*] malagass[isk]; malagassiska (språket)
malaise [*mæ'lei'z*] illamående, olust
malaprop[**ism**] [*mæləprɔp*(*izm*)] oriktig användning av ord, groda; **malapropos** [*mæ'læ'prəpou*] olägligt
malaria [*məlɛ'əriə*] malaria; **malarial** [*-əl*], **malarious** [*-riəs*] malaria-, osund
Malay [*məlei'*] malaj, malajiska (språket); malajisk
Malayalam [*mælia:'ləm*] malayalam (ett dravidiskt språk)
malcontent [*mælkəntent*] missnöjd (person)
male [*meil*] mans-, han-, manlig individ, hanne; manlig
malediction [*mælidi'kʃ(ə)n*] förbannelse; **maledictory** [*-di'ktəri*] förbannelse-
malefactor [*mælifæktə*] missdådare; **malefic** [*məle'fik*] skadlig, fördärvlig; **maleficence** [*məle'fisəns*] skadlighet; **maleficent** skadlig
malevolence [*məle'vələns*] illvilja, elakhet; **malevolent** elak, illvillig
malfeasance [*mæ'lfi:'zəns*] förbrytelse, felgrepp
malformation [*mæ'lfɔ:mei'ʃ(ə)n*] kroppslig missbildning
mali [*ma:li*] indisk (infödd) trädgårdsmästare
malice [*mælis*] illvilja, elakhet, skadeglädje; **bear** ~ bära agg; ~ **prepense** [*pripe'ns*] *jur.* överlagd förbrytelse; **malicious** [*məli'ʃəs*] elak, skadeglad
malign [*məlai'n*] skadlig, ondskefull, illvillig; baktala; ~ **influence** dåligt inflytande; **malignancy** [*məli'gnənsi*] ondska, elakartad beskaffenhet; **malignant** [*məli'gnənt*] anhängare av Karl I (1600-tal.); ondskefull, *med.* elakartad; **malignity** [*məli'gniti*] illvilja, elakartad beskaffenhet
malinger [*məli'ŋgə*] simulera, låtsas vara sjuk
Mall [*mæl*]; **the** ~ (stora allén i St. James's Park i London)
mallard [*mæləd*] vildand
malleability [*mæliəbi'liti*] smidighet, bildbarhet; **malleable** [*mæliəbl*] smidbar (om metaller); **mallet** [*mælit*] klubba, krocket-, poloklubba
mallow [*mælou*] *bot.* kattost
malm [*ma:m*] ett slags kalkjord, tegelsten gjord av ~ el. märgel
malmsey [*ma:mzi*] malvoasir (vinsort)
malnutrition [*mælnjutri'ʃ(ə)n*] undernäring
malodour [*mælou'də*] dålig lukt; **malodorous** [*mæ'lou'dərəs*] illaluktande
malpractice [*mæ'lpræ'ktis*] *jur.* felbehandling av patient
malt [*mɔ(:)lt*] malt, *sl* öl; mälta, bli malt; **have the** ~ **above the wheat** vara drucken; ~ **worm** drinkare
Malta [*mɔ(:)ltə*] Malta; **Maltese** [*mɔ(:)lti:'z*] maltesare; maltesisk
Malthus [*mælþəs*]; ~**ian** [*mælþju:'ziən*] anhängare av M.; ~**ianism** [*-nizm*] malthusianism
maltreat [*mæltri:'t*] misshandla; ~**ment** misshandel
maltster [*mɔ(:)ltstə*] mältare
malversation [*mælvə:sei'ʃ(ə)n*] underslev, bestickligheṭ
Mameluke [*mæmilu:k*] mameluck (högt uppsatt egyptier); **m**— arabisk slav
mamma 1) [*məma:'*] mamma, mor
mamma 2) [*mæmə*] (*pl mammae* [*mæmi:*]) [kvinno]bröst, spene; **mammal** [*mæm*(*ə*)*l*] (*pl mammals* el. *mammalia* [*mæmei'ljə*]) däggdjur; **mammalian** [*-jən*] däggdjurs-; **mammary** [*mæməri*] bröst-; **mammiform** [*mæmifɔ:m*] bröstformad
mammon [*mæmən*] mammon, pengar; **mammonism** [*-izm*] mammonsdyrkan; **mammonist** [*-ist*] mammonsdyrkare
mammoth [*mæməþ*] mammut, elefant; kolossal
mammy [*mæmi*] mamma, mor; *amr.* svart barnsköterska
man [*mæn*] (*pl men* [*men*]) man, människa, tjänare, menig soldat, simpel sjöman, schackpjäs, student; bemanna; **to a** ~ till sista man, varenda en; **I am your** ~ det går jag med på; **masters and men** officerare och manskap; ~**-a-hanging** en som är i knipa; **be one's own** ~ vara sin egen herre; **go out and see a** ~ få

sig ett glas; **my ~** (i tilltal) min gode man; **~ about town** en som lever med (i stadens nöjesliv), flanör; **~-at-arms** soldat; **the ~ in the street** menige man, lekmannen; **no ~'s land** ingenmansland; **~ of straw** bulvan, nolla; **~ of the world** världsman; **~-of-war** krigsfartyg; **~-eater** tiger, som har fått smak för människokött; **~ful** manlig, modig; **~hood** mannaålder, mandom; **~ suffrage** rösträtt för alla män; **manikin** [*mænikin*] dvärg, modelldocka; **~kind** [*mænkai'nd*] mänskligheten; **~like, ~nish** manhaftig; **~ly** manlig; **~-servant** tjänare, betjänt; **~-slaughter** dråp; **~-trap** fälla för obehöriga el. lagbrytare

manacle [*mænəkl*] *pl* handbojor; belägga med handbojor

manage [*mænidʒ*] hantera, sköta, manövrera, leda, bestyra, klara, orka med, ha turen att, sköta om, lyckas, klara sig; **~ability** [*-dʒəbi'liti*] lätthanterlighet; **~ment** [*-mənt*] ledning, administration; **manager** direktör, disponent, förvaltare, föreståndare; **acting manager** verkställande direktör; **stage manager** regissör; **board of managers** direktion; **manageress** [*-dʒəres*] direktris, föreståndarinna; **managerial** [*mænədʒi'əriəl*] direktörs-, styrelse-; **a managing woman** en härsklysten kvinna

Manchester [*mæntʃistə*] (eng. stad); **~ department** bomullsvaruavdelning (i varuhus); **~ goods** bomullsvaror; **~ silk** bomull

manciple [*mænsipl*] syssloman (is. vid universitet)

Mancunian [*mænkju:'njən*] invånare i Manchester

mandamus [*mændei'məs*] order, skrivelse från högre instans till lägre

mandarin [*mændərin, -ri:n*] mandarin, byråkrat, matador

mandatary [*mændətəri*] mandatarie, befullmäktigad; mandatmakt, mandatär; **mandate** [*mændeit*] uppdrag (från väljarkåren), fullmakt, mandat; överlämna åt mandatmakt; **mandatory** [*mændətəri*] bjudande, befallande

mandible [*mændibl*] käke, mandibel

mandolin [*mændolin*] mandolin (också *-line* [*-li:'n*])

mandragora [*mændræ'gərə*], **mandrake** [*mændreik*] *bot.* alruna

mandrel [*mændrəl*] spindel på svarv, dorn, gjutkärna

mandrill [*mændril*] mandrill (afrikansk babian)

manducate [*mændjukeit*] tugga; **manducation** [*mændjukei'ʃ(ə)n*] tuggning; **manducatory** [*mændjukeitəri*] tugg-

mandywalker [*mændiwɔ:kə*] *amr.* järnvägsarbetare

mane [*mein*] man, tjockt hår

manège, manege [*mənei'ʒ*] ridskola, ridning, inridning

manes [*meini:z*] *pl* maner, förfädernas andar

manganese [*mæŋgəni:(')z*] mangan (metall)

mange [*mein(d)ʒ*] skabb; **mangy** [*mein(d)ʒi*] skabbig, luggsliten, usel

mangelwurzel [*mæŋglwə:zl*] foderbeta

manger [*mein(d)ʒə*] krubba

mangle [*mæŋgl*] mangel; mangla, lemlästa, sönderriva, fördärva

mango [*mæŋgou*] *bot.* mangoträd

mangrove [*mæŋgrouv*] *bot.* mangroveträd

manhandle [*mænhændl*] lyfta med handkraft, misshandla

mania [*meiniə*] vanvett, mani; **maniac** [*meiniæk*] galning, våldsam dåre; **maniacal** [*mənai'əkl*] rasande

manicure [*mænikjuə*] manikur, manikurist; manikurera; **manicurist** [*-rist*] manikurist

manifest [*mænifest*] *sjö.* märkrulla; synlig, uppenbar; uppenbara, yttra, visa [sig]; *sjö.* uppföra i märkrulla; **~ation** [*-festei'ʃ(ə)n*] uppenbarelse, yttring, demonstration; **~o** [*-fe'siou*] manifest, förklaring

manifold [*mænifould*] kopia, ngt som består av flera delar, grenrör; mångfaldig, mångsidig; mångfaldiga, duplicera

manikin se *man*

manilla [*məni'lə*] manillahampa, manillacigarr; **~ paper** brunt omslagspapper

manipulate [*məni'pjuleit*] manipulera, hantera, behandla, ordna; **manipulation** [*mənipjulei'ʃ(ə)n*] behandling, grepp, förfalskning

manna [*mænə*] manna, andlig spis

mannequin [*mænikin*] mannekäng

manner [*mænə*] sätt, vis, stil, *pl* uppträdande, levnadsvett, seder; **all ~ of** alla slags; **have a good bedside ~** vara en god läkare; **to the ~ born** som klippt och skuren till det; **in a ~** på sätt och vis; **~ed** manierad, konstlad; **~ism** [*-rizm*] maner, förkonstling; **~less** ohyfsad, ouppfostrad; **~ly** väluppfostrad, artig

manœuvre [*mənu:'və*] manöver; manövrera

manor [*mænə*] säteri, herrgård; **the lord of the ~** godsherren; **~-house** manbyggnad, herrgård; **~ial** [*mənɔ:'riəl*] herrgårds-

mansard [*mænsa:d*]; **~ roof** brutet tak

manse [*mæns*] (skotsk) prästgård

mansion [*mænʃ(ə)n*] herrgårdsbyggnad, herresäte; **the Mansion House** ämbetsbostad för Londons Lord Mayor

mansuetude [*mænswitju:d*] saktmod

mantel [*mæntl*] spiselhylla; **~piece, ~shelf** kaminkrans, spiselhylla

mantilla [*mænti'lə*] mantilj

mantle [*mæntl*] mantel, kappa, glödstrumpa; täcka, inhölja, bilda hinna, rodna; **mantlet** [*mæntlit*] liten kappa, blindering

manual [*mænjuəl*] handbok, elementarbok, handspruta (för eldsläckning), manual (på orgel); utförd med händerna, hand-; **~ alphabet** fingerspråk; **~ training** slöjd

manufactory [*mænjufæ'kt(ə)ri*] fabrik; **manufacture** [*mænjufæ'ktʃə*] fabrikation, fabrikat; fabricera, tillverka

manumission [*mænju:mi'ʃ(ə)n*] frigivning; **manumit** [*mænju:mi't*] frigiva slavar

manure [*mənju'ə*] gödsel, gödning; gödsla

manuscript [*mænjuskript*] manuskript; handskriven

Manx [*mæŋks*] invånare el. språket på ön Man; Man-; **~man** [*mæŋksmən*] invånare på ön Man; **~woman** [*mæŋkswumən*] kvinna från Man

many [*meni*] många, ibl. mycket; **a great ~, a good ~** en stor mängd, en hel del; **the ~** mängden; **~ a time** mången gång; **one too ~** en för mycket, i vägen, överflödig; **be one too ~ for** *sl* vara ngns överman; **~-headed** månghövdad; **the manyheaded** hopen, pöbeln; **~-sided** mångsidig

Maori [*ma:ri, mauri*] maori (man från Nya Zeeland); maorisk

map [*mæp*] karta; **off the ~** *fam.* likgiltig, antikverad; **on the ~** *fam.* som man måste räkna med, betydelsefull; **~ out** kartlägga, skissera, utstaka; **map-reading** *flyg.* kartläsning, orientering

maple [*meipl*] *bot.* lönn; **~-leaf** lönnblad (Kanadas symbol)

mar [*ma:*] fördärva, vanpryda; **make or ~** avgöra ens öde; **~-plot** en som förstör andras planer

marabou [*mærəbu:*] marabustork

maraschino [*mærəski:'nou*] maraschinolikör

Marathon [*mærəþ(ə)n*] Marathon

maraud [*mərɔ:'d*] marodera; **~er** marodör; **~ing** plundring

marble [*ma:bl*] marmor, kula (som leksak); *pl* marmorskulpturer, kulspel; marmorera; **~-topped table** marmorbord; **marbling** marmorering; **marbly** marmor-, marmorhård, marmorkall

March [*ma:tʃ*] mars; **as mad as a ~ hare** spritt-galen

march [*ma:tʃ*] marsch, *fig.* framåtskridande, gräns; marschera, gå, gränsa; ~ **off** föra bort som fånge; ~**ing order** marschutrustning, full packning; *pl* marschorder
marchioness [*ma:ʃənis*] markisinna
marchpane [*ma:tʃpein*] (**marzipan** [*ma:zipæn*]) marsipan
marconigram [*ma:kou'nigræm*] radiotelegram
mare [*mɛə*] sto, märr; **a ~'s nest** chimär, värdelös upptäckt, rövarhistoria
margarine [*ma:dʒəri:'n, ma:g-*] margarin
margin [*ma:dʒin*] rand, kant, brädd, marginal; **go near the ~** gå väl långt; ~**al** [*-nəl*] randanteckning; marginal-; ~**alia** [*ma:dʒinei'ljə*] randanteckningar
margrave [*ma:greiv*] markgreve; **margravine** [*ma:grəvi:n*] markgrevinna
marguerite [*ma:gəri:'t*] *bot.* prästkrage
Maria [*mərai'ə*] Maria; **black ~** polisbilen
marigold [*mærigould*] *bot.* ringblomma
marine [*məri:'n*] flotta (krigs- el. is. handels-), marinsoldat; **the mercantile ~** handelsflottan; **tell that to the** [**horse**] ~**s** det kan du försöka lura i bönder; **mariner** [*mærinə*] sjöman
Mariolatry [*mɛəriɔ'lətri*] Mariadyrkan
marionette [*mæriəne't*] marionett, docka
marital [*mæritəl*] en äkta mans, äktenskaplig
maritime [*mæritaim*] havs-, sjö-, kust-; som ligger vid havet; ~ **insurance** sjöförsäkring
marjoram [*ma:dʒərəm*] *bot.* mejram
mark 1) [*ma:k*] mark (mynt)
mark 2) [*ma:k*] märke, tecken, (vanl. *pl*) vitsord, betyg (i skolan), måltavla, mål, (i sport) startlinje, gräns; märka, markera, beteckna, utmärka, bedöma, ge vitsord, betygsätta; **easy ~** *amr. sl* en som är lätt att narra; **that is beside the ~** det hör ej till saken; **it is wide of the ~** det är långtifrån riktigt; **get off the ~** starta; **I am not up to the ~** jag är inte i form; **make one's ~** utmärka sig; **a man of ~** en framstående man; ~ **one's man** välja sitt offer; ~ **time** göra på stället marsch, stå och stampa på samma fläck; ~ **my words** tro mina ord; ~ **down** sätta ner priset på; ~ **off** angiva, markera; ~ **up** höja priset på; **marker** markör, bokmärke, riktrote; **marking** märkning; märk-; **marking-ink** märkbläck; **marksman** skicklig skytt
market [*ma:kit*] marknad, torg, marknadsplats; torgföra, köpa el. sälja på torget; **bring one's goods to the wrong ~** misslyckas i sina strävanden; **in the ~** på torget, till salu; **place on the ~** bringa i handeln; ~**-day** torgdag; ~**-gardener** handelsträdgårdsmästare; ~**-place** torg; ~**-town** köping; **do one's marketing** göra sina uppköp; **marketable** [*ma:kitəbl*] säljbar, kurant
marl [*ma:l*] märgel; ~**-grass** rödklöver; ~**-pit** märgelgrav; **marly** [*ma:li*] märgelrik
Marlborough [*mɔ:lb(ə)rə*]; ~ **House** kungligt residens i London
marline [*ma:lin*] *sjö.* märling; ~**-spike, marlinspike** märlspik
marm [*ma:m*] 'frun'; **school ~** *amr.* lärarinna
marmalade [*ma:məleid*] [apelsin]marmelad
marmoreal [*ma:mɔ:'riəl*] marmoraktig, av marmor
marmoset [*ma:məzet*] *zool.* ekorrapa
marmot [*ma:mət*] murmeldjur; **German ~** *zool.* hamster; **Lapland ~** *zool.* fjällämmel
marocain [*mærəkein*] marokäng (tyg)
maroon [*məru:'n*] rödbrun färg, ett slags fyrverkeri, halvvild neger i Västindien, person landsatt på öde ö; rödbrun; landsätta på öde ö
marque [*ma:k*] kaparbrev (*letter of ~*)
marquee [*ma:ki:'*] stort tält
marquese [*ma:ki:z*] (utländsk) markisinna (jfr *marchioness*)
marquess [*ma:kwis*] markis; **marquessate** [*ma:kwisit*] markisat
marquetry [*ma:kitri*] inlagt arbete
marquis se *marquess*; **marquisate** se *marquessate*
marram [*mærəm*] *bot.* strandgräs (Psamma arenaria)
marriage [*mæridʒ*] äktenskap, giftermål, vigsel, bröllop: **civil ~** borgerlig vigsel; ~**-certificate** vigselattest (*fam.* ~**-lines**); ~ **music** barnskrik; ~ **portion** hemgift; ~**able** [*mæridʒəbl*] giftasvuxen
marrow 1) [*mærou*] märg; **to the ~** genom märg och ben; ~**bone** märgben; **marrowbones** *sl* knä; ~**fat** ett slags stora ärter; **marrowy** märgfull
marrow 2) [*mærou*] *dial.* make, kamrat
marrowskying [*mærouskaiiŋ*] 'bala taklänges'
marry 1) [*mæri*] gifta sig [med], bortgifta, förena, viga; **he has married beneath him** han har gift sig under sitt stånd; **married life** äktenskapet
marry 2) [*mæri*] sannerligen! minsann!
marsala [*ma:sa:'lə*] marsalavin
Marseillaise [*ma:səlei'z*]; **the ~** marseljäsen
marsh [*ma:ʃ*] sumpmark, kärr; ~ **gas** sumpgas; ~ **mallow** altea (Althaea officinalis); ~ **marigold** kabbelök; ~**y** sumpig
marshal [*ma:ʃəl*] marskalk, ceremonimästare; *amr.* sheriff; uppställa, ordna (processioner o.d.)
marsupial [*ma:sju:'piəl*] pungdjur; pungdjurs-
mart [*ma:t*] marknad, upplagsplats
martello [*ma:te'lou*] runt torn (till kustförsvar)
marten [*ma:tin*] *zool.* mård
martial [*ma:ʃ(ə)l*] krigisk, militär-, krigs-; ~ **law** belägringstillstånd; **court ~** krigsrätt
Martian [*ma:ʃ(ə)n*] marsinnevånare; mars-
martin [*ma:tin*] hussvala
Martin [*ma:tin*] Martin, Mårten; **St. M—'s Summer** sen brittsommar; **Martinmas** [*ma:tinməs*] mårtensmässa (11 nov.)
martinet [*ma:tine't*] pedant, sträng officer
martingale [*ma:tiŋgeil*] martingal, språngrem, fortsatt fördubbling av insatsen i spel
martini [*ma:ti:'ni*] martinigevär, -cocktail
martlet [*ma:tlit*] *zool.* hussvala, heraldisk svala
martyr [*ma:tə*] martyr; göra till martyr, låta lida martyrdöden, martera, tortera; **be a ~ to gout** lida av gikt; ~**dom** martyrium; ~**ology** [*ma:tirɔ'lədʒi*] de kristna martyrernas historia
marvel [*ma:v(ə)l*] vidunder, under, underverk; förundra sig (**at** över); ~**lous** [*ma:v(ə)ləs*] storartad, häpnadsväckande, märkvärdig, övernaturlig
Marxian [*ma:ksiən*] marxist; marxistisk
Mary [*mɛəri*] Marie, (pidginengelska) infödd kvinna; **little ~** *fam.* magen
mascot [*mæskət*] maskot (lyckobringare)
masculine [*ma:skjulin*] maskulin, manlig, manhaftig; ~ **rhyme** manligt rim; **masculinity** [*ma:skjuli'niti*] manlighet
mash [*mæʃ*] mäsk, sörp, mos, potatismos; mosa, krossa, *sl* dåra, förvrida huvudet på; **make a ~** *sl* göra en 'erövring'; **be ~ed on** vara förälskad i; ~**ed potatoes** potatismos; ~**er** *sl* hjärtekrossare
mashie [*mæʃi*] ett slags golfklubba
mask [*ma:sk*] mask, maskerad person; maskera, täcka, gömma; **wear a ~** dölja sitt verkliga jag, sina planer; ~**ed ball** maskeradbal
maskee [*mæski:'*] (pidginengelska) det gör ingenting, lika gott
masochism [*mæzokizm*] masochism
mason [*meisn*] murare, frimurare (*freemason*); ~**ic** [*məsɔ'nik*] frimurar-; ~**ry** [*meisnri*] murarhantverk, frimureri, murverk
masonite [*meisənait*] masonit
masque [*ma:sk*] maskspel (1500- och 1600-talens musikdrama), maskerad; **masquer** [*ma:skə*] person i maskspel el. på maskerad; **masquerade** [*mæskerei'd*] maskerad; kläda ut sig, förkläda sig
mass 1) [*mæs*] mässa; **high ~** högmässa; **low ~** stilla mässa (utan musik)

mass 2) [*mæs*] massa; samla, hopa sig; **the great ~ of** flertalet av; **in the ~** i massa, i klump; **the masses** den stora massan, de breda lagren; **mass of manœuvre** [*mənu:'və*] reservtrupp
massacre [*mæsəkə*] blodbad, massaker; nedgöra
massage [*mæsa:ʒ*] massage; massera; **masseur** [*mæsə:'*] massör; **masseuse** [*mæsə:'z*] massös
massé [*mæsei*] lodrätt stöt med kön i biljard
massif [*mæsif*] bergmassiv
massive [*mæsiv*] massiv, tung, dominerande (känsla); **massy** [*mæsi*] tung, imponerande
mast 1) [*ma:st*] ollon (som svinföda)
mast 2) [*ma:st*] mast, telefon-, telegrafstolpe; sända sjöman upp i masttoppen som straff; **~-head** masttopp; **4-masted** fyrmastad; **4-master** fyrmastare
mastaba [*mæstəbə*] mastaba (fornegyptisk grav)
master [*ma:stə*] herre, husbonde, mästare, hantverksmästare, chef, skeppskapten, rektor, lärare, magister; få bukt med, bemästra, behärska, tillägna sig, förestå; **be one's own ~** vara sin egen herre; **make oneself ~ of** sätta sig in i, lära; **see who is to be ~** pröva sina krafter; **M— Tom** (om gossar) unga herr T.; **M— of Arts, M— of Science** filosofie magister; **M— of Ceremonies** (förk. M.C.) ceremonimästare; **M— of foxhounds** ledare vid jaktlopp; **M— of the Horse** överhovstallmästare; **M— of the Rolls** riksarkivarie, *sl* bagare; **~-builder** byggmästare; **~ cock** *auto.* pyskran, 'supkran'; **~-key** huvudnyckel; **music ~** musiklärare; **~-piece** mästerverk; **~-stroke** mästerligt drag, mästerverk; **mastership** virtuositet, överlägsenhet, ledande ställning; **mastery** herravälde, mästerskap, övertag (**of** över); **masterful** myndig; **masterly** mästerlig
mastic [*mæstik*] mastix (ett slags harts)
masticate [*mæstikeit*] tugga; **mastication** [*mæstikei'ʃ(ə)n*] tuggning; **masticatory** [*mæstikeitəri*] tugg-
mastiff [*ma:stif*] mastiff, stor dogg
mastodon [*mæstodɔn*] mastodont
mastoid [*mæstɔid*] formad som ett kvinnobröst
masturbation [*mæstəbei'ʃ(ə)n*] masturbation
mat 1) [*mæt*] matta, underlägg, tova; hoptova; **hit the ~** *amr. sl* bli slagen i golvet; **on the ~** *sl* i knipa
mat 2) [*mæt*] matt, glanslös; mattera
matador [*mætədɔ:*] matador (vid tjurfäktning)
match 1) [*mætʃ*] tändsticka, lunta; **~-box** tändsticksask; **~-lock** luntbössa; **~ wood** tändstickströ, småflisor; **make ~-wood of** slå i tusen bitar
match 2) [*mætʃ*] like, jämlike, make, match, tävling, parti, giftermål; finna maken till, bringa i harmoni, avpassa, para sig (om djur), passa ihop, kunna mäta sig med, harmoniera; (se också *match* 1); **be a ~ for** vara ngn vuxen; **meet one's ~** finna sin överman; **make a ~ of it** bli förlovad, gifta sig; **be a good ~** vara ett gott parti; **find a ~ for a thing** finna ngt som passar ihop med ngt; **you are more than a ~ for me** du är min överman; **(a dress) with hat and gloves to ~..** med hatt och handskar i samma stil; **an ill-matched (well-matched) couple** ett omaka (lyckligt) par; **cricket-~** kricketmatch; **matchboard[ing]** [*mætʃbɔ:diŋ*] spontade bräder, spontning; **matchmaker** giftermålsarrangör; **matchless** oförliknelig
mate 1) [*meit*] matt i schack; göra matt
mate 2) [*meit*] kamrat, (god) make, styrman, medhjälpare; para sig, gifta sig; **matey** kamrat
maté [*mætei*] matte, paraguayte
matelot (matlow) [*mætlou*] *sjö. sl* matros
mater [*meitə*] *sl* mamma, morsa
material [*məti'əriəl*] material, stoff, ämne; kroppslig, materiell, materialistisk, väsentlig; **~ity** [*mətiəriæ'liti*], **~ism** [*məti'əriəlizm*] materialism; **~ist** [*məti'əriəlist*] materialist; **~istic** [*mətiəriəli'stik*] materialistisk; **~ization** [*mətiəriəlaizei'ʃən*] materialisation, förverkligande; **~ize** [*məti'əriəlaiz*] göra materialistisk, förverkligas, gå i uppfyllelse, bli av
maternal [*mətə:'nəl*] moderlig, möderne-, moder-
maternity [*mətə:'niti*] moderskap, moderlighet; **~ home** el. **hospital** barnbördshus; **~ nurse** spädbarnssköterska; **~ bag** babyutstyrsel
math[s] [*mæþ(s)*] *sl* 'matte', förk. f. *mathematics*
mathematics [*mæþimæ'tiks*] matematik; **mathematical** [*mæþimæ'tikl*] matematisk; **mathematician** [*mæþiməti'ʃən*] matematiker
matins [*mætinz*] (katolsk) morgongudstjänst;
matinée [*mætinei*] matiné
matriarchy [*meitria:ki*] matriarkat
matric [*mətri'k*] förk. f. *matriculation*
matricide [*meitrisaid*] modermord, modermördare; **matricidal** [*meitrisai'dl*] modermördande
matriculate [*mətri'kjuleit*] inskriva, inmatrikulera, bli inskriven; **matriculation** [*mətrikjulei'ʃ(ə)n*] inmatrikulation, inskrivning, (ungefär) studentexamen
matrimony [*mætriməni*] äktenskap, mariage (kortspel); **matrimonial** [*mætrimou'njəl*] äktenskaplig, äktenskaps-
matrix [*meitriks*] (*pl matrices* [*meitrisi:z*], *matrixes*) matris, gjutform, livmoder, ursprung
matron [*meitrən*] matrona, föreståndarinna; **~ly** [*meitrənli*] matronlik, värdig
matter [*mætə*] stoff, materia, föremål, sak, ämne, innehåll, text, vikt, *med.* var; ha betydelse, vara av vikt, *med.* vara sig; **it is no laughing ~** det är ingenting att skämta med; **as near as no ~** *sl* på vippen; **a ~ of money** en penningfråga; **in the ~ of** med hänsyn till; **for that ~** el. **for the ~ of that** vad det beträffar; **a ~ of £10** cirka 10 pund; **a ~ of course** en självklar sak; **a ~ of taste** en smaksak; **as a ~ of fact** faktiskt; **what ~?** vad gör det? **no ~** det gör detsamma; **what is the ~ with you?** vad fattas dig? vad är det med dig? **not much the ~** ingenting att tala om; **postal ~s** postförsändelse[r]; **printed ~** trycksaker; **he does not mince ~s** han talar rent ut; **~-of-fact** prosaisk, saklig; **mattery** varig
matting [*mætiŋ*] matta, mattbeläggning
mattock [*mætək*] bredhacka
mattoid [*mætɔid*] excentrisk person, snedvridet geni
mattress [*mætris*] madrass
mature [*mətju'ə*] mogen, förfallen (om växel); mogna, bringa att mogna, utveckla, *hand.* förfalla; **maturity** [*mətju'əriti*] mogenhet, *hand.* förfallodag
maty [*mæti*] (*Ind.*) infödd tjänare
maud [*mɔ:d*] grårandig pläd
maudlin [*mɔ:dlin*] sentimental, berusad
maul [*mɔ:l*] stor hammare; misshandla, illa tilltyga, nedgöra; **~ey** [*mɔ:li*] *sl* näve, hand; **~stick** [*mɔ:lstik*] målarkäpp
maunder [*mɔ:ndə*] tala osammanhängande, dilla, gå och driva
maundy [*mɔ:ndi*] *bibl.* (*kat.*) fottvagning; **M— Thursday** skärtorsdag
Mauser [*mauzə*] mauser[gevär]
mausoleum [*mɔ:soli'əm*] mausoleum
mauve [*mouv*] malvafärgad
maverick [*mævərik*] *amr.* omärkt djur, vilsegången kalv, sekterist
mavis [*meivis*] taltrast
maw [*mɔ:*] mage, buk, gap, käft; **~ worm** *sl* hycklare
mawkish [*mɔ:kiʃ*] fadd, mjäkig
maxillary [*mæksi'ləri*] överkäksben; överkäks-
maxim 1) [*mæksim*] maskingevär
maxim 2) [*mæksim*] maxim, grundsats, regel; **~alist** [*mæksiməlist*] maximalist; **~um** [*mæksiməm*] (*pl maxima* [*mæksimə*]) maximum; **maximus** [*mæksiməs*] (skolspråk) den äldre av två bröder
may [*mei*] (*oregelb. vb*) må, kan (möjligen), torde,

(blir, kommer etc.) kanske, får (tillåtelse), kommer kanske att; **you may be surprised** du blir kanske förvånad; **you might have known** det borde du ha vetat; **may you live to repent it** måtte du en gång få ångra det; **maybe** [*meibi(:)*], **mayhap** [*meihæp*] kanske, måhända
May [*mei*] maj, hagtorn, examen och roddtävling vid Cambridges universitet; **~-day** första maj; **~fair** [*meifεə*] förnämt kvarter i London; **~-fly** dagslända; **maypole** majstång
mayor [*mεə*] borgmästare; **~alty** [*mεərəlti*] borgmästarämbete; **~ess** [*mεəris*] borgmästarinna
mazarine [*mæzəri:'n*] mörkblå
maze [*meiz*] labyrint, virrvarr; förvirra
mazuma [*məzu:'mə*] *amr. sl* pengar
mazurka [*məzə:'kə*] masurka
mazy [*meizi*] invecklad, labyrintisk
Mc Coy [*məkɔi'*], **the real ~** *amr.* det bästa i sitt slag
me [*mi:, mi*] mig, *fam.* jag, (*vulg.* f. *my*) min; **ah me, dear me** kors, bevare mig! **~ eye** *amr.* å nej
mead [*mi:d*] mjöd; (*poet.*) äng
meadow [*medou*] äng; **water ~** äng; **~-sweet** älggräs; **~y** ängsliknande
meagre [*mi:gə*] mager, torftig
meal 1) [*mi:l*] (grovt, osiktat) mjöl; **~y** mjölig, mjölaktig; **mealy-mouthed** försiktig i sina uttalanden, hycklande
meal 2) [*mi:l*] mål, måltid; **make a ~ of** förtära; **~-time** måltid, måltidstimme
mealie [*mi:li*] (*Sydafrika*) is. *pl* majs
mean 1) [*mi:n*] ringa, låg, simpel, småaktig, gemen, snål; *amr.* skamsen; **the great and the ~** höga och låga; **no ~** ingen ringa, framstående
mean 2) [*mi:n*] (*oregelb. vb*) tänka, mena, ha i sinnet, ämna, avse, betyda, åsyfta; **~ mischief** ha onda avsikter; **~ ill** ha ont i sinnet; **~ well** mena väl; **~ing** betydelse, mening, avsikt; menande, talande, mycket sägande
mean 3) [*mi:n*] medelväg, medeltal, medel-, mellan-, mellanliggande; **~ temperature** medeltemperatur; **the happy** el. **golden ~** den gyllene medelvägen; **~s** *sg* el. *pl* medel, utväg, sätt; *pl* tillgångar; **a man of ~s** en förmögen man; **by all ~s** för all del, så gärna, prompt; **by no ~s** visst inte, på intet sätt; **by ~s of** medelst; **ways and ~s** utvägar, resurser, budget; **~time** [*mi:'ntai'm*] mellantid, *amr.* emellertid; **in the meantime** under tiden; **~while** [*mi:'nwai'l*] mellantid; under tiden
meander [*miæ'ndə*] *pl* (flods) slingrande lopp, slingringar; slingra sig, irra omkring, prata hit och dit
measles [*mi:zlz*] mässling, dynt hos svin; **German ~** *med.* röda hund; **measly** [*mi:zli*] som har mässling, *sl* föraktlig, jämmerlig
measure [*meʒə*] mått, rytm, versmått, takt, åtgärd, mån, lag, lagförslag; mäta, taga mått, lämpa efter; **in a ~, in some ~** i viss mån; **by ~** efter mått; **clothes made to ~** kläder gjorda efter mått; **beyond** el. **out of ~** övermåttan; **~less** omätlig; **~ one's length on the ground** falla raklång; **~ others' corn by one's own bushel** döma andra efter sig själv; **take measures** vidta åtgärder; **~ out** utmäta, beräkna; **measured steps** avmätta steg; **measured terms** väl avvägda ordalag; **measurement** mätning, *pl* mått, dimensioner; **measuring worm** mätarlarv
meat [*mi:t*] kött (som föda), *åld.* mat, det ätbara innanför skalet (t. ex. fruktköttet); **before (after) ~** före (efter) maten; **one man's ~ is another man's poison** vad som är nyttigt för den ene är ofta skadligt för den andre, smaken är olika; **green ~** vegetarisk mat; **savage as a ~-axe** *sl* hungrig som en varg; **~-bag** *sl* mage; **~-safe** köttskåp (till skydd mot flugor); **~-offering** *bibl.* matoffer av bröd och olja; **~-skewer** *mil. sl* bajonett; **meaty** köttig, innehållsrik
mechanic [*mikæ'nik*] yrkesarbetare, mekaniker; **~al** [*mikæ'nikl*] mekanisk; **~ian** [*mekəni'ʃ(ə)n*] mekaniker, maskinkonstruktör; **~s** [*mikæ'niks*] mekanik, maskinlära; **mechanism** [*mekənizm*] mekanism, maskineri; **mechanize** [*mekənaiz*] mekanisera, göra mekanisk; **mechanization** [*mekənaizei'ʃ(ə)n*] mekanisering
medal [*medl*] medalj; **~led** [*medld*] behängd med medaljer; **~list** [*medəlist*] medaljör; **~lion** [*midæ'ljən*] medaljong
meddle [*medl*] blanda sig (**with** el. **in** i); **~some** beskäftig, klåfingrig
mediaeval se *medieval*
medial [*mi:djəl*] mitt-, mellan-, medel-; **median** [*mi:djən*] mitt-, mellan-, median-; **mediate** [*mi:diit*] medelbar, indirekt; (*mi:dieit*) [för]medla, mäkla, stifta fred; **mediation** [*mi:diei'ʃ(ə)n*] [för]medling, förlikning; **mediator** [*mi:dieitə*] medlare, fredsmäklare, förlikningsman; **mediatorial** [*mi:djətɔ:'riəl*] medlande, förliknings-; **mediatrix** [*mi:dieitriks*] fredsmäklerska; **mediatize** [*mi:djətaiz*] göra en stat avhängig av en annan, medan härskaren behåller sin titel; **mediatization** [*mi:djətaizei'ʃ(ə)n*] mediatisering
medic 1) [*medik*] *sl* förk. f. *medical student*
medic 2) [*medik*] *bot.* lusern (Medicago)
medical [*medikl*] medicinsk, läkar-; **~ man** läkare; **~ student** medicine studerande, medicinare; **~ treatment** medicinsk behandling, läkarbehandling; **~ jurisprudence** rättsmedicin; **medicament** [*medikəmənt*] medikament; **medicate** [*medikeit*] behandla, preparera (medicinskt); **medicative** [*medikətiv*] läkande; **medicinal** [*midi'sinəl*] läkande, medicinal-; **medicine** [*meds(i)n*] medicin, *sl* sprit; ge medicin; **take one's medicine** ta medicin, (också *sl*) dricka; **medicine-man** medicinman, trollkarl, *amr. sl* läkare; **medico** [*medikou*] *sl* läkare
medi[a]eval [*medii:'vl*] medeltida; **~ism** [*medii:'vəlizm*] medeltidsanda; **~ist** [*medii:'vəlist*] medeltidsforskare; **~ize** [*medii:'vəlaiz*] svärma för medeltiden, studera medeltiden
mediocre [*mi:dioukə*] medelmåttig, slätstruken; **mediocrity** [*mi:diɔ'kriti*] medelmåttighet, slätstrukenhet, medelmåtta
meditate [*mediteit*] överväga, tänka på, ha i sinnet, grubbla, meditera; **meditation** [*meditei'ʃ(ə)n*] eftertanke, begrundande; **meditative** [*mediteitiv*] spekulativ
mediterranean [*meditərei'njən*] medelhavs-; **the M—** Medelhavet
medium [*mi:djəm*] medelväg, medium; medel-; **by** el. **through the ~ of** genom, med tillhjälp av; **~ of circulation** cirkulationsmedel, pengar; **~istic** [*mi:djəmi'stik*] mediumistisk
medlar [*medlə*] *bot.* mispel
medley [*medli*] blandning, röra, virrvarr, potpurri; brokig
medulla [*midʌ'lə*] märg; **~ry** [*midʌ'ləri*] märg-, märgfylld
medusa [*midju:'sə*] (*pl medusae* [*midju:'si:*] el. *~s* [*-əz*]) medusa, *zool.* manet
meed [*mi:d*] belöning, pris (*poet.*)
meek [*mi:k*] ödmjuk, undergiven, foglig
meerschaum [*miəʃəm*] sjöskum[spipa]
meet 1) [*mi:t*] *åld.* passande
meet 2) [*mi:t*] (*oregelb. vb*) möta, mötas, träffa[s], motsvara, uppfylla; möte[splats], jaktsällskap; **we have heavy expenses to ~** vi ha att bestrida stora utgifter; **his waistcoat won't ~** hans väst går inte igen; **make both ends ~** få det att gå ihop (ekonomiskt); **~ half-way** kompromissa; **~ the case** räcka till; **~ one's wishes** efterkomma ens önskningar; **~ with** träffa på, råka ut för, röna; **~ing** församling, möte, duell; **~ing-house** bönehus
megalomania [*megəlomei'njə*] storhetsvansinne;

megalomaniac [*-iæk*] person som lider av storhetsvansinne
megaphone [*megəfoun*] [ropa ut i] megafon
megohm [*megoum*] *elektr.* megohm (1 miljon ohm)
megrim [*mi:grim*] *åld.* migrän, *pl* tungsinne
melancholy [*meləŋkəli*] melankoli, mjältsjuka; melankolisk; **melancholia** [*meləŋkou'ljə*] depression, melankoli; **melancholic** [*meləŋkɔ'lik*] tungsint, melankolisk
melee, mêlée [*melei*] handgemäng
melinite [*melinait*] melinit (ett sprängämne)
mellifluence [*meli'fluəns*] söthet, sötma; **mellifluous** [*meli'fluəs*], **mellifluent** [*meli'fluənt*] honungssöt
mellow [*melou*] mogen, mör, dämpad, mjuk, lätt berusad; mogna
melodeon [*milou'diən*] ett slags harmonika; **melodious** [*milou'djəs*] välljudande; **melodist** [*melodist*] tonkonstnär; **melodize** [*melodaiz*] tonsätta, sätta musik till; **melodrama** [*melodra:'mə*] melodrama; **melodramatic** [*melodrəmæ'tik*] melodramatisk; **melodramatist** [*melodræ'mətist*] författare av melodramer, teatralisk person; **melody** [*melədi*] melodi, musik, välljud
melon [*melən*] melon
melt [*melt*] smälta, upplösa, upplösas, försvinna; **~ing mood** rörd (gråtmild) sinnesstämning; **go into the ~ing-pot** komma i smältdegeln
melton [*meltən*] melton (ylletyg); **M— Mowbray** [*moubri*] ett slags köttpastej
mem. [*mem*] *fam.* förk. f. *memento* el. *memorandum*
member [*membə*] lem, led, medlem, led av sats; **the unruly ~** tungan; **~ship** medlemskap, medlemsantal
membrane [*membrein*] membran, tunn hinna
memento [*mime'ntou*] suvenir, minne, påminnelse, varning
memo. [*memou*] förk. f. *memorandum*
memoir [*memwa:*] kort biografi, *pl* memoarer, minnen, vetenskapligt sällskaps skrifter
memorabilia [*memərəbi'ljə*] minnesvärda händelser; **memorable** [*mem(ə)rəbl*] minnesvärd; **memorandum** [*memoræ'ndəm*] (*pl -da* [*-də*]) minnesanteckning, promemoria, resumé, *hand.* meddelande, diplomatisk not; **memorial** [*mimɔ:'riəl*] minnesmärke, minne, skrivelse, inlaga, petition, *pl* andragande; minnes-; **memorialist** [*mimɔ:'riəlist*] krönikör, petitionär; **memorialize** [*mimɔ:'riəlaiz*] hugfästa minnet av, lämna in en skrivelse (petition e. d.) till
memory [*meməri*] minne, hågkomst, erinring; **in ~ of** till minne av; **within living ~** i mannaminne; **commit to ~** lära sig utantill
menace [*menis*] hot, fara; hota
ménage [*mena:'ʒ*] hushåll; **menagerie** [*minæ'dʒəri*] menageri
mench se *munch*
mend [*mend*] reparation, lagning, lagat ställe (strumpstopp o. d.); laga, reparera, förbättra[s], stoppa, lappa; **on the ~** på bättringsvägen; **~ one's ways** bättra sig
mendacious [*mendei'ʃəs*] lögnaktig; **mendacity** [*mendæ'siti*] lögnaktighet
Mendel [*mendl*]; **~ian** [*mendi:'ljən*] anhängare av Mendels ärftlighetsteorier; **~ianism** [*-izm*], **~ism** [*mendəlizm*] mendelism
mendicancy [*mendikənsi*] tiggeri; **mendicant** tiggar-; **mendicant friar** tiggarmunk; **mendicity** [*mendi'siti*] tiggeri
menial [*mi:njəl*] tjänare, betjänt, lakej; tjänar-, låg, simpel
meningitis [*menindʒai'tis*] hjärnhinneinflammation
menses [*mensi:z*] menses, menstruation
Menshevik [*menʃivik*] mensjevik (rysk moderat socialist)
menstrual [*menstruəl*] månatlig; **menstruate** [*menstrueit*] ha menstruation; **menstruation** [*menstruei'ʃ(ə)n*] menstruation
mensurable [*menʃurəbl*] mätbar; **mensuration** [*menʃurei'ʃ(ə)n*] mätning
mental [*mentl*] själslig, andlig, sinnes-, *sl* galen; **~ arithmetic** huvudräkning; **~ deficiency** sinnesslöhet; **~ derangement** sinnesrubbning; **~ hospital** sinnessjukhus; **~ reservation** tyst förbehåll; **~ity** [*mentæ'liti*] mentalitet; begåvning; **mentation** [*mentei'ʃ(ə)n*] själsverksamhet
menthol [*menþəl*] mentol
mention [*menʃ(ə)n*] omnämnande; nämna, omtala; **don't ~ it** för all del!
mentor [*mentɔ:*] rådgivare, handledare
menu [*menju:*] matsedel
Mephistopheles [*mefistɔ'fili:z*] Mefistofeles; **Mephistophelian** [*mefistofi:'ljən*] mefistofelisk
mephitic [*mefi'tik*] stinkande, förpestad; **mephitis** [*mefai'tis*] giftig dunst, stank
mercantile [*mə:kəntail*] handels-, köpmans-, merkantil; **~ marine** handelsflotta
mercenary [*mə:sinəri*] legosoldat; lejd, vinningslysten, egennyttig
mercer [*mə:sə*] manufakturhandlare; **mercery** [*mə:səri*] manufakturhandel, -varor
mercerized [*mə:səraizd*] merceriserad, med silkesglans
merchandise [*mə:tʃəndaiz*] handelsvaror
merchant [*mə:tʃənt*] köpman, grosshandlare; **~ ship (man)** handelsfartyg
merciful [*mə:siful*] barmhärtig, nådig; **merciless** [*mə:silis*] grym, obarmhärtig
mercurial [*mə:kju'əriəl*] kvicksilver-, livlig; **Mercury** [*mə:kjuri*] Mercurius; **mercury** kvicksilver, livlighet
mercy [*mə:si*] barmhärtighet, nåd; **at the ~ of** i (ngns) våld; **the Lord have ~ upon us** Herren vare oss nådig! **what a ~** vilken lycka; **cry ~** be om nåd
mere [*miə*] blott och bar, ren, idel, bara (en); **the ~st folly** rena vanvetet; **~ly** endast, blott och bart
meretricious [*meritri'ʃəs*] sköko-, gräll, skrikande
merganser [*mə:gæ'nsə*] *zool.* storskrake
merge [*mə:dʒ*] låta uppgå i, slå ihop, smälta samman (**in** med); **merger** [*mə:dʒə*] *hand.* sammanslagning
meridian [*məri'djən*] meridian, middagshöjd, höjdpunkt; **meridional** [*məri'djənəl*] meridian-, sydfransk, sydländsk
meringue [*məræ'ŋ*] maräng
merino [*məri:'nou*] merino (-får, -ull)
merit [*merit*] förtjänst, god egenskap; förtjäna; **on the ~s of the case** bortsett från yttre omständigheter; **~orious** [*meritɔ:'riəs*] förtjänstfull
merlin [*mə:lin*] dvärgfalk, trollkarl
mermaid [*mə:meid*] sjöjungfru; **merman** [*mə:mæn*] havsgud
Merovingian [*merovi'ndʒiən*] merovingisk
merriment [*merimənt*] munterhet
merry [*meri*] munter, livlig, glad; **make ~** roa sig, festa; **~ andrew** pajas; **~ England** det glada England; **~-go-round** karusell; **~-making** förlustelse; **the ~ monarch** Karl II; **~-thought** gaffelben (hos fågel)
meseems [*misi:'mz*] *åld.* mig tyckes
mesh [*meʃ*] maska (i nät), *pl* nät; fånga i nät, gripa in (om kugghjul)
meshuggah [*meʃu'gə*] *amr. sl* galen
mesmeric [*mezme'rik*] mesmerisk; **mesmerism** [*mezmərizm*] mesmerism, hypnotism; **mesmerist** [*mezmərist*] magnetisör; mesmerist; **mesmerize** [*mezməraiz*] magnetisera, hypnotisera
mess [*mes*] röra, oreda, mischmasch, knipa, mäss, måltid i mäss, *åld.* maträtt, portion; förfuska, smutsa ner, äta i mäss; **make a ~ of** förfuska, smutsa ner; **~ about** knåpa; larva omkring; **lose the number of one's ~** *sl* dö
message [*mesidʒ*] bud, budskap, meddelande,

telegram, ärende; **on a ~** i ett ärende; **messenger** [*mesindʒə*] bud, budbärare
Messiah [*mesai'ə*] Messias; **Messianic** [*mesiæ'nik*] messiansk
Messieurs (*Messrs.*) [*mesəz*] herrar (is. i affärsstil) använt som *pl* av Mr. (*Messrs. Jones & Co.*)
messuage [*meswidʒ*] *jur.* gård, lantegendom
messy [*mesi*] smutsig, oordentlig
mestizo [*mesti:'zou*] mestis
metabolic [*metəbɔ'lik*] som är underkastad förändring; **metabolism** [*mitæ'bəlizm*] ämnesomsättning
metacarpus [*metəka:'pəs*] *anat.* mellanhand
metal [*metl*] metall, legering, glasmassa, krossad sten, makadam, *pl* järnvägsskenor; makadamisera; **~lic** [*mitæ'lik*] metallisk; **~liferous** [*metəli'fərəs*], **~line** [*metəlain*] metallförande; **~lize** [*metəlaiz*] göra metallisk; **~loid** [*metəlɔid*] metalloid; **~lurgic** [*metələ:'dʒik*] metallurgisk; **~lurgist** [*metæ'lədʒist*] metallurg; **~lurgy** [*metæ'lədʒi*] metallurgi
metamorphic [*metəmɔ:'fik*] metamorf; **metamorphism** [*metəmɔ:'fizm*] förändring genom naturkrafter; **metamorphose** [*metəmɔ:'fouz*] förvandla; **metamorphosis** [*metəmɔ:'fəsis*] (*pl -ses* [*-si:z*]) förvandling, förändring
metaphor [*metəfə*] metafor, bildligt uttryck; **~ical** [*metəfɔ'rikl*] bildlig, överförd
metaphysical [*metəfi'zikl*] metafysisk; **metaphysician** [*metəfizi'ʃ(ə)n*] metafysiker; **metaphysics** [*metəfi'ziks*] metafysik, filosofi
metatarsal [*metəta:'sl*] *anat.* mellanfots-; **metatarsus** [*metəta:'səs*] *anat.* mellanfot
metathesis [*metæ'þisis*] (*pl -ses* [*si:z*]) omkastning av ljud, metates
metayer [*metəjə*] förpaktare, vars arrende är hälften av hans inkomst
mete [*mi:t*] *åld.* mäta
metempsychosis [*metempsikou'sis*] själavandring
meteor [*mi:tjə*] meteor; **~ic** [*mi:tiɔ'rik*] meteorlik, strålande, meteor-; **~ite** [*mi:tiərait*] meteorsten; **~ological** [*mi:tiərəlɔ'dʒikl*] meteorologisk; **~ologist** [*mi:tiərɔ'lədʒist*] meteorolog; **~ology** [*mi:tiərɔ'lədʒi*] meteorologi
meter [*mi:tə*] [gas]mätare, mätningsinstrument; **~ checker, ~ inspector** avläsare
methane [*meþein*] *kem.* metan
methinks [*miþi'ŋks*] *åld.* det tyckes mig
method [*meþəd*] metod, planmässighet; **~ical** [*meþɔ'dikl*] metodisk; **~ize** [*meþədaiz*] bringa metod i, ordna systematiskt
Methodism [*meþədizm*] metodism; **Methodist** [*meþədist*] metodist; **Methodistical** [*meþədi'stikl*] metodistisk
methyl [*meþil*] metyl; **~ate** [*meþileit*] tillsätta metyl; **~ated spirit** metylalkohol, träsprit, denaturerad sprit
meticulous [*miti'kjuləs*] ängsligt noggrann, pedantisk
metonymy [*mitɔ'nimi*] metonymi
metre [*mi:tə*] meter, versmått; **metric** [*metrik*] meter-; **metrology** [*metrɔ'lədʒi*] mätningslära
metronome [*metronoum*] metronom, taktmätare; **metronomic** [*metrənɔ'mik*] metronomisk
metropolis [*mitrɔ'pəlis*] metropol, huvudstad, ärkebiskopssäte; **metropolitan** [*metropɔ'litən*] ärkebiskop; storstadsbo, huvudstadsbo; huvudstads-, storstads-
mettle [*metl*] mod, eldighet, kraft; **he was put on his ~** hans mod blev satt på prov; **~d, ~some** modig, morsk
mew 1) [*mju:*] falkbur, *pl* stallbyggnader, bakgata; rugga; inspärra
mew 2) [*mju:*] jamande; jama
mew 3) [*mju:*] (*poet.*) mås
miasma [*maiæ'zmə*] miasm, smittämne; **miasmic** [*maiæ'zmik*], **miasmatic** [*maiæzmæ'tik*] smittosam, osund
mica [*maikə*] *min.* glimmer

Micawber [*mikɔ:'bə*] (person i roman av Dickens); **~ism** [*mikɔ:'bərism*] optimism
Michael [*maikl*] Michael, *amr. sl* fickplunta
Michaelmas [*miklməs*] mickelsmässa; **~ daisy** *bot.* aster
Mick [*mik*] *sl* irländare; **Mickey Mouse** Musse Pigg
mickle [*mikl*] *åld.* stor, mycken; **many a little makes a ~** många bäckar små göra en stor å
microbe [*maikroub*] mikrob; **microbial** [*maikrou'-bjəl*] mikrob-
microcosm [*maikrokɔzm*] mikrokosmos, värld i smått; **microcosmic** [*maikrokɔ'zmik*] mikrokosmisk
microphone [*maikrofoun*] mikrofon
microscope [*maikrəskoup*] mikroskop; **microscopic** [*maikrəskɔ'pik*] mikroskopisk, mycket liten; **microscopy** [*maikrɔ'skəpi*] mikroskopi
mid [*mid*] mid-, mitten av; **in ~ air** uppe i luften; **~day** middag; **~land** inne i landet; **the Midlands** de mellersta grevskapen i England; **~most** [*midmoust, -məst*] mitterst; **~night** midnatt; **~rib** medelnerv på blad; **~riff** mellangärde; **~shipman** *sjö.* kadett; **~summer** midsommar; **~summer's madness** rena rama vanvettet; **~way** halvvägs; **~winter** midvinter
midden [*midn*] gödselhög, kökkenmödding
middle [*midl*] mitt, midja; mellerst, mellan-, medel-; *sport.* (verb) centra; **the M— Ages** medeltiden; **the ~ classes** medelklassen; **~ finger** långfinger; **the M— Kingdom** Mittens rike (Kina); **~man** mellanhand; **~ weight** mellanvikt (i boxning); **middling** medelgod, medelstor, medelmåttig, si och så; tämligen; *pl* vara av mellankvalitet (is. sammalet vete)
middy [*midi*] förk. f. *midshipman* kadett
midge [*midʒ*] mygga; **midget** [*midʒit*] kryp, tummeliten, miniatyrfotografi
midst [*midst*] mitt; **in the ~ of** mitt i
midwife [*midwaif*] barnmorska; **~ry** [*midwifəri*] förlossningshjälp
mien [*mi:n*] utseende, min
miff [*mif*] *fam.* misshumör, litet gräl; **bli (göra)** förargad, stött
might 1) [*mait*] kraft, makt; **with ~ and main** med all kraft; **~y** mäktig, kraftig, väldig; **it is ~y kind of you** *fam.* det är väldigt snällt av dig; **~iness** [*maitinis*] makt, kraft
might 2) [*mait*] kunde, måtte (se *may*)
mignon [*mi:njɔŋ*] liten och fin; **~ette** [*minjəne't*] *bot.* reseda
migrate [*maigrei't*] flytta, utvandra, draga bort; **migrant** [*maigrənt*] flyttfågel; vandrande; **migration** [*maigrei'ʃ(ə)n*] vandring, flyttning; **the Migration Period** folkvandringstiden; **migratory** [*maigrətəri*] vandrande, nomadiserande; **migratory bird** flyttfågel
mikado [*mika:'dou*] mikado
Mike [*maik*] förk. f. *Michael*; **for the love of ~** för sjutton
mike 1) [*maik*] *fam.* för *microphone*
mike 2) [*maik*] *sl* skolka, sky arbete, slå dank
Milan [*milæ'n, milən*] Milano; **Milanese** [*miləni:'z*] milanesare; milanesisk
milch [*miltʃ*] mjölkande, mjölk-; **~ cow** mjölkko
mild [*maild*] mild, blid, svag, beskedlig; **~ steel** mjukt stål
mildew [*mildju:*] mjöldagg, brand, mögel; mögla; **~y** möglig
mile [*mail*] engelsk mil (1,6 km), nautisk mil (1,85 km); **~s easier** *fam.* oändligt mycket lättare; **~post, ~stone** milstolpe; **~age** [*mailidʒ*] antal mil, reseersättning; **~age recorder** milräknare; *mil.* millöpare
Milesian [*maili:'ziən*] irländare; irländsk
milfoil [*milfɔil*] *bot.* rölleka (Achillea millefolium)
milieu [*mi:ljə*] miljö
militant [*militənt*] kämpande (t. ex. *the Church M—*); **militarism** [*militərizm*] militarism; **militarist** [*militərist*] militarist; **militarize** [*militəraiz*]

militarisera; **militarization** [*militəraizei'ʃ(ə)n*] militarisering; **military** [*militəri*] militär, krigisk, krigs-; **military service** militärtjänst, värnplikt; **the military** militären; **militate** [*militeit*] strida (~ **against** strida, tala mot); **militia** [*mili'ʃə*] milis, lantvärn

milk [*milk*] mjölk; *bot.* mjölksaft; mjölka, sko sig på, avlyssna (telegram); **cry over spilt** ~ sörja över saker som ej kunna ändras; ~ **the bull (the pigeon)** ta i tu med ngt hopplöst; ~**-and-water** blaskig, sentimental, urvattnad; ~ **fever** mjölkfeber (vid barnsäng); ~**-float** mjölkkärra; ~**maid** mjölkerska; ~**man** mjölkbud; ~**sop** mes, morsgris; ~**-tooth** mjölktand; ~**wort** *bot.* jungfrulin; ~**y** mjölklik, mjölkrik; **the Milky Way** vintergatan

mill 1) [*mil*] kvarn, fabrik, bruk, vals, *sl* boxningsmatch, slagsmål; mala, randa (mynt), prägla, valsa, vispa, *sl* klå upp, boxas, slåss, röra sig i en cirkel; **go through the** ~ gå genom ekluten; ~**board** papp; ~**-dam** kvarndamm; ~**-hand** fabriksarbetare; ~**-pond** kvarndamm; ~**-race** kvarnvatten, kvarnränna; ~**stone** kvarnsten; **see into a** ~**stone** vara skarpsynt; ~**-wheel** kvarnhjul; ~**wright** kvarnbyggare

mill 2) [*mil*] kanadensiskt mynt (= 1/10 cent)

millennial [*mile'njəl*] tusenårs-; **millennium** [*mile'njəm*] tusenårsrike, tusen år

millepede [*milipi:d*] *zool.* tusenfoting

miller [*milə*] mjölnare; ~**'s thumb** *zool.* stensimpa

millesimal [*mile'siməl*] tusendels

millet [*milit*] hirs

milliard [*miljəd*] miljard (tusen miljoner)

milliner [*milinə*] modist; ~**y** [*milinəri*] modevaror, hattsömnad

million [*miljən*] miljon; **the** ~ den stora hopen; ~**aire** [*miljənɛ'ə*] miljonär

Mills bomb [*milz bɔm*] handgranat

milometer [*mailɔ'mitə*] *auto.* milräknare

milt [*milt*] mjölke; befrukta (om fisk)

Milton [*milt(ə)n*]; ~**ic** [*miltɔ'nik*] Miltonsk, som Milton

mime [*maim*] mim, antik fars, komiker; härma, spela pantomim

mimic [*mimik*] mimiker, imitatör, efterapare; imiterad, mimisk, konstgjord; härma, efterapa; **mimesis** [*maimi:'sis*] mimesi; **mimetic** [*mime'tik*] härmande, mimetisk; **mimicry** [*mimikri*] härmning, efterapning, *zool.* skyddande likhet

mimosa [*mimou'zə*] *bot. o. fig.* mimosa

minaret [*minəret*] minaret

minatory [*minətəri*] hotande, hotfull

mince [*mins*] finskuret kött; finhacka, förringa, tala tillgjort, trippa; ~ **the matter** välja sina ord; ~ **one's words** använda förmildrande omskrivningar; **not to** ~ **one's words** sjunga ut; ~**meat** blandning av russin, äpplen, citronskal, njurtalg m. m.; **make** ~**meat of** *fig.* göra kål på, göra hackmat av; ~ **pie** paj fylld med *mincemeat*

mind [*maind*] sinne, själ, mening, avsikt, åsikt, lust; ge akt på, se till, akta [sig], se efter, sköta, komma ihåg, bry sig om; **make up one's** ~ bestämma sig; **be of one** ~ vara ense; **I will give him a bit of my** ~ jag skall säga honom mitt hjärtas mening; **to my** ~ enligt min mening; **not in his right** ~ icke riktigt klok; **I have a great** ~ el. **a good** ~ el. **half a** ~ **to do it** jag har nästan lust att göra det; **give one's** ~ **to** ägna sitt intresse åt; **be in two** ~**s** vara obeslutsam; **the** ~**'s eye** det inre ögat; ~ **the step** se upp för trappsteget; **never** ~ för all del, bry dig inte om det; **should you** ~ **my coming**? har du något emot att jag kommer? ~ **one's own business** sköta sitt, inte lägga sig i andras angelägenheter; ~ **one's P's and Q's** tänka på vad man säger (och gör); ~ **your eye**! *sl* se upp! ~**-reading** tankeläsning; ~**ed** [*maindid*] sinnad; **be** ~**ful of** komma ihåg, vara noga med

mine 1) [*main*] gruva, förråd, mina, mingång, järnmalm; underminera, gräva gruvor, [under]gräva; ~**-field** gruvfält, minfält; ~**-layer** minutläggare; ~**-sweeper** minsvepare; **miner** gruvarbetare

mine 2) [*main*] min, mitt, mina; **a friend of** ~ en vän till mig; ~ **is a bitter** ett glas öl för mig!

mineral [*minərəl*] mineral; mineralisk; ~ **jelly** vaselin; ~ **water** mineralvatten; ~**ize** [*minərəlaiz*] förvandla till mineral; ~**ogy** [*minəræ'lədʒi*] mineralogi; ~**ogical** [*minərəlɔ'dʒikl*] mineralogisk; ~**ogist** [*minəræ'lədʒist*] mineralog

Minerva [*minə:'və*] Minerva (visdomens gudinna)

mingle [*miŋgl*] blanda [sig]; ~ **in** (el. **with**) **the crowd** blanda sig med mängden

mingy [*mindʒi*] *sl* snål

miniature [*minjətʃə*] miniatyr; i smått; **miniaturist** [*minjətjuərist*] miniatyrmålare

minikin [*minikin*] litet kryp; ytterst liten

minim [*minim*] halvnot; **minimize** [*minimaiz*] reducera till ett minimum; **minimum** [*miniməm*] minimum, nedersta gräns

minion [*minjən*] favorit; 'kreatur'; ~ **of fortune** lyckans gullgosse; ~**s of the law** lagens väktare (poliser)

minister [*ministə*] minister, frikyrklig präst; hjälpa till, tjäna, officiera; ~**ial** [*ministi'əriəl*] ministeriell, regeringsvänlig; ~**ialist** [*ministi'əriəlist*] regeringsanhängare; **ministrant** [*ministrənt*] (*kyrk.*) officiant; tjänande; **ministration** [*ministrei'ʃ(ə)n*] prästerlig tjänsteförrättning, hjälp till nödlidande; **ministry** ministär, departement, ministerium, prästerlig verksamhet, prästerskap

miniver, minever [*minivə*] ljust ekorrskinn, gråverk

mink [*miŋk*] mink, flodiller

minnesinger [*minisiŋə*] tysk minnesångare

minnie [*mini*] *mil. sl* (granat från) skyttegravsmörsare

minnow [*minou*] *zool.* elritsa, spigg

minor [*mainə*] *mus.* moll; minderårig, omyndig, *amr.* biämne; mindre; ~ **key** *mus.* moll; ~**ity** [*mainɔ'riti*] minderårighet, minoritet

minster [*minstə*] klosterkyrka, domkyrka

minstrel [*minstrəl*] skald, sångare, *pl* negersångare, sångare maskerad som neger; ~**sy** skaldskap

mint 1) [*mint*] *bot.* mynta; ~ **sauce** myntsås, *sl* pengar

mint 2) [*mint*] mynt, myntverk; mynta; prägla; **a** ~ **of money** *fig.* guldgruva; ~**age** [*mintidʒ*] prägling, myntemission

minuet [*minjue't*] *mus.* menuett

minus [*mainəs*] minus, negativ, utan

minute 1) [*minit*] minut, anteckning, rapport, protokoll; nedskriva, föra protokoll över; ~**-book** protokollsbok; ~**-guns** minutskott; ~**-hand** minutvisare

minute 2) [*mainju:'t, minju:'t*] minimal, noggrann

minutia [*minju'ʃiə*] (*pl minutiae* [*minju'ʃii:*]) obetydlig detalj

minx [*miŋks*] *åld. zool.* mink, *fig.* 'näbbgädda', 'vildkatta'

miocene [*maiosi:n*] *geol.* miocen

miracle [*mirəkl*] mirakel; **to a** ~ underbart väl; ~ **play** medeltida mirakelspel; **miraculous** [*miræ'kjuləs*] mirakulös, övernaturlig

mirage [*mira:'ʒ*] hägring

mire [*maiə*] dy, kärr, vägsmuts; sjunka ned i dyn, smutsa ner

mirk [*mə:k*] (*Skottl.*) mörker; mörk

mirror [*mirə*] spegel; avspegla

mirth [*mə:þ*] munterhet

miry [*maiəri*] nedsölad, smutsig

mis- [*mis-*] fel-, miss-

misadventure [*misədve'ntʃə*] olycka, missöde

misanthrope [*misənþroup*] misantrop, män-

niskohatare; **misanthropic** [*misənþrɔ'pik*] människofientlig; **misanthropy** [*misæ'nþrəpi*] misantropi
miscarry [*miskæ'ri*] slå fel, ej nå adressaten (om brev), få missfall; **miscarriage** [*miskæ'ridʒ*] felslående, otur, missfall
miscegenation [*misidʒinei'ʃ(ə)n*] rasblandning (is. mellan vita o. negrer)
miscellaneous [*misilei'njəs*] blandad; **miscellanea** [*misilei'niə*] diverse, olika slags; **miscellany** [*mise'ləni, misiləni*] (brokig) blandning; strödda uppsatser
mischance [*mistʃa:'ns*] otur, streck i räkningen
mischief [*mistʃif*] förtret, skada, elakhet, skälmstycke; **do a p. a** ~ vålla ngn förtret, *sl* slå ihjäl ngn; **make** ~ stifta ofred, ställa till olyckor; **why the** ~? vad f-n? **mischievous** [*mistʃivəs*] skadlig, okynnig, skälmsk, elak, stygg
miscreant [*miskriənt*] skurk[aktig]
misdemeanant [*misdimi:'nənt*] förbrytare; **misdemeanour** [*misdimi:'nə*] *jur.* förseelse, förbrytelse
misdoubt [*misdau't*] misstro, frukta, ana
miser [*maizə*] gnidare; ~**able** [*mizərəbl*] olycklig, eländig; ~**ly** [*maizəli*] girig; ~**y** [*mizəri*] elände
miserere [*miziri'əri*] *lat.* botpsalm
misfeasance [*misfi:'zəns*] ämbetsmissbruk
misfire [*misfai'ə*] klick, feltändning (i motor); klicka, missa, strejka (om motor)
misfortune [*misfɔ:'tʃən*] olycka, missöde, motgång
misgive [*misgi'v*] fylla med onda aningar; **misgivings** onda aningar
mishap [*mishæ'p, mishæp*] missöde, malör
mishmash [*miʃmæʃ*] mischmasch, röra
mislay [*mislei'*] förlägga
misnomer [*misnou'mə*] oriktig benämning
misogamist [*misɔ'gəmist*] äktenskapshatare; **misogamy** [*misɔ'gəmi*] avsky för äktenskap; **misogynist** [*maisɔ'dʒinist*] kvinnohatare; **misogyny** [*maisɔ'dʒini*] kvinnohat
misplace [*misplei's*] felplacera; ~ **one's affection** hålla av en ovärdig
misprint [*mispri'nt*] tryckfel; trycka fel
misprision [*mispri'ʒən*] ringaktning; ~ **of felony** förtigande av en förbrytelse
miss 1) [*mis*] bom, miss; förfela, missa, förbise, ej hitta, sakna, gå miste om, ej fatta, ej höra, hoppa över, klicka, utebli från, *amr.* ha otur; **a** ~ **is as good as a mile** bom är bom; **you** ~ **my point** du förstår mig icke; ~ **the (one's) train** komma för sent till tåget; **the gun missed fire** geväret klickade; **several persons were missing** flera saknades; **the missing link** den felande länken
miss 2) [*mis*] fröken
missal [*misəl*] (katolsk) mässbok
missel [*misl*] *zool.* dubbeltrast (*missel-thrush*)
missile [*misail*] kastvapen, projektil
mission [*miʃ(ə)n*] mission, kall; **missionary** [*miʃənəri*] missionär; missions-, utsänd
missis, missus (förk. **Mrs.**) [*misis, misəs*] fru (använt av tjänstefolk;) **the missis** (också använt av äkta män) min hustru
missive [*misiv*] officiell skrivelse; (skämtsamt) brev
misstate [*mi'sstei't*] förvränga
mist [*mist*] dimma, regntjocka; **Scotch** ~ *sl* regn
mistake [*mistei'k*] misstag, fel, bock, missförstånd; missförstå, ta miste på; **she is kind and no** ~ *sl* hon är vänlig, det kan du vara övertygad om; **mistaken kindness** missförstådd vänlighet; **mistakenly** av misstag
Mister (förk. **Mr.**) [*mistə*] herr
mistletoe [*misltou*] *bot.* mistel
mistral [*mistrəl*] mistral, hård nordvästvind (i Sydfrankrike)
mistress [*mistris*] husmor, matmor, matte, härskarinna (**of** över), lärarinna, älskarinna; ~**ship** lärarinnebefattning
mistrust [*mistrʌ'st*] misstro, tvivel; misstro; ~**ful** misstrogen
misty [*misti*] dimmig, disig
misuse [*mi'sju:'s*] missbruk, oriktig användning; [*misju:'z*] missbruka, misshandla
mite [*mait*] *bibl.* skärv, smula, pyre, *zool.* kvalster; **mity** [*maity*] full av kvalster
mitigate [*mitigeit*] förmildra, linda, dämpa, blidka; **mitigation** [*mitigei'ʃ(ə)n*] lindring, förmildrande omständighet; **mitigator** [*mitigeitə*] förmildrare; **mitigatory** [*mitigeitəri*] förmildrande
mitrailleuse [*mi:traiə:'z*] mitraljös
mitre [*maitə*] biskopsmössa; 90 el. 45° vinkel; ikläda biskopsmössa
mitt [*mit*] *amr. sl* hand; giva handen
mitten [*mitn*] vante, handske, *sl* boxhandske; **get the** ~ *sl* få respass ('korgen', 'sparken'); **hand the** ~ *sl* avskeda; **handle without** ~**s** icke lägga fingrarna emellan
mittimus [*mitiməs*] *jur.* häktningsorder
mix [*miks*] blanda[s], umgås (**with** med); ~ **up** sammanblanda, förväxla, *sl* röra ihop en historia; ~**ed** [**up**] förvirrad, snurrig; **be** ~**ed up with** vara inblandad i; ~**ed school** samskola; **a good** ~**er** en som förstår att umgås med folk; ~**ture** [*mikstʃə*] blandning, mixtur
miz[z]en [*mizn*] *sjö.* mesan[mast]
mizzle [*mizl*] *sl* flykt; smita, försvinna, småregna
mnemonic [*nimɔ'nik*] mnemoteknisk, som stöder minnet; **mnemonics** mnemoteknik
mo [*mou*] *sl* förk. f. *moment* ögonblick; **half a** ~ ett ögonblick!
moa [*mouə*] moa (utdöd strutsart på Nya Zeeland)
moan [*moun*] stönande, klagan; stöna, jämra sig, klaga
moat [*mout*] vallgrav; ~**ed** [*moutid*] försedd med vallgrav
mob [*mɔb*] pöbel, band, *sl* truppavdelning (i världskriget); skocka sig omkring för att ofreda; ~**ocracy** [*mɔbɔ'krəsi*] pöbelvälde
mob-cap [*mɔbkæp*] hätta, morgonmössa
mobile [*moubail*] rörlig; **mobility** [*moubi'liti*] rörlighet; **mobilization** [*moubilaizei'ʃ(ə)n*] mobilisering; **mobilize** [*moubilaiz*] mobilisera
moccasin [*mɔkəsin*] mockasin
mock [*mɔk*] förlöjligande; parodisk, oäkta, falsk, fingerad, sken-, låtsad; håna, narra, trotsa, härma; ~**-heroic** parodisk hjältedikt; ~**-turtle** [**soup**] falsk sköldpaddsoppa; **mocking-bird** härmfågel; ~**-orange** schersmin; **mockery** hån, gäckeri, bländverk, fars
mode [*moud*] sätt, bruk, mod, tonart, *gram.* modus; **in the latest** ~ efter sista modet; **modal** formell, *gram.* modal; **modality** [*modæ'liti*] modalitet; **modish** [*moudiʃ*] modern, stilig
model [*mɔdl*] modell, mönster; mönster-, idealisk; forma, modellera
moderate [*mɔdrit*] moderat, måttlig; [*mɔdəreit*] moderera, lugna [sig], leda (förhandlingar); **moderation** [*mɔdərei'ʃ(ə)n*] måttfullhet, måtta; **in moderation** inom rimliga gränser; **Moderations** första examen för B. A. vid Oxfords universitet; **moderator** [*mɔdəreitə*] medlare, ordförande, examinator (i Oxford)
modern [*mɔdən*] modern, nutida; **the** ~**s** nutidsmänniskorna; ~ **side** nyspråklig linje; ~**ism** [*mɔdənizm*] modernism, modern teologisk uppfattning; ~**ist** beundrare av allt modernt; ~**ization** [*mɔdənaizei'ʃən*] modernisering; ~**ize** [*-aiz*] modernisera, bli modern
modest [*mɔdist*] anspråkslös, blygsam, anständig; ~**y** blygsamhet, försynthet, anständighet
modicum [*mɔdikəm*] smula, minimum
modification [*mɔdifikei'ʃ(ə)n*] jämkning, variation, omljud; **modificatory** [*mɔdifikeitəri*] ändrande, omljudande; **modify** [*mɔdifai*] modifiera, *gram.* förändra genom omljud

modiste [*modi:'st*] damskrädderska
mods [*mɔdz*] *Oxford-sl* förk. f. *Moderations*
modulate [*mɔdjuleit*] modulera, anpassa; **modulation** [*mɔdjulei'ʃ(ə)n*] modulation
modus [*moudəs*] (*lat.*) sätt; ~ **operandi** [*ɔpəræ'ndai*] förfaringssätt; ~ **vivendi** [*vive'ndai*] provisorisk överenskommelse (mellan stater)
Mogul [*mogʌ'l*] mongol; **the Great M—** stormogul
mohair [*mouhɛə*] angoraull; kamelhårs-
Mohammed [*mohæ'mid*] Muhammed; **Mohammedan** [*mohæ'midən*] muhammedan; muhammedansk
Mohawk [*mouhɔ:k*] mohawk (indianstam), en skridskofigur
Mohican [*mouhi:'kən*] mohikan
mohur [*mouhə:*] engelsk-indiskt guldmynt
moidore [*mɔidɔ:*] portugisiskt guldmynt
moiety [*mɔiiti*] hälft
moil [*mɔil*] knoga; **toil and** ~ slita och släpa
moire [*mwa:*], **moiré** [*mwa:rei*] vattrad
moist [*mɔist*] fuktig; ~**en** [*mɔisn*] fukta; ~**ure** [*mɔistʃə*] fuktighet
moke [*mouk*] *sl* åsna, *amr.* neger
molar [*moulə*] kindtand; malande, krossande
molasses [*molæ'siz*] melass, (is. *amr.*) sirap
mole [*moul*] mullvad, födelsemärke; vågbrytare, stenpir, molo; ~**-hill** mullvadshög; ~**skin** mullvadsskinn, mollskinn, *pl* mollskinnsbyxor
molecular [*mɔle'kjulə*] molekylär; **molecule** [*mɔlikju:l, moulikju:l*] molekyl
molest [*mole'st*] ofreda, antasta, besvära; ~**ation** [*mɔlistei'ʃ(ə)n*] ofredande, förtret
Moll [*mɔl*] *fam.* Maria; **m—** *amr. sl* kvinna, flicka, gansterbrud, slinka; **the bottle has got** ~ **Thomson's mark on it** flaskan är tom; ~**-buzzer**, ~**-worker** *amr. sl* ficktjuv med kvinnor som specialitet
mollification [*mɔlifikei'ʃ(ə)n*] blidkande, lindring; **mollify** [*mɔlifai*] blidka, lindra
mollusc [*mɔlʌsk*] mollusk, blötdjur; ~**an**, ~**ous** [*mɔlʌ'skn, mɔlʌ'skəs*] blötdjurs-
molly-coddle [*mɔlikɔdl*] vekling, morsgris; klema med
molten [*moultən*] smält, flytande, gjuten (se också *melt*)
molto [*mɔltou*] *ital.* (is. *mus.*) molto, mycket
moment [*moumənt*] ögonblick, vikt, *fys.* moment; **the** ~ [**that**] så snart [som]; **at** (el. **for**) **the** ~ för tillfället; **to the** ~ precis; **of no** ~ oväsentlig; ~**ary** [*moumənt əri*] kortvarig; ~**ly** vart ögonblick; ~**ous** [*mome'ntəs*] betydelsefull; ~**um** [*mome'ntəm*] *fys.* rörelsemängd (produkten av en kropps massa och hastighet)
monachal [*mɔnəkl*] kloster-, munk-; **monachism** [*mɔnəkizm*] klosterliv
monad [*mɔnəd*] monad, odelbar enhet, infusionsdjur; ~**ic** [*monæ'dik*] monadlik
monarch [*mɔnək*] monark; ~**al** [*mɔna:'kl*], ~**ic** [*mɔna:'kik*] monarkisk; ~**ism** [*mɔnəkizm*] monarkism; ~**ist** monarkist; ~**y** [*mɔnəki*] monarki
monastery [*mɔnəstəri*] [munk]kloster; **monastic** [*monæ'stik*] klosterlig; **monasticism** [*monæ'stisizm*] munkväsen
Monday [*mʌndi*] måndag; **mondayish** [*mʌndiiʃ*] måndagstrött, 'dagen efter'
monetary [*mʌnitəri*] penning-; **monetization** [*mʌnitaizei'ʃən*] utmyntning; **monetize** [*mʌnitaiz*] utmynta
money [*mʌni*] pengar, *pl* myntsorter, penningsummor; **make** ~ förtjäna pengar; **coin** ~ *sl* förtjäna pengar som gräs; **soft** ~ *sl* sedlar; **hard** ~ *sl* klingande mynt; ~ **for jam** *sl* ett lätt arbete; **a run for your** ~ hård konkurrens; ~**-bags** rikedom, *sl* rik snålvarg; ~**-box** sparbössa; ~**-changer** växlare; ~**-grubber** gnidare; ~**-lender** ockrare; ~ **order** postanvisning; ~**-spinner** lyckospindel; ~**wort** *bot.* penningarv; ~**ed** penningstark
Mongol [*mɔŋgɔl*] mongol; ~**ian** [*mɔŋgou'ljən*] mongolisk
mongoose [*mɔŋgu:s*] *zool.* mungo
mongrel [*mʌŋgrəl*] byracka, bastard; oäkta
monism [*mɔnizm*] monism, enhetslära; **monist** [*-st*] monist, anhängare av monismen; **monistic** [*moni'stik*] monistisk
monition [*moni'ʃən*] varning, förmaning, stämning; **monitor** [*mɔnitə*] förmanare, ordningsman, *åld.* monitör (i skola), monitor (kustpansarfartyg); **monitorial** [*mɔnitɔ:'riəl*] monitör-; **monitory** [*mɔnitəri*] varnande; **monitress** [*mɔnitris*] klassvakt
monk [*mʌŋk*] munk; ~**'s cowl** munkkåpa; ~**'s hood** *bot.* stormhatt; ~**ery** munkväsen; **on the** ~**ery** *sl* på luffen; ~**ish** [*mʌŋkiʃ*] munkaktig
monkey [*mʌŋki*] apa, markatta, *sl* 500 pund, krabat, vildhjärna, hejare; efterapa, förlöjliga; **put his** ~ **up** reta upp ngn; ~ **with** fingra på, greja med; ~**-cage** besökscell (i fängelse); ~**-nut** jordnöt; ~**-puzzle** chilegran (Araucaria); ~**shine** *amr.* rackartyg, pajaskonst; ~**-tricks** apkonster; ~**-wrench** skiftnyckel
monochord [*mɔnokɔ:d*] monokord (ensträngat instrument)
monochromatic [*mɔnokromæ'tik*] enfärgad; **monocrome** [*mɔnokroum*] enfärgad bild
monocle [*mɔnɔkl*] monokel
monocotyledon [*mɔ'nokɔtili:'dən*] *bot.* monokotyledon
monocular [*monɔ'kjulə*] (*adj.*) för (med) ena ögat
monodrama [*mɔnodra:'mə*] monodrama (utfört av en person)
monody [*mɔnodi*] klagosång
monogamist [*monɔ'gəmist*] monogamist; **monogamous** [*monɔ'gəməs*] monogam; **monogamy** [*monɔ'gəmi*] monogami, engifte
monogram [*mɔnogræm*] monogram, namnchiffer; **monograph** [*mɔnogra:f*] monografi; **monographer** [*monɔ'grəfə*] monografiförfattare; **monographic** [*mɔnogræ'fik*] monografisk
monolith [*mɔnoliþ*] monolit, pelare av ett enda block; **monolithic** [*mɔnoli'þik*] i ett block
monologue [*mɔnolɔg*] monolog
monomania [*mɔnomei'njə*] monomani, fix idé; **monomaniac** [*mɔnomei'njæk*] monoman
monomark [*mɔnoma:k*] namnchiffer
monometallism [*mɔnome'təlizm*] myntfot, baserad på en metall
monomial [*monou'mjəl*] *mat.* monomisk
monoplane [*mɔnoplein*] *flyg.* monoplan
monopolist [*monɔ'pəlist*] monopolinnehavare; **monopolize** [*monɔ'pəlaiz*] monopolisera, lägga beslag på; **monopoly** [*monɔ'pəli*] monopol, ensamrätt
monorail [*mɔnoreil*] enspårig järnväg
monosyllabic [*mɔnosilæ'bik*] enstavig; **monosyllable** [*mɔnosi'ləbl*] enstavigt ord
monotheism [*mɔnoþi:izm*] monoteism, läran om en enda Gud; **monotheist** [*-st*] monoteist; **monotheistic** [*mɔnoþii'stik*] monoteistisk
monotone [*mɔnotoun*] entonighet; entonig (röst, sång o. d.), monoton; framsäga monotont; **monotonous** [*monɔ'tənəs*] monoton, enformig; **monotony** [*monɔ'təni*] enformighet
Monroe [*mənrou'*]; **the** ~ **Doctrine** Monroedoktrinen ('Amerika åt amerikanerna')
monsieur [*məsjə:'*] herr[e], fransman; **messieurs** [*mesjə:'*] herrar; **monseigneur** [*mɔ:ŋseinjə:'*] Ers Nåd (tilltal till höga andliga); **monsignor** [*mɔnsi:njɔ:'*] Ers Nåd
monsoon [*mɔnsu:'n*] monsun
monster [*mɔnstə*] vidunder, missfoster, odjur; **a** ~ **of cruelty** ett monstrum av grymhet; **a** ~ **meeting** massmöte; **monstrous** [*mɔnstrəs*] oformlig, ofantlig, gräslig; **monstrosity** [*mɔnstrɔ'siti*] vanskaplighet, vidunder
monstrance [*mɔnstrəns*] monstrans
montage [*mɔnta:ʒ*] [foto]montage

Montenegrin [*mɔntini:'grin*] montenegrin; montenegrinsk; **Montenegro** [*mɔntini:'grou*] Montenegro
month [*mʌnþ*] månad; **a ~ of Sundays** en evighet; **~ly** månadsmagasin; månatlig; **~ly nurse** spädbarnssköterska
monument [*mɔnjumənt*] monument, minnesmärke; **the M—** monumentet i London till minne av branden 1666; **~al** [*mɔnjume'ntl*] minnes-; monumental
moo [*mu:*] bölande, råmande; råma
mooch [*mu:tʃ*] *amr. sl* tiggare; stryka omkring, smita från betalningen, knycka; **~ the stem** *amr. sl* tigga på gatan; **~er** *sl* tiggare
mood [*mu:d*] sinnesstämning, lynne, humör; *gram.* modus; **he is in no ~ to do it** han har inte lust att göra det; **~y** ombytlig, nyckfull, nedtryckt
moon [*mu:n*] måne, månad; drömma bort (tiden); **~ about** vandra drömmande omkring; **once in a blue ~** sällan eller aldrig; **~beam** månstråle; **~-calf** missfoster, idiot; **~light** månsken; **~lighter** 'månskensman' (medlem av irländsk mördarliga); **~'s age** tiden från senaste nymåne; **~shine** smuggelsprit, hembränt, fantasier, humbug; **~shiner** spritsmugglare (också *~shine man*); **~stone** *min.* månsten; **~struck** vansinnig; **~y** [*mu:ni*] drömmande, fånig, bortkommen
Moor [*muə*] mor; **~ish** [*muəriʃ*] morisk
moor 1) [*muə*] hed, ljunghed; **~-cock** moripa (hanne); **~ game** ripor; **~-hen** sumphöna, moripa (hona); **~land** hedland, myrmark; **~wort** *bot.* rosling
moor 2) [*muə*] *sjö.* förtöja; **~age** [*muəridʒ*] *sjö.* förtöjningsplats, -avgift; **~ing** [*muəriŋ*] *sjö.* förtöjning, *pl* förtöjningsplats; **mooring-mast** förtöjningsmast (för luftskepp)
moose [*mu:s*] amerikansk älg
moot [*mu:t*] diskussion, *åld.* möte; omstridd, oavgjord; diskutera, föra på tal, ta upp till diskussion; **a ~ point** stridsfråga
mop [*mɔp*] mopp, svabb, kalufs; torka av; **~ up** torka upp, *sl* dricka ur, klara av, avfärda, rensa upp; **Mop-Mary** *amr. sl* skurmadam
mope [*moup*] döddansare; vara dyster, hänga med huvudet; **the mopes** mjältsjuka, dåligt humör; **mopish** [*moupiʃ*] dyster, slö
moraine [*morei'n*] morän
moral [*mɔrəl*] sensmoral, *pl* moral, seder, vandel; moralisk, sedlig; **~e** [*mɔra:'l*] truppers moral, stridsvilja; **~ist** [*mɔrəlist*] moralist, moralpredikant; **~ity** [*moræ'liti*] sedlighet, moralitet (drama från 1500-talet); **moralize** [*mɔrəlaiz*] moralisera
morass [*moræ's*] moras, kärr
moratorium [*mɔ:rətɔ:'riəm*] (is. *hand.*) moratorium, betalningsanstånd
Moravia [*mərei'vjə*] Mähren; **Moravian** invånare i M., herrnhutare; mährisk, herrnhutisk
morbid [*mɔ:bid*] sjuklig; **morbific** [*mɔ:bi'fik*] sjukdomsalstrande, sjukdoms-
mordant [*mɔ:dənt*] bitande, sarkastisk, frätande, betnings-
more [*mɔ:*] mer, mera, fler, flera; **the ~ the better** ju mer desto bättre; **a few ~** några till; **no ~** aldrig mera; **~ or less** mer eller mindre; **~over** [*mɔ:rou'və*] dessutom
moreen [*mori:'n*] yllemoaré
morel [*mɔre'l*] murkla
morello [*more'lou*] morell
moresque [*more'sk*] i morisk stil, morisk
morganatic [*mɔ:gənæ'tik*] morganatisk
morgue [*mɔ:g*] *fr.* bårhus, tidnings referensbibliotek (arkiv), högdragenhet; **~ anglaise** [*aŋglei'z*] engelskt högmod
moribund [*mɔribʌnd*] döende
morion [*mɔriən*] stormhatt
Mormon [*mɔ:mən*] mormon; **Mormondom, Mormonism** mormonism
morning [*mɔ:niŋ*] morgon, förmiddag; **~ call** förmiddagsvisit (på eftermiddagen); **~ coat** jackett; **~ dress** förmiddagsdräkt; **~-glory** blomman för dagen (Ipomoea); **~ head** *sl* kopparslagare; **~ performance** matiné; **~ prayer** morgonbön, ottesång; **~-room** vardagsrum; **~-watch** *sjö.* dagvakt (från 4 till 8)
morocco [*mɔrɔ'kou*] saffian, marokäng
moron [*mɔ:rən*] (is. *amr.*) efterbliven (intelligensålder 7—12 år), enfaldigt kräk, idiot
morose [*morou's*] surmulen, bitter
Morpheus [*mɔ:fiəs*] Morfeus, sömnens gud
morphia [*mɔ:fjə*], **morphine** [*mɔ:fi:n*] morfin; **morphinism** [*mɔ:finizm*] morfinism; **morphi[n]omaniac** [*mɔ:fi(n)omei'njæk*] morfinist
morphological [*mɔ:fəlɔ'dʒikl*] *gram.* o. *biol.* morfologisk; **morphology** [*mɔ:fɔ'lədʒi*] *gram.* formlära, *biol.* morfologi
morris [*mɔris*]; **~ dance** en engelsk folkdans
morro [*mɔrou*] *amr.* rund kulle
morrow [*mɔrou*] följande dag, *åld.* morgon; **to-~** i morgon
Morse [*mɔ:s*] Morse; **~ alphabet** morsealfabet
morse [*mɔ:s*] valross
morsel [*mɔ:sl*] munsbit, bit, smula
mortal [*mɔ:tl*] människa; dödlig, döds-, *sl* urtråkig; **in a ~ hurry** med en förfärlig fart; **~ity** [*mɔ:tæ'liti*] *åld.* mänsklighet; dödlighet; **~ity rate** dödlighetstal
mortar [*mɔ:tə*] murbruk, mortel, *mil.* mörsare; kalka; **~-board** murbruksbräda, engelsk studentmössa
mortgage [*mɔ:gidʒ*] inteckning; inteckna, pantsätta; **mortgagee** [*mɔ:gədʒi:'*] inteckningshavare; **mortgager** [*mɔ:gidʒə*] inteckningsgäldenär
mortician [*mɔ:ti'ʃ(ə)n*] *amr.* begravningsentreprenör
mortification [*mɔ:tifikei'ʃ(ə)n*] förödmjukelse, kränkning, späkning, kallbrand; **mortify** [*mɔ:tifai*] späka, kränka, förödmjuka; **the wound mortified** det blev kallbrand i såret
mortise (-ce) [*mɔ:tis*] tapphål; tappa ihop, intappa
mortmain [*mɔ:tmein*] *jur.* evärdlig besittning
mortuary [*mɔ:tjuəri*] bårhus; begravnings-, grav-
Mosaic [*mozei'ik*] judisk
mosaic [*mozei'ik*] mosaik[arbete]
moselle [*moze'l*] moselvin
mosey [*mouzi*] *sl* rymma, smita, lunka
Moslem [*mɔzlim*] muhammedansk
mosque [*mɔsk*] moské
mosquito [*məski:'tou*] moskito; **~-craft** torpedbåt; **~-curtain, ~-net** moskitonät
moss [*mɔs*] mossa; *dial.* mosse; **a rolling stone gathers no ~** på rullande sten växer ingen mossa (en rastlös människa får det aldrig bra); **mossy** [*mɔsi*] mossig, mossbelupen; **~-back** stockkonservativ
most [*moust*] de flesta, det mesta; mest, störst; i hög grad, ytterst, synnerligen, *amr.* nästan (*almost*); **at the ~** högst; **for the ~ part** till största delen; **make the ~ of** utnyttja på bästa sätt; **~ly** för det mesta, huvudsakligen
mote [*mout*] stoftkorn, grand
motel [*moute'l*] *amr.* hotell för bilister
moth [*mɔþ*] mal, nattfjäril, en flygmaskinstyp; **~-ball** malkula; **~-eaten** maläten; **mothy** full av mal
mother [*mʌðə*] moder, mor, abbedissa, gumma; vara som en mor för; **~ country** fädernesland, hemland; **~ earth** moder Jord; **M— Hubbard** en slags lång kjol; **~-in-law** svärmor; **~ of pearl** pärlemor; **~ ship** hangarfartyg; **~ superior** abbedissa; **~ tongue** modersmål; **~ wit** medfött sunt förnuft; **~hood** moderskap; **~less** moderlös; **~ly** moderlig
motif [*mouti:'f*] konstnärligt (musikaliskt) motiv
motion [*mouʃən*] rörelse, motion, lagförslag; *med.* avföring, öppning; vinka, ge tecken; **~-picture** *amr.* film; **~less** orörlig
motivation [*moutivei'ʃ(ə)n*] motivering; **motive**

[*moutiv*] motiv, bevekelsegrund; rörelse-, driv-, motiv-; begrunda, motivera; **motivity** [*moti'viti*] drivkraft
motley [*mɔtli*] narrdräkt; spräcklig, brokig; **wear ~** spela narr
motor [*moutə*] motor, bil; motor-, motorisk (muskel, nerv); bila, köra (åka) bil; **~-bike** motorcykel; **~-car** bil; **~ cowling** motorhuv (på aeroplan); **~-cycle** motorcykel; **~man** [spårvagns]förare; **~ mechanic** mekaniker; **~ist** [*moutərist*] bilist; **~y** [*moutəri*] motorisk, rörelse- (t. ex. **motory nerve**)
mottle [*mɔtl*] göra spräcklig; **mottled** [*mɔtld*] spräcklig, brokig
motto [*mɔtou*] valspråk, devis, motto
mouch [*mu:tʃ*] se *mooch*
moujik [*mu:ʒik*] musjik, rysk bonde
mould 1) [*mould*] mull, mylla, mögel; *amr.* mögla; **~y** murken, möglig, urtråkig, antikverad
mould 2) [*mould*] gjutform; forma, dana; **~ing** listverk, kant, utsirning
moulder [*mouldə*] förmultna, vittra
mouldie [*mouldi*] *sl* torped
moult [*moult*] ruggning; rugga, fälla fjädrar
mound [*maund*] jordhög
mount [*maunt*] berg, riddjur, pappkartong; bestiga, skaffa häst, montera, klistra in, infatta; **~ guard** stå på post; **~ a gun** montera kanon; **~ play** iscensätta; **~ pictures** klistra upp bilder; **~ specimen** lägga till rätta under mikroskop; **~ the ass** *sl* göra konkurs; **~ant** [*mauntənt*] lim; **~ed** ridande, beriden; uppklistrad (på papper), infattad etc.; **mounted troops** kavalleri
mountain [*mauntin*] berg; **~ ash** *bot.* rönn; **~ chain (range)** bergskedja; **~ dew** skotsk visky; **~ sickness** bergsjuka; **~eer** [*mauntini'ə*] bergsbo, bergbestigare; fjällvandra; **~ous** [*mauntinəs*] bergig
mountebank [*mauntibæŋk*] charlatan, kvacksalvare, gycklare
mourn [*mɔ:n*] sörja, begråta; **~er** sörjande, deltagare i begravningsfölje; **~ful** sorglig, sorgsen; **~ing** sorg, sorgdräkt; **nails in mourning** naglar med sorgkanter; **mourning-cloak** *zool.* sorgmantel; **mourning-paper** papper med sorgkant
mouse [*maus*] (*pl mice* [*mais*]) mus, *sl* blått öga; [*mauz*] fånga möss; snoka; **mouser** [*mauzə*] råttfångare
moustache [*məsta:'ʃ*] mustasch
mouth [*mauþ*] mun, mynning, *sl* fräckhet; [*mauð*] göra grimaser, deklamera; **make ~s** göra grimaser; **be down in the ~** *sl* vara på dåligt humör; **~-organ** om olika slags instrument (t. ex. munspel); **~piece** munstycke, *fig.* språkrör, *sl* sakförare; **mouthful** munfull
move [*mu:v*] rörelse, flyttning, drag (i spel); röra [sig], flytta, föreslå, förmå, yrka på, företa sig ngt; **on the ~** i rörelse, i farten; **make a ~** röra på sig, bryta upp; **get a ~ on** skynda dig! **~ heaven and earth** röra upp himmel och jord; **~ an amendment** göra ett ändringsförslag; **~ up** marschera upp; **movables** [*mu:vəblz*] lösöre; **movement** rörelse, tempo, *mus.* sats, urverk, gång, avföring; **mover** förslagsställare; **prime mover** primus motor; **movie** *amr.* [*mu:vi*] film; **the movies** biografen; **movie fiend** *amr. sl* filmgalen person; **moviegoer** biografbesökare; **moving staircase** rulltrappa (*escalator*)
mow [*mou*] hö-, halmstack, höskulle, loge; meja
much [*mʌtʃ*] mycket; **I thought as ~** det tänkte jag; **think ~ of** ha en hög tanke om, uppskatta; **nothing ~** icke mycket; **too ~** (pidginengelska) många, mycket; **be too ~ for** vara ngns överman; **~ the same** ungefär [det]samma, lika god[a]; **~ of a muchness** hugget som stucket
mucilage [*mju:silidʒ*] växtslem, (is. *amr.*) gummi
muck [*mʌk*] dynga, smörja, *sl* pengar; gödsla, grisa ner, *sl* fördärva; **~ about** *sl* larva omkring; **~ in** *sl* dela; **~ off** *sl* smita; **~ up** skämma bort; **~-rake** dynggrep; **~-raker** *amr.* skandalspridare; **mucker** *sl* fall, misslyckande, bracka; *amr.* jordbruksarbetare; **come a mucker** *sl* falla; **go a mucker on** *sl* ödsla sina pengar på; **muckin[g]** *sl* smör; klibbig, äcklig; **mucky**, lortig, smutsig
muckle [*mʌkl*] (*Skottl.*) mycket
mucous [*mju:kəs*] slemmig; **~ membrane** slemhinna; **mucus** [*mju:kəs*] slem
mud [*mʌd*] gyttja; **~guard** stänkskärm; **~ hen** *amr.* sothöna; *sl* kvinnlig spekulant; **~lark** rännstensunge; **~ pie** lerbulle, sandkaka; **~-splasher** *amr. mil. sl* artillerist
muddle [*mʌdl*] oreda, röra; röra ihop, blanda samman, omtöckna, plottra, klåpa; **~ through** krångla sig igenom; **~-headed** dum; **muddled** [halv]full, virrig, sluddrig
muezzin [*mu(:)e'zin*] muezzin (muhammedansk böneutropare)
muff [*mʌf*] muff, dumbom, kräk, ynkrygg, klåpare, miss, tabbe; förstöra, missa, spricka i examen
muffin [*mʌfin*] tekaka; **muffineer** [*mʌfini'ə*] kak-, brödvärmare
muffle [*mʌfl*] linda om, inhölja, dämpa; **muffler** halsduk, ljuddämpare
mufti [*mʌfti*] muhammedansk lagtolkare, civila kläder (burna av en som har rätt att bära uniform)
mug [*mʌg*] mugg, bägare, *sl* käft, ansikte, tryne, grimas, dumbom, examen, plugghäst, *amr.* polisrapport; *sl* läsa på examen, plugga, *amr.* göra grimaser, fotografera
mugger 1) [*mʌgə*] plugghäst
mugger 2) [*mʌgə*] indisk krokodil
muggy [*mʌgi*] fuktig, kvav
mugwump [*mʌgwʌmp*] *amr.* vilde
mulatto [*mju(:)læ'tou*] mulatt
mulberry [*mʌlbəri*] mullbärsträd, mullbär; mullbärsfärgad
mulch [*mʌlʃ*] kompost el. gödsel som täckmedel
mulct [*mʌlkt*] vite, böter; bötfälla; **~ a person of** lura av ngn
mule [*mju:l*] mula, mulåsna, tjurskalle, bastard, traktor, toffel, mulstol (spinnmaskin); **~teer** [*mju:liti'ə*] mulåsnedrivare; **mulish** [*mju:liʃ*] istadig
mull [*mʌl*] moll (tygsort), fiasko; glödga (vin); fördärva; **make a ~ of** fördärva alltsamman; **~ over** *amr.* grubbla på
mullein [*mʌlin*] *bot.* kungsljus
mullet [*mʌlit*] *zool.* multe (fisk)
mulligan [*mʌligən*] *amr.* kötträtt, stuvning
mulligatawny [*mʌligətɔ:'ni*] indisk soppa
mulligrubs [*mʌligrʌbz*] dysterhet (*the ~*)
mullion [*mʌljən*] fönsterpost
multi- [*mʌlti-*] multi-, mång-
multiple [*mʌltipl*] multipel; mångfaldig; **multiplex** [*mʌltipleks*] mångfaldig; **multiplicity** [*mʌltipli'siti*] mångfald; **multiply** [*mʌltiplai*] multiplicera, föröka[s], mångfaldiga; **multiplicand** [*mʌltiplikæ'nd*] multiplikand; **multiplication** [*mʌltiplikei'ʃ(ə)n*] multiplikation; **multiplier** [*mʌltiplaiə*] multiplikator
multitude [*mʌltitju:d*] mängd; **multitudinous** [*mʌltitju:'dinəs*] mångfaldig, talrik
mum 1) [*mʌm*] stilla, tyst; spela pantomim; **~ is the word** tig med saken!
mum 2) [*mʌm*] *fam.* mamma
mum 3) [*mʌm*] *fam.* krysantemum
mumble [*mʌmbl*] mummel; mumla, mumsa; **~-crust** *sl* tandlös
Mumbo-Jumbo [*mʌmbou-dʒʌmbou*] föremål för okritisk dyrkan
mummer [*mʌmə*] maskerad person, skådespelare; **mummery** [*mʌməri*] maskerad, gyckelspel
mummification [*mʌmifikei'ʃən*] balsamering; **mummify** [*mʌmifai*] balsamera

mummy 1) [*mʌmi*] mumie; **beat to a ~** *sl* slå fördärvad; **mummied** balsamerad
mummy 2) [*mʌmi*] (i barnspråk) mamma, 'mamsen'
mump [*mʌmp*] *sl* tigga, tjura; **[the] mumps** påssjuka
mumsie [*mʌmzi*] (i barnspråk) mamma
munch [*mʌn(t)ʃ*] mumsa [på]
mundane [*mʌndei'n*] världslig, världs-
Munich [*mju:nik*] München, münchneröl
municipal [*mjuni'sipl*] kommunal; **~ law** allmän lag; **~ity** [*mjunisipæ'liti*] samhälle, kommun; **~ization** [*mjunisipælaizei'ʃən*] kommunalisering; **~ize** [*mjuni'sipəlaiz*] kommunalisera
munificence [*mjuni'fis(ə)ns*] frikostighet; **munificent** frikostig; **muniments** [*mju:nimənts*] fastebrev, åtkomsthandlingar
munition [*mjuni'ʃ(ə)n*] *pl* ammunition, [krigs]materiel; förse med ammunition; **~er** arbetare vid ammunitionsfabrik
mural [*mjuərəl*] mur-
murder [*mə:də*] mord; mörda (också *fig.*); **~ will out** mord kommer i dagen; **the ~ is out** fan är lös; **~er** [*mə:dərə*] mördare; **~ess** [*-ris*] mörderska; **~ous** [*-rəs*] mordisk
mure [*mjuə*] mura; **~ up** inmura, inspärra
murex [*mjuəreks*] purpursnäcka
muriatic [*mjuəriæ'tik*] **acid** saltsyra
murk [*mə:k*] (is. *Skottl.*) mörker, *amr. sl* kaffe; **murky** [*mə:ki*] mörk, dyster
murmur [*mə:mə*] mummel, sus; mumla, sorla, knota, knorra; **~ous** [*-rəs*] mumlande
murphy [*mə:fi*] *sl* potatis
murrain [*mʌrin*] mjältbrand; **a ~ on it** åt fanders med det!
muscardine [*mʌskəd(a)in*], **muscadel** [*mʌskədeˈl*] muskatelldruva; **muscat** [*mʌskət*], **muscatel** [*mʌskəteˈl*] muskatellvin
muscle [*mʌsl*] muskel, muskelstyrka; **~ into** *amr.* tränga sig in el. på
muscular [*mʌskjulə*] muskulös, muskel-; **~ity** [*mʌskjulæ'riti*] muskelstyrka
muse 1) [*mju:z*] sångmö
muse 2) [*mju:z*] grubbla, spekulera (**on** över)
museum [*mjuzi'əm*] museum
mush 1) [*mʌʃ*] mos, *amr.* gröt, sentimentalt prat, smörja
mush 2) [*mʌʃ*] *amr.* färd[as] med hundspann
mushroom [*mʌʃru:m*] champignon, svamp, *sl* paraply; plocka svamp, växa upp som svampar, plattas till (anta formen av en svamp)
music [*mju:zik*] musik, noter, välljud, *sl* hippa; **face the ~** hålla stånd; **~-hall** varieté, *amr.* konsertsal; **~-stand** notställ; **~-stool** pianostol
musical musikalisk soaré, musikfilm; musik-, musikalisk; **~ chairs** 'resan till Jerusalem' (lek); **~ box** speldosa; **musicale** [*mju:zika:'l*] *amr.* musikalisk soaré; **musician** [*mjuzi'ʃən*] musiker, musikant
musk [*mʌsk*] mysk, myskhjort; **~-ox** myskoxe; **~-rat** bisamråtta
musket [*mʌskit*] gevär, musköt; **~eer** [*mʌskiti'ə*] musketör; **~ry** [*mʌskitri*] gevärseld
musky [*mʌski*] myskdoftande
muslin [*mʌzlin*] muslin, *sl* segel
musquash [*mʌskwɔʃ*] skinn av bisamråtta
muss [*mʌs*] oordning; bringa i oordning
mussel [*mʌsl*] ätbar blåmussla
Mussulman [*mʌsəlmən*] muselman; muhammedan[sk]
must 1) [*mʌst*] vinmust, nytt vin; galen, rasande (om kameler och elefanter i brunsttiden), *sl* drucken
must 2) [*mʌst*] (*oregelb. vb*) måste
mustachio [*musta:'ʃou*] mustasch, se *moustache*
mustang [*mʌstæŋ*] mustang, halvvild präriehäst
mustard [*mʌstəd*] senap; **as keen as ~** *fig.* ivrig; **~ gas** senapsgas; **~ plaster** senapsomslag; **~-pot** senapsburk
muster [*mʌstə*] mönstring; mönstra, samla; **pass ~** bli antagen, kunna gå an; **~-roll** mönsterrulla
musty [*mʌsti*] möglig, unken
mutability [*mju:təbi'liti*] föränderlighet; **mutable** [*mju:təbl*] föränderlig, ostadig; **mutation** [*mju:tei'ʃ(ə)n*] förändring, omljud, mutation
mute [*mju:t*] stum person, statist, begravningsentreprenörs biträde, stum eunuck, stum konsonant; stum, tyst; dämpa
mutilate [*mju:tileit*] lemlästa, stympa; **mutilation** [*mju:tilei'ʃ(ə)n*] lemlästning
mutineer [*mju:tini'ə*] myterist, upprorsman; **mutinous** [*mju:tinəs*] upprorisk; **mutiny** [*mju:tini*] myteri, uppror; göra uppror; **the Mutiny** upproret i Indien 1857
mutt [*mʌt*] *sl* dumhuvud, fårskalle (*mutton-head*)
mutter [*mʌtə*] mummel; mumla
mutton [*mʌtən*] fårkött; **as dead as ~** död som en sill; **return to our ~s** tillbaka till saken; **~ chop** lammkotlett, *sl* polisonger (**~** *chop whiskers*); **~-head** fårskalle
mutual [*mju:tjuəl*] ömsesidig, inbördes; **~ friend** gemensam vän
muzzle [*mʌzl*] mule, nos, mynning, munkorg; lägga munkorg på, få att tiga, *sl* dricka, kyssa; **~-loader** framladdningsgevär
muzzy [*mʌzi*] *sl* omtöcknad, dåsig, yr
my [*mai*] min, mitt, mina; **~!** *sl* du min skapare!
myalgia [*maiæ'ldʒə*] muskelreumatism
myall [*maiəl*] australisk akacia
mycologist [*maikɔ'lədʒist*] svampkännare; **mycology** svamplära
myope [*maioup*] närsynt person; **myopia** [*maiou'pjə*], **myopy** [*maiopi*] närsynthet; **myopic** [*maiɔ'pik*] närsynt
myriad [*miriəd*] myriad; oräknelig
myriapod [*mi'riəpɔd*] mångfoting
myrmidon [*mə:midən*] slagskämpe, legodräng; **~s of the law** lagens väktare
myrrh [*mə:*] myrrha
myrtle [*mə:tl*] myrten
myself [*maise'lf*] [jag (mig)] själv
mystery [*mistəri*] mysterium, hemlighet; **~-ship** krigsfartyg, camouflerat som lastångare; **mysterious** [*misti'əriəs*] mystisk
mystic [*mistik*] mystiker; mystisk, dunkel; **mystical** mystisk; **mysticism** [*mistisizm*] mystik, mysticism; **mystification** [*mistifikei'ʃ(ə)n*] mystifikation; **mystify** [*mistifai*] mystifiera, förvirra
myth [*miþ*] myt; **~ic[al]** [*miþik(əl)*] mytisk; **~ologist** [*miþɔ'lədʒist*] mytolog; **~ology** [*miþɔ'lədʒi*] gudalära, mytologi

N

N, n [*en*] (*pl Ns, N's* [*enz*]) N, n; **nth** *mat.* nte; **the nth power** nte potensen
nab [*næb*] nabb, udde, gevärshane; *sl* nappa, gripa, hugga åt sig
nabob [*neibɔb*] ståthållare (i Indien), stenrik person
nacelle [*na:se'l*] gondol (i luftskepp); **engine** ~ *flyg.* motorgondol
nacre [*neikə*] pärlemo[r]; **nacr[e]ous** [*neikr(i)əs*] av el. lik pärlemo[r], pärlemo[r]-
nadir [*neidiə*] lägsta punkt el. tillstånd
nag [*næg*] *sl* häst, klippare; hacka (gnata) på; **naggy** gnatig, kinkig
naiad [*naiæd*] najad, vattennymf
naif [*na:i:'f*] naiv
nail [*neil*] nagel, klo, spik, söm; spika [fast]; *sl* hugga, lägga vantarna på, *fig.* få ngn fast; **on the** ~ strax, tvärt på skivan; **hard as** ~**s** järnhård, i utmärkt form (träning); **right as** ~**s** på pricken (spiken), precis rätt; ~**s in mourning** sorgkantade naglar; ~ **one's colours to the mast** spika fast flaggan vid masten, så att den ej kan strykas, hålla ut, ej ge sig; ~ **to the counter** avslöja, hejda (t. ex. rykte, falska pengar etc.); ~ **varnish** nagellack; ~ **a rattler** *amr. sl* hoppa på ett tåg i gång (och vara fripassagerare); **nailer** [*neilə*] spiksmed, *sl* överdängare, den rätte mannen (rätta saken); **nailery** [*neiləri*] spiksmedja; **nailing** *sl* utmärkt, förstklassig
nainsook [*neinsu:k*] ett slags fint bomullstyg
naïve, naive [*na:i:'v*] naiv, ursprunglig; **naïveté** [*na:i:'vtei*], **naivety** [*na:i':vti*] naivitet
naked [*neikid*] naken, blottad, kal, *sl* 'torr' (om spirituosa); ~**ness** nakenhet
namby-pamby [*næmbi-pæmbi*] pjollrig, sentimental, sipp, effeminerad
name [*neim*] namn, rykte; kalla, benämna, uppkalla, omnämna, utnämna; **put one's** ~ **into it** *sl* påskynda en sak; **call one [bad]** ~**s** giva ngn öknamn, överösa ngn med skällsord; ~ **for** *amr.* uppkalla efter; **Christian** ~ förnamn; **family** ~ familje-, släktnamn; **first** ~, **given** ~ *amr.* förnamn; **last** ~ *amr.* släktnamn; **maiden** ~ flicknamn; ~**-child** person som är uppkallad efter en annan; ~**less** namnlös, anonym, obekant; ~**ly** nämligen; ~**-part** titelroll; ~**sake** namne
nance [*næns*] en effeminerad man, 'mamsell'
Nancy [*nænsi*] **boy** *sl* en effeminerad man; **nancy story** nonsens, strunt[prat]
nankeen [*næŋki:'n*] nankin, gult bomullstyg; ~**s** nankinbyxor
nanna [*nænə*] (i barnspråket) [barn]sköterska
nanny [*næni*] honget (~*-goat*), (i barnspråk) barnsköterska; **as nice as a Nanny-hen** *sl* mycket affekterad, pryd, prudentlig
nap [*næp*] lur (kort sömn), lugg, ludd (på tyg), felb, Napoleon (ett kortspel); ta sig en lur, rugga; **catch napping** överraska, -rumpla; **go** ~ löpa risk, sätta allt på ett kort (på spel); **nappy** sömnig, lurvig
nape [*neip*] nacke (*äv.* ~ *of the neck*)
napery [*neipəri*] (is. skotska) linne, duktyg
naphtha [*næfþə*] nafta; **naphthalene** [*næfþəli:'n*], **naphthaline** [*næfþəlin*] naftalin
napkin [*næpkin*] servett, liten handduk, blöja, *hyg.* binda; **lay up in a** ~ negligera, underlåta att använda; ~**-ring** servettring
Napoleon [*nəpou'liən*] Napoleon; **n**— 20 francs, kragstövel; **Napoleonic** [*nəpouliɔ'nik*] napoleonsk
napoo [*næpu:'*] *mil. sl* (av *fr.* [il] n'y en a plus) slut, död (*eg.* det finns inte något kvar)
napper [*næpə*] *sl* bedragare, tjuv, huvud; **go off one's** ~ *sl* få en skruv lös
nappy [*næpi*] *fam.* förk. f. *napkin*; se *äv. nap*
narceine [*na:sii:n*] sömnmedel med opium
narcissism [*na:si'sizm*] självbeundran; **narcissistic** [*na:si'sistik*] självbeundrande; **narcissus** [*na:si'səs*] narciss[a], pingstlilja
narcosis [*na:kou'sis*] narkos; **narcotic** [*na:kɔ'tik*] narkotisk[t medel]; dövande; **narcotization** [*na:kotaizei'ʃ(ə)n*], **narcotism** [*na:kətizm*] bedövning, dvala; **narcotize** [*na:kətaiz*] bedöva
nard [*na:d*] *bot.* nardus
narghile[h] [*na:gili*] orientalisk vattenpipa
nark [*na:k*] *sl* polisspion, angivare; *sl* utspionera, förnärma
narrate [*nærei't*] förtälja, berätta; **narration** [*nærei'ʃ(ə)n*] berättelse; **narrative** [*nærətiv*] berättelse, berättande; **narrator** [*nærei'tə*] berättare
narrow [*nærou*] trångt farvatten, gatt; trång, smal, knapp, inskränkt; **the** ~ **seas** Engelska kanalen; **the** ~ **way** dygdens smala (svåra) väg; ~ **circumstances** knappa omständigheter; **have a** ~ **escape** med knapp nöd komma undan; ~**-gauge railway** smalspårig järnväg; ~**-minded** inskränkt, kortsynt, trångbröstad; ~**ly** knappt, med knapp nöd
narwhal [*na:wəl*] *zool.* narval
nary [*neri*] *sl* aldrig [en], ingen
nasal [*neizl*] näsljud; näs-, nasal-; ~ **twang** näston; ~**ity** [*nəzæ'liti*] nasalt uttal; ~**ization** [*neizəlaizei'ʃ(ə)n*] nasalering; ~**ize** [*neizəlaiz*] [ut]tala genom näsan
nascency [*næsənsi*] födelse, uppkomst; **nascent** [*næsənt*] i sin födsel, uppkommande, omogen
nash [*næʃ*] *sl* gå bort från, överge (person el. plats), avdunsta; ~ **your leading strings** var naturlig, känn dig som hemma
nasturtium [*nəstə:'ʃəm*] *bot.* vattenkrasse
nasty [*na:sti*] snuskig, vämjelig, obehaglig, otäck; **a** ~ **one** *sl* en örfil (*äv. fig.*)
natal [*neitl*] födelse-; ~**ity** [*nətæ'liti*] nativitet
natation [*nətei'ʃ(ə)n*] simning; **natatorial** [*neitətɔ:'riəl*] simmande, sim-, hörande till simning; **natatorium** [*neitətɔ:'riəm*] *amr.* simhall
nation [*neiʃ(ə)n*] nation; *sl* förk. f. **damnation** förbaskat, väldig[t], sakramenskad hop; ~**al** [*næʃənəl*] landsman; nationell, national-, stats-; **national anthem** national-, folksång; **the national game (of England)** kricket; **nationalism** [*næʃənəlizm*] nationalism; **nationalist** [*-st*] nationalist; **nationality** [*næʃənæ'liti*] nationalitet; **nationalization** [*næʃənəlaizei'ʃən*] nationalisering; **nationalize** [*næʃənəlaiz*] nationalisera, göra till statsegendom
native [*neitiv*] inföding, växt el. djur hemmahörande på en bestämd plats; ett slags engelskt ostron, *amr.* födelseort (~ *town*); medfödd, infödd, inhemsk, naturlig, födelse-, fäderne-; **go** ~ *sl* bli vild (och våldsam); **a** ~ **of Scotland** född i Skottland; ~ **country** fosterland; **their** ~ **customs** deras hembygds seder; ~ **modesty** medfödd blygsamhet; ~ **sons** *amr. mil. sl* sviskon; ~ **state** (engelskt) territorium styrt av en infödd furste; ~ **tongue** modersmål; **nativity** [*nəti'viti*] födelse, börd, horoskop; **the Nativity** Kristi födelse
natron [*neitrən*] *min.* natron, naturlig soda
natterjack [*nætədʒæk*] ett slags padda
natty [*næti*] fin, nätt, prydlig, händig; ~**-lad** ung ficktjuv

natural [*nætʃərəl*] idiot, *mus.* återställningstecken, *sl* liv; naturlig, otvungen; **not on your ~** *sl* på inga villkor; **~ flowers** levande blommor; **~ child** oäkta barn; **~ magic** naturmagi; **~ philosophy** naturfilosofi, ren fysik; **it comes ~ to him** det faller sig naturligt för honom; **~ism** [*nætʃərəlizm*] naturalism, naturtillstånd; **~ist** [*-st*] naturforskare, naturalist, en som handlar med djur, konservator; **~istic** [*nætʃərəl-i'stik*] naturalistisk, naturhistorisk; **~ization** [*nætʃərəlaizei'ʃ(ə)n*] naturalisering; **~ize** [*nætʃərəlaiz*] naturalisera, förläna medborgarrätt, göra naturlig, idka naturhistorisk forskning; **~ly** [*nætʃərəli*] av naturen, naturligtvis

nature [*neitʃə*] natur[en], art, väsen, kynne; **pay the debt of ~** dö; **in the course of ~** efter naturens gång

naught [*nɔ:t*] intet, ingenting, noll[a]; dålig, värdelös; **naughty** elak, okynnig

nausea [*nɔ:siə, nɔ:ʃiə*] sjösjuka, äckel, avsky; **nauseate** [*nɔ:sieit*] känna äckel, vämjas; **nauseous** [*nɔ:siəs*] vämjelig, äcklig

nautch [*nɔ:tʃ*] (indisk) dans, balett; **~ girl** danserska i *nautch*

nautical [*nɔ:tikl*] nautisk, sjö-

nautilus [*nɔ:tiləs*] *zool.* nautilus, pärlbåtsnäcka

naval [*neivl*] skepps-, örlogs-, sjö-

nave [*neiv*] huvudskepp (i kyrka), nav (på hjul)

navel [*neivl*] *anat.* navle, medelpunkt

navigability [*nævigəbi'lity*] segelbarhet; **navigable** [*-gəbl*] segelbar, styrbar; **navigate** [*nævigeit*] segla, navigera; **navigation** [*nævigei'ʃ(ə)n*] navigation, segling, sjöfart; **navigator** [*nævigeitə*] navigatör, vägarbetare

navvy [*nævi*] kanal-, väg-, järnvägsarbetare, grävmaskin

navy [*neivi*] [örlogs]flotta, marin, *amr. sl* cigarrstump; **~-blue** marinblå[tt]; **~ cut** ett slags piptobak; **~ department** *amr.* amiralitet; **~ list** engelska flottans rulla; **~ yard** *amr.* örlogsvarv

naw [*nɔ:*] *amr. sl* nej!

nawab [*nəwɔ:'b*] indisk adelsman, nabob

nay [*nei*] nej; ja, dessutom, till och med; **yea and ~** vankelmod

Nazarene [*næzəri:'n*] nasaré[n]; från Nasaret, kristen

Nazarite [*næzərait*] nasir (judisk renlevnadsman)

naze [*neiz*] bergudde, näs; **the N—** ett näs vid Harwich, Lindesnäs i Norge

Nazi [*na:tsi*] nazist; nazistisk; **Nazi[i]sm** [*na:tsi(i)zm*] nazism

N.B. [*e'nbi:'*] = *nota bene*; *North Britain*; *North British*

N.C.O. = *non-commissioned officer*

neap [*ni:p*] ebb (motsats flod), nipflod, -tid; låg, avtagande; (om tidvatten) bli lägre, avtaga; **~-tide** lågt tidvatten, nipflod

Neapolitan [*niəpɔ'litən*] neapolitan[ska]; neapolitansk, från Neapel

near [*niə*] nära, knapp, vänster, *amr. sl* konst-, oäkta; nästan, sparsamt; närma [sig]; **it was a ~ thing** det var på vippen, hängde på ett hår; **draw ~** närma sig; **~by** (is. *amr.*) nära (invid), närliggande; **~by isn't quite** nära skjuter ingen hare; **~ly** nästan, nära på, på nära håll; **not ~ly** inte på långt när; **~-sighted** närsynt

neat [*ni:t*] [horn]boskap, nötkreatur; torr, oblandad (om spritdrycker), nätt o. fin, fyndig, skicklig; **~'s tongue** oxtunga; **~'s leather** oxhud

neb [*neb*] näbb, nos, *sl* näsa, trut

nebula [*nebjulə*] (*pl -ae* [*i:*]) nebulosa, stjärnmoln; **nebular** [*nebjulə*] hörande till nebulosa; **nebulous** [*nebjuləs*] töcknig, dunkel, obestämd

necessary [*nesis(ə)ri*] *pl* förnödenheter, *sl* 'avträde'; nödvändig, ovillkorlig; **the ~** *fam.* nödiga [penning]medel

necessitarian [*nisesitɛ'əriən*] fatalistisk; **necessitarianism** [*-izm*] fatalism; **necessitate** [*nise'siteit*] göra nödvändig, kräva; **necessitous** [*nise'sitəs*] nödställd, behövande

necessity [*nise'siti*] nödvändighet, (tvingande) behov, *pl* trängande nöd; **of ~** nödvändigt; **make a virtue of ~** göra en dygd av nödvändigheten; **~ has** el. **knows no law** nöden har ingen lag; **~ is the mother of invention** nöden är uppfinningarnas moder; **in case of ~** i nödfall

neck [*nek*] hals (*äv.* på kärl, instrument etc.), axeltapp, långsmalt näs, ed; *amr.* omfamna, kela [med], flirta, titta på; **back of the ~** nacke; **get it in the ~** *sl* komma (mycket) galet åstad; **~ and crop** med hull och hår, huvudstupa; **~ or nothing** på liv och död, kosta vad det vill; **~-band** halslinning, skjortkrage; **~erchief** halsduk; **~lace** halsband; **~ oil** *amr. sl* rusdrycker; **~piece** krage; **~-tie** (is. *amr.*) herrhalsduk, slips; **~-wear** chemisett; **~ing** hals (på kolonn); **~let** [*neklit*] pälsboa, halsband, -prydnad

necromancy [*nekromænsi*] magi, svartkonst; **necromancer** [*-nsə*] andebesvärjare, svartkonstnär; **necromantic** [*nekromæ'ntik*] nekromantisk, hörande till svartkonst

necropolis [*nikrɔ'polis*] begravningsplats

necrosis [*nikrou'sis*] nekros, lokal vävnads död, benröta

nectar [*nektə*] nektar, gudadryck, honung, *sl* sodavatten; **nectarine** [*nektərin*] blodpersika; **nectary** [*nektəri*] honungsgömme

ned [*ned*] *sl* 1 guinea, *amr. sl* 10-dollarstycke

neddi [*nedi*] åsna, *sl* fä, blydagg

née [*nei*] *fr.* (om gifta kvinnor) född [*Mrs. Lee,~ Brown*]

need [*ni:d*] behov, nödtvång, nöd, brist; behöva[s]; **~ful** nödig, behövlig; **the ~ful** *sl* det som behövs (is. pengar); **~less** onödig; **~ments** reseffekter; **needs** [*ni:dz*] nödvändigt, ovillkorligen; **needy** nödställd, fattig

needle [*ni:dl*] [sy]nål, stift (till grammofon), barr, obelisk, klippspets; sy, tränga sig, genomborra med nål, *amr. sl* reta, tillsätta spirituosa; **sharp as a ~** slagfärdig, snabbtänkt; **get the ~** *sl* förarga sig, få rampfeber; **~-bath** duschbad; **~-fish** havsnål (Syngnathus); **~-gun** tändnålsgevär; **~-holder** stifthållare, stifttång el. -holk (på grammofon); **~-run (-lace)** stramalj (sydd spets); **~woman** sömmerska; **~work** sömnad, syarbete, *byggn.* korsverk (i hus)

ne'er [*nɛə*] = *never* aldrig; **~-do-well** [*-du-wel*] **(-weel** *Skottl.* [*-wi:l*]) odåga, oförbätterlig

nefarious [*nifɛ'əriəs*] skändlig, nedrig

negation [*nigei'ʃ(ə)n*] negation; negerande; **negationist** [*nigei'ʃənist*] negativ kritiker

negative [*negətiv*] nekande svar [ord el. uttryck], negativ (*foto.*); nekande, negativ; förkasta, förneka, vederlägga, neutralisera; **answer in the ~** svara nekande (nej); **~ voice** veto; **negativism** [*negətivizm*] negativ inställning; **negativity** [*negəti'viti*] negativitet, nekande beskaffenhet; **negatory** [*negətəri*] negativ

neglect [*nigle'kt*] försummelse, likgiltighet; försumma, uraktlåta; **~ful** försumlig, likgiltig

négligé [*neglizei*] negligé, lätt [morgon]dräkt (för damer)

negligence [*neglidʒəns*] försumlighet, oaktsamhet; **negligent** vårdslös, försumlig, likgiltig; **negligible** [*-dʒibl*] betydelselös

negotiable [*nigou'ʃiəbl*] säljbar, överkomlig; **negotiant** [*nigou'ʃiənt*] underhandlare; **negotiate** [*nigou'ʃieit*] underhandla, utverka genom underhandling, ordna om (sak), sälja, diskontera (växlar), övervinna (svårighet); **negotiating** [*nigou'ʃieitiŋ*] underhandlande, förhandlings- (t. ex. **~** *table*); **negotiation** [*nigouʃiei'ʃ(ə)n*] underhandling, växelhandel, övervin-

nande; **basis of negotiation** underhandlingsbas; **negotiator** [nigou'ʃieitə] underhandlare, förmedlare (av lån)
negrillo [nigri'lou] afrikansk dvärgneger; **negrito** [nigri:'tou] polynesisk dvärgneger
negress [ni:gris] negress
negro [ni:grou] (*pl* ~es) neger; ~ **minstrel** negersångare; ~**-head** tuggtobak, *sl* mörkt bröd; ~**id** [ni:groid] negerliknande; ~**phil** [ni:grofil] negervän
Negus [ni:gəs] titel för Abessiniens kejsare; **n—** vintoddy
neigh [nei] gnäggning; gnägga
neighbour [neibə] granne (i alla bet.), medmänniska; gränsa intill; **be nextdoor** ~**s** bo dörr om dörr; **opposite** ~ granne mitt emot; **duty to one's** ~ plikten mot nästan; ~**hood** närhet, grannskap, [om]nejd, *koll.* grannar, grannsämja; ~**ing** [neibəriŋ] närbelägen, -boende; ~**ly** som goda grannar, vänskaplig; ~**ship** grannskap, grannsämja
neither [naiðə] ingendera (av två), varken (.. **nor** eller), heller, ej heller
nekton [nektən] fritt simmande organismer (i hav och sjöar)
Nemesis [nemisis] Nemesis, den gudomliga vedergällningen
neo [ni:o] ny-, t. ex. ~**-Platonism** nyplatonismen
neolithic [niəli'þik] från yngre stenåldern
neologism [niɔ'lədʒizm], **neology** [niɔ'lədʒi] nybildning, *teol.* ny lära, is. modern rationalism; **neologist** [-st] nybildare; **neologize** [niɔ'lədʒaiz] införa nya ord el. läror; **neologian** [ni:olou'dʒiən] nyskapare, rationalistisk teolog
neon [ni:ən] neon; ~ **sign** neonskylt
neontology [niəntɔ'lədʒi] studiet av nu levande djur
neophyte [ni:əfait] nyomvänd, nydöpt person, nybörjare, novis
neoteric [ni:əte'rik] [hyper]modern
nepenthe [nipe'nþi] smärtstillande medel, glömskedryck, *bot.* kannväxt (Nepenthes distillatoria)
nephew [nevju] bror- el. systerson, *sl* prästs oäkta son
nephology [nifɔ'lədʒi] studiet av molnen
nephritic [nifri'tik] njurstens-; **nephritis** [nifrai'tis] njurinflammation
nepotism [ni:pətizm] nepotism (otillbörligt gynnande av släktingar vid befordran o. d.)
Neptune [neptju:n] Neptun[us]
nereid [niəriid] havsnymf, *zool.* havsmask
Nero [niərou] Nero; **Neronian** [nirou'njən] från Neros tid
nerts [nə:ts] *sl* sladder; ~ **to you!** *sl* sladdrare, sladdrerska! struntprat!
nervate [nə:veit] nervig (om blad), ådrig
nerve [nə:v] nerv, kraft, spänstighet, själsstyrka, *amr.* fräckhet; ge styrka åt, spänna, stålsätta; **a fit of** ~**s** en nervattack; **get on one's** ~**s** irritera ngn; ~**less** kraftlös; slapp; **nervine** [nə:vain] nervstärkande, nervstillande [medel]; **nervous** [nə:vəs] nerv-, nervös, stark, kraftfull; **nervy** [nə:vi] senig, kraftig, *sl* ogenerad, fräck, oblyg, *fam.* nervös, irriterad, ryckig; **on the nervy side** *fam.* nervös
nescience [neʃiəns] okunnighet; **nescient** [neʃiənt] fritänkare; okunnig (**of** om)
ness [nes] näs, udde, landtunga
nest [nest] näste, bo, rede, *fig.* tillflyktsort; bygga bo, slå sig ned; ~ **of drawers** skåp, bokhylla; ~**-egg** boägg, sparpenning (för nödfall); **nestle** [nesl] slå sig ned, 'krypa in', [in]hysa; **nestling** [nesling] nykläckt (ej flygfärdig) fågelunge
Nestor [nestɔ:] nestor, klok gammal man
net 1) [net] nät, fiskegarn; omgiva (täcka) med nät, fånga i nät, knyta [nät]; ~**ball** ett slags bollspel; ~**work** nätverk, labyrint
net 2) [net] netto; förtjäna el. inbringa i ren behållning; ~ **cash** netto kontant, utan kassarabatt; ~ **profit** nettovinst; **strictly** ~ *hand.* rent netto
Netherlander [neðələndə] nederländare; **the Netherlands** Nederländerna
nethermost [neðəmoust] nederst, underst
netting [netiŋ] nätbindning, nätverk
nettle [netl] nässla; bränna med nässlor, förarga; ~**-rash** nässelfeber
neural [njuərəl] nerv-; **neuralgia** [njuəræ'ldʒə] nervvärk; **neurasthenia** [njuəræsþi:'njə] neurasteni, nervsvaghet; **neurasthenic** [njuəræsþe'nik] neurasteniker; **neurology** [njuərɔ'lədʒi] läran om nerverna; **neurosis** [njuərou'sis] neuros, nervsjukdom; **neurotic** [njuərɔ'tik] neurotiker, nervsjuk person, nervmedel; nervstärkande
neuter [nju:tə] neutrum, opartisk person, kastrat; neutral, intransitiv; **stand** ~ förhålla sig neutral
neutral [nju:trəl] *auto.* nolläge (växel); neutral [stat el. person], opartisk, partifri, obestämd; **be in** ~ *auto.* ställd på friväxel; ~**ity** [njutræ'liti] neutralitet; ~**ization** [nju:trəlaizei'ʃ(ə)n] neutraliserande; ~**ize** [nju:trəlaiz] neutralisera, motverka
névé [nevei] snöglaciär, jökel
never [nevə] aldrig, alls icke; **I** ~! jag har då aldrig sett (hört) [på] maken! ~ **is a long day** man skall aldrig säga aldrig; ~ **say die** ge aldrig spelet förlorat; ~**-endians** [nevəre'ndiənz] oförsonliga (under 1:a världskriget); ~**theless** icke dess mindre
new [nju:] ny, färsk (se *äv. news*); ~ **chum** nyinvandrad i Australien; **N— England** sex av de östra staterna i USA; ~ **hat** *sl* 1 guinea (21 s.); **the** ~ **learning** renässansens lära; ~**-born** nyfödd; ~**-come** nyanländ; ~**-fashioned** nymodig; ~**-mown** nyslagen, nymejad; **N— Year's Day** nyårsdagen; **N— Year's Eve** nyårsafton; **newish** tämligen ny; **newly** nyligen, ny-
newel [nju:il] *ark.* spindel (i vindeltrappa)
newfangled [nju:fæ'ŋgld] (i klandrande mening) nyhetslysten, nymodig, ultramodern
Newfoundland [njufau'ndlənd] Newfoundland; ~**er** invånare på N., newfoundlandshund
Newgate [nju:git] fängelse i London; ~ **Calendar** förteckning över fångarna i Newgate; ~ **frill** el. **fringe** pipskägg, polisonger etc.
Newmarket [nju:ma:kit] Newmarket (berömd kapplöpningsbana), åtsittande rock med avrundade skört, s. k. *cut-away*; ett kortspel
news [nju:z] underrättelse[r], nyhet[er]; ~ **agency** telegrambyrå (för tidningar); ~**-agent** innehavare av tidningskontor; ~**-boy** tidningspojke; ~ **bulletin** radionyheter; ~**cast** *radio.* nyhetsutsändning; ~**dealer** *amr.* tidningshandlande; ~**hawk** *sl* journalist, *amr.* tidningsbud; ~**-hound** *amr.* sensationsjägare (journalist); ~**monger** nyhetskrämare, en som springer med skvaller; ~**paper** tidning, *amr. sl* en månads fängelse; ~**print** tidningspapper; ~**rag** *amr. sl* tidning; ~**reel** filmreportage, veckorevy (på film); ~**-room** tidnings[läs]rum; *amr.* reportageavdelningen (av tidningsredaktion); ~**-stand** tidningskiosk; ~**-vendor** tidningskolportör; **newsy** *amr.* tidningspojke; full av nyheter
newt [nju:t] vattenödla
Newton [nju:tn] Newton; **Newtonian** [njutou'njən] anhängare av Newton; newtonsk
next [nekst] näst, nästkommande, följande; **on Friday** ~ nästa fredag; **to be continued in our** ~ fortsättning följer i nästa nummer; **whatever** ~! det var det fräckaste jag hört; ~ **door** [i huset] näst intill, i nästa hus; ~ **door to blasphemy** nästan en hädelse; **the** ~ **one** *amr.* vem som helst; **get** ~ **to** *amr. fam.* komma på det klara med
nexus [neksəs] band, förbindelse, nexus (*äv. gram.*)
nib 1) [nib] spets, udd, [stål]penna, *pl* krossade

kakaobönor, *sl* struntprat; förse med spets, vässa, *sl* nappa, arrestera
nib 2) [*nib*] *sl* en flott karl, snobb, sprätt; **his ~s** *skämts.* Hans Höghet (e. d. gjord titel)
nibble [*nibl*] bett, napp; nafsa (**at** efter), nappa, knapra (**at** på)
niblick [*niblik*] golfklubba
nice [*nais*] noggrann, kritisk, läcker, taktfull, trevlig, vacker, söt, fin; **everything is ~ in your garden** eget beröm luktar illa; **here is a ~ mess** det är en snygg röra; **~-looking** förtjusande; **N— Nelly** *amr. sl* om effeminerade män
nicety [*naisiti*] noggrannhet, kinkighet, grannlagenhet, finess; **to a ~** precis på pricken
niche [*nitʃ*] nisch; ställa i en vrå
nick [*nik*] skåra, hak, *spel.* träff, högt kast, *sl* fängelse; göra skåra i, hacka (**off** av), träffa, fånga (brottsling), *sl* snatta; **in the ~ of time** i rätta ögonblicket, i grevens tid
Nick [*nik*] *fam.* förk. f. *Nicholas*, näcken; **Old ~, Nickey** [*niki*] *sl* hin håle
nickel [*nikl*] nickel, nickelmynt, *amr. sl* femcentslant; förnickla; **~ note** *amr. sl* femdollarsedel; **~ nurser** *amr. sl* girigbuk, gnidare; **~-plated** förnicklad
nick-nack [*niknæk*] småsak, *pl* nipper
nickname [*nikneim*] [kalla med] öknamn
nicotian [*nikou'ʃən*] tobaks-; **nicotine** [*nikəti:'n*] nikotin; **nicotinism** [*nikətinizm*] nikotinförgiftning
nic[ti]tate [*nik(ti)teit*] *vetensk.* blinka
niddle-noddle [*ni'dlnɔ'dl*] nickande; nicka
nid[d]ering [*nidəriŋ*] nedrig, nidings-
nidify [*nidifai*] bygga bo, häcka
nid-nod [*nidnɔd*] smånicka
nidus [*naidəs*] *lat.* infektionshärd, utkläckningsplats
niece [*ni:s*] niece, brors- el. systerdotter
niello [*nie'lou*] niello (ett slags legering för framställning av emalj)
niff [*nif*] *sl* lukta obehagligt; **niffed** *sl* irriterad; **niffnaffy** [*nifnæ'fi*] *sl* kräsen
nifty [*nifti*] *amr.* djärv el. kvick anmärkning (infall); stilig, elegant; **~ guy** *sl* stilig (flott) karl
niggard [*nigəd*] girig[buk]; **~ly** snål, knapp
nigger [*nigə*] (föraktl.) neger, 'färgad' man; **a ~ in the fence** el. **woodpile** *amr.* olöst mysterium, hemlighet, hemligt motiv; **~-driver** slavpådrivare; **~-driving** *sl* hårt arbete; **~ heaven** *amr. sl* galleriet (på teatern); **N— Heaven** Harlem (negerkvarteret i New York); **~ luck** *sl* tur, bondtur; **~-minstrel** negersångare, sångare utklädd till neger (*negro-minstrel*)
niggle [*nigl*] skriva petigt, vara petig; **niggling** petighet, petig (person); småaktig
nigh [*nai*] (is. *amr.*) nära, nästan
night [*nait*] natt, kväll, *pl amr.* om kvällen el. natten; **in the ~** om natten; **at ~** om kvällen; **last ~** i går kväll; **make a ~ of it, have a ~ out** göra sig en glad kväll; **extension ~** förlängd tid (för nattstängning av restauranger); **~-bird** nattfågel; **~-cap** nattmössa, sängfösare, *sl* hustru; **~-dress** nattdräkt; **~fall** kvällning, nattens inbrott; **~-glass** nattkikare; **~-gown** nattdräkt; **~-hag** nattmara; **~jar** nattskärra (fågel); **~mare** mara *äv. fig.*; **~-school** aftonskola; **~shade** *bot.* växter tillhörande släktet Solanum, *äv.* Belladonna; **~-shirt** nattskjorta; **~-soil** latrin (gödsel); **~ stick** *amr.* polisbatong; **~-suit** pyjamas; **nightly** [*naitli*] nattlig; varje natt; **nighty, nightie** [*naiti*] *fam.* nattdräkt
nightingale [*naitiŋgeil*] näktergal
nigrescent [*nigre'sənt*] svartaktig; **nigritude** [*nigritju:d*] svärta; ngt svart
nihilism [*naiilizm*] nihilism; **nihilist** [*-ist*] nihilist; **nihility** [*naihi'liti*] intighet

nil [*nil*] intet, noll
Nilotic [*nailɔ'tik*] Nil-
nim [*nim*] *sl* 'hugga' (stjäla); **nimmer** *sl* tjuv; **nimming** *sl* tjuveri, tjuvnad
nimble [*nimbl*] vig, flink, pigg, snabbtänkt
nimbus [*nimbəs*] (*pl nimbi* [*nimbai*]) nimbus, [helgon]gloria, regnmoln
nimiety [*nimai'iti*] överdrift
niminy-piminy [*nimini-pimini*] tillgjord, pryd
Nimrod [*nimrɔd*] Nimrod, stor jägare
nimshi [*nimʃi*] *amr. sl* narr
nincompoop [*niŋkəmpu:p*] stackare, 'nattmössa', narr
nine [*nain*] nia, *amr.* (baseball) lag; nio; **up to the ~s** utsökt, fulländad; **~-days' wonder** en snart glömd sensationell händelse; **nineteen** [*nai'nti:'n*] nitton; **ninety** [*nainti*] nittio; **~fold** [*-fould*] niofaldig
ninny [*nini*] narr, våp, dummerjöns
ninon [*ni:nɔŋ*] ninon (tunt siden)
ninth [*nainþ*] niondel; nionde
Niobe [*naiobi*] Niobe, förtvivlad kvinna
nip [*nip*] nyp[ning], klämning, frostskada, sarkasm, klunk; [av]nypa, klämma, skada, smutta på (dryck), *sl* nappa åt sig, kila, *amr. sl* öppna (med en tång); **~ in the bud** kväva i sin linda; **~-and-tuck** *amr.* [blixt]snabbt, lika snabbt (vid kapplöpning); **nipper** *sl* hjälpgosse, gatpojke, [kräft]klo, klunk, *pl* kniptång, pincené, *pl amr. sl* handklovar, lus
nipple [*nipl*] bröstvårta, spene, napp (på diflaska); **~wort** *bot.* harkål (Lapsana)
nippy [*nipi*] *sl* servitris på Lyons' restauranger (i London); bitande kall (om väder), *sl* rask, spänstig
Nira [*naiərə*] *amr.* förk. f. *National* (*Industrial*) *Recovery Administration* (*N. R. A.*); **Nirb** [*nə:b*] *amr.* förk. f. *National Industrial Recovery Board*
nirvana [*nə:va:'nə*] Nirvana, salighetstillstånd
nisi [*naisai*] (*lat.*) om icke; **~ prius** [*praiəs*] *jur.* uppskjutande av ett civilmål till assisdomarens (häradsdomarens) ankomst
nit [*nit*] gnet (ägg av lus), *amr. sl* snuskpelle; *amr. fam.* nej
nite [*nait*] *amr.* f. *night*; **~ spot, nitery** [*naitəri*] *amr. sl* nattklubb
nitrate [*naitreit*] *kem.* nitrat, salpetersyrat salt; **nitre** [*naitə*] *kem.* salpeter; **nitric** [*naitrik*] salpeter-; **nitric acid** salpetersyra; **nitro-glycerine** [*nai'trouglisəri:'n*] nitroglycerin; **nitrogen** [*naitrədʒin*] kväve; **nitrogenous** [*naitrɔ'dʒinəs*] kvävehaltig; **nitrous** [*naitrəs*] salpeterhaltig; **nitrous oxide** kväveoxidul
nitsky [*nitski*] *amr. sl* icke
nit-wit [*nitwit*] *amr.* dumbom, narr
nix [*niks*] sjörå, vattenande; *sl* intet, nej (*äv.* **nixy**); **nixie** [*niksi*] *amr.* icke befordrad postförsändelse
no [*nou*] nej, nejröst; ingen, inte[t], icke; **the noes have it** nejrösterna äro i majoritet; **in ~ time** omgående, genast; **things are ~ better** det går alls inte bra; **~ better than she should be** av tvivelaktigt rykte; **~ bon** [*bɔn*] *mil. sl* ej bra; gagnar, duger ej; **~ compree** [*kɔmpri:'*] *fr. mil. sl* jag förstår ej! kan inte förstå; **~ end of** massor av; **~ fear** du behöver ej oroa dig; **~ good** till ingen nytta; **~ go** omöjlig; **~ man** *amr. sl* tölp, klumper; **~ man's land** omtvistad el. herrelös mark; under världskriget 1914—1918 området mellan de egna och fiendens skyttegravar; **~ thoroughfare** förbjuden genomfart
no. (**No.**) = *number*
Noah [*nouə*] Noak; **~'s ark** Noaks ark (*äv.* barnleksak), stor koffert
nob [*nɔb*] *sl* [huvud]knopp, 'överklassare', kaxe; **give him one for his ~** *sl* giv honom ett ordentligt slag i skallen

nobble [*nɔbl*] *sl* fördärva (kapplöpningshäst), lura (sig till ngt), stjäla, gripa
nobby [*nɔbi*] *sl* flott, stilig, vräkig
no-bid [*nou bid*] pass (i kortspel)
nobiliary [*noubi'liəri*] adels-
noble [*noubl*] adelsman; [hög]adlig, ädel, förfinad, beundransvärd; ~**man** adelsman; ~**-minded** högsint; **nobility** [*noubi'liti*] adelsstånd, ädelhet, själsadel
noblesse [*noble's*] utländsk adel, *äv.* = *nobility*
nobody [*noubədi*] ingen; ~ **home** *amr. sl* intetsägande, dum, ouppmärksam
nock [*nɔk*] siktskåra, skåra, ränna på båge
noctambulant [*nɔktæ'mbjulənt*] som går i sömnen
nocturnal [*nɔktə:'nl*] nattlig, natt-; **nocturne** [*nɔktə:'n*] (is. *mus.*) nocturn
nod [*nɔd*] nick, nickning; nicka; ~**ding acquaintance** en tillfällig (ytlig) bekantskap med en person (sak); **Homer sometimes** ~**s** *ordspr.* stundom slumrar även Homeros; **the land of N—** *skämts.* 'Jon Blunds rike'; **on the** ~ *sl* 'på krita', på kredit, med fribiljett
nodal [*noud(ə)l*] t. ex. ~ **point** *akust.* svängningsknut (på en sträng); **node** [*noud*] knöl, knut-[punkt], ledknut, giktknöl; **nodical** [*noudik(ə)l*] skärande (om himlakroppars banor); **nodose** [*nɔdou's*] knutig, knölig, ledad, *fig.* invecklad; **nodosity** [*nodɔ'siti*] knutighet, kvistig (invecklad) beskaffenhet
noddle [*nɔdl*] skalle, skult; nicka [med]
noddy (*amr. äv. noddie*) [*nɔdi*] dummerjöns, stolle, *zool.* havssula (fågel)
nodular [*nodjulə*] hörande till (i form av) en knut el. knöl; **nodule** [*nɔdju:l*] liten knut el. knöl, klimp
nodus [*noudəs*] knut, svårighet
nog [*nɔg*] träpropp, träbult, mörkt öl
noggin [*nɔgin*] ölkrus, liten [trä]mugg, 'kåsa', *amr. sl* huvud, förstånd
nogging [*nɔgiŋ*] murverk mellan träresning, fackverk
noggy [*nɔgi*] *sl* full (berusad)
no-how [*nouhau*] ingalunda, på intet vis
noise [*nɔiz*] stoj, larm; **hold your** ~ *sl* håll käften; **big** ~ *sl* viktig person, 'viktigpetter'; **it was noised** det utbasunerades (förkunnades) vitt och brett; **noiseless** ljudlös, stilla
noisette [*nwa:ze't*] rosenart, små bitar kokt kött
noisiola [*nɔiziou'lə*] *amr. sl* grammofon
noisome [*nɔisəm*] ohälsosam, stinkande, vämjelig
noisy [*nɔizi*] bullersam, larmande, högröstad, skrikande (om färg); **noisies** *amr. sl* talfilm
noli me tangere [*noulaimi:tæ'ndʒəri*] *med.* hudkräfta (lupus), *fig.* en reserverad person
nomad [*nɔməd*] nomad; kringflyttande; **nomadic** [*nomæ'dik*] nomadisk; **nomadism** [*nɔmədizm*] nomadliv
nomenclature [*noumənkleitʃə*] nomenklatur, namnförteckning; **nomenclator** [*noumənkleitə*] namngivare
nominal [*nɔminəl*] namn-, nominell, blott till namnet, obetydlig; **a** ~ **sum** en obetydlig summa; ~ **list** namnlista
nominate [*nɔmineit*] föreslå, utnämna; ~ **your poison** *sl* vad vill ni ha att dricka? **nomination** [*nɔminei'ʃ(ə)n*] utnämning[srätt]; **nominative** [*nɔminətiv*] *gram.* nominativ; benämnande; **nominator** [*nɔmineitə*] en som föreslår (vid val) el. utnämner till ämbete; **nominee** [*nɔmini:'*] en som är föreslagen (till tjänst el. penningförmån), en som är utnämnd
non(-) [*nɔn*] icke, *såsom prefix vanl. o-*; ~**-abstainer** icke nykterist; ~**-collegiate** student som inte bor i 'college'; universitet utan 'colleges'; ~**-commissioned officer** underofficer; ~**-committal** obunden, reserverad, intetsägande; ~**-conducting** *fys.* oledande (för elektricitet); ~**-content** nejröst i överhuset; ~**-delivery** [*nɔ'ndili'vəri*] utebliven leverans, obeställbarhet; ~**-effective** 'kronvrak'; ~**-flammable** icke brännbar; ~**-intervention** icke inblandning (särsk. i politik); ~**-skid** icke slirande vid halt före (om bilringar); ~**-smoking** rökning förbjuden; ~**-stop** genomgående el. direkt; ~**-stop flight** flygning utan mellanlandning; ~**-union** icke medlem av fackförening
nonage [*nɔnidʒ*] minderårighet, omyndighet
nonagenarian [*nɔnədʒinɛ'əriən*] nittioåring
nonce [*nɔns*]; **for the** ~ för tillfället, för närvarande; ~**-word** ett ord som är belagt endast en gång i litteraturen
nonchalance [*nɔnʃələns*] sorglöshet, likgiltighet; **nonchalant** [*-nt*] sorglös, likgiltig
non-com [*nɔn-kɔm*] *sl* förk. f. *non-commissioned officer* underofficer
non-con [*nɔn-kɔn*] *sl* förk. f. **nonconformist** [*nɔ'nkənfɔ:'mist*] separatist, frikyrklig; **nonconformity** brist på överensstämmelse, separatism, *äv. koll.* de frikyrkliga
nondescript [*nɔndiskript*] obestämbar (person)
none [*nʌn*] ingen, intet, icke; **he is** ~ **of my friends** han är inte min vän; ~ **of that** ingalunda; ~ **the less** icke desto mindre; **the pay is** ~ **too high** betalningen är inte vidare hög
nonentity [*nɔne'ntiti*] icke-tillvaro, intighet, nolla, obetydlig person el. sak, obetydlighet
nonny [*nɔni*] *sl* dumbom, stolle
nonpareil [*nɔnpərel*] oförliknelig person, ett slags äpple, *boktr.* en fin stilsort (halvcicero); ngt makalöst; mönster-, makalös
nonplus [*nɔ'nplʌs*] förlägenhet, rådlöshet; *fig.* råka i dödvatten; göra förlägen (rådvill), stå svarslös; **be at a** ~ vara rådlös
nonsense [*nɔnsəns*] nonsens, tomt prat, dumheter; **nonsensical** [*nɔnse'nsikl*] meningslös, dum, 'fånig'
nonsuch, nonesuch [*nɔnsʌtʃ*] makalös person el. sak, ett mönster i sitt slag
nonsuit [*nɔnsju:t*] *jur.* måls avskrivande el. avvisande på grund av brist på bevis; avvisa (käranden)
noodle [*nu:dl*] *sl* dumhuvud, våp, stolle, *pl* vermiceller, makaroni
nook [*nuk*] vrå, hörn, vinkel
noon [*nu:n*] kl. 12 på dagen, höjdpunkt; ~**day**, ~**tide** middagstid
noose [*nu:s*] [ränn]snara, löpknut, *fig.* band; fånga med snara, *sl* gifta sig med
nope [*noup*] *amr. sl* nej
nor [*nɔ:*] och icke, ej heller; **neither . . .** ~ varken . . . eller
Nordic [*nɔ:dik*] nordisk, skandinavisk
Norfolk [*nɔ:fək*] [person från] Norfolk; *sl* vägglus; ~ **jacket** lös jacka med bälte
norm [*nɔ:m*] norm, regel
normal [*nɔ:məl*] normal; lodrät, normal, rätvinklig, typisk; ~ **school** lärarseminarium; ~**ization** [*nɔ:məlaizei'ʃ(ə)n*] normalisering; ~**ize** [*nɔ:məlaiz*] normalisera
Norman [*nɔ:mən*] normand; normandisk, från Normandie
Norn [*nɔ:n*] norna (ödesgudinna); norn (det nordiska språket på Shetlands- och Orkneyöarna)
norp [*nɔ:p*] *sl* överdriva, gå utanför rollen för att roa galleripubliken
Norse [*nɔ:s*] norska språket; norsk; **Old** ~ fornnorska; ~**land** Norge; ~**man** norrman
north [*nɔ:þ*] norr, nord, nordan[vind]; nordlig, mot norr; **due** ~ rätt i norr, rätt nordlig, *sl* 'torr' (om sprit); **too far** ~ *sl* full; [**to the**] ~ **of** norr om; ~**-wester** [*nɔ:þwe'stə*] nordvästvind; **Northman** nordbo, -man; **the North Sea** Nordsjön; **northerly** [*nɔ:ðəli*] nordlig, i norr, från norr; **northern** [*nɔ:ðən*] från norr; **northern lights** norrsken; **northerner** nordbo, *amr.* nordstatsman; **northernmost** nordligast; **northing**

[*nɔ:þiŋ*] nordlig riktning (distans); **the Northstar** Polstjärnan; **Northumbrian** [*nɔ:þʌ'mbriən*] Northumbrien; northumbrisk; **northward**[**s**] [*nɔ:þwəd*(*z*)] nordlig, riktad mot norr; norrut, mot norr

Norway [*nɔ:wei*] Norge; **Norwegian** [*nɔ:wi:'dʒən*] norrman, norska [språket]; norsk

nor'-wester [*nɔ:əwe'stə*] nordväststorm, sup, grogg, sydväst (sjömanshatt)

nose [*nouz*] näsa, väderkorn; vädra, spåra upp, nosa [på]; **have one's ~ put out of joint** *sl* bli undanpetad, bli slagen ur brädet; **turn up one's ~ at** rynka på näsan åt; **snap his ~ off** snäs [av] (bit av, avbryt) honom; **lead by the ~** *fig.* föra i ledband; **pay through the ~** bli 'uppskörtad'; **rub ~s with** vara bästa vän med; **~-bag** fodertornister (för hästar), *amr. sl* foder (måltid); *amr. sl* äta, spisa; **put on the ~-bag** kasta maten i sig; **~-cap** granatspets (med tändrör); *amr. sl* gasmask; **~-dive** *flyg.* störtdykning; **nose-heavy** *flyg.* framtung; *fig.* slå ned på, dyka [ned] (om flygmaskin), *fig.* falla; **~gay** bukett; **~ paint** *amr. sl* spirituosa; **~-rag** *sl* näsduk; **~-warmer** *sl* näsvärmare (kort pipa); **noser** stark motvind; **nosey** *sl* nyfiken; **Nosey Parker** *sl* nyfiken person; en som lägger sin näsa i andras angelägenheter; snoka omkring; **nosing** [metallskydd för] utskjutande kant (på trappsteg)

nosology [*nosɔ'lədʒi*] *med.* sjukdomslära

nostalgia [*nɔstæ'ldʒiə*] hemsjuka, hemlängtan; **nostalgic** [*nɔstæ'ldʒik*] hemsjuk

nostril [*nɔstril*] näsborr

nostrum [*nɔstrəm*] patentmedicin

nosy [*nouzi*] starkt el. unket luktande, *sl* med stor näsa, nyfiken; se *nosey* ovan

not [*nɔt*] icke, inte, ej; **~ at all** inte alls, ingalunda; ingen orsak! **~ but, ~ but that, ~ but what** inte annat än; utom det att . . ., dock må det erkännas att . . .; **~ half** *sl* mycket, 'mäkta', 'mördande'; **~ in these** [**trousers**] icke på (några) villkor; **~ once nor twice** ofta; **~ sufficient** utan täckning (om check); **~ that** icke som om

nota bene [*noutə bi:ni*] *lat.* märk väl

notability [*noutəbi'liti*] notabilitet, bemärkt person; **notable** [*noutəbl*] märklig, bemärkt, framstående; **notably** märkligt, i synnerhet

notarial [*noutɛ'əriəl*] tillhörande (utförd av) en notarie; **notary** [*noutəri*] notarie; **notary public** notarius publicus

notation [*noutei'ʃ*(*ə*)*n*] beteckningssystem, -sätt

notch [*nɔtʃ*] hack, skåra, poäng, *amr.* trångt bergpass; göra skåror i, räkna poäng

note [*nout*] märke, tecken, anteckning, kort brev, ton, not[tecken], [bank]sedel, revers, *amr.* växel; rykte; lägga märke till, beakta, anteckna, framhålla; **take ~ of** lägga märke till, bry sig om; **make a ~ of** anteckna sig till minnes; **take ~s** göra anteckningar; **~ of hand** skuldsedel, egen växel; **of ~** bemärkt, anmärkningsvärd; **~-book** anteckningsbok; **~-case** skiss-, ritbok; **~less** obemärkt; **~-paper** brevpapper; **~-shaver** *sl* ockrare; **~worthy** [*noutwə:ði*] märklig; **noted** bekant

nothing [*nʌþiŋ*] noll[a], en bagatell; intet, ingenting; (is. *amr. fam.*) alls icke; **there is ~ for it but to** det är inget annat att göra än att; **there is ~ in it** det är inte sant, det har ingen betydelse, *sl* chanserna äro lika; **make ~ of** bagatellisera, tycka det vara ingenting att; **I can make ~ of it** jag förstår mig inte på det (blir ej klok på det); **look like ~ on earth** se eländig ut; **be ~** icke tillhöra ngn religiös sekt; **come to ~** gå i stöpet; **~ but** intet annat än; **~ doing** *sl* den gubben (det) gick (går) inte; där är inte något att göra; **~ loth** gärna; **~ venture, ~ have** den intet vågar, vinner intet; **~arian** [*nʌþiŋɡɛ'əriən*] ateist; **~ness** intighet, inte'-betydelseslöshet

notice [*noutis*] notis, meddelande, kungörelse, anslag, varskoende, uppsägning, uppmärksamhet, beaktande, tidningsartikel; märka, omnämna, säga upp; **get ~ to quit** bli uppsagd; **give ~** underrätta, säga upp [sig]; **at short ~** med kort frist; **come into ~** tilldraga sig uppmärksamhet; **till further ~** tills vidare; **~-board** anslagstavla

notifiable [*noutifaiəbl*] varom anmälan bör göras (hos vederb.); **notification** [*noutifikei'ʃən*] kungörelse, tillkännagivande; **notify** [*noutifai*] kungöra, underrätta (**of** om)

notion [*nouʃən*] begrepp, aning, idé, åsikt, mening, *amr.* anstalt, vara, *pl* småartiklar; **he has a good ~ of economy** han förstår sig på ekonomi; **notional** spekulativ, imaginär, *amr.* nyckfull

notoriety [*noutərai'iti*] allbekanthet, *ibl.* ökändhet; **notorius** [*noutɔ:'riəs*] allmänt känd, ökänd, beryktad

no-trumps [*noutrʌmps*] (i bridge) sans atout; **no-trumps call** sans-bud (i bridge)

notwithstanding [*nɔtwiðstæ'ndiŋ*] trots, [det] oaktat

nougat [*nu:ga:*] nougat, mandelknäck

nought [*nɔ:t*] noll[a], intet, inte alls; **~s and crosses** kors och noll (barnlek)

noun [*naun*] *gram.* substantiv

nourish [*nʌriʃ*] ge näring åt, uppföda, nära, hysa (hopp etc.); **nourishment** näring[smedel]

nous [*naus*] *sl* [sunt] förstånd, intelligens

novel [*nɔvl*] roman; **short ~** novell; ny, hittills okänd; **~ese** [*nɔvəli:'z*] romanförfattares språk el. stil; **~ette** [*nɔvəle't*] liten roman, novell; *mus.* romans; **~ist** [*nɔvəlist*] romanförfattare; **~ize** [*nɔvəlaiz*] framställa i romanform; **~ty** nyhet

November [*nove'mbə*] november

Novial [*nouviəl*] novial (ett internationellt hjälpspråk)

novice [*nɔvis*] novis, nybörjare; **noviciate** [*novi'ʃieit*] noviciat, provtid, lärotid

now [*nau*] nu; **~ and again** titt o. ofta, allt som oftast; **~ . . ., ~** än . . ., än; **~ and then** då och då; **~ then** se så! nå välan då! skynda på! **by ~** vid det här laget; **just ~** nyss, strax; **~adays** [*nauədeiz*] nu för tiden, i våra dagar

noway[**s**] [*nou'wei*(*z*)] ingalunda

nowhere [*nouwɛə*] ingenstädes

noxious [*nɔkʃəs*] skadlig, ohälsosam

noyau [*nwaiou*] mandellikör

nozzle [*nɔzl*] tut, pip, munstycke, nos, tryne, *auto.* dys; *sl* tut (näsa)

nuance [*njuæ'ŋs*] nyans[ering]

nub 1) [*nʌb*] *sl* hals, äkta man; hänga (ngn)

nub 2), **nubble** [*nʌb*, *nʌbl*] liten bit kol, klump

nub 3) [*nʌb*] *amr. fig.* knut, kärnpunkt

nubbing [*nʌbiŋ*] *sl* hängning; **~ cove** *sl* bödel

nubile [*nju:bil*] giftasvuxen (särsk. om kvinnor)

nucleus [*nju:kliəs*] kärna *äv. fig.*, centrum, grundstomme

nude [*nju:d*] naken, bar; **from the ~** efter nakenmodell; **nudist** [*nju:dist*] anhängare av nakenkultur; **nudity** [*nju:diti*] nakenhet, *konst.* nakenfigur el. bild, akt

nudge [*nʌdʒ*] lätt knuff; knuffa till, *fig.* stöta på

nuff [*nʌf*] *sl* nog (*enough*); **to have had one's ~** ha fått sig en tår för mycket, vara drucken

nug [*nʌg*] *sl* kela med, smeka

nugatory [*nju:gətəri*] värdelös, tom, intetsägande, gagnlös

nugget [*nʌgit*] klump, klimp (av guld), *pl sl* pengar

nuisance [*nju:səns*] ofog, olägenhet, besvär, obehag, 'landsplåga'; **what a ~!** så förargligt! **commit no ~** använd toiletten!

null [*nʌl*] ogiltig, kraftlös; **~ and void** (is. *jur.*) utan kraft och verkan, värde-, betydelselös

nullah [*nʌlə*] (indiska) å, flod, strömfåra, ravin

nullification [*nʌlifikei'ʃən*], **nullity** [*nʌliti*] upp-

hävande, ogiltighet; **nullify** [*nʌlifai*] upphäva, förklara ogiltig; **nullity suit** *jur.* mål om äktenskaps upplösning
numb [*nʌm*] stel, förfrusen; göra stel, förlama; **~-skull** *sl* dumhuvud
number [*nʌmbə*] nummer, siffra, tal, antal; räkna, numrera, omfatta, uppgå till; **~ engaged!** (i telefon) upptaget; **get his ~** lista ut ngt av honom; **have one's ~ up** *sl* dö; **~ one** en själv, ens egen person; **~ 10, Downing Street** premiärministerns Londonbostad, regeringen; **science of ~s** aritmetik; **~less** [*-lis*] otalig, oräknelig
numerable [*nju:mərəbl*] som kan räknas
numeral [*nju:mərəl*] räkneord, siffra; hörande till tal el. siffror; **numeration** [*nju:mərei'ʃən*] räknande, numrering; **numerator** [*nju:məreitə*] räknare, *mat.* täljare; **numerical** [*njume'rikl*] numerisk, betecknande ett antal; **numerous** [*nju:mərəs*] talrik, manstark, rytmisk
numismatic [*nju:mismæ'tik*] *pl* numismatik (läran om mynt o. medaljer); mynt-; **numismatist** [*nju:mi'zmətist*] myntkännare, myntsamlare
nummary [*nʌməri*] betr. mynt, penning-; **nummulite** [*nʌmjulait*] *geol.* nummulit, penningsten (*fossil rhizopod* etc.)
numskull [*nʌmskʌl*] dumhuvud, träskalle
nun [*nʌn*] nunna, *zool.* ett slags duva; **~'s veiling** nunnedok; **~-bouy** [*bɔi*] *sjö.* tunnboj, spetsboj
nuncio [*nʌnʃiou*] påvligt sändebud, nuntie
nuncupate [*nʌnkjupeit*] göra muntligt testamente (*~ one's will*)
nunnery [*nʌnəri*] nunnekloster
nup [*nʌp*] *sl* dåre, dumhuvud
nuppence [*nʌpəns*] *sl* icke ett rött öre
nuptial [*nʌpʃəl*] *pl* bröllop, vigsel; bröllops-, äktenskaplig; **nuptiate** [*nʌpʃieit*] *sl* gifta sig med
nurse [*nə:s*] amma (*wet-nurse*), barnsköterska (*dry-nurse*), sjuksköterska; amma, sköta, vårda, nära; **~-maid** barnflicka; **ship ~** moderskepp (hangarfartyg); **nursing father** fosterfader; **nursing home** klinik; **nurseling** [*nə:sliŋ*] dibarn, fosterbarn, *fig.* skötebarn; **nursie** [*nə:si*] (i barnspråk) barnsköterska
nursery [*nə:səri*] barnkammare; **~ garden** plant-, trädskola; **~ house** drivhus; **~ rhyme** barnvisa; **~-school** 'Kindergarten'; **~-tale** barnsaga
nurture [*nə:tʃə*] [upp]fostran, näring; [upp]fostra, nära; **nature passes ~** uppfostran rår ej på naturen (naturen tar ut sin rätt)
nut [*nʌt*] nöt, skruvmutter, *pl* nötkol, *sl* [huvud]knopp, snobb, *amr. sl* dumbom; plocka nötter; **~s** *sl* läckerbit, sann njutning; tokig, styv (**on** i); **~s to you** *amr. sl* struntprat! tig! **be off one's ~** vara stollig; **he is the ~s** han är smart, *fam. föraktl.* en gynnare, jycke, *äv.* en snobb, ett högdjur; **~-crackers** nötknäppare, *sl* tänderna; **~-gall** galläpple; **~hatch** *zool.* nötväcka; **~house** *amr. sl* dårhus; **~shell** nötskal; **nutty** nötrik, kärnfull, *sl* snobbig, *amr. sl* underlig, stollig
nutmeg [*nʌtmeg*] muskott [-nöt, -träd], *amr. sl* inbilsk narr
nutria [*nju:triə*] *zool.* nutria, sydamerik. sumpbäver (pälsverk av detta djur)
nutrient [*nju:triənt*] närande; **nutriment** [*nju:trimənt*] näring, föda; **nutrition** [*njutri'ʃ(ə)n*] näring, näringsprocess; **nutritive** [*nju:tritiv*] närande, närings-
nux vomica [*nʌks vɔmikə*] *med.* rävkaka
nuzzle [*nʌzl*] rota, böka upp, smyga sig intill (ngn), sluta sig till (ngn)
nylghau [*nilgɔ:*] indisk korthornad antilopart (Portax tragocamelus)
nymph [*nimf*] nymf, *zool.* puppa

O

O, o [*ou*] (*pl Os, O's* [*ouz*]) O, o; noll, *amr. sl* opium; **a round O** en cirkel, en krets
O, oh [*ou*] o! åh! ack!
o' [*o, ə*] förk. f. *of* el. *on*; **o' nights** om natten; **man-o'-war** krigsskepp
o/a [*ouei'*] förk. f. *on account* i avräkning (avbetalning, förskott) (av på)
oaf [*ouf*] (*pl ~s* el. *oaves* [*ouvz*]) bortbyting, fåne, idiot
oak [*ouk*] ek; **the O—s** berömd kapplöpning vid Epsom i Surrey; **sport one's ~** (universitets-*sl*) stänga sin dörr; ej ta emot (besökande); **~-apple** *bot.* galläpple; **Oak-apple Day** den 29 maj; **~-fern** *bot.* bergsöta; **~en** av ek, ek-; **~ling** ung ek
oakum [*oukəm*] drev (gammalt uppsnott tågvirke); **pick ~** repa drev
oar [*ɔ:*] åra, roddare; **a good ~** en duktig roddare; **pair (four, eight) ~** *sjö.* två (fyra, åtta) par årors båt; **have an ~ in every man's boat** överallt ha ett finger med i spelet; **pull a good ~** vara en duktig roddare; **put in one's ~** (opåkallat) blanda sig i ngt; **~lock** *amr.* årklyka, årtull; **~sman, ~woman** roddare; **~smanship** duktighet att ro
oasis [*o(u)ei'sis*] (*pl oases* [*-i:z*]) oas
oast [*oust*] kölna, torkugn
oat [*out*] *bot.* havre (mest i *pl* is. *koll.*), herdeflöjt, pastoral; **feel one's ~s** *fam.* vara viktig, sätta näsan i vädret; **sow one's wild ~s** rasa ut (i ungdomen), 'stånga hornen av sig', 'så sin vildhavre'; **~-grass** *bot.* vildhavre; **~meal** havremjöl, havregryn; **oatsmobile** [*outsmoubi:l*] *amr. sl* häst
oath [*ouþ*], *pl ~s* [*ouðz*] ed, edgång, svordom; **make, take** el. **swear an ~** avlägga (gå) ed, svärja; **on ~** under edlig förpliktelse, på ed, edsvuren; **~ of allegiance** tro- och huldhetsed
obbligato [*ɔbliga:'tou*] *mus.* obligat ackompanjemang; obligat, nödvändig
obbo [*ɔbou*] *mil. sl* observationsballong
obduracy [*ɔbdjurəsi*] förhärdelse, förstockelse; **obdurate** [*ɔbdjurit, ɔbdju'ərit*] förhärdad, förstockad, hårdhjärtad
obedience [*obi:'djəns*] lydnad; **in ~ to** till åtlydnad av, för att hörsamma; **obedient** [*obi:'djənt*] lydig, hörsam; **your ~ servant** Eder ödmjuke tjänare
obee, obie [*oubi(:)*] *amr. sl* postkontor (på landet)
obeisance [*obei's(ə)ns*] bugning el. nigning, hyllning, vördnad
obelisk [*ɔbilisk*] obelisk
obese [*obi:'s*] däst, fet; **obesity** [*obi:'siti*] dästhet, fetma
obey [*obei'*] [åt]lyda, hörsamma
obfuscate [*ɔbfʌskeit*] förmörka, omtöckna, förvirra; **obfuscation** [*ɔbfʌskei'ʃ(ə)n*] förmörkande, omtöckning, förvirring
obiit [*ɔbiit*] *lat.* dog, avled
obit [*ɔbit*] själamässa, minnesgudstjänst
obit [*oubit*] *amr. sl* förk. f. *obituary notice*
obiter [**dictum**] [*ɔbitə diktəm*] *lat.* i förbigående [sagt]
obituarist [*obi'tjuərist*] nekrologförfattare

obituary [*obi'tjuəri*] nekrolog, dödsruna; (~ *notice*) notis om dödsfall, förteckning över avlidna; nekrologisk
object [*ɔbdʒikt, -dʒekt*] objekt, ting; föremål, avsikt, syfte[mål], [ända]mål; person el. sak, som ser ryslig el. löjlig ut; [*əbdʒe'kt*] invända, förevita, protestera, ha ngt att invända; **money no** ~ det kommer ej an på vad det kostar, vid pengar (lön) fästes ej avseende; ~ **ball** (i biljard) den boll som man siktar på; ~**-glass** el. ~**-lens** objektiv (i kikare etc.); ~**-lesson** åskådningslektion; ~**-plate** platta i mikroskop på vilken undersökningsföremålet lägges; ~**ion** [*əbdʒe'kʃ(ə)n*] invändning, inkast; ~**ionable** [*əbdʒe'kʃənəbl*] tvistig, tvivelaktig, misshaglig, osympatisk, anstötlig; ~**ive** [*ɔbdʒe'ktiv*] *mil. o. fig.* mål, *gram.* objektskasus, avhängighetsform, *opt.* objektiv (i kikare o. d.); objektiv, saklig, verklig; ~**-case** *gram.* avhängighets-, objektsform; ~ **point** *mil. o. fig.* mål; ~**ivity** [*ɔbdʒekti'viti*] objektivitet; ~**or** [*əbdʒe'ktə*] en som gör invändningar, opponent; **conscientious** ~**or** samvetsöm [krigstjänstvägrare]
objurgate [*ɔbdʒə:geit*] banna, läxa upp; **objurgation** [*ɔbdʒə:gei'ʃ(ə)n*] tillrättavisning, bannor, klander
oblate [*ɔbleit*] *mat.* avplattad vid polerna
oblation [*oblei'ʃ(ə)n*] *relig.* offer, gåva
obligant [*ɔbligənt*] en som förpliktar sig; **obligate** [*ɔbligeit*] *jur.* förplikta; **obligation** [*ɔbligei'ʃ(ə)n*] förbindelse, förpliktelse, skyldighet, tacksamhetsskuld; **obligatory** [*ɔbligətəri*] obligatorisk, bindande, tvungen
oblige [*əblai'dʒ*] förbinda, -plikta, göra [sig] förbunden, göra en tjänst, stå till tjänst, tvinga; ~ **(the company) with a song** vill ni vara så älskvärd och sjunga en sång (för sällskapet); **would you** ~ **me by shutting the window?** vill ni göra mig den tjänsten att stänga fönstret? **much** ~**d** tack så mycket; **I am** ~**d to you for the idea** jag är er mycket tacksam för idén; **I am much** ~**d to you** jag är er mycket förbunden; **be** ~**d to** vara tvungen att, böra; **obligee** [*ɔblidʒi:'*] *jur.* fordringsägare; **obliging** [*əblai'dʒiŋ*[förekommande, tjänstvillig, tillmötesgående (**to** mot); **obligor** [*ɔbligɔ:'*] *jur.* gäldenär
oblique [*obli:'k*] sned, skev, *fig.* förtäckt, indirekt, förblommerad; gå el. röra sig på smyg-, krokvägar; *mil.* flank-, flankerande; ~ **case** *gram.* oblik kasus; ~ **narration (el. oration el. speech)** *gram.* indirekt tal (anföring); **obliquity** [*obli'kwiti*] skevhet, ohederlighet
obliterate [*ɔbli'təreit*] stryka ut, utplåna; **obliteration** [*oblitərei'ʃ(ə)n*] utplånande
oblivion [*obli'viən*] förgätenhet, glömska; **act (bill) of** ~ amnesti; **buried in** ~ skrivet i glömskans bok; **fall** el. **sink into** ~ falla (råka) i glömska; **oblivious** [*obli'viəs*] glömsk; **be oblivious of** ha glömt
oblong [*ɔblɔŋ*] rektangel; avlång, rektangulär
obloquy [*ɔblokwi*] smädelse, förtal, vanrykte
obnoxious [*əbnɔ'kʃəs*] inte tilltalande, anstötlig, förhatlig, stötande, avskyvärd, vidrig
oboe [*oubɔi, oubou*] *mus.* oboe; **oboist** [*oubo(u)ist*] oboist
obscene [*ɔbsi:'n*] vidrig, oanständig, slipprig; **obscenity** [*ɔbsi:'initi*] vidrighet, oanständighet, slipprighet
obscurant [*ɔbskju'ərənt*] fiende till upplysning, obskurant; ~**ism** [*ɔbskju'ərəntizm*] obskurantism, hat mot upplysning; **obscuration** [*ɔbskjurei'ʃ(ə)n*] (is. *astr.*) förmörkande, -else
obscure [*əbskju'ə*] mörk, oklar, otydlig, svårfattlig, obemärkt, ringa, okänd, undangömd, dold; förmörka, fördunkla; ~ **rays** ultraröda strålar; **obscurity** [*ɔbskju'əriti*] dunkel, mörker etc.
obsecration [*ɔbsikrei'ʃ(ə)n*] anropande, enträgen bön
obsequial [*ɔbsi:'kwiəl*] begravnings-; **obsequies** [*ɔbsikwiz*] *pl* (ståtlig) likbegängelse, jordafärd
obsequious [*əbsi:'kwiəs*] inställsam, krypande, underdånig
observable [*əbzə:'vəbl*] märkbar, märklig, anmärkningsvärd
observance [*əbzə:'vəns, ob-*] efterlevnad, iakttagande (av regler), bruk, sedvänja, ceremoni; **observant** [*əbzə:'vənt, ob-*] noggrann i att iaktta el. fullgöra, uppmärksam
observation [*ɔbzəvei'ʃ(ə)n*] observation, iakttagelse, uppmärksamhet, anmärkning, yttrande; ~**-car** *amr.* järnvägsvagn med god utsikt från bakre plattformen (för turister); **observatory** [*əbzə:'vətəri*] observatorium
observe [*əbzə:'v*] iaktta, observera, märka, anmärka, yttra, följa, efterleva; **the** ~**d of all observers** medelpunkten för uppmärksamheten; **observer** iakttagare, observatör, *flyg.* spanare
obsess [*ɔbse's*] anfäkta, ansätta, oroa; ~**ion** [*ɔbse'ʃ(ə)n*] anfäktelse
obsolescence [*ɔbsole'sns*] föråldrad karaktär el. typ (is. om ord); **obsolescent** [*ɔbsole'snt*] nästan föråldrad, på väg att försvinna ur bruk; **obsolete** [*ɔbsoli:t*] föråldrad, bortlagd; lägga bort
obstacle [*ɔbstəkl*] hinder *äv. fig.*; ~ **race** hinderlöpning
obstetrician [*ɔbstitri'ʃ(ə)n*] obstetriker; **obstetrics** [*ɔbste'triks*] *pl* obstetrik, barnförlossningskonst
obstinacy [*ɔbstinəsi*] envishet, omedgörlighet, halsstarrighet; **obstinate** [*ɔbstinit*] envis, hårdnackad, ihållande
obstreperous [*əbstre'pərəs*] larmande, bullersam, oregerlig, våldsam
obstruct [*əbstrʌ'kt*] spärra, täppa till, [för]hindra, hejda, försinka, göra obstruktion; ~**ion** [*əbstrʌ'kʃ(ə)n*] spärrning, tillstoppning, -täppning, hejdande, hinder, obstruktion, försinkande; ~**ive** [*əbstrʌ'ktiv*] spärrande, hämmande, hinderlig; hinder
obtain [*əbtei'n*] upp-, ernå, vinna, erhålla, få, förskaffa sig, utverka, gälla, råda, vara i bruk; ~**able** [*əbtei'nəbl*] möjlig att ernå (erhålla)
obtrude [*əbtru:'d*] truga, påtvinga, truga sig på; **obtrusion** [*əbtru:'ʒ(ə)n*] påtvingande, påflugenhet; **obtrusive** [*əbtru:'siv*] påträngande, påflugen
obtuse [*əbtju:'s*] trubbig, slö, trög, matt, dov, ihållande
obverse [*ɔbvə:s*] (på mynt o. d.) avers, framsida, motstycke, -sida; avsmalnande
obviate [*ɔbvieit*] förebygga, undanröja (risk, fara o. d.)
obvious [*ɔbviəs*] iögonfallande, tydlig, uppenbar, påtaglig
ocarina [*ɔkəri:'nə*] *mus.* okarina
occasion [*əkei'ʒ(ə)n*] tillfälle, anledning, behov, *pl* angelägenheter, affärer; föranleda, -orsaka; **rise to the** ~ visa sig uppgiften (situationen) vuxen; **take** ~ begagna tillfället; **on one** ~ vid ett [visst] tillfälle; **on that** ~ vid det tillfället; **on the** ~ **of his marriage** vid (*ibl.* med anledning av) hans giftermål; ~**al** [*əkei'ʒənəl*] tillfällig[hets-], enstaka; ~**ally** tillfälligtvis, då och då, emellanåt
occident [*ɔksidənt*]; **the O—** Västern, Västerlandet (motsats Orienten); ~**al** [*ɔkside'ntl*] västerländsk; västerlänning; **Occidental** [*ɔksidəntæ'l*] (ett internationellt hjälpspråk)
occipital [*ɔksi'pitl*] *anat.* hörande till bakhuvudet; **occiput** [*ɔksipʌt*] *anat.* bakhuvud
occult [*ɔkʌ'lt*] ockult, mystisk, magisk, förborgad, dold, hemlig; ~**ism** [*ɔkʌ'ltizm*] ockultism, läran om hemliga krafter i naturen, mysticism
occupancy [*ɔkjupənsi*] besittningstagande, innehavande; **occupant** [*ɔkjupənt*] innehavare, hyresgäst, passagerare
occupation [*ɔkjupei'ʃ(ə)n*] *mil.* besättande, ocku-

pation, sysselsättning, yrke, besittning[stagande]; ~ **road** privat väg; ~**al** [*ɔkjupei'ʃənəl*] ockupations-, yrkes- (t. ex. ~ *disease* yrkessjukdom); **occupier** [*ɔkjupaiə*] besittningstagare, innehavare; **occupy** [*ɔkjupai*] sysselsätta, upptaga, *mil.* ockupera, besätta, ta i besittning, inneha, besitta

occur [*əkə:'*] förekomma, finnas, falla ngn in, inträffa; **it** ~**red to me** det föll mig in; ~**rence** [*əkʌ'rəns*] förekomst, uppträdande, händelse

ocean [*ouʃ(ə)n*] ocean, [världs]hav (*äv. fig.*); ~**-greyhound** snabbgående passagerarångare; ~ **lane** farled för oceanångare; **Oceania** [*ouʃiei'niə*] Oceanien, Söderhavsöarna; **Oceanian** inföding i Oceanien; oceanisk, hörande till Söderhavsöarna; **oceanic** [*ouʃiæ'nik*] oceanisk, hörande till oceanen; *fig.* omätlig; **Oceanid** [*ousi'ənid*] havsnymf; **oceanography** [*ouʃiənɔ'grəfi*] [djup]havsforskning

ocelot [*ousilɔt*] *zool.* (mexikansk) leopard

ochre [*oukə*] ockra, *sl* pluringar (guldpengar); färga med ockra; **ochr[e]ous** [*oukriəs, oukərəs*] ockrahaltig, -färgad, ockra-

o'clock [*əklɔ'k, o-*] se *clock*; **at five** ~ klockan fem; **like one** ~ som bara fan

oct-, octa-, octo- [*ɔkt(ə)-, ɔktou-*] åtta; ~**agon** [*ɔktəgən*] oktagon, åttahörning; ~**ahedron** [*ɔ'ktəhi:'drən*] *mat.* oktaeder; ~**ave** [*ɔktiv, -teiv*] 8:e dagen (efter en helgdag), oktav, åttaradig strof; ~**avo** [*ɔktei'vou*] oktavformat; ~**ennial** [*ɔkte'njəl*] återkommande vart åttonde år, åttaårs-; ~**et**[**te**] [*ɔkte't*] *mus.* oktett; grupp av 8 versrader (is. de 8 första av en sonett); ~**ingentenary** [*ɔktindʒənti:'nəri*] 800-årsdag

October [*ɔktou'bə*] oktober, *sl* öl, cider

octocentenary [*ɔktosenti:'nəri*] 800-årsdag

octopus [*ɔktəpəs*] *zool.* octopus (åttaarmad bläckfisk); *fig.* mångarmat odjur; **octoroon** [*ɔktəru:'n*] oktoron (avkomling av vit och kvadron); **octosyllable** [*ɔktəsi'ləbl*] åttastavigt ord

octuple [*ɔktjupl*] åttafaldig, -dubbel; åttadubbla

ocular [*ɔkjulə*] okular; okular-, uppfattad med ögat, ögon-; ~ **demonstration** ögonskenligt bevis, syn för sägen; ~ **intercourse** ögonspråk; ~ **test** synprov; ~ **witness** ögonvittne; **oculist** [*ɔkjulist*] ögonläkare

odalisque [*oudəlisk*] odalisk

odd [*ɔd*] (*pl* se *odds*); udda, ojämn, överskjutande, omaka, extra, tillfällig, varjehanda, avsides; besynnerlig, konstig; ~ **or even** (leka) udda el. jämnt; **an** ~ **fellow (fish)** en konstig kurre (figur) (se ~*-fellow*); **an** ~ **job** 'extra jobb', tillfälliga smågöromål, handräckningsarbete; ~ **man out** krona eller klave; **the** ~ **man** extra [handräcknings]karl, mannen som har den avgörande rösten; **at** ~ **moments** på lediga stunder; **pay the bill and keep the** ~ **money** betala räkningen och behåll vad som blir över; ~ **number** udda tal; **an** ~ **volume** udda (enstaka) band (av litterärt verk o. d.); **40** ~ några och 40; **twelve pounds** ~ något över 12 pund; ~**-come-short** *fam.* stuv[bit], stump, diverse; ~**-come-shortly** en av de närmaste dagarna (*one of these* ~*-come-shortlies*); ~**-fellow** medlem av Odd-Fellow-orden; ~**ity** [*ɔditi*] underlighet, egen[domlig]het, underlig människa, 'original', ngt underligt; ~**ments** [*ɔdmənts*] rester, stuvar, diverse

odds [*ɔdz*] olikhet, åtskillnad, oenighet, fördel, handikapp; utsikt[er], överlägsenhet, övermakt, odds; ~ **and ends** stumpar, rester, småskräp, småbestyr; **give** el. **lay** ~ **of three to one** (i sport och spel) sätta 3 mot ett; **make** ~ **even** avlägsna (utjämna) olikheter; **shout the** ~ hota el. skryta högljutt; **split the** ~ mötas på halva vägen; **what's the** ~? vad gör det för skillnad? vad betyder (gör) det? **they are at** ~ de äro oense; **at** ~ **with fate** oense med ödet; **the** ~ **are in your favour** du har chansen; **I have fought against longer** ~ jag har förr haft större svårigheter att kämpa mot; **it is** ~ **that** el. **the** ~ **are that he will do it** det sannolika är, att han kommer att göra det

ode [*oud*] ode

odeum [*oudi(:)'əm*] odeon, konsertsal

odious [*oudjəs*] motbjudande, förhatlig, avskyvärd, vidrig; **odium** [*oudiəm*] hat, (stark) motvilja

odonto- [*ɔdɔ'ntɔ-, ɔdɔntɔ'*] tand-; ~**logist** [*ɔdɔntɔ'lədʒist*] odontolog, tandläkare; ~**logy** [*ɔdɔntɔ'lədʒi*] läran om tänderna

odoriferous [*oudəri'fərəs*] välluktspridande, doftrik; **odorous** [*oudərəs*] doftande, välluktande; **odour** [*oudə*] lukt, doft, anstrykning, rykte; **be in bad** el. **ill odour with** vara illa anskriven hos, ha dåligt rykte hos

Odysseus [*ədi'sju:s, ɔ-*] Odysseus; **Odyssey** [*ɔdisi*] Odyssé, *fig.* äventyrlig resa

oecumenical [*i:kju(:)me'nik(ə)l*] ekumenisk (omfattande hela den kristna världen el. kyrkan)

Oedipus [*i:dipəs*] Oidipus

o'er [*oə, ɔə*] förk. f. *over* (i vers)

oesophagus [*isɔ'fəgəs*] *med.* matstrupe

of [*ɔv*, (svaga former) *ov, əv, v*, (framför tonlös konsonant) *f*] av, från, för, i, på; of-konstruktion översättes ofta med en genitivkonstruktion; **the door** ~ **the house** husets dörr; **the city** ~ **Rome** staden Rom; ~ **an evening** om aftonen; ~ **nights** om natten; ~ **late** nyligen, på senare tiden; **a girl** ~ **ten** en flicka på tio år; **the hour** ~ **prayer** bönetimmen; **a quarter** ~ **five** *amr.* en kvart före fem

off [*ɔ(:)f*] bort, iväg, av, [bort] från, ur, utanför, i höjd med; bortre, längst bort, mest avlägsen; (om häst och fordon etc.)höger; (i kricket) höger (räknat från *the batter*); *amr. sl* ej riktigt klok; **an** ~ **chance** en svag möjlighet; **an** ~ **day** en ledig dag; ~ **of** *amr.* = *off*; **on the** ~ **side of the wall** på andra sidan [av] (baksidan av) muren; **the** ~ **hind leg** det högra bakbenet; **the gas is** ~ gasen är avstängd; **asparagus is** ~ man kan ej få någon sparris; **the engagement is** ~ förlovningen är uppslagen; **be** ~ gå sin väg; **it is** ~ **with the old love** det är slut med den gamla kärleken; **we are** ~ **now!** nu bär det åstad! **he is a bit** ~ *sl* han är litet fnoskig; ~ **in his up story** *amr. sl* velig, fnoskig; ~ **with you!** bort med er! **badly** ~ ha det dåligt (illa) ställt; **well** ~ välsituerad; ~ **and on** av och på, upp och ned, från och till, med avbrott; **it is far (3 miles)** ~ det är långt (3 mil) bort[a] (härifrån el. därifrån); **have an hour** ~ ha en timme ledigt; **break** ~ avbryta; **declare** ~ förklara för upphävt; **drink** ~ dricka ur; **keep** ~ hålla [sig] borta; **leave** ~ sluta, avbryta, upphöra med; **shake** ~ skaka av [sig]; **take oneself** ~ gå sin väg; **he fell** ~ **a ladder** han föll ned från en stege; **they eat** ~ **silver plate** de äta på silvertallrikar; **he was only a yard** ~ **me** han var blott en meter från mig; ~ **his head,** ~ **his onion** *sl* ifrån sig, kollrig, tokig; ~ **the island** utanför, i höjd med ön; **a street** ~ **the Strand** en gata, som leder (går ut) från the Strand; **be** ~ **one's feed** *fam.* inte ha någon matlust, vara sjuk, inte kunna äta; **be** ~ **colour** *sl* vara opasslig; ~ **duty** ej i tjänst, ledig; ~ **the map** försvunnen, ej längre existerande; ~ **it** *fam.* sticka av, *sl* dö; ~ **one's trolley** *amr. sl* galen; ~**-hand** utan vidare, utan förberedelse, på stående fot, genast, raskt; ~**-license** utminuteringsrätt; ~**-print** särtryck; ~**-scourings** bottensats, avskrap, -fall, -skum; ~**set** *bot.* telning, rotskott, utlöpare, offset[tryck], balanserande summa, motvikt; ~**shoot** sidoskott, utlöpare, utgrening; ~ **shore** blåsande (liggande) från land; ~**-side** (i sport) offside; ~**spring** avkomma, ättling, alster; **offing** *sjö.* öppen ('rum') sjö; **gain an offing** *sjö.* komma ut i öppen sjö;

in the offing *sjö.* ute på havet; **offish** *fam.* kall, stel, hög av sig, tillbakadragen, *sl* icke upplagd, ohågad

offal [*ɔfəl*] [slakt]avfall, avskräde, skräp, as

offence [*əfe'ns*] anfall, förnärmelse, förolämpning, [lag]överträdelse, anstöt, förargelse; **power of** ~ offensivkraft; **give** ~ väcka anstöt (förargelse); **take** ~ ta anstöt av, bli förnärmad över; **offend** [*əfe'nd*] förolämpa, kränka, förtörna, väcka förargelse, stöta, besvära, försynda sig, bryta, fela; **offend her delicacy** såra hennes känslor; **offender** [*əfe'ndə*] person som på ngt sätt förbrutit sig, förbrytare

offensive [*əfe'nsiv*] offensiv, anfalls-; anstötlig, sårande, *fam.* motbjudande, obehaglig; **be** ~ **to** skada, *fig.* stöta

offer [*ɔfə*] erbjudande, [an]bud (*äv. hand.*), giftermålsanbud; bjuda, offerera, erbjuda [sig], bjuda ut, offra, hembära, anföra, framlägga, förete, hota med, göra [ett] försök; ~ **for** *hand.* anbud (offert) på; ~ **an opinion** anföra (framlägga) en åsikt; ~ **a reward** utfästa en belöning; **as opportunity** ~**s** då tillfälle erbjuder sig; **he** ~**ed to strike me** han gjorde min av att vilja slå mig; **each age** ~**s its own problems** varje ålder företer sina egna problem; ~**ing** [*ɔfəriŋ*] offer-[gåva], gärd, gåva, anbud, offrande; ~**tory** [*ɔfətəri*] kollekt; den del av gudstjänsten, som äger rum under kollektens upptagande

office [*ɔfis*] uppgift, funktion, ämbete, post, tjänst, vänlighet, [guds]tjänst, ritual, kontor, byrå, ämbetsverk, -lokal, departement, *sl* uthus, ekonomibyggnader, köksdepartement, *sl* vink, signal; *amr.* (*äv.* t. ex. läkares) klinik, *amr. sl* ge en vink (upplysning); **it is my** ~ det är mitt uppdrag; **a friendly (an ill)** ~ en vän-(dålig) tjänst; **be in** ~ inneha ett ämbete, tillhöra regeringen; **leave (retire from)** ~ lämna sitt ämbete, avgå; **the Holy O**— inkvisitionen; **the last O**—**s** begravningsritualen; **the Foreign O**— utrikesdepartementet; **the Home O**— (i England) inrikesdepartementet; **insurance** ~ försäkringsanstalt; **give (take) the** ~ *sl* ge (förstå) en vink; ~**-holder** *amr.* ämbetsman; ~**-seeker** aspirant till ett ämbete

officer [*ɔfisə*] ämbetsman, funktionär, rättsbetjänt, poliskonstapel, officer; förse med officerare, tjäna som officer, kommendera, leda; **officers' morale** [*məra:'l*] *mil. sl* whisky

official [*əfi'ʃəl*] ämbets-, tjänsteman; officiell, ämbets-, tjänste-, offentlig; ~**dom** [*əfi'ʃəldəm*] ämbetsstånd, byråkrati; ~**ism** [*əfi'ʃəlizm*] byråkrati; **officiate** [*əfi'ʃieit*] utöva, fungera, officiera (vid altaret), uppträda (*as host* som värd); **officiant** [*əfi'ʃənt*] officiant (präst som förrättar gudstjänsten); **officious** [*əfi'ʃəs*] beställsam, fjäskig, alltför tjänstvillig, (i diplomatin) officiös, utan förbindelse

officinal [*ɔfi'sinəl*] officinell, medicinal-(ört etc.), apoteks (vara); upptagen i farmakopén

officious [*əfi'ʃəs*] beställsam, fjäskig, officiös

offing, offish se *off*

often [*ɔ:fn, ɔfn, -tən*] ofta; ~ **and** ~ gång på gång, mycket ofta

ogival [*oudʒai'vəl*] korsbågs-, spetsbågs-; **ogive** [*oudʒaiv, oudʒai'v*] korsbåge, spetsbåge

ogle [*ougl*] kärlig (kokett) [sido]blick, bligning, *pl sl* korpgluggar; kasta kärliga [sido]blickar, snegla på, ögonflirta

ogre [*ougə*] troll, odjur

oh [*ou*] o! åh! ack! åhå! jo, jo! ~ **yeah** [*jei*] *amr. sl* det tror jag inte på, tror du jag nappar på den kroken (går i den fällan)?

ohm [*oum*] *elektr.* ohm

O.H.M.S. förk. f. *On His* (*Her*) *Majesty's Service* (på tjänstebrev)

oho [*o(u)hou'*] åhå! jo, jo!

oil [*oil*] olja, tran, *amr. sl* smicker, sladder, skrävel, *amr. sjö. sl* tuggtobak; olja, smörja, *sl* 'smörja' (muta); **smell of** ~ lukta olja, *bildl.* bära spår av träget nattarbete (studier); **burn the midnight** ~ arbeta (studera) långt in på natten; **strike** ~ påträffa olja (vid borrning), *fig.* bli rik i ett nafs; ~ **of joy** *amr. sl* sprit; ~ **cake** oljekaka; ~ **can** oljekanna; *amr. mil. sl* granat (från skyttegravsmörsare); ~**-cloth** vaxduk; ~**man** bensinhandlare; ~**-painting** oljemålning; ~ **pan** *auto.* oljebehållare; ~ **pan gasket (joint)** *auto.* oljebehållarpackning; ~**skin** vaxduk, oljetyg, *pl* oljekläder; ~**-stone** oljesten (fin brynsten); [**well**] ~**ed** *sl* 'oljad', full; ~**er** oljekanna, smörjare, *sl* oljerock, salvelsefull person, *amr. sl* mexikan[are]; ~**y** oljig, smörjig, flottig, *fig.* inställsam, sliskig

ointment [*ɔintmənt*] salva, smörjelse, *sl* smör; **a fly in the** ~ *sl fig.* smolk i mjölken

okapi [*oka:'pi*] *zool.* okapi (giraffdjur)

okay [*ou'kei'*] *amr.* gillande, godkännande; riktig[t], rätt, bra, väl, fin, gentil; godkänna

old [*ould*] gammal, åldrig, forntida, *fam.* klok, slug, fiffig, förhärdad; **of** ~ fordom[tima]; **a four-year-**~ **boy** en fyraårs pojke; ~ **age** ålderdom; **O**—**-Age Pension** ålderspension, -understöd; ~ **bean** *sl* (tilltal) gamle gosse! **an** ~ **bird** *fig.* en gammal [slug] räv (erfaren, ej lättlurad); ~ **buck,** ~ **chap,** ~ **cock,** ~ **fellow** *sl* gamle gosse! **the** ~ **Gentleman** hin håle; **O**— **Glory** stjärnbaneret (USA:s flagga); ~ **hand en** erfaren arbetare; ~ **Harry** hin håle; [**as**] ~ **as the hills** gammal som gatan; **O**— **Jane** *amr. sl* dagdrivare; **the O**— **Lady of Threadneedle Street** Bank of England; ~ **maid** gammal ungmö (*äv.* om sipp man), ett kortspel; ~ **man** *fam.* gamle gosse! **the** ~ **man** (*sjö.*) *sl* skepparen, 'gubben'; *fam.* mannen (maken) (= min 'gubbe'); **the O**— **Man of the Sea** den gamle från havet (en äventyrsfigur), *fig.* kardborre, efterhängsen person; ~ **master** gammal mästare (konstnär etc.); ~ **nag** *sl* cigarrett[stump]; **O**— **Nick** el. **Scratch** hin håle; ~ **Smoky** [*smouki*] *amr. sl* den elektriska stolen; ~ **soldier** *amr.* halvrökt cigarr; **come the** ~ **soldier** *sl* spela viktig; ~ **sport** *fam.* 'gamle gosse'! ~ **stager** *fig.* veteran; ~ **stuff** *amr. sl* föråldrat; ~ **sweat** *sl* slagsvärd; ~ **thing** *sl* 'gamle gosse', min tös; **any** ~ **thing** *sl* vad som helst; **have a high** ~ **time** [**of it**] *sl* roa sig kungligt; **O**— **Tom** gin (brännvin); ~ **woman** *sl* gammal käring (sagt om män); **the** ~ **woman** *fam.* 'gumman' (= min hustru); ~**-established** gammal, hävdvunnen; ~**-fashioned** gammaldags, -modig; ~**-man's beard** *bot.* skogsreva; ~**-world** gammaldags, hörande till Gamla världen; **olden** [*ould(ə)n*] *åld.* gammal, forn (*time, times*); åldras, göra el. bli gammal; **oldster** äldre person, *mil.* veteran

oleaginous [*ouliæ'dʒinəs*] oljig, oljehaltig

oleander [*ouliæ'ndə*] *bot.* oleander, nerium

oleaster [*ouliæ'stə*] *bot.* vild oliv

oleograph [*ouliogræf, -gra:f*] oljetryck (tavla)

olfactory [*ɔlfæ'ktəri*] (is. *pl*) luktorgan; hörande till lukten, lukt-

oligarch [*ɔliga:k*] oligark (medlem av fåmannaregering); **oligarchic[al]** [*ɔliga:'kik(əl)*] oligarkisk; **oligarchy** [*ɔliga:ki*] oligarki (fåmannavälde)

olive [*ɔliv*] oliv[träd], olivgrön[t]; ~**-branch** olivgren, -kvist, *pl sl* barn, telningar; **hold out the** ~**-branch** vara benägen för försoning; ~ **oil** olivolja; **olivaceous** [*ɔlivei'ʃəs*] olivgrön; **olivine** [*ɔlivi:'n*] *min.* olivgrön krysolit

Oliver [*ɔlivə*] Oliver, *amr. sl* månen; **give a Roland for an** el. **his** ~ ge svar på tal, ge betalt med samma mynt

ology [*ɔlədʒi*] (skämts. is. *pl*) vetenskap, teori

Olympia [*oli'mpiə*] Olympia (*äv.* en idrottshall i London); **Olympiad** [*oli'mpiæd*] olympiad; **Olympian** [*oli'mpiən*] olympier, grekisk gud; olympisk, nedlåtande; **Olympic** [*oli'mpik*]

olympisk (*the* ~ *games* olympiska spelen); **Olympus** [*oli'mpəs*] Olympen (de grekiska gudarnas boning)
ombre [*ɔmbə*] l'hombre (ett slags kortspel)
omega [*oumigə*] omega (sista bokst. i grekiska alfabetet), ände, slut
omelet[**te**] [*ɔmlit*, *-let*] omelett
omen [*oumən*] omen, järtecken, förebud; **it is of good** ~ det är ett lyckligt förebud; **of ill** ~, **ominous** [*ɔminəs*] olycksbådande
omicron [*omai'krən*] omikron (grekisk bokstav)
omissible [*omi'sibl*] möjlig att utelämna el. underlåta; **omission** [*omi'ʃ(ə)n*] utelämnande; underlåtenhet; **omit** [*omi't*] utelämna, förbigå, försumma
omnibus [*ɔmnibəs*] omnibus, [linje]buss; avseende el. omfattande många olika saker (*an omnibus volume*); ~ **bill** lagförslag omfattande flera olika saker; ~ **train** blandat tåg; ~ **wire** *elektr.* huvudledning
omnipotence [*ɔmni'potəns*] allmakt; **omnipotent** allsmäktig
omnipresence [*ɔ'mnipre'z(ə)ns*] allestädesnärvaro; **omnipresent** allestädesnärvarande
omniscience [*ɔmni'siəns*] allvetande; **omniscient** allvetande
omnium gatherum [*ɔmniəm gæðərəm*] brokig blandning, sammelsurium
omphalos [*ɔmfəlɔs*] centrum, medelpunkt
on [*ɔn*] på, i, om, över, [in]vid; vidare; **live** ~ **an annuity** leva på en livränta; **the dog is** ~ **a chain** hunden är i band; **I have it** ~ **good authority** jag har det från säker källa; **serve a writ** ~ *jur.* delge stämning, uttaga stämning på; ~ **fire** i brand (ljusan låga); **write** ~ **finance** skriva om finanser; **be** ~ vara i verksamhet (i farten), vilja, vara med, givas, spelas (om program på teater etc.); **be** ~ **to him** *fam.* vara på det klara med vad han vill; **broadside** ~ bredsidan till, framåt; **the work is well** ~ arbetet är i full gång; **later** ~ längre fram, senare; **he is neither** ~ **nor off** han vacklar hit och dit, vet inte vad han vill; **he is a bit** ~ *sl* han är litet på kulan, påstruken; **read** ~ läsa vidare; **onward**[**s**] [*ɔnwəd*(*z*)] fram[åt], vidare
onager [*ɔnədʒə*] *zool.* vildåsna
once [*wʌns*] en gång; en gång i tiden, förr (i världen), när (om) en gång [väl], så snart som; ~ **bit twice shy** bränt barn skyr elden; ~ **in a way** el. **while** (is. *amr.*) någon (en och annan) gång, endast då och då; ~ **more** [**again**] en gång till, ännu en gång; ~ **or twice** ett par gånger; **for** [**this**] ~ för den här gången, för ovanlighetens skull; ~ **and again** gång efter annan; **my** ~ **master** min forna herre (el. lärare); ~ [**upon a time**] **there was** det var en gång; **at** ~ med detsamma, genast; **all at** ~ plötsligt, på en (samma) gång; ~**-over** *amr.* (ytligt) genomseende
oncoming [*ɔnkʌmiŋ*] förestående, annalkande
one [*wʌn*] etta, enhet; en, ett; [den, det] ena; ense; man, en; en viss, [en, ett] enda; en [sådan], någon; ~ **another** varandra; **at** ~ enig, försonad; ~ **morning** en [vacker] morgon; **that was a nasty** ~ det var ett svårt slag, det var otrevligt; **for** ~ **thing** först och främst, [så] till exempel; **I for** ~ **do not know** jag vet det i varje fall inte, jag för min del; **it is all** ~ det är likgiltigt, detsamma; **the Evil O—** den Onde, hin håle; ~ **and all** varenda en, allesamman; ~ **over the eight** *sl* ett glas för mycket, lite drucken; ~**-eyed** enögd, *sl* ohederlig, illojal; ~**-horse** enspänd; *sl* obetydlig, eländig; ~**-legged** enbent; ensidig, ojämn; ~**self** sig (en) själv, sig; ~**-sided** ensidig; ~**-way street** gata med enkelriktad trafik; **oner** [*wʌnə*] *sl* en ordentlig en; en riktig 'baddare'; ett kraftigt slag; **oneness** [*wʌnnis*] enhet, enighet
onerous [*ɔnərəs*] betungande, tryckande, besvärlig
onfall [*ɔnfɔ:l*] anfall, angrepp; **ongoings** [*ɔngouiŋz*] tilldragelser, *fig.* historier; vad som försiggår; tillvägagångssätt, förfarande
onion [*ʌnjən*] rödlök, *sl* huvud; **off his** ~ *sl* dåraktig, förryckt, tokig; [**flaming**] ~ (flygar-*sl*) brandbomb, spårljus (i luftskyddssyfte)
on-looker [*ɔnlukə*] åskådare
only [*ounli*] endast, bara, enda, ensam, först, inte förrän, senast, men, om bara inte, det är (var) bara det att; **not** ~ icke blott; ~ **just** alldeles nyss, just nu; **he came** ~ **yesterday** det är inte längre sen än i går som han kom; han kom först i går; ~ **when** först när
onomatopoeia [*ɔnomətopi:'ə*] ljudhärmning, ljudefterliknande ord; **onomatopoeic** [*ɔnomətopi:'ik*], **-poetic** [*poue'tik*] onomatopoetisk, ljudhärmande
onrush [*ɔnrʌʃ*] stormning; **onset** [*ɔnset*] anfall, ansats; **onslaught** [*ɔnslɔ:t*] angrepp, anlopp, stormlöpning
ontological [*ɔntɔlɔ'dʒik(ə)l*] ontologisk; **ontology** [*ɔntɔ'lədʒi*] ontologi (vetenskapen om varat)
onus [*ounəs*] *fig.* börda, skyldighet, ansvar
onward[**s**] [*ɔnwəd*(*z*)] framåtgående, fram[åt], vidare
onyx [*ɔniks*, *ouniks*] *min.* onyx
oodles [*u:dlz*] *sl* massor, en mängd
oof [*u:f*] *sl* pengar; **oof-bird** *sl* 'tät' person; **oofy** 'tät', rik
oolite [*ouolait*] *geol.* droppsten
oom [*u:m*] (*sydafr.*) onkel, farbror; **O— Paul** *fam.* president Krüger
ooze [*u:z*] dy, gyttja, slam, träsk, utdunstning; framsipprande; sippra fram (ut) (*äv. fig.*), drypa, avsöndra, dunsta ut, rinna fram (~ *out*, ~ *away*); ~ **out** *amr. sl* försvinna obemärkt, 'avdunsta'; **oozy** fuktig, sipprande, dyig, gyttjig
op [*ɔp*] *amr. sl* förk. f. *telegraph operator* telegrafist
opacity [*opæ'siti*] ogenomskinlighet, dunkel, tjockskallighet
opal [*oupəl*] opal; ~**escent** [*oupəle'sənt*], ~**esque** [*oupəle'sk*] opalskimrande, skimrande i regnbågens färger
opaque [*opei'k*] ogenomskinlig, dunkel, *fig.* tjockskallig, slö
ope [*oup*] *amr. sl* förk. f. *opium*
open [*oupn*] öppen, uppenbar: öppna[s], yppa, börja; (**in**) **the** ~ (i) det fria, (under) bar himmel, (i trädgårdsspråk) [vuxen] på kalljord; ~ **access** fritt tillträde (till bokhyllorna); ~ **air** fria luften (~**-air theatre** friluftsteater); ~ **ground** öppen mark; ~ **harbour** isfri hamn; **an** ~ **mind** ett mottagligt (fördomsfritt) sinne, mottaglighet, fördomsfrihet, obundenhet; ~ **order** *mil.* spridd ordning, skyttekedja; ~ **sale** offentlig auktion; ~ **secret** offentlig hemlighet; ~ **time** lovlig tid (för jakt); ~ **verdict** *jur.* öppet utlåtande el. utslag (när man inte kan säga, vem som är den skyldige); ~ **weather** milt väder; ~ **winter** mild vinter; ~ **work** genombrutet arbete; *amr. sl* kassaskåpsstöld; ~ **to** blottställd, utsatt för, tillgänglig el. mottaglig för, villig till; ~ **ground** bryta [upp] mark, *fig.* inleda; ~ **into** leda, föra, mynna ut, vetta mot; ~ **on** vetta mot, *mil.* öppna eld mot; ~ **out** framkalla, framlägga, öppna sig, vidga sig; komma till synes, vara meddelsam; **openers** *amr.* (*äv.*) avföringspiller, *amr. sl* goda kort att öppna med; ~**-handed** frikostig; ~**ing** öppnande, öppning, begynnelse, börjande, möjlighet, (gynnsamt) tillfälle; inlednings-, begynnelse-; ~**ly** öppet, oförbehållsamt, offentligt; ~**-minded** mottaglig för nya idéer, fördomsfri
opera [*ɔpərə*] opera; **comic** ~ operett; ~ **bouffe** [*bu:f*] komisk opera; ~**-cloak** aftonkappa; ~**-girl** balettdansös; ~**-glass**[**es**] teaterkikare; ~**-hat** chapeau-claque; ~**-house** opera; **operatic** [*ɔpəræ'tik*] opera-

operate [*ɔpəreit*] operera, verka, arbeta, åstadkomma, driva, sköta (maskin), spekulera; **operating-costs** *amr.* driftskostnader; **operating-room (theatre)** operationssal; **operation** [*ɔpərei'ʃ(ə)n*] operation, verksamhet, funktion, förrättning, förfarande, drift; *sl* lapp (is. på byxbaken); **operative** [*ɔpərətiv*] arbetare, mekaniker; operativ, verkande, verksam, aktiv, praktisk, arbetande, utövande; **operator** [*ɔpəreitə*] upphovsman, operatör, mekaniker, telefonist, telegrafist, driftschef, *amr.* arbetsgivare, filmfotograf
operatize [*ɔpərətaiz*] ombilda till opera
operculum [*opə:'kjuləm*] *zool.* gällock, lock på snäcka
operetta [*ɔpəre'tə*] (kort) opera (*vanl.* enaktare)
operose [*ɔperous*] mödosam, besvärlig
ophidian [*ofi'diən*] *zool.* orm; ormartad, orm-; **ophiolatry** [*ofiɔ'lətri*] ormdyrkan
ophthalmia [*ɔfþæ'lmiə*] *med.* ögoninflammation; **ophthalmic** [*ɔfþæ'lmik*] *med.* ögon-, hörande till ögat; **ophthalmologist** [*ɔfþælmɔ'lədʒist*] oftalmolog, ögonläkare; **ophthalmoscope** [*ɔfþæ'lmoskoup*] ögonspegel
opiate [*oupiit*] *med.* opiat, sömnmedel; innehållande opium, narkotisk, sömngivande; söva [med opium], döva; **opiated** [*oupieitid*] försatt med opium
opine [*opai'n*] mena, antyda, tänka, förmoda
opinion [*əpi'njən*] mening, åsikt, uppfattning, tanke, betänkande, utlåtande; **public** ~ allmänna meningen (opinionen); **in my** ~ enligt min åsikt; **matter of** ~ sak som beror på tycke och smak; **opinionated** [*əpi'njəneitid*] påstridig, inbilsk, envis
O. pip. förk. f. *observation post* observationspost
opium [*oupjəm*] opium; ~ **den** opiumhåla
opodeldoc [*ɔpode'ldɔk*] *med.* opodeldok (liniment)
opossum [*opɔ'səm*] *zool.* opossum
oppidan [*ɔpidən*] (i Eton) extern (lärjunge som bor ute i staden)
opponent [*əpou'nənt*] motståndare, motspelare
opportune [*ɔpətju:n*] opportun, läglig, lämplig, tillfällig; **opportunism** [*ɔpətju:nizm, -tju'-*] opportunism; **opportunist** [*-st*] opportunist; **opportunity** [*ɔpətju:'niti*] (gynnsamt) tillfälle, möjlighet; **take the opportunity** begagna sig av tillfället
oppose [*əpou'z*] motsätta sig, opponera [sig], göra motstånd mot, motarbeta, sätta emot (som motsats)
opposite [*ɔpəzit*] motsats; motsatt, på motsatta sidan, mitt emot; ~ **neighbour** grannen mittemot; ~ **prompter** del av scenen till vänster om skådespelaren; **the** ~ **sex** det motsatta könet; ~ **to** (alldeles) mitt emot, snett emot; **play** ~ spela mot (i film etc.)
opposition [*ɔpəzi'ʃ(ə)n*] opposition, oppositionsparti, motsatt ställning, motsättning, motstånd, strid
oppress [*əpre's*] undertrycka, förtrycka, nedtynga, betunga; **oppression** [*əpre'ʃ(ə)n*] förtryck, nedtryckande, [be]tryck, beklämning; **oppressive** [*əpre'siv*] [för]tryckande, kvav, betungande, överväldigande; **oppressor** [*əpre'sə*] förtryckare
opprobrious [*əprou'briəs*] smädlig, skymflig, ärerörig, vanärande; **opprobrium** [*əprou'briəm*] skymf[ord], vanära
opt. [*ɔpt*] (skol-*sl*) förk. f. *optimus* den bästa (i skolan)
optative [*ɔptətiv*] *gram.* optativ, önskeform; optativisk (uttryckande önskan)
optic [*ɔptik*] *pl* optik, *sl* öga; optisk, syn-; **optical** [*ɔptikəl*] optisk; **optician** [*ɔpti'ʃ(ə)n*] optiker
optimism [*ɔptimizm*] optimism; **optimist** [*-st*] optimist; **optimistic** [*ɔptimi'stik*] optimistisk
optimus [*ɔptiməs*] (*lat.*) den bäste, 'primus' (i skolan)
option [*ɔpʃ(ə)n*] rätt el. tillfälle att välja, valfrihet, gottfinnande, alternativ, *hand.* option; **local** ~ lokal självbestämmanderätt (ang. spritutskänkning); ~**al** [*ɔpʃən(ə)l*] valfri, frivillig
opulence [*ɔpjuləns*] välstånd, rikedom, överflöd; **opulent** välmående, riklig, rik
or 1) [*ɔ:*] (*herald.*) guld, gult
or 2) [*ɔ:*, (obetonat) *ɔ*] eller; ~ [**else**] eljest, eller också
oracle [*ɔrəkl*] orakel[svar], vis rådgivare; **work the** ~ förskaffa sig fördel[ar] genom hemligt inflytande; **oracular** [*ɔræ'kjulə*] orakelmässig, dunkel, gåtlik
oral [*ɔ:rəl*] muntlig examen; muntlig, mun-
Orange [*ɔrindʒ*] Oranien; **the** ~ **River** Oranjefloden; **the** ~ [**Free**] **State** Oranjefristaten
orange [*ɔrindʒ*] apelsin[träd]; orangefärg[ad]; **mock** ~ *bot.* falsk jasmin; ~ **fin** *zool.* ett slags forell; ~**-tip** *zool.* Aurora (fjäril); **orangeade** [*ɔrin(d)ʒeid*] orangeade (apelsinlemonad); **orangery** [*ɔrin(d)ʒəri*] drivhus, apelsinplantage
orang-outang [*oræ'ŋu(:)tæ'ŋ*], **-tan** [*-tæ'n*] *zool.* orangutang
orate [*ɔ:rei't*] (*skämts.* o. *amr.*) orera, hålla tal; **oration** [*orei'ʃ(ə)n*] tal; **(in)direct oration** *gram.* (in)direkt tal; **orator** [*ɔrətə*] [väl]talare, orator; **Public O—** talman vid universiteten i Oxford och Cambridge; **oratorical** [*ɔrətɔ'rik(ə)l*] oratorisk; **oratorio** [*ɔrətɔ:'riou*] *mus.* oratorium; **oratory** [*ɔrət(ə)ri*] talekonst, vältalighet, retorik, svada, bönhus, kapell
orb [*ɔ:b*] klot, sfär, krets, himlakropp, riksäpple, (*poet.* = *orbit*), *pl amr. sl* korpgluggar (ögon); ~**ed** cirkel-, klotformig
orbit [*ɔ:bit*] ögonhåla, *astr.* bana, *zool.* (fågels) ögonhud
Orcadian [*ɔ:kei'diən*] invånare på Orkneyöarna; från (hörande till) Orkneyöarna
orchard [*ɔ:tʃəd*] fruktträdgård
orchestra [*ɔ:kistrə*] orkester, musikestrad, -paviljong; **orchestral** [*ɔ:ke'strəl*] orkester-; **orchestrate** [*ɔ:kistreit*] orkestrera; **orchestrion** [*ɔ:ke'striən*] *mus.* orkestrion
orchid [*ɔ:kid*] *bot.* orkidé; ~**aceous** [*ɔ:kidei'ʃəs*] hörande till orkidé[erna], orkidéartad
orchis [*ɔ:kis*] *bot.* orkidé, *vanl.* vild orkidé
ordain [*ɔ:dei'n*] föreskriva, förordna, påbjuda, bestämma, prästviga, ordinera
ordeal [*ɔ:di'əl*] eldprov, 'skärseld', gudsdom
order [*ɔ:də*] order (i många *bet.*), stånd, klass, slag, orden[sdekoration], riddar- el. munkorden, ordning, ordningsföljd, [ordnings]stadga, befallning, föreskrift, *jur.* utslag, beslut, *hand.* order, beställning, anvisning, fribiljett; ordna, befalla, beordra, ge order, ordinera, *hand.* beställa; ~! ~! *parl.* till ordningen (saken); stilla! ~ **for** *hand.* order på; ~ **cheque** *hand.* check utställd till (persons) order; **the** ~ **of the boot** *sl* avskedande, avsked; **O— in Council** kunglig förordning; ~ **of the day** dagordningen, *mil.* dagorder, *fig.* dagens lösen; **the O— of the Garter** strumpebandsorden; ~ **to view** tillåtelse att bese en lägenhet; **holy** ~**s** ordination (prästvigning); **take (enter) holy** ~**s** bli prästvigd; **the lower** ~**s** de lägre klasserna; **money** el. **postal** ~ postanvisning; **take** ~**s** *hand.* upptaga order; **by** ~**s** enligt (på) rekvisition (befallning) av ngn; **in** ~ **to** el. **that** för att; **put in** ~ ställa i ordning, ordna; **out of** ~ i oordning; **call to** ~ kalla till ordningen; **made to** ~ tillverkad enligt (på) beställning; **rise to** [**a point of**] ~ *parl.* påyrka (talarens) kallande till ordningen; *i allm.* uppmana ngn att akta på vad han säger; ~ **about** skicka ngn hit och dit, kommendera (topprida) ngn; ~ **arms!** *mil.* för fot gevär! ~ **sheet** *hand.* ordernota
orderly [*ɔ:dəli*] *mil.* ordonnans, sjukvårdare; metodisk, ordentlig, välordnad, *mil.* jourhavande; ~ **bin** soplår; ~ **book** *mil.* orderbok; ~ **officer**

mil. dagofficer; ~ **room** *mil.* lokal för kompani-, regementsexpedition (i kasern)
ordinal [*ɔ:din(ə)l*] ordning[stal] (~ *number*)
ordinance [*ɔ:dinəns*] förordning, kyrkobruk
ordinary [*ɔ:d(i)nəri*] kyrklig domare (på ämbetets vägnar), ordinarie domare, gudstjänstordning, daglig föda, det vanliga, vanliga förhållanden; ordinarie, vanlig, bruklig, vardaglig, ordinär, tarvlig; ~ **seaman** *sjö.* lättmatros, matros av lägsta graden (i eng. flottan); **in** ~ tjänstgörande, ordinarie; **chaplain in** ~ tjänstgörande (ordinarie) hovpredikant; **physician in** ~ (ordinarie) livmedikus; **out of the** ~ något ovanligt
ordination [*ɔ:dinei'ʃ(ə)n*] *relig.* ordination, prästvigning
ordnance [*ɔ:dnəns*] *mil.* artilleri[materiel]; ~ **map** generalstabskarta; **the O— Survey** *ung.* = 'Rikets allmänna kartverk' (officiellt kartverk över Storbritannien o. Irland)
ordure [*ɔ:djuə*] dynga, smuts
ore [*ɔ:*] malm, metall, *poet.* guld
oread [*ɔ:riæd*] oread (bergnymf)
organ [*ɔ:gən*] organ, *mus.* orgel; **barrel-**~ positiv; **mouth-**~ munspel; **street-**~ positiv; ~**-blower** orgeltrampare; ~**-grinder** positivspelare; ~**-loft** orgelläktare; ~**-stop** orgelregister, -stämma; ~**ic** [*ɔ:gæ'nik*] organisk; ~**ism** [*ɔ:gənizm*] organism; ~**ist** [*ɔ:gənist*] organist; ~**ization** [*ɔ:gənaizei'ʃ(ə)n*] organisation, -ering; ~**ize** [*ɔ:gənaiz*] organisera, ordna; ~**on** [*ɔ:gənɔn*] *filos.* medel för vinnande av kunskap, vetenskaplig metod
organdi[e] [*ɔ:gəndi*] organdi (tunt, styvt tyg)
orgasm [*ɔ:gæzm*] orgasm, överretning, ursinne
orgy [*ɔ:dʒi*] orgie, yppigt gästabud, dryckeslag
oriel [*ɔ:riəl*] erker, burspråk (flerhörnig utbyggnad med fönster)
orient [*ɔ:riənt*]; **the O—** Orienten, Östern, Österlandet; uppgående (sol), orientalisk el. kostbar pärla; [*ɔ:rient*] orientera, justera; ~**al** [*ɔ:rie'ntl*] österlänning; österländsk; ~**alism** [*ɔ:rie'ntəlizm*] orientalism, österländskt tänke- el. uttryckssätt; ~**alist** [*-st*] orientalist; ~**ate** [*ɔ:riənteit*] orientera; ~**ation** [*ɔ:riəntei'ʃ(ə)n*] orientering
orifice [*ɔrifis*] mynning, öppning
oriflamme [*ɔriflæm*] oriflamme (fornfransk riksfana), partisymbol
origin [*ɔridʒin*] ursprung, uppkomst, härkomst, första början, upphov, källa
original [*əri'dʒinəl*] original (*äv.* om person); ursprunglig, originell, begynnelse-, ur-; ~ **sin** arvsynd; ~**ity** [*əridʒinæ'liti*] originalitet, ursprunglighet, egendomlighet; **originate** [*əri'dʒineit*] uppstå, härröra (**from** el. **in** från [en sak], **from** el. **with** från [en person], frambringa, nyskapa, vara upphov till; **origination** [*əridʒinei'ʃ(ə)n*] frambringande, åstadkommande, upprinnelse; **originative** [*əri'dʒinətiv*] skapande, initiativrik; **originator** [*əri'dʒineitə*] upphovsman
oriole [*ɔ:rioul*] *zool.* gylling
Orion [*orai'ən*] *astr.* Orion
orlop [*ɔ:lɔp*] *sjö.* lägsta däck, trossbotten
ormolu [*ɔ:molu:*] guldbrons
ornament [*ɔ:nəmənt*] prydnad[sföremål], ornament, sirat, *kyrkl.* tillbehör till kulten (klockor, orgel etc.); *amr.* järnväg; *sl* stationsinspektor; [*ɔ:nəme'nt*] smycka, pryda; ~**al** [*ɔ:nəme'ntl*] prydnads-, prydlig, dekorations-, dekorativ; ~**ation** [*ɔ:nəməntei'ʃ(ə)n*] utsmyckande, dekorering, ornament[ik]
ornary [*ɔ:nəri*] *amr.* gemen
ornate [*ɔ:nei't*, *ɔ:neit*] utsirad, prydlig, sirlig, blomsterrik
ornithological [*ɔ:niþəlɔ'dʒikl*] ornitologisk, fågel-; **ornithologist** [*ɔ:niþɔ'lədʒist*] ornitolog, fågelkännare; **ornithology** [*ɔ:niþɔ'lədʒi*] ornitologi, läran om fåglarna
orography [*ɔrɔ'grəfi*] orografi, bergbeskrivning
orphan [*ɔ:fən*] föräldralös[t barn], värnlös; beröva ngn föräldrar; ~ **collar** *amr.* krage, som ej passar till skjortan; ~**age** [*ɔ:fənidʒ*] föräldralöshet, barnhem; ~**hood** [*ɔ:fənhud*] föräldralöshet; ~**ize** [*ɔ:fənaiz*] lämna föräldralös
Orphean [*ɔ:fi:'ən*], **Orphic** [*ɔ:fik*] orfeisk; **Orpheus** [*ɔ:fju:s*] Orfeus
orpine [*ɔ:pin*] fetknopp, kärleksört (Sedum telephium)
Orpington [*ɔ:piŋtən*] orpingtonhöns
orrery [*ɔrəri*] ett slags planetarium
orris-root [*ɔris-ru:t*] *bot.* violrot
orthodox [*ɔ:þədɔks*] ortodox, rättrogen; **the O— Church** grekisk-katolska kyrkan; **orthodoxy** [*ɔ:þədɔksi*] ortodoxi, rättrogenhet
orthoepic [*ɔ:þoue'pik*] ortoepisk, hörande till riktigt uttal; **orthoepy** [*ɔ:þou'epi*, *-ipi*] läran om riktigt uttal
orthographic[al] [*ɔ:þogræ'fik(l)*] ortografisk, rättskrivnings-; **orthography** [*ɔ:þɔ'grəfi*] ortografi, rättstavning[slära]
orthopaedic [*ɔ:þoupi:'dik*] *med.* ortopedisk
ortolan [*ɔ:təlæn*] *zool.* ortolansparv (Emberiza)
Osborne [*ɔzbən*, *-bɔ:n*] Osborne; **o—** ett slags käx (biskvi)
Oscar [*ɔskə*] Oskar, *amr. sl* pistol
oscillate [*ɔsileit*] oscillera, pendla, svänga; **oscillation** [*ɔsilei'ʃ(ə)n*] pendelrörelse, vibrering; **oscillator** [*ɔsileitə*] (*radio.*) oscillator; **oscillatory** [*ɔsilətəri*] svängande; **oscillograph** [*ɔsilogræf*, *-gra:f*] *elektr.* svängningsvisare
osculant [*ɔskjulənt*] sammanbindande, bildande övergång; **osculate** [*ɔskjuleit*] *skämts.* kyssa[s]; *mat.* bringa i kontakt, sammanföra, beröra varandra; **osculatory** [*ɔskjulətəri*] kyss-, *mat.* oskulerande
osier [*ouʒə*] *bot.* korgpil, vide
osmium [*ɔzmiəm*] *kem.* osmium (metalliskt grundämne)
osmund [*ɔzmənd*, *ɔs-*] *bot.* kungsbräken; *min.* osmundsjärn
osprey [*ɔspri*] *zool.* fiskgjuse; espri, ägrett (modistterm)
osseous [*ɔsiəs*] ben-, förbenad, benrik
ossicle [*ɔsikl*] *anat.* litet ben
ossified [*ɔsifaid*] förbenad; **ossify** [*ɔsifai*] förbenas, göra benhård
ossuary [*ɔsjuəri*] benhus, -urna
ostensible [*ɔste'nsibl*] syn-, skenbar, påstådd, ögonskenlig, iögonenfallande; **ostentation** [*ɔstentei'ʃ(ə)n*] skrytsamt uppträdande, (tom) ståt, prål; **ostentatious** [*ɔstentei'ʃəs*] ostentativ, braskande, prålande
osteological [*ɔstiolɔ'dʒikl*] *med.* osteologisk; **osteologist** [*ɔstiɔ'lədʒist*] osteolog; **osteology** [*ɔstiɔ'lədʒi*] osteologi, läran om benen i kroppen
ostler [*ɔslə*] stalldräng (vid värdshus)
ostracism [*ɔstrəsizm*] *grek.* ostracism, landsförvisning, bojkott; **ostracize** [*ɔstrəsaiz*] landsförvisa, bannlysa, bojkotta
ostrich [*ɔstritʃ*, *-idʒ*] struts
Ostrogoth [*ɔstrogɔþ*] östgot
other [*ʌðə*] annan, annat, andra; annorlunda, olik (se *äv. another*); **each** ~ varandra; **every** ~ **day** varannan dag; **the** ~ **day** häromdagen; **on the** ~ **hand** å andra sidan; **the** ~ **place** *sl* helvetet; **the** ~ **side** hinsidan, *amr. sl* England; **he cannot tell the** ~ **from which** han kan inte säga (el. se) vad som är vad; **you are the man of all** ~**s** du är just rätta mannen framför alla andra; **some** ~ **ones** (**some others**) några andra; **someone or** ~ en eller annan; **somehow or** ~ på ett eller annat sätt; **some time or** ~ förr eller senare, någon gång; ~ **than** annat (annorlunda) än; **none** ~ ingen annan; **A.N.O—** N.N. (om anonym spelare i kricketlag); ~**where[s]** annorstädes; ~**while[s]** en annan gång, andra gånger; ~**-worldly** hörande till en annan värld, verklighetsfrämmande
otherwise [*ʌðəwaiz*] annorlunda, på annat sätt, annars, eljest, i annat fall; i övrigt, i andra av-

seenden; **any** ~ på något annat sätt; **no** ~ inte på något annat sätt, icke annorlunda; ~ **than** annat än, annorlunda än; **he knew** ~ han visste bättre; **accuracy or** ~ noggrannhet eller icke noggrannhet

otiose [*ouʃious*] sysslolös, ofruktbar, gagnlös

otology [*otɔ'lədʒi*] otologi, läran om örat; **otoscope** [*outəskoup*] öronspegel

otter [*ɔtə*] utter[skinn]

Ottoman [*ɔtomən*] ottoman, turk; turkisk; **o—** ottoman (möbel)

ouch [*autʃ*] spänne, brosch; infattning kring ädelsten

ought [*ɔ:t*]; ~ **(to)** bör, borde, skulle

ounce [*auns*] uns ($^1/_{16}$ pound, 28 g); *fig.* ett dugg, en smula

our(s) [*auə(z)*] vår[t], våra; **ours** *mil.* vårt regemente

ourself [*auəse'lf*] [vi] själva, oss [själva] (använt av furste el. journalist); **ourselves** [*auəse'lvez*] vi (oss) själva

ousel, ouzel [*u:zl*] *zool.* [kol]trast

oust [*aust*] bortköra, vräka, beröva, uttränga

out [*aut*] *typ.* lik (överhoppning), *amr.* brist, *amr. sl* ursäkt, alibi, *mil. sl* medvetslös; ut, ute, utanför, utomhus, fram, slut, fri; *amr.* utan; fara ut, ge sig ut, svämma över, slå ut (i boxning); **the** ~**s** *pol.* partiet, som icke nu bildar regering, oppositionen; **ins and** ~**s** medlemmar av de två motsatta partierna (i *pol.*, kricket etc.); **at** ~**s** *amr.* oense (**with** med); **an** ~ **and outer** överdängare, en riktig en, ngt som går utanpå allt (i sitt slag); **an** ~ **match** en match på bortaplan; ~ **size** av osedvanlig storlek (skräddaruttryck); **be** ~ vara ute, vara ur tjänst, *pol.* ej vara vid makten (styret), ej vara i arbete, vara ur led, vara utslagen (om blommor etc.), vara omodern, bli införd i sällskapslivet, vara uppe (om månen etc.), ta fel (missräkna sig), vara förbi el. över, ha utkommit (om böcker etc.); **his arm is** ~ hans arm är ur led; **be** ~ **in one's calculations** ta fel i sina beräkningar (ha missräknat sig);**erinolines are**~... äro omoderna (äro ur modet); **the girl is** ~ flickan har kommit ut i världen; **the Liberals are** ~ *pol.* de liberala äro oppositionspartiet; **the miners are** ~ gruvarbetarna äro i strejk, arbetslösa; **the rose is** ~ rosen är utslagen; **the secret is** ~ hemligheten är ute (är uppdagad el. har kommit i dagen); **be all** ~ *sl* göra sitt yttersta; **fall** ~ bli osams, komma i gräl [med]; **her evening** ~ hennes lediga afton; **down and** ~ vara utslagen, vara 'slut' med ngn; **just** ~ just utkommet; ~ **and about** ute och på rörlig fot (efter sjukdom o. d.); ~ **and away (the best)** utan all jämförelse (den bästa); ~ **and** ~ ända igenom, helt och hållet, fullständigt, genomgående, obetingat, ärke-; **be** ~ **at elbows** ha hål på armbågarna; *fig.* vara påver, torftig, avsigkommen, 'nere'; ~ **of** ut (fram) från (ur), utanför; ~ **of town** *amr. sl* vara inburad, i fängelse; ~ **of work** arbetslös; **be** ~ **of** sakna, inte ha; **you must choose** ~ **of these** du måste välja av (bland) dessa; **he was swindled** ~ **of his money** han blev frånarrad sina pengar; ~ **of curiosity** av nyfikenhet; **it is 7 miles** ~ **of London** det är 7 mil från (utanför) London; **be** ~ **of it** vara ensam och övergiven (bortkommen), vara okunnig, misstaga sig; *hand.* utsåld; icke inbegripen; ~ **of mind** bortglömd; ~ **of one's mind** galen, tokig; **out-of-the-way** avsides belägen, ovanlig; **outer** yttre, ytter-; **outing** utflykt, fridag

out- [*aut-*; tonvikten anges, när denna icke faller på *out-*]; ~**ba'lance** väga mer än, uppväga; ~**bi'd** överbjuda (i bridge etc.), överträffa; ~**board** utombords; ~**bra've** trotsigt möta, trotsa, överträffa (i morskhet etc.); ~**break,** ~**burst** utbrott, uppror; ~**cast** utkastad, -stött; hemlös; ~**cla'ss** överträffa, utklassa; ~**come** resultat, utslag; ~**crop** *geol.* (underliggande lagers) kommande i dagen, utlöpare, *fig.* yttring; ~**cry** anskri, [nöd]rop, larm; ~**-di'stance** distansera, lämna bakom sig, vida överträffa; ~**do'** överträffa, -vinna; ~**door** utomhus-, frilufts-; **-doors** utomhus, ute, i fria luften; ~**fa'ce** bringa ur fattningen, trotsa; ~**fall** flodmynning, utlopp; ~**fit** utrustning, ekipering; *fam. amr.* tillställning, *amr.* ett sällskap resande, en grupp av boskapsskötare, gäng; utrusta; ~**fitter** skeppsfurnissör, ekiperingsaffär; ~**fla'nk** *mil.* överflygla; ~**flow** utflöde; ~**giving** *amr.* yttrande, förklaring; ~**go,** ~**goings** utgift[er]; ~**going** utgående, avgående; ~**gro'w** växa om, växa ngn över huvudet; lämna bakom sig, växa ur (kläder); ~**growth** utväxt, [natur]produkt; ~**-he'rod Herod** (*Shakesp.*) överträffa själva Herodes i våldsamhet och grymhet; ~**-jo'ckey** överlista, lura; ~**landish** utländsk, ovanlig, besynnerlig; ~**la'st** vara, räcka längre än, överleva; ~**law** fredlös, flykting; förklara fågelfri; ~**lawry** biltoghet; ~**lay** utgift[er], utlägg; ~**let** utlopp, avlopp, utväg; ~**let valve** *mek.* tryckventil; ~**line** kontur, utkast, översikt; *pl* grunddrag, huvuddrag; skissera; ~**li've** överleva; ~**look** utkik[spunkt], utsikt; syn (på ngt), åskådning; [framtids]utsikter; ~**lying** avsides[liggande]; ~**ma'rch** marschera om, överträffa i marschhastighet; ~**ma'tch** överträffa, vara överlägsen; ~**nu'mber** överträffa i antal; ~**-of-door**[**s**] se ~*door(s)*; ~**pa'ce** [*pei's*] springa om (bättre än); ~**-patient** poliklinikpatient; ~**post** utpost, förpost; ~**pouring** utströmmande, utflöde, *pl* utgjutelser; ~**put** produktion, tillverkning; ~**ra'nge** sträcka sig längre än, (t. ex. om kanoner) skjuta längre än; ~**ride** [*rai'd*] rida om, rida snabbare än, rida ut (stormen); ~**rider** förridare; ~**rigger** *sjö.* utriggare; ~**right** hel, fullständig, grundlig, riktig, ren; helt och hållet, på stället, rent ut, öppet; ~**ri'val** besegra (medtävlare); ~**ru'n** springa om (förbi), löpa fortare än, undgå, gäcka (förföljare), övergå, överskrida; ~**ru'n the constable** *fam.* leva över sina tillgångar; ~**sai'l** segla om (fortare än, längre bort än); ~**set** början, inledning; ~**shi'ne** överglänsa; ~**side** se nedan; ~**skirts** utkanter (av stad etc.); ~**sma'rt** *amr.* vara smartare än; ~**spa'n** (sydafrikanska) spänna från; ~**spo'ken** rättfram, frispråkig; ~**spread** utbredd, utsträckt; ~**standing** utstående, framstående, framträdande, påfallande, utestående, o[upp]gjord; ~**stay'** stanna längre än; **outstay one's welcome** dra för stora växlar på värdens gästfrihet; ~**ste'p** överskrida; ~**stri'p** springa om, distansera, *äv. fig.* överträffa; ~**to'p** se *overtop*; ~**turn** se ~*put*; ~**vi'e** överträffa, -bjuda, besegra i tävling; ~**voi'ce** överrösta; ~**vo'te** överrösta (i omröstning); ~**voter** röstberättigad valman (bosatt på annan ort); ~**ward** se nedan; ~**we'ar** nöta ut, härda (hålla) ut; överleva, utmatta; ~**we'ar one's welcome** se *outstay*; ~**wei'gh** uppväga; ~**wi't** överlista; ~**work** *mil.* utanverk, utomhusarbete; ~**wo'rk** arbeta mer (längre) än

outer, outing se *out*

outrage [*autreidʒ, -ridʒ*] [över]våld, våldförande, kränkande, våldsdåd, skymf, kränkning; våldföra sig på, begå övervåld mot, förolämpa, kränka; ~**ous** [*autrei'dʒəs*] omåttlig, våldsam, skändlig, skymflig, kränkande

outside [*au'tsai'd*] yta, ut-, yttersida, (persons) yttre; utvändig, yttre, utvärtes, ytter-, maximum-; ut[e], utanför, -på, utom, *amr. sl* i frihet; **at the** ~ utvändigt, på yttersidan; på sin höjd; **from** [**the**] ~ utifrån; ~ **opinion** opinionen utanför (parlamentet); ~ **porter** stadsbud; ~ **prices** högsta priser; ~**-right (left)** höger (vänster)ytter, högerflygel (*fotb.*); ~ **seat** ytterplats; ~ **of** utanför, -på, utom; ~ **of a horse** *sl* på hästryggen;

get ~ of *sl* förtära, dricka; **outsider** utomstående, (opartisk) åskådare, oinvigd, 'outsider'
outward [*autwəd*] riktad utåt, yttre, utvärtes, kroppslig, materiell; **the ~ man** den yttre människan (dvs. kroppen, *skämts.* klädseln); **to ~ seeming** av det yttre att döma, synbarligen; **~ bound** *sjö.* stadd på utgående (utresa); **~ly** utåt, utanpå, i (till) det yttre; **outward**[**s**] utåt, utanpå
ouzel, ousel [*u:zl*] *zool.* [kol]trast
oval [*ouv(ə)l*] oval, ellips, äggrund, elliptisk; **the O—** kricketplan i Kennington (London)
ovarian [*ovɛ'əriən*] som hör till äggstocken; **ovary** [*ouvəri*] ovarium, äggstock
ovate [*ouveit*] (*naturhist.*) oval, äggrund
ovation [*ovei'ʃ(ə)n*] livlig hyllning
oven [*ʌvn*] ugn, [järn]spis
over [*ouvə*] över, ovanför, på andra sidan [av], alltför, över sig, utöver, mer än, *sjö.* överbord, överända, omkull, över, förbi, slut, till övers, utöver, hän över; **6 times ~** 6 gånger (efter varandra); **that is Jones all ~** vad det liknar Jones; **not ~ well** inte alltför bra, tämligen dålig; **be half seas ~** vara berusad; **count ~** räkna över (igenom); **fall ~** falla över ända, falla över bord; **jump ~** (is.) hoppa över bord; **knock ~** slå el. välta över ända; **roll ~ and ~** rulla runt (och runt); **that can stand ~** det kan anstå (tills vidare); **talk it ~** diskutera, talas vid om; **~ again** ännu, en gång till; **~ against** mitt emot, i motsats till; **~ and above** dessutom; **~ and ~** [**again**] om och om igen, gång på gång; **~ there** där borta, dit bort; **all ~ the world, all the world ~** över hela världen, världen runt; **go ~** genomgå, granska, besiktiga; **the King ~ the water** vår kung i landsflykt (jakobitiskt uttryck); **~ly** *amr.* alltför [mycket]
over- [*ouvə-*; tonvikten anges blott om den icke vilar på *over-*] över-, alltför, i alltför hög grad, för stor;

Typexempel:

~-anxious alltför ängslig; **~coat** överrock; **~-expose** överexponera; **~-production** överproduktion, för stor produktion;

Andra exempel:

~a'ct överdriva, karikera; **~all** arbetsdräkt, 'overall', ytterdräkt; **~a'rch** välva sig över; **~a'we** injaga fruktan hos, imponera på, skrämma; **~balance** övervikt, -skott; **~ba'lance** förlora jämvikten, stjälpa, uppväga; **~be'ar** överväldiga, kuva, överträffa, uppväga; **~be'aring** överväldigande, *fig.* anspråksfull, övermodig, 'överlägsen', högmodig; **~bi'd** bjuda för mycket, överbjuda (i bridge etc.); **~blo'w** blåsa omkull (bort); upphöra att blåsa, rasa ut (om oväder); **~board** *sjö.* över bord, utombords; **~ca'll** se *~bi'd*; **~ca'st** betäcka, förmörka, langettera (vid sömnad); **~cha'rge** *mil.*, *elektr.* överbelasta, överdriva, *hand.* överdebitera, uppskörta; **~charge** (is. *mil.*) för stor laddning, *hand.* uppskörtning, för högt pris; *sjö.* för stor last; **~co'me** övervinna, besegra, överväldiga; **~co'me with liquor** överlastad av starka drycker, full; **~develop** [*ou'vədive'ləp*] utveckla alltför kraftigt, *foto.* överframkalla; **~do'** överdriva, koka (steka) för hårt; överanstränga, uttrötta; **~draft** *hand.* övertrassering (av bankkonto); **~dra'w** *hand.* övertrassera; överdriva (i en beskrivning); **~dre'ss** utstyra, styra ut sig; **~dri've** överanstränga; **~due'** *hand.* (om växlar o. d.) länge sedan förfallen; försenad; **~fi'sh** tömma på fisk, bedriva rovfiske i; **~flow** översvämning, *fig.* överflöd; **~flow pipe** *auto.* spillrör; **~flo'w** översvämma, flöda över [bräddarna], överflöda; **full to ~flo'wing** överfylld; **~gro'w** växa över, betäcka; växa för mycket, bli för stor; **~gro'wn** igen-, övervuxen, förvuxen, för (abnormt) stor; **~hand** med handen över (uppåt); **~hand bowling** överarmskast (i kricket); **~hand stroke** tag ovanför vattenytan (vid simning); **~hang** ngt framskjutande, utsprång; **~ha'ng** hänga över, skjuta fram över; hota, sväva över ngns huvud; **~haul** tillsyn, undersökning; **~hau'l** hala in på (*äv. sjö.*), undersöka, genomgå, vinna på, hinna upp; **~hea'd** (*attr.* [*ouvəhed*]) över huvudet, uppe i luften, ovanpå, i höjden; **~head railway** luftbana; **~head valve** takventil; **~he'ar** råka få höra, uppsnappa; **~joy'ed** utom sig av glädje; **~la'nd** (*attr.* [*ouvəlænd*]) landvägen, över land (t. ex. *an ~ route*); **~la'p** skjuta ut över, delvis täcka, delvis sammanfalla [med], kollidera; [*ouvəlæp*] partiell övertäckning; **~lay'** övertäcka, betäcka, belägga; **~lay' oneself** försova sig; **~leaf** på motsatta (omstående) sidan; **~lie'** ligga ovanpå, ligga ihjäl, kväva; **~loo'k** överblicka, erbjuda utsikt över, höja sig över, förbise, se genom fingrarna med, övervaka, granska, förhäxa med blicken; **~match** överman; **~ma'tch** vara ngn övermäktig, överväldiga, -träffa, besegra; **~matter** manuskript, artikel etc. som sparas till nästa nummer (av en tidskrift); **~much** alltför mycken, omåttlig; alltför mycket, övermåttan; **~ni'ght** natten (kvällen) förut, över natten; **stay ~night** övernatta, stanna över natten; **~night job** *amr. sl* bilstöld om natten; **~pa'ss** fara förbi, överskrida; övergå, -träffa; **~past** överstånden, förbi; **~plus** överskott; **~po'wer** överväldiga, -manna; **~pressure** alltför starkt tryck, överansträngning (is. genom tankearbete); **~pri'nt** överstämpla (t. ex. nytt värde på frimärken); **~ra'te** överskatta; **~rea'ch** sträcka (utbreda) sig över; lura; **~rea'ch oneself** förssträcka sig; **~-re'nt** betala el. fordra oskäligt högt arrende (hög hyra) av; **~ri'de** rida igenom (över), rida fördärvad, rida omkull, nedtrampa; trampa under fötterna, åsidosätta, missbruka, *med.* sitta snett (om brutet ben); **~ru'le** behärska, övertala, *fig.* avvisa, ogilla, upphäva; **~ru'n** flöda över, *fig.* översvämma, betäcka, utbreda sig över, överskrida; **~sea**[**s**] transmarin; på (från) andra sidan havet, utomlands; **~see'** övervaka, ha uppsikt över; **~seer** inspektor, faktor (i tryckeri), [fattigvårds]tillsyningsman (*~ of the poor*); **~se'w** kasta över, langettera (vid sömnad); **~sexed** övererotisk; **~shoo't** skjuta förbi, gå för långt; *flyg.* bedöma för långt; **~shoo't the mark** skjuta över målet (gå till överdrift); **~shoo't oneself** överdriva; **~side** *sjö.* över sidan; **~sight** uppsikt, tillsyn, förbiseende, ouppmärksamhet; **~slee'p oneself** försova sig; **~sprea'd** breda [sig] över, sprida sig över; **~sta'te** överdriva, angiva för högt; **~stay'** stanna för länge; **~ste'p** överskrida; **~strai'n** överansträngning; sträcka (spänna) för mycket; överanstränga, överdriva; **~stru'ng** ytterligt spänd, hypernervös; **~strung** *mus.* korssträngat (piano); **~ta'ke** upphinna, överraska, drabba; **~ta'ken in drink** *sl* full; **~ta'x** taxera för högt; ställa för stora krav på; **~throw** nederlag, kullkastande, störtande, fall; **~thro'w** [om]störta, kasta omkull, *fig.* kullkasta; **~to'p** höja (resa) sig över, *fig.* överträffa; **~turn** (is. *amr.*) omstörtning; **~tu'rn** välta [omkull], stjälpa, [om]störta, kantra; **~wa'tched** utvakad; **~wee'ning** omåttlig, övermodig; **~whe'lm** överväldiga, förkrossa; **~work** övertidsarbete, överansträngning; **~wo'rk** överanstränga [sig]; **~wrou'ght** överansträngd, utarbetad
overt [*ou'və:t*] offentlig, öppen
ouverture [*ouvətjuə*] inledning till underhandlingar med, förslag, anbud, *mus.* uvertyr
Ovid [*ɔvid*] Ovid; **Ovidian** [*ovi'diən*] ovidisk
oviform [*ouvifɔ:m*] äggformig

ovine [*ouvain*] får-, fåraktig
oviparous [*ovi'pərəs*] äggläggande
ovoid [*ouvoid*] äggformad
ovum [*ouvəm*] (*pl ova* [*ouvə*]) ägg
owe [*ou*] vara skyldig; ha att tacka för; ~ **a grudge to** hysa agg mot; **owing to** på grund av, tack vare; **be owing to** bero på, ha sin orsak i, komma sig av
owl [*aul*] uggla, dum människa; *sl* sitta uppe om natten; **drunk as an** (*amr.* **a boiled**) ~ *sl* full som en kaja; ~**-light** skymning, halvmörker; ~**-train** *amr.* nattåg; ~**ed** *amr. sl* full; ~**et** [*aulit*] liten uggla; ~**ish** [*auliʃ*] uggleaktig, dum, trög
own 1) [*oun*] egen; **get one's** ~ **back** få betalt med samma mynt; **have it for one's** ~ få ngt till skänks; **my** ~ min skatt; **he cooks his** ~ **meals** han lagar sin mat själv; **have a house of one's** ~ ha (bo i) eget hus; **hold one's** ~ hålla i sig, stå på sig, hålla stånd; **on one's** ~ på egen hand, allena
own 2) [*oun*] äga, rå om, erkänna, tillstå; ~ **up** öppet erkänna; ~**er** ägare, *sl* redare, skeppare; ~**ership** äganderätt
ox [*ɔks*] (*pl* ~**en** [*ɔksn*]) oxe; *pl* nötkreatur; **the black** ~ **has trod on his foot** han har fått pröva på livets vedermödor; ~**-eye** oxöga, *bot.* gul prästkrage, tusensköna; ~**herd** koherde, vallgosse; ~**lip** *bot.* primula
oxalic [*ɔksæ'lik*] **acid** *kem.* oxalsyra
Oxford [*ɔksfəd*] Oxford; ~ **bags** oxfordbrallor (vida byxor); ~ **blue** mörkblå[tt]; ~ **man** oxfordstudent, en som har studerat i Oxford; ~ **mixture** (el. **grey**) ett slags gråmelerat tyg; ~ **movement** oxfordrörelsen (religiös rörelse grundad 1833)
oxide [*ɔksid*] *kem.* oxid, syra; **oxidize** [*ɔksidaiz*] syrsätta, oxidera, anlöpa
Oxonian [*ɔksou'njən*] oxfordstudent; som tillhör el. tillhört universitetet i Oxford
oxygen [*ɔksidʒən*] *kem.* syre; ~**ate** [*ɔksi'dʒineit*], ~**ize** [*ɔksi'dʒinaiz*] *kem.* oxidera, förbinda med syre
oyes [*oujes*], **oyez** [*ouje's, oujes, oujez*] *jur.* hör[en]! lyssnen! (officiellt utrop, varmed ljud äskas vid rätten)
oyster [*oistə*] ostron; ~**-bank**, ~**-bed**, ~**-farm** ostronbank; ~**-catcher** *zool.* strandskata; ~ **diver** *äv. amr. sl* tallriksdiskare
oz.(s) förk. f. *ounce(s)*
ozone [*ouzoun, ozou'n*] *kem.* ozon, aktiv syrgas

P

P, p [*pi:*] (*pl Ps, P's* [*pi:z*]) P, p; **mind one's Ps and Qs** tänka på vad man säger (gör)
pa [*pa:*] *fam.* pappa, far
pabulum [*pæbjuləm*] föda, näring; **mental** ~ andlig spis, stoff
pace [*peis*] skritt, steg, gång, passgång, hastighet, tempo, [full] fart; gå, skrida, skjuta stark fart (t. ex. om cyklist); **put a person through his —s** låta en person visa vad han kan (duger till); **keep** ~ hålla jämna steg [med]; **go the** ~ leva undan; ~**-maker** *sport.* pacemaker; **pacer** pacemaker, passgångare
pachyderm [*pækidə:m*] *zool.* tjockhuding; ~**atous** [*pækidə:'mətəs*] *zool.* tjockhudad, *fig. äv.* okänslig, [för]härdad
pacific [*pæsi'fik*] fredlig, fridsam, fredsstiftande; **the P—** Stilla havet; ~**ation** [*pæsifikei'ʃ(ə)n*] pacificering, lugnande; ~**atory** [*pəsi'fikətəri*] fredsstiftande, fredlig; **pacifism** [*pæsifizm*], **pacificism** [*pəsi'fisizm*] pacifism, fredsrörelse; **pacifist** [*-st*] fredsvän; **pacify** [*pæsifai*] stilla, lugna, återställa fred (lugn) i ett land
pack [*pæk*] packning, packe, knyte, [kort]lek, samling, koppel (hundar), band, hop, flock, skock, rad av angrepp (i Rugby fotboll); packa, skocka ihop sig, packa sig av (i väg); packa (köra) ihop, bunta ihop, förpacka, fylla, lassa, *amr.* bereda (matvaror) för konservering; **a** ~ **of fools** en samling idioter; **a** ~ **of lies** en hop lögner, rena nonsens (struntprat); ~ **off** sända bort, packa sig av; ~ **up** packa ner (in); **send** ~**ing** köra bort (i väg); ~**-drill** *mil.* straffexercis; ~**man** gårdfarihandlare; ~**thread** segelgarn; ~**age** [*pækidʒ*] (is. *amr.*) packe, kolli, förpackning; **packet** [*pækit*] (litet) paket, [post]ångare (~*-boat*), *sl* större penningsumma (vunnen el. förlorad); **packing** *hand.* packning, *hand.* [in]packning, nedläggning (is. *of meat*), emballage
pact [*pækt*] överenskommelse, fördrag, pakt
pad 1) [*pæd*] *sl* stig, väg, stråt
pad 2) [*pæd*] [skriv]underlägg, pappersblock, dyna, kudde, (vid kricket) benskydd, [sadel]puta, trampdyna, stoppning, valk; stoppa, madrassera, vaddera, fylla; **blotting** ~ skrivunderlägg; ~ **it** (~ **the hoof**) *sl* 'luffa', traska; ~**ded** *amr. sl* med tjuvgods dolt på sig; ~**ding** stoppning, vaddering, fyllnadsgods, spaltfyllnad
paddle [*pædl*] paddel, pagaj, kanotåra, skovel på vattenhjul; paddla, plaska, vada, tulta, fingra på, *amr.* (*äv.*) klå upp, prygla; ~ **one's own canoe** stå på egna ben, ta sig fram på egen hand; ~**-wheel** *sjö.* skovelhjul
paddock [*pædək*] hästhage, volt
Paddy [*pædi*] *fam.* irländare; **p—** raseri, vrede (~*-whack*), oskalat ris
padishah [*pa:'diʃa:'*] schah (av Persien), kejsare (av Indien)
padlock [*pædlɔk*] [låsa med] hänglås
padre [*pa:drei*] *sl* fältpräst
pæan [*pi:ən*] seger-, jubelsång
pæderasti [*pi:dəræsti, ped-*] pederasti
pagan [*peigən*] hedning; hednisk; **paganism** [*-izm*] hedendom
page [*peidʒ*] page, betjäntpojke (pickolo); sida (i bok); paginera, *amr.* kalla på hotellgäster (gnm pickolon)
pageant [*pædʒənt*], ~**try** [*pædʒəntri*] (historiskt) festtåg, skådespel, ståt, pomp
paginate [*pædʒineit*] paginera; **pagination** [*pædʒinei'ʃ(ə)n*] paginering
pagoda [*pəgou'də*] pagod, gammalt indiskt guldmynt; **shake the** ~**-tree** skära guld med täljknivar, bli hastigt rik
pah [*pa:*] pytt!
paid [*peid*] betalt(e) (se *pay*)
pail [*peil*] ämbar, spann, stäva; **dinner** ~ *amr.* matportör, mathämtare
pain [*pein*] pina, smärta, plåga, straff, *pl* besvär, möda; pina, smärta, plåga, göra ont; **on** ~ **of death** *jur.* vid dödsstraff; **be in** ~ ha smärtor; ~ **in the neck** *amr. sl* osympatisk person, 'plåga'; **take** ~**s** göra sig besvär (omak); **be at the** ~**s of** ha mycket besvär med; **for one's** ~**s** för besväret (ofta *iron.*); ~**-killer** *med.* smärtstillande medel; **painstaking** flit, möda; flitig,

omsorgsfull; **painful** smärt-, pinsam; **painless** smärtfri
paint [*peint*] färg, smink; måla, färga, sminka; **wet** ~! nymålat! ~ **out** måla över, utplåna; ~ **the town red** *sl* festa; ~**er** målare; ~**ing** målning, tavla, målarkonst; ~**ress** [*peintris*] målarinna
painter [*peintə*] *sjö.* fånglina; se *äv. paint*; **cut the** ~ *sl* släppa vind för våg, lösgöra sig från, avdunsta, dö
painting, paintress se *paint*
pair [*pεə*] par, make; para [ihop], bilda par, para sig; ~ **of scissors** sax; **a pretty** ~ **of shoes** *fam. fig.* en skön soppa; **a two-**~ **back (front)** ett rum två trappor upp mot gården (gatan); ~**-horse** (f. **pair of horses**) parhästar; ~**-oar** [båt för] två åror; **pairing** parning
pajamas [*pədʒa:'məs*] pyjamas; **the cat's** ~ *amr. sl* lysande, utmärkt
pal [*pæl*] *sl* kamrat; ~ **up with** bli god vän med; **pally** kamratlig; **be pally** vara goda vänner
palace [*pælis*] palats, slott
paladin [*pælədin*] paladin, vandrande riddare
palæography [*pæli'ɔgrəfi*] paleografi, vetenskapen om forna tiders skrivsätt; **palæolithic** [*pælioli'þik*] paleolitisk, hörande till äldre stenåldern; **palæontology** [*pæliɔntɔ'lədʒi*] paleontologi, läran om utdöda organismer
palæstra [*pale'strə*] skola för brottning, gymnastiksal
palankeen, palanquin [*pælənki:'n*] palankin (täckt bärstol)
palatable [*pælətəbl*] välsmakande; **palatal** [*pælətəl*] (*fonet.*) palatal, gomljud; gom-; **palatalize** [*pælətəlaiz*] palatalisera; **palate** [*pælit*] gom; *fig.* smak
palatial [*pəlei'ʃəl*] palatslik
palatinate [*pəlæ'tinit*] pfalzgrevskap; **the P—** Pfalz; **palatine** [*pælətain*] pfalzgrevlig; gom-; **count palatine** pfalzgreve
palaver [*pəla:'və*] köpslående (underhandling) mellan köpmän och vilda folk, tomt prat, *sl* smicker; pladdra, prata, sladdra
pale 1) [*peil*] påle, stake, spjäla (till staket), gräns, område; inhägna; **beyond the** ~ **of the laws** rättslös, fågelfri
pale 2) [*peil*] blek, matt; [för]blekna, göra blek, bli blek; ~ **ale** ljust öl; ~**-face** blekansikte
palestra se *palæstra*
paletot [*pæltou*] paletå, överrock
palette [*pælit*] (målares) palett
palimpsest [*pælimpsest*] palimpsest (raderat och nyskrivet pergament)
palindrome [*pælindroum*] palindrom (ord el. rad som läses lika rakt fram och bakfram)
paling [*peiliŋ*] plank, staket, inhägnad
palingenesis [*pælindʒe'nisis*] *zool.* förvandling (t. ex. insekters), pånyttfödelse
palisade [*pælisei'd*] [förse med] palisad[er], pålverk
palish [*peiliʃ*] blekaktig
pall 1) [*pɔ:l*] [bår]täcke, pallium; ~**-bearer** bårtäckesbärare vid begravning
pall 2) [*pɔ:l*] övermätta, trötta, äckla (*äv.* ~ *on*)
palladium [*pəlei'diəm*] palladium (Pallas Athenas bild el. metallen), *fig.* skyddsvärn
pallett [*pælit*] palett (se *palette*), halmmadrass
palliasse, paillasse [*pæljæ's*] halmmadrass, hård undermadrass
palliate [*pælieit*] lindra (för tillfället), förmildra, bemantla; **palliation** [*pæliei'ʃ(ə)n*] (övergående) lindring, överskylande; **palliative** [*pæliətiv*] lindringsmedel, hjälp för ögonblicket; lindrande för tillfället
pallid [*pælid*] blek, askgrå, sjuklig (till utseendet)
pallium [*pæliəm*] (ärkebiskops) pallium
pallor [*pælə*] blekhet
pally se *pal*
palm [*pa:m*] palm[kvist], segerpris, flata handen, handsbredd; beröra med flata handen, dölja i handen; **grease a person's** ~ muta ngn; ~ **off on** pracka (lura) på; **yield the** ~ avstå från segerpriset; **P— Sunday** palmsöndag; ~**-oil** palmolja, *sl* mutor, drickspengar; ~**aceous** [*pælmei'ʃəs*] palmartad; ~**ar** [*pælmə*] hörande till flata handen; ~**ary** [*pælməri*] främst, bärande segerpalmen (det högsta beröm); ~**ate** [*pælmit*], ~**ated** [*pælmeitid*] lik en utspärrad hand, försedd med simhud; ~**er** [*pa:mə*] pilgrim (på hemväg från Heliga landet); ~**etto** [*pælme'tou*] dvärgpalm; ~**iped** [*pælmiped*] simfågel; ~**istry** [*pa:mistri*] kiromanti (handspådomskonst); ~**y** [*pa:mi*] palmliknande, palmrik, *fig.* blomstrande; **palmy days** välmakts-, lyckliga dagar
palooka [*pəlu'kə*] *amr. sl* medelmåtta, dålig boxare, värdelös hand (*kort.*)
palpability [*pælpəbi'liti*] kännbarhet, påtaglighet; **palpable** [*pælpəbl*] känn-, märkbar, påtaglig, handgriplig, tydlig
palpitate [*pælpiteit*] klappa, slå häftigt, skälva, spritta, darra; **palpitation** [*pælpitei'ʃ(ə)n*] hjärtklappning, skälvning
palsy [*pɔ:lzi, pɔlzi*] slag[anfall]; förlama
palter [*pɔ:ltə, pɔltə*] slingra sig, krångla, pruta, handskas lättvindigt
paltry [*pɔ:ltri, pɔltri*] eländig, usel, futtig
paludal [*pæl(j)u:'dl*] träsk- (*fever* feber)
pam [*pæm*] klöver knekt, svarte Petter; *amr.* film-*sl* förk. f. *panorama*; **pamming** fotografering av panorama (naturscenerier)
pampas [*pæmpəz*] Pampas; [*pæmpəs*] pampasgräs (~**-grass**)
pamper [*pæmpə*] klema bort, övergöda, -mätta
pamphlet [*pæmflit*] broschyr, strö-, flygskrift; **pamphleteer** [*pæmfliti'ə*] författare av flygskrift; skriva flygskrifter
Pan [*pæn*] (guden) Pan; **pan-pipe** herdeflöjt
pan [*pæn*] panna, skål, bunke, *amr. sl* ansikte; vaska (guld), (om flygmaskiner) göra pannkakslandning; uppta naturscenerier (*film.*); **have a** ~ **on** *sl* vara på dåligt humör; **dead** ~ *amr. sl* dött (uttryckslöst) ansikte; ~ **out** vaska guld, *fig.* ge god avkastning (gott resultat), *äv.* utfalla; ~**cake** pannkaka; ~**handle** skaft på [stek]panna, *amr.* landtunga (av en stat mellan andra); *amr.* tigga; ~**handler** *amr.* tiggare
pan- [*pæn-*] pan-, all[t]- (omfattande allt); ~**-American** panamerikansk (omfattande både Nord- och Sydamerika); ~**-German** pangermansk (omfattande alla germaner)
panacea [*pænəsi'ə*] panacé, universalbotemedel
panache [*pæna:'ʃ, pəna:'ʃ, -næ'ʃ*] fjäderbuske, plym
Panama [*pænəma:'*] Panama; ~ [**hat**] panamahatt
pancreas [*pæŋkriæs, pæn-*] pankreas (bukspottkörtel)
pandect [*pændekt*] lagsamling
pandemic [*pænde'mik*] pandemi (sjukdom som angriper alla inom ett visst område); pandemisk
pandemonium [*pændimou'njəm*] pandemonium, helvete, kaos, oväsen
pander [*pændə*] kopplare; ~ **to** vara kopplare åt, främja ngns onda lustar (planer)
pane [*pein*] [fönster]ruta, slät sida, fält
panegyric [*pænidʒi'rik*] panegyrik, lovord[ande]; **panegyrist** [*pænidʒi'rist*] panegyriker, lovtalare; **panegyrize** [*pænedʒiraiz*] lovprisa, rosa, berömma
panel [*pænel*] fyrkantig avdelning, ruta, spegel el. fält (i vägg, dörr m. m.), pannå, kil i kläder, *flyg.* fack, spant, stagfält, träskiva (till oljemålning), förteckning över sjukkasseläkare, jury[lista]; indela i (förse med) rutor (fält), panela; ~ **doctor** sjukkasseläkare; ~**ling** fältindelning, panel

pang [*pæŋ*] (plötslig) stickande smärta, styng (i hjärtat); ~**s of conscience** samvetskval
panic [*pænik*] panik, skräck; panisk; ~**-monger** anstiftare av panik; **panicky** [*pæniki*] panikartad
panicle [*pænikl*] *bot.* vippa, förgrenad klase el. ax (som på havre)
panjandrum [*pændʒæ'ndrəm*] storkaxe, matador, högvördighet (*skämts.* titel *the Great P*—)
pannier [*pænjə*] [vide-, klövje]korg, panier (styvkjortel)
pannikin [*pænikin*] liten kanna, mugg, krus
panning se *pan*
panny [*pæni*] *amr. sl* hus
panoply [*pænəpli*] fullständig rustning, vapensamling (ordnad på vägg)
panorama [*pænəra:'mə*] panorama[målning]
pansy [*pænzi*] pensé, styvmorsviol, *sl* effeminerad man (som gärna styr ut sig), feminin, chic; ~ **up** *sl* stassa upp sig
pant [*pænt*] flämtning, flåsning; kippande efter andan; flämta, kippa efter andan, längta (**for, after** efter), säga (framstöta) flämtande; **panting** flämtning, flåsning; andfådd
pantalettes [*pæntəle'ts*] mamelucker, dambyxor
pantaloon [*pæntəlu:'n*] Pantalon (pajas); *pl* (is. *amr.*) [lång]byxor
pantechnicon [*pænte'knikən*] möbelmagasin, möbelvagn
pantheism [*pænþi(:)izm*] panteism; **pantheist** [*-st*] panteist
pantheon [*pænþi:'ən*] panteon (praktbyggnad ägnat åt minnet av ett folks stora män)
panther [*pænþə*] panter; **American** ~ puma, kuguar; ~**-sweat** *amr. sl* spirituosa
panties [*pæntiz*] dambyxor
pantile [*pæntail*] tegelpanna
pantomime [*pæntəmaim*] pantomim, stumt (dramatiskt) spel
pantry [*pæntri*] serveringsrum, pentri
pants [*pænts*] (*amr.* o. *vulg.*) benkläder (förk. f. *pantaloons*); (långa) herrkalsonger, flygar-*sl* hjulskärm, *amr. sl* mansperson
panzy [*pænzi*] *amr. sl* inbrottstjuv
pap [*pæp*] [barn]välling, [grötlik] massa, gröt
papa [*pəpa:'*] pappa, *amr. sl* älskare, Lincoln-bil
papacy [*peipəsi*] påvevärdighet, -döme; **papal** [*peip(ə)l*] påve-, påvlig
papaverous [*pəpei'vərəs*] vallmoliknande, vallmo-, sömngivande
paper [*peipə*] papper, examensuppgift, tidning, tapet (*wall-*~), dokument, uppsats, avhandling, *amr. sl* tågbiljett, *sl* [folk med] fribiljett; tapetsera, klistra papper i el. på; **read a** ~ hålla föreläsning el. föredrag (**on** om, över); **commit to** ~ sätta (fästa) på papperet, skriva ned; **send in one's** ~**s** inlämna sin avskedsansökan; **on** ~ på papperet (i teorin), enligt statistiken, svart på vitt; ~**-chase** snitseljakt; ~**-clip** pappersklämma; ~ **currency** papperspengar; ~**-hanger** tapetserare, *amr. sl* check- el. växelförfalskare; ~**-hanging** tapetsering, tapet[er]; ~ **house** *amr. sl* teatersalong fylld av publik med fribiljetter; ~**-mark** vattenstämpel (i papper); ~**-mill** pappersbruk; ~ **war** tidningsfejd; ~**-weight** brevpress
papier-maché [*pæ'pjeima:'ʃei*] papjemasché
papilla [*pəpi'lə*] (*pl papillæ* [*-li:*]) *anat.* papill, liten vårta
papist [*peipist*] papist; ~**ical** [*pəpi'stik(ə)l*] papistisk; ~**ry** [*peipistri*] papisteri
papoose [*pəpu:'s*] *nordamr. indianspr.* barnunge
pappy [*pæpi*] mosig, mjuk och lös
paprika [*pæpri:'kə*] paprika
papyrus [*pəpai'ərəs*] (*pl papyri*[*-ai*]) papyrus
par 1) [*pa:*] *sl* förk. f. *paragraph*, artikel, notis (i tidning), moment
par 2) [*pa:*] jämlikhet, lika värde, *hand.* pari; ~ **of exchange** *hand.* kurs; **above (at, below)** ~ över (till, under) pari; **below** ~ (*äv*). dålig (om hälsa); **on a** ~ i genomsnitt (medeltal); **be on a** ~ **with** vara likställd med
parable [*pærəbl*] parabel, liknelse, *amr. sl* långdragen historia (som berättaren själv njuter av); **take up one's** ~ börja tala (docerande)
parabola [*pəræ'bələ*] *mat.* parabel; **parabolic[al]** [*pærəbɔ'lik(əl)*] allegorisk, parabolisk
parachute [*pærəʃu:'t*] *flyg.* fallskärm; sänka [sig] till marken medelst fallskärm; **parachutist** [*-ist*] fallskärmshoppare
parade [*pərei'd*] parad[plats], promenad[plats]; paradera, promenera på, uppvisa, lysa (ståta) med, *mil.* låta paradera, uppställa till uppvisning; **make a** ~ **of** stoltsera med, föra till torgs
paradigm [*pærədaim*] *gram.* paradigm, böjningsmönster
paradise [*pærədais*] paradis; **paradisiac** [*pærədi'ziək*], **paradisic** [*pærədi'zik*] paradisisk
parados [*pærədəs, -dou*] *mil.* vall bakom löpgrav (motsats *parapet*)
paradox [*pærədɔks*] paradox; ~**ical** [*pærədɔ'ksik(ə)l*] paradoxal
paraffin [*pærəfin, -fi:n*] paraffin[olja], fotogen
paragon [*pærəgən*] mönster, förebild
paragraph [*pærəgra:f*] paragraf, stycke, notis (i tidning); indela i paragrafer (avdelningar), skriva en notis om; ~**ic** [*pærəgræ'fik*] paragrafisk, indelad i stycken; ~**ist** [*pærəgrəfist*], *amr.* ~**er** [*pærəgrəfə*] notisförfattare
parakeet [*pærəki:t*] parakit (liten långstjärtad papegoja; *paroquet*)
parallax [*pærəlæks*] *astr.* parallax
parallel [*pærəlel*] parallell (i olika *bet.*), jämlöpande; [snar]lik; löpa (gå) parallellt [med], uppvisa motstycke till, motsvara, gå upp **emot**; **without** [a] ~ utan motstycke; ~ [**of latitude**] breddgrad; ~ **bars** barr (gymnastikredskap); ~**ism** [*pærəlelizm*] parallellism, likhet, motsvarighet; ~**ogram** [*pærəle'ləgræm*] *mat.* parallellogram
paralogism [*pəræ'lodʒizm*] oriktig slutledning
paralyse [*pærəlaiz*] paralysera, förlama; **paralysis** [*pəræ'lisis*] paralysi, förlamning; **paralytic** [*pærəli'tik*] lam person; förlamad, lam
paramount [*pærəmaunt*] förnämst, överlägsen
paramour [*pærəmuə*] älskare, älskarinna, käresta
parapet [*pærəpit, -pet*] bröstvärn, balustrad, *mil.* skyttevärn, vall framför löpgrav
paraphernalia [*pærəfənei'ljə*] personlig egendom, utrustning, grejor
paraphrase [*pærəfreiz*] parafras, omskrivning; parafrasera, omskriva; **paraphrastic** [*pærəfræ'stik*] omskrivande
paraselene [*pærəsili:'ni*] *astr.* bi-, vädermåne
parasite [*pærəsait*] parasit, snyltgäst; **parasitic** [*pærəsi'tik*] snyltande; **parasiticide** [*pærəsi'tisaid*] medel mot parasiter
parasol [*pærəsɔ'l, pæ'rəsɔ'l*] parasoll
parataxis [*pærətæ'ksis*] *gram.* satsers samordning utan bindeord
paratyphoid [*pæ'rətai'fɔid*] paratyfus
paravane [*pærəvein*] *sjö.* paravan, minsvepningsanordning
parboil [*pa:bɔil*] förvälla, halvkoka, låta sjuda upp, uppdraga blåsor (på huden av hetta)
parcel [*pa:sl*] paket, packe, bunt, [varu]parti, kolli, jordlott, stycke, *sl* större penningsumma (förlorad el. vunnen); [ut]dela, stycka, paketera; **part and** ~ väsentlig beståndsdel; ~ **gilt** delvis förgylld; ~ **post** paketpost
parch [*pa:tʃ*] förtorka, sveda, bränna, rosta, försmäkta (av törst)
parchment [*pa:tʃmənt*] pergament
pard [*pa:d*] *amr. sl* partner, kamrat
pardon [*pa:dn*] *jur.* amnesti, benådning, förlåtelse, avlat; förlåta, *jur.* benåda; [**I**] **beg** [**your**] ~ jag ber om ursäkt; förlåt, men . . .; va sa'? ~**able**

[*pa:dənəbl*] förlåtlig, ursäktlig; ~**er** [*pa:dənə*] avlatskrämare
pare [*pεə*] klippa, skala, skava, *fig.* kringskära, minska; **paring** skal[ning], klippning, *pl* det som bortskurits (avskalats), skal
parent [*pεərənt*] fader el. moder, upphov, rot, *pl* föräldrar; **our first** ~**s** Adam och Eva; ~ **ship** moderfartyg; ~**age** [*pεərəntidʒ*] härkomst, -stamning, börd; ~**al** [*pəre'ntl*] föräldra-; ~**hood** [*pεərənthud*] föräldravärdighet, -skap
parenthesis [*pəre'nþisis*] parentes; **parenthetic** [*pærənþe'tik*] parentetisk, inskjuten i parentes; **parenthesize** [*pəre'nþisaiz*] inskjuta i el. som parentes
pareo [*pəri:'ou*] höftskynke (använt på Söderhavsöarna)
paresis [*pærisis*] *med.* förlamning
parget [*pa:dʒit*] *ark.* puts, stuck; putsa
parhelion [*pa:hi:'ljən*] *astr.* bi-, vädersol
pariah [*pæriə, pæ:riə*] paria, *fig.* en som är utstött ur samhället
parietal [*pərai'ətəl*] hörande till en vägg, sido-; ~ **bones** *anat.* hjässben
Paris [*pæris*] Paris; **Parisian** [*pəri'zjən*] parisare, -iska; paris-, parisisk
parish [*pæriʃ*] socken, församling, kommun, *amr.* menighet; ~ **clerk** klockare; ~ **council** kommunalnämnd; ~ **lantern** *sl* månen; ~ **register** kyrkbok
parishioner [*pəri'ʃənə*] sockenbo, församlingsbo
parity [*pæriti*] paritet, likhet, analogi
park [*pa:k*] park (i alla *bet.*), *amr.* (*äv.*) sportplan; parkera, *fam.* placera, inhägna; **the P—** Hyde Park; ~**-leaves** *fam. bot.* en art johannisört (Hypericum androsæmum); **parky** *sl* kylig (om luft)
parlance [*pa:ləns*] tal[språk], språkbruk; **legal** ~ juridiskt språk
parley [*pa:li*] underhandling, parlamentering, överläggning, samtal; underhandla, [sam]tala, parlamentera, tala ett främmande (underligt) språk; **beat (sound) a** ~ ge signal med trumma (trumpet) till underhandling
parleyvoo [*pa:livu:'*] *sl* fransman; tala franska
parliament [*pa:ləmənt*] parlament; **the P— Act** lagen av 1911, som inskränkte överhusets makt; ~**arian** [*pa:ləməntε'əriən*] parlamentariker; ~**ary** [*pa:ləme'ntəri*] parlamentarisk; **old parliamentary hand** erfaren parlamentariker; **parliamentary train** persontåg (som stannar vid alla stationer)
parlour, *amr.* **parlor** [*pa:lə*] vardagsrum, förmak; utskänkningsrum (i värdshus), rum bakom butiken; *amr.* [rak]salong, ateljé; ~**-leech** *amr. sl* snål kavaljer (som gärna besöker en flicka i hennes hem men ej bjuder ut henne); ~ **Bolshevik** salongsbolschevik; ~ **car** *amr.* (ung. =) salongsvagn; ~**-maid** husa
Parmesan [*pa:mizæ(')n*] [**cheese**] parmesanost
Parnassian [*pa:næ'siən*] medlem av den franska parnassiska diktarskolan, parnassisk; **Parnassus** [*pa:næ'səs*] Parnassen
parochial [*pərou'kjəl*] socken-, kommunal; *fig.* småsinnad, småstadsaktig, *amr.* församlings-
parody [*pærədi*] parodi; parodiera
parokeet [*pæroki:t*] se *parakeet*
parole [*pərou'l*] hedersord, *mil.* lösen, paroll; frigiva (fånge) mot hedersord
paroquet [*pæroket*] se *parakeet*
parotid [*pərɔ'tid*] *anat.* hörande till spottkörteln
paroxysm [*pærəksizm*] paroxysm, häftigt anfall el. utbrott (av sjukdom, vrede etc.)
parquet [*pa:kit*] parkettgolv, *amr.* (*äv.*) parkett (på teater); lägga parkettgolv; ~ **flooring**, **parqueting** [*pa:kitiŋ*], **parquetry** [*pa:kitri*] parkettgolv, parkettarbete
parr [*pa:*] unglax
parricidal [*pærisai'dl*] (*adj.*) fader- el. mordermördare-; **parricide** [*pærisaid*] fader- el. modermördare, fader- el. modermord, landsförräderi
parrot [*pærət*] papegoja, *fig. äv.* eftersägare; eftersäga, pladdra, upprepa tanklöst; ~**ry** [*pærətri*] tanklöst eftersägande
parry [*pæri*] parad (*fäkt.* etc.); parera, avvärja
parse [*pa:s*] *gram.* analysera (ord o. satser)
Parsee [*pa:si:', pa:'si:'*] parser
parsimonious [*pa:simou'njəs*] alltför sparsam, knusslig; **parsimony** [*pa:siməni*] sparsamhet, knussel
parsley [*pa:sli*] *bot.* persilja
parsnip [*pa:snip*] palsternacka
parson [*pa:sn*] präst, kyrkoherde, *sl* vägvisare; **go to P— Greenfields** *fam.* ta en promenad i st. f. att gå i kyrkan; ~**'s nose** gump på stekt gås, anka etc., 'prästnäsa'; ~**age** [*pa:sənidʒ*] prästgård
part [*pa:t*] part, del, avdelning, roll, *mus.* parti, stämma, (is. *pl*) trakt[er], intelligens, parti, sak; delvis; dela (ngt med ngn), bena (håret), öppna (dela) sig, skiljas [åt], gå itu, [sär]skilja, *sl* betala; **the** ~**s** könsdelarna; ~ **of speech** *gram.* ordklass; [**the**] **most** ~ största delen; **for the most** ~ till största delen, mestadels; **in** ~ delvis; **in** ~**s i häften**; **it was not my** ~ **to** det tillkom inte mig att; **I am a stranger in these** ~**s** jag är en främling här på orten (i dessa trakter); **singing in** ~**s** sång i stämmor; **play a** ~ spela en roll; **a man of** [**good**] ~**s** en intelligent (begåvad) man; **take something in bad (good)** ~ upptaga ngt illa (väl); **take** ~ **with, take the** ~ **of** taga parti för; **on his** ~ å hans sida; **made** ~ **of iron,** ~ **of wood** gjort dels av järn dels av trä; **the cord** ~**ed** snöret gick itu (rämnade); **time to** ~ tid att skiljas, att gå en var till sitt; ~ **brass-rags** *sjö. sl* avbryta ett förtroligt förhållande; ~ **friends** skiljas som vänner; ~ **from** taga avsked av; ~ **with** skiljas vid, avstå från, göra sig av med; ~**-owner** delägare; ~**-song** *mus.* flerstämmigt sångstycke; ~**-time** deltids-; ~**-timer** *fam.* deltidsanställd; ~**ing** se nedan
partake [*pa:tei'k*] (*oregelb. vb*, se *take*); ~ **of** intaga, förtära (mat o. dryck); ha en anstrykning av
parterre [*pa:tε'ə*] blomsterparterr; *amr.* nedre parkett, parterr (i teater)
parthenogenesis [*pa:þenoudʒe'nisis*] jungfrufödsel, *zool.* fortplantning utan befruktning
Parthian [*pa:þiən*] från Partien, partisk; ~ **glance, shaft, shot** etc. blick, pil, skott etc. (*fig.* om hugg riktat mot en motståndare under låtsad flykt)
partial [*pa:ʃəl*] delvis, partiell, ofullständig, partisk, ensidig; ~ **eclipse** partiell förmörkelse; **be** ~ **to** vara svag (ha en viss förkärlek) för; ~**ity** [*pa:ʃiæ'liti*] partiskhet, svaghet, förkärlek; ~**ly** delvis
participant [*pa:ti'sipənt*] deltagande, -re; **participate** [*pa:ti'sipeit*] ha en [an]del; deltaga, dela, deltaga i; **participation** [*pa:tisipei'ʃ(ə)n*] del tagande, -aktighet
participial [*pa:tisi'piəl*] *gram.* participial-, liknande (hörande till) particip; **participle** [*pa:tisipl*] *gram.* particip
particle [*pa:tikl*] partikel (*äv. gram.*); liten del, smådel; **not a** ~ **of** inte ett grand (en skymt) av
particoloured [*pa:tikʌləd*] mångfärgad, brokig (*äv. fig.*)
particular [*pəti'kjulə*] enskildhet, detalj, *pl* närmare upplysningar; speciell, särskild, utförlig, noggrann, noga, kinkig, nogräknad (**about** med); **in that** ~ i det hänseendet; **a London** ~ en äkta londondimma; **in** ~ speciell[t], särskilt, i synnerhet; ~**ism** [*pəti'kjulərizm*] *pol.* partikularism; ~**ity** [*pətikjulæ'riti*] utförlighet, noggrannhet, granntyckthet; ~**ize** [*pəti'kjuləraiz*] nämna (behandla) särskilt, framställa i detalj, specificera; ~**ly** [*pəti'kjuləli*] särskilt, i detalj,

i synnerhet, synnerligen, alldeles särskilt (*äv.* *more* ~)
parting [*pa:tiŋ*] avsked, delning, åtskiljande; bena; delande, skiljande; **at the ~ of the ways** vid skiljevägen; ~ **cup** avskedsbägare; ~ **shot** = *Parthian shot*
partisan [*pa:tizæ'n*] partigängare, anhängare; ~**ship** partiväsen, -anda, -sinne
partition [*pa:ti'ʃ(ə)n*] in-, av-, fördelning, del, skiljevägg, -mur; [av]dela (*äv.* ~ *off*); **partitive** [*pa:titiv*] delnings-, partitiv
partly [*pa:tli*] dels, delvis
partner [*pa:tnə*] deltagare, -ägare, kompanjon, äkta hälft, make (maka), moatjé, medspelare; **silent** el. **sleeping** ~ passiv delägare (intressent); ~**ship** kompanjonskap
partook of åt [och drack], se *partake*
partridge [*pa:tridʒ*] rapphöna; **St. P—'s Day** (*skämts.*) 1 sept. (då rapphönsjakten börjar)
parturition [*pa:tjuri'ʃ(ə)n*] barnsbörd, nedkomst
party [*pa:ti*] parti, sällskap, bjudning, trupp[avdelning], *jur.* part, kontrahent, intressent, medbrottsling, *fam.* o. *vulg.* individ, person; **give a** ~ ha en bjudning; **be a** ~ **to** deltaga i, ha ngt att göra med; **be of the** ~ vara bland deltagarna, vara med; **there will be no** ~ det blir i all enkelhet; **make a person a** ~ **to** inviga ngn i; ~**-coloured** mångfärgad, brokig; ~ **hedge** häck mellan två tomter; ~**-spirit** partianda; ~**-wall** brandmur
parvenu [*pa:vənju:*] (*fr.*) parveny, uppkomling
pas [*pa:*] [dans]steg, företräde, försteg; **give the** ~ **to** ge företräde, låta (ngn) gå före
paschal [*pa:skəl*] påska-
pash [*pæʃ*] *sl* förk. f. *passion* förälskelse, lidelse
pasha [*pa:ʃə, pæʃə, pəʃa:'*] (turkisk) pascha
pasquinade [*pæskwinei'd*] paskill, smädesskrift
pass [*pa:s*] [bergs]pass, genomfart, passage, godkännande (i examen), kritisk punkt, fribiljett, passersedel, stöt (*fäkt.*), passning (*fotb.*), hypnotisk strykning, *amr. sl* förk. f. *passenger train*; gå, fara, passera, gå förbi, köra om, övergå, förgå, förflyta, hända, godkännas (i examen), gå igenom (om lagförslag), passa (*kort.* o. *fotb.*), gå och gälla (**as** som), låta gå, skicka [vidare], räcka, godkänna (i examen och om lag), tillbringa; **forward** ~ (*fotb.*) passning framåt; **make a** ~ **at** göra utfall mot; **things have come to a pretty** ~ (*iron.*) det ser skönt ut; **the bill was passed** lagförslaget godkändes (antogs); **the examiners passed him** examinatorerna godkände honom; **the years** ~ åren gå [fort]; **it passes belief** det är otroligt; ~ **the bottle** skicka flaskan runt, låta flaskan gå vidare; ~ **the buck** *sl* vältra arbete el. ansvar över på andra; **he has** ~**ed the chair** han har varit president, borgmästare etc.; ~ **an examination** gå igenom (godkännas) i en examen; ~ **one's hand over** fara med handen över; **bring to** ~ åstadkomma; **it came to** ~ det begav sig (hände); ~**ed pawn** (i schackspel) bonde som inte kan tagas av någon av motspelarens bönder; ~ **the time** fördriva tiden; ~ **the time of day** säga god morgon (godafton etc.); ~ **water** kasta sitt vatten; ~ **the word** ge order, *sjö.* varsko; ~ **one's word** ge sitt [heders]ord

Med adverb och prepositioner

~ **away** gå hädan, dö [ut], fördriva (tiden); ~ **by** gå förbi, förbigå; ~ **by on the other side** ignorera; ~ **for** passera som, gå och gälla för; ~ **in one's checks** *sl* kola vippen (dö); ~ **in review** betrakta, (kritiskt) genomgå, *mil.* mönstra; ~ **into** övergå (förvandlas) till; ~ **off** gå bort, försvinna, gå (väl etc.), avlöpa, försiggå, utge för el. såsom, avvärja, parera; ~ **on** passera (gå) vidare (~ *on, please*! gå på, var så god!), låta gå vidare, berätta vidare; ~ **out** *sl* bli utslagen, förlora medvetandet, **kola vippen**, göra fiasko; ~ **over** gå över, fara över, förbigå; ~ **through** gå (fara) igenom, genomgå, uppleva; ~ **up** *amr.* avslå, hålla tillbaka, låta bli, vägra att ha ngt att göra med

Sammansättningar etc.

~**-book** motbok, kontrabok; ~**-check** utgångsbiljett; ~**-key** portnyckel, *amr.* (*äv.*) falsk nyckel; ~**man** kandidat med allmän examen; **P— over** [*pa:souvə*] judisk påskhögtid, påskalamm; ~**port** pass (för resa); ~**word** lösen; ~**-wort** *bot.* tuppkamm; ~**able** [*pa:səbl*] antaglig, dräglig, tämligen god, framkomlig, farbar, gångbar; **passing** bortgång, förbi-, genomfart; förbigående, någorlunda; **in passing** i förbigående; en passant; **passing-bell** själaringning; **passingly** i förbigående
passage [*pæsidʒ*] passage, gång, korridor, genomresa, -gång, överfart, färd, övergång, omkörning, behandling (av lagförslag), episod, avsnitt, ställe (i en bok etc.), *mus.* passage, sats; **bird of** ~ flyttfågel; ~ **of arms** ordskifte, -växling
passant [*pæsənt*] *fr.* (*herald.*) [sedd från sidan o.] gående
passenger [*pæsindʒə*] passagerare, resande, *fam.* passiv medlem (av sportförbund etc.); ~ **stiff** *amr. sl* fripassagerare (på tåg)
passer[-by] [*pa:sə(-bai)*] förbigående
passim [*pæsim*] *lat.* här och där (i en bok)
passimeter [*pəsi'mitə*] biljettmaskin
passion [*pæʃ(ə)n*] lidelse, vrede, passion, (Kristi) lidande (*Passion*); **in a** ~ med hetta; **fly into a** ~ bli ursinnig, råka i raseri; ~**-flower** *bot.* passionsblomma; **P— Sunday** femte söndagen i fastan; **P— tide** fastan; **P— week** (= *Holy Week*) passionsveckan, heliga veckan; **passionate** [*pæʃənit*] hetlevrad, passionerad, lidelsefull, eldig
passive [*pæsiv*] *gram.* passivum; passiv, overksam, vilje-, motståndslös; **the** ~ **voice** *gram.* passiv form; **passivity** [*pəsi'viti*] passivitet, overksamhet, liknöjdhet
Passover se *pass*
past [*pa:st*] förfluten tid; förbi, [för]gången, förfluten, svunnen, över; **undo the** ~ göra det förflutna ogjort, stryka över det förflutna; **a woman with a** ~ en kvinna med ett förflutet; ~ **master** f. d. [stor]mästare (bl. frimurare), *fig.* mästare; **the** ~ **month** förliden månad; ~ **participle** perfektum particip; ~ **tense** *gram.* preteritum, imperfektum; **it is** ~ **two o'clock** klockan är över två; **half** ~ **two** halv tre; **an old man** ~ **seventy** en gubbe på över 70 år; **it is** ~ **endurance** el. **bearing** det är outhärdligt; **he is** ~ **praying for** det är ute med honom, han är förtappad
paste [*peist*] massa, deg, klister, pasta, glasjuvel[er], oäkta ädelsten[ar]; klistra, *sl* klå upp, daska på; ~**board** papp, kartong, *sl* visit-, spelkort
pastel [*pæste'l*] pastell (färgstift), pastellmålning; **pastel[l]ist** [*pæste'list*] pastellmålare
pastern [*pæstə:n*] karled (på häst)
pasteurization [*pæstəraizei'ʃ(ə)n*] pastörisering; **pasteurize** [*pæstəraiz*] pastörisera (mjölk o. d.)
pastiche [*pæsti:'ʃ*] pastiche
pastil[le] [*pæsti:'l*] rökgubbe, pastilj, tablett
pastime [*pa:staim*] tidsfördriv, nöje
pastor [*pa:stə*] pastor, själasörjare; ~**al** [*pa:stərəl, pæs-*] herdedikt, pastoral, herdespel, idyll (*mål.*), herdabrev; herde-, pastoral-, idyllisk, lantlig; **the Pastoral Epistles** Pastoralbreven (Pauli); **pastorate** [*pa:stərit*] kyrkoherdetjänst, tjänstetid ss. kyrkoherde (*pastor*)
pastry [*peistri*] finare bakverk, bakelser, smördeg; ~**-cook** konditor, sockerbagare
pasturable [*pa:stjurəbl, pæs-*] tjänlig till betesmark; **pasturage** [*pa:stjuridʒ, pæs-*] betesmark,

bete; **pasture** [*pa:stʃə, pæs-*] betesmark, bete, betande; beta, låta beta
pasty [*pæsti, pa:sti*] [kött]pastej; [*peisti*] degig, degartad, (om hy) matt, blek[fet]
pat [*pæt*] klapp, lätt slag, smäll, klimp, klick; precis, genast till hands, lämplig, passande; klappa, slå; **stand** ~ (i poker) behålla sina kort, *fig.* vidhålla sitt beslut; **~-a-cake** baka bulle (småbarnslek); **~-ball** (föraktl.) tennis
Pat [*pæt*] *fam.* förk. f. *Patrick*, (öknamn för) irländare
patch [*pætʃ*] lapp, klut, flik, stycke, ställe, fläck, [skönhets]musch, jordlapp, täppa; lappa, laga, bilägga; **he is not a ~ on** *sl* han är inte jämförlig med (går inte upp emot); **strike a bad ~** genomleva en slöhetsperiod; **~ up** lappa ihop, *fig. äv.* jämka ihop, ordna upp (bilägga); **~work** lappverk, fuskverk, röra; **~work quilt** lapptäcke; **patcher** fuskare; **patchy** lappig, hoplappad
patchouli [*pætʃuli*] patschuli (ett slags indisk parfym)
pate [*peit*] *fam. åld.* skalle (huvud), skult
patella [*pəte'lə*] liten skål, knäskål
paten [*pætən*] paten, oblattallrik
patent [*peitənt, pæ-*] patent[brev], privilegie-, fribrev; öppen, klar, tydlig; tillgänglig (öppen) [för alla], privilegierad, patenterad; patent- (framför varubeteckning alltid [*peitənt*]); patentera, bevilja (få) patent på; **~ of nobility** adelsprivilegier; **P— [*pæ-*] Office** patentbyrå; **letters ~** [*pæ-*] patentbrev, öppet brev; **~ leather** blankskinn (i sms. lack- [*~boots*]); **patentee** [*peit(ə)nti:', pæ-*] patentinnehavare
pater [*peitə*] *fam.* pappa; **~familias** [*peitəfəmi'liæs*] *lat.* familjefader; **~nal** [*pətə:'nəl*] faderlig, faders-, fäderneärvd; **paternal uncle** farbroder; **~nity** [*pətə:'niti*] faderskap
paternoster [*pæ'tənɔ'stə*] Paternoster, Fader vår, [paternosterkula på] radband; **P— Row** [*rou*] (gata i London med många boklådor)
path [*pa:þ*, (pl.) *pa:ðz*] stig, gång; [gång]bana, *fig.* bana, väg; **~finder** 'stigfinnare', pionjär, *amr. sl* politisk spion
pathetic [*pəþe'tik*] patetisk, rörande, gripande
pathogenic [*pæþodʒe'nik*] sjukdomsalstrande; **pathogeny** [*pəþɔ'dʒəni*] patogeni (läran om sjukdomars uppkomst)
pathological [*pəþəlɔ'dʒikl*] patologisk; **pathologist** [*pəþɔ'lədʒist*] patolog; **pathology** [*pəþɔ'lədʒi*] patologi (sjukdomslära)
pathos [*peiþɔs*] patos, lidelsefull känsla
patience [*peiʃəns*] tålamod, ihärdighet, (*kort.*) patiens; **be out of ~** vara otålig, ha förlorat tålamodet; **patient** [*peiʃ(ə)nt*] patient; tålig, tålmodig, fördragsam; **be patient of** medge, tillåta
patina [*pætinə*] patina
patois [*pætwa:', -wɔ:'*] allmogespråk, dialekt
patriarch [*peitria:k*] patriark; **~al** [*peitria:'kl*] patriarkalisk; **~ate** [*peitria:kit*], **~y** [*peitria:ki*] patriarkat
patrician [*pətri'ʃ(ə)n*] patricier, ädling; patricisk, adlig
patricide [*pætrisaid*] fadermord, -mördare
patrimony [*pætriməni*] fädernearv, arvegods
patriot [*peitriɔt, pæt-*] patriot, fosterlandsvän; **~eer** [*peitriɔti'ə*] en som framhåller sin patriotism; **~ic** [*pætriɔ'tik*] patriotisk, fosterländsk; **~ism** [*pætriətizm*] patriotism, fosterlandskärlek
patrol [*pətrou'l*] *mil.* patrull, patrullering; [av]patrullera; **~man** patrull-, polisman; **~ wagon** *amr.* polisbil
patron [*peitrən, pæt-*] patronus, skyddsherre, -patron, beskyddare, skyddshelgon (~ *saint*); **~age** [*pætrənidʒ*] beskydd[arskap], ynnest, stöd, kundkrets; **~ess** [*peitrənis, pæt-*] beskyddarinna, gynnarinna, patronessa (jfr *patron*); **~ize** [*pætrənaiz*] beskydda, gynna, uppmuntra, bemöta med beskyddande nedlåtenhet
patronymic [*pætrəni'mik*] patronymikon, fäderne-, familjenamn
patsy [*pætsi*] *amr. sl* all right
patten [*pætn*] träsko, yttersko (med järnring under träsula)
patter 1) [*pætə*] rotvälska, prat; rabbla, pladdra, haspla ur sig; **~ song** 'pladdersång', kuplett
patter 2) [*pætə*] smatter, trippande; smattra, piska (om regn mot ruta o. d.), tassa, trippa
pattern [*pætən*] mönster, förebild, modell, prov; efterbilda, mönstra; **to ~** enligt mönster el. prov
patty [*pæti*] liten pastej
paucity [*pɔ:siti*] fåtalighet, knapphet, brist
Paul [*pɔ:l*] Paul, Paulus (*St.* ~); **St. Paul's [Cathedral]** S:t Paulskyrkan (i London); **~ Pry** *sl* frågvis person, 'snok'; **~ine** [*pɔ:lain*] paulin (medlem av St. Paul's School i London); paulinsk
paunch [*pɔn(t)ʃ*] buk, våm; skära upp (o. rensa) buken på
pauper [*pɔ:pə*] fattighjon, utfattig person, understödstagare; **~ism** [*pɔ:pərizm*] fattigdom; **~ize** [*pɔ:pəraiz*] utarma, göra beroende av fattigvården
pause [*pɔ:z*] paus, avbrott, tvekan, ovisshet; hejda sig, tveka, betänka sig; **give ~ to** göra (ngn) tveksam (betänksam)
pave [*peiv*] stenlägga, täcka; **~ the way** bana väg; **~ment** [*peivmənt*] stenläggning, trottoar, gångbana
pavilion [*pəvi'ljən*] (stort, spetsigt) tält, paviljong, *åld.* utbyggnad; förse med paviljong
paviour [*peivjə*] stenläggare, *tekn.* jungfru
paw [*pɔ:*] tass, *sl* hand, labb; vidröra med tassen, skrapa med hovarna [på], *sl* stryka [över], fingra [på], *sl* krama om (en flicka)
pawky [*pɔ:ki*] knipslug, klipsk, torr (humor etc.)
pawl [*pɔ:l*] *mek.* spärrhake
pawn [*pɔ:n*] bonde (i schack), *fig.* bricka, pant; pantsätta, sätta i pant; **~broker** pantlånare; **~shop** pantlånekontor; **~-ticket** pantkvitto, -lapp; **pawnee** [*pɔ:ni:'*] pantinnehavare, -tagare
pawny [*pɔ:ni*] *mil. sl* vatten
pax [*pæks*] fred, pax
pay [*pei*] betalning, lön, *mil.* sold, *sjö.* hyra; *amr.* betalnings-; (*oregelb. vb*) betala, löna [sig], betala sig; **draw ~** uppbära avlöning; **~ attention to** ägna uppmärksamhet åt; **~ one's way** betala för sig; **~ a visit (to)** göra (avlägga) ett besök (hos, i); **~ through the nose** betala för högt pris, bli uppskörtad; **in his ~** i hans tjänst (sold); **the devil [and all] to ~** fan är lös; **~ in** inbetala; **~ off** [av]betala, *sjö.* falla (hålla) undan för vinden, betala och avskeda (avmönstra) sjöfolk; **~ out** utbetala, bli kvitt genom (att erlägga) betalning, bestraffa, hämnas, *sjö.* fira (släcka) på (tross) (*äv. ~ away*); *sl* ge stryk (klå upp); **~ up** betala (till fullo); **~-day** likvid-, avlöningsdag; **~-desk** kassa (i butik); **~master** [regements]kassör; **~-roll** (**~-sheet**) avlöningslista; **~able** [*peiəbl*] betalbar, förfallen till betalning, lönande, som betalar sig; **~ at sight** *hand.* att betalas vid uppvisandet; **payee** [*peii:'*] remittent, mottagare av betalning; **payer** betalare; **payment** betalning, avlöning
pea [*pi:*] ärt, *amr. sl* [revolver]kula; **they are as like as two ~s** de likna varandra som två bär; **~-nut** *bot.* jordnöt; **~-nut politics** *amr.* humbugspolitik; **~-pod** (**~-shell**) ärtbalja; **~-shooter** blåsrör; **~ soup** ärtsoppa; *äv.* = **~-souper** *sl* tjock, gul dimma, Londondimma; **~-tree** *bot.* ärtbuske (*Siberian ~*)
peace [*pi:s*] fred, lugn, ro, fredsslut; **break the [king's] ~** störa allmän ordning; **hold one's ~** hålla sig tyst; **make ~** sluta fred (**with** med), stifta fred (**between** mellan); **be at ~** leva i frid (fred); **be sworn of the ~** förordnas till fredsdomare; **commission of the ~** fullmakt att

vara fredsdomare; **justice of the ~** fredsdomare; **~ to his ashes** frid över hans stoft; **~maker** fredsstiftare; **~-offering** försoningsoffer, -gärd; **~able** [*pi:səbl*] fredlig, fredsälskande, fridsam; **~ful** fridfull, stilla, fredlig

peach [*pi:tʃ*] persika, persikoträd, *sl* söt flicka; *sl* skvallra, ange; **~y** [*pi:tʃi*] persikoliknande, -färgad; *amr. sl* tilldragande, finfin (*äv. peacharooney* [*pi:tʃəru:'ni*] m. fl. varianter)

peacock [*pi:kɔk*] påfågel[stupp]; yvas, stoltsera, kråma sig; **peafowl** [*pi:faul*] påfågel; **peahen** påfågelshöna

pea-jacket [*pidʒækit*] (sjömans) stortröja

peak 1) [*pi:k*] spets, bergstopp, [möss]skärm, *sl* näsa, *sjö.* pik; **~-load** toppunkt (om elektr. kraft, trafik etc.); **~ year** rekordår (i statistik); **peaked, peaky** spetsig, skarp, avtärd, mager

peak 2) [*pi:k*] tyna bort (*~ and pine*)

peal [*pi:l*] klockringning, klockspel, skräll, dunder, brak, brus; ringa, dundra, braka, skrälla, skalla, brusa; **~ of laughter** skallande skratt[salva]; **~ of thunder** åskknall; **the ~s of the organ** orgelns brus

pear [*pɛə*] päron; **~-tree** päronträd

pearl [*pə:l*] pärla, pärlstil (halvkorpus); pärla, bilda pärlor, pryda (besätta) med pärlor, fiska pärlor; **mother-of-~** pärlemor; **~-barley** pärlgryn; **~-button** pärlemorknapp; **~-diver** pärlfiskare, *amr. sl* tallriksdiskare; **~-oyster** pärlmussla; **pearly** lik en pärla, pärlskimrande, -rik, -prydd, genomskinlig

peasant [*pez(ə)nt*] bonde; **~ry** [*pez(ə)ntri*] allmoge, bondestånd

pease [*pi:z*] *åld. pl* ärter; **~-pudding** ärtpuré

peat [*pi:t*] torv; **~-bog, ~-moss** torvmosse; **~ery** torvtäkt; **~y** torvliknande, -artad, torvrik

pebble [*pebl*] kiselsten, småsten, (*opt.*) [lins av] bergkristall; **pebbly** full (el. bestående) av kiselstenar

peccability [*pekəbi'liti*] syndfullhet; **peccable** [*pekəbl*] syndfull; **peccadillo** [*pekədi'lou*] småsynd el. förseelse; **peccant** [*pekənt*] syndig, felaktig, oriktig, *med.* osund, fördärvlig

peck 1) [*pek*] mått för torra varor (9 087 liter), mängd, massa, *sl* pengar, mat, *amr. sl* vit man

peck 2) pickande, hack, (flyktig) kyss; picka [på, i], hacka [hål i], kyssa, äta, picka (peta) i maten, *sl* slänga; **pecker** [*pekə*] hacka, *sl* näsa, 'nos'; **keep your pecker up** tappa inte modet (sugen); **peckish** [*pekiʃ*] *sl* sugen, hungrig

Pecksniff [*peksnif*] salvelsefull hycklare (Dickensfigur) (*adj. Pecksniffian* [*peksni'fiən*])

pectoral [*pektərəl*] bröstplåt, -sirat, bröstmedel; bröst-

peculate [*pekjuleit*] försnilla, -skingra (pengar), begå underslev; **peculator** [*pekjuleitə*] försnillare

peculiar [*pikju:'ljə*] särskild, egen, säregen, egendomlig, besynnerlig; **the ~ People** Guds egendomsfolk; **~ity** [*pikjuliæ'riti*] egenhet, egendomlighet

pecuniary [*pikju:'njəri*] pekuniär, penning-

ped [*ped*] *sl* förk. f. *pedestrian*

pedagogic[al] [*pedəgɔ'gik(əl)*] pedagogisk; **pedagogue** [*pedəgɔg*] pedagog, skolmästare; **pedagogy** [*pedəgɔgi*] pedagogik, lärarverksamhet, undervisning

pedal [*pedl*] pedal; trampa, cykla; **soft ~** pianopedal; *amr. fig.* dämpa; **~ pusher** *amr. sl* cyklist

pedant [*ped(ə)nt*] pedant; **~ic** [*pidæ'ntik*] pedantisk; **~ry** [*ped(ə)ntri*] pedanteri

peddle [*pedl*] idka gårdfarihandel, syssla med småsaker; **~ your fish** (el. **papers**) *amr. sl* sköt dina egna affärer; **peddling** gårdfarihandel; småsint, småsnål; **peddler, pedlar** [*pedlə*] gårdfarihandlare, knåpare; *amr. sl* långsamt gående tåg, smyghandlare med kokain etc.

pedestal [*pedistl*] piedestal, fotställning, bas

pedestrian [*pəde'striən*] fotgängare; gående till fots, (om stil o. d.) alldaglig, mekanisk, oinspirerad; **~ crossing** övergång för fotgängare; **~ism** [*-izm*] fotvandring (*sport.*)

pedicle [*pedikl*] blomstjälk, -skaft

pedicure [*pedikjuə*] pedikyr, fotvård

pedigree [*pedigri:*] stamtavla, -träd, härkomst, *amr. sl* (förbrytares) brottförteckning (hos polisen); **~ cattle** stambok[s]förd boskap

pediment [*pedimənt*] fronton, gavelfält, grundval

pedlar [*pedlə*] gårdfarihandlare; **~y** [*pedləri*] gårdfarihandel, kramvaror, småkram

pedometer [*pidɔ'mitə*] stegmätare, -räknare

pedrail [*pedreil*] larvfötter (på bil, tanks etc.)

peduncle [*pidʌ'ŋkl*] blomskaft

peek [*pi:k*] blick, titt; kika, titta (genom springa o. d.); **~-a-boo** kurragömma (barnlek)

peel [*pi:l*] fästningstorn, bakspade, skal; skala [av], förlora skal (bark), gå (falla) av, fjälla (t. ex. efter scharlakansfeber), *sl* klä av sig

peeler [*pi:lə*] *sl* polisman, 'byling'

peeling [*pi:liŋ*] skal (*potato peelings*)

peen [*pi:n*] den spetsiga delen av hammarhuvudet

peep [*pi:p*] titt, förstulen blick, pip[ande]; kika (titta) in [ut], pipa (om fågelungar etc.); **~ of dawn** första gryningsstrimma; **~-bo** tittut (barnlek); **~-hole** titthål; **~-show** tittskåp; **peepers** *sl* ögon, [korp]gluggar; **peeping Tom** nyfiken [person], tittare, snokare, spion

peer 1) [*piə*] [jäm]like, pär (medlem av högadeln i England); vara (göra) jämlik (**with** med); **be tried by one's —s** bli dömd av sina gelikar; **be created a ~** göras till lord, upphöjas till pärsvärdighet; **~age** [*piəridʒ*] pärsvärdighet, pärs-, adelskalender; **~ess** [*piəris*] pärs hustru, kvinnlig pär; **~less** makalös, oförliknelig

peer 2) [*piə*] stirra, titta, skymta [fram], visa sig, framträda; **~y** [*piəri*] snokande, nyfiken

peeve [*pi:v*] *amr.* irritera, reta; **peeved** [*pi:vd*], **peevish** [*pi:viʃ*] kinkig, knarrig, vresig, retlig

peewit [*pi:wit*] *zool.* tofsvipa

peg [*peg*] pinne, bult, stift, sprint, tapp, pligg, skruv, *amr.* ben, träben, *sl* grogg; fästa (markera) med pinne; pligga, [fast]binda (*äv.* **~ down, to** vid), gå på pinnen (i krocket); **a round ~ in a square hole** på orätt plats; **a ~ to hang . . on** anledning (förevändning) till; **take him down a ~ or two** tvinga honom att stämma ned tonen, stuka honom; **on the ~** *sl* i rannsakningsfängelse; **~ the exchange** el. **market** (i börsspråk) fastställa inköps- och försäljningspriserna; **~ away** *sl* ivrigt gå (knoga) på; **~ out** markera, utmärka, gå på pinnen (i krocket), *sl* bli ruinerad, dö; **~-top** snurra (med metallspets); **~-top trousers** *fam.* byxor (vida upptill o. smala nedtill)

pegamoid [*pegəmɔid*] pegamoid

peignoir [*peinwa:*] *fr.* kamkofta

pejorative [*pi:dʒərətiv*] [ord med] nedsättande [betydelse]

Peke [*pi:k*] *fam.* förk. f. *Pekinese*

Pekin [*pi:ki'n*], **Peking** [*pi:ki'ŋ*] Peking; **Pekinese** [*pi:kini:'z*] pekineser (hund); pekinesisk

pekoe [*pekou*] pekoe (ett slags te)

pelagic [*pelæ'dʒik, pilæ'dʒik*] pelagisk, hörande till öppna sjön, storsjö-, djupvattens-

pelargonium [*peləgou'njəm*] *bot.* pelargonia, geranium

pelerine [*peləri:n*] pelerin, ytterkrage

pelf [*pelf*] *föraktl.* pengar, mammon, slem vinning

pelican [*pelikən*] *zool.* pelikan

pellet [*pelit*] liten kula (av trä, papper, bröd etc.), piller, litet hagel

pellicle [*pelikl*] tunn hinna el. hud

pell-mell [*pe'lme'l*] huller om buller, oordning, handgemäng; huvudstupa; förvirrad

pellucid [*pelju:'sid*] genomskinlig, klar

Peloponnese [*peləpəni:z*] peloponnesier; **Peloponnesian** [*peləpəni:'ʃ(ə)n*] peloponnesisk; **Peloponnesus** [*peləpəni:'səs*] Peloponnesos

pelt 1) [*pelt*] skinn (oberett), fäll, päls; **~ry**

[*peltri*] pälsdjurs oberedda skinn, pälsverk, -varor
pelt 2) [*pelt*] kasta [på], dunka på, bombardera [med], piska (om regn); **at full ~** i full fart
pelvic [*pelvik*] *anat.* bäcken-; **pelvis** [*pelvis*] *anat.* bäcken
pemmican [*pemikən*] pemmikan (soltorkat kött)
pen 1) [*pen*] penna; [ned]skriva; **~-and-ink** pennteckning (utförd med bläck och penna); **the P— Club** Pennklubben (internationell författarförening); **take up the ~** ta till pennan, ägna sig åt författarskap; **~driver** *sl* kontorist; **~holder** pennskaft; **~knife** pennkniv; **~man** skriftställare, skribent, [skön]skrivare, *amr. sl* check- el. dokumentförfalskare; **~-name** pseudonym; **~-pusher** *sl* skribent, författare, kontorist; **~wiper** penntorkare
pen 2) [*pen*] fålla, kätte, hönsbur, (i Västindien) plantage, *sl* bostad; instänga, driva i fålla
penal [*pi:n(ə)l*] straff-, straffbar, -värd, kriminell; **do ~** undergå straffarbete; **~ code** strafflag; **~ servitude** straffarbete; **~ize** [*pi:nəlaiz*] belägga med straff, ådöma straff (t. ex. i fotboll straffspark); **~ty** [*penlti*] straff, vite, straffspark (i fotboll), *äv.* **~ty kick** el. **shot**; **pay the ~ty of** straffas (böta) för; **~ty area** straffsparksområde
penance [*penəns*] bot[göring, -övning]
penates [*pinei'ti:z*] penater, husgudar, *fig.* hem
pence [*pens*] pence (*pl* av *penny*)
pencil [*pens(i)l*] blyertspenna, ritstift, *åld.* konstnärs pensel (*äv. fig.*), *opt.* strålknippe, *amr. sl* revolver; skriva el. rita (med blyerts), pensla
pendant [*pendənt*] örhänge, hängsmycke, -prydnad, vimpel; [*äv. pã:dã:*] pendang, motsvarighet; **pendency** [*pendənsi*] oavgjort tillstånd (om rättegång); **pendent** [*pendənt*] ned-, överhängande, oavgjord, *gram.* utan anknytning
pending [*pendiŋ*] oavgjord, pågående, svävande, *jur.* anhängig, under [loppet av], i avvaktan på
pendulous [*pendjuləs*] [ned]hängande (fritt), svängande, pendlande; **pendulum** [*pendjuləm*] pendel
penetrability [*penitrəbi'liti*] genomtränglighet; **penetrable** [*penitrəbl*] genomtränglig, tillgänglig, mottaglig
penetralia [*penitrei'liə*] det innersta (is. av byggnad), det allra heligaste
penetrate [*penitreit*] genomtränga, intränga [i], genomborra, -skåda, utgrunda; **penetrating** genomträngande, skarp[sinnig]; **penetration** [*penitrei'ʃ(ə)n*] genom-, inträngande, skarpsinne; **penetrative** [*penitreitiv*] =*penetrating*
penguin [*peŋgwin*] pingvin
peninsula [*pini'nsjulə, pəni'n-*] halvö; **the P—** Pyreneiska halvön, (i första världskriget) Gallipoli; **peninsular** [*pini'nsjulə, pəni'n-*] halvöliknande, hörande till [en] halvö
penis [*pi:nis*] penis
penitence [*penitəns*] botfärdighet, ånger; **penitent** skrifte-, biktbarn; botfärdig, ångerfull; **penitential** [*penite'nʃəl*] bot-; **penitentiary** [*penite'nʃəri*] korrektionsanstalt, tukthus, *amr.* fängelse; botgörings-, fångvårds-
pennant [*penənt*] vimpel
penniless [*penilis*] utfattig, pank
pennon [*penən*] vimpel
penn'orth [*penəþ*] = *pennyworth* så mycket som fås för 1 penny
penny [*peni*] (*pl pence* [*pens*] el. *pennies*) penny; **a ~ for your thoughts** *fam.* vad tänker du på? vad skulle du säga om du kunde tala? **a pretty ~** 'en vacker slant'; **in for a ~, in for a pound** har man sagt A får man säga B; **turn an honest ~** tjäna en (hederlig) slant; **~-a-liner** notisjägare, uselt betald skribent; **~-blood, ~-dreadful** sensationsroman; **~-in-the-slot** [**machine**] automat; **be ~-wise** vara småsnål, sparsam i smått (*and poundfoolish* och slösaktig i stort); **~wort** *bot.* aronsskägg; **~worth** så mycket som fås för 1 penny, valuta för sina pengar
penology [*pi:nɔ'lədʒi*] kriminalpolitik
pensile [*pens(a)il*] hängande, svävande
pension [*penʃ(ə)n*] pension; pensionera; [*pã:siɔ̃:*] pensionat (utom England), helpension; **~ off** ge avsked med pension; **~ary** [*penʃənəri*] pensionär; pensionerad, pensions-; **~er** [*penʃənə*] pensionär; *åld.* legohjon, dräng
pensive [*pensiv*] tankfull, grubblande
pent [*pent*] instängd, -spärrad; **~ up** (*äv.*) *fig.* inklämd, undertryckt
pent[a]- [*pent(ə)-*] fem-; **pentachord** [*pentəkɔ:d*] femsträngat instrument; **pentacle** [*pentəkl*] pentagram, alvkors; **pentagon** [*pentəgən*] femhörning; **pentagram** [*pentəgræm*] se *pentacle*; **pentahedron** [*pentəhi:'drən*] *mat.* pentaeder; **pentameter** [*pentæ'mitə*] pentameter (femfotad vers); **the Pentateuch** [*pentətju:k*] Pentateuken (5 Mose böcker); **pentathlon** [*pentæ'þlən*] femkamp
Pentecost [*pentikɔst, -kɔ:st*] judarnas pingst[högtid]; **pentecostal** [*pentikɔ'stl, -kɔ:'stl*] pingst-
penthouse [*penthaus*] skjul, regntak; **~ brows** buskiga ögonbryn
pentode [*pentoud*] *elektr.* pentod
penult [*pinʌ'lt, penʌ'lt*], **~imate** [*pinʌ'ltimit, penʌ'l-*] *gram.* näst sista [stavelsen]
penumbra [*pinʌ'mbrə, penʌ'm-*] halvskugga
penurious [*pinju'əriəs, penju'-*] torftig, karg, fattig, sparsam, njugg; **penury** [*penjuri*] armod, torftighet, brist
peony [*piəni*] *bot.* pion
people [*pi:pl*] *sg* folk[slag], nation, *pl* folk, befolkning, människor, anhöriga; befolka, bebo, [upp]fylla; **my ~** min familj
pep [*pep*] *amr. sl* kraft, fart, kläm; **~ up** hoppa upp [på]; **~timist** [*peptimist*] *amr. sl* man med ruter i; **~py** *amr.* full av liv
pepper [*pepə*] peppar; peppra, *äv.* peppra på, beskjuta; **~-and-salt** grå- el. svart- och vitspräckligt tyg; **~-box, ~-caster, ~-pot** peppardosa, -flaska; **~-pot** (*äv.*) *sl* starkt kryddad kött- el. fiskrätt; **~-mint** pepparmynta; **peppery** [*pepəri*] pepprad, skarp, bitande, hetsig, argsint
pepsin [*pepsin*] pepsin; **peptic** [*peptik*] hörande till (befordrande) matsmältningen
per [*pə:*, (svagt) *pə*] (is. *hand.*) per, pro; **~ annum** [*ænəm*] om året, årligen; **~ caput** [*kæpət*] per huvud; **~ cent** [*sent*] procent; **~ diem** [*daiəm*] per dag; **~mensem** [*mensəm*] per månad; **~ mille** [*mili*] pro mille; **~ procuration** (förk. *p. p., per pro., per proc.*) *hand.* per prokura; **~ se** i och för sig; **as ~** efter, enligt; **as ~ usual** (*skämts.*) som vanligt
perambulate [*pəræ'mbjuleit*] genomvandra, -resa; **perambulation** [*pəræmbjulei'ʃ(ə)n*] genomresa, vandring; **perambulator** [*præmbjuleitə, pəræ'm-*] barnvagn (*pram*)
perceive [*pəsi:'v*] [upp]fatta, inse, märka, förnimma
percentage [*pəse'ntidʒ*] procent[siffra]
percept [*pə:sept*] (*filos.*) förnimmelse; **~ibility** [*pəseptibi'liti*] förnimbarhet, fattbarhet; **~ible** [*pəse'ptəbl*] förnimbar, märkbar; **~ion** [*pəse'pʃ(ə)n*] förnimmelse, varseblivning, iakttagelseförmåga, uppfattning; **~ive** [*pəse'ptiv*] förnimmande, förnimmelse-, begåvad med god (snabb) uppfattning; **~ivity** [*pəsepti'viti*] (snabb) uppfattning[sförmåga]
perch 1) [*pə:tʃ*] abborre
perch 2) [*pə:tʃ*] pinne (att sitta på), vagel, upphöjd plats, *amr. sl* inbilskhet, fåfänga; slå sig ned, sitta uppflugen, sätta upp (på en hög plats); **come off your ~** var ej så överlägsen; **hop the ~** *sl* 'trilla av pinnen', dö
perchance [*pətʃa:'ns*] kanske

percipient [*pə(:)si'piənt*] förnimmande, uppfattande
percolate [*pə:koleit*] genomtränga, filtrera, sila; **percolation** [*pəkolei'ʃən*] filtrering; **percolator** [*pə:koleitə*] [kaffepanna med] filtreringsapparat
percussion [*pə:kʌ'ʃ(ə)n*] stöt, slag, kollision, *med.* perkussion; ~ **of the brain** hjärnskakning; ~ **cap** tändhatt, knallhatt; **percussive** [*pə:kʌ'siv*] slående, perkussions-
perdition [*pə:di'ʃ(ə)n*] fördärv, förstörelse, *relig.* evig fördömelse
perdu[e] [*pə:dju:'*] *mil.* placerad i framskjuten (farlig) ställning, dold
peregrinate [*perigrineit*] vandra (färdas) [omkring], vandra igenom; **peregrination** [*perigrinei'ʃ(ə)n*] vandring (färd); **peregrinator** [*perigrineitə*] vandrare; **perigrine** [*perigrin*] [**falcon**] pilgrimsfalk
peremptory [*pəre'm(p)təri, perəm-*] bestämd, avgörande, definitiv, diktatorisk
perennial [*pəre'njəl*] perenn, flerårig [växt]; beständig, varaktig
perfect [*pə:fikt*] *gram.* perfektum; fulländad, fullkomlig; [*pəfe'kt*] fullborda, -komna; ~ **oneself** fullkomna (utbilda) sig, förkovra sig; ~**ible** [*pəfe'ktibl*] perfektibel, utvecklingsmöjlig; ~**ibility** [*pəfektibi'liti*] perfektibilitet, förmåga att fullkomna sig; ~**ion** [*pəfe'kʃ(ə)n*] fulländning, -komlighet; **to perfection** fulländat, förträffligt
perfervid [*pəfə:'vid*] *fig.* brinnande, glödande
perfidious [*pə(:)fi'diəs*] trolös, svekfull, förrädisk; **perfidy** [*pə:fidi*] trolöshet, svekfullhet, förräderi
perforate [*pə:fəreit*] genomborra, -stinga, perforera; **perforation** [*pə:fərei'ʃ(ə)n*] genomborrning, perforering, hål, öppning
perforce [*pəfɔ:'s*] av tvång, nödvändigt
perform [*pəfɔ:'m*] utföra, verkställa, uträtta, fullgöra, spela (en roll), uppföra (en pjäs), traktera (ett instrument), uppträda; ~**ance** [*pə:fɔ:'məns*] utförande, fullgörande, prestation, uppträdande, framställning, föreställning; ~**er** uppträdande; ~**ing** uppträdande; dresserad
perfume [*pə:fju:m*] doft, parfym; [*pəfju:'m*] parfymera, fylla med vällukt; **perfumer** [*pəfju:'mə*] parfymhandlare, -tillverkare; **perfumery** [*pəfju:'məri*] parfymeri
perfunctory [*pəfʌ'ŋ(k)təri*] likgiltig, mekanisk, ytlig, slarvig
pergola [*pə:gələ*] pergola
perhaps [*pəhæ'ps, præps*] kanske
peri- [*peri-*] om-, omkring
pericardium [*perika:'diəm*] *anat.* hjärtsäck
pericarp [*perika:p*] *bot.* frukthylle, -vägg
pericranium [*perikrei'njəm*] *anat.* hjärnhinna, (*skämts.*) skalle, vett
peridot [*peridɔt*] *min.* peridot, olivin
peril [*peril*] fara, risk; riskera, äventyra; **at your** ~ på egen risk (eget ansvar); **at the** ~ **of** med fara för, vid äventyr av; **be in the** ~ **of (being)** vara i fara för (att bli); **perilous** [*periləs*] farlig, vådlig
perimeter [*pəri'mitə*] *mat.* perimeter, omkrets
period [*piəriəd*] period (i alla *bet.*), tidrymd, (is. *amr.*) punkt; ~**s** (*pl*) menstruation, ~**ic** [*piəriɔ'dik*] periodisk; ~**ical** [*piəriɔ'dikl*] periodisk [tidskrift]; ~**icity** [*piəriɔdi'siti*] periodicitet, periodisk växling
peripatetic [*peripəte'tik*] peripatetiker, *skämts.* vandringsman; peripatetisk; *skämts.* kringvandrande
peripheral [*peri'fərəl*] periferisk, yttre; **periphery** [*peri'fəri*] periferi, omkrets
periphrasis [*pəri'frəsis*] perifras, omskrivande talesätt, omskrivning; **periphrastic** [*perifræ'stik*] perifrastisk, omskrivande
periscope [*periskoup*] periskop
perish [*periʃ*] förgås, omkomma, fördärva[s]; avtyna, vissna bort; **we were** ~**ed with cold** vi voro förbi av köld; ~**able** [*periʃəbl*] förgänglig; *hand.* ömtåliga varor; ~**ing** (*äv.*) *fam.* förbannad
peristalsis [*peristæ'lsis*] *anat.* peristaltik; **peristaltic** [*peristæ'ltik*] *anat.* peristaltisk
peristyle [*peristail*] peristyl, kolonnad omkring byggnad el. gård
peritoneum [*peritoni'əm*] *anat.* bukhinna; **peritonitis** [*peritənai'tis*] bukhinneinflammation
periwig [*periwig*] peruk; sätta peruk på
periwinkle [*periwiŋkl*] vintergröna; (ätbar) strandsnäcka
perjure [*pə:dʒə*]; ~ **oneself** försvärja sig, svärja falskt, begå mened; **perjured** [*pə:dʒəd*] menedig; **perjurer** [*pə:dʒərə*] menedare; **perjury** [*pə:dʒəri*] mened
perk 1) [*pə:k*] brösta sig, sätta näsan i vädret, tränga sig fram; ~ **up** utpynta, sätta upp; ~**-up** *amr. sl* uppgång i affärerna; **perky** framfusig, morsk, vräkig, sprättig
perk 2) [*pə:k*] *sl* förk. f. *perquisite* bifförtjänst
perm [*pə:m*] (förk. f. *permanent wave*) permanentning (om hår); permanenta
permanence [*pə:mənəns*] varaktighet, beständighet; **permanency** [*pə:mənənsi*] ngn el. ngt bestående
permanent [*pə:mənənt*] permanent, varaktig, stadigvarande; ~ **rest camp** *amr. sl* kyrkogård; ~ **wave** permanentning; ~ **way** järnvägsöverbyggnad
permeability [*pə:miəbi'liti*] genomtränglighet; **permeable** [*pə:miəbl*] genomtränglig; **permeate** [*pə:mieit*] genomtränga, intränga (sprida sig) [i]; **permeation** [*pə:miei'ʃ(ə)n*] genom-, inträngande
permissible [*pəmi'sibl*] tillåtlig, tillständig; **permission** [*pəmi'ʃ(ə)n*] tillåtelse, tillstånd; **permissive** [*pəmi'siv*] tillåtande, tillåten, medgiven; **permit** [*pə:mit*] (skriftlig) tillåtelse, tillstånd[sbevis]; [*pəmi't*] tillåta (*äv.* ~ **of**); **weather permitting** om vädret tillåter
permutation [*pə:mju:tei'ʃ(ə)n*] förändring, *mat.* omkastning, permutation
pernicious [*pə:ni'ʃəs*] fördärvlig, dödsbringande
pernickety [*pəni'kiti*] noga, kinkig, kräsen, ömtålig
perorate [*peroreit*] orera, hålla tal, avsluta sitt tal; **peroration** [*perorei'ʃ(ə)n*] [vältalig avslutning av] tal
peroxide [*pə:rɔ'ksaid*] [**of hydrogen**] *kem.* [su]peroxid
perpendicular [*pə:pəndi'kjulə*] perpendikulär, lodrät [linje], lodsnöre
perpetrate [*pə:pitreit*] föröva, begå; **perpetration** [*pə:pitrei'ʃ(ə)n*] begående, förövande; **perpetrator** [*pə:pitreitə*] gärningsman
perpetual [*pəpe'tjuəl*] ständig, fast, oavbruten; ~ **motion** perpetuum mobile; ~ **pest** *amr. sl* Fordbil
perpetuate [*pəpe'tjueit*] göra ständig, föreviga; **perpetuation** [*pəpetjuei'ʃ(ə)n*] bevarande för all tid, förevigande; **perpetuity** [*pə:pitju:'iti*] beständighet, evärdlig fortvaro, ständig besittning, livränta
perplex [*pəple'ks*] förvirra, -brylla, krångla till; ~**ed** [*pəple'kst*] förbryllad, -virrad, rådlös, invecklad; ~**ity** [*pə:ple'ksiti*] förvirring, bryderi, rådlöshet, trasslighet, virrvarr
perquisite [*pə:kwizit*] biinkomst, *pl* sportler; rättighet
perry [*peri*] päronvin, 'most'
persecute [*pə:sikju:t*] förfölja, ansätta; **persecution** [*pə:sikju:'ʃ(ə)n*] förföljelse; **persecutor** [*pə:sikju:tə*] förföljare
perseverance [*pə:sivi'ərəns*] uthållighet, ihärdighet; **persevere** [*pə:sivi'ə*] hålla ut, framhärda; **persevering** ihärdig, uthållig
Persia [*pə:ʃə*] Persien; **Persian** [*pə:ʃ(ə)n*] perser, persiska [språket]; angorakatt; persisk
persiflage [*pɛəsifla:'ʒ, pə:s-*] gyckel, spe, drift

persimmon [*pə:si'mən*] *bot.* persimonträd, -frukt

persist [*pəsi'st*] framhärda, fasthålla [vid], envisas, fortleva; **~ence, ~ency** [*pəsi'stəns(i)*] framhärdande, hårdnackenhet, envishet; **~ent** [*pəsi'stənt*] ihärdig, ståndaktig, envis

person [*pə:sn*] person, yttre [människa], gestalt; **a young ~** en ung (obekant) dam; **in ~** personligen, själv; **~able** [*pə:sənəbl*] nätt, med fagert yttre; **~age** [*pə:sənidʒ*] person[lighet]

personal [*pə:snl*] personlig, yttre, kroppslig; **~ity** [*pə:sənæ'liti*] person[lighet]; **~ly** [*pə:snəli*] personligen, för egen del; **~ty** [*pə:snəlti*] personlig egendom, lösöre; **personate** [*pə:səneit*] spela (ngns roll), framställa, utge sig för; **personation** [*pə:sənei'ʃ(ə)n*] personifiering, (bedrägligt) uppträdande under annans namn; **personification** [*pə:sɔnifikei'ʃ(ə)n*] personifikation; **personify** [*pə:sɔ'nifai*] personifiera, förkroppsliga

personnel [*pə:səne'l*] personal

perspective [*pəspe'ktiv*] perspektiv, utsikt; perspektivisk

perspicacious [*pə:spikei'ʃəs*] skarpsynt, insiktsfull; **perspicacity** [*pə:spikæ'siti*] skarpsynthet, -sinnighet, klarsynthet

perspicuity [*pə:spikju'iti*] klarhet, tydlighet; **perspicuous** [*pəspi'kjuəs*] klar, åskådlig

perspiration [*pə:spirei'ʃ(ə)n*] svettning; **perspire** [*pəspai'ə*] [ut]svettas, utdunsta, transpirera

persuade [*pə:swei'd*] övertyga, in-, övertala; **persuader** övertalare; *sl* sporre, revolver, bajonett; **persuasion** [*pə:swei'ʒ(ə)n*] övertalning, -tygande, övertalningsförmåga, *amr. sl* nationalitet; **persuasive** [*pəswei'siv*] övertalande, -tygande

pert [*pə:t*] näsvis, näbbig

pertain [*pə:tei'n*], **~ to** tillhöra, gälla, angå

pertinaceous [*pə:tinei'ʃəs*] envis, ståndaktig; **pertinacity** [*pə:tinæ'siti*] envishet, halsstarrighet, ståndaktighet

pertinence, -cy [*pə:tinəns(i)*] samband (med saken i fråga), tillämplighet; **pertinent** [*pə:tinənt*] hörande till saken, tillämplig

perturb [*pətə:'b*] störa, rubba, förvirra, oroa; **~ation** [*pə:tə:bei'ʃ(ə)n*] oordning, förvirring, oro, störning

Peru [*pəru:'*] Peru; **~vian** [*pəru:'viən*] peruan; peruansk, peru-

peruke [*pəru:'k*] peruk

perusal [*pəru:'zəl*] [genom]läsning, granskning; **peruse** [*pəru:'z*] [genom]läsa, granska

pervade [*pə:vei'd*] gå (tränga) genom, uppfylla; **pervasion** [*pə:vei'ʒ(ə)n*] genomträngande, -gående; **pervasive** [*pə:vei'siv*] genomträngande

perverse [*pəvə:'s*] förvänd, förstockad, gensträvig; **perversion** [*pəvə:'ʃ(ə)n*] förvrängning, fördärv[ande]; **perversity** [*pə:və:'siti*] förvändhet, vrånghet; **pervert** [*pə:və:t*] *relig.* avfälling; [*pəvə:'t*] förvränga, -därva, förleda

pervious [*pə:viəs*] genomtränglig, -skinlig; tillgänglig

peseta [*pəse'tə*] peseta (spanskt silvermynt)

pesky [*peski*] *amr.* förbaskad, förarglig, otrevlig

pessimism [*pesimizm*] pessimism; **pessimist** [*-st*] pessimist; **pessimistic** [*pesimi'stik*] pessimistisk; **pessimistic pimple** *amr. sl* glädjestörare

pessimus [*pesiməs*] (*lat.*) den sämsta (i klassen)

pest [*pest*] plågoris, plågoande; otyg; **~er** [*pestə*] ansätta, plåga, besvära; **~iferous** [*pesti'fərəs*] skadlig, fördärvlig, pestbringande, förpestad, *sl* irriterande; **~ilence** [*pestiləns*] pest, farsot; **~ilent** [*pestilənt*] döds-, fördärvbringande, pestartad, odräglig; **~ilential** [*pestile'nʃəl*] pestartad, stinkande, odräglig, (moraliskt) fördärvlig

pestle [*pestl, pesl*] mortelstöt; stöta i mortel

pet [*pet*] kelgris, älskling, anfall av dåligt lynne; älsklings-, favorit-; kela med, smeka, 'hångla' [med], vara ur humör, tjura; **make a ~ of** kela med, skämma bort; **be in a ~** vara ur humör el. tjura; **his ~ aversion** hans största fasa; **~-cock** liten vattenkran, -tapp; **~ name** smeknamn; **~ting** kelande, 'hångel'; **~ting skirt** *amr. sl* flickebarn

petal [*petl*] *bot.* kronblad

petard [*peta:'d*] petard, fyrverkeripjäs; **hoist with one's own ~** fångad i egen fälla

Pete [*pi:t*] *amr.* förk. f. *Peter*; **for the love of ~, for P~'s sake** *amr.* för fan, för tusan

Peter [*pi:tə*] Petrus, Pet[t]er, Per, *sl* kassaskåp; **~-penny, ~'s penny** el. **pence** peterspenningen (betald till påven)

peter [*pi:tə*] tryta, ta slut, sjunga på sista versen (**~** *out*)

petiole [*petioul*] bladstjälk

petition [*piti'ʃ(ə)n*] begäran, bön[eskrift]; framställning; begära, anhålla [om], petitionera

petitioner [*piti'ʃənə*] petitionär, kärande i skilsmässoprocess

petrel [*petrəl*] *zool.* stormfågel

petrifaction [*petrifæ'kʃ(ə)n*] förstening, petrifikat; **petrify** [*petrifai*] förstena[s], *fig. äv.* förbenas

petrol [*petrəl*] bensin; **~ gauge** *auto.* bensinmätare; *flyg.* bensinur; **petroleum** [*pitrou'ljəm*] petroleum, bergolja

petticoat [*petikout*] underkjol, *fam.* kvinna; **~ government** kjo[rte]lregemente

pettifog [*petifɔg*] uppträda som brännvinsadvokat, krångla; **pettifogger** [*petifɔgə*] lagvrängare, krångelmakare; **pettifoggery** [*-əri*] lagvrängning, advokatyr; **pettifogging** lagvrängning, advokatyr, krångel; lagvrängande, småsinnad

petting se *pet*

pettish [*petiʃ*] knarrig, retlig, grinig

pettitoes [*petitouz*] grisfötter (is. maträtt)

petty [*peti*] liten, obetydlig, ringa, småsint; **~ cash** små kassaposter; **~ larceny** *jur.* snatteri; **~ officer** *sjö.* underofficer

petulance [*petjuləns*] retlighet, knarrighet; **petulant** [*petjulənt*] retlig, knarrig, kinkig, nyckfull

petunia [*pitju:'njə*] *bot.* petunia

pew [*pju:*] kyrkbänk, *sl* stol; **take a ~** *sl* sitt ned, tag plats; **~-opener** kyrkobetjänt

pewit [*pi:wit*] *zool.* tofsvipa (*peewit*)

pewter [*pju:tə*] tenn, tennkanna, *sl* prispokal, 'buckla', pengar

phaeton [*feitn*] faetong (lätt öppen fyrhjulig vagn)

phalanx [*fælæŋks*] falang, fylking *äv. fig.*

phallus [*fæləs*] fallos; **phallicism** [*fælisizm*] falloskult

phanerogam [*fænərogæm*] *bot.* fanerogam

phantasm [*fæntæzm*] fantasi-, drömbild, fantom, vålnad; **~agoria** [*fæntæzməgɔ'riə*] bländverk, gyckelbild

phantom [*fæntəm*] fantom, spöke, vålnad, drömbild

Pharaoh [*fɛərou*] Farao, farao (ett slags kortspel)

pharisaic[al] [*færisei'ik(əl)*] fariseisk; **Pharisee** [*færisi:*] farisé

pharmaceutical [*fa:məsju:'tikl*] farmaceutisk; **pharmaceutics** [*fa:məsju:'tiks*] farmaci; **pharmaceutist** [*fa:msju:'tist*], **pharmacist** [*fa:məsist*] farmaceut, apotekare; **pharmacologist** [*fa:məkɔ'lədʒist*] farmakolog; **pharmacology** [*fa:məkɔ'lədʒi*] farmakologi; **pharmacopoeia** [*fa:məkəpi:'ə*] farmakopé; **pharmacy** [*fa:məsi*] farmaci, apotekarkonst

pharos [*fɛərɔs*] fyr[båk]

pharynx [*færiŋks*] *anat.* svalg

phase [*feiz*] fas, skede

pheasant [*feznt*] fasan; **~-walk, ~ry** [*fezntri*] fasaneri, fasangård

phenacetin [*finæ'sitin*] *med.* fenacetin

phenomenal [*finɔ'min(ə)l*] fenomenal, -ell; **phenomenon** [*finɔ'minən*] (*pl phenomena* [*-minə*]) fenomen, under, (märklig) företeelse

phenotype [*fi:no(u)taip*] (*biol.*) fenotyp

phew [*fi:, fju:*] asch, usch, fy

phi [*fai*] phi (grekisk bokstav); **Phi Beta Kappa** [*fai bi:tə kæpə*] den äldsta studentföreningen i Amerika (grundad 1776 i Virginia)
phial [*faiəl*] liten [medicin]flaska
Philadelphia [*filəde'lfiə*] Philadelphia; ~ **lawyer** *amr. sl* skicklig sakförare, *fig.* gott huvud
philander [*filæ'ndə*] flörta, driva kurtis; ~**er** [*filæ'ndərə*] kurtisör
philanthropic [*filənþrɔ'pik*] filantropisk; **philanthropist** [*filæ'nþrəpist*] filantrop, människovän; **philanthropy** [*filæ'nþrəpi*] filantropi, människokärlek, välgörenhet
philatelist [*filæ'təlist*] filatelist, frimärkssamlare; **philately** [*filæ'təli*] filateli
philharmonic [*fila:mɔ'nik*] filharmonisk
philhellene [*filheli:n*] filhellen, 'grekvän'; **philhellenic** [*filheli:'nik*] filhellenisk, grekvänlig; **philhellenist** [*filhe'linist*] = *philhellene*
philippic [*fili'pik*] filippik, dundrande [straff]tal
phillippine [*filipain, -pi:n*] filipin; **the Ph—s** el. **Ph— Islands** Filippinerna
Philistine [*filistain*] filisté, kälkborgare, bracka; filisteisk, kälkborgerlig; **Philistinism** [*filistinizm*] kälkborgerlighet
Philly [*fili*] *amr. sl* förk. f. *Philadelphia*
phil[o]- [*fil(ou)-*] -vän, -älskare
philological [*filələ'dʒikl*] filologisk, språkvetenskaplig; **philologist** [*filɔ'lədʒist*] filolog; **philology** [*filɔ'lədʒi*] filologi
philosopher [*filɔ'səfə*] filosof; **the ~'s stone** de vises sten; **philosophic[al]** [*filəsɔ'fik(əl)*] filosofisk; **philosophize** [*filɔ'səfaiz*] filosofera; **philosophy** [*filɔ'səfi*] filosofi
philtre, philter [*filtə*] kärleksdryck
phiz [*fiz*] *sl* ansikte, uppsyn (*physiognomy*)
phlebitis [*flibai'tis*] *med.* åderinflammation; **phlebotomize** [*flibɔ'təmaiz*] åderlåta; **phlebotomy** [*flibɔ'təmi*] åderlåtning
phlegm [*flem*] slem, flegma, tröghet; ~ **cutter** *amr. sl* stark drink; **phlegmatic** [*flegmæ'tik*] flegmatisk, trög
phlizz [*fliz*] bländverk, humbug, bluff
phlox [*flɔks*] *bot.* flox
-phobe [*-foub*] -hatare (t. ex. *Russophobe* rysshatare)
-phobia [*-foubjə*] -skräck (t. ex. *hydrophobia* vattuskräck)
Phoebus [*fi:bəs*] Febus, (poetiskt) solen
phoenix [*fi:niks*] fågel Fenix
phone [*foun*] *fam.* telefon, *äv.* telefonlur; telefonera (*telephone*)
phonetic [*fone'tik*] fonetisk, ljudenlig; ~**ian** [*founiti'ʃ(ə)n*] fonetiker; **phonetics** [*fone'tiks*] fonetik; **phonic** [*founik, fɔnik*] ljud-, akustisk
phoney [*founi*] *sl* värdelös, falsk, bluff-, humbugs-
phono- [*founo-*] ljud-; ~**gram** [*founəgræm*] fonogram, fonetiskt tecken; ~**graph** [*founəgra:f*] fonograf, *amr.* grammofon; ~**graphic** [*founəgræ'fik*] fonografisk, fonetisk; ~**graphy** [*fonɔ'grəfi*] fonografi, ljudlära; ~**logy** [*fonɔ'lədʒi*] fonologi, ljudlära
phosgene [*fɔsdʒi:n*] fosgen
phosphate [*fɔsfit, -fet, -feit*] *kem.* fosfat, fosforsurt salt; **phosphide** [*fɔsfaid*] *kem.* fosforförening; **phosphorate** [*fɔsfəreit*] *kem.* förena (el. impregnera) med fosfor; **phosphoresce** [*fɔsfəre's*] fosforescera, lysa i mörkret; **phosphorescence** [*fɔsfəre'səns*] fosforescens, fosforglans, mareld; **phosphorescent** [*fɔsfəre'sənt*] fosforescerande, lysande som fosfor; **phosphoric** [*fɔsfɔ'rik*] innehållande fosfor, fosfor-; **phosphorous** [*fɔsfərəs*] fosforhaltig; **phosphorus** [*fɔsfərəs*] fosfor
photo [*foutou*] *fam.* förk. f. *photograph*
photograph [*foutəgræf, -gra:f*] fotografi; fotografera; ~ **well** framträda (fördelaktigt) på fotografi; ~**er** [*fətɔ'grəfə*] fotograf; ~**ic** [*foutəgræ'fik*] fotografisk; ~**y** [*fətɔ'grəfi*] fotografering
photogravure [*foutəgrəvju'ə*] [reproducera som] fotogravyr
photometer [*foutɔ'mitə*] fotometer, ljusmätare
photoplay [*foutəplei*] film
photostat [*foutəstæt*] fotostat
phototelegraphy [*foutətile'grəfi*] telegrafbild
phototerapeutics [*foutəterəpju:'tiks*], **phototerapy** [*-te'rəpi*] *med.* ljusbehandling
phrase [*freiz*] fras (*äv. mus.*), talesätt, uttryck[ssätt], diktion; uttrycka, beteckna, benämna, *mus.* frasera; **felicity of ~** ledigt uttryckssätt, välvalt uttryck; ~**-book** frassamling, parlör; ~**ological** [*freiziələ'dʒikl*] fraseologisk; ~**ology** [*freiziɔ'lədʒi*] fraseologi, uttryckssätt, samling av fraser el. idiomatiska uttryck
phrenology [*frinɔ'lədʒi*] frenologi
Phrygia [*fridʒiə*] Frygien; **Phrygian** [*fridʒiən*] frygier; frygisk; **Phrygian cap** frygisk mössa (republikansk huvudbonad ss. frihetssymbol)
phthisical [*tizikl*] *med.* lungsiktig, lungsots-
phthisis [*þaisis, fþ-, t-, þis-* etc.] *med.* lungsot
phut [*fʌt*] hui (återgivande en kulas vinande); **go ~** gå sönder, klicka, spricka, stranda, gå i stöpet
phylloxera [*filɔksi'ərə, filɔ'ksərə*] vinlus
physic [*fizik*] läkekonst, medicin, *sl* spirituosa; kurera, ge medicin, medicinera, *sl* traktera 'ordentligt' (med spritdrycker)
physical [*fizikəl*] fysisk, materiell, kroppslig, kropps-, fysikalisk; ~ **jerks** *sl* gymnastik
physician [*fizi'ʃ(ə)n*] läkare, doktor
physicist [*fizisist*] fysiker, naturvetenskapsman
physics [*fiziks*] fysik, naturvetenskap
physiognomical [*fizionɔ'mikl*] fysionomisk; **physiognomist** [*fiziɔ'nəmist*] ansiktskännare; **physiognomy** [*fiziɔ'nəmi*] fysionomi, ansiktsuttryck, -typ
physiography [*fiziɔ'grəfi*] fysisk geografi
physiological [*fiziələ'dʒikl*] fysiologisk; **physiologist** [*fiziɔ'lədʒist*] fysiolog; **physiology** [*fiziɔ'lədʒi*] fysiologi
physique [*fizi:'k*] fysik, kroppsbeskaffenhet
pi 1) [*pai*] pi (grekisk bokstav), *mat.* π
pi 2) [*pai*] *skol. o. univ. sl* from, religiös, förk. f. *pious*; ~ **jaw** moralpredikan
pianette [*piəne't*] pianett (litet piano); **pianino** [*piæni:'nou*] pianino; **pianist** [*pjænist, piənist, piæ'nist*] pianist; **piano** [*piæ'nou*] piano (instrumentet); [*pia:'nou*] piano, sakta, tyst; **grand piano** flygel; **piano-player** mekaniskt piano; **pianoforte** [*pjænofɔ:'ti*] piano[forte]; **pianola** [*pjænou'lə*] pianola
piastre [*piæ'stə*] piaster, *amr. sl* dollar
piazza [*piæ'dzə, -æzə*] öppen plats, torg (i Italien); *amr.* veranda
pibroch [*pi:brɔx, pib-, -ɔk*] [krigs]låt på säckpipa
pic [*pik*] *amr. sl* (förk. f. *picture*) film; ~ **arena**, ~ **spot** biograf
pica [*paikə*] (*typ.*) cicero; **small ~ korpus**
picador [*pikədɔ:'*] pikador (i tjurfäkt.)
picaninny [*pikənini*] negerbarn, [barn]unge, byting; liten
picaresque [*pikəre'sk*] pikaresk, rövar-, skälm-, tjuv-; **picaroon** [*pikəru:'n*] [sjö]rövare, kaparfartyg; bedriva sjöröveri, lura på rov
picayune [*pikəju:'n*] *amr.* litet mynt (is. 5 cent); ngt värdelöst; obetydlig, tarvlig, lumpen, futtig
piccalilli [*pikəlili*] ostindisk pickels med skarpa kryddor
piccaninny se *picaninny*
piccolo [*pikəlou*] pickolaflöjt
pick [*pik*] [spets]hacka, [ur]val; hacka [upp], peta, dyrka upp, plocka, välja [ut], plocka i sig, knapra, [be]stjäla; **the ~ of the bunch** den bästa i samlingen; **have one's ~** [fritt] få välja; ~ **one's teeth** peta tänderna; **have a bone to ~ with** ha en gås oplockad med; ~ **and choose** välja noga, vara [alltför] nogräknad; ~ **a quarrel** söka (börja) gräl; ~ **holes in** hacka [hål] på, ha ngt att anmärka på; ~ **to pieces** söndersmula, nedgöra (med kritik); ~ **at** *amr.* hacka (anmärka) på; ~ **off** plocka bort (av),

skjuta ned (fiender en och en); ~ **out** plocka ut, utvälja, urskilja, få ut (en innebörd), ta ut (en melodi på instrument); ~ **up** plocka (ta) upp, upptaga, hämta (repa) sig, tillägna sig, snappa upp, inhämta, lära sig, (*radio.*) ta in, *sl* arrestera, 'haffa' (en flicka); ~ **up with** ge sig i slang med; ~**axe** [spets]hacka; ~**lock** dyrk, inbrottstjuv; ~**-me-up** *sl* stimulerande drink; ~**pocket** ficktjuv; ~**-up** (flygares) uppstigning; blandad, hoprafsad; **picker** plockare; *pl sl* fingrarna; **pickings** ngt 'man kommit över', sportler

pick-a-back [*pikəbæk*] på ryggen (som ett bylte)

pickerel [*pikərəl*] ung gädda

picket [*pikit*] spetsad stake (påle el. pinne), tjuderpåle, *mil.* piket, ut-, förpost, strejkvakt, *pl amr. sl* tänder; inhägna (befästa) med pålar, tjudra, postera som piket el. utpost, blockera, trakassera (arbetsvilliga vid strejk)

pickle [*pikl*] lag (för inläggning), [salt]lake, *pl* pickels, *sl* vildbasare, ostyring; lägga in (förvara) i lag; **be in a pretty** ~ vara i ett dilemma; **have a rod in** ~ **for a person** ha ett kok stryk (en upptuktelse) i beredskap för ngn; **pickled to the gills** *sl* 'plakat' (dödfull)

Pickwick [*pikwik*] Pickwick; billig cigarr; ~**ian** [*pikwi'kiən*] pickwick-; **in a** ~**ian sense** ej alltför allvarligt, ej stötande (sårande)

picnic [*piknik*] picknick, utflykt (med matsäck) i det gröna; göra en picknick, leva (och äta) som på en picknick; **no** ~ *fam.* icke lätt [arbete]; ~**-knife** kniv med olika redskap i skaftet

picotee [*pikəti:'*] *bot.* nejlika (med mörkkantade blad)

picric [*pikrik*] **acid** pikrinsyra

Pict [*pikt*]; *vanl. pl* pikter (folkstam i forntidens Skottland); ~**ish** piktisk

pictorial [*piktɔ:'riəl*] illustrerad tidning; målnings-, illustrerad; ~ **postcard** vykort

picture [*piktʃə*] tavla, målning, bild, film; avbilda, måla, framställa (i bild), skildra, föreställa sig; **look the** ~ **of health** se ut som hälsan själv; **not in the** ~ *sl* icke hörande till saken, oväsentlig, betydelselös; **go to the** ~**s** gå på biograf; ~**-book** bilderbok; **the devil's** ~**-book** *fam.* Fans bibel (spelkort); ~**-gallery** tavelgalleri; ~**-goer** biografbesökare; ~**-hat** schäfer-, herdinnehatt; ~**-palace** biograf; ~**-postcard** vykort; **picturesque** [*piktʃəre'sk*] pittoresk, målerisk

piddle [*pidl*] (is. *barnspr.*) kissa, pinka; **piddling** obetydlig, betydelselös

pidgin [*pidʒin*] *fam.* sak (*business*); **P— English** pidginengelska (halvengelsk rotvälska i Kina och på Söderhavsöarna)

pie 1) [*pai*] skata (fågel); ~**-eyed** *sl* berusad

pie 2) [*pai*] pastej, paj, *amr. äv.* tårta; **have a finger in the** ~ ha ett finger med i spelet; ~ **in the sky** *amr. sl* lön i himmelen; [**printer's**] ~ (*typ.*) svibel; **go to** ~ gå i svibel, falla sönder; ~**crust** pastejskorpa, -skal; ~**face** *amr. sl* dumbom; ~**man** pastejbagare, -försäljare (på gatan)

piebald [*paibɔ:ld*] fläckig, skäckig (häst el. annat djur), brokig, blandad

piece [*pi:s*] stycke, bit, [teater-, schack-, artilleri]pjäs, [musik]stycke, bricka (*spel.*), mynt, *fig.* flicka, kvinna, person (*äv.* ~ *of flesh*), *pl sl* pengar; laga, lappa [ihop], sätta ihop; **twopence a** ~ 2 pence per st.; **a** ~ **of advice** ett råd; **a** ~ **of furniture** en möbel (enstaka föremål); **a** ~ **of information** en upplysning; **a** ~ **of news** en nyhet; **a** ~ **of ordnance** en kanon, eldvapen; **a** ~ **of work** ett arbete; **pick up the** ~**s** amla ihop bitarna (säges till barn som fallit); (**I shall**) **give him a** ~ **of my mind** .. säga honom mitt hjärtas mening, sjunga ut; **by the** ~ styckevis, (arbeta) på styck; **pay by the** ~ betala per ackord; **in** ~**s** i stycken, itu; **of a** ~ av samma slag, *fig.* 'av samma skrot och korn', (passa) i stycke med; **break to** ~**s** bryta sönder, slå i stycken; **take to** ~**s** ta sönder, sönderdela; ~ **out** öka ut, komplettera; ~ **together** foga ihop; ~ **up** lappa ihop; ~**-goods** *hand.* styckegods; ~**-wages** ackordslön; ~**-work** ackordsarbete, (*typ.*) accidenstryck

piecemeal [*pi:smi:l*] styckevis, ett stycke i sänder

pied [*paid*] fläckig, skäckig, brokig; **the P— Piper of Hamelin** [*hæməlin*] Råttfångaren från Hameln

pier [*piə*] vägg-, bropelare, pir, vågbrytare, hamnarm, skeppsbro, brygga; ~**-glass** stor väggspegel, trymå, konsolspegel

pierce [*piəs*] genomborra, -bryta, -sticka, tränga fram; **piercing** genomträngande

pierrette [*pjere't*] pjärrett; **pierrot** [*piərou, pjerou*] pjärrå

pietism [*paiətizm*] pietism; **pietist** [*paiətist*] pietist; **piety** [*paiəti*] fromhet, pietet, vördnad

piffle [*pifl*] *sl* skräp, strunt[prat]; prata strunt, dilla, vara larvig, fjanta

pig [*pig*] svin, gris, [metall]tacka, *sl* sixpence, *amr. sl* lokomotiv; grisa, packa ihop sig (som svin) (*äv.* ~ *it* el. ~ *together*); [**blind**] **pig** *amr. sl* lönnkrog; ~**s might fly** omöjlig! **buy a** ~ **in a poke** köpa grisen i säcken; ~**headed** tjurskallig, förstockad, dum; ~ **Latin** engelska med latinska ändelser; ~**nut** jordnöt; ~**skin** svinläder; ~**sticking** vildsvinsjakt; ~**sty** svinstia; ~**'s wash** skulor, svinmat; **in a** ~**'s whisper** *sl* på ett ögonblick; ~**tail** grissvans, stångpiska, fläta, tobaksfläta; ~**gery** [*pigəri*] svinhus (*äv. fig.*), svinstia, svineri; ~**gish** [*pigiʃ*] svinaktig, gris[akt]ig, glupsk; **piggy** [*pigi*], **piggy-wiggy** [*-wigi*] 'liten gris' (om smutsigt barn); **piglet** [*piglit*], **pigling** liten gris (spädgris)

pigeon [*pidʒən*] duva, *sl* dumhuvud, gröngöling; lura; **homing** ~ brevduva; ~**-breasted** duvbröstad (med 'gåsbröst'); ~ **English** se *Pidgin English*; ~**-hole** fack (i hylla el. skrivbord); ordna el. lägga undan i fack; ~ **tail** *amr. sl* frack; ~**-toed** med inåtvända tår; **pigeonry** [*pidʒənri*] duvslag

piggery, piggish, piggy, piglet, pigling se *pig*

pigment [*pigmənt*] pigment, färgämne

pigmy [*pigmi*] pygmé, dvärg (*pygmy*)

Pigopolis [*pigɔ'pəlis*] *amr. sl* svinstaden (*Chicago* el. *Cincinnati*)

pike [*paik*] [spjut]spets, pigg, pik, [bergs]topp, gädda, tullbom, *amr. sl* väg, trottoar; ~**-perch** *zool.* gös; ~**staff** pik-, spjutskaft; **call a** ~**staff a** ~**staff** kalla saker vid deras rätta namn; **as plain as a** ~**staff** klar[t] som dagen; **piker** *amr. sl* ynkrygg

pilaster [*pilæ'stə*] pilaster, väggpelare

pilchard [*piltʃəd*] *zool.* småsill, sardin

pile [*pail*] påle, hög, stapel, massa, bål (*funeral* ~), galvaniskt element, byggnad[skomplex], *sl* förmögenhet, hårbeklädnad (på djur), lugg (på tyg); hopa, stapla upp, påla; **the Volta** ~ Voltas stapel; **make one's** ~ *amr.* förtjäna en förmögenhet; ~ **arms** koppla gevär; ~ **it on** överdriva, 'breda på'; ~ **up** köra bil el. flygmaskin i kras; ~**-driver** pålkran; ~**-dwelling** pålbyggnad (i träsk); ~**-work, piling** pålverk

piles [*pailz*] *med.* hemorrojder

pilfer [*pilfə*] snatta; ~**ing** snatteri

pilgrim [*pilgrim*] pilgrim; vallfärda; **the P—'s Progress** (Bunyans) Kristens resa; **the P— Fathers** pilgrimsfäderna (de första engelska kolonisterna som 1620 foro till Amerika); ~**age** [*pilgrimidʒ*] [företaga en] pilgrimsfärd, vallfärd

pill [*pil*] piller, *sl* 'kula', boll, *pl sl* biljard, *amr. sl* obehaglig människa; ge ngn piller, *sl* förkasta vid omröstning, vägra antaga el. upptaga; ~**bag** *amr. sl* doktor; ~**-box** pillerask, *sl* läkarvagn, *mil. sl* kulsprutenäste, bunker, *amr. sl*

liten bil; ~ **peddler**, ~ **shooter** *amr. sl* doktor; **piller** *amr. sl* 'pillertrillare', apotekare
pillage [*pilidʒ*] plundring, skövling, rofferi; plundra, röva
pillar [*pilə*] pelare, stolpe, post, *fig.* stöd[jepelare]; **be driven from ~ to post** jagas från den ena tillflykten till den andra, hit och dit; **~-box** brevlåda (i form av pelare)
pillinger [*piliŋgə*] *amr. sl* tiggare
pillion [*piliən*] dyna (bakom sadel), 'bönholk' (på motorcykel)
pillory [*piləri*] skampåle (*äv. fig.*); ställa vid skampålen
pillow [*pilou*] huvudkudde, örngott; tjäna som kudde för, lägga (som på kudde); **~-case, ~-slip** örngottsvar
pilose [*pailous*], **pilous** [*pailəs*] *bot.* o. *zool.* hårig
pilot [*pailət*] lots, flygmaskinsförare; lotsa, leda, styra; **~-burner** (el. **~-flame**) evighetslåga (på gasspis); **~-cloth** ett slags blått kläde; **~age** [*pailətidʒ*] lotsning, lotspengar
pilule [*piljul*] litet piller
pimp [*pimp*] kopplare, soutenör; koppla; ~ **stick** *amr. sl* cigarrett
pimpernel [*pimpənəl*] *bot.* rödarv
pimple [*pimpl*] finne, blemma, *sl* huvud, 'knoppen'
pin [*pin*] [knapp]nål, pinne, stift, bult, sprint, tapp, *pl sl* ben; fästa med knappnålar, stift etc., fastnagla, hålla fast (med våld), instänga; **my leg is all ~s and needles** mitt ben sover; **~ him to the wall** ställ honom mot väggen; **~cushion** nåldyna; **~fold** [instänga i] fålla; **~-head** *amr. sl* idiot; **~-money** nålpengar; **~-prick** nålsting (*äv. fig.*)
pinafore [*pinəfɔ:*] förkläde (för barn)
pincenez [*pæ'nsnei*] *fr.* pincené
pincers [*pinsəz*] *pl* [knip]tång (*äv. pair of ~*), klo (på kräftdjur)
pincette [*pæ̃se't*] pincett
pinch [*pin(t)ʃ*] nypa, nyp[ning], klämning, knipning; nypa, knipa [ihop], klämma, avpressa, hålla knappt, snåla, *sl* stjäla, arrestera ('haffa'); **at a ~** 'om det kniper'; **when it comes to the ~** i det kritiska ögonblicket; **where the shoe ~es** var skon klämmer; **be ~ed for money** vara i penningknipa
pinchbeck [*pin(t)ʃbek*] pinsback (billig guldliknande legering av koppar, zink och tenn); prålig, oäkta
pine 1) [*pain*] barrträd, fura, tall, pinje; **~-apple** ananas, *amr. sl* bomb; **~-cone** tallkotte; **~al** [*painiəl*] kottformad; **~al gland** *anat.* tallkottkörtel; **~ry** [*painəri*] ananasplantage, barrskog
pine 2) [*pain*] tråna (**for** efter), vantrivas, tyna [bort] (av längtan) (*peak and ~*)
ping [*piŋ*] visslande; vina, vissla (om kula)
ping-pong [*piŋ-pɔŋ*] pingpong, bordstennis
pinion [*pinjən*] *mek.* drev, litet kugghjul, *auto.* kugghjulsmekanism, (fågels) vingpenna, vingspets; klippa vingarna på, stäcka vingarna på, bakbinda, fjättra
pink 1) [*piŋk*] *amr. sl* detektiv (*Pinkerton*), brådskande telegram
pink 2) [*piŋk*] nejlika, *fig.* höjden, det bästa, 'idealet', [röd] jägarrock, *amr. sl* iltelegram; skär, ljusröd, rosa; **in the ~ of health** frisk som en nötkärna; **in the ~** *sl* i bästa kondition (form), *amr. sl* full; **the ~ of perfection** 'idealet'; **wear ~, be in ~** bära röd jaktrock; **strike me ~!** *sl* det var märkvärdigt! (uttryck av förvåning); **the Pink'Un** 'Den ljusröda' (namn på *The Sporting Times*); **pinkish, pinky** skär, blek-, ljusröd
pink 3) [*piŋk*] genomborra, perforera, utskära (uthugga) uddar el. små hål, smycka, sira
pinnace [*pinis*] *sjö.* pinass, slup
pinnacle [*pinəkl*] pinakel, fial, tinne, takspira, småtorn, bergstopp, *fig.* höjdpunkt; kröna, bilda höjdpunkten av
pinnate [*pinit*], **~d** [*-neitid*] *bot.* parbladig, *zool.* fjäderliknande
pinny [*pini*] (*barnspr.*) förk. f. *pinafore* barnförkläde
pint [*paint*] 0,57 liter; halvstop
pintle [*pintl*] tapp, bult, *sjö.* rorhake
piny [*paini*] furuklädd, rik på furor, furu-
pioneer [*paiəni'ə*] pionjär, ingenjörssoldat, banbrytare, föregångsman; vara pionjär, bana väg [för]
pious [*paiəs*] from, gudfruktig; ~ **fraud** fromt bedrägeri
pip [*pip*] kärna (i frukt), prick (på tärning, tyg, spelkort etc.), stjärna (på uniformsrock); **pips** (hönssjukdom); besegra, omintetgöra, träffa (med kula); **have the ~** *sl* vara ur gängorna (humör); **~ out** *sl* dö; **pip-pip!** *sl* farväl; **~-squeak** *mil. sl* ett slags granat, *sl* intetsägande person, oviktig sak
pipe [*paip*] pipa, rör, (enkel) flöjt, *pl* säckpipa, *pl sl* stövlar, *amr. sl* lätt uppdrag; blåsa på pipa (flöjt), vissla, vina, pipa, förse med rör, goffrera; **~ down** *amr. sl* hålla mun, *fam.* komma ned på jorden (igen); **~ one's eye**[s] gråta, lipa; **~-clay** piplera (*äv.* som putsmedel), överdriven militär puts; rengöra (vitfärga) med piplera; **~ dream** *amr. sl* lögnhistoria, fåfäng förhoppning; **~-line** oljeledning; **~-rack** piphylla; **piped** försedd med rör; **piper** pipare, [säck]pipblåsare; **pay the piper** betala fiolerna (kalaset); **pay the piper and call the tune** bestämma (emedan man betalar); **piping** pipning, goffrering (av kragar etc.); pipande, visslande; **in the piping times of peace** i fredstid (när fredliga herdepipor ljuda)
pip emma [*pi'p e'mə*] *mil. sl* f. *p.m.* = *post meridiem*
pipette [*pipe't*] pipett
pipit [*pipit*] *zool.* piplärka
pipkin [*pipkin*] (liten) kruka (av lergods)
pippin [*pipin*] pipping (äpplesort), *amr. sl* skönhet, söt flicka
piquancy [*pi(:)kənsi*] skarp smak, skärpa, pikanteri; **piquant** [*pi(:)kənt*] skarp, retande, pikant
pique [*pi:k*] missämja, förtrytelse, stuckenhet; såra, reta, egga; **~ oneself on** yvas över
piqué [*pikei'*] piké (tygsort)
piquet [*pike't*] piké (*kort.*)
piracy [*pairəsi*] sjöröveri, olaglig efterapning; **pirate** [*pairit*] pirat, sjörövare; utge utan tillåtelse, tjuvtrycka; **piratic**[**al**] [*pairæ'tik(l)*] sjörövar-
pirouette [*pirue't*] piruett; piruettera
piscary [*piskəri*], [**common of**] ~ fiskerätt; **piscatory** [*piskətəri*] hörande till fiskare el. fiske; **Pisces** [*pisi:z*] *astr.* Fiskarna; **pisciculture** [*pisikʌltʃə*] fiskodling; **piscina** [*pisi:'nə, -ai'nə*] fiskdamm, (i det gamla Rom) simbassäng; **piscivorous** [*pisi'vərəs*] fiskätande
pish [*piʃ, pʃ*] pytt! asch! rynka på näsan åt, försmå
piss [*pis*] (ej i bildat tal) piss; pissa
pistachio [*pista:'ʃiou*] *bot.* Pistacia, pistasch[nöt]
pistil [*pistil*] *bot.* pistill
pistol [*pistl*] pistol; skjuta med pistol
pistole [*pistou'l*] pistol (spanskt mynt)
piston [*pistən*] pistong, kolv; **~-rod** kolvstång
pit [*pit*] grop, grav, hål[a], gruvschakt, bakre parkett (på teatern); göra gropar (hål) i, lägga ned i grop (grav), hetsa (**against** mot); **~ oneself against** ställa upp till kamp mot; **the** [**bottomless**] **~** helvetet, avgrunden; **the ~ of the stomach** maggropen; **pitted** [**with smallpox**] koppärrig; **~fall** fallgrop; **~man** gruvarbetare; **~props** pitprops (stolpar till stödjande av gruvgångar)
pit-a-pat [*pitəpæt*] tripp-tripp, dunk-dunk (om ljudet av fotsteg o. d.)

pitch 1) [*pitʃ*] beck, kåda; becka; **pitchy** beckig, becksvart (*~-black, ~-dark*)
pitch 2) [*pitʃ*] spets, topp, tonhöjd, höjd[punkt], sluttning, brant, (gatuhandlares) [stånd]plats, tältplats, platsen mellan (omkring) grindarna (i kricket), kricketplan, *mek.* kuggdelning, kast, (fartygs) stampning; anbringa, fästa, slå (ställa) upp, slå läger, falla, kasta, slunga, stampa, gunga (om fartyg och flygmaskin), *sl* berätta, 'dra' (en historia); **~ of a screw** skruvgänga; **fly a high ~** flyga högt; **at the ~ of one's voice** med sin gällaste röst; **queer a person's ~** omintetgöra ngns planer, komma i vägen för ngn; **~ed battle** ordnad (regelrätt) batalj; **~ on one's head** falla huvudstupa, störta [sig] i; **~ camp** slå läger; **~ it strong** *sl* breda på tjockt; **~ in** hugga in; **~ into** störta sig över, flyga på, gå löst på; **~ upon** slå ned på, bestämma sig för; **~-and-toss** krona och klave; **~fork** högaffel; sparka fram (till ett ämbete); **~-pipe** stämpipa
pitcher [*pitʃə*] handkanna, tillbringare, krus, kastare (i baseball); **little ~s have long ears** små grytor ha också öron
piteous [*pitiəs*] sorglig, ynklig, ömklig
pith [*piþ*] märg, ryggmärg, *fig.* kärna, det väsentliga (viktigaste), kraft, energi; **~less** matt, svag, slapp; **~y** märgfull, kärnfull
pitiable [*pitiəbl*] ömklig, stackars; **pitiful** [*pitif(u)l*] medlidsam, ömklig, ynklig; **pitiless** [*pitilis*] obarmhärtig, skoningslös
pittance [*pitəns*] knapp lön, obetydlighet, smula, (*a mere ~*)
pittite [*pitait*] teaterbesökare på bakre parkett (*pit*)
pituitary [*pitju:'itəri*], **pituitous** [*pitju:'itəs*] slemavsöndrande, slemmig
pity [*piti*] medlidande, medömkan; hysa (fatta, visa) medlidande med, ömka, beklaga; **have** el. **take ~ on** hysa (fatta, visa) medlidande med; **for ~'s sake** för Guds skull; **it's a ~** det är (var) synd; **the more's the ~** så mycket värre; **the ~ of it!** ack så beklagligt! tänk så sorgligt!
pivot [*pivət*] pivå, vänd-, svängtapp, medelpunkt, kärnpunkt; anbringa på pivå, svänga [sig], hänga, bero; **pivotal** [*pivətl*] roterande, tapp-; *fig.* väsentlig, huvudsaklig
pixie, pixy [*piksi*] älva, fe; **pixilated** [*piksileitid*] förtrollad, förhäxad
placability [*pleikəbi'liti*] försonlighet; **placable** [*pleikəbl*] försonlig
placard [*plæka:d*] plakat, anslag, affisch; [*pləka:'d*] tillkännage medelst anslag, uppslå, uppsätta plakat
placate [*pleikei't, pləkei't*] blidka, försona
place [*pleis*] [öppen] plats, ställe, lokal, samhällsställning, anställning, (i kapplöpning) placering (bland de tre bästa); anbringa, placera; **a very uncomfortable ~, the other ~** ett mycket varmt ställe (dvs. helvetet); **another ~** (i parlamentet) det andra huset (underhuset); **my ~** min bostad (mitt hem); **it is not my ~ to** det tillkommer inte mig att; **six ~s were laid** det var dukat för sex; **get a ~, be ~d** (i kapplöpning) bli placerad; **go ~s** *amr.* gå ut och se på stan; **know one's ~** veta sin plats, veta vad som är tillbörligt; **take ~** äga rum, försiggå, hända; **in ~** på sin plats, på rätt plats; **in ~ of** i stället för; **in the first ~** i första el. främsta rummet, för det första; **out of ~** icke på sin plats, utan plats (arbetslös); **it may not be out of ~** det är kanske inte 'ur vägen' (opassande); **~ confidence in** skänka förtroende till el. åt; **~ an order with** *hand.* placera beställning (order) hos; **I cannot ~ him** jag kan inte komma ihåg, var jag sett honom, jag kan inte klassificera honom; **~-hunter** ämbetsjägare; **~-kick** (*fotb.*) spark på liggande boll; **~man** ämbetsman, tjänsteman, byråkrat
placenta [*pləse'ntə*] moderkaka, fruktfäste
placer [*plæsə*] guldvaskningsställe, *fig.* guldgruva
placid [*plæsid*] blid, lugn; **placidity** [*plæsi'diti*] saktmod, fridsamhet, mildhet
placket [*plækit*] klänningsficka, sprund (i kjol) (*äv. ~-hole*)
plage [*pla:ʒ*] strand (vid badort)
plagiarism [*pleidʒiərizm*] plagiat; **plagiarist** [*pleidʒiərist*] plagiator; **plagiarize** [*pleidʒiəraiz*] plagiera
plague [*pleig*] pest, [lands]plåga, hemsökelse, *fam.* plågoris, otyg, obehag; plåga, hemsöka, besvära, bereda obehag för; **hidden ~** könssjukdom; **~-spot** *fig.* det ondas rot, pestböld; **plaguy** [*pleigi*] irriterande, plågsam, *fam.* förbaskad, ryslig, besvärlig; rysligt
plaice [*pleis*] rödspotta
plaid [*plæd*] [skotsk] pläd, schal, filt, rutigt 'skotskt' tyg
plain [*plein*] slätt; jämn, plan, slät, flat, tydlig, enkel, simpel, okonstlad, ful; *åld.* klaga, sörja; **be ~ with one** tala (säga) rent ut; **~ clothes** civil dräkt; **~-clothes man** civilt klädd detektiv; **~ dealing** uppriktighet, redbarhet; **~-living** enkelhet, anspråkslöst levnadssätt; **~-looking** ful, utan ngt 'utseende'; **~ sailing** segling som ej erbjuder några svårigheter, *fig.* en enkel sak; **~-song** enstämmig sång, enkel melodi; **~ speaking** rent språk; **~-spoken** öppen, rättfram, frimodig; **~-stitch** slätsöm
plaint [*pleint*] klagomål, *jur.* besvär, stämning; **~iff** [*pleintif*] *jur.* kärande (i civilmål), målsägare; **~ive** [*pleintiv*] klagande; jämmerlig, sorglig
plait [*pleit*] veck, rynka, fläta; vecka, rynka, plissera, fläta
plan [*plæn*] plan[ritning], utkast, avsikt; planlägga, planera, uttänka, ha för avsikt, *amr.* hoppas
planchette [*pla:nʃe't*] *fr.* psykograf
plane 1) [*plein*] *bot.* platan (*~-tree*)
plane 2) [*plein*] förk. f. *aeroplane*, flygplan, vinge (på flygmaskin), plan yta, plan, hyvel; plan, jämn, slät; jämna, göra slät, hyvla, flyga el. glida (med flygplan); **planer** hyvlare, hyvelmaskin; **planing-bench** hyvelbänk; **planing-mill** snickerifabrik
planet [*plænit*] *astr.* planet; **planetarium** [*plæni-tɛ'əriəm*] planetarium; **planetary** [*plænitəri*] planetarisk, planet-
planish [*plæniʃ*] släthamra, planera, glätta
plank [*plæŋk*] planka, *koll.* plank, *amr.* (*pol.*) programpunkt, agitationsämne (*platform*); belägga (bekläda) med plankor; **~ down** *sl* plocka fram, punga ut med, betala
plant [*pla:nt*] planta, växt; skörd, (industriell) anläggning, maskineri (i fabrik), *sl* tjuvstreck, [stöld]kupp; sätta, plantera, så, ställa, anbringa, grunda, införa, *sl* dölja, slå in (ett slag); **~ation** [*pla:ntei'ʃ(ə)n*] plantage; **~er** [*pla:ntə*] odlare, plantageägare, *sl* välriktat slag
Plantagenet [*plæntæ'dʒinit*] Plantagenet; **the House of ~** engelsk dynasti
plantain [*plæntin, pla:n-*] *bot.* groblad, banan-[växt], pisang
plantation, planter se *plant*
plantigrade [*plæntigreid*] *zool.* trampande på hela sulan, hälgångare
plaque [*pla:k*] plaque, plåt
plash [*plæʃ*] pöl, plask[ande]; plaska, stänka, hopfläta grenar till häck
plasm[a] [*plæsm(ə)*] [proto]plasma, urslem
plaster [*pla:stə*] plåster, murbruk, puts, gips, stuck; lägga plåster på, rappa, putsa, gipsa, smeta över, *mil. sl* bombardera; **~ of Paris** gips, stuck; **sticking ~** häftplåster; **~-cast** gips-

avtryck; ~**ed** *amr. sl* 'påstruken' (full); ~**er** [*pla:stərə*] gipsarbetare, stuckatör
plastic [*plæstik*] plast; formbildande, plastisk, mjuk; ~ **clay, plasticine** [*plæstisi:n*] modellermassa, plastisk lera; **plasticity** [*plæsti'siti*] bildbarhet, plasticitet
plastron [*plæstron*] (stoppad skinndyna till) bröstskydd (vid fäktning), (sköldpaddas) buksköld, plastrong (på blusliv)
plate [*pleit*] platta, [namn]plåt, silversaker (*äv.* ss. pris), bordsilver, koppar-, stålstick, tallrik, plansch; plåtbeslå, bepansra, plätera; **dental** ~ lösgom; **hand someone something on a** ~ *fam.* ge ngn ngt för ingenting; ~**-basket** korg för silversaker; ~ **glass** slipat glas, spegelglas; ~**-layer** (*järnv.*) rälsläggare; ~**-mark** kontrollstämpel (på silverpjäser etc.); ~ **matter** *amr.* stereotyperat tidningsmaterial; ~**-powder** putspulver för silver; ~**-rack** tallrikshylla; ~**-speed** (fotografiplåts) känslighet; **plater** pläterare, försilvrare, travtävlingshäst som tävlar om *the plate*; ~**ful** en tallrik full (av ngt)
plateau [*plætou, plætou'*] platå, högslätt
platen [*plætn*] vals på skrivmaskin, digel
plater se *plate*
platform [*plætfɔ:m*] plattform, tribun, perrong, platå, *amr. pol.* [parti]program
platin-blonde [*plætin-blɔnd*] platinablond
platinum [*plætinəm*] platina
platitude [*plætitju:d*] platthet, smaklöshet; **platitudinous** [*plætitju:'dinəs*] platt, banal
Plato [*pleitou*] Platon; ~**nic** [*plətɔ'nik*] platonisk; ~**nism** [*pleitənizm*] platonism
platoon [*plətu:n*] *mil.* pluton, gevärssalva
platter [*plætə*] fat (ofta av trä), flat tallrik; ~**-face** *sl* bred i synen
platypus [*plætipəs*] (australiskt) näbbdjur
plaudit [*plɔ:dit*] bifallsyttring, -rop, beröm
plausible [*plɔ:zəbl, -zibl*] plausibel, antaglig
play [*plei*] spel, lek, skådespel, pjäs, föreställning, [fritt] spelrum, elasticitet (hos maskindelar); spela (i alla *bet.*), leka, låta spela, spela mot, strejka, vara arbetslös; **make** ~ raska på, ligga i; **fair (foul)** ~ rent (falskt) spel; **be at** ~ vara sysselsatt med att leka (spela), vara i gång; **in** ~ på skämt, under lek[en], inom [lek]planen; **be in full** ~ vara i full gång; **come into** ~ komma i gång, träda i verksamhet (funktion); **go to the** ~ gå på teatern; ~ **the deuce** el. **the devil with** totalt fördärva, ruinera; ~ **the fool** bära sig åt som en tok; ~ **the game** spela [ett] ärligt spel, handla ärligt; ~ **the man** handla som en man (modigt o. beslutsamt); ~ **tricks** spela spratt; ~ **fast and loose** handla trolöst (**with** mot); ~ **high** spela högt; ~ **off** spela ut (ngn mot ngn), utge, utprångla, spela puts, förevisa 'konster'; ~ **it low down on** *sl* handla ohederligt mot; ~ **of words** lek med ord; ~ **on words** ordlek; ~ **[at] cards** spela kort; **two can** ~ **at that game** det blir vi två om (att bestämma); ~ **on** = ~ *up*[*on*]; ~ **up** spela ordentligt (med besked), hugga (ligga) i; heja! ~ **up to** (i ord och handling) uppmuntra; ~ **upon** spela mot (ett mål), begagna sig av (ngns lättrogenhet o. d.); ~ **with** driva (skoja) med; ~**-actor** komediant, skådespelare (föraktl.); ~**-bill** teateraffisch, -program; ~**boy** festprisse, Don Juan; ~**fellow** lekkamrat; **a** ~**game in comparison with** en barnlek i jämförelse med; ~**goer** teaterbesökare; ~**ground** lekplats, ibl. skolgård; **the** ~**ground of Europe** Schweiz; ~**mate** lekkamrat; ~**-off** avgörande (*sport.*) kamp; ~**room** *amr.* barnkammare; ~**thing** leksak; ~**wright,** ~**writer** skådespelsförfattare; **played out** utmattad, utsliten (som spelat ut sin roll); **playing-card** spelkort; **player** en som deltar i lek el. spel, (professionell) kricket- el. fotbollsspelare, skådespelare; **player-piano** elektriskt piano; **playful** [*pleif(u)l*] lekfull, skämtsam
plea [*pli:*] *jur.* parts talan, svaromål, process, mål, försvar, 'inlägg' till förmån för, bön, ursäkt, förevändning, *amr.* förfrågan, krav, vädjan; **put in a** ~ inlägga gensaga; **put in a** ~ **for** lägga in ett ord för (föra ngns talan); **on** (el. **under**) **the plea of** (el. **that**) med åberopande [till sitt försvar] av (att)
plead [*pli:d*] *jur.* plädera, tala (uppträda som advokat), föra (ngns) talan, bedja (för ngn), undskylla (ursäkta) sig med, åberopa, anföra som ursäkt; ~ **one's age** åberopa sin ålder; ~ **not guilty** neka (till anklagelse); ~ **guilty** erkänna sig skyldig; ~ **for** bedja för, föra ngns talan; ~ **with** söka övertala el. inverka på, bevekande tala till; **pleader** sakförare, advokat, försvarare, förfäktare; **pleading** pläderande, försvar, yrkande, *pl* rättegångshandlingar (i ett mål); bönfallande, bevekande
pleasant [*pleznt*] behaglig, trevlig, glad; ~**ry** [*plezntri*] skämt[samhet], lustighet
please [*pli:z*] behaga, göra till viljes, finna lämpligt (för gott), vilja; var så god och; ~ **God** om Gud vill; ~ **the pigs** *sl* om ödet vill, om hulda makter står oss bi; ~ **oneself** göra som det passar en; **if you** ~ om ni vill vara så god, om ni tillåter; ja, jag tackar; **be** ~**d to** behaga (finna för gott) att, vara glad att få; **I shall be** ~**d to** det skall bli mig ett nöje att; **be** ~**d with** vara nöjd (tillfredsställd) med; ~ **[to] ring the bell** var god och ring på klockan; **coffee for two,** ~ får jag be om två kaffe; ~ **don't forget,** ~ **not to forget** var så god och glöm inte; **yes,** ~ ja tack
pleasurable [*pleʒərəbl*] angenäm, behaglig
pleasure [*pleʒə*] välbehag, nöje, njutning, gottfinnande, vilja; lust-, nöjes-; bereda nöje (tillfredsställelse); **have** el. **take [a]** ~ **in** ha nöje, av, finna nöje i; **man of** ~ vällusting; **at** ~ efter behag; ~ **boat** lustbåt; ~ **ground** nöjespark, lekplats; ~ **seeker** nöjesjägare; ~ **trip** lustresa
pleat [*pli:t*] [göra] veck, se *plait*
pleb [*pleb*] *sl* plebej; ~ el. **plebe** [*pli:b*] *amr. sl* recentior (nybakad student); ~**s** plebs, proletariat; **plebeian** [*plibi:'ən*] plebej; plebejisk; **plebiscite** [*plebisit, -sait*] folkomröstning
plectrum [*plektrəm*] *mus.* plektrum
pled [*pled*] *amr.* pläderade, åberopade sig på etc. (se *plead*)
pledge [*pledʒ*] [under]pant, säkerhet, löfte, skål (som utbringas); sätta i pant, dricka [ngn] till; **the** ~ nykterhetslöftet; **take the** ~ avlägga nykterhetslöfte; ~ **of love** kärlekspant (dvs. barn); **under** ~ **of secrecy** under tysthetslöfte; ~ **one's honour** sätta sin ära i pant; **pledgee** [*pledʒi:'*] pantinnehavare
pledget [*pledʒit*] [sår]bomull (liten kompress av charpi)
Pleiades [*plaiədi:z*] *astr.*; **the** ~ Sjustjärnan (Plejaderna)
plenary [*pli:nəri*] full, fullständig; ~ **meeting** plenarkonselj, -församling; ~ **powers** fullmakt
plenipotentiary [*plenipəte'nʃəri*] befullmäktigad, ambassadör; oinskränkt (t. ex. fullmakt)
plenitude [*plenitju:d*] höjdpunkt, fullhet, överflöd
plenteous [*plentjəs*], **plentiful** [*plentif(u)l*] rik[lig], välförsedd, överflödande; **plenty** [*plenti*] riklighet, fullt upp, överflöd, ymnighet; *sl* tillräckligt, mycket, för mycket; **plenty of** överflöd av, gott om, rikligt med, många
plenum [*pli:nəm*] plenum, plenarförsamling
pleonasm [*pli(:)ənæzm*] pleonasm, överflödigt uttryck; **pleonastic** [*pli(:)ənæ'stik*] pleonastisk
plethora [*pleþərə*] *med.* överflöd på vätskor, blodfullhet, *fig.* överfullhet, -mättnad; **plethoric** [*pleþɔ'rik*] svällande, blodfull
pleurisy [*pluərisi*] *med.* pleuritis, lungsäcksin-

flammation; **pleuritic** [*pluəri'tik*] pleuritisk, hörande till el. sjuk i pleurit[is]

lexus [*pleksəs*] (is. *anat.* om fibrer, ådror etc.) nätverk, *fig.* komplex

liability [*plaiəbi'liti*], **pliancy** [*plaiənsi*] böjlighet, smidighet, *fig. äv.* eftergivenhet, osjälvständighet; **pliable** [*plaiəbl*], **pliant** [*plaiənt*] böjlig, smidig, *fig. äv.* eftergiven, osjälvständig

liers [*plaiəz*] flack-, böjtång (*pair of* ~)

light 1) [*plait*] tillstånd (belägenhet); **in a sorry** ~ i en sorglig belägenhet

light 2) [*plait*] [sätta i] pant, ge sitt hedersord (~ *one's word*)

Plimsoll [*plims(ə)l*]; ~ **line** el. **mark** *sjö.* ett på fartygssidan målat märke (för att utmärka tillåten lastlinje)

ling [*pliŋ*] *amr. sl* tigga (på gatan)

linth [*plinþ*] plint, fot-, sockelplatta

liocene [*plaiəsi:n*] *geol.* pliocen

plod [*plɔd*] lunk[a], trask[a] (~ *along*), knog[a], släp[a]; ~**der** 'arbetsåsna', '-träl', 'plugghäst'

plop [*plɔp*] plums, dovt ljud; plumsa

plot [*plɔt*] jordlott, tomt, täppa, koloniträdgård, plan, karta, handling el. intrig (i berättelse etc.), komplott, stämpling, (ont) anslag; anstifta, smida ränker, konspirera, uppgöra plan till (stad, järnväg o. d.); ~**ter** konspiratör, ränksmidare

plough [*plau*] plog; plöja, ploga, kugga[s] (i examen); **the P—** *astr.* Karlavagnen; ~ **the sand** släpa och slita förgäves; ~**man** plöjare; ~**-share** plogbill; ~**-tail** plogstjärt; ~**ed** *amr. sl* berusad

plover [*plʌvə*] brockfågel, pipare

pluck [*plʌk*] ryck[ning], 'hjärtslag' (av slaktdjur), friskt mod, käckhet, kurage; plocka, pungslå, rycka (**at** i), knäppa på (en sträng), *sl* 'kugga' i examen; ~ **up courage** rycka upp sig, repa (hämta) mod; ~**y** käck, modig

plug [*plʌg*] [trä]plugg, propp, tapp, *elektr.* stickkontakt, plomb (i en tand), *mek.* tändstift, tobaksbuss, *amr.* häst[krake], *amr. sl* annons, fuskare, klåpare; plugga igen, sätta en propp (*äv.* stickkontakt) i, plombera (tand), *fam.* tuta in (en melodi i publikens öron), *amr. sl* dänga till (med knytnäven), *amr. sl* annonsera, sätta en kula i (skjuta); **cut** ~ (om tobak) skuren och pressad till kakor; ~ **along** *amr. sl* 'knoga på' (med ett arbete); ~ **hat** *amr.* hög hatt, 'storm'; ~**-ugly** *amr.* ligapojke, ligist, bov, klumpeduns

plum [*plʌm*] plommon, russin, godbit, *sl* 100 000 pund, det bästa (av ngt), belöning, vinst; ~ **duff** russinpudding; ~ **pudding** plumpudding; ~**my** lik plommon (el. russin), *fig.* finfin, 'läcker', åtråvärd, 'smaskens'

plumage [*plu:midʒ*] fjäderbeklädnad, fjädrar

plumb [*plʌm*] blylod, -kula; lodrät[t], rättfram, ren[t], riktig, precis; loda, pejla, utföra rörläggararbete; **out of** ~ icke lodrät, skev; ~ **nonsense** rent nonsens (struntprat); ~**-line** lodlina, -snöre; ~**-rule** tumstock med blylod; ~**aginous** [*plʌmbæ'dʒinəs*] innehållande blyerts (grafit); ~**ago** [*plʌmbei'gou*] blyerts, grafit; ~**eous** [*plʌmbiəs*] blyaktig, -färgad; **plumber** [*plʌmə*] rörläggare, vattenledningsentreprenör; **plumbery** [*plʌməri*] blygjuteri, blyrörsfabrik, (verkstad för) rörarbete; **plumbic** [*plʌmbik*] bly-, blyhaltig; **plumbless** [*plʌmlis*] bottenlös

plume [*plu:m*] (stor) fjäder, plym; pryda [sig] med fjädrar, plocka (putsa) sina fjädrar (om en fågel); ~ **oneself on** yvas över, stoltsera med; **plumelet** [*plu:mlit*] liten fjäder, fjäderdun; **plumose** [*plu:mou's*] fjäderlik, befjädrad

plummet [*plʌmit*] sänk-, riktlod, lodlina, sänke (på metrev)

plummy se *plum*; **plumose** se *plume*

plump [*plʌmp*] knubbig, rund, trind, fyllig, uttrycklig, (alltför) rättfram, tvär, rent ut, burdus; bli fyllig, svälla (~ *out*), plumsa, dimpa, slänga; ~ **for** ge sin röst åt (en enda); **plumper** röstsedel med blott ett namn, *sl* grov lögn

plumy [*plu:mi*] fjäderklädd, plymascherad

plunder [*plʌndə*] plundring, byte, rov; plundra, röva

plunge [*plʌndʒ*] störtande, sänkande, språng, dykning, spark bakut (om häst); dyka, störta [sig], kasta [sig], stöta, [för]sänka, köra [ned], slå bakut (om häst), *sl* spela, spekulera, skuldsätta sig; **take the** ~ göra språnget, ta det avgörande steget; **plunged in sorrow** försjunken i sorg; **plunger** dykare, hasardspelare, jobbare, pistong, kolv, *mil. sl* kavallerist

plunk [*plʌŋk*] klatsch, dovt ljud, *amr.* dollar, hårt slag; *amr.* slå till (oväntat)

pluperfect [*plu'pə:'fikt*] *gram.* (*eg.* mer än fullbordad) pluskvamperfektum

plural [*pluərəl*] pluralis, flertal; flertals-; ~ **livings** el. **offices** mer än ett ämbete till samma person; ~**ism** [*pluərəlizm*] flerhet, innehavande av flera ämbeten; ~**ity** [*pluəræ'liti*] flerhet, flertal, pluralitet, röstövervikt

plus [*plʌs*] plus (+); positiv, överskjutande; (**I find myself**) ~ **nearly £100 . . .** nästan 100 pund rikare; ~**-fours** *sl* plusfours

plush [*plʌʃ*] plysch, (betjänts) plyschbyxor; *amr. sl* flott

plute [*plu:t*] *amr. sl* förk. f. *plutocrat*

Pluto [*plu:tou*] Pluto (gud och planet); **Plutonic** [*plu:tɔ'nik*], **Plutonian** [*plu:tou'njən*] plutonisk, (*geol.*) vulkanisk

plutocracy [*plu:tɔ'krəsi*] plutokrati, penningvälde, den burgna klassen, penningaristokratin; **plutocrat** [*plu:tokræt*] plutokrat, penningfurste; **plutocratic** [*plu:tokræ'tik*] plutokratisk

pluvial [*plu:viəl*], **pluvious** [*plu:viəs*] regnig, regnrik; **pluviometer** [*plu:viɔ'mitə*] regnmätare

ply [*plai*] veck, fåll, kardel, vändning, riktning, böjelse; (flitigt) använda, bruka (med kraft), ansätta (bestorma) (med frågor), arbeta på, bearbeta, truga, fara över, gå i trafik (mellan två platser), *sjö.* kryssa

Plymouth [*pliməþ*]; ~ **Rock** (amerikansk) hönsras

plywood [*plaiwud*] plywood, kryssfaner

pneumatic [*nju(:)mæ'tik*] pneumatisk, luft-; ~ **engine** luftpump; ~ **tire (tyre)** luftring; **pneumatics** [*nju(:)mæ'tiks*] pneumatik

pneumonia [*nju(:)mou'njə*] lunginflammation; **pneumonic** [*nju(:)mɔ'nik*] lunginflammations-, lung-

poach 1) [*poutʃ*] förlora (ägg)

poach 2) [*poutʃ*] jaga (fiska) olovligt, bedriva krypskytte el. tjuvfiske, (om mark) nedtrampa, göra el. bli uppblött, stjäla [sig till], tillskansa sig; **poacher** tjuvskytt, -fiskare

pochard [*poutʃəd*] *zool.* dykand (Fuligula)

pock [*pɔk*] *med.* märke efter koppor, varblemma, koppa; ~**-marked** koppärrig

pocket [*pɔkit*] ficka, blus (i biljardbord), *min.* 'ficka', urholkning (innehållande malm); stoppa (sticka) i fickan, (i biljard) göra (*a ball* en boll), svälja (oförrätt), [få] hålla till godo med; **put one's hand in one's** ~ ge ut pengar; **be in** ~ vara vid kassa, ha vunnit (pengar); **be out of** ~ vara pank, ha förlorat; **out-of-**~ **expenses** kontanta utlägg; ~**-book** plånbok, annotationsbok; ~**-handkerchief** näsduk; ~**-piece** lyckopenning

pod [*pɔd*] *bot.* fröskida, balja, kapsel; frambringa (sätta) skidor, skala (ärter el. bönor); **have few in the** ~ *sl* vara andligen klent utrustad; **podded** [*pɔdid*] *sl* välbärgad, 'tät'

podagra [*pɔdəgrə*] *med.* podager; **podagric** [*podæ'grik*] podagerartad, gikt-

podge [*pɔdʒ*] 'tjockis'; **podgy** [*pɔdʒi*] liten och tjock, knubbig, *amr. sl* full

poem [*pouim*] poem, dikt; **poesy** [*pouisi, -izi*] *åld.* poesi, skaldekonst; **poet** [*pouit*] skald, diktare; **poet laureate** [*lɔ:riit*] hovskald; **the P—s' Corner** skaldevrån i Westminster Abbey (med skaldegravar), *amr. sl* toalett; **poetaster** [*pouitæ'stə*] småpoet, versmakare, rimsmidare; **poetess** [*pouitis*] skaldinna; **poetic[al]** [*poue't-ik(l)*] poetisk, skalde-; **poetics** [*poue'tiks*] poetik, skaldskap; **poetry** [*pouitri*] poesi

pogey [*pougi*] *amr. sl* fattighus, fängelsesjukhus

pogrom [*pɔgrɔ'm, pɔgrɔm*] pogrom, organiserat blodbad, [jude]förföljelse

poignancy [*pɔinənsi*] skärpa, bitterhet; **poignant** [*pɔinənt*] skarp, genomträngande, bitter, skärande

point [*pɔint*] punkt, prick, poäng, skiljetecken, punkt (is. *full* ~), grad, streck (på termometer, kompass etc.), [huvud]sak, kärnpunkt, (*herald.*) fält, spets, udd[e], kap, etsnål, stickkontakt, (i kricket) en särskild fältspelare, (virkad) spets, *pl* [spår]växel; peka, poängtera, spetsa, skärpa, sikta med, fogstryka (byggnad); [**decimal**] ~ komma (i decimalbråk); ~ **forty-five (0.45)** noll komma fyrtiofem (0,45); **four** ~ **six** fyra komma sex (4,6); **the** ~ (*boxn.*) hakspetsen; ~ **of exclamation** utropstecken; ~ **of honour** hederssak; ~ **of interrogation** frågetecken; ~ **of view** synpunkt; **bad (good)** ~s dåliga (goda) sidor; **carry one's** ~ genomdriva sin vilja, nå sitt mål; **give** ~**s to** bevilja fördel åt (låta handikappa sig till förmån för svagare medtävlare); **what is the** ~ **of getting angry?** vad är det för idé att bli arg? **make a** ~ **of** lägga an på, beflita sig om [att], framhäva; **at** el. **on all** ~s el. **at every** ~ på alla punkter, i alla avseenden; **at** el. **on the** ~ **of** 'på vippen att'; **in** ~ passande, på sin plats; **in** ~ **of** med hänsyn till, i fråga om; **in** ~ **of fact** faktiskt, i verkligheten; **a case in** ~ ett fall som hör till saken; **off the** ~ oväsentligt, som ej hör till saken; **to the** ~ till saken! **when it came to the** ~ när det kom till 'kritan'; **the dog came to a** ~ [fågel]hunden gjorde stånd; ~ **out** påpeka, framhålla; ~ **to** (el. **at**) peka på; ~**-blank** rakt på sak, direkt, rent ut; **(on)** ~**-duty** (trafikkonstapels) tjänstgöring på en bestämd punkt (gatukorsning etc.); ~**-lace** virkad spets; ~**sman** [järnvägs]växlare; ~**ed** [*pɔintid*] spetsig, skarp, vass, stickande, bitande, markant; **pointer** pekpinne, visare (på ur, våg o. d.), pointer (korthårig rapphönshund), *pl astr.* Karlavagnens två bakhjul, som ange riktningen mot polstjärnan, *fam.* vink, fingervisning, *hand. sl* liten annons (med hänvisning till en större); ~**less** poänglös, meningslös

poise [*pɔiz*] jämvikt, balans, hållning, ovisshet; bringa (hålla) i jämvikt, avväga, överväga, befinna sig i jämvikt, balansera

poison [*pɔizn*] gift; förgifta; **nominate your** ~ vad vill ni ha? (av dryckesvaror); **poisoner** giftblandare; **poisonous** [*pɔiznəs*] giftig

poke [*pouk*] stöt, knuff, brätte, skärm (på mössa), *åld.* påse, *amr. sl* förk. f. *pocket-book* plånbok; stöta [till], knuffa [till], peta [på]; **buy a pig in a** ~ köpa grisen i säcken; ~ **about** gå och stöka, larva omkring, knåpa; ~ **fun at** göra narr av, driva med; ~ **one's head** skjuta (köra) fram huvudet; ~ **in the ribs** stöta (knuffa) i sidan; ~ **into** sticka näsan (rota, snoka) i; ~ **the fire** röra om i elden; ~**-bonnet** (kvinnlig frälsningssoldats) hatt; **poker** [*poukə*] eldgaffel; poker (*kort.*); **poker-face** oföränderligt (orörligt) ansikte; **poker-work** glödritning; **pok[e]y** [*pou'ki*] trång, sliten, sjaskig

polacca [*polæ'kə*] polack (medelhavsfartyg); **Poland** [*poulənd*] Polen

polar [*poulə*] polar-, pol-; ~ **bear** isbjörn; ~ **beaver** *sl* man med vitt skägg ('jultomte'); ~**ity** [*polæ'riti*] polaritet

pole [*poul*] pol, påle, stolpe, stake, stör, [tistel]-stång; **up the** ~ *sl* i klämma; ~**-axe** [hugga med] strids-, slaktaryxa; ~**cat** *zool.* iller; ~**-jump** stavhopp; ~**-star** polstjärna, *fig.* ledstjärna

Pole [*poul*] polack

polemic [*pole'mik*] polemiker, *pl* polemik; polemisk, stridslysten; **polemize** [*pɔlimaiz*] polemisera

polenta [*pole'ntə*] polenta, majsgröt

police [*pəli:'s*] polis; behärska (bevaka, styra) medelst polis, förse med polis; ~ **constable**, ~**man**, ~ **officer** polis[konstapel]; ~**-court** polisdomstol; ~ **force** poliskår; ~ **office** poliskontor; ~**-sergeant** [polis]överkonstapel; ~**-station** polisstation, -kontor; ~**-van** polisbil

policlinic [*pɔlikli'nik*] poliklinik

policy [*pɔlisi*] politik, [stats]klokhet, beräkning, slughet, [försäkrings]polis, *amr.* hasardspel; ~**-holder** försäkringstagare

polish [*pɔliʃ*] polityr, polering, glans, belevenhet; polera, bona, putsa, hyfsa [till], förfina, fiffa upp; ~ **the mug** *amr. sl* tvätta ansiktet; ~ **off** klara [av], få ur händerna; **polished** polerad, blank etc., förfinad, hyfsad, glättad; **polished up** *amr. sl* berusad, påstruken

Polish [*pouliʃ*] polsk; polska [språket]

polite [*pəlai't*] artig, hövlig, bildad, fin; ~ **letters** vitterhet, skönlitteratur; ~**ness** [*pəlai'tnis*] artighet, belevenhet

politic [*pɔlitik*] [stats]klok, beräknande, *äv.* slug; **the body** ~ staten; ~**al** [*pəli'tikl*] politisk, stats-; **political agent** el. **resident** (engelsk) politisk rådgivare åt (indisk) furste; **political economy** nationalekonomi; **politician** [*pɔliti'-ʃ(ə)n*] politiker; **politics** [*pɔlitiks*] politik; **politico-commercial** [*pəli'tikou-*] handelspolitisk

polity [*pɔliti*] stats-, styrelseform, statlig ordning, stat

polka [*pɔlkə, poul-*] polka

poll 1) [*pɔl*] (i Cambridge) enkel examen (utan högre betyg); **take a** ~ **degree, go out in the** ~ avlägga enkel examen; ~ **man** en som avlagt el. skall avlägga enkel examen

poll 2) [*poul*] röstetal, valresultat, röstning, (*skämts.*) huvudskult, knopp; erhålla (räkna) så och så många röster, rösta, avge (sin röst), [av]toppa (träd), avskära hornen på; **heavy (light)** ~ livligt (ringa) valdeltagande; ~**-beast** hornlöst djur; ~**-tax** mantalspengar, personlig skatt (avgift); ~**ing-booth** vallokal

Poll [*pɔl*], **Polly** [*pɔli*] (smeknamn för) Mary; **poll[-parrot]** papegoja

pollack [*pɔlək*], **pollock** [*pɔlək*] *zool.* blanksej (en torskart, Gadus pollachius)

pollard [*pɔləd*] toppat träd, hornlöst (kulligt) boskapsdjur, blandning av mjöl och kli; [av]-toppa (skära av grenarna på) träd

pollen [*pɔlin*] *bot.* pollen, frömjöl; ~**-sac** *bot.* ståndarknapp; ~**-tube** *bot.* pollenkanal, pip; **pollinate** [*pɔlineit*] föra frömjöl till; **pollination** [*pɔlinei'ʃ(ə)n*] betäckning med frömjöl

pollute [*pəlju:'t*] [för]orena, smutsa, vanhelga, kränka; **polluted** *amr. sl* full; **pollution** [*pəlju:'-ʃ(ə)n*] [för]orenande, besmittelse, kränkande

polo [*poulou*] polo[spel]; ~**-scurry** kapplöpning för poloponnyer; ~**-stick**, ~**-mallet** poloklubba; **water** ~ vattenpolo

polonaise [*pɔlənei'z*] polonäs

polonium [*polou'njəm*] polonium (ett radioaktivt grundämne)

polony [*pəlou'ni*] rökt fläskkorv (medvurst)

poltergeist [*pɔltəgaist*] *ty.* spöke som för oväsen

poltroon [*pɔltru:'n*] pultron, kruka

poly [*pouli*] *amr.* förk. f. *politician* politiker

poly- [*pɔli-*] *grek.* i *sms* mång-, fler-

polyandry [*pɔliændri*] polyandri (kvinnans månggifte)

polyanthus [*pɔliæ'nþəs*] *bot.* aurikel, *äv.* tazett

polychromatic [*pɔlikromæ'tik*] mångfärgad; **polychrome** [*pɔlikroum*] polykrom

polygamist [*pəli'gəmist*] polygamist; **polygamous**

[*pɔli'gəməs*] polygam; **polygamy** [*pɔli'gəmi*] polygami, månggifte
polyglot [*pɔliglɔt*] polyglott, en o ms behärskar flera språk; skriven på flera språk, polyglott-
polygon [*pɔligən*] polygon, månghörning; **polygonal** [*pɔli'gənəl*] månghörnig
polygyny [*pɔli'dʒini*] månggifte (med flera kvinnor)
polyhedron [*pɔlihi:'drən*] *mat.* polyeder
polyp [*pɔlip*] *zool.* polyp (se *äv. polypus*)
polyphonic [*pɔlifɔ'nik*] polyfon, fler-, mångstämmig; **polyphony** [*pɔli'fəni*] polyfoni, flerstämmig sång
polypus [*pɔlipəs*] (*pl polypi* [*-pai*]) *med.* polyp (se *äv. polyp*)
polysyllabic [*pɔ'lisilæ'bik*] flerstavig
polytechnic [*pɔlite'knik*] polyteknisk
polytheism [*pɔliþi(:)izm*] polyteism, månggudери
pom [*pɔm*] förk. f. *Pomeranian dog*
pomade [*pəma:'d*], **pomatum** [*pɔmei'təm*] pomada; pomadera
pomegranate [*pɔmgrænit*] granatäpple
Pomerania [*pɔmərei'niə*] Pommern; **Pomeranian** pomrare; pommersk; ~ [**dog**] spets[hund]
pommel [*pʌml*] rund knapp (kula), is. svärds-, sadelknapp; slå (dunka på) med knytnävarna, mörbulta
pomology [*poumɔ'lədʒi*] pomologi (läran om fruktodling)
Pomona [*pəmou'nə*] Pomona (fruktträdens gudinna)
pomp [*pɔmp*] pomp, ståt, prakt
pompom [*pɔmpɔm*] snabbskjutande kanon, automatisk hammare
pompon [*pɔ:mpɔ:ŋ, pɔmpɔn*] *fr.* pompong
pomposity [*pɔmpɔ'siti*] anspråksfullhet, pösighet, pampighet; **pompous** [*pɔmpəs*] pompös, ståtlig, praktfull, pösig, skrytsam, högtravande
ponce [*pɔns*] *sl* alfons, soutenör, *amr. sl* ung man, som underhålles av en rik kvinna
pond [*pɔnd*] damm; uppdämma, samla sig (till en damm); **the** ~, **the big** el. **herring** ~ (*skämts.*) Nordatlanten; ~**-lily** näckros
ponder [*pɔndə*] överväga, betänka, grubbla, fundera [på]; ~**able** [*pɔndərəbl*] vägbar; ~**osity** [*pɔndərɔ'siti*] tyngd, vikt; ~**ous** [*pɔndərəs*] tung, ovig, massiv, mödosam (uppgift)
pong [*pɔŋ*] *sl* lukta
pontiff [*pɔntif*] påve, översteprást; **pontifical** [*pɔnti'fik(ə)l*] påvlig, påve-, översteprästerlig; **pontificate** [*pɔnti'fikit*] pontifikat, påvedöme, översteprästerlig värdighet
Pontius Pilate [*pɔnʃəs pailit*] Pontius Pilatus, *amr. sl* domare
pontoon [*pɔntu:'n*] ponton[bro]
pony [*pouni*] ponny, *sl* 25 pund, *amr. sl* 'moja', 'drill', 'fingerborg' (litet glas); ~ **up** *amr. sl* betala, skänka (pengar)
pood [*pu:d*] pud (rysk vikt)
poodle [*pu:dl*] pudel
poof [*pu:f*] *sl* homosexuell
pooh [*pu:*] äh! bah! pytt! **pooh-pooh** [*pu:pu:'*] avvisa med förakt, rynka på näsan åt, skratta åt, skratta ut
Pooh-bah [*pu:ba:*] en som innehar många ämbeten samtidigt
pool [*pu:l*] pöl, göl, damm, djupt flodställe, 'pulla', pott (samlade insatser), *bilj.* (à la) guerre, insatsskjutning, sammanslutning; [bilda en] trust, sammanslå, dela; **swimming** ~ simbassäng; **the P— of London** Themsen mellan London Bridge och Limehouse
poop [*pu:p*] *sjö.* akter, akter-, hyttdäck; (om vågor) slå in över akterdäcket
poor [*puə*] fattig, klen, mager (jord), skral, dålig, ynklig, stackars, ringa, 'salig' (avliden); **a** ~ **crop** dålig gröda; ~ **crumb** el. **fish** el. **potato** *amr. sl* långtrådig (och enfaldig) karl; ~**-box** fattigbössa; ~**-house** fattighus; ~ **man's weather-glass** *bot.* rödarv; ~**-rate** fattigskatt; ~**-spirited** försagd, klenmodig; **poorly** krasslig; klent
pooty [*puti*] *fam.* nätt (se *pretty*)
pop 1) [*pɔp*] *fam.* förk. f. *popular* (*concert*)
pop 2) [*pɔp*] knall, smäll, 'skum', 'smällkork' (musserande dryck), *sl* pistol, prick, märke; smälla, knalla, skjuta, kila, rusa, *amr.* rosta (majs), *sl* stampa (pantsätta); paff! pang! vips! **in** ~ *sl* i pant, på stampen; [**with a**] ~! pang! vips! ~ [**the question**] *sl* fria; ~ **in** titta in; ~ **off** fara i väg, försvinna, *sl* kola av (~ *off the hooks*), *amr. sl* fara ut (förlora besinningen); ~ **up** dyka upp; **go** ~ explodera; ~**-corn** rostad majs; ~**-eyed** *amr.* med stirrande (förvånade) ögon; ~**-gun** luftbössa, knall-, leksakspistol; ~**-shop** 'stamp' (pantlånekontor); **popoffski** [*pɔpɔ'fski*] (*skämts.*) försvinna, bege sig åstad
pope 1) [*poup*] påve, (*grek.-kat.*) pop; **P— Joan** (ett slags kortspel); ~**'s eye** det läckraste stycket (kött); ~**'s nose** 'prästnäsa' (av fjäderfä)
pope 2) [*poup*], **poop** [*pu:p*] ömt ställe på låret; slå på låret
popery [*poupəri*] papism, papisteri
popinjay [*pɔpindʒei*] *åld.* papegoja, fågel (vid skyttegillens målskjutningar), sprätt, snobb
popish [*poupiʃ*] påvlig, papistisk
poplar [*pɔplə*] *bot.* poppel (Populus); **trembling** ~ asp
poplin [*pɔplin*] poplin (ett slags halvsidentyg)
poppa [*pɔpə*] *amr.* pappa
poppet [*pɔpit*] 'docka', 'skatt', älskling (*my* ~)
popple [*pɔpl*] vågsvall, puttrande; porla, skvalpa, svalla, puttra
poppy [*pɔpi*] vallmo; **Flanders Poppies** Flandernvallmor (helgade åt de i första världskriget stupades minne); **P— Day** d. 11 nov. (då Flandernvallmor säljas); ~**cock** *sl* struntprat
populace [*pɔpjuləs, -lis*] populas, hop, pöbel
popular [*pɔpjulə*] folk-, folklig, populär; **popularity** [*pɔpjulæ'riti*] popularitet; **popularize** [*pɔpjuləraiz*] popularisera
populate [*pɔpjuleit*] befolka; **population** [*pɔpjulei'ʃ(ə)n*] befolkning, folkmängd; **populous** [*pɔpjuləs*] folkrik
populist [*pɔpjulist*] *amr.* populist (anhängare av ett parti, som bl. a. eftersträvar statskontroll över järnvägar etc.)
porcelain [*pɔ:slin*] porslin
porch [*pɔ:tʃ*] vapenhus, portal, täckt (välvd) ingång, *amr.* veranda; ~ **climber** *amr.* fasadklättrare (tjuv)
porcine [*pɔ:s(a)in*] svin-, gris-, svinliknande, grisaktig
porcupine [*pɔ:kjupain*] *zool.* piggsvin
pore [*pɔ:*] por, liten öppning; stirra, blicka oavvänt; ~ **over (on)** fördjupa sig i, noga (flitigt) studera
pork [*pɔ:k*] (osaltat) fläsk; **then I am as good as** ~ då är jag en död man; ~ **pie** pastej med hackat fläsk; **porker** gödsvin; **Porkopolis** [*pɔ:kɔ'polis*] *amr. sl* 'fläskstaden' (öknamn på Cincinnati); **porky** fläsk-, av fläsk, fläskig, fet
pornography [*pɔ:nɔ'grəfi*] pornografi, smutslitteratur
porosity [*pɔ:rɔ'siti*] porositet; **porous** [*pɔ:rəs*] porös, full av porer
porphyry [*pɔ:firi*] *min.* porfyr
porpoise [*pɔ:pəs*] tumlare
porridge [*pɔridʒ*] gröt, havregröt; **keep one's breath to cool one's** ~ icke vara alltför het på gröten
port 1) [*pɔ:t*] hamn[stad, -plats], *sjö.* babord; lägga [rodret] om (vända åt) babord; **free** ~ frihamn; ~**-hole** *sjö.* hyttglugg, ventil
port 2) [*pɔ:t*] hållning, sätt att föra sig; ~ **arms** *mil.* fälla bajonett
port 3) [*pɔ:t*] portvin

portability [*pɔ:təbi'liti*] bärbarhet; **portable** [*pɔ:təbl*] bärbar, lös, flyttbar; **portable gramophone** resegrammofon; **portage** [*pɔ:tidʒ*] transport, forsling, transport-, fraktkostnad, ställe där båtar måste transporteras på land (t. ex. förbi vattenfall)
portal [*pɔ:tl*] portal, valvport; *anat.* port- (t. ex. ~ *vein* portåder)
portcrayon [*pɔ:tkrei'ən*] kritstift (holk av metall, i vilken kritan fästes)
portcullis [*pɔ:tkʌ'lis*] fällgaller
Porte [*pɔ:t*]; **the** [**Sublime** el. **Ottoman**] ~ [Höga] Porten (förr benämning på turkiska regeringen)
portend [*pɔ:te'nd*] förebåda; **portent** [*pɔ:tent*] (is. olyckligt) förebud, vidunder; **portentous** [*pɔ:te'ntəs*] förebådande, olycksbådande, vidunderlig
porter [*pɔ:tə*] port-, dörrvakt, vaktmästare, bärare, porter (dryck); **~age** [*pɔ:təridʒ*] befordran (forsling) av gods o. d., befordringsavgift, bärarlön
portfire [*pɔ:tfaiə*] stubintråd, lunta
portfolio [*pɔ:tfou'ljou*] portfölj (*äv.* ministers), *amr.* värdepapper (som säkerhet)
portico [*pɔ:tikou*] portik, pelargång, -hall
portière [*pɔ:tjɛ'ə*] portiär ([dörr]förhänge)
portion [*pɔ:ʃ(ə)n*] [an]del, stycke, [arvs]lott, öde, portion, hemgift; [för]dela, utdela, ge hemgift; **~less** utan hemgift, fattig
portly [*pɔ:tli*] ståtlig, förnäm, fetlagd, präktig (om sak)
portmanteau [*pɔ:tmæ'ntou*] läderkappsäck; **~-word** ord sammansatt av två (som i *squarson: squire + parson* godsägarpräst)
portrait [*pɔ:trit*] porträtt, bild, skildring; **portraiture** [*pɔ:tritʃə*] porträttmålning, -ering; **portray** [*pɔ:trei'*] porträttera, avbilda, måla, *fig.* (livligt) framställa, skildra; **portrayal** [*pɔ:trei'əl*] porträttmålning, -ering, porträtt, *fig.* skildring
portreeve [*pɔ:tri:v*] borgmästare (i hamnstad), 'hamngreve'
portress [*pɔ:tris*] portvakterska
Portugal [*pɔ:tjugəl*] Portugal; **Portuguese** [*pɔ:tjugi:'z*] portugis[isk], portugisiska [språket]
pose [*pouz*] pose, konstlad ställning; framställa, -lägga, placera (i konstlad ställning), posera, göra sig till, göra förlägen (ställd), bry, snärja; **poser** brydsam fråga, kuggfråga, hård nöt att knäcka
posh [*pɔʃ*] *sl* elegant, flott
posit [*pɔzit*] förutsätta, antaga
position [*pəzi'ʃ(ə)n*] [samhälls]ställning, position, ståndpunkt, läge, plats, (i logik) tes; **be in a ~ to** vara i tillfälle (stånd) att; **persons of ~** personer i framskjuten ställning
positive [*pɔzitiv, -zə-*] positiv, uttrycklig, bestämd, avgörande, [tvär]säker, verklig, faktisk; **that is ~** det är säkert; **the ~ sign** plustecknet (+); **positivism** [*pɔzitivizm*] positivism (filosofisk riktning)
possess [*pəze's*] besitta, [inne]ha, äga, behärska, bemäktiga sig; **~ oneself of** sätta sig i besittning av; **~ed by** el. **with a devil (an idea)** besatt (behärskad) av en ond ande (idé); **~ed of** i besittning av; **like all ~ed** *amr.* som bara tusan (el. fan); **~ion** [*pəze'ʃ(ə)n*] besittning, ägo, egendom; **~ive** [*pəze'siv*] *gram.* possessiv, besittnings-, behärskande; **~ive case** genitiv; **~or** [*pəze'sə*] innehavare, ägare
posset [*pɔsit*] ölost (varm mjölk blandad med öl)
possibility [*pɔsibi'liti, -sə-*] möjlighet; **possible** [*pɔsəbl, -sibl*] möjlig, eventuell; **possibly** möjligt[vis], möjligen; kanske; **I cannot possibly come** jag kan omöjligt komma
possum [*pɔsəm*] *fam.* opossum; **play ~** spela sjuk (död), förställa sig, hyckla
post 1) [*poust*] post, (lodrät) stötta, [lykt-, mål]-stolpe; anslå, sätta upp (plakat el. tillkännagivande); **~ no bills** *amr.* affischering förbjuden; **winning-~** mål (*sport.*); **poster** [*poustə*] anslag, (stor) affisch, plakat, affischör; **poster designing** reklamplakatteckning
post 2) [*poust*] *mil.* post, [strategisk] ställning, militärstation, befattning, plats, [brev]post, postpapper (av visst format); resa med postskjuts, sända med posten, lägga i brevlådan, posta, införa en post (bokföra), informera, ila, 'jaga'; **at one's ~** på sin post; **by ~** per post, med posten; **by return of ~** omgående; **~ up** underrätta; **I kept him ~ed** jag höll honom underrättad; **~card** brevkort; **picture ~card** vykort; **~-free** portofri, franko; **~-haste** *åld.* 'kurirhastighet', [med] ilande fart; **~man** brevbärare, postbud; **~man's knock** en pantlek; **~mark** poststämpel; avstämpla; **~master** postmästare; **P—master General** generalpostdirektör; **~mistress** föreståndarinna för poststation, postfröken; **~-office** postkontor; **the General P—-Office** centralpostkontoret i London; **~-paid** (förut) betald, frankerad; **postage** [*poustidʒ*] porto, postbefordringsavgift; **postage stamp** frimärke; **postal** [*poust(ə)l*] postal, post-; **postal card** *amr.* brevkort; **postal cheque account** postgiro; **postal order** postanvisning (för små belopp); **the Postal Union** Världspostföreningen
post 3) [*poust*] (*lat.*) efter-, följande, senare än; **~-date** efterdatera; **~-diluvian** [*dilu:'viən*] postdiluviansk, efter syndafloden; **~-glacial** postglaciär, efter istiden; **~ meridiem** [*poust məri'diəm*] efter middagen (*p. m.*); **~-mortem** [*poust mɔ:tem*] (gjord) efter döden; **~-mortem** [**examination**] likbesiktning, obduktion; **~-natal** skeende efter födelsen; **~-obit** revers betalbar efter viss däri angiven persons död; **~prandial** (**speech**) (tal) som hålles efter middagen, bords-, tacktal; **~-war** efterkrigs-
postage, postal se *post* 2); **poster** se *post* 1)
poste restante [*pou'stre'sta:nt*] poste restante
posterior [*pɔsti'əriə*] *pl* efterkommande; bakdel; senare (**to** än), efterföljande, bakre, bak-; **~ity** [*pɔstiəriɔ'riti*] senare inträffande
posterity [*pɔste'riti*] eftervärld, efterkommande, kommande släkten'
postern [*poustən*] bakdörr, enskild ingång; **~ gate** *mil.* utfallsport
posthumous [*pɔstjuməs*] postum, efterlämnad; **~ book** bok utgiven efter författarens död; **~ child** barn fött efter faderns död
postilion [*pəsti'ljən*] postiljon, spannryttare
postpone [*pous(t)pou'n*] uppskjuta, tillbakasätta; **~ment** [*-mənt*] uppskjutande, -skov, tillbakasättande
postscript [*pous(s)kript*] postskriptum (P.S.), efterskrift
postulate [*pɔstjulit*] postulat, självklar sats, förutsättning; [*-leit*] postulera, antaga, förutsätta
posture [*pɔstʃə*] [kropps]ställning, hållning, läge; placera (på ett visst sätt), posera
posy [*pouzi*] bukett
pot [*pɔt*] kruka, burk, potta, gryta, stop, pokal, (vattenfylld) grop (i väg), *amr. mil. sl* granat, *amr. sl* rundkullig hatt; lägga ned (i kruka), insalta, konservera, plantera i kruka, *sl* skjuta ned, 'knäppa', skjuta (**at** på), *sl* lura; **~s of money** *sl* massor av pengar; **the ~ calls the kettle black** tjuv tror, att varje man stjäl; **big ~** *sl* matador, [stor]pamp; **make the ~ boil** skaffa mat till huset, förtjäna sitt uppehälle; **keep the ~ boiling** hålla (ngt) i gång; **go to ~** gå i putten, stryka med; **~-belly** isterbuk; **~-boiler** 'brödkaka' (hastverk som kommit till för brödfödans skull, gjort *to keep the pot boiling*); **~-bound** (om krukväxt, *äv. fig.*) växande i för trång kruka; **~-boy** el. **~man** kypare, bartender; **~ hat** 'plommonstop'; **~-herb** köksväxt; **~-hole** *geol.* jättegryta (bildad i klippa av vatten), grop (i väg);

~**-house** krog (i dålig mening); ~**-hunter** jägare, som skjuter allt vilt han träffar på; *sport.* pokaljägare; ~**luck** husmanskost; **take** ~**luck** hålla till godo med vad huset förmår; ~**-sherd** krukskärva; ~**-shot** lätt skott (på nära håll), skott på måfå, vag gissning; ~**-still** (*Irl.*) hembränneri; ~**-valiant** modig genom starka dryckers inverkan; ~**walloper** *amr. sl* kock; **potted** *amr. sl* berusad
potable [*poutəbl*] *pl* dryckesvaror; drickbar
potash [*pɔtæʃ*] *kem.* pottaska, ibl. soda
potassium [*pətæ'sjəm*] *kem.* kalium; ~ **iodide** *kem.* jodkalium
potation [*poutei'ʃ(ə)n*] drickande; dryck[enskap]
potato [*potei'tou*] potatis, *sl* hål på strumporna; ~**-box,** ~**-trap** *sl* mun; ~ **masher** *amr. mil. sl* tysk handgranat
poteen [*poti:'n*], **potheen** [*pɔtji:'n*] (*Irl.*) hembränd visky
potency [*poutənsi*] kraft, makt, styrka; **potent** [*poutənt*] kraftig, stark, inflytelserik, mäktig; **potentate** [*poutənteit, -tit*] potentat, furste
potential [*pəte'nʃ(ə)l*] potentiell, möjlig; ~**ity** [*pətenʃiæ'liti*] möjlighet
potheen se *poteen*
pother [*pɔðə*] bråk, oreda, väsen, oro; bråka, oroa, besvära
potion [*pouʃ(ə)n*] giftdryck, dosis medicin
pot-pourri [*pou'pu'ri*] *mus.* potpurri; blandning, röra
pottage [*pɔtidʒ*] *åld.* köttsoppa; **a** ~ **of lentils** *bibl.* 'grynvälling' (*eg.* en rätt av lins)
potter 1) [*pɔtə*] krukmakare; **pottery** [*pɔtəri*] lerkärlstillverkning, lerkärlsfabrik, lergods, porslin (i allm.)
potter 2) [*pɔtə*] knåpa, plottra, pladdra, gå och driva, larva omkring (~ *about*)
potty [*pɔti*] *sl* liten, obetydlig, intetsägande, ynkligt lätt el. enkel, stollig, förryckt, fjantig; **be** ~ **on** *sl* vara tokig i, vild på
pouch [*pautʃ*] påse, pung; stoppa i fickan, bulna, svälla ut
poult [*poult*] kyckling
poulterer [*poult(ə)rə*] fågel-, vilthandlare
poultice [*poultis*] [lägga] grötomslag [på]
poultry [*poultri*] fjäderfä, höns
pounce [*pauns*] slå ned (**upon** på), kasta (störta) sig [över], slå klorna i
pound 1) [*paund*] skålpund (454 gram), pund (sterling), pundsedel; ~**age** [*paundidʒ*] provision (avgift) om visst belopp per pund, tantiem; ~**er** -punding (om sak som väger el. är värd så och så många pund)
pound 2) [*paund*] fålla, inhägnad för boskap; instänga
pound 3) [*paund*] stöta, pulvrisera, dunka [på], banka, (om fartyg) stampa; ~ **along** stampa i väg; ~ **away** dunka (slamra) på
poundal [*paundl*] *mek.* (kraftenhet motsvarande en) skålpundsfot
pour [*pɔ:*] hällregn, ström; ösa, hälla, slå [ut] (vätska), gjuta, servera, utsända, avlossa, utösa, strömma, hällregna; **it never rains but it** ~**s** en olycka kommer sällan ensam
pout [*paut*] trumpen uppsyn; puta ut med läpparna, tjura; **pouter** [*pautə*] *zool.* kroppduva (~*-pigeon*)
poverty [*pɔvəti*] fattigdom; ~**-stricken** utfattig, utarmad
pow [*pou*] *sl* huvud
powder [*paudə*] stoft, damm, pulver, krut, puder, *sl* pengar, *amr. sl* en tår på tand; pulvrisera, smula sönder, [be]strö, pudra [sig]; **not worth** ~ **and shot** icke värd ett skott krut; ~**-puff** pudervippa; **powdered** *amr. sl* full; **powdery** pulverlik, stoftfin, dammig
power [*pauə*] makt, styrka, kraft, förmåga, befogenhet, *mat.* dignitet, potens, *fam.* mängd; **more** ~ **to your elbow!** lycka och välgång! skål! **the Great P**—**s** stormakterna; **the** ~**s that be** (den maktägande) överheten; **a** ~ **of people** *fam.* en massa människor; **the party in** ~ partiet, som nu bildar regering; **raise to the 3rd** ~ *mat.* upphöja till tredje digniteten; ~**-loom** maskinell vävstol; ~**-station** (elektrisk) kraftstation; **super** ~**-station** högspänningsstation; ~**ful** [*pauəf(u)l*] mäktig, kraftig, stark, *fam.* väldig, mäkta; ~**less** vanmäktig, kraftlös
pow-wow [*pau'wau'*] 'medicinman' (indiansk), sammankomst av indianer, (*skämts.*) möte, konferens, förhandling, glad tillställning; konferera, rådslå, kurera
pox [*pɔks*] (*vulg.*) syfilis, hudutslag; **small-**~ vattkoppor
pozzy [*pɔzi*] *mil. sl* sylt, marmelad
pra[a]m [*pra:m*] *sjö.* (flatbottnad) pråm
practicability [*præktikəbi'liti*] utförbarhet, möjlighet; **practicable** [*præktikəbl*] möjlig, görlig, utförbar, användbar, framkomlig
practical [*præktik(ə)l*] praktisk, utövande, faktisk; ~ **joke** spratt, puts; ~**ity** [*præktikæ'liti*] praktiskhet, praktisk möjlighet; ~**ly** [*præktikəli*] praktiskt taget, i praktiken; så gott som
practice [*præktis*] praktik, övning, tillämpning, utövning, praxis, bruk, vana; ~ **makes perfect** övning ger färdighet; **in** ~ i praktiken, i bruk; **put in[to]** ~ omsätta i praktiken; **be out of** ~ vara ur form (på grund av bristande träning); **practician** [*prækti'ʃn*] praktiker, yrkesutövare
practise [*præktis*] praktisera, tillämpa, använda, öva [sig], utöva, driva (ett hantverk etc.); **they** ~ **what they preach** de lever som de lär; ~ **on** lura, narra; ~**d** erfaren, durkdriven
practitioner [*prækti'ʃənə*] praktiker, praktiserande läkare el. jurist; **general** ~ läkare, som sysslar med allmän praktik, icke specialist
praepostor [*pripɔ'stə*] (i skolor) ordningsman, kustos
praetor [*pri:tə*] (*rom.*) pretor; ~**ian** [*pri(:)tɔ:'riən*] pretorian; pretoriansk
pragmatic[al] [*prægmæ'tik(əl)*] (is. *-ic*) pragmatisk, (is. *-ical*) påträngande, beställsam, inbilsk, viktig; **pragmatism** [*prægmətizm*] pragmatism; **pragmatist** [*prægmətist*] pragmatiker
prairie [*prɛəri*] prärie; ~**-schooner** *amr.* prärievagn, emigrantvagn (med tälttak)
praise [*preiz*] pris, beröm, lovord; [lov]prisa, berömma; ~ **to the skies** höja till skyarna; ~**worthy** [*-wə:ði*] pris-, berömvärd
pram [*præm*] förk. f. *perambulator* barnvagn; se *äv. pra[a]m*
prance [*pra:ns*] (om häst) kråma sig, dansa, (om person) stoltsera, strutta
prandial [*prændiəl*] (*skämts.*) middags-
prank [*præŋk*] upptåg, skälmstycke; styra (kläda) ut, pryda, smycka; ~**ish** odygdig, tjuvpojksaktig
prate [*preit*] prat, 'orerande', sladder; prata, 'orera'
praties [*preitiz*] (*Irl.*) potatis
prat[t] [*præt*] *amr. sl* bakficka, bakdel
prattle [*prætl*] prat, pladder, barnjoller; prata, pladdra, jollra; **prattler** (is. om barn) pratmakare, -erska
prawn [*prɔ:n*] *zool.* (ett slags) stor räka
pray [*prei*] bedja, bönfalla; **watch and** ~ vaka och be[dja]; **[I] pray** 'jag ber', var [så] god; **prayer** [*preiə*] en som ber, bedjande; [*prɛə*] bön; **the Lord's Prayer** Fadervår; **[Book of] Common Prayer** engelska kyrkans liturgi (bön- och ritualbok); **prayerful** andäktig, flitig i böner
pre [*pri:*] skol-*sl* förk. f. *prefect*
pre- [*pri(:)-*] före-, förut-, för-, i förväg
preach [*pri:tʃ*] predika, förkunna; ~**ment** [*pri:tʃmənt*] (is.) moralpredikan; **preacher** predikant; **preachify** [*pri:tʃifai*] hålla moralpredikan
preamble [*pri:æ'mbl*] inledning, företal
prebend [*prebənd*] *kyrkl.* prebende; ~**al** [*pre-*

b(ə)nd(ə)l] prebende-, kanik-; ~ **stall** kanikprebende; ~**ary** [*preb(ə)nd(ə)ri*] prebendeinnehavare, kanik med prebende

precarious [*prikɛ'əriəs*] osäker, oviss, vansklig, riskabel

precatory [*prekət(ə)ri*] bedjande

precaution [*prikɔ:'ʃ(ə)n*] försiktighet[smått], varsamhet; **take ~s against** vidtaga försiktighetsmått mot; ~**ary** [*prikɔ'ʃ(ə)nəri*] försiktighets-, varnings-

precede [*pri(:)si:'d*] gå framför (före), föregå, låta föregås, inleda; **precedence** [*pri(:)si:'dəns, presid-*] företräde, försteg; **precedent** [*presidənt*] precedensfall, prejudikat, motstycke

precentor [*pri(:)se'ntə*] kantor

precept [*pri:sept*] föreskrift; ~**or** [*prise'ptə*] (is. *amr.*) fostrare, lärare

precession [*prise'ʃ(ə)n*] gående förut el. framåt, *astr.* precession, dagjämningstidernas framryckande

precinct [*pri:siŋ(k)t*] område, distrikt, *pl* rå-märken, landamären, omgivningar

precious [*preʃəs*] dyr-, kostbar, värdefull, pretiös, tillgjord, *fam. iron.* snygg, skön; väldigt, fasligt; **my** ~! min älskling! ~ **stone** ädelsten

precipice [*presipis*] bråddjup, avgrund, brant; **precipitance (-cy)** [*prisi'pitəns(i)*] brådstörtande, rusande, förhastande; **precipitate** [*prisi'pitit*] *kem.* fällning; huvudstupa, brådstörtad, överilad; [*prisi'pitei't*] [ned]störta, rusa [i väg], påskynda, *kem.* fälla ut; **precipitation** [*prisipitei'ʃ(ə)n*] nedstörtande, brådska, överilning, påskyndande, *meteor.* nederbörd, *kem.* [ut]fällning

précis [*presi:*] resumé, sammanfattning; resumera

precise [*prisai's*] precis, bestämd, noggrann, noga, petig, punktlig; ~**ly** (*äv.*) precis, just, alldeles [riktigt]; **precisian** [*prisi'ʒn*] pedant; **precision** [*prisi'ʒ(ə)n*] precision, noggrannhet, punktlighet

preclude [*priklu:'d*] spärra, utestänga, utesluta, hindra, förebygga; **preclusion** [*priklu:'ʒ(ə)n*] förebyggande, hindrande

precocious [*prikou'ʃəs*] brådmogen, mogen, [utvecklad] i förtid, lillgammal; **precocity** [*prikɔ'siti*] brådmogenhet

preconceive [*pri:'kənsi:'v*] föreställa sig på förhand, förutfatta (~*d notions*); **preconception** [*pri:'kənse'pʃ(ə)n*] förutfattad mening, förutfattat intryck

preconcerted [*pri:'kənsə:'tid*] på förhand uppgjord

pre-conquest [*pri:-kɔŋkwest*] före normandernas erövring av England år 1066

precursor [*pri(:)kə:'sə*] förelöpare, -gångare

predacious [*pridei'ʃəs*] rovgirig, -lysten, rovdjurs-; **predatory** [*predət(ə)ri*] rov-, rövar-, plundrings-; rovlysten, -girig

predecessor [*pri:disesə*] föregångare, stamfader, *pl* förfäder

predestination [*pri(:)destinei'ʃ(ə)n*] förutbestämmelse

predestine [*pri(:)de'stin*] förutbestämma

predetermine [*pri:'ditə:'min*] på förhand bestämma

predicable [*predikəbl*] *log.* utsägbar; **predicament** [*pridi'kəmənt*] predikament, läge, is. kinkig (obehaglig) belägenhet, (*log.*) kategori, klass

predicate [*predikit, -keit*] predikat, utsaga; [*predikeit*] utsäga, påstå, tillmäta en egenskap; **predication** [*predikei'ʃ(ə)n*] utsägande, påstående; **predicative** [*pridi'kətiv*] predikativ, predikats-, utsägande

predict [*pridi'kt*] förutsäga, [före]spå; ~**ion** [*pridi'kʃ(ə)n*] förutsägelse, spådom

predilection [*pri:dile'kʃ(ə)n*] förkärlek

predispose [*pri:'dispou'z*] på förhand göra benägen (mottaglig), predisponera; **predisposition** [*pri:'-dispəzi'ʃ(ə)n*] predisposition, benägenhet, anlag

predominance [*pridɔ'minəns*] övermakt, -vikt; **predominant** övervägande, [för]härskande, rådande; **predominate** [*pridɔ'mineit*] dominera, råda, ha överhand, vara förhärskande

pre-eminence [*pri(:)e'minəns*] överlägsenhet, företräde, utmärkthet; **pre-eminent** överlägsen, framstående

pre-emt [*pri:e'm(p)t*] uppköpa el. erhålla genom förköp[srätt], upptinga (på förhand); **pre-emption** [*pri:e'm(p)ʃ(ə)n*] förköp[srätt]; **pre-emptive** [*pri:e'm(p)tiv*] **bid** (i bridge) spärrbud

preen [*pri:n*] putsa (fjädrarna), fiffa upp sig

pre-engage [*pri:'ingei'dʒ*] förut upptaga, reservera, i förväg beställa; **pre-engagement** [*-mənt*] beställning på förhand, föregående avtal

pre-examine [*pri:'igzæ'min*] undersöka i förväg

pre-existence [*pri:'igzi'stəns*] preexistens; **pre-existent** [*pri:igzi'stənt*], **pre-existing** [*-tiŋ*] förut existerande

prefab [*pri:fæb*] monteringsfärdigt trähus (*prefabricated*)

preface [*prefis*] förord, företal, inledning; förse med förord, inleda; **prefatory** [*prefət(ə)ri*] inlednings-, inledande

prefect [*pri:fekt*] prefekt, ståthållare, (i *public schools*) ordningsman, troman; **prefecture** [*pri:-fe'ktjuə*] prefektur, ståthållarskap

prefer [*prifə:'*] föredraga, ge företräde åt, befordra, framlägga, -bära, -föra; ~ ... **to** (stundom *äv.* ~ ... **than**) föredraga ... framför [att]; **preferred claim** *jur.* privilegierat krav; **preferred share** preferensaktie; **preferable** [*pref(ə)rəbl*] som är att föredra, lyckligare, bättre; **preferable to** hellre än, framför; **preferably** företrädesvis, helst

preference [*pref(ə)r(ə)ns*] företräde, förkärlek, ngt som man föredrar, gynnande, förmånsrätt, preferens; **by** ~ hellre, helst; **in** ~ **to** framför [att]; ~ [**share**] preferensaktie; ~ **stock** preferensaktier

preferment [*prifə:'mənt*] befordran, högre tjänst

prefix [*pri:fiks*] prefix, förstavelse, titel (före namn); [*pri:fi'ks*] sätta framför (is. i bok o. d.), inleda med, prefigera

pregnancy [*pregnənsi*] havandeskap, dräktighet, ande-, idé-, uppfinningsrikedom, pregnans, betydelsefullhet; **pregnant** [*pregnənt*] havande, pregnant, innehållsdiger, följdrik, betydelsefull

prehensile [*prihe'nsail*] inrättad (i stånd till) att gripa med; ~ **tail** *zool.* gripsvans (hos vissa apor)

prehistoric [*pri:'histɔ'rik*] förhistorisk

prejudge [*pri'dʒʌ'dʒ*] på förhand (i förtid) [be]döma

prejudice [*predʒudis*] fördom, förutfattad mening, förfång, men; inge fördom, påverka, skada; ~**d against (in favour of)** ogynnsamt (gynnsamt) inställd mot; **without** ~ *hand.* utan förbindelse, utan förfång (**to** för); **prejudicial** [*predʒudi'ʃl*] menlig, till förfång (**to** för)

prelacy [*preləsi*] prelatvärdighet, prelatstånd, prelatvälde (inom kyrkan); **prelate** [*prelit*] prelat, *amr.* präst

prelect [*prile'kt*] föreläsa; ~**ion** [*prile'kʃ(ə)n*] föreläsning; ~**or** [*prile'ktə*] föreläsare

prelim [*prelim*] *amr. fam.* förk. f. *preliminary examination*; *amr. boxar-sl* förmatch

preliminary [*prili'm(i)nəri*] (is. *pl*) preliminärer, förberedande åtgärd; förberedande, inledande

prelude [*prelju:d*] *mus.* förspel, preludium; utgöra förspelet till, inleda med (el. spela som) förspel, preludiera

premature [*premətju'ə*] för tidig, brådmogen, förhastad; **prematurity** [*premətju'əriti*] brådmogenhet, förhastande

premeditated [*pri(:)me'diteitid*] överlagd, avsiktlig; **premeditation** [*pri(:)meditei'ʃ(ə)n*] (föregående) överläggning, ibl. berått mod

premier [*premjə*] premiärminister; först, främst, förnämst, ledande, förste; ~**ship** premiärministerpost, *fam.* första plats (i tävling)

première [*premjɛ'ə*] [teater]premiär

premise [*premis*] *log.* premiss, försats; *pl* fastighet, gård, hus o. tomt, lokal; [*primai'z*] förutskicka (anm. etc.); **on the ~s** på stället, inom fastigheten

premium [*pri:mjəm*] premium, pris, belöning, gottgörelse, [försäkrings]premie, *hand.* överkurs, tillägg till pris (ränta), lönetillägg, agio; **at a ~** över pari, till överkurs

premonition [*pri:moni'ʃ(ə)n*] föregående varning, tillkännagivande, förkänsla, aning

pre-natal [*pri:'nei'tl*] före födelsen

preoccupation [*pri(:)ɔkjupei'ʃ(ə)n*] själslig upptagenhet, tankspriddhet, föregående besittning[stagande] el. innehavande; **preoccupy** [*pri(:)ɔ'kjupai*] helt upptaga (ngns tankar), bemäktiga sig i förväg; **preoccupied** upptagen av sina tankar, tankspridd

preordain [*pri:'ɔ:dei'n*] förutbestämma

prep [*prep*] skol-*sl* förk. f. *preparation* läxöverläsning el. *preparatory school* förberedande skola

prepaid [*pri'pei'd*] förutbetalad, frankerad (om brev)

preparation [*prepərei'ʃ(ə)n*] förberedelse, tillredning, läxöverläsning, preparat; **preparatory** [*pripæ'rət(ə)ri*] förberedande, som en förberedelse till, före

prepare [*pripɛ'ə*] förbereda, göra i ordning, tillrusta, utarbeta, preparera, läsa över, bereda sig, göra sig beredd el. i ordning

prepense [*pripe'ns*] överlagd, uppsåtlig; **of malice ~** i uppsåt att skada

preponderance [*pripɔ'nd(ə)r(ə)ns*] övervikt, överlägsenhet; **preponderant** [för]härskande, övervägande, överlägsen; **preponderate** [*pripɔ'ndəreit*] väga mera, ha övervikt [över], härska

preposition [*prepəzi'ʃ(ə)n*] preposition; **~al** [*-n(ə)l*] prepositions-; **prepositive** [*pripɔ'zitiv*] (om ord) framförställd

prepossess [*pri:pəze's*] förut (på förhand) intaga (**for** för); **~ing** intagande, vinnande, sympatisk; **~ion** [*-ze'ʃ(ə)n*] förutfattad mening, sympati

preposterous [*pripɔ'st(ə)rəs*] bakvänd, orimlig, befängd

prepuce [*pri:pju:s*] *anat.* förhud

Pre-Raphaelite [*pri:'ræ'fəlait*] prerafaelit; prerafaelitisk

prerogative [*prirɔ'gətiv*] prerogativ, företrädes-, förmånsrätt

presage [*presidʒ*] varsel, förebud, järtecken; [*prisei'dʒ*] förebåda, spå, ana, ha en förkänsla av

presbyopia [*prezbiou'piə*] långsynthet

presbyter [*prezbitə*] församlingsföreståndare, äldste (i presbyterianska kyrkan); **Presbyterian** [*prezbiti'əriən*] presbyterian; presbyteriansk; **Presbyterianism** [*-nizm*] presbyterianism; **presbytery** [*prezbit(ə)ri*] kyrkoråd (presbyteriansk distriktstyrelse), (*rom. kat. kyrk.*) prästgård

prescience [*preʃiəns*] förutvetande; **prescient** förutvetande

prescribe [*priskrai'b*] föreskriva, ålägga, ordinera, *jur.* (på grund av hävd) göra anspråk (**for** på); **prescript** [*pri:skript*] föreskrift, förordning; **prescription** [*priskri'pʃ(ə)n*] recept, föreskrift, *jur.* preskription, (rättighet på grund av) hävd; **prescriptive** [*priskri'ptiv*] *jur.* hävdvunnen

presence [*prezns*] närvaro, närhet, (ståtlig) hållning; **approach the [royal] ~** närma sig hans majestät, få audiens; **a man of handsome ~** en man med ståtlig hållning; **~ of mind** sinnesnärvaro; **~-chamber, ~-room** audiensrum

present 1) [*preznt*] present, gåva; **make a person a ~ of** skänka (förära) ngn ngt

present 2) [*preznt*] närvarande tid, *gram.* presens; närvarande, nuvarande, förhandenvarande, föreliggande; **be ~ to the mind** stå livslevande för en; **the ~ case** det föreliggande fallet, saken ifråga; **the ~ [tense]** *gram.* presens (tempus); **the ~ volume** föreliggande bok (band); **the ~ writer** författaren härav; **there is no time like the ~** skynda dig, begagna tiden (medan du kan); **at ~** nu, för närvarande (ögonblicket); **for the ~** för närvarande, för tillfället, tills vidare; **by these ~s** (i kungörelse) genom denna skrivelse, härmed; **presently** strax, snart, om en liten stund, inom kort; kort därefter

present 3) [*prize'nt*] föreställa, (is. *amr.*) presentera, överräcka, framlägga, uppvisa, förete, erbjuda, begåva (**with** med), inge, inlämna; **~ oneself** infinna sig, framträda; **~ at court** presentera vid hovet; **~ arms!** *mil.* skyldra gevär! **~able** [*prize'ntəbl*] presentabel, möjlig att framställa etc.; **~ation** [*prizentei'ʃən*] presentation, framställning, skildring, överlämnande, förärande, upp-, framvisande; **on presentation** *hand.* vid uppvisande[t]; **presentation copy** gåvo- el. friexemplar; **presentee** [*prizenti:'*] person (is. prästman) föreslagen till en tjänst, mottagare av gåva, vid hovet presenterad person; **presentment** [*prize'ntmənt*] anklagelse[skrift], klagomål, framställning, framvisande

presentiment [*prize'ntimənt*] förkänsla, aning

preservation [*prezə(:)vei'ʃ(ə)n*] bevarande, skyddande, bibehållande, vård, konservering; **preservative** [*prizə:'vətiv*] skyddande, skyddsmedel; **preserve** [*prizə:'v*] sylt, kompott, fridlyst park (jaktmark, fiskevatten); bevara, skydda, freda, vårda, konservera, sylta, inkoka

preside [*prizai'd*] presidera, sitta som ordförande; **presidency** [*prezidənsi*] ordförandeskap, presidentskap; **president** [*prezidənt*] president, ordförande, direktör, *amr.* universitetsrektor; **presidential** [*prezide'nʃ(ə)l*] ordförande-, president-

press [*pres*] tryckning, [vin-, tryck-, tidnings]-press, brådska, jäkt, trängsel, (större) skåp (för kläder, böcker etc.); pressa, trycka, klämma, ansätta, tvinga, driva på, påskynda, påyrka, *åld.* tvångsvärva (is. för flottan); **~ of people** [folk]trängsel; **~ of sail** *sjö.* pressade segel, så mycket segel skutan kan bära; **freedom of the ~** tryckfrihet; **in the ~** under tryckning; **~ one's competitor** vara tätt inpå sin medtävlare; **~ the words** haka sig fast vid ordens bokstavliga betydelse; **~ for an answer** yrka på att få (fordra) ett svar; **~ the button** trycka på knappen, *fig.* sätta maskineriet i gång; **~ forward** tränga sig fram, tränga på, bana sig väg; **~ on** sträva (skynda) framåt; **~ing** press, övertalning; tryckande, trängande, enträgen, angelägen, ibl. påträngande; **~-agent** pressombud; **~-corrector** korrekturläsare; **~-cutting** tidningsurklipp; **~-gang** *åld.* militärtrupp utsänd att pressa män till flottan eller hären; **~man** tidningsman; **~-mark** igenkänningsmärke (i biblioteksbok, utvisande till vilken hylla boken hör)

pressure [*preʃə*] tryck[ning], pressning, betryck, trångmål, påtryckning, brådska; **high (low) ~** hög- (låg-)tryck; **negative ~** *flyg.* undertryck; **positive ~** *flyg.* övertryck; **~ gauge** *flyg.* manometer; **put ~ upon, bring ~ to bear upon** utöva påtryckning på; **do under ~** göra nödtvunget

prestidigitation [*pre'stididʒitei'ʃn*] jongleri, fingerfärdighet

prestige [*presti:'ʒ*] prestige, inflytande

presto [*prestou*] *mus.* hastig[t], snabb[t]; **~, pass!** hokus, pokus, försvinn! (sagt av trollkonstnär)

presumably [*prizju:'məbli*] antagligen, troligen

presume [*prizju:'m*] antaga, förmoda, drista sig, djärvas, ta sig friheten [att]; **I ~ he has been**

told jag förmodar, att han har blivit underrättad? **don't** ~! inbilla dig inte! ~ **[up]on** begagna sig av, förlita sig [för mycket] på, dra för stora växlar på; **presuming** förmäten, [alltför] självsäker
presumption [*prizʌm'(p)ʃ(ə)n*] antagande, sannolikhet, inbilskhet, djärvhet, arrogans
presumptive [*prizʌ'm(p)tiv*] antaglig, sannolik, presumtiv; **heir** ~ presumtiv arvinge; **presumptuous** [*prizʌ'm(p)tjuəs*] förmäten, alltför självsäker, övermodig
presuppose [*pri:səpou'z*] förutsätta; **presupposition** [*pri:sʌpəzi'ʃ(ə)n*] förutsättning
pretence [*prite'ns*] anspråk[sfullhet], prål, hyckleri, förevändning; **make no** ~ **of** inte ge sig ut för att; **pretend** [*prite'nd*] förege, hyckla, låtsa, försöka, göra anspråk på; **pretend to** pretendera, göra anspråk på, förege sig ha (äga); **pretend to learning** ge sig ut för att vara en lärd man; **pretend to a woman** el. **her hand** söka vinna en kvinna el. hennes hand (dvs. fria); **pretender** [*prite'ndə*] [tron]pretendent, charlatan; **the Old (Young) Pretender** Jakob II:s son (sonson); **pretension** [*prite'nʃ(ə)n*] anspråk, krav, pretention; **pretentious** [*prite'nʃəs*] pretentiös, anspråksfull
preterhuman [*pri:təhju'mən*] övermänsklig; **preterit[e]** [*pretərit*] *gram.* preteritum, förfluten tid, (*äv.*) ~ **tense**; **pretermit** [*pritəmi't*] förbigå, underlåta, avbryta; **pretersensual** [*pri:təse'nʃuəl*] översinnlig
pretext [*pri:tekst*] pretext, förevändning
pretty [*priti*] näpen, täck, nätt, söt; tämligen, ganska; **a** ~ **song** en förtjusande sång; **a** ~ **mess, a** ~ **kettle of fish** en snygg röra; **know** ~ **well** känna rätt väl
prevail [*privei'l*] få (ha) överhanden, vinna seger, ha framgång, råda, vara rådande (förhärskande), göra sig gällande; ~ **upon** övertala, förmå; **the** ~**ing type** den förhärskande typen; **prevalence** [*prevələns*] allmänt bruk; **prevalent** härskande, gängse, vanlig
prevaricate [*privæ'rikeit*] söka undanflykter; **prevarication** [*priværikei'ʃ(ə)n*] undanflykt, förvrängning (av sanningen)
prevent [*prive'nt*] [för]hindra (**[from] doing** från att göra); ~**ative** [*prive'ntətiv*] förebyggande medel; preventiv, förebyggande, hindrande; ~**ion** [*prive'nʃən*] [för]hindrande, förebyggande; ~**ion is better than cure** bättre att stämma i bäcken än i ån; ~**ive** [*prive'ntiv*] preventiv, hindrande, förebyggande [medel]
preview [*pri:vju:*] [före]visning (för auktion etc.)
previous [*pri:vjəs*] förut-, föregående, tidigare; ~ **to** före, innan; ~ **examination** första examen (i Cambridge); ~ **question** (*parl.*) förelöpande fråga (om en sak skall upptagas till avgörande)
pre-war [*pri:-wɔ:*] förkrigs-
prexy [*preksi*] *amr. sl* rektor, ordförande (*president*)
prey [*prei*] byte, rov; röva; **beast of** ~ rovdjur; **fall a** ~ **to** vara (bli) ett rov (offer) för; ~ **upon** plundra, göra till sitt rov, leva på, tära (fräta) på
price [*prais*] pris, kostnad; prissätta, värdera; **a** ~ **on his head** ett pris på hans huvud; **what** ~ **glory?** vad betyder väl berömmelse? **at any** ~ till varje pris; ~**d catalogue,** ~ **current,** ~**-list** priskurant, -lista; ~**less** ovärderlig, oskattbar
prick [*prik*] tagg, stick, styng, pikstav, (*vulg.*) penis; sticka[s], stinga, sticka [hål i], pricka av (för), punktera, [ut]pricka, spetsa, egga, sätta (plantor i små hål), staka fram (båt); **kick against the** ~**s** *bibl.* spjärna mot udden; ~**s of conscience** samvetsagg; ~ **for sheriff** utse (välja) till kunglig befallningshavande; ~ **off** el. **out** utpricka; ~ **up one's ears** spetsa öronen; ~**-ears** spetsade öron; **pricker** sticknål, syl, pryl; **yeoman pricker** kunglig jägare (lätt ryttare)
prickle [*prikl*] tagg, torn; sticka; **the skin** ~**s** det sticker i huden; **prickly** taggig, stickande, kinkig
pride [*praid*] stolthet, högmod, prakt; **proper** ~ självaktning; **take a** ~ **in** sätta sin stolthet i, känna stolthet över; ~ **of place** bördsstolthet, högmod; ~ **oneself on** vara stolt (yvas) över
priest [*pri:st*] (katolsk el. hednisk) präst; *sl* klubba för att döda fisk med; ~**craft** prästpolitik; ~**ess** prästinna; ~**hood** prästerskap, prästvälde; **priestly** prästerlig
prig [*prig*] intelligenssnobb, egenkär människa, pedant, *sl* småtjuv; snatta, stjäla; ~**gery** [*prigəri*] självgodhet, snobberi, pedanteri; ~**gish** självgod, petig, petförnäm, pedantisk
prim [*prim*] pryd, prudentlig, stel; ~ **one's lips** (tillgjort) snörpa på munnen
primacy [*praiməsi*] primat, ärkebiskopsämbete, överhöghet, företräde
primadonna [*pri:'mədɔ'nə*] primadonna
prima facie [*prai'məfei'ʃiə*] vid första påseendet, i första ögonblicket
primal [*praiməl*] primär, först, ursprunglig, förnämst, huvud-
primary [*praiməri*] primär, först, grund-, ursprunglig, elementär, folkskole-, huvudsaklig, *amr.* prov-, försöksval; ~ **colours** grundfärger; ~ **education** elementär (bottensko e) undervisning; ~ **planet** *astr.* primär planet (i motsats till *secondary planets* drabanter); ~ **rock** *geol.* urberg; ~ **school** botten-, folkskola; ~ **strata** *geol.* ursprungliga lager
primate [*praimit*] (*kyrkl.*) primas; **P— of England** ärkebiskopen av York; **P— of all England** ärkebiskopen av Canterbury
prime [*praim*] det bästa (av ngt), bästa tid (ålder), krafts dagar, *relig.* prima, dagens första timme, dagningen, början, *fäkt.* prim; *mus.* första (t. ex. violin); först, ursprunglig, primär prima, viktigast, främst, förnämst; förse med tändsats, lägga fängkrut på, ladda, grund-[mål]a, *fam.* fylla (ngn med sprit); **in the** ~ **of life** i sin ålders blomma (vår); ~ **of the moon** nymåne; ~ **of the year** vår, början av året; ~ **cost** produktionspris; **P— Minister** premiär-, statsminister; ~ **number** *mat.* primtal; **primed** *amr. sl* full; **priming** fängkrut, tändsats, laddning, grund[mål]ning; **priming cup** *auto.* kompressions-, provkran
primer [*praimə, prim-*] nybörjar-, elementarbok; [*primə*] *typ.* skriftstorlek; **great** ~ tertia; **long** ~ korpus
primeval [*praimi:'v(ə)l*] först, ursprunglig, urtids-, ur-
priming se *prime*
primitive [*primitiv*] primitiv, ursprunglig, ur-; enkel, gammaldags; **the** ~**s** förrenässansens konstnärer; **the** ~ **Church** den äldsta kristna kyrkan; ~ **colour** grundfärg; ~ **[word]** *gram.* grundord
primogeniture [*praimodʒe'nitʃə*] förstfödsel, *jur.* förstfödslorätt
primordial [*praimɔ:'dial*] ur-, ursprunglig
primrose [*primrouz*] *bot.* viva (Primula), gullviva; **P— League** Gullviveförbundet (politisk konservativ organisation i England); **the** ~ **path [of dalliance]** 'lustars blomsterströdda väg'
primula [*primjulə*] *bot.* primula
primus [*praiməs*] primuskokare, *lat.* den förste (ibl. äldste)
prince [*prins*] furste, prins; **P— Albert** *amr. fam.* frack; **P— Consort** regerande drottnings gemål; **P— Regent** prinsregent; **the P— of Denmark** Hamlet; **P— of the Church** kardinal; **the P— of Wales** prinsen av Wales (titel för engelske kronprinsen); ~**like** furstlig; ~**ling** [*prinsliŋ*] ung furste; ~**ly** [*prinsli*] furstlig
princess [*prinse's,* som attr. *pri'n-*] furstinna,

prinsessa; ~ **Royal** engelske kungens äldsta dotter; ~ **dress** prinsessklänning
principal [*prinsip(ə)l*] huvudperson, *jur.* huvudman, upphovsman, rektor, ledare (av skola), duellant, *hand.* gäldenär, kapital, ibl. huvudsumma; huvudsaklig, förnämst, viktigast, huvud-; ~ **clause** el. **sentence** *gram.* huvudsats; ~ **parts** (ett verbs) tema[former]; ~ **sum** *hand.* huvudsumma, kapital
principality [*prinsipæ'liti*] furstendöme, furstlig makt; **the P— Wales; principalities and powers** överheten
principle [*prinsipl*] princip, grund[sats], grundämne; **on** ~ av princip; **(high-)principled** med (goda etc.) principer
prink [*priŋk*] fiffa upp [sig], göra sig fin
print [*print*] märke (av tryck), in-, avtryck, kopia (t. ex. *foto.*), stämpel, tryckt tyg, gravyr, tryck, stil; trycka, prägla, kopiera (*foto.*); **be in** ~ föreligga i tryck, finnas i bokhandeln; **in cold** ~ i tryck, svart på vitt; **rush into** ~ rusa i väg och låta trycka (om en som inte tänkt ordentligt igenom sitt manuskript); **out of** ~ utgången i bokhandeln; **~-seller** gravyr-, konsthandlare; **~-works** kattuntryckeri; **~able** [*printəbl*] tryckbar, -värd; **~ed matter** trycksaker
printer [*printə*] [bok]tryckare; **~'s device** el. **mark** boktryckarmärke; **~'s devil** *sl* yngsta lärling i tryckeri; **~'s error** tryckfel
printing [*printiŋ*] tryckning, tryck, boktryckarkonst; tryck-; ~ **frame** *foto.* kopieringsram; **~-ink** trycksvärta; **~-office** boktryckeri; **~-out paper** *foto.* ljuskänsligt papper; **~-paper** *foto.* kopieringspapper; **~-press** tryckpress
prior [*praiə*] prior; tidigare, äldre [**to** än]; ~ **to** före, förrän; **priorate** [*praiərit*] priorat; **prioress** [*praiəris*] priorinna; **priority** [*praiɔ'riti*] förmånsrätt, prioritet, företräde; **priory** [*praiəri*] priors-, dotter- el. filialkloster
prism [*prizm*] prisma; **prismatic** [*prizmæ'tik*] prismatisk
prison [*prizn*] fängelse; **~-bird** fängelsekund; **~-breaker** rymmare (ur fängelse)
prisoner [*priz(ə)nə*] fånge, arrestant; ~ **at the bar** rannsakningsfånge; **make** el. **take** ~ tillfångataga, infånga; **~'s bars** el. **base** (barnlek) springlek med bon (fridlysta platser)
pristine [*pristain*] forntida, gammaldags, ur-
pri'thee [*priði*] *åld.* jag ber [dig]
priv [*priv*] (skol-*sl*) förk. f. *privilege* företrädesrätt[ighet], privilegium
privacy [*praivəsi, priv-*] avskildhet, tillbakadragenhet, ensamhet; **in strict** ~ i största hemlighet; **private** [*praivit*] *mil.* menig; privat, enskild, hemlig; **in private** privat, i förtroende, i hemlighet; **private bill** *parl.* motion (av *private member*); **private member** medlem av underhuset som ej är minister; **private parts** könsdelar; **privateer** [*praivəti'ə*] *sjö.* kapare[fartyg], kaparkapten, fribytare; **privateering** [*-ti'əriŋ*] kaperi
privation [*praivei'ʃ(ə)n*] umbärande, försakelse; **privative** [*privətiv*] privativ, berövande, negerande
privet [*privit*] *bot.* liguster (Ligustrum)
privilege [*privilidʒ*] privilegium, företrädesrätt[ighet], ensamrätt; privilegiera, fritaga
privy [*privi*] avträde; privat, hemlig; invigd (**to** i); **P— Council** riksråd, geheimeråd; i England konungens stora råd; **Lord** [**Keeper of the**] **P— Seal** lordsigillbevarare; ~ **parts** könsdelar; ~ **purse** (ungefär) civillista; ~ **seal** mindre rikssigillet; **privity** medvetenhet, [hemlig] vetskap, intressegemenskap
prize 1) [*praiz*] *sjö.* pris, uppbringat skepp (gods), fynd; uppbringa: ~ **open** el. **up** bända upp, bryta upp
prize 2) [*praiz*] [tävlings]pris, premium, lön; värdera (skatta); **~-fight** boxningskamp, -match; **~-fighter** (professionell) prisboxare; **~man** pristagare; **~-ring** (vid boxningstävling) ring, *fig.* prisboxning
pro 1) [*prou*] (*pl pros*) proffs (*professional*)
pro 2) [*prou*] *lat.* för; ~ **and** (el. **&**) **con** pro et contra, för och emot; **~s & cons** skäl för och emot; ~ **bono publico** [*prou bounou pʌblikou*] *lat.* för det allmänna bästa; ~ **tem** [*tem*], ~ **tempore** [*tempəri*] för tillfället, tills vidare
probability [*prɔbəbi'liti*] sannolikhet; **in all** ~ med all sannolikhet; **probable** [*prɔbəbl*] sannolik; **probably** sannolikt, troligtvis
probate [*proubit, -beit*] *jur.* styrkande av testamentes äkthet, avskrift av testamente jämte bevakningsbevis; ~ **court** (särskild) domstol där testamenten bevakas
probation [*prəbei'ʃ(ə)n*] prövning, prov; *teol.* prövotid, *jur.* villkorlig dom; **on** ~ på prov; ~ **officer** övervakare av villkorligt dömda; **probationer** aspirant, novis, kandidat, villkorligt dömd
probe [*proub*] *med.* sond, *amr. jur.* undersökning, rannsakning; sondera, grundligt undersöka, rannsaka
probity [*prɔbiti, proubiti*] rättskaffenhet, redlighet
problem [*prɔbləm*] problem; **set a person a** ~ förelägga ngn ett problem; ~ **play** problemdrama; **problematic**[**al**] [*prɔblimæ'tik(əl)*] problematisk, tvivelaktig
pro-Boer [*prou'bu'ə*] boervän; boervänlig
proboscis [*prəbɔ'sis*] snabel, *sl* snyte (näsa)
procedure [*prəsi:'dʒə*] procedur, process, tillvägagångssätt, åtgärd; **proceed** [*prəsi:'d*] gå el. resa vidare, fortsätta, fortgå, ta itu med (**to** att), förfara, lagligen inskrida, övergå, utgå, härröra (**from** från); **proceeding** förfarande, tillvägagående, *pl* förhandlingar, (tryckta) handlingar; **take** el. **institute proceedings** vidtaga lagliga åtgärder, anhängiggöra rättegång (väcka åtal); **proceeds** [*prousi:dz*] *pl* (is. *hand.*) avkastning, behållning, utbyte
process [*prouses, prɔses, -sis*] procedur, process, förfaringssätt, [fort]gång, förlopp; **be in** ~ försiggå, pågå; **in** ~ **of construction** under byggnad el. konstruktion; **in** ~ **of time** under tidens lopp, med tiden
procession [*prəse'ʃ(ə)n*] procession, festtåg; gå i procession; **processional** [*prəse'ʃənəl*] processions[psalm]
proclaim [*prəklei'm*] tillkännage, proklamera, förkunna; ~ **king** utropa till konung; ~ **a meeting** förbjuda ett möte; **proclamation** [*prɔkləmei'ʃ(ə)n*] tillkännagivande, proklamation, kungörelse
proclitic [*proukli'tik*] *gram.* proklitisk[t ord]
proclivity [*prəkli'viti*] (is. ond) böjelse, benägenhet
proconsul [*proukɔ'ns(ə)l*] prokonsul
procrastinate [*proukræ'stineit*] uppskjuta, draga ut på tiden [med], förhala; **procrastination** [*proukræstinei'ʃ(ə)n*] uppskjutande, senfärdighet
procreate [*proukrieit*] avla, alstra; **procreation** [*proukriei'ʃ(ə)n*] avlande, alstrande, -ing, alster; **procreative** [*proukrieitiv*] avlande, alstringsduglig
Procrustean [*prokrʌ'stiən*] Prokrustes-; **Procrustes** [*prokrʌ'sti:z*] Prokrustes; **the bed of Procrustes** [lägga på] prokrustessäng (göra våld på ngt, för att det skall till storleken passa efter el. in i ngt annat)
proctor [*prɔktə*] *univ.* akademifiskal, uppsyningsman, inspektor; **be proctorized** [*prɔktəraizd*] bli kallad till el. straffad av inspektorn (om student)
procumbent [*proukʌ'mbənt*] liggande framstupa, *bot.* liggande, krypande
procuration [*prɔkjurei'ʃ(ə)n*] *hand.* prokura, fullmakt, anskaffande; **procurator** [*prɔkjureitə*]

prokurator, fullmäktig, ombud; **procure** [*prəkju'ə*] anskaffa, utverka, [för]skaffa [sig], koppla; **procurement** [*-mənt*] *amr.* anskaffande, -ning (av material till regeringen); **procurer** [*prəkju'ərə*] kopplare; **procuress** [*prəkju'əris*] kopplerska

prod [*prɔd*] stöt, stygn, spets, brodd, *amr. sl* förk. f. *prodigy*; sticka, stöta (med ngt spetsigt), egga, reta

prodigal [*prɔdig(ə)l*] slösare; slösaktig, -ande, ödslande; **the ~ son** den förlorade sonen; **prodigality** [*prɔdigæ'liti*] slösaktighet, -eri

prodigious [*prədi'dʒəs*] vidunderlig, underbar, häpnadsväckande, ofantlig; **prodigy** [*prɔdidʒi*] under[verk]; vidunder; **infant prodigy** underbarn

produce [*prɔdju:s*] produktion, alster, avkastning, resultat; [*prədju:'s*] producera, framställa, -bringa, avkasta, åstadkomma, [fram]visa, ta fram, utdraga (linje); **producer** producent, *teat.* o. *film* regissör; **producer gas** gengas; **producible** [*prədju:'sibl*] presentabel, möjlig att frambringa, -ställa (erhålla)

product [*prɔdəkt, -dʌkt*] produkt, alster, frukt; **production** [*prədʌ'kʃ(ə)n*] produkt[ion], frambringande, verk, framvisande; **productive** [*prədʌ'ktiv*] produktiv, fruktbar; **productivity** [*proudʌkti'viti, prɔd-*] produktivitet, alstringsförmåga, fruktbarhet

proem [*prouem*] inledning, företal

prof [*prɔf*] *amr. sl* förk. f. *professor*

profanation [*prɔfənei'ʃ(ə)n*] profanering, vanhelgande; **profane** [*prəfei'n*] profan, världslig, oinvigd, ohelig, oren, hednisk, hädisk; profanera, vanhelga, missbruka; **profanity** [*prəfæ'niti*] gudlöshet, hädelse[r]

profess [*prəfe's*] bekänna sig till, förklara [sig för], uttala, utöva [som yrke], ge sig ut för att (vara el. ha), undervisa i; **~ed** förklarad, uttalad, svuren, föregiven; **~edly** [*-idli*] erkänt, enligt uppgift, skenbart

profession [*prəfe'ʃ(ə)n*] förklaring, -säkring, yrke, kall, [tros]bekännelse, [avläggande av] klosterlöfte; **the learned ~s** de lärda yrkena (teologer, jurister, läkare, lärare); **the ~** [medlemmar av] kåren, (is.) läkarkåren, *sl* skådespelarna

professional [*prəfe'ʃən(ə)l*] fackutbildad man, yrkessportsman, -musiker etc.; professionell, yrkes-, fackmässig, fack-; **the ~ classes** den universitetsutbildade samhällsklassen; **~ man** utövare av *a learned profession*, akademiker; **~ visit** besök på ämbetets (el. fackets) vägnar; **professionalism** [*prəfe'ʃənəlizm*] yrkesmässighet, -anda, *sport.* professionalism; **professionalize** [*-laiz*] införa professionalism i (sport, politik etc.)

professor [*prəfe'sə*] bekännare, professor, lärare (*amr. äv.* t. ex. vid ett boxningsinstitut, ofta om kvacksalvare); **professorate** [*prəfe'sərit*] professorskår, professur; **professorial** [*prɔfesɔ:'riəl*] professors-; **professoriate** [*prɔfesɔ:'riit*] se *-ate*; **professorship** [*prəfe'səʃip*] professur

proffer [*prɔfə*] erbjudande; erbjuda, framräcka

proficiency [*prəfi'ʃənsi*] skicklighet, färdighet; **proficient** skicklig, duktig, sakkunnig

profile [*proufi:l*] profil; profilera

profit [*prɔfit*] profit, vinst, förtjänst, nytta, fördel; gagna, dra nytta el. fördel (**by** av), begagna sig (**by** av); **~ and loss account** vinst- och förlustkonto; **excess ~s tax** krigskonjunkturskatt; **~-sharing** *nat. ekon.* vinstandel, arbetarnas andel i vinsten; **~able** [*prɔfitəbl*] nyttig, fördelaktig, lönande, [vinst]givande; **~eer** [*prɔfiti'ə*] [kristids]ockrare, -jobbare; förskaffa sig oskälig vinst, gulascha

profligacy [*prɔfligəsi*] lastbarhet, utsvävningar, (hejdlöst) slöseri; **profligate** [*prɔfligit*] utsvävande sälle; lastbar, utsvävande

profound [*prəfau'nd*] djup[sinnig]; **profundity** [*prəfʌ'nditi*] djup[sinne], grundlighet

profuse [*prəfju:'s*] frikostig, givmild, slösaktig, riklig; **profusion** [*prəfju'ʒ(ə)n*] givmildhet, slöseri, överflöd

prog [*prɔg*] *sl* mat[säck]; univ.-*sl* förk. f. *proggins* el. *proctor*[*ize*]

progenitor [*prodʒe'nitə*] stamfader, ibl. föregångare; **progeny** [*prɔdʒini*] avkomma, -föda, efterkommande, *fig.* alster, resultat

proggins [*prɔginz*] *sl* f. *proctor* (i Oxford el. Cambridge)

prognosis [*prɔgnou'sis*] *med.* prognos; **prognostic** [*prəgnɔ'stik*] förebud, varsel, *med.* symtom; förebådande; **prognosticate** [*prəgnɔ'stikeit*] förutsäga, bebåda, förebåda

program[me] [*prougræm*] program; planlägga

progress [*prougres, prɔg-*] framåtskridande, framsteg, utveckling, [inspektions]resa, gång, [för]lopp; **make ~** göra framsteg, gå framåt; **be in ~** försiggå; [*prəgre's*] skrida (gå) framåt, fortgå, göra framsteg

progression [*prəgre'ʃ(ə)n*] fortgång, följd, framsteg, *mat.* progression; **in geometrical ~** *fam.* med stigande hastighet

progressive [*prəgre'siv*] framstegsman, reformvän; framåtgående, tilltagande, fortskridande, framstegsvänlig

prohibit [*prəhi'bit*] förbjuda, [för]hindra (**from** från); **prohibition** [*prohibi'ʃ(ə)n*] [rusdrycks]förbud; **prohibitionist** [*prohibi'ʃənist*] förbudsman, *amr.* skyddstullsivrare; **prohibitive** [*prəhi'bitiv*], **prohibitory** [*prəhi'bitəri*] hindrande, förbuds-

project [*prɔdʒekt*] plan, projekt, förslag; [*prodʒe'kt*] projektera, göra utkast till, uppgöra, kasta [fram], framhäva, planlägga, planera, projiciera, skjuta fram (ut); **projectile** [*prɔdʒektail*] projektil; framdrivande; **projection** [*prodʒe'kʃən*] framslungande, utsprång, plan[läggande], uppgörande (av förslag etc.), *mat.* projektion; **the world on Mercator's projection** sjökort i Mercators projektion; **projector** [*prodʒe'ktə*] planläggare, projektmakare, strålkastare

prolate [*prouleit, proulei't*] utsträckt, -dragen, utbredd

prolegomenon [*proulegɔ'minən*] (*pl -mina* [*-ə*]) inledning, företal

prolepsis [*prouli:'psis, -le'psis*] en händelses förläggande före den rätta tiden; **proleptic** [*prouli:'ptik, -le'ptik*] proleptisk, kommande före

proletarian [*proulete'əriən*] proletär; proletär-; **proletariat[e]** [*proulete'əriət*] proletariat

prolific [*prəli'fik*] fruktbar, -sam, alstringsrik

prolix [*prouli(')ks*] långdragen, -trådig; **prolixity** [*proli'ksiti*] vidlyftighet, långrandighet

prolocutor [*prolɔ'kjutə*] ordförande (i engelskt kyrkomöte)

prologue [*proulɔg*] prolog; inleda med prolog

prolong [*prəlɔ'ŋ*] förlänga, prolongera; **~ed** förlängd, lång[varig]; **~ation** [*proulɔŋgei'ʃ(ə)n*] förlängning, uppskov

prom [*prɔm*] *fam.* förk. f. *promenade (concert)*

promenade [*prɔməna:'d*] spatsertur, promenad; spatsera, promenera

Promethean [*prəmi:'þiən*] prometeisk; **Prometheus** [*prəmi:'þju:s*] Prometheus

prominence [*prɔminəns*] framskjuten ställning (el. plats), bemärkthet; **prominent** [*prɔminənt*] fram-, utskjutande, framstående, bemärkt

promiscuity [*prɔmiskju(:)'iti*] [brokig] blandning, virrvarr; **promiscuous** [*prəmi'skjuəs*] blandad, utan urskillning, tillfällig; **promiscuous bathing** gemensamhetsbad

promise [*prɔmis*] löfte, hopp, förhoppning; lova; **of great ~** lovande, löftesrik; **breach of ~** brutet äktenskapslöfte; **the land of ~, the ~d land** löftets land, det förlovade landet; **promissory** [*prɔmisəri, prəmi'səri*] löftes-; **promissory note** *hand.* skuldsedel, revers, egen växel

promontory [*prɔməntəri*] (hög) udde

promote [*prəmou'l*] främja, befordra, gynna, grunda (bolag); **promoter** [*prəmou'tə*] främjare, stiftare; **promotion** [*prəmou'ʃ(ə)n*] befordran, främjande
prompt [*prɔm(p)t*] rask, beredvillig, snabb, omgående, prompt; precis; sufflera, egga el. mana [till], ingiva [idén till]; **~-book** sufflörtext; **~-box** sufflörlucka; **~side** högra sidan av scenen (från skådespelarens ståndpunkt); **prompter** [*prɔm(p)tə*] tillskyndare, anstiftare, sufflör; **prompting** pådrivande, tillskyndelse, sufflerande; **promptitude** [*prɔm(p)titju:d*] raskhet, skyndsamhet, iver, punktlighet, beredvillighet
promulgate [*prɔm(ə)lgeit*] kungöra, utfärda; **promulgation** [*prɔm(ə)lgei'ʃ(ə)n*] offentliggörande, kungörelse
prone [*proun*] framstupa, raklång, utsträckt, sluttande, benägen
prong [*prɔŋ*] gaffel[udd], spets, utsprång; spetsa på en gaffel
pronominal [*prənɔ'minəl*] *gram.* pronominell
pronoun [*prounaun*] pronomen
pronounce [*prənau'ns*] uttala [sig], avkunna (dom), förklara [för], yttra; **pronounced** uttalad, tydlig, avgjord; **pronouncedly** [*prənau'nsidli*] tydligt; **pronouncement** [*-mənt*] uttalande, förklaring; **pronunciamento** [*prənʌnsiəme'ntou*] *sp.* manifest (is. ett utfärdat av upproriska); **pronunciation** [*prənʌnsiei'ʃ(ə)n*] uttal
pronto [*prɔntou*] raskt, fort, omgående
proof [*pru:f*] bevis, prov, prövning, styrka (grad), korrektur; motståndskraftig, fast, ogenomtränglig, otillgänglig (**against** för); **put to the ~** sätta på prov; **fire-~** eldfast; **water- ~** vattentät; **~-reader** korrekturläsare; **~-sheet** korrekturark
prop 1) [*prɔp*] *sl* förk. f. *proposition* (matematisk) sats
prop 2) [*prɔp*] stötta, stöd; stötta upp, stödja
propaedeutic[**al**] [*proupi:dju:'tik(l)*] propedeutisk
propaganda [*prɔpəgæ'ndə*] propaganda, reklam; **the P—** ledningen av den katolska propagandan; **propagandist** [*-dist*] en som gör propaganda, missionär
propagate [*prɔpəgeit*] fortplanta [sig], utbreda [sig], spridas; **propagation** [*prɔpəgei'ʃ(ə)n*] fortplantning, spridning, utbredning; **propagator** [*prɔpəgeitə*] en som fortplantar sig (utbreder ngt)
propel [*prope'l*] [fram]driva; **propeller** propeller; **propeller-blade** propellerblad; **propeller-shaft** propeller-, drivaxel; **propelling pencil** skruvblyertspenna, 'eversharp'
propensity [*prəpe'nsiti*] benägenhet, böjelse, lust
proper [*prɔpə*] egen, säregen, egentlig, riktig, rätt, tillbörlig, passande, ordentlig, anständig, korrekt; **London ~** det egentliga London; **literature ~** litteratur i egentlig mening, riktig litteratur; **~ fraction** egentligt bråk; **~ name** egennamn; **properly** [*prɔpəli*] egentligen, ordentligt, vederbörligen (*äv. fam.* riktigt, med besked = mycket); **properly speaking** i egentlig mening
property [*prɔpəti*] egendom, egendomlighet, egenskap, *pl* [teater]rekvisita; **man of ~** rik man; **the propertied class** den besuttna klassen
prophecy [*prɔfisi*] profetia; **prophesy** [*prɔfisai*] profetera, förutsäga; **prophet** [*prɔfit*] profet; **prophetess** [*prɔfitis*] profetissa, spåkvinna; **prophetic** [*prəfe'tik, pro-*] profetisk
prophylactic [*prɔfilæ'ktik*] skyddsåtgärd; profylaktisk, förebyggande [medel]; **prophylaxis** [*prɔfilæ'ksis*] profylax, förebyggande åtgärder
propinquity [*prəpi'ŋkwiti*] närhet, grannskap, [nära] släktskap
propitiate [*prəpi'ʃieit*] blidka, försona; **propitiator** [*prəpi'ʃieitə*] försonare; **propitiatory** [*prəpi'ʃiətəri*] försonande, förmildrande
propitious [*prəpi'ʃəs*] nådig, blid, gynnsam
proponent [*prəpou'nənt*] *amr.* förslagsställare
proportion [*prəpɔ:'ʃ(ə)n*] [an]del, proportion, förhållande, mått; avpassa, utmäta, jämka; **proportional** [*prəpɔ:'ʃən(ə)l*] *mat.* proportional; förhållandevis, proportionell; **proportionate** [*prəpɔ:'ʃənit*] proportionerlig, väl avpassad
proposal [*prəpou'z(ə)l*] förslag, frieri, giftermålsanbud, *amr.* anbud; **propose** [*prəpou'z*] föreslå, framlägga, -ställa, ämna, fria; **propose the health of** föreslå en skål för
proposition [*prɔpəzi'ʃ(ə)n*] förslag, anbud, påstående, *mat.* sats, företag, affär, sak, plan; *amr. sl* föreslå
propound [*prəpau'nd*] framlägga, föreslå
proprietary [*prəprai'ətəri*] ägande, ägare-; **~ article** patentskyddad artikel; **proprietor** [*prəprai'ətə*] ägare; **landed proprietor** godsägare, possessionat; **proprietress** [*prəprai'ətris*] ägarinna
propriety [*prɔprai'əti*] riktighet, lämplighet, anständighet, det passande; **play ~** vara 'förkläde' (ledsagarinna)
props [*prɔps*] *sl* förk. f. *properties* [teater]rekvisita
propulsion [*prəpʌ'lʃ(ə)n*] framdrivning; **propulsive** [*prəpʌ'lsiv*] framdrivande, driv-
pro rata [*prou reitə*] *lat.* proportionsvis
prorogation [*prourəgei'ʃ(ə)n*] prorogation (hemsändande av parlamentet); **prorogue** [*prərou'g*] prorogera (parlamentet)
prosaic [*prozei'ik*] prosaisk
proscenium [*prosi:'niəm*] proscenium
proscribe [*proskrai'b*] proskribera, förklara fredlös, landsförvisa; **proscription** [*proskri'pʃ(ə)n*] proskription, landsförvisning, förbud
prose [*prouz*] prosa, andefattigt språk; tala el. skriva långtråkigt
prosecute [*prɔsikju:t*] fullfölja, bedriva (studier), åtala, åklaga; **trespassers will be ~d** tillträde vid vite förbjudet; **prosecution** [*prɔsikju:'ʃ(ə)n*] fullföljande, utförande, bedrivande, åtal, kärande; **counsel for the prosecution** kärandens advokat; **prosecutor** [*prɔsikju:tə*] kärande, åklagare; **prosecutrix** [*prɔsikju:triks*] (kvinnlig) kärande
proselyte [*prɔsilait*] proselyt; *amr.* omvända; **proselytism** [*prɔsilitizm*] proselytmakeri, omvändelseiver; **proselytize** [*prɔsilitaiz*] göra till proselyt, omvända
prosodic [*prəsɔ'dik*] prosodisk; **prosodist** [*prɔsədist*] prosodist; **prosody** [*prɔsədi*] prosodi
prospect [*prɔspekt*] utsikt, vy, (eventuell el. motsedd) kund el. abonnent; [*prəspe'kt*] utforska, leta, söka; **~ for gold** söka guld; **prospective** [*prəspe'ktiv*] motsedd, tillämnad, framtida, blivande; **prospector** [*prəspe'ktə*] guldsökare, malmletare; **prospectus** [*prəspe'ktəs*] prospekt
prosper [*prɔspə*] ha lycka med sig, ha (skänka) framgång, blomstra, lyckas; **prosperity** [*prɔspe'riti*] välstånd, framgång, lycka; **prosperous** [*prɔspərəs*] lyckosam, gynnsam, blomstrande
prostitute [*prɔstitju:t*] sköka, prostituerad; prostituera, förnedra, missbruka; **prostitution** [*prɔstitju:'ʃ(ə)n*] prostitution, missbrukande, neddragande
prostrate [*prɔstreit*] utsträckt (på marken), slagen till marken, nedslagen, utmattad; [*prɔstrei't*] kullstörta, slå till marken, utmatta; **~ oneself** kasta sig till jorden (**before** inför); **prostration** [*prɔstrei'ʃ(ə)n*] nedfallande, förnedring, utmattning, nedtrycкthet
prosy [*prouzi*] prosaisk, andefattig
protagonist [*proutæ'gənist*] huvudperson (i drama), förkämpe
protean [*proutiən*] Proteusartad, växlande, föränderlig, mångsidig
protect [*prəte'kt*] [be]skydda (**from** för), bevara,

(i schack) gardera, *hand.* honorera (en växel), skydda genom importtull; **protection** [*prəte'k-ʃ(ə)n*] beskydd, hägn, pass, lejd, tullskydd; **protectionism** [*prəte'kʃənizm*] protektionism, skyddstullsystem; **protectionist** [*-nist*] protektionist, tullskyddsivrare; **protective** [*prəte'ktiv*] skyddande, skydds-; **protector** [*prəte'ktə*] beskyddare, protektor; **Lord Protector** (Cromwells titel); **protectorate** [*prəte'ktərit*] *pol.* protektorat; **protectress** [*prəte'ktris*] beskyddarinna
protégé[e] [*proutezei*] *fr.* skyddsling
protein [*proutiin*] *kem.* protein
protest [*proutest*] protest, gensaga, växelprotest; [*prəte'st*] protestera (*äv.* om växel), invända, bedyra, försäkra, *amr.* protestera mot; **lodge** el. **make a** ~ *jur.* avge en protest; ~**ant** [*prɔtistənt*] protestant; protestantisk; ~**antism** [*prɔtistəntizm*] protestantism; ~**ation** [*prɔtestei'-ʃ(ə)n*] protest, bedyrande
protocol [*proutəkɔl*] protokoll; protokollföra, föra protokoll
protoplasm [*proutəplæzm*] protoplasma
prototype [*proutətaip*] prototyp, urbild, -typ
protract [*prətræ'kt*] förlänga, draga ut, förhala; ~**ed** (*äv.*) långvarig, -trådig; ~**ion** [*prətræ'k-ʃ(ə)n*] utdragande (i tiden), förlängning, ritning efter skala; ~**or** [*prətræ'ktə*] *mat.* gradskiva
protrude [*prətru:'d*] skjuta ut (fram); **protrusion** [*prətru:'ʒ(ə)n*] fram-, utskjutande del, utsprång; **protrusive** [*prətru:'siv*] utskjutande
protuberance [*prətju:'bərəns*] utbuktning, utväxt, *astr.* protuberans; **protuberant** utskjutande, utstående
proud [*praud*] stolt, högfärdig, ståtlig; **do a person** ~ *sl* hedra ngn, visa sig gentil mot ngn; ~ **flesh** svall-, dödkött (vid sår)
prove [*pru:v*] bevisa [sig vara], styrka; **proven** [*pru:vn*] (is. *amr.*) bevisat etc.
provenance [*prɔvinəns*] ursprung[sort]
provender [*prɔvində*] foder, föda
proverb [*prɔvəb, -və:b*] ordspråk; [**the Book of**] **P—s** *bibl.* Salomos ordspråk (Ordspråksboken); ~**ial** [*prəvə:'biəl*] ordspråks-[mässig]
provide [*prəvai'də*] ombesörja, anskaffa, förse, sörja, dra försorg (**for** om), vidta åtgärder (**against** mot), föreskriva, bestämma; **provided** förutsatt [att], om blott; **providence** [*prɔvidəns*] Försynen; om-, förtänksamhet; **providential** [*prɔvide'nʃəl*] bestämd av Försynen; **provider** [*prəvai'də*] leverantör; **providing** (*äv.*) förutsatt [att]
province [*prɔvins*] provins, landskap, område, fält, fack; **the** ~**s** provinsen, landsorten (motsatt huvudstaden); **provincial** [*prəvi'nʃəl*] provinsbo, landsortsbo; provinsiell, landsorts-, landskaps-; **provincialism** [*-izm*] provinsanda, småstadsaktighet, provinsialism
provision [*prəvi'ʒ(ə)n*] försörjning, anstalt[er], förberedelse, förråd, (is. *pl*) livsmedel, proviant, (is. *jur.*) stadgande; proviantera; **provisional** [*prəvi'ʒənəl*] provisorisk, tillfällig
proviso [*prəvai'zou*] förbehåll, villkor; **provisory** [*prəvai'zəri*] villkorlig, provisorisk, omtänksam
provocation [*prɔvəkei'ʃ(ə)n*] retning, utmaning, anledning (till strid etc.); **provocative** [*prəvɔ'kətiv*] retelse-, eggelsemedel, irritament; utmanande, retande
provoke [*prəvou'k*] egga, förarga, uppreta, framkalla, vålla; **provoking** förargligt
provost [*prɔvəst*] rektor (vid vissa *colleges*), (skotsk) borgmästare; ~ **marshal** chef för fältpolisen
prow [*prau*] *sjö.* för[stäv], framstam
prowess [*prauis*] käckhet, mannamod, bravur
prowl [*praul*] stryka omkring, vara ute på rov; **be on the** ~ vara ute på rov; ~**er** kringstrykare, *amr. sl* inbrottstjuv
proximate [*prɔksimit*] närmast
proximity [*prɔksi'miti*] närhet, grannskap; ~ **of blood** fränd-, skyldskap
proximo [*prɔksimou*] nästkommande, i nästa månad
proxy [*prɔksi*] ombud[skap], fullmäktig, fullmakt
prude [*pru:d*] pryd kvinna
prudence [*pru:d(ə)ns*] klokhet, försiktighet; **prudent** [*pru:d(ə)nt*] klok, försiktig; **prudential** [*pru(:)denʃəl*] klok, förtänksam, välbetänkt
prudery [*pru:dəri*] pryderi, prydhet; **prudish** [*pru:diʃ*] pryd, sipp
prune [*pru:n*] sviskon; *amr. mil. sl* kula; kvista, beskära; ~**s and prisms** tillgjort sätt (att tala); **full of** ~**s** *amr. sl* mycket enfaldig; **pruning-hook,** ~**-knife** trädgårdskniv
prurience [*pruəriəns*] lystenhet, häftigt begär; **prurient** [*pruəriənt*] lysten, liderlig
Prussia [*prʌʃə*] Preussen; **Prussian** [*prʌʃ(ə)n*] preussare; preussisk; **Prussic acid** [*prʌsik æsid*] *kem.* blåsyra
pry [*prai*] nyfiket titta (kika, glutta); ~ **into** snoka i; **Paul P—** *sl* snokare, spion
psalm [*sa:m*] psalm; [**the Book of**] **P—s** Davids psalmer; **the Psalmist** [*sa:mist*] psalmisten (David); **psalmody** [*sælmədi, sa:mədi*] psalmsång, -diktning
psalter [*sɔ:ltə*] Psaltare (Davids psalmer); ~**y** [*sɔ:ltəri*] *mus.* psaltare (ett slags harpa)
pseudo, pseudo- [*(p)sju:dou(-)*] föregiven, oäkta, falsk
pseudonym [*(p)sju:dənim*] pseudonym, diktat författarnamn; ~**ity** [*(p)sjudouni'miti*] pseudonymitet; ~**ous** [*(p)sju:dɔ'niməs*] pseudonym, under antaget namn
pshaw [*pʃɔ:, ʃɔ:*] äsch! äh! pytt[san]; säga pytt åt
psi [*sai*] psi (grekisk bokstav)
psyche [*(p)saiki:*] psyke, själ
psychiatric[al] [*(p)saikiæ'trik(l)*] psykiatrisk; **psychiatrist** [*(p)saikai'ətrist*] psykiater; **psychiatry** [*(p)saikai'ətri*] psykiatri
psychic[al] [*(p)saikik(əl)*] psykisk; **psychics** [*(p)saikiks*] psykisk forskning; **psycho-analyze** [*(p)sai'ko-æ'nəlaiz*] psykoanalysera; **psycho-analysis** [*-ənæ'lisis*] psykoanalys; **psychological** [*(p)saikəlɔ'dʒikəl*] psykologisk; **psychologist** [*(p)saikɔ'lədʒist*] psykolog; **psychology** [*(p)saikɔ'-lədʒi*] psykologi, läran om själen; **psychopath** [*(p)saikoupæþ*] psykopat; **psychopathic** [*(p)saikoupæ'þik*] psykopatisk; **psychosis** [*(p)saikou'sis*] (*pl psychoses* [*-si:z*]) psykos
ptarmigan [*ta:migən*] *zool.* [snö]ripa
Ptolemaic [*tɔlimei'ik*] ptolemeisk; **Ptolemy** [*tɔləmi*] Ptolemeus
ptomaine [*toumein*] likgift
pub [*pʌb*] förk. f. *public-house* krog
puberty [*pju:bəti*] pubertet; **pubescence** [*pju(:)-be'sns*] manbarhet, *bot.* fjunbeklädnad; **pubescent** [*pju(:)be'snt*] i pubertetsåldern, *bot.* o. *zool.* fjunbetäckt, hårbeväxt
public [*pʌblik*] allmänhet, publik; allmän; **in** ~ offentligt, inför allmänheten; ~**-house** värdshus, krog (*pub*); ~ **school** (i England) privatläroverk (internat), (i Amerika) allmänt (och avgiftsfritt) läroverk; **publican** [*pʌblikən*] värdshus-, krogvärd, (is. *bibl.*) publikan; **publication** [*pʌblikei'ʃ(ə)n*] offentliggörande, publikation, utgivande; **publicist** [*pʌblisist*] folkrättsexpert, publicist, (politisk) journalist; **publicity** [*pʌbli's-iti*] offentlighet, reklam; **publicity agent** reklamagent; **publicity hound** *amr. fig.* en som vill ståta i tidningarna (som gärna gör reklam för sig); **publicly** [*pʌblikli*] offentligt, öppet
publish [*pʌbliʃ*] offentlig-, kungöra, utge, förlägga (böcker); ~**ed price** bokladspris; ~**er** förläggare, *amr.* (*äv.*) ägare av tidning; ~**ing business** bokförlag
puce [*pju:s*] 'loppbrun', purpurbrun
Puck [*pʌk*] tomte, nisse

pucka [*pʌkə*] (*Ind.*) ordentlig, god, solid, äkta; ~ **sahib** verklig gentleman
pucker [*pʌkə*] rynka, veck; rynka [sig], vecka, snörpa ihop
puckish [*pʌkiʃ*] full av spratt, odygdig
pud [*pʌd*] hand, tass (*barnspr.*)
pudding [*pudiŋ*] pudding; **black** ~ blodpudding; ~ **face** (person med) fullmåneansikte; ~**-head** dumhuvud, 'fårskalle'
puddle [*pʌdl*] dypöl, blandning av lera och sand; älta (lera), plaska (i dy), puddla (metod att förvandla tackjärn till smidesjärn)
pudency [*pju:dənsi*] blygsamhet; **pudenda** [*pju(:)de'ndə*] *anat.* könsdelar
pudgy [*pʌdʒi*] knubbig (*podgy*)
puerile [*pjuərail*] barnslig, pueril; **puerility** [*pjuəri'liti*] barnslighet, puerilitet
puff [*pʌf*] pust, vindstöt, puff, pudervippa, spritsbakelse, reklam, *amr. sl* explosion, sprängämne; blåsa, pusta, flåsa, svälla, pudra, puffa (göra reklam); ~ **at (a pipe)** blossa på (en pipa); ~**ed up** uppblåst (stordig); ~**-ball** *bot.* röksvamp; ~**-box** puderdosa, -ask; ~**er** 'puffare' (reklammakare), 'töff töff' (tåg); **puffy** byig, andtäppt, pösande, uppblåst
puffin [*pʌfin*] *zool.* lunnefågel, en art stormsvala
pug [*pʌg*] mops, *amr. sl* förk. f. *pugilist*; ~**-dog** mops; ~**-nose** trubb-, plattnäsa
pugg[a]ree [*pʌg(ə)ri*] ett slags lätt indisk turban, florslöja (som solskydd på hatt och hjälm)
pugilism [*pju:dʒilizm*] boxning; **pugilist** [*pju:dʒilist*] boxare; **pugilistic** [*pju:dʒili'stik*] boxnings-
pugnacious [*pʌgnei'ʃəs*] stridslysten, stridbar; **pugnacity** [*pʌgnæ'siti*] stridslystnad
puisne [*pju:ni*] *jur.* yngre, underordnad; ~ **[judge]** assessor
puke [*pju:k*] kräkas [upp]
pukka[h] [*pʌkə*] se *pucka*
pule [*pju:l*] (om kyckling) pipa, gnälla, kinka, pjunka
pull [*pul*] drag[ning], ryck, [år]tag, rodd[tur], klunk, övertag, handtag, knog, [hemligt] inflytande; draga [i], rycka [i], slita, knoga, ro, *sl* arrestera, göra razzia, *amr.* tillverka, laga; **have the** ~ **of** ha övertag över; **the boat** ~**s six oars** båten är för sex åror; **the boat** ~**s heavily** båten är tungrodd; ~ **faces at** göra grimaser åt; ~ **a person's leg** skoja med (lura) ngn; ~ **one's weight** ro (deltaga i arbetet) av alla krafter, 'ligga i', göra sitt; **you cannot** ~ **that on me** *amr. sl* mig skall du inte narra; ~ **a horse** hålla in (hejda) häst (is. för att hindra den att vinna vid kapplöpning); ~ **to pieces** slita i stycken, plocka sönder, nedgöra (med kritik); ~ **the wires** dra i trådarna, göra sitt inflytande gällande (bakom kulisserna); ~**ed bread** rostat inkråm av bröd; ~ **about** hantera vårdslöst, rycka hit och dit; ~ **at** draga (rycka) i, smutta, suga på (pipa); ~ **down** draga (rycka) ned, riva ned, trycka ned (humör, pris etc.), förödmjuka, fälla (villebråd); ~ **off** (*äv.*) vinna, 'knipa', lyckas med, få; ~ **round** klara igenom; repa sig; ~ **through** få (hjälpa) igenom, 'klara', ut-, slutföra, repa sig, klara sig igenom; ~ **together** förena sina ansträngningar, samverka; ~ **oneself together** samla sina krafter, rycka upp sig; ~ **up** dra upp, hejda, stanna (bil), hålla in (häst), tillrättavisa; ~ **up one's socks** *sl fig.* kavla upp ärmarna (bereda sig för ngt ansträngande); ~**-over** pullover; ~**-through** gevärskrats (rensare); ~**-up** rastställe (för bilister o. d.); **puller** dragare, roddare; **pulling power** dragkraft
pullet [*pulit*] unghöna
pulley [*puli*] block[skiva], talja; hissa upp
Pullman [*pulmən*] *amr.* pullman[vagn] (ett slags salongsvagn på tåg)
pullulate [*pʌljuleit*] knoppas, spricka ut, spira upp; **pullulation** [*pʌljulei'ʃ(ə)n*] lövsprickning, knoppning, spirande
pulmonary [*pʌlmənəri*] lung-
pulp [*pʌlp*] mjuk massa, 'kött' (av frukt o. d.), märg (i stam), pappers-, trämassa; krossa, bli mjuk; ~**-wood** massaved; **pulpy** köttig, lös, mjuk
pulpit [*pulpit*] talar-, predikstol; ~**banger,** ~**smiter,** ~**thumper** *sl* präst
pulpy se *pulp*
pulsate [*pʌlseit*] pulsera, slå, klappa; **pulsation** [*pʌlsei'ʃ(ə)n*] pulserande, vibrering, (hjärtats) klappande
pulse [*pʌls*] 1) puls[slag]; pulsera
pulse [*pʌls*] 2) baljfrukter (*koll.*)
pulverization [*pʌlvəraizei'ʃ(ə)n*] pulverisering; **pulverize** [*pʌlvəraiz*] pulverisera[s]
puma [*pju:mə*] *zool.* puma (amerikanskt lejon)
pumice[-stone] [*pʌmis*] pim[p]sten
pummel [*pʌml*] slå (dunka på) med knytnävarna, mörbulta (*pommel*)
pump 1) [*pʌmp*] dans-, lacksko
pump 2) [*pʌmp*] pump; pumpa, [ut]ösa; ~ **out** utpumpa, utmatta; ~**-room** brunnssalong (vid badort); ~**ship** kasta sitt vatten
pumpkin [*pʌm(p)kin*] *bot.* pumpa, *sl* huvud; ~**head** *amr. sl* fåne, idiot
pun [*pʌn*] ordlek, vits; göra ordlekar, vitsa
Punch [*pʌn(t)ʃ*] Punch (namn på engelsk skämttidning), 'Kasper'; **as pleased as** ~ storbelåten, stormförtjust; ~ **and Judy show** kasperteater
punch [*pʌn(t)ʃ*] punsch, slag (med knytnäven), puns, stans, stamp, håljärn, *sl* kraft, kläm; slå, dunka på (med knytnäven), slå hål i, klippa (en biljett); ~**[ing]ball** boxboll; ~**-bowl** punschbål; ~**-drunk** *amr.* boxar-*sl* bedövad av slag; ~**-hole** hål klippt i en biljett
puncheon [*pʌntʃn*] fat (72—120 *gallons*)
Punchinello [*pʌn(t)ʃine'lou*] polichinell, pajas
punctilio [*pʌŋ(k)ti'liou*] formalitet, finess, noggrannhet, formpedanteri; **punctilious** [*pʌŋ(k)ti'liəs*] noggrann, pedantisk
punctual [*pʌŋ(k)tjuəl*] punktlig; ~**ity** [*pʌŋ(k)tjuæ'liti*] punktlighet
punctuate [*pʌŋ(k)tjueit*] interpunktera, kommatera, 'interfoliera'; **punctuation** [*pʌŋ(k)tjuei'ʃ(ə)n*] interpunktion, kommatering
puncture [*pʌŋktʃə*] punktering, stick[ning], styng; sticka hål i (på), få punktering
pundit [*pʌndit*] lärd hindu, (*äv. skämts.*) vis man
pungency [*pʌndʒənsi*] skärpa, bitterhet; **pungent** stickande, skarp, bitter
Punic [*pju:nik*] punisk; ~ **faith** trolöshet, förräderi
punish [*pʌniʃ*] straffa, tukta, gå illa åt; ~ **one's food** ta för sig ordentligt (äta mycket); ~**ing** (*äv.*) mattsam, utmattande; ~**ment** [*pʌniʃmənt*] straff, bestraffning; 'stryk'; **capital punishment** dödsstraff
punitive [*pju:nitiv*] straff-
punk [*pʌŋk*] *amr. mil. sl* bröd; *amr. sl* usel, dålig, värdelös
punka[h] [*pʌŋkə*] (*Ind.*) punka (ett slags stor fläkt som sprider svalka)
punkins [*pʌnkinz*], **some** ~ *amr. sl* [strunt]-viktig person
punnet [*pʌnit*] liten fruktkorg, spånkorg
punster [*pʌnstə*] vitsare, -makare
punt [*pʌnt*] flatbottnad båt (som stakas fram), spark; sparka (fotboll som ej vidrört marken), staka (en båt), hålla (en summa på en kapplöpningshäst); ~**-about** sparkande omkring med fotboll (för övning)
puny [*pju:ni*] liten, späd, klen, obetydlig
pup [*pʌp*] valp, pojkvalp; valpa; **sell a** ~ göra ett bondfångartrick
pupa [*pju:pə*] (*pl pupæ* [-*i:*]) *zool.* puppa
pupil [*pju:pl, -pil*] elev, lärjunge, myndling, (ögats) pupill; ~**-teacher** elev som även undervisar; **pupil[l]age** [*pju:pilidʒ*] omyndighet,

lärjungeskap; **pupillary** [*pju:piləri*] hörande till a) myndling (lärjunge), b) pupillen
puppet [*pʌpit*] [led]docka, marionett; ~**-play**, ~**-show** marionettspel, dockteater
puppy [*pʌpi*] valp, flabb, glop; **puppyish** [*pʌpiiʃ*] valpaktig, osnuten
purblind [*pə:blaind*] skumögd, närsynt, *fig. äv.* slö
purchase [*pə:tʃəs*] [in]köp, årlig avkastning (av jordegendom), tag, [fot]fäste, stöd, hävstångskraft, övertag, inflytande; köpa, förvärva, *sjö.* hyva (hissa, lyfta) med block; **purchasing power** köpkraft, värde (av en valuta)
purdah [*pə:da:*] (*Ind.*) förhänge, gardin (till kvinnornas rum); **go into** ~ dra sig tillbaka bakom förhänget, *fig.* dra sig tillbaka från offentligheten
pure [*pjuə*] ren, oblandad, äkta, pur, idel
purée [*pjuərei*] puré
purge [*pə:dʒ*] rening, renande, *med.* purgativ; rena, rensa, laxera, rentvå, sona; **purgation** [*pə:gei'ʃən*] rening, *med.* purgering (laxering); **purgative** [*pə:gətiv*] renande, purgerande (avförande) [medel]; **purgatory** [*pə:gətəri*] skärseld[en]
purification [*pjuərifikei'ʃ(ə)n*] renande, rening, luttring; **purifier** [*pjuərifaiə*] renare, reningsmedel; **purify** [*pjuərifai*] rena, luttra
purism [*pjuərizm*] purism, språkrensning; **purist** purist, språkrensare
puritan, P— [*pjuəritən*] puritan; puritansk; **puritanic[al]** [*pjuəritæ'nik(l)*] puritansk; **puritanism** [*pjuəritənizm*] puritanism
purity [*pjuəriti*] renhet
purl [*pə:l*] avig och rät stickning; sticka avigt och rätt, porla, sorla; ~**-edge** bård (på strumpor o. d.), galon
purler [*pə:lə*] fall, kullerbytta; **come a** ~ *fam.* göra en kullerbytta
purlieu [*pə:lju:*] utkant, *pl äv.* grannskap, omgivningar
purloin [*pə:lɔi'n, pə:lɔin*] stjäla, snatta
purple [*pə:pl*] purpur[färg]; purpurfärgad, purpur-; purpurfärga; **born in the** ~ av förnäm ätt
purport [*pə:pət,* som verb *äv. -pɔ:'t*] betydelse, innebörd, -håll; avse, föreges, uppge sig
purpose [*pə:pəs*] syfte, ändamål, mening, avsikt, föresats, uppsåt; ämna, ha för avsikt, planera; **for this** ~ för detta ändamål; **for the** ~ **of** (~*ing*) för att, i syfte att; **of set** ~, **on** ~ avsiktligt, med flit; **on** ~ **that** för att; **to the** ~ hithörande, ändamålsenlig; **to little or no** ~ till ringa eller ingen nytta; **to some** ~ med god verkan (gott resultat); ~**ful** avsiktlig, målmedveten; ~**less** ändamåls-, meningslös; ~**ly** med avsikt
purr [*pə:*] (om katt) spinnande; spinna
purse [*pə:s*] börs, portmonnä, pung, kassa, pengar, (insamlad) gåva; dra ihop, snörpa (på munnen); **long** el. **heavy** ~ späckad börs; **light** ~ tom penningpung, fattigdom; **the public** el. **national** ~ statskassan; ~**-proud** penningdryg; **hold the** ~**-strings** *fig.* bestämma över kassan; **purser** intendent, 'värd' (på passagerarångare och flygplan)
pursuance [*pəsju(:)'əns*] fullföljande; **in** ~ **of** i enlighet med, i följd av; **pursuant to** i överensstämmelse med, enligt; **pursue** [*pəsju:'*] förfölja, eftersträva, [full]följa, fortsätta [med], utöva; **pursuer** [*pəsju(:)'ə*] förföljare, (mest *Skottl.*) kärande; **pursuit** [*pəsju:'t, -su:'t*] förföljande, jakt, efterspaning, strävan[de], värv, sysselsättning; **daily pursuits** dagliga sysslor; **in pursuit of** på jakt efter, under utövande av
pursy [*pə:si*] däst, andtäppt, astmatisk, rynkad, skrynklad, rik, penningdryg
purulent [*pjuərulənt*] varig, full av var
purvey [*pə:vei'*] proviantera, anskaffa (livsmedel); ~**ance** [*pə:vei'əns*] anskaffande, tillhandahållande (is. av livsmedel); ~**or** [*pə:vei'ə*] leverantör
purview [*pə:vju:*] område, sfär, synkrets
pus [*pʌs*] *med.* var
push [*puʃ*] stöt, knuff, *mil.* framstöt, företagsamhet, energi; skjuta [på], stöta [till], knuffa [till], driva [på, fram], tränga [sig] fram, puffa för; **make a** ~ göra en kraftansträngning; **at a** ~ när det kniper; **get the** ~ *sl* bli avskedad; **give the** ~ *sl* avskeda (ge sparken åt); ~ **a cycle** trampa cykel; ~ **one's claims** fullfölja sina krav; **be pushed for (money)** ha ont (knappt) om (pengar); ~ **one's fortunes** el. **one's way** slå sig fram i världen, svinga sig upp; ~ **oneself** tränga sig fram; ~ **up daisies** *sl* vara död och begraven; ~ **off** stöta ut (båt), lägga ut, ge sig av; ~ **on** driva på, påskynda, gå på'; ~**-bike**, ~**-cycle** trampcykel; ~**-cart** dragkärra, barnvagn; ~**-over** *amr. sl* svag motståndare, något lätt; ~**pin** *amr.* ritstift; ~**-pull** *radio.* kortvågsförstärkare; ~**er** streber; ~**ful**, ~**ing** företagsam, energisk, streberaktig
pusillanimity [*pju:siləni'miti*] försagdhet, klenmodighet; **pusillanimous** [*pju:silæ'niməs*] försagd, klenmodig, modlös, svag
puss [*pus*] kisse, jösse (hare); ~ **in the corner** (springlek) kappas om rummet (*amr.* ~ **wants a corner**); **pussy[-cat]** [*pusi*] kisse[katt]; **pussyfoot** förbudsivrare; **pussy willow** 'kisse' (hänge av vide)
pustule [*pʌstju:l*] blemma, finne
put 1) [*pʌt*] (is. i golf) slag, stöt; slå, stöta [boll] sakta (*putt*); **putter** [*pʌtə*] golfklubba
put 2) [*put*] (*oregelb. vb*) lägga, sätta, ställa, stoppa, sticka, framställa, uttrycka; **when you** ~ **it like that** när du framställer det på det sättet; ~ **an end** el. **period to** göra [ett] slut på, sätta stopp (p) för; ~ **the fear of God in** skrämma (ngn) till att uppföra sig ordentligt; ~ **one's best foot foremost** lägga manken till; ~ **one's hand to** ta itu med, ge sig in (inlåta sig) på; ~ **money on** satsa pengar på (en häst); **he is** ~ **paid to** *sl* det är slut (ute) med honom; ~ **a stop to**, *fam.* ~ **a stopper on** sätta stopp för, göra slut på; **putting the weight** *sport.* kulstötning; **stay** ~ förbli oförändrad

Med adverb och prepositioner

~ **about** *sjö.* [låta] vända, [låta] gå över stag, utsprida, oroa, enervera; ~ **across** sätta över (med färja etc.), föra igenom; ~ **something** (el. **it**) **across** *sl* lura, läxa upp; ~ **aside** lägga undan, lägga av, lämna åsido (obeaktat); ~ **a horse at** styra en häst mot (ett hinder); ~ **away** bortskaffa, göra av med, skjuta undan, lägga (gömma) undan, *sl* sätta i sig (om mat o. d.); ~ **back** *sjö.* vända tillbaka (till hamnen), lägga (sätta) tillbaka, vrida tillbaka (visare etc.), hindra, försena, fördröja, uppskjuta; ~ **by** lägga ifrån sig (åsido), lägga undan, undanskjuta; ~ **down** lägga (etc.) ned, nedbringa, undertrycka, kväsa, tysta ned, skriva upp; ~ **one's foot down** inta en fast hållning; ~ **me down for 2/-** anteckna mig (på listan) för 2 shilling; **I** ~ **him down as (for) a fool** jag ansåg honom vara en dåre; ~ **something down to** sätta upp ngt (på ngns konto), tillskriva (ngn) ngt; ~ **forth** framställa, utveckla, uppbjuda, utsända, utge, *bot.* skjuta (knoppar); ~ **forward** framlägga, framställa; ~ **in** (bl. a. *sjö.*) sätta (sticka) in, inskjuta, inflika, inlämna, framkasta, spänna för (häst); ~ **in an appearance** visa sig; ~ **in for** uppträda som kandidat till; ~ **in hand** börja; ~ **a peraon in a hole** försätta ngn i knipa; ~ **a person in mind of** påminna ngn; om; ~ **into shape** utforma, sätta i form; ~ **into words** uttrycka (kläda) i ord; ge form åt; ~ **off** lägga bort (av), ta av [sig], uppskjuta, avråda, avfärda (**with** med), avspisa; ~ **some-**

thing off on a person pracka på ngn ngt; ~ on ta på [sig], lägga på (öka), anlägga, antaga, vrida fram (klockan), sätta upp (en teaterpjäs), sätta in (extratåg); ~ on airs anlägga en högfärdig min; ~ on flesh lägga på hullet; ~ out ställa (etc.) ut, räcka fram, köra ut, sticka ut (ögon), vrida ur led, släcka, uppbjuda (sin kraft), låna ut (pengar), producera (jfr *output*), bringa ur fattningen, förarga, *sjö.* löpa ut; ~ out of countenance bringa ur fattningen (jämvikten), förvirra; ~ out of temper reta, förarga; ~ it over *amr. sl* lyckas, 'klara skivan'; ~ one over a person spela ngn ett spratt; ~ right rätta, ställa till rätta; ~ through genomföra, ut-, slutföra, *tel.* koppla (*put me through to the police*); ~ a person through his paces låta ngn visa vad han förmår; ~ (horse) to sätta (häst) för; ~ to the blush komma att rodna (blygas), förödmjuka; I ~ it to you jag vädjar till dig; ~ to death dräpa, låta avrätta; ~ to flight slå på flykten; ~ to inconvenience vålla besvär, förorsaka omak; be [hard] ~ to it vara i svårigheter; ~ to shame bringa på skam, göra skamsen; ~ to the vote låta (en sak) gå till votering, anställa omröstning om; ~ to use göra bruk av, använda; ~ up sätta upp, uppsätta, slå upp, lägga ner (in, ihop), gömma, stoppa (slå) in, höja, uppsända (böner o. d.), framföra, uppställa [sig] som kandidat, ge logi; ~ up at ta in på; ~ a person's back up förarga ngn, reta upp ngn; ~ a person up to inviga ngn i, sätta i' ngn (ngt), egga ngn (till att); ~ up with finna sig i, tåla; ~ upon *fam.* kujonera, topprida (*ibl.* lura); ~ a person wise *amr.* öppna ögonen på ngn, upplysa ngn (om ngt)

put-on [*put-ən*] låtsad, hycklad; **put-up** [*put-ʌp*] *sl* på förhand avtalad, hemligt förberedd; **put-up job** tävling med på förhand uppgjort resultat, bedrägeri

putative [*pju:tətiv*] [allmänt] antagen, förment

putrefaction [*pju:trifæ'kʃən*] förruttnelse, röta; **putrefactive** [*pju:trifæ'ktiv*] förorsakande (hörande till) förruttnelse; **putrefy** [*pju:trifai*] bli rutten, ruttna, förpesta; **putrescence** [*pju:tre'səns*] förruttnelse; **putrescent** [*pju:tre'sənt*] ruttnande, rutten; **putrid** [*pju:trid*] rutten, *sl* eländig, motbjudande; **putridity** [*pjutri'diti*] ruttenhet, förruttnelse

putt [*pʌt*] se *put* 1)

puttee [*pʌti*] benlinda (se *äv. putty*)

putty [*pʌti*] tennaska, kitt; kitta (se *äv. puttee*); **a ~ medal** *skämts.* passande belöning för en ringa tjänst

puzzle [*pʌzl*] förvirring, rådvillhet, bryderi, huvudbry, svår fråga el. problem, gåta, läggspel; förbrylla, göra rådvill, sätta i förlägenhet (bryderi), fundera (out ut), bråka (bry) sin hjärna (about, over med); **~-head** virrig, svamlig person; **puzzler** kinkig fråga, gåta

pyaemia [*paii:'miə*] *med.* pyemi, varfeber (ett slags blodförgiftning)

pye-eyed [*pai-aid*] *sl* full

pygmy [*pigmi*] pygmé, lilleputt, dvärg

pyjamas [*pidʒa:'məz*] *pl* pyjamas; **the cat's ~** (el. **pajamas**) *amr. sl* strålande, finfin

pylon [*pailən*] pylon, port till egyptiskt tempel, elektrisk mast el. stolpe

pyramid [*pirəmid*] pyramid; **pyramidal** [*piræ'midl*] pyramidal, pyramidformig

pyre [*paiə*] bål (is. för likbränning)

Pyrenean [*pirəni:'ən*] pyreneisk; **the Pyrenees** [*pirəni:'z*] Pyrenéerna

pyrites [*pirai'ti:z*] *kem.* svavelkis

pyromaniac [*p(a)iromei'njək*] pyroman

pyrometer [*pairɔ'mitə*] pyrometer (för mätande av höga värmegrader)

pyrotechnic[al] [*pairo(u)te'knik(l)*] pyroteknisk; **~ display, pyrotechnics** [*pairo(u)te'kniks*] fyrverkeri; **pyrotechnist** [*pairo(u)te'knist*] pyrotekniker, fyrverkare

Pyrrhic [*pirik*] **victory** pyrrusseger (dyrköpt)

Pythagorean [*paiþægori:'ən*] pytagoré, lärjunge av Pythagoras; pytagoreisk

python [*paiþən*] *zool.* pytonorm, spåman; **pythoness** [*paiþənis*] spåkvinna

pyx [*piks*] monstrans

Q

Q, q [*kju:*] (*pl Qs Q's* [*kju:z*]) Q, q, figur i skridskoåkning; **mind one's Ps and Qs** tänka på vad man säger, vara noga med vad man gör; **Q-boat** ubåtsförstörare, armerad båt maskerad som handelsfartyg; **Q-department** *fam.* förk. f. *Quartermaster General's Department* informations-, spioneriavdelning

qua [*kwei*] *lat.* i egenskap av, såsom

quack [*kwæk*] snatter, pladder, kvacksalvare; snattra, skrodera, kvacksalva; **quack-quack** and (*barnspr.*); **quackery** [*kwækəri*] kvacksalveri, humbug

quad [*kwɔd*] *sl* förk. f. *quadrangle*

quadragenarian [*kwɔdrədʒinɛ'əriən*] fyrtiåring; fyrtiårig

Quadragesima [*kwɔdrədʒe'simə*] första söndagen i fastan

quadrangle [*kwɔdræŋgl*] fyrhörning, fyrkantig [borg]gård; **quadrangular** [*kwɔdræ'ŋgjulə*] fyrkantig

quadrate [*kwɔdrit*] kvadrat; kvadratisk, kvadrat-; **quadratic** [*kwɔdræ'tik*] **equation** ekvation av andra graden

quadrennial [*kwɔdre'njəl*] fyraårig

quadri- [*kwɔdri-*] fyra-, fyr-, fyrfaldig[t]

quadrilateral [*kwɔdrilæ'tl(ə)r(ə)l*] fyrkant, fyrsidig figur; fyrsidig

quadrille [*kədri'l*] kadrilj (en dans, ett kortspel)

quadroon [*kwɔdru:'n*] kvarteron (avkomling av mulatt och vit)

quadru- [*kwɔdru-*] fyra-, fyr-

quadruped [*kwɔdruped*] fyrfoting; fyrfotad

quadruple [*kwɔdru(:)pl*] fyrdubbelt tal (belopp); fyrfaldig, -dubbel; **~ rhythm** el. **time** *mus.* fyrdelt takt; **Q— Pact** pakt (av 1922) mellan England, U.S.A., Frankrike och Japan; **quadruplet** [*kwɔdru(:)plit*] fyrling; **quadruplicate** [*kwɔdru:'plikit*] fyrfaldig; [*-keit*] fyrdubbla

quaestor [*kwi:stə*] (*rom. ant.*) kvestor; **~ship** kvestur, kvestorsämbete

quaff [*kwa:f, kwɔ:f*] dricka i djupa drag

quag [*kwæg*], **~mire** [*kwægmaiə*] gungfly, moras

Quagger [*kwægə*] Oxford-*sl* student vid Queen's College

quail 1) [*kweil*] *zool.* vaktel

quail 2) [*kweil*] bäva, förlora modet, darra (at el. before för)

quaint [*kweint*] sällsam, gammalmodig, egen

quake [*kweik*] skälvning, darrning, skakning, skalv; skälva, darra, bäva, gunga; **quaking-**

grass darrgräs; **quaker** [*kweikə*] kväkare; **quakers' meeting** sällskap där samtalet går trögt; **quakeress** [*kweikəris*] kväkerska; **quaky** [*kweiki*] darrande, skälvande, gungande
qualification [*kwəlifikei'ʃ(ə)n*] inskränkning, förutsättning, lämplighet; **qualificatory** [*kwəlifikeitəri*] kvalificerande, inskränkande; **qualify** [*kwəlifai*] kvalificera [sig], inskränka, mildra, utspäda, beteckna, benämna
qualitative [*kwəliteitiv, -tətiv*] kvalitativ; **quality** [*kwəliti*] [hög] kvalitet, beskaffenhet, art, sort, egenskap, skicklighet
qualm [*kwɔ:m, kwa:m*] illamående, kväljningar, oro, *pl* samvetskval, skrupler; **qualmish** [*kwɔ:miʃ, kwa:miʃ*] illamående, olustig
quandary [*kwɔndəri*] dilemma, bryderi, knipa
quantify [*kwɔntifai*] ange mängden av, uppskatta, taxera; **quantitative** [*kwɔntiteitiv, -tətiv*] kvantitativ; **quantity** [*kwɔntiti*] kvantitet, storlek, *mat.* storhet, [stor] mängd
quantum [*kwɔntəm*] kvantum, mängd, del
quarantine [*kwɔr(ə)nti:n*] [hålla i] karantän (*äv. fig.*)
quarrel [*kwɔr(ə)l*] tvist[esak], kiv, gräl, *pl* stridigheter; gräla, tvista, råka i gräl, vara missnöjd, opponera sig; **I have no ~ with** el. **against him** jag hyser ingen avoghet mot honom; **~ with one's bread and butter** lättsinnigt kasta bort sitt levebröd; **~some** [*kwɔr(ə)lsəm*] grälsjuk
quarry [*kwɔri*] villebråd, (tillämnat) byte, stenbrott, *fig.* gruva, kunskapskälla; hugga el. bryta (sten), *fig.* forska
quart [*kwɔ:t*] stop (1/4 gallon, 1,13 l), *fäkt.* o. *mus.* kvart; **quartan** [*kwɔ:tn*] *med.* tredjedagsfrossa
quarte [*ka:t*] = *quart* (*fäkt.*)
quarter [*kwɔ:tə*] fjärdedel, fjärding, 1/4 yard, 1/4 famn, 1/4 centner (12,7 kg), kvart (*~ of an hour*), kvartal, termin, väderstreck, trakt, håll, *fig.* sida, stadsdel, fält, ruta, amerikanskt mynt (= 25 cents), *mil.* post, pardon, *sjö.* låring, *pl* kvarter (is. *mil.*), logi, bostad; dela i fyra delar, inkvartera, vara inkvarterad, placera, anbringa (på vapensköld), kvadrera, (om jakthund) genomsöka (ett område); **[at] a ~ to** (*amr.* **of**) **eight** en kvart i (före) åtta; **it is not the ~ yet** klockan är ännu inte en kvart över; **horse's ~s** el. **hind-quarters** hästens (bakdel) länder; **from all ~s** från alla håll [och kanter]; **no help in that ~** ingen hjälp från det hållet; **take up one's ~s** ta in, *mil.* lägra (inkvartera) sig; **give** (**receive**) **~** *mil.* ge (få) pardon; **ask for** el. **cry ~** *mil.* be om pardon el. nåd; **~-day** kvartals[betalnings]dag; **~-deck** akter-, halvdäck; **~-master** rorgängare, understyrman, *mil.* kvartermästare; **~-sessions** kvartalsting, grevskapsting; **~staff** (järnskodd) påk (allmogevapen); **~ing** [*kwɔ:təriŋ*] (vapensköldes) kvadrering; **~ly** [*kwɔ:təli*] kvartalsskrift; kvartals-, kvartalsvis; **quartet[te]** [*kwɔ:te't*] *mus.* kvartett
quarto [*kwɔ:tou*] [bok i] kvartformat; kvart-, i kvartformat
quartz [*kwɔ:ts*] *geol.* kvarts
quash [*kwɔʃ*] annullera, kassera (is. *jur.*), krossa, nedslå, undertrycka
quasi [*kweisai*] *lat.* som om, det vill säga, (*~-*) skenbar[t], halv-
quater-centenary [*kwætəsenti:'nəri*] fyrahundraårsdag, -jubileum; **quaternary** [*kwətə:'nəri*] fyrtal, ngt fyrtaligt, fyra-; *geol.* kvartär
quaternion [*kwətə:'njən*] grupp av fyra, fyrtal
quatrain [*kwɔtrein*] *metr.* fyrradig strof; **quatrefoil** [*kætrəfɔil*] *ark.* fyrpass, -blad
quaver [*kweivə*] skälvning, tremulering, åttondels not; skälva, darra, tremulera; **~y** [*kweivəri*] skälvande, darrande

quay [*ki:*] *sjö.* kaj; **~age** [*ki:idʒ*] *sjö.* kajplats kajutrymme, kajavgift
queasy [*kwi:zi*] vämjelig; (om mage, hälsa etc.) ömtålig, kräsmagad, illamående
queen [*kwi:n*] drottning, dam (i schack o. *kort.*), *amr. sl* söt flicka; göra [bonde] till drottning (i schack); **Queen's Counsel** kronjurist; **Q— Dick** *sl* ingen; **in the reign of Q— Dick** *sl* aldrig; **~ dowager** änkedrottning; **~ it** spela drottning; **the ~'s omnibus** *sl* fångvagnen som för de dömda till avrättningsplatsen el. fängelset; **~ of hearts** hjärtedam (*äv. fig.*); **Q— of Scots** Mary Stuart; **~ of the seas** England
queer [*kwiə*] *sl* falska pengar; underlig, konstig, egen, *sl* påstruken; *sl* fördärva, skämma, förbrylla, lura; **in Q— street** *sl* i [penning]knipa (illa däran); **~ the pitch for** fördärva chanserna för
quell [*kwel*] kuva, undertrycka, kväva, dämpa
quench [*kwen(t)ʃ*] släcka (eld, törst), svalka, kväva, *tekn.* härda, stuka; **~er** [*kwen(t)ʃə*] *sl* styrkedryck, -tår
querist [*kwiərist*] person som ställer fråga
quern [*kwə:n*] handkvarn
querulous [*kweruləs*] klagande, pjunkig
query [*kwiəri*] fråga, förfrågning; fråga, förfråga sig, *fig.* sätta i fråga, betvivla
quest [*kwest*] undersökning, sökande; söka [efter]; **in ~ of** sökande efter
question [*kwestʃ(ə)n*] fråga, spörsmål, problem, sak, förhör; [ut]fråga, förhöra (*äv. jur.*), ifrågasätta; **~!** (håll Er) till saken! **make no ~ of** el. **but that** icke göra några invändningar; **call in ~** ifrågasätta; **beyond all** el. **out of** el. **past** el. **without ~** utom all fråga, obestridlig[t]; **the person in ~** personen i fråga; **come into ~** komma under debatt; **that is not the ~** det är inte fråga om detta, detta hör ej till saken; **the ~ is** frågan gäller; **out of the ~** otänkbar; **put the ~** framställa proposition, väcka förslag; **put to the ~** underkasta pinligt förhör, lägga på sträckbänk, *fig.* hårt ansätta med frågor; **~-mark, ~-stop** frågetecken; **~ time** frågetimme (i parlamentet); **~able** [*kwestʃənəbl*] tvivelaktig, oviss
queue [*kju:*] kö, nackfläta, stångpiska; ställa sig i kö (is. *~up*)
quibble [*kwibl*] ordlek, spetsfundighet, ordrytteri; bruka spetsfundigheter, krångla, slingra sig; **quibbler** ordryttare, krångelmakare
quick [*kwik*] levande, livlig, kvick, snabb, flink, rask; **the ~** det 'levande' (känsliga) köttet, det ömma; **cut to the ~** skära ända in i köttet, *fig.* skära ända in i själen, träffa på det ömma; **the ~ and the dead** levande och döda; **be ~** skynda sig; **~-change** snabb omklädsel (av skådespelare); **~-eared** lyhörd, med skarp hörsel; **~-eyed** med pigga ögon, *ibl.* skarpsynt; **~-grass** kvickrot; **~lime** osläckt kalk; **~-match** stubintråd, tändrör; **~sand** flygsand; **~set** hagtornshäck; **~-sighted** skarpsynt; **~silver** kvicksilver; **~ step** rask marsch[takt], livlig onestep; **~-tempered** häftig; **~-witted** kvicktänkt; **quicken** [*kwikn*] liva, egga, påskynda, få liv, bli (göra) livligare, bli hastigare; **quickness** snabbhet, skärpa
quid [*kwid*] tobaksbuss, *sl* 1 pund (sovereign); tugga tobak
quidnunc [*kwidnʌŋk*] *fam.* nyhetsjägare
quiescence [*kwaie'sns*] ro, vila, overksamhet; **quiescent** [*kwaie'snt*] overksam, vilande
quiet [*kwaiət*] lugn, stillhet, ro, tystnad; stilla, tyst, lugn, stillsam, fridfull; lugna, stilla; **leave in ~** lämna i fred; **on the ~** i hemlighet (smyg); **~en** [*kwaiətn*] lugna, stilla; **~ness, ~ude** ro, stillhet, lugn; **~us** [*kwaii:'təs*] slutuppgörelse, död, nådestöt
quiff [*kwif*] pannlock; *sl* ha lycka (tur) med sig
quihi [*kwihai*] europé som levat länge i Indien

quill [*kwil*] gås-, vingpenna, flöte, tandpetare, spole, [herde]pipa, tagg, pigg; vecka, spola, krusa; ~**-driver** pennfäktare; ~**ing** [*kwiliŋ*] spolning, veckning, krus, rysch
Quilpish [*kwilpiʃ*] ondskefull, bakslug, skadeglad; (**Quilp** en figur hos Dickens)
quilt [*kwilt*] vadderat [säng]täcke; vaddera, sticka, stoppa, *sl* klå
quin [*kwin*] *fam.* förk. f. *quintuplet* femling
quinary [*kwainəri*] femtalig
quince [*kwins*] *bot.* kvitten
quincentenary [*kwi'nsenti:'nəri*] femhundraårsdag, -jubileum
quincunx [*kwinkʌŋks*] *lat.* (anordning i form av) tärningsfemma (:·:)
quinine [*kwini:'n*] kina, kinin
quinque- [*kwinkwi-*] fem-; **quinquagenarian** [*kwiŋkwədʒi(:)nɛ'əriən*] femtiåri[n]g; **Quinquagesima** [*kwiŋkwədʒe'simə*] [**Sunday**] fastlagssöndag; **quinquennial** [*kwiŋkwe'njəl*] femårig, femårs-, inträffande vart femte år; **quinquennium** [*kwiŋkwe'njəm*] femårsperiod; **quinquepartite** [*kwiŋkwipa:'tait*] femdelad, bestående av fem delar
quinquina [*kiŋki:'nə*] kinabark
quinsy [*kwinzi*] *med.* strupkatarr, laryngit
quint [*kwint*] *mus.* kvint (*äv. fäkt.*); **quintal** centner (100 kg)
quintessence [*kwinte'sns*] kvintessens, det väsentliga
quintet[te] [*kwinte't*] *mus.* kvintett; **quintillion** [*kwinti'ljən*] *mat.* kvintillion; **quintuple** [*kwintju(:)pl*] femdubbel[t tal (belopp)]; femdubbla[s]
quintuplet [*kwintju(:)plit*] femling
quip [*kwip*] stickord, spydighet, kvickhet; vara spydig (sarkastisk) [mot]
quire [*kwaiə*] bok (papper) (= 24 ark); **in** ~**s** oinbunden, i lösa ark
quirk [*kwə:k*] sarkasm, kvickhet, snirkel, släng, egenhet, underlighet, besynnerlighet, *sl* flygarelev
quirt [*kwə:t*] *amr.* kort ridpiska; piska
quit [*kwit*] fri [för], kvitt, klar; avstå från, lämna, nedlägga, upphöra med, vedergälla, löna, gälda, flytta, ge sig av; ~**claim** *jur.* avstå från anspråk; **quits** kvitt! uppgjort! **cry quits** förklara för kvitt; **quitter** *amr.* en som skyr svårigheter, ynkrygg
quitch [*kwitʃ*] *bot.* kvickrot
quite [*kwait*] helt, ganska, fullständigt, alldeles, riktigt, javisst; ~ **a** en riktig; ~ **a man** stora karlen; ~ **the thing** just det rätta, modern; ~ **a few** en hel del; ~ **so**! just! precis! alldeles!
quits se *quit*
quiver 1) [*kwivə*] [pil]koger; ~ **full of children** (Psalt. 127: 5) [*kwivəf(u)l*] stor familj
quiver 2) [*kwivə*] skälvning, darrning; skälva, darra, *ibl.* dallra, (om fåglar) fladdra
Quixote [*kwiksət*], **Don** ~ Don Q.; **quixotic** [*kwiksɔ'tik*] överspänd, romanesk; **quixotry** [*kwi'ksətri*] överspändhet
quiz [*kwiz*] gyckel[makare], *amr.* examen; gyckla med, betrakta spefullt (nyfiket); ~**zical** [*kwizik(ə)l*] lustig, skojfrisk
quod [*kwɔd*] *sl* fängelse, finka; bura in
quoin [*kɔin*] hörn[sten], kil
quoit [*kɔit*] diskus, kastskiva, -ring (till ett slags spel)
quondam [*kwɔndæm*] förutvarande, förre, f. d.
quorum [*kwɔ:rəm*] *jur.* beslutmässigt (domfört) antal (närvarande ledamöter)
quota [*kwoutə*] *hand.* andel, kvot, bidrag; ~ **system** kontingentering
quotation [*kwoutei'ʃ(ə)n*] citat, *hand.* notering; ~**-marks** anföringstecken; **quote** [*kwout*] *fam.* citat, *pl* anföringstecken; citera, anföra, *hand.* notera, ange pris
quoth [*kwouþ*] *åld.* sade; **quotha** [*kwouþə*] i sanning! minsann! jo visst!
quotidian [*kwɔti'diən*] *med.* vardagsfrossa; alldaglig, utnött
quotient [*kwouʃ(ə)nt*] *mat.* kvot

R

R, r [*a:*] (*pl Rs, R's* [*a:z*]) R, r; **the three R's** (*reading,* (*w*)*riting,* (*a*)*rithmetic*) läsning, skrivning och räkning (såsom grund för all skolundervisning)
rabbet [*ræbit*] fals, spont (i bräder); falsa, sponta
rabbi [*ræbai*], **rabbin** [*ræbin*] rabbi, rabbin; **rabbinic[al]** [*ræbi'nik(əl)*] rabbinsk; **rabbinism** [*ræbinizm*] rabbinism
rabbit [*ræbit*] kanin, *sl* svag person, dålig spelare; jaga (fånga) kaniner; **Welsh** ~ rostat bröd med ost; ~ **heart** *amr. sl* kruka, hare
rabble [*ræbl*] pöbelhop, pack, slödder
rabid [*ræbid*] rasande, vild, galen (om hund); ~**ity** [*ræbi'diti*], **rabies** [*reibii:z*] rabies (hundgalenskap), vattuskräck
race [*reis*] ras, släkt[e], stam, ätt, skaplynne, fart, lopp, [kapp]löpning, -ridning, -körning, -segling, strömdrag; kappas [med], [låta] tävla, löpa, rusa, rida (segla) snabbt; **play the** ~**s** *amr.* gå till [häst]kapplöpningarna; **run a** ~ springa i kapp; **my** ~ **is run** min levnadsbana är slut; ~**-card** program för kapplöpning; ~**course** [kapplöpnings]bana; ~**horse** kapplöpningshäst; ~**-meeting** kapplöpning; **racer** kapplöpningshäst, tävlare, tävlingsmaskin, kappseglare, 'racer'
raceme [*rəsi:'m*] *bot.* klase; **racemose** [*ræsimous*] *bot.* klasformig, växande i klasar
rachitis [*rækai'tis*] engelska sjukan
racial [*reiʃəl*] ras-, folkstams-
raciness se *racy*
rack [*ræk*] [foder]häck, ställ (för hattar, tallrikar o. d.), klädhängare, bagagehylla, *mek.* kuggstång, sträckbänk, moln[massa], förödelse, -störing; sätta i häck, pina, lägga på sträckbänk, utspänna, utpressa, utsuga; **go to** ~ [**and ruin**] gå i spillror; ~ **one's brains** bry sin hjärna; ~**-of-bones** *amr. sl* skelett (mager person); ~**-railway** kuggstångsbana; ~**-rent** oskäligt högt arrende; taga (låta ngn betala) oskäligt högt arrende för; **a racking headache** en brinnande huvudvärk
racket [*rækit*] [tennis]racket, *pl* racketspel (bollspel mot vägg), larm, stoj, glatt liv, fest[ande], *amr.* [penning]utpressning, brottsligt yrke, yrke el. sysselsättning (över huvud taget); leva ett glatt liv, festa om; **stand the** ~ bestå provet, ta konsekvenserna, *ibl.* betala kalaset; ~**eer** [*rækiti'ə*] *amr.* (organiserad) gangster; se nästa ord; ~**eering** *amr.* gangstervälde (utpressning mot affärsföretag o. d.); ~**y** stojande, vild, nöjeslysten, utsvävande
raconteur [*ra:kɔŋtə:'*] *fr.* berättare (av anekdoter)
racoon [*rəku:'n*] tvättbjörn, sjubb
racquet se *racket*
racy [*reisi*] stark, äkta, karakteristisk, livlig,

kraftig, eldig, kärnfull, saftig, *amr.* otuktig; ~ **of the soil** karakteristisk för landet (folket); **raciness** kraft, eld, friskhet
rad [*ræd*] *fam.* förk. f. *radical* radikal (politiker)
raddle [*rædl*] rödkrita; märka med rödkrita, sminka [sig], måla sig (i ansiktet)
radial [*reidiəl*] stjärnmotor; radial, -erande, *tekn. äv.* radiell; ~ **(aircooled) motor** (luftkyld) stjärnmotor; **radiance** [*reidiəns*] strålglans; **radiant** [ut]strålande
radiate [*reidieit*] radiera, [ut]stråla, sprida; **radiating gill** el. **rib** *auto.* radiatorgaller; **radiation** [*reidiei'ʃ(ə)n*] utstrålande, [ut]strålning
radiator [*reidieitə*] radiator, värmeelement, kylningsapparat, *auto. flyg.* kylare; ~ **filler cap** *auto.* kylarlock; ~ **shell** *auto.* kylarmantel
radical [*rædik(ə)l*] radikal, *språkv.* rotord, *mat.* rottecken; rot-; grund-, ursprunglig, radikal, grundlig, rotfästad; ~**ism** [*rædikəlizm*] radikalism
radicle [*rædikl*] *bot.* rotämne, -fiber
radio [*reidiou*] radio, radioapparat, radiotelegram; radiera, röntgenfotografera, behandla med radium; ~**-active** radioaktiv; ~ **beacon** radiofyr; ~**-dor** *amr. sl* hallåman; ~ **fan** *amr.* radioentusiast; ~**gram** radiogrammofon, radiotelegram, konstruktionsritning till radio, röntgenfotografi; ~**gramophone** radiogrammofon; ~**graph** [*-gra:f, -græf*] radiogram, röntgenbild; radio-, röntgenografera; ~**grapher** [*reidiɔ'grəfə*] röntgenolog; ~**logy** [*reidiɔ'lədʒi*] radiologi, radioaktivitet; ~**meter** [*reidiɔ'mitə*] radiometer; ~**scopy** [*reidiɔ'skəpi*] radioskopi, röntgenteknik; ~**-set** radiomottagare; ~**therapeutics** [*-þerəpju:'-tiks*], ~**therapy** [*-þerəpi*] radioterapi, röntgenbehandling
radiot [*reidiət*] *amr. sl* radiot (radioentusiast)
radish [*rædiʃ*] rädisa; **black** ~ rättika
radium [*reidiəm*] radium
radius [*reidiəs*] (*pl radii* [*reidiai*]) radie, strålblommas bräm (kantblommor), armpipa, område, gebit
radix [*reidiks*] (*pl radices* [*reidisi:z*]) rot, bas
R.A.F. förk. f. *Royal Air Force* eng. flygvapnet
raff [*ræf*] se *riff-raff*; ~**ish** liderlig, tarvlig, gemen
raffia [*ræfiə*] *bot.* rafiapalm, -bast
raffle [*ræfl*] raffel, ett slags [varu]lotteri (med tärningar), skräp, kram, bråte; sälja genom raffel, bortlotta, raffla
raft [*ra:ft*] [timmer]flotte, *amr.* massa, mängd; flotta, fara [över] på flotte, hopsamla (timmer) till en flotte
rafter [*ra:ftə*] taksparre, flottare (se *raft*)
rag [*ræg*] trasa, klut, *sl* tidning, flagga, näsduk, *min.* kiselsandsten, *sl* skämt, puts, upptåg, *amr. sl* impopulär flicka, dollar, *pl* [pappers]pengar; tadla, skälla ut, förarga, reta, bråka (skoja) med; **chew the** ~ *sl* röra upp gammalt, tala om fjolgammal snö; **go** ~**s** *sl* dela jämnt; **get one's** ~ **out** bli konstig i huvudet; **cooked to** ~**s** kokt till mos; ~ **about** *sl* spela idiot; ~**bag** *sl* 'säck' (jämntjock figur om kvinna); ~**-bolt** *sjö.* hackbult; ~**-front** *amr.* cirkus, karneval; ~**-head** *amr.* oriental; ~**man** (~**-and-bone-man**) lumpsamlare; ~**tag [and bobtail]** pöbel, pack; ~**-time** *mus.* synkoperad takt; negermusik; farsartad, komisk; ~**-wheel** kugghjul; ~**wort** *bot.* korsört, boört (Senecio)
ragamuffin [*rægəmʌfin*] trashank, slusk
rage [*reidʒ*] raseri, våldsam vrede (häftighet), passion; rasa, vara rasande, grassera; **[all] the** ~ senaste (högsta) modet, 'sista skriket' (mycket i ropet)
ragged [*rægid*] trasig, sönderriven, skrovlig, ojämn, ruggig; ~ **robin** *bot.* gökblomster (Lychnis flos cuculi); ~**ness** trasighet, sönderrivet utseende, skrovlighet
raglan [*ræglæn*] ett slags lössittande överrock (utan axelsöm); ~ **sleeve** raglanärm
ragout [*ra:gu:'*] ragu
rah-rah [*ra:ra:*] **boy** *amr. sl* student
raid [*reid*] räd, plundringståg, infall, razzia; göra (deltaga i) en räd [mot], brandskatta, plundra; **air** ~ luftangrepp
rail 1) [*reil*] [led]stång, räcke, staket, list, *sjö.* reling, [järn]skena, räls, *pl hand.* järnvägsaktier; inhägna, skenlägga, skicka på järnväg; ~**head** den ofullbordade slutsträckan (av en järnväg); ~**road** *amr.* järnväg; fara med järnväg; *amr. sl* brådskande sända i fängelse, skyndsamt genomdriva (t. ex. lagförslag); ~**road Bible** *amr. sl* 'Bomans flickor', 'de fyra konungaböckerna', 'fans bibel' (spelkort); ~**road bull** *amr. sl* järnvägspolis; ~**way** järnväg
rail 2) [*reil*] vara ovettig mot, okväda, smäda; **raillery** [*reiləri*] gyckel, drift, raljeri
rail 3) [*reil*] *zool.* rall
railing [*reiling*] staket, räcke
raiment [*reimənt*] *poet.* dräkt, skrud
rain [*rein*] regn, regntid; regna, låta regna (hagla); **the** ~**s** regntiden (i tropikerna); ~ **or shine** hurudant vädret än är; **it never** ~**s but it pours** en olycka kommer sällan ensam; **it** ~**s cats and dogs**, *amr.* **it** ~**s pitchforks** det regnar täljknivar (regnet står som spön i backen); ~**bow** regnbåge, *sl* rekryt, tjänare; ~**fall** regnskur, regnmängd, nederbörd; ~**-gauge** regnmätare; ~**-glass** barometer; **rainy** regnig, regn-; **a rainy day** regnvädersdag, onda dagar; **provide against a rainy day** rusta sig mot kommande onda dagar
raise [*reiz*] [löne]förhöjning, överbud (i bridge); [upp]resa, lyfta (hissa) upp, [upp]höja, befordra, stegra (priser), öka, uppväcka, frammana, uppegga, liva, uppföra, -bygga, uppföda, dra upp, odla, åstadkomma, vålla, uppstämma, framställa, -lägga, väcka, upptaga, samla [ihop], anskaffa, [upp]häva; ~ **Cain (the devil, hell, sand)** *sl* leva rövare (rackare); ~ **a check** *amr.* förfalska en check; ~ **land** få land i sikte; ~ **a loan** upptaga lån; ~ **the wind** *sl* skaffa ihop (uppdriva) pengar; ~ **from the dead** uppväcka från de döda
raisin [*reizn*] russin
raj [*ra:dʒ*] [över]välde; **rajah** [*ra:dʒə*] raja (indisk furste)
rake [*reik*] räfsa, kratta, raka, skrapa, vivör, rucklare, *sjö.* lutning, fall, *amr. sl* kam; räfsa, kratta, raka, skrapa, *mil.* [be]stryka, [genom]söka, luta bakåt; ~ **in** skrapa åt sig pengar (*amr. sl* ~ *in the dough*); ~ **over the coals** *sl* tvåla till ngn; ~ **up** riva upp (en gammal historia), skrapa ihop (från alla håll); ~ **up the fire** täcka elden med aska; ~**-off** *amr.* vinst, fördel; **rakish** utsvävande, liderlig, nonchalant, obesvärad, extravagant, flott; (till synes) byggd för snabbsegling
rally [*ræli*] raljeri, gyckel, samling, *fig.* återhämtning, uppgång (i pris), vinnande av nya krafter, ny ansats, dust, (i tennis) serie av slag, *amr.* (politiskt) massmöte, demonstration; raljera, gyckla, samla, samlas, samla sig, återuppliva, hämta sig (efter sjukdom o. d.)
ram [*ræm*] bagge, murbräcka, ramm[försett fartyg], hejare, pistong; ramma, slå (stöta, driva, stampa) ned (in), proppa, fullstoppa; **the R—** *astr.* Väduren; ~**rod** laddstock, laddstake; **rammer** hejare, [gatläggnings] 'jungfru'; **rammish** frän (om lukt), stinkande
ramble [*ræmbl*] strövtur, utflykt; ströva (vandra) omkring, irra hit och dit (*äv.* om osammanhängande tal o. d.), fantisera; **rambler** vandrare, ett slags klängros, *amr. sl* finare vagabond, som blott färdas (som gratispassagerare) med snälltåg; **rambling** kringströvande, oregelbunden, oredig, klängande

rambumptious [*ræmbʌ'm(p)ʃəs*], **rambunctious** [*ræmbʌ'ŋkʃəs*] *amr. fam.* fräck, omedgörlig
ramification [*ræmifikei'ʃ(ə)n*] för-, utgrening; **ramify** [*ræmifai*] förgrena, grena sig; **ramose** [*rəmou's*] *bot.* grenig
rammer, rammish se *ram*
ramp [*ræmp*] ramp, språng, hopp, *sl* penningutpressningsförsök mot 'bookmaker' (vadhållare vid kapplöpning); springa, hoppa, inta en hotande ställning, rasa, rusa omkring, förse (bygga) med ramp; **~age** [*ræmpei'dʒ*] vild framfart, vredesutbrott, vildsinthet; rasa, rusa omkring; **~ageous** [*ræmpei'dʒəs*] vild, yr, oregerlig; **~ant** [*ræmpənt*] stegrande sig, upprättstående på bakbenen (*herald.* om lejon etc.), frodig, vild, hejdlös
rampart [*ræmpa:t, -pət*] [fästnings]vall, bålverk
ramshackle [*ræmʃækl*] rankig, fallfärdig
ran [*ræn*] sprang (se *run*)
ranch [*ræn(t)ʃ*] *amr.* [äga en] boskapsfarm
rancid [*rænsid*] härsken; **~ity** [*rænsi'diti*] härskenhet
rancorous [*ræŋkərəs*] hätsk; **rancour** [*ræŋkə*] hätskhet, inrotat hat (agg)
random [*rændəm*] (skeende, gjord) på en höft, slumpvis, blint, i vädret, förflugen, lös; **at ~** på måfå
randy [*rændi*] argbigga; grälsjuk, bråkig, bullersam, oregerlig
ranee [*ra:ni*] hindudrottning
rang [*ræŋ*] ringde (se *ring*)
range [*reindʒ*] rad, [bergs]kedja, [utbrednings]-område, utsträckning, omfång, krets, spelrum, [skott]håll, skjutbana, läge, riktning, [kok]-spis; [upp]ställa, [in]ordna, genomströva, segla längs, sträcka sig, ligga, gå, ha sin plats, vara utbredd, förekomma, variera; **cruising-~** *flyg.* aktionsradie; **~-finder** avståndsmätare, -ningsinstrument; **ranger** vandrare, stövare (hund), skogvaktare; *pl mil.* [häst]jägare
rank 1) [*ræŋk*] frodig, yppig, överfet (om jordmån), stinkande, frän, grov, våldsam, vidrig; **~ poison** rena giftet
rank 2) [*ræŋk*] rad, räcka, led, ordning, stånd, rang, samhällsklass; ordna, uppställa i led, inrangera, ge (viss) plats åt, ha rang, räknas, anses, *amr. sl* angiva för polisen; **the ~s, ~ and file** de meniga, manskapet, *fig.* gemene man, vanligt folk; **the ~ and fashion** högsta societeten; **rise from the ~s** tjäna sig upp ur ledet; **reduce to the ~s** degradera till menig; **ranker** menig; officer som tjänat sig upp ur ledet
rankle [*ræŋkl*] gnaga (värka) i hjärtat
ransack [*rænsæk*] genomsöka, rannsaka, röva, plundra
ransom [*rænsəm*] lösen, lösesumma; friköpa, utlösa, frigiva mot lösen
rant [*rænt*] floskler, ordsvall, skrän; orera, deklamera, skråla
rantan [*ræntæ'n*] *sl* dryckeslag, lustigt lag, skoj; **have a** el. **go on the ~** *sl* vara ute och svira
ranunculus [*rənʌ'ŋkjuləs*] *bot.* ranunkel
rap 1) [*ræp*] rapp, smäll, knackning, *amr. sl* förräderi, anklagelse; slå, smälla, knacka, *amr.* förevita, anklaga, tadla; **have a ~ at** *sl* söka få hugg på; **~ on (over) the knuckles** ge ngn smäll på fingrarna, *fig.* ge ngn en läxa (tillrättavisning); **~ out** utstöta (en svordom)
rap 2) [*ræp*] (gammalt småmynt på Irland) 'styver'; **I don't care a ~** jag bryr mig inte ett dugg om det
rapacious [*rəpei'ʃəs*] levande av rov, rov-, rovgirig, -lysten; **rapacity** [*rəpæ'siti*] rovgirighet, -lystnad
rape [*reip*] bortrövande, [kvinno]rov, våldtäkt, *bot.* rova, raps; röva, våldtaga
rapid [*ræpid*] fors; hastig, snabb, strid; **rapidity** [*rəpi'diti*] hastighet, snabbhet, fart
rapier [*reipiə*] [hugg]värja, pamp
rapine [*ræpain*] rov, röveri, plundring
rappee [*rəpi:'*] (ett slags grovt) snus
rapscallion [*ræpskæ'ljən*] slyngel, usling, buse
rapt [*ræpt*] hänryckt, -förd, försjunken, fördjupad (i ngt); **rapture** [*ræptʃə*] hänryckning, extas, förtjusning; **rapturous** [*ræptʃərəs*] hänryckt, -ryckande
raptorial [*ræptɔ:'riəl*] rovfågel; rov-
rare [*rɛə*] gles, tunn, rar, sällsynt [god], *amr.* inte tillräckligt stekt (*~ done*); **raree-show** [*rɛəri:ʃou*] tittskåp, *fig.* skådespel; **rarefaction** [*rɛərifæ'k-ʃ(ə)n*] förtunning; **rarely** sällan, utmärkt; **rarity** [*rɛəriti*] gleshet, sällsynthet, utmärkthet
rascal [*ra:sk(ə)l*] lymmel, skojare, skälm; **~dom** [*-dəm*], **~ism** [*-izm*], **~ity** [*ra:skæ'liti*] nedrighet, lumpenhet, tjuvstreck; **~ly** skurk-, skojaraktig, gemen, usel, eländig
rase se *raze*
rash [*ræʃ*] *med.* hudutslag; överilad, obetänksam, dumdristig
rasher [*ræʃə*] fläsk- el. skinkskiva (till stekning)
rasp [*ra:sp*] rasp, (grov) fil; fila, skrapa, raspa, *fig.* irritera
raspberry [*ra:zb(ə)ri*] hallon, hallonbuske, *sl* hjärta, uttryck för misshag, fiasko, avsked[ande]; **give** el. **hand a ~** *sl* förnärma (kränka) ngn, tvåla till ngn
rasper [*ra:spə*] rasp, rivjärn, hinder vid kapplöpning
rat [*ræt*] råtta, vindflöjel, överlöpare, strejkbrytare, förrädare, *amr. sl* delirium tremens; jaga (döda) råttor, vara (bli) överlöpare, förrädare; **~s!** åh strunt! **smell a ~** ana oråd; **like a drowned ~** alldeles genomvåt; **~-catcher** råttfångare, *sl* ej reglementsenlig riddräkt; **~sbane** [*rætsbein*] råttgift; **~-trap** råttfälla, pedal på racercykel
ratability [*reitəbi'liti*] taxerbarhet; **ratable** [*reitəbl*] taxerbar, skattskyldig
ratafia [*rætəfi:'ə*] ratafia, fruktlikör
rataplan [*rætəplæ'n*] trummande; slå på trumma
ratch [*rætʃ*], **ratchet** [*rætʃit*] spärrhake, spärrhjul (t. ex. i ur); **~-wheel** *auto.* spärrhjul
rate 1) [*reit*] grad, mått[stock], beräkning, [växel]kurs, värde, pris, belopp, hastighet, fart, kommunalskatt, taxa, sats, klass; uppskatta, anse, taxera, beräkna, klassificera, räknas för, *amr.* nå ett mål; **birth (death, marriage etc.) ~** födelsefrekvens etc.; **~ of exchange** växelkurs; **~ of interest** räntefot; **at any ~** i varje fall; **at the ~ of** med en hastighet av, till ett pris av; **~payer** skattebetalare; **rating** skatteprocent, *sjö.* placering i viss klass, grad el. rang (om sjöfolk)
rate 2) [*reit*] läxa upp, gräla på; **rating** uppsträckning, bannor
rather [*ra:ðə*] hellre, snarare, rättare sagt, ganska, tämligen, något, nästan, faktiskt; **~ more** åtskilligt mera; **I would ~ not** helst inte, jag betackar mig; **have you been here before?** —**Rather!** [*ra:'ðə:'*]... ja (jo) visst (säkert)
ratification [*rætifikei'ʃ(ə)n*] ratificering, stadfästelse; **ratify** [*rætifai*] ratificera, stadfästa, bekräfta
ratio [*reiʃiou*] *mat.* förhållande, proportion; **ratiocinate** [*rætiɔ'sineit*] dra slutsatser
ration [*ræʃ(ə)n*] ranson; ransonera; **iron ~** *mil.* reservlivsmedel; **~s spoiler** *amr. mil. sl* kock; **~al** [*ræʃ(ə)n(ə)l*] rationell, förnuftig, förståndig, klok; **~alism** [*ræʃ(ə)nəlizm*] rationalism; **~alist** rationalist; **~alistic** [*ræʃ(ə)nəli'stik*] rationalistisk; **~ality** [*ræʃ(ə)næ'liti*] förnuft[senl]ighet; **~alization** [*ræʃ(ə)nəlaizei'ʃ(ə)n*] rationalisering; **~alize** [*ræʃ(ə)nəlaiz*] rationalisera
rationale [*ræʃiona:'li*] resonerande förklaring (framställning), logisk grund
ratlin[e] [*rætlin*], **ratling** [*rætliŋ*] *sjö.* vevling
rat[t]an [*rætæ'n*] rotting, spanskt rör

ratten [*rætən*] sabotera
rattle [*rætl*] skallra, skramla, skrammel, rassel, larm, rossling, prat[makare], sladder; skramla, slamra [med], rossla, sluddra, snattra, rabbla [upp], sätta fart [på], *sl* skrämma, göra nervös; **~-box** *fig.* pratmakare, sladdertaska; **~-brain (-head, -pate)** dumhuvud; **~-snake** skallerorm; **~-snake and polecat** *amr.* två som trivas tillsamman som hund och katt; **~-trap** skrammelverk (rankigt åkdon), skräpsak, *pl* småsaker, kuriosa, *amr. sl* mun; **rattler** praktexemplar (ngt utsökt), *amr.* skallerorm, *amr. sl* godståg; **the last rattler** *amr. sl* döden; **rattling** *fam.* hejdundrande, överdådig, finfin; **rattling good** *fam.* rasande god
ratty [*ræti*] rått- (t. ex. *a ~ smell*), hemsökt av råttor, *sl* förargad, uppretad
raucous [*rɔ:kəs*] hes, sträv
raughty [*rɔ:ti*] se *rorty*
ravage [*rævidʒ*] ödeläggelse, härjning; ödelägga, [för]härja
rave [*reiv*] yra, tala i yrsel (hänryckning), vurma (svärma) för, rasa; **raving** (ofta *pl*) yrande tal, galenskaper; yrande, rasande, vanvettig; **raving-mad** spritt galen
ravel [*ræv(ə)l*] trassel, oreda; riva[s] upp, *fig.* reda ut, intrassla[s]
ravelin [*rævlin*] *mil.* ravelin, utanverk, förskansning
raven [*reivn*] korp; korpsvart; söka efter rov, röva, sluka glupskt; **~ous** [*rævinəs*] rovlysten, -girig, glupsk
ravine [*rəvi:'n*] ravin, hålväg, djup klyfta
ravish [*rævi∫*] våldtaga, hänföra, -rycka; **~ment** hänryckning, våldtäkt
raw [*rɔ:*] rå, råkall, obearbetad, ogarvad, oerfaren, 'grön', hudlös, öm, omogen; **~ edge** ofållad kant (av tyg), råegg; **~ spirit** ren (oblandad) sprit; **touch on the ~** såra ngns känslor, träffa ngns ömma punkt; **~ head and bloody bones** dödskalle över korslagda benknotor, buse (att skrämma barn med); hårresande (t. ex. historia); **~-boned** bara skinn och ben; **~hide** *amr. sl* (tvinga till att) träla
ray [*rei*] [ljus]stråle, ljus, *zool.* rocka; [ut]stråla; **X-ray** röntgenstråle; röntgenbehandla, -fotografera
rayon [*reiən*] konstsilke
raze, rase [*reiz*] rasera, slopa, förstöra, utplåna, skrapa
razor [*reizə*] rakkniv; **safety ~** rakhyvel; **~-edge** vass egg, spetsig bergsrygg, skarp gränslinje, kritisk situation
razz [*ræz*] gyckla, driva med, reta, tillrättavisa, tadla; **get the ~** bli utsatt för drift
razzee [*rezi:'*] *amr. sl* = *razzle-dazzle*
razzia [*ræziə*] razzia, plundringståg
razzle-dazzle [*ræzldæzl*] *sl* skämt, upptåg, skoj, ett slags karusell; **go on the ~** *sl* rumla, pokulera
re [*ri:*] (*lat.*) *hand.* rörande, beträffande; *mus.* re (tonen)
re- [*ri:-, ri-, re-*] åter-, på nytt, ny-, tillbaka, emot
reach [*ri:t∫*] räckande, räckhåll, -vidd; [skott]-håll, omfång, utsträckning, sträcka; sträcka ut (fram), räcka, [upp]nå, [upp]hinna, komma till, sträcka sig, *amr. sl* muta, besticka; **beyond one's ~** över ens fattningsförmåga (horisont); **~ down one's hat** hälsa med hatten; **~-me-down** *sl* färdigsydd kostym, konfektionsdräkt; färdiggjord, konfektions-
react [*ri(:)æ'kt*] reagera, återverka, *mil.* göra motanfall; **~ion** [*ri(:)æ'k∫(ə)n*] reaktion, återverkan, motstånd, bak-, omslag; **reaction control** förstärkning av radiomottagare; **reactionary** [*ri(:)æ'k∫ənəri*], **reactionist** [*ri(:)æ'k∫ənist*] reaktionär [person]; **reactive** [*-tiv*] återverkande
read [*ri:d*] lässtund; (*oregelb. vb*) läsa; **have a ~ of** läsa; **~ aloud** läsa högt; **~ off** avläsa (instrument, resultat), läsa flytande (utan förberedelse); **~ out** läsa upp (högt); **~ up** studera på en examen, sätta (studera) sig in i ett ämne; **~ a bill** behandla ett lagförslag (i parlamentet); **~ dreams** tyda drömmar; **~ the sky** tyda stjärnor; **~ law** studera (läsa) juridik; **the thermometer ~s 33°** termometern visar 33°; **this play ~s better than it acts** detta stycke gör sig bättre som läsdrama än från scenen; **the letter ~s** brevet lyder; **~ a person a lesson** läxa upp ngn; **the line ~s better like this** raden låter bättre så här; **read** [*red*] läste, läst, beläst; **~ability** [*ri:dəbi'liti*] läsbarhet; **~able** [*ri:dəbl*] läsbar, lättläst, läsvärd; **reader** läsare, korrekturläsare, lektor (*univ.*), föreläsare, docent, (förlags) litteraturbedömare, läsebok, *amr. sl* arresteringsorder, annons, *pl amr. sl* märkta spelkort; **readership** (*univ.*) föreläsartjänst, docentur, lektorat; **reading** läsning, läsande, beläsenhet, lektyr, tolkning, läsart, lydelse, 'läsning' (= behandling av lagförslag i parlamentet), avläsning (av termometer etc.); **reading-desk** läspulpet, korpulpet; **reading-room** läsesal, läs-, tidningsrum
readjust [*ri:ədʒʌ'st*] åter ställa till rätta, justera, ordna, bringa reda i
ready [*redi*] *mil.* färdigställning, *sl* kontanta pengar; färdig, redo, till hands, klar, villig, benägen (snar), lätt, snabb, bekväm; **~-made**, *amr.* **~-to-wear**, **~-for-service** färdiggjord, -sydd; **~ money** kontanter; **~ reckoner** beräknings-, räknetabell; **readily** [bered]villigt, gärna, raskt, lätt; **readiness** [bered]villighet, raskhet, lätthet, beredskap
reaffirm [*ri:əfə:'m*] ånyo bekräfta; **~ation** [*ri:əfə(:)mei'∫(ə)n*] förnyad bekräftelse
reagent [*ri(:)ei'dʒ(ə)nt*] reagens
real [*riəl*] verklig, riktig, äkta, real, *amr.* = *really*; **~ healthy** *amr. sl* intelligent; **~ property** *jur.* fast egendom; **~ size** naturlig storlek; **~ism** [*riəlizm*] realism; **~ist** realist, realistisk; **~istic** [*riəli'stik*] realistisk; **~ity** [*ri(:)æ'liti*] realitet, verklighet[sprägel]; **~ization** [*riəlaizei'∫(ə)n*] realiserande, förverkligande, utförande, omsättning i pengar, försäljning av fast egendom; **~ize** [*riəlaiz*] realisera, förverkliga, göra realistisk, inse, fatta, förvärva, -tjäna, inbringa; **~ly** verkligen, faktiskt; **really?** verkligen? jaså? **realtor** [*riəltə*] *amr.* fastighetsmäklare; **realty** [*riəlti*] *jur.* fast egendom, fastighet; **realty agent** = *realtor*
realm [*relm*] [kunga]rike
ream [*ri:m*] ris (papper = 20 böcker = 480 ark)
reanimate [*ri(:)æ'nimeit*] åter få liv i, *fig.* åter uppliva, inge nytt mod
reap [*ri:p*] skära, meja, skörda, inhösta; **reaper** skördeman, skördemaskin; **reaping-hook** skära
reappear [*ri:əpi'ə*] åter visa sig, återuppträda; **reappearance** [*ri:əpi'ər(ə)ns*] förnyat framträdande
rear 1) [*riə*] resa, upplyfta, höja, uppbygga, uppföda, -draga, -fostra, odla, stegra sig (om häst)
rear 2) [*riə*] bakre del, baksida, eftertrupp, *sl* W.C.; **bring up the ~** bilda eftertrupp; **at the ~ of** bakom; **take in [the] ~** anfalla i ryggen; **~-admiral** konteramiral; **~-guard** eftertrupp; **~ light** baklykta; **~most** bakerst, efterst; **~-view mirror** orienteringsspegel, backspegel; **~ward**[s] bakerst, bakåt
rearmament [*ri:'a:'məmənt*] [åter]upprustning
rearrange [*ri:ərei'ndʒ*] ordna om, nyordna
reason [*ri:zn*] skäl, orsak, hänsyn, förnuft, -stånd, reson, rimlighet; resonera, överlägga; **in all ~** med skäl (rätta); **by ~ of** på grund av; **for this ~** på grund härav, av denna anledning; **bring to ~** bringa till förnuft; **listen to ~** lyssna till skäl, ta reson; **it stands to ~** det är klart, det faller av sig självt; **~ him out of it** förmå honom

att frångå det; **~able** *[ri:z(ə)nəbl]* förnuftig, rimlig, resonlig, skälig, hygglig; **~ably** förnuftigt etc., ganska, något så när; **~er** tänkare, resonör, dialektiker; **~ing** resonerande, resonemang, förnuftsslut, tankegång, bevisföring
reassure *[ri:əʃu'ə]* lugna, återförsäkra; **reassurance** *[ri:əʃu'ər(ə)ns]* nytt lugn, ny tillförsikt, återförsäkring
reave *[ri:v]* (*oregelb. vb*) *åld.* röva, bortföra, beröva
rebate *[ri:beit, ribei't]* rabatt, avdrag, spont, fals; *[ribei't]* sponta, falsa
rebel *[rebl]* rebell, upprorsman; upprorisk; *[ribe'l]* göra uppror; **~lion** *[ribe'ljən]* uppror; **~lious** *[ribe'ljəs]* upprorisk, *fig.* motspänstig
rebound *[ribau'nd]* återstudsning, (tvärt) omslag, bakslag; återstudsa, falla tillbaka; **~ snubbers** *auto.* stötdämpare
rebuff *[ribʌ'f]* avvisande, avsnäsning, avslag, bakslag, hinder, motstånd; avvisa, avsnäsa, slå tillbaka
rebuild *[ri:'bi'ld]* åter bygga upp, bygga om
rebuke *[ribju:'k]* tillrättavisning, näpst; tillrättavisa, näpsa, tadla
rebus *[ri:bəs]* rebus
rebut *[ribʌ't]* driva tillbaka, gendriva, bemöta, vederlägga; **~tal** *[ribʌ't(ə)l]* vederläggning, genmäle; **~ter** *jur.* kvadruplik (den tredje av de skrifter, som ingivas av svaranden)
recalcitrance *[rikæ'lsitr(ə)ns]* gensträvighet, motspänstighet; **recalcitrant** motspänstig, -strävig [person], bångstyrig; **recalcitrate** *[rikæ'lsitreit]* vara motspänstig, tredskas
recall *[rikɔ:l]* tillbaka-, återkallande *teat.* inropning; åter-, hemkalla, kalla tillbaka, upphäva, erinra (påminna) sig, erinra (påminna) om, inropa (på teatern), uppsäga (kapital); **beyond** el. **past ~** oåterkallelig[t]
recant *[rikæ'nt]* återkalla, -taga (t. ex. sina ord); **~ation** *[ri:kæntei'ʃ(ə)n]* återkallande, -tagande
recapitulate *[ri:kəpi'tjuleit]* rekapitulera, genomgå (upprepa) huvudinnehållet; **recapitulation** *[ri:'kəpitjulei'ʃ(ə)n]* rekapitulering
recast *[ri:'ka:'st]* omstöpning, -arbetning; omgjuta, -stöpa, *äv. fig.* ombilda, -arbeta
recede *[ri(:)si:'d]* vika [tillbaka], gå (dra sig) tillbaka, undandra sig ngt, falla (i värde), försvinna i fjärran, uppge, frångå
receipt *[risi:'t]* kvitto, uppbörd[sbelopp], intäkter, mottagande; kvittera
receive *[risi:'v]* erhålla, mottaga, ta emot, få, uppbära, upptaga (i kyrkan), rymma; **received** allmänt erkänd (vedertagen), (*äv.*) [betalt] kvitteras; **receiver** mottagare, uppbördsman, konkursförvaltare, tjuvgömmare, mikrofon (på telefon), radiomottagare (*receiving-set*), behållare
recency *[ri:snsi]* nyhet, färskhet
recension *[rise'nʃ(ə)n]* textrevision, reviderad (kritisk) text[upplaga]
recent *[ri:snt]* ny (av nytt datum), färsk, nyligen skedd (gjord), sen, nyare; **~ly** nyligen; **as ~ly as** så sent som, först
receptacle *[rise'ptəkl]* förvaringsrum, behållare, gömma, *bot.* blom-, fruktfäste
reception *[rise'pʃ(ə)n]* mottagande, -ning, upptagande, radiomottagande; **receptive** *[rise'ptiv]* receptiv, mottaglig, som kan mottaga; **receptivity** *[ri:septi'viti, res-]* mottaglighet, förmåga att mottaga
recess *[rise's]* uppehåll, avbrott, ferier (is. i eng. parlamentet), vrå, gömsle, inskärning, urtagning, fördjupning, nisch, alkov, tillflyktsplats, enslig plats; sätta undan (i en vrå etc.), göra fördjupningar i ngt, *amr.* ta ferier
recession *[rise'ʃ(ə)n]* tillbakaträdande, återgång, insänkning; **~al** *[rise'ʃən(ə)l]* ferie-; **~al [hymn]** psalm, som sjunges vid prästens och körens återgång till sakristian vid gudstjänstens slut;
recessive *[rise'siv]* tillbakaträdande, -gående, recessiv (om ärvd egenskap)
rechristen *[ri:'kri'sn]* omkristna, omdöpa
recidivism *[risi'divizm]* återfall (om förbrytare); **recidivist** vane-, återfallsförbrytare
recipe *[resipi]* recept
recipient *[risi'piənt]* mottagare; mottaglig
reciprocal *[risi'prək(ə)l]* ömsesidig; växel-, till gengäld, motsvarande, reciprok; **reciprocate** *[risi'prəkeit]* *mek.* vara (sätta) i fram- och återgående rörelse, stå i växelverkan, (inbördes) utbyta, gengälda, besvara; **reciprocity** *[resiprɔ'siti]* växelverkan, ömsesidighet
recite *[risai't]* uppläsa, föredraga, deklamera, rekapitulera; **recital** *[risai'tl]* uppläsning, föredragande, redogörelse, berättelse, konsert av solist el. med endast en kompositörs verk; **recitation** *[resitei'ʃ(ə)n]* framsägning, deklamation, reciterat stycke, *amr.* uppläsning (förhör) av läxor; **recitation room** *amr.* klassrum; **recitative** *[resitəti:'v]* recitativ; **reciter** *[risai'tə]* textbok för recitation, recitatör, -tris, uppläsare
reckless *[reklis]* likgiltig (för följderna), hänsynslös, oförvägen, vild; **~ness** likgiltighet, hänsynslöshet
reckon *[rek(ə)n]* räkna [ut], summera, beräkna, uppskatta, medräkna, räkna[s], anse; **~ with** *äv.* göra upp räkningen med ngn; **~ without one's host** göra upp räkningen utan värden; **~er** räknare, tabell; **~ing** [be-, upp]räkning, räkenskap, vidräkning
reclaim *[ri(:)klei'm]* förbättring; disciplinera, tämja, omvända, rädda, förbättra, reformera, uppodla, återfordra; **beyond (past) ~** oförbätterlig[t], ohjälplig[t]; **reclamation** *[rekləmei'ʃ(ə)n]* [åter]vinnande (av land), förbättring, räddning, invändning, protest, gensaga, återfordrande, reklamation, uppodling
recline *[riklai'n]* böja [sig] tillbaka, luta [sig], vila, förlita sig (**on** på)
recluse *[riklu:'s]* eremit; avskild, enslig
recognition *[rekəgni'ʃ(ə)n]* igenkännande, erkännande; **recognizable** *[rekəgnaizəbl]* igenkännlig, erkännansvärd; **recognizance** *[rikɔ'niz(ə)ns]* *jur.* förbindelse, garantisumma; **recognizant** *[rikɔ'niz(ə)nt]* som erkänner (uppfattar el. inser); **recognize** *[rekəgnaiz]* känna igen, erkänna, inse, kännas vid
recoil *[rikɔi'l]* rekyl, återstudsning, tillbakavikande; studsa, fara tillbaka, falla tillbaka, dra sig tillbaka
recollect *[rekəle'kt]* minnas, erinra sig; **~ oneself** besinna sig, sansa sig; **recollection** *[rekəle'kʃ(ə)n]* minne, erinran, hågkomst; **to the best of my recollection** såvitt jag kan minnas
recommence *[ri:'kəme'ns]* börja på nytt (om igen)
recommend *[rekəme'nd]* [an]befalla, tillråda, rekommendera, förorda
recommendable *[rekəme'ndəbl]* tillrådlig, prisvärd; **recommendation** *[rekəməndei'ʃ(ə)n]* rekommendation, tillrådan; **recommendatory** *[rekəme'ndət(ə)ri]* rekommendations-
recommit *[ri:'kəmi't]* ånyo hänskjuta, återremittera (till kommitté), åter anförtro, åter begå, åter häkta; **~ment, ~tal** förnyat hänskjutande, återremiss
recompense *[rekəmpens]* vedergällning, lön, ersättning; vedergälla, löna, gottgöra, ersätta
reconcilability *[rekənsailəbi'liti]* försonlighet, förenlighet; **reconcilable** *[rekənsailəbl]* försonlig, möjlig att bringa till förlikning, förenlig; **reconcile** *[rekənsail]* försona, bilägga, förlika, bringa i harmoni med; **reconcilement** *[-mənt]*, **reconciliation** *[rekənsiliei'ʃ(ə)n]* försoning, -likning, sammanjämkning; **reconciliatory** *[rekənsi'ljət(ə)ri]* försonande, försonings-
recondite *[rikɔ'ndait, rekən-]* fördold, -borgad, dunkel, obskyr

reconnaissance [*rikɔ'nis(ə)ns*] rekognoscering, spaning
reconnoitre [*rekənɔi'tə*] rekognoscera
reconstitute [*ri:'kɔ'nstitju:t*] rekonstruera, ombilda; **reconstitution** [*ri:'kɔnstitju:'ʃ(ə)n*] rekonstruktion
reconstruct [*ri:'kənstrʌ'kt*] rekonstruera, återuppbygga, ombilda, nydana; **reconstruction** [*ri:kənstrʌ'kʃ(ə)n*] rekonstruktion, nydaning
record 1) [*rekɔ:d*] uppteckning, [skriftligt] vittnesbörd, protokoll, urkund, berättelse, vitsord, meritlista, grammofonskiva, rekord; **on ~** historiskt känd el. påvisbar; **place on ~** inregistrera, uppteckna; **~ office** (offentligt) arkiv; **the** [**Public**] **R— Office** engelska riksarkivet; **~ tray** skivtallrik (på grammofon)
record 2) [*rikɔ:'d*] upp-, anteckna, protokollföra, inregistrera, bevara (i skrift), uppta på grammofonskiva el. band; **~er** [*rikɔ:'də*] domare, registrator, upptecknare, registreringsapparat, magne[to]fon; **altitude recorder** (flygmaskins) höjdmätningsapparat; **~ership** befattning som domare, notarie, arkivarie o. d.; **~ing** inspelning, upptagning; **~ist** [*rikɔ:'dist*] den som är ansvarig för tonåtergivandet (vid filmupptagning)
recount [*rikau'nt*] berätta, redogöra, uppräkna; [*ri:'kau'nt*] räkna om
recoup [*riku:'p*] hålla skadeslös, ersätta
recourse [*rikɔ:'s*] tillflykt; **have ~ to** ta sin tillflykt till, anlita, tillgripa
recover 1) [*rikʌ'və*] återvinna, -få, -finna, hämta (sansa) sig, tillfriskna, rädda, återställa, övervinna, ta igen; **~ one's feet** åter komma på benen; **~ oneself** hämta sig; **~ sword** *fäkt.* draga tillbaka värja (efter stöt), salutera (med värja); **~able** [*rikʌ'v(ə)rəbl*] möjlig att återvinna (rädda, bota etc.); **~y** [*rikʌ'vəri*] återvinnande, -fående, tillfrisknande, räddning, *hand.* uppgång, stigning
recover 2) [*ri:'kʌ'və*] åter täcka
recreancy [*rekriənsi*] feghet, trolöshet; **recreant** pultron, avfälling, löftesbrytare; avfällig, feg, trolös
recreate [*rekrieit*] vederkvicka, förströ, uppfriska, rekreera; [*ri:'kriei't*] skapa på nytt
recreation [*rekriei'ʃ(ə)n*] rekreation, förströelse; **recreative** [*rekrieitiv*] uppfriskande, vederkvickande, roande, förströelse-
recriminate [*rikri'mineit*] göra motbeskyllningar, anklaga tillbaka; **recrimination** [*rikriminei'ʃ(ə)n*] motbeskyllning, -anklagelse
recrudesce [*ri:krude's*] blossa upp, bryta ut igen, gå upp (t. ex. om sår); **recrudescent** som åter går upp el. åter förvärras
recruit [*rikru:'t*] rekryt; rekrytera, förnya, stärka, återvinna hälsan, friska upp sig, värva rekryter; **~ment** [*-mənt*] värvning av nytt manskap, rekrytering
rectal [*rektəl*] *anat.* rektal, ändtarms-
rectangle [*rektæŋgl*] *mat.* rektangel; **rectangular** [*rektæ'ŋgjulə*] *mat.* rektangulär, rätvinklig; **rectangularity** [*rektæŋgjulæ'riti*] *mat.* rätvinklighet
rectifiable [*rektifaiəbl*] som kan rättas el. beriktigas; **rectification** [*rektifikei'ʃ(ə)n*] rättande, beriktigande, justerande, *kem.* rektifiering (renande); **rectify** [*rektifai*] rätta, beriktiga, korrigera, *kem.* rena; **rectifier** *elektr.* rektifikator, *sjö.* instrument till bestämmande av kompassens missvisning (deklinatorium); **rectifying valve** *elektr.* lampa för likriktning, likriktare
rectilineal [*rektili'njəl*], **rectilinear** [*-jə*] rätlinig
rectitude [*rektitju:d*] rättskaffenhet, redlighet
recto [*rektou*] höger sida i uppslagen bok
rector [*rektə*] kyrkoherde, (stundom) skolföreståndare, rektor; **~ate** [*rektərit*], **~ship** kyrkoherde-, rektorsbefattning; **rectory** [*rektəri*] pastorat, prästgård
rectum [*rektəm*] *anat.* ändtarm
recumbency [*rikʌ'mbənsi*] vilande el. liggande ställning; **recumbent** liggande, lutande i vila, tillbakalutad
recuperate [*rikju:pəreit*] återställa, hämta sig; **recuperation** [*rikjupərei'ʃ(ə)n*] återställande, -hämtning, tillfrisknande; **recuperative** [*rikju:'pərətiv*] återställande, stärkande
recur [*rikə:'*] återkomma, -gå, upprepas, ta sin tillflykt (**to** till); **recurrence** [*rikʌ'r(ə)ns*] återkommande, -gång, upprepande, tillflykt
recurrent [*rikʌ'rənt*] återkommande, periodisk
recurvate [*rikə:'vit*] tillbakaböjd; **recurve** [*rikə:'v*] böja [sig] tillbaka
recusancy [*rekjuzənsi, rikju:'zənsi*] vägran (att erkänna statskyrkan), motspänstighet; **recusant** [*rekjuz(ə)nt*] dissenter, frikyrklig, motspänstig [person], en som vägrar
red [*red*] röd färg, rött tyg, röd boll (i biljard); röd *äv. pol.*; **in the ~** *amr. sl* ofördelaktigt; **go ~** bli röd (*pol.*); **~ ball** *amr. sl* snabbgående godståg; **~breast** *zool.* rödhakesångare; **~-cap** militär polisofficer; **~coat** engelsk soldat, 'rödrock'; **~ ensign** engelsk kofferdiflagga; **~-eye** *zool.* mört, sarv, *amr. mil. sl* stark whisky; **(taken, caught) ~-handed** (gripen) på bar gärning; **~ hat** kardinalshatt; **~ herring** rökt sill, *sl* engelsk soldat ('rödrock'); **neither fish, flesh, nor good ~ herring** varken fågel eller fisk; **to draw a ~ herring across the path (track)** dra uppmärksamheten från ämnet genom att införa annat samtalsämne; **~ lamp** lampa tänd om natten för att ange läkares bostad el. apotek; **~ lane** (*barnspr.*) strupe; **~ lead** mönja; **~-letter day** märkesdag (eg. dag betecknad som helgdag med röd bokstav i almanackan); **~ light** bordell; **~ man** rödskinn, indian; **~ meat** nöt- och fårkött; **~ noise** *amr. sl* tomatsoppa; **~ nugget, ~ onion** *amr. sl* lönnkrog; **~-poll** *zool.* hämpling, gråsiska, *pl* ett slags röd hornlös boskap; **~ rag** rött skynke, *sl* tunga; **~ ribbon** Bath-ordens röda band; **Little Red Riding Hood** Lilla Rödluvan; **~shank** *zool.* rödbent beckasin (snäppa); **~skin** rödskinn; **~ tape** formalism, byråkrati[sm], pedanteri, rött band (sammanbindande officiella handlingar); **~ triangle** KFUM-märket; **~-wing** rödvinge[trast]; **~wood** furuträ, Sequoia; **paint the town ~** vara ute och festa och föra oväsen; **redden** rodna, färga (bli) röd; **reddish** rödaktig, stötande i rött
redaction [*ridæ'kʃ(ə)n*] redigering, [ny] upplaga, omarbetning; **redactor** [*ridæ'ktə*] utgivare, redaktör
redan [*ridæ'n*] *mil.* redan
redden, reddish se *red*
reddle [*redl*] se *ruddle*
redeem [*ridi:'m*] återköpa, inlösa, infria, friköpa, utlösa, befria, frälsa, rädda, förlossa, gottgöra, försona; **redeeming feature** försonande drag; **the Redeemer** Återlösaren, Förlossaren (Kristus); **redemption** [*ride'm(p)ʃ(ə)n*] återlösning, förlossning, friköpande, inlösen, befrielse, försoning, sonande, försonande drag
redintegrate [*redi'ntigreit*] åter göra fullständig, återställa, -upprätta; **redintegration** [*redintigrei'ʃ(ə)n*] förnyande, återupprättande; **redintegrator** [*redi'ntigreitə*] förnyare, återupprättare
redistribute [*ri:'distri'bju(:)t*] omfördela, ånyo utdela; **redistribution** [*ri:'distribju:'ʃ(ə)n*] ny-, omfördelning
redolence [*redoləns*] doft, vällukt; **redolent** välluktande, doftande
redouble [*ridʌ'bl*] fördubbla, öka, ibl. upprepa, redubbla (i bridge)
redoubt [*ridau't*] *mil.* redutt (fästningsverk)
redoubtable [*ridau'təbl*] fruktansvärd

redound [*ridau'nd*] komma (ngn) till del, tillfalla, lända
redress [*ridre's*] avhjälpande, gottgörelse, upprättelse; avhjälpa, återställa, gottgöra
reduce [*ridju:'s*] bringa [till], försätta, förvandla, driva, tvinga, betvinga, kuva, reducera, minska, inskränka, degradera, försvaga, nedsätta, göra mager, banta; ~ **to the ranks** degradera till simpel soldat; ~ **an equation** hyfsa en ekvation; **reducible** som kan reduceras, *mat.* hyfsas (om ekvation); **reduction** [*ridʌ'kʃ(ə)n*] försättande, bringande, förvandling, betvingande, reducering, inskränkning, nedsättning, avmagring
redundance, -cy [*ridʌ'ndəns(i)*] överflöd, ymnighet; **redundant** överflödig, pleonastisk, överflödande, -svallande, ymnig
reduplicate [*ridju:'plikeit*] fördubbla, *gram.* reduplicera, upprepa; **reduplication** [*ridju:plikei'ʃ(ə)n*] fördubbling, reduplikation, upprepning; **reduplicative** [*ridju:'plikətiv*] fördubblande, dubbelreduplicerande, upprepande
re-echo [*ri(:)e'kou*] genljuda, återskalla
reed [*ri:d*] *bot.* vass[rör], (i musikinstrument) tunga, blad, vasspipa, *pl* vissa blåsinstrument i orkester, vävsked; täcka med vass; **broken** ~ otillförlitlig person el. sak; ~**-mace** *bot.* kaveldun (Typha); **reedy** [*ri:di*] vassbevuxen, -rik, -liknande, sprucken, hes, gnällig (om röst)
reef [*ri:f*] klipp-, sandrev, *sjö.* rev; reva (segel); **reefer** revknut, sjömanströja, *sl* sjökadett
reek [*ri:k*] ånga, dunst, stank; ryka, ånga, stinka; **Reekie** (i namnet **Auld** ~) *fam.* Edinburgh; **reeky** rökig, nedrökt, stinkande
reel [*ri:l*] [tråd]rulle, nystvinda, härvel, haspel, ragling, (skotsk) dans; rulla upp, haspla ur sig (~ **off**), snurra, vackla, gunga, ragla, dansa reel
re-entrant [*ri:e'ntr(ə)nt*] in[åt]gående [vinkel] (t. ex. på byggnader)
reeve [*ri:v*] ett slags fogde; *sjö.* sticka in en ända i ett block, skära in
refection [*rife'kʃ(ə)n*] lätt måltid, förfriskning; **refectory** [*rife'kt(ə)ri*] refektorium, matsal (i kloster, skola o. d.)
refer [*rifə:'*] syfta på, hänföra, -skjuta, -visa, överlämna, omnämna, antyda, åsyfta, vädja, åberopa sig på, se efter (t. ex. i uppslagsbok); **referable** [*rifə:'rəbl*] möjlig att hänföra (hänvisa) till el. tillskriva; **referee** [*refəri:'*] skiljedomare, domare (i vissa idrottsgrenar); tjänstgöra som domare (i fotboll etc.); **reference** [*refr(ə)ns*] hänvisning, -skjutande, åberopande, anspelning, hänvändelse, referens, vitsord; **the commission must confine itself to its reference** utskottet måste hålla sig inom gränserna för sin befogenhet (kompetens); **in (with) reference to** med hänsyn till (avseende på), angående; **book of reference** uppslagsbok; **reference library** referensbibliotek
referendum [*refəre'ndəm*] folkomröstning
refill [*ri:'fi'l*] åter fylla; reservdel, -stift, -exemplar
refine [*rifai'n*] rena[s], luttra[s], raffinera[s], förfina[s], -ädla[s], bruka (lägga an på) spetsfundigheter; **refined** förfinad, utsökt, raffinerad; **refinement** elegans, förfining, finess, utsökthet, spetsfundighet, rening, -ande; **refiner** raffin[ad]ör; **refinery** raffinaderi
refit [*ri:'fi't*] reparation, nyutrustning (mest om skepp); reparera[s], åter utrusta[s]; **refitment** reparation, iståndsättning
reflect [*rifle'kt*] återkasta, av-, återspegla, reflektera, tänka [tillbaka], betänka, begrunda; ~ **on** *äv.* kasta skugga på, kritisera, tadla; ~**ion** [*rifle'kʃ(ə)n*] återkastning, -spegling, reflex, reflexion, eftertanke, betraktelse, kritik, skarp anmärkning; ~**ive** [*rifle'ktiv*] reflekterande, -ad, tankfull, spekulativ; ~**or** [*rifle'ktə*] reflektor, [lamp]skärm; **reflex** [*ri:fleks*] reflex[rörelse]; tillbakaböjd, reflex-; **reflexion** [*rifle'kʃ(ə)n*] reflex[rörelse], reflexion, återkastning, -spegling; **reflexive** [*rifle'ksiv*] reflexivpronomen; reflexiv
refluent [*refluənt*] återströmmande; **reflux** [*ri:flʌks*] återflöde, tillbakaströmmande, ebb
reform [*rifɔ:'m*] reform; reformera, förbättra, ändra sig till det bättre; [*ri:'fɔ:'m*] ånyo bilda[s]; ~**ation** [*refəmei'ʃ(ə)n*] reform[ation], förbättring; [*ri:'fɔ:mei'ʃ(ə)n*] nybildning; ~**ative** [*rifɔ:'mətiv*] reform-, reformatorisk, reformerande, förbättrande; ~**atory** [*rifɔ:'mət(ə)ri*] uppfostringsanstalt (*äv.* ~ **school**); reformatorisk; ~**er** [*rifɔ:'mə*] reformator, reformvän
refract [*rifræ'kt*] bryta (ljusstrålar); ~**able** [*rifræ'ktəbl*] brytbar; ~**ion** [*rifræ'kʃ(ə)n*] brytning; ~**ive** [*rifræ'ktiv*] brytande, brytnings-; ~**or** [*rifræ'ktə*] refraktor
refractory [*rifræ'kt(ə)ri*] motspänstig, bångstyrig, *tekn.* svår att smälta, eldfast
refrain [*rifrei'n*] refräng, omkväde; avhålla sig från, hålla [sig] tillbaka, tygla, låta bli
refrangible [*rifræ'ndʒibl*] *fys.* brytbar
refresh [*rifre'ʃ*] uppfriska, [upp]liva, vederkvicka, *sl* förfriska sig, *sl* inta förfriskningar; ~**er** *jur.* extra honorar åt jurist, *sl* drink; ~**ment** vederkvickelse, *pl* förfriskningar; ~**ment room** järnvägsrestaurang, byffé
refrigerate [*rifri'dʒireit*] avkyla[s], svalka, frysa in; **refrigerant** [*rifri'dʒər(ə)nt*] avkylande (svalkande) [medel, dryck]; **refrigeration** [*rifridʒərei'ʃ(ə)n*] [av]kylning, infrysning; **refrigerator** [*rifri'dʒəreitə*] kylapparat, -rum, -skåp
reft [*reft*] se *reave*
refuel [*ri:'fju'əl*] tanka, intaga nytt bränsle
refuge [*refju:dʒ*] tillflykt, tillflyktsort, skydd, härbärge, refug; **refugee** [*refju(:)dʒi:'*] (politisk el. religiös) flykting
refulgence [*rifʌ'ldʒ(ə)ns*] strålglans; **refulgent** glänsande, skinande
refund [*ri:fʌ'nd*] återbetala, -ställa, ersätta; ~**ment** [*-mənt*] återbetalning, restitution
refusal [*rifju:'z(ə)l*] avslag, vägran, *jur.* förköpsrätt (*have the* ~ *of*); **refuse** [*refju:s*] avfall, sopor, utskott, drägg; [*rifju:'z*] vägra, neka, avvisa, försmå, ge korgen, inte kunna bekänna färg (*kort.*), *hand.* avböja
refutable [*refjutəbl*] vederläggig; **refutation** [*refju(:)tei'ʃ(ə)n*] vederläggning, gendrivande; **refute** [*rifju:'t*] vederlägga, gendriva
regain [*rigei'n*] återvinna, -få, åter uppnå
regal [*ri:g(ə)l*] kunglig; ~**ia** [*rigei'liə*] regalier, kungliga insignier, (stor o. god) cigarr; ~**ity** [*rigæ'liti*] kunglighet, kungadöme
regale [*rigei'l*] festmåltid, kalas; undfägna (traktera), fröjda, förpläga sig, kalasa
regard [*riga:'d*] blick, avseende, hänsyn, uppmärksamhet, aktning, *pl* (vänliga) hälsningar; betrakta, ta i betraktande, anse, ta hänsyn till, angå, beträffa; **as regards, regarding** vad beträffar, rörande; ~**ful** uppmärksam, hänsynsfull; ~**less** utan hänsyn, vårdslös, likgiltig, obekymrad
regatta [*rigæ'tə*] regatta, kappsegling, -rodd
regelate [*ri:dʒilei't*] (om isbitar o. snö) frysa ihop (efter tö); **regelation** [*ri:dʒilei'ʃ(ə)n*] återhopfrysning
regency [*ri:dʒ(ə)nsi*] regentskap, förmyndarregering, t. f. regering
regenerate [*ridʒe'nərit*] pånyttfödd; [*-reit*] pånyttföda[s], väcka[s] till nytt liv; **regeneration** [*ridʒenərei'ʃ(ə)n*] förnyelse, pånyttfödelse, nyskapelse; **regenerative** [*ridʒe'nərətiv*] pånyttfödande, förnyelse-; **regenerator** [*ridʒe'nəreitə*] förnyare, *tekn.* regenerator
regent [*ri:dʒ(ə)nt*] regent[inna], riksföreståndare, *amr.* medlem av universitetskonsistorium; *efter subst.* regerande (t. ex. *Prince Regent*);
regicidal [*redʒisai'd(ə)l*] hörande till kungamord

el. till kungamördare; **regicide** [*redʒisaid*] kungamord, -mördare
régime [*reʒi:'m*] regim, styrelse, [regerings]-system, ordning, tillstånd
regimen [*redʒimen*] regim, styrelse, kur, diet, *gram.* rektion
regiment [*redʒ(i)mənt*] regemente; indela i regementen; **~al** [*redʒime'ntl*] *pl* uniform; regements-, uniforms-
Regina [*ridʒai'nə*] *lat.* (regerande) drottning
region [*ri:dʒən*] nejd, trakt, region; **lower ~s** helvetet, dödsriket; **upper ~s** himlen; **~al** [*ri:dʒən(ə)l*] regional, lokal, hörande till ett visst område
register [*redʒistə*] protokoll, register, förteckning, längd, rulla, spjäll, regulator, registreringsapparat, registrator; införa i protokoll, [in]-registrera, anteckna, införa, in-, mantalsskriva, lägga på minnet, pollettera, påmönstra, rekommendera (brev), inskriva sig; **parish ~** kyrkbok; **~ office** registreringskontor, byrå för borgerlig vigsel; **registrar** [*redʒistra:'*] registrator; **registration** [*redʒistrei'ʃ(ə)n*] [in]registrering, bokföring, rekommendation (av brev), pollettering, *amr. äv.* upptagande i vallängd; **registry** [*redʒistri*] registrering, arkiv, registratur; **registry office** se *register office*; **servants' registry** arbetsförmedling för tjänstefolk
regnal [*regnəl*] regerings-; **regnant** [*-nənt*] regerande, härskande
regorge [*ri:gɔ:'dʒ*] åter utspy, återsvalla
regress [*ri:gres*] regress, återgång; [*rigre's*] återgå, gå tillbaka; **~ion** [*rigre'ʃ(ə)n*] regression, återgång; **~ive** [*rigre'siv*] återgående, tillbakaverkande
regret [*rigre't*] ledsnad, sorg, beklagande, ånger, saknad; beklaga, ångra, sakna; **~ful** bedrövad, full av saknad (ånger), sorglig; **~table** [*rigre'təbl*] beklaglig
regular [*regjulə*] ordenspräst, fast anställd (värvad) soldat, *amr. sl* pålitlig man; regelbunden, fast, stadig, reglementerad, ordentlig, formlig, korrekt, riktig, äkta, stam-; **~ly** regelbundet, ordentligt; **~ clergy** ordenspräster, munkar (motsats till sockenpräster); **~ fellow** *amr. sl* god kamrat, vänlig själ; **~ guy** *amr. sl* (ung) frikostig kille; **~ity** [*regjulæ'riti*] regelbundenhet; **~ize** [*regjuləraiz*] reglera, ordna
regulate [*regjuleit*] reglera, ordna, leda, rucka (klocka); **regulation** [*regjulei'ʃ(ə)n*] reglering, regel, *pl* stadga; reglementerad, reglementsenlig; **regulative** [*regjulətiv*] reglerande, reglementarisk; **regulator** [*regjuleitə*] regulator
regurgitate [*rigə:'dʒiteit*] strömma tillbaka, åter kasta upp (uppspy)
rehabilitate [*ri:(h)əbi'liteit*] rehabilitera, [åter]-upprätta; **rehabilitation** [*ri:'(h)əbilitei'ʃ(ə)n*] rehabilitering, upprättelse
rehash [*ri:'hæ'ʃ*] *fig.* uppkok; *fig.* uppkoka, servera i ny form
rehearsal [*rihə:'s(ə)l*] upprepning, återgivande, repetition (på teatern); **dress ~** general-, kostymrepetition; **rehearse** [*rihə:'s*] upprepa, -läsa, -räkna, repetera, inöva (på teatern)
reign [*rein*] regering[stid], välde; regera, härska, råda
reimburse [*ri:imbə:'s*] återbetala, gottgöra, ersätta; **~ment** [*-mənt*] återbetalning, ersättning, gottgörelse
rein [*rein*] tygel, *pl* töm; tygla (*äv. fig.*), behärska; **draw ~** hålla in (hästen), hålla tillbaka (om utgifter)
reindeer [*reindiə*] *zool.* ren
reinforce [*ri:infɔ:'s*] förstärka; **~d concrete** armerad betong; **~ment** [*-mənt*] förstärkning
reins [*reinz*] njurar, länder
reinstate [*ri:'instei't*] åter insätta (i ämbete o. d.); **~ment** [*-mənt*] återinsättande
reinsurance [*ri:'inʃu'ər(ə)ns*] återförsäkring; **reinsure** [*ri:'inʃu'ə*] återförsäkra
reissue [*ri:'i'sju:*] nytt utgivande, nyemission, nytryck; åter utgiva
reiterate [*ri:i'təreit*] upprepa ånyo (gång på gång); **reiteration** [*ri:itərei'ʃ(ə)n*] (ideligt) upprepande
reject [*ridʒe'kt*] förkasta, försmå, av-, tillbakavisa, kräkas upp; **be ~ed** få nej (korgen); **~ion** [*ridʒe'kʃ(ə)n*] avslag, förkastande, -else
rejoice [*ridʒɔi's*] glädja [sig], jubla; **rejoicing** fröjd, jubel, *pl* festligheter, glädjefest, jubel
rejoin [*ridʒɔi'n*] åter sammanfoga, åter förena sig med, sluta sig till, genmäla, svara, *jur.* avge svaromål; **rejoinder** [*ridʒɔi'ndə*] svar, genmäle, replik
rejuvenate [*ridʒu:'vineit*] föryngra[s]; **rejuvenation** [*ridʒu:vinei'ʃ(ə)n*], **rejuvenescence** [*ridʒu:vine's(ə)ns*] föryngring; **rejuvenescent** som blir ung på nytt
relapse [*rilæ'ps*] återfall, recidiv; återfalla, få recidiv
relate [*rilei't*] berätta, skildra, sätta (stå) i samband, hänföra sig, ha avseende på, gälla; **~d** besläktad; **relation** [*rilei'ʃ(ə)n*] berättelse, förhållande, släktskap, släkting; **relational** [*rilei'ʃ(ə)nəl*] besläktad, innebärande släktskap el. relation; **relationship** samband, släktskap
relative [*relətiv*] släkting, relativ[pronomen]; inbördes, som har avseende [på], stående i förhållande till (i samband med); **relatival** [*relətai'v(ə)l*] relativ; **relativistic** [*relətivi'stik*] relativistisk; **relativity** [*reləti'viti*] relativitet
relax [*rilæ'ks*] slappa[s], lossa på, släppa efter, mildra[s], dämpa[s], slappna, vila sig; **~ation** [*ri:læksei'ʃ(ə)n*] förströelse, vederkvickelse, avslappnande, mildrande
relay [*rilei'*] avlösning, ombyte (is. av hästar, arbetare etc.), skift, arbetslag, omgång, relä, transmission; överföra (per radio etc.); **~ race** stafettlöpning; [*ri:'lei'*] lägga om
release [*rili:'s*] lösgivande, frigivning, befrielse, överlåtelse, kvitto, *mek.* utlösningsarm, utsläppande av film (i marknaden), utsläppt film; **~ gear** *flyg.* fällningsanordning; **~ on probation** *jur.* villkorlig frigivning; lösgiva, -släppa, frigiva, släppa, befria, frigöra, utlösa, *jur.* efterskänka, avstå från, överlåta, förevisa (en film) för första gången
relegate [*religeit*] förvisa, hänföra, -visa; **relegation** [*religei'ʃ(ə)n*] förvisning, överlämnande, hänvisande
relent [*rile'nt*] vekna, ge efter; **~less** obeveklig, obarmhärtig
relevance [*relivəns*] relevans, samband (med saken i fråga), tillämplighet; **relevant** relevant, dit-, hithörande, tillämplig
reliability [*rilaiəbi'liti*] pålitlighet, tillförlitlighet; **reliable** [*rilai'əbl*] pålitlig; **reliance** [*rilai'əns*] tillit, förtröstan; **reliant** [*rilai'ənt*] tillits-, förtröstansfull
relic [*relik*] relik, *pl* [jordiska] kvarlevor, lämningar, minnen; **relict** [*relikt*] *åld.* änka, (isolerad) kvarleva
relief [*rili:'f*] lindring, lättnad, omväxling, understöd, hjälp, undsättning, befrielse, avlösning, relief; **~ works** nödhjälpsarbete
relieve [*rili:'v*] lindra, lätta, bringa omväxling, befria, undsätta, [av]hjälpa, avlösa, variera, bryta av, ge relief [åt], framhäva; **~ one's feelings** ge luft åt sina känslor; **~ nature** kasta sitt vatten; **relieving officer** fattigvårdssyssloman, -assistent, *sl* fader (som sänder förstärkning, dvs. pengar)
relievo [*rili:'vou*] *konst.* relief
religion [*rili'dʒ(ə)n*] religion, gudsfruktan; **enter into (be in) ~** avlägga (ha avlagt) klosterlöftet; **get ~** bli religiös (läsare); **religiosity** [*rilidʒiɔ's, iti*] religiositet; **religious** [*rili'dʒəs*] religiös; gudfruktig; munk, nunna

relinquish [*rili'ŋkwiʃ*] lämna, avstå från, avträda, uppgiva, överlåta, -ge, släppa; **~ment** [*-mənt*] uppgivande, avstående etc.
reliquary [*relikwəri*] relikskrin
relish [*reliʃ*] (angenäm) smak, behag, tycke, entusiasm, iver, krydda, anstrykning; smaka, ge smak åt, njuta av, tycka om, vara tilltalad av
reluctance [*rilʌ'ktəns*] motsträvighet, -vilja; **reluctant** motsträvig, mot-, ovillig
rely [*rilai'*] lita, förtrösta
remain [*rimei'n*] *pl* återstod, lämningar, kvarlevor, efterlämnade verk; återstå, finnas kvar; förbli, stanna [kvar]; **~der** [*rimei'ndə*] återstod, rest, restupplaga, *jur.* hemfallsrätt till egendom
remand [*rima:'nd*] *jur.* återsända[nde] i fängelse för vidare utredning
remark [*rima:'k*] beaktande, anmärkning, yttrande; märka, anmärka, yttra [sig om], göra anmärkningar (yttra ngt) om; **~able** [*rema:'kəbl*] märklig, märkvärdig, anmärkningsvärd
remediable [*rimi:'diəbl*] möjlig att bota (avhjälpa); **remedial** [*rimi:'diəl*] läkande, [av]hjälpande; **remedy** [*remədi*] botemedel, hjälp[medel], kur; avhjälpa, bota
remember [*rime'mbə*] minnas, ihågkomma, erinra sig (*amr. äv.* ~ *of*); ~ **me to him** hälsa honom från mig; **she asks me to ~ her to you** jag skall hälsa från henne; **remembrance** [*rime'mbrəns*] minne, suvenir, hågkomst, *pl* hälsningar
remind [*rimai'nd*] påminna, erinra; **~er** påminnare, påminnelse
reminisce [*remini's*] *amr.* minnas, gå upp i sina minnen; **reminiscence** [*remini's(ə)ns*] reminiscens, minne, hågkomst, *pl* memoarer; **reminiscent** ihågkommande, erinrande (**of** om)
remiss [*rimi's*] slapp, försumlig, efterlåten; **~ness** försumlighet; **~ible** [*rimi'sibl*] möjlig att efterskänka el. förlåta; **~ion** [*rimi'ʃ(ə)n*] efterskänkande, förlåtelse, tillgift, lindring; **~ive** [*rimi'siv*] efterskänkande, förlåtande, mildrande
remit [*rimi't*] förlåta, tillgiva, efterskänka, avta, mildra[s], minska, hänskjuta, -visa, uppskjuta, *hand.* översända, remittera, återsända; **~tance** [*rimi't(ə)ns*] *hand.* remissa; **~tee** [*rimiti:'*] *hand.* mottagare (av remissa); **~tent** [*rimi't(ə)nt*] *med.* remittent, tidtals avtagande (*fever*); **~ter** *hand.* remittent, avsändare (av remissa)
remnant [*remnənt*] rest, kvarleva, *hand.* stuv[bit]
remonstrance [*rimɔ'nstr(ə)ns*] invändning, föreställning, protest; **remonstrant** en protesterande; protesterande, framkommande med (el. inläggande) gensaga; **remonstrate** [*rimɔ'nstreit*] protestera, invända, förehålla, -vita
remorse [*rimɔ:'s*] ånger, samvetskval; **~ful** ångerfull; **~less** samvets-, hjärtlös
remote [*rimou't*] avlägsen, fjärran, avsides (belägen); ringa, obetydlig
remount [*ri:mau'nt*] remont (häst); åter bestiga, förse med ny[a] häst[ar]; gå tillbaka (till viss tid, punkt)
removability [*rimu:vəbi'liti*] flyttbarhet, avsättlighet; **removable** [*rimu:'vəbl*] flyttbar, avsättlig; **removal** [*rimu:'v(ə)l*] avlägsnande, undanröjande, avsättning, flyttning; **remove** [*rimu:'v*] flyttning, maträtt, årgång (av elever), avstånd, grad, släktled; flytta, avlägsna, undanröja, avsätta, -skeda, taga av [sig]; **remove mountains** försätta berg; **my first cousin once removed** kusins barn el. faders (moders) kusin
remunerate [*rimju:'nəreit*] vedergälla, gottgöra, ersätta, [be]löna; **remuneration** [*rimju:nərei'ʃ(ə)n*] lön, ersättning; **remunerative** [*rimju:'nərətiv*] lönande, inbringande
renaissance [*rənei's(ə)ns*] renässans
renal [*ri:nəl*] hörande till njurarna
renascence [*rinæ'sns*] pånyttfödelse, renässans; **renascent** förnyande sig, pånyttfödd, återuppstånden
rencontre [*renkɔ'ntə*], **rencounter** [*renkau'ntə*] möte, sammanstötning, skärmytsling, duell
rend [*rend*] (*oregelb. vb*) slita, riva [sönder], klyva, splittra, rämna, gå sönder
render [*rendə*] återgälda, återge, framställa, översätta, [över]lämna, uppge, avlägga, avge, erlägga, [be]visa, göra, smälta el. skira (fett); ~ **to Caesar the things that are Caesar's** ge kejsaren vad kejsaren tillhör
rendez[-]vous [*ra:ndivu:*] rendevu, möte[splats]; mötas
rendition [*rendi'ʃ(ə)n*] överlämnande, uppgivande, tolkning, översättning
renegade [*renigeid*] överlöpare, avfälling; avfalla
renew [*rinju:'*] förnya, återuppliva, -taga, renovera, ersätta, upprepa, omsätta (lån); **renewal** [*rinju:'əl*] förnyande, -else
renig [*rini'g*] *amr.* svika, icke hålla (löfte) (~ *on*)
rennet [*renit*] ostlöpe, kalvlöpe, renett (äppelsort)
renounce [*rinau'ns*] renons; vara (visa sig) renons, förneka, ej kännas vid, avsäga sig, uppge
renovate [*renoveit*] renovera, förnya, återställa; **renovation** [*renovei'ʃ(ə)n*] renovering, förnyelse, återställande; **renovator** [*renoveitə*] förnyare, återställare
renown [*rinau'n*] ryktbarhet, berömmelse, rykte; **~ed** ryktbar, berömd
rent 1) [*rent*] se *rend*
rent 2) [*rent*] spricka, reva, rämna, klyfta, arrende, hyra; [ut]arrendera, hyra [ut]; vara utarrenderad, uthyrd; **~al** [*rentl*] arrende; **~er** uthyrare, förhyrare, arrendator
renunciation [*rinʌnsiei'ʃ(ə)n*] avsägelse, avstående, förnekande, självförnekelse
rep 1) [*rep*] *sl* förk. f. *reputation* rykte, namn; skol-*sl* förk. f. *repetition* utantilläxa
rep 2), **repp**, **reps** [*rep(s)*] rips (ett slags tyg)
rep 3) se *rip 1*
repair [*ripɛ'ə*] reparation, lagning, gottgörelse, [gott] stånd, skick; reparera, laga, läka, gottgöra, ersätta, bege sig; **in** ~ i gott stånd; **out of** ~ i dåligt skick, förfallen; ~ **outfit** (*auto.* etc.) reparationsutrustning; **~able** [*ripɛ'ərəbl*] möjlig att reparera, iståndsättbar; **reparable** [*repərəbl*] möjlig att gottgöra (ersätta), ersättlig; **reparation** [*repərei'ʃ(ə)n*] lagning, reparation, iståndsättning, gottgörelse, ersättning (bl. a. krigsskadestånd), upprättelse
repartee [*repa:ti:'*] kvickt svar, slagfärdighet
repast [*ripa:'st*] måltid
repatriate [*ri:pæ'trieit, -pei't-*] återföra till fosterlandet, hemsända; **repatriation** [*ri:pætriei'ʃ(ə)n*] återsändande till fäderneslandet
repay [*ri(:)pei'*] återbetala, vedergälla, löna; **~ment** [*-mənt*] återbetalning, vedergällning
repeal [*ripi:'l*] upphävande; upphäva (t. ex. lag), avskaffa
repeat [*ripi:'t*] upprepning, repris[tecken]; upprepa[s], repetera, uppläsa, säga om (efter); **~edly** [*ripi:'tidli*] upprepade gånger; **~er** repeterur, -gevär, periodiskt decimalbråk, *amr.* väljare som röstar två gånger, vaneförbrytare, revolver; **~ing rifle** repetergevär
repel [*ripe'l*] repellera, driva (stöta) tillbaka, avvärja, -visa, förkasta; **~lent** [*ripe'l(ə)nt*] motbjudande, frånstötande
repent [*ripe'nt*] ångra [sig]; **~ance** [*ripe'ntəns*] ånger; **~ant** ångerfull, botfärdig
repercussion [*ri:'pə:kʌ'ʃ(ə)n*] återstudsning, återskall, *fig.* återverkan
repertoire [*repətwa:, -wɔ:*] repertoar, spellista; **repertory** [*repət(ə)ri*] repertoar, register, förråd[srum], skattkammare; **repertory theatre** teater som har stående repertoar

repetition [*repiti'ʃ(ə)n*] repetition, upprepning, eftersägning, uppläsning (ur minnet), utantilläxa, *konst.* replik
repine [*ripai'n*] gräma sig, knota, klaga
replace [*ri(:)plei's*] sätta (ställa) tillbaka, återinsätta, ersätta; **~ment** [*-mənt*] åter[in]sättande, ersättande; **~ment parts** reservdelar
replay [*ri:plei*] *sport.* omspel, förnyad kamp; spela om
replenish [*riple'niʃ*] åter fylla, påfylla; **~ment** [*-mənt*] påfyllning, försörjning, förråd
replete [*ri(:)pli:'t*] fylld, stinn, proppfull; **repletion** [*ri(:)pli:'ʃ(ə)n*] överfyllnad, övermättnad
replica [*replikə*] *konst.* replik, kopia, *mus.* repris; **replicate** [*replikeit*] kopiera, göra en replik av; **replication** [*replikei'ʃ(ə)n*] reproduktion, kopia, återskall, genljud, genmäle
reply [*riplai'*] svar; svara
report [*ripɔ:'t*] rykte, rapport, utlåtande, officiell berättelse, referat, anmälan, skolbetyg, knall (smäll); rapportera, [in]berätta, anmäla [sig], referera, avge redogörelse; **the ~ goes** ryktet förmäler; **move to ~ progress** föreslå att debatten avbrytes för närmare undersökning av saken (i parlamentet); **~ bill to the House** förelägga lagförslag efter utskottsbehandling (~ *stage*); **~ for a paper** vara referent åt en tidning; **~er** reporter, referent
repose [*ripou'z*] vila, ro, lugn; vila [sig], lägga till vila, stödja, vara grundad på; **~ confidence or hope in** sätta förtroende el. hopp till; **~ful** stilla, rofylld
reposit [*ripɔ'zit*] placera, upplägga, hopa, förvara; **~ory** [*ripɔ'zit(ə)ri*] förvaringsrum, -plats, magasin, butik, museum
reprehend [*reprihe'nd*] klandra; **reprehensible** [*reprihe'nsibl*] klandervärd; **reprehension** [*reprihe'nʃ(ə)n*] klander, tadel, tillrättavisning
represent [*reprize'nt*] föreställa, framställa, fram-, förehålla, representera; **~ation** [*reprizentei'ʃ(ə)n*] framställande, -ning, föreställning, representation; **make representations** göra ngn föreställningar
representative [*reprize'ntətiv*] representant, ombud; representativ, typisk, representerande, före-, framställande; **the House of R—s** Representanternas hus (i U.S.A.)
repress [*ripre's*] undertrycka, kuva, dämpa, hejda; **~ion** [*ripre'ʃ(ə)n*] undertryckande, dämpande, hämning; **~ive** [*ripre'siv*] undertryckande, dämpande, hejdande
reprieve [*ripri:'v*] frist, uppskov, benådning (till livet); ge frist, bevilja uppskov
reprimand [*reprima:nd*] tillrättavisning; tillrättavisa
reprint [*ri:'pri'nt*] om-, nytryck, ny upplaga, särtryck; omtrycka
reprisal [*riprai'z(ə)l*] repressalier
reproach [*riprou'tʃ*] förebråelse, skam[fläck], vanära; förebrå, klandra; **~ful** förebrående, klandrande, vanärande, skamlig
reprobate [*reprobit*] förtappad [syndare], usling; [*-beit*] förkasta, fördöma; **reprobation** [*reprobei'ʃ(ə)n*] förkastelse, -tappelse, fördömande
reproduce [*ri:prədju:'s*] ånyo frambringa, reproducera, återgiva, förnya, fortplanta [sig]; **reproduction** [*ri:prədʌ'kʃ(ə)n*] reproduktion, fortplantning, återgivande; **reproductive** [*ri:prədʌ'ktiv*] reproducerande, förnyande, fortplantnings-
reproof [*ripru:'f*] förebråelse; **reprovable** [*ripru:'v(ə)bl*] klandervärd; **reproval** [*ripru:'v(ə)l*] ogillande, klander; **reprove** [*ripru:'v*] förebrå, ogilla, klandra
reptile [*reptail*] kräldjur, reptil; krälande, reptil-
republic [*ripʌ'blik*] republik; **~an** [*ripʌ'blikən*] republikan; republikansk
repudiate [*ripju:'dieit*] förkasta, -neka, -skjuta; **repudiation** [*ripju:diei'ʃ(ə)n*] förkastande, -nekande, -skjutande
repugnance [*ripʌ'gnəns*] avsky, motvilja, motsägelse, inkonsekvens; **repugnant** motbjudande, frånstötande, osympatisk, motspänstig, oförenlig, stridande mot
repulse [*ripʌ'ls*] avslag, bakslag, nederlag; driva (slå) tillbaka, avvisa; **repulsion** [*ripʌ'lʃ(ə)n*] tillbakadrivande, *fys.* repulsion, motvilja; **repulsive** [*-siv*] *fys.* repulsiv, frånstötande
reputable [*repjutəbl*] aktningsvärd, hederlig; **reputation** [*repju(:)tei'ʃ(ə)n*], **repute** [*ripju:'t*] anseende, rykte; **reputed** ansedd (för att vara)
request [*rikwe'st*] anhållan, begäran, anmodan, efterfrågan; anhålla om, begära, anmoda, be; **by ~** på begäran; **be in great ~** vara mycket eftersökt, röna stor efterfrågan
requiem [*rekwiem*] själamässa, rekviem
require [*rikwai'ə*] begära, fordra, kräva, behöva; **~d** *äv.* erforderlig, nödvändig, *amr.* obligatorisk; **~ment** [*-mənt*] behov, krav, *pl* fordringar
requisite [*rekwizit*] behov, krav, förnödenhet, *pl* rekvisita; erforderlig, nödvändig; **requisition** [*rekwizi'ʃ(ə)n*] anhållan, *mil.* utskrivning (av förnödenheter); rekvirera, begära, in-, tillkalla (om soldater)
requital [*rikwai'tl*] vedergällning, lön; **requite** vedergälla, [be]löna, gengälda
reredos [*riədɔs*] utsmyckat altarskåp, -skärm
res [*res*] skol-*sl* förk. f. *resident* lärare, som bor på skolan
rescind [*risi'nd*] upphäva, återkalla; **rescission** [*risi'ʒ(ə)n*] upphävande, återkallande
rescript [*ri:skript*] reskript, förordning
rescue [*reskju:*] räddning, hjälp, undsättning, befrielse; rädda, undsätta, bärga, frälsa, befria; **rescuer** räddare, befriare
research [*risə:'tʃ*] undersökning (is. vetenskaplig), forskning; forska, undersöka
resemblance [*rize'mbləns*] likhet; **resemble** [*rize'mbl*] likna
resent [*rize'nt*] uppta illa, harmas över; **~ful** harmsen, stött, vred; **~ment** [*-mənt*] förtrytelse, harm, förbittring, agg
reservation [*rezəvei'ʃ(ə)n*] reserverande, -ation, förbehåll, *amr.* land reserverat för indianer; **mental ~** tyst förbehåll; **reserve** [*rizə:'v*] reserv, reservförråd, -fond, reservation, förbehåll[samhet], tillknäppthet; reservera, beställa, lägga av, spara, förbehålla [sig]; **reserved** reserverad, förbehållsam, tillbakadragen; **reserved list** lista över sjöofficerare i reserven; **reserved price** förbehållet [minimi]pris; **reservist** [*rizə:'vist*] reservist
reservoir [*rezəvwa:, -wɔ:*] reservoar, behållare (is. för vatten)
reside [*rizai'd*] bo, residera, vistas, ligga, finnas; **residence** [*rezid(ə)ns*] vistelse, bostad, residens, boplats, hus; **residency** [*-nsi*] residens (för brittisk resident vid indiskt furstehov); **resident** bofast person, invånare på orten, resident (vid indiskt furstehov); boende, bosatt; **residential** [*rezide'nʃəl*] som bebos av den fina världen, bostads-, bebyggd med privathus; **residentiary** [*rezide'nʃ(ə)ri*] på boställe boende prästman; bosatt, -fast, boende på platsen
residual [*rizi'djuəl*] bottensats, rest, residuum; överbliven, övrig; **residuary** [*rizi'djuəri*] återstående, hörande till (avseende) behållning i dödsbo; **residuary legatee** huvudarvinge; **residue** [*rezidju:*] rest, återstod, överskott, behållning i dödsbo; **residuum** [*rizi'djuəm*] (*pl residua* [*rizi'djuə*]) återstod, rest, bottensats, drägg
resign [*rizai'n*] avsäga sig, avstå [från], nedlägga, överlämna, avgå, resignera; [*ri:'sai'n*] ånyo underskriva; **resignation** [*rezignei'ʃ(ə)n*] avsägelse, nedläggande, avsked[sansökan], avgång, resignation, undergivenhet; **resigned** [*rizai'nd*] resignerad, undergiven, avgången

resilience [*rizi'liəns*] elasticitet, spänstighet; **resilient** elastisk, spänstig
resin [*rezin*] kåda, harts; **resinous** [*rezinəs*] kådig, -aktig, hartsig, -artad
resist [*rizi'st*] motstå, göra motstånd, motsätta sig, motverka; **~ance** [*-əns*] motstånd (*äv. elektr.*); **~ible** [*rizi'stəbl*] möjlig att motstå; **~less** oemotståndlig, undergiven
resoluble [*rezəljubl*] upplöslig
resolute [*rezəlu:t, -lju:t*] beslutsam, bestämd, resolut, behjärtad; *amr.* fatta ett beslut; **resolution** [*rezəl(j)u:'ʃ(ə)n*] [upp]lösning, föresats, beslut[samhet], resolution, analys
resolve [*rizɔ'lv*] beslut[samhet]; [upp]lösa, sönderdela[s], analysera, förvandla[s], förklara, avgöra, besluta [sig]; **~d** (fast) besluten, bestämd, beslutsam
resonance [*rezənəns*] resonans, genklang; **resonant** genljudande, återskallande
resort [*rizɔ:'t*] tillflykt, utväg, bad-, tillflyktsort; taga sin tillflykt, tillgripa, anlita, besöka, bege sig; **in the last ~** som en sista tillflykt (utväg); **of great ~** mycket besökt
resound [*rizau'nd*] genljuda, återskalla
resource [*risɔ:'s*] utväg, tillflykt, tidsfördriv, rådighet, fyndighet, *pl* resurser, tillgångar, hjälpmedel; **~ful** rådig, fyndig
respect [*rispe'kt*] respekt, aktning, hänsyn, avseende; respektera, ta hänsyn till; **in ~ of, with ~ to** med hänsyn till, beträffande; **in all ~s** i alla avseenden; **have ~ to** ta hänsyn till, ibl. avse, syfta på; **pay one's ~s to** uppvakta (ngn); **send one's ~s** sända sina vördnadsfulla hälsningar; **our ~s** vårt ärade (vår skrivelse); **~ability** [*rispektəbi'liti*] aktningsvärdhet, anseende; **~able** [*rispe'ktəbl*] respektabel, aktningsvärd, ansenlig; **~ful** aktningsfull, vördnadsfull, vördsam; **Yours ~fully** (i brevs avslutning) Vördsamt
respective [*rispe'ktiv*] respektive, vederbörande, var [och en] sin
respiration [*respirei'ʃ(ə)n*] and[hämt]ning; **respirator** [*respireitə*] respirator, andningsapparat; **respiratory** [*respireitəri*] andnings-; **respire** [*rispai'ə*] andas
respite [*respit*] frist, anstånd, uppskov; bevilja uppskov, ge lindring (åt ngn)
resplendence, resplendency [*risple'ndəns*(*i*)] glans; **resplendent** glänsande, skimrande
respond [*rispɔ'nd*] svara (is. *amr.* el. om församling vid gudstjänst), reagera [för], påverkas [av]; **~ent** [*-dənt*] *jur.* svarande, *univ.* respondent
response [*rispɔ'ns*] (församlings) svar, responsorium, gensvar, -klang
responsibility [*rispɔnsibi'liti*] ansvar[ighet], ansvarsförbindelse, vederhäftighet; **responsible** [*rispɔ'nsibl*] ansvarig, ansvarsfull, vederhäftig
responsions [*rispɔ'nʃ(ə)nz*] första avdeln. av B.A.-examen i Oxford
responsive [*rispɔ'nsiv*] svarande, svars-, mottaglig för påverkan, förstående
rest 1) [*rest*] vila, lugn, frid, sömn, stöd, *mus.* paus, viloplats, hem (för sjömän etc.); vila [sig], stödja [sig], lita på; **give us a ~!** *amr. sl* var tyst! (tig!); **set at ~** lugna, stilla, avgöra, bilägga; **day of ~** vilodag; **~-cure** *med.* liggkur; **~-harrow** *bot.* en art puktörne (Ononis, is. O. spinosa); **~-house** härbärge (i ödemarken), *amr.* arbetsfängelse; **~less** rastlös, orolig, otålig
rest 2) [*rest*] rest, återstod, reservfond; *åld.* återstå, förbliva; **for the ~** för övrigt (resten); **and [all] the ~ of it** och allt annat dithörande (osv.); **~ assured** tryggt lita på ngt; **~ with** komma an på, bero på ngn
restaurant [*restərɔ:ŋ*] restaurang; **~-keeper** restauratör; **~-car** restaurangvagn
restitution [*restitju:'ʃ(ə)n*] återställande, upprättelse, ersättning, återinsättande
restive [*restiv*] istadig, motspänstig, -villig
restore [*ristɔ:'*] återställa, -upprätta, restaurera, återinsätta, återlämna; **restoration** [*restorei'ʃ(ə)n*] återställande, återupplivande, -rättande, tillfrisknande, restaurering, -ration; **restorative** [*ristɔ:'rətiv*] återställande, stärkande [medel]
restrain [*ristrei'n*] hindra, återhålla, tygla, behärska, inskränka, inspärra; **~edly** [*ristrei'nidli*] behärskat; **restraint** [*ristrei'nt*] tvång, band, återhållande, hinder, behärskning, stelhet; **under restraint** tvångsinspärrad (om sinnessjuk)
restrict [*ristri'kt*] begränsa, inskränka; **~ion** [*ristri'kʃ(ə)n*] restriktion, inskränkning, begränsning; **~ive** [*ristri'ktiv*] restriktiv, inskränkande, begränsande
result [*rizʌ'lt*] resultat, följd, utgång; resultera, sluta [med], ha till följd; **~ant** [*-tənt*] resultant; därav följande, resulterande
resume [*rizju:'m*] återta, ta tillbaka, åter börja, sammanfatta; **résumé** [*rezju*(*:*)*mei*] resumé, sammanfattning; **resumption** [*rizʌ'mpʃ(ə)n*] åter[upp]tagande, indragning; **resumptive** [*rizʌ'm*(*p*)*tiv*] upprepande, sammanfattande
resurgence [*risə:'dʒəns*] återuppstående, förnyelse; **resurgent** återuppstående, förnyad
resurrect [*rezəre'kt*] uppväcka (från de döda), återuppliva, *sl* gräva upp (lik); **resurrection** [*rezəre'kʃ(ə)n*] [åter]uppståndelse, återupplivande, *sl* uppgrävning (av lik); **resurrection pie** *fam.* rätt av matrester
resuscitate [*risʌ'siteit*] återuppväcka, -liva, åter vakna till liv; **resuscitation** [*risʌsitei'ʃ(ə)n*] återuppväckande [till liv]; **resuscitative** [*risʌ'siteitiv*] återuppväckande; **resuscitator** [*risʌ'siteitə*] en som återuppväcker
retail [*ri:teil*] minuthandel; i minut; [*ri*(*:*)*tei'l*] sälja[s] i minut, utminutera, berätta i detalj el. på nytt; **by ~** i minut; **~ dealer, ~er** [*ritei'lə*] detaljhandlare
retain [*ritei'n*] kvarhålla, [bi]behålla, bevara, komma ihåg, engagera (advokat); **~er** vasall, tjänare, underhavande, anhängare; **~er, ~ing fee** förskottshonorar el. engagemangsarvode (åt advokat)
retaliate [*ritæ'lieit*] vedergälla, hämnas, återgälda; **retaliation** [*ritæliei'ʃ(ə)n*] vedergällning, hämnd; **retaliative** [*ritæ'lieitiv*], **retaliatory** [*ritæ'liət*(*ə*)*ri*] vedergällande, vedergällnings-
retard [*rita:'d*] försening; försena, -dröja, uppehålla; **~ation** [*ri:ta:dei'ʃ(ə)n*], **~ment** [*-mənt*] försening, dröjsmål
retch [*ri:tʃ*] försök[a] att kräkas
retention [*rite'nʃ(ə)n*] kvarhållande, [bi]behållande, bevarande; **retentive** [*rite'ntiv*] bibehållande; säker; **a retentive memory** ett gott minne
reticence [*retis*(*ə*)*ns*] tystlåtenhet, förtegenhet; **reticent** tystlåten, förtegen
reticulate[d] [*riti'kjulit, riti'kjuleit*(*id*)] nätlik; **reticulation** [*ritikjulei'ʃ(ə)n*] nätverk
reticule [*retikju:l*] liten damväska, ridikyl
retina [*retinə*] *anat.* (ögats) näthinna
retinue [*retinju:*] följe, svit
retire [*ritai'ə*] reträttsignal; retirera, dra [sig] tillbaka, flytta, avgå, avskeda; **~d** tillbakadragen, avsides, reserverad, pensionerad; **~ment** återtåg, tillbakadragenhet, avsked, avgång; **retiring** tillbakadragen, försynt, reserverad
retort [*ritɔ:'t*] genmäle, svar [på tal], *kem.* retort; gengälda, slunga tillbaka, svara [skarpt]
retouch [*ri:'tʌ'tʃ*] retuschera, *fig.* (*äv.*) uppfriska, bättra på
retrace [*ri*(*:*)*trei's*] spåra, följa (gå) tillbaka (till ursprunget), *fig.* (*äv.*) åter titta (läsa) igenom; **~ one's steps** vända om samma väg
retract [*ritræ'kt*] dra [sig] tillbaka, ta tillbaka; **~able** [*ritræ'ktəbl*], **~ile** [*ritræ'kt*(*a*)*il*] som kan dras tillbaka; **~ility** [*ritrækti'liti*] egenskap

att kunna dras tillbaka; ~**ation** [*ritræktei'ʃ(ə)n*] återtagande, -kallande (av yttrande); ~**ion** [*ritræ'kʃ(ə)n*] tillbakadragande (= *retractation*); ~**ive** [*ritræ'ktiv*] tillbakadragande
retread [*ri:tre'd*] (*auto*. etc.) förse ett bildäck med ny slitbana, omgänga (skruvar)
retreat [*ritri:'t*] reträtt, återtåg, avgång, avskildhet, tillflyktsort, fristad, vrå; retirera, vika tillbaka; **sound the (a)** ~ blåsa till reträtt; **beat a** ~ slå till reträtt, ge upp; **a** ~**ing forehead** en bakåtlutande panna
retrench [*ritre'n(t)ʃ*] avskära, avlägsna, begränsa, nedbringa (kostnader), inskränka [sig], förskansa; ~**ment** [*-mənt*] beskärning, avkortning, inskränkning, förskansning
retribution [*retribju:'ʃ(ə)n*] vedergällning; **retributive** [*ritri'bjutiv*] vedergällande, -nings-
retrieval [*ritri:'v(ə)l*] återvinnande, -fående, gottgörande, ersättning, bot (för), räddning; **retrieve** [*ritri:'v*] återvinnande; återvinna, återupprätta, rädda, råda bot på, gottgöra, leta upp och apportera (om jakthund); **beyond** el. **past** ~ ohjälpligt, hopplöst; **retriever** stövare
retro- [*ri:tro(u), retro(u)-*] tillbaka, bakåt, bakom, åter-
retrocession [*ri:tro(u)se'ʃ(ə)n*] återavträdande
retrogradation [*retro(u)grədei'ʃ(ə)n*] tillbakagång; **retrograde** [*retro(u)greid*] tillbakagående, -riktad, reaktionär; gå i motsatt riktning
retrogress [*ri:tro(u)gre'ss*] gå tillbaka; ~**ion** [*-gre'ʃ(ə)n*] tillbakagång, gående tillbaka; ~**ive** [*-gre'siv*] tillbakagående, reaktionär
retrospect [*retro(u)spe'kt*] tillbaka-, återblick; ~**ion** [*retro(u)spe'kʃ(ə)n*] blickande tillbaka, återblick; ~**ive** [*retro(u)spe'ktiv*] tillbakablickande, åter-, tillbakaverkande, retroaktiv
return [*ritə:'n*] återkomst, -vändande, -resa, -väg, retur[-], returbiljett, recidiv, återsändande, -lämnande, avkastning, vinst, gengäld, vedergällning, rapport, *pl* statistiska uppgifter, ett slags piptobak; återställa, -komma, -vända, -gå, gengälda, anmäla, rapportera, besvara, avkasta, inbringa; **by** ~ **[of post]** per omgående; **in** ~ till gengäld (lön el. tack); **many happy** ~**s [of the day]** hjärtliga lyckönskningar (på födelsedagen); ~ **M.P.** välja till parlamentsmedlem; ~ **like for like** ge lika gott igen; **returning officer** valförrättare
reunion [*ri:ju'njən*] återförening, sammankomst, samkväm; **reunite** [*ri:'junai't*] återförena[s], åter ena[s]
Rev. se *reverend*
rev. [*rev*] förk. f. *revolution* varv; **rev up** driva upp farten, öka varvantalet
revaluation [*ri:væljuei'ʃən*] devalvering
reveal [*rivi:'l*] avslöja, uppenbara
revel [*revl*] fest[ande], fest, gille, dryckeslag; frossa, festa, rumla, njuta av, hänge sig åt
revelation [*revilei'ʃ(ə)n*] uppenbarelse, -ande, avslöjande
revelry [*revlri*] festande, -glädje
revenge [*rive'n(d)ʒ*] hämnd[lystnad], revansch; hämna[s]; ~**ful** hämndlysten
revenue [*revinju:*] [stats]inkomster, årsintäkt[er], uppbörd; ~ **officer** tulltjänsteman; ~ **tax** finansskatt; **inland** ~ statens inkomster i form av skatter, tullavgifter etc.
reverberate [*rivə:'b(ə)reit*] återkasta (om ljud, ljus, värme); **reverberation** [*rivə:bərei'ʃ(ə)n*] återkastande, eko; **reverberative** [*rivə:'b(ə)rətiv*], **reverberant** [*rivə:'b(ə)rənt*] återkastande; **reverberator** [*rivə:'b(ə)reitə*] reflektor
revere [*rivi'ə*] vörda, hålla i ära
reverence [*rev(ə)rəns*] vördnad, vördnadsbetygelse; vörda
reverend [*rev(ə)rənd*] högvördig (som titel för prästmän, ofta = kyrkoherde), vördnadsvärd; se *äv.* listan över förkortningar: *Rev.*
reverent [*rev(ə)rənt*] vördnadsfull, underdånig; ~**ial** [*revəre'nʃ(ə)l*] vördnadsfull, ödmjuk
reverie [*revəri*] drömmeri
reverse [*rivə:s*] motsats, från-, baksida, (om mynt etc.) revers, omkastning, motgång, *auto.* backväxel; motsatt, omvänd; vända, kasta om, backa, omändra, upphäva (en dom); **reversal** [*-s(ə)l*] upphävande, omkastning, förändring; **reversible** [*rivə:'sibl*] omkastbar, som kan upphävas; **reversion** [*rivə:'ʃ(ə)n*] återgång, atavism, *jur.* hemfall, livförsäkring (som utfaller vid ngns död); **reversionary** [*rivə:'ʃ(ə)nəri*] återgångs-, hemfalls-; **reversioner** *jur.* bakarvinge
revert [*rivə:'t*] återgå, hemfalla, återkomma, -vända; ~**ible** [*-tibl*] (om egendom) som kan återgå, hemfalla
revet [*rive't*] *byggn.* revetera; ~**ment** [*rive'tmənt*] *byggn.* revetering
review [*rivju:'*] revy, mönstring, inspektion, granskning, åter-, överblick, recension, anmälan, tidskrift, revision av dom; ånyo granska, revidera, överblicka, se tillbaka på, mönstra, inspektera, recensera; ~**er** granskare, recensent
revile [*rivai'l*] smäda, skymfa, håna
revise [*rivai'z*] andra korrektur; granska, revidera; **the R—d Version** den reviderade bibelövers. (1870—84); **revision** [*rivi'ʒ(ə)n*] granskning, revision, översedd upplaga
revisit [*ri:'vi'zit*] ånyo besöka
revival [*rivai'v(ə)l*] återupplivande, -vaknande, återhämtning, väckelse; ~**ist** [*rivai'vəlist*] väckelsepredikant; **revive** [*rivai'v*] återuppliva, -rätta, leva upp igen; **reviver** [*rivai'və*] *sl* styrkedryck, -tår; **revivification** [*ri(:)vi'vifikei'ʃ(ə)n*] återupplivande; **revivify** [*ri(:)vi'vifai*] återuppliva
revocable [*revəkəbl*] återkallelig, upphävbar; **revocation** [*revəkei'ʃ(ə)n*] återkallande, upphävande
revoke [*rivou'k*] (*kort.*) underlåta[nde] att bekänna färg; återkalla, upphäva
revolt [*rivou'lt*] uppror, avfall, upprördhet; göra uppror, avfalla, bli upprörd, uppröra, bjuda emot, känna (inge) avsmak (avsky); ~**ing** upprorisk, upprörande
revolute [*revəlju:'t*] *sl* göra revolution; **revolution** [*revəlju:'ʃ(ə)n*] omlopp, rotation, varv, revolution; **revolution per minute** *flyg.* varv per minut; **revolutionary** [*revəlju:'ʃ(ə)nəri*] revolutionär; **revolutionize** [*revəlju:'ʃ(ə)naiz*] revolutionera, omstörta
revolve [*rivɔ'lv*] rotera, kretsa, överväga; **revolver** revolver
revue [*rivju:'*] revy (på teatern)
revulsion [*rivʌ'lʃ(ə)n*] omslag (i känslor); **revulsive** [*rivʌ'lsiv*] som framkallar omslag i känslor
reward [*riwɔ:'d*] belöning, [hitte]lön, vedergällning, ersättning; [be]löna, vedergälla
rhapsodist [*ræpsədist*] rapsod; **rhapsody** [*-di*] rapsodi, svammel, ordflöde
Rhenish [*ri:niʃ, ren-*] rhenskt vin; rhensk
rhetoric [*retərik*] vältalighet; ~**al** [*ritɔ'rik(ə)l*] retorisk
rheumatic [*ru(:)mæ'tik*] reumatiker; -isk; **rheumaticky** [*-ki*] *fam.* reumatisk; **rheumatism** [*ru:mətizm*] (*sl* **rheumatiz**) reumatism
rhino [*rainou*] *sl* noshörning (*rhinoceros*); *sl* pengar, schaber, kovan
rhinoceros [*rainɔ'sərəs*] noshörning
Rhodes [*roudz*] (ön) Rhodos
rhododrendron [*roudəde'ndr(ə)n*] *bot.* alpros
rhomb[us] [*rɔm(bəs)*] *mat.* romb, sned ruta; **rhombic** [*rɔmbik*] rombisk
rhubarb [*ru:ba:b*] *bot.* rabarber
rhyme [*raim*] rim, rimmad vers; rimma; ~ **slinger** *amr. sl*, **rhymer, rhymester** [*raimstə*] rimmare, -smidare

rhythm [*riðm, riþm*] rytm, takt; **rhythmic[al]** [*riðmik(l), riþ-*] rytmisk
rib [*rib*] revben, nerv, åder (på blad), paraplyspröt, malmåder, bergutsprång, (upphöjd) rand på tyg, *sjö.* spant, *flyg.* sprygel, *fam.* hustru; **box-~** lådsprygel; **~-up** *amr. sl* 'gjord' anklagelse, sammansvärjning; **~bed** ådrig; **~bing** *koll.* nerver, ådror
ribald [*rib(ə)ld*] oanständig, plump; **~ry** [*rib(ə)ldri*] oanständigt (rått) tal el. skämt
ribbon [*ribən*] band, remsa, *pl sl* tömmarna, tyglarna; **the blue ~** Strumpebandsordens ordensband, Atlantens blå band, nykterhetsmärke; **~-building (-development)** byggande av hus längs huvudväg ut från stad
rice [*rais*] ris, risgryn
rich [*ritʃ*] rik, fet, mäktig (om föda), bördig, yppig, dyrbar, djup, fyllig (om röst), *fam.* dråplig, obetalbar; **~es** [*ritʃiz*] rikedom[ar]; **~ly** rikligen; **~ness** rikedom, -lighet, prakt
rick [*rik*] [hö]stack, skyl, vålm; stacka hö (se *äv. wrick*)
rickets [*rikits*] engelska sjukan, rakitis; **rickety** [*rikiti*] rakitisk, ledsvag, klen, skröplig, rankig
rickshaw [*rikʃɔ:*] rickshaw, *sl* bil, taxameter
ricochet [*rikəʃet, -ʃei*] rikoschett[ering]; rikoschettera, träffa (beskjuta) medelst rikoschettering, återstudsa
rid [*rid*] (*oregelb. vb*) frigöra, befria; **get ~ of** bli kvitt; **a good ~dance** [*rid(ə)ns*] ngn (ngt) som det är skönt att bli av med (slippa, vara kvitt)
ridden [*ridn*] ridit (se *ride*)
riddle [*ridl*] gåta, grovt såll; sålla, genomborra på många ställen (med kulor o.d.), (grundligt) vederlägga, bombardera (t. ex. med frågor)
ride [*raid*] ritt, rid-, åktur, färd, ridväg (i skog); (*oregelb. vb*) rida, gunga, sväva, åka, köra, topprida, förtrycka, ansätta; **take for a ~** *sl* lura, draga vid näsan, *amr. sl* ta upp i en bil och mörda; **~ at anchor** ligga för ankar; **~ down** rida omkull (ngn), rida ifatt (ngn); **~ out** rida ut (storm) (*äv. fig.*); **~ a principle to death** ända till leda rida på en princip; **~ to hounds** jaga räv till häst följande hundarna ('par force'); **bed-ridden** sängliggande; **rider** ryttare, passagerare, tilläggsklausul, tillägg, korollarium; **riding** ridning, ridväg, förvaltningsdistrikt i Yorkshire; ridande
ridge [*ridʒ*] rygg, ås, kam, kant, plogtilta, list; plöja upp, krusa; **~d** försedd med åsar etc.; **ridgy** stigande i åsar, plöjd, fårad
ridicule [*ridikju:l*] löjlighet, åtlöje; förlöjliga; **hold up to ~** göra löjlig; **ridiculous** [*ridi'kjuləs*] löjlig
riding se *ride*
rife [*raif*] mycket vanlig, gängse, uppfylld; **be ~** vara i svang (omlopp)
riff-raff [*rifræf*] slödder, byke, pack
rifle [*raifl*] räffla, gevär, *pl* (ungefär =) fältjägare; räffla, råna, plundra, bortröva; **~ green** mörkgrönt, 'jägargrönt'; **~-grenade** gevärsgranat; **~man** [gevärs]skytt, 'fältjägare'; **~-pit** skyttegrav, -grop; **~-range** skotthåll, skjutbana; **miniature ~-range** skjutbana (på marknader); **rifling** räffling
rift [*rift*] (*subst.*) rämna, spricka, reva; (*vb* mest i *perf. part.*) splittra, klyva
rig 1) [*rig*] knep, skoj, upptåg; lura, göra skälmstycken; **~ the market** (*börs.*) 'manipulera med kursen' (genom knep få vissa värdepapper att stiga el. falla)
rig 2) [*rig*] rigg, utstyrsel, klädsel, *amr.* häst och vagn; rigga, tackla, styra ut, utrusta; **~ging** riggning, tackling, utstyrande
right [*rait*] rätt, rättighet, höger [sida], rätsida; rätt, riktig, rättmätig, höger, alldeles, precis, ända, rakt, i ordning; räta [upp], förbättra, beriktiga, gottgöra, skaffa (ngn) rätt; **Mr.** el. **Miss R—** den rätte (rätta) (om den tillkommande); **by ~[s]** med rätta, rätteligen; **by ~ of** i kraft av, på grund av; **be ~** ha rätt; **be in the ~** ha rätten på sin sida; **peeress in her own ~** adelsdam i sig själv (till börden); **set** el. **put to ~s** hjälpa ngn till rätta; **be on the ~ side of forty** vara under 40 år; **are you ~ now?** har ni det bra nu? är ni kry igen nu? **put** el. **set ~** ställa (göra) i ordning, ordna, ställa till rätta; **get ~** ordna, få (bli) i ordning (bra), få ordning (reda) i; **serves him ~** det är rätt åt honom; **on the ~ [hand]** på höger hand, till (åt) höger; **~ you are** du har rätt! ja visst ja! **all ~** [det är] bra! [allt] klart! kör till! avgjort! **~ about** runt omkring, is. *mil.* helt om; **send to the ~-about** avfärda, köra bort; **~ angle** rät vinkel; **~ angle friction** *auto.* rätvinklig friktionskoppling; **~ away** strax, genast, med detsamma; **~-down** riktig[t], äkta, ärke-; **~-hand** *flyg.* (*R.H.*) högergående; **~-handed** högerhänt, med höger hand, höger-; **~-hander** slag med höger hand, högerhänt person; **~ now** *amr.* = **~** *away*; **~ off** strax; **~ on** rakt fram; **~ oh, righto** [*raitou*] = *all right*; **~eous** [*raitʃəs*] rättfärdig, -skaffens, -mätig; **~eousness** rättfärdighet; **~ful** rättmätig, -vis, laglig; **~ly** med rätta, rätt[skaffens], riktigt; **~-of-way** rätt att ta väg över annans mark, dylik väg, förkörsrätt; **~wards** till höger; **~y** *amr.* förklädnad, dubbelgångare
rigid [*ridʒid*] styv, stel, sträng; **~ity** [*ridʒi'diti*] styv-, stelhet, stränghet
rigmarole [*rigməroul*] ramsa, svammel; svamlig
rigorous [*rigərəs*] rigorös, sträng, noggrann; **rigour** [*rigə*] stränghet, hårdhet, nöd
rile [*rail*] *fam.* reta [upp], förarga, irritera
rim [*rim*] hjulring, kant, fals, infattning, rand; förse med kant, kanta; **horn ~s, horn-rimmed spectacles** hornbågade glasögon
rimble-ramble [*rimbl-ræmbl*] *amr. sl* prat, sladder, pladdrande
rime [*raim*] rim (= *rhyme*), *poet.* rimfrost; betäcka med rimfrost; **rimy** betäckt med rimfrost
rind [*raind*] bark, skal, svål, kant, hud
rinderpest [*rindəpest*] boskapspest
ring 1) [*riŋ*] klang, klingande, ringning, tonfall; (*oregelb. vb*) ringa, klinga, ljuda, skalla; **give a ~** *amr.* telefonera; **~ true (false)** klinga (låta) äkta (falskt); **~ the changes [on]** vrida och vända på ngt, utnyttja om och om igen, *sl* växla falskt; **~ for** ringa på (tjänare); **~ off** ringa av (i telefon), *sl* hålla mun; **~ with** genljuda av; **~ing frost** bitande köld; **~er** ringare, *amr. sl* klocka; medskyldig
ring 2) [*riŋ*] ring, bana, arena, kampplats, krets, kretslopp, grupp, trust, *koll.* bookmakers; omgiva, innesluta, inringa, sätta ring på (finger), ringa (tjur); **make ~s round a person** vara mycket snabbare i vändningarna (än ngn); **~leader** ledare, anstiftare (av myteri o. d.); **~-mail** ringbrynja; **~ ouzel** *zool.* ringtrast; **~ed** ring[be]prydd, ringformig **~let** [*riŋlit*] hårlock, liten ring el. krets
rink [*riŋk*] skridskobana (*skating-rink*); åka på en *rink*
rinse [*rins*] sköljning, *sl* styrketår; skölja ur (ren, bort); **mouth ~** munvatten
riot [*raiət*] tumult, upplopp, oväsen, orgie[r], utsvävning[ar]; ställa till upplopp (ofog), frossa, fira orgier; **read the R— Act** läsa upprorslagen; **run ~** fara vilt (våldsamt) fram; **~ous** [*raiətəs*] upprorisk, våldsam, utsvävande
rip 1) [*rip*] [häst]krake, vivör, liderlig person
rip 2) [*rip*] reva, rispa; riva, sprätta [upp], fläka, skära, klyva[s]; **let her ~** skjuta full fart, löpa i väg (urspr. om skepp); **ripper** *sl* 'rivande karl', överdängare, ngt 'rafflande', ngt utmärkt; **Jack the Ripper** (engelsk mördare, aldrig av-

slöjad); ~**ping** *sl* utmärkt, överdådig[t], prima, briljant
riparian [*raipɛ'əriən*] strandägare; strand-
ripe [*raip*] mogen; **ripen** [*raip*(*ə*)*n*] mogna
ripple [*ripl*] krusning, vågskvalp; krusa [sig], porla, skvalpa; ~**-cloth** ett slags mjukt klänningstyg, frotté; **ripplet** [*riplit*] krusning; **ripply** krusad, -ig
Rip van Winkle [*ri'pvænwi'ŋkl*] person som är efter sin tid (huvudpersonen i Irvings novell R. v. W.)
rise [*raiz*] stigning, höjd, backe, tilltagande, höjning, stegring, uppståndelse, uppkomst, -hov, upprinnelse; (*oregelb. vb*) resa sig, stiga (gå) upp, höja sig, göra uppror, framträda, ökas, uppstå, -komma, rinna upp, avancera, avslutas; **give** ~ **to** ge anledning till; **take a** ~ **out of** lura (narra) ngn, få ngn att förgå sig; **be rising 14** vara nära 14 år; ~ **to the occasion (emergency)** vara situationen vuxen; **riser** lodrät del av trappsteg (sättsteg i trappa); **an early riser** en som stiger upp tidigt; **rising** uppstigning, resning, uppståndelse
risibility [*rizibi'liti*] skrattlust; **risible** [*rizibl*] skrattlysten, skrattretande, löjlig
risk [*risk*] risk, fara; riskera, våga; **risky** riskabel, vågad
risqué [*riskei'*] *fr.* vågad
rissole [*ri:soul, ris-*] risoll (ett slags kött- el. fiskkroketter)
rite [*rait*] rit, kyrkobruk, ceremoni; **ritual** [*ritjuəl*] ritual[bok]; rituell; **ritualism** [*ritjuəlizm*] ritualism, ceremoniväsen; **ritualist** person som lägger vikt vid ceremonierna; **ritualistic** [*ritjuəli'stik*] ritualistisk, högtidlig
ritz [*rits*] *amr. sl* viktig; ~**y** [*ritsi*] *amr. sl* stilfull, flott
rival [*raiv*(*ə*)*l*] rival, konkurrent, medtävlare; rivaliserande, konkurrerande; tävla [med], konkurrera; ~**ry** [*raiv*(*ə*)*lri*] tävlan
river [*rivə*] flod, älv, å; ~**-basin** flodområde; ~**-bed** flodbädd, strömfåra; ~**side** [flod]strand
rivet [*rivit*] nit[nagel]; [fast]nita, fastnagla, fästa (uppmärksamhet); ~**ed** *amr. sl* gift; ~**er** nitare, nitmaskin
rivulet [*rivjulit*] [liten] å, bäck
roach [*routʃ*] *zool.* mört
road [*roud*] väg, landsväg, körbana, *pl sjö.* redd, *amr.* (*äv.*) järnväg (*railroad*); **rule of the** ~ trafikreglerna; ~ **agent** *amr.* landsvägsriddare, stråtrövare; ~ **combination** *amr. sl* kringresande trupp; ~ **hog** bildrulle; ~ **junction** vägskäl; ~**-louse** *amr.* Fordbil; ~**-metal** sten för vägbyggnad; ~**-sense** vägkultur; ~**side** vägkant, vägens sida; vid vägen; ~ **sister** *amr. sl* landstrykerska; ~**stead** *sjö.* redd; ~**way** körbana; **roadster** [*roudstə*] häst, öppen, tvåsitsig bil
roam [*roum*] ströva (flacka) omkring, genomströva
roan [*roun*] *bokb.* oäkta marokäng (av fårskinn), skimmel; rödgrå (om djur)
roar [*rɔ:*] rytande, vrål, tjut, dån, larm; ryta, vråla etc., *amr. sl* protestera; **set the table in a** ~ avlocka bordssällskapet skallande skrattsalvor; ~**er** skränare; ~**ing** rytande, larmande, bullersam, storslagen; **do a** ~**ing trade** göra glänsande affärer (ha strykande avsättning)
roast [*roust*] stek[ning]; stekt, rostad; steka[s], rosta, *sl* driva med, håna, klå upp ngn; **rule the** ~ vara herre på täppan
rob [*rɔb*] råna, röva, bestjäla; ~**ber** rövare, rånare; ~**bery** röveri, rån, stöld
robe [*roub*] [gala]klänning, gala, ämbetsdräkt, *amr.* (*äv.*) [häst]täcke; kläda [sig]; **gentlemen of the [long]** ~ juristkåren
robert [*rɔbət*] *sl* poliskonstapel (*bobby*)
robin [*rɔbin*] *zool.* rödhakesångare
Robinson [*rɔbinsn*]; **before one can say Jack** ~ innan man hinner säga Jack ~ el. 'räkna till tre' (i ett nu, i ett huj)
robot [*roubɔt*] robot, trafikfyr
robust [*robʌ'st*] stark, kraftig, grov, sund; ~**ious** [*robʌ'stʃəs*] kraftig, bullersam, bullrande, våldsam
roc [*rɔk*] fågeln Rok (i arabiska sagor)
rock 1) [*rɔk*] klippa, skär, berg[häll], hälleberg, ett slags hård karamell, *pl sl* pengar, *amr.* sten, *pl amr. sl* diamanter; *sl* kasta sten [på]; **the R—** Gibraltar; **the live** ~ hälleberget; **on the** ~**s** *sl* på bar backe; ~**-bottom** grundval av fakta, (saks) kärna; ~**-bottom prices** yttersta bottenpriser; ~**-crystal** bergkristall; ~**-rose** *bot.* solvända, (*äv.*) cistusros; **R— scorpion** person född på Gibraltar; ~**-work** stenparti, -kummel (i trädgård); ~**ery** stenparti; ~**y** se nedan
rock 2) [*rɔk*] vagga, gunga; ~**ing-chair** gungstol; ~**ing-horse** gunghäst; ~**er** med (på vagga el. gungstol), *sl* huvud; **be off one's** ~**er** *sl* ha en skruv lös; ~**y** se nedan
rocket [*rɔkit*] raket, *bot.* aftonstjärna, *amr. sl* balettflicka; flyga i väg som en raket
rocky [*rɔki*] klippig, klipp-, sten-, bergfast, *fam.* vacklande, ostadig; **the R— Mountains, the Rockies** Klippiga bergen (i Nordamerika)
rococo [*rəkou'kou*] rokoko
rod [*rɔd*] käpp, spö, ris, stång, [ämbets]stav, *amr. sl* skjutvapen (bössa, revolver); **make a** ~ **for one's own back** binda ris åt sin egen rygg; **kiss the** ~ *fig.* kyssa riset; **Black R—** ceremonimästare i Överhuset; **connecting** ~ vevstake; **golden** ~ *bot.* gullris (Solidago virgaurea); ~**man** sportfiskare; *amr. sl* medlem av ett band
rode [*roud*] red (se *ride*)
rodent [*roud*(*ə*)*nt*] *zool.* gnagare; gnagande
rodeo [*roudiou, ro*(*u*)*dei'ou*] samling av boskap; riduppvisning (av cowboys), motorcyklistuppvisning
rodomontade [*rɔdəmɔ'nteid, -mɔntei'd*] skryt, skrävel; skrävla
roe [*rou*] rådjur, [fisk]rom; **soft** ~ mjölke
rogation [*rogei'ʃ*(*ə*)*n*] litania (bön) läst på gångdagar; **R— Sunday** femte söndagen efter påsk; **R— week** gångvecka (veckan före Kristi himmelsfärdsdag)
rogue [*roug*] skojare, bov, skälm; ~ **elephant** kringströvande, vildsint elefant; **roguery** [*rougəri*] bovstreck, skälmstycke; **roguish** [*rougiʃ*] skurk-, skälmaktig
roisterer [*rɔistərə*] bråkmakare, stojande rumlare, skrävelmakare
Roland [*roulənd*]; **a** ~ **for an Oliver** svar på tal (lika gott igen)
role, rôle [*roul*] roll
roll [*roul*] rulle, rulla, lista, förteckning, register, frukostbröd, [rund tyg]packe, vals, kavle, rullning, [trum]virvel, [åsk]dunder; rulla, välva, trilla, välta, kavla, valsa, tumla, vältra sig, gå i vågor, mullra; ~ **of honour** ärelista (över stupade hjältar); **be rolling in money** vältra sig i pengar; ~ **along** *sl* rulla, gå (vägen fram); ~ **in** *sl* infinna sig (plötsligt), strömma in (om folk); ~ **on** förflyta, rulla förbi; ~ **out** *amr. sl* stiga upp (ur sängen); ~ **up** rulla ihop, kavla upp, [ut]kavla, [ut]valsa, *fam.* infinna sig, dyka upp, *mil.* rulla upp; ~**-call** namnupprop, *mil.* appell; ~**-on** höft-, bysthållare; ~**-top desk** amerikanskt skrivbord; **roller** rulle, [rull]vals, kavle, vält, lång dyning, svallvåg, *pl sl* = ~*-call*; **roller-bandage** gasbinda; **roller-bearing** rullager; **roller-coaster** *amr.* ett slags rutschbana; **roller-skate** rullskridsko; **roller-towel** handduk på rulle; **rolling-pin** brödkavle; **rolling-stock** (*järnv.*) rullande materiel; **a rolling stone** rastlös person; **a rolling stone gathers no moss** det gror ej mossa på rullande sten (en ostadig människa kommer ingen vart)

rollick [*rɔlik*] uppsluppenhet, upptåg; sorglöst leka (rasa); ~**ing** uppsluppen, yster, lustig
roly-poly [*rou'lipou'li*] syltpudding; (om barn) knubbig, trind
Romaic [*romei'ik*] nygrekiska [språket]; nygrekisk
Roman [*roumən*] romare; romersk[-katolsk]; ~ **candle** ett slags fyrverkeri; ~ **letters** antikva
romance, R— [*romæ'ns*] romantisk berättelse, romans, romantik, rövar-, skepparhistoria, romanska språk; romansk (om språk); berätta rövarhistorier; **romancer** romandiktare, fantastisk lögnare
Romanesque [*roumənе'sk*] rundbågsstil, romansk [stil]
Romanic [*ro(u)mæ'nik*] romansk; romanska språk
Romanism [*roumənizm*] katolicism; **Romanistic** [*roumәni'stik*] katoliserande
romanize [*roumənaiz*] romanisera, göra (bli) romersk (katolik), införa latinsk skrift
Romansh [*romæ'nʃ*] rätoromansk[a]
romantic [*romæ'ntik*] romantiker; romantisk; ~**ism** [*romæ'ntisizm*] romantik; ~**ist** [*-sist*] romantiker; ~**ize** [*-saiz*] romantisera, göra romantisk
Romany [*rɔməni*] zigenare, zigenarspråk
Rome [*roum*] Rom; **do in** ~ **as** ~ **does (as the Romans do)** ta seden dit man kommer; **Romish** [*roumiʃ*] papistisk, romersk-katolsk
romp [*rɔmp*] ostyring, yrhätta, pojkflicka, vild lek, upptåg; rasa, tumla om, stoja; ~ **home** *sl* (i kapplöpning) vinna lätt; ~**er[s]** lekdräkt för barn
rood [*ru:d*] krucifix, kors, ytmått = 1/4 *acre*
roof [*ru:f*] [ytter]tak; täcka, förse med tak; ~ **of the mouth** gomvalvet; ~**er** *sl* tacksamhetsbrev för visad gästfrihet, *amr. sl* luffare som åker på tågtaket; ~**ing** takläggning[smaterial]; ~**ing-paper** takpapp
rook 1) [*ruk*] torn (i schack)
rook 2) [*ruk*] *zool.* råka, *sl* falskspelare; *sl* spela falskt, 'plocka' (lura) ngn på pengar; ~**ery** [*rukəri*] råkkoloni, en hop ruckel (massa kyffen), kråkslott; ~**y** full av råkor
rookie, rooky [*ru:ki*] *sl* rekryt
rookus [*ru:kəs*] *amr. sl* gräl, tumult
room [*ru(:)m*] rum, plats, anledning, tillfälle; (is. *amr.*) hålla med rum, ha rum, bo; ~ **to rent** *amr.* rum att hyra, *sl* stolle, fåne; **in the** ~ **of, in a person's** ~ i ngns ställe, efter ngn; **4-roomed** 4 rums- (med fyra rum); ~**er** *amr.* hyresgäst (i 1 rum); ~**y** rymlig
roost [*ru:st*] hönsvagel, -pinne, *äv.* -hus; slå sig ned för att vila, gå till vila; **go to** ~ gå till vila; **at** ~ uppflugen för att sova, vilande; **come home to** ~ *fig.* falla tillbaka på gärningsmannen; ~**er** tupp
root [*ru:t*] rot, planta, avläggare, *pl* rotfrukter; [låta] slå rot, rota [sig], rotfästa, böka, *amr.* uppmuntra, ropa hurra; **take** el. **strike** ~ slå rot, rotfästa sig; **reform** ~ **and branch** reformera 'till rot o. gren', rubb och stubb, grundligt; **second** el. **square** ~ *mat.* kvadratrot; ~**ed** rotfast; ~**er** *amr.* anhängare; ~**let** birot; ~**y** full av rötter
rootle [*ru:tl*] *fig.* rota, gräva
rooty [*ru:ti*] *sl* bröd (se *äv. root*)
rope [*roup*] rep, lina, tåg, tross, sträng; binda ihop, inhägna med rep, fånga med lasso; **the** ~**s** inhägnad av rep (vid boxning); **know the** ~**s** förstå sig på saken, känna till knepen, veta besked; **put through the** ~**s** noggrant pröva; **on the** ~ sammanbundna med rep (om bergsbestigare); ~ **a horse** hålla in häst för att hindra den att vinna; ~ **in** fånga med lasso, övertala ngn att hjälpa till, *amr. sl* bedra, draga vid näsan; ~**-dancer** lindansare, -erska; ~**-ladder** repstege; ~**-maker, roper** repslagare; ~**'s-end** tågstump, repända, dagg; ~**-walk,** ~**-yard** repslagarbana; **ropy** seg, klibbig, 'lång' (tjockflytande)
roquet [*rouki, -kei*] krockering, krockera
rorqual [*rɔ:kwəl*] *zool.* rörval (Balænoptera boops)
rorty, raughty [*rɔ:ti*] *sl* flott, vräkig, stilig, pigg, upplagd för skoj
rosary [*rouzəri*] rosenträdgård, -bädd, *relig.* rosenkrans, radband
roscoe [*rɔskou*] *amr. sl* revolver
rose 1) [*rouz*] ros, kompassros, rosett[fönster], stril, sil (på vattenkanna); rosenrött; **gather [life's]** ~**s** plocka rosor, söka njuta av livet; **a bed of** ~**s** dans på rosor; **under the** ~ i hemlighet (förtroende), *lat.* 'sub rosa'; **a crumpled** ~**-leaf** en droppe malört i glädjebägaren; ~**-rash** *med.* röda hund; ~**-water** rosenvatten
rose 2) [*rouz*] se *rise*
roseate [*rouziit*] rosenfärgad
rosemary [*rouzməri*] *bot.* rosmarin
rosette [*rouze't*] rosett, bandros
rosin [*rɔzin*] harts; bestryka (violinstråke) med harts; ~**ed** *amr. sl* påstruken (full)
roster [*roustə, rɔstə*] *mil.* tjänstgöringslista
rostriform [*rɔstrifɔ:m*] näbbliknande; **rostrum** [*rɔstrəm*] (*pl rostra* [*rɔstrə*] el. *rostrums*) plattform, talarstol, *sjö.* skeppssnabel, näbb, spröt
rosy [*rouzi*] rosenröd, rosig
rot [*rɔt*] röta, ruttenhet, leversjukdom hos får (fårkoppor), *sl* strunt, smörja; ruttna, murkna, *sl* förfuska, skoja, prata strunt; ~ **about** *sl* spela idiot; ~**-gut** *amr.* dålig sprit
rota [*routə*] tjänstgöringsordning
rotameter [*routæ'mitə*] *radio.* ett slags potentiometer
Rotarian [*routɛ'əriən*] medlem av The Rotary Club
rotary [*routəri*] *amr. sl* fängelseceller i en cirkel; roterande; ~ **gear pump** *auto.* rotations- el. kugghjulspump; ~ **slide valve** *auto.* roterande slidventil; **R— Club** sammanslutning med internationellt, människovänligt syfte
rotate [*routei't*] [låta] rotera; **rotation** [*routei'ʃ(ə)n*] rotation, svängning, växling; **in** el. **by rotation** i tur och ordning, växel-, turvis; **rotation of crops** växelbruk, cirkulation; **rotational** [*routei'ʃən(ə)l*], **rotative** [*routətiv*] roterande, växlings-; **rotator** [*routei'tə*] rotationsmaskin, roterande kropp; **rotatory** [*routətəri*] roterande
rote [*rout*]; **by** ~ av gammal vana, utantill
rotograph [*routəgra:f*] fotografiskt avtryck
rotten [*rɔtn*] rutten, murken, i grund fördärvad, *sl* eländig, usel; **R— Row** ridväg i Hyde Park; ~**stone** *min.* trippel
rotter [*rɔtə*] *sl* odåga, kräk, osympatisk sak el. person
rotund [*routʌ'nd*] rund[ad], knubbig, trind, fulltonig, ljudlig, högtravande; ~**a** [*-də*] rotunda, rund byggnad; ~**ity** [*-diti*] rundhet
rouble [*ru:bl*] rubel
roué [*ru:ei*] roué, vällusting
rouge [*ru:ʒ*] rött puder för sminkning; sminka [sig] med rött
rough [*rʌf*] buse, knöl, brodd (på hästsko); ojämn, grov, oländig, kuperad, lurvig, oslipad, rå-[barkad], hård[hänt], ungefärlig (beräkning); skarpsko, brodda (en häst); **take the** ~ **with the smooth** ta livets växlingar med jämnmod; **I gave him a lick with the** ~ **side of my tongue** jag gav honom en ordentlig uppsträckning; **a** ~ **customer** våldsam individ; ~ **draft** utkast, koncept; **in the** ~ i halvfärdigt tillstånd, i huvudsak; ~ **luck** otur; ~ **passage** en svår överresa; **have a** ~ **time** slita ont, fara illa; **cut up** ~ *sl* bli obehaglig, resa borst, uppföra sig obelevat; **it is** ~ **on him** det är hårt (svårt att bära) för honom; ~ **rider** en som först rider in en häst, beridare, vild ryttare, irreguljär ryttare; ~**shod** skarpskodd (om häst); **ride**

~shod *fig.* fara fram hänsynslöst, toppridа; **ride ~s over** behandla hänsynslöst; **~ up** reta [upp]; **~ in** el. **out** göra utkast till, skissera, bruksslå; **~ it** slita ont, slå sig fram, hålla till godo med vad som kommer, tåla strapatser; **~ and ready** primitiv, improviserad, utan krus, tilltagsen; **~-and-tumble** nappatag; oordnad, rafsig; **~cast** grovrappning, -puts; grovrappa[d], *fig.* ofullständigt utarbeta[d]; **~house** *amr.* bråk; ställa till gräl (oordning); **~neck** *amr.* ohyfsad, okynnig sälle; **roughen** [*rʌʃn*] göra grov (sträv), reta, göra el. bli ojämn, bli vild, rida in (häst)
roulade [*ru:la:'d*] *mus.* rulad, löpning (snabb serie toner)
rouleau [*ru:lou'*] rulle (is. av guldmynt)
roulette [*ru:le't*] rulett[spel]
Roumania [*ru(:)mei'njə, -ma:'n-*] Rumänien; **Roumanian** rumänier, rumänska språket; rumänsk
round [*raund*] krets, ring, rund, klot, rond, parti, kretslopp, omgång, varv, *mus.* rundsång (kanon), *mil.* skott, salva, ringdans; rund, hel, jämn, rundlig, duktig, kraftig, rask, fyllig (om röst); runt om, om[kring]; avrunda, gå runt omkring, runda, svänga om; **go for a good ~** göra en lång rundtur, promenad; **make the ~ of** göra sin rond i, gå laget runt; **a ~ of beef** lårstycke av oxkött; **a ~ of toast (bread)** brödskiva; **~ of ladder** stegpinne; **a ~ dozen** ett helt dussin; **in ~ numbers (figures)** i runt tal; **~ towel** handduk på rulle; **the ~ unvarnished truth** rena [osminkade] sanningen; **be a ~ peg in a square hole** inte vara på sin rätta plats; **come ~** *äv.* kvickna till; **6 inches ~** sex tum i omkrets; **win him ~** få honom att ändra åsikt; **there is not enough wine to go ~** vinet räcker inte; **go a long way ~** gå en omväg; **~ off** avrunda, -sluta med; **~ to** *sjö.* lova bidevind, dreja bi; **~ up** driva samman boskap genom in- el. omringning, inringa, avrunda; **~about** omväg, omskrivning, omsvep, karusell, rundresa, *amr.* gossjacka (kavaj); omständlig, omskrivande; runt omkring, ungefär; **~-house** *sjö.* rundhus; **~sman** *amr.* [medlem av] centralpolis[en], handlandes orderupptagare; **~-trip [ticket]** rundresebiljett, *amr.* returbiljett; **~-up** sammandrivning av boskap, se ovan **~** *up*; **~er** *sl* dryckesbroder; **~ers** ett bollspel (långboll); **~ly** öppet, oförbehållsamt, grundligt
roundel [*raundl*] rund skiva, medaljong
roundelay [*raundilei*] *mus.* visa med refräng, fågelsång, ringdans
roup [*ru:p*] (*Skottl.*) [försäljning på] auktion; sälja på auktion
rouse [*rauz*] väcka, rycka upp, sätta fart i, stöta upp villebråd, [upp]egga, vakna
roust [*raust*] *amr. sl* knuffa till och bestjäla; **~about** [*raustəbaut*] *amr.* hamnarbetare, -sjåare, diversearbetare
rout [*raut*] vild flykt, folkmassa, upplopp, *sl* dryckeslag; jaga på flykten, rota, böka, *fam.* snoka, köra, driva; **put to ~** slå på flykten, nedgöra
route [*ru:t, amr.* (*äv.*) *raut*] rutt, väg, *mil.* marschorder
routine [*ru:ti:'n*] rutin, slentrian, sakernas jämna gång; **~er** [*ru:tini'ə*] slentrianarbetare, filister
rove [*rouv*] ströva (irra) omkring, genomströva; **rover** vandrare, fribytare, (äldre) scout, ibl. nomad, sjörövare
row 1) [*rou*] rad, räcka, [hus]länga, rodd[tur], båtfärd; ro, ros med [**~** *four oars*]
row 2) [*rau*] *fam.* bråk, oväsen, slagsmål, gräl, ovett; skälla ut (upp), gräla på; **kick up a ~** ställa till gruff (bråk); **get into a ~** få ovett (skrapor), råka i krakel (gräl); **~ing** [*rauiŋ*] utskällning
rowan [*rouən*] *bot.* rönn, rönnbär
rowdy [*raudi*] buse, slagskämpe, bråkmakare; bråkig, våldsam, *fam.* busaktig
rowel [*rauil*] hjul på sporre
rowlock [*rʌlək*] årklyka, årtull
royal [*rɔi(ə)l*] *fam.* medlem av den kungliga familjen, *hand.* regal (ett slags papper av stort format), *sjö.* bovenbram[segel]; kunglig, kungs-; **royalist** [*rɔiəlist*] rojalist, kungligt sinnad; **royalty** [*rɔi(ə)lti*] kunglighet, kungamakt, -värdighet, majestät, kungliga personer, (mest *pl*) kungl. privilegium; avgift (av vissa % t. ex. till patentinnehavare) el. utdelning på sålda böcker
rozzer [*rɔzə*] *sl* polisbetjänt
rub [*rʌb*] gnidning, *fig.* stötesten, svårighet, förtret[lighet]; gnida, gno, skava, frottera, gnugga, skrapa, polera, (vid kulspel) stöta mot ojämnhet i marken; **there is the ~** det är just (däri ligger) svårigheten; **~ shoulders with** vara i ständig beröring (frottera sig) med; **~ a person the wrong way** irritera, göra ngn misslynt; **~ along** hanka sig fram; **~ down** gnida ren (av, slät), ge (ta) en kall avrivning, [av]putsa, rykta (häst); **~ in** gnida in ngt, *fig.* omtugga, tjata om (is. ngt obehagligt); **~ off** avgnida, gnida (nöta) bort, *fig.* arbeta bort; **~ out** gnida bort, taga ur; **~ up** *fig.* friska upp; **rubber** massör, massös; (se *äv. rubber* nedan)
rub-a-dub [*rʌ'bədʌ'b*] 'tramtamtam' (trummans ljud), alarm
rubber [*rʌbə*] gummi, robbert, omgång (i bridge), *pl hand.* gummiaktier, *pl amr.* galoscher; *amr.* sträcka på halsen (för att se) (förk. f. *rubberneck*); **~neck** *amr. sl* nyfiken person, turist; sträcka på halsen (för att se); **~ sock** *amr.* känslig person; **~-stamp** gummistämpel, oöverlagt godkännande, person som obesett godkänner; obesett godkänna
rubbish [*rʌbiʃ*] avfall, skräp, smörja, goja
rubble [*rʌbl*] stenskärv, krossten, klappersten; **~-wall** klapperstensmur
rube [*ru:b*] *amr.* bonde, is. som skällsord (**~** *fighter*); bondsk, lantlig
rubicund [*ru:bikənd*] rödaktig, -lätt
rubric [*ru:brik*] rubrik, överskrift, föreskrift, anvisning för gudstjänsten; **~ate** [*ru:brikeit*] rubricera, förse med rubriker, utmärka med rött
ruby [*ru:bi*] rubin, -röd; *boktr.* parisienne (en stilsort)
ruche [*ru:ʃ*] rysch, spetsprydnad
ruck [*rʌk*] hop, massa, veck, *amr.* nonsens, galenskap; vecka [ihop], rynka [sig] (*äv. ruckle*)
rucksack [*ruksæk*] ryggsäck
ruction [*rʌkʃ(ə)n*] *sl* gruff, bråk, gräl
rudder [*rʌdə*] roder, styre; **horizontal ~** höjdroder (på flygmaskin o. undervattensbåt), *flyg.* sidoroder; **~ bar** *flyg.* fotspak; **give bottom (top) ~** ge sidoroder nedåt (uppåt) i sväng
ruddle [*rʌdl*] rödfärg, -ockra; märka (färga) med rödockra
ruddy [*rʌdi*] röd, rödblommig, *sl* förbannad, djävla; färga[s] röd
rude [*ru:d*] rå, ohövlig, obildad, olärd, bister, häftig, oförädlad, primitiv, konstlös, grov, vild, oländig, kraftig, sträv
rudiment [*ru:dimənt*] grunddrag, ansats, rudiment; **~ary** [*ru:dime'ntəri*] rudimentär, outvecklad, elementär
rue [*ru:*] *bot.* ruta, *åld.* ånger, sorg, medlidande; ångra, sörja över; **~ful** sorglig, ynklig, nedslagen
ruff [*rʌf*] [bröst]krås, pip-, halskrage, *kort.* trumf, *zool.* brushane; trumfa
ruffian [*rʌfjən*] bandit, skurk, buse; **~ism** [*-nizm*] skurkaktighet, brutalitet; **~ly** skurkaktig, brutal, rå

ruffle [*rʌfl*] krås, krus[manschett], krusning, oro, förtret[lighet]; rufsa till, rynka, vecka, upp-röra[s], störa, förarga, skrodera, vräka sig
rufous [*ru:fəs*] rödaktig, rödbrun
rug [*rʌg*] filt, (mindre, tjock) matta
Rugbeian [*rʌgbi:'ən*] [lärjunge] som tillhör[t] Rugby skola; **Rugby** [*rʌgbi*] rugby (fotboll)
rugged [*rʌgid*] ojämn, skrovlig, oländig, fårad, barsk, otymplig, strävsam, bister
rugger [*rʌgə*] *sl* rugby (fotboll)
rugose [*ru:gou's*] rynkig, skrynklig; **rugosity** [*ru:gɔ'siti*] rynkighet
ruin [*ru(:)in*] ruin, [för]fall, undergång, fördärv; ruinera, ödelägga; **~ation** [*ru(:)inei'ʃ(ə)n*] ruinering, ödeläggelse; **~ous** [*ru(:)inəs*] förfallen, i ruiner, ruinerande, fördärvlig, ödeläggande
rule [*ru:l*] regel, norm, princip, regering, styrelse, välde, tum-, måttstock, *jur.* dekret, föreskrift, *pl* stadgar, reglemente; styra, härska över, förordna, gälla, råda, linjera; **sliding-(slide-) ~** räknesticka; **as a ~** i regel; **bear ~** ha makten, härska; **~ of the road** trafikregler; **the four ~s** de fyra räknesätten; **~ of three** reguladetri; **~ of thumb** erfarenhet, 'praktiken', ögonmått; **~ out** utesluta; **~ out of order** förklara ngt stridande mot ordningen; **ruler** härskare, styresman, linjal; **ruling** (domstols) utslag, avgörande
rulley [*rʌli*] flakvagn
rum 1) [*rʌm*] rom[sprit], *amr.* sprit[dryck]; **~-hound** *amr. sl* drinkare; **R— Row** *amr.* ställe på havet (utanför tremilsgränsen) där spritsmugglarna möttes; **~-runner (~-running)** *amr.* spritsmugglare (-ing); **rummed** *amr. sl* full, berusad
rum 2) [*rʌm*] *fam.* konstig, besynnerlig; **~ customer** konstig prick; **that's a ~ start** *sl* det ser mystiskt ut, det är en underlig historia; **~my** se nedan
rumble [*rʌmbl*] mullrande, dån, baksäte; mullra, dåna
rumbustious [*rʌmbʌ'stʃəs*] *fam.* skränig, övermodig, stursk, gåpåaraktig
rum-dum[b] [*rʌm-dʌm*] *amr. sl* dum, dåraktig (av dryckenskap)
ruminant [*ru:minənt*] idisslare; idisslande, grubblande, tankfull; **ruminate** [*-neit*] idissla, grubbla, fundera [på]; **rumination** [*ru:minei'ʃ(ə)n*] idisslande, grubbel, -lande; **ruminative** [*ru:mineitiv*] idisslande, grubblande, tankfull; **ruminator** [*-neitə*] idisslare, grubblare
rummage [*rʌmidʒ*] genomsökande, -snokande, krafs, plock; genomsöka, -leta, vända upp och ned på, undersöka, snoka, rumstera; **~ sale** försäljning av outlösta saker (*äv.* av skänkta saker vid basarer o. d.)
rummer [*rʌmə*] remmare (fotglas)
rummy [*rʌmi*] rummy (kortspel); *sl* underlig, besynnerlig
rumour [*ru:mə*] (obekräftat) rykte; utsprida rykte
rump [*rʌmp*] bakdel, säte, rumpa, gump; **the R— Parliament** Rumpparlamentet i eng. hist. (efter 1648 el. 1659)
rumple [*rʌmpl*] skrynkla (rufsa) till
rumpus [*rʌmpəs*] *fam.* gruff, uppträde
run [*rʌn*] lopp, löpning, språngmarsch, [an]sats, förlopp, sträcka, följd, räcka, poäng (i kricket), efterfrågan, ström[ning], flöde, ras, fart, gång, resa, färd, tur, betesmark, inhägnad, djurbesättning, fiskstim, vattenränna, *flyg.* rullsträcka, startsträcka, *amr.* maska som löpt (på strumpa); (*oregelb. vb*) springa, löpa, ila, fly, [för]rinna, skynda, rusa (köra), belöpa sig till, kosta, vara i gång, driva (fabrik), sköta, förestå, rinna, flyta, flöda, lyda, låta fortgå, gälla, hålla sig, handla [om], bliva, smälta, kandidera, ställa upp (till val); **on the ~** på flykt, på språng; **at a ~** springande, *mil.* med språng; **have a ~ of 25 nights** *teat.* gå (uppföras) 25 kvällar i sträck; **have the ~ (of a person's library)** ha tillgång till . .; **the common ~ of men** människor i allmänhet, 'som folk är mest'; **the ~ of one's teeth** fri kost; **~ of the market** *hand.* pristendensen på marknaden; **~ around** *amr.* undgå, icke träffa; **~ home on the ear** *amr. sl* illa tilltyga; **~ in the family** ligga i släkten (blodet); **~ to extremes** gå till överdrift (ytterligheter); **~ to meet one's troubles** oroa sig i förtid; **he who ~s may read** det kan man se (förstå) genast, det kan en blind se; **~ across** träffa på; **~ close** följa hack i häl; **~ down** resa ut på landet (från London), stanna (om klocka o. d.), upphinna, prata omkull, söka nedsätta (förklena); **feel ~ down** känna sig utmattad ('förbi'); **~ for** springa efter, uppställa sig som kandidat till; **~ for it** ge sig i väg, springa för livet; **~ high** stiga högt, svalla upp (över) (om lidelser); **~ in** gå in på livet, skaffa poäng (*run-in*) i rugby, *sl* arrestera, besöka (överraskande); **run-in groove** tomskåra (på grammofonplatta); **~ into** köra in i, kollidera, uppnå (ett visst belopp); **~ low** sjunka, hålla på att ta slut; **~ off** springa bort, rymma, göra avvikelse från ämnet; rinna av (undan); **~ a person off his legs** trötta ut ngn; **~ on** gå på, springa (segla, färdas etc.) vidare, fortlöpa, -gå, sladdra (prata) på; **~ out** utlöpa, ta slut, utgå, skjuta (sticka) ut, löpa ut; **~ out of** uttömma (göra slut på) sitt förråd av; **~ over** rinna över, köra över; **~ the show** *sl* leda (vara chef för) det hela; **~ to** uppgå till, ha råd till; **~ to earth** jaga räven till dess lya, förfölja till det yttersta, fånga, finna; **~ up** fara in till staden, stiga (uppgå) till; **~ upon** uppehålla sig vid, plötsligt och oväntat träffa på; **~about** lätt bil (motorbåt), kringvandrande, vagabond; **~away** flykting; förrymd, -lupen; **~way** *amr.* stig, väg; *flyg.* start-, landningsbana; **runner** löpare, reva, ring (till gardin etc.), med, kapplöpningshäst, bud[bärare], *mil.* ordonnans; **runner-up** i finalen besegrad tävlande; **running** lopp, löpande etc.; **be in (out of) the running** vara med i (ur) leken; **three days running** tre dagar i rad; **running-board** fotsteg på bil; **running commentary** fortlöpande kommentar (*äv.* radioreferat); **running-powers** järnvägsbolags rättighet att begagna andra bolags linjer; **running title** kolumntitel (i bok)
rune [*ru:n*] runa; **runic** [*ru:nik*] run-
rung [*rʌng*] [steg]pinne; se *äv. ring*
runlet [*rʌnlit*] liten å, bäck, rännil
runnel [*rʌn(ə)l*] bäck, rännil, ränna
runt [*rʌnt*] oxe (ko) av småväxt ras, kortväxt person
rupee [*ru(:)pi:'*] rupie (indiskt mynt)
rupture [*rʌptʃə*] brytning, rämna, klyfta, bristning, *med.* bråck; bryta, spränga, brista; **~ appliance** bråckband
rural [*ruərəl*] lantlig, lands-; **~ity** [*ruræ'liti*] lantlighet; **~ize** [*ruərəlaiz*] göra lantlig
ruse [*ru:z*] list, fint
rush 1) [*rʌʃ*] rusning, rush, anlopp, -fall, storm, tillopp; *amr.* hastig, forcerad, jäktad, il-; rusa, störta [sig], hastigt föra, sända, driva på, storma, jäkta, pungslå; **~ hour[s]** rusningstid
rush 2) [*rʌʃ*] *bot.* säv; **I don't care a ~** det bryr jag mig inte ett dugg om; **rushy** sävbevuxen, säv-
rusk [*rʌsk*] ett slags skorpa el. käx
Russ [*rʌs*] *amr.* förk. f. *Russian*
russet [*rʌsit*] rödbrun (färg); (rödbrun) vadmal, ett slags äpple
Russia [*rʌʃə*] Ryssland, ryssläder (*~ leather*); **Russian** [*rʌʃ(ə)n*] ryss, ryska [språket]; rysk; **Russianization** [*rʌʃənaizei'ʃ(ə)n*], **Russification** [*rʌsifikei'ʃ(ə)n*] förryskning; **Russianize** [*rʌʃənaiz*], **Russify** [*rʌsifai*] förryska; **Russophil**

[*rʌsofil*] ryssvän[lig]; **Russophobe** [*rʌsofoub*] person som fruktar Ryssland, ryssfiende; ryssfientlig
rust [*rʌst*] rost, slöhet; rosta, försämras, fördärvas; ~**-eater** *amr. sl* järn- (stål)arbetare; ~**less** rostfri
rustic [*rʌstik*] bonde, bondtölp; lantlig, lant-, bondsk, tölpig, okonstlad, naturlig, rättfram; ~**ate** [*rʌstikeit*] bo på (flytta till) landet, relegera (förvisa); ~**ation** [*rʌstikei'ʃ(ə)n*] lantvistelse, -liv, relegation (förvisning); ~**ity** [*rʌsti'siti*] bondskhet, enfald
rustle [*rʌsl*] prassel, fras[ande]; prassla, frasa, *amr.* stjäla, arbeta (röra sig) energiskt; **rustler** *amr.* energisk person, tjuv (is. boskapstjuv)
rusty [*rʌsti*] rostig, blank (om kläder), förlegad, ur form, härsken, vresig, förargad; **his French is a bit** ~ han har glömt en hel del av sin franska
rut [*rʌt*] brunst[tid], hjulspår, slentrian; vara brunstig; ~**ted**, ~**ty** med hjulspår, sönderkörd
rutabaga [*ru:təbei'gə*] *bot.* rova
ruthless [*ru:þlis*] obarmhärtig, skoningslös
rye [*rai*] råg, *amr. sl* whisky; ~**-grass** *bot.* rajgräs (Lolium), slökorn (Hordeum); ~ **sap** *amr. sl* 'kornsaft', 'rena rågen' (whisky)
ryot [*raiət*] indisk bonde

S

S, s [*es*] (*pl Ss, S's* [*esiz*]) S, s
's [*-z, -s*] förk. f. *has, is, us*
Sabaoth [*sæbei'əþ*] *bibl.* Sebaot
sabbaday [*sæbədei*] *amr.* f. *sabbath day*
sabbatarian [*sæbətɛ'əriən*] person som strängt helgar sabbaten; **sabbatarianism** [*-izm*] sekt som helgar sabbaten; **sabbatic[al]** [*səbæ'tik(l)*] sabbats-
sabbath [*sæbəþ*] sabbat, vilodag; **break the** ~ vanhelga vilodagen
Sabine [*sæbain*] sabinare; sabinsk
sable [*seibl*] *zool.* sobel, sobelskinn; svart färg; **his** ~ **Majesty** djävulen
sabot [*sæbou*] träsko (urholkad ur ett stycke trä); ~**age** [*sæbəta:'ʒ*] sabotage, skadegörelse
sabre [*seibə*] (krokig) ryttarsabel; nedgöra el. nedsabla; **sabretache** [*sæbətæʃ*] sabeltaska
sac [*sæk*] *anat.* säck
saccharine [*sækərin*] sackarin; **saccharine** [*-rain*] sackarin-, socker-
sacerdotal [*sæsədou'təl*] prästerlig, präst-, som tillskriver prästerna en mystisk makt; ~**ism** [*-izm*] prästväsen, -välde
sachem [*sætʃəm*] indianhövding, överhuvud, framstående man
sachet [*sæʃei*] luktpåse
sack [*sæk*] säck, damjackett, plundring (av stad), sekt (ett vitt vin), *sl* ficka; lägga i säck, avskeda, plundra; **get the** ~ få avsked (sparken); **give the** ~ ge (ngn) sparken; ~**cloth** säckväv, -duk; ~**-race** [*-reis*] säcklöpning; ~**ful** en säck full; ~**ing** säcktyg
sacral [*seikrəl*] sakral, helig
sacrament [*sækrəmənt*] sakrament; ~**al** [*sækrəme'ntəl*] sakramental, sakraments-
sacred [*seikrid*] helgad, invigd, fridlyst, helig; ~ **history** biblisk historia; ~ **music** kyrkomusik
sacrifice [*sækrifais*] offer, offrande, uppoffring; offra, prisgiva, avstå från; **sell at a** ~ sälja med förlust; **sacrificial** [*sækrifi'ʃəl*] offer-
sacrilege [*sækrilidʒ*] helgerån, vanhelgande; ~**ous** [*sækrili'dʒəs*] helgerånande, vanhelgande, profan
sacring [*seikriŋ*] invigning; invigande; ~**-bell** mässklocka
sacrist [*seikrist*], ~**an** [*sækristən*] sakristan, kyrkotjänare; ~**y** [*sækristi*] sakristia
sacrosanct [*sækrosæŋkt*] sakrosankt, okränkbar, helig; ~**ity** [*sækrosæ'ŋktiti*] okränkbarhet, helighet
sacrum [*seikrəm*] *anat.* korsryggen, 'os sacrum'
sad [*sæ(:)d*] bedrövad, sorgsen, sorglig, usel, mörk; **a** ~ **dog** *sl* en utsvävande herre, roué; ~ **hello** *amr. sl* tråkig belägenhet el. händelse; ~**den** [*sædn*] bedröva, fördystra[s]
saddle [*sædl*] sadel, sadelformad bergsrygg, rygg (av slaktat djur), däckel (på sele); sadla, betunga, be-, avlasta; ~ **oneself with** bli betungad (belamrad) med; ~**backed** svankryggig; ~**-bow** sadelbom; ~**-horse** ridhäst; ~**-pin** sadelpinne (på cykel); **saddler** [*sædlə*] sadelmakare, *amr.* (*äv.*) ridhäst; **saddlery** [*sædləri*] [materialier för] sadelmakeri, sadel- och seldon; ~**-tree** sadelbom, -stomme, *bot. amr.* tulpanträd
Sadducee [*sædjusi:*] sadducé; **Sadducean** [*sædjusi:'ən*] sadduceisk
sadhu [*sa:du:*] (*Ind.*) helig man
sadism [*sa:dizm*] sadism; **sadist** [*-st*] sadist; **sadistic** [*sa:di'stik*] sadistisk
sae [*sei*] (*Skottl.*) så
safari [*səfa:'ri*] safari (jaktexpedition i Afrika)
safe [*seif*] kassaskåp, mat-, isskåp; säker, trygg, oskadd, ofarlig, pålitlig, solid; ~ **and sound** lyckligt och väl, vederbörligen; **it is** ~ **to say** det kan tryggt sägas; **he is a** ~ **first** han är en säker nummer 1; ~**-blower** *amr.* kassaskåpstjuv; ~ **conduct** lejd[ebrev], pass; ~ **deposit** depositionsfack (i bank); ~**-guard** skyddsvakt, pass, säkerhet; säkra; ~**-keeping** (säkert) förvar; ~**ly** tryggt, lyckligt och väl; **to go gently is to go** ~**ly** man bör ta allting med ro
safety [*seifti*] säkerhet; ~ **first** säkerhet framför allt; **the Committee of Public S—** välfärdsutskottet; ~**-curtain** järnridå (på teatern); ~**-lamp** säkerhetslampa (vid gruvarbete); ~**-match** säkerhetständsticka; ~**-pin** säkerhetsnål; ~ **razor** rakhyvel; ~**-sling** säkerhetslina (vid bergsbestigning); ~**-valve** säkerhetsventil (*äv. fig.*); **sit on the** ~**-valve** föra undertryckningspolitik; ~ **zone** refuge (skyddstrottoar)
saffron [*sæfrən*] saffran; saffransgul
sag [*sæg*] sjunka, hänga ojämnt (slappt), bågna, sätta sig, *sjö.* driva, *amr. sl* [slå med en] batong; (el. ~**ging**) sjunkande, insjunkning, sättning, prisfall, *sjö.* avdrift
saga [*sa:gə*] saga
sagaciate [*səgæ'sieit*]; **how do you** ~? *amr. sl* hur klarar ni 'skivan'? **sagacious** [*səgei'ʃəs*] skarpsinnig, klok; **sagacity** [*səgæ'siti*] skarpsinne, -sinnighet, klokskap
sage [*seidʒ*] en vis, *bot.* salvia; vis, erfaren, förståndig; **the Eastern** ~**s** de vise från Österlandet; **the seven** ~**s** (Greklands) sju vise; **the S— of Chelsea** = Thomas Carlyle
Sagittarius [*sædʒitɛ'əriəs*] *astr.* Skytten
sago [*seigou*] sago

sahib [*sa:(h)ib*] (*Ind.*) herre, infödingstitel för europé
said [*sed*] sade, sagt (se *say*)
sail [*seil*] segel, *äv.* skepp, fartyg, segeltur, kvarnvinge; [av]segla, fara, avgå; **take in** ~ bärga segel, (*fig.*) slå av på sina fordringar; ~ **ho!** skepp ohoj! ~ **in** *amr. sl* 'segla in', börja, inleda; ~ **close to the wind** segla dikt (hårt) bidevind, *fig.* 'spela högt spel', utmana faran; ~**-cloth** segelduk; ~**plane** segelflygplan; **sailer, sailing-ship, sailing-vessel** segelfartyg; **sailing** segling, tur, lägenhet
sailor [*seilə*] sjöman, matros; **he is a good (bad)** ~ han tål sjön bra (blir lätt sjösjuk); ~ **hat** *sl* damhatt, sjömanshatt; ~**ing** sjömansliv; ~**-lad** sjömanspojke; ~**-man** (*skämts.*) sjöman; ~**'s blessing** *sl* svordom
sainfoin [*seinfɔin*] esparsett (foderväxt)
saint [*seint*] helgon, helig; **the S—s** Guds utvalde, de heliga; ~**ed** [*seintid*] kanoniserad, helgonlik[nande], helig, salig; ~**hood** helgonskap, *koll.* helgon; ~**like**, ~**ly** helgonlik, helig
Saint se *St.*
saith [*seþ*] *åld.* f. *says* säger
sake [*seik*]; **for** ... ~ **(the** ~ **of)** för ... skull; **for my** ~ för min skull; **for goodness' (God's, heaven's)** ~ för Guds skull; **for old times'** ~ för gammal vänskaps skull
Sal [*sæl*] *fam.* förk. f. *Sarah, amr. sl* förk. f. *The Salvation Army* Frälsningsarmén
sal [*sæl*] *sl* förk. f. *salary* lön, honorar
salaam [*səla:'m*] salam (orientalisk hälsning, betyder frid); hälsa (på österländskt sätt); ~ **aleikoum** [*əlai'ku:m*] frid med dig
salable [*seiləbl*] säljbar; ~ **price** försäljningspris
salacious [*səlei'ʃəs*] liderlig; **salacity** [*səlæ'siti*] liderlighet
salad [*sæləd*] sallad; ~**-days** *pl* (ngns) gröna ungdom; ~**-dressing** salladssås
salamander [*sæləmændə*] salamander, eldslukare, *kok.* brynjärn (att bryna t. ex. skinka på)
salame [*sæləmei*] salamikorv, cervelatkorv
salariat [*səlɛ'əriət*] ställning som löntagare; **salaried** [*sælərid*] avlönad, med fast lön; **salary** [*sæləri*] lön
sale [*seil*] [slut]försäljning, auktion; **clearance** ~ [slut]realisation; **on, for** ~ till salu; **put up for** ~ utbjuda på auktion (till salu); ~**sgirl**, ~**swoman** expedit; ~**slady** *amr.* expedit, *amr. sl* ohövlig flicka; ~**sman** butiksbiträde, försäljare, *amr.* handelsresande, *amr. sl* bondfångare; ~**smanship** (ngns) duglighet som (egenskap av) försäljare; ~**s resistance** köpbojkott; ~**able** [*seiləbl*] säljbar
Salic, Salique [*sælik*] salisk; ~ **law** salisk lag (som utesluter kvinnor från tronföljd)
salicylic [*sælisi'lik*] salicyl-; ~ **acid** salicylsyra
salience [*seiljəns*] egenskap att vara framskjutande el. -trädande, utsprång; **salient** utskjutande [del], starkt framträdande; **the salient point** den iögonfallande punkten
saline [*səlai'n*] saltlösning, saltverk, -damm; [*seilain*] salt-, salthaltig, -mättad
Salique se *Salic*
saliva [*səlai'və*] *med.* saliv, spott; ~**ry** [*sælivəri*] spott-, t. ex. ~ **glands** spottkörtlar
sallow [*sælou*] *bot.* sälg, vide, (australisk) akacia; gulblek (om hy); (bli el. göra) askgrå (gulblek); ~ **willow** *bot.* sälg, pil
sally [*sæli*] *mil.* utfall, utflykt, kvickt yttrande (infall); *mil.* göra utfall, bege sig ut (i väg)
Sally [*sæli*] *fam.* f. *Sarah* Sara, *amr. sl* f. *The Salvation Army* Frälsningsarmén (*äv.* ~ *Ann*); **Aunt** ~ figur att kasta till måls på (vid marknader); **Sally Lunn, sally-lunn** [*sæli lʌn*] sallykaka (ett slags tebröd)
salmagundi [*sælməgʌ'ndi*] sillsallat, *fig.* röra, mischmasch
salmi[s] [*sælmi(:)*] *kok.* vildfågelragu (~ **of game**)
salmon [*sæmən*] lax; laxfärgad
salon [*sælɔ:ŋ*] *fr.* salong (på kontinenten); **the S—** årlig konstutställning i Paris
saloon [*səlu:'n*] salong, (stor) sal (på hotell o. d.), hytten i en flygmaskin, salongspistol, *amr.* krog; ~ **bar** finaste bar (i engelsk restaurang); ~**-keeper** *amr.* krogvärd
Salopian [*səlou'pjən*] i Shropshire el. Shrewsbury, lärjunge vid Shrewsbury School
salsify [*sælsifi*] *bot.* salsofi
salt [*sɔ(:)lt*] salt, *fam. pl* luktsalt, vits, kvickhet, sjöbjörn (is. *old* ~); salt, saltad; salta, *fig.* krydda, peppra; **take (a story) with a grain of** ~ mottaga (en historia) med en viss försiktighet; **above the** ~ vid övre ändan av bordet, hörande till de förnämligare gästerna; **below the** ~ hörande till tjänarna el. de mindre förnämliga gästerna; ~ **away** el. **down** *amr. sl* lägga undan pengar, investera pengar; ~**-box** *sl* fängelse; ~**-cellar** saltkar (*äv.* om fördjupningar på halsen); ~ **junk** *sjö.* salt kött; ~**-marsh** saltäng (som översvämmas av havet vid högvatten); ~**-pan** saltpanna, -grop (vid saltutvinning); ~**ed** *fam.* härdad
saltation [*sæltei'ʃ(ə)n*] hoppande, dansande, språng, plötslig övergång; **saltatorial** [*sæltətɔ:'riəl*], **saltatory** [*sæltətəri*] hoppande, skeende språngvis
saltire [*sæltaiə*] andreaskors (liggande kors, ×)
saltpetre [*sɔ:ltpi:tə*] salpeter
salty [*sɔ(:)lti*] salt[haltig], *fig.* kryddad
salubrious [*səlu:'briəs*] sund, hälsosam; **salubrity** [*səlu:'briti*] sundhet, hälsosamhet
salutary [*sæljutəri*] hälsosam, nyttig; **salutation** [*sæljutei'ʃən*] hälsning; **salutational** [*sæljutei'ʃənəl*], **salutatory** [*səlju:'tətəri*] *amr. univ.* hälsningstal; hälsnings-
salute [*səlu:'t*] hälsning, honnör, salut; hälsa, göra honnör [för], salutera; **the sight that** ~**d his eye** den syn som visade sig för hans ögon
salvage [*sælvidʒ*] *sjö.* bärgning, räddning, bärgat gods, bärgarlön; bärga, *amr. sl* stjäla
salvarsan [*sælvəsæn*] *med.* salvarsan
salvation [*sælvei'ʃən*] räddning, frälsning; **find** ~ bli omvänd; **the S— Army** frälsningsarmén; ~**ist** [*sælvei'ʃənist*] frälsningssoldat
salve 1) [*sa:v*] salva, balsam, *sl* smicker, *amr. sl* smör; lägga salva (balsam) på, stilla, mildra; **a** ~ **for his wounded feelings** *fig.* plåster på såren
salve 2) [*sælv*] *sjö.* bärga, rädda
salver [*sælvə*] (vanl. rund) bricka (av silver o. d.)
salvia [*sælviə*] *bot.* salvia
salvo [*sælvou*] förbehåll, *mil.* [heders]salut, salva, undanflykt, ursäkt
sal volatile [*sæl vəlæ'təli*] luktsalt (ammoniumkarbonat)
salvor [*sælvə*] *sjö.* bärgare, räddare, bärgningsfartyg
Sam [*sæm*] förk. f. *Samuel*; ~ **Browne** *mil.* (officers) livrem; **what in** ~ el. **the** ~ **Hill!** vad tusan!
Samaritan [*səmæ'ritən*] samarit; samaritisk
Sambo [*sæmbou*] Sambo (öknamn för neger)
samb[h]ur [*sæmbə*] samburhjort (indisk älg)
same [*seim*] samme, identisk; densamme, -samma (= han, hon etc.); **[the]** ~ **as** el. **with** den (det) samma som; **[the]** ~ **to you!** detsamma [tillbaka]! likaledes! **all the** ~ i alla fall, ändå; **it is all the** ~ **to me** det gör mig detsamma; **one and the** ~ en och samma; **just the** ~ likväl; **the very** ~ just densamme; **much the** ~ ungefär detsamma; ~**ness** identitet, enformighet
samlet [*sæmlit*] laxyngel, ung lax
Samnite [*sæmnait*] samnit; samnitisk
samovar [*sæmova:*] samovar
Samoyed [*sæmoujed*] samojed; ~**ic** [*sæmouje'dik*] samojedisk
samphire [*sæmfaiə*] *bot.* havsfänkål

sample [*sa:mpl*] prov; visa el. ta ett prov på; **up to ~** provenlig; **~ binding** inbindning enligt prov; **~ post** korsband; **~ room** provrum, utställningslokal, *amr. sl* lönnkrog; **sampler** [*sa:mplə*] provtagare, märkduk
Samson [*sæmsn*] Simson; **samsonite** [*sæmsonait*] ett slags sprängämne
samurai [*sæmurai*] (förr) medlem av den japanska krigarkasten, (nu) officer i japanska hären
sanatorium [*sænətɔ:'riəm*] sanatorium; **sanative** [*sænətiv*], **sanatory** [*sænətəri*] hälsobringande, läkande
sanctify [*sæŋ(k)tifai*] helga, förklara (hålla) helig; **sanctification** [*sæŋ(k)tifikei'ʃən*] helgelse, helgande, kanonisering; **sanctimonious** [*sæŋ(k)timou'njəs*] skenhelig; **sanctimony** [*sæŋ(k)timəni*] [sken]helighet
sanction [*sæŋ(k)ʃən*] sanktion, stadfästelse, *jur.* straffpåföljd (*pl* bl. a. om straffåtgärder mot en stat); sanktionera, stadfästa; **~ist** [*sæŋ(k)ʃənist*] anhängare av sanktioner
sanctity [*sæŋ(k)titi*] helighet, okränkbarhet
sanctuary [*sæŋ(k)tju(ə)ri*] helgedom, fristad, [trafik]förbjudet el. fridlyst område; **take ~** söka sin tillflykt; **break ~** bryta mot (kyrkans) asylrätt
sanctum [*sæŋ(k)təm*] helgedom, lönnrum; **~ sanctorum** [*sæŋ(k)təm sæŋ(k)tɔ:'rəm*] det allra heligaste; **sanctus** [*sæŋ(k)təs*] helig (särsk. namn på en psalm)
sand [*sænd*] sand, sandkorn, *pl* sandbank, dyner, *sl* mod, motståndskraft, *amr. sl* socker; sanda, strö sand på; **~ and specks** *amr. sl* salt och peppar; **the ~s are running** tiden är snart förbi; **~ in one's gizzard** *amr. sl* mod, kurage; **~(-)bag** sandsäck; skydda el. förstärka med sandsäckar, *amr.* slå till marken med en sandpåse; **~-blasted** *sl* förbaskad, förbannad; **as happy (jolly) as a ~-boy** glad som ett lekande barn; **~-eel** sandål; **~-flea** tångloppa; **~-glass** timglas; **the ~-man** Jon Blund; **~-martin** strandsvala; **~-paper** [putsa med] sandpapper; **~-peep** el. **~-piper** strandvipa; **~-shoes** strandskor; **~ed** [*sændid*] [igen]sandad, sandig, sandfärgad,(om hår) rödblond, (om djur) gall, ofruktsam
sandal [*sændl*] sandal; **~led** försedd med sandaler, sandalbeklädd
sandalwood [*sændlwud*] sandelträ
sandwich [*sæ'nwidʒ*] dubbelsmörgås (två brödskivor med pålägg emellan), smörgås med pålägg; skjuta in; **~-boards** dubbelskylt (buren på bröstet och ryggen); **~-man** (vandrande) skylt- och reklambärare
sandy [*sændi*] sandig, sand-, sandfärgad
Sandy [*sændi*] förk. f. *Alexander*, öknamn på skotte
sane [*sein*] sund, normal, förnuftig
sanfairyann, San Fairy Ann [*sæ'nfɛ'əriæ'n*] *mil. sl* strunt i det! (*fr.* *ça ne fait rien*)
sang [*sæŋ*] sjöng (se *sing*)
sangar [*sæŋga:*] sangar (bröstvärn av sten)
sangrail [*sæŋgreil*], **sangreal** [*sæŋgriəl*] den heliga Graal
sanguinary [*sæŋgwinəri*] blodig, blodtörstig; **sanguine** [*sæŋgwin*] blodfull, blodröd, sangvinisk, hoppfull; **sanguineous** [*sæŋgwi'niəs*] blod-, blodfull, (is. *bot.*) blodröd
Sanhedrin [*sænidrin*] judiska stora rådet
sanify [*sæ'nifai*] göra sund, sanera
sanitarian [*sænitɛ'əriən*] sundhetsivrare; sanitär; **sanitarium** [*sænitɛ'əriəm*] *amr.* sanatorium
sanitary [*sænit(ə)ri*] sanitär, hälsovårds-, hälso-; **~ towel** sanitetsbinda
sanitation [*sænitei'ʃən*] hygien, hälsovård; **sanity** [*sæniti*] sunt sinnestillstånd
sanjak [*sændʒæk*] krets av turkiskt vilajet
sank [*sæŋk*] sjönk (se *sink*)
sansculotte [*sænzkju:lɔt*] *fr.* sansculotte (radikal revolutionsman)
Sanskrit, -scrit [*sænskrit*] sanskrit
Santa Claus [*sæntə 'klɔ:s*] jultomten
sap [*sæp*] sav, växtsaft, vitved, *fig.* livskraft, sapp, löpgrav, *fig.* undergrävande, knog, möda, plugghäst; tappa saven ur, *fig.* försvaga, *mil.* o. *fig.* underminera,-gräva, utföra sappörarbete, *sl* knoga, plugga, *amr. sl* prygla (med en knölpåk); **~-head** *mil.* yttersta ändan av en underjordisk gång, *sl* dumbom; **~less** saftlös, förtorkad; **~ling** ungt träd, telning; **~-wood** vitved, splint; **sapper** *mil.* sappör, ingenjörssoldat; **sappy** savfull, saftig
sapid [*sæpid*] välsmakande, smaklig; **~ity** [*səpi'diti*] smaklighet, behaglig smak
sapience [*seipiəns*] visdom; **sapient** (is. *iron.*) vis; **sapiential** [*sæpie'nʃəl*] vis, innehållande visdom[sord]; **the sapiential books** visdomsböckerna (i bibeln)
saponaceous [*sæponei'ʃəs*] såpartad, -liknande
sapper [*sæpə*] se *sap*
Sapphic [*sæfik*] sapfisk; **~s, ~ stanza, ~ verse** sapfisk strof (ett slags fyrradig vers)
sapphire [*sæfaiə*] safir[färg]; safirblå
sappy [*sæpi*] se *sap*
saprophyte [*sæprofait*] saprofyt, snyltgäst
saraband [*særəbænd*] sarabande (spansk dans)
Saracen [*særəsn*] saracen, muselman; **Saracenic** [*særəse'nik*] saracensk, muhammedansk
Saratoga [*særətou'gə*] stad i USA, stor reskoffert (för damer), *amr. sl* något stort
sarcasm [*sa:kæzm*] sarkasm, spydighet, stickord; **sarcaster** [*sa:kəstə*] *amr. sl* sarkastisk (spydig) person, satiriker; **sarcastic** [*sa:kæ'stik*] sarkastisk, spydig
sarcenet [*sa:snit*] se *sarsenet*
sarcoma [*sa:kou'mə*] *med.* sarkom (elakartad svulst)
sarcophagus [*sa:kɔ'fəgəs*] sarkofag (likkista av sten)
sard [*sa:d*] sard (röd karneol)
sardine [*sa:di:'n*] sardin, *amr. sl* 'nöt', flickebarn; **packed like ~s** packade som sillar
sardonic [*sa:dɔ'nik*] sardonisk, hånfull, bitter
sardonyx [*sa:dəniks*] sardonyx (mineral)
saree [*sa:ri:*] sari (långt stycke tyg buret av indiska kvinnor som deras väsentligaste klädedräkt) (*sari*)
sargasso [*sa:gæ'sou*] sargassotång; **the S— Sea** Sargassohavet
sarge [*sa:dʒ*] *amr. mil. sl* förk. f. *sergeant*
sari [*sa:ri*] se *saree*
sarong [*sa:rɔŋ, sərɔ'ŋ*] sarong (ett slags underklänning)
sarsaparilla [*sa:səpəri'lə*] *bot.* sarsaparill[arot]
sarsenet [*sa:snit*] sarsenet (ett slags blått sidentyg till foder)
sartor [*sa:tɔ:*] *lat.* skräddare; **S— Resartus** [*risa:'təs*] 'Den lappade lappskräddaren' (verk av Carlyle); **~ial** [*sa:tɔ'riəl*] skräddare-
sash [*sæʃ*] skärp, bälte, [uniforms]gehäng, (i höjdled rörligt) skjutfönster (*~ window*)
sass [*sæs*] *amr. sl* fräckhet, näsvishet; ge svar på tal; **~-box** fräck el. näsvis sälle; **sassy** *sl* näsvis, fräck
sassafras [*sæsəfræs*] *bot.* sassafras (sydamerikanskt träd)
Sassenach [*sæsənæk*] skotskt o. irländskt ord för *English*[*man*]
sassy se *sass*
sat [*sæt*] satt, suttit (se *sit*)
Satan [*seit(ə)n*] Satan; **satanic** [*sətæ'nik*] satanisk, djävulsk
satchel [*sætʃ(ə)l*] skolväska (vanl. med axelrem)
sate [*seit*] [över]mätta, tillfredsställa, fullproppa; **sated** [*seitid*] [över]mätt, blaserad, världstrött
sateen [*sæti:'n*] glansigt bomulls- (ylle)tyg
satellite [*sætəlait*] följeslagare, drabant (*äv. astr.*)

satiate [*seiʃieit*] [över]mätta; mätt; **satiety** [*sətai'əti*] [över]mättnad, leda; **to satiety** [ända] till leda
satin [*sætin*] silkesatlas, satäng; satinera, glätta; **~-faced** med satänguppslag; **~-paper** glättat [skriv]papper; **~-wood** atlasträ; **satiny** [*sætini*] satängliknande, atlasartad, glättad
satire [*sætaiə*] satir; **satiric[al]** [*səti'rik(l)*] satirisk; **satirist** [*sætərist, sætirist*] satiriker; **satirize** [*sætəraiz, sætiraiz*] satirisera, förlöjliga, -håna
satis [*sætis*] (*lat.*) nog, tillräckligt; **~ superque** [*s(j)upə:'kwi*] nog och mer än nog
satisfaction [*sætisfæ'kʃ(ə)n*] tillfredsställande, -ställelse, gottgörelse, ersättning, upprättelse (av ära); **~ or money refunded** full belåtenhet eller pengarna åter; **in ~ of** såsom gottgörelse för; **satisfactory** [*sætisfæ'kt(ə)ri*] tillfredsställande
satisfy [*sætisfai*] tillfredsställa, mätta, sona, övertyga; **satisfied** [*sætisfaid*] tillfreds, mätt, övertygad; **I am satisfied that** jag är övertygad om att
satrap [*sætrəp*] satrap (fornpersisk ståthållare), tyrannisk ämbetsman; **~y** [*sætrəpi*] satraps provins el. ståthållardöme
saturate [*sætʃəreit*] ladda, mätta, genomblöta; **~d** fylld, inpyrd, *amr. sl* full; **saturation** [*sætʃərei'ʃ(ə)n*] mättande, mättning, inpyrdhet
Saturday [*sætədi*] lördag; **~ to Monday** 'weekend', veckoslut; **~ nights** *amr. sl* böner
Saturn [*sætə:n*] Saturnus (romersk gud, planet); **saturnalian** [*sætə:nei'ljən*] uppsluppen, vild; **Saturnian** [*sætə:'niən*] saturnisk, lycklig; **saturnine** [*sætə:nain*] trög, allvarlig, dyster, tystlåten
satyr [*sætə*] satyr
sauce [*sɔ:s*] sås, *fam.* fräckhet, näsvishet, *amr. sl* bensin; tillsätta sås, *fig.* krydda, *fam.* vara uppkäftig (nosig) mot; **~ for the goose is ~ for the gander** det som gäller för (duger åt) den ene, gäller för (duger åt) den andre; **~-boat** såsskål; **~-box** nosig (näsvis) människa; **Miss Saucebox** fröken näspärla, -vis; **~pan** [*sɔ:spən*] kastrull, stekpanna; **saucer** [*sɔ:sə*] tefat; **saucer eyes** 'ögon som tefat' (stora runda ögon); **saucy** [*sɔ:si*] *fam.* näsvis, näbbig, uppkäftig, oförskämd, flott
sauerkraut [*sauəkraut*] (tyska) surkål
saunter [*sɔ:ntə*] spatsertur, flanerande, dagdriveri; flanera, gå och driva; **~er** flanör
saurian [*sɔ:riən*] *zool.* ödledjur
sausage [*sɔsidʒ*] korv, *mil. sl* drakballong
sauté [*soutei*] *fr.* uppfräst (i varm panna)
Sauterne [*soutə:n*] (franskt) sauterne (vin)
savage [*sævidʒ*] vilde, barbar, brutal människa; vild, våldsam, *fam.* vred, ond, rasande; bli vild och rasande; **~ry** [*sævidʒəri*] vildhet, barbari, råhet
savannah [*səvæ'nə*] savann, grässlätt, stäpp
savant [*sævənt*] lärd, vetenskapsman
save [*seiv*] räddning (*fotb.*); rädda, frälsa, spara [på], spara ihop, bespara sig, spara in; utom; **~ appearances** bevara skenet; **~ one's bacon (skin)** rädda sitt skinn; **~ one's breath** tiga; **~ one's face** 'rädda sitt (ngns) ansikte', undgå förödmjuk lse; **God ~ the King** Gud bevare konungen! (Englands nationalsång); [**God**] **~ the mark** rent ut sagt; **~ money** spara pengar; **~ one's pocket** spara sin kassa (sina pengar); **~ and except** undantagandes; **~ for** om icke (. . . hade varit); **~ from** rädda från, bevara för; **~ up** lägga undan, spara ihop; **~-all** [*seiv-ɔ:l*] ljusknekt
saveloy [*sævilɔi*] cervelatkorv
saving [*seiviŋ*] sparande, besparing; räddande, sparsam; undantagandes, utom; **~ grace** försonande drag; **~s-bank** sparbank; **~ clause** förbehåll, reservation
saviour [*seivjə*] frälsare; **the S—** Frälsaren
savory [*seiv(ə)ri*] *bot.* kyndel (Satureja)
savour [*seivə*] smak, *fig.* kraft, bismak, 'anstrykning'; smaka; **~ of** smaka av, *fig.* påminna om; **~y** [*seivəri*] lätt [mellan]rätt, äggkaka, omelett; välsmakande, aromatisk
savoy [*səvɔi'*] savojkål; **S— Savojen; Savoyard** [*səvɔi'ad*] savojard
savvy [*sævi*] *sl* vett
saw 1) [*sɔ:*] såg (se *see*)
saw 2) [*sɔ:*] gammalt ord, ordspråk, sentens
saw 3) [*sɔ:*] såg, *amr. sl* 10-dollarsedel (*sawbuck*); såga, *amr.* narra; **circular ~** cirkelsåg; **endless ~** bandsåg; **~ the air** föra armen (armarna) fram och tillbaka (*ss.* åtbörd); **~ on gourds** *amr. sl* snarka ; **~bones** *sl* kirurg; **~buck** sågbock, *amr. sl* 10-dollarsedel, 10-års straff; **~dust** sågspån, *sl* pengar; **~dust-brained** *amr. sl* som har sågspån i huvudet (dum); **~fish** sågfisk, -haj; **~-mill** sågverk; **~set** sågfil
sawder [*sɔ:də*]; **soft ~** smicker, fagra ord
sawney [*sɔ:ni*] dumsnut, -bom, 'drummel', *amr. sl* fläsk; **S—** öknamn på skotte
sawyer [*sɔ:jə*], **sawer** [plank-, ved]sågare; **top ~** planksågare
saxhorn [*sækshɔ:n*] *mus.* saxhorn
saxifrage [*sæksifridʒ*] *bot.* stenbräcka (Saxifraga)
Saxon [*sæksn*] [angel]saxare; [angel]saxisk, rent engelsk; **in plain ~** på rent (osminkat) språk
saxophone [*sæksəfoun*] *mus.* saxofon
say [*sei*] (**he says** [*sez*]) säga, yttra, påstå; t. ex., ungefär; **let him have his ~** låt honom säga vad han har på hjärtat (sin mening); **he has no ~ in the matter** han har inte något ord med i laget; **say!** *amr.* hör! **I ~!** hör nu! hör på! det menar du inte! **I cannot ~** jag vet inte; **it ~s in the Bible** det står i Bibeln; **that is to ~** det vill säga, med andra ord; **there is no ~ing who it was** man kan inte säga vem det var; **you don't ~ so!** det menar ni väl inte! är det möjligt? **~ a few** *amr. sl* säga litet; **a few of them, ~ a dozen** några få av dem, låt oss säga ett dussin; **~ when** säg till (när jag har slagit i nog); **though I ~ it who shouldn't** om jag själv skall säga det; **that goes without ~ing** det är självklart; **it says in the dictionary that** det står i ordboken att; **~ grace** läsa bordsbön; **~ one's lesson** läsa upp sin läxa; **~ nay el. no** säga nej; **~ one's prayers** läsa (bedja) sina böner; **~ the word** säg ordet! ge order om att skrida till handling; **~ on!** säg ut! fortsätt! **~ out** tala (säga) ut (uppriktigt); **~ over** läsa upp ur minnet; **~-so** yttrande, ordstäv; **~ing** [*seiiŋ*] ordspråk, talesätt; **as the ~ing is (goes)** som ordspråket (man) säger
sbirro [*sbirou, zbirou*] italiensk polisman
'sblood [*zblʌd*] *sl* Guds död!
scab [*skæb*] skabb, skorv, sårskorpa, strejkbrytare; vara strejkbrytare; **~by** *sl* gemen, skabbig; **~-herder** *amr. sl* vakt för skyddande av strejkbrytare
scabbard [*skæbəd*] [svärds]skida, [sabel]balja; sticka i skidan; **throw away the ~** *fig.* bränna sina skepp
scabies [*skeibii:z*] skabb
scabious [*skeibiəs*] skabbartad, skabbig; *bot.* vädd (Scabiosa)
scabrous [*skeibrəs*] sträv, skrovlig, skabrös, slipprig
scaffold [*skæf(ə)ld*] byggnadsställning, åskådarläktare, schavott; **~ing** [*skæf(ə)ldiŋ*] [material för] byggnadsställning
scagliola [*skæljou'lə*] konstgjord marmor
scalawag [*skæləwæg*] se *scallywag*
scald 1) [*skɔ:ld*] se *skald*
scald 2) [*skɔ:ld*] skållsår; skålla, koka ur (kärl), värma upp nästan till kokpunkten; **a ~ed cat fears cold water** bränt barn skyr elden
scale 1) [*skeil*] skal, flaga, fjäll (på fisk), stoft (på fjärilsvingar), hammarslagg, pannsten, tandsten; [av]skala, fjälla av [sig], fjälla (fisk),

rensa från pannsten, bilda fjäll; **scaled** fjällig, beklädd med fjäll
scale 2) [*skeil*] vågskål; väga; [**pair of**] ~**s** våg; **turn the** ~ tynga ned vågskålen, *fig.* ge utslag, ändra ställning; **the S—s** *astr.* Vågen
scale 3) [*skeil*] skala, måttstock, proportion; bestiga, klättra upp för (i el. på), *mil.* storma, avbilda i skala; ~ **of notation** talsystem; **the ordinary** el. **denary** el. **decimal** ~ decimalsystemet; **the binary, ternary** ~ två-, tretalsystemet; **the social** ~ sociala rangskalan; **on a large (small)** ~ i stor (liten) skala (el. stil); ~ **down** *amr.* vägra att betala (en del av) sin skuld
scalene [*skəli:'n*] *mat.* oliksidig, sned (kon)
scallion [*skæljən*] schalottenlök
scallop, scollop [*skɔləp*] kammussla (*äv.* ~-**shell**), musselskal, grillpanna, uddning (*ss.* prydnad); tillaga (servera) i musselskal, utskära i uddning, [ut]udda; ~**ed** [ut]uddad
scallywag [*skæliwæg*], **scalawag** [*skæləwæg*] odåga, skojare
scallywampus [*skæliwɔ'mpəs*] *amr. sl* odåga, skojare, lymmel; flott
scalp [*skælp*] skalp, huvudsvål; skalpera, kritisera (ngn) våldsamt
scalpel [*skælp(ə)l*] *kir.* skalpell (liten operationskniv)
scalper [*skælpə*] jobbare, *amr.* (*äv.*) biljettförsäljare
scaly [*skeili*] fjällig, *sl* snål
scamp [*skæmp*] lymmel, odåga; slarva, utföra slarvigt, *sl* mäta el. väga knappt
scamper [*skæmpə*] flykt hals över huvud, rusning, snabbt lopp, galopp; fly hals över huvud, skena (kila) i väg
scan [*skæn*] skandera (vers), uppmärksamt granska (pröva), (vid fjärrsyn) upplösa en bild i dess element av ljus och skugga i och för kopiering
scandal [*skændl*] skandal, förargelse, skvaller, smädelse; ~-**broth**, ~-**soup** *sl* te; ~**monger** skandalspridare; ~**ize** [*skændəlaiz*] förarga, skandalisera, draga skam (bringa vanära) över; ~**ous** [*skændələs*] skandalös, upprörande, smädlig
Scandinavia [*skændinei'viə*] Skandinavien, Norden; **Scandinavian** skandinav[isk], nordisk
scansion [*skænʃ(ə)n*] skandering (av vers); **scansorial** [*skænsɔ:'riəl*] klätterfågel; klättrande, klätter-
scant [*skænt*] knapp, ringa; knappa in [på], avkorta, minska; ~ **of breath** andtäppt; ~**ies** [*skæntiz*] *amr. sl* damunderkläder; ~**iness** knapphet, brist
scantling [*skæntliŋ*] smula, ngns beskärda del, dimension (mått) för timmer etc., mindre bjälke (särsk. under 5 tum i fyrkant)
scanty [*skænti*] knapp; se *äv. scant*
scape [*skeip*] *byggn.* kolonnskaft
scapegoat [*skeipgout*] syndabock
scapegrace [*skeipgreis*] vildhjärna, spelevink
scaphander [*skəfæ'ndə*] dykardräkt
scapula [*skæpjulə*] skulderblad; **scapular** skulderblads-, skapular (skulderkläde till munkdräkt)
scar 1) [*ska:*] ärr, skråma; märka med ärr, ärra sig
scar 2) [*ska:*] stalp (brant ställe på en bergssluttning)
scarab [*skærəb*] skarabé, tordyvel (*äv.* på fornegyptiskt smycke)
scaramouch [*skærəmauʃ*] gycklare, feg storskrävlare
scarce [*skɛəs*] knapp, sällsynt, rar; **make oneself** ~ göra sig osynlig, försvinna; ~**ly** knappt, knappast; **scarcity** [*skɛəsiti*] knapphet, brist (**of** på), sällsynthet, dyrtid
scare [*skɛə*] skräck, panik, *amr. sl* penningutpressning; skrämma, förskräcka; **throw a** ~ **into** *amr.* skrämma; ~ **away** skrämma bort; ~**crow** fågelskrämma; ~-**head**[**ing**] braskande (skrämmande) tidningsrubrik; **scared hollow** *amr. sl* rysligt rädd; **scary** *amr.* förskrämd; skygg, skrämmande, skräm-
scarf [*ska:f*] bindel, 'scarf', halsduk, *mil.* gehäng, (i timmermansspråk) skarv[järn], lask[ning]; laska, skarva; ~-**pin** kråsnål; ~-**skin** *anat.* överhud
scarification [*skɛərifikei'ʃ(ə)n*] koppning; **scarify** [*skɛərifai*] koppa (*kir.*), *fig.* kritisera obarmhärtigt, häckla, pina, harva (jord)
scarlatina [*ska:ləti:'nə*] scharlakansfeber
scarlet [*ska:lit*] scharlakan[srött], scharlakansröd [färg]; ~ [**fever**] scharlakansfeber, (*skämts.*) svärmeri för soldater; ~ **hat** kardinalshatt, -ämbete; ~ **runner** ett slags böna (prydnadsväxt) (*äv.* ~ *bean*); **the** ~ **Whore** el. **woman** den babyloniska skökan, *fig.* den romersk-katolska kyrkan
scarp [*ska:p*] brant sluttning, *mil.* eskarp (inre sidan av vallgrav); göra brant, *mil.* förse med eskarper
scat [*skæt*] *sl* lubba i väg, försvinna
scathe [*skeið*] men, skada, förtret; skada, ödelägga; **without** ~ utan men, oskadd; **scathing criticism** dräpande kritik; **scatheless** oskadd
scatter 1) [*skætə*] *amr. sl* lönnkrog
scatter 2) [*skætə*] sprida [ut], strö [ut], skingra[s]; ~-**brain** virrig (tanklös) människa; ~-**brained** tanklös, virrig
scatty [*skæti*] virrig, larvig
scaur [*skɔ:*] se *scar* 2)
scavenge [*skævin(d)ʒ*] sopa (gata), *auto.* blåsa ut; **scavenger** [*skævin(d)ʒə*] gatsopare, renhållningskarl; **scavenging, scavengering** gatsopning, renhållning; **scavenging stroke** *auto.* utblåsningsslag
scenario [*sina:'riou*] scenarium, scenario, filmmanuskript; **scenerist** [*si:nərist*] [film]manuskriptförfattare
scene [*si:n*] scen, *pl* [teater]kulisser; **quit the** ~ dö; **the** ~ **of disaster** olycksplatsen; **the** ~ **of war** krigsskådeplatsen; **make a** ~ ställa till med en scen; **behind the** ~**s** bakom kulisserna (*äv. fig.*); **change of** ~ scenförändring (*äv. fig.*); **appear on the** ~ uppträda på scenen (*äv. fig.*); ~-**painter** teater-, dekorationsmålare; ~-**shifter** scenarbetare; **scenery** [*si:nəri*] dekorationer, landskap, natur[scenerier]; **scenic** [*si:nik*] scenisk, teater-, teatralisk, målerisk; **scenic railway** lilleputtjärnväg (på nöjesfält) som far genom konstgjorda landskap
scent [*sent*] lukt, doft, väderkorn, [lukt]spår, fjät, 'näsa', parfym, snitsel; lukta, vädra, parfymera; **cold** ~ (jägarspråk) gammalt spår; **false** ~ villospår; **hot** ~ färskt spår; **follow up (lose, recover) the** ~ följa (tappa, återfinna) spåret; **get the** ~ [**of**] få väderkorn på, *fig.* få nys om; **put off the** ~ leda (föra) på villospår; **he has a wonderful** ~ **for talent** han har en mycket fin näsa för talanger
scepsis [*skepsis*] skepsis, tvivel
sceptic [*skeptik*] skeptiker, tvivlare; ~**al** [*skeptik(ə)l*] skeptisk; **scepticism** [*skeptisizm*] skepticism, tvivel[sjuka]
sceptre [*septə*] scepter, spira
schedule [*ʃedju:l*], *amr.* [*skedju:l*] lista, förteckning (is. *ss.* bilaga), register, tidtabell; upptaga på en lista (tidtabell); *amr.* sätta på programmet, bestämma; ~ **time** utsatt tid; **on** ~ på utsatt tid, punktligt; **according to** ~ *amr.* enligt [tid]tabellen
schematic [*skimæ'tik*] schematisk
scheme [*ski:m*] plan, schema, utkast, anslag, översikt; uppgöra planer, planera, planlägga, intrigera; ~**r** ränksmidare; ~**stress** intrigmakerska; **scheming** beräknande, intrigant
scherzo [*skɛətsou*] *mus.* scherzo; lekande
Schiedam [*ski:dæm*] schiedam (holländsk genever)
Schipperke [*ʃipəki*] ett slags knähund

schism [*sizm*] söndring; ~**atic** [*sizmæ'tik*] schismatisk, splittrande
schist [*ʃist*] skiffer; ~**ose** [*ʃistous*] skifferartad
schizoid [*skaizɔid*] *med.* schizoid; **schizophrenia** [*skaizoufri:'niə*] *med.* schizofreni; **schizophrenic** [*skaizoufre'nik*] *med.* schizofren
schlock [*ʃlɔk*] *amr. sl* lump, skräp
schnap[p]s [*ʃnæps*] snaps
scholar [*skɔlə*] lärd [man], forskare, studerande, stipendiat; **I am no** ~ jag är icke beläst; **classical** ~ klassisk filolog; ~**ly** [*skɔləli*] lärd, vetenskaplig; ~**ship** [*skɔləʃip*] lärdom (is. i klass. språk), stipendium; **scholastic** [*skolæ'stik*] skolastiker; skolastisk, skol-, skolmässig, akademisk; **scholasticism** [*skolæ'stisizm*] skolastik (medeltida filosofi)
scholiast [*skouliæst*] kommentator; **scholium** [*skouliəm*] (*pl scholia* [*-liə*]) kommentar
school 1) [*sku:l*] [samla sig i] stim
school 2) [*sku:l*] skola, undervisning, (vid universitet) föreläsningssal, auditorium, ämnesgrupp (för en särskild examen), *sl* trupp; sätta i skola, undervisa, uppfostra, öva, läxa upp; **the** ~**s** skolastikerna (se *scholasticism*), de medeltida universiteten, skolastiken; **elementary** ~ folkskola; **secondary** ~ läroverk; **boarding** ~ internatskola; **after** ~ efter skolans slut; **at** ~ i skolan; **be in the** ~**s, in for one's** ~**s** vara uppe i examen (i Oxford); **go to** ~ gå till skolan; ~ **one's temper** lära sig behärska sitt lynne; ~**ing** skolbildning, -undervisning, skolgång, upptuktelse; ~**-board** i Engl. 1870—1902 lokal skolstyrelse, skolråd; ~**-fellow** skolkamrat; ~**-house** skolhus; ~**-ma'am,** ~**-marm** *amr.* lärarinna; ~**man** skolastiker, skolman, (is. *amr.*) pedagog; ~**master** skollärare; **the** ~**master is abroad** upplysningen stiger; ~**-mate** skolkamrat, *amr. sl* medfånge; ~ **miss** (is.) skygg (blyg) flicka; ~**mistress** skollärarinna
schooner [*sku:nə*] skonare, skonert, *amr.* högt ölglas, lönnkrog
schottische [*ʃɔti:'ʃ*] schottisch (runddans)
sciatic [*saiæ'tik*] höft-, ischias-; ~ **nerve** höftnerv; ~**a** [*saiæ'tikə*] ischias, höftvärk
science [*saiəns*] [natur]vetenskap, vetenskapsgren; **natural** ~, **physical** ~ naturvetenskap; **man of** ~ vetenskapsman; **sciential** [*saie'nʃ(ə)l*], **scientific** [*saiənti'fik*] hörande till kunskap el. vetande, vetenskaplig; **scientific man** vetenskapsman; **scientist** [*saiəntist*] [natur]vetenskapsman
scilicet [*sailiset*] *lat.* det vill säga, nämligen
scimitar [*simitə*] (turkisk) kroksabel
scintilla [*sinti'lə*] gnista, antydning; **not a** ~ **(of)** inte en skymt (ett grand) av; **scintillate** [*sintileit*] gnistra, tindra; **scintillation** [*sintilei'ʃ(ə)n*] gnistrande, tindrande
sciolism [*saiəlizm*] förment vetande, halvbildning; **sciolist** [*-st*] en icke lärd (ibl. *äv.* halvbildad) person
sciolto [*ʃɔltou*] *it. mus.* efter behag, fritt
scion [*saiən*] ympkvist, telning, ättling
scissors [*sizəs*] *pl* sax (*a pair of* ~ en sax); ~ **and paste** *sl* bok för uppklistring av [tidnings]urklipp; **scissor-bill** *amr. sl* odugling, idiot, kupongklippare
Sclav, Sclavonic se *Slav, Slavonic*
sclerotic [*skliərɔ'tik*] sklerotisk, hård; ~ **coat** el. **membrane** hornhinna (i ögat)
scobs [*skɔbz*] *pl* sågspån, filspån
scoff 1) [*skɔf*] hån, gäckeri, åtlöje, föremål för gyckel; ~ **at** gyckla med, håna; ~**law** *amr.* överträdare av förbudslagen; ~**er** bespottare, begabbare
scoff 2) [*skɔf*] *sl* mat; äta; ~**er** *sl* tallrik
scold [*skould*] ragata, argbigga; banna, gräla [på]; ~**ing** uppsträckning, bannor, ovett
scollop se *scallop*
scon se *scone*
sconce [*skɔns*] ljusarm, lampett, *mil.* skans, fort, fäste, *sl* skalle, 'knopp' (huvud)
scone [*skɔn, skoun*] (ett slags trekantig) tebulle
scoop [*sku:p*] skopa, öskar, skovel, kolpyts, urholkning, *sl* vinst, gott kap; skyffla, ösa, urholka, utgräva, *sl* inhösta, komma först med en nyhet (*äv. make a* ~)
scoot [*sku:t*] *sl* kila i väg; ~**er** (barns) sparkcykel
scope [*skoup*] [räck]vidd, omfattning, ram, horisont, utrymme, fält, krets, spelrum, utsträckning; **he seeks** ~ **for his energies** han söker utlopp (ett spelrum) för sin energi
scorbutic [*skɔ:bju:'tik*] [person] angripen av skörbjugg
scorch [*skɔ:tʃ*] sveda[s], bränna[s], flyga (rusa) fram (i vild fart, om bilist el. cyklist); ~**er** [*skɔ:tʃə*] brännande sol, glödhet dag, bilist el. cyklist som rusar fram, motor-, bildrulle, bitande kritik
score [*skɔ:*] skåra, märke, startlinje, konto, [post i] räkning, skuld, poäng[summa] (i sporttävlan), tjog, *sl* seger, skarpt svar, *mus.* partitur; göra skåror (märken), strecka för, skriva upp (notera), markera, vinna [poäng], ha tur med sig, orkestrera, *amr.* rikta förebråelser mot, ta i upptuktelse; **what a** ~ *sl* vilken tur; **what's the** ~? hur står det? (i spel); **make** ~**s** *sl* vinna poäng (i spel), vara lustig på andras bekostnad; **pay off old** ~**s, clear** el. **quit** ~**s (with)** ge ngn betalt för gammal ost, göra upp sitt mellanhavande med; ~**s of people** tjogtals (massor) av folk; **three** ~ **and ten** 70 år (om livslängd); **go off at** ~ börja (t. ex. ett långt samtal om ett älsklingsämne); **by** ~**s** tjogtals; **in** ~ *mus.* utsatt (i partitur); **you may be easy on that** ~ du kan vara lugn i det avseendet; **on the** ~ **of age** på grund av ålder; **he failed to** ~ han fick ingen poäng; ~ **a goal** göra mål (i spel); **we scored heavily by it** det förtjänade vi bra på (*äv. fig.*); ~ **off** *sl* stuka, 'bräcka'; ~ **out** stryka över; ~ **under** stryka under; **scorer** [*skɔ:rə*] person som för poängräkningen (is. vid sporttävlan), markör
scoria [*skɔ:riə*] slagg (*äv.* lava)
scorn [*skɔ:n*] [föremål för] förakt; förakta, håna; **be the** ~ **of somebody** vara föremål för ngns förakt (hån); **laugh to** ~ hånskratta åt; **he scorns lying** han håller sig för god för att ljuga; ~**ful** föraktfull, hånfull
Scorpio [*skɔ:piou*], **the** ~ *astr.* Skorpionen
scorpion [*skɔ:pjən*] skorpion; **the S—** = *Scorpio*
Scot [*skɔt*] skotte; **Scotland** [*skɔtlənd*] Skottland; ~ **Yard** kriminalpolisens högkvarter i London, *fig.* kriminalpolisen
scotch [*skɔtʃ*] (lätt) skåra, kil för bromsning av hjul; göra skåror i, bromsa (hjul)
Scotch [*skɔtʃ*] skotska [språket], skotsk visky; skotsk, *sl* knusslig; **the** ~ skottarna; **a** ~ **and soda** en viskygrogg; ~ **fir** fura; ~ **mist** regntjocka; ~ **woodcock** ägg- och ansjovissmörgås på rostat bröd; ~**man** skotte; **the Flying** ~**man** snälltåget från London till Edinburgh; ~**woman** skotska
scotfree [*skɔtfri:*] oskadd; **get off** el. **go** ~ gå [skott]fri
Scots [*skɔts*] skotska [språket]; skotsk; ~**man**; ~**woman** (jfr *Scotch*)
Scott [*skɔt*], **Great** ~! [o] du milde!
Scotticism [*skɔtisizm*] skotskt ord (uttryck) el. egendomlighet; **Scottish** [*skɔtiʃ*] skotska [språket]; skotsk
scoundrel [*skaundrəl*] skurk, bov, usling, slyngel; ~**ly** skurkaktig
scour [*skauə*] skurning, fejning; skura (gnida) bort, rensa, fara, ströva [omkring], genomströva, genomsöka
scourge [*skə:dʒ*] gissel, plågoris (*äv. fig.*); aga, tukta, gnissla; **the white** ~ lungtuberkulosen
scout [*skaut*] spanare, spejare, scout, spion,

spaningsfartyg, spanings[flyg]plan, [student]-uppassare (Oxford); spana, kunskapa, rekognoscera, utspionera, avvisa med förakt; ~ **for a ball** (i kricket) löpa efter en boll; **boy** ~ pojkscout; ~**-master** spaningsledare, scoutledare; ~**ing** spaning, scoutövningar

scow [*skau*] flatbottnad båt, pråm

scowl [*skaul*] bister uppsyn (blick); rynka ögonbrynen; ~ **at** se bistert på

scrabble [*skræbl*] krafsande, klotter; krafsa, skrapa, klottra, kravla

scrag [*skræg*] skranglig varelse, bakhalsstycke (av djur), *sl* hals; vrida nacken av, strypa, *sl* hänga, gripa vid halsen; ~**gy** [*skrægi*] skranglig, mager o. knotig

scram [*skræm*] *amr. sl* ge sig i väg, försvinna; ~! försvinn!

scramble [*skræmbl*] kravlande, klättrande, rusning, kiv, slagsmål, hafs; kravla, klättra [upp i], kiva[s], slåss (**for** om), hafsa, kasta (t. ex. mynt) att kivas om; **scrambled eggs** äggröra

scrambumptious [*skræmbʌ'm(p)ʃəs*], **scrambunctious** [*skræmbʌ'ŋkʃəs*] *amr. sl* fräck, motsträvig

scran [*skræn*] *sl* mat; **bad** ~ **to you!** (*Irl.*) måtte det gå dig illa; ~**-bag** *sl* ryggsäck, tornister

scranny [*skræni*] mager

scrap [*skræp*] bit, stycke, smula, stump, [tidnings]urklipp, *sl* gräl, slagsmål, boxningskamp, *pl* skräp, järnskrot, *mil. sl* luftstrid; kassera, skrota ned, utrangera, *sl* gräla, slåss; **not a** ~ icke ett spår, icke ett grand; ~ **of paper** papperslapp (*iron.* om traktat, som ej respekteras); ~**-book** urklippsalbum; ~**-heap** skrothög

scrape [*skreip*] skrapning [med foten], knipa, klämma, *sl* (tunt lager av el. dåligt) smör; skrapa [med foten], gnida, skava, gnida och spara (*äv.* ~ *and save*), skrapa ihop, *sl* raka [sig]; **get into a** ~ komma i knipa; **be in a** ~ vara i knipa; ~ **an acquaintance with** bekanta sig med; ~ **against** el. **past** skrapa emot; ~ **through** trassla (krångla) sig igenom; **scraper** [*skreipə*] fotskrapa (vid dörr) (*äv. door* ~), vägskrapa, girigbuk; **scraping cutter** brotsch; **scrapings** *pl* skavspån, skrapavfall

scrappy [*skræpi*] hoprafsad, fragmentarisk, *sl* grälsjuk

scratch [*skrætʃ*] rispa, skråma, repa, skrapande, startlinje (vid kapplöpning), *amr. sl* pengar (sedlar); hoprafsad; klösa[s], repa, skrapa, krafsa [i], stryka [sig], utesluta, dra sig tillbaka, *sl* förfalska; **come [up] to the** ~ (*sport.*) ställa upp sig (vid startlinjen), *fig.* göra sin plikt, ej sticka sig undan (när det gäller); ~ **a Russian and you will find a Tartar** bildningen sitter icke djupt; ~ **one's head** klå (riva) sig i huvudet; ~ **about for** söka krafsa (samla) ihop; ~**-block**, ~**-pad** *amr.* anteckningsblock; ~ **crew** sammanrafsat manskap; ~ **performance** improviserad föreställning; ~**-cat** argbigga; ~**-race** tävling utan handikapp; ~**-wig** liten kort peruk; ~**er** *amr.* check-, växelförfalskare; ~**y** [*skrætʃi*] hoprafsad, vårdslös, sprättande (penna)

scrawl [*skrɔ:l*] klotter, kråkfötter, krafs; klottra, krafsa ihop

scrawny [*skrɔ:ni*] *amr.* mager, gles (skog), glest befolkad

scream [*skri:m*] skri[k], tjut, *sl* komisk händelse; skri[k]a, tjuta, pipa genomträngande; ~**s of laughter** tjut av skratt; **it would be such a** ~ *sl* det vore så skojigt; **a** ~**ing farce** en hejdlöst komisk fars; ~**er** *sl* utropstecken, baddare, hejare, iögonfallande tidningsrubrik, lyckad pjäs (*teat.*); ~**y** skrikande, skrikig

scree[s] [*skri:(z)*] *geol.* [massa lösa stenar på] bergssluttning, stenras

screech [*skri:tʃ*] skri[k]; skri[k]a; ~**-owl** tornuggla, *fig.* olycksbådande person

screed [*skri:d*] (lång) ramsa, tirad, utgjutelser, kludd (i tidning)

screen [*skri:n*] skärm, skiljevägg, korskrank, anslagstavla, (vit) duk (för film), filter, såll, rissel, *mil.* [patrull]slöja (framskjuten linje av vaktposter); skydda, skyla, dölja, visa (film), uppträda (på film), sortera, harpa, rissla (kol etc.); **the** ~ den vita duken (på biograf), filmen; ~**-actor** filmskådespelare; ~**-grid valve** [*skri:'ngri'd væ'lv*] (*radio.*) skärmgallerlampa; ~**-pentode** (*radio.*) avskärmad pentod, skärmgallerpentod; ~**-star** filmstjärna; ~**-wiper** *auto.* vindruteputsare

screw [*skru:*] skruv, bult, propeller[ångare], åtskruvning, skruvande rörelse, kardus (tobak), strut, girigbuk, blodsugare, *sl* gage, lön, [häst]krake, *amr. sl* fångvakt, passkonstapel, patrullerande poliskonstapel; skruva, tvinga, hårt ansätta, förtrycka, utsuga, snåla; **female** ~ mutter; **male** ~ vanlig skruv[bult]; **put the** ~ **on** göra påtryckningar, utöva tryck på; ~ **(money) out of a person** avpressa ngn (pengar); ~ **up one's courage** ta mod till sig; ~ **up one's eyes** rynka ögonbrynen; ~ **up one's mouth** snörpa på munnen; ~**-driver** skruvmejsel; ~**-eye** skruvögla; ~**-jack** domkraft; ~**-propeller** propeller; ~**-spanner** skruvnyckel (*äv.* ~*-key o.* ~*-wrench*); ~**-steamer** propellerångare; ~**-vice** skruvstäd

screwed [*skru:d*], **screwy**, **scrooey** [*skru:i*] *sl* full, omtöcknad, *amr. sl* dåraktig; **he is** ~ *amr. sl* han har en skruv lös

scribble [*skribl*] klotter, kort hoprafsat brev; klottra (rafsa) [ihop], vara författare; **scribbler** skribent (dålig författare), bläcksuddare, pennfäktare; **scribbling-block** notesblock

scribe [*skraib*] skrivare, skriftlärd; (*skämts.*) skribent, författare, *amr. sl* brev

scrimmage [*skrimidʒ*], **scrummage** [*skrʌmidʒ*] slagsmål, tumult, sammanstötning (t. ex. i rugby fotboll); deltaga i slagsmål

scrimp [*skrimp*] inskränka, knussla med, knappa (draga) in på; ~**y** knapp, inknappad

scrimption [*skrimpʃ(ə)n*] *amr. sl* stump, smula

scrimshank [*skrimʃæŋk*] (is. *mil. sl*) skolka, 'smita'; ~**er** [*skrimʃæŋkə*] skolkare, 'simulant'

scrip [*skrip*] interimsbevis, -kvitto, provisoriskt aktiebrev, ett slags obligation utställd av kommunen

script [*skript*] [hand]skrift, *boktr.* skrivstil, bokstavsskrift, alfabet, (skriftligt) examensprov; förk. f. *manuscript*

scriptural [*skriptʃ(ə)r(ə)l*] bibel-, biblisk

scripture [*skriptʃə*] helig bok, bibelställe; **S—**, **Holy S—**, **the S—s**, **Holy S—s** den heliga skrift; ~**-reader** bibelföreläsare

scrofula [*skrɔfjulə*] skrofler; **scrofulous** [*-ləs*] skrofulös

scroll [*skroul*] pappers- el. pergamentrulle, skrivelse, slinga, snirkel, arabesk; ~**ed** prydd med slingor

scrooch [*skru:tʃ*] **down** *amr. sl* krypa ihop

scrooey se *screwed*

scroop [*skru:p*] knarrande, gnisslande; knarra, gnissla

scrotum [*skroutəm*] *anat.* testikelpung

scrounge [*skraundʒ*] *sl* snatteri; snatta, nappa, tigga [om]; **on the** ~ på utkik efter något att snatta; ~ **about** söka tillfälle att snatta

scrub 1) [*skrʌb*] skrubbning, skurning; skura, gno, träla; ~**-woman** *amr.* skurgumma; **scrubbing-brush** (*amr.* ~**-brush**) skurborste; **a scrubbing -up** en ordentlig utgallring

scrub 2) [*skrʌb*] buskskog, [ris]snår, förkrympt buske (träd, djur), stackare, *amr.* andra laget (i sport); ~ **[horse]** *amr.* krake, kräk; **scrubby** förkrympt, ynklig, betäckt med buskskog, orakad

scruff [*skrʌf*] nacke; **take (seize) by the ~ of the neck** ta (gripa) i nackbastet ('i hampan')
serum [*skrʌm*] *sl* förk. f. *scrummage* (se *scrimmage*)
scrummage se *scrimmage*
scrummy [*skrʌmi*], **scrumptious** [*skrʌm(p)ʃəs*] *sl* första klass, utmärkt, finfin
scrunch [*skrʌn(t)ʃ*] knapra, knastra
scruple [*skru:pl*] skrupel (viktsenhet om 20 gran), grand, korn; *pl* skrupler, [samvets]betänkligheter; dra i betänkande, tveka; **scrupulous** [*skru:pjuləs*] försiktig, samvets-, noggrann, nogräknad
scrutator [*skru:tei'tə*] granskare; **scrutineer** [*skru:tini'ə*] medlem av valnämnd, valkontrollant; **scrutinize** [*skru:tinaiz*] undersöka, granska, pröva
scrutiny [*skru:tini*] granskning, kritisk undersökning, officiell kontroll av avgivna röster
scud [*skʌd*] ilande, flykt, vindil, by, stormskyar; ila, rusa [fram över], *sjö.* länsa undan
scuff [*skʌf*] hasa, gå med släpande steg
scuffle [*skʌfl*] slagsmål, handgemäng, tumult; slåss, tumla om, knuffas
scull [*skʌl*] åra; ro; **sculler** roddbåt (för två åror), roddare
scullery [*skʌləri*] diskrum, brygghus; **~ maid** kökspiga
sculp[t] [*skʌlp(t)*] *sl* förk. f. *sculpture*
sculptor [*skʌlptə*] bildhuggare; **sculptress** [*skʌlptris*] skulptris; **sculptural** [*skʌlptʃər(ə)l*] skulptural, skulptur-
sculpture [*skʌlptʃə*] bildhuggarkonst, skulptur; skulptera, pryda med skulptur; **sculpturesque** [*skʌlptʃəre'sk*] skulptural, som mejslad
scum [*skʌm*] skum, slagg, avskum; skumma
scumble [*skʌmbl*] dämpning; dämpa (oljefärg)
scummy [*skʌmi*] skummande, skumliknande, *sl* värdelös, gemen
scupper [*skʌpə*] *sjö.* spygatt; *mil. sl* överrumpla och nedhugga, sänka (båt)
scurf [*skə:f*] skorv, mjäll (i håret), fjäll (på metall), pannsten; **~y** skorvig, mjällig
scurrility [*skʌri'liti*] plumphet, grovkornigt skämt; **scurrilous** [*skʌriləs*] plump, grovkornig, rått skämtsam
scurry [*skʌri*] jäkt, brådska, trippande, kort travlopp; jäkta, jaga, springa, trippa raskt
scurvy [*skə:vi*] skörbjugg; lumpen, tarvlig, gemen; **a ~ trick** ett nedrigt spratt; **scurvied** lidande av skörbjugg
scut [*skʌt*] kort svans
scutcheon [*skʌtʃ(ə)n*] vapensköld, nyckelhålsklaff, namnplåt
scutter [*skʌtə*] rusa (kila) omkring, gno
scuttle [*skʌtl*] kolbox el. dess innehåll, ventil, lucka, hastig gång, brådstörtad avfärd; borra i sank, skutta (kila) i väg, smita [i väg], *amr.* annullera
Scylla [*silə*]; **~ and Charybdis** [*kəri'bdis*] Skylla och Karybdis ('den ena faran efter den andra')
scythe [*saið*] lie; meja ned (av)
sea [*si:*] hav, sjö, farvatten, störtsjö, våg, sjögång; **the S— of Azov** Asovska sjön; **the Black S—** Svarta havet; **choppy ~** krabb sjö; **the four ~s** de fyra haven (runt Storbritannien); **heavy ~** svår (hög) sjö, stark sjögång; **the high ~s** öppna havet (sjön); **the North S—** Nordsjön; **rough ~** hög (grov) sjö; **rolling ~** stormigt; **the Seven S—s** de sju [världs]haven; **be at ~** vara på sjön, till sjöss (havs), på havet, *fig.* vara i förlägenhet, villrådig, rådlös; **beyond ~** bortom haven, på andra sidan havet; **on the ~** på havet, (belägen) vid havet (havskusten); **over ~** = *beyond* **~**; **put to ~** sticka ut till havs, sätta i sjön; **~ bathing** badning i havet; **~ bear** isbjörn, *fam.* sjöbjörn; **seaboard** [havs]kust; **~-born** född på (ur) havet; **~ breeze** havsbris, sjövind; **~-calf** säl; **~ captain** sjökapten, kommendör[kapten], kapten vid flottan; **~-cock** *sjö.* bottenkran; **~ cook** skeppskock; *sjö. fam.* stackare; **~-cow** *zool.* sirendjur, manet, valross; **~-dog** hundhaj, (vanlig) säl, *fig.* sjöbjörn, -buss; **~drome** [*-droum*] konstgjord ö i oceanen, där flygmaskiner kunna intaga proviant; **~farer** sjöfarare; **~faring** sjöfart; sjöfarande; **~faring man** sjöfarare, -man; **~ front** strandgata (i stad vid havet); **~-ga[u]ge** (ett fartygs) djupgående; **~going** ocean-, sjögående (fartyg); **~-gull** fiskmås; **~-hog** tumlare; **~-horse** sjöhäst, valross, flodhäst; **~ kale** *bot.* strandkål; **~-king** sjökonung (is. vikingakung); **~ lawyer** *sjö. sl* skansadvokat; **~-legs** *fig.* 'sjöben' (vana att gå på däck under sjögång); **get one's ~-legs** bli sjövan; **~ level** havsyta, havets nivå (is. vid geografiska höjdangivningar); **mean ~ level** medelvattenstånd; **~ lion** sjölejon; **~maid** sjöjungfru; **~man** sjöman, matros; **ordinary seaman** lättmatros; **~manship** sjömanskap, sjömannaskicklighet; **~-mark** sjömärke; **~-mew** *zool.* havsmås; **~ mile** sjömil (6,080 *feet*); **~ needle** *zool.* näbbgädda (Belone vulgaris); **~-pen** *zool.* sjöpenna; **~pie** sjömanspaj (av salt kött etc.), *zool.* strandskata; **~-piece** sjöstycke, marinmålning; **~-plane** hydroplan, sjöflygplan, flygbåt; **~-plane base** *flyg.* sjöflygplats; **~port** sjö-, hamnstad; **~-power** sjömakt; **~-room** öppen sjö, svängrum (för skepp); **~ rover** sjörövare, -fartyg; **~-scape** marinmålning; **the ~ serpent** Sjöormen; **~sick** sjösjuk; **~side** kust (ss. uppehålls- el. rekreationsort); **~side place (resort)** badort (vid havet); **~-sled** *amr. sl* motorbåt; **~-unicorn** *zool.* narval (Monodon monoceros); **~-urchin** *zool.* sjöborre; **~-wall** strandvall, damm (mot havet); **~ward** mot havet, till havs; **~weed** havstång, sjögräs; **~worthy** sjöduglig, -värdig
seal 1) [*si:l*] sigill[stamp], insegel, stämpel, försegling, vattenlås; försegla, besegla, bekräfta, hermetiskt tillsluta; **the Great S—** stora rikssigillet; **the Privy S—** hemliga sigillet (kungens sigill); **Lord (Keeper of the) Privy S—** Lordsigillbevararen; **receive (return) the ~s** tillträda (frånträda) sitt ämbete *ss.* lordkansler (el. *Secretary of State*); **set one's ~ to** sätta sitt sigill under (på), *fig.* stadfästa, bekräfta; **~ of love** [kärleks]insegel, kyss, äktenskap o. d.; **he has the ~ of death (genius) on his face** han bär dödens (snillets) prägel i sitt anlete; **under ~ of confession** el. **under ~ of confidence** i djupaste förtroende, under biktens insegel, under tysthetslöfte; **this is a ~ed book to me** detta är en förseglad bok (ngt förborgat) för mig; **my lips are ~ed** mina läppar äro förseglade, jag är bunden av tysthetslöfte; **~ up** försegla; **~-ring** signetring; **sealed** förseglad etc., *amr. sl* gift; **sealing-wax** [sigill]lack
seal 2) [*si:l*] säl[skinn]; jaga säl; **~-fishery** sälfångst; **sealer** sälfångare, sälfångstfartyg
seam [*si:m*] söm, fog, nåt, ärr, *geol.* gång, åder, skikt; foga (sy) ihop, ärra sig; **~less** utan söm, (vävd) i ett stycke; **~stress, sempstress** [*sem(p)stris*] sömmerska; **~y side** söm-, avigsida (*äv. fig.*)
seance [*seia:ns, seiɔ:ns*] sammankomst, seans
sear [*siə*] vissen; sveda, *fig.* förhärda
search [*sə:tʃ*] sökande, forskande, efterforskning, -spaning, undersökning, visitering, sondering; söka, forska, spana, genomsöka, undersöka, visitera, sondera; **~ for** efterforska, -spana; **in ~ of** på jakt efter; **right of ~** rätt till husundersökning el. visitering; **~ me** vad vet jag? det skall du ej fråga mig om; **the cold ~ed his marrow** kölden gick genom märg och ben på honom; **~ a wound** sondera ett sår; **~ing** sökande, undersökning; forskande, spejande, skarp (köld), noggrann; **searchings of conscience** samvetsagg; **~-light** strålkastare; **~-warrant** visiteringsorder

season [*si:zn*] årstid, säsong, [rätt] tid, period; mogna, ligga till sig, bli van, torka, bereda, härda, vänja, lagra, krydda; **close** ~ förbjuden tid (för jakt); **the dead** ~ den döda säsongen; **dry** ~ torrtiden (i tropikerna); **the four** ~**s** de fyra årstiderna; **the holiday** ~ ferie-, semestertiden; **the off** ~ den döda säsongen; **the publishing** ~ boksäsongen; **the rainy** ~ regntiden (i tropikerna); **in** [**due** el. **good**] ~ i god (rättan, sinom) tid (t. ex. *a word in* ~); **in and out of** ~ i tid och otid; **a** ~**ed pipe** en inrökt pipa; ~**ed soldiers** (mot klimatet) härdade soldater; ~**ed wood** torrt virke, lagrat trä; ~**-ticket** säsongbiljett, abonnemangskort; ~**able** [*si:znəbl*] utmärkande (passande) för årstiden, årstidens (is. ~ *weather*); läglig, lämplig; ~**al** [*si:zn(ə)l*] säsong-, växlande med (efter) årstiden, periodisk; ~**ing** (is.) kryddande, krydda

seat [*si:t*] säte, [sitt]plats, bänk, sits, boplats, bakdel; sätta, låta sitta (sätta sig), anvisa (bereda) sittplats åt, förse med sittplats, sätta sits i; **keep one's** ~ sitta kvar (*äv.* hålla sig kvar i sadeln); **lose one's** ~ förlora sin plats (sitt mandat); **take a** ~ sätta sig (ta plats); **rider with a good** ~ ryttare, som sitter väl (säkert) på hästen; ~ **of learning** lärdomssäte; **the** ~ **of war** krigsskådeplatsen; **cane** ~ rottingsits; ~ **a candidate** placera en kandidat (säkerställa hans val); **the church will** ~ **5000** kyrkan har sittplatser för 5000 personer; **pray be** ~**ed** var så god och tag plats (sitt ner); ~ **oneself** sätta sig; ~**ed** försedd med sittplats, sittande, belägen; **fourseater** fyrsitsig bil (flygmaskin etc.)

sebaceous [*sibei'ʃəs*] fettavsöndrande, -förande, talgig; ~ **gland** fettkörtel

sec [*sek*] *fam.* förk. f. *second* sekund, el. *secretary*

secant [*si:k(ə)nt*] *mat.* sekant, skärnings-, skärande

secateur[s] [*sekətə:(z)*] sekatör, trädgårdssax

seccotine [*sekotin*] seckotin (ett slags lim)

secede [*sisi:'d*] utträda, separera, skiljas; **secession** [*sise'ʃ(ə)n*] utträde, utbrytning

seclude [*siklu:'d*] utesluta, avstänga; **seclusion** [*siklu:'ʒ(ə)n*] uteslutning, avskildhet, enslighet

second 1) [*sek(ə)nd*] sekund, andre man, tvåa, andra stämma, sekundant, *pl* sekunda varor; andra, nästa, sekunda, (~ *to*) underlägsen; understödja, sekundera, instämma i (med); ~ **of exchange** *hand.* sekundaväxel; ~ **advent** (Kristi) andra tillkommelse; ~ **ballot** omval; ~**-best** näst bäst; **come off** ~**-best** dra det kortaste strået; ~ **birth** pånyttfödelse; ~ **chamber** andra kammare (i parlament etc.); **in his** ~ **childhood** barn på nytt; ~**-chop** *sl* sekunda, andraklass[-]; ~ **coming** (Kristi) andra tillkommelse; ~ **cousin** syssling; ~ **division** lägre statstjänstemannaklass, mildare fängelsebehandling; **every** ~ varannan; **be** el. **play** ~ **fiddle** spela andra fiolen (is. *fig.*); ~**-hand** antikvarisk, i (ur) andra hand, begagnad (om böcker, kläder, möbler o. d.); ~**-hand bookseller** innehavare av antikvariat; ~ **in command** näst högste befälhavare; ~ **lieutenant** underlöjtnant; ~**-mark** sekundtecken (tecknet"); ~ **nature** andra natur, instinkt; ~**-rate** andra klassens, sekunda, medelmåttig; ~**-rater** andra klassens person; ~ **self** andra jag; ~ **sight** inre syn, fjärrsynthet, -skådning, siarförmåga; ~ **string** en el. något i reserv; ~ **teeth** permanenta tänder (mots. *milk-teeth*); **on** ~ **thoughts** vid närmare betänkande; **be** ~ **to none** inte stå efter någon, vara oöverträffad; **get one's** ~ **wind** andas ut, hämta nya krafter; ~**er** [*sek(ə)ndə*] en som instämmer (understöd i parlamentet); ~**ly** för det andra

second 2) [*sikɔ'nd*] *mil.* förflytta (från ett regemente) till speciell tjänst

secondary [*sek(ə)nd(ə)ri*] sekundär, andrahands-, bi-, underordnad; ~ **planet** *astr.* drabant; ~ **school** läroverk; ~ **shaft** *mek.* kamaxel

secrecy [*si:krisi*] hemlighetsfullhet, tystlåtenhet

secret [*si:krit*] hemlighet; hemlig, hemlighetsfull, tystlåten; **keep a** ~ bevara en hemlighet; **open** ~ offentlig hemlighet; **in** ~ i hemlighet; **in the** ~ invigd i hemligheten; **the** ~ **service** hemliga polisen, regeringens spioneriväsen; **be** ~ bevara hemligheten

secretarial [*sekrətɛ'əriəl*] sekreterare-; **secretariate** [*sekrətɛ'əriət*] sekretariat, sekreterarskap

secretary [*sekrət(ə)ri*] sekreterare, minister, sekretär; **honorary** ~ oavlönad sekreterare; **S— of State for Foreign Affairs** el. **Foreign S—** (Englands) utrikesminister; **S— of State for Home Affairs** el. **Home S—** (Englands) inrikesminister; **Chief S— for Ireland** minister för Irland; **S—** [**of State**] **for War** (Englands) krigsminister; ~**-bird** sekreterarfågel (förekommer i Afrika); ~**ship** sekreterarbefattning

secrete [*sikri:'t*] undangömma, dölja, avsöndra; **secretion** [*sikri:'ʃ(ə)n*] undangömmande, avsöndring, sekretion; **secretive** [*sikri:'tiv*] hemlighetsfull, förtegen; **secretory** [*sikri:'təri*] avsöndrande, sekretorisk

sect [*sekt*] sekt; ~**arian** [*sektɛ'əriən*] sekterist; sekteristisk; ~**arianism** [*-izm*] sekterism

section [*sekʃ(ə)n*] [av-, genom]skärning, [tvär]snitt, sektion, avdelning, del, paragraftecken (§), (is. *mat.*) snitt, *amr.* kvarter (stadsdel), kupé (i sovvagn), sektor (av järnvägslinje), *mil.* tropp, frontavsnitt; dela [upp]; **conic** ~ *mat.* kägelsnitt; **cross** el. **lateral** el. **transverse** ~ tvärsnitt; **longitudinal** ~ (**of a ship**) längdsnitt (av ett fartyg); **microscopic** ~ tvärsnitt av växt för mikroskopering; **the subject falls into five** ~**s** ämnet omfattar (sönderfaller i) fem punkter (delar, avsnitt); **references are to** ~**s, not pages** det hänvisas till paragrafer, icke till sidor; **a gun in** ~**s for transport** en kanon tagen i delar för att transporteras; ~**-commander** troppledare; ~**al** [*sekʃən(ə)l*] avdelnings-, del-; ~**al bookcase** bokhylla i lösa delar; **sector** [*sektə*] sektor, avsnitt, *mil.* frontavsnitt

secular [*sekjulə*] sekularpräst (motsats munk), lekman, *amr.* världslig sång; hundraårs-, varaktig, bestående, världslig, profan, timlig; **the** ~ **arm** den världsliga överheten; ~ **clergy** sekularprästerskap; ~ **fame** varaktig (bestående) berömmelse; ~ **marriage** borgerlig vigsel; ~ **music** profan musik; ~**ism** [*sekjulərizm*] världslighet, åsidosättande av allt religiöst; ~**ity** [*sekjulæ'riti*] världslighet; ~**ization** [*sekjuləraizei'ʃ(ə)n*] sekularisering, förvärldsligande; ~**ize** [*sekjuləraiz*] sekularisera, indraga kyrkogods o. d., göra världslig

secure [*sikju'ə*] säker; göra säker, låsa till, inspärra, fastgöra, befästa, trygga, skydda, försäkra sig om, bemäktiga sig, tillförsäkra, skaffa [sig], lyckas erhålla; ~ **of** viss, säker om; ~ **against** el. **from** säkerställa sig mot; ~ **arms** *mil.* skydda gevären (genom att hålla dem med mynningen nedåt och låset i armhålan *ss.* skydd mot regn); ~ **oneself** säkerställa sig; **securing washer** *mek.* låsbricka; **security** [*sikju'əriti*] säkerhet, trygghet, kaution, pant, värdepapper, obligation

sedan [*sidæ'n*] bärstol, sedan (fyrsitsig bil); ~**-chair** bärstol

sedate [*sidei't*] stadig, stillsam, lugn, sansad; **sedative** [*sedətiv*] smärtstillande, lugnande [medel]; **sedentary** [*sednt(ə)ri*] [stilla]sittande; **sederunt** [*sidi'ərənt*] (is. *jur.*) *lat.* session, sammanträde, möte

sedge [*sedʒ*] starrgräs

sediment [*sedimənt*] sediment, fällning, bottensats; **sedimentation** [*sedimәntei'ʃ(ə)n*] **test** *med.* blodsänkningsreaktion

sedition [*sidi'ʃ(ə)n*] upproriskhet, upprorsanda;

seditious [*sidi'ʃəs*] upprorisk, -studsig, agitatorisk
seduce [*sidju:'s*] förföra, förleda; **seduction** [*sidʌ'kʃ(ə)n*] förförande, -else, förledande, lockelse; **seductive** [*sidʌ'ktiv*] förförisk, lockande
sedulity [*sidju:'liti*] trägenhet, ihärdighet; **sedulous** [*sedjuləs*] trägen, ihärdig, flitig
see 1) [*si:*] biskopsstift, -säte; **the Holy S—, the S— of Rome** den heliga stolen, påvestolen
see 2) [*si:*] (*oregelb. vb*) se, bese, se efter, se till, sörja för, inse, erfara, uppleva, besöka, mottaga besök av, tala med, följa (hem etc.), *amr.* (besöka för att) muta; **go to (and) ~** besöka, hälsa på; **I ~** jag förstår, jaså; **you ~** du förstår, ju, förstås; **do you ~**? (*fam.* **see?**) förstår du? **let me ~** låt mig se (tänka efter), vänta litet, ett ögonblick; **~ here!** *amr.* hör! **I do not ~ how to do it** jag förstår ej hur det skall göras; **he will never ~ 50 again** han är över 50 år; **~ the back of somebody** bli kvitt ngn; **not ~ the colour of one's money** inte se till (en skymt av) sina pengar; **~ things differently** se annorlunda på saker och ting, se saken i annat ljus; **~ it done** se till att det blir gjort; **~ eye to eye (with)** ha samma syn på saken (som); **~ good** finna för gott; **~ home** följa hem; **will you ~ me insulted?** vill du finna dig i att jag blir förnärmad? **~ life** lära känna ('leva') livet; **~ the light** skåda dagens ljus, komma till världen; **I am ~ing no one to-day** jag är inte hemma för ngn idag; **~ the point** förstå poängen (i en historia); **~ red** *sl* se rött; **~ the red light** bli rädd (skrämd); **~ service** vara med (pröva på); **have seen service** ha prövat på (varit med), vara utsliten; **~ stars** se stjärnor för ögonen (efter ett slag); **~ that** se till att (sörja för att); **~ things** se syner (ha hallucinationer); **~ visions** vara siare, ha syner; **~ one's way to** se sig i stånd att; **~ about** se till, sköta om, fundera (tänka) på; **~ after** se efter (till); **~ into** undersöka, titta närmare på; **he can ~ into a millstone** han är ovanligt skarpsynt (skarpsinnig); **~ a person off** följa [av] ngn (till tåget etc.); **~ out** följa [ut] (till dörren), överleva, se ngt (hålla ut) till slutet, se slutet av ngt, *äv.* se hur långt ngn vill gå; **~ over** gå igenom, inspektera; **~ through** genomskåda; **~ it through** framhärda (hålla ut) till slutet; **~ a person through** hjälpa ngn igenom (t. ex. svårigheter); **~ to it that** tillse att; **~ing** syn; seende; **~ing [that]** i betraktande av att, alldenstund
seed [*si:d*] frö, säd, utsäde, *zool.* sädesvätska, mjölke, *amr. sl* dollar; gå i frö, fröa sig, plocka frön ur, beså; **the ~ of Abraham** (is. *bibl.*) A:s säd (judarna); **raise up ~** bringa barn till världen; **sow the good ~** *fig.* så den goda säden, predika evangelium; **go** el. **run to ~** gå i frö (*äv. fig.*); **~-bed** se **~-***plot*; **~-cake** kumminkaka; **~-corn** frökorn, utsädesfrö; **~-plot** fröodling, plantskola, härd (för t. ex. uppror); **~sman** fröhandlare, såningsman; **~-time** såningstid; **~-vessel** *bot.* fröhus; **~er, ~ing-machine** såningsmaskin; **~ling** planta uppdragen ur frö; **~y** full av frön, luggsliten, sjaskig, ruskig, krasslig
seeing se *see*
seek [*si:k*] (*oregelb. vb*) söka [efter], eftersträva, begära, söka vinna, försöka, uppsöka; **~ a person's life** trakta efter en persons liv; **~ out** uppsöka, bege sig till; **sought-after** eftersökt, omsvärmad
seem [*si:m*] tyckas, förefalla, synas [vara], tycka sig [vara]; **~ to be** synas vara; **it ~s an absurdity** det förefaller orimligt; **he ~s deaf** han tycks vara döv; **it ~s good (to)** det synes gott (lämpligt), det synes vara det bästa; **it ~s to me that** det förefaller mig som om, jag tycker att; **it should** el. **would ~** det kunde tyckas; **~ing** sken, utseende; skenbar, låtsad; **~ingly** skenbart, till utseendet; **~ly** passande, anständig, hövisk
seen [*si:n*] sett (se *see*)
seep [*si:p*] sippra [ut], läcka
seer [*si(:)ə*] siare, profet, indisk viktsenhet (= 9 hg), rymdmått (= ca 1 liter)
seersucker [*siəsʌkə*] *amr.* ett slags grovt bomullstyg
seesaw [*si:sɔ:*] [gungning på] gungbräda, svängande, vacklande, vippande; gunga (upp och ned), svänga; **~ policy** vacklande politik
seethe [*si:ð*] sjuda, koka (*äv. fig.*)
segment [*segmənt*] segment, avskuren del, avdelning, -snitt
segregate [*segrigeit*] avskilja[s], avsöndra [sig]; **segregation** [*segrigei'ʃ(ə)n*] avskiljande, avsöndring
seignior [*si:njə*] storman, läns-, godsherre; **seign[i]orage** [*si:njəridʒ*] länsherres rättighet, is. mynt[nings]skatt till kronan, viss procent av mindrift; **seigniory** [*si:njəri*] länsherravälde, länsherres myndighet, stormans gods; **seigniorial** [*si:njɔ:'riəl*] länsherrlig, -herres
seine [*sein*] [fiska med] större not (vad)
seise se *seize*
seisin [*si:zin*] *jur.* besittningstagande, besittning av fast egendom
seismic [*saizmik*] seismisk, jordbävnings-; **seismograph** [*saizmogræf*], **seismometer** [*saizmɔ'mitə*], **seismoscope** [*saizmoskoup*] jordbävningsmätare; **seismography** [*saizmɔ'grəfi*], **seismology** [*saizmɔ'lədʒi*] läran om jordbävningar, seismologi
seize (*jur.* i regel *seise*) [*si:z*] gripa, fatta [tag i], rycka till sig, bemäktiga sig, uppbringa, lägga beslag på, fatta, begripa, *sjö.* sejsa, fastsurra, *mek.* kärva, skära ihop; **~ a distinction, an idea** fatta (begripa) en distinktion (skillnad), en tanke; **~ a fortress** intaga en fästning; **~ the opportunity** begagna el. gripa tillfället; **be seised of** vara (i laglig) besittning av, *fig.* vara fullt medveten om, ha kännedom om; **be ~d with** angripas av (t. ex. en sjukdom); **seizin** *jur.* besittningstagande; **seizing[s]** *sjö.* sejsning; **seizure** [*si:ʒə*] gripande, besittningstagande, uppbringande (av skepp), slaganfall, *jur.* beslagtagande, utmätning, *mil.* inkallelse
seladang [*sila:'dæŋ*] seladang (stor malajisk vildoxe), malajisk tapir
selah [*si:lə*] Sela (i Davids psalmer)
seldom [*seldəm*] sällan
select [*sile'kt*] utsökt, utvald, exklusiv; utvälja, -se; **~ committee** särskilt utskott; **the ~ few** de få utvalda; **~ion** [*sile'kʃ(ə)n*] utväljande, val, urval, *pl* tips; **natural selection** naturligt urval; **~ive** [*sile'ktiv*] utväljande, selektiv (is. *radio.*); **~ivity** [*silekti'viti*] förmåga till urval, (*radio.*) selektivitet; **~or** [*sile'ktə*] utväljare, selektor
selenium [*sili:'niəm*] selen (ett grundämne); **selenography** [*selinɔ'grəfi*] beskrivning av månen
self [*self*] (*pl selves* [*selvz*]) själv, (ngns) jag, person, individ, ngn själv (*hand.* o. *skämts.*) = *myself, yourself* etc.; **my own** el. **very ~** mig själv; **our precious selves** våra dyrbara personer; **a cheque drawn to ~** *hand.* check ställd till egen order; **he did it quite by himself** han gjorde det alldeles ensam
self- [*self-*] själv-; **~-absorbed** självupptagen; **~-abuse** självbefläckelse; **~-acting** automatisk; **~-adjusting** självreglerande (maskiner etc.); **~-assertion** självhävdelse; **~-centred** egocentrisk; **~-coloured** enfärgad; **~-command** självbehärskning; **~-conceit** egenkärlek, självgodhet; **~-confident** självsäker; **~-conquest** självövervinnelse; **~-conscious** besvärad, generad; **~-contained** sluten, reserverad, behärskad; **~-control** självbehärskning; **~-defence** självförsvar; **the art of ~-defence** boxning; **~-denial**

självförnekelse, -försakelse; ~-**denying** självförnekande, -försakande; **right of ~-determination** *pol.* självbestämmanderätt; ~-**devotion** självuppoffring; ~-**discharge** *auto.* självurladdning; ~-**evident** självklar; ~-**government** självstyrelse; ~-**ignition** *auto.* självtändning; ~-**important** dryg, viktig, självsäker; ~-**indulgence** självsvåld, brist på självtukt, njutningslystnad; ~-**interest** egennytta; **a ~-made man** en som kommit sig upp [på egen hand]; ~-**mortification** självspäkning, -tuktan, askes; ~-**opinion-[at]ed** självklok, självgod; ~-**possessed** [själv]behärskad, lugn; ~-**preservation** självbevarelse-[drift]; ~-**realization** självhävdelse; ~-**recording** självregistrerande (instrument); ~-**regard** egoism; ~-**reliance** självförtroende; ~-**restraint** självbehärskning; ~-**righting** *sjö.* (om båt) självresande (med förmåga att själv komma på rätt köl); **the ~-same** just [den]samme; ~-**seeking** egoistisk, egennyttig; ~-**service restaurant** restaurang med självbetjäning; ~-**starter** *mek.* självstart; ~-**sufficient** självtillräcklig, självständig, förmäten, självsäker; ~-**sufficing** oberoende, självtillräcklig; ~-**supporting** självförsörjande; ~-**will** egensinne; ~-**willed** självrådig

selfish [*selfiʃ*] självisk, egennyttig; **selfless** osjälvisk

sell [*sel*] *fam.* bedrägeri, skoj; (*oregelb. vb*) sälja[s], 'gå' (om varor), *sl* lura, bedraga, narra, *amr.* popularisera; **this book ought to ~ like wildfire** denna bok bör gå åt som smör; **~ a person a pup** *sl* lura ngn; **sold again!** *sl* lurad nu igen! **~ off, ~ out** realisera (lager); **~ up** ställa till tvångsauktion; **~er** [för]säljare; **best ~er** succébok; **~ing rate** säljkurs

s'elp [*selp*] **me!** *sl* vid min själs salighet!

seltzer [*seltsə*] el. **S— water** seltersvatten (mineralvatten)

selvage [*selvidʒ*], **selvedge** [*selvedʒ, -vidʒ*] kant, list, stad (på tyg)

selves [*selvz*] se *self*

semaphore [*seməfɔ:*] semafor, optisk telegraf, signal (på järnväg); semaforera, signalera

semblance [*sembləns*] utseende, skepnad, sken

semen [*si:men*] (mannens) säd

semester [*sime'stə*] [halvårs]termin (vid universitet)

semi- [*semi-*] halv-; ~-**annua** l *amr.* halvårig; ~**breve** *mus.* heltaktsnot; ~-**cantilever** *flyg.* halvt fribärande; ~**circle** halvcirkel, -krets; ~**circular** halvcirkelformig; ~**colon** [*se'mikou'lən*] semikolon; ~-**detached** (om hus) till hälften fristående, sammanbyggd på en sida; ~-**final** (*sport.*) semifinal; ~-**finished product** halvfabrikat; ~-**nude** halvnaken; ~-**occasionally** *amr.* då och då, ngn enstaka gång; ~-**official** halvofficiell; ~**quaver** *mus.* sextondedels not; ~**stiff collar** halvstyv krage; ~**tone** halvton; ~**tonic** halvtons-, bestående av halvtoner; ~**tonic scale** kromatisk skala; ~**vowel** halvvokal

seminal [*se'min(ə)l*] sädes-, frö-

seminary [*se'minəri*] [präst]seminarium, *fig.* plantskola

Semite [*simai't*] semit, (speciellt) jude; **Semitic** [*simi'tik*] semitisk

semolina [*seməli:'nə*] semolinagryn

sempiternal [*sempitə:'n(ə)l*] evinnerlig, evig, ändlös

sempstress [*sem(p)stris*] sömmerska (*seamstress*)

senate, Senate [*senit*] senat; **senator** [*senətə*] senator; **senatorial** [*senətɔ:'riəl*] senatorisk, senats-

send [*send*] (*oregelb. vb*) skicka, sända, utsända (bl. a. i radio), förläna, giva, göra, skicka i väg, slunga; **God ~ it may be so!** Gud give att det måtte ske så! **~ him victorious!** skänk honom seger! **~ a person about his business** be ngn sköta sig själv; **~ down** relegera (från universitet); **~ flying** slunga [i väg], ge ngn ett slag så att han vacklar, skingra, köra bort (ut); **~ for** skicka efter, rekvirera; **~ forth** utsända; **~ in** insända, ingiva; **~ mad** göra tokig; **~ off** skicka bort, avsända, utsända, avskjuta, följa (till tåg etc. vid avresa); **~ out** utsända; **~ up** insända, driva (pressa) upp [pris], *amr. sl* (offentligt) avslöja, sända i fängelse; **~ word** skicka bud, låta meddela; ~-**off** start (i livet), farväl (vid avresa med tåg etc.), berömmande recension

senescence [*sine'səns*] begynnande ålderdom; **senescent** som börjar åldras

senile [*si:nail*] senil, ålderdomssvag; **senility** [*sini'liti, sen-*] senilitet, ålderdomssvaghet

senior [*si:'njə*] (en som är) den äldre el. förnämste (i tjänsten o. d.), senior, äldre elev (officer etc.); äldre, äldste; **he is my ~** el. **he is ~ to me** han är äldre än jag; **the ~ service** marinen (i motsats till armén); **John Smith ~** John Smith den äldre; **~ classic, ~ wrangler** primus student i 1:sta hedersklassen vid klassisk el. matematisk examen i Cambridge; **~ man** *univ.* äldre student; **~ partner** (firmas) chef; ~**ity** [*si:niɔ'riti*] högre tjänsteålder, åldersrätt, anciennitet

senna [*senə*], ~-**pods** *med.* senna[blad], sennaskidor

sensation [*sensei'ʃ(ə)n*] sensation, förnimmelse, känsla, uppseende; ~**al** [*sensei'ʃənəl*] sinnes-, sensationell; ~**alism** [*sensei'ʃənəlizm*] sensualism (*filos.*), sensationslystnad

sense [*sens*] sinne, förstånd, omdöme, känsla, uppfattning, betydelse, mening, opinion, stämning, *pl* sans; märka, förstå, ana, uppfatta; **common ~** sunt förnuft; **the five ~s** de fem sinnena; **good ~** = *common ~*; **in a legal ~** i juridisk mening; **in a literal ~** i bokstavlig mening; **in a metaphorical ~** i överförd (bildlig) betydelse; **road ~** (ung. =) trafikkultur; **sound ~** sunt förstånd; **in a strict ~** i egentlig betydelse; **have the ~ to** vara klok nog att; **make ~** ge mening; **make ~ of** få ngn mening i; **take the ~ of the meeting** inhämta (konstatera) mötets mening (vid omröstning); **errors of ~** fel uppfattning; **man of ~** en man med sunt omdöme; **pleasures of ~** sinnliga njutningar (fröjder); **~ of current** *auto.* strömriktning; **~ of duty** pliktkänsla; **~ of hearing** hörselsinne; **~ of honour** hederskänsla; **~ of locality** lokalsinne; **~ of pain** känsla av smärta; **~ of sight, smell, taste, touch** syn-, lukt-, smak-, känselsinne; **what is the ~ of talking like that?** vad ligger det för mening i att prata så där? **have you taken leave of** el. **are you out of your ~s?** är du galen? är du från dina sinnen (från vettet)? **frightened out of one's ~s** skrämd från sina sinnen (från förståndet); **bring (come) to one's ~s** föra (komma) till sans el. besinning, bringa (komma) till förnuft; **in one's ~s** vid sina sinnen[s fulla bruk]; ~**less** sanslös, oförståndig

sensibility [*sensibi'liti*] känsel[förmåga], känslighet, mottaglighet (för sinnesintryck)

sensible [*sensibl*] förnimbar, märkbar, kännbar, förståndig, klok, medveten (**of** om); **be ~ of** ha förnimmelse av, ha sinne (känsla) för, inse; **a ~ increase** en kännbar (märkbar) stegring

sensitive [*sensitiv*] känslig, mottaglig, ömtålig; **~ plant** *bot.* Sensitiva, känselblomma (Mimosa pudica o. M. sensitiva); **sensitization** [*sensitaizei'ʃ(ə)n*] *foto.* sensibilisering; **sensitize** [*sensitaiz*] sensibilisera (*film.*)

sensorial [*sensɔ:'riəl*], **sensory** [*sensəri*] sensoriell, sinnes-, känsel-

sensual [*sensjuəl*] sinnlig, vällustig; **sensualist** [*-ist*] sensualist, sinnlig människa; **sensuality**

[*sensjuæ'liti*] sensualitet, sinnlighet; **sensuous** [*sensjuəs*] sensuell, sinnlig
sensum [*sensəm*] (*filos.*) omedelbar förnimmelse
sent [*sent*] sände (se *send*)
sentence [*sentəns*] mening, [huvud]sats, sentens, tänkespråk, *jur.* utslag, dom, straff; döma (till straff); **pass** ~ **(on)** avkunna dom över; **serve one's** ~ avtjäna sitt straff
sententious [*sente'nʃəs*] sententiös, aforistisk, högtravande, lakonisk, koncis, kärnfull
sentience [*senʃiəns*] känsloförmåga; **sentient** kännande, känslo-, känslig
sentiment [*sentimənt*] känsla, känslosamhet, stämning, uppfattning, mening, grundtanke, skåltal; **those are my** ~**s** så känner jag det; **a man of** ~ en känslomänniska el. en rättänkande person; ~**al** [*sentime'nt(ə)l*] känslofull, -sam; ~**alist** [*sentime'ntəlist*] känslomänniska, känslosam människa; ~**ality** [*sentiməntæ'liti*] känslosamhet
sentinel [*sentinəl*] vaktpost, skyltvakt
sentry [*sentri*] vaktpost, skyltvakt, vakt; **keep** ~ hålla vakt; ~**-box** post-, vaktkur; ~**-go** (vaktposts) patrullering
sepal [*si:p(ə)l*] *bot.* blomfoderblad, -flik
separable [*sepərəbl*] skiljbar
separate 1) [*seprit*] skild **(from** från), av-, en-, särskild, separat; **live** ~ bo för sig själv
separate 2) [*sepəreit*] [av]skilja, separera, frånskilja, sortera, [åt]skiljas
separation [*sepərei'ʃ(ə)n*] avskiljande, skilsmässa, avsöndring; **judicial** ~ av domstol ålagd hemskillnad (på grund av skilsmässa); ~ **allowance** understöd till soldats hustru (utbetalat av staten), underhållsbidrag (åt frånskild hustru)
separative [*se'p(ə)rətiv*] [åt]skiljande
separator [*sepəreitə*] separator (centrifug)
Sephardi [*sifa:'di*] spansk el. portugisisk jude
sepia [*si:pjə*] sepia[brunt]
sepoy [*si:pɔi*] sepoy (indisk soldat i brittisk militärtjänst)
sepsis [*sepsis*] *med.* sepsis, förruttnelse, röta
sept [*sept*] (*Irl.*) stam, ätt (jfr *Skottl. clan*)
septan [*septən*] **fever** *med.* feber med anfall var sjätte dag
September [*septe'mbə*] september
septenary [*septənəri*] sjutal; sju[års]-
septennate [*septe'nit*] styrelse el. ämbetstid av sju år
septennial [*septe'njəl*] sjuårig, återkommande vart sjunde år
septet[te] [*septe't*] *mus.* septett
septic [*septik*] *med.* septisk, befordrande förruttnelse; ~ **poisoning** förgiftning vid förruttnelse
septicaemia [*septisi:'miə*] blodförgiftning
septuagenarian [*septjuədʒinɛ'əriən*] sjuttiåring; **Septuagesima** [*septjuədʒe'simə*] söndagen septuagesima; **Septuagint** [*septjuədʒint*] septuaginta (grek. översättningen av Gamla testamentet);
septuple [*septjupl*] sjudubbel
sepulchral [*sipʌ'lkr(ə)l*] grav-, begravnings-, gravlik; ~ **voice** gravlik röst
sepulchre [*sep(ə)lkə*] grav; **the Holy S—** den heliga graven; **whited** ~ vitmenad grift, hycklare
sepulture [*sep(ə)ltʃə*] begravning, jordande
sequel [*si:kw(ə)l*] följd, fortsättning, resultat, utgång; **in the** ~ i det följande, sedermera;
sequela [*sikwi:'lə*] *med.* följdsjukdom
sequence [*si:kwəns*] ordningsföljd, serie, rad, svit (*kort.*); **the** ~ **of events** händelsernas gång
sequent [*si:kwənt*], ~**al** [*sikwe'nʃ(ə)l*] [efter]följande, som följer på, därav följande, som följer av (ur)
sequester [*sikwe'stə*] isolera, avskilja, beslagtaga, konfiskera (*äv.* **sequestrate** [*sikwe'streit, si:'k-*]); **a** ~**ed life** en enstörings liv; **sequestration** [*si:kwestrei'ʃ(ə)n*] [beläggande med] kvarstad, beslagtagande; **sequestrator** [*sekwistreitə*] *jur.* förvaltare av beslagtagen egendom
sequin [*si:kwin*] sekin (*åld.* venetianskt guldmynt)
seraglio [*sera:'liou*] seralj, (turkiska sultanens) palats, harem
serang [*siræ'ŋ*] (*Ind.*) båtsman
seraph [*serəf*] seraf; **seraphic** [*səræ'fik*] serafisk, hänryckt, överjordisk
Serb [*sə:b*] serb[ier], serbiska [språket]; serbisk; **Serbia** [*sə:bjə*] Serbien; **Serbian** serb[ier], serbiska [språket], serbisk
Serbonian [*se:bou'njən*] serbonisk; ~ **bog** serboniska träsket i Egypten, *fig.* försumpning, hopplöst tillstånd, förvirring
sere [*siə*] vissen, förtorkad; **the** ~ **and yellow leaf** den kraftlösa ålderdomen
serenade [*serinei'd*] [sjunga] serenad
serene [*siri:'n*] klar och lugn, fridfull; **all** ~ el. **sereno** [*siri:'nou*] *sl* allt väl; **His S— Highness** förr titel för vissa, is. tyska, furstar (Durchlaucht); **serenity** [*sire'nity*] klarhet, lugn, stillhet; **His Serenity** = *His S— Highness*
serf [*sə:f*] livegen, träl; ~**age** [*sə:fidʒ*], ~**dom** [*sə:fdəm*] livegenskap, träldom
serge [*sə:dʒ*] sars, cheviot
sergeant [*sa:dʒənt*] sergeant; **[regimental]** ~ **major** översergeant, fanjunkare, (vid polis) överkonstapel; **S— at Arms** se *serjeant*
serial [*siəriəl*] följetong, verk utkommande i häften, i serie; serie-, periodisk, utkommande häftevis
series [*siəri:z*] räcka, serie, följd
serio-comic [*si'ərioukɔ'mik*] tragikomisk
serious [*siəriəs*] allvarlig, allvarsam, viktig, betydande; **are you** ~? är det ditt fulla allvar? är det din mening?
serjeant [*sa:dʒənt*] *åld.* jurist (högsta rang bland *barristers*); **S— at Arms** (i eng. parlamentet) härold och tillika ordningsmarskalk
sermon [*sə:mən*] predikan, straffpredikan, uppläxning; läxa upp; **lay** ~ lekmannapredikan; **the S— on the Mount** bergspredikan; ~**ette** [*sə:məne't*] kort predikan, betraktelse; ~**ize** [*sə:mənaiz*] predika, hålla [straff]predikan [för]
serous [*siərəs*] serös, vattenblandad, serums-
serpent [*sə:p(ə)nt*] orm (is. *fig.*), (i fyrverkeri) svärmare; **the Old S—** djävulen; ~**ine** [*sə:p(ə)ntain*] (skridskoåkares) skärombyte, ögla, serpentin (pappersremsa och *min.*); ormliknande, slingrande, *fig.* förrädisk, listig; sno, slingra el. vrida sig; **the Serpentine** långsmal slingrande damm i Hyde Park i London
serrate [*serit*], ~**d** [*serei'tid*] sågtandad; **serration** [*sərei'ʃ(ə)n*] sågtandning
serried [*serid*] tätt sluten (hopträngd), skuldra vid skuldra; ~ **ranks** *mil.* slutna led
serum [*siərəm*] *med.* serum
servant [*sə:vənt*] tjänare, betjänt, dräng, tjänsteflicka, jungfru; **public (civil)** ~ statstjänsteman; **your obedient** ~ Eder ödmjuka tjänare; **maid** ~, ~**-maid**, ~**-girl** tjänsteflicka, jungfru, hembiträde; **man** ~, ~**-man** tjänare, betjänt; **servants' hall** tjänstefolkets matsal
serve [*sə:v*] serve (i tennis); tjäna, passa upp [på], expediera, tjänstgöra, fungera, bistå, motsvara, fylla, passa, gagna, tillfredsställa, lämpa (yppa) sig, behandla, fullgöra, sköta, avtjäna, servera, sätta fram, ta in, duka upp, delge, serva (i tennis); ~ **one's apprenticeship** tjäna sin lärotid; **that excuse will not** ~ **you** den ursäkten hjälper dig inte; ~ **a gun** servera (betjäna) en kanon; ~ **in India** tjänstgöra (vara i tjänst) i Indien; **if my memory** ~**s me** såvida jag inte missminner mig; ~ **one's need** uppfylla sitt syfte, komma väl till pass, göra tjänst; **nothing would** ~ **him** intet dugde för honom; ~ **an office** fullgöra (sköta) ett ämbete; ~ **the purpose of** tjäna (tjänstgöra) som; ~[s] **you right** det var rätt (lagom) åt dig! ~ **one's**

sentence avtjäna sitt straff; ~ **a summons on somebody** *jur.* delgiva ngn en stämning; ~ **tables** låta det timliga gå före det andliga; ~ **one's time** tjäna ut [sin tid] i en tjänst, avtjäna (straff o. d.); ~ **one's turn** komma väl till pass, uppfylla sitt syfte; ~ **at table** servera, passa upp; ~ **for** användas som; ~ **out** utspisa, -portionera, -dela (ransoner etc.); ~ **a person out** *fam.* ge någon hans beskärda del (lika gott igen), behandla ngn efter förtjänst; ~ **round** bjuda omkring; ~ **up** servera, sätta på bordet, sätta fram; ~**d up** *amr. sl* full; ~ **somebody with** servera ngn ngt, förse ngn med ngt

Servia [*sə:vjə*] Serbien (före 1914); **Servian** serbisk

service 1) [*sə:vis*] *bot.* rönn (~-*tree*); ~**-berry** rönnbär

service 2) [*sə:vis*] tjänst (guds-, krigs- etc.), betjäning, tjänstgöring, nytta, bistånd, servering, servis, service (för bilar), kyrklig förrättning el. akt, *jur.* delgivning (av stämning etc.), (i tennis etc.) serve; tjänste-; **burial, communion** ~ begravnings-, nattvardsförrättning; **the civil** ~ statsförvaltningen; **consular** ~ konsulatstjänst; **divine** ~ gudstjänst; **the fighting** ~**s** försvaret, krigstjänsten; **on His Majesty's** ~ i Hans Majestäts tjänst (förkortat O.H.M.S.), 'tjänstebrev' såsom påskrift; **no regular** ~ ingen regelbunden trafik; **tea** ~ teservering; **the telegraph** ~ telegrafverket; **he exaggerates his** ~**s** han är alltför tjänstvillig; **see** ~ göra krigstjänst; **it has seen** ~ det har varit mycket använt; **on** ~ i tjänst[göring], i tjänsteärenden; **my** ~ **to him** min (vördsamma) hälsning till honom; ~ **area** (radiostations) naturliga område; ~ **bus** linjebuss; ~**-flat** lägenhet i ett *block of* ~*-flats* med gemensam betjäning; ~**-game** servgame (i tennis); ~ **hatch** serveringslucka; ~**-line** servlinje (21 fot från tennisnätet); ~ **man** reparatör e. d.; ~**man** militär; ~**-pipe** servisledning (biledning från huvudledning till hus el. lägenhet); ~**able** [*sə:visəbl*] tjänlig, användbar, nyttig, tjänstvillig

serviette [*sə:vie't*] *fam.* servett

servile [*sə:vail*] servil, krypande, slav-, slavisk; ~ **war** slavkrig (krig mot upproriska slavar); ~ **flattery** kryperi, smicker; **servility** [*sə:vi'liti*] slaviskhet, servilitet, kryperi; **servitude** [*sə:vitju:d*] slaveri, träldom; **penal servitude** straffarbete

servo-motor [*sə:'voumou'tə*] hjälpmotor

sesame [*sesəmi*] *bot.* sesam; **open** ~! (i Tusen och en natt) sesam, öppna dig!

sesquipedalian [*seskwipidei'liən*] halvannan fot lång, långrandig (om uttryck); ~ **words** långa och pedantiska ord

sessile [*sesil*] *bot.* (omedelbart) vidfästad, oskaftad

session [*seʃ(ə)n*] möte[stid], session[stid], sammanträde, ibl. ting, *amr.* skoldag, skolår, lästid; **be in** ~ vara samlad (i verksamhet); **brewster** ~ sammanträde för beviljande av oktroj att försälja rusdrycker; **petty** ~**s** ting (för mindre brottmål under ledning av minst två fredsdomare); **quarter** ~**s** kvartalsting (för grevskap under ledning av dess samtliga domare); **the Court of S—** Skottlands högsta civildomstol; ~**al** [*seʃən(ə)l*] sessions-, gällande för en session, samlings-

sestet[te] [*seste't*] *mus.* sextett

set 1) [*set*] uppsättning, sats, serie, omgång, sätt, garnityr, servis, klick, kotteri, lag, liga, samling, kuliss, scen (i film), *sjö.* vind el. strömriktning, (jakthunds) stånd, radiomottagare, set (i tennis etc.), skränkning (av sågblad), *bot.* sätt[kvist, -planta], stickling; ~ **of a coat** rockens passform, sits, snitt; ~ **of lectures** föreläsningsserie; **dinner** ~ omgång, servis; **the racing** ~ kapplöpningsintresserade; **the smart** ~ gräddan, fint folk; **fast** ~ klick av (unga) människor som leva undan (leva för sina nöjen); **make a dead** ~ **at** kasta sig över, lägga an på

set 2) [*set*] stel[nad], styv, orörlig, stereotyp, stirrande, bestämd, fast, stadig, väl övertänkt (överlagd), envis, styvsint; (*oregelb. vb*) sätta, ställa, fästa, anbringa, besätta, insätta, infatta, sätta på spel, våga, vattenondulera (håret), sätta sig, stadga sig, stelna, gå ned (om himlakropp), sätta frukt, sitta (om kläder), stå (om jakthund); **be** ~ **to** *amr.* vara klar (färdig) att; ~ **the ball rolling** (*fig.*) komma lavinen att rulla (*äv. fig.* sätta en historia i omlopp); ~ **a bone** dra ett ben i led; ~ **bounds to** begränsa; ~ **an example** föregå med gott exempel; ~ **one's face against** motsätta sig, ogilla; ~ **the fashion** diktera modet; ~ **fire to** antända, sätta i brand; ~ **a gem** infatta en ädelsten; ~ **going** sätta i gång; ~ **one's heart on** fästa sig vid, sträva efter, önska sig; ~ **a hen** lägga en höna på ägg; ~ **one's hope on** sätta sitt hopp till; ~ **laughing** komma (ngn) att skratta; ~ **one's life on** våga sitt liv för; ~ **a limb** dra en lem i led; ~ **little by** sätta föga värde på, fråga föga efter; ~ **milk** sätta mjölk för att få grädde; ~ **much by** sätta stort värde (hålla mycket) på; ~ **one's nerves on edge** ta på ens nerver; ~ **the pace** bestämma farten (*äv. fig.*); ~ **a picture** inrama en tavla; ~ **plants** plantera; ~ **the price** bestämma priset; ~ **a puzzle** förelägga (ngn) en huvudbryuppgift (ett puzzle); ~ **a razor** strigla (dra) en rakkniv; ~ **a saw** vässa (fila) en såg; ~ **seed** så frö; ~ **a sentinel** ställa ut en vaktpost; ~ **store by** högt skatta, värdera, sätta värde på; **the sun** ~**s** solen går ned (dalar); ~ **a task** förelägga (ngn) en uppgift; ~ **one's teeth** bita ihop tänderna, stå på sig; **it** ~ **me thinking** det gav mig ngt att tänka på; ~ **a trap** gillra [upp] en fälla; ~ **a watch** ställa ett ur, utställa, -sätta en vaktpost

Med adverbial och prepositioner

~ **about** företaga sig, gripa sig an (taga itu) med, börja; ~ **against** sätta upp mot el. såsom motvikt mot, sätta (reta) upp (ngn) mot; ~ **apart** anvisa, avsätta, anslå; ~ **ashore** sätta i land, landsätta; ~ **aside** förkasta, kassera, sätta (lägga) åt sidan, undantaga, åsidosätta, sätta sig över, förbigå; ~ **at** angripa, tussa (en hund) på; ~ **at defiance** trotsa, ringakta; ~ **at ease** lugna, stilla; ~ **at liberty** försätta i frihet, frigiva; ~ **at nought** akta för intet, ringakta; ~ **at rest** lugna, bringa på det klara, avgöra (*a question*); ~ **before** framlägga (förelägga); ~ **by** sätta (lägga) åt sidan (undan); ~ **by the ears** tussa ihop, ställa till osämja emellan; ~ **down** nedskriva, anteckna, sätta ned, avlämna (resande), tillskriva, ge skulden för, framlägga, -ställa; ~ **forth** förkunna, framlägga, skildra, bege sig i väg (åstad); ~ **forward** befrämja, bege sig åstad; ~ **free** frigiva, sätta på fri fot; ~ **going** sätta i gång; ~ **in** inträda, börja, gripa sig an med, slå sig på; ~ **loose** släppa lös; ~ **off** framhäva, kontrastera (sticka av) mot, bege sig av, avresa, sätta i gång, bränna av, komma att explodera; ~ **on** egga, hetsa, sätta upp (ngn), överfalla, kasta sig över, tussa (hund) på; ~ **on fire** sticka i brand, antända, *fig.* sätta i brand, uppelda; ~ **on foot** sätta i gång (i verket); ~ **out** visa, framsätta, sätta fram, utstaka, framvisa, framställa, utlägga, skildra, pryda, ge sig av, avresa, börja; ~ **over** sätta (ngn) att ha uppsikt el. befäl över, *amr. sl* slå ihjäl; ~ **right** sätta (ställa) i ordning, ställa till rätta, ordna; ~ **to** börja (arbeta, äta etc.); ~ **to music** sätta musik till (text); ~ **to partners** figurera mot en partner (i dans); ~ **to rights** bringa i ordning, ordna; ~ **to work** skrida till verket, börja arbeta; ~ **up** etablera sig, sätta (ställa) upp, lägga fram, inrätta, grunda, framkalla, förorsaka, ge till, utstöta, kurera, hjälpa på benen (is. *fig.*); ~ **up for** ge sig ut för, vilja gälla för; ~ **up one's back** *fig.* 'borsta sig', reta upp sig (mot ngn); ~ **upon** överfalla

Sammansättningar

~**-back** bakslag, omkastning; ~**-down** tillstukning, läxa, näpst; ~**-off** motvikt, kontrast, prydnad, vederlag; ~**-out** utställning, början, attiralj; ~**-square** (ritares) vinkelhake; ~**-to** slagsmål; ~**-up** *amr.* [kropps]hållning, *amr. sl* överenskommet tillvägagångssätt, komplott, slö boxare

settee [*seti:'*] soffa, kåsös, (lång) bänk

setter [*setə*] setter, hönshund, särsk. **English** ~, **Gordon** ~, **Irish** ~

setting [*setiŋ*] nedgående; sättande, -ning, infattning, omgivning, iscensättning, nedgång, *mus.* [ton]sättning; ~**-lotion** vätska för vattenondulering

settle 1) [*setl*] högryggad bänk

settle 2) [*setl*] slå sig ned, sätta [sig] tillrätta, lugna [sig], avsätta sig, sjunka, sätta bo, kolonisera, avgöra, ordna [sig], likvidera, göra upp (räkningen), fastställa, bestämma, sätta åsido pengar; ~ **[up] accounts** göra upp räkenskaperna; ~ **one's affairs** ordna sina affärer, beställa om sitt hus, is. skriva sitt testamente; ~ **an annuity on her** sätta åsido (anslå) pengar till en livränta åt henne; ~ **his business** el. **hash** göra slut på, expediera, tysta munnen på honom, ge honom vad han förtjänar; ~ **a date** fastställa (bestämma) ett datum; ~ **a quarrel (question)** bilägga en tvist, avgöra en sak (fråga); **the ship** ~**s** skeppet börjar sjunka; ~ **down** slå sig till ro, bli stadgad, etablera sig (**to married life** gifta sig); ~ **in London** slå sig ned, bosätta sig i London; ~ **into shape** ta form, få stil (pli) på sig; **he cannot** ~ **to work** han kan ej vänja sig vid (finna sig i) arbete; ~ **up** göra upp, avsluta räkning (konto); ~**d** stadgad, stadig (t. ex. ~*d weather*), avgjord, klar; **settling-day** avräkningsdag (på börsen); ~**ment** [*setlmənt*] fastställande, avgörande, *hand.* uppgörelse, betalning, utjämnande, avräkning, avveckling, hemortsrätt, bebyggelse, bosättning, koloni[sering], livränta, anslag, förordnande, *jur.* paktum, 'settlement' (dvs. social el. religiös bildningsanstalt i fattigkvarter); **in** ~**ment of** *hand.* som likvid för; **settler** (is.) kolonist, nybyggare; **settlings** *pl* bottensats, fällning

seven [*sevn*] sju; **[at]** ~**s and sixes** *fam.* huller om buller; ~**fold** sjufaldig; sjufalt; ~**-league boots** sjumilastövlar; ~**th** [*sevnþ*] sjunde; sjundedel; ~**teen** [*se'vnti:'n*] sjutton; **sweet** ~**teen** den fagra (ljuva) sjuttonårsåldern; ~**teenth** [*se'vnti:'nþ*] sjuttonde; sjuttondedel; ~**tieth** [*sevntiiþ*] sjuttionde; sjuttiondedel; ~**ty** [*sevnti*] sjuttio; ~**ty-four** linjeskepp med 74 kanoner

sever [*sevə*] skilja, avhugga, söndra, splittra[s], brista, gå isär, skiljas åt; **the rope** ~**s** repet brister

several [*sevrəl*] åtskilliga, flera, olika, respektive, [sär]skild, enskild; **each in their** ~ **stations** var och en på sin (speciella) plats; ~**ly** särskilt, respektive, var[t] för sig

severance [*sevər(ə)ns*] avskiljande, delning, söndring, splittring

severe [*sivi'ə*] sträng, hård, våldsam, häftig, skarp, svår, kännbar, konstlös, koncis, sarkastisk; **a** ~ **blow** ett hårt slag (*äv. fig.*); ~ **style** ren (konstlös) stil; ~ **test** svårt prov; ~ **weather** hårt väder; **be** ~ **upon** vara sträng el. hård mot; **severity** [*sive'riti*] stränghet, hårdhet, *pl* bevis på stränghet

sew [*sou*] (*oregelb. vb*) sy; ~ **on a button** sy i en knapp; ~ **up** sy ihop (igen), sy in; ~**ed** sydd, nåtlad (sko), häftad (bok); ~**ing-circle** syförening; ~**ing-machine** symaskin; **sewn-up** *sl* utmattad (schackmatt), berusad

sewage [*sju(:)idʒ*] kloakvatten; ~ **farm** lantgård, vars fält gödas med kloakvatten; **sewer** [*sjuə*] kloak, avlopp[sledning]; förse med kloaker; **sewer hogs** *amr. sl* dikesgrävare; **sewerage** [*sjuəridʒ*] avlopps-, kloaksystem

sewn [*soun*] sydd (se *sew*)

sex [*seks*] kön; **the** ~ kvinnokönet; **the fair** ~ det täcka könet; **the gentle** el. **softer** el. **weaker** ~ det svagare könet; **the sterner** ~ det starkare könet; ~ **disqualification** sterilisering; ~ **appeal** erotisk dragningskraft, herrtycke; **sexy** erotisk

sexagenarian [*seksədʒinɛ'əriən*] sextiåring, sextiårig; **Sexagesima** [*seksədʒe'simə*] söndagen sexagesima; **sexcentenary** [*seksenti:'nəri*] sexhundraårsdag; **sexennial** [*sekse'njəl*] sexårig, -års; (inträffande) vart sjätte år; **sexillion** [*seksi'ljən*] sextillion (1 följt av 36 nollor); **sexpartite** [*sekspa:'tait*] sexdelad; **sextan** [*sekstən*] **fever** *med.* feber med anfall var femte dag

sextant [*sekst(ə)nt*] sextant

sextet[te] [*sekste't*] *mus.* sextett; **sextillion** [*seksti'ljən*] = *sexillion*

sexton [*sekst(ə)n*] kyrkvaktare, -vaktmästare

sextuple [*sekstjupl*] sexdubbel

sexual [*seksjuəl*] sexuell, köns-; **sexuality** [*seksjuæ'liti*] sexualitet

sexy se *sex*

Seym [*seim*]; **the** ~ Sejmen (den polska riksdagen)

sez you [*sezju:'*] *amr. sl* det säger du (men jag tror icke på det), nå, det säger du?

shabby [*ʃæbi*] tarvlig, sjaskig, luggsliten, förfallen, snål, lumpen; ~**-genteel** [*dʒenti:'l*] struntfin, trasgrann

shack [*ʃæk*] *amr.* (*äv.* Kanada) timmerkoja, lider, kåk; ~ **up with** *amr.* bo ihop med

shackle [*ʃækl*] boja, black, *pl äv.* fjättrar (ofta *fig.*), bygel, isolator, koppling, *sjö.* schackel, *auto.* fjäderskarv, *amr. sl* soppa; hindra, lägga band på, belägga med bojor

shad [*ʃæd*] *zool. koll.* stamsill (Alosa)

shade [*ʃeid*] skugga, skuggsida, gengångare, vålnad, dunkel nyans, skiftning, skymt, aning, [lamp]skärm, glaskupa, *amr.* rullgardin, *amr. sl* neger, *pl* vinkällare; [be]skugga, skymma [för], dämpa, [låta] övergå, schattera, *amr.* sänka (pris) litet; ~ **of Plato!** ack, Platos 'skugga'! (utrop, när något säges som kan bedröva en filosof); **among the** ~**s** bland skuggorna (i skuggornas rike); **throw into the** ~ ställa i skuggan, överglänsa; ~ **one's eyes** skygga för ögonen; ~ **into** småningom övergå i (om färg); ~ **tree** *amr.* träd planterat för att skänka skugga

shadow [*ʃædou*] skugga (kastad av ett föremål), skuggbild, slagskugga, *fig.* skugga (oskiljaktig ledsagare), skymt, beskydd, 'minsta spår', fantom, vålnad; (om detektiv) skugga, skissera, antyda; **a** ~ **of his former self** en skugga av sitt forna jag; **under the** ~ **of the Almighty** *bibl.* i den Allsmäktiges beskydd; ~**y** [*ʃædoui*] skuggig, -lik, skuggande, dunkel, overklig, sken-, förebildlig

shady [*ʃeidi*] skuggig, -rik, tvivelaktig, tvetydig, ljusskygg, underhaltig, skral; ~ **prospects** skrala utsikter; **on the** ~ **side of forty** på andra sidan fyrtitalet; **keep** ~ *sl* hålla sig dold (undan)

shaft [*ʃa:ft*] skaft, pil, ljusstråle, åskvigg, spole, tornspira, skorsten, skakel, *auto.* axel[ledning], schakt, lufttrumma, *pl amr.* lår[ben], skänklar; ~**-horse** gaffelhäst

shag [*ʃæg*] ragg, lurvigt hår, schagg[tyg], ett slags piptobak, *amr. sl* organiserad förföljelse; *amr. sl* gå, släntra, förfölja; ~ **it** *amr. sl* gå; **shaggy** raggig, lurvig, långhårig, buskig, skogsnårbevuxen

shagreen [*ʃægri:'n*] chagräng
shah [*ʃa:*] schah (persisk konung)
shake [*ʃeik*] skakning, skälvning, jordbävning, skakad dryck, ryck, stöt, spricka (i träd), drill, *pl* nervositet, *pl sl* delirium; (*oregelb. vb*) [upp]skaka, skaka upp (om), rycka (ruska) upp, rubba, försvaga, störa, skaka, skälva, *mus.* tremulera, drilla, *amr.* skaka av sig, bli fri från, (is. *amr.*) din hand på det! (~ *hands*); **he was all of a** ~ han skakade som ett asplöv; **in a** ~, **in two** el. **a brace of** ~**s** *sl* i ett nafs (huj), ett tu tre; **no great** ~**s** *sl* av ingen vikt, inte just ngt att tala om, ingenting att skryta med, inte värd ett ruttet lingon; ~ **a leg** *sl* dansa, skynda sig; ~ **a witness's evidence** rubba (försvaga) ett vittnesmål; ~ **by the hand,** ~ **hands with** skaka hand med, ta i hand; ~ **down** komma till ro, lära sig att trivas med förhållandena, *amr. sl* klämma (på pengar); ~ **in one's shoes** *fam.* darra av rädsla, 'vara i byxångest'; ~ **off** skaka av sig (*äv. fig.*), göra sig kvitt (ngn el. ngt); ~ **out** skaka ur, tömma, *sjö.* skaka ut; ~ **up** skaka upp (om), rycka (ruska) upp; ~**down** tillfällig bädd, *sjö. sl* mutor; muta; ~**-up** *amr.* omflyttning (inom diplomatin etc.), uppryckning; **shaker** en som skakar, skakare; **Shakers** 'skakare' (amerikansk religiös sekt); **shaking** skakning, [upp]ruskning; **he deserves a good shaking** det skulle göra honom gott att bli ordentligt uppruskad
Shakespeare [*ʃeikspiə*]; **Shakespearian** [*ʃeiks-pi'əriən*] tillhörande (liknande) Shakespeare
shako [*ʃækou*] *mil.* schakå
shaky [*ʃeiki*] skakande, skälvande, darrande, skral, rankig, osäker, opålitlig, vacklande, svag
shale [*ʃeil*] *geol.* lerskiffer
shall [*ʃæl, ʃəl, ʃl*] (*oregelb. vb*) skall
shallop [*ʃæləp*] slup
shal[l]ot [*ʃəlɔ't*] *bot.* schalottenlök
shallow [*ʃælou*] grund, grunt ställe; grund, flat, ytlig, tom, kortsynt; bli (göra) grund
shalt [*ʃælt*] (2 pers. sing. pres. av *shall*) *åld.* skall; **thou** ~ **not steal** *bibl.* du skall icke stjäla
sham 1) [*ʃæm*] *sl* förk. f. *champagne*, 'schampis', *amr. sl* poliskonstapel
sham 2) [*ʃæm*] bedrägeri, låtsande, imitation, sken, humbug[smakare], hycklare; oäkta, hycklad, falsk, låtsad, fingerad, sken-; hyckla, simulera, låtsa[s], förställa sig; ~ **fight** skenstrid, spegelfäkteri, fingerad strid, *mil.* manöver; ~ **dead, ill** simulera död, sjuk
shamble [*ʃæmbl*] släpande (otymplig) gång; släpa benen efter sig, lufsa
shambles [*ʃæmblz*] slaktarbod, slakthus; (*äv. fig.*) skådeplats för blodbad (*the place became a* ~)
shame [*ʃeim*] skam, blygsel, vanära, nesa; göra skamsen, komma ngn att skämmas (blygas), draga vanära över; ~!, **for** ~!, **fie for** ~! fy skäms! du borde skämmas! ~ **on you!** du borde skämmas! fy skäms! **put to** ~ skämma ut, göra skamsen, överträffa; **be put to** ~ komma på skam; **think** ~ **to** skämmas (blygas) för att; **be lost to** el. **past** el. **without** ~ vara utan skam, ha bitit huvudet av skammen; ~**faced** [*ʃeimfeist*] blyg, försagd, anspråkslös; ~**ful** [*ʃeimf(u)l*] skamlig, neslig; ~**less** skamlös, oblyg, cynisk
shammy [*ʃæmi*] sämskskinn
shampoo [*ʃæmpu:'*] schamponeringsmedel, schamponering; schamponera
shamrock [*ʃæmrɔk*] vitklöver (Irlands emblem el. nationalsymbol)
shandy[gaff] [*ʃændi(gæf)*] dryck (blandning av öl och *ginger-beer*); **royal shandy** öl och champagne
shanghai [*ʃæŋhai'*] 'schanghaja' (berusa o. bortföra ngn såsom sjöman mot hans vilja), *amr. sl* narra
shank [*ʃæŋk*] skänkel, skånk, lägg, skenben, skaft, strumpben, blomstjälk; **ride (go on) Shanks's mare** el. **pony** resa med apostlahästarna
shan't [*ʃa:nt*] = *shall not*
shanty [*ʃænti*] hydda, koja, kåk, skjul, barack, krog, ruckel, *sjö.* [arbets]sång (*chanty*)
shape [*ʃeip*] form, fason, växt, skapnad, gestalt, modell, mönster, stomme, stock, fasonjärn, pudding (gjord i form), *amr.* tillstånd; forma [sig], gestalta [sig], avpassa, inrätta, lämpa; **be out of** ~ ha förlorat formen; **take** ~ [an]taga [fast] form, bli verklighet; ~ **up** *amr.* utveckla sig, forma sig, ta form; **be shaping well** se lovande ut, arta sig bra; **shaping-machine** fräsmaskin; ~**less** formlös, oformlig, klumpig; ~**ly** välformad, -skapad
shard [*ʃa:d*], **sherd** [*ʃə:d*] krukskärva, (insekts) täckvinge, -ar
share [*ʃɛə*] andel, -part, aktie, lott, plogbill; dela [med sig], utdela, få del [i], delta [i]; **go** ~**s** dela lika, dela vinst och förlust; ~**s!** låt oss dela lika! **preferred** el. **preference** ~**s** preferensaktier; **deferred** ~ aktie med rätt till utdelning efter preferens- och stamaktier; ~ **and** ~ **alike** dela lika; ~**holder** aktieägare; ~**-list** kurslista; ~**-out** utdelning
shark [*ʃa:k*] *zool.* haj, bondfångare, svindlare, utpressare, sjömanshusombudsman, *amr.* en duktig karl; bedriva svindelaffärer (utpressning), lura sig till
sharp [*ʃa:p*] *mus.* kors, not med kors framför, *amr.* expert, *sl* svindlare; skarp, vass, spetsig, klar, skarpt markerad, tvär, brant, genomträngande, häftig, våldsam, svår, hård, bitter, rask, snabb, skarp[sinnig], vaken, intelligent, pigg, kvick, förslagen, raffinerad, *mus.* dur, falsk, precis; lura (svindla) (is. i kortspel); **B** ~ *mus.* höjd en halv ton, en halv ton för hög; **a** ~ **child** ett vaket barn; ~ **contest** häftig strid; ~ **cry** gällt, genomträngande skrik; **with** ~ **ears** lyhörd; ~ **flavour, frost, pang** stark doft, köld, smärta; ~ **impression** klart, tydligt intryck; ~ **remark, reproof** skarp anmärkning, förebråelse; ~ **summit** skarp spets, bergstopp; ~ **temper** häftigt lynne; ~ **work** snabb expedition, *äv.* styvt arbete, hård strid; **look** ~! passa på! raska på! ~! el. ~ **is the word!** raska på! **at 12 o'clock** ~ på slaget (precis klockan) 12; ~**-set** [*-se't*] lysten, uthungrad, glupsk; ~**s and flats** *mus.* de svarta tangenterna; ~**-shooter** skarp-, prickskytt; ~**-sighted** skarpsynt; ~**-witted** skarpsinnig, bitande kvick; **sharpen** [*ʃa:p(ə)n*] vässa, göra skarp (bitter), skärpa; **sharpen up** rycka upp sig; **sharpener** [penn]vässare; **sharper** falskspelare, [yrkes]svindlare, bondfångare
shatter [*ʃætə*] [sönder]splittra, bryta (spränga) sönder, ramponera, *fig. äv.* förstöra, [ned]bryta, splittras
shavatorium [*ʃeivətɔ:'riəm*] *amr. sl* rakstuga, -salong
shave [*ʃeiv*] rakning, bandkniv, *sl* svindlarknep, skoj, *sl* mystifikation, falskt rykte; raka [sig], hyvla, gå (höra) mycket nära, nästan snudda vid; **it was a narrow** el. **near** ~ det hängde på ett hår, det var nära däran; ~**-tail** *amr.* mulåsna, *amr. sl* sekondlöjtnant, en som trots ringa förmåga söker hävda sin ställning; **shavings** hyvelspån; **shaving-brush** rakborste; **shaving-cream** rakkräm; **shaving-mirror** rakspegel; **shaver** *sl* pojkvasker, glytt, skinnare, bedragare
Shavian [*ʃeivjən*] av (tillhörande) Bernhard Shaw, Shawsk
shawl [*ʃɔ:l*] sjal; lägga en sjal över
shawm [*ʃɔ:m*] *mus.* skalmeja
shay [*ʃei*] schäs (*chaise*)
she [*ʃi:, ʃi*] hon; av honkön (i *sms.*, t. ex. *she-cat*); ~**world** (*the* ~) kvinnovärlden (samtliga kvinnor)

sheaf [*ʃi:f*] (*pl sheaves* [*ʃi:vz*]) kärve, bunt, knippa; lägga i kärvar etc.
shear [*ʃiə*] *pl* (större) sax (*ss.* ull-, plåt-, trädgårdssax); (*oregelb. vb*) klippa, *fig.* skinna, klå; [**pair of**] ~**s, sheers** får-, trädgårdssax; ~**-hulk** *sjö.* pråm försedd med mastsax (mastkran); ~**-legs (sheer-legs)** *sjö.* (ben i en) mastsax, mastkran (för hissning)
sheath [*ʃi:þ*] slida, skida, balja, fodral, *zool.* täckvingar; **sheathe** [*ʃi:ð*] sticka i slidan etc., bekläda, överdraga, förhyda (skepp)
sheave 1) [*ʃi:v*] blockskiva, nyckelhålsklaff
sheave 2) [*ʃi:v*] lägga i kärvar, bunta
sheaves [*ʃi:vz*] *pl* av *sheaf* kärve
Sheba [*ʃi:bə*] Saba; **s**— *amr. sl* kvinna med (stort) herrtycke
shebang [*ʃibæ'ŋ*] *sl* hus, butik, affär, sak; **the whole** ~ hela kodiljen (hela följet)
shed 1) [*ʃed*] (*oregelb. vb*) [ut]gjuta (t. ex. tårar, blod), fälla (hår, fjädrar, blad), tappa, släppa, sprida, utsända; ~ **light on** is. *fig.* sprida ljus över, belysa; ~ **a tear** *sl* kissa
shed 2) [*ʃed*] skjul, lider, *amr. sl* täckt bil
sheen [*ʃi:n*] glans, sken, klarhet
sheeny [*ʃi:ni*] glänsande, skinande; *sl* jude
sheep [*ʃi:p*] (*pl* =) får (*äv. fig.*); **sheep's clothing** *bibl.* fårakläder; **cast** el. **make sheep's eyes at** kasta kärliga (förälskade) blickar på, ha ett gott öga till; ~**-cot**[**e**] [*-kɔt, -kout*] fårfålla, -hus; ~**-hook** fårherdes stav; ~**man** *amr.* fåruppfödare; ~**-run** betesplats för får, fårbete (is. i Australien); ~**shank** fårlägg, *sjö.* trumpetstek (knut för förkortning av tåg); ~**skin** fårskinn, pergament, *amr.* diplom; ~**-walk** se ~*-run*;
sheepish [*ʃi:piʃ*] fåraktig, generad, förlägen
sheer 1) [*ʃiə*] ren (och skär), idel, pur, blott och bar, lodrät; tvärbrant, tvärt, rakt, rätt; ~ **nonsense** rent nonsens (ren meningslöshet)
sheer 2) [*ʃiə*] *sjö.* gir; gira, vika av; ~ **away** el. **off** bege sig iväg, laga sig iväg
sheer-hulk, sheer-legs, sheers se *shear*
sheet [*ʃi:t*] lakan, ark, skiva el. platta, plåt, yta, flak, lager, täcke, *sl* tidningsblad, *sjö.* skot; lägga lakan i (en säng), insvepa i lakan; ~ **and scratch man** *amr. sl* finare bedragare; **three** ~**s in the wind**['**s eye**] *sl* något (ganska) stagad (drucken); **rain was falling in** ~**s** regnet stod som spön i backen; ~ **home** *sjö.* skota; ~**-anchor** *sjö.* pliktankare, *fig.* räddningsankare, -planka, sista tillflykt; ~ **metal** metallplåt; ~**-music** notblad; ~**ing** lakansväv
sheik[**h**] [*ʃe(i)k, ʃi:k*] schejk, arabisk hövding
shekarry se *shikaree*
shekel [*ʃekl*] sikel (hebreisk mynt- och viktenhet), *pl* pengar, slantar
sheldrake [*ʃeldreik*] *zool.* gravand (hannen); **shelduck** [*ʃeldʌk*] *zool.* gravand
shelf [*ʃelf*] (*pl shelves* [*ʃelvz*]) hylla, avsats, kant, rev (sandbank), blindskär
shell [*ʃel*] skal, snäcka, mussla, yttre sken, granat, patronhylsa, stomme (av hus, skepp o.d.), mellanklass (i skola), (enkel inre) likkista, *amr.* lätt kapproddbåt; skala, rensa, sprita, beskjuta med granater, bombardera; **come out of one's** ~ *fig.* krypa ur sitt skal, bli meddelsam; ~ **off** fjälla av, flagna; ~ **out** *sl* punga ut med (pengar); ~**-back** *sl* sjöbuss, gammal sjöbjörn; ~**-fish** skaldjur (ostron, krabbor etc.); ~**-jacket** *mil.* mässjacka; ~**-proof** *mil.* bombfast, -säker; ~**-shock** *psyk.* el. *fysiol.* rubbningar på grund av utstånden artilleribeskjutning, krigsneuros
shellaber [*ʃeləbə*] *amr. sl* pratmaskin
shellac [*ʃelæ'k, ʃelæk*] schellack; polera med schellack; **shellacked** *amr. sl* 'påstruken' (full)
shelly [*ʃeli*] full av skal, mussel-, snäckrik; musselskals-, snäck-
shelter [*ʃeltə*] skydd, tillflykt, tak över huvudet, skyddsrum, kiosk, skjul; skydda, hysa, inkvartera, söka skydd; **find** el. **take** ~ söka skydd [för]; **under** ~ i lä (säkerhet), under tak
shelve [*ʃelv*] lägga på hyllan, *fig. äv.* lägga åsido, skjuta åt sidan, förse med hyllor, slutta, luta
shelves [*ʃelvz*] *pl* av *shelf* hylla
shemozzle [*ʃimɔ'zl*] *sl* bråk, krakel, svårighet; plötsligt (hemligt) ge sig i väg, försvinna
shenanigan[**s**] [*ʃənæ'nəgən(z)*] *fam.* dumheter, skoj, bedrägeri
shepherd [*ʃepəd*] [fåra]herde; valla (vakta) får, driva (som en fårskock); ~**'s crook** herdestav (med krok i spetsen); ~**'s plaid** svart- och vitrutigt ylletyg; ~**'s purse** *bot.* lommeört (Capsella); ~**ess** [*ʃepədis*] herdinna
Sheraton [*ʃerət(ə)n*] möbelstil (från slutet av 1700-talet)
sherbet [*ʃə:bət*] sorbet (vattenglass med vin; urspr. orientalisk läskedryck; brukas även om en eng. och en amr. dryck)
sherd [*ʃə:d*] krukskärva (se *shard*)
sheriff [*ʃerif*] sheriff (högste ämbetsman i ett *county*), 'konungens befallningshavande', *amr.* ämbetsman i ett *county*, vilken svarar för lagarnas tillämpning och domarnas verkställighet
Sherlock Holmes [*ʃə:lɔk houmz*] mästerdetektiv (namn på detektiven hos Conan Doyle)
sherry [*ʃeri*] sherry (ett slags starkt spanskt vin)
Shetland [*ʃetlənd*]; **the** ~ **Isles** Shetlandsöarna; ~ **pony** shetlandshäst, 'shetländare'
shew, shewbread se *show*
shibboleth [*ʃibəleþ*] lösen, slagord
shicker [*ʃikə*] *amr. sl* spirituosa; full; dricka sig full
shield [*ʃi:ld*] sköld, värn, skydd, skyddsplåt, skärm; skydda, värna; **the other side of the** ~ *fig.* den andra sidan av saken
shift [*ʃift*] ombyte, förändring, skifte, förskjutning, utväg, arbetsskift, linntyg, chemis, konstgrepp, fint, knep, undanflykt; skifta, byta om, ändra [sig], förskjuta sig, [om]flytta, överflytta, reda sig, [söka] finna utvägar; ~ **classes** [afton]kurser, där samma pensum genomgås med olika elevgrupper; **make** [**a**] ~ söka reda (hjälpa) sig så gott man kan; **work in three** ~**s** arbeta i tre skift; ~ **one's ground** ändra ståndpunkt; ~ **the scene** göra scenförändring; **he must** ~ **as he can** el. **for himself** han måste reda sig på egen hand, så gott han kan; ~ **off a burden** skjuta ifrån sig, vältra över en börda (en plikt) på ngn annan; ~**less** råd-, hjälplös, opraktisk; ~**y** förslagen, listig, ombytlig, ostadig
shikaree [*ʃika:'ri*], **shekarry** [*ʃikæ'ri*] (angloindisk) jägare, jägares tjänare
shill [*ʃil*] *amr. sl* medhjälpare till en gatuförsäljare, bondfångare
shillela[**g**]**h** [*ʃilei'lə*] (irländsk) knölpåk
shilling [*ʃiliŋ*] shilling (*eng.* mynt, 1/20 pund); **take the King's** ~ ta värvning; **cut off with a** ~ göra arvlös; ~ **shocker** billig sensationsroman; ~**sworth** vad som fås för 1 shilling
shilly-shally [*ʃiliʃæli*] obeslutsamhet, villrådighet, vacklan; vackla, tveka, vara obeslutsam (villrådig), krångla
shim [*ʃim*] metallskiva (till mellanlägg el. underlag)
shimmer [*ʃimə*] skimmer, (svagt) sken, glimt; skimra, glimma, *sl* smyga sig bort
shimmy [*ʃimi*] shimmy (en dans), *fam.* f. *chemise;* dansa shimmy, *sl* (om framhjul på bil) 'jassa'; [**dish of**] ~ *amr. sl* gelé
shin [*ʃin*] skenben; sparka (ngn) på skenbenen, *amr. sl* klättra, gå, springa; ~ [**up**] klättra upp (i eller på); ~ **of beef** oxlägg; ~**-guard** benskydd; ~**-plaster** plåsterlapp, *amr.* liten sedel, papperslapp; **shinny** *amr. sl* klättra
shindig [*ʃindig*] *amr. sl* bal, sammankomst
shindy [*ʃindi*] bråk, gruff, oväsen, tillställning,

fest; **kick up a ~, raise a ~** ställa till ett stort krakel
shine [*ʃain*] solsken, glans, sken, blankhet, skoputsning, *sl* bråk, oväsen, upptåg, *amr. sl* spirituosa, visky, neger; (*oregelb. vb*) skina, lysa, briljera, (*regelb. vb*) putsa (skor etc.), blanka; **rain or ~** antingen det blir regn eller solsken, i alla väder; **cut a ~** *sl* ställa till bråk; **take a ~ to** *amr. fam.* fatta tycke för, få lust att ha; **take the ~ out of** skada glansen på, *fig.* fördunkla, ställa i skuggan; **give your boots a ~, sir?** ska det vara en skoputsning? **make no end of a ~** *sl* ställa till ett fasligt oväsen (gruff); **~up** putsa (skor etc.), polera, blanka; **~ up to** *amr. sl* visa särskild uppmärksamhet mot; **shined** *amr. sl* påstruken (full); **shining light** *fig.* skinande (stort) ljus; **shiner** diamant, ädelsten, *pl* pengar, *sl* ett slags mynt (is. *sovereign*), *amr. sl* silverdollar, blått öga
Shiney [*ʃaini*] *mil. sl* Östern (is. Indien), pengar
shingle [*ʃiŋgl*] takspån, grus, klappersten (på sjöstrand o. d.), *amr.* shinglat hår, shingling, *amr.* (liten) skylt; täcka med spån, spåntäcka, shingla (hår)
shingles [*ʃiŋglz*] *med.* bältros
shingly [*ʃiŋgli*] full av klappersten, stenig
shinny [*ʃini*] enklare form av hockey; spela shinny (se *äv. shin*)
Shinto [*ʃintou*] shinto (japansk religion)
shiny [*ʃaini*] skinande, blank[sliten]; **~-back** *amr. sl* orkestermusiker
ship [*ʃip*] skepp, fartyg, *amr.* flygplan, *sl* roddbåt; avsända, utskeppa, inskeppa, ta ombord, iordningställa, påsätta, anbringa, lägga ut (årorna), taga in (en sjö), gå ombord, (om sjömän) mönstra, *amr.* avpollettera, göra sig kvitt; **~ of the desert** öknens skepp (kamelen); **ship's company** fartygsbesättning med befäl; **when my ~ comes home** *fam.* när jag blir förmögen; **on board a ~** om bord (på ett fartyg); **~ a sea** el. **water** taga in en sjö (vatten); **~ biscuit** skeppsskorpa; **on ~board** om bord; **~-breaking** upphuggning el. slopning (av gamla fartyg); **~-broker** skeppsmäklare, -klarerare, -försäljare; **~-building yard** [skepps]varv; **~-chandler** skeppshandlare; **~mate** skeppskamrat, medpassagerare; **~shape** på sjömansvis, sjömansmässig[t], i mönstergill ordning (*äv. fig.*); **~owner** skeppsredare; **~wreck** skeppsbrott (*äv. fig.*); **make ~wreck** lida skeppsbrott, stranda; **~-wright** skeppsbyggmästare, skepps-, varvstimmerman; **~-yard** skeppsvarv; **~ment** skeppning, sändning, avlastning; **shipper** importör el. exportör, avlastare, avsändare; **shipping** rederirörelse, sjöfart, tonnage; **shipping agent** skeppsklarerare; **shipping documents** *hand.* skeppningsdokument
shir [*ʃə:*] rynkning (*shirring*); [hop]rynka
shire [*ʃaiə*] grevskap, län, landskap; **the ~s** vanl. grevskapen i *the Midlands*; **~ horse** stor, kraftig arbetshäst (från östra England); **-shire** [*-ʃiə, -ʃə*] sista led i namn på eng. grevskap, län el. landskap (t. ex. *Yorkshire*)
shirk [*ʃə:k*] skolkare; söka undandraga sig, dra sig för; [söka] smita [från]
shirt [*ʃə:t*] skjorta, skjortblus, [dam]blus; **get one's ~ out** *sl* bli ond ('förbannad'); **keep your ~ on!** *sl* lugna dig! tag det med ro! **~-front** skjortbröst, (fast el. löst) skjortveck; **~waist** *amr.* [dam]blus; **~ing** shirting (ett slags skjorttyg); **~y** *sl* ond, förargad, 'förbannad'
shit [*ʃit*] (*vulg.*) skit, lort, dynga; skita
shivaree [*ʃivəri:'*] *amr. sl* kattmusik, -serenad
shive [*ʃaiv*] *amr. sl* rakkniv; klippa sönder, söndertrasa
shiver 1) [*ʃivə*] [små]bit, skärva, splittra, flisa; splittra[s], slå (gå) i kras (bitar); **~ my timbers** må min skuta gå i kvav (om jag ej talar sant; gammal sjömansed)
shiver 2) [*ʃivə*] darrning, skälvning, rysning; darra, skälva, leva (om segel); **the ~s** frossan; **~y** fallen för rysningar, rysande, skälvande, förorsakande rysningar
shoal 1) [*ʃoul*] fiskstim, *äv.* massa, mängd (i allm.); samlas el. uppträda i stim
shoal 2) [*ʃoul*] grund (i havet), sandrevel, *fig.* (is. *pl*) dolda faror; bli grundare (om vatten); **~y** grund, full av grund
shock 1) [*ʃɔk*] skyl (vanl. 12 kärvar); lägga upp (kärvar) i skylar
shock 2) [*ʃɔk*] massa hår, lurvig 'peruk', kalufs; **~-headed** med långt lurvigt hår, långhårig
shock 3) [*ʃɔk*] stöt, sammanstötning, nervchock, *mil.* [kavalleri]anfall, chock, slag, knäck; uppröra, -skaka, chockera, stöta, förarga; **~-absorber** *auto. flyg.* stötdämpare; **~-absorber cord** *flyg.* amortisör; **~ joint** *amr.* värdshus där man kan få mycket stark sprit; **~ troops** *mil.* stöttrupper; **~er** *sl* ung. bloddrypande roman; **~ing** upprörande, chockerande, stötande, anstötlig[t], skandalös[t]
shod [*ʃɔd*] skodd (se *shoe*)
shoddy [*ʃɔdi*] lump-, konstull, schoddy, *fig.* sämre vara, maschverk, smörja, skoj; oäkta, humbugs-, svindlar-
shoe [*ʃu:*] sko, doppsko, skoning, beslag, hjulskena, *amr.* stövel; (*oregelb. vb*) sko, beslå (häst); **a pretty pair of ~s** *fam. åld.* en snygg 'soppa' ('historia'); **that is another pair of ~s** det är en helt annan sak; **wait for dead men's ~s** vänta livet ur folk (för att övertaga befattning el. egendom); **I wouldn't be in your ~s** jag skulle inte vilja vara i dina kläder; **shod** [*ʃɔd*] skodd; **neatly shod** med fina skor; **~-black** skoborstare; **~-buckle** skospänne; **~-lace** [*ʃu:leis*] skosnöre; **~-leather** läder till skor; **as good a man as ever trod ~-leather** så god som ngn som gått i ett par skor; **save ~-leather** spara skosulor (undvika att gå); **~-lift, ~horn** skohorn; **~-maker** skomakare; **~polish** skosmörja, *amr. sl* visky; **~shine parlor** *amr.* skoborstningslokal; **~-shop** *amr.* skoreparationsverkstad; **~string** skosnöre, *amr.* obetydligt startkapital; ynkligt liten; **~tree** skoblock
shoful [*ʃouful*] *sl* falskt mynt, skojare, humbug
shone [*ʃɔn*] sken, skinit (se *shine*)
shonnicker [*ʃɔnikə*] *amr. sl* judisk 'Onkel' (pantlånare)
shoo [*ʃu:*] *interj.* schas! schasa bort (höns etc.), jaga bort; **~fly** *amr.* tvärgång (i gruva)
shook [*ʃuk*] skakade (se *shake*)
shoot [*ʃu:t*] fors, flott-, störtränna, rutschbana, jaktsällskap, -tur, -mark, skjutning, *bot.* skott, telning; (*oregelb. vb*) skjuta (*äv. bot.*), skjuta (flyga, sticka) fram (ut, upp), jaga, sticka (värka) till, (om kricketboll) flyga längs marken, (om pris) plötsligt stiga, rusa i höjden, spy ut, fotografera, filma, taga upp (film), förskjuta sig (om lös last); **~!** *amr. sl* kläm i! sjung ut! **he shot a glance at me** han kastade en blick på mig; **I'll be shot if . . .** (bedyrande, ung.) förbaska mig om; **go out ~ing** gå på jakt (ut och jaga); **~ the bull** *amr. sl* vara journalist (is. reporter); **~ the cat** *sl* kräkas; **~ the chimney** *amr. sl* hålla mun; **~ dice** kasta tärning; **his eyes shot fire** hans ögon blixtrade; **~ the moon** *sl* ge sig iväg (nattetid) utan att betala; **~ Niagara** *fig.* ung. försöka ta ner månen (försöka ngt hopplöst); **~ the river** *amr.* segla över el. ned för floden; **~ rubbish** avstjälpa, uttömma, 'störta' avfall, sopor etc.; **~ the sun** *sjö.* taga solhöjden; **~ that!** *sl* håll mun! sluta! **~ the works** *amr.* icke lämna någonting halvgjort; **~ up** terrorisera med skjutning etc.; **~ing** (is.) jakt, jakträtt, -mark-skjutning; **~ing-iron** *amr. sl* skjutvapen (is. pistol el. revolver); **~ing star** stjärnskott;

shooting-box jaktstuga; **~ing-stick** jaktkäpp (som man sitter på under jakt); **shooter** (i kricket etc.) boll som går längs marken; **shot down** *sl* fullständigt 'bräckt'

shop [*ʃɔp*] butik, affär, (is. *amr.*) verkstad, fack, yrke, fackprat, *sl* hus, hem, inrättning (skola e. d. som man tillhör), anställning, plats, fängelse; göra inköp, gå och handla, *sl* sätta i fängelse, bli häktad, angiva; **shut up ~** 'slå igen butiken', 'packa in', sluta (arbete, sysselsättning), *sl* hålla mun, nedtysta ngn; **you have come to the wrong ~** *fam.* ni har vänt er till orätt person (ställe); **talk ~** 'prata fackprat', prata om sina egna små intressen; **the other ~** konkurrenten; **all over the ~** *sl* överallt, i oordning, åt alla håll; **go shopping** gå ut och göra inköp; **have everything in the ~ window** skylta med allting, *fig.* vara ytlig; **~-assistant** butiksbiträde; **~keeper** handlande, krämare; **~-lifter** butikstjuv; **~man** krämare, bodbetjänt, *amr.* [verkstads]arbetare; **~-steward** förtroendeman, fackföreningsfunktionär; **~-walker** kontrollör, uppsyningsman (i större butik el. varuhus); **~-worn** nött el. urblekt (efter lång förvaring i affär); **shoppy** full av butiker, krämaraktig, fack-

shore 1) [*ʃɔ:*] klippte (se *shear*)

shore 2) [*ʃɔ:*] stötta (för vägg, skepp, träd etc.); stötta upp

shore 3) [*ʃɔ:*] strand (utefter hav etc.), kust; **in ~** el. **inshore** inåt land; (i vattnet) intill land; **on ~** i land; **~ward** mot stranden (land)

shorn [*ʃɔ:n*] klippt (se *shear*)

short [*ʃɔ:t*] korthet, kort vokal (stavelse), *fam.* kortslutning (*~ circuit*), *amr. sl* spårvagn, *pl* kortbyxor (idrottsbyxor); kort, låg, liten, knapp, otillräcklig, som har ont om (pengar), kortfattad, tvär, snäsig, avvisande, mör, (om spirituosa) stark; kort, tvärt, plötsligt; **~ circuit** *elektr.* kortslutning; [**on**] **~ commons** på mager (klen) kost; **~ cut** genväg; **~ drink** aperitif, cocktail till middagen; **~ leg** (kricket) ställning till vänster bakom slagmannen (*the batsman*); **~ mark** (*ă*) korthetstecken (tecknet över vokal); **~ measure** för knappt mått; **~ memory** glömska; [**at**] **~ range** på nära håll; **~ rib** falskt revben, (*äv.*) revbensspjäll, -stek; **~ sea** *sjö.* krabb sjö; **~ shrift** kort tid mellan en doms avkunnande och dess verkställande; **~ story** novell, berättelse; **~ time** avkortad arbetstid; **~ way** genväg; **~ weight** [för] knapp vikt; **~ whist** 5 poängs vist (*kort.*); **~ wind** andtäppthet, *fig.* bristande uthållighet; **~ work** rask expedition, kort process med; **make ~ work of** göra processen kort med, raskt expediera, kasta i sig (mat); **~ for** en förkortning för; **keep a person ~** hålla ngn knappt; **be ~ of** ha ont om, sakna; **I am** el. **have run ~ of coffee** jag börjar lida brist på kaffe, mitt förråd av kaffe är snart slut; **nothing ~ of** ingenting mindre än; **it is nothing ~ of marvellous** det är helt enkelt (rentav) underbart; **biscuit eats ~** käxen smälter i munnen (är mör); **something ~** *sl* något 'starkt' (dvs. spirituosa), 'en tår'; **take one up ~** avbryta ngn; **the village lies somewhere ~ of London** byn ligger någonstans icke långt från London; **~ of lying, I will say what I can for you** utan att gå så långt som att ljuga, skall jag tala för din sak så gott jag kan; **come** el. **fall ~** [**of**] ej gå upp [emot], ej motsvara (förväntningarna), ej vara vuxen, komma till korta; **cut ~** tvärt avbryta, klippa (snäsa) av; **jump ~** hoppa för kort; **run ~** [**of**] börja lida brist [på], tryta; **stop ~** tvärstanna; **turn ~ round** plötsligt vända [sig] om; **in ~** kort sagt, kort och gott; **for ~** för korthetens skull (t. ex. *we call him Jim for ~*); **~ of breath** andtäppt; **be ~ with** vara uppretad, morsk, trotsig, kort, snäsig mot (ngn); **~bread, ~cake** mörbakelse; **~change** *amr.* ge för litet tillbaka, bedra, lura; **~-circuit** *elektr.* [förorsaka] kortslutning; **~-coming** brist, ofullkomlighet, underskott; **~cut** finskuren (tobak etc.); **~hand** stenografi; **~-handed** med otillräcklig besättning (brist på arbetskraft); **~horn** korthornsboskap; **~lived** [*-laivd*] kortlivad, -varig; **~-sighted** närsynt, korttänkt, -synt, *hand.* kort[fristig] (*~ bill*); **~-spoken** fåordig, ordkarg; **~-tempered** obehärskad, häftig; **shortage** [*ʃɔ:tidʒ*] brist, knapphet; **shorten** [*ʃɔ:tn*] förkorta[s], minska[s], avkorta, -stubba; **shorten sail** *sjö.* minska segel, *fig.* reva seglen; **shortening** förkortning, ister el. annat fett för bak; **shorties** [*ʃɔ:tiz*], **shorts** 'shorts' (kortbyxor); **shortly** inom kort, med få ord, kort, tvärt

shot 1) [*ʃɔt*] sköt, skjutit (se *shoot*); changerande (skiftande), t. ex. *~ silk*, *sl* full (berusad)

shot 2) [*ʃɔt*] skott, projektil, kanonkula, hagel, skytt, (kort) filmupptagning, *fam.* försök, gissning, *sl* dosis, drink, hutt; ladda skarpt, fylla el. tynga med hagel; **make a bad ~** (*äv.*) göra en förtvivlad gissning, gissa galet; **big ~** *amr. sl fig.* (stor) pamp (betydande person); **crack ~, dead ~** mästerskytt, säker skytt; **crane ~** vridupptagning på film; **hot ~** *amr. sl* snälltåg; **long ~** fjärrupptagning (på film); **not by a long ~** inte på långt när; **model ~** filmupptagning av miniatyrmodell (i st. f. själva föremålen); **zoom** [*zu:m*] **~** = *crane* **~**; **fire a ~** avfyra ett skott, skjuta [på]; **pay one's ~** betala för sin förtäring; **put the ~** (*sport.*) stöta kula; **riddled with ~** genomborrad på många ställen med kulor; **round ~** kanonkula; **~gun** hagelbössa; **~-proof** skottfast, -säker; **~-put** kulstötning; **~-tower** torn för hageltillverkning

should [*ʃud*] skulle (se *shall*)

shoulder [*ʃouldə*] axel, skuldra, (på kreatur) bog; knuffa med axeln, lägga på (över) axeln, påtaga sig; **rub ~s with** vara i ständig beröring (frottera sig) med; **straight from the ~s** utan omsvep, utan förbehåll, fullt uppriktigt, ordentligt (slag etc.); **give the cold ~** bemöta (mottaga) kyligt, visa sig stram mot, ej vilja kännas vid; **~-strap** axelklaff, -band; **~ arms** *mil.* på axel gevär

shout [*ʃaut*] rop, hojtande; ropa, hojta, skrika; **my ~** *sl* det är min tur att bjuda; **you need not ~ at me** (dvs.) jag är inte döv; **~ for** *amr. pol.* ivrigt stödja

shove [*ʃʌv*] knuff, stöt; skjuta, knuffa; **~ it into your pocket** stoppa det i fickan; **~ along!** gå framåt i vagnen! **~ off** skjuta ut (skjuta i väg) t. ex. ***a boat***, gå sin väg

shovel [*ʃʌvl*] skovel, skyffel; skyffla, skotta; **~board** ett slags spel (*äv. shuffleboard*); **~ hat** prästhatt; **shoveller** [*ʃʌv(ə)lə*] *zool.* skedand

show [*ʃou*] före-, uppvisning, revy, utställning, skådespel, parad, syn, utseende, sken, ståt, prål, effekt, skymt, tecken, företag, 'tillställning', chans, tillfälle, upptåg, *sl* 'historia', sak, *mil.* lokalt angrepp; (*oregelb. vb*) visa, röja, förete, ut-, uppvisa, utställa, visa sig, uppträda; **he did it for ~** han gjorde det för syns skull (för att briljera); **put on a ~** låtsas; **boss the ~** leda (vara chef för) det hela; **give the** [**whole**] **~ away** totalt förstöra hela planen (företaget); **~ of hands** handuppräckning (såsom votering); **leg ~** *fam.* benuppvisning (i revy); **buds are just ~ing** knopparna hålla just på att komma fram; **~ cause** *jur.* ange sina skäl; **~ a clean pair of heels** lägga benen på ryggen, ta till schappen, kila i väg; **~ the cloven foot** *fig.* visa bockfoten; **~ fight** sätta sig till motvärn; **~ one's hand** el. **cards** visa sina kort, *fig.* förråda (röja) sina planer; **he has nothing to ~ for it** han har icke uppnått något därmed; **according to your own ~ing** enligt vad du själv sade; **~ off** briljera (skylta, ståta) med, uppvisa, göra sig viktig; **~ up** visa upp, blotta, avslöja, ställa i den rätta belysningen, ställa vid skampålen (förlöjliga), visa sig, tydligt framträda, infinna sig; **~-boat** teaterbåt; **~-bread** *bibl.* skådebröd; **~-case** monter, utställningsskåp; **~-down** kraftprov, *amr.* uppläggning (av kort i spel); **~-flat** provningsateljé, expositionsrum; **~-girl** balettflicka; **~man** chef för utställning (menageri o. d.); **~-place** sevärdhet, ställe (egendom etc.) som visas för allmänheten; **~-room** utställningslokal; **~-window** skyltfönster

shower [*ʃauə*] [regn]skur, dusch, *amr.* översvämmande av bröllopspresenter, 'lysningskalas'; strömma ned, *fig. äv.* 'hagla', regna ned, överhopa, -ösa; **~-bath** dusch; **~y** [*ʃauəri*] kommande i skurar, regnig, regn-

showy [*ʃoui*] grann, prålig, prunkande

shrank [*ʃræŋk*] krympte (se *shrink*)

shrap [*ʃræp*] *mil. sl* förk. f. **shrapnel** [*ʃræpn(ə)l*] shrapnel (ett slags granatkartesch)

shred [*ʃred*] remsa, lapp, trasa, stycke, bit; riva (slita) sönder

shrew [*ʃru:*] argbigga, ragata, *zool.* näbbmus (*äv.* *~-mouse*)

shrewd [*ʃru:d*] klipsk, slug, finurlig, klok, skarp, bitande

shrewish [*ʃru:iʃ*] argsint, grälsjuk

shriek [*ʃri:k*] [ångest]skrik; skrika, tjuta

shrievalty [*ʃri:v(ə)lti*] sheriffs ämbete el. tjänstetid

shrift [*ʃrift*] *åld.* bikt; **short ~** kort frist

shrike [*ʃraik*] *zool.* törnskata

shrill [*ʃril*] genomträngande, gäll, skarp, *fig. äv.* påträngande, envis; skrika gällt

shrimp [*ʃrimp*] räka, puttifnask, pyssling; fånga räkor

shrine [*ʃrain*] helgon-, relikskrin, helgongrav, -altare, helgedom

shrink [*ʃriŋk*] (*oregelb. vb*) krympa, skrumpna, dra ihop sig; rygga tillbaka, dra sig (**from** för); **~ away** småningom försvinna; **~age** [*ʃriŋkidʒ*] krympning, sammandragning, minskning (*äv. fig.*)

shrive [*ʃraiv*] (*oregelb. vb*) bikta, höra ngns bikt

shrivel [*ʃrivl*] skrynkla [ihop sig], skrumpna, göra skrumpen

shroff [*ʃrɔf*] österländsk växlare, (i Fjärran östern) infödd expert, som skall undersöka mynts äkthet; undersöka mynts äkthet

shroud [*ʃraud*] svepning, hölje, skrud, slöja, *amr. sl* kostym, *sjö.* vant; svepa (lik), [om]hölja, skyla [sig], avskärma (*radio.*); **wrapt in a ~ of mystery** insvept i [en slöja av] mystik

Shrove [*ʃrouv*]; **~-tide** (början av) fastlagen (t. o. m. fettisdagen); **~ Tuesday** fettisdag

shrub [*ʃrʌb*] buske; **shrubbery** [*ʃrʌbəri*] busksnår, buskage; **shrubby** buskig, buskartad, -bevuxen

shrug [*ʃrʌg*] (plötslig) rörelse; rycka på axlarna; **~ of the shoulders** axelryckning; **~ one's shoulders** rycka på axlarna

shrunk[en] [*ʃrʌnk(n)*] hopfallen, skrumpen (se *shrink*)

shuck [*ʃʌk*] skal (på nöt o. d.); skala; **~s!** pytt! **no great ~s, not worth ~s** inte mycket värd

shudder [*ʃʌdə*] rysning; rysa, bäva, huttra

shuffle [*ʃʌfl*] strykning (skrapning) med foten, släpande [rörelse], hasande, blandning, virrvarr, krångel, smussel, knep; [gå och] släpa, hasa, stryka med foten, blanda [kort], slingra sig, krumbukta, smussla, krångla [sig fram], söka undanflykter, kasta (slå) om, ändra taktik, tala tvetydigt, avskudda sig, krångla sig ifrån; **~ off, on** kasta av, på [sig]; **shuffler** lurendrejare, filur, krångelmakare

shun [*ʃʌn*] sky, söka undvika, fly

'shun [*ʃʌn*] *mil.* förk. f. *attention* giv akt!

shunt [*ʃʌnt*] rangering, växling, *elektr.* omkastningsapparat, grenledning, shunt; växla, kasta om, växla in på ett sidospår, lägga å sido, skjuta åt sidan; **shunter** växlare

shush [*ʃʌʃ*] *amr.* tysta ner

shut [*ʃʌt*] (*oregelb. vb*) stänga[s], tillsluta, gå igen; **~ your head** el. **mouth** håll mun! **~ down** (om fabrik o. d.) slå igen, stänga, upphöra med arbetet; **~ in** stänga in, innesluta, omgiva, undanskymma; **~ it!** sluta upp! var tyst! **be ~ of** *sl* bli kvitt; **~ off** utestänga, avstänga; **~ to** tillsluta, stänga; **~ up** stänga till (igen), instänga, -spärra, låsa in, *fam.* nedtysta ngn; **~ up!** håll mun! håll käften! **~-down** fabriks-, affärsstängning; **~-in** *amr.* patient som måste hålla sig inne; **shutter** [fönster]lucka, rulljalusi, *foto.* bländare, slutare; **put up the shutters** stänga fönsterluckorna, *fig.* stänga, slå igen butiken för dagen el. för alltid; **shuttered** försedd (tillbommad) med fönsterluckor

shuttle [*ʃʌtl*] skyttel (till vävning); **~cock** fjäderboll, *fig.* lekboll (vankelmodig person)

shy 1) [*ʃai*] kast, gliring; slänga, kasta (till måls); **have a ~ at** söka träffa (med en sten), *fig.* försöka sig på (ngt), söka komma åt (ngt el. ngn), ge (ngn) en gliring (ett sidohugg)

shy 2) [*ʃai*] blyg, skygg, rädd, tillbakadragen, misstänksam; skygga, bli orolig (rädd) (is. om hästar); **be ~ of** gå ur vägen (väja) för, vilja slippa; **shyer** skygg häst; **shyster** *amr. sl* skojare (i handel o. vandel), skälm (is. om advokat), brännvinsadvokat

Shylock [*ʃailɔk*] (person hos Shakespeare); ockrare

shyster se *shy* 2)

Siam [*saiæ'm*] Siam; **Siamese** [*saiəmi:'z*] siames; siamesisk; **the Siamese twins** siamesiska tvillingarna, *fig.* om två oskiljaktiga vänner o. d.

Siberia [*saibi'əriə*] Sibirien; **Siberian** sibirisk

sibilant [*sibilənt*] väsljud, väsande; **~ letter** el. **sound** väsljud (*ss.* språkljud); **sibilate** [*sibileit*] väsa, uttala med väsljud

siblings [*sibliŋz*] (*biol.*) syskon, avkomma av samma föräldrar

sibyl [*sibil*] sibylla, (hednisk) spåkvinna, gammal häxa; **sibylline** [*sibi'lain*], **the Sibylline books** de sibyllinska böckerna (i antikens Rom)

sic [*sik*] (oftast **sic!** *lat.* vid citat) så står det verkligen!

sice 1) [*sais*] sexa (på tärning)

sice 2), **syce** [*sais*] (indisk) stalldräng, infödd ridknekt

sick 1) [*sik*] anfalla; **~ him!** (till hundar) buss på honom!

sick 2) [*sik*] sjuk, sjösjuk, illamående, utledsen (trött) [på]; **fall** el. **go** el. **turn ~** bli sjuk (illamående); **the S— Man** den sjuke mannen (Turkiet); **~ at heart** hjärtbeklämd, -ängslig; **~ in fourteen languages** *amr. sl* rysligt sjuk; **~ headache** migrän (huvudvärk med kväljningar); **~-abed** *amr.* sängliggande; **~-leave** sjukledighet, -permission; **on the ~-list** vara sjukskriven

sicken [*sikn*] göra el. bli illamående, känna (fylla med) äckel el. vämjelse, bli utledsen (trött) (**at** på); **~ing** vidrig, äcklig, beklämmande; **~er** avskräckande medel

sickle [*sikl*] skära (skörderedskap); **the S—** *astr.* lejonets stjärnbild

sickly [*sikli*] sjuklig, osund (*äv. fig.*), äcklig, vämjelig

sickness [*siknis*] sjukdom, kväljningar, kräkningar, ont i magen; **falling ~** fallandesjuka, -sot; **sleeping ~** sömnsjuka

side [*said*] sida, kant, parti, håll, lag (*sport.*), ståndpunkt, sak, intresse, kuliss, *sl* 'mallighet', överlägsenhet, sluttning; **~ by ~** sida vid sida; jämsides; **take ~s with** ta parti för; **on the ~** *amr.* utöver, på köpet; **on the ~ of** till förmån för, på . . . sida; **on the wrong ~ of 50** över 50 (år); **put on ~** *sl* göra sig viktig, visa sig 'mallig'; **put on one ~** lägga å sido, lägga undan, spara; **~ against** taga parti emot; **~**

with somebody ställa sig på ngns sida, hålla med (ta parti för ngn); ~**board** byffé, skänk; ~**-burns** *amr.* korta polisonger; ~**-car** sidvagn [till motorcykel]; ~**-issue** sekundär fråga, underordnat spörsmål, biintresse; ~**-kick** *amr. sl* partner, kompis, vän; ~**light** *fig.* belysning från sidan, *äv. fig. sjö.* sidolanterna, glappning, glapphet (hos maskindelar); ~**-line** bisyssla, biinkomst, *sport.* sidlinje; ~**-saddle** damsadel; ~**-show** mindre attraktion (på utställning etc.); ~**-slip** slintande, slirning, snedsprång, rörelse sidlänges (vid flygning), vingglidning, *bot.* sidoskott; slira; **sidesman** kyrkovärds medhjälpare; ~**-splitter** kvickhet som får en att kikna av skratt; ~**-splitting laughter** skratt, så att man är nära att kikna; ~**-step** steg åt sidan; träda åt sidan [för], undgå; ~**-step a blow** vika åt sidan för att undgå ett slag; ~**-stroke** slag mot (från) sidan, (*sport.*) sidsim[tag]; ~**-track** sidospår; (is. *amr.*) växla in på sidospår, *fig.* skjuta åt sidan, föra på villospår; ~**-walk** (is. *amr.*) gångbana, trottoar; ~**-wheeler** *amr.* hjulbåt; ~**-view** bild (utsikt) från sidan, profil; ~**-wind** sidovind, *fig. äv.* sidoinflytande, indirekt väg; ~**long** [*saidlɔŋ*] från [ena] sidan, sned, sido-, på sned; ~**ward**[**s**] [*saidwəd(z)*], ~**ways** åt (från) [ena] sidan, på sned (tvären); sido-; **siding** sido-, växelspår; **sidy** *fam.* viktig, 'mallig', överlägsen

sidereal [*saidi'əriəl*] stjärn-, siderisk

sideward[**s**], **sideways** se *side*

sidi [*si:di*] afrikan, neger

siding se *side*

sidle [*saidl*] röra sig med sidan främst, (skyggt) maka sig; **sidy** se *side*

siege [*si:dʒ*] belägring; **lay ~ to** börja belägra

sienna [*sie'nə*] sienajord, -färg

sierra [*siərə, sjerə*] bergskedja

siesta [*sie'stə*] middagsvila

sieve [*siv*] såll, sikt, *fig.* lösmynt person; sålla; **sift** [*sift*] sikta, strö (socker med ströskеd), noga undersöka, granska; **sifter** [mjöl]sikt, ströskеd

sigh [*sai*] suck, suckan; sucka

sight [*sait*] syn[förmåga], åsyn, anblick, sevärdhet, synhåll, -krets, sikte, syftning, observation, *fam.* massa; få syn på, sikta (land etc.; med bössa etc.), observera; **a ~ for sore eyes** en välkommen syn, en ögonfägnad; **it is a ~ ..** en syn att skåda (.. en syn för gudar); **a fat ~ you have done** (*iron.*) jo, du har uträttat en hel del; **catch ~ of** få syn på, få se; **~ unseen** *amr.* (is. *hand.*) obesett; **know by ~** känna till utseendet; **lose ~ of** förlora ur sikte; **see the ~s of the town** bese stadens sevärdheter; **at** el. **on ~** på fläcken, med detsamma; *hand.* betalbar vid uppvisandet (a vista); **at first ~** vid första anblicken (påseende[t], ögonkastet); **in ~** inför (ngns) ögon, i åsyn, i sikte, synlig; **out of ~** ur sikte, utom synhåll; **out of ~, out of mind** borta från ögat, borta från hjärtat (snart glömd); **out of my ~**! försvinn (gå bort) [från mina ögon]! **it is worth a** [**long**] **~ more than that** *fam.* det är mycket, mycket mera värt; **not by a long ~** inte på långa vägar; ~**-seer** skådelysten, turist; ~**seeing** beseende av sevärdheter, turistbesök; ~**ing shot** försöksskott, -ballong, trevare; ~**ly** behaglig för ögat (att se på), täck

sigma [*sigmə*] sigma (grek. bokstav)

sign [*sain*] tecken, skylt, märke, *amr.* spår (av ett djur), sinnebild, symbol; ge tecken, underteckna, -skriva, signera; **~ manual** egenhändig underskrift (namnteckning); **~s and wonders** *bibl.* tecken och under; **seek a ~** fordra ett tecken (mirakel); **the ~s of the Zodiac** *astr.* (stjärnbilderna i) djurkretsen; **the ~ of the cross** korstecknet; **at the ~ of the Crown** på värdshuset Kronan; **in ~ of** till tecken på; **~ away** förskriva (egendom o. d.); **~ in** påmönstra, inregistrera tiden då man slutar sitt arbete; **~ off** *sjö.* avmönstra, underlåta att stödja partnerns bud (i bridge); sluta radioutsändning; **~ on** underteckna kontrakt, *äv.* påmönstra; **~ on the dotted line** [tvingas att] skriva under, ta skeden i vacker hand; **~ up** underskriva; ~**-board** skylt; ~**post** skyltstolpe, anslagsstolpe, vägvisare (vid landsväg etc.); **Signer** *amr.* en av de 50 undertecknarna av oavhängighetsförklaringen

signal [*sign(ə)l*] signal, tecken; utmärkt, märklig; signalera; ~**-box** signalhytt (på järnväg); ~**-man** signalist, signalman, banvakt; ~**-tune** paussignal (*radio.*); ~**ize** [*signəlaiz*] utmärka, förläna glans åt

signatory [*signətəri*] undertecknare, signatärmakt; signatär-, [med]undertecknad; **the ~ powers** signatärmakterna

signature [*signətʃə*] signatur, namnteckning, underskrift, *mus.* förtecken; **~ tune** signaturmelodi

signet [*signit*] signet, privat sigill

significance [*signi'fikəns*] betydelse, mening, innebörd, vikt, betydenhet; **significant** [*signi'fikənt*] betydelsefull; **signification** [*signifikei'ʃ(ə)n*] betydelse, mening, innebörd; **significative** [*signi'fikətiv*] betecknande, betydelsefull, signifikativ; **signify** [*signifai*] antyda, beteckna, betyda, tillkännage; **it doesn't signify** det betyder ingenting

Sikh [*si:k*] sikh (medlem av en krigisk sekt i Indien)

silence [*sailəns*] tystnad, -het, tystlåtenhet; bringa till tystnad, [ned]tysta; tyst! stilla! **~ gives consent** den som tiger samtycker; **preserve** el. **keep ~** iaktta tystnad, tiga, hålla sig tyst; **in ~** i tysthet, under tystnad; **put to ~** bringa till tystnad, nedtysta; **silencer** [*sailənsə*] sordin, ljuddämpare; **silent** [*sailənt*] tyst, stilla, [stilla]tigande, tystlåten, stum (ej uttalad); **silent partner** *amr.* passiv delägare (jfr *sleeping partner*)

Silenus [*saili:'nəs*] silen, gammal festprisse (rumlare)

Silesia [*saili:'ziə*] Schlesien; **Silesian** schlesier; schlesisk

silhouette [*silu(:)e't*] silhuett, skuggprofil, kontur; avbilda i silhuett

silica [*silikə*] kiseldioxid (kvarts), 'kiselsyra'; **silicate** [*silikit*] silikat; **siliceous** [*sili'ʃəs*] innehållande kisel, kiselartad, kisel-

silk [*silk*] silke, siden; *pl* sidentyger, -varor, klänning o. d. av siden, *fam.* kronjurist; **~ dress** sidenklänning; **~ stockings** silkesstrumpor; **~ hat** hög hatt; **~ gown** sidenkåpa för King's Counsel; **he has made a ~ purse out of a sow's ear** det har varit mer lycka än konst, han har haft mera tur än skicklighet; **take ~** bli kronjurist (King's Counsel, K. C.); ~**-tail** sidensvans; ~**-worm** silkesmask; **silken** [*silkən*], **silky** [*silki*] liknande silke el. siden, silkeslen, -glänsande

sill [*sil*] fönsterkarm, -bräde, -platta, syll, tröskel

sillabub [*siləbʌb*] ett slags dryck (av grädde, vin o. socker)

silly [*sili*] dumbom, dummerjöns, våp; dum, enfaldig, oförståndig; **S— Billy** dumsnut; **the ~ season** den döda säsongen (för tidningar; aug. o. sept.)

silo [*sailou*] *jordbr.* silo, spannmålsmagasin

silt [*silt*] [flod]slam, mudder, bottensats; igenslamma[s]; **~ up** uppgrunda, igenslamma; ~**ing** uppgrundning, uppmuddring

Silurian [*sailju'əriən*] silurisk (om geologisk tidsålder)

silvan [*silvən*] skogs-, lantlig

silver [*silvə*] silver, silversaker, bordssilver, silvermynt; silver-; försilvra[s] (*äv. fig.* t. ex. bli grå); ~**-fish** *zool.* silverfisk; **~ foil** silverpapper;

~ **gilt** [av] förgyllt silver; ~ **jubilee** 25-årsdag; ~ **Latin** latin från den latinska litteraturens silverålder; ~ **lining** silverfoder, -bård; ~ **plate** silverkärl; *koll.* bordssilver; **the** ~ **streak** silverstrimman, dvs. Engelska kanalen; ~**ware** *amr.* silverkärl, silverpjäser; **silvery** [*silvəri*] silver-, silverliknande, -vit, -glänsande; silverklar, -ren
silviculture [*silvikʌltʃə*] skogskultur, -odling
simian [*simiən*] apa; hörande till apor, apliknande
similar [*similə*] lik[nande], likartad, dylik, *mat.* likformig, lika; ~**ity** [*similæ'riti*] likhet; **simile** [*simili*] liknelse; **similitude** [*simi'litju:d*] likhet, liknelse
simkin [*simkin*] *fam.* dumsnut, stolle
simmer [*simə*] sakta kokande, småkok; småkoka, sjuda, puttra, *sl* smyga sig (gå tyst)
Simon [*saimən*] Simon (*vulg.* för en sixpence); ~ **Pure** *fam.* den rätte, äkta vara; **Simple** ~ *sl* enfaldigt, lättroget våp
simony [*saiməni*] simoni (handel med kyrkliga ämbeten)
simoom [*simu:'m*] samum (brännande ökenvind)
simp [*simp*] *amr. sl* förk. f. *simpleton*
simper [*simpə*] tillgjort (fånigt) leende; le tillgjort el. fånigt, småle förnöjt
simple [*simpl*] enkel, naturlig, tydlig, klar, lätt (att förstå el. göra), rättfram, enfaldig, godtrogen, ren; ~**-hearted** okonstlad, öppenhjärtig; ~**-lifer** anhängare av primitivt levnadssätt el. enkla levnadsvanor; ~**-minded** trohjärtad, rättfram, godtrogen, naiv; ~**ton** [*simpltən*] enfaldig person, dummerjöns, våp; **simplicity** [*simpli'siti*] enkelhet, naturlighet, klarhet, lätthet, enfald; **simplification** [*simplifikei'ʃ(ə)n*] förenkling; **simplify** [*simplifai*] förenkla
simulacrum [*simjulei'krəm*] avbild, sken[bild], föregivande, fantom, bedrägeri; **simulant** [*simjulənt*] som liknar el. är lik, imiterad; **simulate** [*simjuleit*] efterhärma, -likna, imitera, hyckla, simulera, låtsa sig vara; **simulation** [*simjulei'ʃ(ə)n*] simulering, hycklande, förställning; **simulator** [*simjuleitə*] simulant, hycklare
simultaneity [*siməltəni'əti*] samtidighet; **simultaneous** [*siməltei'njəs*] samtidig
sin [*sin*] synd, försyndelse; synda, försynda sig; **for my** ~s (is. *skämts.*) för mina synder[s skull]; **ugly as** ~ ful som synden (stryk); **deadly** ~ dödssynd; **original** ~ arvsynd; **actual** ~ verksynd; ~ **one's mercies** inte sätta värde på hur bra man har det; ~**-offering** syndaoffer; ~**ful** syndig, syndfull, ogudaktig; **sinner** syndare
since [*sins*] sedan dess; [allt]sedan, eftersom
sincere [*sinsi'ə*] uppriktig, ärlig, sann; ~**ly** uppriktigt, verkligt, i sanning; **Yours** ~**ly** (*ss.* brevavslutning) Din (Eder) tillgivne; **sincerity** [*sinse'riti*] uppriktighet, ärlighet
sinciput [*sinsipʌt*] *anat.* framhuvud, hjässa
sine [*sain*] *mat.* sinus
sinecure [*sainikjuə*] sinekur, lindrig syssla, ämbete utan tjänstgöring men med inkomster
sinew [*sinju:*] sena, *pl* ~s *äv.* muskler, *fig.* kraft; **the** ~**s of war** penningar och materiella tillgångar; **sinewy** senig, seg (om kött), stark, kraftfull
sing [*siŋ*] (*oregelb. vb*) sjunga, besjunga, dikta; ~ ~ (*pidgineng.*) dans, sång; **my ears are** ~**ing** det sjunger i mina öron; ~ **another song** el. **tune** ändra ton, stämma ned tonen; ~ **out** (is. *sl*) hojta, skrika, *äv. fig.* sjunga ut, säga ifrån; ~ **small** *fig.* stämma ned tonen, vara anspråkslös; ~**fest** *amr.* radio-*sl* sångavdelning; ~**song** [*siŋsɔŋ*] entonigt tal, *fam.* improviserad sångkonsert; enformig, monoton
singe [*sin(d)ʒ*] sveda[s], bränna; ~ **one's feathers** el. **wings** *fig.* sveda sina vingar, skada sitt anseende
Singhalese [*siŋgəli:'z*] singales (invånare på Ceylon); singalesisk
single [*siŋgl*] enkel biljett, singel (i tennis); enda, enstaka, enkel, odelad, ensam, ogift; utvälja; **remain** ~ förbli ogift; ~ **combat** envig; ~ **entry** enkel bokföring; ~ **file** gåsmarsch; ~ **flower** dvs. med blott en krans av kronblad; ~ **wicket** kricket med en grind; ~**-blessedness** (*skämts.*) det ogifta ståndet; ~**-breasted** enkelradig (rock o. d.); ~**-handed** enhänt, ensam, på egen hand, utan andras hjälp; ~**-hearted** trohjärtad, sveklös, uppriktig; ~**-loader** enkelladdare; ~**-minded** = ~*-hearted*; ~**stick** fäktkäpp, *pl* käppfäktning
singlet [*siŋglit*] undertröja
singleton [*siŋgltən*] enkelkort (blott ett kort i en färg), enkel sak
singly [*siŋgli*] en åt gången, en och en
singular [*siŋgjulə*] *gram.* singularis; singular, entals-, [sär]egen, ovanlig, sällsynt, egendomlig, excentrisk, märklig, framstående; ~**ity** [*siŋgjulæ'riti*] originalitet
sinister [*sinistə*] olycksbådande, ödesdiger, illvillig, lömsk, (*herald.*) vänster
sink [*siŋk*] vask (i köksbord etc.), slask[rör], 'dypöl'; (*oregelb. vb*) sjunka, sänka [sig (ned)], dala, falla, avtaga, minska[s], slutta, gräva [ned], borra (brunn etc.), amortera, binda (kapital), förlora, ingravera, hemlighålla; **the dying man** ~**s** den döendes krafter äro i avtagande; **the wind** ~**s** vinden lägger sig; ~ **a die** gravera en stämpel; ~ **a well** gräva, borra en brunn; ~ **one's name** hemlighålla (förtiga) sitt namn; ~ **oneself** el. **one's own interest** åsidosätta (glömma) sig själv (sina egna intressen), vara uppoffrande; ~ **into** falla i, sjunka ned i, tränga in i (göra intryck på); ~ **or swim** det må bära eller brista; ~ **the shop** upphöra att tala om yrket (slå in på allmännare samtalsämnen); **sinker** blysänke på metrev, lod, *amr. sl* för *doughnut*; ~**ing** beklämdhet, modlöshet, känsla av matthet på grund av hunger; ~**ing-fund** *hand.* amorterings-, avbetalningsfond
sinner [*sinə*] syndare
Sinn Fein [*ʃi'nfei'n*] irländsk frihetsrörelse för nationellt oberoende
sinologist [*sinɔ'lədʒist*], **sinologue** [*sinəlɔg*] sinolog (kännare av kinesiska språket etc.); **sinology** [*sinɔ'lədʒi*] kunskap i kinesiska språket o. kulturen; **sinophobe** [*sinəfoub*] kineshatare; kineshatande
sinuosity [*sinjuɔ'siti*] buktighet, (is.) bukt, krök (av flod etc.); **sinuous** [*sinjuəs*] buktig, slingrande; **sinus** [*sainəs*] krök, bukt, *anat.* hålighet, håla; **sinusitis** [*sainəsai'tis*] sinusit, bihåleinflammation
Sioux [*su:*, *pl su:z*] sioux[indian]; siouxindiansk
sip [*sip*] läppjande, liten klunk; läppja, smutta
siphon [*saiʃ(ə)n*] sifon[flaska], hävert; bortleda (rinna bort) genom en hävert
sippet [*sipit*] brödbit, -tärning (rostad)
sir [*sə:*] (*ss.* tilltalsord) min herre, herrn; *Sir?* vad befalls? *Sir* framför dopnamnet *ss.* titel på medlem av eng. lågadel (*baronet* el. *knight*); tilltala med ~
sirdar [*sə:da:*] *Ind.* österländsk hövding, *mil.* högste befälhavare över egyptiska hären
sire [*saiə*] fader (numera blott *poet.* el. om djur, is. hästar); *Sire* Ers Majestät
siren [*saiərin*] (klass. *myt.*) siren (*äv. fig.*), *sjö.* mistlur, siren; **sirenian** [*sairi:'njən*] sirendjur, sjöko
Sirius [*siriəs*] *astr.* Sirius
sirloin [*sə:lɔin*] ländstycke, oxstek, ibl. njurstek
sirocco [*sirɔ'kou*] sirocko
sisal [*saisəl*] sisal (ett slags växtfiber)
siskin [*siskin*] *zool.* grönsiska
sissy [*sisi*] syster, kvinnlighet hos män; fruntimmersaktig
sister [*sistə*] syster (*äv.* om sjuksköterska och

nunna); syster-; **full** ~ el. ~ **german** helsyster; **the fatal** el. **three** ~**s** el. ~**s three** ödesgudinnorna; ~**-in-law** svägerska; ~**-hood** [*sistəhud*] systerskap, -förbund; ~**ly** systerlig

Sisyphean [*sisifi(:)'ən*] sisyfus-; **a** ~ **task** el. **toil** ett sisyfusarbete (hopplöst arbete); **Sisyphus** [*sisifəs*] Sisyfus

sit [*sit*] (*oregelb. vb*) sitta, bli sittande [på], ligga, vara belägen; **he could hardly** ~ **his horse** han kunde knappast hålla sig kvar på hästen; **where the wind** ~**s** varifrån vinden blåser (*äv. fig.* hur det hänger ihop, vad meningen är); ~ **down** sätta sig; ~**-down strike** sittstrejk; ~ **down before** (börja) belägra en fästning; ~ **down hard on** *amr.* motsätta sig; ~ **down under an insult** finna sig i, svälja en förolämpning; ~ **for** representera (valkrets) i underhuset, sitta modell för (målare); ~ **heavy on** trycka, tynga (t. ex. ngns samvete); **it** ~**s well (ill) on him** det klär (missklär) honom; ~ **in judgement** *fig.* sätta sig till doms [över]; ~ **light on** föga tynga (besvära); ~ **on (a committee** etc.) sitta i (en kommitté etc.); ~ **on eggs** ligga på ägg, ruva (om fåglar); ~ **on the fence** *fig.* skruva sig, tveka att bestämma sig (fatta ståndpunkt); ~ **on top of the world** *amr.* ha det utmärkt ställt; ~ **out** sitta över (en dans), stanna till slutet av, stanna längre än (de andra gästerna); ~ **tight** *sl* sätta sig tillrätta (i sadeln), *fig.* stå på sig, framhärda; ~ **under** regelbundet åhöra (präst); ~ **up** sätta sig upp (i sängen), sitta uppe; ~ **up and take notice** *amr. sl fig.* vara vaken; **make a person** ~ **up** *sl* komma ngn att baxna, ge ngn en chock; **sitter** [*sitə*] en som sitter (is. modell för porträtt), sittande fågel, *fig.* lätt byte (sak el. uppgift), barnvakt; **sitting** [*sitiŋ*] sammanträde, möte, sittplats (stol el. bänk) i kyrka; nuvarande, sittande; **sitting-room** vardagsrum, sittutrymme, -platser

site [*sait*] plats (för byggnad), tomt, läge

situated [*sitjueitid*] belägen, i viss ställning el. belägenhet, situerad; **situation** [*sitjuei'ʃ(ə)n*] läge, belägenhet, situation, omständighet, plats, anställning

six [*siks*] sex, sexa; ~ **bits** 75 cent; **at** ~**es and sevens** huller om buller; ~**footer** sex fot lång person (sak); ~**pence**, ~**penny bit**, ~**penny piece** sexpence-mynt; ~**shooter** revolver med magasin för sex skott; **the** ~**th [form]** sjätte klassen (högsta klassen i folkskolan); ~**er** [*siksə*] slag som ger 6 poäng; ~**fold** sexfaldig[t], sex gånger så mycket; ~**th** [*siksþ*] sjätte[del]; ~**teen(th)** [*siksti:'n(þ)*] sexton (sextonde[del]); ~**ty(tieth)** [*siksti(iþ)*] sextio (sextionde[del])

sizable [*saizəbl*] ganska stor, av betydande (lämplig) storlek

sizar [*saizə*] ett slags stipendiat (student av lägsta rang vid Cambridges univ.)

size [*saiz*] storlek, mått, format, 'nummer' (t. ex. på sko), ranson el. portion av mat o. dryck (vid Cambridges univ.); ordna (sortera) efter storlek (mått) etc.; **they are all of a** ~ de äro alla lika stora; **it is the** ~ **of** den är [lika] stor som; **that's about the** ~ **of it** *fam.* så förhåller det sig verkligen; **small** ~ *amr. fam.* liten; ~ **up** mäta, *fam.* bedöma, taxera; **-sized** [*-saized*] av (en viss) storlek, t. ex. **full**~ i naturlig storlek, **under**~ under medellängd

sizy [*saizi*] limliknande, klibbig, tjock

sizzle [*sizl*] fräsande vid stekning o. d., sjudande; fräsa, steka[s], sjuda

sjambok [*ʃæmbɔk*] piska (med snärt av noshörningshud) använd i Sydafrika

skald [*skɔ:ld*] (fornnordisk) skald, bard; **skaldic** [*skɔ:ldik*] skalde-

skate 1) [*skeit*] *zool.* rocka

skate 2) [*skeit*] skridsko; åka (gå på) skridsko; ~ **over thin ice** *fig.* behandla ett ömtåligt ämne; **skating-rink** (konstgjord) skridskobana

skedaddle, skid[d]addle [*skidæ'dl*] *fam.* sätta i väg, ta till schappen, ge sig av

skein [*skein*] härva (garn), docka (tråd), flock (fåglar)

skeleton [*skelit(ə)n*] skelett, benbyggnad, stomme, *fig.* utkast, plan; ~ **crew** reducerat manskap; ~ **key** huvudnyckel; ~ **regiment** ett regementes ram (utan el. med starkt reducerat manskap); **a** ~ **at the feast** glädjefördärvare; **a** ~ **in the cupboard** el. **family** ~ obehaglig familjehemlighet, hemligt bekymmer; ~ **shaft** öppen [hiss]trumma; ~**ize** [*ske'lətənaiz*] skelettera, *fig.* göra utkast till

sketch [*sketʃ*] skiss, konturteckning, utkast, 'sketch' (kort skådespel); skissera, antyda i korta drag; ~ **map** konturkarta; **sketchy** skisserad, skissartad, *fig.* ofullständig

skew [*skju:*] sned, skev; ~**-eyed** skelögd, -ande; ~**-whiff** *fam.* på sned

skewbald [*skju:bɔ:ld*] (is. om häst) skäckig, med olikfärgade ljusa fläckar

skewer [*skjuə*] steknål, *sl* penna, svärd; fästa (sticka igenom) med en steknål

ski [*ʃi:, ski:*] skida; åka skidor; ~**-joring** [*-dʒɔ:riŋ*] skidåkning efter häst, tolkning; ~**-jumper** skid-, backhoppare; **skier** skidåkare, -löpare; **skiing** skidåkning, -sport

skid [*skid*] underlag, broms, hämsko (*äv. fig.*), slirning, sladdning (*skidding*); stötta, bromsa, hämma, slira, sladda, *flyg.* kana

skid[d]addle se *skedaddle*

skidoo [*skidu:'*] *amr. sl* bort med dig, lämna mig i fred

skiff [*skif*] julle, liten roddbåt (för en roddare)

skill [*skil*] skicklighet, händighet; **skilful** skicklig, duktig; **skilled** händig, [yrkes]utbildad, [yrkes]-kunnig; **skilled labour** kompetent arbetskraft, yrkeskunnigt folk

skillet [*skilit*] stekpanna, liten gryta

skilligalee [*skiligəli:'*], **skill[e]y** [*skili*] välling, tunn soppa (is. i fängelser), sluring

skim [*skim*] skumma, stryka (glida) lätt fram över, ögna igenom; ~ **milk** skummjölk; **skimming-dish** *sl* ett slags flatbottnad kappseglingsbåt; **skimmer** [*skimə*] skumslev, (i kricket) låg boll (lyra)

skimp [*skimp*] vara snål mot ngn, snåla (knappa) in på; **skimpy** otillräcklig, alltför knapp (knappt tilltagen), mager, tunn, snål, knusslig

skin [*skin*] skinn, hud, skinnlägel, skal, hinna, *sjö.* förhydning (på skepp), häst[krake], mula; (om sår) bli betäckt med hud el. skinn, läkas, flå, draga (skrapa) av huden på, draga (kränga) av sig (undertröja o. d.), skala, *sl* skinna; **change one's** ~ ömsa skinn, bli förvandlad, bli utom sig; **keep a whole** ~ komma helskinnad undan; **save one's** ~ rädda sitt skinn; **by** el. **with the** ~ **of one's teeth** med knapp nöd (nätt och jämnt); **he has a thick (thin)** ~ *fig.* han är tjockhudad (okänslig), tunnhudad, ömtålig; **keep one's eyes skinned** *fam.* hålla ögonen öppna (vara vaksam el. påpasslig); ~ **one's socks** kränga strumporna av sig; ~**-deep** som ej går djupare än skinnet, lätt, ytlig (*äv. fig.*); ~**-flint** gnidare, girigbuk; ~**-game** *amr. sl* svindel, skoj; ~**ful** en skinnlägel (vinsäck) full, så mycket spirituosa man orkar dricka; **with a** ~**ful** *sl* litet ankommen; **skinny** skinntorr, utmärglad, 'bara skinn och ben'

skint [*skint*] *sl* skinnad, barskrapad (på sina pengar)

skip 1) [*skip*] skutt, hopp, skuttande, stycke i bok som bör överhoppas, överhoppning, *amr. sl* dans, 'kavajskutt'; skutta, hoppa [över], förbigå, ge sig i väg, försvinna, *amr. sl* dansa, 'ut och skutta', hoppa rep; ~ **it** *amr. sl* sluta upp med det, bry dig inte om det; ~**-jack** *zool.* knäppare; **skipping-rope** hopprep

skip 2) [*skip*] *sport.* kapten, ledare (av lag i bollspel)
skipper [*skipə*] en som hoppar, skeppare (*fam.* om sjökapten), kapten (ledare av kricketlag etc.)
skirl [*skə:l*] säckpiplåt
skirmish [*skə:miʃ*] skärmytsling (*äv. fig.*), mindre drabbning; skärmytsla
skirt [*skə:t*] kjol, bräm, snibb, skört, bryn, [ut]-kant, *sl* kjoltyg (kvinns); kanta, gå (löpa) utefter; **divided ~s** byxkjol; **on the ~s of** i utkanten av; **~ of beef** mellangärde (på slaktat djur); **skirting-board** (byggnads) fotlist, -panel
skit [*skit*] satir, burlesk, parodi
skite [*skait*] *amr. sl* gnidare, girigbuk
skittish [*skitiʃ*] lättsinnig, nöjeslysten, uppsluppen, vild av sig, nervös
skittle [*skitl*] kägla; **~s**! kägelspel; strunt! äsch! **~ out** (kricket-*sl*) slå ut (spelare) i snabb följd efter varandra; **life is not all beer and ~** livet är inte idel nöjen (en dans på rosor); **~-alley** kägelbana
skivvy [*skivi*] tjänsteflicka (som utför grovarbetet)
skulduggery [*skʌldʌ'gəri*] *amr.* ohederlighet
skulk [*skʌlk*] hålla sig undan, smita ifrån (undan), skolka
skull [*skʌl*] skalle, huvudskål; **~ and cross-bones** dödskalle med två korslagda benknotor; **have a thick ~** *fig.* vara tjockskallig (ha trögt förstånd); **~-cap** hjärnskål, kalott; **~-drugging** *amr. sl* stormpluggning (läsning); **~ fracture** skallbrott
skunk [*skʌŋk*] *zool.* skunk[skinn], stinkdjur, *fig. sl* as, kräk, lömsk person; *amr.* grundligt besegra, utklassa
Skupshtina [*skupʃtinə*] Jugoslaviens parlament
sky [*skai*] himmel, himmelsstreck; slå (boll) högt upp i luften, hänga högt upp på väggen; **extol** el. **laud to the skies** *fig.* höja till skyarna; **he is in the ~ (skies)** han är i sjunde himlen (paradiset); **~-blue** himmelsblå; **~lark** sånglärka, *sl* lek, stoj, ras; skoja, stoja; **~light** (*is. sjö.*) takfönster, skylight; **~-line** horisont, himlarand, landskaps- el. stadssilhuett; **~man** *fam.* flygare; **~ pilot** *sl* [skepps]präst; **~-rocket** *mil.* signalraket; **~sail** *sjö.* skejsel (segel); **~scape** *mål.* sjö-, marinstycke; **~-scraper** skyskrapa (byggnad); **~-writing** rökskrift (från flygmaskin); **skyer** hög lyra (vid kricket); **skyey** [*skaii*] himmelsk, himmelshög, -blå, himla-; **skyward**[s] [*skaiwəd*(*z*)] mot himlen, upp i luften
slab [*slæb*] stenplatta, häll, skiva (av kött, bröd o. d.), [choklad]kaka, ribba, *sl* murarlärling; **~-sided** lång och mager
slack [*slæk*] död-, stillvatten (is. mellan ebb och flod), det lösa på en repända, (*is. hand.*) flau tid, död säsong, kolstybb, *fam.* avkoppling (från arbete), *pl* löst sittande långbyxor; slak, slapp, lös, olustig, loj, trög; lata sig, slappa, lossa på, slappna [av], vara (bli) slapp (lat), fira, slakna, släcka (törst, kalk); **~ up** sakta farten; **~ lime** släckt kalk; **~-water** se *slack*; **slacken** [*slækn*] slappa, lossa på, bli slapp el. lös, slappna, minska, sakta, avtaga; **slacker** (is. *sl*) fuskare, slöfock (under kriget is. om sådana som förstått att hålla sig borta från fronten)
Slade [*sleid*]; **the ~ [School of Fine Arts]** (en konstakademi i London)
slag [*slæg*] slagg; slagga [sig]
slain [*slein*] ihjälslagen (se *slay*)
slake [*sleik*] släcka (törst, kalk)
slam [*slæm*] slam (*kort.*), smäll (i dörr), skräll, *amr. sl* nedgörande kritik; slå, smälla [igen], *sl* skryta (med sin förmåga att dricka), *amr. sl* kritisera, tadla, klandra; **~ the book on the table** dänga (slänga) boken i bordet
slander [*sla:ndə*] förtal, elakt skvaller, bakdanteri; förtala, beljuga, bakdanta; **slanderous** [*sla:nd*(*ə*)*rəs*] bakdantar-, belackar-, ärerörig
slaney [*sleini*] *sl* teater
slang [*slæŋ*] slang[språk]; tala slang, skälla ut (på), okväda; **slangy** [*slæŋi*] slangartad, slang-, simpel, smaklös; **~-whanger** *sl* skrålhals
slanguage [*slæŋgwidʒ*] slang (ordlek med *language* språk); **slangular** [*slæŋgjulə*] se *slangy*
slant [*sla:nt*] lutning, sluttning, *amr.* idé, mening, *fam.* blick, titt; sned, skev, sluttande; slutta, luta, ställa (göra) lutande (sned); **on the ~** på sned (tvären, snedden); **slantin(g)dicular** [*sla:ntindi'kjulə*, (*-tiŋ-*)] *sl* lutande, sluttande, på sned (tvären); **slantwise** [*sla:ntwaiz*] på sned (tvären)
slap [*slæp*] smäll (slag) med flata handen o. d.; vips! bums! rakt, tvärt, burdus; smälla, slå, daska [till]; **a ~ in the face** ett slag i ansiktet (*äv. fig.* om oväntad avsnäsning); **I ran ~ into him** jag rusade rakt (burdus) på honom; **he hit me ~ in the eye** han slog mig rätt i ögat; **~-bang** med buller och bång, våldsamt, burdus, bums, tvärt, handlöst, på hafs (en höft); **~dash** [*-dæ'ʃ*] burdus, bums, vårdslöst; **~jack** *amr.* ett slags pannkaka; **~stick [comedy]** enkel fars, burlesk film; **~-up** *sl* flott, pampig, prima, tipptopp (modern); **slapping** *sl* väldig, pampig
slash [*slæʃ*] (våldsamt) hugg (slag), djup skåra, jack, klatsch (med piska); rista (fläka, slitsa) upp, klatscha [till (på)], slå omkring sig, *amr.* nedskära, reducera; **slashed sleeve** uppslitsad ärm, ärm med utskärning, genom vilken ett annat tyg blir synligt; **slasher** *sl* sträng kritiker; **slashing** nedgörande (t. ex. **~** *criticism*), -rivande, *fam.* väldig
slat [*slæt*] spjäla, [tvär]slå, latta, *sl* revben
slate [*sleit*] skiffer[platta], takskiffer, griffeltavla, skiffergrått, *amr. pol.* program, dagorder, kandidatlista; täcka med skiffer, tufsa till, nedgöra, -sabla, läxa upp, *amr.* uppställa (kandidater); **a clean ~** fläckfritt rykte, ett oskrivet blad, tabula rasa; **clean the ~** sätta allt på ett bräde, *fig.* göra upp sitt gamla konto, börja ett nytt liv, börja om från början; **a ~ loose** *fig.* en skruv lös; **~-club** ekonomisk förening (ett slags livränteanstalt med små insatser varje vecka); **~-pencil** griffel; **slaty** skiffrig, skifferfärgad, skiffer-
slattern [*slætə*(*:*)*n*] slampa; **~ly** slampig, slamsig, snuskig
slaughter [*slɔ:tə*] slakt[ande], blodbad, massaker; slakta, nedgöra, -hugga, anställa blodbad på; **~-house** slakteri, slakthus, *fig.* plats för blodbad; **slaughterous** [*slɔ:tərəs*] mordisk
Slav [*sla:v, slæv*] slav (folkslag); slavisk; **Slavic** [*sla:vik, slævik*], **Slavonian** [*sləvou'njən*], **Slavonic** [*sləvɔ'nik*] slaviskt (slavoniskt) språk; slavisk, slavonisk; **Slavophil** [*sla:vofil*] vän av slaverna; **Slavophobe** [*sla:vofoub*] hatare av slaverna
slave [*sleiv*] slav[inna], träl; slava, träla, göra slavarbete; **~-driver** slavuppsyningsman, *fig.* sträng herre el. arbetsgivare; slavdrivare; **~-holder** slavägare; **~ States** sydstaterna (i USA); **~-trade** slavhandel; **slaver** slavhandlare, slavskepp; **slavery** [*sleivəri*] slaveri, träldom; **slavish** slavisk, trälaktig
slaver [*slævə*] dregel, *fig.* lismeri, äckligt smicker; dregla, söla ned (*äv. fig.*), *sl* pladdra, sladdra
slavery, slavish se *slave*
slavey [*slævi, sleivi*] *fam.* husa, piga
Slavic, Slavo- se *Slav*
slaw [*slɔ:*] *amr.* kålsallad
slay [*slei*] (*oregelb. vb*) *åld.* (dock inte i *amr.*) dräpa, slå ihjäl
sled [*sled*] [arbets]släde, kälke; åka (föra på) kälke; **hard sledding** *amr.* hårt arbete

sledge [*sledʒ*] släde, kälke, [smed]slägga (**~-***hammer*); åka släde
sleek [*sli:k*] slät, glatt, blank, *fig.* skinande, *fig.* [med] hal [tunga], sliskig; göra glatt (slät, blank etc.), glätta
sleep [*sli:p*] sömn; (*oregelb. vb*) sova, ligga (hysa) över natten, övernatta, bereda (ge) nattlogi åt, *fig.* sova, vila; **fitful ~** orolig sömn; **go to ~** somna; **get to ~** (lyckas) somna; **put to ~** söva, lägga (barn); **walk in one's ~** gå i sömnen; **the last (long, eternal) ~** den sista (långa, eviga) sömnen, döden; **~ing partner** passiv delägare; **let ~ing dogs lie** väck ej den björn som sover (*ordspr.*); **the top ~s** snurran 'sover' (rör sig så snabbt att den synes stå stilla); **the hotel can ~ 300 . . .** kan bereda (ge) nattlogi åt 300; **~ like a log** el. **top** sova som en stock; **~ off** sova av sig (rus etc.); **~ [a night] on** el. **over it** sova på saken; **~ the clock round** sova ett halvt el. ett helt dygn; **~ the ~ of the just** (*skämts.*) sova den rättfärdiges sömn, sova gott; **~ upon it** sova på saken; **~ing-bag** sovsäck; **~ing-car** sovvagn; **~ing-draught** sömnmedel; **~ing-sickness** sömnsjuka; **~-walker** sömngångare, -erska; **~er** sovare, en som sover, sovvagn, (*järnv.*) sliper, syll; **he is a light (heavy) ~er** han sover lätt (tungt); **~y** sömnig, sömnaktig, övermogen, mjöligt (päron); **~yhead** *fam.* döddansare, nattmössa, sömntuta
sleet [*sli:t*] snöslask, -glopp, regn med isbark, *flyg.* isbildning på vingar; **it ~s** (is.) det är snöslask; **~y** slaskig
sleeve [*sli:v*] ärm; **turn up one's ~s** kavla upp ärmarna; **laugh in one's ~** skratta i mjugg; **have something up one's ~** ha ngt i beredskap (i bakfickan); **~-button** *amr.*, **~-link** manschettknapp; **~less** ärmlös; **go a ~less errand** gå förgäves, bli narrad
sleigh [*slei*] kälke, släde; åka i (föra på) släde
sleight [*slait*] knep, konstgrepp, händighet, skicklighet; **~ of hand** jongleri, taskspeleri, fingerfärdighet, *fig.* konstgrepp
slender [*slendə*] smärt, smal, smäcker, spinkig, mager, knapp, otillräcklig, klen, skral; **~ize** [*slendəraiz*] *amr.* göra smärt, banta, genomgå avmagringskur
slept [*slept*] sov, sovit (se *sleep*)
sleuth-hound [*slu:þ-haund*] blodhund, spårhund (*äv. fig.* om detektiv; *sleuth*)
slew 1) [*slu:*] slog ihjäl (se *slay*)
slew 2), **slue** [*slu:*] svänga [om], vrida, kränga
slew 3) [*slu:*] *amr.* träsk, sankmark
slew 4) [*slu:*] *fam.* [en] hel hop
slice [*slais*] skiva, [an]del, bröd-, fiskspade, slev (stor sked); skära upp (i skivor), ibl. klyva, skära en skiva av, (i rodd och golf) träffa (vattnet, bollen) från galen sida
slick [*slik*] slät, hal, smart, ren, blott och bar, (överdrivet) välklädd, sprättig; genast, med ens, 'kort och gott'; **it hit him ~ in the eye** det träffade honom rätt i ögat; **that's ~** *amr. sl* 'de ä just fint de här'! **~ up** *amr.* liva upp; **slicker** lång, tunn regnrock, smart affärsman, svindlare
slid [*slid*] gled, glidit (se *slide*)
slide [*slaid*] glidning, -ande, isbana, kana, kälkbacke, rutschbana, stört-, stupränna, slid (i ångmaskin), [snö]skred, ras, ljusbild, plåt (för ljusbilder), skjutglas, utdragsskiva, glasskiva med mikroskopiskt preparat; (*oregelb. vb*) glida, låta glida, skjuta fram (ngt som glider), slå kana, falla (*äv. fig.*); **sliding-rule** räknesticka; **sliding scale** (automatiskt) glidande skala; **sliding seat** glidsäte (på kapproddbåt)
slight [*slait*] [utslag av] ringaktning, likgiltighet, nonchalans, ignorerande; obetydlig, ringa, lätt, smärt, spenslig, klen, svag, späd; ringakta, förbise, visa likgiltighet mot el. för, ignorera, försumma, lämna obeaktat; **~ly** lätt, lindrigt, obetydligt, spensligt, ringaktande
slim [*slim*] smal, spenslig, smärt, klen, svag, *amr.* ringa, *sl* slug, listig; svälta sig, banta; **be slimming** vara på avmagringskur
slime [*slaim*] slam, dy (*äv. fig.*), gyttja, slem; **~-pit** (is.) asfaltsjö; **slimy** gyttjig, dyig, slemmig, sliskig, lismande, hal
slimmerize [*slimәraiz*] *amr. sl* banta, bli slank
slimsy [*slimzi*] *amr.* svag, bräcklig
sling [*sliŋ*] slunga, kast (med slunga), gevärsrem, slinga, bindel, band (för sjuk arm); (*oregelb. vb*) slunga, slänga, hänga upp (hissa, lyfta); **~ the bat** *sl* tala ett främmande språk; **~ hash** *amr. sl* vara servitör; **~ ink at** racka ner på (angripa skriftligt); **~ the language** *sl* svära kraftigt; tala ett främmande språk; **~shot** *amr.* slangbåge; **slinger** *sl* korv
slink [*sliŋk*] för tidigt fött djur, *sl* lismare, **'räv'**; (*oregelb. vb*) smyga sig, slinka
slinky [*sliŋki*] *amr. sl* skranglig, spenslig, mager
slip 1) [*slip*] *bot.* stickling, bit, stycke, remsa, spaltkorrektur (på lösa ark), stump, strimma, glidning, fel, misstag, felsteg (*äv. fig.*), lapsus, koppelrem (till hundar), *sjö.* slip, stapelbädd, (i kricket) uteman (snett bakom *batsman*), (lätt) undertröja (slipover), kudd- el. bolstervar, *pl* simbyxor, kulissgångar; **a ~ of a girl** en flickstumpa, ett flickebarn; **give the ~** smyga sig ifrån; **long** och **short ~ (i kricket)** uteman; **~ of the pen** skrivfel, felskrivning; **~ of the tongue** felsägning; **at ~, in the ~s** (i kricket) till vänster om *batsman*
slip 2) [*slip*] glida, halka [omkull], snava, mista fotfästet, låta glida, släppa [lös, av], undslippa, -komma, glida ur, smyga sig, (oavsiktligt) göra ett fel; **he often ~s in his grammar** han gör ofta grammatikaliska fel; **how time ~s by!** vad tiden går! **~ a railway carriage** koppla ifrån en vagn (från tåg som är i gång); **the cow slipped its calf** kon har kalvat för tidigt (kastat); **~ handcuffs on** lägga handklovar på; **~ one's clothes off** kasta av sig kläderna; **~ half-a-crown into the porter's hand** sticka half-a-crown i handen på en portier; **it has slipped my memory** det har fallit mig ur minnet, det har jag glömt; **~ along** *fam.* gå raskt, (trava på), kila (flyga) fram[åt]; **~ away** slinka, smyga el. lista sig undan (utan att säga adjö); **~ into** *sl* rusa på, kasta sig över; **~ off** smyga sig undan, glida av (t. ex. om armband); **~ it over on a person** *amr. sl* inbilla ngn ngt; **~ up** snava, *fam.* komma ngt galet åstad, göra ett fel; **~-carriage** vagn som avkopplas från i gång varande tåg; **~-case** fodral; **~-knot** löpknut; **~-on** ett slags jumper; **~over** slipover (stickad tröja utan ärmar); **~shod** [-*ʃɔd*] kippskodd, *fig.* slarvig, vårdslös, ovårdad; **~-up** lapsus, olycka; **~way** *sjö.* slip, stapelbädd
slipper [*slipә*] toffel, hämsko; slå med toffel
slippery [*slipәri*] glatt, slipprig, hal (*äv. fig.*), opålitlig
slippy [*slipi*] (*vulg.*) = *slippery*; **look ~!** *sl* raska på!
slipslop [*slipslɔp*] blask, soppa, *fig.* känslopjunk, strunt[prat], smörja, goja
slit [*slit*] skåra, reva, springa, sprund; (*oregelb. vb*) skära (sprätta, fläka) upp el. sönder, klyva[s], rämna, skära i strimlor
slither [*sliðә*] *fam.* hasa [sig fram]
sliver [*slivә*] spjäla, långt spån, strimla, fiber; spjälka, klyva i långa remsor etc.
slob [*slɔb*] *amr. sl* slampa; röra; **~-ice** issörja
slobber [*slɔbә*] dregel (*äv. fig.*), känslopjunk, pjoller, fjoskigt prat; dregla [ned], kela med ngn, vara sentimental; **slobbery** [*slɔbәri*] dreglig, dyig, gyttjig
sloe [*slou*] *bot.* slån[buske], slånbär; **black as a ~**

svart som en morian (neger); ~ **gin** slånbärslikör

slog [*slɔg*] (våldsamt) slag, slagsmål; slå, dänga (drämma) till (med näven el. bollträt), knoga på [med sitt arbete] (*äv. slog on* el. *away*)

slogan [*slougən*] (skotsk högländarklans) strids-, krigsrop, härskri, slagord, motto, partiparoll, lösen

sloid se *sloyd*

sloop [*slu:p*] *sjö.* slup (enmastat segelfartyg), ångslup

slop 1) [*slɔp*] *sl* byling

slop 2) [*slɔp*] *pl* disk-, slaskvatten, flytande föda (åt sjuka), alkoholfri dryck, färdiggjorda kläder (is. för sjömän); spilla[s] ut, slå ut (vatten), skvimpa (skvalpa) över, (~ *out*) spilla ner; ~ **over** skvalpa över, *fig.* flöda över, utgjuta sig; ~**-basin** sköljkopp (skål för sköljning av koppar vid tedrickning); ~**-pail** toaletthink (i sovrum); ~**-shop** butik för färdiga kläder; ~**-work** (billig) konfektion; **sloppy** vattnig, slaskig, uppblött (väg etc.), *fig.* löslig, rafsig, slarvig, slamsig, slapp, flat

slope [*sloup*] sluttning, backe, dosering, *mil.* vila (gevär på axeln); slutta, luta, göra sluttande (lutande, sned), luta [på], dosera, avsnedda, *sl* stryka (**about** omkring); ~ **arms**! på axel gevär!

sloppy se *slop*

slosh [*slɔʃ*] *sl* ett kraftigt slag (som ger eko), *amr. sl* spritdrycker; slå, bulta (se *äv. slush*)

slot [*slɔt*] fals, ränna, (långsmal) öppning, slits, spår (av djur); ~**-machine** automat (för varor)

sloth [*slouþ*] tröghet, lättja; *zool.* sengångare (Bradypus); ~**ful** [*slouþf(u)l*] trög, lat

slouch [*slautʃ*] hopsjunken el. tölpig hållning (gång); slokande (av hattbrätte), *amr.* klåpare, slarv; gå (stå, sitta) med hopsjunken (tölpig) hållning, stulta, böja ned (hattbrättet); ~**-hat** slokhatt; ~ **off** loma av

slough 1) [*slau*] träsk, moras, (*äv. fig.*) dy; **sloughy** [*slaui*] sumpig, sank, träskartad

slough 2) [*slʌf*] (urkrupet) ormskinn, sårskorpa, *fig.* bortlagd vana; byta hud, bilda skorpa, lägga bort, kasta (ett kort); ~ **off** falla av (bort), avskilja, fälla, *fig.* lägga bort (vana); **sloughy** [*slʌfi*] avkastad, avlagd, död

sloven [*slʌvn*] slusk, smutsgris, slarv[er]; ~**ly** sluskig, hafsig, slarvig; ~**ry** slarv, vårdslöshet

slow [*slou*] långsam[t], sakta, trög[tänkt], sen, senfärdig; [lång]tråkig, död (t. ex. säsong); köra (gå etc.) långsammare, sakta farten (på vagn etc.; ~ *down, off, up*); **be** ~ (om klockan) gå efter, sakta sig; ~ **bowler** spelare som ger långsamma bollar; ~**coach** trögmåns, tungus; ~**-match** lunta (tändsnodd); ~ **motion** långsamt framförande (av film); ~**-witted** trögtänkt; ~**-worm** *zool.* ormslå

sloyd [*slɔid*] slöjd

sludge [*slʌdʒ*] dy, gyttja, snösörja, -slask, *amr. sl* pladder, strunt[prat]

slue se *slew* 2

slug 1) [*slʌg*] *zool.* (skallös) snigel, (*typ.*) maskinsatt rad, *mil.* ett slags kula, *amr.* falskt mynt, mängd; **sluggard** [*slʌgəd*] lätting, latmask, drönare; **sluggish** [*slʌgiʃ*] lat, trög, långsam, energilös

slug 2) [*slʌg*] *amr.* [knytnävs]slag; bulta, slå, prygla; **slugger** en som slår hårt, proffsboxare

sluice [*slu:s*] sluss, dammlucka, ström; förse med dammlucka, bortleda (vatten) genom sluss, översvämma, -skölja (genom att öppna sluss), strömma ut (genom sluss), skölja, rensa; ~**-gate** slussport; ~**-valve** slusslucka; ~**-way** slusskanal

slum 1) [*slʌm*] ofta *pl* slum[kvarter], fattigkvarter; utföra välgörenhetsarbete i fattigkvarter (*go slumming*); **Slumdom** fattigkvarteren; **slummy** [*slʌmi*] fattig-, slum-

slum 2) [*slʌm*] *amr. sl* kötträtt, soppa

slumber [*slʌmbə*] slummer; slumra, vila, (om samvete) sova; ~**-robe, slumbering-robe** *amr.* nattrock; ~**-suit** *sl* pyjamas; **slumb[e]rous** [*slʌmb(ə)rəs*] sömnig, sövande, sömngivande, lugn

Slumdom, slummy se *slum*

slummock [*slʌmək*] smutsgris, slarv[er]; ~ **along** slarva iväg på Guds försyn

slump [*slʌmp*] plötsligt prisfall, kris, depression, plötsligt upphörande efterfrågan; falla (om pris etc.)

slung slängde, slängt (se *sling*)

slunk smög, smugit (se *slink*)

slur [*slə:*] sludder, suddig stil, [skam]fläck, nedsättande (förklenande) antydan, suddigt (otydligt) uttal, *mus.* legato[båge], bindetecken; binda (ord, noter), utmärka med legatobåge, uttala (skriva) suddigt, besudla, befläcka, förklena, nedsätta, bagatellisera, glida lätt över; ~ **over** glida lätt över, *amr.* nedsätta, tadla; **it is no ~ upon him to say** det är icke något för honom nedsättande att säga; **put a ~ upon,** *amr.* **cast ~s at** komma med en nedsättande antydan om, tala förklenande om

slurry [*slʌri*] (flytande) cementblandning

slush [*slʌʃ*], **slosh** [*slɔʃ*] gyttja, dy, snösörja, -slask, [känslo]pjunk, *sl* strunt[prat], skräp, smörja, blask (dåligt te el. kaffe), *amr. sl* falska papperspengar; slaska ner, blaska av; **slushy** slaskig, smörjig, usel, värdelös

slut [*slʌt*] slampa, lortlolla, (*skämts.*) tös; **sluttish** slampig, snuskig

sly [*slai*] [knip]slug, listig, hemlighetsfull, skälmaktig, skälmsk, klipsk, ironisk; **a ~ dog** en lurifax; **on the ~** i smyg (hemlighet), förstulet; ~**boots** *fig.* lurifax

smack 1) [*smæk*] (liten) tillsats (för att ge smak), bismak, liten smula, anstrykning; ~ **of** smaka [av], *fig.* ha en anstrykning av, tyda på, påminna om

smack 2) [*smæk*] *sjö.* smack (litet fiskefartyg)

smack 3) [*smæk*] smack[ning], smäll, slag, [pisk]klatsch, smällkyss, *amr. sl* dollar (*smacker*); rakt, rätt, pladask; smacka [med], *fig.* fägna sig åt, smälla, slå med flata handen, klatscha, *fam.* kyssa; **have a ~ at** *fam.* försöka, göra ett försök; **smacker** *sl* smällkyss, smäll, ordentligt slag, baddare, hejare, ngt storståtligt, *amr. sl* dollar

small [*smɔ:l*] *pl* första avdelningen av B. A. examen (vid Oxfords univ.); liten, ringa, tunn (om vätska), fin, svag, flat, förlägen, småaktig; ~ **beer** tunt öl (svagdricka), små-, struntprat; **dead as ~ beer** död som en sill (stendöd); **think no ~ beer of o. s.** ha höga tankar om sig själv; ~ **blame to him** det kan man ej klandra honom för; ~ **change** småpengar, växel, *fig.* alldagliga samtalsämnen; ~ **capitals** el. **caps** stora bokstäver av samma höjd som små (kapitäler); ~ **craft** småfartyg, båtar; ~ **fry** fiskyngel, *fig.* småttingarna (småbarnen); **the ~ hours [of the night]** 'småtimmarna' (efter midnatt); ~ **rain** duggregn; **on the ~ side,** *amr.* ~ **size** liten; **in a ~ way** i smått, i liten skala; ~ **wonder** det är inte att undra på; **no ~** stor; **feel ~** känna sig stukad (flat, enkel); **the ~ of** smal (tunn) del av (ngt); **the ~ of the back** korsryggen, veka livet; **the ~ of the leg** smalbenet; **look ~** se obetydlig (förlägen) ut; ~ **and early** aftonbjudning i all enkelhet; ~**-arms** *mil.* handeldvapen; ~**-holder** småbrukare; ~**-holding** småbruk; ~**-minded** småaktig, -sinnad; ~ **potatoes** obetydlig person (sak); ~**pox** *med.* vattkoppor; ~**-sword** [stick]värja; ~ **talk** små-, kallprat

smalt [*smɔ(:)lt*] *tekn.* smalts (ett slags blå färg), mörkblå

smarm [*sma:m*] gnida in (håret) med fett (så att det klibbar ihop); **smarmy** salvelsefull, äcklig

smart [*sma:t*] smärta, sveda; skarp, häftig, hård,

rask, flink, frisk, duktig, klämmig, pigg, vaken, fyndig, kvick, smart, slipad, elegant, stilig, spänstig, modern, fin, *fam.* ansenlig, betydlig, ganska stor; svida, känna sveda el. smärta, göra ont; ~ **under** lida av; ~ **for** plikta (sota) för, umgälla; **the** ~ **set** fint folk; **be** ~! skynda dig! ~**-aleck** *amr.* viktigpetter, viktighetsmakare, bluff; ~**-money** ersättning för sveda och värk, *mil.* gratifikation (åt sårad); **smarten** [*sma:tn*] fiffa (snygga) upp, bli fin (uppfiffad); **smartish** ganska stilig etc., ganska mycket, ordentligt

smash [*smæʃ*] krossande, slag, brak, smäll, sammanstötning, krock, störtning (av flygare), katastrof, ödeläggelse, konkurs, skräll, (i tennis) smash, *amr.* ett slags grogg; med ett brak; gå el. slå i kras (bitar), krossa[s], tillintetgöra[s], ruinera[s], göra konkurs, törna, (i tennis) smasha, (om flygare) störta; **come a** ~ bli ruinerad; **go** ~ **into** stöta emot med ett brak, krocka; **many firms** ~**ed** många firmor gjorde konkurs; ~ **down** slå ned; ~ **into** stöta el. törna ihop med; ~ **through** slå sig igenom; ~ **to atoms** slå i kras (i små smulor), pulvrisera; ~ **up** gå el. slå i kras, krossa; ~**-and-grab raid** stöld (då tjuven krossar en butiksruta och stjäl de utställda föremålen); ~**-up** våldsam sammanstötning, krock, katastrof; ~**er** *sl* dråpslag, dräpande svar o. d., viktigt argument; ~**ing** [för]krossande, väldig, dräpande

smatterer [*smætərə*] förflackad person, halvlärd (ytligt bildad) person; **smattering** [*smætəriŋ*] ytlig kännedom, (ett) hum, (en) aning (om ngt)

smear [*smiə*] [fett]fläck; fläcka (*äv. fig.*), smörja, smeta [ned], sudda till, flyta ut (om bläck, linjer); **smeary** [*smiəri*] smörjig, nedsmord, smetig, klibbig

smell [*smel*] lukt, doft, luktsinne; (*oregelb. vb*) lukta, dofta, utsända lukt el. doft, stinka; **take a** ~ **at** lukta på; ~ **a rat** osa bränt (ana oråd); ~ **about** snusa omkring (*äv. fig.*); ~ **of** *amr.* lukta, *fig.* ha en anstrykning av, tyda på; ~ **of the lamp** (*fig.* om stil etc.) lukta studerkammare; ~ **out** *sl* vädra, snusa upp; **smeller** *sl* näsa, slag [på näsan]; **smelly** *fam.* illaluktande

smelt 1) [*smelt*] luktade, luktat (se *smell*)

smelt 2) [*smelt*] smälta (malm), utvinna (metall ur malm)

smelt 3) [*smelt*] *zool.* nors, *amr. sl* tös, flickebarn

smeltery [*sme'ltəri*] [smält]hytta

smew [*smu:*] *zool.* salskrake (Mergus albellus)

smile [*smail*] [små]leende, *pl* ynnest, gunst, *amr. sl* 'tår på tand' (is. visky); le, uttrycka genom ett leende, *amr. sl* dricka; **do** el. **have a** ~ få sig en sup; **come up smiling** möta (svårigheter etc.) med ett leende, med friskt mod; **keep smiling**! *fam.* var glad! lev livet leende! ~ **at** le åt; ~ **on** le mot, *fig.* le hult mot, gynna

smirch [*smə:tʃ*] fläck (is. *fig.*); fläcka, besudla (is. *fig.*)

smirk [*smə:k*] självbelåtet (tillgjort) [små]leende, mysande, smil; [små]le självbelåtet (fånigt el. tillgjort), mysa, smila

smite [*smait*] *sl* hårt slag (i kricket), försök; (*oregelb. vb*) slå, straffa, fördärva, förstöra, förgöra, dräpa, *fig.* träffa, möta; **have a** ~ **at** *sl* probera, försöka; ~ **hip and thigh** i grund nedgöra, tillfoga ett förintande nederlag; **smitten with** gripen (träffad) av; **be smitten by (a person)** vara kär i (ngn)

smith [*smiþ*] smed

smithereens [*smi'ðəri:'nz*] småbitar, flisor, is. **break** el. **smash** [**in**]**to** ~ slå i bitar (i kras)

smithery [*smiþəri*] smide, (sällan) smedja; **smithy** [*smiði*] smedja, smides-

smitten [*smitn*] slagit etc. (se *smite*)

smock [*smɔk*] linntyg, chemis, arbetsblus (*äv.* ~*-frock*), lekblus; ~**ing** smocksömnad

smokatorium [*smoukətɔ:'riəm*] *amr. sl* rökrum

smoke [*smouk*] rök, os, *sl* rök, bloss, cigarr, nonsens, dumhet, *amr. sl* spirituosa; röka, osa, ryka, ånga, röka ut, skol-*sl* rodna, *åld.* göra narr av, vädra (misstänka); **end in** ~ *fig.* gå upp i rök; **like** ~ *sl* med väldig fart (kläm); ~**-ball** *mil.* rökbomb; ~**-dried** rökt (om fisk o. d.); ~**-eater** *amr. sl* brandsoldat, flicka som röker som en skorsten; ~ **pole** *amr. sl* pistol, revolver; ~**-screen** *mil.* rökslöja, -ridå; ~**-stack** skorsten (på ångbåt, lok el. fabrik); ~ **wagon** *amr. sl* = ~ *pole*; **smoking-carriage (-car), -compartment** vagn för rökare, rökkupé; **smoking-concert** konsert där rökning är tillåten; **smoker** rökare, innehavare av rökeri, rökkupé, vagn för rökare, konsert där man får röka, *amr. sl* revolver; **smoky** rykande, rökig, full av rök, röklik, nedrökt, benägen för att ryka; **smoky seat** *amr. sl* den elektriska stolen

smooth [*smu:ð*] [till]slätning; slät, jämn, glatt, lätt, ostörd, flytande, lugn, stilla, len, fin, mild, blid, vänlig; göra jämn (slät), jämna, släta till (ut); (~ *down*) lugna, bilägga, (~ *over*) släta över; ~ **water** smul sjö; *fig.* **get to (reach)** ~ **water** komma över det värsta (alla svårigheter); ~ **away** utjämna, undanröja; ~**-bore** slätborrat skjutvapen; ~**faced** med glatt (slätrakat) ansikte, fryntlig, *fig.* hal, inställsam; ~**spoken**, ~**-tongued** söt i orden, inställsam, med hal tunga; **smoothing-iron** pressjärn; **smoothing-plane** släthyvel

smote [*smout*] slog etc. (se *smite*)

smother [*smʌðə*] kväva, dämpa, undertrycka, nedtysta, överhölja, -hopa

smoulder [*smouldə*] glöd, pyrande; pyra, glöda under askan (*äv. fig.*)

smudge [*smʌdʒ*] smutsfläck, suddigt märke, eld med tjock rök (för att driva bort myggor etc.); sudda (kludda) ned, *fig.* fläcka, bli suddig, sudda; **smudgy** suddig, smutsig

smug [*smʌg*] *univ. sl* plugghäst, stuggris, tråkmåns; fin, prudentlig, självbelåten

smuggle [*smʌgl*] smuggla; **smuggler** smugglare

smut [*smʌt*] sotflaga, sotfläck, *fig.* oanständigt tal el. språk, smutslitteratur, *bot.* rost (sjukdom på säd); sota ned, smutsa, smitta med rost; **smutty** sotig, nedsotad, -smutsad, smutsig, oanständig

snack [*snæk*] *sl* lätt el. hastigt mellanmål, matbit; **go snacks** dela lika

snaffle [*snæfl*] träns (ett slags betsel); **ride on the** ~ rida med slappa tyglar, *fig.* varligt tygla (styra) ngn

snag [*snæg*] utstående föremål, t. ex. trasig tand, gren, sjunken trädstam, *fig.* oväntad svårighet, stötesten, 'aber'; **snagged, snaggy** knotig, knölig, (om flodbotten) full av trädstammar, full av klippor o. skär

snail [*sneil*] snigel

snake [*sneik*] orm (*äv. fig.*); *pl sl* delirium; ~ **in the grass** dold fara, oanad fiende; **raise (wake)** ~**s** ställa till med bråk; ~**-fence** sicksackgärde, -stängsel; **snaky** ormlik[nande], buktig, full av ormar

snap [*snæp*] ett slags kaka, nafs[ande], knäpp[ande], knäppe (på armband etc.), trycklås, kläm, fart, energi, kort ryck, 'knäpp', plötslig väderleksförändring (köldknäpp), ett slags kortspel, ögonblicksbild (förk. f. *snapshot*), lätt sak (arbete) (*soft* ~); med en knäpp, tvärt, plötslig[t], ögonblicklig; nafsa, snappa [bort], bita [av], nappa, fräsa till, fara ut, gå av (itu), knäckas, knäppa [till], smälla (knäppa) med (igen), knäppa av, *äv.* klicka (om skjutvapen); **I don't care a** ~ [**of my fingers**] det rör mig ej ett dugg; ~ **one's fingers** knäppa med fingrarna (visa förakt el. likgiltighet för); ~ **at** nappa el. gripa efter (*äv. fig.*); ~ **into it** *amr. sl* ta häftigt i med ngt, gå på (med hänförelse); ~ **off** bita el. knäcka av, snappa bort; ~ **off a person's head**

el. **nose** *fig.* snäsa [av] (bita av, tvärt avbryta) ngn; ~ **out** fräsa, fara ut mot; ~ **to** smälla till; ~ **up** snappa upp (bort), rycka till sig, snäsa av, tvärt avbryta, bita av el. itu; ~ **decision,** *amr.* ~ **judgment** snabbt avgörande; ~**dragon** en jullek vid vilken man söker fiska upp russin ur brinnande konjak; *bot.* lejongap; ~**shot** ögonblicksbild, kastskott, hastigt skott (utan noggrann siktning); ~**-vote** plötslig votering (där väljarna överrumplas); **snappish** (om hund) som gärna bits el. nafsar, argsint, snäsig; **snappy** argsint, fräsig, klämmig, frisk, pigg; **snappy piece of work** *amr. sl* söt flicka

snare [*snɛə*] snara, (*fig. äv.*) försåt; fånga i snara, (*äv. fig.*) snärja

snarl 1) [*sna:l*] morrande, brummande; morra, (om person) brumma [över], tala i vredgad ton

snarl 2) [*sna:l*] trassel, tova, *fig. äv.* knut, förveckling; trassla till (in, ihop), trassla (tova) sig

snatch [*snætʃ*] hugg, grepp, napp, ryck, kort stund, glimt, stump; rycka till sig, hugga [för sig], stjäla, gripa efter; **make a** ~ **at** gripa efter; **work by** ~**es** arbeta ryckvis; **a** ~ **of sleep** en tupplur; **snatchy** skeende ryckvis, ofta avbruten, ojämn

sneak [*sni:k*] lurifax, räv (*fig.*), butikstjuv, fegling, 'kruka', skol-*sl* skvallerbytta, (i kricket) 'markkrypare' (*äv. sneaker*); smyga [sig], söka draga sig ur el. ifrån, skol-*sl* skvallra, *sl* knycka, strala, smuggla ut el. in; ~**-thief** butikstjuv, tillfällighetstjuv; ~**ing** smygande, på smygvägar, hemlig, förstulen; **sneaker** 'markkrypare' (i kricket *äv. sneak*); *amr.* gymnastiksko

sneer [*sniə*] hånleende, kallgrin, hån[fullt tillmäle], 'gliring', stickord; hånle, håna, rynka på näsan; ~ **at** håna, driva med, pika, förlöjliga

sneeze [*sni:z*] nysning; nysa; **not to be** ~**d at** inte att förakta

snick [*snik*] lätt skåra, snitt (i trä o. d.), (i kricket) lätt slag med sidan av bollträt; göra en lätt skåra (inskärning), (i kricket) lätt beröra bollen

snicker [*snikə*] gnäggande, fnissande; sakta gnägga, fnissa, fnittra

snickersnee [*sni'kəsni:'*] (*skämts.*) lång kniv, plit

snide [*snaid*] *sl* falska juveler el. mynt, *amr. sl* humbugsmakare; oäkta, falsk; **snidesman** bedragare, utprånglare av falska pengar

Snider [*snaidə*] ett slags bakladdningsgevär

sniff [*snif*] snusning, vädring, inandning, fnysning, 'nypa' [luft], *amr. sl* spritdoftande andedräkt; snörvla, snusa, inandas, lukta [på], känna lukten av, *fig.* vädra, misstänka; ~ **at** lukta på, ibl. fnysa (rynka på näsan) åt; **sniffy** *fam.* överlägsen, föraktfull, illaluktande

snifter [*sniftə*] aromglas, *sl* liten 'piliknarkare' (tår på tand)

snigger [*snigə*] fnissande, flin; fnissa, flina

snip [*snip*] klipp, avklippt bit, remsa, *fam.* skräddare; klippa

snipe [*snaip*] *zool.* beckasin, *amr.* cigarr- el. cigarrettstump, *amr. sl* dumhuvud; jaga beckasin, *mil.* skjuta från bakhåll, *amr. sl* sticka näsan i andras angelägenheter; **sniper** prick-, skarpskytt

snippet [*snipit*] avklippt bit, remsa, *pl* [tidnings]-urklipp, korta notiser, fragment, tillfälliga upplysningar, smått och gott, *amr. sl* obetydlig människa; **snippety** fragmentarisk, lösryckt, obetydlig

snitch [*snitʃ*] *sl* nappa, stjäla; *amr. sl* angivare; sladdra, angiva, förråda

snitchy [*snitʃi*] *amr. sl* knusslig, småaktig, -snål

snivel [*snivl*] snor, gnäll, jämmer, lip[ande]; vara snorig, gråtmild, gnälla, lipa

snob [*snɔb*] snobb, societetsfjant, parveny; **snobbery** [*snɔbəri*] snobberi, dum högfärd; **snobbish** snobbaktig, dum, högfärdig; **snobby** *sl* snobbaktig

snood [*snu:d*] (*Skottl.*) hår-, pannband (som tecken på jungfrulighet), tafs (på långrev)

snook 1) [*snu:k*] namn på flera fiskar, bl. a. näbbgädda

snook 2) [*snu:k*] *sl* 'lång näsa'; **cock (cut, make) a** ~ **at** räcka lång näsa åt

snooker [*snu:kə*] ett slags biljard (*äv.* ~ *pool*), *sl* första årets kadett vid Royal Military Academy; **be** ~**ed** *bilj.* få el. ha sin boll täckt av en annan

snoop [*snu:p*] *amr. sl* snoka, nosa, smyga omkring, stjäla, sticka näsan i andras angelägenheter; ~**er** en som smyger sig fram, lismare, räv

snoot [*snu:t*] *amr. sl* näsa; **snooty** [*snu:ti*] mycket kritisk, missnöjd, otillfreds, inbilsk

snooze [*snu:z*] *fam.* lur, kort sömn, *amr. sl* snus; ta sig en lur

snore [*snɔ:*] snarkning; snarka; **snorer** [*snɔ:rə*] snarkare

snort [*snɔ:t*] frustande, fnysning, pustande, stönande, föraktfull avböjning (ogillande); frusta, fnysa [fram], pusta [ut]; ~**er** (is. *sjö.*) våldsam storm, (om person) baddare, hejare, knöl, (om sak) åthutning, kraftprov, hejare, ngt prima (klämmigt el. bussigt), *amr. sl* skrodör; ~**ing** *sl* någonting extra el. ovanligt (is. beträffande storlek el. styrka), utomordentlig

snot [*snɔt*] snor; ~**-rag** (*vulg.*) näsduk; ~**ty** *sjö. sl* sjökadett; snorig, *sl* föraktlig, irriterad, häftig

snout [*snaut*] nos, tryne (*äv. sl* = näsa)

snow [*snou*] snö, *pl* snöfall, -drivor, *sl* pengar, silver, kokain; snöa, låta snöa, utströ; **be** ~**ed in** el. **up** bli insnöad; **be** ~**ed under by letters** bli översvämmad av brev; ~**ball** snöboll, *bot.* snöboll[sbuske], *sl* vithårig neger; kasta snöboll [på]; ~**-bird** snösparv, *amr.* slav under kokainbruk; ~**-bound** insnöad; ~**-capped** snötäckt; ~**-drift** snödriva; ~**-drop** *bot.* snödroppe; **snowy** [*snoui*] snövit, snöig, snö[be]täckt

snub [*snʌb*] [av]snäsning, stukning, snäsa; snäsa [av], stuka, avvisa; ~**-nosed** trubbnäst, uppnäst

snuff 1) [*snʌf*] snopp, sköre (på ljusveke); snoppa (snyta) ljus, släcka (ljus med ljussax o. d.), *fig.* kväva, undertrycka; ~ **out** (~ **it**) 'kola av', 'stryka med' (dö); [**pair of**] **snuffers** ljussax

snuff 2) [*snʌf*] snus, pris (snus); snusa, vädra; **take** ~ snusa (tobak); **up to** ~ *sl* finurlig, ej lätt att lura; ~**-box** snusdosa; ~**-coloured** snusbrun; ~**er** snusare; ~**le** [*snʌfl*] snörvling, näston, gnällande (gudsnådlig) ton; snörvla, tala i näsan el. med gnällande (gudsnådlig) ton, gnälla fram; ~**les** näskatarr (is. hos barn); ~**y** snusbrun, snusig, osnygg, stött, sårad

snuffers se *snuff* 1); **snuffle, snuffy** se *snuff* 2)

snug [*snʌg*] varm och skön, ombonad, trygg, lugn, trevlig, bra, dold, gömd, ordentlig, i ordning; **as** ~ **as a bug in a rug** (ha det) hemtrevligt och lugnt, varmt och skönt (väl skyddat); **snuggery** [*snʌgəri*] hemtrevligt ställe el. rum, krypin, enskilt rum; **snuggle** [*snʌgl*] krypa upp (in, tätt intill), ligga lugn, trycka intill sig

so [*sou*] så[lunda], på detta sätt, till den grad, därför, alltså, det; varför; *amr.* så att; däromkring (cirka); **is that** ~? är det så? jaså? **just** ~, **quite** ~ ja visst! alldeles riktigt, just det, ja! **not** ~ visst inte, nej; **if** ~ i så fall, om så är, om det förhåller sig så; **how** ~? hur då? **why** ~? varför då (det)? **and** ~ **forth** el. **on** och så vidare; ~ **as to** för att; ~ **it is** och så är det också (verkligen); **I was wrong, but** ~ **were you** jag hade orätt, men det hade du också; **I suppose** ~ det tror (antar) jag; **I told you** ~ det sade jag ju, vad var det jag sa? **I'm afraid** ~ jag är rädd för det; **you don't**

say ~! det menar ni väl inte! är det möjligt? säger el. menar ni det (verkligen)? ~ **be it** ske alltså, låt gå! må gå! ~ **far** hittills, så till vida; ~ **far as** såvitt (som); ~ **far as I am concerned** vad mig angår, för min del; ~ **far so good** så långt är det (allt) bra (allt gott och väl); ~ **long** farväl (tills vi ses igen); ~ **long as** så länge som, förutsatt att; ~ **much (many)** *äv.* så och så mycket (många); ~ **much for that** det var den saken; ~~ *fam.* nog därom, si och så (tämligen klent); ~ **sorry** *fam.* ursäkta! ~ **that's that** så var det med den saken; **Mr. So-and-so** herr N. N.

soak [*souk*] blötning, rotblöta, hällregn, regnperiod, fylla, supgille, dryckeslag, fylltratt, supare; [genom]dränka, blöt[n]a, lägga (ligga) i blöt, supa, *amr. sl* pantsätta, slå till, bedriva svindelaffärer, ta för högt pris, skinna; ~ **up** suga åt sig; ~ **in** sugas (tränga) in; ~ **through** sugas (tränga) igenom; ~**ed through** genomvåt, -blöt, *sl* full; ~**er** rotblöta, hällregn, fyllkaja, supare

soap [*soup*] såpa, tvål, *amr. sl* smicker; såpa (tvåla) in, såptvätta, *fig.* smickra; ~**-box** hålla tal (i gathörn etc., eg. från en *soap-box*); ~**-box orator**, ~ **boxer** demagog, agitator; ~**-stone** *geol.* steatit, späck-, fettsten; ~**-suds** såp-, tvållödder, -vatten; **soapy** såpig, såpartad, -aktig, *fig.* inställsam, sliskig

soar [*sɔ:*] sväva högt, svinga sig i höjden, *fig.* sväva i högre rymder, (om priser) våldsamt stegras (stiga), *flyg.* segelflyga; ~**ing** segelflyg[ning]

sob [*sɔb*] snyftning, -ande; snyfta, sucka; ~**-sister, sobby** sentimentalt fruntimmer, sentimental kvinnlig journalist; ~**-stuff** *amr.* sentimentalt skriveri el. sentimental konst (is. på film)

sober [*soubə*] nykter, måttlig, -full, sansad, behärskad, saklig, (om färg) diskret, dämpad; göra nykter, lugna, dämpa, nyktra till, bli sansad el. lugn (~ *down*); ~**-sides** 'stelbock', allvarlig person

sobriety [*sobrai'əti*] nykterhet, måttlighet, måttfullhet, lugn

sobriquet [*soubrikei*] öknamn, *äv.* antaget namn

soccer se *socker*

sociability [*souʃəbi'liti*] sällskaplighet, umgängsamhet; **sociable** [*souʃəbl*] samkväm, charabang, soffa (för två), 'fästmanssoffa'; sällskaplig, umgängsam, gemytlig, konversabel, underhållande

social [*souʃl*] samkväm; social, sällskaplig, samhälls-, sällskaps-, umgänges-; ~ **disease** könssjukdom; **socialism** [*souʃəlizm*] socialism; **socialist** socialist; **socialistic** [*souʃəli'stik*] socialistisk; **socialite** [*souʃəlait*] *amr.* (ung.) person ur aristokratin, framträdande (bemärkt) person; **sociality** [*souʃiæ'liti*] sällskaplighet, social anda; **socialization** [*souʃəl(a)izei'ʃn*] socialisering; **socialize** [*souʃəlaiz*] socialisera

society [*səsai'əti*] samhälle[t], samfund, förening, sällskap, umgänge, (*äv. S—*) societet[en], de högre (förnämare) sällskapskretsarna, aristokratin; **he goes much into** ~ han deltar livligt i sällskapslivet; **a debating** ~ en diskussionsklubb; **the S— of Friends** kväkarna; **the S— of Jesus** jesuiterna

sociological [*sousiələ'dʒikl*] sociologisk; **sociologist** [*sousiɔ'lədʒist*] sociolog; **sociology** [*sousiɔ'lədʒi*] sociologi, samhällsvetenskap, socialpolitik

sock 1) [*sɔk*] sko, [inläggs]sula i sko, kort strumpa, socka, lätt sko (buren av komisk skådespelare i gamla Rom), *fig.* komedi; **pull up your** ~**s**! anstäng dig! samla alla dina krafter, visa vad du kan! **put a** ~ **in it!** *sl* hör upp med det spektaklet, håll mun! ~**-suspender** strumphållare

sock 2) [*sɔk*] *sl* slag, träff; dänga till, träffa; **give him** ~**s** klå [upp] honom; **he hit me** ~ **in the eye** han slog mig rätt (rakt) i ögat; ~ **peddler** *amr. sl* boxare

sock 3) [*sɔk*] *sl* mat, gott[er], snask; stoppa sig snask

sockdolager [*sɔkdɔ'lədʒə*] *amr.* avgörande argument, slående argument (*äv.* ett avgörande slag, *fig.* dråpslag), fint exemplar

socker [*sɔkə*] fotboll (benämning för *association football*)

socket [*sɔkit*] hålighet, urtag, fördjupning, led-, ögonhåla, ljuspipa, *mek.* hylsa, panna, sko, rörmuff

socle [*sɔkl*] sockel, fotställning

Socrates [*sɔkrəti:z*] Sokrates; **Socratic** [*sɔkræ'tik*] lärjunge av S., sokratisk (filosof)

sod 1) [*sɔd*] grästorv[a]; täcka med grästorv[or]; **under the** ~ i jorden (mullen), begraven

sod 2) [*sɔd*] (*vulg.*) 'idiot', dumhuvud

soda [*soudə*] soda, sodavatten; ~**-fountain** sifon, *amr.* bardisk; **whisky and** ~ viskygrogg

sodden [*sɔdn*] genomblött, -dränkt, (om bröd) degig, kladdig, berusad, omtöcknad; genomblöta, -dränka; bli genomblött, bli degig (kladdig)

sodium [*soudjəm*] *kem.* natrium

Sodom [*sɔdəm*] Sodom; **sodomite** [*sɔdəmait*] sodomit; **sodomy** [*sɔdəmi*] sodomi

soever [*soue'və*] i *sms.* än; **how great** ~ hur[u] stor än

sofa [*soufə*] soffa

soft [*sɔ(:)ft*] enfaldig stackare, våp; mjuk, fin, len, lös, lätt, lindrig, mild, stilla, alkoholfri, vek[lig], enfaldig, fånig; milt, stilla, sakta; ~ **breathing** (is. *grek. gram.*) spiritus lenis; ~ **goods** textilvaror; ~ **heel** *amr. sl* detektiv; ~ **jack** *amr. sl* lätt förtjänta pengar; ~ **job** *sl* lätt och välbetalt jobb; ~ **money** papperspengar; ~ **muscles** slappa muskler; ~ **nothings** intetsägande älskvärdheter, älskogsprat, fagert snack; ~ **sawder** smicker, fagra ord; **the** ~**[er] sex** det svaga[re] könet; ~ **soap** såpa, *fig.* smicker; ~ **stuff** *sl* smicker, pladder; ~ **tack** *sjö. sl* vitt bröd; ~ **thing** = ~ *job;* ~ **things** komplimanger, fagert snack; ~ **wicket** våt (uppblött) kricketplan; **I think he is a bit** ~ jag tror han har en skruv lös; ~**-pedal** använda [piano]pedalen, *amr. fig.* dämpa; ~**-headed (-witted)** enfaldig; ~**hearted** ömsint, godhjärtad; ~**-spoken** snäll och vänlig (i sitt tal), med mild (vänlig) röst; **soften** [*sɔ(:)fn*] uppmjuka (*äv. fig.*), mildra, lindra, dämpa, mjukna, bli mildare; **softy** [*sɔ(:)fti*] enfaldig stackare, våp

soggy [*sɔgi*] uppblött, blöt, sumpig

soho [*sohou'*] hallå!

Soho [*sohou'*] kvarter i London (med många utländska restauranger)

soil [*sɔil*] jord[mån], mull, mylla, mark, botten, smuts[fläck]; smutsa (solka) [ned], besudla, fläcka (*äv. fig.*), smutsas, bli smutsig; **light, poor, rich** ~ lätt, mager, fet jord[mån]; ~**-pipe** avlopps-, kloakrör

soirée [*swa:rei, swa:rei'*] soaré, aftonunderhållning

sojourn [*sɔdʒə:n*] vistelse, uppehåll; vistas, uppehålla sig

Sol [*sɔl*] (*skämts.*) solen

sol [*sɔl*] *mus.* sol (ital. namn på tonen g)

solace [*sɔləs*] tröst, vederkvickelse; trösta, lindra, dämpa

solangoose [*sou'læŋgu:s*] *zool.* havssula (Sula Bassana)

solar [*soulə*] sol-; ~ **plexus** nervknut i mellangärdet

solatium [*soulei'ʃjəm*] ersättning, skadestånd

sold [*sould*] sålde, sålt (se *sell*)

solder [*sɔldə, sɔ(:)də*] lod, lödmetall; löda [ihop]; **soft** ~ snällod, tennlödning

soldier [*souldʒə*] soldat, knekt, militär, krigare, härförare, *sl* rökt sill; tjäna som soldat, göra krigstjänst, skolka, fuska (med ngt); **old** ~

fig. erfaren man, *sl* tombutelj, cigarrstump; ~ **ant** *zool.* soldatmyra; ~ **out of** *amr. sl* frånnarra (ngn ngt); ~ **crab** *zool.* eremitkräfta (Pagurus Bernhardus); ~ **of fortune** lyckoriddare; ~**ing** [*souldʒəriŋ*] krigar-, soldatliv; ~**like**, ~**ly** militärisk, krigar-; ~**ship** militärisk duglighet; **soldiery** [*souldʒəri*] (*koll.*) militär, krigsfolk, soldatesk

sole 1) [*soul*] *zool.* sjötunga, [fot- el. sko]sula, botten, underlag, plogsula; [halv]sula

sole 2) [*soul*] enda, ensam (i sitt slag)

solecism [*sɔlisizm*] språkfel, grammatikaliskt fel, brott mot god ton

solemn [*sɔləm*] högtidlig; ~**ity** [*sɔle'mniti*] högtidlighet, högtidlig ceremoni; ~**ize** [*sɔləmnaiz*] fira, högtidlighålla, ge högtidlig prägel åt

sol-fa [*sɔlfa:'*] *mus.* solfege; solfiera (sjunga ett sångstycke med tonbenämningarna som text)

solicit [*səli'sit*] anropa, ivrigt bedja [om], påkalla, utbedja sig, antasta; **solicitation** [*səlisitei'ʃ(ə)n*] anropande, ivrig bön (begäran), enträgen anhållan; **solicitor** [*səli'sitə*] sakförare, juridiskt ombud, *amr.* supplikant; **Solicitor General** (i England ung.) vice justitiekansler, kronjurist; **solicitous** [*səli'sitəs*] orolig, bekymrad, ivrig, angelägen; **solicitude** [*səli'sitju:d*] ivrig omsorg, oro, bekymmer

solid [*sɔlid*] fast kropp, *geom.* solid figur; fast, solid, massiv, bastant, vederhäftig, säker, enhällig, *amr. sl* perfekt, utmärkt; **a** ~ **hour** en timme i sträck; **be** el. **go** ~ **for** enas om, vara enig i, arbeta samfällt på; **get** ~ **with** *amr.* stå på god fot med; ~ **ivory (mahogany)** *amr. sl* komplett idiot; tjockskallig; ~**arity** [*sɔlidæ'riti*] solidaritet, samhörighet[skänsla]; ~**ify** [*səli'difai*] göra (bli) fast (solid), *fig.* samla[s], ena[s]; ~**ity** [*səli'diti*] soliditet, vederhäftighet, fasthet, kubikinnehåll

soliloquize [*səli'ləkwaiz*] tala för sig själv, hålla en monolog; **soliloquy** [*səli'ləkwi*] monolog, samtal med sig själv

solitaire [*sɔlitɛ'ə*] solitär[diamant], solitär (ett slags brädspel), patiens; **solitary** [*sɔlit(ə)ri*] eremit; ensam, enstaka, enslig, avskild, enda; **solitary confinement** inspärrning i ensam cell; **solitude** [*sɔlitju:d*] ensamhet, enslighet, avskildhet, ödslighet, ödemark

solo [*soulou*] solo (i musik), förk. f. ~ *whist* (ett slags kortspel); *amr. sl* (om flygare) flyga ensam; ~**-flight** *flyg.* ensamflygning; ~**ist** [*souloist*] solist

Solomon [*sɔləmən*] Salomo, *fig.* vis man; **Solomonic** [*sɔlomɔ'nik*] salomonisk (t. ex. dom)

solstice [*sɔlstis*] solstånd; **solstitial** [*sɔlsti'ʃ(ə)l*] hörande till (inträffande vid) solstånd

solubility [*sɔljubi'liti*] upplösbarhet; **soluble** [*sɔljubl*] upplösbar, löslig, lösbar

solus [*souləs*] ensam (i scenanvisning)

solute [*sɔlju:t*] *kem.* upplöst substans (massa)

solution [*səl(j)u:'ʃ(ə)n*] lösning, upplösning *äv. fig.*, lösande, solution; ~**ist** [*səl(j)u:'ʃənist*] specialist i lösandet av tidningarnas uppgifter

solvability [*sɔlvəbi'liti*] lösbarhet; **solve** [*sɔlv*] lösa, tyda; **solvency** [*sɔlv(ə)nsi*] *hand.* solvens, betalningsförmåga, vederhäftighet; **solvent** *kem.* lösningsmedel, *fig.* befriande (förklarande) omständighet (handling); [upp]lösande, befriande, förlösande, *hand.* solvent, vederhäftig

sombre [*sɔmbə*] mörk, dyster, trist

sombrero [*sɔmbrɛ'ərou*] *sp.* sombrero (bredskyggig filthatt)

some [*sʌm*] någon, något, några, en och annan, en del, somliga; *sl* o. *amr.* väldig, ordentlig, en verklig (riktig); tämligen, ungefär, cirka; **this is** ~ **picture!** det här är något till film! en riktig film (som heter duga); **and then** ~ *amr. sl* och mera därtill; **he seemed annoyed** ~ *sl* o. *amr.* han tycktes vara ganska förargad; ~ **day [or other]** en vacker dag, endera dagen; ~ **few** några få, ett par stycken; ~ **one** en och annan, någon; ~ **time** en (någon) gång (i framtiden), under någon tid; [**in**] ~ **way [or other]** på något (ett eller annat) sätt; ~**body** [*sʌmbədi*] någon, en och annan, betydande (framstående) person; ~**how** [*sʌmhau*] [**or other**] på något (ett eller annat) sätt, av en eller annan orsak, i alla fall; ~**one** [*sʌmwʌn*] någon, en och annan

somersault [*sʌməsɔ:lt*] kullerbytta, volt, saltomortal

something [*sʌmþiŋ*] något, någonting, ett och annat, *åld.* tämligen; **a drop of** ~ någonting att dricka; **that is** ~ det är ju alltid något, någon tröst; **or** ~ eller något sådant (dylikt); **that was** ~ **like a bit** det var väl ett ordentligt slag; **it's** ~ **like two o'clock** klockan är ungefär två

sometime [*sʌmtaim*] någon gång [framdeles], fordom; förra, förutvarande; ~**times** [*sʌmtaimz*] emellanåt, ibland, stundom, då och då; ~**what** [*sʌm(h)wɔt*] något, rätt, ganska, tämligen, en del, i någon mån; ~**where** [*sʌm(h)wɛə*] någonstädes, -stans

somnambulism [*sɔmnæ'mbjulizm*] sömngång, gående i sömnen; **somnambulist** sömngångare; **somnambulistic** [*sɔmnæmbjuli'stik*] sömngångaraktig, gående i sömnen

somniferous [*sɔmni'fərəs*] sömngivande

somnolence [*sɔmnoləns*] sömn[akt]ighet, dåsighet; **somnolent** sömn[akt]ig, dåsig, sövande

son [*sʌn*] son; ~**-of-a-bitch** *amr.* ung. fähund, kräk; ~**-of-a-gun** *amr.* skurk, lymmel; ~**-in-law** [*sʌ'ninlɔ:'*] svärson; **the S— of Man** *bibl.* Människosonen; **like father, like** ~ äpplet faller icke långt från trädet

sonant [*sounənt*] (*fonet.*) sonant, ljudande, tonande [ljud]; **sonata** [*səna:'tə*] *mus.* sonat

song [*sɔŋ*] sång, visa; **sell** el. **buy a thing for a** ~ el. **an old** ~ sälja (köpa) ngt för en spottstyver; **nothing to make a** ~ **about** *fam.* ingenting att bry sig om (att hurra för); **the S— of Solomon** *bibl.* Höga visan; ~ **hit** schlager; **songster** [*sɔŋstə*] sångare, (*äv.* om) sångfågel; **songstress** [*sɔŋstris*] sångerska

sonnet [*sɔnit*] sonett, kort dikt; **sonnetteer** [*sɔniti'ə*] sonettdiktare; skriva sonetter [till]

sonny [*sʌni*] *fam.* (*ss.* tilltal) [min] lille gosse, gosse lilla

sonority [*sənɔ'riti*] klangfullhet, fulltonighet; **sonorous** [*sənɔ:'rəs*] *mus.* klangfull, klingande, fulltonig, *fig.* sonor

soogan [*su:gən*] *amr. sl* filt

soon [*su:n*] snart, tidigt, gärna

sooner [*su:nə*] förr, hellre, snarare; **no** ~ . . . **than** knappt . . . förrän; **no** ~ **said than done** sagt och gjort; **the** ~ **the better** ju förr, dess hellre (bättre)

soot [*sut*] sot; sota ned

sooth [*su:þ*] *åld.* sanning; **in** ~, ~ **to say** i sanning, sannerligen; ~**sayer** [*su:þseiə*] siare, spåman; **soothe** [*su:ð*] lugna, lindra, stilla, blidka, lirka med; **soother** [*su:ðə*] en som lugnar, is. 'tröst' (gumminapp för spädbarn)

sooty [*suti*] sotig, sotsvart, sot-

sop [*sɔp*] uppblött bröd, godbit (för att tysta munnen på el. lugna ngn), drickspengar, tröst, uppmuntran, mutor; blöta, doppa; **a** ~ **to Cerberus** mutor, drickspengar åt dörrvakten el. portieren; ~ **up** doppa, torka upp, uppsuga; **sopping wet** drypande våt, genomblöt

soph [*sɔf*] *amr. sl* förk. f. *sophomore*

sophism [*sɔfizm*] sofism, spetsfundighet; **sophist** [*sɔfist*] sofist; **sophistic[al]** [*sofi'stik(l)*] sofistisk, spetsfundig; **sophisticate** [*sofi'stikeit*] framställa (resonera) sofistiskt, förvränga, förfalska, fördärva, fuska med; **sophistication** [*sofistikei'ʃ(ə)n*] förkonstling, förfalskning, förfuskning; **sophistry** [*sɔfistri*] sofisteri, spetsfundigt ordklyveri

sophomore [*sɔ'fəmɔ:*] *amr. univ.* andra årets studerande
soporific [*soupəri'fik*] sömnmedel; sömngivande, sövande
soppy [*sɔpi*] [genom]blöt, -våt, *fig.* blödig, hjärtnupen, löjligt sentimental; **~ on** *fam.* löjligt förälskad i
soprano [*səpra:'nou*] *mus.* sopran
sorcerer [*sɔ:s(ə)rə*] trollkarl, svartkonstnär; **sorceress** [*sɔ:s(ə)ris*] trollkvinna, häxa; **sorcery** [*sɔ:s(ə)ri*] trolldom, häxeri, förtrollning
sordid [*sɔ:did*] smutsig, låg[sinnad], tarvlig, girig
sore [*sɔ:*] [var]sår, ont (ömt) ställe, *fig.* öm punkt, groll; öm, sårig, inflammerad, mörbultad, känslig, ömtålig, bedrövad, svår, *åld.* svåra, svårt; **a ~ throat** ont i halsen; **like a bear with a ~ head** irriterad, vresig, sur, butter; **get ~** *amr.* bli förargad (vred); **~ly** [*sɔ:li*] svårt, högeligen, ytterst
sorority [*sorɔ:'riti*] *amr.* kvinnoförening, flickklubb
sorrel [*sɔrəl*] fux, rödbrun häst, *bot.* [har]syra; rödbrun, fuxröd
sorrow [*sɔrou*] sorg, bedrövelse; sörja; **~ful** sorgsen, bedrövad, sorglig, bedrövlig
sorry [*sɔri*] ledsen, bedrövad, ynklig, jämmerlig, eländig; **I am** [**so**] **~**; **so ~**; **~** det gör mig ont, det var [så] ledsamt (tråkigt), förlåt, ber om ursäkt! **I am ~ to say** tyvärr; **I am ~ for it** jag är mycket ledsen över det; **a ~ plight** ett sorgligt tillstånd, en ynklig belägenhet
sort [*sɔ:t*] sort, slag, sätt; sortera, ordna, stämma överens; **nothing of the ~** ingenting sådant (ditåt); **after (in) a ~** på sätt och vis, till en viss grad; **in some ~** till en viss grad, på sätt och vis; **a war of ~s** *fam.* en sorts krig; **he is a good ~** *fam.* han är en hygglig karl; **he is not my ~** han är inte i min smak; **men of ~s** alla slags människor; **out of ~s** inte riktigt kry (bra, vid humör); **~ of** så att säga, liksom, på något vis (sätt); **I can ~ of sense people's feelings** jag kan liksom förnimma vad folk tänker; **it makes it ~ of difficult** det gör det på sätt och vis litet svårt
sortie [*sɔ:ti(:)*] *mil.* utfall
sot [*sɔt*] fyllbult, försupen stackare; **sottish** försupen
Soudan [*su(:)dæ'n*] Sudan; **Soudanese** [*su:dəni:'z*] sudanes, -neger; sudan[esi]sk
soufflé [*su:flei*] *kok.* sufflé (omelett)
sough [*sau, sʌf*] sus (av vinden), suckande, klagan; susa, sucka, klaga
sought [*sɔ:t*] sökte, sökt (se *seek*)
soul [*soul*] själ, ande; **upon** el. **'pon my ~** [vid] min själ, minsann, vid min själs salighet! (ed); **keep body and ~ together** uppehålla livet; **he cannot call his ~ his own** han har ingen egen vilja, han låter sig helt domineras av en annan; **he is the ~ of honesty** han är hederligheten själv (personifierad); **~-case** *sl* kropp; **~less** [*soul-lis*] själlös, andefattig
sound 1) [*saund*] ljud, klang, ton; ljuda, klinga, låta, blåsa [i el. på], ringa, uppstämma, uttala, *mil.* blåsa till, slå [alarm], förkunna, *tekn.* o. *med.* knacka på (t. ex. bröstkorgen); **~ assembly** *mil.* blåsa till samling; **~ a person's praises** sjunga ngns lov; **how do you ~ gh in sough?** hur uttalar ni *gh* i *sough*? **~-box** ljuddosa (i grammofon); **~-film** ljudfilm; **~proof** ljudtät, ljudisolerad; **sounding-board** *mus.* resonansbotten, ljudskärm
sound 2) [*saund*] sund, frisk, oskadad, fullgod, välgrundad, säker, duktig, grundlig; sunt, grundligt; **safe and ~** välbehållen; **a ~ thrashing** ett ordentligt kok stryk; **is he ~ on the Trinity?** tror han fast på treenigheten? **be ~ asleep** sova djupt, ligga i djup sömn; **sleep ~** sova gott (sunt, djupt); **I am a sound sleeper** jag har god sömn
sound 3) [*saund*] sund, (fisks) simblåsa, (is. *med.*) sond; undersöka (t. ex. de högre luftlagren), *med.* o. *fig.* sondera, *fig.* undersöka, pröva; **the S—** Sundet, Öresund; **~ing** *sjö.* pejling, lodning, *pl* lodbart vatten; **take ~s** *sjö.* loda
soup [*su:p*] soppa, *amr. sl* flytande sprängämne, nitroglycerin; **be in the ~** *sl* sitta i klistret (vara i klämma el. knipa); **~-kitchen** folkkök; **~-plate** djup tallrik; **~-ticket** matpollett, -kupong
sour [*sauə*] sur, vresig, butter, *amr. sl* långtråkig (sak), inte önskvärd, värdelös; bli el. göra sur; **~ grapes** *fig.* sura rönnbär; **be ~ on** *amr. sl* avsky, ej kunna fördraga; **be soured** *amr. sl* tänka på skilsmässa; **~dough** *amr.* surdeg, en som tillbragt (minst) en vinter i Alaska; **~top** *amr. sl* 'surkart' (om sur, vresig, butter person)
source [*sɔ:s*] källa, *fig.* upphov, ursprung; **~ book** källskrift, samling historiska källor
souse [*saus*] saltlake, blötning, blöta, plumsande, *amr. sl* fylltratt; blöta, lägga i saltlake, plumsa, doppa, ösa, spola, *sl* dricka sig full; plums, bums; **with a ~** med ett plums; **soused mackerel** inlagd (saltad) makrill; **he fell ~ into the canal** han föll plums [ned] i kanalen; **soused** *sl* berusad
soutane [*suta:'n*] sutan, (katolsk prästs) långrock
south [*sauþ*] söder; södra, sydlig, syd-; söderut, mot söder; **~ by west** (is. *sjö.*) sydsydväst; **southerly** [*sʌðəli*] sydlig, från (mot) söder; **southern** [*sʌðən*] sydlig, södra, sydländsk; **the Southern Cross** *astr.* Södra korset; **Southerner** [*sʌðənə*] person från södern (is. USA), sydstatsbo; **southernmost** [*sʌðənmoust*] sydligast; **southernwood** [*sʌðənwud*] *bot.* åbrodd (Artemisia abrotanum); **southron** [*sauðrən*] (*Skottl.*) sydbo (använt av skottar om engelsmän); **southward[s]** [*sauþwəd(z)*] sydlig, riktad mot söder, söderut, sydvart; **Southwark** [*sʌðək*] del av London (söder om Themsen)
souvenir [*su:v(ə)niə*] suvenir, minne[sgåva]; **~ baby** *mil. sl* soldats oäkta barn
sou'-wester (*äv.* **south-~**) [*sauwe'stə*] *sjö.* sydväst (hatt), sydvästvind
sovereign [*sɔvrin*] suverän, härskare, -inna, eng. guldmynt = 1 pund (£); högst, suverän, oinskränkt regerande, oberoende, ofelbar; **sovereignty** [*sɔvr(ə)nti*] suveränitet, högsta makt, överhöghet
Soviet [*souvjet, sɔv-*] Sovjet
sow 1) [*sou*] så, beså, utså; **~ the wind and reap the whirlwind** *fig.* så vind och skörda storm
sow 2) [*sau*] sugga, so; **have (get, take) the wrong ~ by the ear** *fig.* slå ned på orätt person, (*äv.*) missta sig på orsaken; **~-bread** *bot.* alpviol, vild cyklamen
soy [*sɔi*] soja (sås); **~-(soya-)bean** sojaböna
sozzled [*sɔzld*] *sl* full
spa [*spa:*] brunnsort, hälsokälla
space [*speis*] rum, areal, [världs]rymden, utrymme, sträcka, plats, tid[rymd], mellanrum; ordna (ställa upp) med mellanrum, *boktr.* göra mellanslag, spärra; **vanish into ~** försvinna i tomma rymden, (*äv.*) spårlöst försvinna; **open ~s** obebyggda platser (arealer); **the demands on our ~** (*tidn.*) utrymmesskäl, kravet på utrymme; **~-bar** mellanslagstangent; **~ man, ~writer** *amr.* journalist som betalas per artikel ('radskrivare'); **~-time** rum-tid (de fyra dimensionerna enligt relativitetsteorin); **spacious** [*speiʃəs*] rymlig, vidsträckt, omfattande
spade [*speid*] spader, spade, hacka; **ace, knave, five of ~s** spaderäss, knekt, femma i spader; **call a ~ a ~** nämna var sak vid dess rätta namn, tala rent språk; **~-work** *fig.* släpgöra, knog[ande]
spadger [*spædʒə*] *sl* sparv
spalpeen [*spælpi:'n*] (*Irl.*), (gemen) slyngel, slarver

span [*spæn*] spann (= 9 eng. tum), kort stund (tid) el. sträcka, [för]lopp, gång, (*ark.*) brospann, -valv, spännvidd (t. ex. av flygplan); *amr.* o. *Sydafr.* par (om dragare), spann; spänna över (*äv. fig.*), slå en bro över, överbygga, mäta (med handen), räcka om, omspänna, *sjö.* surra; **~-new** splitterny
spangle [*spæŋgl*] paljett, glitter; besätta (pryda) med paljetter el. andra glittrande föremål, glittra; **the star-spangled banner** stjärnbaneret (Förenta staternas flagga)
Spaniard [*spænjəd*] spanjor[ska]; **spaniel** [*spænjəl*] spaniel (ett slags jakthund); **Spanish** [*spæniʃ*] spanska (språket); spansk; **the Spanish Main** Karibiska havet (Spanska sjön)
spank [*spæŋk*] dask[ande], smäll (med flata handen); daska (smälla) till (på); **~ along** (om häst) trava (sätta) i väg; ila framåt; **spanker** snabb häst (travare), *sl* bjässe, huggare, baddare, *sjö.* mesan, drivare; **spanking** *sl* ett kok stryk; *sl* väldigt (fin), hejdundrande, pampig, flott; **spanking breeze** *sjö.* strykande vind
spanner [*spænə*] skift-, skruvnyckel
spar 1) [*spa:*] spat (ett slags mineral), stake, *sjö.* bom, spira, rundhult, *flyg.* balk
spar 2) [*spa:*] tuppfäktning, käbbel, boxningsmatch (under träning); (om stridstupp) hugga med sporrarna, fäkta med knytnävarna, boxas, *fig.* munhuggas; **sparring partner** motståndare under träning (*boxn.*)
spare [*spɛə*] reservdel; överlopps, ledig, extra, reserv-, mager, knapp, klen; av-, undvara, [be]spara, [för]skona [för], spara (på), vara skonsam, vara sparsam; **a ~ halfhour** en halv timme ledig (fritid); **~ man** extra man, reservkarl; **~rib** revbensspjäll; **~ room** gästrum; **~ wheel** reserv-, extrahjul; **~ the rod** spara på riset, vara efterlåten (slapp); **~ her blushes** icke göra henne förlägen (bespara henne att rodna); **to ~** till övers, övernog, som man kan undvara; **~ parts** (*auto.* etc.) reservdelar; **sparing** [*spɛ̆əriŋ*] måttlig, sparsam, torftig, karg
spark [*spa:k*] gnista, glimt, spår, sprätt, snobb, kurtisör; gnistra, tända (om motorer); **S—s** *sl* (öknamn för) radiotelegrafist, röntgenavdelning (på sjukhus); **sparking-cam** *auto.* kam (nock) för tändning; **spark[ing]-plug** (i motor) tändstift; **sparkle** [*spa:kl*] gnistrande, tindrande, glitter, sprittande liv; gnistra, spraka, tindra, spritta, pärla, mussera, fräsa; **sparkler** *sl* ädelsten, diamant; **sparklet** [*spa:klit*] liten gnista, kolsyrepatron, -tablett
sparrow [*spærou*] sparv; **~-hawk** sparvhök
sparse [*spa:s*] gles, tunnsådd, kringspridd
Sparta [*spa:tə*] Sparta; **Spartan** [*spa:tən*] spartan (*äv. fig.*); spartansk, enkel, härdad
Spartacist [*spa:təsist*] spartakist
spasm [*spæzm*] spasm, kramp[ryckning], *fig.* ryck; **spasmodic** [*spæzmɔ'dik*] spasmodisk, krampaktig, -artad
spat 1) [*spæt*] [ostron]yngel, kort [herr]damask, *sl amr.* gräl, lätt slag; slå, smälla till
spat 2) [*spæt*] spottade, spottat etc. (se *spit* 2)
spatch-cock [*spætʃkɔk*] fågel (stekt genast efter det att den slaktats); *fam.* insätta (tidningsannons etc.) mitt i ngt annat
spate [*speit*] översvämning
spatial [*speiʃ(ə)l*] hörande till rum (rymd), rymd-
spatter [*spætə*] stänk[ande], lätt regnskur; [ned]stänka, droppa, *fig.* smutskasta, nedsvärta
spatula [*spætjulə*] spatel, liten spade
spavin [*spævin*] *veter.* spatt (hästsjukdom); **~ed** behäftad med spatt, spattbruten
spawn [*spɔ:n*] (lagd) rom, ägg, yngel, (föraktl.) avföda, *bot.* mycel[ium]; leka, lägga rom, (föraktl.) framkläcka, -bringa; **mushroom ~** mycel[ium], svamptrådar
speak [*spi:k*] (*oregelb. vb*) tala, uttala, säga, yttra [sig], hålla tal, *sjö.* ropa an, preja; **this ~s a small mind** detta vittnar om småsinne (småsinthet); **~ fair** tala väl vid (ngn); **so to ~** så att säga; **~ for** tala [till förmån] för, vara förespråkare för, tala å (ngns) vägnar; **~ one's mind** tala ut, säga sin mening; **~ out** sjunga ut, säga sin mening rent ut, tala frimodigt; **~ to** tala till (med), vittna om, intyga, uttala sig om; **~ up** [tala] högre (högt och tydligt)! **~ volumes for** *fig.* tala mycket för, vittna gott om; **~easy** [*spiki:'zi*] *amr. sl* lönnkrog; **strictly ~ing** strängt taget; **~ing acquaintance** en tillfällig bekantskap, som inskränker sig till utbyte av några ord då och då; **~ing likeness** en talande (slående) likhet; **we are not on ~ing terms** vi talar inte längre med varandra; **~ing voice** talstämma; **~ing-trumpet** (is. *sjö.*) ropare, (*äv.*) hörlur (för döva); **~ing-tube** talrör (i bil o. d.); **speaker** [*spi:kə*] talare, den talande; **the S—** talman (i underhuset och likn.)
spear [*spiə*] spjut, ljuster; genomborra (sticka) el. såra med spjut, spetsa, ljustra, *amr. sl* få, arrestera; **the ~ side** *fig.* svärdssidan, den manliga linjen; **~-head** spjutspets; **~man** spjutbärare, pikenerare; **~mint** *bot.* trädgårdsmynta
spec [*spek*] *sl* förk. f. *speculation*; **on ~** på spekulation, med beräkning
special [*speʃ(ə)l*] frivillig el. extra poliskonstapel, extraupplaga, -nummer (av tidning), extratåg; speciell, särskild, särskilt (för tillfället) inrättad, extra-, sär-; **~ constable** extra poliskonstapel; **~ edition** extraupplaga, -nummer; **~ pleading** *jur.* framförande av motbevis, sofistisk bevisföring, advokatyr; **~ train** extratåg; **~ist** [*speʃəlist*] specialist; **~ity** (*speʃiæ'liti*] egendomlighet, utmärkande drag, specialitet; **~ize** [*speʃəlaiz*] specialisera [sig], begränsa; **~ty** [*speʃəlti*] specialitet
specie [*spi:ʃi:*] klingande mynt (valuta)
species [*spi:ʃi:z*] species, art (is. i naturhistoria), slag, sort; **the** el. **our ~** människosläktet
specific [*spisi'fik*] specificum; specifik, utmärkande, uttrycklig, bestämd, karakteristisk, art-; **~ gravity** specifik vikt; **specification** [*spesifikei'ʃ(ə)n*] specifikation, specificerande, -ing, post, artikel (vid specificering); **specify** [*spesifai*] specificera, närmare (i detalj) ange
specimen [*spesimən*] exemplar, prov[bit], exempel; **a ~ page** en provsida
specious [*spi:ʃəs*] bestickande, skenfager, skenbar
speck [*spek*] (liten) fläck, prick, stänk, korn; fläcka; **speckle** [*spekl*] fläck, prick; märka med små fläckar; **speckled** fläckig, spräcklig, brokig, tigrerad
specs [*speks*] *fam.* förk. f. *spectacles* glasögon
spectacle [*spektəkl*] anblick, syn, skådespel, *pl* glasögon, (i kricket *skämts.*) noll som den slåendes hela poängsumma; **spectacled** [*spektəkld*] försedd med glasögon; **spectacular** [*spektæ'kjulə*] hörande till (likt ett) skådespel, anlagd på effekt, sensationell; **spectator** [*spektei'tə*] åskådare
spectral [*spektr(ə)l*] spöklik, spök-, overklig, spektral; **~ analysis** spektralanalys; **spectre** [*spektə*] spöke, gengångare; **spectroscope** [*spektrəskoup*] spektroskop; **spectrum** [*spektrəm*] spektrum
speculate [*spekjuleit*] spekulera (*äv.* på börsen); **speculation** [*spekjulei'ʃ(ə)n*] spekulation; **speculative** [*spekjulətiv*] spekulativ, begrundande, spekulerande; **speculator** [*spekjuleitə*] filosof, tänkare, *hand.* spekulant; **speculum** [*spekjuləm*] speculum, spegel (is. för vetenskapligt bruk)
sped [*sped*] ilade ilat etc. (se *speed*)
speech [*spi:tʃ*] tal[förmåga], yttrande, *teat.* replik, språk; **after-dinner-~** skåltal; **make a ~** hålla tal; **~-day** avslutning[sdag] el. festdag i engelsk skola (med tal, prisutdelning etc.);

~**ify** [*spi:tʃifai*] (*skämts.*) hålla (långa) tal, orera; ~**less** [*spi:tʃlis*] mållös, stum (av raseri etc.), förstummad
speed [*spi:d*] hastighet[sgrad], fart, skyndsamhet, snabbhet, *åld.* framgång, lycka; (*oregelb. vb*) skynda, hasta, ila, jaga, *fig.* lyckas, ge (önska) framgång åt, (om Gud) vara med (ngn); **climbing** ~ *flyg.* stighastighet; **cruising** ~ marschhastighet; **how have you sped?** hur har det gått för dig? **God** ~ **you!** Gud vare med dig! lycka till! ~ **up** öka farten; ~**-cop** *amr. sl* trafikkonstapel; ~**-hog** *sl* bildrulle; ~ **limit** högsta lagliga fart; ~**-merchant** *sl* bildrulle; ~**way** motorcykelbana, *amr.* väg för snabbtrafik; ~**well** *bot.* ärenpris (Veronica); ~**er** *auto.* speeder (fartregulator); ~**ometer** [*spi(:)dɔ'mitə*] hastighetsmätare; ~**ster** kapplöpnings-, racerbil; ~**y** hastig, snabb, skyndsam, snar
spelican [*spelikən*] skrapnos[spel], sticka i skrapnos[spel] (se *spillikin*)
spell 1) [*spel*] (*oregelb. vb*) stava [rätt], innebära, vålla, medföra; ~ **out (over)** stava ihop, tyda; **c-a-t** ~**s cat** c-a-t säger cat; **spelling-bee** tävlan i rättstavning; **spelling-book (speller)** rättskrivningslära
spell 2) [*spel*] trollformel, förtrollning, trollkraft; **cast a** ~ **on a person** förtrolla ngn; ~**-binder** *amr.* (politisk) talare, som fängslar åhörarna; ~**-bound** förtrollad
spell 3) [*spel*] kort period, *äv.* vilostund, paus, skift, omgång, tur, avlösning; ~ **of duty** tjänstetid
spelt [*spelt*] stavade, stavat (se *spell* 1)
spelter [*speltə*] *hand.* zink
spencer [*spensə*] kort [ylle]jacka, 'späns'
spend [*spend*] (*oregelb. vb*) ge ut [pengar], göra av med, offra, öda, förbruka, använda, tillbringa, fördriva; **his fury spent itself in curses** hans raseri tog sig utlopp i förbannelser; **(far) spent** (starkt) utmattad; **a spent bullet** en kula som förlorat sin kraft; **I am spent up** jag är pank; ~**thrift** slösare, ödslare; slösaktig
Spenser [*spensə*] *npr.* eng. skald; **Spenserian** [*spensi'əriən*] Spenser-; ~ **stanza** *pl* Spenserstanser
spent [*spent*] gav ut. givit ut etc. (se *spend*)
sperm [*spə:m*] *zool.* sperma, sädesvätska; ~ **whale** *zool.* kaskelot; ~**aceti** [*spə:məse'ti*] spermaceti, valrav; ~**atic** [*spə:mæ'tik*] *anat.* sädes-; ~**atozoon** [*spə:mətozou'ən*] (*pl* *-zoa* [*-zouə*]) *zool. anat.* spermatozo, sädescell
spew, spue [*spju:*] kräkas, [ut]spy
sphere [*sfiə*] sfär, glob, klot, krets, fält, område, *sl* boll; ~ **of influence** intressesfär; **spherical** [*sferik(ə)l*] klotrund, -formig, sfärisk; **spheroid** [*sfiərɔid*] sfäroid
sphincter [*sfiŋ(k)tə*] *anat.* slutmuskel
sphinx [*sfiŋks*] sfinx, gåtfull person
spice [*spais*] krydda, (*koll.*) kryddor, *äv. fig.* anstrykning, smak; krydda; **spicery** [*spaisəri*] kryddor (*i allm.*), kryddoft; **spicy** kryddaktig, krydd-, aromatisk, pikant, rafflande (historia etc.)
spick 1) [*spik*] *amr. sl* mexikanare, latinamerikanare
spick 2) [*spik*] **and span, spick-and-span** tipptopp, prydlig, fin
spider [*spaidə*] spindel, *amr. sl* fordbil; ~**y** [*spaidəri*] spindelliknande, spindel-
spiel [*spi:l*] *amr.* prat, tal, utropares svada, historia; hålla tal, haspla ur sig; ~**er** *amr. sl* 'hallåman' i radio
spiffing [*spifiŋ*], **spiffy** [*spifi*] *sl* prima, förstklassig, stilig
spiflicate [*spiflikeit*] *sl* klämma (krasa) sönder, *fig.* stuka, förbrylla; ~**d** *amr. sl* 'omtöcknad', full
spigot [*spigət*] sprundtapp, svicka
spike [*spaik*] [järn]pigg (spets), brodd, (stor) spik, *bot.* [sädes]ax, [blom]kolv, *fam.* strängt högkyrklig person; förse med pigg[ar], förnagla; ~ **a gun** förnagla en kanon, *fig.* gäcka ngns planer; ~ **a rumour** *amr. sl* dementera; **spikenard** [*spaikna:d*] *bot.* nardus; **spiky** [*spaiki*] spetsig, försedd med pigg[ar], snarstucken, kinkig, *fam.* strängt högkyrklig
spill 1) [*spil*] (*skämts.*) fall (till marken från häst el. åkdon); (*oregelb. vb*) spilla [ut], utgjuta (blod), göra av med (förlora) pengar, (*skämts.*) kasta av häst, stjälpa (kasta) ur (av) vagn, *sl* prata bredvid munnen, förråda en hemlighet (*äv.* ~ (*all*) *the beans*)
spill 2) [*spil*] 'fidibus', sticka (att tända med)
spillikin [*spilikin*] sticka i skrapnos[spel], *pl* skrapnos[spel]
spilt [*spilt*] spillde, spillt etc. (se *spill* 1)
spin [*spin*] rotation, snurrande (rörelse), kringsvängning, *fam.* (kort) tur (i vagn, båt, på cykel etc.), *sport.* skruvboll, *flyg.* spin; (*oregelb. vb*) spinna (*äv. flyg.*), svänga runt, snurra [med], sätta i gång, singla (slant), *sl* kugga (i examen), fiska med spinnspö; **inverted** ~ *flyg.* ryggspin; ~ **hay** sno rep; ~ **a yarn** *fig.* dra en historia; ~ **out** dra ut på, utdraga, förlänga; **send a person** ~**ning** slå till ngn så att han svänger runt (vacklar el. faller); ~**ning-jenny** *åld.* ett slags spinnmaskin; ~**ning-wheel** spinnrock; ~**ner** spinnare (*äv.* fisk), -erska, spinneriägare, spinnmaskin, spinnspö
spinach [*spinidʒ*] spenat
spinal [*spain(ə)l*] ryggrads-; ~ **cord** ryggmärg
spindle [*spindl*] *tekn.* spindel, axeltapp, spole, spolten; **the** ~ **side** spinnsidan, mödernet; ~**-tree** *bot.* benved; ~**-bolt** *auto.* spindelbult; ~**-shanks** (~**-legs**) person med långa smala ben, 'långskank'; ~**-shanked (-legged)** smalbent; **spindly** [*spindli*] spolformig, (lång och) smal
spindrift [*spindrift*] vågskum, sjöstänk
spine [*spain*] ryggrad, (skarp) ås, tagg, barr, *bokb.* bokrygg; ~**less** ryggradslös, (*äv. fig.*) karaktärslös; **spiny** taggig, törnig, kinkig, brydsam
spinel [*spinl*] *min.* spinell (rubinliknande ädelsten), blekt linnegarn (till snören)
spinet [*spinit*] *mus.* spinett
spinnaker [*spinəkə*] *sjö.* spinnaker (på segelbåt)
spinneret [*spinəret*] spinnvårta, -organ (på spindlar etc.)
spinney [*spini*] snår, småskog
spinster [*spinstə*] gammal mö (fröken), *fam.* nucka, ogift kvinna; ~**hood** [*spinstəhud*] ogift stånd (om gammal mö)
spiny [*spaini*] se *spine*
spiracle [*spirəkl*] andnings-, lufthål
spiraea [*spairi(:)'ə*] *bot.* spirea
spiral [*spaiər(ə)l*] spiral, snäcklinje, spiralfjäder; spiralformig, spiral-; göra spiralformig, bilda en spiral; ~ **upwards** bilda en spiral, sno sig, skruva sig upp (om flygplan)
spirant [*spaiər(ə)nt*] (*fonet.*) spirant, frikativa, gnidljud; spirantisk
spire [*spaiə*] [torn]spira, kägla, topp, spets, spiral, vindling; smalna av uppåt, höja sig som en spira
spirit [*spirit*] ande, själ, anda, stämning, läggning, lynne, humör, liv, kraft, mod, fart, energi, andemening, spöke, sprit, *pl* spirituosa; [upp[-liva; **the [Holy] S—** den Helige Ande; **people of** ~ själfulla el. ärelystna människor; **he is in high (low)** ~**s** han är vid gott (dåligt) lynne; ~ **away** el. **off** trolla bort, få att försvinna, bortsmussla; ~ **into** locka in i; ~ **up** uppliva, -muntra; ~**-level** rörvattenpass; ~**-rapping** andeknackning; ~**-stove** spritkök; ~**ed** [*spiritid*] modig, käck, kvick, livlig, livfull; ~**ism** [*spiritizm*] spiritism; ~**less** [*spiritlis*] modlös, nedslagen, slö, andefattig; ~**ual** [*spiritjuəl*] andlig sång (is. *negro* ~); andlig, religiös, upp-

tagen av andliga ting; **the Lords Spiritual** de andliga lorderna i det eng. överhuset; **~ualism** [*spiritjuəlizm*] spiritualism, spiritism; **~ualist** spiritualist, idealist, spiritist; **~ualistic** [*spiritjuəli'stik*] spiritualistisk, spiritistisk; **~uality** [*spiritjuæ'liti*] andlighet; **~ualization** [*spiritjuəlaizei'ʃ(ə)n*] förandligande; **~ualize** [*spiritjuəlaiz*] förandliga, förfina, höja; **~uous** [*spiritjuəs*] spirituös, sprithaltig

spirt [*spə:t*] (liten) stråle, *fig.* utbrott; spruta ut (i liten stråle) etc. (se *spurt*)

spit 1) [*spit*] [stek]spett, landtunga; genomborra, spetsa, sätta på spett

spit 2) [*spit*] spottning, spott, regnstänk; (*oregelb. vb*) spotta, fräsa, stänka, småregna, (om penna) sprätta, utspy, utslunga; **~ and drag** *sl* cigarrett; **~ and polish** *sjö.* o. *mil.* putsningsarbete; **he is the (very** el. **dead) ~ of his father** han är sin faders trogna avbild (sin fader upp i dagen); **~ upon (at) a person** behandla ngn med förakt; **~ it out!** *sl* kläm fram med det nu [då]! se till att du får det sagt; **~ball** *amr.* papperskula (som projektil); **~box** spottlåda; **~fire** brushuvud, argsint person

spit 3) [*spit*] spadtag, -blad (*ss.* djupmått)

spite [*spait*] ondska, illvilja, agg, groll; bemöta med illvilja, förtreta, hysa agg mot; **in ~ of** [i] trots [av], oaktat; **cut off one's nose to ~ one's face** hänge sig åt sitt hat till egen skada; **~ful** ondskefull, hätsk, skadeglad

spittle [*spitl*] spott

spittoon [*spitu:'n*] spottlåda, -back

spitz [*spits*] spets (hund)

spiv [*spiv*] *fam.* ngn som lever på sin slughet, bedragare

splash [*splæʃ*] plask[ande], skvalp[ande], stänk, fläck; plaska, skvalpa, stänka, skvätta, *tidn.* slå upp (nyhet etc.); pladask! **make a ~** väcka uppseende, strö omkring sig med pengar; **~-board** stänkskärm; **splasher** stänkskärm, stänkskydd (t. ex. över tvättställ); **splashy** slaskig, moddig, *sl* fin, grann

splay [*splei*] avsneddning, avsneddad sida; snedställd, avsneddad; avsnedda, utvidga (fönster el. dörröppningar), bredda (på ena sidan), *veter.* bryta ur led, vända (fötterna) utåt, breda ut

spleen [*spli:n*] *med.* mjälte, *fig.* spleen, livsleda, mjältsjuka, svårmod, dåligt lynne, groll; **vent one's ~ upon** utösa sin galla över

splendid [*splendid*] glänsande, lysande, praktfull, härlig, *fam.* utmärkt, finfin, förstklassig; **splendiferous** [*splendi'fərəs*] *sl* finfin, flott, grann; **splendour** [*splendə*] prakt, glans, storslagenhet

splenic [*splenik*] *med.* mjält-; **~ fever** *med.* mjältbrand; **splenetic** [*spline'tik*] mjältsjuk, levnadstrött, retlig, knarrig

splice [*splais*] (is. *sjö.*) splits, skarv, lask; *sjö.* splitsa, hopfoga (rep), skarva, laska, *sl* gifta (splitsa) ihop; **sit on the ~** (kricket-*sl*) spela försiktigt, hålla sig till defensiven; **~ the mainbrace** *sl* ta sig en styrketår, utdela extra ranson av sprit

splint [*splint*] spjäla, skena (på rustning), överben (hård utväxt på hästben); spjälka, spjäla

splinter [*splintə*] splittra, splitter, flisa, skärva; splittra[s], skärva (flisa) sig; **~-bar** *tekn.* (på fordon) svängel, springvåg; **~-proof** splittersäker, splitterfri; **~y** [*splintəri*] splittrig, skärvig, skör (som lätt splittras)

split [*split*] klyvning, spricka, rämna, splittrande, *fig.* splittring, söndring, *sl* halvflaska sodavatten, halvt glas sprit; (*oregelb. vb*) klyva[s], splittra[s], spränga[s], rämna, spricka, bli oense, dela, halvera, *fig.* stranda, gå i sär, *sl* skvallra på (förråda) kamrat; **~ the difference** (vid uppgörelse) mötas på halva vägen; **~ hairs** bruka hårklyverier, disputera om småsaker; **~ one's sides** vara nära att spricka (kikna) av skratt; **~ one's vote** rösta på två (el. flera) kandidater (el. partier etc.); **~ hide** kluvet (spjälkat) skinn; **~ infinitive** 'kluven infinitiv' (med ett el. flera ord inskjutna mellan *to* och verbet); **~ peas** spritade (torkade) ärter; **~ pin** saxsprint (i maskiner); **~ ring** fjäder-, nyckelring; **~ shot** el. **stroke** (i krocket), 'löskrock', varvid två klot sändas i var sin riktning; **a splitting headache** en brinnande huvudvärk

splodge [*splɔdʒ*], **splotch** [*splɔtʃ*] fläck, stänk; fläcka, sudda till; **splodgy, splotchy** fläckig, fläckad

splotch se *splodge*

splurge [*splə:dʒ*] *sl* braskande uppträdande, prål, åthävor; göra mycket väsen [av sig], hovera sig

splutter [*splʌtə*] stänk, sprättande, otydligt tal; tala så att spottet yr, tala otydligt, stänka, (om penna) sprätta

spoil [*spɔil*] rov, byte, partibelöning, jord (etc.) som kastas upp vid en utgrävning; (*oregelb. vb*) ödelägga, fördärva, -störa, skämma bort, bli förstörd, skämmas, *sl* lemlästa, slå ihjäl; **~s system** partibelöning[ar], i form av att besätta alla ämbeten o. d. med folk från det parti som vunnit; **be ~ing for a fight** vara stridslysten (angelägen om att få slåss); **~ the Egyptians** göra kål på sina fiender; **~-sport** glädje[för]störare, -fördärvare, en som dämpar glädjen

spoilt [*spɔilt*] ödelade, ödelagt etc. (se *spoil*)

spoke 1) [*spouk*] [hjul]eker, stegpinne; *sjö.* [ratt]handtag, spak; förse med ekrar; **put a ~ in a person's wheel** *fig.* lägga hinder i vägen för ngn, korsa ngns planer; **~-shave** *tekn.* bandkniv

spoke 2) [*spouk*] talade etc.; **spoken** [*spoukn*] talat etc. (se *speak*)

spokesman [*spouksmən*] talesman, förespråkare

spoliation [*spouliei'ʃ(ə)n*] plundring (is. av neutrala fartyg under krig); *jur.* förstörande el. skadande av handlingar avsedda för vittnesmål

spon [*spɔn*] *amr. sl* förk. f. *spondulicks*

spondaic [*spɔndei'ik*] *metr.* spondeisk; **spondee** [*spɔndi:*] *metr.* spondé (versfot: — —)

spondulicks, spondulix [*spɔndju:'liks*] *sl* 'pluringar', 'schaber' (pengar)

sponge [*spʌn(d)ʒ*] [tvätt]svamp, svampaktig massa, snyltgäst, parasit, *mil.* kanonviskare; samla tvättsvamp, torka el. tvätta med svamp, viska (torka) av, snylta (**on** på), *fig.* stryka ut, släta över, utplåna; **throw** el. **chuck up the ~** erkänna sig besegrad, ge tappt; **pass the ~ over** *fig.* stryka ut, komma överens om att glömma; **~-cake** (mjuk) sockerkaka; **~ down** avsköljning, avrivning (med våt svamp e. d.); **sponger** snyltgäst; **spongy** svampaktig, -artad, porös, sumpig

sponsor [*spɔnsə*] borgesman, fadder (*äv. fig.*), en som betalar för radioutsändningar i vilka hans varor rekommenderas; vara fadder för, svara för, betala för; **~ial** [*spɔnsɔ:'riəl*] fadder-; **~ship** borgen, fadderskap

spontaneity [*spɔntəni:'iti*] spontan[e]itet, egen fri (inre) drift, spontan handling

spontaneous [*spɔntei'njəs*] spontan, av egen drift, frivillig, naturlig; **~ combustion** självantändning; **~ generation** självalstring

spoof [*spu:f*] skoj, spratt, humbug; imiterad, eftergjord; lura, narra

spook [*spu:k*] spöke

spool [*spu:l*] spole, rulle (sytråd etc.); spola

spoon [*spu:n*] sked, ett slags golfklubba, ett slags åra, *sl* förälskad tok, våp, stolle, *pl amr. sl* pengar; ösa med sked, fiska med skeddrag, (i kricket) slå svagt uppåt, *sl* göra sin kur för, slå för, kurtisera; **be ~s on** *sl* vara tokig i; **he is on the**

~ han gör sin kur, slår för; **~-bait** skeddrag; **~-bill** *zool.* skedgås; **~-drift** se *spindrift*; **~-fed** matad med sked, bortskämd, (*fig.* om industri etc.) uppehållen (på konstlad väg) genom understöd; **~-meat** flytande föda
spoonerism [*spu:nərizm*] felsägning (genom utbyte av ljud i två på varandra följande ord) t. ex. *a blushing crow* f. *a crushing blow*
spoonful [*spu:nf(u)l*] ett skedblad
spoony [*spu:ni*] *sl* våp, tok; förälskad, svärmisk, tokig [i]
spoor [*spuə*] (villebråds) spår; spåra
sporadic [*sporæ'dik*] sporadisk, spridd, enstaka
spore [*spɔ:*] *bot.* spor
sporran [*spɔrən*] skotsk högländares skinnväska (del av dräkten)
sport [*spɔ:t*] sport, jakt, fiske, lek, idrottstävling[ar], skämt, skoj, lekboll, sportsman, (en) bra karl, *amr.* (*äv.*) vadhållare, spelare; springa omkring, leka, roa sig, skämta, visa, ståta med, bära offentligt (t. ex. en ros i knapphålet); **what ~!** så roligt (skojigt)! **in** el. **for ~** på skämt, för ro skull; **make ~ of** skämta (gyckla, driva) med; **he is the ~ of fortune** han är ett offer för slumpen; **we had a good day's ~** jobbet gick bra för oss; **~ the Union Jack** visa (veckla ut) flaggan (den engelska); **~ one's oak** (*univ.-sl*) låsa sin ytterdörr; **~s bulletin** sportnyheter (i radio etc.); **sportsman** (**~woman**) jägare, sportsman, man med sportanda; **sportsmanlike** sports[manna]mässig, passande för en sportsman; **sportsmanship** uppträdande som god sportsman (jägare), idrottsmannaanda; **~ing** sportande, sport-, sportmässig, käck; **~ing goods** *amr.* sportartiklar; **a ~ing offer (chance)** ett fint erbjudande (chans); **sportive** [*spɔ:tiv*] skämtsam, uppsluppen
spot [*spɔt*] fläck (*äv. fig.*), ställe, *sl* tår, skvätt, dryck, *fam.* smula, *amr. sl* lönnkrog; fläcka, sätta fläckar på, bli fläckig, *fig.* befläcka, *fam.* utvälja, känna igen, upptäcka, identifiera, slå ned på; **tender ~** öm punkt, ömtåligt ämne; **on ~** *hand.* loco; **on the ~** på stället (fläcken), genast, *jur.* på platsen för brottet, på ort och ställe, *amr.* lockad i bakhåll; **put on the ~** *amr. sl* locka i bakhåll, mörda; **be on the ~** vara på platsen, vara tillstädes, vara situationen vuxen, vara i god form, vara beredd; **~ the winner** hålla på den rätta hästen; **~ cash** *hand.* kontant (betalning omedelbart vid leverans); **~ goods** varor sålda för omedelbar leverans; **~light** rampljus, strålkastarljus, strålkastare; **~ price** *hand.* pris vid kontant betalning; **spotted dog** *sl* pudding med russin; **spotted fever** *med.* fläcktyfus; **spotter** *sl* markör, luftbevakare, *amr. sl* privatdetektiv; **spotless** fläckfri, (*fig. äv.*) obefläckad, ren; **spotty** fläckig, prickig, finnig
spouse [*spauz*] brud, brudgum, make, maka
spout [*spaut*] pip, avloppsrör, stupränna, stark stråle (av t. ex. ånga); spruta [ut], utspy, *fam.* prata vitt o. brett, orera, haspla ur sig, deklamera, *sl* stampa (pantsätta); **up the ~** på stampen
sprain [*sprein*] [för]sträckning, vrickning; vricka
sprang 1) [*spræŋ*] hoppade etc. (se *spring*)
sprang 2) [*spræŋ*] *sl* te, dricka, spirituosa
sprat [*spræt*] *zool.* vassbuk, skarpsill, *fig.* liten (klen) stackare (*äv.* **Jack S—**); **throw a ~ to catch a herring** el. **whale** våga litet för att vinna mycket
sprawl [*sprɔ:l*] ligga (sitta) med utspärrade lemmar, ligga el. falla så lång man är, sträcka [ut] sig, breda ut sig oregelbundet, spreta åt alla håll; **send a person sprawling** slå omkull ngn; **sprawling writing** spretande (oregelbunden) handstil
spray [*sprei*] (is. *bot.*) kvist, stänk, (yrande) skum, dusch, besprutningsvätska, spruta; bespruta, stänka, bilda skum; **sprayer** [*spreiə*] rafräschissör, 'spray', spruta
spread [*spred*] utsträckning, utbredning, spridning, omfång, vidd, yta, *fam.* kalas, traktering, skrovmål, pålägg på bröd (smör, sylt etc.), sängöverkast (vanl. *bed-~*); (*oregelb. vb*) sprida [sig], utbreda [sig], sträcka (spänna) ut, utsträcka sig, breda ut [sig], breda (smör etc.) på; **the ~ of its wings** dess vingbredd; **~ eagle** (*herald.*) fläkt örn, en figur i skridskoåkning; *amr. fig.* chauvinistisk, bombastisk, hyperpatriotisk; (is. i brottning) lägga (sin motståndare) på rygg med armarna utbredda; **~-eagl[e]ism** *amr.* chauvinism, blind patriotism; **~ the table** duka [bordet]; **~ oneself** *sl* breda ut sig i svassande tal, ha mycket främmande, vara mycket verksam; **~-over** fördelning av arbetstimmar
spree [*spri:*] skoj, upptåg, glatt dryckeslag, festande; **on the ~** (ute) på vift, ute på upptåg, ute och festa (svira)
sprig [*sprig*] stift, spik utan huvud, kvist, skott, *fig.* telning, ättling; fästa med stift, märka (utsira) med kvistar och blommor; **sprigged muslin** blommig muslin
sprightly [*spraitli*] sprittande, livlig, munter, pigg
spring [*spriŋ*] språng, hopp, källa, ursprung, vår, spänstighet, fjädring, svikt, [spänn]fjäder, resår; (*oregelb. vb*) hoppa, rusa, flyga upp, störta sig, springa fram, rinna upp, spira (skjuta) upp, uppkomma, uppstå, sätta i gång, låta springa, jaga upp (villebråd), kasta fram (upp), spränga, (om trä) slå sig, *sjö.* springa, bräckas, *sl* skaffa (is. pengar), *mek.* förse med fjädrar, *amr. sl* frigiva, bli frigiven; **~ balance** fjädervåg; **~ bed** säng med resårmadrass; **S— Gardens** offentlig byggnad vid Trafalgar Square (i London); **~ mattress** resårmadrass; **~ tide** springtid, springflod; **where the Rhine ~s** där Rhen har sina källor (upprinner); **~ a bat (racket)** knäcka ett bollträ (en racket); **~ a leak** springa läck; **~ a trap** låta en fälla smälla igen; **~ to one's feet** rusa upp; **~ up** springa upp, flyga upp, *fig.* uppstå; **~ a thing upon a person** överraska ngn med ngt; **~-board** språngbräde, trampolin, svikt; **~bok** sydafrikansk springbock; **Springboks** *sl* sydafrikanare (is. deras fotbollslag); **~cap** patentpropp (på sodavattensflaska); **~cap-bottle** sodavattensflaska; **~-clean** ha vårstädning, vårrengöring (*~-cleaning*); **~-halt** tuppspatt (hästsjukdom); **~tide** (*poet.*) vår[tid]; **~time** vår[tid]; **springer** ngn el. ngt som hoppar, ett slags hönshund, spaniel; **springy** elastisk, fjädrande, spänstig
springe [*sprindʒ*] snara (för småvilt)
sprinkle [*spriŋkl*] stänk; stänka, [ut]strö, beständka, strila; **sprinkler** bevattningsvagn, spruta, stril; **sprinkler system** automatiskt eldsläckningssystem; **sprinkling** *fig.* inslag, (svagt) tillskott, stänk, fåtal
sprint [*sprint*] [deltaga i] kort distanslopp, sprinta, *sl* löpa; **sprinter** kortdistanslöpare, 'sprinter'
sprit [*sprit*] *sjö.* spri[stång]
sprocket [*sprɔkit*] kugge på kedjehjul; kedjehjul
sprout [*spraut*] *bot.* skott, grodd; skjuta skott, gro, spira upp (fram); **~s** se *Brussels*
spruce 1) [*spru:s*] [*fir*] *bot.* gran
spruce 2) [*spru:s*] sprättig, prydlig, fin; **~ up** fiffa upp
sprung [*sprʌŋ*] hoppat etc. (se *spring*); *amr. sl* full, frigiven
spry [*sprai*] rask, flink, pigg, vaken, hurtig
spud [*spʌd*] ogrässpade, *sl* potatis; gräva upp med spade; **~ in** *amr.* borra efter olja; **spuddle** [*spʌdl*] gräva (i jorden), gräva här och där; **spuddy** [*spʌdi*] kort och tjock, satt
spue [*spju:*] se *spew*
spume [*spju:m*] skum, fradga; skumma, fradga; **spumous, spumy** [*spju:məs, spju:mi*] skummig, skummande, fradgig, skumhöljd

spun [*spʌn*] spann, spunnit etc. (se *spin*)
spunk [*spʌŋk*] fnöske, *fig.* käckhet, eld, liv, hetsighet; **spunky** käck, hetsig
spur [*spə:*] sporre, utsprång, utlöpare (från berg), eggelse, impuls; sporra, egga, förse med sporrar, använda sporrarna; **on the ~ of the moment** på ögonblickets ingivelse, spontant, utan betänkande; **~ bevel-wheel** *mek.* koniskt kugghjul **~ track** *amr.* stickspår
spurge [*spə:dʒ*] *bot.* Euphorbia, törel
spurious [*spjuəriəs*] oäkta, falsk, förfalskad
spurn [*spə:n*] avvisa (behandla) med förakt
spurry [*spʌri*] *bot.* spergel (Spergula)
spurt, spirt [*spə:t*] (*sport.*) spurt, kraftansträngning, spruta, [utsprutande] stråle, *fig.* utbrott; spruta ut, utstråla, spurta
sputter [*spʌtə*] osammanhängande el. sluddrigt tal; tala så att spottet yr, sprätta, fräsa, tala hastigt och sluddra [på målet], tala osammanhängande; **~bus** *amr. sl* fordbil
sputum [*spju:təm*] *med.* sputum, upphostning, utspottning, slem
spuzzy [*spʌzi*] *amr. sl* gemytlig, hemtrevlig
spy [*spai*] spion, spejare; [ut]spionera, granska, spana, få syn på; **~-glass** kikare
squab [*skwɔb*] ofjädrad fågelunge, duvunge, liten och tjock person, kluns, dyna, puff, ottoman, *amr. sl* barn; liten och tjock, tjock och fet
squabble [*skwɔbl*] käbbel, kiv; käbbla, kivas, bjäbba
squad [*skwɔd*] (is. *mil.*) [exercis]trupp, styrka, avdelning, *amr.* (*äv.*) sportlag; **awkward ~** exercistrupp (av oövade rekryter); **flying ~** (polisens) 'flygande' avdelning; **~ car** *amr.* radiobil; **squadron** [*skwɔdr(ə)n*] *mil.* skvadron, eskader (*sjö.* el. *flyg*); indela i skvadroner etc.; **~-leader** eskaderchef, major vid flygvapnet
squalid [*skwɔlid*] smutsig, snuskig, eländig
squall [*skwɔ:l*] skrik, skrän, skrål, [regn]by; skrika, skråla; **look out for ~s** *fig.* se sig för, vara på sin vakt (mot obehag); **squally** byig
squalor [*skwɔlə*] smuts, snusk, osnygghet
squamous [*skweiməs*] fjällig, liknande fjäll
squander [*skwɔndə*] öda, slösa
square [*skwɛə*] kvadrat, fyrkant, (fyrkantig) plats, torg, *mil.* karré, fyrkant, *mat.* kvadrat[tal], ruta, vinkelhake, vinkellinjal; kvadratisk, fyrkantig, rätvinklig, *fam.* renhårig, ärlig, jämn, uppgjord, kvitt; *mat.* upphöja i kvadrat, kvadrera, göra kvadratisk (fyrkantig), stämma överens, passa ihop, reglera, utjämna, *sl* täppa till munnen på, göra upp med, 'klara', muta; **~ dance** kontradans; **~ deal** hederlig (ärlig) handel (behandling); **a ~ meal** ett ordentligt mål; **~ measure, ~ number** ytmått, kvadrat[tal]; **a ~ peg in a round hole** *fig.* en som kommit på fel plats (ej är vuxen sin plats); **~ piece** *sl* ordentlig (anständig) flicka; **~ root** *mat.* kvadratrot; **~ sail** *sjö.* råsegel; **a table 4 ft ~** ett bord som är 4 fot i kvadrat (**4 ~ feet** 4 kvadratfot); **the picture is not ~ with the ceiling** tavlan hänger inte rätt mot taket; **is the account ~**? balanserar räkningen? går räkningen ihop? **get ~ with** *fam.* o. *fig.* göra upp med; **get things ~** ordna upp det hela, få saken ordnad; **as ~ as a die** *fam.* alldeles riktig[t], alldeles regelbunden; **on the ~** *fam.* ärlig[t]; **he does not play ~** han spelar inte ärligt; **it hit him ~ between the eyes** det träffade honom rätt mellan ögonen; **~ accounts** göra upp (sina räkenskaper) med ngn, (*äv. fig.*) ge ngn betalt för gammal ost; **~ the circle** kvadrera cirkeln, *fig.* utföra det omöjliga; **~ up** ordna, utjämna, göra upp, taga ställning (om boxare); **~head** *amr. sl* skandinavisk immigrant, nordeuropé (i USA); **~-rigged** *sjö.* tacklad med råsegel, råriggad; **~ shooter** *amr.* hederlig person; **~-toes** pedant, prudentlig person

squarson [*skwa:sn*] (*skämts.*) godsägare och präst (i en person) (av *squire + parson*)
squash [*skwɔʃ*] squash (ett tennisliknande bollspel), mos, dryck av pressad fruktsaft (t. ex. *lemon ~*); *fam.* [folk]trängsel el. myller, *bot.* melon, kurbits; krama (klämma, pressa, mosa) sönder, krossa till mos, slå sönder, *fig.* avvisa, nedgöra, undertrycka, stuka, trängas; **~ hat** mjuk filthatt; **squashy** [*skwɔʃi*] mosig, mjuk, lös
squat [*skwɔt*] hukande ställning; nedhukad, kort och tjock, undersätsig; sitta på huk, huka sig ned, *amr.* bosätta sig utan rättighet på annans mark, *amr. sl* avrättas i elektriska stolen; **the entire ~** *amr. sl* hela huset (och dess invånare); **squatter** nybyggare (is. stor fårägare i Australien)
squaw [*skwɔ:*] (indiansk) hustru (kvinna), *amr. sl* kvinna (hustru)
squawk [*skwɔ:k*] skri[ande]; skria, skrika gällt, pipa
squeak [*skwi:k*] pip, gällt skrik, gnisslande, *sl* knipa; pipa, skrika gällt, gnissla, *sl* sladdra, uppträda som angivare; **it was a narrow ~** det var en knapp räddning, det gick med nätt nöd, det höll på att gå på tok; **squeaker** (is.) fågelunge, skrikhals, *sl* angivare; **squeaky** gäll, pipande, skrikande
squeal [*skwi:l*] skri[ande], skrik, pip[ande]; *amr. sl* fläsk; skrika, skria, klaga, gnälla, *amr. sl* ange (för polisen); **make a person ~** *sl* pressa ut pengar av ngn; **squealer** stojande skolgosse, *amr. sl* angivare, 'gnällmåns'
squeamish [*skwi:miʃ*] granntyckt, [fin]känslig, lättstött, kräsen, kinkig, (*äv.*) samvetsöm
squeegee [*skwi:'dʒi:'*] gummiskrapa, -raka; skrapa (torka) med gummiraka
squeeze [*skwi:z*] kramning, hård tryckning, [folk]trängsel, hopklämning, hopkramning, utpressning, uppskörtning; trycka, pressa [fram], klämma (*äv. fig.*), krama [ur], vrida (saft etc.) ur, *kort.* tvinga ngn kasta stort kort; **have a narrow (tight) ~** klara sig nätt och jämnt; **~ [one's way] through a crowd** tränga sig fram; **squeezed orange** *fig.* urkramad citron
squelch [*skwel(t)ʃ*] klafsa (om sko), krossa, klämma sönder, tillintetgöra, kväva, undertrycka, stuka, nedtysta
squib [*skwib*] svärmare (i fyrverkeri), smädeskrift; angripa med smädeskrift[er]
squid [*skwid*] bläckfisk (mycket använd som bete)
squiffed [*skwift*] *sl* lurvig, pirum (småfull)
squiffer [*skwifə*] *sl* munharmonika, piglock, dragspel
squiffy [*skwifi*] *sl* dragen, lurvig, kladdig
squilgee [*skwi'ldʒi:'*] se *squeegee*
squill [*skwil*] *bot.* havslök
squint [*skwint*] skelande, vindögdhet, *fam.* blick; skela, *fam.* titta, kika
squire [*skwaiə*] godsägare, lantjunkare, *åld.* väpnare; eskortera, uppvakta (dam); **~archy** [*skwaiəra:ki*] lantadel, godsägararistokrati, godsägarvälde; **squireen** [*skwaiəri:'n*] liten lantjunkare, lantpatron (is. *Irl.*)
squirm [*skwə:m*] vrida (skruva) sig, *fig.* våndas, pinas
squirrel [*skwir(ə)l*] ekorre
squirt [*skwə:t*] [hand-, injektions]spruta, (tunn) stråle (av vätska), vattenpistol, *sl* egenkär glop (knöl); spruta (med tunn stråle)
squish [*skwiʃ*] *sl* marmelad
St. [*sən(t), sin(t)*] förk. f. *Saint* sankt[a]
stab [*stæb*] dolkstyng, stöt, styng (*äv. fig.*), stickande smärta; genomborra, sticka, stöta [ned], illvilligt angripa (skada), såra; **have a ~ at** *sl* försöka
stable 1) [*steibl*] fast, solid, stadig, stabil (*äv. fig.*); **stability** [*stəbi'liti*] fasthet, stadighet, stadga, stabilitet; **stabilization** [*stæbilaizei'ʃ(ə)n*] sta-

bilisering; **stabilize** [*stæbilaiz*] stabilisera; **stabilizer** [*stæbilaizə*] stabilisator (is. på flygmaskin)
stable 2) [*steibl*] stall (för hästar); sätta (hålla) i stall; ~**-companion** häst i samma stall, skolkamrat, medlem av samma klubb; **stabling** [*steibliŋ*] stallutrymme, hållande i stall
stack [*stæk*] stack, hög, hop, trave, stapel, skorsten[sgrupp]; stacka, stapla upp, trava
stadium [*steidiəm*] idrottsplats, stadion (*åld.* längdmått ca 185 m)
staff [*sta:f*] stav, stöd, stång, skaft, *mus.* notplan, stab, personal, kår; förse med personal, besätta; **pastoral** ~ biskopsstav
stag [*stæg*] *zool.* [kron]hjort (hane), (på börsen) jobbare, outsider, utböling, (på bjudning) ensam herre utan dam, 'löshäst', *amr.* mansperson; ~**-beetle** *zool.* ekoxe; ~ **dinner** herrmiddag; ~ **party** herrbjudning
stage [*steidʒ*] scen (i flera betydelser), estrad, plattform, framsteg, stadium, skede, [skjuts]station, skjutshåll, avsnitt; spela (på teatern), uppföra, iscensätta; **go on the** ~ gå in vid teatern; ~**-coach** diligens, postvagn; ~ **direction** scenanvisning; ~**-door** bakdörr till teater; ~ **fever** teatervurm, intresse för teatern; ~ **fright** rampfeber; ~**land** teatervärlden; ~ **manager** regissör, sceninstruktör; ~**-struck** teaterbiten; **old stager** *fig.* gammal praktiker (förståsigpåare)
stagger [*stægə*] vacklande, stapplande, *pl* yrsel, koller (hos hästar och boskap); vackla, ragla, stappla, tveka, komma ngn att vackla (studsa, haja till), slå med häpnad, förbluffa, *mek.* anbringa i sicksack (is. ekrar i hjul); **be staggered** bli överraskad, förbluffad, haja till; **staggerer** (is.) förbluffande (överraskande) händelse etc.
Stagirite [*stædʒirait*] invånare i Stagira, is. **the** ~ Aristoteles
stagnant [*stægnənt*] stillastående, *fig.* trög, slö; **stagnate** [*stægneit*] stagnera, stå stilla, stocka sig, *fig.* vara trög (slö); **stagnation** [*stægnei'ʃ(ə)n*] stagnation, stillastående, stockning
stagy [*steidʒi*] teatralisk, uppstyltad
staid [*steid*] stadig, lugn, stadgad
stain [*stein*] fläck (*äv. fig.*), färgämne, bets; fläcka, färga [av (ifrån) sig], betsa, *fig.* befläcka, nedsöla; ~**less** [*steinlis*] fläckfri; ~**less steel** rostfritt stål
stair [*stɛə*] trappsteg, *pl* trappa; **flight** el. **pair of** ~**s** trappa; **below** ~**s** nere i köksavdelningen (källarvåningen); ~**case**, *amr.* ~**way** trappa (i ett hus), trappuppgång; **moving** ~**case** rulltrappa (*escalator*)
staith [*steiþ*], **staithe** [*steið*] lastkaj, lastbrygga
stake [*steik*] stake, [gärdsgårds]stör, stolpe, påle, käpp, insats (vid vad o. d.), [penning]pris (vid kapplöpning), lopp, andel, intresse; staka ut, avskilja el. inhägna med stolpar, fästa vid, stödja med, riskera, våga, sätta på spel; **the** ~ (döden på) bålet; **at** ~ på spel; **a** ~ **of £ 50 a side** en insats om 50 pund på var sida; ~ **one's honour on** sätta sin ära i pant på (mot hedersord)
stalactite [*stæləktait*] *min.* (hängande) droppsten, stalaktit; **stalagmite** [*stæləgmait*] (stående) droppsten, stalagmit
stale 1) [*steil*] icke frisk, gammal, unken, duven, avslagen, instängd, fadd (*äv. fig.*), förlegad, utsliten, förslöad; göra el. bli gammal etc.; ~ **demand** *hand.* föråldrat (överårigt) krav; ~ **water** stillastående el. unket vatten
stale 2) [*steil*] hästars (kreaturs) urin, flytande spillning; (om hästar) stalla
stalemate [*steilmeit*] (i schack) pattställning, *fig.* död punkt (stillestånd) i förhandlingar; göra patt, *fig.* hejda, hålla i schack
stalk 1) [*stɔ:k*] stjälk, stängel, strå, skaft
stalk 2) [*stɔ:k*] stolt (gravitetisk) gång, smygjakt (på hjort etc.), gångskytte; gå med stolta (gravitetiska) steg, skrida fram, gå sakta och försiktigt, smyga sig på; **stalking-horse** *fig.* förevändning, täckmantel, bulvan
stall [*stɔ:l*] spilta, bås, bod, [salu]stånd, kiosk, kyrkstol, korstol, parkettplats, *pl* parkett, *sl* tjuvs medhjälpare, *amr. sl* falsk förevändning (ursäkt); sätta (hålla) i stall (bås), stallgöda, fastna, köra fast, sitta fast (i snö etc.), (om motor) stanna (stoppa), (om flygmaskin) bli ostadig på grund av nedsatt fart, *amr.* stanna, *amr. sl* ursäkta sig, spela oskyldig, prata hit och dit, vänta, slå ihjäl (döda) tiden; **finger-**~ fingertuta; ~**-feed** stallfodra, stallgöda (boskap); ~ **off** ge undvikande svar, smita undan
stallion [*stæljən*] hingst
stalwart [*stɔ:lwət*] solid partimedlem, ståndaktig partiman (kämpe), kraftkarl; stor och stark, duktig, ståndaktig
stamen [*steimen*] *bot.* ståndare
stamina [*stæminə*] [livs]kraft, styrka, uthållighet
stammer [*stæmə*] stammande, stamning; stamma, framstamma (*äv.* ~ *out*)
stamp [*stæmp*] stampning, stamp, stans, stämpel, frimärke, prägel, sort, karaktär, typ; stampa, [ned]trampa, krossa (t. ex. malm), stämpla, märka, frankera, [in]prägla; ~ **out** trampa ut, förkväva, utrota, undertrycka; ~**ed** (om bokband) pressat; ~**ing ground** *amr.* tillhåll
stampede [*stæmpi:'d*] panik, skräck, vild flykt; driva till vild flykt (panik), råka i vild flykt
stance [*stæns*] slagställning (i golf och kricket)
stanch se *staunch*
stanchion [*sta:nʃ(ə)n*] stötta, stolpe; förse med stöttor
stand [*stænd*] ställning, ståndpunkt, motstånd, [stilla]stående, halt, ställ, stativ, estrad, åskådarläktare, sittplatser, parkeringsplats, *amr.* vittnesbås, [salu]stånd, disk, bestånd (av gröda etc.); (*oregelb. vb*) stå, stiga (resa el. ställa sig) upp, förbli stående, vara (i uttryck ss. beredd, redo, väl anskriven, i behov av m. fl.), ligga (vara belägen), gälla, äga bestånd, (is. *jur.*) vara giltig (laggill), *sjö.* hålla (styra), ställa upp, anbringa, stå kvar (fast), hålla stånd, hålla (stå) sig, tåla, utstå, finna sig i, undergå, bjuda på, bekosta, *fam.* bestå; ~ **of arms** *mil.* beväpning, utrustning; ~ **of colours** *mil.* ett regementes fanor; **come to a** ~ råka i stockning, [av]stanna; **bring to a** ~ få ngn att stanna, hejda; **make a** ~ sätta sig till motvärn, hålla stånd, göra motstånd; **take one's** ~ fatta posto, inta (välja) sin ståndpunkt; ~ **corrected** erkänna sitt misstag, medge att man har orätt; **he** ~**s 6 ft** han är 6 fot hög; **the will must** ~ testamentet bör vara laggillt; ~ **one's ground** icke ge efter, hålla stånd; ~ **the cold** tåla kyla; ~ **the test** bestå (hålla) provet; **I cannot** ~ **Jones's jokes** jag kan icke tåla (lida) J:s kvickheter; **I'll** ~ **no nonsense** jag tål inte (kan inte finna mig i) några dumheter, jag är ej att leka med; ~ **a treat** bestå kalaset, bjuda; ~ **a good (poor) chance** ha goda (dåliga) utsikter (att); ~ **and deliver!** pengar eller livet!

Med adverb och prepositioner

~ **about** stå bredvid, stå och hänga; ~ **aloof** *fig.* hålla sig undan, ta avstånd från; ~ **aside** stiga (träda, gå) åt sidan, avstå från, gå ur vägen; ~ **at ease!** *mil.* [på stället] vila! ~ **away** hålla sig undan, träda tillbaka, utebliva; ~ **back** stiga tillbaka (bakåt); ~ **by** stå [fast] vid sitt ord, stå redo, vara beredd, bistå, stå vid ngns sida; ~ **clear** gå ur vägen (**of** för); ~ **down** stiga (träda) ned (ur vittnesbåset etc.); ~ **due north** *sjö.* hålla el. styra rakt (rätt) mot norr; ~ **easy** *mil.* lediga! ~ **for** stå (i stället för), betyda, stå som symbol för, kämpa för, ta parti för, ställa upp sig som kandidat till (en valkrets etc.), *amr. sl* tåla, hålla ut; ~

good fortfarande gälla (vara giltig); ~ **a person in good stead** vara ngn till stor nytta; ~ **in need of** vara i behov av, tarva; ~ **in with** göra gemensam sak med, ha förståelse för, sluta sig till, dela (ngt) med (ngn); ~ **off** stiga undan, hålla sig på avstånd; ~ **on ceremony** hålla på etiketten, krusa; ~ **on one's head** stå på huvudet, *fig.* vara underlig (excentrisk, egen); ~ **on one's bottom** lita på sig själv, stå på egna ben (vara oberoende); ~ **out** framträda, göra sig bemärkt, sticka av, (skarpt) avteckna sig, hålla ut (stånd); ~ [**out**] **to sea** *sjö.* styra (hålla) ut till sjöss; ~ **over** stå över, kvarstå, få anstå; ~ **to** stå [fast] vid, hålla (**one's word** sitt ord); **it** ~**s to reason** det är klart, det faller av sig självt; ~ **to win (lose)** vara säker om (se ut) att vinna (förlora); ~ **up** ställa (resa) sig (stiga) upp, stå upprätt, höja sig, vara synlig; ~ **up against** uppträda mot, bekämpa; ~ **up for** försvara, hävda, ta parti för; ~ **up to** trotsa, modigt möta, mäta sig med; ~ **well with** stå väl (vara väl anskriven) hos

Sammansättningar etc.

~**-by** tillflykt, stöd; ~ **camera** kamera på stativ (tre ben); ~**-in** ersättare (is. *film.*); ~**-offish** reserverad, högdragen, stram, otillgänglig; ~**-pat**[**ter**] *amr.* ståndaktig partiman; ~**point** ståndpunkt; ~**still** stillestånd, stockning; **come to a** ~**still** avstanna, bli stående, stagnera; ~**-to** *mil.* morgonuppställning, parad; ~**-up** *amr.* avtalsbrott; uppstående (*collar* krage), ordentlig, regelrätt (*fight* strid), på stående fot (*meal* måltid); **standing** se nedan

standard [*stændəd*] fana, standar, standard (bl. a. *eng.* mått = 165 kubikfot), mönster, måttstock, skolklass, myntfot, ståndare, stolpe, stötta, lyktstolpe, kandelaber (vid elektrisk gatubelysning), högstammigt fruktträd (ympträd, *äv.* ört- el. buskväxt); standard-, normal-, klassisk, *bot.* högstammig; **gold** ~ *hand.* guldstandard, guldmyntfot; ~ **author** klassisk författare; ~ **lamp** golvlampa, läslampa; ~ **size** normalformat, normalstorlek; ~**-bearer** standar- el. fanbärare, banerförare (*äv. fig.*); **standardize** [*stændədaiz*] standardisera, normalisera

standee [*stændi:'*] *amr.* åskådare på ståplats

standing [*stændiŋ*] [samhälls]ställning, position, anseende, varaktighet, ålder; stående, permanent; ~ **army, dish, jest, order** *fig.* stående här, rätt, vits, *hand.* order; **the** ~ **orders** en gång för alla givna föreskrifter, reglemente; ~**-room** ståplats

stanhope [*stænəp*] schäs, jaktvagn (ett slags lätt öppen vagn vanl. med ett säte)

stank [*stæŋk*] stank (se *stink*)

stannary [*stænəri*] tenngruva, -gruvområde; **stannic** [*stænik*] *kem.* tenn-

stanza [*stænzə*] stans, strof

staple [*steipl*] hasp, märla, krampa, *hand.* marknad, stapelvara, en orts huvudprodukt, stapelplats, huvudbeståndsdel, råvara, fiber, tråd; stapel-, huvudsaklig, förnämst; fästa med krampa

star [*sta:*] stjärna (i många betydelser); pryda, (märka) med stjärna (-or), framföra som stjärna, uppträda som stjärna (gäst) på scenen, spela huvudrollen; **fixed** ~ fixstjärna; ~ **turn** huvudnumret på ett [teater]program; ~ **light** = ~ *shell* (se nedan); ~ **of Bethlehem** *bot.* morgonstjärna (Ornithogalum umbellatum); **the S— of India** den indiska [ordens]stjärnan; **the S—s and Stripes** stjärnbaneret (Förenta staternas flagga); ~**fish** *zool.* sjöstjärna (Asterios); ~**-gazer** stjärnkikare; drömmare, romantiker; ~ **shell** *mil.* lysgranat; ~**-spangled** stjärnbeströdd; **the** ~**-spangled banner** stjärnbaneret (Förenta staternas flagga)

starboard [*sta:bəd, -bɔ:d*] *sjö.* styrbord; styrbords-; vända åt styrbord

starch [*sta:tʃ*] stärkelse, *fig.* stelhet (i sätt etc.); stärka; **starchy** stärkelsehaltig, stärkt, stärkelse-, stel, pedantisk

stardom [*sta:dəm*] [film]stjärnevärlden, filmstjärneliv

stare [*stɛə*] stirrande, stel blick; stirra; ~ **a person in the face** stirra ngn rakt i ansiktet, se ngn stint i synen, stirra mot ngn (*äv. fig.* t. ex. om en fara etc.), vara överhängande, vara solklar (påtaglig); ~ **a person down** el. **out of countenance** stirra på ngn, så att han tappar fattningen; ~**-cat** *sl* nyfiken granne; **staring** [*stɛəriŋ*] stirrande, skrikande, bjärt

stark [*sta:k*] styv, stel, fullständig; ~ **mad, naked** spritt galen, naken

starling [*sta:liŋ*] *zool.* stare

starry [*sta:ri*] stjärnbeströdd, stjärnklar

start [*sta:t*] ryck, sprittning, start, början, avfärd, uppbrott, startplats, försprång; rycka (spritta) till, studsa, bryta upp, starta, sätta i gång, jaga upp, hjälpa i gång, [på]börja; **a long** ~ ett långt försprång; **get the** ~ **of** få försprång framför (ngn), komma (ngn) i förväg, förekomma; **give a** ~ rycka till; **you gave me quite a** ~ du riktigt skrämde mig; ~ **up** starta (motor); **by fits and** ~**s** ryckvis; ~**ing handle** *auto.* startspak; ~**ing motor control** *auto.* startknapp; **starter** (*sport.*) starter, startare, startledare, deltagare i tävling, startanordning på motor; **startle** [*sta:tl*] komma (ngn) att spritta (hoppa) till, skrämma, överraska; **startler** *fam.* uppseendeväckande (överraskande) nyhet etc.

starvation [*sta:vei'ʃ(ə)n*] svält, uthungring, utsvältning; **starve** [*sta:v*] svälta (ihjäl), hungra, vara nära att svälta ihjäl, lida nöd, uthungra; **starved** *fam.* utsvulten; **starveling** [*sta:vliŋ*] utsvulten (undernärd) varelse; utsvulten

state [*steit*] tillstånd, (ibl.) skick, rang, ståt, prakt, gala, (is. **S**—) stat; uppge, förklara, berätta, framlägga, framställa, tillkännage, konstatera; **keep** ~ hålla hov, föra stor stat; **lie in** ~ ligga på *lit de parade*; ~ **one's views** framlägga sina synpunkter; **the judge stated the case** domaren genomgick (resumerade) målet; **the S—s General** generalstaterna (i Holland); ~**craft** statskonst, statsklokhet; **S— Department** *amr.* (ung. =) utrikesdepartementet (i Förenta staterna); ~**-room** salong, sovkupé, *sjö.* förstaklasshytt; **stated** angiven, uppgiven, bestämd; **statesman** [*steitsmən*] statsman, *amr.* politiker, (i Nordengl.) småbrukare; **statesmanship** statskonst, statsmannaskicklighet; **stately** ståtlig, värdig

statement [*steitmənt*] påstående, uppgift, utsago, utlåtande, förklaring, framställning, redogörelse, översikt, rapport; **as per** ~ *hand.* enligt uppgift

static[**al**] [*stætik(l)*] statisk; **statics** [*stætiks*] *pl fys.* statik (läran om kroppars jämvikt)

station [*steiʃ(ə)n*] [samhälls]ställning, stånd, rang, post, plats, station, hållplats, garnisonsplats, *biol.* förekomstort; placera, postera, utsätta, förlägga; **take** ~ intaga sin plats, placera sig; ~ **agent** *amr.* stationsinspektor, -föreståndare; ~**-house** *amr.* polisstation; ~**-master** stationsinspektor; ~**ary** [*steiʃ(ə)n(ə)ri*] stillastående, stationär, fast, orörlig, som ligger el. står stilla; ~**ary car** parkerad bil; ~**ary engine** fast motor; **stationer** [*steiʃ(ə)nə*] pappershandlare; **stationery** [*steiʃ(ə)n(ə)ri*] skrivmaterialier o. d., *sl* fribiljetter, papperspengar

statist [*steitist*] statistiker; **statistical** [*stəti'stik(ə)l*] statistisk; **statistician** [*stætisti'ʃ(ə)n*] statistiker; **statistics** [*stəti'stiks*] statistik

statuary [*stætjuəri*] *koll.* skulpturer, bildhuggarkonst; bildhuggare, skulptör; bildhuggar-; **statue** [*stætju:*] staty, bildstod; **statuesque**

[*stætjue'sk*] plastisk, statylik; **statuette** [*stætjue't*] statyett; **stature** [*stætʃə*] växt, kroppsstorlek, längd
status [*steitəs*] ställning, position, tillstånd, läge; ~ **quo** [*kwou*] status quo
statutable [*stætjutəbl*] lag-, lagstadgad, författningsenlig, föreskriven
statute [*stætju:t*] lag (förordning), författning, reglemente, stadga, *pl* statuter; ~ **law** (i Engl. av parlamentet) fastställd o. nedskriven lag (motsats *common law* sedvanerätt); ~ **book** lagbok, författningssamling; **statutory** [*stætjut(ə)ri*] lag-, lagstadgad, författningsenlig
staunch [*stɔ:nʃ, sta:nʃ*], **stanch** [*sta:nʃ*] säker, pålitlig, principfast, trofast, tapper, ståndaktig; hämma (stilla) [blodflöde]
stave [*steiv*] [tunn]stav, lagg, stegpinne, språte, strof, stans; ~ [**in**] slå in (sönder), slå hål på, (laggkärl o. d.); ~ **off** undanskjuta, förhala, avvärja
stay [*stei*] vistelse, uppehåll, inställande, uppskjutande, uthållighet, ihärdighet, stöd, stötta, sträva, *sjö.* stag, bardun; stanna [kvar], vistas, bo, uppskjuta, inställa, stödja, förbli, hålla sig, hålla ut, *sjö.* stagvända, gå över stag; [**pair of**] ~**s** korsett; **put a** ~ **on** *fig.* hålla tillbaka; ~ **of execution** *jur.* inställande el. uppskjutande av domens verkställande; **where are you** ~**ing**? var håller du hus? (*äv.*) var har du tagit in? ~ **put** *amr. sl* förbli oförändrat, bli som el. där det är; ~ **one's steps** hejda sina steg, stanna; ~ **one's stomach (appetite)** stilla sin värsta hunger; **it has come to** ~ det håller i sig, är att betrakta som permanent; ~ **away** utebli, hålla sig borta; ~ **on** stanna kvar, förlänga sin vistelse, bli kvar i tjänsten; ~ **out** stanna ute (utanför), utebli, bli längre än; ~**-at-home** hemmasittare, hemmänniska, *fam.* stuggris; hemkär, hemmasittande; ~**-in strike** sittstrejk; ~**-lace** korsettband; ~ **rod** *auto.* stagstång (-bult); ~**sail** *sjö.* stagsegel; **staying-power** uthållighet, motståndskraft; **stayer** [*steiə*] (is.) uthållig person el. häst, långdistanscyklist, *fam.* efterhängsen person
stead [*sted*] ställe, tjänst, nytta; **stand a person in good** ~ vara ngn till nytta (gagn), komma ngn väl till pass; ~**fast** [*stedfəst*] fast, trofast, stadig, orubblig
steady [*stedi*] *amr. fam.* käresta, fästman, fästmö; stadig, säker, fast, lugn, jämn, ihållande, regelbunden, stadgad, karaktärsfast, ståndaktig; göra (bli) stadig (säker, stadgad), stadga sig; sakta i backarna! tag det med lugn! (is. *mil.*) färdiga! försiktigt! *sjö.* håll så (den kursen)!
steak [*steik*] stek, (tjock) skiva (av kött)
steal [*sti:l*] (*oregelb. vb*) stjäla, lista sig till; ~ **a march on** lista sig till ett försprång framför el. en fördel över (ngn), överflygla, lura; ~ **in, out** etc. smyga sig in, ut etc.
stealth [*stelþ*] smygande, list; **by** ~ i smyg, på smygvägar; oförmärkt, förstulet; **stealthy** [*stelþi*] förstulen, oförmärkt, smygande
steam [*sti:m*] ånga, imma, *sl* kraft, energi, hänförelse; ång-; ånga, segla; **get up** ~ få upp ångan (*äv. fig.*); **let off** ~ släppa ut ånga, *fig.* ge luft åt sina känslor; **work the** ~ **off** *sl* lugna sina upprörda känslor; ~**-boat** ångbåt; ~**-engine** ångmaskin; ~**-jacket** *mek.* ångtröja; ~ **navvy** gräv[nings]maskin; ~ **roller** ångvält; ~**ship** ångbåt; **steamer** ångare, ångfartyg; **steamy** ångande, ång-, disig
stearin [*stiərin*] stearin; **steatite** [*stiətait*] steatit, späcksten, ett slags talk, skräddarkrita
steed [*sti:d*] (*poet.*) springare, gångare (häst)
steel [*sti:l*] stål, brynstål, eldstål, stålfjäder i korsett; stål-; härda, stålsätta; **cold** ~ blanka vapen (motsats skjutvapen); **worthy of a person's** ~ värdig att kämpa mot; ~ **one's heart (oneself)** ta mod till sig, bemanna sig med mod, morska upp sig, stålsätta sig; ~ **cap** *mil.* stålhjälm; ~**-clad** stålklädd, pansarklädd; ~ **engraving** stålstick; ~**yard** besman (våg); **steely** stål-, stålartad, stålblank, stålhård, *fig.* hårdhjärtad, hårdsint, obeveklig
steep 1) [*sti:p*] doppa, blöta, genomdränka, *fig.* 'dränka', 'bada', nedsänka, begrava; ~ **oneself in a subject** fördjupa sig i ett ämne; ~**ed** *amr. sl* starkt överlastad (full)
steep 2) [*sti:p*] stupande, brant, *sl* skarp, hård, alltför dyrbar, barock, fantastisk, orimlig; **steepen** [*sti:p(ə)n*] bliva el. göra brant, slutta (stupa) brant; **steeple** [*sti:pl*] klockstapel, torn med spira, kyrktorn, tornspira; **steeplechase** hinderritt, hinderlöpning; **steeple-crowned hat** högkullig, toppkullig hatt; ~**-jack** tornbestigare, plåtslagare (arbetare) som arbetar på ett högt torn, en skorsten o. d.
steer [*stiə*] ungtjur, stut; styra; ~ **clear of** gå klar för, *fig.* hålla sig ifrån, [förstå att] undvika; ~**sman** [*stiəzmən*] *sjö.* rorsman, rorgängare; ~**age** [*stiəridʒ*] styrning, mellandäck; ~**ageway** styrfart; **travel** ~**age** resa på mellandäck (tredje klass); ~**ing column** *auto.* styrkolonn; ~**ing shaft** *auto.* styraxel, styrstång
stellar [*stelə*] stjärn-, *amr.* enastående
Stellenbosch, s— [*stelnbɔs, -bɔʃ*] *mil. sl* avlägsna, degradera, förflytta (till lägre post)
stem 1) [*stem*] *bot.* stam, stängel, stjälk, blomskaft, bladskaft, släkt, gren (av familj), stam (i olika *bet.*), skaft (på pipa), fot (på glas), *sjö.* framstam, förstäv, stapel (på bokstav); **from** ~ **to stern** *sjö.* från för till akter; ~ **from** el. **out of** *amr.* [här]stamma från
stem 2) [*stem*] stämma, dämma upp [för], hejda, sträva emot
stench [*sten(t)ʃ*] stank
stencil [*stensl*] stencil, (genombruten) schablon (för målning etc.); stencilera
steno [*stenou*], **stenog** [*stenɔg*] *sl* förk. f. *stenographer*
stenograph [*stenogræf, -gra:f*] stenogram, stenografiskt tecken; stenografera; ~**er** [*stenɔ'grəfə*] stenograf; ~**ic** [*stenogræ'fik*] stenografisk; ~**y** [*stenɔ'grəfi*] stenografi
stentorian [*stentɔ:'riən*] stentors-; ~ **voice** stentorsstämma, dundrande stämma; **stentorphone** [*stentɔ:foun*] särdeles kraftig högtalare
step [*step*] steg, danssteg, fotsteg, fotspår, gång, sätt att gå, takt, åtgärd (mått och steg), trappsteg, vagnssteg, stegpinne, *pl* trappstege; stiga, träda, dansa; **one-step, two-step** one-step, twostep (dans); **in his** ~**s** i hans fotspår (*äv. fig.*); **in (out of)** ~ i (ur) takt; **keep** ~ hålla takten, jämna steg, takt tu! **he has got his** ~ han har blivit befordrad; **take** ~**s** vidtaga åtgärder (**to** för att); **a pair** el. **set of** ~**s** en trappstege; **flight of** ~**s** yttertrappa; **let down the** ~ fälla ned vagns- el. fotsteget; ~ **by** ~ steg för steg (fot för fot), gradvis; ~ **lively** *fam.* skynda på; ~ **this way** var god och gå den här vägen, hitåt om jag får be! ~ **aside** stiga (träda) åt sidan (*äv. fig.*); ~ **down** stiga ur (vagn etc.); ~ **in** stiga in (på), *fig.* komma (träda) emellan, inskrida; ~ **on it**, ~ **on the gas** *sl* skynda sig; ~ **out** ta ut stegen, gå med långa steg, *amr. sl* gå ut på 'galej', gå ut och roa sig; ~ **up production** öka produktionen; ~ **up to** gå fram till; ~**-dance** step; ~**-ladder** trappstege; ~**-light** belysning av fotsteget; **steppingstone** sten (i bäck etc.) att stiga på, *fig.* trappsteg, språngbräde
step- [*step-*] styv-; ~**brother**, ~**sister** styvbror, -syster, halvbror, -syster; ~**-daughter**, ~**-father**, ~**-mother**, ~**son** styvdotter, -fader, -moder, -son; ~**motherly** styvmoderlig
stepney [*stepni*] *auto.* reservhjul
steppe [*step*] stäpp, grässlätt
stereo [*stiəriou*] förk. f. *stereoscopic, stereotype*; ~**graphic** [*stiəriəgræ'fik*] *mat.* stereografisk; ~**graphy** [*stiəriɔ'grəfi*] *mat.* stereografi, perspek-

tivisk teckning av solida kroppar på en plan yta; ~scope [*stiəriəskoup*] stereoskop; ~scopic [*stiəriəskɔ'pik*] stereoskopisk; ~type [*stiəriətaip*] stereotyp[platta]; stereotyp, oföränderlig; stereotypera

sterile [*sterail*] steril, gall, ofruktbar, ofruktsam; **sterility** [*steri'liti*] sterilitet, ofruktbarhet, ofruktsamhet; **sterilize** [*sterilaiz*] (is. *med.*) sterilisera

sterling [*stə:liŋ*] (om mynt o. ädla metaller) fullödig, *fig.* äkta, gedigen, solid; **£ 500 ~** el. **stg.** 500 pund sterling

stern 1) [*stə:n*; (sjömansuttal: *sta:n*)] *sjö.* akter[stäv], (is. hunds) bakdel, svans; **~-post** *sjö.* akterstäv, rorståndare; **~ sheets** *sjö.* aktertofter (på båt); **sternmost** [*stə:nmoust*, *-məst*] akterst, akterligast

stern 2) [*stə:n*] sträng, barsk, hård; **the sterner sex** det manliga (starkare) könet

sternum [*stə:nəm*] *med.* bröstben

stertorous [*stə:tərəs*] snarkande, tung (om andhämtning)

stat [*stet*] *lat. boktr.* återställningstecken (i korrektur)

stethoscope [*steþəskoup*] *med.* stetoskop; undersöka med stetoskop; **stethoscopic** [*steþəskɔ'pik*] stetoskopisk

stevedore [*sti:vidɔ:*] *sjö.* stuveriarbetare, stuvare

stew 1) [*stju:*] stuvning, ragu, *sl* vånda, ångest, förvirring; stuva[s], långsamt koka, försmäkta (av hetta), *sl* stormplugga; **be in a ~** *sl* vara utom (från) sig; **the tea is stewed** teet har dragit för länge; **let a person ~ in his own juice** låta ngn klara sig bäst han kan, lämna någon åt sitt öde; **~ bum** *amr. sl* fyllbult, fylltratt, försupen luffare; **~-pan, ~-pot** kastrull; plugghäst; **stewed** *sl* 'rörd' (lätt berusad)

stew 2) [*stju:*] fiskdamm, ostronbassäng

steward [*stjuəd*] [gods]förvaltare, inspektor, intendent (i klubb el. likn.); *sjö.* steward, proviantmästare, uppassare, restauratör (på passagerarfartyg); **~ess** [*stjuədis*] kvinnlig steward etc.; *flyg.* flygvärdinna; **~ship** befattning, värv som *steward;* förvaltning[speriod]

stick 1) [*stik*] stör, stav, käpp, stång (*äv.* om lack, choklad etc.), sticka, kvist, pinne, *fam.* träbock, tråkmåns, klåpare; stödja upp, störa (t. ex. ärter); **get hold of the wrong end of the ~** missuppfatta

stick 2) [*stik*] (*oregelb. vb*) sticka (i flera *bet.*), spetsa, stoppa, späcka (kött etc.), sätta [upp], hålla fast [vid], klibba (sitta) fast, fastna, sitta kvar (*äv. fig.*), stanna, fästa, klistra [upp], *fam.* härda (hålla) ut, uthärda; **a pudding stuck with almonds** en pudding garnerad med mandel; **~ where you are** stanna [kvar] där du är; **~ 'em up!** *amr. sl* upp med händerna! **the wheels have stuck** hjulen ha fastnat (sitta fast); **better ~ to us, to the programme** det är bäst att du håller dig till oss, till programmet; **~ bills** klistra el. sätta upp affischer; **~ no bills** affischering förbjuden! **~ it** *sl* härda (hålla) ut (till slutet); **~ at nothing** sky ingenting, vara i stånd till vad som helst; **~ down** *fam.* skriva ned; **~ fast** sitta fast; **~ for** *fam.* lura ngn på (pengar); **~ in** *fam.* skjuta in (ngt vid skrivning o. d.), bli hemma; **~ in a person's gizzard** vara svår att smälta (is. *fig.*); **it ~s in his throat** det kan han inte svälja, det fastnar [honom] i halsen (*äv. fig.*); **~ on a horse** sitta säker i sadeln; **~ it on** ta för mycket, överdriva; **~ out** sticka (stå, skjuta) ut, vara iögonfallande, *fig.* hålla (härda) ut; **~ out for** insistera på, hålla styvt på; **~ to** (is. *fam.*) hålla fast vid; **~ up** sticka (skjuta) upp, stå på ända, *sl* förbrylla, (om banditer) hejda (och hota med skjutvapen); **~ up for** *fam.* försvara, ta i försvar; **~ up to** *fam.* träda upp emot, (energiskt) bekämpa, inte ge sig för ngn; **Mrs.** (etc.) **Stick** fru den och den, N. N.; **~ bomb** handgranat; **~-in-the-mud** trögmåns, stillastående person el. plats; trög, fantasilös, oföretagsam; **~-jaw** *sl* pudding som man ej kan få ner, svårtuggad (seg) massa; **~-pin** *amr.* kravattnål, bröstnål; **~-up collar** uppstående krage; **he was stuck up with the crossword** han kom ingen vart med korsordet; **stuck-up** uppblåst, inbilsk, viktig, *fam.* mallig; **sticker** ihärdig person, etikett, *amr.* plakat, affisch, *sl* obehaglig situation, dräpande replik, *amr. sl* frimärke; **sticking-place** plats där skruven (på violin etc.) skall sitta för att strängen skall hålla ton, yttersta punkt (vid tillskruvning), *fig.* höjdpunkt; **sticking-plaster** *med.* häftplåster; **sticky** se nedan

stickleback [*stiklbæk*] *zool.* spigg

stickler [*stiklə*] pedant; **he is a ~ for discipline** han håller strängt på disciplinen

sticky [*stiki*] flottig, klibbig, seg, het och fuktig (om väder), *fig.* motvillig, avvisande, obenägen (**about** för), kritisk

stiff [*stif*] *sl* lik, *amr. sl* grabb; styv, stel, stram, oböjlig, seg, stark, svår, formell, högtidlig, dyr, oblyg, *amr. sl* full; **keep a ~ upper lip** *amr.* ej låta sig ngt bekomma, bevara sitt lugn (sin fasthet); **~-necked** nackstyv, hårdnackad, halsstarrig, envis; **stiffen** [*stifn*] styvna, stelna, hårdna, göra styv (stel), stärka; **stiffener** ngt som styrker (stärker), styrkedryck, -tår

stifle 1) [*staifl*] kväva[s], undertrycka

stifle 2) [*staifl*] el. **~-joint** knäled (knäskål) på häst

stigma [*stigmə*] stigma, brännmärke (*äv. fig.*), skamfläck, *bot.* pistills märke, *med.* märke (i huden), sjukdomstecken; *pl* **stigmata** [*stigmətə*] (bl. a.) märken liknande dem av Kristi sår; **stigmatize** [*stigmətaiz*] brännmärka, stämpla, stigmatisera

stile [*stail*] stätta, dörr- el. fönsterstolpe

stiletto [*stile'tou*] stilett, pryl

still 1) [*stil*] destilleringsapparat; destillera; **~-room** kallskänk för matvaror, destilleringsrum

still 2) [*stil*] stillhet, ro, enstaka bild från en film; stilla, sakta, tyst, dämpad, lugn; ännu, fortfarande, dock, likväl; stilla, lugna, tysta, söva, lindra; **~ waters run deep** i det lugnaste vattnet gå de största fiskarna; **~ birth** födelse av dött barn; **~-born** dödfödd; **~ life** stilleben (målning); **~ small voice** Guds el. samvetets röst; **~ wines** icke musserande viner; **stilly** tyst, stilla, lugn

stilt [*stilt*] stylta, *zool.* styltlöpare (Himantopus), *amr. sl* ben; **on ~s** på styltor, *fig.* uppstyltad, högtravande; **stilted** uppstyltad, bombastisk; **stilted arch** förhöjd (styltad) båge

stilton [*stiltn*] stiltonost

stimulant [*stimjulənt*] stimulans; stimulerande, uppiggande [medel]; **stimulate** [*stimjuleit*] stimulera, pigga upp, sporra; **stimulation** [*stimjulei'ʃ(ə)n*] stimulation, stimulering; **stimulative** [*stimjuleitiv*] stimulerande; **stimulator** [*stimjuleitə*] stimulans, ngn el. ngt som stimulerar, sporre, drivfjäder; **stimulus** [*stimjuləs*] eggelse, sporre, stimulus, *med.* stimulans

stimy [*staimi*] 'maskläge' (i golf: bolls läge 'i mask' mellan annan boll och ett hål; *stymie*)

sting [*stiŋ*] gadd, brännhår (t. ex. på nässla), stick, sting, styng, sveda (svidande smärta), samvetsagg; (*oregelb. vb*) sticka, stinga, bränna, stickas, brännas, svida, göra ont, *fig.* sticka, såra, svida, sporra (till ngt), *sl* skinna, bedraga, röva (lura) pengar av ngn; **sting[ing]-nettle** brännässla; **stinger** (is. *fam.*) ordentligt el. svidande slag, stark cocktail

stingo [*stiŋgou*] *åld.* starkt öl

stingy [*stindʒi*] snål, knusslig, njugg

stink [*stiŋk*] stank, *pl sl* kemi; (*oregelb. vb*) stinka, lukta illa; **~ in the nostrils of** vara vidrig

(motbjudande) för (ngn); ~ **of money** *sl* lukta pengar lång väg; ~ **out** röka ut, fördriva genom stank, *sl* känna lukten av ngt; **stinkard, stinker** *sl* ngt som stinker, ngt skarpt el. obehagligt el. irriterande, *fig.* stinkdjur
stint [*stint*] inskränkning, inknappning, *åld.* bestämd andel (uppgift); knappa in på, inskränka, spara på, knussla med; **without** ~ utan knussel, rikligt, obegränsat, oförbehållsamt; **do one's** ~ göra sitt
stipend [*staipend*] fast lön (avlöning); **stipendiary** [*staipe'ndjəri*] (av staten avlönad) polisdomare (i större stad); avlönad
stipple [*stipl*] *konst.* punktering; punktera
stipulate [*stipjuleit*] fastställa, föreskriva, stipulera, (uttryckligen) avtala, betinga sig; ~ **for** förbehålla sig; **stipulation** [*stipjulei'ʃ(ə)n*] stipulation, bestämmelse, betingelse, *jur.* klausul; **stipulator** [*stipjuleitə*] stipulerande person, kontrahent
stir [*stə:*] rörelse, liv och rörelse, oro, väsen, omröring, omskakning, *sl* fängelse; röra, flytta, röra om [i], skaka om, uppröra, uppegga, anstifta, väcka, röra [på] sig; **make a** ~ väcka uppståndelse (uppseende), göra väsen [av sig]; **give a** ~ **to** röra om i (t. ex. elden); ~ **one's stumps** *fam.* röra på skankarna (galoscherna); ~ **the porridge** röra i gröten; ~ **up sedition** väcka upprorsanda; ~ **up the people** väcka folket; **he wants stirring** han behöver ruskas upp (väckas); **he is not stirring yet** han är inte på benen (uppstigen) ännu; **he never** ~**s out of the house** han går aldrig ut, han rör sig aldrig utomhus; **stir-about** [*stə:rəbau't*] ett slags gröt; livlig, rastlös
stirrup [*stirəp*] stigbygel; ~**-cup** avskedsbägare; ~**-leather** stigbygelsrem, stigläder; ~ **pump** fotpump
stitch [*stitʃ*] stygn, maska, håll (i sidan); sy (ihop); **not have a dry** ~ **on** icke ha en torr tråd på kroppen; ~ **a book** häfta en bok; ~**craft** handarbete; ~**wort** *bot.* stjärnblomma (Stellaria)
stiver [*staivə*] styver
stoat [*stout*] *zool.* lekatt (i sommardräkt), vessla, hermelin
stock [*stɔk*] stam, stock, kloss, block, skaft, gevärsstock, soppspad, köttextrakt, kreatursstam, -besättning, slaktdjur, bestånd, material, spännhalsduk, *bot.* grundstam (vid ympning), stamväxt (för stickling), *bot.* lövkoja (Matthiola), *hand.* [varu]lager, förråd, värdepapper, [aktie]kapital, börs-, fondpapper, obligationer, (is. *amr.*) aktier, *pl* stock (*åld.* straffredskap), *pl sjö.* stapelbädd; utsliten, stående, ständigt återkommande; förse sig med, ha (föra) på lager, lagra, förse med lager, stocka (gevär), förse med skaft, så (lägga) igen, gräsbeså, skjuta rotskott; **he comes of a Puritan** ~ han är av puritansk härstamning (familj, ätt); **grafted on a sound** ~ *bot.* ympat på en frisk stam; ~ **of a plough** plogstjärt; **live** ~ boskap, kreatursbesättning, -stam; **take** ~ *hand.* inventera [lagret]; **take** ~ **in** (is. *amr.*) *fig.* intressera sig för, tro på; **take** ~ **of** *fig.* noga mönstra, bedöma, värdera, göra ett överslag över; ~ **company** skådespelartrupp fast knuten vid en teater; ~ **goods** *hand.* lagervara; **the** ~**s** statens obligationslån, den fonderade statsskulden; **in** ~ *hand.* på lager; **in the** ~**s** i stocken (som straff); **on the** ~**s** *sjö.* under byggnad, *fig.* under utarbetande; **out of** ~ *hand.* icke på lager; ~ **quotations** stående (utslitna el. ständigt återkommande) citat; ~**-breeder** kreatursuppfödare, boskapsproducent; ~**-breeding** kreatursuppfödning, -avel; ~**-broker** *hand.* börs-, fondmäklare; ~**dove** *zool.* skogsduva; ~ **exchange** fondbörs; **(on) the Stock Exchange** (på) fondbörsen i London; ~**fish** stockfisk; ~**holder** aktie-, obligationsägare; ~**-in-trade** *hand.* varulager, förråd, lager, uppsättning (av redskap o. d.), utrustning; ~**-jobber** börsspekulant; ~**-list** *hand.* börslista, lagerkatalog; ~**-rider** (*Austral.*) beriden boskapsherde; ~**-still** alldeles stilla (orörlig); ~**-taking** *hand.* inventering, *fig.* mönstring, värdering; ~**-whip** (kortskaftad) boskapspiska (med lång snärt)
stockade [*stɔkei'd*] palissad, pålverk; inhägna med pålar, palissadera
stockinet [*stɔkinet*] trikåvävnad (för underkläder), jersey
stocking [*stɔkiŋ*] (lång) strumpa; ~ **stitch** rätstickning
stockist [*stɔkist*] *hand.* innehavare av varulager
stocky [*stɔki*] undersätsig, kort och tjock
stodge [*stɔdʒ*] *sl* skrovmål, bastant mat, *fig.* svårsmält intellektuell näring, tung läsning; sluka, proppa i sig; **stodgy** [*stɔdʒi*] tung el. mäktig (mat), bastant, hårdsmält
stogie, stogy [*stougi*] *amr.* tung stövel el. sko, lång otymplig cigarr
stoic [*sto(u)ik*] stoiker; stoisk, ståndaktig, orubbligt lugn; **stoical** [*sto(u)ik(ə)l*] stoisk; **Stoicism, s**~ [*sto(u)isizm*] stoicism (*äv. fig.*)
stoke [*stouk*] elda, förse med bränsle, sköta elden (*äv.* ~ *up*), vara eldare, *fam.* kasta i sig (en bit) mat (is. mellan måltiderna); ~**-hold** el. ~**-hole** eld-, pannrum; **stoker** eldare
stole 1) [*stoul*] stola, lång pälskrage
stole 2) [*stoul*] stal etc., **stolen** [*stouln*] stulit etc. (se *steal*)
stolid [*stɔlid*] trög, slö, dum, envis; **stolidity** [*stɔli'diti*] tröghet, slöhet
stomach [*stʌmək*] mage, magsäck, aptit, lust (till); smälta, tåla, fördraga, finna sig i; **it turns my** ~ det vållar mig kväljningar (jag får ont i magen); **I have no** ~ **for** jag har ingen lust till (benägenhet för); ~**-ache** magplågor, magvärk; ~**-pump** *med.* magpump; **stomacher** *åld.* bröstduk; **stomachic** [*stomæ'kik*] *med.* magstärkande medel; mag-, hörande till magen, gastrisk, aptitväckande, magstärkande
stone [*stoun*] sten (i olika *bet.*), ädelsten, *med.* njur- el. gallsten, eng. lispund (= 14 eng. skålpund, 6,35 kg), kärna; stena, bekläda med sten, ta kärnorna ur, rensa (frukt); **break** ~**s** bryta sten (*fig.* om svårt arbete); **leave no** ~ **unturned** lämna intet oförsökt, pröva alla medel; **precious** ~ ädelsten; **the** ~ **age** stenåldern; ~**-blind** stenblind (*äv. fig.*); ~**-cast** el. ~**'s cast** = ~*'s-throw* stenkast (mått); ~**-crop** *bot.* fetknopp (Sedum); ~**-deaf** stendöv; ~**-mason** stenhuggare, stenmurare (med huggen sten); ~**-pine** *bot.* pinje; ~**-pit** stenbrott; ~**- pitcher,** ~**-tavern** *sl* fängelse; ~**'s-throw** stenkast; ~**wall** spela försiktigt (om bollslagning i kricket); ~**-waller** försiktig bollslagning (kricket); ~**-ware** stengods; ~**-work** murar-, sten[huggar]arbete
stony [*stouni*] stenig, sten-, stenhård, *fig.* stel, kall, känslolös; ~ **broke** *sl* barskrapad, alldeles pank, ruinerad
stood [*stud*] stod, stått etc. (se *stand*)
stooge [*stu:dʒ*] *amr. sl* syndabock, den som får ta emot örfilarna
stook [*stu:k*] (*Nordeng.* o. *Skottl.*) sädesskyl; skyla
stool [*stu:l*] pall, taburett, stol (utan ryggstöd), *med.* stolgång, avföring, *bot.* rotskott; skjuta [ut] sidoskott; ~ **of repentance** *åld.* o. *fig.* botbänk; ~**-ball** rundboll (ett spel); ~**-pigeon** lockduva, (is. *amr.*) *fig.* lockfågel
stoop [*stu:p*] lutning, [framåt]böjning, kutrygg[ighet], *amr.* (öppen) veranda, förstukvist; luta (böja) [sig] ned, gå (sitta) krokig (lutad), nedlåta sig till, förnedra sig
stop [*stɔp*] uppehåll, avbrott, halt, stannande, skiljetecken, (*fonet.*) explosiva, explosivt ljud, klusil, *mus.* klaff, stämma, register (*äv. fig.*), *mek.* stoppare, spärr, *sjö.* najning; stoppa,

stanna, hejda, hindra, avbryta, avstanna, hålla upp, upphöra [med], sluta, låta bli, plombera (tand), stoppa (täppa) till, indraga, inställa, *fam.* stanna kvar (t. ex. till supén), *mus.* registrera, trycka ned (sträng etc.), *sjö.* naja, sejsa; **bring to a** ~, **put a** ~ **to** hejda, tysta, sätta stopp för, göra slut på; **come to a** ~ [alldeles] avstanna; **full** ~ punkt; **be at a** ~ ha [av]stannat, stå stilla; **without a** ~ utan [något] uppehåll; ~ **a bullet** el. **shell** *mil. sl* träffas av en kula; ~ **by** *amr.* titta in, avlägga kort besök; ~ **a cheque** stoppa en checks inlösande (hos bank); ~ **dead** tvärstanna; ~ **down** *foto.* avblända (lins); ~ **one's ears** hålla för öronen, *fig.* ej vilja höra [på]; ~ **a person's mouth** täppa till munnen på (nedtysta) ngn; ~ **over** *amr.* göra uppehåll på sin resa; ~ **one** *mil. sl* bli sårad; ~ **payment** *hand.* inställa sina betalningar; ~ **a pipe** stoppa tobaken fastare i pipan (jfr *fill a pipe*); ~ **short** tvärstanna, avstanna, plötsligt upphöra; ~ **thief!** tag fast tjuven! ~ **the way** spärra (stänga) vägen; ~ **a wound** hämma blodflödet; ~**cock** avstängningskran; ~**gap** ersättning[smedel], surrogat, (om person) ersättare; ~**-press** [**news**] allra senaste nyheter (införda i tidningen efter det tryckningen påbörjats); ~**-watch** tidtagar-, kontrollur

stoppage [*stɔpidʒ*] tilltäppande, stockning, hämning, spärrning, avbrott, uppehåll

stopper [*stɔpə*] propp (t. ex. *glass* ~), plugg; tillproppa, sätta propp i; **put a** ~ **on** sätta stopp (p) för

stopping [*stɔpiŋ*] tilltäppning, (is.) plomb, fyllning; se *stop*

storage [*stɔ:ridʒ*] lagring, magasinering, magasinsutrymme, magasinshyra, lagringskostnad[er]; **cold** ~ förvaring i kylrum, frysning; ~ **battery** *elektr.* ackumulatorbatteri

store [*stɔ:*] lager, upplag, förråd, magasin, förrådshus, *mil.* förnödenheter, proviant, (is. *amr.*) butik, affär, *pl* varuhus; förse (fylla) med förråd (*äv. fig.*), lägga upp, samla på lager, lagra (tillfälligt), magasinera, rymma, förvara; **in** ~ *hand.* på lager, i förråd (reserv), *fig.* beredskap; **be in** ~ *fig.* förestå (vänta) (ngn); **hold (have) in** ~ **for a person** (om framtiden) bära i sitt sköte för ngn; **set great** ~ **by** sätta stort värde på, högt skatta; ~ **cattle** boskap för gödning, slaktboskap; ~ **clothes** *amr.* färdigsydda (konfektions-) kläder; ~**house** *hand.* magasin, förrådshus, lager[byggnad], *fig.* förrådsrum, skattkammare; ~**-keeper** *mil.* (ung.) förrådsförvaltare, *amr.* affärsinnehavare; ~**-room** förrådsrum, handkammare

stor[e]y [*stɔ:ri*] våning; **the upper** ~ *fam.* övre våningen (huvudet, hjärnan)

storied se *story* 2)

stork [*stɔ:k*] *zool.* stork; **be** ~**ed** *amr. sl* vänta en baby

storm [*stɔ:m*] oväder, storm (*äv. fig.*), [stört]skur, *mil.* stormning; rasa, storma, rasa över, uppträda fordrande, vara i raseri; ~ **and stress** stormig (upprörd) tid (Sturm und Drang); ~**-beaten** stormpiskad, stormdriven; ~**-bound** uppehållen av storm (oväder); ~**-centre** oväderscentrum (*äv. fig.*); ~**-cloud** ovädersmoln (*äv. fig.*); ~**-cone,** ~**-drum** stormsignal (*meteor.*); ~**-curtain** *auto.* vindskärm (sidostycke); **stormy** [*stɔ:mi*] stormig, ovädersvåldsam, bebådande oväder; **stormy petrel** *zool.* stormfågel (Procellaria pelagica), stormsvala, *fig.* olycksfågel

story 1) se *stor[e]y*

story 2) [*stɔ:ri*] historia, berättelse, sägen, saga, novell, anekdot, handling (i film etc.), *fam.* påhitt, osanning, *amr.* stoff för tidningsartikel; **to make a long** ~ **short** för att fatta sig kort, kort sagt; **the** ~ **goes** man säger, det berättas (att); ~**-book** novellsamling, sagobok, roman, historiebok; ~**-teller** novellist, sagoberättare, en som narras; **storied** [*stɔ:rid*] (historiskt) bekant, sägenomspunnen

stout [*staut*] starkt öl, porter; käck, duktig, oförskräckt, stadig, kraftig, bastant, fetlagd, tjock

stove 1) [*stouv*] slog, slagit (se *stave*); ~ **in** inslagen, sönderslagen

stove 2) [*stouv*] ugn, kakelugn, kamin, spis; ~**-pipe** kaminrör, *äv. amr. sl* om hög hatt (~*-pipe hat*)

stow [*stou*] stuva, *sjö.* intaga last; ~ **away** stuva undan; ~ **it!** *sl* håll käften! håll mun! ~**-away** [*stouəwei*] fripassagerare; **stowage** [*stouidʒ*] stuvning, *sjö.* stuvningsutrymme, stuvrum, stuvarlön

straddle [*strædl*] skrevande; skreva, spärra ut med benen, sitta grensle, *fig.* hålla med båda parterna, tveka, vackla, underlåta att ta ställning (till), *sjö.* o. *mil.* gaffla (kanon)

strafe [*stra:f, streif*] *ty. mil. sl* bombardering, tuktan, straff; bombardera, hårt ansätta (med bomber etc.), tukta, ge en örfil

straggle [*strægl*] gå i strödda flockar, vika ut (ur ledet), gå söligt, sacka (dröja) efter, vara spridd, sprida (breda ut el. grena ut) sig oregelbundet; **straggler** eftersläntrare, vagabond, kringströvare; **straggling** (is.) oregelbunden, spridd, rörig

straight [*streit*] rak, rät, upprätt, slät (om hår), rättskaffens, hederlig, rejäl, uppriktig, *fam.* pålitlig, *amr.* regelrätt, outspädd; rakt, rätt, raka vägen, direkt; **as** ~ **as a die** *fam.* rejäl (pålitlig); **the** ~ den sista raka sträckan (på en kapplöpningsbana); **out of the** ~ krokig[t], skev[t]; **put things** ~ bringa i ordning, bringa reda i saker; **run** ~ handla (leva) hederligt; ~ **face** låtsat likgiltig uppsyn; ~ **goods** *amr. sl* sanning; ~ **ticket** *amr.* rent partiprogram; ~ **away** *fam.* strax, genast; ~ **off** utan vidare, med detsamma, på rak arm; ~ **out** direkt, rakt på sak, rent ut; ~**-cut** (om tobak) långskuren; ~**-dealing** rättskaffens, hederlig; ~**forward** uppriktig, ärlig, rättfram, *fam.* rejäl, enkel; **straighten** [*streitn*] räta [ut, upp, till], jämna, räta ut sig, *fig.* ordna; **straighten up** förbättra [sig]

strain 1) [*strein*] härkomst, ätt, släkt, ras, (ärftligt) anlag, [släkt]drag, disposition, sätt att uttrycka sig, stil, ton[art], (ofta *pl*) *poet.* ton[er], sång, melodi, poesi; **in lofty** ~**s** i högstämda ordalag; **more in the same** ~ mera i samma stil

strain 2) [*strein*] spänning, sträckning, ansträngning, påfrestning, press, prov, överansträngning, deformation, [för]sträckning, tvungen tolkning; sträcka, spänna [sig], [över]anstränga [sig], trötta, försträcka, utsträcka för långt, förvränga, filtrera, passera, sila; **he has a** ~ **in his leg** han drar (släpar) ena benet; **take the** ~ anstränga sig, spänna (pröva) sina krafter; ~ **a point** gå för långt (i medgivanden o. d.); ~ **the law** tumma på lagen; **he** ~**s after epigram** han anstränger sig för att uttrycka sig i epigram; ~ **at a chain** slita (rycka) i en kedja; ~ **at a gnat** *fig.* sila mygg (men svälja kameler), vara nogräknad i småsaker; **strainer** [te]sil, durkslag, filter

strait [*streit*] (ofta *pl*) sund, (ofta *pl*) trångmål, klämma, knipa, förlägenhet; *åld.* trång, *relig.* rigorös, sträng; **the S—s** Malackasundet (tidigare Gibraltar sund); **the** ~ **gate** *relig.* **den trånga porten**; ~ **jacket** tvångströja; ~**-laced** *fig.* styv, stram, rigorös, sträng, puritansk; ~ **waistcoat** tvångströja; **straiten** [*streitn*] *åld.* göra trång, inskränka; bringa i trångmål (**förlägenhet**); **straitened circumstances** knappa (betryckta) omständigheter

strand 1) [*strænd*] strand; stranda (*äv. fig.*), driva

(sätta) på grund; **the S—** gata i London; **~ed** strandsatt (**for** på), bankrutt; **~ed car** förolyckad bil
strand 2) [*strænd*] sträng, *sjö.* kardel (i tåg), *fig.* drag (i karaktär o. d.); slita sönder (kardel), fläta ihop (rep); **~ of hair** hårlock
strange [*streindʒ*] främmande, obekant, ovanlig, märkvärdig
stranger [*streindʒə*] främling, *sl* pund (sterling); **a little ~** (om nyfödd) en ny världsmedborgare; **be a ~ to** vara främmande för (obekant med); **make a ~ of** bemöta som en främling (kyligt)
strangle [*strængl*] strypa, kväva; **~-hold** strupgrepp
strangulate [*strængjuleit*] strypa, *med.* snöra åt (till); **strangulation** [*strængjulei'ʃ(ə)n*] *med.* till- el. åtsnör[n]ing
strap [*stræp*] stropp, rem, strigel; fastspänna (med rem), fästa ihop (sår) med häftplåster (*äv.* **~** *up*), strigla (rakkniv), prygla (med rem); **~-hang** hänga i stroppen (i buss etc.); **~-hanger** ståpassagerare (i buss o. d.); **~-oil** prygel (med rem), 'påkolja'; **~-shoe** remsko; **strapped** *amr. sl* 'pank'; **strapping** remtyg, häftplåster i remsor, kok stryk; stor och grov, kraftig
strata [*streitə*] *pl* av *stratum* lager, skikt
stratagem [*strætidʒəm*] [krigs]list, knep, fint
strategic[al] [*strəti:'dʒik(əl)*] strategisk; **strategist** [*strætidʒist*] strateg; **strategy** [*strætidʒi*] strategi
strath [*stræþ*] (*Skottl.*) (bred) floddal; **strathspey** [*stræþspei'*] en skotsk dans
stratify [*strætifai*] lägga i lager, lagra, skikta, [av]lagra sig
stratosphere [*strætousfiə*] stratosfär
stratum [*streitəm*] (*pl -ta* [*-tə*]) *geol.* o. *fig.* lager, skikt
stratus [*streitəs*] (*pl -ti* [*-tai*]) *meteor.* stratusmoln
straw [*strɔ:*] [halm]strå, halmhatt; **I don't care a ~** el. **two ~s** jag bryr mig inte ett dugg om det; **catch** el. **snatch at a ~** el. **~s** gripa efter ett halmstrå; **the last ~** *fig.* droppen som kommer bägarn att flöda över, det sista halmstrået som gör bördan för tung att bära; **man of ~** halmdocka, opålitlig el. insolvent person; **~ vote** *amr. pol.* provval; **strawy** [*strɔ:i*] av (lik) halm, halmtäckt, halm-
strawberry [*strɔ:b(ə)ri*] jordgubbe, smultron, *amr. mil.* sviskon; **~ leaves** 'smultronblad' (symbol för hertiglig rang); **~-mark** rödaktigt födelsemärke
stray [*strei*] vilsekommet barn el. kreatur, *pl* danaarv, *pl radio.* atmosfäriska störningar; sporadisk, enstaka, spridd, kringströvande, -drivande, vilsekommen; ströva, irra (hit och dit), förirra sig, *fig.* fara vilse, avvika från ämnet
streak [*stri:k*] rand, strimma, [karaktärs]drag, ådra, anstrykning; göra strimmig, randa, ådra, fara i väg (bort) som en blixt; **~ of lightning** blixt; **streaked** [*stri:kt*], **streaky** [*stri:ki*] strimmig, randig, ådrig
stream [*stri:m*] ström (*äv. fig.*), flod, å, bäck, strömning, stråle, flöde; strömma [ut], rinna, fladdra, vaja; **down (up) ~** nedför (uppför) strömmen; **~-line** strömlinje[form]; ge strömlinjeform åt; **~er** vimpel, jätterubrik (*tidn.*), norrskensstråle, *pl* serpentiner; **~let** [*stri:mlit*] bäck, liten å
street [*stri:t*] gata; **the S—** Fleet Street (Londons tidningsgata), *amr.* Wall Street (New Yorks börsgata); **in the ~** på gatan; **not in the same ~ with** inte att jämföra med; **on the ~** *amr.* på gatan; **on the ~[s]** sökande sitt uppehälle på gatorna (om prostituerad); **~ arab** gatunge, hemlöst barn; **~ car** *amr.* spårvagn; **~-sweeper** gatsopare, maskin för gaturenhållning; **~-walker** gatslinka
strength [*streŋþ*] styrka, kraft[er], [håll]fasthet, krigsmakt, antal; **~ of mind** själsstyrka; **what is your ~?** hur många är ni? **up to ~** *mil.* fulltalig; **on the ~** *mil.* införd i rullorna; **on the ~ of** i kraft av, med stöd (på grund) av; **strengthen** [*streŋþ(ə)n*] stärka[s], styrka[s], förstärka[s], bli starkare
strenuous [*strenjuəs*] ansträngande, svår, ivrig, nitisk, trägen, oavlåtlig
streptococcus [*streptokɔ'kəs*] *med.* streptokock
streptomycin [*stre'ptoumai'sin*] *med.* streptomycin
stress [*stres*] tryck, spänning, påfrestning, (dynamisk) accent, betoning, vikt, eftertryck; framhålla, framhäva, betona, utöva tryck på; **in times of ~ and strain** i upprörda (påfrestande) tider; se *äv. storm*; **lay ~ on** framhäva, poängtera
stretch [*stretʃ*] sträckning, tänjning, [an]spänning, sträck, sträcka, överdrift, *sl* fängelsestraff; sträcka [på], spänna, tänja [ut], sträcka sig, töjas, överdriva, göra våld på, *sl* hänga (förbrytare); **at a ~** i sträck; **on the ~** i [olidlig] spänning; **by a ~ of the imagination** med en smula fantasi; **~ the law** tumma på lagen; **~ a point** överdriva, gå för långt; **stretcher** sträckare, [sjuk]bår, spänn- el. bindbjälke, sträcksten (lagd i murens längdriktning), *sl* överdrift; **stretchy** elastisk, tänjbar, lοj (så att man har lust att sträcka på sig)
strew [*stru:*] strö [ut], beströ, *fig.* betäcka; **strewn** [*stru:n*] [be]strödd
'strewth [*stru:þ*] död och pina! vid min salighet! (*åld.* ed, av *God's truth*)
stria [*straiə*] (lärt ord) strimma, fåra, räffla, repa; **striate** [*straiit*], **striated** [*straiei'tid*] strimmig, fårad, räfflad, randig; **striation** [*straiei'ʃ(ə)n*] strimma, rand, räffling, randning
stricken [*strik(ə)n*] (*åld. pp.* av *strike*) slagen, sårad, hemsökt, drabbad, bedrövad; **~ in years** ålderstigen
strickle [*strikl*] stryktrå (vid mått)
strict [*strikt*] sträng, bestämd, noggrann, noga, strikt; **~ly accurate** absolut exakt; **~ly speaking** strängt taget
stricture [*striktʃə*] *med.* striktur, förträngning, (is. *pl*) anmärkningar, kritik
stride [*straid*] långt (stort) steg, jättesteg, *fig.* framsteg, stormsteg; (*oregelb. vb*) gå med långa steg, kliva, stå (ställa sig) grensle över; **at a ~** i ett [enda] steg; **take something in one's ~** klara av något lekande lätt
strident [*straidnt*] skärande, gäll, gnisslande
strife [*straif*] strid[ighet], tvist, missämja, split, kiv, kamp; **~ and stress** *amr. sl* huskors
strike [*straik*] slag, hugg (**at** mot), (klockas) slag, strejk, fynd (kap), (rikt) olje- el. malmfynd, stor fångst (av fisk), succé, framgång; (*oregelb. vb*) slå, ramma, törna emot, *mus.* slå an (en ton), *fig.* slå an, frappera, strejka, prägla (mynt, medalj), *sjö.* stryka (flagg), nappa (om fisk), *bot.* slå rot, träffa på, komma till, nå; **make a ~** *amr.* finna guld, olja etc.; **general ~** storstrejk; **lucky ~** [svin]tur; **sympathetic ~** sympatistrejk; **be** el. **go on ~** strejka; **~ a blow** slå ett slag; **~ a match** stryka eld på en tändsticka; **how does it ~ you?** vad gör det för intryck på dig? vad tycker du om det? **~ oil** finna olja, ha tur med sig, göra ett fint fynd (kap); **the ship ~s a rock** skeppet stöter på grund (kör på en klippa); **~ an attitude** inta en (teatralisk) ställning (pose); **~ it** bli rik, göra sin lycka; **~ the balance** göra upp balansen (räkningen), (*fig. äv.*) gå en medelväg; **~ tents (camp)** ta ned tälten, bryta upp; **~ work** lägga ned arbetet; **the clock ~s the hour** klockan slår timslaget; **~ aside** (*fäkt.*) parera, avvärja; **~ at** slå efter, måtta ett slag åt, angripa; **~ at the root of** hota att undergräva, söka komma till livs; **~ back** slå tillbaka (igen); **~ home** ge ett ordentligt slag, träffa rätt, träffa en öm punkt; **~ in** *med.* slå sig inåt (kroppen), *fig.*

falla i talet, inflika, avbryta, inblanda sig (i tvist); ~ **into** slå in på, gå över till; ~ **off** hugga (slå) av, stryka [ut, bort], draga av (från summa), *boktr.* avdraga, trycka, ta (vika) av (åt annat håll); ~ **to (the north)** gå el. styra kosan mot (norr); ~ **out** stryka ut (ord), komma upp med (idé), slå till (av alla krafter), sträcka ut (**for** mot); ~ **through** överkorsa; ~ **up** slå upp (tält), stämma (spela) upp (en sång etc.), stifta bekantskap (i all hast), [av]sluta (fördrag); ~ **[up]on** slå (falla) på, träffa, nå, *fig.* verka (göra intryck) på, hitta på; **~-breaker** strejkbrytare; ~ **measure** struket mått, strykträ (för mätning av säd); ~ **pay** strejkunderstöd; **striker** [*straikə*] strejkande, *mil. sl* ordonnans; **striking** slående, påfallande, frapperande

string [*striŋ*] band, ledband, snöre, tråd, fiber, sträng (olika *bet.*), rad, serie; (*oregelb. vb*) träda upp, hänga på (snöre o. d.), förse med sträng[ar], spänna (sträng el. båge), *fig.* stålsätta, *amr. sl* lura; ~ **of beads** pärlband; **a** ~ **loose** en skruv lös; **have two ~s to one's bow** ha två (flera) utvägar att välja på; **pull the ~s** *fig.* hålla (draga) i trådarna, göra sitt inflytande gällande; **the ~s** stråkarna i en orkester; **first (second)** ~ första (andra) klassens förmåga; **lead in (on) a** ~ föra i ledband; **with a** ~ **[tied] to it** *amr. sl* på villkor, villkorligt; ~ **together** sammankoppla, sammanlänka, förena; ~ **up** *sl* hänga (förbrytare etc.); **~-band (-quartet)** stråkorkester (-kvartett); **~-course** (*ark.*) gördelgesims; **~-halt** tuppspatt (hästsjukdom); ~ **tie** *amr.* smal slips; **stringed** sträng-, stråk-, strängad

stringency [*strin(d)ʒ(ə)nsi*] stringens, skärpa, stränghet, *hand.* åtstramning, stramhet, depression; **stringent** [*strin(d)ʒənt*] sträng, bindande, tvingande, drastisk, *hand.* stram, tryckt

stringy [*striŋi*] trådig, senig, seg, 'lång' (om vätska)

strip [*strip*] smal remsa, strimla; draga (stryka, skala, riva, kläda, taga) av; **comic** ~ tecknad serie; ~ **a person of something** avhända (beröva) ngn ngt

stripe [*straip*] strimma, rand, (smalt) band, galon, *mil.* (vanl. *pl*) gradbeteckning, *amr. fig.* typ, sort, *pl fam.* tiger; **the Stars and S—s** Förenta staternas flagga; **striped** [*straipt*] randig, strimmig; **stripling** [*stripliŋ*] yngling, [pojk]spoling

strive [*straiv*] (*oregelb. vb*) sträva, bemöda (vinnlägga) sig, strida, kämpa; **striven** [*strivn*] (*pp.* av föreg.)

strode [*stroud*] klev etc. (se *stride*)

stroke [*strouk*] slag, stöt, slaganfall, drag, streck, strykning med handen, sim- el. åртag, rodd, akterroddare (i kapprodd), strok[e], stråkdrag, schackdrag, kupp, *auto.* slag[längd]; ro akteråran i båtlag, stryka, smeka, släta [ut]; ~ **of lightning** blixt; ~ **of luck** lyckträff, slump, stor tur; ~ **of the pen** penndrag; ~ **of policy** politiskt schackdrag; **on the** ~ **of nine** på slaget nio; ~ **down** lugna, blidka

stroll [*stroul*] spatsertur, promenad; vandra, promenera, flanera, ströva omkring; **stroller** (is.) kringvandrande skådespelare, komediant, (is. *Skottl.*) lösdrivare

strong [*strɔŋ*] stark (i många *bet.*), kraftig, solid, skicklig, ivrig; **be going** ~ vara vid full vigör, frodas, vara i sin fulla kraft; ~ **language** kraftspråk (eder el. okvädinsord); **~-arm** *amr. sl* vålds- (*methods* metoder); bruka våld mot; **~-box** kassa-, penningskrin; **~-hold** fästning, fäste, *fig.* borg, bålverk; **~-minded** karaktärsfast, viljestark, energisk; **~-room** (banks) kassavalv; bombsäkert rum

strop [*strɔp*] [rak]strigel, *sjö.* stropp; strigla (rakkniv)

strophe [*stroufi*] strof (is. i grekiskt drama)

strove [*strouv*] strävade etc. (se *strive*)

struck [*strʌk*] slog, slagit etc. (se *strike*); ~ **all of a heap** som fallen från skyarna

structural [*strʌktʃər(ə)l*] byggnads-, byggnadsteknisk, organisk; **structure** [*strʌktʃə*] struktur, byggnad, sammansättning, byggnad[skomplex], byggnadsverk

struggle [*strʌgl*] kamp, strid (is. *fig.*), vånda; kämpa, strida, brottas (*äv. fig.*), streta, sprattla, anstränga sig; **the** ~ **for existence (life)** kampen för tillvaron

strum [*strʌm*] klink[ande], hamrande, knäppande; klinka (på piano), knäppa (på gitarr)

struma [*stru:mə*] *med.* struma

strumpet [*strʌmpit*] sköka

strung [*strʌŋ*] trädde upp, trätt upp etc. (se *string*)

strut [*strʌt*] struttande [gång], *ark.* stötta, sträva, stödbjälke; strutta, kråma (brösta) sig, stötta, stödja

strychnine [*strikni:n*] stryknin

stub [*stʌb*] stubbe, stump (cigarr-, penn- etc.), *hand.* talong; gräva upp [med rötterna], röja (bort stubbar etc.), stöta emot

stubble [*stʌbl*] [åker-, skägg]stubb; **stubbled, stubbly** stubbig, kort och styv

stubborn [*stʌbən*] envis, styvsint, halsstarrig, omedgörlig; ~ **facts** orubbliga fakta (som icke låta sig bortresoneras); **~ness** [*-nis*] envishet, halsstarrighet

stubby [*stʌbi*] stubbig, stubblik (se *äv. stubbly*)

stucco [*stʌkou*] stuck, gipsbruk, stuckatur; pryda med stuck, gipsa; **stuccoed** *amr. sl* påstruken (full)

stuck [*stʌk*] stack, stuckit etc. (se *stick* 2); ~ **on** el. **with** *fam.* [blixt]kär i; ~ **up** *fam.* viktig, mallig; ~ **with** *amr. sl* belastad med, fast för; **~-uppishness** *fam.* viktighet, mallighet

stud 1) [*stʌd*] spik (till dekoration el. beslag), [tapetserar]stift, stolpe (i länk), [nit]nagel, sprint, kragknapp, *auto.* skruvbult; beslå (besätta, pryda) med stift, *fig.* översålla, beströ, späcka

stud 2) [*stʌd*] stuteri, avelsstall, hästbesättning; **racing-~** kapplöpningsstall; **~-book** häststambok; stuteribok; **~-horse** avelshingst

studding-sail [*stʌnsl*] *sjö.* lä-, ledsegel

student [*stju:d(ə)nt*] student, studerande, forskare, (vid en del univ.) stipendiat; ~ **interpreter** tolk i konsulatstjänst

Studie [*stu:di*] *amr. sl* Studebaker (bil)

studied se *study*

studio [*stju:diou*] ateljé, (*film.* el. *radio.*) studio

studious [*stju:djəs*] flitig, vetgirig, ivrig, noggrann, utstuderad

study [*stʌdi*] studium, [studie]ämne, fack, [ut]forskning, strävan, uppgift, (*konst.* o. *litt.*) studie, *mus.* etyd, studie-, arbetsrum; studera, läsa, [in]lära, utforska, granska, undersöka, utstudera, beräkna, behandla, ta hänsyn till, vinnlägga (bemöda) sig om; **in a brown** ~ (försjunken) i djupa tankar (drömmerier); **a quick** ~ en (skådespelare) som raskt lär in en roll; ~ **law** studera juridik; ~ **for the bar** studera till jurist (*barrister*); ~ **to wrong no man** bemöda sig om att inte göra orätt mot någon; **studied** [*stʌdid*] studerad, överlagd, utstuderad, medveten

stuff [*stʌf*] stoff, material, ämne, produkt, vara, [ylle]tyg, smörja, skräp, struntprat, *sl* kovan (pengar) (*hard* ~), (om spritdryck) 'rejäl vara' (*the right* ~); [full]stoppa, proppa, fylla, späcka, stoppa upp (fåglar etc.), *fam.* proppa i (ngn) lögner, äta glupskt; **big** ~ kanon av grov kaliber; **doctor's** ~ medicin[er]; **garden** el. **green** ~ trädgårdsalster, grönsaker; **that's the** ~ *sl* där slog ni huvudet på spiken, det låter höra sig; **that's the ~ to give 'em** *sl* de' ä' rätt åt dem, sådant läder skall sådan smörja ha; **~ and nonsense!** [nu pratar du] strunt! **do one's ~** *sl* visa sin skicklighet, gripa sig verket an; **~ed up** fullproppad; **~ed shirt** *amr. sl* viktigpetter, 'pösmunk'; **~ing** stoppning, fyllning, inkråm; **stuffy** [*stʌfi*] instängd, kvalmig, täppt, beslöjad (röst), *sl* o. *amr.* trumpen, tvär, sur

stultification [*stʌltifikei'ʃ(ə)n*] förlöjligande, omintetgörande; **stultify** [*stʌltifai*] förlöjliga, omintetgöra, gäcka; **stultify oneself** misskreditera sig, blamera sig, göra sig löjlig, tala el. handla tvärt emot vad man sagt

stumble [*stʌmbl*] snavande, snubblande, fel[steg], misstag; snava, snubbla, hacka, stamma, begå ett felsteg, fela; **~ along** stappla i väg; **~ at** snubbla (snava) över, hysa betänkligheter (skrupler) över; **~ upon** snava över, oväntat stöta (råka) på; **stumbling-block** stötesten, förargelse[klippa]

stumer [*stju:mə*] *sl* ngt värdelöst, (is.) check utan täckning, överdrift

stump [*stʌmp*] stump, stubbe, kubb, talarstol, grindpinne (i kricket), *pl fam.* ben, 'påkar'; traska i väg (*äv.* **~** *it*); hålla valtal, agitera, (i kricket) slå ut, *fam.* kugga, göra (ngn) ställd, förvirra; **~ orator** agitator, valtalare; **off, middle, leg ~** bortersta, mittersta, närmaste grindpinnen (i kricket); **be on the ~** vara på agitationsresa, hålla politiskt tal; **~ up** *sl* punga ut med pengar; **~ed** paff, bet; **~ed for an answer** svarslös; **stumper** (is.) kinkig uppgift, kuggfråga, (i kricket) grindvakt; **stumpy** *amr. sl* 'kovan'; knubbig, trubbig, kort och tjock, undersätsig

stun [*stʌn*] [väldig] överraskning, [stor] sensation; bedöva (genom slag), överväldiga; **stunner** (is.) *sl* praktexemplar, ngt makalöst fint el. överdådigt

stung [*stʌŋ*] stack, stuckit (se *sting*)

stunk [*stʌŋk*] stank (se *stink*)

stunt 1) [*stʌnt*] *sl* glans-, sensationsnummer, succé, reklamtrick, [sport]evenemang; **that is your ~** det är något som du bör åtaga dig; **~ flyer** konstflygare; **~ press** sensationspress

stunt 2) [*stʌnt*] hämma [i växten], förkrympa

stupe [*stju:p*] *med.* varmt omslag, *amr. sl* dum-[bom] (*stupid*)

stupefaction [*stju:pifæ'kʃ(ə)n*] bedövning, slöhet, dvala, häpnad, bestörtning; **stupefy** [*stju:pifai*] bedöva, försløa, göra häpen (mållös, bestört), överväldiga; **stupendous** [*stju(:)pe'ndəs*] häpnadsväckande, överväldigande, kolossal, enorm

stupid [*stju(:)pid*] dum, enfaldig, obegåvad, slö; *fam.* dummerjöns, idiot; **~ity** [*stju(:)pi'diti*] dumhet, enfald, slöhet

stupor [*stju:pə*] dvala, slöhet, likgiltighet, apati, häpnad

sturdy [*stə:di*] kraftig, handfast, stark, beslutsam, principfast, ståndaktig

sturgeon [*stə:dʒ(ə)n*] *zool.* stör

stutter [*stʌtə*] stamning; stamma, framstamma

sty 1) [*stai*] [svin]stia (*äv. fig.*)

sty[e] 2) [*stai*] *med.* vagel; **~ in the eye** vagel i ögat

Stygian [*stidʒiən*] stygisk, underjordisk, mörk (som Styx)

style 1) [*stail*] *bot.* stift (mellan fruktämnet o. pistillens märke)

style 2) [*stail*] stilus (romersk griffel), penna, griffel, [grammofon- el. telegraf]stift, gravstickel, [rader]nål, stil, typ, sort, modell, titel, firmanamn; titulera, kalla; **Old (New) S—** gamla (nya) stilen (enligt den julianska, *resp.* gregorianska kalendern); **in ~** belevat, comme-il-faut, elegant, i hög stil, efter högsta modet; **stylet** [*stailit*] stilett; **stylish** [*stailiʃ*] stilig, flott, vräkig, elegant; **stylist** [*stailist*] stilist; **stylistic** [*staili'stik*] stilistisk; **stylistics** [*staili'stiks*] stilistik, stillära; **stylite** [*stailait*] pelarhelgon; **stylize** [*stailaiz*] stilisera

stylo [*stailou*] *fam.* förk. f. **stylograph** [*stailəgræf, -gra:f*] reservoarpenna

stylus [*stailəs*]; **~ bar** arm på grammofon

stymie [*staimi*] (i golf) 'maskläge'

styptic [*stiptik*] blodstillande [medel]

Styx [*stiks*]; **the ~** Styx *grek. myt.* (flod i underjorden, över vilken de döda färjas); **cross the ~** *fig.* dö

suasion [*sweiʒ(ə)n*] övertalning (is. *moral* **~**)

suave [*sweiv*] blid, mild, behaglig, ljuv[lig], älskvärd, söt; **suavity** [*sweiviti*] blidhet, mildhet, (yttre) älskvärdhet, förbindlighet

sub [*sʌb*] *lat.* under; *fam.* förk. f. *subaltern* subaltern[officer]; *submarine* undervattensbåt; *subeditor* redaktionssekreterare, underredaktör; *subscriber* abonnent; *subscription* abonnemang, subskription; *substitute* surrogat, ersättning[s-medel], ställföreträdare, vikarie; ersätta med, vikariera för

subacid [*sʌ'bæ'sid*] syrlig

subaltern [*sʌbltən*] subaltern[officer]; underordnad

subaqueous [*sʌ'bei'kwiəs*] undervattens-

subarctic [*sʌ'ba:'ktik*] subarktisk

subaudition [*sʌ'bɔ:di'ʃ(ə)n*] underförstående

subclass [*sʌ'bkla:'s*] (mest *bot.* el. *zool.*) underklass

subconscious [*sʌ'bkɔ'nʃəs*] undermedveten

subcutaneous [*sʌ'bkju(:)tei'niəs*] *med.* subkutan, [liggande] under huden

subdivide [*sʌbdivai'd*] underindela; **subdivision** [*sʌ'bdivi'ʒ(ə)n*] underavdelning, -indelning

subdue [*səbdju:'*] underkuva, -trycka, betvinga, kuva, tygla, dämpa

subeditor [*sʌ'be'ditə*] underredaktör, redaktionssekreterare

subhead[ing] [*sʌbhed(iŋ)*] underavdelning, underrubrik

subject 1) [*sʌbdʒikt*] subjekt (i flera *bet.*), undersåte, underlydande, individ, person, samtalsskolämne, stoff, föremål, anledning (källa) (**for** till), *mus.* tema, underlydande; **~ to** underkastad, utsatt för, beroende av, under förutsättning av; **change the ~** byta om samtalsämne; **~-matter** ämne, stoff (för en bok)

subject 2) [*səbdʒe'kt*] underkuva; **~ to** underkasta, utsätta för, prisgiva åt; **subjection** [*səbdʒe'kʃ(ə)n*] underkastelse, underdånighet, underkuvande

subjective [*sʌbdʒe'ktiv*] subjektiv, individuell, imaginär, overklig; **~ [case]** *gram.* nominativ

subjectivism [*sʌbdʒe'ktivizm*] subjektivism

subjectivity [*sʌbdʒekti'viti*] subjektivitet

subjoin [*sʌ'bdʒɔi'n*] bifoga, tillägga

subjugate [*sʌbdʒugeit*] [under]kuva; **subjugation** [*sʌbdʒugei'ʃ(ə)n*] [under]kuvande, betvingande

subjunctive [*sʌbdʒʌ'ŋ(k)tiv*] konjunktivisk; **~ [mood]** *gram.* konjunktiv

sublet [*sʌ'ble't*] utarrendera (hyra ut) i andra hand

sublieutenant [*sʌblefte'nənt, -lute'nənt*] underlöjtnant

sublimate [*sʌblimit*] *kem.* sublimat, kvicksilverklorid; [*sʌblimeit*] sublimera, *fig.* förädla, adla, höja; **sublimation** [*sʌblimei'ʃ(ə)n*] sublimering, förädling, förfining; **sublime** [*səblai'm*] sublim, ädel, upphöjd; sublimera[s], förädla[s], adla[s], rena[s]; **sublimity** [*səbli'miti*] upphöjdhet, sublimitet, höghet, [tanke]flykt

subliminal [*sʌ'bli'min(ə)l*] undermedveten

sublunary [*sʌbl(j)u:'nəri*] (is. *skämts.*) jordisk, av denna världen

subman [*sʌbmæn*] undermänniska (i motsats till *superman* övermänniska)

submarine [*sʌbməri:n*] ubåt, *amr. sl* stickbäcken; undervattens-, submarin; **~ warfare** undervattenskrig

submerge [*sʌbmə:'dʒ*] nedsänka, -doppa, översvämma, -skölja, dränka, sätta under vatten,

dyka ned; **submerged** [*sʌbmə:'dʒd*] *fig.* försatt i skuld el. nödläge; **the ~ tenth** 'samhällets olycksbarn' (mots.: *the upper ten*); **submergence** [*sʌbmə:'dʒəns*] nedsänkning, [ned]dykning, översvämning, dränkande
submersed [*sʌbmə:'st*] *bot.* undervattens-(växt); **submersible** [*sʌbmə:'sibl*] (undervattensbåt) som kan sänkas; **submersion** [*sʌbmə:'ʃ(ə)n*] nedsänkning (i vatten), sättande under vatten, översvämning
submission [*səbmi'ʃ(ə)n*] underkastelse, lydnad, undergivenhet, underdånighet; **with all due ~** med all vederbörlig respekt; **submissive** [*səbmi'siv*] lydig, foglig, undergiven, underdånig, ödmjuk; **submit** [*səbmi't*] underkasta [sig], foga (finna) sig (**to** i), ge vika (**to** för), hemställa, framlägga, förelägga, inkomma med
subordinate [*səbɔ:'dinit*] [en] underordnad; **~ clause** *gram.* bisats; [*səbɔ:'dineit*] underordna; **subordination** [*səbɔ:'dinei'ʃ(ə)n*] underordnande, underordning
suborn [*sʌbɔ:'n*] besticka, muta; **subornation** [*sʌbɔ:nei'ʃ(ə)n*] bestickande, -ning, mutning, tubbande; **suborner** [*sʌbɔ:'nə*] förledare, tubbare, anstiftare (**of** till, av)
subplot [*sʌbplɔt*] *teat.* sidointrig
subpoena [*səbpi:'nə*] *jur.* stämning (vid vite); [in]stämma, kalla inför rätta
sub rosa [*sʌb rouzə*] *lat.* i hemlighet, i förtroende
subscribe [*səbskrai'b*] underskriva, -teckna, teckna [sig för] (belopp), skriva under (t. ex. som bidragsgivare), teckna (aktier); **~ to** skriva under på, instämma i, prenumerera (abonnera) på; **subscriber** [*səbskrai'bə*] underskrivare, -tecknare aktietecknare, bidragsgivare, subskribent, prenumerant, abonnent; **subscription** [*səbskri'pʃ(ə)n*] subskription, abonnemang, teckning (av bidrag el. aktier), insamling
subsequence [*sʌbsikwəns*] fortsättning, följd; **subsequent** följande, efterföljande, senare; **~ to** efter; **subsequently** efteråt, sedan
subserve [*səbsə:'v*] tjäna, gagna, befordra; **subservience** [*səbsə:'viəns*] tjänlighet, gagn[ande], befrämjande, underkastelse, underdånighet, krypande; **subservient** tjänlig, gagnelig, underdånig; **subservient to** underordnad, underkastad
subside [*səbsai'd*] sjunka [undan], sjunka (falla) till botten, avsätta sig, (om byggnad) sätta sig, (om storm, vrede etc.) lägga sig, avtaga, sjunka ner (**into** i); **subsidence** [*sʌbsid(ə)ns*] sjunkande [till botten], sänkning, *kem.* [ut]fällning, (om byggnad) sättning, avtagande
subsidiary [*səbsi'djəri*] subsidiär, hjälpande, understödjande, hjälp-, bi-; **~ [company]** dotterbolag, filial; **~ subject** biämne; **subsidize** [*sʌbsidaiz*] [under]stödja [med subsidier], betala [subsidier till]; **subsidized** (*äv.*) statsunderstödd; **subsidy** [*sʌbsidi*] [stats]anslag, [stats]understöd, subsidier
subsist [*səbsi'st*] existera, bestå, fortleva, livnära sig; **subsistence** [*səbsi'stəns*] tillvaro, existens, underhåll, levebröd, bärgning, utkomst; **subsistence farm** el. **homestead** *amr.* gård vars innehavare endast odlar produkter för eget behov
subsoil [*sʌbsɔil*] *jordbr.* alv; **~ water** grundvatten
substance [*sʌbstəns*] substans, stoff, [grund]ämne, huvudbeståndsdel, (*fig. äv.*) huvudsak, kontenta[n], kärna, fasthet, (inre) värde; **man of ~** förmögen man; **in ~** i huvudsak, i allt väsentligt; **substantial** [*səbstæ'nʃ(ə)l*] materiell, verklig, solid, kraftig, väsentlig, välbärgad; **a ~ meal** en kraftig (bastant) måltid; **substantiate** [*səbstæ'nʃieit*] förkroppsliga, *fig.* befästa, bevisa, dokumentera, bekräfta
substantival [*sʌbstəntai'vl*] *gram.* substantivisk; **substantive** [*sʌbstəntiv*] *gram.* substantiv; väsentlig, verklig, faktisk, självständig; **the ~ verb** verbet 'vara'
substitute [*sʌbstitju:t*] ställföreträdare, vikarie, ersättning[smedel], surrogat; [in]sätta i stället; **substitution** [*sʌbstitju:'ʃ(ə)n*] insättande [i stället], utbytande, ersättande
substratum [*sʌ'bstrei'təm*] substrat, underlag
subterfuge [*sʌ'btəfju:dʒ*] *fig.* und[an]flykt, förevändning, svepskäl
subterranean [*sʌbtərei'njən*] underjordisk
subtitle [*sʌbtaitl*] undertitel, -rubrik
subtle [*sʌtl*] subtil, skarp[sinnig], [hår]fin, svåråtkomlig, svårfattlig, raffinerad, utstuderad, listig; **~ty** [*sʌtlti*] subtilitet etc., finess, hårfin distinktion
subtract [*səbtræ'kt*] subtrahera, av-, fråndra[ga], [för]minska; **subtraction** [*səbtræ'kʃ(ə)n*] subtraktion, fråndragning, avdrag; **subtrahend** [*sʌbtrəhend*] *mat.* subtrahend
subtropical [*sʌ'btrɔ'pik(ə)l*] subtropisk
suburb [*sʌbə:b*] förstad, förort; **suburban** [*səbə:'b(ə)n*] förstads-, förstadsaktig; **suburbia** [*səbə:'biə*] (föraktl.) förstäderna och deras invånare (is. Londons)
subvention [*səbve'nʃ(ə)n*] statsbidrag, -understöd, -anslag, subvention
subversion [*səbvə:'ʃ(ə)n*] omstörtning, kullkastande (is. *fig.*); **subversive** [*səbvə:'siv*] nedbrytande; **subvert** [*səbvə:'t*] störta, kasta över ända, nedbryta, undergräva
subway [*sʌbwei*] (i England) tunnel för fotgängare, (i Amerika) underjordisk järnväg
succeed [*səksi:'d*] lyckas, ha framgång, följa efter, efterträda, -följa, avlösa; **~ in doing** lyckas göra; **~ to** övertaga (ämbete etc.) efter (ngn), ärva; **~ oneself** *amr.* bli återvald; **success** [*səkse's*] succé, lycka, framgång, medgång; **successful** [*səkse'sf(ə)l*] framgångsrik, lyckosam, lycklig
succession [*səkse'ʃ(ə)n*] [ordnings]följd, serie, tron-, arvsföljd; **~ to the throne** tronbestigning; **~ duties** arv[s]skatt; **~al** [*səkse'ʃən(ə)l*] följande på varandra, efterträdande, successions-; **successive** [*səkse'siv*] successiv, på varandra följande; **successor** [*səkse'sə*] efterträdare, tronföljare
succinct [*səksi'ŋ(k)t*] kortfattad, koncis
succory [*sʌkəri*] *bot.* cikoria (*chicory*)
succour [*sʌkə*] hjälp (i nöden), bistånd, undsättning; bispringa, hjälpa, undsätta
succulence [*sʌkjuləns*] saftighet; **succulent** saftig
succumb [*səkʌ'm*] duka under (**to** för)
such [*sʌtʃ*] sådan, dylik, slik, så (frfr. adj.); **and ~** *fam.* och så vidare; **~ and ~** den och den; **~ as** sådan som, *pl* de som; **~like** [*sʌtʃlaik*] dylikt
suck [*sʌk*] sugning, diande, klunk, slurk, snaps, *sl* fiasko, *sl* bedrägeri; suga, dia, dägga, *fig.* insupa, *fig.* utpumpa, utsuga, *sl* lura; **give ~** ge di, dia; **~ dry** fullkomligt utsuga (*äv. fig.*); **~ a person's brains** snylta på ngns idéer etc.; **~ in** insuga, suga till sig, *fig.* insupa, *sl* lura, dra vid näsan; **~ up** suga in (upp), suga i sig, draga (pumpa) upp, (skol-*sl*) fjäska, ställa sig in (**to** hos); **sucker** [*sʌkə*] *bot.* rotskott, *zool.* sugfisk, *zool.* o. *mek.* sugorgan, -apparat, -rör etc., *mek.* pumpkolv, *amr. sl* gröngöling, lättlurad person, vittne vid kriminaldomstol; **sucking** ung och oerfaren; **sucking-pig** spädgris; **suckle** [*sʌkl*] dia, ge di, amma; **suckling** [*sʌkliŋ*] dibarn, diande unge
suction [*sʌkʃ(ə)n*] sugning, *sl* spritförtäring, 'spritande'; **~ stroke (valve)** *auto.* insugningsslag (-ventil); **suctorial** [*səktɔ:'riəl*] *zool.* sug-, sugande
Sudan[**ese**] se *Soudan*[*ese*]
sudarium [*sjudɛ'əriəm*] svetteduk; **sudatorium** [*sjudətɔ:'riəm*] varmrum (i romerskt bad); **sudatory** [*sju:dətəri*] svettdrivande [medel]
sudden [*sʌdn*] plötslig, oförmodad; **[all] of a ~**,

on a ~ plötsligt; ~ **death** (i tennis och pingpong) dödande boll, som hastigt gör slut på ett set; **suddenly** plötsligt
sudorific [*sju:dəri'fik*] svettdrivande [medel]
suds [*sʌdz*] tvål-, såplödder, *amr. sl* pengar
sue [*sju:*] *jur.* stämma, lagsöka, processa, bedja, anhålla (**for** om)
suède [*sweid*] mockaskinn (killingskinn); ~ **gloves** mockahandskar
suet [*sju:it*] [njur]talg; ~ **pudding** märgpudding
suffer [*sʌfə*] lida (**from** av), genomgå, uthärda, tillåta; ~**ance** [*sʌfərəns*] tolerans, samtycke, tyst medgivande; **on** ~**ance** [blott] på nåd[er]; ~**er** [*sʌfərə*] (en) lidande, sjuk; **he was the** ~**er** det gick ut över honom; ~**ing** [*sʌfəriŋ*] lidande, nöd
suffice [*səfai's*] vara nog, räcka [till], förslå, tillfredsställa; ~ **it to say** må det vara (vare det) nog sagt; **sufficiency** [*səfi'ʃ(ə)nsi*] tillräcklighet, tillräcklig utkomst, bärgning; **sufficient** tillräcklig, nog; **sufficient to the day is the evil thereof** *bibl.* var dag har nog av sin egen plåga
suffix [*sʌfiks*] *gram.* ändelse, suffix; [*sʌfi'ks*] tillägga (suffix)
suffocate [*sʌfəkeit*] kväva, hålla på att kvävas; **suffocation** [*sʌfəkei'ʃ(ə)n*] kvävning
suffragan [*sʌfrəgən*] suffraganbiskop, biträdande biskop
suffrage [*sʌfridʒ*] [val]röst, rösträtt, omröstning, bifall; **suffragette** [*sʌfrədʒe't*] suffragett, rösträttskvinna; **suffragist** [*sʌfrədʒist*] rösträttsivrare, (is.) kvinnorösträttens förkämpe
suffuse [*səfju:'z*] gjuta sig över, överdraga, fukta, hölja, fylla; **suffusion** [*səfju:'ʒ(ə)n*] övergjutning, fuktande, rodnad, slöja
sugar [*ʃugə*] socker, *fig.* sötma, *sl* schaber (pengar), *sl* älskling, sötnos; sockra, söta, smickra, *sl* ligga på latsidan, 'maska', spara sig; ~**-basin** sockerskål; ~**-beet** sockerbeta; ~**-candy** kandisocker; ~**-cane** sockerrör; ~**-coat** överdra med socker, *fig.* sockra; ~ **daddy,** ~ **papa** *sl* äldre man som slösar på (utnyttjas av) sin'väninna'; ~**-loaf** sockertopp; ~**-plum** sockergryn, -pulla; ~**-refinery** sockerraffinaderi; **sugary** [*ʃugəri*] söt, sockerhaltig, *fig.* sockersöt
suggest [*sədʒe'st*) suggerera, framkalla, väcka föreställning om, påminna om, antyda, föreslå, framkasta; ~ **itself** *fig.* framställa sig, spira upp (om idé); **suggestible** [*sədʒe'stibl*] tänkbar, mottaglig [för suggestion]; **suggestion** [*sədʒe'st-ʃ(ə)n*] suggestion, ingivelse, idé, tanke, föreställning, antydan, förslag, råd, tillstymmelse, aning; **full of suggestion** full av ingivelser, [tanke]väckande; **suggestive** [*sədʒe'stiv*] suggestiv, idérik, tankediger, påminnande (**of** om), som för tanken (**of** på)
suicidal [*sjuisai'dl*] självmords-; **suicide** [*sjuisaid*] självmördare, självmord; **commit suicide** begå självmord
sui generis [*sju:ai dʒenəris*] *lat.* ensam i sitt slag, unik
suit [*s(j)u:t*] uppsättning, serie, dräkt (is. manskostym), *jur.* rättegång, process, mål, åtal, frieri, (*kort.*) färg; lämpa sig för, passa, kläda, an-, avpassa, lämpa, tillfredsställa; **bring a** ~ **against** börja (föra) process mot, ta[ga] ut stämning på, stämma; **follow** ~ (*kort.*) bekänna färg, *fig.* följa exemplet, göra efter (likadant); **dress** ~ aftondräkt, frack[kostym]; **his long** el. **strong** ~ *fam.* hans starka sida; **in one's birthday** ~ naken; ~ **yourself** sök ut något som passar dig (er)! bestäm själv! som du (ni) behagar! **it** ~**s all tastes** den lämpar sig för var mans smak; ~ **the action to the word** låta handling följa på ord[en]; ~**-case** resväska (för kläder); ~**able** [*s(j)u:təbl*) passande, lämplig; **suite** [*swi:t*] svit, rad, serie; **suited** [*sju:tid*] lämpad, avpassad, lämplig (**to** för); **suitor** [*sju:tə*] sökande, petitionär, friare, *jur.* part
sulfa [*sʌlfə*] sulfa- (*drugs* preparat)
sulk [*sʌlk*] trumpenhet, vresighet, dåligt humör; vara sur (vresig); **in the** ~**s** på dåligt humör, trumpen, tvär; **sulky** sur, vresig, trumpen, butter
sulky [*sʌlki*] sulky (tvåhjuligt travtävlingsåkdon)
sullen [*sʌlən*] butter, trumpen, tvär, vresig, tjurskallig, dyster; **the** ~**s** vresighet, trumpenhet etc.; **sullenness** [*-nis*] butterhet etc.
sully [*sʌli*] besudla, [be]fläcka, smutsa [ned] (is. *fig.*)
sulphate [*sʌlfit, sʌlfeit*] *kem.* sulfat; **sulphide** [*sʌlfaid*] *kem.* sulfid, svavelförbindelse; **sulphite** [*sʌlfait*] *kem.* sulfit, *amr. sl* självständigt tänkande person (motsats *bromide*); **sulphur** [*sʌlfə*] svavel; svavla, behandla med svavel; **sulphur-spring** svavelkälla, källa med svavelhaltigt vatten; **sulphurate** [*sʌlfəreit*] förbinda med svavel; **sulphureous** [*sʌlfju'əriəs*] svavel-, svavelaktig, -haltig; **sulphuretted** [*sʌlfjuretid*] *kem.* svavlad; **sulphuric** [*sʌlfju'ərik*] *kem.* svavel-; **sulphuric acid** *kem.* svavelsyra; **sulphurize** [*sʌlfjuraiz*] röka med svavel, vulkanisera; **sulphurous** [*sʌlfərəs*], **sulphury** [*sʌlfəri*] svavel-, svavelhaltig, svavelaktig
sultan, S— [*sʌlt(ə)n*] sultan; **sultana, S**—[*sʌlta:'nə*] sultaninna; [*s(ə)lta:'nə*] sultanrussin; **sultanate** [*sʌltənit, -neit*] sultanat
sultry [*sʌltri*] kvav, kvalmig, tryckande, tung
sum [*sʌm*] summa, belopp, räkneexempel, -uppgift, tal; summera, räkna ihop; **the** ~ **and substance of** *fig.* huvudsumman (kontentan) av, kärnan i; ~ **total** slut(total)summa; **do** ~**s** räkna tal; **good at** ~**s** styv i räkning; ~ **up** summera ihop, sammanfatta, resumera, *jur.* rekapitulera; **summing-up** resumé, sammanfattning, *jur.* rekapitulering
summarize [*sʌməraiz*] sammanfatta, -dra, hopsummera; **summary** [*sʌməri*] resumé, sammandrag, översikt, referat; summarisk, kortfattad, snabb[t verkställd]; **summation** [*sʌmei'ʃ(ə)n*] [hop]summering, summa; (*fig. äv.*) inbegrepp
summer 1) [*sʌmə*] sommar, *pl amr.* om sommaren; tillbringa sommaren, släppa ut (korna) på sommarbete; ~**-house** lusthus; ~ **lightning** kornblixt; ~ **school** feriekurs; ~**-time** sommar, sommartid (med klockan framflyttad en timme); ~**ly** [*sʌməli*], ~**y** [*sʌməri*] sommarlik
summer 2) [*sʌmə*] (*ark.*) bärbjälke, -balk
summersault [*sʌməsɔ:lt*], **summerset** [*sʌməset*] kullerbytta, volt, saltomortal (*äv. somersault*)
summit [*sʌmit*] [bergs]topp, spets, tinne, höjd, toppunkt, *fig.* höjdpunkt
summon [*sʌmən*] sammankalla, tillkalla, *jur.* [in]stämma, kalla inför rätta, uppmana (*mil.* till kapitulation); ~ **up** uppbjuda (energi, mod o. d.); **summons** [*sʌmənz*] *jur.* stämning, *mil.* inställelseorder, inkallande, uppmaning (*mil.* till kapitulation); *jur.* [in]stämma
sump [*sʌmp*] *auto.* [olje]sump, vattenhål (i gruva)
sumpter [*sʌm(p)tə*] *åld.* pack- (t. ex. ~ *horse*, ~ *mule*)
sumptuary [*sʌm(p)tjuəri*] utgifts-; ~ **law,** ~ **regulation** överflödsförordning; **sumptuous** [*sʌm(p)tjuəs*] kostbar, luxuös, präktig, praktfull, överdådig
sun [*sʌn*] sol, solljus; sola, soltorka; **his** ~ **is set** hans tid är förbi; ~ **and planet** *mek.* ett slags kugghjulssystem; **the** ~**'s eyelashes** [ett knippe] solstrålar genom en öppning i molnen; **in the** ~ *sl* full; ~**-bath** solbad; ~**-bathe** ta[ga] solbad; ~**beam** solstråle, *pl amr. sl* guldmynt; ~**-blind** markis, jalusi, persienn; ~**-bonnet** solhatt; ~**burnt** solbränd; ~**dew** *bot.* soldagg, dagghår (Drosera); ~**-dial** solur, -visare; ~**-dog** parhelion (ljusfläck som stundom synes i solens närhet), bisol; ~**down** solnedgång; ~**downer** landstrykare som (kommer vid solnedgången och) ber om nattlogi, ett glas vid solnedgången; ~**flower**

bot. solros (Helianthus); ~**kisses** *sl* fräknar; ~**light** solljus; ~**lit** solbelyst; ~**-proof** ogenomtränglig för sol; ~**rise** soluppgång; ~**set** solnedgång; ~**shade** parasoll; ~**shine** solsken (*äv. fig.*); ~**shiny** solig, solskens-; ~**-spot** solfläck, *pl* fräknar; ~**stroke** solsting; ~**-up** *amr.* soluppgång; **sunward[s]** [*sʌnwəd(z)*] mot solen; **sunwise** [*sʌnwaiz*] medsols

sundae [*sʌndi*] *amr.* fruktglass

Sunday [*sʌndi, sʌndei*] söndag; ~ **best** el. ~**s** söndagsstass (bästa kläder); **a week** el. **month of** ~**s** en oändligt lång tid

sundry [*sʌndri*] diverse, varjehanda, åtskilliga; **all and** ~ alla och envar, samt och synnerligen; **sundries** *pl* varjehanda, litet av varje

sung [*sʌŋ*] sjungit (se *sing*)

sunk [*sʌŋk*], **sunken** [*sʌŋkn*] sjunken, sänkt (se *sink*)

sunny [*sʌni*] solig, solbelyst, (om hår) guldgul; **the** ~ **side** solsidan, den ljusa sidan (av en sak)

sup [*sʌp*] (liten) klunk, mun[full]; smutta, läppja, äta kvällsvard, supera, bjuda (ngn) på supé

supe [*s(j)u:p*] *sl* statist (*super*)

super [*s(j)u:pə*] *sl* statist (förk. f. *supernumerary* [*actor*]), storfilm, huvudfilm (i motsats till extranummer; ~*-film*); yt-, *hand.* superfin, extrafin; **120** ~ **ft.** el. **120 ft.** ~ 120 kvadratfot; ~ **power-station** *elektr.* högspänningsstation

super- [*s(j)u(:)pə-*] över-, ytterligare, ytterst, i högsta grad, alltför, mer än

superable [*s(j)u:pərəbl*] överkomlig, övervinnelig

superabundant [*s(j)ju:pərəbʌ'ndənt*] överflödande

superannuated [*s(j)u:pəræ'njueitid*] överårig, uttjänt, avdankad, omodern; **superannuation** [*s(j)u:pərænjuei'ʃ(ə)n*] överårighet, pension[ering], avgång [med pension], ålderdomssvaghet

superb [*s(j)u(:)pə:'b*] ypperlig, storartad, utmärkt, härlig

supercargo [*s(j)u:pəka:'gou*] *sjö.* superkarg, fraktstyrman

supercharger [*s(j)u:pətʃa:dʒə*] (*auto.* etc.) kompressor

superciliary [*s(j)u(:)pəsi'ljəri*] över ögonbrynen belägen, ögonbryns-; **supercilious** [*s(j)u(:)pəsi'liəs*] övermodig, högdragen

supercool [*s(j)u:pəku:l*] *kem.* underkyld

superdreadnought [*s(j)u:pədre'dnɔ:t*] *sjö.* stort slagskepp

supererogatory [*s(j)u:pərerɔ'gətəri*] överflödig, överlopps-

superfatted [*s(j)u(:)pəfæ'tid*] (om tvål) överfet

superficial [*s(j)u(:)pəfi'ʃ(ə)l*] ytlig, yt-; ~**ity** [*s(j)u(:)pəfiʃiæ'liti*] ytlighet, ytlig beskaffenhet

superfine [*s(j)u:'pəfai'n*] extrafin, prima, raffinerad

superfluity [*s(j)u:pəflu'iti*] överflöd, -mått, överflödighet, lyxartikel, (*pl -ies äv.*) lyx; **superfluous** [*s(j)u(:)pə:'fluəs*] överflödig, onödig

superheat [*s(j)u:pəhi:'t*] överhetta

superhet [*s(j)u:pəhet*] förk. f. **superheterodyne** [*s(j)u:pəhe'tərodain*] superheterodyn (stark selektiv radiomottagare)

superhuman [*s(j)u:pəhju:'mən*] övermänsklig

superimpose [*s(j)u:pərimpou'z*] lägga (ngt) ovanpå

superinduce [*s(j)u:pərindju:'s*] tillföra, -foga, -lägga, placera över (ovanpå)

superintend [*s(j)u(:)printe'nd*] ha (hålla) uppsikt över, övervaka, kontrollera, förvalta, leda (företag o. d.); ~**ence** [*s(j)u(:)printe'ndəns*] tillsyn, uppsikt, kontroll, ledning; ~**ent** [över]uppsyningsman, polisintendent, chef, ledare, *amr.* skolinspektör, skolföreståndare

superior [*s(j)u(:)pi'əriə*] förman, överordnad, *fig.* överman, klosterföreståndare, -inna; högre, övre, *fig.* högre (i rang o. d.), bättre, överlägsen, högdragen; **Father (Mother) S—** beteckning för klosterföreståndare (-inna); ~ **figure (letter)** (*typ.*) siffra el. bokstav över raden; **Lake S—** Övre sjön (i Amerika); ~ **numbers** större antal, övermakt[en]; ~ **person** (is. *iron.*) viktig (högdragen) person; ~ **wings** *zool.* täckvingar; **be** ~ **to somebody** vara ngn överlägsen; **rise** ~ **to** höja sig över; ~**ity** [*s(j)upiəriɔ'riti*] överlägsenhet, högre (överordnad) ställning, företräde, förträfflighet; ~**ly** [*s(j)u(:)pi'əriəli*] (*bot.* etc.) ovanpå, överst

superlative [*s(j)u(:)pə:'lətiv*] *gram.* superlativ, högsta grad; oöverträfflig, ypperlig, superlativ; ~**ly** i högsta grad, utomordentligt, övermåttan; ~ **degree** superlativ

superman [*s(j)u:pəmæn*] övermänniska

supermundane [*s(j)u(:)pəmʌ'ndein*] överjordisk

supernatural [*s(j)u(:)pənæ'tʃərəl*] övernaturlig

supernumerary [*s(j)u:pənju:'m(ə)rəri*] övertalig person el. sak, extra [ordinarie], *teat.* statist; övertalig, surnumerär, extra[-], reserv-

superphosphate [*s(j)u:pəfɔ'sf(e)it*] superfosfat

superpose [*s(j)u:'pəpou'z*] lägga ovanpå

superscription [*s(j)u(:)pəskri'pʃ(ə)n*] överskrift

supersede [*s(j)u(:)pəsi:'d*] ersätta, avlösa, undan-, uttränga, avsätta, åsidosätta, sätta sig över (förordning); **supersession** [*s(j)u(:)pəse'ʃ(ə)n*] ersättande etc. (jfr *supersede*)

superstition [*s(j)u(:)pəsti'ʃ(ə)n*] vidskepelse, övertro, vanföreställning; **superstitious** [*s(j)u(:)pəsti'ʃəs*] vidskeplig

superstructure [*s(j)u:pəstrʌktʃə*] överbyggnad (*äv. fig.*)

supertax [*s(j)u:pətæks*] tilläggsskatt (på högre inkomst)

supervene [*s(j)u(:)pəvi:'n*] (oförmodat) inträffa, stöta till; **supervention** [*s(j)u(:)pəve'nʃ(ə)n*] inträdande (av sjukdom etc.)

supervise [*s(j)u(:)pəvai'z, s(j)u:pəvaiz*] övervaka, tillse, kontrollera, leda; **supervision** [*s(j)u(:)pəvi'ʒ(ə)n*] överinseende, tillsyn, kontroll, uppsikt, ledning; **supervisor** [*s(j)u(:)pəvai'zə, s(j)u:pəvaizə*] uppsyningsman, [arbets]ledare, kontrollör

supine [*s(j)u:pai'n*] liggande på rygg[en], utsträckt (på rygg), *fig.* likgiltig, loj, slapp

supper [*sʌpə*] kvällsmat, -vard, supé; **the Lord's S—** Herrens nattvard

supplant [*səpla:'nt*] undan-, uttränga, slå ur brädet, *fig.* utrota

supple [*sʌpl*] böjlig, mjuk, smidig, elastisk, *fig.* foglig, medgörlig, inställsam, servil; mjuka upp, göra (bli) smidig, tämja; ~**ness** [*-nis*] böjlighet etc.

supplement [*sʌplimənt*] supplement, tillägg, bilaga, bihang; [*sʌplime'nt*] utfylla, utöka, tillägga; ~**al** [*sʌplime'ntl*]; ~**ary** [*sʌplime'ntəri*] tillagd, supplement-, tilläggs-

suppliant [*sʌpliənt*] bedjande, bönfallande, ödmjuk; **supplicate** [*sʌplikeit*] bedja ödmjukt, bönfalla; **supplication** [*sʌplikei'ʃ(ə)n*] (ödmjuk) bön, förbön, åkallan; **supplicatory** [*sʌplikətəri*] böne-, bedjande, ödmjuk

supply 1) [*sʌpli*] böjligt, smidigt (se *supple*)

supply 2) [*səplai'*] anskaffning, fyllande (av behov), leverans, tillförsel, tillgång, förråd, bevillning, anslag, *pl mil.* proviant, krigsförråd; förse, [an]skaffa, tillhandahålla, *hand.* leverera, lämna, erbjuda, [ut]fylla (plats etc.), vikariera för; **Committee of S—** (eng. underhuset *ss.*) budgetkommitté, statsutskott; ~ **and demand** *hand.* tillgång och efterfrågan

support [*səpɔ:'t*] stöd, hjälp, understöd, underhåll, uppehälle; stödja, understödja, stötta [under], uppe-, upprätthålla, vidmakthålla, tåla, fördra, underhålla, försörja, spela, uppbära (en roll), biträda; **in** ~ **of** till stöd för; **troops in** ~ *mil.* stödjetrupper; ~**able** [*səpɔ:'təbl*] uthärdlig, dräglig, hållbar; ~**er** [*səpɔ:'tə*] stöd stödjare, stödjepelare, försvarare, gynnare

anhängare, meningsfrände, (*herald.*) vapenhållare; **~ing surface** (aeroplans) bäryta
suppose [*s(ə)pou'z*] antaga, förmoda, tro, ponera; **~** el. **supposing it were true** förutsatt att det vore (om det nu vore) sant; **~ we go to bed** vad sägs om att gå till sängs; **I ~ so** jag tror det, förmodligen [är det så]; **he is ~d to arrive today** [det är meningen att] han skall komma fram i dag; **~dly** [*səpou'zidli*] förmodligen, antagligen, förment, som man tror (trodde); **supposition** [*sʌpəzi'ʃ(ə)n*] antagande, förutsättning, förmodan; **supposititious** [*səpɔziti'ʃəs*] falsk, oäkta, imaginär, hypotetisk; **suppository** [*səpɔ'zit(ə)ri*] *med.* stolpiller
suppress [*səpre's*] undertrycka, kuva, dämpa, upphäva, indraga (tidning), hämma, hemlighålla, förtiga; **~ion** [*səpre'ʃ(ə)n*] undertryckande etc.; **~or** [*səpre'sə*] undertryckare, kuvare, förtryckare
suppurate [*sʌpjureit*] *med.* vara sig, bulna, suppurera; **suppuration** [*sʌpjurei'ʃ(ə)n*] *med.* varbildning, suppuration
suprarenal [*s(j)u:'prəri:'nəl*]; **~ gland** *anat.* binjure
supremacy [*s(j)u(:)pre'məsi*] överhöghet, suprémati, rangplats, överlägsenhet
supreme [*s(j)u(:)pri:'m*] högst, suverän, över-, överlägsen, oerhörd, ytterst, avgörande; **the S— Being** den Högste, Gud; **the S— Court** Högsta domstolen; **at the ~ moment** i sista minuten, i det kritiska (avgörande) ögonblicket
surcharge [*sə:tʃa:dʒ, sə:tʃa:'dʒ*] överbelastning, tilläggsavgift, över-, extradebitering, extraporto, överstämpling av frimärke, anteckning (av revisor); [*sə:tʃa:'dʒ*] över[be]lasta, nedtynga, överladda (med elektricitet; kanon), överdebitera, uppskörta, (om revisor) göra anmärkning, utkräva tilläggsavgift, *post.* överstämpla
surd [*sə:d*] *mat.* irrationell [storhet]
sure [*ʃu(:)ə*] säker, viss (**of** på, om), *amr.* ja [visst]; **~ thing** *amr.* visshet; absolut; **I'm ~ I didn't mean to hurt you** det var verkligen inte min mening att såra dig (er); **well, I'm ~!** nå det må jag säga! kors [i alla mina dar]! **it is ~ to fail** det kommer säkert att misslyckas; **be ~ to tell me** glöm inte att tala om det för mig; **to be ~** [ja, jo] visst, naturligtvis, utan tvivel, bestämt; **make ~** förvissa sig, försäkra sig, säkerställa; **to make ~** för att vara säker, för säkerhets skull; **~ enough** alldeles säkert, mycket riktigt; **~ly** nog, väl, visst; **slowly but ~ly** sakta men säkert; **~ty** säkerhet, visshet, *jur.* säkerhet, borgen, borge[n]sman
surf [*sə:f*] bränning[ar], surf, vågsvall; **~-board** surfingbräda; **~-riding** surfing
surface [*sə:fis*] yta; yt-, ytlig; ytbehandla (polera); **~ car** *amr.* spårvagn; **~-man** banvakt
surfeit [*sə:fit*] överlastande, frosseri, övermättnad, *fig.* leda; överlasta (magen), övermätta (*äv. fig.*), föräta sig, frossa
surge [*sə:dʒ*] brottsjö, svallvåg, vågsvall, bränningar; bölja, gå högt, svalla (*äv. fig.*)
surgeon [*sə:dʒən*] kirurg, fält-, skeppsläkare, fältskär; **surgery** [*sə:dʒəri*] kirurgi, operationssal, (läkares) mottagningsrum, dispensär; **surgical** [*sə:dʒik(ə)l*] kirurgisk
surly [*sə:li*] sur, tvär, butter, vresig, (om väder *äv.*) dyster
surmise [*sə:maiz*] gissning, förmodan, antagande, aning; [*sə:mai'z*] gissa, förmoda, anta, ana
surmount [*sə:mau'nt*] höja sig över, kröna, *fig.* överstiga, övervinna
surname [*sə:neim*] släkt-, familje-, tillnamn; ge (kalla med) tillnamn
surpass [*sə:pa:'s*] överträffa, överskrida, -stiga; **~ing** utomordentlig, ovanlig, enastående
surplice [*sə:plis*] mässkjorta
surplus [*sə:plʌs*] överskott, behållning; överskjutande, -skotts-; **~age** [*sə:plʌsidʒ*] överskott, överflöd
surprise [*səprai'z*] överraskning, förvåning, överrumpling (*äv. mil.*); överraska, förvåna, överrumpla (*äv. mil.*); **be ~d at** el. **by** förvånas (förvåna sig) över; **~ a person into** (genom överrumpling) förmå ngn till; **~-party** *mil*, avdelning utsedd att överrumpla fienden, *amr.* improviserat kalas, knytkalas; **surprising** överraskande, förvånande, förvånansvärd
surrealism [*səri'əlizm*] surrealism
surrender [*səre'ndə*] överlämnande, kapitulation, överlåtande, avträdande, utlämnande; överlämna [sig], ge sig, kapitulera, uppgiva, avträda, utlämna; **~ to one's bail** *jur.* iakttaga inställelse inför rätta (efter att ha ställt borgen); **~ value** (försäkringspolis') återinlösningsvärde
surreptitious [*sʌrəpti'ʃəs*] olovlig, hemlig, förstulen, falsk, oäkta (skrift)
surrogate [*sʌrogit*] ställföreträdare (is. för biskop), surrogat
surround [*sərau'nd*] infattning; omge, -sluta, -ringa, *mil.* kringränna, belägra; **~ings** [*sərau'ndiŋs*] *pl* omgivningar, miljö
surtax [*sə:tæks*] tilläggsskatt, tilläggstull; belägga med extra skatt (tull)
surveillance [*sə:vei'l(j)əns*] bevakning, uppsikt, kontroll
survey [*sə:vei, sə:vei'*] översikt, -blick, granskning, mönstring, besiktning, syn, visitation, [upp]mätning, kartläggning, lantmäteri; [*sə:vei'*] överblicka, -skåda, granska, mönstra, besiktiga, syna, [upp]mäta, kartlägga; **surveyor** [*sə:vei'ə*] lantmätare, inspektör, kontrollör, besiktningsman; **surveyor-general** lantmäteridirektör
survival [*sə:vai'vl*] kvarleva, rest, överlevande, fortlevande; **the ~ of the fittest** (i utvecklingsläran) teorin om de mest livsdugligas bestånd; **survive** [*sə:vai'v*] överleva, leva (finnas) kvar, fortleva, fortsätta att leva; **survivor** [*sə:vai'və*] (en) över-, efterlevande
susceptibility [*səseptibi'liti*] mottaglighet, känslighet, ömtålighet, *pl* ömma punkter; **susceptible** [*səse'ptibl*] mottaglig, känslig (**to** för), ömtålig, retlig, lättrörd; **be susceptible of** medge (t. ex. en viss tolkning); **susceptive** [*səse'ptiv*] mottaglig [för intryck], känslig, impulsiv
suspect [*səspe'kt, sʌspekt*] misstänkt [person]; suspekt; [*səspe'kt*] misstänka (**of** för), ana
suspend [*səspe'nd*] [upp]hänga, suspendera, utesluta, (t. v.) upphäva, (t. v.) avstänga från tjänstgöring, avsätta, inställa; **~ judgment** vänta med sitt omdöme, ej vilja uttala sig, fatta ståndpunkt senare, *jur.* uppskjuta domen; **~ payment** inställa betalningarna; **~ed** upphängd, [fritt] svävande, avbruten, oavgjord; **~ed animation** skendöd; **be ~ed** *sl* hålla till, uppehålla sig, tillfälligt vistas (omskrivning för *hang out*); **suspenders** [*səspe'ndəz*] (is. *amr.*) hängslen, (i England) strumpeband; **suspender ladders** 'korvar' på strumporna; **suspense** [*səspe'ns*] spänning, ovisshet, (orolig) väntan
suspension [*səspe'nʃ(ə)n*] upphängning, suspendering, (tillfälligt) upphävande, avbrott (jfr *suspend*); **~ of arms** vapenvila; **~ of hostilities** inställande av fientligheterna; **~ bridge** hängbro; **suspensive** [*səspe'nsiv*] obeslutsam, tvekande, svävande, *jur.* suspensiv; **suspensory** [*səspe'nsəri*] *med.* brockband, suspensoar; [som håller ngt] hängande, *med.* bärande (bandage)
suspicion [*səspi'ʃ(ə)n*] misstanke, -tänksamhet, -tro, aning; *amr.* misstänka; **above ~** [höjd] över all misstanke; **suspicious** [*səspi'ʃəs*] misstänkt, misstänksam
sustain [*səstei'n*] [upp]bära, hålla uppe, bära upp, vidmakthålla, uthärda, fördra, tåla, lida, [under]stödja, bekräfta, bestyrka; **sustenance** [*sʌstinəns*] [livs]uppehälle, levebröd, bärgning, föda, näring (*äv. fig.*)

susurration [*sjusərei'ʃn*] sus, surr
sutler [*sʌtlə*] *mil.* marketentare, -erska
suttee [*sʌti:'*] indisk änka som offrar sig (brännes) på sin döde mans likbål
sutural [*s(j)u:tʃurəl*] söm-, sutural, i sömmen; **suture** [*s(j)u:tʃə*] *bot.*, *zool.* o. *med.* sutur, söm, (*kir.*) hopsyning; sy ihop (sår)
suzerain [*su:zərein*] över[läns]herre (*äv.* om en stat i förhållande till en annan); **suzerainty** [*su:zəreinti*] överhöghet
svelte [*svelt*] slank, smidig
swab [*swɔb*] *sjö.* svabel, svabb, skurtrasa, skurlapp, *sjö. sl* epålett, *sjö. sl* odåga, lymmel; *sjö.* svabba, skura, skrubba, torka upp (~ *up*)
swaddle [*swɔdl*] linda, -or; linda (barn); **swaddling clothes** lindor, *fig.* [snärjande] band
swag [*swæg*] *sl* tjuvgods, jobbarvinst
swagger [*swægə*] skryt, skrävel, viktighet, mallighet, hoverande, överlägsenhet, flotthet, halvlång (vid) damkappa; flott, stilig, snobbig, ultramodern; stoltsera, gå viktigt, pösa, hovera sig, skryta, skrävla, skrodera; **~-cane** (soldats) spatserkäpp; ~ **coat** halvlång (vid) damkappa
swain [*swein*] bondpojke, -dräng, herde, ungersven, (*skämts.*) älskare, friare
swallow 1) [*swɔlou*] sväljning, klunk, svalg, strupe; sluka, svälja, uppsluka, återta (sina ord), svälja (smälta) (förtreten etc.), undertrycka; ~ **hook, line, and sinker** *fam.* svälja med hull och hår, beredvilligt acceptera, tro det befängdaste påstående; ~ **a spider** *sl* gå bankrutt
swallow 2) [*swɔlou*] svala; ~ **dive** svanhopp (från trampolin); **~-tail** *zool.* svalstjärtfjäril, *fam.* frack
swam [*swæm*] simmade, sam (se *swim*)
swami [*swa:mi*] (tilltal till indisk) bramin
swamp [*swɔmp*] träsk, kärr, moras, myr, sumpmark; översvämma, dränka, fylla med vatten, *fig.* överlasta, -hopa; undertrycka (minoritet), motarbeta; **swampy** [*swɔmpi*] sumpig, sank
swan [*swɔn*] svan, *fig.* diktare, sångare; **the S— of Avon** Shakespeare; **black** ~ svart svan, *fig.* sällsynthet; **~'s-down** svandun, *hand.* svanboj; **~-shot** svanhagel; **~-song** svanesång; **~-upping** (årlig) svanmärkning (på Themsen); **~nery** [*swɔnəri*] svanhus, -gård
swank [*swæŋk*] *sl* skryt, skrävel, viktighet, humbug, bluff, skrävelhans, skrodör (*swanker*); göra sig viktig, kråma sig, stoltsera, bluffa; **~y** *sl* inbilsk, viktig, vräkig
swap, swop [*swɔp*] bytesaffär, [ut]byte; byta (t. ex. frimärken)
swaraj [*swæra:'dʒ*] (indisk) självstyrelse
sward [*swɔ:d*] gräsmatta, -vall, -torv
swarm [*swɔ:m*] svärm, myller, vimmel, skock, hop; svärma, skocka sig, myllra, vimla (**with** av); klättra uppför
swarthy [*swɔ:ði*] svartmuskig, mörk[hyad]
swash [*swɔʃ*] skvalp, vågsvall, hårt slag, duns, skrävel; stänka, skvalpa, skvätta, skölja, spola, skrävla; **a ~ing blow** ett vinande hugg; **~-buckler** skrodör, skrävlare, sabelskramlare
swastika [*swɔstikə, swæstikə*] svastika, hakkors
swat [*swɔt*] smäll, slag, rapp; daska till, se *äv. swot*
swath [*swɔ:þ, pl swɔ:ðz*] lieslag, [hö]sträng (vid mejning)
swathe [*sweið*] lieslag (*swath*), bindel, omslag, bandage, förband, binda; binda om, linda [om, in], insvepa (*äv. fig.*)
sway [*swei*] svängning (hit o. dit), gungning, rörelse, inflytande, makt, välde; svänga (hit och dit), [s]vaja, vagga, styra, behärska, härska (föra spiran) över, bestämma, påverka; **under the ~ of** under inflytande av, under (ngns) spira
swear [*swɛə*] (*oregelb. vb*) svärja, avlägga (gå) ed på, beediga, bedyra, *jur.* låta ngn gå (avlägga) ed, ta ed av; ~ **at** svär[j]a över; ~ **by** svära vid; **not enough to ~ by** mycket litet; ~ **in** låta (ngn) avlägga ed; ~ **off** avsvärja [sig]; ~ **to** bedyra, ta på sin ed, svära på; ~ **to** el. **by** el. **before God** svära vid Gud; **~-word** *fam.* svordom, svärord, kraftuttryck
sweat [*swet*] svett, svettning, *fam.* slit, möda, besvär; svettas, fukta, slita [hund], låta svettas, bringa i svettning, pressa, utsuga, underbetala, pungslå; **by** el. **in the ~ of one's brow** i sitt anletes svett; **be in a ~** bada i svett, vara nervös el. ivrig; **~ed clothes** kläder producerade genom underbetalning av arbetare; **~ed labour** exploatering av arbetskraft; **sweater** [*swetə*] sweater (ylletröja), exploatör (arbetsgivare som betalar svältlöner); **sweaty** [*sweti*] svettig, mödosam, knogig
Swede [*swi:d*] svensk; **s—** kålrot; **Sweden** [*swi:dn*] Sverige; **Swedish** [*swi:diʃ*] svenska [språket]; svensk
sweep [*swi:p*] [ren]sopning, bortsopande, skorstensfejare, sotare, svep, tag, sväng (med kvast, åra etc.), krök[ning], kurva, sväng, båge, räckhåll, -vidd, omfång, *sjö.* bunkåra; *fam.* = ~*stake*[*s*]; (*oregelb. vb*) sopa, rensopa, sota, svepa, glida (susa, jaga, fara, skrida) fram över, sträcka sig, dragga [upp], *mil.* bestryka, stryka bort (med handen); **make a clean ~ of it** göra rent hus; **she swept from the room** hon svävade (seglade) ut ur rummet; **his eyes swept the horizon** hans ögon spanade (blickar gledo) ut över horisonten; ~ **the board** göra rent bord (hus), ta rubb och stubb; ~ **a constituency** få stor majoritet i en valkrets; ~ **the seas** rensa haven (från fiender); ~ **away** bortsopa, -rycka, -spola, (snabbt) avlägsna, avskaffa, undanröja; ~ **off** bortsopa, -rycka, rycka (taga) med sig; **~er** sopare, sopmaskin; **~ing** sopning, sotning, svepande rörelse etc. (jfr *sweep*), *pl* sopor, avfall, skräp, (samhällets) avskum; svepande, våldsam, häftig, omfattande, radikal (*change* förändring); **~ing statement** generalisering; **~stake**[**s**] insatslöpning, sweepstake[s] (hästkapplöpning där deltagarnas hela insats går till vinnaren el. vinnarna)
sweer [*swiə*] (*Skottl.*) svår
sweet [*swi:t*] karamell, sötsak, (söt) efterrätt, *fig.* behag, ljuvlighet, älskling, sötnos; söt, färsk, frisk, behaglig, ljuv, mild, älskvärd, förtjusande, välluktande; **~s to the ~** (Shakespeare) söta saker (el. blommor) åt den ljuva; **is the meat still ~?** är köttet fortfarande färskt? ~ **stuff** sötsaker, snask; ~ **temper** behagligt sätt; **have a ~ tooth** vara begiven på sötsaker; **at one's ~ will** (*iron.*) egenmäktigt; ~ **on** kär (förälskad) i; ~ **one** [min] älskling! **a ~ one** *sl* en sittopp; **~bread** kalvbräss; **~-briar, ~-brier** *bot.* vinros, lukttörne; **~-gale** *bot.* pors; **~-grass** *bot.* gröe (Glyceria); **~hay** *bot.* mjödört; **~heart** fästman, -mö, käresta, (i tilltal) [min] älskade; **~-john** *bot.* snarmåra (Galium aparine), *bot.* borst- eller studentnejlika (Dianthus barbatus); **~meat** karamell, konfekt; **~-pea** *bot.* luktärt (Lathyrus odoratus); **~-root** lakritsrot (Glycyrrhiza); **~-shop** konfektyraffär; **~-tempered** älskvärd, vänlig, godmodig; **~-violet** *bot.* luktviol (Viola odorata); **~-william** *bot.* student-, borstnejlika (se *äv.* ~*-john*), ofta *äv. bot.* rödglim (Silene armeria); ~ **woodruff** *bot.* gröe (Glyceria); **sweeten** [*swi:tn*] göra söt, söta, förljuva; **~ing** sötäpple; **~ness** sötma, ljuvhet etc.; **sweety** [min] älskling, (*barnspr.*) sockergryn
swell [*swel*] [upp-, ut]svällning, utbuktning, utväxt, knöl, höjning, dyning, svall[våg], *mus.* crescendo och decrescendo, *fam.* överdängare, [idrotts]stjärna, snobb, sprätt, pamp, högdjur; *fam.* flott, förnäm, stilig, förstklassig; (*oregelb. vb*) [komma att] svälla [upp, ut], pösa, svalla, [ut]vidga, fylla, svullna [upp], stegra[s], öka, växa, sjuda (av harm); **look ~**

fam. se stilig el. flott ut; ~**ed head** storhetsvansinne; ~ **mob** *sl* (*koll.*) gentlemannatjuvar; ~**dom** [*sweldəm*] *sl* (stadens) grädda, överklass[en]; ~**ing** (is. *med.*) svullnad, svulst, tumör
swelter [*sweltə*] tryckande (olidlig) värme; försmäkta, -gås (av hetta)
swept [*swept*] sopade, sopat etc. (se *sweep*)
swerve [*swə:v*] avvikelse, vridning (åt sidan), (i kricket) skruv[ning] (av boll); avvika, böja av, låta sig rubbas
swift [*swift*] *zool.* mur-, tornsvala, garnhaspel; snabb, hastig, flink, snar
swig [*swig*] *fam.* stor klunk; stjälpa i sig, supa, klunka, grogga
swill [*swil*] spolning, usel sprit, lank, svinmat; skölja, spola, stjälpa i sig, supa
swim [*swim*] simning, simtur; (*oregelb. vb*) simma [över], låta simma, kappsimma med, flyta, glida, sväva, översvämmas, fyllas, svindla, gå runt; **be in the** ~ vara i farten (svängen), vara med, stå i ropet; **he will** ~ **anyone 100 yds** han kan tävla med vem som helst i 100 yards simning; ~ **to the bottom** = ~ **like a stone** (*skämts.*) simma som en sten (till botten); **sink or** ~ det må bära eller brista; **I have a** ~**ming in my head** el. **my head** ~**s** jag får svindel, det snurrar runt för mig; ~**ming-bath** simbad, -bassäng, -hall; ~**ming-cap** simmössa, badmössa; ~**ming-pool** simbassäng; ~**mingly** lekande lätt, galant, *fam.* som smort (t. ex. *things went* ~); ~**my** färdig att få svindel, [lätt] yr (i huvudet)
swindle [*swindl*] svindel, bedrägeri, skoj, humbug; bedraga, lura [till sig], svindla, skoja; **swindler** svindlare, bedragare
swine [*swain*] (*pl* =) svin (*äv.* om person); ~**herd** svinaherde; **swinish** [*swainiʃ*] svinaktig, snuskig, djurisk, rå
swing [*swiŋ*] svängning, -ande, sväng, gungning, svängande gång, [rörelse]frihet, fritt lopp, spel-, svängrum, fart, kläm, [rep]gunga; (*oregelb. vb*) svänga, svaja, vagga, gunga, gå med svängande (vaggande) gång, *fam.* bli hängd, *amr. fam.* få att svänga över, påverka (i önskad riktning); **be in full** ~ vara i full gång (fart); **let it have its** ~ låt saken ha sin gång (sköta sig själv); ~ [**music**] (ett slags) jazzmusik; ~ **a child** gunga ett barn; ~ **for it** bli hängd (för det), dingla i galgen; ~ **it on** *sl* listigt bedraga, lura (pracka) på; ~ **the lead** *sjö.* o. *mil. sl* 'maska', simulera sjuk; ~**-boat** karusellgunga; ~ **bridge**, *amr.* ~ **span** svängbro; **swinger** en som svänger (svingar, gungar), *sl* lurendrejare
swingeing [*swindʒiŋ*] *fam.* väldig, kolossal
swingle [*swiŋgl*] skäkta, skäktträ, -kniv, slagträ (på slaga); skäkta (lin, hampa); ~**tree** svängel (på vagn)
swipe [*swaip*] *sport.* hårt slag (på bollen), *pl* tunt svagt öl, svagdricka; slå (klämma) till hårt
swirl [*swə:l*] [vatten- etc.] virvel; virvla (snurra) runt
swish [*swiʃ*] svep, sus, vinande, prassel, skvalp; svepa fram, susa, vina, prassla, frasa, piska, snärta till med
Swiss [*swis*] (*pl* =) schweizare; schweizisk; ~ **roll** rulltårta
switch [*switʃ*] vidja, smal käpp, spö, lösfläta, -hår, *järnv.* växel, *elektr.* strömbrytare, omkopplare, kontakt; piska [upp], slå [till], svänga (vifta) med, *järnv.* växla, *elektr.* koppla [av, om, över]; ~ **on (off) the light** tända (släcka) elektriska ljuset; ~ **off** [**in**]**to** koppla (leda) över samtalet till; ~**-back** *järnv.* sicksackbana, berg- och dalbana; ~**-board** *elektr.* strömfördelningsbord, växel[bord] (på telefoncentral); ~**-man** *amr.* växelkarl, spårväxlare; ~**-rail** växelskena
swivel [*swivl*] svängtapp, *sjö.* lekare, svivel; ~**-chair** skruvstol, (roterande) skrivbordsstol; ~**-chair man** *amr. sl* direktör
swizz [*swiz*], **swizzle** [*swizl*] *sl* svindel, bedrägeri, cocktail, blandad stark sprit[dryck]; bedraga, bluffa
swob [*swɔb*] skurtrasa, svabel etc. (se *swab*)
swol[le]n [*swouln*] uppsvälld, svullen, *fig.* högt uppdriven, abnorm, uppblåst, övermodig (se *swell*)
swoon [*swu:n*] svimningsanfall, vanmakt; svimma
swoop [*swu:p*] (rovfågels) nedslag, [an]grepp, plötsligt anfall; (is. om rovfågel) slå ned, (*äv.*) ~ **down**
swop byte; byta (se *swap*)
sword [*sɔ:d*] svärd, värja, sabel, *mil. sl* bajonett; **duelling** el. **small** ~ [duell]värja; **cross** el. **measure** ~**s** (is. *fig.*) växla hugg; **at the point of the** ~ med värjan för bröstet (kniven på strupen), under hot; **put to the** ~ hugga ned, låta springa över klingan; ~**-arm** höger arm; ~**-belt** värjgehäng, sabelkoppel; ~**-cane** värjkäpp; ~**-cut** [sår av] svärds-, sabelhugg; ~**-fish** svärdfisk; ~**-flag** *bot.* svärdslilja, (gul) iris; ~**-grass** *bot.* svärdslilja, (*äv.*) randgräs (m. fl. gräsväxter); ~**-guard** parerplåt; ~**-hand** höger hand; ~**-knot** portepé, värjtofs; ~**-law** vapenmakt, nävrätt; ~**-lily** *bot.* sabellilja (Gladiolus), svärdslilja (Iris); ~**-play** fäktning, (*äv. fig.*) dispyt; ~**-stick** värjkäpp; ~**sman** [*sɔ:dzmən*] (duktig) fäktare, fäktmästare, soldat; ~**smanship** fäktkonst, fäktskicklighet
swore [*swɔ:*] svor (se *swear*)
sworn [*swɔ:n*] svurit, svuren, edsvuren, beedigad (se *swear*); ~ **evidence** beedigat vittnesmål; ~ **friend** trogen vän
swosh [*swɔʃ*] *sl* humbug, pladdrande, pladder
swot [*swɔt*] (skol-*sl*) plugg, knog, jobb, plugghäst, bokmal; plugga, knoga; ~ **up** plugga (slå) in
swum [*swʌm*] simmat etc. (se *swim*)
swung [*swʌŋ*] svängde, svängt etc. (se *swing*)
sybarite [*sibərait*] sybarit, vällusting, vekling; **sybaritic** [*sibəri'tik*] sybaritisk, vällustig, veklig, överdådig
sybil [*sibil*] sibylla (*sibyl*)
sycamore [*sikəmɔ:*] *bot.* mullbärsfikonträd, sykomor
syce [*sais*] (indisk) ridknekt (*sice*)
sycophancy [*sikəfənsi*] (lågt) smicker, kryperi; **sycophant** [*sikəfənt*] sykofant, smickrare, snyltgäst
syllabary [*siləbəri*] stavelselista (en uppsättning tecken för att beteckna stavelser t. ex. i japanskan); **syllabic** [*silæ'bik*] stavelsebildande, syllabisk; **syllabicate** [*silæ'bikeit*] avstava; **syllabi[fi]cation** [*silæ'bi(fi)kei'ʃ(ə)n*] avstavning, stavelsebildning; **syllabize** [*siləbaiz*] uppdela i stavelser; **syllable** [*siləbl*] stavelse; stava, artikulera, uttala (tydligt)
syllabub [*siləbʌb*] vinkräm (ett slags dryck av grädde, vin o. socker; *sillabub*)
syllabus [*siləbəs*] (*pl -es* el. *syllabi* [*-bai*]) kursplan, studieprogram
syllogism [*silədʒizm*] (*log.*) syllogism, slutledning; **syllogistic** [*silodʒi'stik*] syllogistisk, slutlednings-; **syllogize** [*silodʒaiz*] draga slutledningar, resonera, sluta sig till (en sanning)
sylph [*silf*] sylf, luftande, *fig.* slank och eterisk kvinnogestalt (varelse)
syl-slinger [*silsliŋə*] *amr. sl* sufflör
sylvan [*silvən*] skogsgud, faun; skogig, skogklädd, skogs- (*silvan*)
symbiosis [*simbaiou'sis*] *bot.* o. *zool.* symbios
symbol [*simb(ə)l*] symbol, sinnebild, tecken; **symbolic[al]** [*simbɔ'lik(əl)*] symbolisk, sinnebildlig, betecknande; **symbolize** [*simbəlaiz*] symbolisera, beteckna
symmetrical [*sime'trik(ə)l*] symmetrisk, harmonisk; **symmetry** [*simətri*] symmetri, harmoni
sympathetic [*simpəθe'tik*] full av medkänsla, för-

stående, välvillig, deltagande; ~ **ink** osynligt bläck; ~ **nerve** *anat.* sympatisk nerv; ~ **strike** sympatistrejk; **sympathize** [*simpəþaiz*] sympatisera, hysa medkänsla (förståelse), känna el. lida (med ngn); **sympathizer** [*simpəþaizə*] sympatisör, själsfrände; **sympathy** [*simpəþi*] sympati, medkänsla, deltagande, förståelse
symphonic [*simfɔ'nik*] symfonisk; **symphony** [*simfəni*] symfoni
symposium [*simpɔ'ziəm*] symposion, dryckeslag, fest, filosofisk etc. diskussion, enkät (enquete)
symptom [*sim(p)təm*] sym[p]tom, [sjukdoms]tecken; ~**atic** [*sim(p)təmæ'tik*] symptomatisk
synagogue [*sinəgɔg*] synagoga
synchro-mesh [*siŋkrə-meʃ*] *auto.* synkronisering
synchronism [*siŋkrənizm*] synkronism, samtidighet; **synchronization** [*siŋkrənaizei'ʃ(ə)n*] synkronisering, samtidighet; **synchronize** [*siŋkrənaiz*] synkronisera, sammanföra såsom samtidiga, vara samtidig [med], inträffa samtidigt, sammanfalla (till tiden) [med]; **synchronizing unit, synchronizer** *auto.* synkroniseringsanordning; **synchronous** [*siŋkrənəs*] synkron, samtidig
syncopate [*siŋkəpeit*] synkopera; **syncope** [*-i*] *mus.* synkop, *språkv.* synkope, *med.* synkop, svimning, hjärtslag
syndic [*sindik*] syndikus, *jur.* ombudsman, magistratsperson, fullmäktig; ~**alism** [*sindikəlizm*] syndikalism; ~**alist** [*sindikəlist*] syndikalist; ~**ate** [*sindikit*] syndikat, konsortium, kommitté; [*sindikeit*] kontrollera genom (ombilda till) ett konsortium, sammanslå
syne [*sain*] (skotska) sedan = *since*; **auld lang** [*ɔ:ldlæŋ*] ~ = *the days of long ago* för länge sedan
synecdoche [*sine'kdəki*] (*ret.*) synekdoke, 'delen för det hela' (t. ex. 'segel' för 'skepp')
synod [*sinəd*] synod, kyrkomöte
synonym [*sinənim*] synonym, liktyding; ~**ics** [*sinəni'miks*] synonymik; ~**ity** [*sinəni'miti*] synonymi, liktydighet; ~**ous** [*sinɔ'niməs*] synonym, liktydig; ~**y** [*sinɔ'nimi*] synonymik, synonymlära
synopsis [*sinɔ'psis*] synopsis, översikt, resumé; **synoptic** [*sinɔ'ptik*] synoptisk, översiktlig
syntactic[al] [*sintæ'ktik(l)*] syntaktisk; **syntax** [*sintæks*] syntax, satslära
synthesis [*sinþisis*] (*pl -ses* [*-i:z*]), syntes, förening, sammanställning; **synthetic** [*sinþe'tik*] syntetisk, sammanbindande, förenande, *hand.* konstgjort (gummi etc.)
syntonic [*sintɔ'nik*] (*radio.*) avstämd, inställd (på riktig våglängd); **syntonize** [*sintənaiz*] avstämma, inställa (radio)
syphilis [*sifilis*] syfilis; **syphilitic** [*sifili'tik*] syfilitiker; syfilitisk
syphon [*saiʃ(ə)n*] sifon (*siphon*); ~ **lubricator** (*auto.*) sprutsmörjapparat
Syria [*siriə*] Syrien; **Syriac** [*siriæk*] fornsyriska [språket]; **Syrian** [*siriən*] syr[i]er; syrisk
syringa [*siri'ŋgə*] *bot.* oäkta jasmin (Philadelphus schersmin), syren
syringe [*sirin(d)ʒ*] liten [hand]spruta (*is. med.*); spruta
syrup [*sirəp*] sirap, [frukt]saft, *med.* syrup, *sl* pengar; **syrupy** [*sirəpi*] sirapslik, -aktig
system [*sistim*] system, plan, metod, princip, organisation; **digestive (nervous, solar)** ~ matsmältnings- (nerv-, sol)system; ~**atic** [*sistimætik*] systematisk, metodisk, planmässig; ~**atization** [*sistimətaizei'ʃ(ə)n*] systematisering; ~**atize** [*sistimətaiz*] systematisera
systole [*sistəli*] *med.* systole, (hjärtats) sammandragning

T

T, t [*ti:*] (*pl Ts, T's* [*ti:z*]) T, t; **dot the i's and cross the t's** vara alltför noggrann; **to a T** precis, på pricken, utmärkt (*that suits me to a T*)
ta [*ta:*] (*barnspr.* o. *skämts.*) tack
Taal [*ta:l*]; **the** ~ den holländska dialekten i Kaplandet
tab [*tæb*] snibb, flik, stropp, lapp, *amr.* räkenskap, *fam.* förk. f. *tabernacle*, *amr. sl* förk. f. *tabloid paper*; **keep** ~**s on** hålla avräkning med, hålla öga på, kontrollera
tabard [*tæbəd*] *åld.* vapenrock
tabby [*tæbi*] moaré, randig katt (~ *cat*), katta, skvallerkäring, nucka
tabernacle [*tæbə(:)nækl*] tabernakel, helgonnisch, sakramentshus, vilorum
tabes [*teibi:z*] *med.* tabes, tvinsot; (*dorsal* ~ ryggmärgslidande)
tabinet [*tæbinit*] moaré
table [*teibl*] bord, skiva, platta, tavla, tabell, platå; bordlägga, *amr.* lägga på hyllan, uppskjuta på obestämd tid; **at** ~, **to** ~ till bords; **turn the** ~**s** ge saken en annan vändning; ~ **d'hote** [*ta:'bldou't*] table d'hôte; ~**-cloth** bordduk; ~ **finisher** *amr. sl* matvrak; ~**-land** högplatå; ~**-lifting (-rapping, -turning)** borddans; ~**-spoon** matsked; ~**-talk** bordskonversation; ~**-top** bordsskiva; ~**-water** mineralvatten
tableau [*tæblou*] (*pl -x* [*-z*]) tablå
tablet [*tæblit*] liten tavla, *med.* tablett, stycke (tvål), (is. *pl*) skrivtavla, anteckningsbok; **tabloid** [*tæblɔid*] *med.* tablett; **the tabloid press** (nedsättande om) illustrerade el. sensationstidningar
taboo, tabu [*təbu:'*] tabu; förbjuden (att vidröra el. nämna), helig; belägga med tabu, förbjuda
tabouret [*tæbərit, -bu-*] taburett
tabula rasa [*tæ'bjulə rei'zə*] *lat. fig.* rent (oskrivet) blad, fullständigt tomrum
tabular [*tæbjulə*] skivformig, i tabellform; **tabulate** [*tæbjuleit*] ordna i tabellform; **tabulation** [*tæbjulei'ʃ(ə)n*] uppställning i tabell
tacit [*tæsit*] stilla, stillatigande, tyst; **taciturn** [*tæsitə:n*] tystlåten, fåmält; **taciturnity** [*tæsitə:'niti*] tystlåtenhet
tack [*tæk*] stift, nubb, tråckling, slag (vid kryssning), bog, kurs; fästa (med nubb), tråckla, stagvända, ändra kurs (taktik); **brass** ~**s** *fam.* fakta; **hard** ~ skeppsbröd; **soft** ~ *sjö.* bröd; **on another** ~ på annan bog; **on the wrong** ~ på galet spår; ~**head** *amr. sl* dumhuvud
tackle [*tækl*] talja, grejor, (i fotboll) tackling; ge sig i kast med, (i fotboll) tackla
tacky [*tæki*] klibbig, *amr. sl* dålig, simpel
tact [*tækt*] takt
tactical [*tæktik(ə)l*] taktisk; **tactician** [*takti'ʃ(ə)n*] taktiker; **tactics** [*tæktiks*] taktik
tactile [*tæktail*], **tactual** [*tæktjuəl*] förnimbar, känsel-
tad [*tæd*] *amr.* liten gosse, *amr. sl* irländare
tadpole [*tædpoul*] grodyngel; **T—s** *amr. sl* folk från Mississippi; **T—s and Tapers** politiska medlöpare
tael [*teil*] tael (kinesisk vikt o. mynt)

tafferel se *taffrail*
taffeta [*tæfitə*] taft (siden)
taffrail [*tæfreil*], **tafferel** [*tæfril*] *sjö.* hackbräde (övre kant på skeppsakter)
Taffy [*tæfi*] *fam.* (öknamn på) walesare
taffy [*tæfi*] *amr. sl* prat, smicker
tag [*tæg*] tamp, adresslapp, något påhängt, banalt citat, refräng, tagfatt (lek), *amr. sl* namn; fästa, tillfoga, vidhänga, följa i hälarna, skugga
tail [*teil*] svans, stjärt, bakdel, sladd, följe, kö, klave (på mynt), skört, *pl* frack, jackett (*~-coat*), *jur.* begränsad äganderätt; förse med svans, hugga av (svans), fästa, hänga sig på, skugga, *sjö.* ligga på svaj; **the ~ of the eye** yttre ögonvrån; **estate ~** fideikommiss; **heads or ~s?** krona eller klave? **unable to make head or ~ of** ur stånd att bli klok på (få rätsida på); **turn ~** *fam.* ge sig av, smita; **~ away (off)** sacka efter, förminskas (gradvis); **~ out** *sl* försvinna; **~s up** på gott humör; **~-board** bakbräda (på vagn); **~-braid** skoning, kantband; **~-coat** frack, jackett; **~-fin** sidfena (på flygplan); **~-gate** nedre slussport; **~-heavy** tung baktill; **~-lamp, ~-light** baklykta, kattöga (på cykel); **~-piece** slutvinjett; **~-plane, ~-surface** stjärtplan (på flygplan); **~-race** kvarnränna (nedanför kvarnhjulet); **~-spin** (vid flygning) dykning och spin samtidigt
tailor [*teilə*] skräddare; vara skräddare [för]; **well ~ed** välklädd; **~-made** skräddarsydd (damdräkt)
taint [*teint*] fläck, besmittelse, smitta, fördärv; fläcka, [be]smitta, fördärva[s], bli skämd; **~ed goods** varor, blockerade av fackförening
take [*teik*] fiskfångst, inkomst, behållning, tagning (av filmscen); ta[ga], gripa, fatta, fånga, inta[ga], motta[ga], hyra, bringa, föra, falla i smaken, verka (vara verkningsfull); **~ ill (well)** upptaga illa (väl); **be taken ill** bli sjuk

Med objekt

~ account of räkna med; **~ air** hämta frisk luft; **~ alarm** bli förskräckt; **I'm not taking any** *sl* tack, jag skall inte ha något; **that ~s the biscuit** el. **the cake** *sl* det övergår allt; **~ cold** bli förkyld; **~ the count** (*boxn.*) ta räkning, *sl* dö; **~ cover** ta betäckning, huka sig ned; **~ credit** ta äran; **~ earth** (om räv) gå i gryt, *fig.* gå under jorden; **~ effect** verka; **~ the floor** ta till orda (i debatt); **~ the field** gå i fält; **~ fright** bli förskräckt; **~ heart** fatta mod; **~ heed** ge akt; **I ~ it that** jag utgår från (förmodar) att; **~ it or leave it!** du slipper, om du inte vill (men bestäm dig)! **~ it as read** ta det för givet; **~ a leaf out of his book** efterapa honom; **do you ~ me?** förstår du? **~ the measure of a person's foot** *fig.* ta reda på vad ngn går för; **~ a newspaper** hålla en tidning; **~ rise** uppstå; **~ a seat** sätta sig; **~ seats** beställa platser (på teatern etc.); **~ a back seat** träda i bakgrunden; **~ ship** inskeppa sig; **~ your time** ta tid på dig; **~ too much** ta sig för mycket till bästa; **what will you ~?** vad får jag bjuda på? **~ wine** dricka vin; **~ my word for it!** tro mig!

Med adverb och prepositioner

~ aback förbluffa; **~ after** brås på, likna; **~ at a disadvantage** komma på (ngn) oförberett; **~ oneself away** gå (springa etc.) sin väg; **~ down** anteckna, nedskriva, *fam. fig.* stuka (*he wants taking down a peg or two*); **~ for** anse för; **~ for granted** ta för givet; **~ from** minska, förringa; **~ it from me** tro mina ord; **~ in** mottaga, föra till bordet, prenumerera på, fatta, förstå, innefatta, ta[ga] in (minska), reva (segel), *fam.* lura; **~ in bad part** = **~** *ill;* **~ in charge** arrestera; **~ in good part** taga väl upp; **~ in hand** företaga el. åtaga sig; **~ into account** ta med i beräkningen; **~ into one's head** få i sitt huvud; **~ off** ta av (hatt etc.), ge sig av, lyfta (om flygmaskin), hånfullt härma, karikera; **~ oneself off** gå (löpa etc.) sin väg; **~ on** påtaga sig, antaga, *fam.* ta illa vid sig; **~ out** ta ut, ta med sig ut, låna (biblioteksbok), uttaga (patent), bjuda upp, spänna från (häst); **~ it out of** uttrötta, hämnas på; **~ over** överta; **~ to** ägna sig åt, hemfalla åt, börja, bli fästad vid, finna sig i; **~ to heart** lägga på hjärtat, låta (ngt) gå sig till sinnes; **~ to pieces** ta sönder, sönderdela; **~ to task** ställa till svars; **~ up** ta upp, uppta, arrestera, avbryta el. rätta (talare), slå sig på (studieämne); **~ up with** umgås med; **~ upon one** påtaga sig; **be taken with** drabbas av (sjukdom), bli betagen i

Sammansättningar etc.

~-in humbug, bedrägeri; **~-off** efterapning, karikatyr, uppstigning (av flygmaskin), startplats, sats; **taking** upphetsning, *pl* inkomster; tilltalande, tilldragande, smittande
talc [*tælk*] talk (*äv. ~ powder*)
tale [*teil*] berättelse, historia, saga, skvaller, *åld.* antal; **tell ~s** skvallra (**out of school** ur skolan); **~bearer, ~teller** skvallerbytta; **~bearing** skvaller
talent [*tælənt*] talang, begåvning, talent (antikt mynt); **~ scout** talangscout; **~ed** talangfull
talisman [*tælizmən*] talisman
talk [*tɔ:k*] samtal[sämne], prat, rykte, kåseri (is. i radio), *amr.* diskussion, konferens; tala, prata; **~ big** skryta; **~ tall** överdriva; **~ turkey** *amr. sl* tala rent ut; **~ through one's hat** prata strunt; **now you're ~ing** det låter höra sig; **~ the hind leg off a donkey** ha en ryslig svada; **~ away** prata på; **~ back** bjäbba emot; **~ down** överrösta, prata omkull; **~ into** övertala till; **~ of** tala om; **~ of the devil** när man talar om trollet; **~ing of** apropå; **~ out** *pol.* tala ihjäl (om lagförslag); **~ out of** avråda från; **let us ~ it over** låt oss diskutera saken; **~ to** el. **with** tala med; **~ wet to** *sl* prata strunt med; **~-fest** *amr.* diskussion[smöte]; **~er** pratmakare, skrävlare; **give a person a ~ing-to** ge någon en upptuktelse; **~ative** [*tɔ:kətiv*] pratsam, talför
talkee-talkee [*tɔ:ki-tɔ:ki*] *fam.* rotvälska, jargong
talkie [*tɔ:ki*] talfilm
tall [*tɔ:l*] reslig, stor, *fam.* högtravande, överdriven; **a ~ order** 'en stor beställning', en svår uppgift; **~boy** (hög) byrå, chiffonjé
tallow [*tælou*] talg; talga, göda (kreatur); **~-face** bleknos; **~-pot** *amr. sl* lokomotiveldare
tally [*tæli*] karvstock, avräkning, motstycke, etikett; avräkna, stämma av, överensstämma (**with** med)
tally-ho [*tæ'lihou'*] tajo (jaktrop till hundarna vid upptäckt av räv)
Talmud [*tælmʌd*] talmud
talon [*tælən*] (rovfågels) klo
tamarind [*tæmərind*] *bot.* tamarind
tamarisk [*tæmərisk*] *bot.* tamarisk
tamasha [*təma:'ʃə*] (*Ind.*) underhållning, fest
tambourine [*tæmbəri:'n*] tamburin
tame [*teim*] tam, matt; tämja, kuva
Tamil [*tæmil*] tamil (indiskt språk)
Tammany [*tæməni*]; **~ Hall** politisk (demokratisk) organisation i New York
tammy [*tæmi*], **Tam-o'-Shanter** [*tæməʃæ'ntə*] rund skotsk mössa
tamp [*tæmp*] tillstoppa (spränghål med lera), stampa ned, packa till
tamper [*tæmpə*]; **~ with** fingra på, manipulera med, göra otillbörliga ändringar i, muta, tubba, stå i maskopi med
tampion [*tæmpjən*] propp, plugg
tan [*tæn*] garvarbark, solbränna; gulbrun; färga gulbrun, garva, bli solbränd, *sl* klå upp (is. *~ a person's hide*)

tandem [*tændəm*] tandem
tang [*tæŋ*] tång (havsväxt), tånge (del av kniv som sitter i skaftet), karakteristisk smak, bismak, *fig.* anstrykning, ton, klirr; klirra
tangent [*tæn(d)ʒ(ə)nt*] *mat.* tangent; **fly** el. **go off at a ~** plötsligt gå över till ngt annat
Tangerine [*tæn(d)ʒ(ə)ri:n*] person från Tanger, ett slags liten apelsin från Tanger
tangibility [*tæn(d)ʒibi'liti*] gripbarhet, påtaglighet; **tangible** [*tæn(d)ʒibl*] faktisk, påtaglig, handgriplig
tangle [*tæŋgl*] trassel, oreda, förvirring, *amr.* oenighet, slagsmål; trassla till, snärja [in], fånga, bli tilltrasslad, *amr. sl* vara oense, slåss, tävla
tango [*tæŋgou*] tango
tank [*tæŋk*] tank (i flera *bet.*), behållare, stridsvagn; **~ed** [**up**] *amr. sl* full; **~age** [*tæŋkidʒ*] tanks kapacitet, tankning, påfyllning (t. ex. av bensin)
tankard [*tæŋkəd*] krus (med lock)
tanker [*tæŋkə*] tankfartyg
tanned [*tænd*] garvad, barkad, solbränd; **tanner** [*tænə*] garvare, *sl* sixpence[slant]; **tannery** [*tænəri*] garveri; **tannic** [*tænik*] **acid** garvsyra; **tanning** [*tæniŋ*] garvning, *sl* stryk
tansy [*tænzi*] *bot.* renfana
tantalize [*tæntəlaiz*] plåga, pina, hålla på sträckbänk; **tantalum** [*tæntələm*] tantal (en metall); **tantalus** [*tæntələs*] låsbar ställning för vinkaraffer
tantamount [*tæntəmaunt*]; **~ to** liktydig med
tantara [*tæntæ'rə*] fanfar
tantivy [*tænti'vi*] *åld.* sporrsträck, galopp; raskt, i väg!
tantrum [*tæntrəm*] förargelse, ilska, dåligt humör (*be in one's ~s*)
tap [*tæp*] tapp (i tunna), plugg, [tapp]kran, tappning, utskänkningsställe (*~-room*), lätt slag, knackning, *pl amr. mil.* tapto; avtappa, tappa (*fig.* på pengar, upplysningar etc.), knacka; **~ the claret** boxar-*sl* slå i blod; **~ the wires** uppsnappa telegram el. telefonsamtal; **~ dancing** steppdans; **~-listener** lyssnare, som har sin radio i gång hela dagen; **~-room** skänkrum; **~-root** *bot.* pålrot; **tapped** *sl* småfnoskig
tape [*teip*] band, [mål]snöre, telegramremsa, måttband (*~-measure*), *amr. sl* tunga; **breast the ~** spränga målsnöret; **adhesive ~** klisterremsa; **red ~** formalism, byråkratism; **~worm** bandmask; **get taped** *sl* bli granskad, prövad
Taper se *tadpole*
taper [*teipə*] vaxljus, spets; tillspetsad, avsmalnande; smalna, tillspetsa
tapestry [*tæpistri*] tapet, gobeläng
tapioca [*tæpiou'kə*] tapioka (brasiliansk sago)
tapir [*teipə, -piə*] *zool.* tapir
tapis [*tæpi:, tæpis*]; **on the ~** *fig.* på tapeten
tappet [*tæpit*] *mek.* lyftarm, lyftkam
tapster [*tæpstə*] vintappare, krogvärd, kypare
tar [*ta:*] tjära, *fam.* sjöman; tjära; **~red with the same brush** av samma skrot och korn; **~ and feather** rulla i tjära och fjäder; **with a touch of the ~-brush** *fam.* med negerblod i ådrorna; **~-macadam** [*-məkæ'dəm*], **~-mac** [*-mæk*] ett slags vägmaterial
taradiddle [*tærədidl*] *sl* lögn
tarantella [*tærənte'lə*] tarantella (italiensk dans)
tarantism [*tærəntizm*] *med.* danssjuka; **tarantula** [*təræ'ntjulə*] tarantel (giftig spindel)
taraxacum [*təræ'ksəkəm*] *bot.* maskrossläktet
tarboosh [*ta:bu:'ʃ*] fez
tardy [*ta:di*] långsam, trög, sen[färdig]
tare [*tɛə*] *hand.* tara, *bot.* vicker, *bibl.* ogräs
target [*ta:git*] måltavla
tariff [*tærif*] tulltariff, tull, prislista
tarlatan [*ta:lətən*] tarlatan (glest bomullstyg)
tarmac [*ta:mæk*] ett vägmaterial (*tar* tjära)
tarn [*ta:n*] tjärn, fjällsjö
tarnish [*ta:niʃ*] anlöpning, glanslöshet, *fig.* fläck; fläcka[s], blek[n]a, besudla[s]
tarpaulin [*ta:pɔ:'lin*] presenning, matroshatt
tarpon [*ta:pɔn*] *zool.* tarpon (stor sillfisk)
tarragon [*tærəgən*] *bot.* estragon; **~ vinegar** dragonättika
tarragona [*tærəgou'nə*] spanskt vin av portvinstyp
tarry 1) [*ta:ri*] tjärig, tjäraktig
tarry 2) [*tæri*] *åld.* dröja, söla, vänta
tarsal [*ta:s(ə)l*] *anat.* vrist-, tars-; **tarsus** [*ta:səs*] *anat.* vrist, tars
tart [*ta:t*] tårta, *sl* flicka, tös; sur, besk, skarp
tartan [*ta:t(ə)n*] tartan (skotskt rutigt ylletyg)
Tartar [*ta:tə*] tatar; tatarisk; **catch a ~** finna sin överman
tartar [*ta:tə*] vinsten, tandsten
Tartarus [*ta:tərəs*] Tartarus (avgrund i Hades)
tartlet [*ta:tlit*] liten tårta
Tartuffe [*ta:tu(:)f*] Tartuffe, hycklare
task [*ta:sk*] värv, uppgift, arbete, [hem]läxa; förelägga som arbete, anstränga, pressa, belasta, utnyttja; **equal to the ~** uppgiften vuxen; **take to ~** *fig.* läxa upp; **~book** stilbok, övningshäfte; **~master** arbetsgivare, tuktomästare
tassel [*tæsl*] tofs, vippa
taste [*teist*] smak, bismak, smakprov; smaka [på], pröva, få smak på; **~s differ** var och en har sin smak; **in bad ~** smaklös; **in good ~** smakfull; **taster** provsmakare (av viner); litterär rådgivare (åt förlag); **tasty** välsmakande, smakfull
tat [*tæt*] slå frivoliteter (spetsar); **give tit for ~** ge svar på tal, lika mot lika; **tatting** frivoliteter, frivolitetsarbete
ta-ta [*tæ'ta:'*] (*barnspr.* o. *skämts.*) adjö; **go ~s** (*barnspr.*) ta en promenad
Tatar [*ta:ta:*] se *Tartar*
Tate [*teit*] **Gallery** museum i London för engelsk målarkonst
tater [*teitə*] *fam.* potatis; **~-trap** *sl* mun
tatterdemalion [*tætədəmei'ljən*] trashank
tattered [*tætəd*] trasig, sönderriven; **tatters** paltor, trasor
Tattersall's [*tætəsɔ:lz*] plats för hästauktioner och vadhållning, urspr. i London
tatting se *tat*
tattle [*tætl*] prat, snack; prata, skvallra, tissla och tassla; **tattler**, **~-box** pratmakare, skvallerbytta
tattoo 1) [*tətu:'*] *mil.* tapto; **beat the devil's ~** trumma med fingrarna
tattoo 2) [*tætu:'*] tatuering; tatuera
taught [*tɔ:t*] lärde, lärt (se *teach*)
taunt [*tɔ:nt*] hån, spe, stickord; håna, smäda, pika
Taurus [*tɔ:rəs*] *astr.* Oxen
taut [*tɔ:t*] styv, spänd, vältrimmad; **tauten** [*tɔ:tn*] *sjö.* styvhala; spänna[s]
tautological [*tɔ:təlɔ'dʒik(ə)l*] tautologisk; **tautology** [*tɔ:tɔ'lədʒi*] tautologi, onödigt upprepande
tavern [*tævən*] krog; **~-keeper** krogvärd
taw [*tɔ:*] (stor) stenkula (för spel), kulspel
tawdry [*tɔ:dri*] grann, utstyrd
tawny [*tɔ:ni*] läderfärgad, gulbrun, solbränd
tax [*tæks*] skatt, pålaga, påfrestning; beskatta, pålägga skatt, ställa stora krav på, beskylla (**with** för), *jur.* kontrollera och fastställa (omkostnader); **~-collector** skatteuppbördsman; **~-dodger** skatteskolkare; **~payer** skattebetalare; **~able** [*tæksəbl*] skattskyldig, beskattningsbar; **~ation** [*tæksei'ʃ(ə)n*] beskattning
taxi [*tæksi*] hyrbil; åka i hyrbil, (om flygplan) rulla el. glida på marken el. vattnet; **~-dance hall** *amr.* danslokal med anställda damer
taxidermy [*tæksidə:mi*] uppstoppning av djur
taximeter [*tæksimi:tə*] taxameter, droskbil
taxiplane [*tæksiplein*] taxiplan, hyrplan

Taylorism [*teilərizm*] taylorsystem (tidsstudier)
tea [*ti:*] te, eftermiddagste; **early** ~ morgonte; **high** el. **meat** ~ kvällsmat med te; **~-caddy** tedosa; **~-cosy** tehuv; **~-fight** *sl* (större) tebjudning; **~-gown** eftermiddagsklänning; **~-rose** teros; **~-service**, **~-set**, **~-things** teservis; **~-urn** temaskin
teach [*ti:tʃ*] (*oregelb. vb*) lära (andra), undervisa [i]; ~ **school** *amr.* vara lärare; **~able** [*ti:tʃəbl*] läraktig
teague [*ti:g*] *åld.* irländare
teak [*ti:k*] teakträd, teakträ
teal [*ti:l*] *zool.* krickand
team [*ti:m*] spann, tävlingslag, flock (fåglar), *amr.* häst och vagn; **~ing** *amr.* fraktkörslor; **~ster** [*ti:mstə*] forkarl; **~work** samspel, laganda, samarbete
tear 1) [*tiə*] tår; **shed ~s** fälla tårar; **~gas** tårgas
tear 2) [*tεə*] hål, reva, sönderslitande, fart, fläng; (*oregelb. vb*) riva, slita sönder, sarga, ränna, fara i väg; ~ **and wear** slitning, påfrestning; ~ **oneself away** slita sig lös; ~ **up** riva i stycken; **~ing** våldsam, rasande
tease [*ti:z*] retsticka; reta, karda (ull); **teasel**, **teazle** [*ti:zl*] *bot.* kardborre; **teaser** retsticka, hård nöt att knäcka
teat [*ti:t*] bröstvårta, spene
teaze [*ti:z*], **teazle** se *tease, teasel*
'tec [*tek*] förk. f. *detective*
tech [*tek*] *fam.* förk. f. *institute of technology*
technical [*teknik(ə)l*] teknisk, fack-, facklig; **~ity** [*teknikæ'liti*] teknisk finess, tekniskt uttryck, teknik; **technician** [*tekni'ʃ(ə)n*] tekniker; **technics** [*tekniks*] teknik
technique [*tekni:'k*] (konstnärs) teknik, metod; **technocracy** [*teknɔ'krəsi*] teknokrati; **technology** [*teknɔ'lədʒi*] teknologi; **institute of technology** tekniskt institut
Ted [*ted*] = *Teddy*
Teddy [*tedi*] (smeknamn för *Theodore* el. *Edward*); ~ **bear** teddybjörn, leksaksbjörn
tedious [*ti:djəs, -diəs*] tråkig, långsam, tröttande; **tedium** [*ti:diəm*] tråkighet, leda
tee [*ti:*] liten tuva varifrån den första bollen slås i golf, målpinne i olika spel; lägga bollen i position (i golf); ~ **off** slå det första slaget (i golf), *fig.* börja ngt; **~-shot** första slag (i golf)
teem [*ti:m*] myllra, överflöda (**with** av)
teens [*ti:nz*]; **in one's** ~ i tonåren
teeny [*ti:ni*] (*barnspr.*) liten (*tiny*); också **~-tiny**, **~-weeny** [*wi:ni*]
teeter [*ti:tə*] *amr.* gunga, vackla, slingra
teeth [*ti:þ*] tänder (*pl* av *tooth*)
teethe [*ti:ð*] få tänder; **teething troubles** tandsprickningsbesvär
teetotal [*ti:tou'tl*] nykterhets-; **~ler** [-*ə*] absolutist
teetotum [*ti:'toutʌ'm, ti:toutəm*] snurra
tele- [*teli*] fjärr-
telegram [*teligræm*] telegram; ~ **form** telegramblankett
telegraph [*teligra:f, -græf*] telegraf; **telegrapher** [*teligra:fə*] *amr.* telegrafist; **telegraphese** [*-fi:'z*] telegramstil; **telegraphic** [*teligræ'fik*] telegrafisk; **telegraphist** [*tile'grəfist*], **telegraph operator** telegrafist; **telegraphy** [*tile'grəfi*] telegrafi, telegrafering
teleological [*te'liolɔ'dʒik(ə)l*] teleologisk; **teleology** [*te'liɔ'lədʒi*] teleologi (läran om ändamålsenligheten)
telepathic [*telipæ'þik*] telepatisk; **telepathy** [*tile'pəþi*] telepati, tankeöverföring
telephone [*telifoun*] telefon; telefonera; **on (over) the** ~ i telefon; **be on the** ~ ha telefon; ~ **call** telefonpåringning; ~ **directory** telefonkatalog; ~ **exchange** telefonstation; ~ **post (pole)** telefonstolpe; ~ **receiver** telefonlur; **telephonic** [*telifɔ'nik*] telefonisk; **telephonist** [*tile'fənist*], [**telephone**] **operator** telefonist; **telephony** [*tile'fəni*] telefoni, telefonering
telephotograph [*te'lifou'təgræf, -gra:f*] fjärrfotografi, telegrambild; **telephotography** [*te'lifətɔ'grəfi*] fjärrfotografering
telescope [*teliskoup*] kikare, teleskop; skjuta ihop (som en kikare); **telescopic** [*teliskɔ'pik*] teleskopisk
televise [*telivaiz*] sända per television; **television** [*telivi'ʒ(ə)n*] television; **television set** televisionsapparat
tell [*tel*] (*oregelb. vb*) berätta, förtälja, säga, säga till, befalla, upplysa, [ur]skilja, skvallra (**on** på), göra verkan, *åld.* räkna; **you won't ~, will you?** du talar väl inte om det? **you're telling me!** det behöver du inte berätta för mig; **I'll ~ you what!** här ska du få höra; **I told you so!** vad var det jag sa! **you never can** ~ man kan aldrig så noga veta; ~ **one's beads** läsa sina böner; ~ **fortunes** spå; ~ **good-by** *amr.* säga adjö; ~ **tales [out of school]** skvallra ur skolan; ~ **one's own tale** säga en hel del; ~ **that to the [horse-]marines** el. **Jews** det kan du lura i bönder; **(I cannot)** ~ **one from the other** el. ~ **them apart** (jag kan inte) skilja dem åt; ~ **off** avräkna, is. *mil.* utta (till tjänst), läsa lagen för; **it begins to ~ on my nerves** det börjar gå mig på nerverna; **~-tale** skvallerbytta; förrädisk; **~er** berättare, rösträknare (*parl.*), bankkassör; **~ing** verkningsfull, kraftig
temerity [*time'riti*] dumdristighet
temper [*tempə*] hårdhetsgrad, härdning, lynne, sinneslugn, humör, [anfall av] vrede, häftighet; härda (stål), blanda (murbruk), mildra, dämpa; **keep (lose) one's** ~ bevara (förlora) sitt lugn; **be in a [bad]** ~ vara arg (vresig, rasande); **get (fly) into a** ~ bli arg (etc.); **out of** ~ på dåligt humör, misslynt; ~ **the wind to the shorn lamb** göra det drägligt för de hjälplösa; **tempera** [*tempərə*] temperamåleri; **~ament** [*temp(ə)rəmənt*] temperament; **~amental** [*temp(ə)rəme'ntl*] (is.) temperamentsfull, naturlig; **~ance** [*tempərəns*] nykterhet, återhållsamhet; nykterhets-; **~ate** [*tempərit*] tempererad, avhållsam, återhållsam, nykter; **~ature** [*tempritʃə*] temperatur, feber; **have (run) a ~ature** ha feber; **~ature chart** feberkurva
tempest [*tempist*] storm; **tempestuous** [*tempe'stjuəs*] stormig
Templar [*templə*] tempelherre (*äv. Knight* ~); juris studerande bosatt i Inner el. Middle Temple i London; **Good** ~ godtemplare
temple 1) [*templ*] tempel; **the T**— Jerusalems tempel; **the Inner** och **Middle T**— två byggnadskomplex i London bebodda av jurister
temple 2) [*templ*] tinning
temporal [*tempərəl*] tids-, timlig, världslig, temporal, tinning-; ~ **clause** temporal bisats; **lords** ~, ~ **peers** världsliga medlemmar av överhuset; **temporality** [*tempəræ'liti*] (is. *pl*) kyrklig institutions världsliga egendom
temporary [*tempərəri*] temporär, tillfällig, tillförordnad
temporize [*tempəraiz*] försöka vinna tid, slingra sig, vända kappan efter vinden
tempt [*tem(p)t*] fresta, pröva, trotsa; **~ation** [*tem(p)tei'ʃ(ə)n*] frestelse; **the Tempter** frestaren (Satan); **~ress** [*tem(p)tris*] fresterska
ten [*ten*] tio; **the upper** ~ **[thousand]** överklassen, gräddan; **~pins** se nedan; **~-strike** *amr. fam.* fullständig framgång
tenability [*tenəbi'liti*] hållbarhet; **tenable** [*tenəbl*] hållbar
tenacious [*tinei'ʃəs*] fast, klibbig, seg, ihärdig, hårdnackad; **a** ~ **memory** ett gott minne; ~ **of life** seglivad; **tenacity** [*tinæ'siti*] klibbighet, seghet, uthållighet, envishet
tenancy [*tenənsi*] arrende, besittning (av jord); **tenant** arrendator (*äv.* ~ *farmer*), hyresgäst,

åbo; arrendera, hyra, bebo; **tenantry** [*-tri*] arrendatorer (på ett gods)
tench [*ten(t)ʃ*] *zool.* sutare, *sl* förk. f. *house of detention* häkte
tend 1) [*tend*] syfta, sträva, tendera, medverka, tjäna (**to** el. **towards** till), bidra, ha en benägenhet (att)
tend 2) [*tend*] vårda, sköta, vakta
tendency [*tendənsi*] tendens, benägenhet; **tendentious** [*tende'nʃəs*] tendentiös
tender 1) [*tendə*] skötare (*bar-*~), tender, proviantbåt
tender 2) [*tendə*] öm, kärleksfull, fin, späd, mör, varsam, delikat; ~ **age** späd ålder; **a** ~ **subject** ett delikat ämne; ~**foot** nykomling, gröngöling; ~**loin** filé, ländstycke
tender 3) [*tendə*] anbud; inlämna, erbjuda, uttrycka (tack); [**hand in a**] ~ **for** ingiva anbud på; **legal** ~ lagligt betalningsmedel
tendon [*tendən*] *anat.* sena
tendril [*tendril*] *bot.* klänge, ranka
tenement [*tenimənt*] arrendegård, frälsegård, våning, boning; ~ **house** hyreskasern
tenet [*tenit, ti:net*] grundsats, lärosats, trossats
tenfold [*tenfould*] tiofaldig
tenner [*tenə*] *fam.* tia (10 pund, 10 dollar)
tennis [*tenis*] tennis; ~**-court** tennisplan
tenon [*tenən*] tapp
tenor [*tenə*] lopp, riktning, innehåll, lydelse, andemening, *mus.* tenor
tenpins [*tenpinz*] *amr.* kägelspel, käglor; **tenpin alley** *amr.* kägelbana
tense 1) [*tens*] *gram.* tempus, tidsform
tense 2) [*tens*] stram, spänd; spänna[s]; **tensile** [*tensail*] tänjbar; **tension** [*tenʃ(ə)n*], **tensity** [*tensiti*] spänning
tent 1) [*tent*] tält; tälta; ~**-peg** tältpinne
tent 2) [*tent*] tampong; tamponera
tentacle [*tentəkl*] *zool.* känselspröt, tentakel, trevare; **tentacular** [*tentæ'kjulə*] *zool.* tentakel- etc.
tentative [*tentətiv*] försök, experiment; försöks-, trevande
tenter [*tentə*] spännram; ~**hook** spännhake; **be on** ~**hooks** *fig.* ligga på sträckbänken, sitta som på nålar
tenth [*tenþ*] tiondel; tionde; ~**ly** för det tionde
tention [*tenʃ(ə)n*] giv akt! (*attention*)
tenure [*tenjuə*] besittning, arrende[tid], ämbetsperiod, tjänstetid
tepid [*tepid*] ljum; ~**ity** [*tepi'diti*] ljumhet
teratology [*terətɔ'lədʒi*] *bot.* o. *zool.* läran om abnormiteter
tercel [*tə:sl*] *zool.* falkhane (*tiercel*)
tercentenary [*tə:senti:'nəri*], **tercentennial** [*tə:sente'njəl*] trehundraårsdag el. -fest; 300-årig, -års-
terebinth [*terəbinþ*] terpentinträd (Pistacia terebinthus)
teredo [*teri:'dou*] *zool.* skeppsmask
tergiversation [*tə:dʒivə:sei'ʃ(ə)n*] avfall, undanflykter, vacklande hållning
term [*tə:m*] term (i olika *bet.*), beteckning, [bestämd tids]period, termin, *pl* villkor, betalningsvillkor, ordalag, (personligt) förhållande; benämna, kalla; **technical** ~ fackuttryck; ~ **of abuse** okvädinsord; **contradiction in** ~**s** contradictio in adjecto, motsägande begrepp; **what are your** ~**s?** vilka är era villkor? vad är ert pris? **come to** (el. **make**) ~**s** nå en överenskommelse; **be on good** ~**s with** stå på god fot med; **they are not on speaking** ~**s** de tala inte ens med varandra
termagant [*tə:məgənt*] argbigga, ragata; argsint, grälsjuk
terminable [*tə:minəbl*] begränsbar, uppsägbar; **terminal** [*tə:min(ə)l*] slut, *amr.* ändstation, *elektr.* klämskruv; slut-, änd-, topp-, ytterst, sist, gräns-
terminate [*tə:mineit*] avsluta, sluta; **termination** [*tə:minei'ʃ(ə)n*] slut, avslutning, *gram.* ändelse
termini [*tə:minai*] *pl* av *terminus*
terminological [*tə:minəlɔ'dʒik(ə)l*] terminologisk; ~ **inexactitude** (*skämts.*) lögn; **terminology** [*tə:minɔ'lədʒi*] terminologi
terminus [*tə:minəs*] (*pl -ni* [*-nai*]) ändstation
termite [*tə:mait*] *zool.* termit
tern [*tə:n*] *zool.* tärna
ternary [*tə:nəri*] trefaldig, tre-
terps [*tə:ps*] *sl* tolk (*interpreter*)
Terpsichore [*tə:psi'kəri*] Terpsichore (dansens musa); **Terpsichorean** [*tə:psikori:'ən*] dans-
terra [*terə*] (*lat.* o. *ital.*) jord, land; ~**-cotta** [*te'rəkɔ'tə*] terrakotta
terrace [*terəs*] terrass, husrad (i namn); terrassera
terrain [*terein, tərei'n*] terräng
terrapin [*terəpin*] flodsköldpadda
terrene [*təri:'n*] jord-, jordaktig, jordisk; **terrestrial** [*tire'striəl, tere's-*] jordinvånare; jord-, jordisk, *astr.* terrestrisk
terrible [*terəbl*] fruktansvärd, förskräcklig, förfärlig
terrier [*teriə*] terrier, *sl* soldat i territorialarmén
terrific [*təri'fik*] förfärlig, förskräcklig; **terrify** [*terifai*] förskräcka, skrämma, förfära
territorial [*teritɔ:'riəl*] soldat i territorialarmén; territorial, land-, jord-; **the T— Force** el. **Army** territorialarmén; **territory** [*terit(ə)ri*] territorium, område
terror [*terə*] (stor) skräck, terror; **the T—**, **the Reign of T—** skräckväldet (under den franska revolutionen); ~**-stricken**, ~**-struck** slagen med fasa; ~**ism** [*terərizm*] terrorism, våldsregemente; ~**ist** [*terərist*] terrorist, våldsman; ~**ize** [*terəraiz*] terrorisera
terse [*tə:s*] kort och koncis, kärnfull (om stil)
tertian [*tə:ʃ(ə)n*] *med.* varannandagsfrossa; varannandags-; **tertiary** [*tə:ʃəri*] tertiär, kommande i tredje rummet
tertius [*tə:ʃjəs*] (*lat.*, skol-*sl*) den tredje (med samma namn)
tessellated [*tesileitid*] mosaik-, med inläggningar
test 1) [*test*] prov, prövning, undersökning, granskning, mätning, reagens, test; prova, pröva, sätta på prov (ibl. ~ *out*); **put to the** ~ sätta på prov; **stand the** ~ bestå provet; **the Test Act** testakten (äldre engelsk lag, som uteslöt katoliker och nonkonformister från statsämbeten); ~**-match** kricketlandskamp; ~**-tube** provrör
test 2) [*test*] *zool.* skal, sköld; **testacean** [*testei'ʃ(i)ən*] skaldjur; **testaceous** [*testei'ʃ(i)əs*] *zool.* skal, skal-
testament [*testəmənt*] testamente, *fam.* exemplar av nya testamentet; **testamentary** [*testəme'nt(ə)ri*] testamentarisk; **testamur** [*testei'mə*] universitetsbetyg på avlagd examen
testate [*testit*] (person) som efterlämnar (giltigt) testamente; **testator** [*testei'tə*], **testatrix** [*testei'triks*] (manlig, resp. kvinnlig) testator
tester 1) [*testə*] provare
tester 2) [*testə*] sänghimmel
testicle [*testikl*] *anat.* testikel
testify [*testifai*] bevittna, vittna, intyga (~ *to*), avlägga vittnesbörd
testimonial [*testimou'njəl*] skriftligt bevis, intyg, (subskriberad) hedersgåva; **testimony** [*testiməni*] vittnesmål, -börd; **bear testimony to** avlägga vittnesbörd om
testy [*testi*] retlig, vresig
tetanus [*tetənəs*] stelkramp
tetchy [*tetʃi*] nervös, kinkig, retlig
tête-à-tête [*tei'ta:tei't*] tätatät, samtal mellan fyra ögon
tether [*teðə*] tjuder, räckvidd; tjudra; **he is at the end of his** ~ han har förbrukat alla möjligheter, han kan icke mera
tetra- [*tetrə-*] fyr-; ~**gon** [*tetrəgən*] fyrhörning;

~**hedron** [*tetrəhi:'drən*] tresidig pyramid; **tetrarch** [*tetra:k*] tetrark, 'fjärdingsfurste'
tetter [*tetə*] utslag, eksem
Teuton [*tju:t(ə)n*] teuton, german, tysk; ~**ic** [*tju(:)tɔ'nik*] urgermanska; teutonsk, germansk, tysk
text [*tekst*] text; ~-**book** textbok, lärobok; ~-**hand** stor rund skrivstil; **textual** [*tekstjuəl*] text- (t. ex. ~ *criticism* textkritik)
textile [*tekstail*] textil, vävnads-, vävd
textual se *text*
texture [*tekstʃə*] textur, vävnad, väv, struktur, beskaffenhet, sammansättning
Thalia [*þəlai'ə*] Thalia (skådespelets musa)
Thames [*temz*]; **the** ~ Themsen; **set the** ~ **on fire** göra ngt uppseendeväckande
than [*ðæn*, (trycksvagt) *ðən, ðn*] än; **no farther** ~ **London** icke längre än till L.
thank [*þæŋk*] *pl* tack; tacka; ~**s to him** tack vare honom; **no** [**small**] ~**s to him** det är (var) inte hans förtjänst; ~ **you** tack! ~ **you for another cigar** får jag be om en cigarr till? ~ **you for nothing** det tackar jag dig inte för; **I'll** ~ **you to get out** var så god och försvinn! **thanking you in anticipation** tackande på förhand; ~-**offering** tackoffer; **thanksgiving** tacksägelse; **Thanksgiving Day** *amr.* tacksägelsedagen (sista torsdagen i nov.); ~**ful** tacksam; ~**less** otacksam (uppgift o. d.); ~**worthy** erkännansvärd
that 1) [*ðæt*] (*pl those* [*ðouz*]) denne, detta, den (det) där, (framför *rel.* sats) den, det, (framför of-genitiv utan svensk motsvarighet); ~**'s it** så är det, det är rätt; ~ **is** [**to say**] det vill säga; ~**'s why** det är därför som; ~ **being so** (**the case**) då så är förhållandet; ~**'s a good boy** så är du en snäll gosse; **at** ~ (sist i satsen) till på köpet; **for all** ~ trots allt; **like** ~ så där; **what of** ~? än sen då? **his manner is** ~ **of a gentleman** hans sätt är en gentlemans; ~ **far** så långt; ~ **much** så mycket
that 2) [*ðət, ðæt*] (*rel.* pron.) som; **all** ~ allt vad
that 3) [*ðət, ðæt*] att; *litt.* på det att; **not** ~ icke så att förstå att; **not** ~ **I know** icke såvitt jag vet
thatch [*þætʃ*] takhalm, *fam.* tjockt hår; halmtäcka (tak)
thaw [*þɔ:*] tö, töväder; töa, smälta, tina
the [(framför konsonantljud) *ðə*, (framför vokalljud) *ði*, (tryckstarkt) *ði:*] bestämd artikel: -en, -et, -na, den, det, de; ju, desto, dess; **the** [*ði:*] **Kipling** den verklige K.; **at** ~ **time** på den tiden; **all** ~ **better** så mycket bättre; ~ **greater** så mycket större; ~ **sooner** ~ **better** ju förr, dess bättre
theatre [*þiətə*] teater, skådeplats; anatomisk (etc.) föreläsningssal; ~ **of war** krigsskådeplats; ~**dom** teatervärlden; **theatrical** [*þiæ'trik(ə)l*] *pl* sällskapsspektakel; teatralisk; teater-
Theban [*þi:bən*] teban, tebansk
thee [*ði:*] *åld.* dig
theft [*þeft*] stöld
their [*ðɛə*], **theirs** [*ðɛəz*] deras, sin; *mil. sl* fiendens
theism [*þi:izm*] teism; **theist** teist; **theistic** [*þi:i's-tik*] teistisk
them [*ðem*, (trycksvagt) *ðəm, ðm*] dem
thematic [*þimæ'tik*] tematisk; **theme** [*þi:m*] tema, ämne, (is. *amr.*) uppsats
Themis [*þemis*] Temis (rättvisans gudinna)
themselves [*ðəmse'lvz*] [de] själva, dem själva, sig [själva]
then [*ðen*] då, sedan, därpå, så; dåvarande; **by** ~ vid det laget, [senast] då; **every now and** ~ titt och ofta, då och då; **the** ~ **conditions** de dåvarande förhållandena; **thence** [*ðens*] *åld.* därifrån, därav, därför; **thenceforth, thenceforward** från den tiden
theocracy [*þiɔ'krəsi*] teokrati, prästvälde; **theocratic** [*þiokræ'tik*] teokratisk
theodolite [*þiɔ'dəlait*] teodolit (instrument för mätning av vinklar)
theogony [*þiɔgəni*] teogoni (berättelse om gudarnas härkomst)
theologian [*þiəlou'dʒiən*] teolog; **theological** [*þiəlɔ'dʒik(ə)l*] teologisk; **theology** [*þiɔ'lədʒi*] teologi
theorem [*ðiərəm*] lärosats, *mat.* teorem; **theoretic**[**al**] [*þiəre'tik(l)*] teoretisk; **theoretics** [*þiəre't-iks*] teori; **theorist** [*þiərist*] teoretiker; **theorize** [*þiəraiz*] teoretisera; **theory** [*þiəri*] teori, lära
theosophic[**al**] [*þiəsɔ'fik(l)*] teosofisk; **theosophist** [*þiɔ'səfist*] teosof; **theosophy** [*þiɔ'səfi*] teosofi
therapeutic [*þerəpju:'tik*] *pl* terapi, läkekonst; terapeutisk, läkande
there [*ðɛə*, (trycksvagt) *ðə*] där, dit, det, se så! nå! **there's a good fellow** så är du snäll; ~! **never mind!** så, så, bry dig inte om det! ~ **you are!** där har ni det (som ni söker), var så god; **all** ~ *sl* vaken, klok; **get** ~ komma fram, *sl* ha tur med sig; **from, in, out, up** ~ därifrån; där inne, dit in; där ute, dit ut; där uppe, dit upp; ~**about**[**s**] [*ðɛ'ərəbau't(s)*] däromkring; ~**after** [*ðɛ'əra:'ftə*] därefter; ~**by** [*ðɛ'əbai'*] därigenom, däromkring; ~**fore** [*ðɛəfɔ:*] därför, således; ~**upon** [*ðɛ'ərəpɔ'n*] därpå
therm [*þə:m*] värmeenhet, term (offentligt bad under antiken)
thermal [*þə:məl*] värme-, het, varm; ~ **unit** värmeenhet; **thermic** [*þə:mik*] värme-
thermionic [*þə:maiɔ'nik*]; ~ **valve** lampa i radio
thermometer [*þə:mɔ'mitə*] termometer
thermos[**flask**] [*þə:məs*(*fla:sk*)] termosflaska
thesaurus [*þi*(:)*sɔ:'rəs*] lexikon, uppslagsbok
these [*ði:z*] dessa, de [här] (se *this*)
thesis [*þi:sis*] (*pl -ses* [*-si:z*]) tes, [doktors]avhandling
Thespian [*þespiən*] skådespelare; tespisk; **the** ~ **art** dramatiken
thews [*þju:z*] *pl* senor, muskelkraft
they [*ðei*] de
thick [*þik*] tjock, tät, oklar, hes, *fam.* förtrolig, intim, dum, grov, fräck; ymnigt, rikligt; **in the** ~ **of the fight** mitt uppe i hetaste striden; **lay it on** ~ breda på; **that's too** ~ el. **a bit** ~ det var för grovt, det är för mycket av det goda; **be as** ~ **as thieves** vara såta vänner, hänga samman som ler och långhalm; **she was too** ~ **with her** det var alltför hett mellan de två; **through** ~ **and thin** i alla väder; ~-**and-thin** absolut, blind, svuren; ~-**head** tjockskalle ~-**set** busksnår; tätt besatt, undersätsig; ~-**skinned** tjockhudad; ~-**skulled**, ~-**witted** tjockskallig; **thicken** [*þikn*] göra el. bli tjockare, avreda (soppa); **the plot thickens** saken blir allt mera invecklad; **thickening** (bl. a.) avredning (till sås); **thicket** [*þikit*] snår, småskog; **thickness** tjocklek, täthet, lager
thief [*þi:f*] (*pl thieves* [*þi:vz*]) tjuv (också på veke); **the thieves on the Cross** *bibl.* rövarna på korset; **thieves' Latin** tjuvspråk; **the Old T—** djävulen; **thieve** [*þi:v*] stjäla; **thievery** [*þi:vəri*] stöld, tjuveri; **thievish** [*þi:viʃ*] tjuvaktig, förstulen
thigh [*þai*] lår
thimble [*þimbl*] fingerborg; ~**ful** [*-f(u)l*] fingerborgsfull; ~**rig**[**ging**] taskspeleri (trollkonst med tre små bägare och en ärt), humbug
thin [*þin*] tunn, smal, mager, gles, genomskinlig, svag, matt; förtunna, späda ut, gallra, bli tunnare etc.; **a** ~ **house** fåtalig publik; **a** ~ **one** *amr. sl* ett tiocentstycke; **have a** ~ **time** *fam.* ha det fattigt; **that's too** ~ det är för genomskinligt; ~ **out** gallra; ~-**skinned** tunnhudad, lätt stött
thine [*ðain*] *åld.* din, ditt, dina
thing [*þiŋ*] ting, sak, varelse, (*pl*) tillhörigheter, förhållanden[a],'det'; **he knows a** ~ **or two** han är icke född i går; **. . . and things** *fam.* . . . och sådant där, osv.; **the dear old** ~ den kära gamla varelsen; **dumb** ~**s** stumma väsen (djur); **poor** ~ den stackaren! **the** ~ det rätta, vad som be-

hövs; **blue socks are now the** ~ blå halvstrumpor är det senaste modet; **I'm not quite the** ~ **today** jag är inte riktigt i form idag; **you must do that first** ~ **in the morning** det är det första du måste göra på morgonen; **for one** ~ för det första; **as** ~**s are** som det nu är; ~**s are getting worse and worse** det blir värre och värre

thingamajig [*þiŋəmədʒig*], **thingamyjig** [*-midʒig*], **thingummy**[**bob**] [*þiŋəmi*(*bɔb*)] person el. sak, vars namn el. benämning man glömt; **Dr.** ~ doktor vad han nu heter

think [*þiŋk*] (*oregelb. vb*) tänka, tycka, anse, tro, mena, tänka sig; **I don't** ~ *sl* (det) skulle jag mena; ~ **about** tänka på, tänka över; **to** ~ **that** ... tänk, att...; ~ **better of it** komma på bättre tankar; ~ **fit (good) to** finna lämpligt att; **he** ~**s little (nothing) of doing that** han anser det som en småsak att göra det; ~ **much of** ha höga tankar om; **I thought as much** jag anade det; **I never thought of it** jag glömde det; ~ **out** uttänka, genomtänka; ~ **twice** betänka sig två gånger; **have bubbles in one's** ~ **tank** *sl* vara vriden; ~**ing part** *sl* stum roll; ~**able** [*þiŋkəbl*] tänkbar; **thinker** tänkare

third [*þə:d*] tredje; tredjedel, tredjeklassbiljett, *auto.* tredje (högsta) växeln; **the** ~ **degree** tredje graden (pressande förhör, ofta med tortyr); **a** ~ **party** tredje man; ~**-rate** tredje klassens, usel; ~**ly** [*þə:dli*] för det tredje

thirst [*þə:st*] törst; *fig.* törsta (**for** el. **after** efter); **have a** ~ *sl* vara begiven på alkohol; ~**y** törstig

thirteen [*þə:'ti:'n*] tretton; ~**th** [*-þ*] trettondedel; trettonde

thirtieth [*þə:tiiþ*] trettionde; trettiondedel; **thirty** [*þə:ti*] trettio

this [*ðis*] (*pl these* [*ðiz*]) denna, detta, den (det) här, det följande; **in** ~ **country** här i landet; ~ ~ **day week** i dag om en vecka; ~ **morning** i morse, i förmiddags; **these three weeks** de närmaste tre veckorna, de senaste tre veckorna; ~ **year** i år; ~, **that and the other** både det ena och det andra; ~ **much** så mycket; **by** ~ (bl. a. *hand.*) härigenom; **like** ~ så här

thistle [*þisl*] tistel (Skottlands symbol); ~**-down** tistelfjun; ~**-finch** *zool.* steglitsa; **thistly** [*þisli*] tistelbevuxen

thither [*ðiðə*] *åld.* dit

tho [*ðou*] *amr.* stavning för *though*

thole [*þoul*] *sjö.* årtull (också ~*-pin*); (*Skottl.*) tåla, uthärda

thong [*þɔŋ*] läderrem, pisksnärt; prygla

thorax [*þɔ:ræks*] *anat.* bröstkorg, *zool.* bröst-[pansar]

thorium [*þɔ:riəm*] torium (ett grundämne)

thorn [*þɔ:n*] tagg, törne; **be on** ~**s** sitta som på nålar; **a** ~ **in a person's flesh** en påle i köttet på ngn; **thorny** törnig, törnbeströdd

thorough [*þʌrə*] grundlig, fullständig, fulländad; ~**-bass** [*beis*] *mus.* generalbas; ~**-bred** fullblodshäst; fulländad, fullblods-; ~**fare** genomfart, huvudgata, farled; **no** ~**fare** förbjuden [kör]väg; ~**-going** fullständig, radikal; ~**-paced** durkdriven, van, genompiskad, ärke-; ~**ly** helt, fullständigt

those [*ðouz*] dessa, de där, de (se *that* 1)

thou 1) [*þau*] *fam.* förk. f. *thousand*; tusen, tusen pund el. dollar

thou 2) [*ðau*] *åld.* du

though [*ðou*] ehuru, även om, i alla fall, ändå, dock, icke desto mindre; **as** ~ som om; **even** ~ till och med (även) om; **what** ~ låt vara att; **did she** ~? gjorde hon det verkligen?

thought 1) [*þɔ:t*] tanke; **lost in** ~ försjunken i tankar; **on second** ~**s** vid närmare eftertanke; **take** ~ **for** sörja för; **a** ~ **too perfect** en aning för fullkomlig; ~**-transference** tankeöverföring; ~**ful** [*-f(u)l*] tankfull, omtänksam, tankerik

thought 2) [*þɔ:t*] tänkt[e] (se *think*)

thousand [*þauz(ə)nd*] tusen; **not one in a** ~ icke en på tusen; ~**th** [*-þ*] tusendedel, (den) tusende

thraldom [*þrɔ:ldəm*] träldom; **thrall** [*þrɔ:l*] träl

thrash [*þræʃ*] tröska, klå upp, besegra, arbeta sig fram i motvind, se också *thresh*; ~ **out a question** grundligt genomdiskutera en fråga; ~**er** tröskare, *zool.* rävhaj; ~**ing** tröskning, smörj

thread [*þred*] tråd, fiber, sträng, skruvgänga, malmåder, smal strimma; träda (nål), gänga, slingra sig, sno sig, bana sig väg (~ *one's way*); **cut one's mortal** ~ avskära sin livstråd, ta sitt liv; ~**bare** luggsliten, banal, utsliten; ~**-needle** (lek) bro, bro, brygga; **the Old Lady of Threadneedle Street** Bank of England (vars ena flygel ligger vid T. S.)

threat [*þret*] hot; **threaten** [*þretn*] hota [med]

three [*þri:*] tre; trea; **Three in One** treenigheten; ~**fold** [*-fould*] trefald[ig]; ~ **times** ~ tre gånger trefaldigt hurra; ~**-pair back (front)** rummen åt gården (gatan) tre trappor; ~**pence** [*þripens*] tre pence; ~**penny bit** trepennymynt; ~**-ply** tredubbel[t lager]; ~**-quarter** [**back**] trekvartback (i rugbyfotboll); ~**score** tre tjog; ~**score and ten** 70 år, normal livslängd; ~**some** spel med tre deltagare

threnody [*þrenədi*] klagosång

thresh [*þreʃ*] tröska (se också *thrash*); ~**er** tröskmaskin; ~**ing** tröskning; ~**ing-floor** loggolv

threshold [*þreʃ(h)ould*] tröskel

threw [*þru:*] kastade (se *throw*)

thrice [*þrais*] tre gånger

thrift [*þrift*] sparsamhet; ~**less** slösaktig; ~**y** sparsam, välmående

thrill [*þril*] rysning, skälvning; rysa, skälva, komma (ngn) att rysa (av spänning); ~**er** äventyrsroman, spännande skådespel el. film, *amr. sl* pojke med flicktycke; ~**ing** skälvande, spännande

thrive [*þraiv*] (*oregelb. vb*) [växa och] frodas lyckas, florera; **thriven** [*þrivn*] frodats etc

throat [*þrout*] hals, strupe, svalg, trång öppning passage; **give a person the lie in his** ~ kalla ngn fräck lögnare; **jump down a person's** ~ vara färdig att bita huvudet av ngn, tvärt avbryta ngn; **a teacher's** ~ inflammerad strupe; **stick in one's** ~ *fig.* fastna i halsen, vara svårsmält; **throaty** hals-, guttural

thro, thro' [*þru:*] genom (se *through*)

throb [*þrɔb*] (om hjärta, puls, maskin) slag, dunkande; slå, dunka, pulsera

throe [*þrou*] (is. *pl*) smärta, födslovånda

throne [*þroun*] tron; (*poet.*) upphöja på tronen

throng [*þrɔŋ*] trängsel, folkmassa, myller; trängas, skocka sig, myllra

throstle [*þrɔsl*] (*poet.*) trast

throttle [*þrɔtl*] strupe, *auto.* strypventil, trottel; strypa

through [*þru:*] genom; genomgående, (is. *amr.*) färdig; ~ **carriage** genomgående vagn; **go** ~ genomgå; ~ **and** ~, ~**out** alltigenom; ~**out the house** i hela huset

throve frodades (se *thrive*)

throw [*þrou*] kast; (*oregelb. vb*) kasta, slunga, kasta av (ryttare), ömsa (skinn), föda (om husdjur), tvinna (silke); ~ **a dinner** *sl* ge en middag; ~ **about** kasta omkring, slösa med (pengar); ~ **one's arms about** fäkta med armarna; ~ **one's weight about** *amr.* skryta, skrodera; ~ **away** kasta bort, förspilla; ~ **back** is. *fig.* hindra, förorsaka förlust; ~ **down** omstörta, välta, *amr.* förkasta; ~ **in** kasta i, låta följa med på köpet, inflicka; ~ **in one's lot with** (*amr.* ~ *in with*) förena sitt öde med; ~ **into** kasta ut el. in el. ned i, bringa i (förvirring etc.), nedlägga (energi etc.) på; ~ **off** kasta av, skaka av sig, skaka ur ärmen, avsöndra, göra sig av med, (*boktr.*) göra ett avdrag; **be thrown on one's own resources** bli hänvisad till sina egna resur-

ser; ~ **open** öppna; ~ **out** kasta ut, utkasta, förkasta (lagförslag), framkasta (förslag), slå ut (i kricket etc.), förvirra, bringa ur fattningen, bygga till; ~ **out one's chest** spänna ut bröstet; ~ **over** överge, svika, slå upp med (fästmö); ~ **up** lyfta upp, uppgiva, kasta upp, kräkas, framhäva, ge upp (spelet), nedlägga (verksamhet); ~**away** reklambroschyr; ~**-back** bakslag, tillbakavändande, anakronism; ~**-in** inkast (*fotb.*); **thrown** [*þroun*] kastat etc., se ovan
thru [*þru:*] (is. *amr.*) stavning för *through*
thrum [*þrʌm*] trådända (i vävstol, sedan väven klippts ned), klinkande, trummande; klinka, trumma
thrush [*þrʌʃ*] *med.* torsk (barnsjukdom), *zool.* trast
thrust [*þrʌst*] stöt, puff, angrepp, utfall, *mek.* tryck; stöta, knuffa, sticka, köra, göra utfall; ~ **something on a person** påtvinga ngn ngt; ~**-bearing** *mek.* trycklager
thud [*þʌd*] duns, dovt slag; dunsa
thug [*þʌg*] medlem av indiskt mördarband, utrotat i början av 1800-talet; bandit, mördare, thug, strypare; **thuggee** [*þʌgi:'*] banditväsen
thumb [*þʌm*] tumme; tumma, flitigt använda (*a well-~ed book*); **Tom Th—** Tummeliten; **rule of** ~ ungefärlig ('praktisk') metod; **his fingers are all** ~**s** han är klumpig; **under a person's** ~ i ngns våld; ~ **index** registerutskärning (i bok); ~**-mark** fingermärke (i bok etc.); ~**-nail** tumnagel; ~**-nail sketch** miniatyrporträtt, snabbskiss; ~**-print** tumavtryck; ~**screw** tumskruv (tortyrredskap), vingskruv; ~**-tack** *amr.* ritstift; **thumbing-of-nose** långnäsa
thump [*þʌmp*] [hårt] slag, smäll, stöt; dunka, hamra, slå; ~**ing** *fam.* väldig; ~**er** *fam.* hejare, jättelögn
thunder [*þʌndə*] tordön, åska, brak, åskvigg (is. *pl*); åska, dåna, fara ut (**against** mot); **how in** ~ hur i all världen; **like** ~ *fam.* som bara tusan; **steal a person's** ~ stjäla någons historia; ~**-and-lightning** mörkgrått tyg (*Oxford mixture*); ~**bolt** åskvigg, bannstråle; ~**clap**, ~**peal** åskknall; ~**storm** åskväder; ~**struck** *fig.* lamslagen; ~**ing** [*þʌndəriŋ*] åskande, dånande, *fam.* hejdundrande; **the Thunderer** [*þʌndərə*] åskguden (Zeus, Jupiter); ~**ous** [*þʌndərəs*] åsklik, dånande, hotfull; ~**y** [*þʌndəri*] åsk-, *fig.* tryckande, hotande
Thursday [*þə:zdi*] torsdag
thus [*ðʌs*] sålunda, så, således, följaktligen; ~ **much** så mycket; **why this thusness** [*ðʌsnis*]? (*skämts.*) varför är det så?
thwack [*þwæk*] smäll, stryk; smälla
thwart [*þwɔ:t*] *sjö.* toft; korsa, gäcka, hindra, motverka; tvärs
thy [*ðai*] *åld.* din, ditt, dina
thyme [*taim*] *bot.* timjan; **thymy** [*taimi*] rik på (doftande av) timjan
thyroid [*þai(ə)rɔid*] sköldformad; ~ **cartilage** *anat.* sköldbrosk, adamsäpple; ~ **gland** *anat.* sköldkörtel
thyrsus [*þə:səs*] tyrsos[stav]
thyself [*ðaiself*] *åld.* [du] själv, dig [själv]
tiara [*tia:'rə*] tiara
tibia [*tibiə*] (*pl tibiae* [*tibii:*]) *anat.* skenben
tic [*tik*] *med.* ansiktskramp, -spasmer
tick 1) [*tik*] tickande, 'kråka', bock (vid kollationering); ticka, knäppa, avpricka; **to the** ~ på pricken; ~ **off** avpricka, *sl* ge en överhalning; ~**-tick** (*barnspr.*) ur; ~**ing-off** *fam.* överhalning; ~**er** se nedan
tick 2) [*tik*] fästing, bolstervar
tick 3) [*tik*] *sl* kredit, 'krita'; **on** ~ på krita
ticker [*tikə*] börstelegraf, *fam.* klocka, ur
ticket [*tikit*] biljett, lottsedel, prislapp, etikett, *amr.* kandidatlista; förse med etikett; **get one's** ~ *mil. sl* få avsked, bli hemsänd; **that's the** ~ *fam.* det är det enda riktiga; ~ **agent** *amr.* biljettförsäljare (på järnvägsstation); ~**-collector** biljettmottagare; ~ **of leave** frisedel (för fånge); ~**-of leave man** villkorligt frigiven fånge
ticking [*tikiŋ*] bolstervar; se även *tick* 1)
tickle [*tikl*] kittla, roa, tilltala, smickra, klia; ~ **the ivories** *amr. sl* spela piano; **tickler** kinkigt problem, *hand.* kortsystem; **ticklish** kittlig, kinkig, kvistig
tidal [*taidl*] tidvattens-; ~ **river** [den del av en] flod där tidvattnet kan märkas; ~ **wave** flodbölja, jättevåg
tiddl[ed]ywinks [*tidl(d)iwiŋks*] loppspel
tide [*taid*] tidvatten, ström, tid (is. i sms. som **Yule-**~ jultid etc.); bli buren av strömmen, driva med strömmen; **it is low** ~ el. **the** ~ **is out** det är ebb (lågvatten); **it is high** ~ el. **the** ~ **is in** det är flod (högvatten); **the** ~ **turns** *fig.* saken tar en annan vändning, bladet vänder sig; ~ **over** klara sig över; ~**-gate** sluss; ~**-wave** = *tidal wave*; ~**-way** flods nedre lopp där tidvattnet verkar
tidings [*taidiŋz*] tidender, nyheter
tidy [*taidi*] skyddande överdrag (på möbel); snygg, städad, vårdad, prydlig, nätt, *fam.* ansenlig; städa (~ *up*), ordna
tie [*tai*] knut, slejf, ögla, slips, band (is. *fig.*), lika röstetal el. poängtal, dött lopp, oavgjord strid, tvärbjälke, *fig.* hämsko, *mus.* bindning, *amr.* sliper; binda, knyta, hämma, begränsa, komma till samma poängtal, spela oavgjort; **play off the** ~ spela om för att avgöra spel; **I'm much tied** min tid är mycket upptagen; ~ **down** (is.) förplikta; ~ **to**, ~ **up to**, ~ **up with** *amr.* ansluta sig till; ~ **up** binda, förbinda; ~ **up [in knots]** *sl* bringa i svårigheter; ~**-beam** takbjälke; ~**-up** *amr.* stillestånd, stagnation, strejk; **tied house** krog som äges av bryggeri
tier [*tiə*] rad, bänkrad, varv, lager
tierce [*tiəs*] (*mus.* o. *fäkt.*) ters, (*kort.*) följd av tre kort, fat för vin (urspr. 1,9 hl); **tiercel** [*tiəsl*] *zool.* falkhane (*tercel*)
tiff [*tif*] träta (mellan vänner), skärmytsling
tiffin [*tifin*] (is. i Orienten) lätt måltid, lunch
tiger [*taigə*] tiger, *åld.* tjänare i livré, *sl* stark motståndare (i idrottstävling); **and a** ~ *amr.* skrän, vrål efter ett leverop; ~**-lily** *bot.* tigerlilja; ~**ish** [*taigəriʃ*] tigerlik, blodtörstig
tight [*tait*] tät, stram, spänd, snäv, fast, orubblig, svår, snål, (om stil) koncis, *sl* drucken, *hand.* tryckt (marknad); tätt, fast, hårt; ~ **back** fast rygg (på bok); **a** ~ **fit** tätt åtsittande, trång (om klädesplagg); **money is** ~ penningmarknaden är tryckt; **in a** ~ **place** *sl* i knipa; ~ **waistcoat** tvångströja; **hold** ~ hålla fast; **sit** ~ hålla fast vid sina åsikter, stå på sig; ~**-fisted** njugg, snål; ~**rope dancer** lindansare; ~**-wad** *amr.* gnidare; njugg, girig; **-tight** -tät (t. ex. *airtight* lufttät); **tighten** [*taitn*] täta, spänna, tätna, spännas, *sjö.* styvhala; **tighten one's belt** (*äv. fig.*) draga åt svångremmen; **tights** *pl* trikåbyxor (för akrobater etc.)
tigon [*tai'gən*] avkomma av tiger och lejoninna
tigress [*taigris*] tigrinna
tike [*taik*] hundracka, byracka, bondtölp (*tyke*)
tilbury [*tilb(ə)ri*] ett slags gigg
tilde [*tildi*] (muljeringstecken över *n*) ñ i t. ex. spanska
tile [*tail*] taktegel, tegelpanna, tegelrör, cylinderhatt; tegeltäcka; **a** ~ **loose** *sl* en skruv lös; **tiled** tegeltäckt
till 1) [*til*] kassalåda
till 2) [*til*] till, tills; **not . . .** ~ icke förrän, först
till 3) [*til*] plöja, odla, bruka; ~**age** [*tilidʒ*] plöjning, odling, odlad mark
tiller [*tilə*] rorpinne, jordbrukare (se *till* 3)
tilt 1) [*tilt*] tornering, dust, lutning; tornera, bryta lans, gå till anfall mot, kämpa, tävla, luta, vippa, hälla; **full** ~ i full fart; **give a** ~ vippa; **have a** ~ **at** gå lös på; **have a** ~ **to the left** luta

åt vänster; **run a ~** bryta en lans; **on the ~** på vippen; **~-yard** tornerplats
tilt 2) [*tilt*] presenning, tältduk
tilth [*tilþ*] = *tillage* (se *till* 3)
timber [*timbə*] timmer, timmerskog, -stock, (jakt-*sl*) hinder, (kricket-*sl*) grind, *pl sl* träben; **~-head** *sjö.* pollare; **~ merchant** trävaruhandlare; **~-toes** *sl* person med träben el. som stövlar fram; **~-yard** brädgård; **hear a row in one's ~-yard** (kricket-*sl*) bli utbollad; **~ed** timrad, skogbevuxen
timbre [*tæmbə, timbə*] *fr.* klangfärg
time [*taim*] tid, tidpunkt, gång, *mus.* takt; beräkna tiden för, avpassa, ta tid (t. ex. vid tävling); **~!** tiden är ute! stopp! **~ and again** gång på gång; **what a ~ you have been!** så länge du har varit; **beat ~** *mus.* slå takt; **do ~** *sl* utstå sin strafftid, sitta i fängelse; **have a good ~ [of it]** roa sig, ha roligt, härligt; **have the ~ of one's life** roa sig som aldrig förr; **pass the ~ of day** hälsa, säga god dag; **what ~ is it?** el. **what is the ~?** vad är klockan? **can you tell the ~?** förstår du dig på klockan? **six ~s five is thirty** sex gånger fem är trettio; **about ~** på tiden; **against ~** i flygande fart, i kapp med tiden; **speak against ~** tala för att draga ut på tiden; **at a ~** åt gången (*one at a ~*); **at no ~** aldrig; **at one ~** en gång, på en gång; **at the ~** på den tiden; **by ~** efter tid, per timme, i rätt tid; **from ~ immemorial** el. **out of mind** sedan urminnes tider; **in ~** i tid, i rättan tid, med tiden, tids nog; **in a short ~** inom kort; **in no ~** i ett nu, på ett ögonblick; **of the ~** (den ifrågavarande) tidens; **on ~** *amr.* precis; **out of ~** i otid, *mus.* i otakt; **over one's ~** försenad; **~-honoured** hävdvunnen, ärevördig; **~keeper** tidmätare, tidtagare, *mus.* metronom; **good ~keeper** gott ur; **~piece** ur; **~-server** opportunist, vindflöjel; **~-table** tidtabell, läsordning, schema; **~-work** timarbete; **timer** tidtagare, domare (*sport.*); **first timer** en första gången straffad förbrytare; **timing chain** *auto.* fördelningskedja; **timing gear** *auto.* fördelningshjul; **~ly** läglig, lämplig, gjord i rätta ögonblicket, opportun
timid [*timid*] försagd, blyg; **~ity** [*timi'diti*] försagdhet, blyghet; **timorous** [*timərəs*] rädd, ängslig, lättskrämd
timothy [*timəþi*] *bot.* timotej (*äv. ~ grass*)
tin [*tin*] tenn, förtent järnbleck, bleckdosa, konservburk, *sl* pengar; förtenna, konservera (i bleckburk); **~-can** konservburk, *amr. sl* huvud, plåtburk (om Fordbil); avskeda; **~ fish** *sjö. sl* torped; **~ foil** stanniol, silverpapper; **a little ~ god** *fig.* en lysande nolla; **~ hat** *mil. sl* stålhjälm; **~man** bleckslagare; **~-opener** konservöppnare; **~-plate** bleckplåt; **~pot** tennpanna; skrällig (musik), usel; **~-smith** bleckslagare; **~ware** tenn- el. bleckvaror; **hand out the ~ware** *amr. sl* gratulera, prisa; **~ned** konserverad (i burk); **~ned goods** konserver; **~ny** tenn- el. blecklik, (om klang) hård
tinctorial [*tiŋ(k)tɔ:'riəl*] färg-; **tincture** [*tiŋ(k)tʃə*] tinktur, essens, färgnyans, anstrykning, bismak; färga, ge en anstrykning
tinder [*tində*] fnöske; **~-box** elddon
tine [*tain*] gren (på gaffel el. horn)
ting [*tiŋ*] pinglande; ringa [med], klirra [med]
tinge [*tin(d)ʒ*] skiftning, nyans, anstrykning, prägel; ge en viss färgskiftning åt, blanda, försätta (**with** med)
tingle [*tiŋgl*] stickande el. krypande känsla, öronsusning, klingande ljud; klia, spritta, sticka, svida, ringa i öronen; **my ears ~** det susar i öronen på mig
tinker [*tiŋkə*] kittelflickare, fuskare, klåpare, fuskverk; lappa ihop, fuska (**with** el. **away at** med); **I don't care a ~'s curse** *fam.* det struntar jag blankt i
tinkle [*tiŋkl*] pinglande, skrammel, klingklang; klinga, ringa, klirra, ringa med; **tinkler** pingla, bjällra
tinsel [*tinsl*] glitterguld, paljetter, grannlåt, falskt sken; prålig, falsk; ge ett falskt sken åt
tint [*tint*] färgton, skiftning, anstrykning; färga, schattera, ge sin färg åt
tintinnabulation [*tintinæbjulei'ʃn*] [klock]ringning
tiny [*taini*] *fam.* liten, spenslig, oansenlig
tip [*tip*] spets, tipp, doppsko, lätt slag el. stöt, [sop]tipp, drickspengar, råd, vink, tips; förse med spets, ge drickspengar, tippa, stjälpa, slå till (lätt), ge en vink, (*sport.*) tippa; **a straight ~** el. **a ~ from the stable** *fam.* ett säkert tips; **take my ~** följ mitt råd; **~ the scale** ge utslag (vid vägning), *fig.* vara avgörande; **~ the wink** *fam.* ge en hemlig vink; **~ off to** ge en vink om; **~ over** stjälpa, *amr. sl* dö; **~ up** *amr. sl* ange för polisen; **~-and-run** ett slags kricket; **~-and-run raid** *mil. sl* plötslig framstöt med snabb reträtt; **~-cart** tippkärra; **~-cat** 'driva katt' (sportlek); **~-off** tips, förhandsvarning; **~staff** exekutionsbetjänt; **~-tilted nose** uppnäsa; **~toe** tåspets; gå på tårna; **on ~toe** på tå; **~top** tiptop, förträfflig, prima; **~-up seat** uppfällbar sits; **~ping** *sl* förträfflig
Tipperary [*tipərɛ'əri*] stad och grevskap i Sydirland, tipperaryvisan (*It's a long way to ~*); **~ lawyer** *sl* knölpåk
tippet [*tipit*] pälskrage (hängande över axlarna)
tipple [*tipl*] spritdryck; småsupa, pimpla; **tippler** fyllhund
tipster [*tipstə*] yrkestippare (som ger råd åt vadhållare)
tipsy [*tipsi*] (lätt) berusad, (en smula) ostadig; **~-cake** vintårta
tirade [*tirei'd, -ra:'d*] tirad, ström av ord
tire 1) [*taiə*] hjul-, bil-, cykelring (*tyre*)
tire 2) [*taiə*] *åld.* dräkt (*attire*); **~woman** *åld.* påkläderska; **tiring-room** *åld.* klädloge
tire 3) [*taiə*] trötta, utmatta, uttråka, tröttna, ledsna; **~d** trött, led (**of** på); **~less** outtröttlig; **~some** [*taiəsəm*] tröttsam, tråkig, enformig
tiro, tyro [*taiərou*] nybörjare, rekryt, novis
'tis [*tiz*] (*åld. poet.*) = *it is*
tissue [*tisju:, tiʃu:*] tyg, vävnad (*äv. fig.* o. *anat.*), flor; **~-paper** silkespapper
tit [*tit*] förk. f. *titmouse, zool.* mes och andra småfåglar; **~ for tat** lika mot lika, lika gott igen; **~bit** se nedan; **~lark** *zool.* piplärka
Titan, t— [*taitən*] titan; titanisk; **titanic** [*t(a)itæ'nik*] titanisk, jättelik
titbit [*titbit*] läckerbit, godbit
tithe [*taið*] tionde, försvinnande bråkdel
titillate [*titileit*] *fig.* kittla, reta
titivate [*titiveit*] *fam.* fiffa upp [sig]; **titivation** [*titivei'ʃ(ə)n*] *fam.* uppsnyggning
title [*taitl*] titel, överskrift, benämning, rättsanspråk, åtkomsthandling; titulera, kalla; **running ~** kolumntitel; **~-deed** *jur.* dokument; **~-page** titelblad; **~-role** titelroll; **~-word** uppslagsord; **~d** med titel, betitlad, adlig
titmouse [*titmaus*] (*pl -mice* [*-mais*]) *zool.* mes och andra småfåglar (nu oftast *tit*)
titrate [*titreit*] *kem.* titrera
tit-tat-toe [*tit-tæt-tou*]tripp trapp trull
titter [*titə*] fnitter, *sl* flicka; fnissa
tittivate se *titivate*
tittle [*titl*] punkt, prick, grand, dugg; **to a ~** på pricken
tittle-bat [*titlbæt*] spigg
tittle-tattle [*titl-tætl*] sladder, snack
tittup [*titʌp*] hopp, galopp, krumsprång; hoppa, dansa, göra krumsprång
titular [*titjulə*] titulär innehavare; titulär, titel-
to [(framför konsonantljud) *tə*, (framför vokalljud) *tu*, (tryckstarkt och i slutet av en sats) *tu:*] till, för, åt, mot; att, för att; **all there is ~ it** mera

är det inte att säga om det; **five minutes ~ six** fem minuter i sex; **ten ~ one** tio mot ett; **I would ~ God** Gud give; **have you been ~ London?...** i L.; **back ~ back** rygg mot rygg; **here's ~ you!** [din] skål! **~ my knowledge** så vitt jag vet; **~ and fro** fram och tillbaka; **~ come** kommande, framtida; **~ hand** (is. *hand.*) mottagit, anlänt; **~ wit** nämligen; **~-do** väsen, bråk, möda, besvär

toad [*toud*] padda, obehaglig person; **~-eating** tallriksslickeri, inställsamhet; **~-flax** *bot.* flugsporreblomma; **~-in-a-hole, ~-in-the-hole** ett slags köttpudding; **~stool** hatt-(flug)svamp; **~y** inställsam parasit; ställa sig in (**to** hos)

toast [*toust*] rostat bröd, rostad brödskiva, skål (som utbringas), hedersgäst; rosta (bröd), utbringa en skål för; **~-fork, toasting-fork** rostgaffel; **~-master** ceremonimästare (vid offentlig bankett); **on ~** *sl* i knipa; **~-rack, ~-stand** ställ för rostat bröd; **~er** brödrost

tobacco [*təbæ'kou*] tobak; **~nist** [*təbæ'kənist*] tobakshandlare

toboggan [*təbɔ'g(ə)n*] [indiansk] kälke [utan medar]; åka [sådan] kälke

toby [*toubi*] krus (i form av en gubbe med trekantig hatt)

toc [*tɔk*] T (i signalspråk); **Toc H** [*tɔk eitʃ*] en förening av krigsveteraner (förk. f. *Talbot House*)

toco [*toukou*] *sl* kroppsaga, stryk

tocsin [*tɔksin*] stormklocka

tod [*tɔd*] lövverk, busksnår

today, to-day [*tədei'*] i dag

toddle [*tɔdl*] tultande, flanerande; tulta

toddy [*tɔdi*] toddy

to-do se *to*

toe [*tou*] tå; beröra med tån, sätta tå i, laga tå (på strumpa), (i golf) träffa bollen orätt (med spetsen av klubban), *sl* sparka; **the light fantastic ~** (*skämts.*) dans; **cock** el. **turn up one's ~s** *sl* vända näsan i vädret (dö); **~ the line** (*amr.* **the mark**) ställa sig på startlinjen (*sport.*), *fig.* följa partilinjerna; **~-cap** tåhätta

toff [*tɔf*] *sl* sprätt, snobb

toffee [*tɔfi*] knäck, sirapskaramell

tog [*tɔg*] *pl sl* kläder; kläda upp

toga [*tougə*] toga

together [*təge'ðə*] tillsammans (**with** med), i förening, samtidigt; **for hours ~** i timtal

toggery [*tɔgəri*], **togs** [*tɔgz*] *sl* kläder

toggle [*tɔgl*]; **~ switch** omkastare (*radio.*)

toil [*tɔil*] slit [och släp], knog, *pl* snara, nät; arbeta hårt, slita, knoga (**at** med); **in the ~s of** snärjd i; **~some** [*tɔilsəm*] utslitande, mödosam; **~-worn** utsliten

toilet [*tɔilit*] toalett, toalettbord (*~-table*), påklädning, *amr.* (*äv.*) W. C.

Tokay [*toukei*] tokajer[vin]

toke [*touk*] *sl* mat (is. torrt bröd)

token [*touk(ə)n*] tecken, symbol, minne[sgåva]; **in ~ of** till tecken (som bevis) på; **~ money** mynttecken, nödmynt

told [*tould*] berättade, berättat (se *tell*); **all ~** inalles

tolerable [*tɔlərəbl*] dräglig; **tolerance** [*tɔlərəns*] fördragsamhet, tolerans; **tolerant** [*tɔlərənt*] fördragsam, tolerant; **tolerate** [*tɔləreit*] tåla, tolerera; **toleration** [*tɔlərei'ʃ(ə)n*] fördragsamhet, tolerans

toll 1) [*toul*] väg-, bro-, torgpengar, kvarntull; **~ of the road** trafikolyckor; **~-bar, ~-gate** tullbom; **~-call** *amr.* rikssamtal

toll 2) [*toul*] ringning, klämtning, själaringning; ringa, klämta

tol-lol [*tɔlɔ'l*] *sl* medelmåttig, dräglig

tolly [*tɔli*] (skol-*sl*) [talg]ljus; prygla (med spanskrör)

tolu [*tɔlu:*]; **~ balsam** tolubalsam

Tom [*tɔm*] förk. f. *Thomas*; **~, Dick, and Harry** Per och Pål, varenda en; **~ Thumb** tummeliten

tom [*tɔm*] hankatt; han-; **~boy** vildkatta (om flicka); **~-cat** hankatt; **~fool** narr; **~foolery** [*-fu:'ləri*] gyckel, skoj; **~noddy** narr; **~tit** *zool.* mes

tomahawk [*tɔməhɔ:k*] tomahawk; döda med t., *fig.* kritisera strängt

tomato [*təma:'tou, amr. -mei'-*] tomat

tomb [*tu:m*] grav, gravvård; **~stone** gravsten

tombola [*tɔmbolə*] tombola

tome [*toum*] stor bok, volym

Tommy [*tɔmi*] (smeknamn f.) *Thomas*: **~ [Atkins]** benämning på menig engelsk soldat

tommy [*tɔmi*] = *Tommy Atkins*; *sl* matsäck; **~rot** *sl* nonsens, galenskap

tomorrow, to-morrow [*təmɔ'rou, tu-*] i morgon

tomtom [*tɔmtɔm*] trumma, tamtam

ton [*tʌn*] (engelsk el. amerikansk) ton, *pl fam.* massor; **~nage** [*tʌnidʒ*] dräktighet, tonnage

tonal [*tounəl*] *mus.* tonal, ton-, klang-; **~ity** [*tonæ'liti*] *mus.* klangfärg, färgton

tone [*toun*] ton, tonfall, röst, anda, 'stil', färgton, (muskel- el. nerv-) spänstighet; ge en viss ton, [av]stämma, harmoniera [med]; **~ down** stämma ned tonen (*äv. fig.*); **~ up** stämma högre, stärka, skärpa

tongs [*tɔŋz*] *pl* tång; **a pair of ~** en tång

tongue [*tʌŋ*] tunga, språk; **furred** el. **dirty ~** belagd tunga; **speak with one's ~ in one's cheek** föra tvetungat tal; **ready ~** rapp tunga; **long ~** gott munläder; **give ~** ge hals; **hold your ~** håll munnen; **~-tied** lidande av tunghäfta, ordkarg

tonic [*tɔnik*] stärkande medel, *mus.* grundton; stärkande, ton-, klang-; **~ solfa** sång med tonernas namn (do, re osv.)

tonight, to-night [*tənai't, tu-*] i natt, i kväll

tonnage se *ton*

tonneau [*tɔnou*] öppet baksäte i bil, bil med sådant

tonsil [*tɔnsl, -sil*] mandel, tonsill; **~lar** [*tɔnsilə*] mandel-; **~litis** [*tɔnsilai'tis*] *med.* inflammerade tonsiller, mandelinflammation

tonsorial [*tɔnsɔ:'riəl*] (*skämts.*) barberar-; **~ parlour** *amr.* rakstuga; **tonsure** [*tɔnʃə*] tonsur, *fig.* upptagning i det andliga ståndet

tontine [*tɔnti:'n, tɔnti:n*] tontin (livränta, som stiger vid varje räntetagares död)

tony [*touni*] *sl* flott, stilig

too [*tu:*] också, dessutom, till på köpet, alltför, [i] för [hög grad]; **it is ~ much of a good thing** det är för mycket av det goda; **[that's] ~ bad** det var tråkigt; **none ~ pleasant** långt ifrån angenämt; **~ right** *sl* naturligtvis; **~-~** alltför fager

toodle [*tu:dl*] *sl* ge sig av, smita; **~-oo** [*tu:dl-u:*] tu-tu (efterlikning av bilhorn), *sl* adjö

took [*tuk*] tog (se *take*)

tool [*tu:l*] verktyg, redskap; stämpla (bokband), *sl* köra, *amr. sl* driva omkring; **~-bag** verktygsväska; **~-shed** redskapslider, -skjul

toot [*tu:t*] tutande; tuta; **on the ~** *sl* på vift

tooth [*tu:þ*] (*pl teeth* [*ti:þ*]) tand; **false** el. **artificial ~** löstand; **set** el. **clench one's teeth** bita ihop tänderna; **long in the ~** *fam.* gammal; **in the teeth of** stick i stäv mot, rakt mot; **cast** el. **throw something in a person's teeth** säga ngn ngt mitt upp i ansiktet; **draw the teeth of** ta gadden ur; **fight ~ and nail** kämpa med näbbar och klor; **escape by the skin of the teeth** undkomma med knapp nöd; **~ache** tandvärk; **~-brush** tandborste; **~ful** *sl* tår på tand; **~less** tandlös; **~-paste** tandpasta; **~pick** tandpetare; *sl* sabel, bajonett; **~some** läcker; **~ed** [*tu:ðd*] försedd med tänder; **~er** [*tu:þə*] *sl* slag mot munnen

tootle [*tu:tl*] tuta

tootsy-wootsy [*tu:'tsiwu:'tsi*] (*barnspr.*) fot, 'fossing'

top [*tɔp*] snurra, topp, spets, krön, överdel, lock, vagnstak, bordskiva, *sjö.* märs; kröna, skära toppen av, nå toppen av, vara på toppen av, övergå; **old ~** *sl* gamla gosse; **at the ~ of** överst på; främst i; **at the ~ of one's voice** med sin stämmas fulla styrka; **on [the] ~ of** ovanpå, till råga på; **go over the ~** *mil.* lämna löpgraven och gå till angrepp, *sl* bli gift; **sleep like a ~** sova som en stock (se *äv. asleep*); **take the ~ of the table** inta[ga] den förnämsta platsen vid bordet; **~ speed position** *auto.* största utväxlingen; **~ the list** stå främst på listan; **~ off** göra slut på; **~ up** lägga sista hand vid verket; **~-boots** kragstövlar; **~coat** överrock; **~ dog** högsta hönset, segerherre; **~-dress** övergöda; **~-flight** förstklassig; **~ hamper** *sjö.* överrigg; **~ hat** cylinder, hög hatt; **~-heavy** för tung upptill, *sl* berusad; **~-hole, ~-notch** *sl* prima; **~-kick** *amr. mil. sl* översergeant; **~liner** förgrundsfigur, huvudroll; **~-lofty** *amr.* högtravande; **~sail** [*tɔpseil, tɔpsl*] *sjö.* toppsegel; **~ story** översta våningen (*sl* huvud); **~most** överst; **~ped** *amr. sl* avrättad; **~per** *fam.* hög hatt, överdängare; **~ping** utmärkt, förträfflig[t]

topaz [*toupæz*] topas

tope [*toup*] blåhaj; dricka, supa; **toper** [*toupə*] drinkare

topee, topi [*toupi:*] tropikhjälm

Tophet [*toufet*] helvete

topiary [*toupiəri*] (om träd) klippt i dekorativa figurer

topic [*tɔpik*] [samtals]ämne; **~al** [*tɔpik(ə)l*] aktuell, lokal, orts-

topmost [*tɔpmoust, -məst*] se *top*

topographer [*tɔpɔ'grəfə*] topograf; **topographic[al]** [*tɔpəgræ'fik(l)*] topografisk; **topography** [*tɔpɔ'grəfi*] topografi

topple [*tɔpl*] falla över ända, stjälpa

topsyturvy [*tɔ'psitə:'vi*] upp och ned, huller om buller, bakvänd; förvirra; **~dom** [*tɔ'psitə:'vidəm*] den upp och nedvända världen

toque [*touk*] toque, barett

tor [*tɔ:*] hög klippa, bergsspets (på Dartmoor)

torch [*tɔ:tʃ*] fackla, ficklampa (*electric ~*), *amr. sl* revolver; **hand on the ~** hålla traditionen vid makt; **~-light procession** fackeltåg

tore [*tɔ:*] rev [i stycken] (se *tear*)

toreador [*tɔ:riədɔ:, tɔ:riədɔ:'*] tjurfäktare

-torium [*-tɔ:riəm*] platsbetecknande ändelse (is. *amr.*, t. ex. *healthatorium, sanatorium*)

torment [*tɔ:mənt*] tortyr, pina; [*tɔ:me'nt*] plåga, pina; **tormentil** [*tɔ:məntil*] *bot.* blodrot (Potentilla tormentilla); **tormentor** [*tɔ:me'ntə*] plågoande

torn [*tɔ:n*] riven, rivit [i stycken] (se *tear*)

tornado [*tɔ:nei'dou*] tornado

torpedo [*tɔ:pi:'dou*] torped, darrocka, *amr. sl* revolverman; torpedera, *fig.* omintetgöra, stjälpa

torpid [*tɔ:pid*] styv, känslolös, slö; **the T—s** (i Oxford) tävling mellan andra-lags båtar; **~ity** [*tɔ:pi'diti*], **torpor** [*tɔ:pə*] stelhet, slöhet, dvala

torque [*tɔ:k*] keltiskt halssmycke, (is. *mek.*) vridning; **~ tube** *auto.* kardanrör

torrent [*tɔrənt*] (våldsam) ström, regnskur; **~ial** [*tɔre'nʃəl*] forsande, våldsam, impulsiv

torrid [*tɔrid*] brännhet, förtorkad; **~ity** [*tɔri'diti*] brännande hetta

torsion [*tɔ:ʃ(ə)n*] vridning, torsion; **~ balance** Coulombs våg; **~al** [*tɔ:ʃ(ə)nəl*] vridnings-

torso [*tɔ:sou*] torso

tort [*tɔ:t*] kränkning; **tortious** [*tɔ:ʃəs*] kränkande

tortoise [*tɔ:təs, -tis*] [land]sköldpadda; **~-shell cat** brokig katt

tortuosity [*tɔ:tjuɔ'siti*] buktighet, skevhet, oärlighet; **tortuous** [*tɔ:tjuəs*] slingrande, buktig, vilseledande

torture [*tɔ:tʃə*] tortyr, kval; tortera, pina, förvränga

tory, T— [*tɔ:ri*] konservativ [politiker]; **~ism** [*tɔ:riizm*] konservatism

tosh [*tɔʃ*] skräp, smörja

tosher [*tɔʃə*] *sl* extern student (som ej bor i ngt college)

toss [*tɔ:s, tɔs*] kast, singling (*äv.* *~-up*); kasta [sig] av och an, slänga [med], kasta i vädret, singla slant (*~ up*); **take a ~** bli kastad av hästen, falla; **~ a dinner** *sl* ge en middag; **~ the oars** resa årorna (till hälsning); **~ off** kasta bort, stjälpa i sig, klara av (lättvindigt)

tot [*tɔt*] liten pys, litet krus, styrketår, summa; **~ up** lägga ihop, belöpa sig (**to** till)

total [*toutl*] slutsumma; total, fullständig, hel; belöpa sig, beräkna summan av; **~itarian** [*toutælitɛ'əriən*] absolutist; totalitär; **~ity** [*toutæ'liti*] helhet, totalitet; **~izator** [*toutəlaizeitə*], **~izer** [*toutəlaizə*] totalisator; **~ize** [*toutəlaiz*] sammanräkna

tote [*tout*] *fam.* förk. f. *totalizator*; *amr.* bära, släpa

totem [*toutem*] (indiansk) totem, familjesymbol (vanl. djurbild); **~ism** [*-izm*] totemism

tother, t'other [*tʌðə*] den andre (*the other*)

totter [*tɔtə*] vackla, stappla, ragla; **tottery** [*tɔtəri*] vacklande

toucan [*tu:ka:n*] *zool.* tukan

touch [*tʌtʃ*] beröring, känselsinne, kontakt, (pensel-, utmärkande) drag, anstrykning, stänk (ytterst litet), 'aning'; [vid]röra, beröra, snudda vid, tangera, mäta sig med, nå upp till, angå, anlöpa (hamn); **in ~ with** i förbindelse med; **~ the spot** *fam.* göra susen; **~ at** *sjö.* lägga till vid, anlöpa; **~ a person for a pound** *sl* be ngn att få låna ett pund; **~ on** vidröra (ett ämne), närma sig; **~ off** avlossa; **~ to the quick** djupt såra; **~ out** *sl* lycka till! **~-and-go** riskabel situation, 'nära ögat', oviss[t]; **~ lucky, ~ wood** ta i trä; **~last** tafatt (lek); **~stone** probersten; **~ed** rörd, sinnesrubbad; **as near as a ~er** 'nära ögat'; **~ing** rörande, bevekande; beträffande; **~y** snarstucken, överkänslig

tough [*tʌf*] seg, uthållig, orubblig, *fam.* rå; buse, bandit; **a ~ customer** en besvärlig individ; **a ~ proposition** ett vanskligt företag; **~ break, ~ luck** *amr.* otur; **~en** [*tʌfn*] göra seg, bli seg

tour [*tuə*] rundresa, tur, tripp, turné; göra en rundresa, resa omkring i, besöka; **the grand ~** (tidigare) ung adelsmans resa till Frankrike, Italien etc. som avslutning på hans utbildning; **~ing-coach** turistbuss; **~ist** [*tuərist*] turist

tournament [*tuənəmənt*] (tennis- m. m.) turnering, tornering; **tourney** [*tuəni*] tornering; **tourniquet** [*tuəniket*] *med.* åderklämma

tousle [*tauzl*] rufsa till

tout [*taut*] spion, kundfiskare, agent; fiska (**for** efter), spionera på, värva röster

tow [*tou*] blånor; bogsering, bogserad båt; bogsera, släpa; **in ~** på släp, i släptåg; **~[ing]-path** dragväg på kanalbank; **~age** [*touidʒ*] bogsering[savgift]

toward [*touəd*] på färde, nära förestående; [*tɔ:d*] i riktning mot; **towards** [*tɔ:dz, təwɔ:'dz*] (i riktning) mot, åt . . . till, inemot, gentemot, som bidrag till

towel [*tau(ə)l, tauil*] handduk; **throw in the ~** (*boxn.* o. *fig.*) erkänna sitt nederlag; **~-horse** (**~-rack**) handduksställ; **~ling** [*tau(ə)liŋ*] handduksväv, *sl* prygel, smörj, nederlag

tower [*tauə*] torn, borg; höja sig (torna upp sig), stå högt (över); **~ of strength** stöttepelare, kraftkälla; **~ed** tornförsedd; **~ing** jättehög, våldsam

town [*taun*] stad; **~ and gown** (i Oxford och Cambridge) såväl universitetslärare och studenter som stadens borgare; **on the ~** *amr.* omhändertagen av fattigvården; **go to ~** *amr.* vara framgångsrik; **a man about ~** en vivör; **~ clerk** stadsnotarie; **~ council** stadsfullmäktige; **~**

councillor stadsfullmäktig[ledamot]; ~ **crier** offentlig utropare; ~ **hall** rådhus; ~**planning** stadsplanering; ~**ship** stadsdistrikt, lantkommun; ~**er** *amr.* stadsbo; ~**sman** (*pl* ~*s-people*) stadsbo; **he is my** ~**sman** han är från samma stad som jag
toxic [*tɔksik*] gift-; ~**ology** [*tɔksikɔ'lədʒi*] läran om giftämnena; **toxin** [*tɔksin*] toxin, gift
toxophilite [*tɔksɔ'filait*] (ivrig) bågskytt
toy [*tɔi*] leksak, kram, struntsak; leka, flörta
trace [*treis*] draglina (till vagn), spår, märke; [upp]spåra, upprita, skissera, kalkera, nedskriva; ~ **back to** följa till (viss tid etc.); **kick over the** ~**s** hoppa över skaklarna; **tracer** spårare etc., spårelement (isotop); **tracer** [**bullet**] spårljusprojektil; ~**ry** [*treisəri*] spröjs-, masrosverk; **tracing** skissering, kalkering
trachea [*trəki:'ə*] *anat.* luftrör
track [*træk*] spår, stig, väg, bana, (is. *amr.*) järnväg, kapplöpningsbana; följa, spåra; **the beaten** ~ allfarvägen, slentrianen; **double** ~ dubbelspår; **keep** ~ **of** följa med (händelserna); **leave** (*amr.* **go off** el. **jump**) **the** ~ spåra ur; **make** ~**s for** *fam.* ge sig av; ~ **down** uppspåra; ~**er** spårare, spanare
tract [*trækt*] sträcka, område, *anat.* kroppsdel, *relig.* ströskrift, broschyr; ~**ability** [*træktəbi'liti*] medgörlighet; ~**able** [*træktəbl*] medgörlig, foglig; ~**ate** [*trækteit*] traktat; ~**ion** [*trækʃ(ə)n*] dragning, dragkraft; ~**ion engine,** ~**or** [*træktə*] traktor
trade [*treid*] handel, yrke, fack, hantverk; handla, dka byteshandel [med]; **the** ~ *fam.* bryggare och krögare; **the T—s** passadvindarna; **the Board of T—** handelsdepartementet; **by** ~ till yrket; ~ [**i'n**] byta ut (gammal sak mot ny); **he trades on our credulity** han begagnar sig av vår godtrogenhet; ~ **mark** varumärke; ~ **price** engrospris; ~**sman** minuthandlare, handelsman; ~ **union** fackförening; ~**-unionist** fackföreningsmedlem; **the T— Union Federation** (*eng.*) landsorganisationen; ~**-wind** passadvind; **trader** köpman, handelsfartyg
tradition [*trədi'ʃ(ə)n*] tradition; ~**al** [*trədi'ʃənl*], ~**ary** [*trədi'ʃənəri*] traditionell
traduce [*trədju:'s*] baktala
Trafalgar [*trəfæ'lgə*] **Square** (öppen plats i London)
traffic [*træfik*] trafik, handel; handla, driva (olovlig) handel; ~ **beacon** trafikfyr; ~ **indicator** trafikmärke; ~**ker** månglare, nasare; ~ **light** trafikljus; ~ **violator** *amr.* överträdare av trafikreglerna; ~**able** [*træfikəbl*] trafikerbar, framkomlig; ~**ator** [*træfikeitə*] trafikmärke; körriktningsvisare
tragedian [*trədʒi:'diən*] tragisk skådespelare, tragiker; **tragedienne** [*trədʒi:die'n*] tragedienn; **tragedy** [*trædʒidi*] tragedi; **tragic** [*trædʒik*] tragisk; **tragicomedy** [*trædʒikɔ'midi*] tragikomedi; **tragicomic** [*trædʒikɔ'mik*] tragikomisk
trail [*treil*] spår, strimma, [obanad] stig; släpa, släpa sig fram, (om växter) slingra sig, krypa, följa spåret av; **hot on the** ~ tätt i hälarna; ~**er** släpvagn, slingerväxt, förreklam för film (genom provbitar av denna)
train [*trein*] släp, rad, följe, procession, tåg, träng, valsverk, löpeld (vid sprängning); öva, träna, spaljera, inrikta (kanon), *fam.* resa med tåg; **a** ~ **of thought** en tankegång; **in** ~ redo, i gång; ~ **down** magra genom motion; ~ **for** utbilda sig till; ~**er** tränare; ~**ing-college** seminarium; ~**ing-ship** skolskepp
train-oil [*treinɔil*] valolja, tran
traipse [*treips*] *fam.* slampa, slarva
trait [*trei(t)*] streck, penndrag, karaktärsdrag
traitor [*treitə*] förrädare; ~**ous** [*treitərəs*] förrädisk; **traitress** [*treitris*] förräderska
trajectory [*trədʒiktəri*] (projektils) bana, lopp
tram [*træm*] spårvagn, spårväg; åka spårvagn; ~**-car** spårvagn; ~**way** spårväg
trammel [*træm(ə)l*] släpnät, not, *pl* hinder, band; hindra
tramp [*træmp*] tramp, fotvandring, landstrykare, fraktångare; trampa, göra fotvandring, stryka omkring, genomvandra; ~**ers** *sl* ben; ~**le** [*træmpl*] [ned]trampa, förtrampa
trance [*tra:ns*] trans
tranquil [*træŋkwil*] lugn, stilla; ~**lity** [*træŋkwi'liti*] ro, stillhet; ~**lize** [*træŋkwilaiz*] lugna
transact [*trænzæ'kt, tra:n-, trən-*] förrätta; ~**ion** [*trænzæ'kʃ(ə)n, tra:n-, trən-*] verkställande, transaktion, *pl* (lärt samfunds) handlingar
transalpine [*trænzæ'lpain, tra:n-*] transalpinsk, bortom Alperna, icke-italiensk
transatlantic [*træ'nzətlæ'ntik, tra:n-*] transatlantisk
transcend [*trænse'nd, tra:n-*] övergå, överstiga; ~**ence** [*trænse'ndəns, tra:n-*] överlägsenhet, förträfflighet, övernaturlighet; ~**ent** oförliknelig, transcendent, övernaturlig; ~**ental** [*trænsende'ntl, tra:ns-*] transcendental, upphöjd, övernaturlig, abstrakt, dunkel, fantastisk, gående utöver den mänskliga erfarenhetens gränser; ~**entalism** [*-təlizm*] transcendental filosofi, tankedunkel
transcribe [*trænskrai'b, tra:n-*] skriva av, omskriva; **transcript** [*trænskript, tra:n-*] avskrift, kopia; **transcription** [*trænskri'pʃ(ə)n, tra:n-*] avskrift, omskrivning, transkription
transept [*trænsept, tra:n-*] tvärskepp, tvärhus (i kyrka)
transfer [*trænsfə:, tra:n-*] överflyttning, förflyttning, överlåtelse[dokument], kalkering[sbild], övergångsbiljett (~ *ticket*); [*trænsfə:'*] överföra, överlåta, överflyttas, byta (till annat tåg etc.); ~**able** [*trænsfə:'rəbl, tra:nsfə:'-*] som kan överföras el. överlåtas; ~**ence** [*trænsfərəns*] överföring, förflyttning
transfiguration [*trænsfigju(ə)rei'ʃ(ə)n, tra:n-*] omgestaltning, *relig.* Kristi förklaring; **transfigure** [*trænsfi'g(j)ə, tra:nsfi'-*] omgestalta, förandliga, *relig.* förklara
transfix [*trænsfi'ks, tra:n-*] genomborra, lamslå, fastnagla
transform [*trænsfɔ:'m, tra:nsfɔ:'m*] omdana, förvandla; ~**ation** [*-fəmei'ʃ(ə)n*] förvandling, omdaning; ~**er** [*trænsfɔ:'mə, tra:n-*] *elektr.* transformator, omskapare
transfuse [*trænsfju:'z, tra:n-*] hälla över (från ett kärl till ett annat), ingjuta, överföra (blod); **transfusion** [*-fju:'ʒ(ə)n*] omtappning, blodöverföring
transgress [*tra:nsgre's, træn-*] överträda (lagen), synda; ~**ion** [*-gre'ʃ(ə)n*] överträdelse, synd; ~**or** [*-gre'sə*] överträdare, syndare
transience [*trænziəns*] flyktighet, förgänglighet; **transient** övergående, flyktig, obeständig; tillfällig gäst (på hotell)
transit [*trænsit, tra:n-, -zit*] övergång, överresa, transport, *astr.* (planets) passage; **in** ~ under transporten
transition [*trænsi'ʃ(ə)n, tra:n-, -zi'-*] övergång; ~**al** [*-n(ə)l*] övergångs-
transitive [*tra:nsitiv, træn-*] *gram.* transitiv
transitory [*trænsit(ə)ri, tra:n-*] övergående, förgänglig
translate [*tra:nslei't, træn-*] översätta (**into** till), tolka, förflytta (biskop), *relig.* upptaga (till himmelen); **translation** [*-lei'ʃ(ə)n*] översättning; **translator** [*-lei'tə*] översättare
transliterate [*trænzli'təreit, tra:n-*] transkribera (till annat alfabet); **transliteration** [*-litərei'ʃ(ə)n*] transkription
translucence, -cy [*trænzlu:'səns, -si*] genomskinlighet; **translucent** genomskinlig
transmarine [*trænzməri:'n, tra:n-*] på andra sidan havet, transmarin
transmigrate [*trænzmaigreit, tra:n-*] utvandra; **transmigration** [*-maigrei'ʃ(ə)n*] utvandring, själavandring

transmissible [*trænzmi'səbl, tra:n-*] överförbar, ärftlig; **transmission** [*-mi'ʃ(ə)n*] överföring, befordran, nedärvning, radioutsändning, *mek.* utväxling
transmit [*trænzmi't, tra:n-*] överföra, befordra, *radio.* utsända, leda (värme); **~ter** radiosändare, mikrofon (*tel.*)
transmogrify [*trænzmɔ'grifai, tra:n-*] *fam.* förvandla
transmutability [*trænzmju:təbi'liti, tra:n-*] förvandlingsbarhet; **transmutation** [*-mju:tei'-ʃ(ə)n*] förvandling, *biol.* transmutation; **transmute** [*-mju:'t*] förvandla
transoceanic [*træ'nzouʃiæ'nik*] på andra sidan oceanen, transocean
transom [*trænsəm*] fönsterspröjs, tvärträ, tvärslå, fönster över en dörr
transparency [*trænspɛ'ərənsi, tra:n-*] genomskinlighet, transparang; **transparent** [*-ənt*] genomskinlig, uppenbar, klar
transpiration [*trænspirei'ʃ(ə)n, tra:n-*] svett, utdunstning; **transpire** [*trænspai'ə, tra:n-*] utsvettas, transpirera, (om rykte) sippra ut, (*vulg.*) ske
transplant [*trænspla:'nt, tra:n-*] omplantera; **~ation** [*-pla:ntei'ʃ(ə)n*] omplantering, *med.* transplantation, överföring av vävnad
transpontine [*træ'nzpɔ'ntain*] på andra sidan bron (is. om London söder om Themsen)
transport [*trænspɔ:t, tra:n-*] transport, transportfartyg, [känslo]utbrott, hänförelse; [*trænspɔ:'t*] transportera, deportera, hänrycka; **~ation** [*trænspɔ:tei'ʃ(ə)n*] transport[ering], kommunikationer, deportation
transpose [*trænspou'z, tra:n-*] överflytta, omflytta, *mus.* transponera; **transposition** [*-pəzi'ʃ(ə)n*] överflyttning, omställning
trans-ship [*trænsʃi'p, tra:n-*] omlasta; **transshipment** [*-mənt*] omlastning
transubstantiate [*trænsəbstæ'nʃieit, tra:n-*] förvandla; **transubstantiation** [*træ'nsəbstænʃiei'-ʃ(ə)n, tra:n-*] förvandling (is. av bröd o. vin vid nattvarden)
transuranic [*trænsjuræ'nik*] (grundämne) med högre atomtal än uran (238)
transvaluation *trænzvæljuei'ʃ(ə)n, tra:n-*] omvärdering
transverse [*trænzvə:s, tra:n-*] tvär-, korsande
transversal [*trænsvə:'sl*] *mat.* transversal
trap [*træp*] fälla, snara, vattenlås, tvåhjulig kärra, *geol.* trapp, *sl* detektiv, *amr. sl* gömställe, mun, *pl* se nedan *trappings*; fånga i fälla, sätta ut fällor, ertappa; **~door** falldörr, falllucka, taklucka
trapes [*treips*] slarva, slamsa; *fam.* traska, trampa (~ *round* = *traipse*)
trapeze [*trəpi:'z*] trapets; **trapezium** [*trəpi'ziəm*] *mat.* trapets; **trapezoid** [*træpizɔid*] *mat.* trapetsoid
trapper [*træpə*] pälsjägare
trappings [*træpiŋz*] hästmundering, schabrak, grannlåter
Trappist [*træpist*] trappist[munk]
traps [*træps*] se *trap, trappings*
trash [*træʃ*] avfall, skräp, smörja; **~y** [*-i*] värdelös
trauma [*trɔ:mə*] *med.* skada, chock, trauma
travail [*træveil*] födslovånda, ansträngning; anstränga sig (hårt), vara i barnsnöd
travel [*trævl*] resa [omkring], beresa, tillryggalägga, röra sig; **~s** *pl* (vidsträckta) resor (i utlandet); **~led** [*trævld*] vittberest; **~ler** [*trævlə*] resande; **commercial ~ler** handelsresande; **~ler's cheque** resecheck; **~'s joy** *bot.* skogsreva (Clematis vitalba)
travelogue [*trævəlɔg*] *amr.* resebeskrivning (*travel* + *monologue*)
traverse [*trævə(:)s*] tvärstycke, *jur.* bestridande, *mil.* travers; passera tvärs över, skära, korsa, bestrida, *mil.* vrida (kanon) i sidled
travesty [*trævisti*] travesti, karikatyr, parodi; parodiera
trawl [*trɔ:l*] trål; tråla; **~er** trålare
tray [*trei*] [serverings]bricka
treacherous [*tretʃərəs*] förrädisk; **treachery** [*tretʃəri*] förräderi
treacle [*tri:kl*] sirap; **treacly** [*tri:kli*] sirapsaktig
tread [*tred*] gång, steg, tramp, (hjuls) glidyta, (om fåglar) parning; träda, trampa, stiga; **~ on air** vara i sjunde himlen; **~ on eggs** gå försiktigt tillväga; **~ the boards** beträda tiljan, bli skådespelare; **~ a measure** tråda en dans; **~ water** trampa vatten; **~mill, ~-wheel** trampkvarn; **~le** [*tredl*] pedal; trampa (pedal)
treason [*tri:zn*] högförräderi (*high* ~); **~able** [*tri:zənəbl*] förrädisk; **~ous** [*tri:zənəs*] förrädisk
treasure [*treʒə*] skatt, dyrbarhet; samla (skatter), bevara (minnen), skatta, värdera; **~ trove** skatt funnen gömd i jorden; **treasurer** [*treʒərə*] kassör, skattmästare
treasury [*treʒəri*] skattkammare, kassa; **the T— Board** (*eng.*) finansdepartementet (som består av) **the Lords of the T—** skattkammarlorderna; **the Secretary of the T—** (*amr.*) finansministern; **the T— bench** ministerbänken i underhuset; **~ bill** skattkammarväxel; **~ note** sedel av 1 punds el. 10 shillings värde
treat [*tri:t*] traktering, kalas, nöje, njutning; behandla, traktera, bjuda (**to** på), underhandla; **~ of** handla om, behandla; **~ise** [*tri:tiz*] avhandling; **~ment** [*tri:tmənt*] behandling; **~y** [*tri:ti*] traktat, överenskommelse, fördrag; **be in ~y with** ligga i underhandling med
treble [*trebl*] tredubbel; diskant; tredubbla
tree [*tri:*] träd, skoblock (*boot-*~); jaga upp i ett träd; **up a ~** i knipa (som en katt i ett träd); **~-creeper** *zool.* trädkrypare; **~-frog** lövgroda; **~less** [*tri:lis*] trädlös
trefoil [*trefɔil, tri:-*] klöver, väppling
trek [*trek*] (*sydafr.*) resa med oxvagn, utvandring (utvandra) till nya boplatser
trellis [*trelis*] spaljé, galler[verk]
tremble [*trembl*] skälvning, darrning, skakning; skälva, darra, bäva, vibrera; **be all of a ~** skaka i hela kroppen; **~ to think** bäva vid tanken på
tremendous [*trime'ndəs*] fruktansvärd, hemsk, *fam.* kolossal, väldig, förskräckligt stor
tremor [*tremə*] skälvning, rysning, spänning, jordbävning
tremulous [*tremjuləs*] skälvande
trench [*tren(t)ʃ*] dike, ränna, fåra, löpgrav; gräva upp, dika, [genom]skära, förskansa; **~ upon** inkräkta på; **~-coat** regnrock, soldatkappa; **~ant** [*tren[t]ʃənt*] skarp, bitande, kraftfull; **~er** skärbräde
trend [*trend*] tendens, riktning; böja sig, svänga av, ha benägenhet, tendera
trepan [*tripæ'n*] *med.* trepan; trepanera, *åld.* snärja, fånga, locka, förleda
trepidation [*trepidei'ʃ(ə)n*] skälvning, förskräckelse, bestörtning, ångest
trespass [*trespəs*] överträdelse, intrång, synd; tränga in (på en annans område)), begå övergrepp, lägga beslag (**on** på); **~er** [*-ə*] inkräktare, lagbrytare
tress [*tres*] fläta, lock, *pl* hår, lockar
trestle [*tresl*] träbock; **~-table** bord av bräder och bockar
trews [*tru:z*] byxor som användas av vissa skotska regementen
trey [*trei*] tre (i tärningsspel)
tri- [*trai-, tri-*] tre-
triad [*traiəd*] tretal
trial [*traiəl*] prov, försök, prövning, rannsakning, rättegång; **~ and error** (*mat.*) metod att finna ett värde genom att pröva sig fram; **on ~** på prov; **~ balloon** försöksballong (*äv. fig.*); **~ trip** provtur

triangle [*traiæŋgl*] triangel; **the red** ~ K. F. U.M.:s märke; **the wet** ~ *sl* Nordsjön; **triangular** [*traiæ'ŋgjulə*] triangulär, trekantig; **triangularity** [*traiæŋgjulæ'riti*] triangelform; **triangulate** [*traiæ'ŋgju:leit*] triangulera

tribal [*traibl*] stam-; **tribe** [*traib*] [folk]stam, (föraktl.) följe

tribulation [*tribjulei'ʃ(ə)n*] bedrövelse, vedermöda

tribunal [*tribju'n(ə)l, trai-*] domstol, domarsäte

tribunate [*tribjunit*] tribuns ämbete, tribunat

tribune [*tribju:n*] tribun, talarstol, estrad, folkledare, demagog

tributary [*tribjut(ə)ri*] biflod; tributskyldig, skattepliktig; ~ **road** biväg, sidoväg; **tribute** [*tribju:t*] skatt, gärd, andel, tribut; **floral tributes** blomsterhyllningar

trice [*trais*] hala upp (vanl. ~ *up*); **in a** ~ ögonblickligen, i en handvändning

tricentenary [*traisənti:'nəri*] trehundraårsdag, -fest

trichina [*trikai'nə*] (*pl -næ* [*-ni:*]) *med.* trikin

trichromatic [*traikromæ'tik*] trefärgad

trick [*trik*] stick (*kort.*), trick, spratt, knep, konstgrepp, egenhet, maner, rortörn; narra, lura, gyckla, driva; **a dirty** ~ ett fult spratt; **do the** ~ klara skivan, nå sitt mål; ~ **out** (**up**) pynta ut; ~ **cyclist** konstcyklist; ~**ery** [*trikəri*] bedrägeri, skoj

trickle [*trikl*] droppande, droppe, *sl* svett; droppa, sippra

trickster [*trikstə*] skojare, filur, trollkonstnär; **confidence** ~ bondfångare; **tricksy** [*triksi*] nyckfull, yster, bakslug

tricky [*triki*] knepig, opålitlig, kinkig, kvistig

tricoline [*trikolin*] trikolin (tyg)

tricolour [*traikʌlə*] trikolor

tricorn [*traikɔn*] trekantig hatt

tricycle [*traisikl*] trehjulig cykel

trident [*traid(ə)nt*] treudd, treuddigt ljuster

tried [*traid*] beprövad (se *try*)

triennial [*traie'njəl*] treårig, treårs-

trifle [*traifl*] bagatell, småsak, gräddtårta; gyckla, skämta, flörta, slå dank; **a** ~ en smula; ~ **away** plottra bort, förslösa; **trifling** obetydlig, lumpen, dåraktig, tanklös

trifoliate [*traifou'li(e)it*] trebladig

trig [*trig*] hämsko, broms, spärrhake, *sl* förk. f. *trigonometry*; nätt, stilig; hämma, bromsa, göra fin, trycka av (gevär); ~**ger** avtryckare (på gevär); ~**ger-man** *amr. sl* revolverman

trigonometric[**al**] [*trigənəme'trik*(*l*)] trigonometrisk; **trigonometry** [*trigənɔ'mitri*] trigonometri

trilateral [*trailæ'tərəl*] tresidig

trilby [*trilbi*] mjuk filthatt, *pl sl* fötter, ben

trilingual [*traili'ŋgwəl*] trespråkig

trill [*tril*] drill; slå drillar, frambringa rullande *r*

trillion [*triljən*] *mat.* trillion (1 följt av 18 nollor), *amr.* (1 följt av 12 nollor)

trilobite [*trailəbait*] *geol.* trilobit

trilogy [*trilədʒi*] trilogi (drama i tre delar)

trim [*trim*] skick, tillstånd, trimning, segelfärdigt skick; i fullgott skick, välordnad, vårdad, prydlig; klippa, putsa, pryda, garnera, trimma, stuva (last), *pol.* vända kappan efter vinden, *fam.* förebrå, klå (på pengar), lura; ~ **a person's jacket** *sl* prygla ngn; ~**mer** reparatör, dekoratör, kollämpare, vindflöjel (*fig.*), överdängare; ~**ming** dekorering, dekoration, garnering, *pl* smårätter, avfall

trinity [*triniti*] treenighet (*the T*—); **T— House** institution, varunder fyr- och lotsväsendet sorterar; **T— Brethren** kommission för fyr- o. lotsväsendet; **T— Sittings** arbetstermin för högsta domstolen; **T— Sunday** trefaldighetssöndagen; **T— Term** = *T— Sittings*, (*äv.*) vårtermin i Oxford

trinket [*triŋkit*] smycke, grannlåt, nipper

trio [*traiou*] (is. *mus.*) trio

trip [*trip*] tripp, kortare resa, utflykt, trippande, snavande, felsteg, misstag, krokben, förk. f. *tripos*; trippa, snubbla, begå fel, sätta krokben för (~ *up*)

tripartite [*tripa:tait, traipa:'tait*] tredelad

tripe [*traip*] oxvåm, slarvsylta, *sl* smörja, strunt

triplane [*traiplein*] triplan, tredäckare (flygmaskin)

triple [*tripl*] tredubbel; tredubbla; **the T— Alliance** trippelalliansen (mellan Tyskland, Österrike och Italien före 1914); **triplet** [*triplit*] grupp av tre, triplett, trilling

triplex [*tripleks*] [**glass**] splitterfritt glas

triplicate [*triplikit*] tredje avskrift; **in** ~ i tre lika exemplar

tripod [*traipɔd, tri-*] trefot, stativ

tripos [*traipɔs*] kvalificerad kandidatexamen i Cambridge

tripper [*tripə*] turist

trips [*trips*] (Cambridge-*sl*) förk. f. *tripos*

triptych [*triptik*] triptyk (tredelad [altar]tavla)

trisect [*traise'kt*] dela i tre (lika stora) delar; ~**ion** [*traise'kʃ(ə)n*] tredelning

trisyllabic [*traisilæ'bik, tri-*] *gram.* trestavig

trite [*trait*] utnött, trivial

triton [*traitn*] triton

triturate [*tritjureit*] pulverisera

triumph [*traiəmf*] triumf; triumfera; ~**al** [*traiʌ'mfəl*] triumf-; ~**ant** [*traiʌ'mfənt*] triumferande, segerrik

triumvir [*traiʌ'mvə(:), traiəmvə(:)*] triumvir; ~**ate** [*traiʌ'mvirit*] triumvirat

triune [*traiju:n*] treenig

trivet [*trivit*] trefot; **right as a** ~ *fam.* pigg som en mört

trivial [*triviəl*] alldaglig, trivial, obetydlig; ~**ity** [*triviæ'liti*] trivialitet, bagatell, banalitet, platthet

trochaic [*trokei'ik*] trokaisk; **trochee** [*trouki:*] troké

trod [*trɔd*] trädde; **trod**[**den**] [*trɔd(n)*] trätt (se *tread*)

troglodyte [*trɔglodait*] grottmänniska

Trojan [*troudʒən*] trojan, trojansk; **work like** ~**s** arbeta som slavar

troll [*troul*] troll, jätte, trall, rundsång; tralla, fiska med drag (~*ing-spoon*)

trolley [*trɔli*] dressin, grönsakskärra, kontakttrissa (på spårvagn); ~**-bus**, ~ **car** (*amr.*) trådbuss; **be off one's** ~ *amr. sl* vara på villospår

trollop [*trɔləp*] slyna, slampa; *amr. sl* prygla, slå

trombone [*trɔ(')mbou'n*] *mus.* basun

troop [*tru:p*] trupp, skara, skock, tropp; skocka sig, komma i skaror, marschera (i trupp); **get one's** ~ bli befordrad till kapten; ~**ing the colour** flaggparad; ~**er** menig kavallerist; **swear like a** ~**er** svära som en turk

trope [*troup*] bildligt uttryck, trop

trophy [*troufi*] trofé

tropic [*trɔpik*] vändkrets; **the** ~**s** tropikerna; **the** ~ **of Cancer** Kräftans vändkrets; **the** ~ **of Capricorn** Stenbockens vändkrets; ~**al** [*trɔpikl*] tropisk

troposphere [*trɔpəsfiə*] troposfär (luftlagret 11 km närmast jorden)

trot [*trɔt*] trav; trava, låta trava; ~ **a person off his legs** uttrötta ngn; ~**ter** travare, *pl sl* [svin]fötter

troth [*troub*] tro och loven; **by my** ~ på min ära; **plight one's** ~ skänka (ngn) sin tro

troubadour [*tru:bəduə*] trubadur

trouble [*trʌbl*] oro, förvirring, besvär, bekymmer, åkomma, *pl* oroligheter; oroa, bekymra, besvära, röra upp, grumla, besvära sig, bry sig (**about** om); **ask** el. **look for** ~ skaffa sig obehag, mucka gräl; **take** [**the**] ~ göra sig mödan; **a woman in** ~ ogift kvinna i grossess; ~**some** [*trʌblsəm*] besvärlig, oläglig, obehaglig, bråkig, mödosam; **troublous** [*trʌbləs*] orolig, upprörd, stormig

trough [*trɔ:f, trɔf, trʌf*] tråg
trounce [*trauns*] straffa hårt
troupe [*tru:p*] skådespelartrupp; **trouper** medlem av skådespelartrupp
trouser [*trauzə*] *pl* byxor; stoppa i byxfickan; **~-clip** byxklämmare (för cykelåkning)
trousseau [*tru:sou*] brudutstyrsel
trout [*traut*] forell
trover [*trouvə*] *jur.* krav på återfående av egendom som orättmätigt tagits i besittning av en annan
trow [*trou*] *åld.* mena, tro
trowel [*trauəl*] murslev; **lay it on with a ~** *fig.* breda på tjockt
troy [*trɔi*] *hand.* troyvikt (för guld o. silver)
truancy [*truənsi*] skolkning, försumlighet; **truant** skolkare; **play truant** skolka
truce [*tru:s*] vapenstillestånd
truck [*trʌk*] lastbil, öppen godsvagn, skjutvagn, truck, *amr.* grönsaker, diverse, skräp, byteshandel; idka byteshandel, schackra, sälja, tillbyta sig; **have ~ with a person** ha ngt att göra med ngn, byta med ngn; **~ farmer** *amr.* handelsträdgårdsmästare; **~ system** naturalön, stat
truckle [*trʌkl*] rullsäng (att skjuta in under annan säng); underkasta sig, krypa
truculence [*trʌkjuləns*] vildhet, råhet; **truculent** vild, rå
trudge [*trʌdʒ*] traskande; traska
trudgen [*trʌdʒ(ə)n*] [**stroke**] kastsimning, indiansim
true [*tru:*] sann, riktig, äkta, trofast, redbar; inpassa, justera; **~ as steel** trogen som guld; **come ~** besannas, gå i uppfyllelse; **hold ~** hålla streck, gälla; **~-blue** äktblå, äkta, ståndaktig, trogen; **~-born**, **~-bred** äkta; **~-love** käresta, trolovad
truffle [*trʌfl*] tryffel
truism [*tru:izm*] självklar sanning, banalitet
trull [*trʌl*] gatslinka
truly [*tru:li*] sannerligen, uppriktigt, trofast, exakt; **yours ~** högaktningsfullt, (*skämts.*) undertecknad (jag)
trump [*trʌmp*] trumf, hedersknyffel; trumfa; **the last ~** domsbasunen; **turn up ~s** visa sig vara bättre än väntat; **~ up** uppfinna, uppdikta
trumpery [*trʌmpəri*] billig grannlåt, skräp; tarvlig, simpel
trumpet [*trʌmpit*] trumpet, hörlur (*ear-~*), *sl* näsa; trumpeta; **~er** [*trʌmpitə*] trumpetare; **be one's own ~er** skryta
truncate [*trʌŋkei't*] stubba, stympa; **truncation** [*trʌŋkei'ʃ(ə)n*] stympning
truncheon [*trʌnʃ(ə)n*] kommandostav, batong
trundle [*trʌndl*] trilla, rulla
trunk [*trʌŋk*] stam, bål, snabel, (stor) koffert, *sl* näsa, *pl amr.* simbyxor, sportbyxor; **~-call** interurbansamtal; **~-line** stambana, huvudlinje; **~ drawers**, **~ hose** = *trunks*
truss [*trʌs*] knippa, bunt, klase, takstol, spännverk, konsol, *med.* bråckband; binda ihop, stötta
trust [*trʌst*] tillit, tilltro, ansvar, omvårdnad, anförtrott gods, förtroendeuppdrag, syndikat, trust; lita på, vara förvissad om, anförtro (ngn ngt), deponera, ge kredit åt, förtrösta (**in** på); **on ~** på (mitt etc.) blotta ord, på kredit; **~worthy** pålitlig; **~ee** [*trʌsti:'*] godman, förmyndare; **~ful**, **~ing** tillitsfull; **~y** trofast, pålitlig
truth [*tru:þ*] sanning, ärlighet; **to tell the ~** ärligt talat; **~ful** sannfärdig; **~less** falsk, trolös
try [*trai*] försöka, pröva, sätta på prov, undersöka (experimentellt), *jur.* behandla, [för]höra, rannsaka; **have a ~** göra ett försök, försöka sig (**at** på); **~ on** prova (kläder); **~-out** utprovning; **~ing** [*traiiŋ*] ansträngande, påkostande
tryst [*trist, traist*] möte[splats]
tsar [*tsa:*] tsar (*czar*)
tsetse [*tsetsi*] tsetsefluga
tub [*tʌb*] badkar, (*skämts.*) långsamt fartyg, *sl* predikstol; ta karbad; **~-thumper** *sl* [dissenter]-präst, agitator; **~-thumping** *sl* predikan, agitation, reklam
tuba [*tjubə*] *mus.* tuba
tubby [*tʌbi*] rund, trind, knubbig
tube [*tju:b*] rör, tub, underjordisk järnväg, *amr.* radiorör; förse med rör, lägga i tub
tuber [*tju:bə*] *bot.* rotknöl, utväxt, potatis, tryffel
tubercle [*tju:bəkl*] *med.* tuberkel; **tubercular** [*tju(:)bə:'kjulə*] tuberkulös; **tuberculin** [*tju(:)bə:'kjulin*] tuberkulin; **tuberculosis** [*tju(:)bə:kjulou'sis*] tuberkulos; **tuberculous** [*tju(:)bə:'kjuləs*] tuberkulös
tuberous [*tju:bərəs*] knölig, tuberös
tubing [*tju:biŋ*] rörledning
tubular [*tju:bjulə*] rörformig, rör-; **~ frame** *auto.* chassiram av rör
tuck [*tʌk*] veck, uppslag, fiskhåv, *sl* mat (is. snask, sötsaker); stoppa, vika, kavla; **~ away** stoppa (gömma) undan; **~ in** stoppa in, *sl* stoppa i sig (mat); **~ up** stoppa om (i sängen), vika (kavla) upp; **~-in**, **~-out** kalas; **~-shop** gottbutik; **~er** halskrås, *sl* mat; *amr.* trötta (*~ out*)
Tuesday [*tju:zdi*] tisdag
tufa [*tu:fə*], **tuff** [*tʌf*] *min.* tuff
tuft [*tʌft*] [blom]kvast, [fjäder]buske, [gräs]tuva, [hår]test; **~hunter** snyltgäst, snobb; **~ed**, **~y** tofsprydd, buskig
tug [*tʌg*] ryck, bogserbåt, *sl* frielev vid skolan i Eton; rycka, bogsera, knoga; **~ of war** dragkamp
tuition [*tju(:)i'ʃ(ə)n*] undervisning, avgift för undervisning
tulip [*tju:lip*] tulpan
tulle [*tju:l, tu:l*] tyll
tulwar [*tʌlwa:*] indiskt svärd
tumble [*tʌmbl*] fall, kullerbytta, oordning, röra; ramla [ned], tumla, göra kullerbyttor, vräka [sig], rufsa till; **~ to** *fam.* förstå; **~down** fallfärdig, förfallen; **~r** akrobat, dricksglas, tumlett (ett slags duva); **tumblings and blankets** *amr. sl* tobak och cigarrettpapper
tumbrel, tumbril [*tʌmbrəl, -bril*] fångvagn, ammunitionsvagn, gödselkärra
tumid [*tju:mid*] uppsvälld, svullen, bombastisk; **~ity** [*tju:mi'diti*] svullnad, uppsvälldhet, svulstighet
tummy [*tʌmi*] (*barnspr.*) mage
tumour [*tju:mə*] *med.* svulst, tumör
tumult [*tju:mʌlt*] tumult, oroligheter, larm, våldsamhet (om känslor); **~uary** [*tju(:)mʌ'ltjuəri*] oordnad, bråkig, kaotisk; **~uous** [*tju(:)mʌ'ltjuəs*] våldsam, larmande, häftig, förvirrad
tumulus [*tju:mjuləs*] gravhög
tun [*tʌn*] tunna
tune [*tju:n*] melodi, harmoni; stämma, bringa i samklang; **to the ~ of** till ett belopp av; **in ~** stämd; **out of ~** ostämd, falskt, på misshumör; **~ in** ställa in (apparat), ta in (radiostation); **~ up** stämma (instrument), uppstämma, trimma (motor); **tuned** *amr. sl* drucken; **tuning-coil** radiospole; **tuning-fork** stämgaffel; **tuneful** melodiös; **tuner** pianostämmare; **tuny** melodiös
tungsten [*tʌŋstən*] *min.* tungsten, volfram
tunic [*tju:nik*] tunika, tunik (på klänning), vapenrock, *zool.* hinna, hölje
tunnel [*tʌnəl*] tunnel; bygga tunnel
tunny [*tʌni*] tonfisk
tuppence [*tʌpəns*] *fam.* för *twopence*
turban [*tə:bən*] turban
turbid [*tə:bid*] oklar, grumlig; **~ity** [*tə:bi'diti*] oklarhet
turbine [*tə:bin, -bain, -bi:n*] turbin
turbot [*tə:bət*] *zool.* piggvar
turbulence [*tə:bjuləns*] oro, förvirring, tumult; **turbulent** orolig, upprörd, våldsam, oregerlig

Turcophil [*tə:kofil*] turkvän; **Turcophobe** [*tə:kofoub*] turkhatare
turd [*tə:d*] (lägre språk) lort (också om person)
tureen [*tju(ə)ri:'n*] terrin
turf [*tə:f*] gräs[torva]; torvtäcka; **the ~** kapplöpningsbanan, kapplöpningarna, hästsporten; **~ it** *amr. sl* gå till fots; **~ite** [*tə:fait*] hästsportsentusiast; **~y** gräsklädd
turgid [*tə:dʒid*] uppsvälld, svullen, bombastisk; **~ity** [*tə:dʒi'diti*] svullnad, svulstighet
Turk [*tə:k*] turk, bråkstake, barbar
Turkey [*tə:ki*] Turkiet; **t—** kalkon, *amr. sl* pultron, rulle sängkläder, verktygspåse; **talk t—** *amr.* tala affärer, vara uppriktig
Turkish [*tə:kiʃ*] turkiska [språket], turkisk; **~ delight** fyrkantig marmeladbit
Turkoman [*tə:kəmən*] turkmen
turmoil [*tə:mɔil*] larm, oro, jäsning, förvirring
turn [*tə:n*] vändning, vridning, sväng (*äv.* promenad), krökning, tur, skift, tjänst, sjukdomsattack, chock, [varieté]nummer, skaplynne, anlag; vända [sig], vrida [sig], snurra, svarva, kröka, [in]rikta, runda, kringgå, förändra [sig], bli, översätta, göra el. bli sur; **on the ~** i beråd att vända [sig] el. (om mjölk) att surna; **done to a ~** lagom [stekt]; **in ~** turvis; **it is your ~** det är din tur; (**grave and gay**) **by ~s** turvis...; **out of ~** i otid; **~ and ~ about** växelvis; **take ~s** avlösa i tur och ordning; **do an ill ~** göra en dålig tjänst; **give a person a ~** ge ngn en chock; **serve a person's ~** tjäna ngns syfte; **a serious ~ of mind** en allvarlig läggning; **~ of the tide** vändpunkt, strömkantring; **he has ~ed 50** han har fyllt 50; **without ~ing a hair** fullkomligt oberörd; **~ a person's head** förvrida huvudet på ngn; **my head is ~ing** jag är yr i huvudet; **~ an honest penny** tjäna en [hederlig] slant; **~ tail** *sl* sticka svansen mellan benen; **~ the tables** ge saken en annan vändning; **~ the tap on** *sl* brista i gråt; **about ~!** helt om! **~ away** vända sig bort, avskeda, visa på dörren; **~ down** vika (lägga) ned, skruva ned (ljus), avvisa, förkasta; **~ in** vrida in, gå till kojs ('törna in'); **~ inside out** vända ut och in på; **~ off** vrida (skruva) av, vika, avvisa, slå bort, skaka (ngt) ur ärmen; **~ on** vrida (skruva) på; **~ on** (*on* obetonat) vända [sig] mot, bero på; **~ out** vrida utåt, skruva av, släcka, köra ut, vända ut och in på, producera, utstyra, purra, stiga upp ('törna ut'), utfalla, arta sig, bli; **~ over** välta, vända sig [på sidan], vända (blad), fundera över, överlåta, omsätta (pengar); **~ over a new leaf** börja ett nytt liv; **~ to** börja arbeta; **~ to account** utnyttja; **~ up** vända upp, slå upp, skruva upp (låga), visa sig, dyka upp, yppa sig; **~about** [åsikts]svängning, *amr.* karusell; **~coat** *fig.* vindflöjel; **~cock** kranskötare (vid vattenledningsverk); **~down** *amr.* nederlag vid val; **~-down collar** dubbelviken krage; **~key** fångvaktare; **~-out** tillslutning (av t. ex. mötesdeltagare), utstyrsel, mötesplats (på smal väg), produktion; **~over** (ett slags) frukttårta, omsättning, tidningsartikel fortsatt på en följande sida; **~pike** vägbom; **~-screw** skruvmejsel; **~spit** hundras med korta ben; **~stile** vändkors; **~-table** vändskiva; **~tail** backhare, mes; **~-up** uppslag, slagsmål; **well ~ed up** välskapad; **~er** svarvare, *amr.* (*äv.*) medlem av gymnastikförening (*ty.* *Turnverein*); **~ery** [*tə:nəri*] svarvning, svarvat arbete; **~ing** vändning, vridning, avtagsväg; **~ing-point** vändpunkt
turnip [*tə:nip*] rova, kålrot, *sl* huvud, narr, klumpigt fickur, 'rova'
turpentine [*tə:pəntain*], *fam.* **turps** [*tə:ps*] terpentin
turpitude [*tə:pitju:d*] nedrighet
turquoise [*tə:kwa:z, -kwɔ:z, -k(w)ɔiz*] turkos
turret [*tʌrit*] litet torn, vridbart kanontorn; **~ed** [*tʌritid*] försedd med torn, tornprydd
turtle [*tə:tl*] turturduva, havssköldpadda; **turn ~** kapsejsa
Tuscan [*tʌskən*] toskanare; toskansk; **~y** [*tʌskəni*] Toskana
tusk [*tʌsk*] huggtand, rovtand, bete
tussle [*tʌsl*] slagsmål, dust; slåss
tussock [*tʌsək*] [gräs]tuva
tut [*tʌt*] asch! (interjektion angivande otålighet eller förakt)
tutelage [*tju:tilidʒ*] förmynderskap, myndighet; **tutelary** [*tju:tiləri*] beskyddande, förmyndar-
tutor [*tju:tə*] förmyndare, informator, [privat]lärare, handledare (i studier); undervisa, handleda, tukta, mästra, varna; **~ess** [*tju:təris*] lärarinna; **~ial** [*tjutɔ:'riəl*] förmyndar-, privatlärar-; **~ship** [*tju:təʃip*] förmynderskap, lärarställning
tu-whit [*tu(h)wi't*], **tu-whoo** [*tu(h)wu:'*] klävitt (ugglas skri)
tux [*tʌks*] *amr. fam.* förk. f. **tuxedo** [*tʌksi:'dou*] *amr.* smoking
twaddle [*twɔdl*] nonsens; snacka, babbla
twain [*twein*] *åld.* två, tvenne; **in ~** itu
twang [*twæŋ*] klang, dallrande ljud, knäpp, dialektal brytning, näston (*nasal* ~); [få att] klinga, dallra
'twas [*twɔz*, (trycklöst) *twəz*] = *it was*
tweak [*twi:k*] nyp, vridning, ryck, knep; knipa, klämma, vrida om; **~er** *sl* slunga
tweed [*twi:d*] tweed (grovt ylletyg)
tweedledum [*twi:'dldʌ'm*] **and tweedledee** [*-di'*] två personer eller saker, som man har svårt att skilja emellan
'tween [*twi:n*] förk. f. *between* emellan; **tweeny** [*twi:ni*] hjälpflicka
tweet [*twi:t*] kvitter; kvittra
tweezers [*twi:zəz*]; **pair of ~** pincett
twelfth [*twelfþ*] tolftedel; tolfte; **T—-day** trettondagen; **T—-night** trettondagsafton; **twelve** *t*[*welv*] tolv; **twelvemo** [*twelvmou*] duodesformat
twentieth [*twentiiþ*] tjugondedel; tjugonde; **twenty** [*twenti*] tjugo; **in the twenties** (**20's**) på 20-talet
'twere [*twə:*] = *it were*
twice [*twais*] två gånger; **~ running** två gånger å rad; **~r** person, som gör ngt två gånger (is. som går i kyrkan två gånger var söndag)
twiddle [*twidl*] snoende (mellan fingrarna), släng (namnteckning); sno mellan fingrarna, leka med (ngt man har i handen); **~ one's thumbs** sno tummarna, sitta sysslolös
twig [*twig*] kvist; *fam.* förstå; **hop the ~** *sl* falla av kvisten (dö); **~ something** lukta på riset
twilight [*twailait*] skymning, gryning, halvdager; **~ sleep** halvslummer
twill [*twil*] fyrskaftad väv, kypert; kypra
'twill [*twil*] förk. f. *it will*
twin [*twin*] tvilling; tvilling-; **fraternal ~s** tvåäggstvillingar; **identical ~s** enäggstvillingar
twine [*twain*] segelgarn; sno, tvinna
twinge [*twin(dʒ)*] sting, nyp; sticka, plåga
twinkle [*twiŋkl*] blink, glimt; blinka, glittra, blänka, utstråla; **in a ~, in the twinkling of an eye** på ett ögonblick; **twinklers** *sl* ögon
twirl [*twə:l*] snurrning, virvel, släng; snurra, virvla
twist [*twist*] vridning, vrickning, krök, bukt, fnurra (på tråd), [tvinn]tråd, fläta, kringla, strut, särdrag; tvinna, vrida, förvrida, vira, linda, slingra sig, vrida[s] ur led; **~ed** vriden etc., invecklad, tilltrasslad; **~er** (bl. a.) ordvrängare, hård nöt att knäcka
twit [*twit*] reta, pika (**with** för)
twitch [*twitʃ*] ryckning, spasm, nyp, sting; rycka [till], knäppa, skälva
twitter [*twitə*] kvitter; kvittra; **be in a ~** vara nervös; **the ~s** nervositet
'twixt [*twikst*] förk. f. *betwixt* emellan
two [*tu:*] två; **~pence** [*tʌpəns*] två pence; **~penny halfpenny** (2 ½ pence) *sl* simpel; **~-seater** bil el. flygmaskin för två personer; **~-to-one shop**

sl pantbank; **in two-twos** *sl* i en handvändning; **~fold** [*tu:fould*] tvåfaldig, dubbel
'twould [*twud*] förk. f. *it would*
Tyburn [*taibə:n*] till 1783 avrättningsplats i London
tycoon [*taiku:'n*] ledande finansman, matador
tying [*taiiŋ*] se *tie*
tyke [*taik*] hundracka
tympanum [*timpənəm*] *anat.* trumhinna
type [*taip*] typ, mönster, symbol; skriva på maskin; **true to ~** normal; **typescript** [*taipskript*] maskinskrivet manuskript; **~-setter** (is. *amr.*) sättare; **~-write** skriva på maskin; **~-writer** skrivmaskin
typhoid [*taifɔid*] [**fever**] tyfus, nervfeber
typhonic [*taifɔ'nik*] tyfonartad; **typhoon** [*taifu:'n*] tyfon
typhus [*taifəs*] tyfus
typical [*tipik(ə)l*] typisk, karakteristisk; **typify** [*tipifai*] vara en typ för, symbolisera
typist [*taipist*] maskinskrivare, -erska
typo [*taipou*] *amr. fam.* förk. f. **~grapher** [*taipɔ'grəfə*] typograf, boktryckare; **~graphic[al]** [*taipəgræ'fik(ə)l*] typografisk; **~graphy** [*taipɔ'grəfi*] typografi
tyrannical [*tiræ'nik(ə)l, tai-*] tyrannisk; **tyrannicide** [*tiræ'nisaid, tai-*] tyrannmördare, tyrannmord; **tyrannize** [*tirənaiz*] tyrannisera; **tyrannous** [*tirənəs*] tyrannisk; **tyranny** [*tirəni*] tyranni; **tyrant** [*taiərənt*] tyrann
tyre [*taiə*] bilring, cykelring; **beaded ~** *auto.* bilring med pärlad yta
tyro [*taiərou*] lärling, nybörjare (*tiro*)
Tyrol [*tirəl, tirou'l*] Tyrolen; **Tyrolese** [*tiroli:'z*] tyrolare; tyrolsk
tzar [*tsa:*] tsar (*czar*)
Tzigane [*tsiga:'n*] zigenare

U

U, u [*ju:*] (*pl Us, U's* [*ju:z*]) U, u
ubiquitous [*jubi'kwitəs*] allestädes närvarande; **ubiquity** [*jubi'kwiti*] allestädesnärvaro
U-boat [*ju:bout*] ubåt
udder [*ʌdə*] juver
ugh [*u:*] hu! usch!
ugly [*ʌgli*] ful, otäck, otrevlig; **~ customer** otrevlig figur
Uitlander [*eitlændə*] (*sydafr.*) utlänning
ukase [*ju:kei's, u:-*] ukas
ukulele [*u:kulei'li*] ukulele, havajigitarr
ulcer [*ʌlsə*] öppet sår, rötsår, skamfläck; **~ate** [*ʌlsəreit*] bilda sår, vara sig, bulna; **~ation** [*ʌlsərei'ʃ(ə)n*] sårbildning; **~ous** [*ʌlsərəs*] sårig, varig
ulna [*ʌlnə*] *anat.* armbågsben
ulster [*ʌlstə*] ulster
ulterior [*ʌlti'əriə*] avlägsnare, framtida, ytterligare, fördold
ultimate [*ʌltimit*] slutlig, sist, ursprunglig; **ultimatum** [*ʌltimei'təm*] ultimatum
ultimo [*ʌltimou*] *hand.* sistlidna [månad]
ultra [*ʌltrə-*] överdriven, ultra-
ultramarine [*ʌltrəməri:'n*] ultramarinblå[tt]
ultramontane [*ʌltrəmɔ'ntein*] ultramontan, påvlig, italiensk
ultra-violet [*ʌ'ltrəvai'əlit*] ultraviolett
ululate [*ju:luleit*] yla, tjuta; **ululation** [*ju:lulei'ʃ(ə)n, u:-, ʌ-*] tjut, jämmer
Ulysses [*ju(:)li'siz*] Odysseus
umbel [*ʌmbəl*] *bot.* blomflock; **~liferae** [*ʌmbəli'fəri:*] *bot.* flockblomstriga växter; **~late** [*ʌmbəlit*], **~liferous** [*ʌmbeli'fərəs*] *bot.* flockblomstrig
umber [*ʌmbə*] umbra; umbrafärgad
umbilical [*ʌmbi'lik(ə)l*] *anat.* navel-, *fig.* central; **umbilicate** [*ʌmbi'likit*] navelformig; **umbilicus** [*ʌmbi'likəs*] *anat.* navel
umbra [*ʌmbrə*] *astr.* kärnskugga
umbrage [*ʌmbridʒ*] *poet.* skugga, misstro, anstöt; **take ~** ta anstöt, känna sig förnärmad; **~ous** [*ʌmbrei'dʒəs*] skuggig
umbrella [*ʌmbre'lə*] paraply; **~-stand** paraplyställ
umlaut [*umlaut*] (*ty.*) omljud
umpire [*ʌmpaiə*] *jur.* skiljedomare, (*sport.*) domare; döma
umpteen [*ʌ'm(p)ti:'n*] *sl* många, femtielva
'un [*ʌn*] *fam.* en, man (*one*)
unabashed [*ʌ'nəbæ'ʃt*] oblyg, ogenerad, oförskräckt
unable [*ʌ'nei'bl*] oförmögen (**for** till, **to** att), inkompetent
unaccountable [*ʌ'nəkau'ntəbl*] oansvarig, oförklarlig
unadvisable [*ʌ'nədvai'zəbl*] icke tillrådlig, oklok; **unadvised** [*ʌ'nədvai'zd*] oklok, obetänksam
unaffected [*ʌ'nəfe'ktid*] oberörd, okonstlad, naturlig
unallied [*ʌ'nəlai'd*] obesläktad, ej allierad
unanimated [*ʌ'næ'nimeitid*] livlös
unanimity [*ju:næni'miti*] enhällighet, enighet; **unanimous** [*ju:næ'niməs*] enhällig, enig
unanswerable [*ʌ'na:'nsərəbl*] omöjlig att besvara, obestridlig
unappealable [*ʌ'nəpi:'ləbl*] som ej får överklagas, slutgiltig
unapproachable [*ʌ'nəprou'tʃəbl*] otillgänglig
unappropriated [*ʌ'nəprou'prieitid*] oanvänd, herrelös
unapt [*ʌ'næ'pt*] oduglig, olämplig, ej (föga) lämpad
unashamed [*ʌ'nəʃei'md*] oblyg, frimodig
unasked [*ʌ'na:'skt*] oombedd, objuden
unassuming [*ʌ'nəs(j)u:'miŋ*] blygsam
unattended [*ʌ'nəte'ndid*] utan uppvaktning, ensam; **~ to** vanskött, försummad, utan tillsyn; **unattending** [*ʌ'nəte'ndiŋ*] ouppmärksam
unavailable [*ʌ'nəvei'ləbl*] oåtkomlig, ej tillgänglig
unavailing [*ʌ'nəvei'liŋ*] fruktlös, fåfäng
unaware [*ʌ'nəwɛ'ə*] omedveten (**of** om); **~s** [*ʌ'nəwɛ'əz*] oväntat, oförmodat, oavsiktligt; **take (catch) a person ~s** överraska, överrumpla ngn
unbalanced [*ʌ'nbæ'lənst*] obalanserad
unbeaten [*ʌ'nbi:'tn*] obesegrad, oöverträffad, obanad (väg)
unbelief [*ʌ'nbili:'f*] otro, kätteri
unbend [*ʌnbe'nd*] spänna ned, lossa [på], lätta, förströ, mildra, släta ut (pannans veck), slappas, slappna, bli tillgänglig, tina upp; **~ing** [*ʌ'nbe'ndiŋ*] oböjlig, sträng, omedgörlig
unbeseeming [*ʌ'nbisi:'miŋ*] opassande, otillbörlig
unbiassed [*ʌ'nbai'əst*] opartisk
unblushing [*ʌ'nblʌ'ʃiŋ*] icke rodnande, fräck, skamlös
unbosom [*ʌnbu'zəm*] öppna sitt hjärta, anförtro
unbound [*ʌ'nbau'nd*] obunden, oinbunden
unbounded [*ʌ'nbau'ndid*] obegränsad
unbowel [*ʌnbau'il*] ta ur inälvor, rensa
unbrace [*ʌnbrei's*] spänna ned, lossa, försvaga
unbridle [*ʌnbrai'dl*] betsla av, *fig.* släppa lös, lossa; **~d** *fig.* tygellös

unbroken [*ʌ'nbrou'kn*] obruten, oavbruten, oinriden (häst), okuvad
unburden [*ʌnbə:'dn*] lätta (sitt hjärta)
unbutton [*ʌnbʌ'tn*] knäppa upp
unc [*ʌŋk*] *sl* förk. f. *unconscious* omedveten, medvetslös
uncalled [*ʌ'nkɔ:'ld*] okallad, oombedd; **~-for** opåkallad
uncanny [*ʌnkæ'ni*] mystisk, hemsk, farlig
uncared-for [*ʌ'nkɛ'ədfɔ:*] vårdslösad, försummad, vanskött
unceasing [*ʌ'nsi:'siŋ*] oupphörlig
unceremonious [*ʌ'nserimou'njəs*] ceremonilös, enkel, otvungen
uncertain [*ʌ'nsə:'tn*] osäker, oviss, ostadig, opålitlig; **~ty** osäkerhet
uncertificated [*ʌ'nsə:ti'fikeitid*] obestyrkt, utan behörigt intyg
uncial [*ʌnʃ(i)əl*] uncialbokstav el. -skrift; uncial-
uncivil [*ʌ'nsi'vil*] ohövlig, ohyfsad
unclasp [*ʌnkla:'sp*] spänna upp, öppna
uncle [*ʌŋkl*] farbror, morbror, onkel, *sl* pantlånare; **talk like a Dutch ~** förmana, läsa lagen för ngn; **U— Sam** Onkel Sam (personifikation av USA)
unclog [*ʌnklɔ'g*] frigöra
unco [*ʌŋkə, ʌŋkou*] (*Skottl.*) underlig, okänd, hemsk; synnerligen, högst
uncoil [*ʌnkɔi'l*] rulla upp (rep o. d.)
uncomely [*ʌ'nkʌ'mli*] föga tilldragande, ful
uncomfortable [*ʌ'nkʌ'mf(ə)təbl*] obehaglig, illa till mods, obekväm
uncomplaining [*ʌ'nkəmplei'niŋ*] undergiven, tålig
uncomplimentary [*ʌ'nkɔmplime'ntəri*] oartig, föga smickrande
uncomplying [*ʌ'nkəmplai'iŋ*] oböjlig, styv, ej tillmötesgående
uncompromising [*ʌ'nkɔ'mprəmaiziŋ*] principfast, orubblig, envis
unconcerned [*ʌ'nkənsə:'nd*] likgiltig, obekymrad, oberörd, ej delaktig (**in** i); **be ~ with** ej befatta sig med
unconditional [*ʌ'nkəndi'ʃ(ə)n(ə)l*], **unconditioned** [*-ʃ(ə)nd*] obetingad
unconfined [*ʌ'nkənfai'nd*] fri, oinskränkt
unconscionable [*ʌ'nkɔ'nʃ(ə)nəbl*] samvetslös, orimlig, hänsynslös
unconscious [*ʌ'nkɔ'nʃəs*] medvetslös, omedveten, intet anande
unconsidered [*ʌ'nkənsi'dəd*] ouppmärksammad, oöverlagd
unconspicuous [*ʌ'nkənspi'kjuəs*] föga iögonfallande, obemärkt
unconstitutional [*ʌ'nkɔnstitju:'ʃən(ə)l*] författningsstridig
uncontrollable [*ʌ'nkəntrou'ləbl*] okontrollerbar, obetvinglig; **uncontrolled** [*ʌ'nkəntrou'ld*] obehärskad, otyglad
uncord [*ʌnkɔ:'d*] snöra (lösa) upp, öppna
uncork [*ʌnkɔ:'k*] korka upp
uncouple [*ʌnkʌ'pl*] avkoppla, lösgöra
uncourteous [*ʌ'nkɔ:'tʃəs*] ohövlig, ohövisk
uncourtly [*ʌnkɔ:'tli*] obelevad, ohövisk
uncouth [*ʌ(')nku:'þ*] otymplig, plump, karg, enslig
uncover [*ʌnkʌ'və*] avtäcka, blotta (sitt huvud)
uncrushable [*ʌ'nkrʌ'ʃəbl*] skrynkelfri
unction [*ʌŋ(k)ʃ(ə)n*] smörjelse, salva, salvelse; **unctuous** [*ʌŋ(k)tʃuəs*] salvelsefull, oljig, flottig
uncustomed [*ʌ'nkʌ'stəmd*] ofortullad, tullfri
uncut [*ʌ'nkʌ't*] oskuren, oslagen (om säd), ouppskuren, obeskuren, oklippt
undated 1) [*ʌndeitid*] vågig
undated 2) [*ʌ'ndei'tid*] odaterad
undaunted [*ʌndɔ:'ntid*] oförfärad
undeceive [*ʌ'ndisi:'v*] ta ngn ur en villfarelse
undemonstrative [*ʌ'ndimɔ'nstrətiv*] reserverad, behärskad
undenominational [*ʌ'ndinɔminei'ʃənl*] konfessionslös
under [*ʌndə*] under, under-, inunder, nedanför; **~ age** omyndig; **~ his breath** med låg röst; **~ a cloud** i onåd
underact [*ʌ'ndəræ'kt*] ej fylla (förfuska) (en roll)
underbid [*ʌ'ndəbi'd*] underbjuda
underbred [*ʌ'ndəbre'd*] ej rasren, vulgär, obildad
underbrush [*ʌndəbrʌ'ʃ*] snår-, underskog
undercarriage [*ʌndəkæridʒ*] *flyg.* landningsställ
undercharge [*ʌ'ndətʃa:'dʒ*] underdebitera, ej lasta (ladda) tillräckligt
underclothes [*ʌndəklouðz*] underkläder
undercurrent [*ʌndəkʌrənt*] underström (också *fig.*)
undercut [*ʌ'ndəkʌ't*] *kok.* filé; underbjuda
under-dog [*ʌndədɔg*] den förlorande parten, stackare, usling
underdone [*ʌ'ndədʌ'n*] för litet stekt el. kokt
underdressed [*ʌ'ndədre'st*] för lätt el. enkelt klädd
underestimate [*ʌ'ndəre'stimit*] undervärdering; [*-meit*] undervärdera
under-exposure [*ʌ'ndərekspou'ʒə*] *foto.* underexponering
underfed [*ʌ'ndəfe'd*] undernärd
underfeeding [*ʌ'ndəfi:'diŋ*] undernäring
undergo [*ʌndəgou'*] (*oregelb. vb*; se *go*) genomgå, utstå
undergrad [*ʌndəgræd*] förk. f. **undergraduate** [*ʌndəgræ'djuit*] student; *skämts.* **undergraduette** [*ʌ'ndəgrædjue't*] kvinnlig student
underground [*ʌndəgraund*] underjordisk, hemlig; under jorden, i lönndom; **the U—** den underjordiska järnvägen (i London)
undergrowth [*ʌndəgrouþ*] underskog
underhand [*ʌndəhænd*] (om boll) [kastad] med handflatan vänd uppåt, hemlig[t], i smyg; **~ bowling** underarmsbowling (el. -kast) (i kricket); **~ed** hemlig[t], i smyg; otillräckligt försedd med personal
underlay [*ʌndəlei*] underlag; [*-lei'*] lägga under
underlet [*ʌ'ndəle't*] hyra ut i andra hand, hyra ut under verkliga värdet
underlie [*ʌndəlai'*] ligga under, ligga till grund
underline [*ʌndəlai'n*] understryka
underling [*ʌndəliŋ*] underordnad person, redskap, *sl* underhuggare
underman [*ʌ'ndəmæ'n*] ge för ringa bemanning
undermine [*ʌndəmai'n*] underminera
undermost [*ʌndəmoust*] underst
underneath [*ʌndəni:'þ*] under, nedanför, undre
underpass [*ʌndəpa:s*] *amr.* tunnel (för fotgängare o. (el.) fordon)
underpay [*ʌ'ndəpei'*] betala för litet, underbetala
underpin [*ʌ'ndəpi'n*] stötta
underplay [*ʌ'ndəplei'*] se *underact*
underplot [*ʌndəplɔt*] bihandling, biintrig (i skådespel)
underprop [*ʌndəprɔ'p*] stötta under
underquote [*ʌndəkwout*] undernotera
underrate [*ʌndərei't*] undervärdera, underskatta
undersell [*ʌ'ndəse'l*] (*oregelb. vb*; se *sell*) sälja billigare än, sälja till underpris
undersigned [*ʌndəsaind*] undertecknad
undersized [*ʌ'ndəsai'zd*] under medelstorlek, lågstammig
understand [*ʌndəstæ'nd*] (*oregelb. vb*; se *stand*) förstå, inse, erfara, ha sig bekant, ha (få) den uppfattningen (att), underförstå, ta för givet; **do I ~** el. **am I to ~ . . .** skall jag fatta det så . . .? **give a person to ~** låta ngn förstå; **~ing** [*ʌndəstæ'ndiŋ*] förstånd, förståelse, överenskommelse, samförstånd, förutsättning, villkor, *sl* fötter, ben, skodon
understate [*ʌ'ndəstei't*] ange för lågt, ge uttryck åt ngt i underkant; **~ment** [*ʌndəstei'tmənt*] (*ung.*) uttryck el. framställning i underkant
understood [*ʌndəstu'd*] förstod, förstått etc. (se *understand*)

understrapper [*ʌndəstræpə*] underordnad person, underhuggare, medhjälpare
understudy [*ʌndəstʌdi*] reserv, ersättare, duplikant (på teatern); inöva roll för dubblering
undertake [*ʌndətei'k*] åtaga sig, företaga [sig], börja, garantera; **undertaker** [*ʌndəteikə*] företagare, is. begravningsentreprenör; **undertakers' squad** *mil. sl* sjukvårdssoldat; **undertaking** företag, begravningsentreprenörskap, löfte, garanti
undertone [*ʌndətoun*] underton, dämpad ton, färg; **in an ~** med låg röst
undertook [*ʌndətu'k*] företog, företagit [sig] (se *undertake*)
undertow [*ʌndətou*] underström
undervest [*ʌndəvest*] undertröja
underwear [*ʌndəwɛə*] underkläder
underwent [*ʌndəwe'nt*] utstod etc. (se *undergo*)
underwood [*ʌndəwud*] underskog, småskog
underworld [*ʌndəwə:ld*]; **the ~** underjorden, *fig.* den undre världen
underwrite [*ʌndərait*] underskriva, teckna [sjö]försäkring; **underwriter** [*ʌndəraitə*] assuradör
undesigned [*ʌ'ndizai'nd*] oavsiktlig; **undesigning** troskyldig, uppriktig
undesirable [*ʌ'ndizai'ərəbl*] ej önskvärd, ovälkommen, misshaglig
undeviating [*ʌ'ndi:'vieitiŋ*] icke avvikande, ståndaktig, orubblig
undies [*ʌndiz*] *pl sl* underkläder
undignified [*ʌ'ndi'gnifaid*] ovärdig, ofin
undimmed [*ʌ'ndi'md*] ofördunklad
undine [*ʌndi:n*] undin, sjöjungfru
undiscriminating [*ʌ'ndiskri'mineitiŋ*] urskillningslös, okritisk
undisguised [*ʌ'ndisgai'zd*] ej förklädd, oförställd, öppen
undistinguishable [*ʌ'ndisti'ŋgwiʃəbl*] oskönjbar, omöjlig att särskilja; **undistinguished** [*ʌ'ndisti'ŋgwiʃt*] föga bemärkt, okänd
undo [*ʌndu:'*] göra ogjort, upphäva, tillintetgöra, ruinera, störta i olycka, öppna, knyta upp, knäppa upp; **~ing** uppknäppande etc., upphävande, ruin, fördärv, olycka
undoubted [*ʌ'ndau'tid*] otvivelaktig
undreamed-of [*ʌ'ndre'mt-ɔv*] oanad
undress 1) [*ʌndres*] vardagsdräkt, civildräkt, negligé
undress 2) [*ʌndre's*] klä[da] av [sig] etc. (se *dress*)
undue [*ʌ'ndju:'*] otillbörlig, omåttlig, överdriven, *hand.* icke förfallen
undulate [*ʌndjuleit*] bölja, svinga, försätta i vågrörelse; **undulation** [*ʌndjulei'ʃ(ə)n*] vågrörelse, vågsvall, vågformig bildning (i terrängen)
unearth [*ʌnə:'þ*] gräva upp, gräva fram, avslöja; **~ly** [*ʌ'nə:'þli*] ojordisk, överjordisk, *fam.* orimlig
uneasy [*ʌ'ni:'zi*] obehaglig, olustig, illa till mods, orolig
unembodied [*ʌ'nimbɔ'did*] okroppslig
unemployed [*ʌ'nimplɔi'd*] sysslolös, arbetslös; **unemployment** [*ʌ'nimplɔi'mənt*] arbetslöshet
unequal [*ʌ'ni:'kwəl*] olika, omaka, ojämn; **be ~ to** inte vara (en uppgift) vuxen; **~led** ouppnådd, oöverträffad
unerring [*ʌ'nə:'riŋ*] ofelbar, osviklig
uneven [*ʌ'ni:'vn*] ojämn, skrovlig, kuperad, udda (om tal)
uneventful [*ʌ'nive'ntf(u)l*] händelsefattig
unexampled [*ʌ'nigza:'mpld*] enastående, exempellös
unexceptionable [*ʌ'nikse'pʃnəbl*] oklanderlig; **unexceptional** [*ʌ'nikse'pʃənl*] undantagslös
unfailing [*ʌ'nfei'liŋ*] ofelbar, osviklig
unfair [*ʌ'nfɛ'ə*] oärlig, orättfärdig
unfaltering [*ʌ'nfɔ:'ltəriŋ*] orubblig, stadig, utan att famla
unfamiliar [*ʌ'nfəmi'liə*] okänd, ovan, icke förtrogen
unfasten [*ʌnfa:'sn*] lösa upp, öppna
unfathomable [*ʌ'nfæ'ðəməbl*] outgrundlig, ofattbar
unfeed [*ʌ'nfi:'d*] utan arvode (se *fee*)
unfeeling [*ʌ'nfi:'liŋ*] okänslig, hjärtlös
unfeigned [*ʌ'nfei'nd*] oförställd
unfilial [*ʌ'nfi'ljəl*] olydig, vanvördig, onaturlig (son el. dotter)
unfit [*ʌ'nfi't*] olämplig, otjänlig, oförmögen
unfix [*ʌnfi'ks*] lossa, lösgöra; **~ed** [*ʌ'nfi'kst*] lös, *fig.* osäker, vacklande
unflagging [*ʌ'nflæ'giŋ*] outtröttlig, aldrig sviktande
unfledged [*ʌ'nfle'dʒd*] icke flygfärdig, omogen
unflinching [*ʌ'nfli'n(t)ʃiŋ*] ståndaktig, orubblig, oförfärad
unfold [*ʌnfou'ld*] veckla ut, släta ut, öppna [sig], slå ut, röja, utveckla, framställa
unformed [*ʌ'nfɔ:'md*] outformad, oformlig, *fig.* obildad, oslipad
unfortunate [*ʌnfɔ:'tʃənit*] olycklig, misslyckad; **~ly** olyckligtvis, tyvärr, dessvärre
unfriended [*ʌ'nfre'ndid*] utan vänner; **unfriendly** [*ʌ'nfre'ndli*] ovänlig
unfrock [*ʌnfrɔ'k*] frångöma (präst) kappa och krage, avsätta (präst)
unfurl [*ʌnfə:'l*] veckla ut [sig] (flagga o. d.)
ungainly [*ʌngei'nli*] klumpig, otymplig
ungentlemanlike [*ʌ'ndʒe'ntlmənlaik*], **ungentlemanly** [*-li*] föga gentlemannamässig
un-get-at-able [*ʌ'ngetæ'təbl*] oåtkomlig, otillgänglig
ungloved [*ʌ'nglʌ'vd*] obehandskad
ungodly [*ʌ'ngɔ'dli*] gudlös, *fam.* avskyvärd, okristlig
ungraceful [*ʌ'ngrei'sf(u)l*] ograciös, klumpig, osympatisk
ungracious [*ʌ'ngrei'ʃəs*] onådig, obehaglig
ungrudging [*ʌ'ngrʌ'dʒiŋ*] villig, generös
unguarded [*ʌ'nga:'did*] obevakad, tanklös, oförsiktig
unguent [*ʌŋgwənt*] salva
ungulate [*ʌŋgjulit*] hovformig, försedd med hovar
unhallowed [*ʌ'nhæ'loud*] ohelgad, profan, syndig
unhand [*ʌnhæ'nd*] släppa (taget)
unhandsome [*ʌ'nhæ'nsəm*] oskön, ofin, nedrig
unhandy [*ʌ'nhæ'ndi*] klumpig, ohanterlig
unhang [*ʌnhæ'ŋ*] taga ned
unhappiness [*ʌnhæ'pinis*] olycka; **unhappy** [*ʌnhæ'pi*] olycklig
unheard [*ʌ'nhə:'d*] ohörd; **~** [*ʌnhə:'d*]**-of** [förut] okänd, oerhörd, exempellös
unheeding [*ʌ'nhi:'diŋ*] obekymrad, ovarsam
unhesitating [*ʌ'nhe'ziteitiŋ*] utan tvekan, oförbehållsam, beslutsam
unhinge [*ʌnhi'n(d)ʒ*] lyfta av gångjärnen, *fig.* rubba, förvirra, uppriva (ngns nerver); **unhinged** *äv.* ur gängorna, rubbad
unholy [*ʌ'nhou'li*] ohelig, syndig, *fam.* förskräcklig; **an ~ hour** okristligt tidigt
unhook [*ʌ'nhu'k*] häkta av, knäppa upp
unhoped-for [*ʌ'nhou'pt-fɔ:*] oväntad
unhorse [*ʌnhɔ:'s*] kasta av ryttare, bringa ur fattningen
unhouse [*ʌnhau'z*] avhysa
unhusk [*ʌnhʌ'sk*] skala, rensa
unicorn [*ju:nikɔ:n*] enhörning
unidirectional [*ju:nidire'kʃənəl*] *elektr.* likriktad (ström)
uniform [*ju:nifɔ:m*] uniform; ensartad, likformig, enhetlig, konstant; **~ed** uniformsklädd; **~ity** [*ju:nifɔ:'miti*] överensstämmelse, likformighet, enformighet; **the Act of Uniformity** uniformitetsakten (engelsk lag av 1662)
unify [*ju:nifai*] ena, sammanföra, slå samman
unilateral [*ju:nilæ'tərəl*] ensidig
unimaginable [*ʌ'nimæ'dʒinəbl*] ofattbar; **unimaginative** [*ʌ'nimæ'dʒinətiv*] fantasilös
unimpeachable [*ʌ'nimpi:'tʃəbl*] otadlig, oangriplig

unimproved [*ʌ'nimpru:'vd*] oförbättrad, obrukad (jord)

uninformed [*ʌ'ninfɔ:'md*] oupplyst, oinvigd; **uninforming** [*ʌ'ninfɔ:'miŋ*] föga upplysande

unintended [*ʌ'ninte'ndid*] oavsiktlig, ofrivillig

uninterested [*ʌ'ni'nt(ə)restid*] ointresserad; **uninteresting** [*ʌ'ni'nt(ə)restiŋ*] ointressant

unintermittent [*ʌ'nintəmi'tənt*] oavbruten, oavlåtlig

union [*ju:njən*] förening, union, enighet, unionsmärke (i flagga), äktenskap, fattigvårdsområde, fattighus, fackförening, *mek.* koppling; **the U—** (namn på studentföreningar i Oxford och Cambridge), *amr.* Nordamerikanska unionen; **the U— Jack** Union Jack (den engelska flaggan); ~ **suit** *amr.* kombination (underkläder); ~**ist** [*ju:njənist*] (is. *amr.*) fackföreningsmedlem, unionist (anhängare av unionen emellan Irland och England i motsats till Home Rule)

unique [*ju:ni:'k*] unik, enastående, säregen

unison [*ju:nizn*] harmoni, överensstämmelse, *mus.* samklang

unit [*ju:nit*] enhet, ental

unitarian, U— [*ju:nitɛ'əriən*] unitarie; unitarisk

unite [*ju(:)nai't*] förena [sig], samla [sig], enas; **the United Kingdom** Storbritannien och Norra Irland; **the United States** [**of America**] Amerikas Förenta Stater

unity [*ju:niti*] enhet, enighet, *mat.* talet ett

universal [*ju(:)nivə:'s(ə)l*] universal, universell, allmän, hel, mångsidig; ~ **coupling** *mek.* universalkoppling; ~ **joint** *mek.* universalled, kardanled; ~ **proposition** allmän sats; ~ **provider** köpman som säljer alla slags varor; ~**ity** [*ju:nivə:sæ'liti*] allmängiltighet

universe [*ju:nivə:s*] universum, världen

university [*ju(:)nivə:'siti*] universitet; ~ **extension** folkuniversitet[sundervisning]

unkempt [*ʌ'nke'm(p)t*] okammad, ovårdad

unknit [*ʌnni't*] lösa upp, släta ut

unknowing [*ʌ'nnou'iŋ*] ovetande, okunnig

unknown [*ʌ'nnou'n*] okänd person, obekant (storhet); okänd

unlace [*ʌnlei's*] snöra upp

unlade [*ʌnlei'd*] lossa, avlasta

unlearn| [*ʌnlə:'n*] (*oregelb. vb*; se *learn*) glömma, avvänja sig; ~**ed** [*ʌ'nlə:'nid*] olärd, okunnig

unless [*ʌnle's*] med mindre, om icke, såvida ej

unlettered [*ʌ'nle'təd*] obeläst, olärd

unlicensed [*ʌ'nlai'sənst*] ej auktoriserad, smyg-, olovlig

unlicked [*ʌ'nli'kt*] oslickad, *fig.* osnuten

unlike [*ʌnlaik*] olik, motsatt; ~**ly** [*ʌnlai'kli*] osannolik

unlink [*ʌnli'ŋk*] lösa (kedja), avkoppla

unload [*ʌnlou'd*] lossa, lasta av, *sl* sälja ut (värdepapper); ~ **stuff** *mil. sl* avfyra kanon

unlock [*ʌnlɔ'k*] låsa upp

unlooked-for [*ʌ'nlu'kt-fɔ:*] oväntad

unmake [*ʌnmei'k*] fördärva, annullera

unman [*ʌnmæ'n*] ta modet från; ~**ned** [*ʌ'nmæ'nd*] obemannad

unmanageable [*ʌ'nmæ'nidʒəbl*] manöveroduglig, ohanterlig

unmannerly [*ʌnmæ'nəli*] obelevad

unmarked [*ʌ'nma:'kt*] omärkt, obemärkt

unmask [*ʌ'nma:'sk*] ta masken av [sig], avslöja

unmatched [*ʌ'nmæ'tʃt*] oförliknelig, makalös

unmeaning [*ʌ'nmi:'niŋ*] meningslös, intetsägande; **unmeant** [*ʌ'nme'nt*] oavsiktlig

unmeasured [*ʌ'nme'ʒəd*] icke uppmätt, omätlig, måttlös

unmentionable [*ʌnme'nʃənəbl*] *pl* 'onämnbara'; onämnbar

unmerciful [*ʌnmə:'sif(u)l*] obarmhärtig

unmistakable [*ʌ'nmistei'kəbl*] omisskännlig, tydlig

unmitigated [*ʌnmi'tigeitid*] oförmildrad, oblandad, utsökt, äkta; **you ~ idiot!** din ärkeidiot!

unmoor [*ʌ'nmu'ə*] *sjö.* kasta loss, låta fartyg ligga för ett enda ankare

unnerve [*ʌnnə:'v*] göra modlös, förlama

unoffending [*ʌ'nəfe'ndiŋ*] oskadlig, harmlös

unopened [*ʌnou'pənd*] oöppnad, ouppskuren

unostentatious [*ʌ'nɔstentei'ʃəs*] flärdfri, anspråkslös

unpack [*ʌnpæ'k*] packa upp

unparalleled [*ʌnpæ'rəleld*] exempellös, enastående

unpeople [*ʌnpi:'pl*] avfolka

unpick [*ʌnpi'k*] sprätta upp (sömnad)

unpleasant [*ʌnple'znt*] obehaglig

unprecedented [*ʌnpre'sidəntid*] utan motstycke, ny i sitt slag

unprejudiced [*ʌ'npre'dʒudist*] opartisk, fördomsfri

unpremeditated [*ʌ'nprime'diteitid*] oöverlagd

unpresuming [*ʌ'nprizju:'miŋ*], **unpretending** [*ʌ'nprite'ndiŋ*], **unpretentious** [*ʌ'nprite'nʃəs*] anspråkslös, blygsam

unprincipled [*ʌ'npri'nsipld*] principlös, karaktärslös

unproven [*ʌ'npru:'vn*] obevisad

unprovided [*ʌ'nprəvai'did*] ej försedd [med], oförsörjd, oförberedd

unpublished [*ʌ'npʌ'bliʃt*] ej offentliggjord, otryckt

unqualified [*ʌnkwɔ'lifaid*] okvalificerad, oduglig, oreserverad, obetingad

unquestionable [*ʌnkwe'stʃənəbl*] otvivelaktig, oomtvistlig; **unquestioned** [*ʌnkwe'stʃənd*] ej frågad, obestridd

unravel [*ʌnræ'vl*] reda ut, rispa upp, klargöra

unread [*ʌ'nred*] oläst, obeläst; ~**able** [*ʌ'nri:'dəbl*] oläslig

unready [*ʌ'nre'di*] ej färdig, ej beredd, ovillig, trög

unreason [*ʌ'nri:'zn*] oförnuft, dårskap; ~**able** [*ʌnri:'z(ə)nəbl*] orimlig, oförnuftig, oresonlig

unredeemed [*ʌ'nridi:'md*] oinlöst, oinfriad, förtappad, ohjälplig

unreel [*ʌnri:'l*] nysta av, rulla upp

unreflecting [*ʌ'nrifle'ktiŋ*] tanklös, okritisk

unremitting [*ʌ'nrimi'tiŋ*] oupphörlig

unreserve [*ʌ'nrizə:'v*] oförbehållsamhet, öppenhjärtighet; ~**dly** [*ʌ'nrizə:'vidli*] oförbehållsamt

unrest [*ʌ'nre'st*] oro, rastlöshet

unriddle [*ʌnri'dl*] lösa (gåta etc.)

unrighteous [*ʌnrai'tʃəs*] orättfärdig, syndig

unrip [*ʌnri'p*] sprätta, skära upp

unrivalled [*ʌnrai'v(ə)ld*] ojämförlig, oöverträffad

unroll [*ʌnrou'l*] rulla upp, öppna, rullas upp el. ut

unruffled [*ʌ'nrʌ'fld*] okrusad, ostörd, lugn

unruly [*ʌ'nru:'li*] oregerlig

unsavoury [*ʌ'nsei'v(ə)ri*] smaklös, fadd, föga inbjudande, oaptitlig, motbjudande

unsay [*ʌnsei'*] ta tillbaka sitt ord

unscathed [*ʌ'nskei'ðd*] oskadad

unscholarly [*ʌ'nskɔ'ləli*] ovetenskaplig

unscrew [*ʌnskru:'*] skruva lös, av, upp

unscriptural [*ʌ'nskri'ptʃurəl*] obiblisk

unscrupulous [*ʌ'nskru:'pjuləs*] utan skrupler, samvetslös

unseal [*ʌnsi:'l*] bryta förseglingen, öppna

unseat [*ʌnsi:'t*] avsätta, kasta ur sadeln

unseemly [*ʌ'nsi:'mli*] opassande

unseen [*ʌ'nsi:'n*] förut oläst text (extemporering); osedd, osynlig

unsettle [*ʌnse'tl*] förvirra, bringa ur jämvikt, göra osäker; ~**d** ostadig, vacklande, obetald, hemlös, oavgjord, obebyggd

unsex [*ʌnse'ks*] avköna, göra okvinnlig

unshaken [*ʌ'nʃei'kn*] orubbad, orubblig

unship [*ʌnʃi'p*] lossa, landsätta, ta in årorna, ta ur rorkult

unshrinkable [*ʌ'nʃri'ŋkəbl*] krympfri

unshrinking [*ʌ'nʃri'ŋkiŋ*] ståndaktig, fast, oförfärad

unsighted [*ʌ'nsai'tid*] ännu ej i sikte, skymd

unsightly [*ʌ'nsai'tli*] vanskaplig, vanprydande
unskilled [*ʌ'nski'ld*] utan yrkesutbildning
unsophisticated [*ʌ'nsəfi'stikeitid*] oförfalskad, äkta, oskyldig, naturlig
unspeakable [*ʌnspi:'kəbl*] outsäglig, obeskrivlig
unsprung [*ʌ'nsprʌ'ŋ*] utan resårfjädrar
unstamped [*ʌ'nstæ'm(p)t*] ofrankerad
unsteady [*ʌ'nste'di*] ostadig
unsteel [*ʌnsti:'l*] förmildra, beveka
unstitch [*ʌ'nsti'tʃ*] sprätta upp
unstop [*ʌnstɔ'p*] ta proppen ur, öppna
unstressed [*ʌ'nstre'st*] obetonad (stavelse)
unstring [*ʌnstri'ŋ*] ta strängarna av, spänna ned, slappa, försvaga, förstöra, uppriva (nerver etc.)
unstuck [*ʌnstʌ'k*]; **come** ~ *sl* misslyckas
unstudied [*ʌ'nstʌ'did*] obevandrad, okonstlad
unsung [*ʌ'nsʌ'ŋ*] osjungen, obesjungen
unsweetened [*ʌ'nswi:'tnd*] *sl* gin; osötad
unthinking [*ʌ'nþi'ŋkiŋ*] tanklös, obetänksam
unthread [*ʌnþre'd*] dra tråden ur nål, rispa upp, hitta vägen ut ur ngt
untie [*ʌntai'*] knyta upp, lösa, befria
until [*ʌnti'l*] till, tills, förrän; **not** ~ icke förrän, först
untimely [*ʌntai'mli*] alltför tidig[t], i otid, olämplig[t]
unto [*ʌntu(:)*] *åld.* till (se *to*)
untold [*ʌ'ntou'ld*] osagd, oräknad, oräknelig
untoward [*ʌ'ntou'əd*, *ʌ'ntəwɔ:'d*] *åld.* besvärlig, motig, ogynnsam, ödesdiger
untrained [*ʌ'ntrei'nd*] otränad, oövad
untrue [*ʌ'ntru:'*] osann, otrogen; **untruth** [*ʌ'ntru:'þ*] osannhet, otrohet
untutored [*ʌ'ntju:'təd*] obildad, olärd, naiv
unusual [*ʌ'nju'ʒuəl*] ovanlig
unutterable [*ʌnʌ'tərəbl*] *pl* 'onämnbara'; outsäglig, onämnbar
unvalued [*ʌ'nvæ'ljud*] ringaktad, ej uppskattad
unvarnished [*ʌ'nva:'niʃt*] ofernissad, *fig.* osmyckad, osminkad
unveil [*ʌnvei'l*] avslöja [sig], avtäcka (staty etc.)
unversed [*ʌ'nvə:'st*] obevandrad (**in** i)
unwarrantable [*ʌnwɔ'rəntəbl*] ansvarslös, oförsvarlig
unwearying [*ʌ'nwi'əriiŋ*] outtröttlig, ihärdig
unwell [*ʌ'nwe'l*] illamående, opasslig, krasslig
unwept [*ʌ'nwe'pt*] obegråten (~ *for*)
unwieldy [*ʌnwi:'ldi*] klumpig, tung, ohanterlig
unwilling [*ʌ'nwi'liŋ*] ovillig
unwind [*ʌnwai'nd*] nysta av, vira av, rulla[s] upp (ut), slappas (t. ex. fjäder)
unwisdom [*ʌ'nwi'zdəm*] oklokhet
unwise [*ʌ'nwai'z*] oklok, dåraktig
unwitting [*ʌnwi'tiŋ*] omedveten, oavsiktlig
unyielding [*ʌ'nji:'ldiŋ*] fast, oböjlig, motspänstig
unyoke [*ʌ'njou'k*] spänna ifrån, *fig.* befria (från oket)
up [*ʌp*] upp, uppe, uppåt, upp i, uppe i, uppe på, fram [till]; uppför, uppåt; *fam.* stiga upp, fara upp, lyfta; **~ to London** till London; **the Home Secretary is** ~ inrikesministern har ordet; **his blood is** ~ hans blod kokar; **he is [well] ~ in German** han är styv i tyska; **what's ~?** vad står på? **it is all ~ with him** det är ute med honom; **the game is** ~ spelet är förlorat; **time is** ~ tiden är förbi; **Street** ~ gatan är uppbruten; **the town lies ~-stream** staden ligger högre upp vid floden; ~ **his street** *sl* något för honom; **be had** ~ bli förd (till polisen); **be ~ against** stå inför; **~ and coming** *amr.* lovande; **I must be ~ and doing** jag måste börja arbeta; **~ and down** upp och ned, fram och tillbaka, på alla håll; **the ~s and downs of life** livets växlingar; **up-and-up** *sl* med vind i seglen; **be ~ to** vara (ngt) vuxen, ha (ngt) för sig, förstå; **what are you ~ to?** vad har du för dig? **it is ~ to you** det tillkommer dig att; **this book is not ~ to much** den här boken är inget vidare (bra); **~ train** tåg till London
upbraid [*ʌpbrei'd*] förebrå
upbringing [*ʌ'pbri'ŋiŋ*] uppfostran
up-country [*ʌ'pkʌ'ntri*] det inre av landet; inåt landet
upgrowth [*ʌpgrouþ*] uppväxt, uppkomst, utveckling
upheaval [*ʌphi:'vəl*] jordhöjning, omvälvning
uphill [*ʌ'phi'l*] uppför, uppåt, uppförs-, brant, knogig, mödosam
uphold [*ʌphou'ld*] (*oregelb. vb*; se *hold*) stötta, uppbära, upprätthålla, bekräfta, hävda, försvara, gilla
upholster [*ʌphou'lstə*] stoppa, madrassera, möblera, dekorera; **~er** [*ʌphou'lstərə*] tapetserare, dekoratör, möbelhandlare; **~y** [*ʌphou'lstəri*] tapetseraryrke, möbelstoppning, möbel-, draperityger etc., tapetserararbete
upkeep [*ʌpki:p*] underhåll[skostnad]
upland [*ʌplənd*] högland, inland
uplift [*ʌplift*] höjande, *fig.* lyftning; [*ʌpli'ft*] höja, häva, lyfta, *fig.* upplyfta
upon [*əpɔ'n*, (trycklöst) *əpən*] på etc. (se *on*)
upper [*ʌpə*] ovanläder; över-, överst, övre; **be on one's ~s** vara utfattig; **~-cut** (*boxn.*) uppercut; **have the ~ hand** ha övertaget, ha makten; **the U— House** Överhuset (i parlamentet); ~ **lip** överläpp; **keep a stiff ~ lip** *fig.* hålla sig tapper; ~ **storey** översta våningen (*äv. fam.* om huvudet, förståndet); ~ **ten** förk. f. ~ *ten thousand* societeten; **~most** [*-moust*] överst, först, främst, förnämst
uppish [*ʌpiʃ*] viktig, överlägsen, stursk
uppity [*ʌpiti*] *amr.* = *uppish*
upright [*ʌprait*] stolpe, pelare o. d., piano; upprättstående, rättskaffens, oförvitlig
uprise [*ʌprai'z*] *åld.* resa sig, gå upp (om solen etc.); **uprising** [*ʌ'prai'ziŋ*] resning, uppror, upplopp, uppgång
uproar [*ʌprɔ:*] spektakel, tumult, larm; **~ious** [*ʌprɔ:'riəs*] stormande, larmande, skallande (t. ex. skratt)
uproot [*ʌpru:'t*] rycka upp med roten (*äv. fig.*)
upset 1) [*ʌpse't*] stjälpning, kantring, omstörtande, bråk, depression; slå omkull, stjälpa, välta, kantra, störta, rubba, störa, *fig.* bringa ur gängorna, förvirra, uppröra, förtreta
upset 2) [*ʌpset*] fastställd; ~ **price** utropspris (fastställt minimipris vid auktion)
upshot [*ʌpʃɔt*] slutligt resultat, slut, slutsats
upside-down [*ʌpsaid-daun*] uppochnedvänd, huller om buller, bakvänd
up-stage [*ʌpsteidʒ*] *fam.* viktig, uppnosig
upstairs [*ʌpstɛ'əz*, *ss.* attrib. *ʌpstɛəz*] uppför trappan, i övre våningen
upstart [*ʌpsta:t*] parveny, uppkomling; nybakad, färsk
up-stream [*ʌ'pstri:m*] uppför floden, mot strömmen
upstroke [*ʌpstrouk*] uppstreck (i handstil)
uptake [*ʌpteik*] (*Skottl.*) uppfattning; **quick in the ~** med snabb uppfattning
up-to-date [*ʌptədeit*] [ultra]modern, mondän, med sin tid; **up-to-the-jiffy, up-to-the-moment** tipptopp, modern
uptown [*ʌptaun*] *amr.* **i,** till övre (yttre) delen av staden
upturn [*ʌptə:'n*] vända upp[åt], om, upp och ned; [*ʌ'ptə:n*] förändring till det bättre, uppsving
upward [*ʌpwəd*] uppåtvänd, uppåtgående; **upwards** [*-z*] uppåt; **upwards of** över, mer än
uranium [*ju(ə)rei'niəm*] uran (ett grundämne); **Uranus** [*juərənəs*] *astr.* Uranus
urban [*ə:bən*] stads-, stadsmässig; **urbane** [*ə:bei'n*] urban, hövlig, belevad; **urbanity** [*ə:bæ'niti*] belevenhet, världsvana
urchin [*ə:tʃin*] pojkbyting, rackarunge, *åld.* igelkott
Urdu [*ə:du:*, *u(:)du:'*] urdu (ett indiskt språk)

ex [*veks*] irritera, förarga, oroa, pina, plåga; **~ation** [*veksei'ʃ(ə)n*] förargelse, oro; **~atious** [*veksei'ʃəs*] förarglig, plågsam, kitslig; **~ed** förargad, harmsen, omtvistad, debatterad (t. ex. **a ~** *question*)
ia [*vaiə*] via
iaduct [*vaiədʌkt*] viadukt
ial [*vaiəl*] (liten) medicinflaska; **pour out ~s of wrath** *bibl.* utösa sin vredes skålar
iands [*vaiəndz*] mat, livsmedel
iaticum [*vaiæ'tikəm*] nattvard åt döende, reskost
ibrant [*vaibrənt*] vibrerande, dallrande (**with** av); **vibrate** [*vaibrei(')t*] vibrera, dallra, darra, svänga; **vibration** [*vaibrei'ʃ(ə)n*] vibration, dallring, svängning; **vibrator** [*vaibrei'tə*] vibrator; **vibratory** [*vaibrət(ə)ri*] dallrande, svängande, svängnings-, vibrations-
ic [*vik*] *amr. sl* straffånge
icar [*vikə*] kyrkoherde (med mindre inkomster än en *rector*), (is. *poet.*) ställföreträdare; **~ apostolic** rom.-kat. missionär el. titulär biskop; **~ of Bray** (*bildl.*) vindböjtel; **~age** [*vikəridʒ*] prästgård, pastorat; **~ial** [*vikɛ'əriəl*] kyrkoherde-, präst-, prästerlig, pastors-; **~ious** [*vikɛ'əriəs*] vikarierande, ställföreträdande
ice 1) [*vais*] last, fel, lyte; **there is no ~ in him** det är ingenting ont i honom
ice 2) [*vais*] (*amr. vise*) skruvstäd
ice 3) [*vais*] *fam.* förk. f. *vice-president* etc. (se *vice-*)
ice 4) [*vaisi*] (*lat.*) i stället för; **~ versa** (*lat.*) omvänt, vice versa
ice- [*vais-*] vice-; **~chancellor** vicekansler (universitetsrektor); **~gerent** [*vai'sdʒe'rənt*] ställföreträdare, ståthållare; **~regal** [*vai'sri:'gəl*] vicekonung[en]s; **~reine** [*vai'srei'n*] vicekonungs gemål; **~roy** [*vaisrɔi*] vicekonung (bl. a. den högsta ämbetsmannen i eng. Indien); **~royalty** [*vaisrɔiəlti*] vicekonungs ämbete
icennial [*v(a)ise'njəl*] tjuguårig, vart tjugonde år
Vichy [*vi:ʃi:, viʃi*]; **~ water** vichyvatten
vicinage [*visinidʒ*] grannskap, omnejd; **vicinity** [*visi'niti, vai-*] närhet, grannskap
vicious [*viʃəs*] lastbar, fördärvad, felaktig, dålig, ond, ilsken, olaglig, oren; **~ circle** circulus vitiosus, cirkelbevis
vicissitude [*visi'sitju:d, vai-*] (is. *pl*) omskiftning, växling
vick [*vik*] (i signalspråk) V
victim [*viktim*] offer; **~ize** [*-aiz*] göra till offer, bedraga, lura
victor [*viktə*] (*litt.*) segrare, segerherre
victoria [*viktɔ:'riə*] viktoria (ett slags låg vagn för två); **V—** Viktoria (kvinnonamn); **V— Cross** viktoriakors (eng. dekoration för tapperhet), innehavare av viktoriakorset; **Victorian** [*viktɔ:'riən*] viktorian; viktoriansk; **Victorian Order** en eng. orden
victorious [*viktɔ:'riəs*] segerrik, segrande; **victory** [*vikt(ə)ri*] seger; **victress** [*viktris*] segrarinna
victual [*vitl*] (is. *pl*) matvaror, mat, proviant; (is. *sjö.*) proviantera, förse med proviant, *fam.* intaga föda, äta; **~ler** [*vitlə*] livsmedelsleverantör, krogvärd; **~ling office** *sl* mage
vicugna [*viku:'njə*], **vicuna** [*vikju:'nə, vai-*] *zool.* vikunja (*Sydamr.* lamadjur)
vide [*vaidi(:)*] (*lat.*) se! **videlicet** [*vide'liset, vai-*] (*lat.*) nämligen, det vill säga
vie [*vai*] tävla
view [*vju:*] syn, åsyn, synhåll, synpunkt, blick, utsikt, vy, syfte, granskning, utseende, åsikt, uppfattning, plan; bese, betrakta, granska; **~ of Brighton** vy av B.; **take the ~** anlägga den synpunkten; **in ~** synlig, i åsyn, i sikte; **in ~ of** med hänsyn till; **on ~** till påseende; **with a ~ to** med tanke på, i syfte att; **with the ~ of** i avsikt att; **~-finder** sökare (på kamera); **~ halloo** [*vju:'həlu:'*] räven är funnen (jaktrop); **~ point** (*amr.*), **point of ~** synpunkt; **~less** (*poet.*) osynlig; **~y** [*vju:i*] svärmisk, fantastisk

vigil [*vidʒil*] nattlig gudstjänst, vaka, vakt; **~ance** [*vidʒiləns*] vaksamhet, påpasslighet; **~ance committee** *amr.* frivillig, självvald kommitté för upprätthållande av den allmänna ordningen; **~ant** vaksam
vignette [*vinje't*] vinjett
vigorous [*vigərəs*] kraftig, kraftfull, energisk; **vigour** [*vigə*] kraft
viking [*vaikiŋ*] viking
vile [*vail*] usel, gemen, låg, föraktlig, dålig; **vilification** [*vilifikei'ʃ(ə)n*] bakdanteri; **vilify** [*vilifai*] bakdanta
villa [*vilə*] villa, lantställe; **~dom** [*vilədəm*] förstädernas villabor; **~ge** [*vilidʒ*] by; **~ge** [*vilidʒə*] byinvånare, bybo
villain [*vilən*] skurk, slyngel, (*skämts.*) skälm, *åld* livegen, [bond]tölp; **~ous** [*viləməs*] skurkaktig *fam.* urusel; **~y** [*viləni*] skurkaktighet, illdå
villein [*vilin*] livegen; **ville[i]nage** [*vilinidʒ*] liv egenskap
vim [*vim*] *sl* kraft, energi, fart
vinaigrette [*vinigre't*] luktflaska, luktdosa
vindicate [*vindikeit*] hävda, försvara, rättfä diga, vidmakthålla; **vindication** [*vindikei'ʃ(ə)* försvar, rättfärdigande, upprätthållande; **vi dicator** [*vindikeitə*] försvarare, förkämp **vindicatory** [*vindikətəri*] hämnande, försv rande
vindictive [*vindi'ktiv*] hämndgirig; **~ damag** skadestånd
vine [*vain*] vinstock, vinranka, slingerväxt
vinegar [*vinigə*] ättika, *fig.* surhet; **~y** [*viniga* ättiksur
vinery [*vainəri*] drivhus för vin
vineyard [*vinjəd, -ja:d*] vingård
vinous [*vainəs*] vin-, vinlik
vintage [*vintidʒ*] vinskörd, årgång (av vin), *ar sl* (persons) ålder; **vintner** [*vintnə*] vinhandl
viol [*vaiəl*] medeltida treslrängad violin
viola 1) [*viou'lə*] *mus.* viola
viola 2) [*v(a)iələ*] *bot.* viol, pensé
violate [*vaiəleit*] kränka, överträda, bryta, skän våldtaga; **violation** [*vaiəlei'ʃ(ə)n*] kränkni överträdelse, brott, våldtäkt; **violator** [*va leitə*] våldsverkare, skändare, överträd
violence [*vaiələns*] våldsamhet, häftighet, vå våldshandling; **violent** våldsam, häftig
violet [*vaiəlit*] viol; violett, violblå
violin [*vaiəli'n*] *mus.* violin; **~ist** [*vaiəli'nist*] *n* violinist; **violist** [*vaiəlist*] *mus.* violaspel **violoncellist** [*vaiələntʃe'list*] *mus.* cellist; **viol cello** [*-lou*] *mus.* violoncell, cello
viper [*vaipə*] huggorm, *fig.* orm; **~ish** [*vaipəı* **~ous** [*vaipərəs*] huggormslik; (is. *fig.*) gifti
virago [*virei'gou*] ragata, argbigga
virgin [*və:dʒin*] jungfru, bild av jungfru Ma jungfrulig, oberörd, ren, obrukad; **the** jungfru Maria, *astr.* Jungfrun; **the Blessed [Mary]** den heliga jungfrun; **~ forest** ursl **the V— Queen** drottning Elisabet; **~al** [*dʒinəl*] (vanl. *pl*) spinett; jungfrulig; [*və:dʒi'niti*] jungfrulighet
Virginia [*və:dʒi'njə*] Virginia, virginiatobak, giniacigarrett; **~ creeper** vildvin
Virgo [*və:gou*] *astr.* Jungfrun
virile [*virail*] manlig, manbar, manna-; **vir** [*viri'liti*] manlighet, manbarhet
virtu [*viətu:', və:tu'*] konstintresse; **articles o** konstsaker, antikviteter
virtual [*və:tjuəl*] verklig, faktisk
virtue [*və:tju:*] dygd, kyskhet, kraft, förtjä god egenskap; **by** el. **in ~ of** i kraft av, med av
virtuosity [*və:tjuɔ'siti*] virtuositet; **virtuoso** *tjuou'sou*] (*pl -si* [*-si:*]) virtuos, konstkänn konstsamlare

ureter [*juri:'tə,*] *anat.* urinledare; **urethra** [*juri:'trə*] *anat.* urinrör
urge [*ə:dʒ*] drift, drivkraft, trängtan, eggelse; driva på, kräva, uppmana, truga, anföra, åberopa, göra gällande, påpeka, ivra för; **~ncy** [*ə:dʒənsi*] tvingande nödvändighet, vikt, angelägenhet, behov, tryck, ihärdighet, iver; **~nt** trängande, tvingande, brådskande, viktig, ivrig, envis
uric [*juərik*] urin-; **~ acid** urinsyra; **urinal** [*juərinl*] uringlas, pissoar; **urinate** [*juərineit*] kasta sitt vatten; **urine** [*juərin*] urin; **pass urine** urinera
urn [*ə:n*] urna; **tea-~** tekök
Ursa [*ə:sə*] (*lat.*) björn; **~ Major (Minor)** *astr.* Stora (Lilla) björnen; **ursine** [*ə:sain*] björn-, björnaktig
urticaria [*əti:ka:'riə*] nässelutslag
us [*ʌs, əs*] oss (se *we*)
usage [*ju:zidʒ*] sedvana, skick, språkbruk, behandling, användning
usance [*ju:zəns*] *hand.* uso, växelfrist
use 1) [*ju:s*] bruk, användning, nytta, sedvana, ritual, övning, nyttjanderätt; **it is [of] no ~ your trying** det tjänar ingenting till att du försöker; **have no ~ for** inte ha ngn användning för, *amr.* (*äv.*) ej kunna fördra
use 2) [*ju:z*] bruka, använda, nyttja, behandla; **may I ~ your name?** får jag referera till Eder? **used to** [*ju:stə*] van vid; brukade, plägade; **we used to go to school together** vi voro skolkamrater; **~ up** förbruka, göra slut på, utmatta, utpumpa; **used up** utsliten, *amr. mil. sl* fallen (i kriget)
useful [*ju:sf(u)l*] nyttig, *sl* duktig, slängd; **useless** [*ju:slis*] onyttig, oanvändbar, *sl* slö, slut, kraftlös
user [*ju:zə*] förbrukare, konsument, *jur.* bruk, nyttjande
usher [*ʌʃə*] dörrvaktare, vaktmästare, ceremonimästare, marskalk, (föraktl.) extralärare; införa, introducera, eskortera; **~ in** inleda, bebåda; **~ette** [*ʌʃəre't*] kvinnlig platsanvisare på biograf etc.
usquebaugh [*ʌskwibɔ:*] (*Irl.*) whisky, brännvin
usual [*ju:ʒuəl*] vanlig; **as per ~** (*skämts.*) som vanligt (*as ~*); **~ly** vanligtvis
usufruct [*ju:sju(:)frʌkt*] *jur.* nyttjanderätt
usurer [*ju:ʒərə*] ockrare; **usury** [*ju:ʒəri*] ocker, ockerränta
usurp [*ju:zə'p*] usurpera, bemäktiga sig, tillskansa sig; **~ation** [*ju:zə:pei'ʃ(ə)n*] usurpering, inkräktande; **~er** usurpator, inkräktare
usury se *usurer*
utensil [*ju:te'nsil*] kökskärl, husgerådssak, redskap, verktyg, *pl* husgeråd (*domestic ~s*)
uterus [*ju:tərəs*] *anat.* uterus, livmoder
utilitarian [*ju:tilitɛ'əriən*] anhängare av utilitarismen, utilist; nytto-; **~ism** [*-izm*] utilitarism, nyttolära
utility [*juti'liti*] nytta, *pl* nyttiga ting, nyttigheter, *amr.* allmännyttig inrättning; **~-man** man (skådespelare) som kan användas till allt (för alla roller); **means of ~** verkningsmedel; **utilization** [*ju:tilaizei'ʃ(ə)n*] utnyttjande; **utilize** [*ju:tilaiz*] göra bruk av, dra nytta av
utmost [*ʌtmoust*] ytterst, störst; **at the ~** på sin höjd, i bästa fall; **do one's ~** göra sitt yttersta
Utopia [*ju:tou'piə*] Utopia (idealstaten); **Utopian** utopist, drömmare; utopisk, fantastisk
utricle [*ju:trikl*] *anat.* cell, blåsa
utter 1) [*ʌtə*] ytterst, komplett, fullständig, absolut; **~ly** ytterst, i högsta grad, absolut, totalt; **~most** ytterst; **the ~most farthing** den yttersta skärven
utter 2) [*ʌtə*] yttra, uttala [sig], utprångla; **~ance** [*ʌtərəns*] yttrande, artikulering, uttal, tal, ljud; **give ~ance to** ge uttryck åt
uvula [*ju:vjulə*] *anat.* tungspene
uxorious [*ʌksɔ:'riəs*] svag för sin hustru, undergiven (äkta man)

V

V, v, [*vi:*] (*pl V's, Vs* [*vi:z*]) V, v, den romerska siffran för 5, *amr. sl* 5 dollar; **V-engine** *auto.* V-formad motor; **V-spot** *amr. sl* 5-dollarsedel
vac [*væk*] *sl* förk. f. *vacation* ferier
vacancy [*veikənsi*] tomrum, ledighet, ledig plats, fritid, sysslolöshet, slöhet, tröghet; **vacant** tom, ledig, intetsägande, själlös, slö; **vacate** [*vəkei't*] tömma, utrymma, frånträda (tjänst), annullera, upphäva; **vacation** [*vəkeiʃ(ə)n*] frånträdande (av tjänst), ferier; *amr.* ta eller hålla ferier; **long ~** sommarferier; **vacationist** *amr.* feriefirare
vaccinate [*væksineit*] vaccinera; **vaccination** [*væksinei'ʃ(ə)n*] vaccination; **vaccinationist** anhängare av vaccination; **vaccine** [*væksin*] vaccin
vacillate [*væsileit*] (is. *fig.*) vackla; **vacillation** [*væsilei'ʃ(ə)n*] vacklande
vacuity [*vækju'iti*] tomhet; **gaze into ~** stirra ut i luften; **vacuous** [*vækjuəs*] tom
vacuum [*vækjuəm*] [luft]tomt rum; **~ brake** vakuumbroms: **~ cleaner, ~ sweeper** dammsugare; **~ flask** termosflaska
vade-mecum [*vei'dimi:'kəm*] vademecum, handbok
vag [*væg*] *sl* förk. f. **vagabond** [*vægəbənd*] vagabond, vagabonderande, omkringvandrande; vandra, luffa omkring; **vagabondage** [*vægəbəndidʒ*] lösdriveri, kringflackande liv, *koll.* vagabonder
vagary [*veigəri*] infall, påfund
vagina [*vədʒai'nə*] *anat.* o. *bot.* vagina
vagrancy [*veigrənsi*] kringflackande; **vagrant** landstrykare; kringströvande, vandrande
vague [*veig*] oklar, vag, obestämd
vain [*vein*] tom, fåfänglig, fåfäng, fruktlös; **in ~** förgäves; **take God's name in ~** missbruka Guds namn; **~glorious** [*veinglɔ:'riəs*] högfärdig, skrytsam; **~glory** [*vei'nglɔ:'ri*] högfärd, skryt
valance [*væləns*] damast, sängförhänge, gardinkappa
vale [*veil*] (is. *poet.*) dal
valediction [*vælidi'kʃ(ə)n*] avskedshälsning; **valedictory** [*vælidi'ktəri*] avskeds-
Valentine [*væləntain*] Valentin, valentinfästmö el. -fästman utkorad på Valentindagen den 14 februari, vers eller bild som sändes till ens valentin
valerian [*vəli'əriən*] *bot.* valeriana
valet [*vælit*] kammartjänare
valetudinarian [*væ'litju:dinɛ'əriən*] sjuklig, klemig [person]
valiant [*væljənt*] tapper
valid [*vælid*] giltig, välgrundad; **~ate** [*vælideit*] bekräfta, stadfästa, legalisera; **~ity** [*vəli'diti*] giltighet
valise [*vəli:'z*] *mil.* ränsel, tornister, *amr.* resväska
Valkyrie [*vælkiri, vælki'əri*] valkyria

valley [*væli*] dal
valorous [*vælərəs*] tapper, modig; **valour** [*vælə*] tapperhet, mod (på slagfältet)
valuable [*væljuəbl*] *pl* värdesaker; värdefull, dyrbar; **valuation** [*væljuei'ʃ(ə)n*] värdering, penningvärde
value [*vælju(:)*] värde, valuta, valör (*äv.* i målning); värdera, uppskatta, räkna för, skatta; ~ **15 ult.** *hand.* per 15 sistl. månad; ~ **oneself on** berömma sig av, skryta med; **valuer** värderingsman
valve [*vælv*] ventil, radiorör, musselskal, skidfruktskal, *anat.* hjärtklaff; ~ **cover** *auto.* ventillock; ~ **holder** lampsockel (*radio.*); ~ **set** rörmottagare; ~ **tappet** *auto.* ventillyftare; **valvular** [*vælvjulə*] ventil-, klaff-
vamoos[e] [*vəmu:'s*], **vamose** [*vəmou'z*] *amr. sl* rymma, smita, försvinna
vamp 1) [*væmp*] ovanläder, lapp, lappverk; försko, lappa, laga, *mus.* improvisera ett ackompanjemang; ~ **up** koka, smäcka ihop
vamp 2) [*væmp*] *sl* förk. f. *vampire fig.* vamp; vampa, uppträda som vamp, få (man) i sina garn
vampire [*væmpaiə*] *zool.* o. *fig.* vampyr, blodsugare; ~ **bat** *zool.* vampyr
van [*væn*] (*poet.*) vinge, lastvagn, -bil, bagagevagn, förtrupp; ~**boy** hjälpkarl på lastbil; ~**guard** förtrupp
Vandal [*vændəl*] vandal; **vandalism** [*-izm*] vandalism
vane [*vein*] vindflöjel, kvarnvinge, propellerblad, fan (på fjäder)
vanilla [*vəni'lə*] vanilj
vanish [*væniʃ*] försvinna
vanity [*væniti*] fåfänglighet, tomhet, flärd, fåfänga; ~ **bag**, ~ **case** necessär; **V— Fair** Fåfängans marknad
vanner [*vænə*] vaskmaskin
vanquish [*vænkwiʃ*] besegra
vantage [*va:ntidʒ*] fördel (i tennis); **coign of** ~, ~**-ground** fördelaktig ställning, utkikspost
vapid [*væpid*] tom, duven, fadd, själlös; ~**ity** [*vəpi'diti*] tomhet, faddhet, platthet
vaporize [*veipəraiz*] vaporisera, fördunsta
vapour [*veipə*] ånga, dimma, imma, hugskott, griller, skryt, *pl åld.* hypokondri; ånga, ryka, skryta; **vaporous** [*veipərəs*] ång-, bestående av ånga, dimmig, oklar; ~**ish** [*veipəriʃ*] ångande, skrytsam, tungsint; ~**y** [*veipəri*] ångande, dimmig
Varangian [*vəræ'ndʒiən*] väring, varjag
variability [*vɛəriəbi'liti*] föränderlighet, ombytlighet, ostadighet; **variable** [*vɛəriəbl*] *mat.* variabel; föränderlig, variabel, ostadig
variance [*vɛəriəns*] oenighet, brist på överensstämmelse; **be at** ~ (**with**) vara oense (med); **variant** [*vɛəriənt*] variant; varierande
variation [*vɛəriei'ʃ(ə)n*] variation (*äv. mus.*), omväxling, avvikelse, förändring, *biol.* variant, avart
varicoloured [*vɛərikʌləd*] spräcklig, mångfärgad
varicose [*værikous*] abnormt utvidgad, åderbrocks-; ~ **veins** åderbrock
variegated [*vɛərigeitid*] spräcklig, brokig
variety [*vərai'əti*] varietet, avart, förändring, omväxling, mångfald, sort, sortering; ~ **entertainment** varietéunderhållning; ~ **show** varietéföreställning; ~ **theatre** varietéteater
variorum [*vɛəriɔ:'rəm*] upplaga med anmärkningar av flera kommentatorer
various [*vɛəriəs*] olika, flera, åtskilliga
varlet [*va:lit*] *åld.* page, skurk
varmint [*va:mint*] (*vulg.*) slyngel, skadedjur, ohyra, (jakt-*sl*) räven (förvrängning av *vermin*)
varnish [*va:niʃ*] fernissa (*äv. fig.*), lack, glasyr; **nail** ~ nagellack; ~**ing day** vernissagedag
varsity [*va:siti*] *fam.* förk. f. *university* universitet

vary [*vɛəri*] variera, skifta, förändra[s], vara olika, avvika (från)
vascular [*væskjulə*] *anat.* kärl-
vase [*va:z*] vas
vaselin [*væzili:n*] vaselin, *sl* smör
vassal [*væs(ə)l*] vasall, (*bildl.*) tjänare, slav; ~**age** [*væs(ə)lidʒ*] vasallskap, underdånighet
vast [*va:st*] ofantlig, vidsträckt, väldig
vat [*væt*] fat, kar
Vatican [*vætikən*]; **the** ~ Vatikanen
vaudeville [*voudəvil*] vådevill
vault [*vɔ:lt*] [grav-, källar]valv, språng, hopp; slå valv över, välva, svinga sig, hoppa; ~**ing** välvning, valv; ~**ing-horse** häst (gymnastikredskap)
vaunt [*vɔ:nt*] skryt; yvas, skryta
've [*-v*] förk. f. *have* (t. ex. *I've = I have*)
veal [*vi:l*] kalvkött; **roast** ~ kalvstek
Veda [*veidə*]; **the** ~ el. ~**s** vedaböckerna (de gamla indiernas heliga böcker)
vedette [*vide't*] förpost, utkik, vedettbåt (*äv.* ~ *boat*)
vee [*vi:*] *amr. sl* 5-dollarsedel
veer [*viə*] kursändring, vindvändning; vända sig (om vind), ändra kurs, fira (släcka) på tross etc., *fig.* ändra mening
veg [*veg*] *fam.* förk. f. *vegetarian*
vegetable [*vedʒitəbl*] växt, potatis, *pl* grönsaker, köksväxter; växt-, vegetabilisk; **the** ~ **kingdom** växtriket; ~ **marrow** växtmärg; ~ **store** *amr.* grönsakshandel
vegetal [*vedʒitl*] växt-, vegetativ
vegetarian [*vedʒitɛ'əriən*] vegetarian; vegetarisk ~**ism** [*-izm*] vegetarianism
vegetate [*vedʒiteit*] vegetera, föra ett overksamt liv; **vegetation** [*vedʒitei'ʃ(ə)n*] vegetation, växtliv, vegeterande
vehemence [*vi:iməns*] våldsamhet, häftighet; **vehement** våldsam, häftig
vehicle [*vi:ikl*] åkdon, medel, bärare, vehikel; **vehicular** [*vihi'kjulə*] åkdons-, transport-, kör-
veil [*veil*] slöja, dok, förhänge, täckmantel; beslöja, hölja, dölja; **beyond the** ~ bakom förlåten (döden); **take the** ~ gå i kloster, bli nunna
vein [*vein*] åder (i många *bet.*), *anat.* ven, nerv blad, lynne, läggning, drag, genre; ådra, marmorera
veld[t] (*Sydafr.*) gräsbevuxet land
velleity [*veli:'iti*] vilja, föresats
vellum [*veləm*] fint pergament; ~ **paper** velinpapper
velocipede [*vilɔ'sipi:d*] *åld.* cykel
velocity [*vilɔ'siti*] hastighet
velours [*vəlu'ə*] schagg, plysch, bomullssamme[t]
velvet [*velvit*] sammet, *sl* pengar, profit; sammets-; **black** ~ *sl* guinness (öl) och champagne; **be o[n]** ~ vara uppe i smöret, ha det bra; **an iron han[d] in a** ~ **glove** sammetsklädd järnhand; ~**ee[n]** [*velviti:'n*] bomullssammet; ~**y** sammetsmjuk-len
venal [*vi:nəl*] fal, bestucken; ~**ity** [*vinæ'liti*] bestickligliet
vend [*vend*] sälja, salubjuda; ~**ee** [*vendi:'*] köpare; ~**ible** [*vendibl*] säljbar; ~**or** [*vend*... säljare
vendetta [*vende'tə*] vendetta, blodshämnd
veneer [*vini'ə*] faner, anstrykning, (*bildl.*) fernissa, fanera, piffa upp
venerable [*venərəbl*] ärevördig; **venerate** [*venereit*] ära, vörda; **veneration** [*venərei'ʃ(ə)n*] vördnad; **venerator** [*venəreitə*] vördnadsfull beundrare
venereal [*vini'əriəl*] venerisk
Venetian [*vini:'ʃ(ə)n*] venetianare; venetiansk; ~ **blind** persienn; ~ **mast** spiralvis måla[d] flaggstång
vengeance [*vendʒəns*] hämnd; **inflict** el. **take** ... utkräva hämnd; **with a** ~ i högsta grad, så d[et]

förslår (förslog); **vengeful** [*ven(d)ʒful*] hämndgirig
venial [*vi:niəl*] förlåtlig, ursäktlig
venison [*ven(i)zn*] rådjurskött, vilt
venom [*venəm*] gift, *fig.* ondska; ~**ous** [*venəməs*] giftig
venous [*vi:nəs*] *anat.* venös
vent [*vent*] avlopp, lufthål, öppning; ge luft åt; **find** ~ få utlopp, ge sig luft; **give** ~ **to one's feelings** ge sina känslor luft; ~**-peg** sprund, svicka
ventilate [*ventileit*] ventilera, lufta; **ventilation** [*ventilei'ʃ(ə)n*] ventilation; **ventilator** [*ventileitə*] ventil (i rum etc.)
ventral [*ventrəl*] mag-, buk-; ~ **fin** bukfena; **ventricle** [*ventrikl*] *anat.* ventrikel; **ventricle of the heart** *anat.* hjärtkammare; **ventricle of the brain** *anat.* pannhåla; **ventricular** [*ventri'kjulə*] *anat.* ventrikel-, mag-
ventriloquism [*ventri'lɔkwizm*] buktalarkonst; **ventriloquist** [*-st*] buktalare; **ventriloquize** [*ventri'lɔkwaiz*] uppträda som buktalare
venture [*ventʃə*] risk, vågstycke, spekulation; våga [sig], riskera; **at a** ~ på måfå; ~ **on** el. **upon** inlåta sig i; ~**some** [*-səm*] riskabel, dristig
venue [*venju:*] *jur.* jurisdiktionsort, *fam.* mötesplats
Venus [*vi:nəs*] Venus
veracious [*vərei'ʃəs*] sannfärdig, sann; **veracity** [*vəræ'siti*] sannfärdighet, objektivitet
verandah [*vəræ'ndə*] veranda
verb [*və:b*] verb; ~**al** [*və:bəl*] ord-, muntlig, ordagrann, *gram.* verbal; ~**atim** [*və:bei'tim*] ord för ord, ordagrann
verbena [*və(:)bi:'nə*] *bot.* järnört
verbiage [*və:biidʒ*] ordflöde, svada
verbose [*və:bou's*] ordrik, omständlig; **verbosity** [*və:bɔ'siti*] ordrikedom, svammel
verdancy [*və:dənsi*] grönska, grönhet, omogenhet; **verdant** grön (*äv. sl fig.* = oerfaren)
verdict [*və:dikt*] (*is. jur.*) utslag, utlåtande
verdigris [*və:digris*] spanskgröna, ärg
verdure [*və:dʒə*] grönska, friskhet
verge [*və:dʒ*] rand, kant, brädd, bryn; luta, böja, sänka, närma sig, sträva [mot], gränsa [till]; ~ [**up**]**on** gränsa till (*äv. fig.*); **be on the** ~ vara nära, vara 'på vippen', *amr. sl* tänka på skilsmässa
verger [*və:dʒə*] stavbärare som går före biskop, kyrkvaktare
verifiable [*verifaiəbl*] som kan verifieras, bevislig; **verification** [*verifikei'ʃ(ə)n*] bevis, bekräftelse, bestyrkande; **verify** [*verifai*] verifiera, bekräfta, intyga
verisimilitude [*verisimi'litju:d*] sannolikhet, sken av sanning
veritable [*veritəbl*] äkta, riktig, verklig
verity [*veriti*] sanning
verjuice [*və:dʒu:s*] sur saft; **as sour as** ~ ättiksur
vermicelli [*və:mise'li*] vermiceller
vermicide [*və:misaid*] medel mot mask
vermiform [*və:mifɔ:m*] maskformig
vermilion [*və(:)mi'ljən*] cinnober; cinnoberröd; rödfärga
vermin [*və:min*] ohyra, skadedjur (*äv.* om person); ~**ous** [*və:minəs*] full av ohyra, alstrad av ohyra, vidrig
vermouth [*və:mu:þ, -mu:t*] vermouth
vernacular [*vənæ'kjulə*] inhemsk, folklig; **the** ~ modersmålet, landsmål, dialekt
vernal [*və:n(ə)l*] vårlig, vår-; ~ **equinox** vårdagjämning
vernier [*və:niə*] räknesticka
veronal [*veronəl*] veronal
Veronese [*verəni:'z*] veronesare; veronesisk
veronica [*vərɔ'nikə*] *bot.* veronika, ärenpris
versatile [*və:sətail*] rörlig, smidig, mångsidig, ombytlig, ostadig, växlande, vridbar; **versatility** [*və:səti'liti*] mångsidighet, smidighet ... lighet, vridbarhet
verse [*və:s*] vers, strof, versrad; **in** ~ på ...
versed [*və:st*] bevandrad, hemma[sta...] trogen
versicle [*və:sikl*] (is. *pl*) växelsång mel[lan] ... och menighet
versification [*və:sifikei'ʃ(ə)n*] versmått, versifiering; **versifier** [*və:sifaiə*] ve[rs...] **versify** [*və:sifai*] skriva vers, versifie[ra]
version [*və:ʃ(ə)n*] version, översättning, upplaga; **the Authorized V—** den aukt[oriserade] eng. bibelöversättningen av 1611; **th[e] ... V—** den reviderade eng. bibelöversä[ttningen] av 1885
verso [*və:sou*] vänstersida (av uppslag...) frånsida (på mynt)
verst [*və:st*] verst (ryskt längdmått)
versus [*və:səs*] (*lat.*) mot (om parterna i ... el. tävling)
vert [*və:t*] *herald.* grönt, *fam.* omvänd, k... bli omvänd
vertebra [*və:tibrə*] (*pl -brae* [*-bri:*]) *anat.* r... *pl* ryggrad; **vertebral** ryggrads-; ... **column** ryggrad; **vertebrate** [*və:tibri...*] ryggradsdjur; ryggrads-
vertex [*və:teks*] (*pl vertices* [*və:tisi:z*]) t... spets, *anat.* hjässa, *mat.* vinkelspets; ... [*və:tik(ə)l*] vertikal, lodrät; **vertical rud[der]** sidoroder
vertiginous [*və:ti'dʒinəs*] roterande, yr... lande; **vertigo** [*və:tigou*] svindel, yrsel
vervain [*və:vein*] *bot.* verbena, järnört
verve [*vɛəv, və:v*] schvung, verv, fart o...
Very [*veri*]; ~ **light** (is. *mil.*) veryljus, si...
very [*veri*] verklig, riktig, renaste, själv... idel; (framför positiv form av adjek... adverb) mycket, synnerligen, (i *nek.* s... hang) särskilt, så, vidare, (framför super... allra; **this** ~ **day** redan i dag, just den ... **on this** ~ **spot** på just den här fläcken; **th...** ~ **thing we want** det är just vad vi beh... ~ **next morning** redan nästa morgon; ... **best** den allra bästa; **you may keep ... your** ~ **own** du kan behålla det alld... egen räkning
vesicle [*vesikl*] liten blåsa
vesper [*vespə*] *pl* vesper, aftongudstjänst, ... sång; ~**-bell** aftonklocka; **vespertine** ... *tain*] (is. *bot.* o. *zool.*) afton-
vessel [*vesl*] käril, kärl, fartyg; **the wea[ker]** ... kvinnan
vest [*vest*] tröja, undertröja, (på skrädda[rspråk] och *amr.*) väst; *fig.* bekläda, utstyra, f... överlåta; ~ **in** överlåta åt, förläna åt; ~... västficka, västficksformat; ~**ed** [laglige[n] ...] värvad, fast, hävdvunnen
vesta [*vestə*] tändsticka
vestal [*vest(ə)l*] vestal, jungfru; kysk, jung... **V— Virgin** vestal
vestee [*vesti:'*] *amr.* isättning (i blus etc.)
vestibule [*vestibju:l*] förstuga, vestibul, f... *amr.* plattform (på järnvägsvagn)
vestige [*vestidʒ*] spår, smula, tillstymmelse
vestment [*vestmənt*] skrud, dräkt, mässha[ke]
vestry [*vestri*] sakristia, kyrksal, kyrk... kommunalnämnd, kyrko- (kommunal)stä[mma]; ~**man** kyrkorådsledamot, kommunalnä[mnds]ledamot; **vesture** [*vestʃə*] (*poet.*) dräkt, s... kläder; iklåda
Vesuvian [*visu:'viən*] vesuvisk; **v—** storm[...]sticka; **Vesuvius** [*visu:'vi'əs*] Vesuvius
vet *fam.* förk. f. *veteran* el. *veterinary* [*surg...*] behandla, undersöka, granska
veteran [*vetərən*] veteran; gammal, erfaren, pr...
veterinary [*vetərinəri*] veterinär (~ *surg...*) veterinär-
veto [*vi:tou*] veto, förbud; inlägga veto, förbj[uda]; **put a** el. **one's** ~ **upon** förbjuda

virtuous [*və:tjuəs*] dygdig, *åld.* kraftig, verksam; **most ~** dygdädel
virulence [*viruləns*] giftighet, virulens, (om gift) kraft; **virulent** (om gift) kraftig, giftig, våldsam, elakartad; **virus** [*vaiərəs*] virus, smittämne
visa [*vi:zə*] påteckning (av pass), visum (se *visé*)
visage [*visidʒ*] (*litt.*) ansikte, ansiktsuttryck
visard [*vizəd*] hjälmvisir (se *visor*)
vis-a-vis [*vi:za:vi:*] visavi; mitt emot (varandra)
viscera [*visərə*] *anat.* inälvor; **visceral** *anat.* inälvs-, invärtes
viscid [*visid*], **viscous** [*viskəs*] klibbig, tjockflytande; **viscosity** [*viskɔ'siti*] klibbighet
viscount [*vaikaunt*] vicomte (näst lägsta rang inom eng. högadeln); **~[e]y** vicomtes rang; **~ess** [*-is*] vicomtess
visé [*vizei'*] visum (se *visa*); visera (pass)
visibility [*vizibi'liti*] synlighet, sikt, synbarhet; **visible** [*vizibl*] synlig, siktbar, tydlig, anträffbar
vision [*viʒ(ə)n*] syn, synförmåga, vision, drömbild, synkrets; se som i en vision; **~al** [*viʒən(ə)l*] syn-, dröm-; **~ary** [*viʒənəri*] visionär, svärmare, mystiker; visionär, fantasifull, fantastisk, opraktisk, inbillad
visit [*vizit*] besök, visit; besöka, avlägga visit hos, *åld.* hemsöka; **pay a ~ to** avlägga besök hos (en person), .. i (en stad el. ett land); **~ing-card** visitkort; **~ant** [*vizitənt*] *poet.* gäst, flyttfågel; **~ation** [*vizitei'ʃ(ə)n*] undersökning, hemsökelse, visitation; **~or** [*vizitə*] gäst, besökare, turist, inspektör; **~or's book** gästbok
visor, vizor [*vaizə*] [hjälm]visir
vista [*vistə*] utsikt (is. mellan rader av träd), allé, *fig.* perspektiv
visual [*vizjuəl*] visuell, syn-; **~ize** [*-aiz*] åskådliggöra, föreställa sig, frammana bilden av
vital [*vaitl*] *pl* vitala organ; vital, livs-, väsentlig, livsfarlig, ödesdiger; **~ism** [*vaitəlizm*] vitalism (tro på livet som självständig princip); **~ist** [*-st*] anhängare av vitalismen; **~ity** [*vaitæ'liti*] vitalitet, livskraft, liv; **~ize** [*vaitəlaiz*] ge liv åt, liva, levandegöra
vitamin [*vaitəmin, vi-*] vitamin
vitiate [*viʃieit*] fördärva, förvanska, *jur.* göra ogiltig; **vitiation** [*viʃiei'ʃ(ə)n*] fördärvande, förvanskning, *jur.* annullering, ogiltighet
viticulture [*vitikʌltʃə*] vinodling
vitreous [*vitriəs*] glasaktig, glas-; **vitrifaction** [*vitrifæ'kʃ(ə)n*], **vitrification** [*vitrifikei'ʃ(ə)n*] förglasning, härdning till glas; **vitrify** [*vitrifai*] förglasa, härda till glas
vitriol [*vitriəl*] *kem.* vitriol, svavelsyra, *fig.* giftigt uttalande; **~ic** [*vitriɔ'lik*] vitriol-, *fig.* bitande, giftig
vituperate [*vitju:'pəreit, vai-*] tadla, fördöma; **vituperation** [*vitju:pərei'ʃ(ə)n*] tadel, klander, smädande; **vituperative** [*vitju:'pərətiv*] klandrande, nedsättande, smädande
Vitus [*vaitəs*] Vitus; **St. ~'s Dance** *med.* danssjuka
viva 1) [*vi:və*] (*ital.*) leve
viva 2) [*vaivə*] *fam.* förk. f. **~ voce** [*vousi*] muntlig examen; muntlig[t]
vivacious [*vivei'ʃəs, vai-*] livlig, levande; **vivacity** [*vivæ'siti, vai-*] liv, livlighet
vivarium [*vaivɛ'əriəm, vi-*] plats där vilda djur hållas, t. ex. zoologisk trädgård
vivers [*vaivəz*] (*Skottl.*) mat, proviant
vivid [*vivid*] livlig, levande, livaktig, (om färg) ljus, glad; **vivify** [*vivifai*] levandegöra, uppliva
viviparous [*vivi'pərəs, vai-*] som föder levande ungar
vivisect [*vivise(')kt*] vivisekera; **vivisection** [*vivise'kʃ(ə)n*] vivisektion; **vivisectionist** [*vivise'kʃənist*] vivisektor
vixen [*viksn*] rävhona, *fig.* argbigga, ragata
viz (läses *namely* [*neimli*]) förk. f. *videlicet* nämligen, det vill säga
vizard [*vizəd*] visir (på hjälm) (se *visor*)
vizi[e]r [*vizi'ə, viziə*] visir (minister); **Grand V—** storvisir
vocable [*voukəbl*] vokabel, ord, glosa
vocabulary [*vəkæ'bjuləri, vo-*] vokabulär, ordförråd, ordlista
vocal [*voukəl*] vokal-, röst-, stäm-, sång-, klingande, vokalisk; **~ cords** (**ch—**) [*kɔ:dz*] stämband; **~ music** vokalmusik, sång; **~ organ** talorgan, stämma; **~ performer** sångare, sångerska; **become ~** upplåta sin stämma; **~ic** [*vo(u)kæ'lik*] vokalisk; **~ic verb** *gram.* avljudsverb; **~ist** [*voukəlist*] sångare, sångerska; **~ize** [*voukəlaiz*] vokalisera, artikulera, göra tonande, tala, sjunga, gnola
vocation [*vokei'ʃ(ə)n*] kall, kallelse; **mistake one's ~** välja fel bana; **vocational** [*vokei'ʃən(ə)l*] yrkesmässig, yrkes-
vocative [*voukətiv*] *gram.* vokativ, tilltalsform, vokativisk; **~ case** vokativ
vociferate [*vəsi'fəreit*] högljutt ropa, skrika; **vociferation** [*vəsifərei'ʃ(ə)n*] skrål, larm, skrän; **vociferator** [*vəsi'fəreitə*] skrikhals, högröstad person; **vociferous** [*vəsi'fərəs*] högröstad, skrikande
vodka [*vɔdkə*] vodka (ryskt brännvin)
vogue [*voug*] mod, popularitet; **is the (in) ~** är modernt
voice [*vɔis*] stämma, röst, mening, votum, *gram.* huvudform; uttala, ge uttryck åt, (*fonet.*) uttala tonande; **active, passive, middle ~** *gram.* aktiv, passiv, medium; **find one's ~** få mål i mun; **give ~ to** ge uttryck åt; **be in ~** vara vid röst (kunna sjunga); **in a low ~** med låg röst; **with one ~** enstämmigt; **have a ~ in the matter** ha (få) ett ord med i laget, ha ngt att säga till om
voiced [*vɔist*] (*fonet.*) tonande; -röstad (**t. ex.** *loud-voiced*)
void [*vɔid*] tomrum, tomhet, lucka; tom, ledig, *jur.* ogiltig; tömma, uttömma, göra ogiltig; **null and ~** *jur.* ogiltig, av noll och intet värde; **~ of** blottad på, fri från
voile [*vwa:l, vɔil*] voall (tygsort)
Volapük (-puk) [*vɔləpuk, voulə-*] volapyk
volatile [*vɔlətail*] flyktig; **sal** [*sæl*] **~** luktsalt; **volatility** [*vɔləti'liti*] flyktighet; **volatilize** [*vɔlətilaiz*] förflyktiga[s]
vol-au-vent [*vɔlouva:'ŋ, -vɔ:'n*] vol-au-vent
volcanic [*vɔlkæ'nik*] vulkanisk; **volcano** [*vɔlkei'nou*] vulkan
vole [*voul*] *zool.* fältsork
volition [*voli'ʃ(ə)n*] vilja, viljande, viljeakt; **~al** [*voli'ʃən(ə)l*] vilje-
volley [*vɔli*] salva (skott), skur (pilar), störtsjö (förbannelser), volley (i tennis); avfyra en salva, utstöta förbannelser osv., braka lös, spela volley
volplane [*vɔ'lplei'n*] glidflykt; landa i glidflykt
volt [*voult, vɔlt*] *elektr.* volt; **~age** [*voultidʒ, vɔl-*] *elektr.* spänning (i volt); **~aic** [*vɔltei'ik*] *elektr.* galvanisk; **~ameter** [*vɔltæ'mitə*] *elektr.* voltmeter; **~ammeter** voltamperemeter
volte-face [*vɔltfa:(')s*] (fullständig) frontförändring
volubility [*vɔljubi'liti*] svada, munvighet; **voluble** [*vɔljubl*] talför, flytande, rapp, ordrik
volume [*vɔljum, -ju:m*] band, volym, omfång, massa, bokrulle; **speak ~s for** vara ett talande bevis för; **voluminous** [*vəlju:'minəs*] voluminös, omfångsrik, väldig, produktiv
voluntary [*vɔlənt(ə)ri*] *mus.* fantasi, preludium, nummer efter fritt val av den uppträdande; frivillig, uppsåtlig, vilje-; **~ school** enskild skola; **voluntar[y]ism** [*vɔləntər(i)izm*] frivillighetssystem
volunteer [*vɔlənti'ə*] frivillig; frivilligt erbjuda sig, *mil.* anmäla sig som frivillig
voluptuary [*volʌ'ptjuəri*] vällusti[n]g; **voluptuous** [*volʌ'ptjuəs*] vällustig, yppig

volute [*volju:'t*] *ark.* volut, snirkel
vomit [*vɔmit*] uppkastning, kräkning, kräkmedel; kasta upp, kräkas, utspy[s], vräka[s] upp
voodoo [*vu:du:*] (tro på) trolldom (bland Västindiens negrer); förhäxa
voracious [*vorei'ʃəs*] glupsk, omättlig; **voracity** [*voræ'siti*] glupskhet, omättlighet
vortex [*vɔ:teks*] (*pl -tices* [*-tisi:z*]) malström (*äv. fig.*), virvelvind, virvel; **vortical** [*vɔ:tikəl*] virvel-, virvlande
votaress [*voutəris*] kvinnlig anhängare el. dyrkare; **votary** [*voutəri*] anhängare el. dyrkare
vote [*vout*] röst, rösträtt, votum, omröstning, röstetal, (ett partis) röster, röstsedel; rösta [för], välja, *fam.* förklara för, anse som, föreslå, rösta för (att); ~ **of censure** misstroendevotum; ~ **of confidence** förtroendevotum; **voter** väljare, röstberättigad
votive [*voutiv*] votiv-, löftes-, lovad, skänkt
vouch [*vautʃ*] garantera, ansvara för; ~**er** vittne, intyg, kvitto; ~**safe** [*vautʃsei'f*] bevärdiga, förunna, nedlåta sig till
vow [*vau*] högtidligt löfte; lova högtidligt; **take the** ~**s** avlägga [munk-, nunne]löfte
vowel [*vauəl*] vokal, självljud
voyage [*vɔiidʒ*] (längre) sjöresa, flygresa
Vulcan [*vʌlkən*] Vulcanus (smedernas gud), (*skämts.*) smed; **vulcanite** [*vʌlkənait*] ebonit; **vulcanize** [*vʌlkənaiz*] vulkanisera
vulgar [*vʌlgə*] vanlig, folklig, vulgär, simpel; **a** ~ **error** en utbredd villfarelse; **the** ~ **[herd]** hopen, den obildade massan; **the** ~ **tongue** vulgärspråket; ~ **fraction** *mat.* vanligt bråk; ~**ian** [*vʌlgɛ'əriən*] vulgär person (med mycket pengar), uppkomling; ~**ism** [*vʌlgərizm*] vulgärt, simpelt uttryck, platthet; ~**ity** [*vʌlgæ'riti*] simpelhet, plumphet; ~**ize** [*vʌlgəraiz*] förråa, neddraga, banalisera; **Vulgate** [*vʌlgit, -geit*] Vulgata (auktoriserade latinska bibelöversättningen)
vulnerability [*vʌlnərəbi'liti*] sårbarhet; **vulnerable** [*vʌlnərəbl*] sårbar, ömtålig, svag (punkt)
vulpine [*vʌlpain*] räv-, rävaktig, slug, listig
vulture [*vʌltʃə*] *zool.* gam, *fig.* rovgirig person, *amr. mil. sl* flygare som håller på att utbilda sig
vying [*vaiiŋ*] tävlande (se *vie*)

W

W, w [*dʌblju:, -ju*] (*pl Ws, W's* [*dʌblju(:)z*]) bokstaven W, w
wad [*wɔd*] tuss, sudd, propp, förladdning, *sl* pengar, sedelbunt; vaddera, stoppa, fodra, stoppa förladdning i gevär; ~**ding** vadd, vaddering, förladdning
waddle [*wɔdl*] vaggande [gång]; vagga [som en anka]; **waddler** *sl* anka
wade [*weid*] vadande; vada, traska, pulsa, vada över el. igenom; ~ **in** *sl* begynna; **wader** vadarfågel, (*pl*) sjöstövlar
wadi [*wɔdi*] (*arab.*) tidvis uttorkad flodbädd
wafer [*weifə*] rån (bakverk), oblat, munlack; försegla med munlack
waffle [*wɔfl*] våffla
waft [*wa:ft, wɔ:ft*] vingslag, viftande, fläkt, doft, nödflagg; vifta, blåsa, föra
wag [*wæg*] vaggning, svängning, spefågel, *sl* skolkare; vagga [på], svänga, vifta [med], dingla, röra [sig]; **play [the]** ~ skolka; **so the world** ~**s** sådan är världens gång; **how** ~**s the world?** hur står det till? **his tongue** ~**ged** han pladdrade på; **he** ~**s his tail** han viftar med svansen; ~**ster** *amr. sl* spefågel, lustigkurre
wage [*weidʒ*] (is. *pl*) lön, *sjö.* hyra; föra (*war* krig); **living** ~ lön tillräcklig att leva av, existensminimum; **wager** vad, insats; slå vad, riskera; **lay a wager** slå vad
waggery [*wægəri*] skälmaktighet, skälmstycke, skoj; **waggish** skämtsam, skojfrisk, munter; **waggle** [*wægl*] *fam.* se *wag*; **waggly** ostadig, vinglig, slingrig
wag[g]on [*wægən*] [last]vagn, godsvagn; köra; ~ **stiff** *amr. sl* luffare som kör bil; ~ **wheel** *amr. sl* dollarslant; **wag[g]oner** forman, åkare; **wag[g]onette** [*wægənet*] charabang, vurst
wagtail [*wægteil*] *zool.* sädesärla
waif [*weif*] hittegods, herrelöst gods, vrakgods, hemlös person (is. barn); ~**s and strays** föräldralösa barn, samhällets olycksbarn
wail [*weil*] jämmer, klagan; jämra sig, klaga [över], begråta; **the** ~**ing place** el. **wall** klagomuren (i Jerusalem)
wain [*wein*] (is. *poet.*) vagn; **the W—, Charles's W—** *astr.* Karlavagnen
wainscot [*weinskət, wen-*] panel[a]; ~**ing** [material till] panel
waist [*weist*] midja, liv, smalaste del, klänningsliv, blus; ~**-band**, ~**-belt** skärp, bälte, livrem; ~**coat** [*weiskout, weskət*] väst; ~**-deep** el. ~**-high in water** ända till midjan i vatten; ~**line** den slanka linjen
wait [*weit*] väntetid, vakt, *pl* julmusikanter, stjärngossar; vänta, dröja [med], avvakta, passa upp, betjäna; **lie in** ~ **for** ligga på lur efter; ~ **for** vänta på; ~ **[up]on** betjäna; ~**er** kypare, uppassare, bricka; ~**ress** [*weitris*] uppasserska, *amr.* (*äv.*) husa; ~**ing list** aspirantlista; ~**ing-maid** kammarjungfru; ~**ing-room** väntrum, väntsal
waive [*weiv*] uppgiva, avstå från, se bort från, bagatellisera; **waiver** *jur.* avstående, avsägelse; **waiving** bortsett från
wake [*weik*] kölvatten, luftström bakom flygmaskin etc., vaka, nattvak; (*oregelb. vb*) vakna, väcka, vara vaken, vaka [vid]; ~ **up** vakna [upp]; **waking** vaka[nde], vaken, vaksam; **waking dream** dagdröm; **waking hours** den tid man är vaken; **wakeful** vaken, sömnlös, vaksam; **waken** [*weikn*] väcka, vakna
Walach se *Wallach*
Waldenses [*wɔlde'nsi:z*]; **the** ~ valdensarna
wale [*weil*] upphöjd strimma (efter piskslag etc.), (på tyg) stad, salband; slå strimmor, *mil.* fläta (*a gabion* en skanskorg)
waler [*weilə*] häst från Nya Syd-Wales
Wales [*weilz*]; **the Prince of** ~ prinsen av W. (den engelske kronprinsen)
walk [*wɔ:k*] gång, promenad, skritt, gång[bana], stig, verksamhetsfält, fack, leverne, rond, hönsgård, betesmark; gå [på, i], [låta] gå i skritt, tävla i gång, leda, stödja, spöka, avgå, försvinna; **take a** ~ ta en promenad; ~ **away (off) with** stjäla; ~ **in** *amr. sl* ge sitt bifall; ~ **into** *sl* gå lös på, klå upp, skälla ut, hugga in på maten, tillfälligtvis möta; ~ **a person off his legs** utmatta ngn; ~ **out** demonstrativt lämna salen, *amr.* strejka; ~ **out on** *amr. sl* lämna i sticket; ~**-over** [vinna] seger utan konkurrens; ~ **the boards** uppträda på scenen; ~ **the chalk** av-

ureter [*juri:'tə,*] *anat.* urinledare; **urethra** [*juri:'trə*] *anat.* urinrör
urge [*ə:dʒ*] drift, drivkraft, trängtan, eggelse; driva på, kräva, uppmana, truga, anföra, åberopa, göra gällande, påpeka, ivra för; **~ncy** [*ə:dʒənsi*] tvingande nödvändighet, vikt, angelägenhet, behov, tryck, ihärdighet, iver; **~nt** trängande, tvingande, brådskande, viktig, ivrig, envis
uric [*juərik*] urin-; **~ acid** urinsyra; **urinal** [*juərinl*] uringlas, pissoar; **urinate** [*juərineit*] kasta sitt vatten; **urine** [*juərin*] urin; **pass urine** urinera
urn [*ə:n*] urna; **tea-~** tekök
Ursa [*ə:sə*] (*lat.*) björn; **~ Major (Minor)** *astr.* Stora (Lilla) björnen; **ursine** [*ə:sain*] björn-, björnaktig
urticaria [*əti:ka:'riə*] nässelutslag
us [*ʌs, əs*] oss (se *we*)
usage [*ju:zidʒ*] sedvana, skick, språkbruk, behandling, användning
usance [*ju:zəns*] *hand.* uso, växelfrist
use 1) [*ju:s*] bruk, användning, nytta, sedvana, ritual, övning, nyttjanderätt; **it is [of] no ~ your trying** det tjänar ingenting till att du försöker; **have no ~ for** inte ha ngn användning för, *amr.* (*äv.*) ej kunna fördra
use 2) [*ju:z*] bruka, använda, nyttja, behandla; **may I ~ your name?** får jag referera till Eder? **used to** [*ju:stə*] van vid; brukade, plägade; **we used to go to school together** vi voro skolkamrater; **~ up** förbruka, göra slut på, utmatta, utpumpa; **used up** utsliten, *amr. mil. sl* fallen (i kriget)
useful [*ju:sf(u)l*] nyttig, *sl* duktig, slängd; **useless** [*ju:slis*] onyttig, oanvändbar, *sl* slö, slut, kraftlös
user [*ju:zə*] förbrukare, konsument, *jur.* bruk, nyttjande
usher [*ʌʃə*] dörrvaktare, vaktmästare, ceremonimästare, marskalk, (föraktl.) extralärare; införa, introducera, eskortera; **~ in** inleda, bebåda; **~ette** [*ʌʃəre't*] kvinnlig platsanvisare på biograf etc.
usquebaugh [*ʌskwibɔ:*] (*Irl.*) whisky, brännvin
usual [*ju:ʒuəl*] vanlig; **as per ~** (*skämts.*) som vanligt (*as ~*); **~ly** vanligtvis
usufruct [*ju:sju(:)frʌkt*] *jur.* nyttjanderätt
usurer [*ju:ʒərə*] ockrare; **usury** [*ju:ʒəri*] ocker, ockerränta
usurp [*ju:zə'p*] usurpera, bemäktiga sig, tillskansa sig; **~ation** [*ju:zə:pei'ʃ(ə)n*] usurpering, inkräktande; **~er** usurpator, inkräktare
usury se *usurer*
utensil [*ju:te'nsil*] kökskärl, husgerådssak, redskap, verktyg, *pl* husgeråd (*domestic ~s*)
uterus [*ju:tərəs*] *anat.* uterus, livmoder
utilitarian [*ju:tilitɛ'əriən*] anhängare av utilitarismen, utilist; nytto-; **~ism** [*-izm*] utilitarism, nyttolära
utility [*juti'liti*] nytta, *pl* nyttiga ting, nyttigheter, *amr.* allmännyttig inrättning; **~-man** man (skådespelare) som kan användas till allt (för alla roller); **means of ~** verkningsmedel; **utilization** [*ju:tilaizei'ʃ(ə)n*] utnyttjande; **utilize** [*ju:tilaiz*] göra bruk av, dra nytta av
utmost [*ʌtmoust*] ytterst, störst; **at the ~** på sin höjd, i bästa fall; **do one's ~** göra sitt yttersta
Utopia [*ju:tou'piə*] Utopia (idealstaten); **Utopian** utopist, drömmare; utopisk, fantastisk
utricle [*ju:trikl*] *anat.* cell, blåsa
utter 1) [*ʌtə*] ytterst, komplett, fullständig, absolut; **~ly** ytterst, i högsta grad, absolut, totalt; **~most** ytterst; **the ~most farthing** den yttersta skärven
utter 2) [*ʌtə*] yttra, uttala [sig], utprångla; **~ance** [*ʌtərəns*] yttrande, artikulering, uttal, tal, ljud; **give ~ance to** ge uttryck åt
uvula [*ju:vjulə*] *anat.* tungspene
uxorious [*ʌksɔ:'riəs*] svag för sin hustru, undergiven (äkta man)

V

V, v, [*vi:*] (*pl V's, Vs* [*vi:z*]) V, v, den romerska siffran för 5, *amr. sl* 5 dollar; **V-engine** *auto.* V-formad motor; **V-spot** *amr. sl* 5-dollarsedel
vac [*væk*] *sl* förk. f. *vacation* ferier
vacancy [*veikənsi*] tomrum, ledighet, ledig plats, fritid, sysslolöshet, slöhet, tröghet; **vacant** tom, ledig, intetsägande, själlös, slö; **vacate** [*vəkei't*] tömma, utrymma, frånträda (tjänst), annullera, upphäva; **vacation** [*vəkeiʃ(ə)n*] frånträdande (av tjänst), ferier; *amr.* ta eller hålla ferier; **long ~** sommarferier; **vacationist** *amr.* feriefirare
vaccinate [*væksineit*] vaccinera; **vaccination** [*væksinei'ʃ(ə)n*] vaccination; **vaccinationist** anhängare av vaccination; **vaccine** [*væksin*] vaccin
vacillate [*væsileit*] (is. *fig.*) vackla; **vacillation** [*væsilei'ʃ(ə)n*] vacklande
vacuity [*vækju'iti*] tomhet; **gaze into ~** stirra ut i luften; **vacuous** [*vækjuəs*] tom
vacuum [*vækjuəm*] [luft]tomt rum; **~ brake** vakuumbroms: **~ cleaner, ~ sweeper** dammsugare; **~ flask** termosflaska
vade-mecum [*vei'dimi:'kəm*] vademecum, handbok
vag [*væg*] *sl* förk. f. **vagabond** [*vægəbənd*] vagabond, vagabonderande, omkringvandrande; vandra, luffa omkring; **vagabondage** [*vægəbəndidʒ*] lösdriveri, kringflackande liv, *koll.* vagabonder
vagary [*veigəri*] infall, påfund
vagina [*vədʒai'nə*] *anat.* o. *bot.* vagina
vagrancy [*veigrənsi*] kringflackande; **vagrant** landstrykare; kringströvande, vandrande
vague [*veig*] oklar, vag, obestämd
vain [*vein*] tom, fåfänglig, fåfäng, fruktlös; **in ~** förgäves; **take God's name in ~** missbruka Guds namn; **~glorious** [*veinglɔ:'riəs*] högfärdig, skrytsam; **~glory** [*vei'nglɔ:'ri*] högfärd, skryt
valance [*væləns*] damast, sängförhänge, gardinkappa
vale [*veil*] (is. *poet.*) dal
valediction [*vælidi'kʃ(ə)n*] avskedshälsning; **valedictory** [*vælidi'ktəri*] avskeds-
Valentine [*væləntain*] Valentin, valentinfästmö el. -fästman utkorad på Valentindagen den 14 februari, vers eller bild som sändes till ens valentin
valerian [*vəli'əriən*] *bot.* valeriana
valet [*vælit*] kammartjänare
valetudinarian [*væ'litju:dinɛ'əriən*] sjuklig, klemig [person]
valiant [*væljənt*] tapper
valid [*vælid*] giltig, välgrundad; **~ate** [*vælideit*] bekräfta, stadfästa, legalisera; **~ity** [*vəli'diti*] giltighet
valise [*vəli:'z*] *mil.* ränsel, tornister, *amr.* resväska
Valkyrie [*vælkiri, vælki'əri*] valkyria

valley [*væli*] dal
valorous [*vælərəs*] tapper, modig; **valour** [*vælə*] tapperhet, mod (på slagfältet)
valuable [*væljuəbl*] *pl* värdesaker; värdefull, dyrbar; **valuation** [*væljuei'ʃ(ə)n*] värdering, penningvärde
value [*vælju(:)*] värde, valuta, valör (*äv.* i målning); värdera, uppskatta, räkna för, skatta; ~ **15 ult.** *hand.* per 15 sistl. månad; ~ **oneself on** berömma sig av, skryta med; **valuer** värderingsman
valve [*vælv*] ventil, radiorör, musselskal, skidfruktskal, *anat.* hjärtklaff; ~ **cover** *auto.* ventillock; ~ **holder** lampsockel (*radio.*); ~ **set** rörmottagare; ~ **tappet** *auto.* ventillyftare; **valvular** [*vælvjulə*] ventil-, klaff-
vamoos[e] [*vəmu:'s*], **vamose** [*vəmou'z*] *amr. sl* rymma, smita, försvinna
vamp 1) [*væmp*] ovanläder, lapp, lappverk; försko, lappa, laga, *mus.* improvisera ett ackompanjemang; ~ **up** koka, smäcka ihop
vamp 2) [*væmp*] *sl* förk. f. *vampire fig.* vamp; vampa, uppträda som vamp, få (man) i sina garn
vampire [*væmpaiə*] *zool.* o. *fig.* vampyr, blodsugare; ~ **bat** *zool.* vampyr
van [*væn*] (*poet.*) vinge, lastvagn, -bil, bagagevagn, förtrupp; ~**boy** hjälpkarl på lastbil; ~**guard** förtrupp
Vandal [*vændəl*] vandal; **vandalism** [*-izm*] vandalism
vane [*vein*] vindflöjel, kvarnvinge, propellerblad, fan (på fjäder)
vanilla [*vəni'lə*] vanilj
vanish [*væniʃ*] försvinna
vanity [*væniti*] fåfänglighet, tomhet, flärd, fåfänga; ~ **bag**, ~ **case** necessär; **V— Fair** Fåfängans marknad
vanner [*vænə*] vaskmaskin
vanquish [*vænkwiʃ*] besegra
vantage [*va:ntidʒ*] fördel (i tennis); **coign of** ~, ~**-ground** fördelaktig ställning, utkikspost
vapid [*væpid*] tom, duven, fadd, själlös; ~**ity** [*vəpi'diti*] tomhet, faddhet, platthet
vaporize [*veipəraiz*] vaporisera, fördunsta
vapour [*veipə*] ånga, dimma, imma, hugskott, griller, skryt, *pl åld.* hypokondri; ånga, ryka, skryta; **vaporous** [*veipərəs*] ång-, bestående av ånga, dimmig, oklar; ~**ish** [*veipəriʃ*] ångande, skrytsam, tungsint; ~**y** [*veipəri*] ångande, dimmig
Varangian [*vəræ'ndʒiən*] väring, varjag
variability [*vɛəriəbi'liti*] föränderlighet, ombytlighet, ostadighet; **variable** [*vɛəriəbl*] *mat.* variabel; föränderlig, variabel, ostadig
variance [*vɛəriəns*] oenighet, brist på överensstämmelse; **be at** ~ **(with)** vara oense (med); **variant** [*vɛəriənt*] variant; varierande
variation [*vɛəriei'ʃ(ə)n*] variation (*äv. mus.*), omväxling, avvikelse, förändring, *biol.* variant, avart
varicoloured [*vɛərikʌləd*] spräcklig, mångfärgad
varicose [*værikous*] abnormt utvidgad, åderbrocks-; ~ **veins** åderbrock
variegated [*vɛərigeitid*] spräcklig, brokig
variety [*vərai'əti*] varietet, avart, förändring, omväxling, mångfald, sort, sortering; ~ **entertainment** varietéunderhållning; ~ **show** varietéföreställning; ~ **theatre** varietéteater
variorum [*vɛəriɔ:'rəm*] upplaga med anmärkningar av flera kommentatorer
various [*vɛəriəs*] olika, flera, åtskilliga
varlet [*va:lit*] *åld.* page, skurk
varmint [*va:mint*] (*vulg.*) slyngel, skadedjur, ohyra, (jakt-*sl*) räven (förvrängning av *vermin*)
varnish [*va:niʃ*] fernissa (*äv. fig.*), lack, glasyr; **nail** ~ nagellack; ~**ing day** vernissagedag
varsity [*va:siti*] *fam.* förk. f. *university* universitet
vary [*vɛəri*] variera, skifta, förändra[s], vara olika, avvika (från)
vascular [*væskjulə*] *anat.* kärl-
vase [*va:z*] vas
vaselin [*væzili:n*] vaselin, *sl* smör
vassal [*væs(ə)l*] vasall, (*bildl.*) tjänare, slav; ~**age** [*væs(ə)lidʒ*] vasallskap, underdånighet
vast [*va:st*] ofantlig, vidsträckt, väldig
vat [*væt*] fat, kar
Vatican [*vætikən*]; **the** ~ Vatikanen
vaudeville [*voudəvil*] vådevill
vault [*vɔ:lt*] [grav-, källar]valv, språng, hopp; slå valv över, välva, svinga sig, hoppa; ~**ing** välvning, valv; ~**ing-horse** häst (gymnastikredskap)
vaunt [*vɔ:nt*] skryt; yvas, skryta
've [*-v*] förk. f. *have* (t. ex. *I've = I have*)
veal [*vi:l*] kalvkött; **roast** ~ kalvstek
Veda [*veidə*]; **the** ~ el. ~**s** vedaböckerna (de gamla indiernas heliga böcker)
vedette [*vide't*] förpost, utkik, vedettbåt (*äv.* ~ *boat*)
vee [*vi:*] *amr. sl* 5-dollarsedel
veer [*viə*] kursändring, vindvändning; vända sig (om vind), ändra kurs, fira (släcka) på tross etc., *fig.* ändra mening
veg [*veg*] *fam.* förk. f. *vegetarian*
vegetable [*vedʒitəbl*] växt, potatis, *pl* grönsaker, köksväxter; växt-, vegetabilisk; **the** ~ **kingdom** växtriket; ~ **marrow** växtmärg; ~ **store** *amr.* grönsakshandel
vegetal [*vedʒitl*] växt-, vegetativ
vegetarian [*vedʒitɛ'əriən*] vegetarian; vegetarisk ~**ism** [*-izm*] vegetarianism
vegetate [*vedʒiteit*] vegetera, föra ett overksamt liv; **vegetation** [*vedʒitei'ʃ(ə)n*] vegetation, växtliv, vegeterande
vehemence [*vi:iməns*] våldsamhet, häftighet; **vehement** våldsam, häftig
vehicle [*vi:ikl*] åkdon, medel, bärare, vehikel; **vehicular** [*vihi'kjulə*] åkdons-, transport-, kör-
veil [*veil*] slöja, dok, förhänge, täckmantel; beslöja, hölja, dölja; **beyond the** ~ bakom förlåten (döden); **take the** ~ gå i kloster, bli nunna
vein [*vein*] åder (i många *bet.*), *anat.* ven, nerv i blad, lynne, läggning, drag, genre; ådra, marmorera
veld[t] (*Sydafr.*) gräsbevuxet land
velleity [*veli:'iti*] vilja, föresats
vellum [*veləm*] fint pergament; ~ **paper** velinpapper
velocipede [*vilɔ'sipi:d*] *åld.* cykel
velocity [*vilɔ'siti*] hastighet
velours [*vəlu'ə*] schagg, plysch, bomullssammet
velvet [*velvit*] sammet, *sl* pengar, profit; sammets-; **black** ~ *sl* guinness (öl) och champagne; **be on** ~ vara uppe i smöret, ha det bra; **an iron hand in a** ~ **glove** sammetsklädd järnhand; ~**een** [*velviti:'n*] bomullssammet; ~**y** sammetsmjuk, -len
venal [*vi:nəl*] fal, bestucken; ~**ity** [*vinæ'liti*] bestickIighet
vend [*vend*] sälja, salubjuda; ~**ee** [*vendi:'*] köpare; ~**ible** [*vendibl*] säljbar; ~**or** [*vendə*] säljare
vendetta [*vende'tə*] vendetta, blodshämnd
veneer [*vini'ə*] faner, anstrykning, (*bildl.*) fernissa; fanera, piffa upp
venerable [*venərəbl*] ärevördig; **venerate** [*venəreit*] ära, vörda; **veneration** [*venərei'ʃ(ə)n*] vördnad; **venerator** [*venəreitə*] vördnadsfull beundrare
venereal [*vini'əriəl*] venerisk
Venetian [*vini:'ʃ(ə)n*] venetianare; venetiansk; ~ **blind** persienn; ~ **mast** spiralvis målad flaggstång
vengeance [*vendʒəns*] hämnd; **inflict** el. **take** ~ utkräva hämnd; **with a** ~ i högsta grad, så det

förslår (förslog); **vengeful** [*ven(d)ʒful*] hämndgirig
venial [*vi:niəl*] förlåtlig, ursäktlig
venison [*ven(i)zn*] rådjurskött, vilt
venom [*venəm*] gift, *fig.* ondska; **~ous** [*venəməs*] giftig
venous [*vi:nəs*] *anat.* venös
vent [*vent*] avlopp, lufthål, öppning; ge luft åt; **find ~** få utlopp, ge sig luft; **give ~ to one's feelings** ge sina känslor luft; **~-peg** sprund, svicka
ventilate [*ventileit*] ventilera, lufta; **ventilation** [*ventilei'ʃ(ə)n*] ventilation; **ventilator** [*ventileitə*] ventil (i rum etc.)
ventral [*ventrəl*] mag-, buk-; **~ fin** bukfena; **ventricle** [*ventrikl*] *anat.* ventrikel; **ventricle of the heart** *anat.* hjärtkammare; **ventricle of the brain** *anat.* pannhåla; **ventricular** [*ventri'kjulə*] *anat.* ventrikel-, mag-
ventriloquism [*ventri'ləkwizm*] buktalarkonst; **ventriloquist** [*-st*] buktalare; **ventriloquize** [*ventri'ləkwaiz*] uppträda som buktalare
venture [*ventʃə*] risk, vågstycke, spekulation; våga [sig], riskera; **at a ~** på måfå; **~ on** el. **upon** inlåta sig i; **~some** [*-səm*] riskabel, dristig
venue [*venju:*] *jur.* jurisdiktionsort, *fam.* mötesplats
Venus [*vi:nəs*] Venus
veracious [*vərei'ʃəs*] sannfärdig, sann; **veracity** [*vəræ'siti*] sannfärdighet, objektivitet
verandah [*vəræ'ndə*] veranda
verb [*və:b*] verb; **~al** [*və:bəl*] ord-, muntlig, ordagrann, *gram.* verbal; **~atim** [*və:bei'tim*] ord för ord, ordagrann
verbena [*və(:)bi:'nə*] *bot.* järnört
verbiage [*və:biidʒ*] ordflöde, svada
verbose [*və:bou's*] ordrik, omständlig; **verbosity** [*və:bɔ'siti*] ordrikedom, svammel
verdancy [*və:dənsi*] grönska, grönhet, omogenhet; **verdant** grön (*äv. sl fig.* = oerfaren)
verdict [*və:dikt*] (*is. jur.*) utslag, utlåtande
verdigris [*və:digris*] spanskgröna, ärg
verdure [*və:dʒə*] grönska, friskhet
verge [*və:dʒ*] rand, kant, brädd, bryn; luta, böja, sänka, närma sig, sträva [mot], gränsa [till]; **~ [up]on** gränsa till (*äv. fig.*); **be on the ~** vara nära, vara 'på vippen', *amr. sl* tänka på skilsmässa
verger [*və:dʒə*] stavbärare som går före biskop, kyrkvaktare
verifiable [*verifaiəbl*] som kan verifieras, bevislig; **verification** [*verifikei'ʃ(ə)n*] bevis, bekräftelse, bestyrkande; **verify** [*verifai*] verifiera, bekräfta, intyga
verisimilitude [*verisimi'litju:d*] sannolikhet, sken av sanning
veritable [*veritəbl*] äkta, riktig, verklig
verity [*veriti*] sanning
verjuice [*və:dʒu:s*] sur saft; **as sour as ~** ättiksur
vermicelli [*və:mise'li*] vermiceller
vermicide [*və:misaid*] medel mot mask
vermiform [*və:mifɔ:m*] maskformig
vermilion [*və(:)mi'ljən*] cinnober; cinnoberröd; rödfärga
vermin [*və:min*] ohyra, skadedjur (*äv.* om person); **~ous** [*və:minəs*] full av ohyra, alstrad av ohyra, vidrig
vermouth [*və:mu:þ, -mu:t*] vermouth
vernacular [*vənæ'kjulə*] inhemsk, folklig; **the ~** modersmålet, landsmål, dialekt
vernal [*və:n(ə)l*] vårlig, vår-; **~ equinox** vårdagjämning
vernier [*və:niə*] räknesticka
veronal [*veronəl*] veronal
Veronese [*vərəni:'z*] veronesare; veronesisk
veronica [*vərɔ'nikə*] *bot.* veronika, ärenpris
versatile [*və:sətail*] rörlig, smidig, mångsidig, ombytlig, ostadig, växlande, vridbar; **versatility** [*və:səti'liti*] mångsidighet, smidighet, ombytlighet, vridbarhet
verse [*və:s*] vers, strof, versrad; **in ~** på vers
versed [*və:st*] bevandrad, hemma[stadd], förtrogen
versicle [*və:sikl*] (is. *pl*) växelsång mellan präst och menighet
versification [*və:sifikei'ʃ(ə)n*] versmått, metrik, versifiering; **versifier** [*və:sifaiə*] versmakare; **versify** [*və:sifai*] skriva vers, versifiera
version [*və:ʃ(ə)n*] version, översättning, tolkning, upplaga; **the Authorized V—** den auktoriserade eng. bibelöversättningen av 1611; **the Revised V—** den reviderade eng. bibelöversättningen av 1885
verso [*və:sou*] vänstersida (av uppslagen bok), frånsida (på mynt)
verst [*və:st*] verst (ryskt längdmått)
versus [*və:səs*] (*lat.*) mot (om parterna i rättssak el. tävling)
vert [*və:t*] *herald.* grönt, *fam.* omvänd, konvertit; bli omvänd
vertebra [*və:tibrə*] (*pl -brae* [*-bri:*]) *anat.* ryggkota, *pl* ryggrad; **vertebral** ryggrads-; **vertebral column** ryggrad; **vertebrate** [*və:tibrit, -breit*] ryggradsdjur; ryggrads-
vertex [*və:teks*] (*pl vertices* [*və:tisi:z*]) toppunkt, spets, *anat.* hjässa, *mat.* vinkelspets; **vertical** [*və:tik(ə)l*] vertikal, lodrät; **vertical rudder** *flyg.* sidoroder
vertiginous [*və:ti'dʒinəs*] roterande, yr, svindlande; **vertigo** [*və:tigou*] svindel, yrsel
vervain [*və:vein*] *bot.* verbena, järnört
verve [*vɛəv, və:v*] schvung, verv, fart och kläm
Very [*veri*]; **~ light** (is. *mil.*) veryljus, signalljus
very [*veri*] verklig, riktig, renaste, själva, just, idel; (framför positiv form av adjektiv och adverb) mycket, synnerligen, (i *nek.* sammanhang) särskilt, så, vidare, (framför superlativer) allra; **this ~ day** redan i dag, just denna dag; **on this ~ spot** på just den här fläcken; **that is the ~ thing we want** det är just vad vi behöva; **the ~ next morning** redan nästa morgon; **the ~ best** den allra bästa; **you may keep it for your ~ own** du kan behålla det alldeles för egen räkning
vesicle [*vesikl*] liten blåsa
vesper [*vespə*] *pl* vesper, aftongudstjänst, aftonsång; **~-bell** aftonklocka; **vespertine** [*vespətain*] (is. *bot.* o. *zool.*) afton-
vessel [*vesl*] käril, kärl, fartyg; **the weaker ~** kvinnan
vest [*vest*] tröja, undertröja, (på skräddarspråk och *amr.*) väst; *fig.* bekläda, utstyra, förläna, överlåta; **~ in** överlåta åt, förläna åt; **~-pocket** västficka, västficksformat; **~ed** [lagligen] förvärvad, fast, hävdvunnen
vesta [*vestə*] tändsticka
vestal [*vest(ə)l*] vestal, jungfru; kysk, jungfrulig; **V— Virgin** vestal
vestee [*vesti:'*] *amr.* isättning (i blus etc.)
vestibule [*vestibju:l*] förstuga, vestibul, förrum, *amr.* plattform (på järnvägsvagn)
vestige [*vestidʒ*] spår, smula, tillstymmelse
vestment [*vestmənt*] skrud, dräkt, mässhake
vestry [*vestri*] sakristia, kyrksal, kyrkoråd, kommunalnämnd, kyrko- (kommunal)stämma; **~man** kyrkorådsledamot, kommunalnämndsledamot; **vesture** [*vestʃə*] (*poet.*) dräkt, skrud, kläder; iklädа
Vesuvian [*visu:'viən*] vesuvisk; **v—** stormtändsticka; **Vesuvius** [*visu:'vi'əs*] Vesuvius
vet *fam.* förk. f. *veteran* el. *veterinary* [*surgeon*]; behandla, undersöka, granska
veteran [*vetərən*] veteran; gammal, erfaren, prövad
veterinary [*vetərinəri*] veterinär (**~** *surgeon*); veterinär-
veto [*vi:tou*] veto, förbud; inlägga veto, förbjuda; **put a** el. **one's ~ upon** förbjuda

vex [*veks*] irritera, förarga, oroa, pina, plåga; **~ation** [*veksei'ʃ(ə)n*] förargelse, oro; **~atious** [*veksei'ʃəs*] förarglig, plågsam, kitslig; **~ed** förargad, harmsen, omtvistad, debatterad (t. ex. **a** ~ *question*)

via [*vaiə*] via

viaduct [*vaiədʌkt*] viadukt

vial [*vaiəl*] (liten) medicinflaska; **pour out ~s of wrath** *bibl.* utösa sin vredes skålar

viands [*vaiəndz*] mat, livsmedel

viaticum [*vaiæ'tikəm*] nattvard åt döende, reskost

vibrant [*vaibrənt*] vibrerande, dallrande (**with** av); **vibrate** [*vaibrei(')t*] vibrera, dallra, darra, svänga; **vibration** [*vaibrei'ʃ(ə)n*] vibration, dallring, svängning; **vibrator** [*vaibrei'tə*] vibrator; **vibratory** [*vaibrət(ə)ri*] dallrande, svängande, svängnings-, vibrations-

vic [*vik*] *amr. sl* straffånge

vicar [*vikə*] kyrkoherde (med mindre inkomster än en *rector*), (is. *poet.*) ställföreträdare; **~ apostolic** rom.-kat. missionär el. titulär biskop; **~ of Bray** (*bildl.*) vindböjtel; **~age** [*vikəridʒ*] prästgård, pastorat; **~ial** [*vikɛ'əriəl*] kyrkoherde-, präst-, prästerlig, pastors-; **~ious** [*vikɛ'əriəs*] vikarierande, ställföreträdande

vice 1) [*vais*] last, fel, lyte; **there is no ~ in him** det är ingenting ont i honom

vice 2) [*vais*] (*amr. vise*) skruvstäd

vice 3) [*vais*] *fam.* förk. f. *vice-president* etc. (se *vice-*)

vice 4) [*vaisi*] (*lat.*) i stället för; **~ versa** (*lat.*) omvänt, vice versa

vice- [*vais-*] vice-; **~chancellor** vicekansler (universitetsrektor); **~gerent** [*vai'sdʒe'rənt*] ställföreträdare, ståthållare; **~regal** [*vai'sri:'gəl*] vicekonung[en]s; **~reine** [*vai'srei'n*] vicekonungs gemål; **~roy** [*vaisrɔi*] vicekonung (bl. a. den högsta ämbetsmannen i eng. Indien); **~royalty** [*vaisrɔiəlti*] vicekonungs ämbete

vicennial [*v(a)ise'njəl*] tjuguårig, vart tjugonde år

Vichy [*vi:ʃi:, viʃi*]; **~ water** vichyvatten

vicinage [*visinidʒ*] grannskap, omnejd; **vicinity** [*visi'niti, vai-*] närhet, grannskap

vicious [*viʃəs*] lastbar, fördärvad, felaktig, dålig, ond, ilsken, olaglig, oren; **~ circle** circulus vitiosus, cirkelbevis

vicissitude [*visi'sitju:d, vai-*] (is. *pl*) omskiftning, växling

vick [*vik*] (i signalspråk) V

victim [*viktim*] offer; **~ize** [*-aiz*] göra till offer, bedraga, lura

victor [*viktə*] (*litt.*) segrare, segerherre

victoria [*viktɔ:'riə*] viktoria (ett slags låg vagn för två); **V—** Viktoria (kvinnonamn); **V— Cross** viktoriakors (eng. dekoration för tapperhet), innehavare av viktoriakorset; **Victorian** [*viktɔ:'riən*] viktorian; viktoriansk; **Victorian Order** en eng. orden

victorious [*viktɔ:'riəs*] segerrik, segrande; **victory** [*vikt(ə)ri*] seger; **victress** [*viktris*] segrarinna

victual [*vitl*] (is. *pl*) matvaror, mat, proviant; (is. *sjö.*) proviantera, förse med proviant, *fam.* intaga föda, äta; **~ler** [*vitlə*] livsmedelsleverantör, krogvärd; **~ling office** *sl* mage

vicugna [*viku:'njə*], **vicuna** [*vikju:'nə, vai-*] *zool.* vikunja (*Sydamr.* lamadjur)

vide [*vaidi(:)*] (*lat.*) se! **videlicet** [*vide'liset, vai-*] (*lat.*) nämligen, det vill säga

vie [*vai*] tävla

view [*vju:*] syn, åsyn, synhåll, synpunkt, blick, utsikt, vy, syfte, granskning, utseende, åsikt, uppfattning, plan; bese, betrakta, granska; **~ of Brighton** vy av B.; **take the ~** anlägga den synpunkten; **in ~** synlig, i åsyn, i sikte; **in ~ of** med hänsyn till; **on ~** till påseende; **with a ~ to** med tanke på, i syfte att; **with the ~ of** i avsikt att; **~-finder** sökare (på kamera); **~ halloo** [*vju:'həlu:'*] räven är funnen (jaktrop); **~ point** (*amr.*), **point of ~** synpunkt; **~less** (*poet.*) osynlig; **~y** [*vju:i*] svärmisk, fantastisk

vigil [*vidʒil*] nattlig gudstjänst, vaka, vakt; **~ance** [*vidʒiləns*] vaksamhet, påpasslighet; **~ance committee** *amr.* frivillig, självvald kommitté för upprätthållande av den allmänna ordningen; **~ant** vaksam

vignette [*vinje't*] vinjett

vigorous [*vigərəs*] kraftig, kraftfull, energisk; **vigour** [*vigə*] kraft

viking [*vaikiŋ*] viking

vile [*vail*] usel, gemen, låg, föraktlig, dålig; **vilification** [*vilifikei'ʃ(ə)n*] bakdanteri; **vilify** [*vilifai*] bakdanta

villa [*vilə*] villa, lantställe; **~dom** [*vilədəm*] förstädernas villabor; **~ge** [*vilidʒ*] by; **~ger** [*vilidʒə*] byinvånare, bybo

villain [*vilən*] skurk, slyngel, (*skämts.*) skälm, *åld.* livegen, [bond]tölp; **~ous** [*vilənəs*] skurkaktig, *fam.* urusel; **~y** [*viləni*] skurkaktighet, illdåd

villein [*vilin*] livegen; **ville[i]nage** [*vilinidʒ*] livegenskap

vim [*vim*] *sl* kraft, energi, fart

vinaigrette [*vinigre't*] luktflaska, luktdosa

vindicate [*vindikeit*] hävda, försvara, rättfärdiga, vidmakthålla; **vindication** [*vindikei'ʃ(ə)n*] försvar, rättfärdigande, upprätthållande; **vindicator** [*vindikeitə*] försvarare, förkämpe; **vindicatory** [*vindikətəri*] hämnande, försvarande

vindictive [*vindi'ktiv*] hämndgirig; **~ damages** skadestånd

vine [*vain*] vinstock, vinranka, slingerväxt

vinegar [*vinigə*] ättika, *fig.* surhet; **~y** [*vinigəri*] ättiksur

vinery [*vainəri*] drivhus för vin

vineyard [*vinjəd, -ja:d*] vingård

vinous [*vainəs*] vin-, vinlik

vintage [*vintidʒ*] vinskörd, årgång (av vin), *amr. sl* (persons) ålder; **vintner** [*vintnə*] vinhandlare

viol [*vaiəl*] medeltida tresträngad violin

viola 1) [*viou'lə*] *mus.* viola

viola 2) [*v(a)iələ*] *bot.* viol, pensé

violate [*vaiəleit*] kränka, överträda, bryta, skända, våldtaga; **violation** [*vaiəlei'ʃ(ə)n*] kränkning, överträdelse, brott, våldtäkt; **violator** [*vaiəleitə*] våldsverkare, skändare, överträdare

violence [*vaiələns*] våldsamhet, häftighet, våld, våldshandling; **violent** våldsam, häftig

violet [*vaiəlit*] viol; violett, violblå

violin [*vaiəli'n*] *mus.* violin; **~ist** [*vaiəli'nist*] *mus.* violinist; **violist** [*vaiəlist*] *mus.* violaspelare; **violoncellist** [*vaiələntʃe'list*] *mus.* cellist; **violoncello** [*-lou*] *mus.* violoncell, cello

viper [*vaipə*] huggorm, *fig.* orm; **~ish** [*vaipəriʃ*], **~ous** [*vaipərəs*] huggormslik; (is. *fig.*) giftig

virago [*virei'gou*] ragata, argbigga

virgin [*və:dʒin*] jungfru, bild av jungfru Maria; jungfrulig, oberörd, ren, obrukad; **the V—** jungfru Maria, *astr.* Jungfrun; **the Blessed V— [Mary]** den heliga jungfrun; **~ forest** urskog; **the V— Queen** drottning Elisabet; **~al** [*və:dʒinəl*] (vanl. *pl*) spinett; jungfrulig; **~ity** [*və:dʒi'niti*] jungfrulighet

Virginia [*və:dʒi'njə*] Virginia, virginiatobak, virginiacigarrett; **~ creeper** vildvin

Virgo [*və:gou*] *astr.* Jungfrun

virile [*virail*] manlig, manbar, manna-; **virility** [*viri'liti*] manlighet, manbarhet

virtu [*viətu:', və:tu'*] konstintresse; **articles of ~** konstsaker, antikviteter

virtual [*və:tjuəl*] verklig, faktisk

virtue [*və:tju:*] dygd, kyskhet, kraft, förtjänst, god egenskap; **by** el. **in ~ of** i kraft av, med stöd av

virtuosity [*və:tjuɔ'siti*] virtuositet; **virtuoso** [*və:tjuou'sou*] (*pl -si* [*-si:*]) virtuos, konstkännare, konstsamlare

frestning; **in general** ~ på modet; **of good** ~ [slit]stark; ~ **away** nötas bort, tyna bort; ~ **one's heart upon one's sleeve** vara öppenhjärtig; ~ **out** uttömma (ngns) tålamod; ~ **a long face** bli lång i ansiktet; ~**ing apparel** gångkläder
weariness [*wi'ərinis*] trötthet, leda, plåga
wearisome [*wiərisəm*] tröttande, tråkig
weary [*wiəri*] trött, led, modlös, tröttande, tråkig; trötta, uttråka, bli trött; ~ **of** trött på, led på
weasel [*wi:zl*] vessla, *amr. sl* skvallerkäring; ~ **words** *amr.* avsiktligt mångtydigt tal
weather [*weðə*] väder[lek], lovart, vindsida; utsätta för luftens inverkan, lufta, förvittra, rida ut (storm), uthärda (*äv.* ~ *out*), gå lovart om, ta loven av; **under the** ~ opasslig, krasslig; **open** ~ blidväder; **make good (bad)** ~ *sjö.* vaka väl (illa) i sjön; ~**-beaten** utsatt för väder och vind, väderbiten; ~**-board** brädfodring, ytbräde; ~**-boarding** brädfodring; ~**-bound** hindrad av svårt väder; ~**-bureau** meteorologisk anstalt; ~**cock** vindflöjel (*äv. fig.*); **keep one's** ~ **eye open** vara på sin vakt; ~**-forecast** väderleksutsikter, väderleksrapport; ~**-ga[u]ge** [*-geidʒ*] lovart; ~**-glass** barometer; ~**-proof** skyddande mot (tålande) väder och vind; ~**-service** väderlekstjänst; ~**-vane** vindflöjel; ~**ology** [*weðərɔ'lədʒi*] *amr. sl* meteorologi, väderleksspådom
weave [*wi:v*] vävning; (*oregelb. vb*) väva, fläta; **weaver** vävare, väverska, *zool.* vävarfågel
weazen [*wi:zn*] skrumpen, tärd (se *wizened*)
web [*web*] väv, intrig, simhud, nyckelax; inväva; ~**-foot** simfot; ~**bed** med simhud; ~**bed foot** simfot; ~**bing** stark, tät väv
wed [*wed*] äkta, gifta sig med, gifta [bort], viga, förena; ~**ded** gift, *fig.* fången (**to** i); ~**ded couple** el. **pair** äkta par; **be** ~**ded to** vara bunden av
wedding [*wediŋ*] bröllop; ~ **anniversary** årsdagen för ens bröllop; ~ **breakfast** bröllopsfrukost
wedge [*wedʒ*] kil; driva in en sprängkil, kila fast, kila [sig] in
Wedgwood [*wedʒwud*] **ware** Wedgwood porslin
wedlock [*wedlɔk*] äktenskap, äkta stånd
Wednesday [*wenzdi, wedn-*] onsdag
wee [*wi:*] mycket liten
weed [*wi:d*] ogräs, *sl* cigarr, tobak (*fragrant* ~), krake; rensa [bort]
weeds [*wi:dz*] änkas sorgdräkt
weedy [*wi:di*] full av ogräs, gänglig
week [*wi:k*] vecka; **send a person into the middle of next** ~ slå ngn fördärvad; **this day** ~ i dag åtta dagar; **a** ~ **of Sundays** sju veckor, lång tid; ~**-day** vardag; ~**-end** veckoslut; hålla weekend; ~**-ender** weekendgäst; ~**ly** veckotidning; vecko-; [i] varje vecka
ween [*wi:n*] (*poet.*) mena, tro
weeny [*wi:ni*] mycket liten
weep [*wi:p*] (*oregelb. vb*) gråta (**for, over** för, över), (*poet.*) begråta, hänga med grenarna; ~**er** gråtande, gråterska, (*amr. sl* om gråtmild tiggare), änkeslöja, sorgflor, *pl* plöröser; ~**ing** gråtande, våt, regnig, *bot.* häng-; **come home by W—ing-Cross** återkomma förkrossad
weevil [*wi:vl*] *zool.* vivel; ~**led,** ~**y** full av vivlar (om bröd etc.)
weft [*weft*] inslag (i väv), väft, (*poet.*) väv
weigh [*wei*] väga, överväga, lätta, ha stor vikt; ~ **anchor** *sjö.* lätta ankar; ~ **down** tynga, uppväga, trycka; ~ **the thumb in** *sl* väga knappt; ~ **out** väga upp, (om jockej) bli vägd före loppet, *sl* punga ut; ~ **up** uppväga, värdera; ~ **upon** tynga, trycka; ~**bridge** brovåg, vågbrygga
weight [*weit*] vikt, lod, börda, tyngd, belastning, betydelse, *sport.* kula; belasta, tynga ned, väga, förfalska vara med tyngre fyllnadsgods; **pull one's** ~ göra sitt bästa; **put the** ~ stöta kula; **throw one's** ~ **about** uppföra sig oförskämt ~**y** tung, vägande, betydande
weir, wear [*wiə*] fördämning, mjärde
weird [*wiəd*] (*Skottl.* o. *åld.*) öde; skickelse-, övernaturlig, ohygglig, *fam.* underlig; (*Skottl. åld.*) **dree one's** ~ finna sig i sitt öde; **the** ~ **sisters** ödesgudinnorna
weisenheimer se *wisenheimer*
Welch (i regementens namn) se *Welsh*
welcome [*welkəm*] välkomst[hälsning]; välkommen; hälsa välkommen, välkomna, mottaga vänligt; **wear out** el. **outstay one's** ~ dra för stora växlar på ens gästfrihet; [**you are**] ~ [**to it**] väl bekomme! ingen orsak! gärna för mig! **you are** ~ **to use it** den står gärna till din tjänst
weld [*weld*] svetsning; [samman]svetsa; ~**ed** *amr. sl* gift
welfare [*welfɛə*] välfärd, väl; ~ **work** välgörenhetsarbete
welkin [*welkin*] (*poet.*) himmel
well 1) [*wel*] brunn, källa, (*pl*) hälsobrunn, trapphus, [hiss]schakt, bläckhus (i bläckhorn), advokaternas plats i domsal, fisksump i båt, avloppstrumma; välla fram; ~**-deck** welldäck; ~**-dish** fat med fördjupning för sås; ~**-grate** härdrost; ~**-head** urkälla; ~**-room** sal där vatten från hälsokälla utskänkes; ~**-spring** källsprång, urkälla
well 2) [*wel*] väl, bra, gott, riktigt, med rätta; betydligt, nog; frisk, belåten, välmående; nå! nåväl! seså! nå ja! välan! **leave (let)** ~ **alone** låt det vara bra som det är! ~ **away** *mil. sl* väl i gång; **be (feel)** ~ vara (känna sig) frisk; **come off** ~ lyckas, ha tur med sig; **do** ~ stå sig bra, ha hälsan, duga [bra]; **he is** ~ **past forty** han är åtskilligt över 40; ~, **to be sure!** nå, det må jag säga! **as** ~ lika väl (bra), också; ~ **off** förmögen; ~ **on** långt framme, långt uppe, långt lidet; ~ **up** långt uppe; ~**-appointed** välförsedd, välutrustad; ~**-balanced** välbalanserad (*äv. fig.*); ~**-behaved** väluppfostrad, ordentlig; ~**-being** välbefinnande, välgång; ~**-born** av förnäm börd; ~**-bred** väluppfostrad, bildad, (om häst) av god ras; ~**-connected** med goda förbindelser; ~**-disposed** vänligt sinnad, välvillig; ~**-doing** rättskaffenhet, välfärd, välbefinnande; rättskaffens, välgörande; ~**-done** välgjord, genomstekt, -kokt etc.; ~**-favoured** vacker, stilig; ~**-fixed** *amr. sl* rik, drucken; ~**-found** välförsedd; ~**-founded** välgrundad; ~**-groomed** välkammad, välansad; ~**-grounded** välgrundad, med grundlig kännedom (i ett fack); ~**-heeled** *amr. sl* rik, välsituerad; ~**-informed** välunderrättad, kunskapsrik; ~**-intentioned** välmenande; ~**-judged** välbetänkt, välberäknad, klok; ~**-knit** kraftigt byggd; ~**-known** [väl]känd; ~**-made** välskapt; ~**-mannered** väluppfostrad, belevad; ~**-marked** tydlig, lätt igenkännlig; ~**-nigh** nära nog, hart när; ~**-pleased** väl tillfreds, belåten; ~**-pleasing** tillfredsställande; ~**-proportioned** välproportionerad, väl avpassad, välskapt; ~**-read** beläst; ~**-regulated** välreglerad, ordentlig; ~**-reputed** aktad, ansedd; ~**-seasoned** härdad, välkryddad, -lagrad, -torkad; ~**-seeming** plausibel; ~ **set,** ~ **set up** välbyggd, välväxt; ~**-shod** välskodd, *amr. sl* välställd, rik; ~**-spoken** vältalig, belevad, träffande; ~**-taken** *amr.* berättigad; ~ **timed** läglig, välkommen, väl avpassad; ~**-to-do** välbärgad; ~**-wisher** gynnare, vän; ~**-worn** sliten, nött, klädsam
Wellington [*weliŋtən*] Wellington, *pl* höga ridstövlar
Welsh (i regementens namn: *Welch*) [*welʃ*] walesiska [språket]; walesisk; välsk; ~ **cricket** *sl* lus; ~**man,** ~**woman** walesare, walesiska ~ **mutton** kött av små bergfår; ~ **rabbit** en osträtt

welsh, welch [*welʃ*] bedraga, lura (i hästsport), smita med en annans pengar; ~**er** bedragare (vid kapplöpn.)
welt [*welt*] rand, söm, strimma (efter piskslag) (*wale*); randsy, piska, klå
welter [*weltə*] villervalla, oro, uppror, svall; (om vågor) rulla, väkas, (*bildl.*) sjuda, brusa; ~**-weight** weltervikt
wen [*wen*] *med.* fettsvulst, (mjuk) svulst; **the great** ~ London
wench [*wen(t)ʃ*] jänta, tös, piga
Wend [*wend*] vend (folk)
wend [*wend*]; ~ **one's way** styra sina steg
Wensleydale [*wenzlideil*] ett slags ost
went [*went*] gick (se *go*)
wept [*wept*] grät, gråtit (se *weep*)
were [*wə:*, *wɛə*, (trycksvagt) *wə*] var, voro, vore, blev[o], bleve (se *be*); **as it** ~ så att säga
wer[e]wolf [*wə:wulf*] varulv
wert [*wə:t*]; **thou** ~ *åld.* du var (blev) (se *be*)
Wesley [*wezli*] Wesley; ~**an** [*-ən*] metodist; metodistisk
west [*west*] väster, västanvind, (*film.*) vildavästernfilm; västlig, västra, väst[er]-; västerut; **due** ~ rakt i väster, rätt västlig; ~ **by north** (is. *sjö.*) väst till nord; [**to the**] ~ **of** väster om; **go** ~ *sl* gå förlorad, dö, stupa; ~**erly** [*westəli*] västlig; mot väster; ~**ern** [*westən*] (*film.*) vildavästernfilm; västlig, västerländsk; ~**ernmost** västligast; ~**ing** västlig kurs; ~**-ward[s]** [*westwəd(z)*] mot väster, västerut; **the W— End** Westend (den finare delen av London); **the W—ern Church** den rom.-kat. (och den anglikanska) kyrkan (i motsats till den grekisk-katolska); ~**ering** [*westəriŋ*] (om solen) nedgående; ~**erner** väst[er]länning
wet [*wet*] väta, regnväder, *sl* styrketår, *mil. sl* narr, *amr.* förbudsmotståndare; våt, fuktig, regnig, *sl* (om stat) utan spritförbud, *sl* berusad, *sl* oangenäm, dum, sentimental, (om fisk) färsk; väta, blöta; ~ **through** genomvåt; ~ **blanket** kall avrivning, *fig.* kalldusch; en som lägger sordin på (samtalet etc.); ~ **bob** *sl* roddare; ~ **dock** flytdocka; ~**-nurse** amma; ~ **a bargain** fira ett köpavtal; ~ **one's whistle** *sl* fukta sin strupe; ~**ness** väta
wether [*weðə*] bagge, hammel
whack [*(h)wæk*] slag, smäll, *sl* andel; slå, klå, *sl* utdela, dela; ~ **up** arrangera, ordna; **go** ~**s** dela jämnt; **have one's** ~ *sl* få så mycket man önskar; **pay one's** ~ betala sin andel; **take a** ~ **at** hugga i med, försöka sig på; ~**er** [*(h)wækə*] *sl* baddare, grov lögn, *amr. sl* dollar, boxare, *pl* pengar; ~**ing** *sl* väldig, kolossal
whale [*(h)weil*] val, *sl* sardin; driva valfångst; **bull** ~ valhane; **cow** ~ valhona; **a** ~ **of a** *amr.* en väldig; **be a** ~ **on** el. **at** el. **for** *fam.* vara styv i el. ivrig efter; ~**s on** *amr. sl* förtjust i; **very like a** ~ (*iron.*) mycket sannolikt! ~**-boat** valfångstbåt; ~**bone** valbard, [val]fiskben; ~**man** valfångare; **whaler** valfångstfartyg; **whaling** valfångst
whamditty [*(h)wæmditi*] *amr. sl* sak, inrättning, manick
whang [*(h)wæŋ*] smäll, dunk, duns, *amr. sl* präktig karl; smälla, dåna, dunsa; ~**doodle** [*-du:dl*] *amr. sl* sak, inrättning, manick
wharf [*(h)wɔ:f*] lastkaj, hamnplats; *sjö.* lägga till vid kajen, lossa; ~**age** [*(h)wɔ:fidʒ*] kajplats, hamnpengar; ~**inger** [*(h)wɔ:fin(d)ʒə*] hamnmästare, lastageplatsägare
what [*(h)wɔt*] vad, vad för en, vilken, hurudan, sådan, vad som, det som; ~ **hopes!** *sl* vilken optimist! ~ **impudence** en sådan fräckhet! **I don't know** ~ **to do** jag vet ej vad jag skall göra; **I'll tell you** ~ jag skall säga dig något; ~ **about (of)** ...? vad säger du om ...? hur är det med ...? ~ **but** ...? vad annat än ...? **(Mr.)** ~**-d'ye-call-him** (herr) vad han nu heter; ~ **for?** *fam.* varför? ~ **is eating you?** *amr. sl* vad oroar dig? ~ **good is it?** vad tjänar det till? ~**'s yours?** vad vill du dricka? ~ **ho!** hallå! ~ **matter?** vad gör det? (= det gör ingenting); ~ **name** (*pidgineng.*) vad menar du? ~ **name something** (*pidgineng.*) vad beställer du? ~ **next?** vad kommer väl härnäst? **and** ~ **not** och Gud vet vad allt; med mera, **med mera**; ~ **of** se ~ *about*; ~ **of it?** än sedan? **for** ~ **I know** så vitt jag vet; ~**ever** [*(h)wɔte'və*] vad som helst, vilken som helst, allt vad, vad i all världen? (walesiska f.) *however*; **none** ~**ever** ingen som helst; **any** ~**ever** någon som helst; ~**-for** *sl* kok stryk, överhalning; ~**soever** se *whatever* (mera eftertrycklig form); ~ **with** ... ~ **with** på grund av dels ..., dels ...
wheat [*(h)wi:t*] vete; ~**en** [*(h)wi:tn*] vete-
wheedle [*(h)wi:dl*] locka (med smicker), lisma
wheel [*(h)wi:l*] hjul, spinnrock, drejskiva, *mil.* svängning, *amr.* cykel, *sjö.* o. *auto.* ratt, *amr. sl* silverdollar; svänga, snurra, vrida, rulla, dreja, åka, cykla, byta åsikt; ~**s within** ~**s** invecklat maskineri, komplicerade förhållanden; **grease the** ~**s** *sl* skaffa kapital; **have** ~**s** *amr. sl* vara vriden; **break on the** ~ rådbråka; **right (left)** ~! *mil.* linje framåt höger! (vänster!); ~**barrow** skottkärra; ~**base** (*auto.* etc.) axelavstånd; ~**boss** hjulnav; ~ **chair** rullstol; ~**-horse** stånghäst, *amr. sl* partigängare; ~**-house** *sjö.* styrhytt; ~**man** cyklist; ~**wright** hjulmakare; ~**er** stånghäst, cyklist, hjulmakare
wheeze [*(h)wi:z*] flåsande, fnysning, *sl* improviserad replik, vits; väsa, pusta; **wheezy** väsande, pustande, andfådd
whelk [*(h)welk*] utslag, finne, *zool.* valthornssnäcka
whelm [*(h)welm*] (*poet.*) översvämma, dränka, ödelägga
whelp [*(h)welp*] valp; valpa, yngla, kläcka onda planer
when [*(h)wen*] när? när, då, varpå, varvid; **say** ~! säg stopp! (när det är tillräckligt); ~**ever** [*(h)wene'və*] när ... än, närhelst, så ofta som
whence [*(h)wens*] varifrån, varav, vadan; **from** ~ varifrån
where [*(h)wɛə*] var? vart?, (stället) där, dit; ~ **are you going?** vart går du? ~**abouts** [*(h)wɛərəbauts*] vistelseort; [*(h)wɛ'ərəbau'ts*] var någonstans? ~**as** medan, då däremot, i betraktande av att; ~**fore** grund; varför; **wherever** [*(h)wɛəre'və*] (förstärkt: ~*soe'ver*) var än, vart än, varhelst än, överallt där; ~**withal** medel, pengar
wherry [*(h)weri*] liten färja, roddbåt, pråm
whet [*(h)wet*] vässning, sporre, aptitsup; vässa, bryna, skärpa, egga; ~**stone** brynsten, eggelse
whether [*(h)weðə*] om, huruvida, vare sig; ~ **or no** antingen det förhåller sig så eller ej
whew [*(h)wu:*] puh! usch! brr!
whey [*(h)wei*] vassla; ~**ey**, **-ish** vasslig
which [*(h)witʃ*] vad, vilken (vilket), som, vilkendera; ~ **is** ~ vilken är den rätta; ~**ever** vilken[dera] än
whiff [*(h)wif*] pust, fläkt, sus, bloss (ur pipa), liten cigarr, *sjö.* lätt utriggad båt; pusta, fläkta, susa, blossa [på], blåsa
whiffle [*(h)wifl*] fläkt; fläkta, kasta om (vinden), fladdra, vackla
Whig [*(h)wig*] whig
while [*(h)wail*] stund, (kort) tid; medan, så länge som; **the** ~ under tiden; **between** ~**s** emellanåt; **in a little** ~ inom kort; **once in a** ~ då och då; **worth** ~ mödan värt; ~ **away time** fördriva tiden
whilst [*(h)wailst*] *åld.* medan (se *while*)
whim [*(h)wim*] nyck, infall, hugskott; **vindspel**; ~**-wham** [*-(h)wæm*] *sl* enfaldig idé
whimper [*(h)wimpə*] gnäll; gnälla, kvida

whimsical [*(h)wimzik(ə)l*] nyckfull, underlig, konstig; **whimsy** [*(h)wimzi*] nyck, infall
whin [*(h)win*] *bot.* gultörne
whindge [*(h)win(d)ʒ*] *amr. sl* sak, inrättning, manick
whine [*(h)wain*] gnäll, klagolåt; gnälla, klaga
whinger [*(h)wiŋə*] dolk, stickert
whinny [*(h)wini*] gnäggning; gnägga
whip [*(h)wip*] piska, spö, gissel, rapp, kusk, (*jakt.*) pikör, (*parl.*) inpiskare, agitation, vispgrädde, kastsöm, väderkvarnsarm, *sjö.* göling; piska, prygla, vispa, fiska (med fluga), hissa, hala, linda, fålla, snappa, nappa, dänga, stöta, smälla, riva, rusa, fara, *amr.* tillfoga nederlag, *amr. auto.* trampa på gaspedalen; ~ **creation** *sl* övergå allt; **he ~ped behind the door** han rusade ut; **she ~ped the plates off the table** hon rev tallrikarna från bordet; ~ **up** piska [upp], samla upp (i en fart); **~ped** *amr. sl* full; **~-cord** pisksnärt; **the ~ hand** högra handen, övertaget (*have the ~ hand*); **~-round** (improviserad) insamling; **~-top** snurra; **~per-in** inpiskare (*parl.*); **~per-snapper** pojkspoling, viktigpetter; **~ping-post** spöpåle; **~ping-top** pisksnurra
whippet [*(h)wipit*] ett slags liten kapplöpningshund, *mil.* liten tank
whip-poor-will [*(h)wippuəwil*] *zool.* skrännattskärra
whipsey [*(h)wipsi*] *amr. sl* full
whir se *whirr*
whirl [*(h)wə:l*] virvel, virvlande, jäkt; virvla, gå runt (om förståndet); **~igig** [*(h)wə:ligig*] pisksnurra, karusell; **~pool** strömvirvel; **~wind** virvelvind
whirr [*(h)wə:*] surr, sus; surra, susa, vina
whish [*(h)wiʃ*] sus; susa
whisht [*(h)wiʃt*] (is. *Irl.*) hyss!
whisk [*(h)wisk*] dammviska, tofs, kvast, visp, svep; damma, sopa, vispa, flänga, svepa; **~ers** polisonger, (katts) morrhår
whisky (whiskey) [*(h)wiski*] visky, kornbrännvin
whisper [*(h)wispə*] viskning, rykte; viska, susa; **it is ~ed that** det glunkas om att; **~low** *amr. sl* lönnkrog (*speak-easy*); **~er** [*(h)wispərə*] örontasslare, specialist på smålån; **~ing syl-slinger** teater-*sl* sufflör
whist [*(h)wist*] vist (*kort.*)
whistle [*(h)wisl*] vissling, visselpipa, vin, sus; vissla, vina, susa, tassla; **as clean as a ~** så ren som helst; **pay for one's ~** få dyrt betala nöjet; **~ for** vissla efter, *fig.* bli lurad på; **~r** visslare, visselpipblåsare
whit [*(h)wit*] smula, grand; **not a ~** icke det minsta
Whit [*(h)wit*] pingst; ~ **Monday** annandag pingst; **~sun** pingst; ~ **Sunday** pingstdagen; **~suntide** pingst[tid]; ~ **week**, **~sun week** pingstveckan
white [*(h)wait*] vitt, (en) vit, äggvita, vitöga, vithet, *amr. sl* sprit, gin, (*boktr.*) tomrum, *sl* silvermynt, *pl* vita kläder; vit, blek, oskyldig, hederlig; **bleed ~** utplundra (is. om penningutpressare); ~ **ant** *zool.* termit; ~ **coffee** *amr. sl* visky; ~ **elephant** *sl* dyrt o. svårsålt lyxföremål; ~ **frost** rimfrost; ~ **heat** vitglödning, upphetsning, raseri; ~ **horse** *pl* vågskum, *amr. sl* sprit; **the W— House** Vita Huset (presidentens i USA bostad); ~ **lie (fib)** nödlögn; ~ **line** vit mittellinje på körbana; ~ **list** hederslista (motsats till svarta listan); ~ **man** *sl* hederlig karl; **the ~ man's burden** den vite mannens civilisatoriska uppgift (Kipling); ~ **mule** *amr. sl* sprit; ~ **slave** vit slavinna; ~ **stuff** *amr. sl* kokain; **~bait** vitfisk, småsill; **~-face** vit bläs; **~-feathered** feg; **Whitehall** gata i London, *fig.* regeringen, ministerierna; **~-hot** vitglödande; **~-livered** feg; **~-paper** *pol.* vit bok; **~-slave traffic** vit slavhandel; **~smith** klensmed, bleckslagare; **~-throat** *zool.* trädgårdssångare; **~-wash** vitlimning, kalkning, *fig.* rentvående, *sl* ett glas sherry efter andra viner; vitmena, kalkstryka, *fig.* rentvå; **~washed** *sl* konkursmässig; **~wing** *amr. sl* gatsopare (is. i New York); **~n** [*(h)waitn*] göra vit, vitmena, vitlimma, bleka, rentvå, vitna, blekna; **~ning** vitlimning, blekning; **whiting** slammad krita, kalkfärg, *zool.* vitling (fisk); **whitish** [*(h)waitiʃ*] vitaktig; **whity-** [*(h)waiti-*] vitaktig, vit-
whither [*(h)wiðə*] (*åld.* o. *poet.*) vart[hän], dit
Whitley [*(h)witli*] **Council** arbetares och arbetsgivares gemensamma råd
whitlow [*(h)witlou*] fingerböld
Whitsun se *Whit*
whittle [*(h)witl*] *åld.* slaktarkniv; tälja, skära, *amr. sl* nedskära (utgifter); ~ **away** el. **down** bortförklara; **~d** *sl* full
whiz[z] 1) [*(h)wiz*] pip, sus, vinande; pipa, susa, vina; **~-bang** *mil. sl* ett slags granat; ~ **wagon** *amr. sl* bil
whiz 2) [*(h)wiz*] *amr. sl* expert, vidunder
who [*hu:*] vem (vilka) [som], som, vilken; **Who's Who?** Vem är vem? (titel på biografisk uppslagsbok i England och USA); ~ **goes there?** vem där? **~ever** [*hu:e'və*] (*åld.* **~soever** [*hu:soue'və*]) vem än, var och en som
whoa [*wouə*] (till häst) ptro!
whole [*houl*] ett helt, helhet; hel, hel och hållen, oskadd, välbehållen; **the ~ hog** fullständigt, fullt ut; **the ~ of it** det hela; [**up**]**on the ~** på det hela taget, överhuvud; **~-hearted** hjärtlig, energisk, uppriktig; **~-hogger** reservationslös anhängare (is. av tullskydd); **~-length** (porträtt i) hel figur; **~ness** helhet; **~sale** grosshandel; en gros, massvis; gross-, parti-; **~saler**, **~sale dealer** grossist, grosshandlare; **~some** [*houlsəm*] hälsosam, sund, nyttig; **wholly** [*hou'(l)i*] helt, fullständigt
whom [*hu:m*] (objektsform av *who*)
whoop [*hu:p*] rop, skrän, *zool.* härfågel; ropa, hojta; **I don't care a ~** det bryr jag mig inte ett dyft om; ~ **up** *amr. sl* stämma (instrument); ~ **it up for** *amr.* hurra för; **whooping-cough** kikhosta
whoopee [*wu:pi:*] *amr. sl* hurra! hej! sprit (~ *water*); **make ~** *amr. sl* roa sig uppsluppet
whop [*(h)wɔp*] *sl* duns, stryk; klå upp, mörbulta; **~per** *sl* baddare, grov lögn; **~ping** *sl* grov, väldig
whore [*hɔ:*] (*bibl.* annars ej i bildat tal) hora, sköka; **~dom** [*hɔ:dəm*] *åld.* horeri, otukt
whorl [*(h)wə:l, (h)wɔ:l*] vindling, *bot.* krans
whortleberry [*(h)wə:tlberi, -bəri*] blåbär; **red ~** lingon
whose [*hu:z*] vars, vilkens (se *who*)
why [*(h)wai*] orsak; varför? minsann! kors! nej titta! nå (låt gå)! nåå? ju; ~ **so?** varför det? ~ **no!** nej då! ~ **yes!** ja visst! ~ **is it that . . .?** varav (hur) kommer det sig att . . .? **that is ~ . . .** det är därför [som] . . .
wick [*wik*] veke
wicked [*wikid*] ond, syndig, ogudlig, ondskefull, elak, stygg, skälmaktig, otäck, faslig
wicker [*wikə*] flätverk, videkorg; vide-, korg-; ~ **chair** korgstol; **~-work** korgarbete
wicket [*wikit*] liten dörr i port, halvdörr, grind i kricket; **~-keeper** (i kricket) grindvakt
widdershins [*widəʃinz*] motsols (*wither-*)
wide [*waid*] felriktad boll (i kricket); vid, bred, lång, stor, (om kast etc.) felriktad, *sl* vaken, med på noterna; ~ **of** långt från; ~ **of the mark** långt från målet (*äv. fig.*); **far and ~** vitt och brett; **to the ~** *sl* komplett, fullständigt; **done to the ~** *sl* fullständigt utmattad (slagen etc.); **broke to the ~** *sl* fullständigt på knä; ~ **apart** långt från varandra; **give a ~ berth to** hålla sig på avstånd från, undvika; **~-awake** bredskyggig mjuk filthatt; ~ **awake** klarvaken; **~ness** vidd, omfång;

~**-spread** [*-spred*] vitt utbredd, spridd, allmän; **widen** [*waidn*] utvidga [sig]
widgeon [*widʒ(ə)n*] bläsand
widget [*widʒit*] *amr. sl* sak, inrättning, manick
widow [*widou*] änka, *sl* galge, champagne; göra till änka; **the ~'s mite** *bibl.* den fattiga änkans skärv; ~**ed** bliven änka (änkling); ~**er** [*widouə*] änkling; ~**hood** [*-hud*] änkestånd
width [*widþ*] vidd, bredd, spännvidd
wield [*wi:ld*] hantera, sköta, utöva
wieny [*wi:ni*] *amr.* [wiener]korv
wife [*waif*] (*pl wives* [*waivz*]) hustru, fru, kvinna; vara hustru; **old wives' tale** käringprat; ~**hood** [*-hud*] hustruvärdighet, -stånd; ~**like**, ~**ly** hustru-
wig [*wig*] peruk; ta i upptuktelse; ~**s on the green** slagsmål; ~**-block** perukstock; ~**ging** skur ovett
wiggle [*wigl*] vrida, sno, vricka (*äv. sjö.*)
wight [*wait*] person, stackare, sate
wigwam [*wigwæm*] wigwam (indianhydda el. tält)
wild [*waild*] (is. *pl*) vildmark, obygd; vild, oodlad, otämd, ostyrig, galen, kollrig, rasande, oberäknelig, felriktad; **run ~** springa omkring i vilt tillstånd, växa vilt, förvildas, fara vilse, förlora besinningen; ~ **about** *amr.* vild efter, galen efter; ~**cat** *zool.* vildkatt; *fam.* olaglig, förbjuden, skojar-; ~**fire** irrbloss, *fig.* löpeld; ~**-goose** vildgås; ~**-goose chase** *fig.* vildgåsjakt, hopplöst företag; ~**erness** [*wildənis*] vildmark, öken, förvirring, virrvarr; ~**ing** vildapel, vildäpple; ~**ness** vildhet, förvildning, dårskap
wile [*wail*] list, knep; locka
wilful [*wilful*] uppsåtlig, avsiktlig, egensinnig, självrådig
will 1) [*wil*] vilja, *jur.* testamente; **good ~** välvilja; **ill ~** illvilja, avoghet; **have (get) one's ~** få sin vilja fram; **make one's ~** skriva sitt testamente; **work one's ~** driva sin vilja igenom; **at [one's own sweet] ~** efter gottfinnande; **with a ~** med kläm
will 2) [*wil*] (*oregelb. vb*) skall, ämnar, vill, brukar, torde; **boys ~ be boys** pojkar är pojkar; **I would** jag skulle vilja . . .; **I would to God** Gud give; **she would!** det kunde likna henne! **she would sit idle for hours** hon kunde sitta sysslolös i timmar
will 3) [*wil*] (*regelb. vb*) vilja, önska, [förut]bestämma, tvinga, testamentera
William [*wiljəm*] William, Vilhelm, *sl* växel, räkning, sedel (ordlek med *Bill* och *bill*)
Willie [*wili*] *fam.* förk. f. *William*; ~ **boy** *amr. sl* mammas gosse
willies [*wiliz*]; **the ~** *sl* nervositet, ångest
willing [*wiliŋ*] villig, frivillig; ~**ly** gärna
will-o'-the-wisp [*wiləðəwisp*] irrbloss, bländverk (*äv. fig.*)
willow [*wilou*] vide, pil, (kricket) slagträ; **wear the ~** bära sorg; ~**-herb** *bot.* videört, fackelros; ~**y** [*wiloui*] pilbevuxen, pilaktig, smidig
willinilly [*wilinili*] med eller mot sin vilja
wilt 1) [*wilt*] *åld.* (du) vill
wilt 2) [*wilt*] vissna, sloka
wily [*waili*] listig, lömsk
wimple [*wimpl*] nunnedok, slöja, ringling; beslöja, slingra sig, porla
win [*win*] seger; (*oregelb. vb*) vinna, segra, nå, *sl* stjäla; ~ **the day** el. **field** vinna seger; ~ **out** *amr.* klara sig; ~ **over** övertala, få på sin sida; ~ **upon** *fig.* vinna, tillvinna sig; ~**ning** *pl* vinst; vinnande (*äv. fig.*); ~**ning hit** avgörande slag etc.; ~**ning-post** målstolpe (*sport.*)
wince [*wins*] sprittning, skälvning; rycka till
wincey [*winsi*] halvylle
winch [*win(t)ʃ*] handvinsch, vev[släng], *sjö.* vindspel
Winchester [*wintʃestə*] (engelsk stad); winchestergevär

wind 1) [*wind*, (*poet.*) *waind*] vind, blåst, luftdrag, andning, anda, väderkorn, munväder, *med.* väderspänning, *mus.* blåsinstrument, *sl* skräck; lufta, blåsa (*äv. mus.*), vädra, få väderkorn på, få nys om, göra andfådd, jäkta, låta pusta ut; **the ~ is too loud for the strings** *mus.* blåsinstrumenten är för starka i förhållande till stråkinstrumenten; **get ~ of** få nys om; **get the ~ up** *mil. sl* bli rädd, börja darra i knävecken; **have the ~ up** *mil. sl* vara rädd; **put the ~ up** *mil. sl* skrämma; **raise the ~** *fam.* skaffa pengar; **take ~** bli känd; **before** el. **down the ~** *sjö.* fördevind, med vinden; **close to** el. **near the ~** *sjö.* bidevind; **hit in the ~** slå i mellangärdet, ta andan ur; **there is something in the ~** *fig.* det är något i görningen; **in the ~'s eye** el. **in the teeth of the ~** rakt mot vinden; **out (short) of ~** andfådd; **on the ~** *sjö.* bidevind; ~**bag** luftsäck, pratmakare; ~**-bound** hindrad av storm; ~**fall** vindfälle, fallfrukt, oväntad vinst; ~**-flower** (*poet.*) sippa; ~**-gauge** [*-geidʒ*] vindmätare; ~**hover** [*-hʌvə*] tornfalk; ~**-instrument** blåsinstrument; ~**jammer** *sl* skuta, fartyg, *amr. sl* pratmakare; ~**mill** väderkvarn, (flygar-*sl*) propeller; (pojk-*sl*) slåss; ~**pipe** *anat.* luftstrupe; ~**-pudding** *sl* munväder, luft; ~**-screen** *auto.* vindruta; ~**-sock** *amr.* (flygar-*sl*) luftsäck; ~**-stick** *mil. sl* propeller (på flygmaskin); ~**-sucker** skrävlare; ~**-swept** utsatt för vinden, stormpiskad
wind 2) [*waind*] krökning, vridning, bukt; (*oregelb. vb*) sno [sig], vrida, veva, linda, nysta[s], dra[ga] upp (ur), *sjö.* vända; ~ **off** veckla av, nysta av; ~ **up** vinda upp, draga upp (ur), spänna, *fig.* avveckla[s], [av]sluta, stegra; ~ **oneself up** ta sig samman; **his anger was wound up to fury** hans vrede steg till raseri; ~**ing handle** vev; ~**ing-sheet** svepning; ~**ing-stairs** *pl* vindeltrappa; ~**ing-tackle** *sjö.* gina; ~**ing-up** uppvindning, avslutning, slut, avveckling
windlass [*windləs*] *sjö.* vindspel
window [*windou*] fönster, [biljett]lucka, *sl* monokel, *pl sl* ögon; **have all one's goods in the front ~** vara ytlig; ~**-bar** fönsterpost; ~**-dress** pryda fönster, *fig. sl* försköna; ~**-dressing** fönsterskyltning, *sl* humbug, blå dunster; ~**-rattler** *amr. sl* snarkare; ~**-shopping** *fam.* hängande vid butiksfönster
Windsor [*winzə*] (engelsk stad); ~ **chair** windsorstol (trästol med svängt ryggstöd); **the House of ~** ätten Windsor (det nu regerande eng. kungahuset)
windward [*windwəd*] *sjö.* lovart, vindsida; i lovart, på vindsidan; **get to ~ of** *sjö.* komma i lovart om, *fig.* ta loven av
windy [*windi*] *mil. sl* pultron; blåsig, vindsnabb, väderspänd, väderalstrande, *fig.* bombastisk, prålig, *mil. sl* rädd, skraj; **the ~ side of the law** utom lagens räckvidd
wine [*wain*] vin, *univ.* vinfest; **take ~ with** skåla med; ~**bibber** (is. *bibl.*) vindrinkare; ~**press** vinpress; ~**skin** [vin]lägel (*äv. fig.*); ~**-store** vinlager, vinhandel; ~**y** [*waini*] *sl* berusad
wing [*wiŋ*] vinge, (*skämts.*) arm, flygel, sida, flygförmåga, *pl* sidokulisser, *auto.* stänkskärm, *mil. flyg.* flottilj; bevinga, ge vingar, påskynda, flyga [till], vingskjuta; **his ~s are sprouting** han är för god för denna världen; **take ~** flyga upp, lyfta; ~**-case** (insekts) täckvingar; ~**-covert** (fågels) täckfjädrar; ~**-flap** balansklaff (på flygmaskin); ~**-nut** *mek.* vingmutter; ~**-spread** vingbredd
wink [*wiŋk*] blink, blund, vink; blinka [med], tindra; **tip a person the ~** blinka åt ngn, ge ngn en vink; ~ **at** blinka åt, blunda för; ~**ers** skygglappar, *sl* ögon; **like ~ing** *sl* i en blink
winkle [*wiŋkl*] (ätlig) strandsnäcka
winna [*winə*] (*Skottl.*) = *will not*

winnow [*winou*] kasta (säd), rensa, *fig.* skilja [från]
winsome [*winsəm*] vinnande, tilltalande
winsy [*winzi*] *amr. sl* pratmakare
winter [*wintə*] vinter; övervintra, tillbringa vintern, bevara under vintern, vinterfodra; **~ly** (**-y, wintry** [*wintri*]) vinterlig, kall, vinter-
winy [*waini*] vin-, vindoftande, drucken (av för mycket vin) (se *wine*)
wipe [*waip*] avtorkning, *sl* slag, rapp, torktrasa, näsduk; torka [av, bort], gnida, rensa, befria, klå upp; **~ one's eye** *sl* förekomma ngn; **~ the clock** *amr. sl* hålla upp med ett arbete; **~ out** torka ur, gnida ut, utplåna, avtvå, tillintetgöra
wire [*waiə*] [metall]tråd, vajer, snara, telegram, *amr. sl* ficktjuv; linda om (fästa) med ståltråd, snärja, telegrafera; **pull the ~s** *fig.* dra i trådarna; **barbed ~** taggtråd; **by ~** per telegram; **~ in** inhägna med ståltråd, *sl* hugga i, gno på; **~-cloth** metalltrådsduk; **~drawn** hårdragen, spetsfundig; **~ entanglement** *mil.* taggtrådsspärr; **~ gauze, ~ netting** metalltrådsnät; **~puller** *fig.* marionettspelare, hemlig ledare; **~ rope** ståltrådslina; **~wheel** *auto.* trådhjul; **wiring diagram** *auto.* strömschema; **wiry** [*waiəri*] metalltråds-, metalltrådslik, senig, seg, senstark
wireless [*waiəlis*] radio, trådlös telegrafi; radio-, trådlös; utsända i radio, telegrafera trådlöst; **put on the ~** sätta på radion; **~ officer, ~ operator** radiotelegrafist; **~ plant** radioanläggning; **~ set** radioapparat
wisdom [*wizdəm*] visdom, klokhet; **the W— of Solomon** *bibl.* Vishetens bok; **~-tooth** visdomstand; **cut one's ~-teeth** *fig.* få sina visdomständer
wise 1) [*waiz*] sätt; **in no ~** på intet sätt
wise 2) [*waiz*] vis, klok, *amr.* vaken, med på noterna; **be** el. **get ~ to** *amr.* bli på det klara med; **put ~** *amr.* ge besked; **~ after the event** efterklok; **~ crack** *amr. fam.* klyftig anmärkning; **~ guy** *amr. sl* irriterande person, som tror sig veta allt; **~ saw** ordspråk; **~ woman** häxa, spågumma, barnmorska; **~-up** *amr.* få el. ge besked
wiseacre [*waizeikə*] (*iron.*) förnumstig person, (föraktl.) lärdomsljus
wisenheimer [*waizənhaimə*] *amr. sl* (*iron.*) förnumstig person
wish [*wiʃ*] önskan; önska, gärna vilja [ha], begära; **have (get) one's ~** få sin önskan uppfylld; **I ~** jag skulle vilja, ack! **I ~ to God** Gud give; **I ~ you joy** mycket nöje! **~ nobody ill** icke önska ngn ngt ont; **~ for** önska [sig], åstunda; **at ~** efter önskan (behag), på begäran; **~ing-bone** gaffelben (på fågel); **~ful** längtande, ivrig (**of** efter)
wish-wash [*wiʃwɔʃ*] *sl* prat, strunt, soppa; **wishy-washy** [*wiʃi-wɔʃi*] *sl* tunn, vattnig, svamlig
wisp [*wisp*] [hö]tapp, knippa, viska, borste, flock (snäppor); torka av
wistful [*wistf(u)l*] längtansfull, tankfull, tyst
wit [*wit*] vett, förstånd, fattningsgåva, fyndighet, kvickhet, kvickhuvud, 'skönande'; *åld.* veta; **he has not the ~** el. **~s to do it** han har icke vett att göra det; **he has quick ~s** han har snabb uppfattning, slagfärdighet; **have one's ~s about one** vara vaken; **he was at his ~'s end** hans förstånd stod stilla, han visste sig ingen levande råd; **live by one's ~s** hålla sig uppe utan stadigt arbete, ta sig fram genom skojeri; **out of one's ~s** från vettet; **to ~** nämligen; **~less** vettlös; **~ling** *fam.* vitsmakare; **~ticism** [*witisizm*] kvickhet, vits; **~tingly** medvetet, med vett och vilja; **~ty** kvick, spirituell
witch [*witʃ*] häxa, (*äv. fam.*) litet troll; (*poet.*) förhäxa; **~craft** [*-kra:ft*] häxeri, trolldom; **~-wood, witchen**[**-tree**] *bot.* rönn; **~ery** [*witʃəri*] häxeri, trolldom, förtrollning, trolleri; **~ing** förtrollande, trolsk, häx-; **the ~ing time of the night** den tid (på natten), då häxorna äro ute
witenagemot [*wi'tənəgimou't*] anglosaxisk folkförsamling
with [*wið, wiþ*] med, hos, trots; **shiver ~ fear** darra av rädsla; **angry ~** förargad på; **~ that** dessutom, till på köpet
withal [*wiðɔ:l*] *åld.* tillika; med
withdraw [*wiðdrɔ:'*] (*oregelb. vb*; se *draw*) dra[ga] [sig] tillbaka el. åt sidan, indra[ga], ta[ga] ut, tillbakakalla, upphäva; **~al** [*wiðdrɔ:'əl*] tillbakadragande, indragande, uttagning, tillbakakallande, utträde, avgång
withe [*wiþ, wið, waið*], **withy** [*wiði*] vidja, vidjeband
wither [*wiðə*] vissna, tyna bort, förtorka, tära [på], härja, *fig.* förinta (med blickar); **~ing** *fig.* svidande, isande, mördande
withers [*wi'ðəz*] *pl* manke
withershins [*wiðəʃinz*] motsols (*widder-*)
withhold [*wiðhou'ld*] (*oregelb. vb*; se *hold*) hålla tillbaka, undanhålla, [för]vägra
within [*wiði'n*] inne, innanför, inom; **is Mr. Jones ~?** är hr J. hemma? **from ~** inifrån; **~ doors** inomhus
without [*wiðau't*] ute, utanför, utan, (*vulg.*) om icke, med mindre; **do (go) ~** undvara; **it goes ~ saying** det säger sig självt; **from ~** utifrån
withstand [*wiðstæ'nd*] (*oregelb. vb*; se *stand*) motstå, motarbeta
withy se *withe*
witless, witling se *wit*
witness [*witnis*] vittne, vittnesbörd, bevis; bevittna, vittna om, intyga, vara vittne [till]; **bear ~ to** el. **of** vittna om; **in ~ of** som bevis för, till vittnesbörd om; **~-box** vittnesbänk
witticism, wittingly, witty se *wit*
wivern, wyvern [*waivə:n*] (*herald.*) flygande drake
wives [*waivz*] *pl* av *wife* hustru
wiz [*wiz*] *amr. sl* expert, gott huvud, trollkarl (se *wizard*)
wizard [*wizəd*] trollkarl, taskspelare; *sl* skicklig, duktig, tilltalande; **the W— of the North** Sir Walter Scott; **the Welsh ~** Lloyd George; **~y** trolldom, häxeri, taskspelarkonster
wizen[ed] [*wizn(d)*] skarp, skrumpen, mager (*weazen*)
wo [*wou*] ptro! (till häst) (*whoa*)
woad [*woud*] *bot.* vejde, vejdeblått
wob [*wɔb*] *amr. sl* = *wobbly*
wobble [*wɔbl*] slingring, gungning, skakning, gir, *fig.* vacklan; slingra, vackla, darra, kränga, gira; **wobbler** [*wɔblə*] *mil. sl* infanterist; **wobbly** [*wɔbli*] *amr.* fackföreningsmedlem (medlem av *Industrial Workers of the World*); slingrande, vacklande
woe [*wou*] ve, sorg, olycka, lidande; **~ is me** ve mig; **~ be to him** ve honom; **~begone** bedrövlig, jämmerlig; **~ful** olycklig, sorglig, eländig
wog [*wɔg*] *sl* neger[kvinna]
wold [*would*] högplatå, hed, slätt
wolf [*wulf*] (*pl wolves* [*wulvz*]) varg, *amr. sl* lösdrivare som ständigt reser som blindpassagerare; *sl* sluka, *amr. sl* lura, förråda; **cry ~** ge falskt alarm; **keep the ~ from the door** hålla nöden från dörren; **who is afraid of the big bad ~?** ingen rädd för vargen här; **~-cub** vargunge (*äv.* om juniorscout); **~ish** varglik, varg-, glupsk
wolfram [*wulfrəm*] *min.* volfram
wolverene, -ine [*wulvəri:n*] järv
woman [*wumən*] (*pl women* [*wimin*]) kvinna, (utan artikel: kvinnan, kvinnokönet), dam, fruntimmer, kvinnfolk; kvinnlig; **~ friend** väninna; **~hood** kvinnlighet, kvinnor, kvinnfolk; **~kind** kvinnorna, kvinnokönet; **~ suffrage** rösträtt för kvinnor; **~thrope** [*-þroup*]

(*skämts.*) kvinnohatare (jfr *misanthrope*); **womenfolk, womenkind** kvinnorna, kvinnorna i ens familj; **~ish** kvinnlig; **~ize** [*wumənaiz*] förkvinnliga, 'gå till flickor'; **~like, -ly** kvinnlig
womb [*wu:m*] livmoder, *fig.* modersssköte
wombat [*wɔmbət, -bæt*] *zool.* vombat (ett slags pungdjur)
women *pl* av *woman*
won [*wʌn*] vann, vunnit (se *win*)
wonder [*wʌndə*] undran, under, vidunder; undra, förundra sig; **work ~s** göra under, uträtta häpnadsväckande ting; **for a ~** underligt nog; **nine days' ~** kortvarig sensation; **~ at** undra över, förundra sig över; **~-land** underland, sagoland; **~-stricken,~-struck** häpen; **~ful** underbar, förunderlig; **~ment** undran, under; **wondrous** [*wʌndrəs*] (*poet.*) underbar, beundransvärd
wonky [*wɔŋki*] *sl* detektiv; skakande, osäker, vacklande, opålitlig, svag, skröplig
wont [*wount*] vana, sed; van; *åld.* pläga; **use and ~** skick och bruk; **be ~** bruka, pläga; **~ed** [*wountid*] vanlig, van
won't [*wount*] = *will not*
woo [*wu:*] fria [till], eftersträva; **~er** friare
woobles [*wu:blz*] *amr. sl* idioti
wood [*wud*] skog, trä (material), timmer, ved, träblåsinstrument; **out of the ~** i säkerhet; **wine in el. from the ~** vin från fat; **take to the ~s** rymma till skogs, *amr. pol.* svika sitt ansvar el. sin plikt; **~ anemone** vitsippa; **~bine** *bot.* kaprifolium, *mil. sl* cigarrett, Tommy (engelsk soldat); **~-butcher** *amr. sl* (dålig) timmerman; **~-carving** träsnideri; **~chuck** *zool.* amerikanskt murmeldjur; **~cock** *zool.* morkulla; **~-craft** skogsvana, förtrogenhet med skog och mark; **~-cut** träsnitt; **~-cutter** vedhuggare, träsnidare, xylograf; **~-engraver** xylograf; **~-engraving** träsnitt; **~-grouse** tjäder; **~-house** vedlider; **~land** skogsland; **~lark** skogs-, trädlärka; **~-louse** gråsugga; **~man** vedhuggare, skogs[tjänste]man, *åld.* vilde; **~-opal** förstenat trä; **~pecker** hackspett; **~-pigeon** ringduva, skogsduva; **~-pulp** trämassa, pappersmassa; **~-reeve** skogvaktare; **~ruff** *bot.* madra; **~shed** vedlider; **~ sorrel** harsyra; **~-wind** *mus.* träblåsare; **~work** träverk, träarbete; **~ed** [*wudid*] skogklädd, skogbevuxen; **~en** [*wudn*] trä-, träaktig, klumpig, styv, slö, dum; **~en head** *fig.* träskalle, dumhuvud; **~en overcoat** *amr. sl* likkista; **~enheaded** *fig.* tjockskallig, dum; **~en spoon** träsked, *sl* jumbo; **~y** skogrik, skogbevuxen, skogs-, trä-, träaktig, *amr. sl* dum, fånig; **~y nightshade** belladonna, solanum
woof [*wu:f*] inslag, väv
wool [*wu:l*] ull, ullgarn, ylletyg, bomull, (*skämts.*) hår (is. negrernas); **pure ~** helylle; **much cry and little ~** mycket väsen för ingenting, fiasko; **dyed in the ~** färgad före spinningen, *fig.* hårdkokt, tvättäkta; **don't loose your ~, keep your ~ on** *sl* lugna dig! inte så häftigt! **~-gathering** själsfrånvaro, tankspriddhet; tankspridd; **~-grower** ullproducent; **~-oil** lanolin; **the ~-sack** 'ullsäcken' (lordkanslerns plats i överhuset); **~-work** ullgarnsbroderi; **~len** [*wulin*] ylle, *pl* yllevaror; ull-, av ylle; **~ly** [*wuli*] ylletröja, *pl* ylleunderkläder; ylle-, ull-, ullig, ullbeklädd, suddig, virrig; **~ly-bear** *zool.* en fjärilslarv
woozey [*wu:zi*] *amr. sl* full, virrig, galen, (boxar-*sl*) halvt bedövad
wop 1) [*wɔp*] *amr. sl* sydeuropé, is. italienare
wop 2) [*wɔp*] mörbulta (*whop*); **~per** en baddare, grov lögn (*whopper*)
word [*wə:d*] ord, kommandoord, fältrop, lösen; forma i ord, uttrycka; **a ~ in season** ett ord i rättan tid; **be as good as one's ~** hålla ord, vara ordhållig; **eat one's ~s** ta tillbaka (vad man sagt); **mum is the ~** nu gäller det att tiga; **give the ~ to fire** ge order att skjuta; **have ~s with** gräla med; **pass the ~** ge signal, säga till; **send ~** sända bud; **take a person at his ~** taga ngn på orden; **by ~** med ord; **by ~ of mouth** muntligt; **in a** el. **one ~** med ett ord; **upon my ~** på min ära! minsann; **~monger** *amr. sl* journalist; **be ~-perfect** kunna sitt tal etc. utantill; **~-play** ordlek; **~-splitting** ordklyveri; **~ing** avfattning, lydelse, form, stil; **~y** ordrik, vidlyftig, ord-; **~y warfare** ordstrid
wore [*wɔ:*] bar, hade på sig (se *wear*)
work [*wə:k*] arbete, verk, gärning, *pl* fabrik, maskineri, mekanism; (*regelb.* och *åld. oregelb. vb*) arbeta, låta arbeta, arbeta i el. med, verka, gå, driva, bruka, sköta, bearbeta, brodera, sy, åstadkomma, vålla, *sjö.* stampa, rulla; **~ of art** konstverk; **mighty ~s** (is.) mirakler; **a nasty piece of ~** *sl* en obehaglig person; **get the ~s** *amr. sl* bli dödsdömd; **give a person the ~s** (gangster-*sl*) ge ngn varenda kula i magasinet, misshandla ngn svårt; **there is something wrong with the ~s** maskineriet är i olag; **the office is some distance from the ~s** kontoret ligger ett stycke från fabriken; **at ~** i arbete, i verksamhet, i gång, sysselsatt (**upon** med); **it is all in the day's ~** det hör till ordningen för dagen el. till saken; **out of ~** arbetslös; **go to ~** börja arbeta, gå till verket; **set to ~** ta i tu med, sätta i arbete; **how does the system ~?** hur fungerar systemet? **~ double tides** arbeta natt och dag, i dubbla skift; **~ it** *sl* genomföra sin avsikt, ha tur; **~ the oracle** *fig.* dra i trådarna; **~ one's passage** betala sin biljett genom arbete; **~ one's will upon** behandla som man vill; **~ wonders** göra under, ha en förvånande verkningskraft; **~ at** arbeta på, vid el. med; **is ~ed by** drives av; **~ in** inarbeta, passa (ngt) samman med; **~ oneself into a rage** arbeta upp sig till raseri; **~ off** göra sig av med, bli av med, lossna, arbeta bort, *sl* döda; **~ on** arbeta vidare, påverka; **~ out** utarbeta, räkna ut, gå jämnt ut (ihop, om räkning), tjäna av skuld el. straff, förverkliga, uppnå, utveckla, uttömma (gruva), utplåna, slutföra, lossa (last), ge till resultat; **~ over** *amr. sl* misshandla, överfalla; **~ round** arbeta sig fram, klara sig; **~ through** arbeta sig igenom; **~ up** upparbeta, uppbygga, utforma, bearbeta, plugga in, upphetsa, arbeta sig upp; **~aday** [*wə:kədei*] mödosam, prosaisk; **~-bag, ~-basket, ~-box** sypåse, -korg, -skrin; **~day** vardag, söckendag, *amr.* arbetsdag; vardags-; **~house** fattighus, -gård, *amr.* korrektionsanstalt; **~man** [*-mən*] arbetare, mästare (i sitt fack); **~manlike** rutinerad, yrkesskicklig, duktig, fulländad; **~manship** yrkesskicklighet, duktighet, utförande, gott arbete; **~-out** *amr.* motion, [motions]gymnastik; **~-people** arbetsfolk; **~shop** verkstad; **~-shy** arbetsskygg; **~woman** arbeterska; **~ability** [*wə:kəbi'liti*] egenskap att kunna be- el. förarbetas, arbetsduglighet, brukbarhet; **~able** [*wə:kəbl*] som kan bearbetas, utförbar, brukbar, arbetsduglig, praktisk
worker [*wə:kə*] arbetare; **~ ant** arbetsmyra; **~ bee** arbetsbi
working [*wə:kiŋ*] arbetande, arbete, drift, bearbetande, gång, uträkning, jäsning, spasm, *sjö.* rullning; arbets-, brukbar, praktisk; **~ capital** driftskapital; **~ day** arbetsdag, vardags-; **~ expenses** driftsutgifter; **~ man** arbetare, arbetskarl; **~ plug** el. **stiff** *amr. sl* arbetare; **~-to-rule** *pol.* passivt motstånd
world [*wə:ld*] värld (i många *bet.*); **the ~** världen, den fina världen, folk; **man of the ~** världsman; **a ~ too** oändligt, alltför; **how goes the ~?** hur står det till? **begin the ~** börja sin bana; **know the ~** vara erfaren; **see the ~** göra sina

livserfarenheter; **think the ~ and all of** *amr.* ha mycket höga tankar om; **for all the ~ like** på pricken lik; **not for the ~** icke för allt i världen; **what in the ~!** vad i all världen? **bring into the ~** bringa till världen; **all over (throughout) the ~** i (över) hela världen; **to the ~** *sl* komplett; **~-old** urgammal; **~-power** världsmakt; **~-weary** livstrött; **~-wide** världsomspännande, världs-; **~ling** världens barn, världslig person; **~ly** världslig, timlig

worm [*wə:m*] mask (*äv. fig.*), *mek.* snäcka, skruvgänga, spiralformigt kylrör, *sl* polis, *amr. sl* jänta; slingra sig (**into** in i, **out of** ut ur), rensa från mask, gänga; **a ~ will turn** trampar man på en mask, så vrider den sig; **be a ~** vara på dåligt humör; **~ and gear [steering]** *auto.* ändlös skruv med snäckhjul; **~ out** locka fram; **~-cast** daggmaskexkrementer; **~-eaten** maskäten, *fig.* maläten; **~-gear** *mek.* ändlös skruv med snäckhjul; **~-holed** maskäten; **~-seed** maskfrö; **~-wheel** *mek.* snäckhjul; **~wood** *bot.* o. *fig.* malört; **~ed** maskäten; **~y** full av mask, maskäten, masklik, *fig.* krypande

worn [*wɔ:n*] burit, haft på sig, slitit, medtagen (se *wear*)

worriless [*wʌrilis*] sorgfri (se *worry*)

worrit [*wʌrit*] (vulgär form), **worry** [*wʌri*] rivande och slitande (om hund), sorg, grämelse, plåga, besvär, gnat; (om hund) riva och slita [i], förfölja, pina, plåga, ängsla, gnata på, vara orolig; **~ along** reda sig trots svårigheter; **~ down** *amr. fam.* sluka; **I should ~** *fam.* icke illa; (*iron.*) det var då intressant; **worried** [*wʌrid*] plågad, ängslig, bekymrad

worse [*wə:s*] ngt värre; värre, sämre; **be the ~ for** ha tagit skada av, lida på; **have the ~ [of it]** dra det kortaste strået; **the ~ for drink** full; **~ off** sämre däran; **worsen** [*wə:sn*] försämra[s]

worship [*wə:ʃip*] gudsdyrkan, tillbedjan, dyrkan, gudstjänst; dyrka, tillbedja, hålla el. övervara gudstjänst; **your (his) ~** Ers Nåd; **~ful** andäktig, tillbedjansvärd, ärevördig, högvördig; **~per** tillbedjare, dyrkare

worst [*wə:st*] värst, sämst; få övertaget över, *fig.* slå, övervinna; **at [the] ~** el. **if the ~ comes to the ~** i värsta fall; **do one's ~** göra sitt värsta; **get the ~ of it** dra det kortaste strået

worsted [*wustid*] ullgarn, ylle; ylle-

wort [*wə:t*] vört

worth 1) [*wə:þ*] värde, valuta, tillgångar; värd, i besittning av; **a shilling's ~ of stamps** frimärken för en sh.; **~ it** *sl* omaket värd; **~ [one's] while** mödan värd; **for all one is ~** *sl* allt man kan, av all kraft; **~less** värdelös, obrukbar, dålig; **~y** [*wə:ði*] utmärkt man, hedersman; värdig, hederlig, förträfflig, utmärkt

would [*wud*] skulle, ville, kunde, torde (se *will* 2); **~-be** som vill vara, förment, inbillad, tilltänkt, in spe

wound 1) [*wu:nd*] sår, skada, kränkning; såra, skada, kränka

wound 2) [*waund*] snodde, snott etc. (se *wind*)

wove[n] [*wouv(n)*] vävde, vävt (se *weave*)

wow [*wau*] [hund]skall, *amr. sl* stor framgång, vinnare, ngt enastående

wowser [*wauzə*] (*Austral.*) småaktig el. strängt moralisk person

wrack [*ræk*] havstång, *åld.* ödeläggelse, vrakgods (*~ and ruin*)

wraith [*reiþ*] vålnad, syn

wrangle [*ræŋgl*] gräl, kiv; gräla, munhuggas; **wrangler** grälmakare, (vid univ. i Cambridge) kandidat som kommit i 1:sta hedersklassen vid matematisk examen

wrap [*ræp*] (ofta *pl*) ytterkläder, schal, respläd; svepa in [sig] (*~ up*), inhölja, slå in (paket); **~ped up in** *fig.* fördjupad i, fängslad av, fäst vid; **~per** omhölje, omslag, konvolut, morgonrock, korsband; **~ping** omslag

wrath [*rɔ(:)þ*] (*poet.* o. *skämts.*) vrede; **~ful** **vred;** **~y** *fam.* ilsken, rasande

wreak [*ri:k*] öva, ge utlopp åt, tillfoga; **~ one's vengeance upon** hämnas på

wreath [*ri:þ, pl ri:ðz*] krans, ring (av rök etc.), snirkel; **wreathe** [*ri:ð*] omkransa, omfamna, vira, fläta (krans), ringla sig, virvla upp

wreck [*rek*] ödeläggelse, skeppsbrott (*äv. fig.*), vrak (*äv. fig.*), ruin, vrakgods; ödelägga, tillintetgöra, göra till vrak; **be ~ed** förolyckas, förlisa, lida skeppsbrott, stranda; **~age** [*rekidʒ*] strandning, förlisning, vrakgods, ruiner, *fig.* tillintetgörelse; **~er** vrakplundrare, skadegörare, bärgningsfartyg, -bil; **~ing** ödeläggelse, vrakbärgning; **~ing train** *amr.* hjälptåg

wren [*ren*] *zool.* gärdsmyg; **the Wrens** *fam.* medlemmarna av *W.R.N.S.* (*Women's Royal Naval Service*)

wrench [*ren(t)ʃ*] vridning, ryck, slag, skruvnyckel, *med.* ledvridning, stukning; vrida, rycka, bända, vricka, stuka, förvränga

wrest [*rest*] vrida, rycka, slita, förvrida, förvanska

wrestle [*resl*] brottning, brottningsmatch, *fig.* kamp; brottas (*äv. fig.*), *fig.* kämpa, slåss med; **wrestler** brottare; **wrestling** brottning

wretch [*retʃ*] stackare (*poor ~*), usling, niding, rackare (*äv. skämts.*); **~ed** [*retʃid*] olycklig, förtvivlad, stackars, usel, eländig, gemen, lumpen

wrick, rick [*rik*] försträcka, stuka, vricka

wriggle [*rigl*] vridning, slingring; vrida [sig], slingra [sig], lirka

-wright [*-rait*] -makare (t. ex. *wheel-wright* hjulmakare)

wring [*riŋ*] vridning, kramning, tryck; (*oregelb. vb*) vrida, krama, vrida sönder, pina; **~ from** avpressa; **~ a person's hand** trycka ngns hand; **~ one's hands** vrida sina händer; **~ing wet** drypande våt, genomvåt; **~er** vridmaskin

wrinkle [*riŋkl*] rynka, skrynkla, *fam.* vink, gott råd, plan, idé; rynka, skrynkla; **he put me up to a ~ or two** *fam.* han gav mig ett par goda vinkar; **wrinkly** [*riŋkli*] rynkig, skrynklig

wrist [*rist*] handled; **~band** [*ris(t)bænd, rizbænd, -bənd*] ärmlinning, manschett, armband; **~let** [*ristlit*] armband; **~-watch** armbandsur

writ [*rit*] *åld.* skrift, *jur.* skrivelse, förordning, stämning, skriftlig kallelse; *åld.* skrev, skrivit (se *write*); **the Holy W—** den heliga skrift; **serve ~ on** *jur.* delgiva stämning; **~ large** i större format, förstorad

write [*rait*] (*oregelb. vb*) skriva; **when we last wrote you** (is. *hand.*) då vi senast tillskrev Eder; **~ down** skriva ned, skriva upp, anteckna, racka ned på, *hand.* nedskriva; **~ off** *hand.* avskriva; **~ out** utskriva, skriva ut fullständigt, renskriva; **~ out fair** renskriva; **~ up** skriva ned, beskriva utförligt, lovorda, komplettera; **writing** se nedan

writer [*raitə*] författare, skrivare, kontorist; **~'s cramp** el. **palsy** skrivkramp

writhe [*raið*] vrida [sig], våndas

writing [*raitiŋ*] skrivning, handstil, inskription, *pl* författarskap, arbeten, skrifter, verk; skriv-, skrivande; **put down in ~** nedskriva, skriftligt avfatta; **~-desk** skrivbord, pulpet, skrivetui; **~-pad** skrivunderlägg, pulpetalmanacka

written [*ritn*] skrivit, skriven (se *write*)

wrong [*rɔŋ*] orätt, oförrätt, orättfärdighet, *åld.* skada; orätt, oriktig, felaktig, fel, galen, i olag, på oriktigt sätt; förorätta, göra orätt mot, kränka, misstänkliggöra; **be in the ~** ha orätt; **put him in the ~** bringa orätten över på hans sida; **something ~** någonting galet; **get out of bed on the ~ side** *fig.* vakna på fel sida; **get**

hold of the ~ end of the stick missförstå; **in the ~ box** på villospår; **~ fount** (till sättare) orätt typ! **be ~** ha orätt (fel), ta miste; **have ~** lida orätt; **what's ~?** vad står på? **what's ~ with . . .** *fam.* vad är det för fel med . . .? vad har ni emot . . .? **get ~** missförstå; **get in ~ with** *amr. fam.* komma i skevt förhållande till; **go ~** gå vilse, komma på villovägar, misslyckas, råka i olag, bli skämd (om mat); **~doer** [*-duə*] syndare, missdådare, skyldig; **~doing** ond gärning, missgärning, oförrätt, förseelse, synd; **~-headed** förstockad, halsstarrig, vrångsint; **~ful** orätt, felaktig, orättfärdig, olaglig, orättmätig; **~ly** orätt, oriktigt, fel, med orätt; **~ly addressed (informed** etc.) feladresserad (-underrättad etc.)
wrote [*rout*] skrev (se *write*)
wroth [*rouþ, rɔ(:)þ*] (*åld., bibl.* o. *poet.*) vred, förgrymmad
wrought [*rɔ:t*] arbetade etc. (se *work*); **~ iron** smidesjärn; **~ steel** svetsningsstål
wrung [*rʌŋ*] vred, vridit etc. (se *wring*)
wry [*rai*] sned, skev, förvriden; **make a ~ face** el. **mouth** göra sura miner (en ful grimas); **~neck** *zool.* göktyta
Wyandottes [*waiəndɔts*] (en indianstam och en hönsras)
wych-elm [*witʃelm*] *bot.* alm: **wych-hazel** [*-heizl*] *bot.* trollhassel, avenbok
Wykehamist [*wikəmist*] (elev) från Winchester College
wyvern se *wivern*

X

X, x [*eks*] (*pl Xs, X's* [*eksiz*]) *X*, x; obekant faktor, *amr. sl* förk. f. *examination*, tiodollarsedel; **X-eyed** *amr. sl* skelögd; **X-legs** *sl* koben; kobent; **X-roads** *amr. sl* korsväg
Xanthippe [*zænti'pi*] Xantippa, ragata (om hustru)
Xmas förk. f. *Christmas* [*krisməs*] jul
X-ray [*e'ksrei'*] röntgen[fotografering], *pl* röntgenstrålar; röntgenfotografera, -behandla, röntga
xtra förk. f. *extra* extrablad; extra
xylograph [*zailəgræf, -gra:f*] träsnitt; **xylographer** [*zailɔ'grəfə*] xylograf, träsnidare
xylonite [*zailonait*] celluloid
xylophone [*zailəfoun*] *mus.* xylofon

Y

Y, y [*wai*] (*pl Ys, Y's* [*waiz*]) Y, y
yabber [*jæbə*] *sl* sladder, prat; sladdra, prata
yacht [*jɔt*] *sjö.* lustjakt; kryssa el. deltaga i kappsegling med lustjakt; **~-club** segelsällskap, jaktklubb; **~sman** [*jɔtsmən*] seglare
yah [*ja:*] usch, asch! *amr.* ja
yahoo [*jəhu:', ja:hu:'*] yahoo (djurisk varelse i Gullivers resor), grobian
yak [*jæk*] *zool.* jak, grymtoxe
yaller [*jælə*] (*vulg.* el. *sl*) f. *yellow* gul
yam [*jæm*] *bot.* jamsrot, *amr.* batat
Yank [*jæŋk*] *sl* förk. f. *Yankee*
yank [*jæŋk*] *sl* ryck; riva, draga, hugga i
Yankee [*jæŋki*] *fam.* yankee, amerikanare; amerikansk; **yankeefy** [*jæŋkifai*] amerikanisera
yap [*jæp*] gläfs, *amr. sl* (simpel) karl, narr, egoist; gläfsa, *sl* bjäbba, sladdra; **~head** *amr. sl* narr, egoist
yarborough [*ja:bərə*] hand i bridge el. whist utan något kort över nia
yard 1) [*ja:d*] yard (eng. mått = 0,914 meter), *sjö.* rå; **~-arm** *sjö.* rånock; **~ measure** yardmått, måttband, måttstock; **~-stick** måttstock
yard 2) [*ja:d*] gård, bangård; **the Y—** Scotland Yard; **~ dick** *amr. sl* järnvägsdetektiv
Yarmouth [*ja:məþ*] (engelsk stad); **~ bloater** rökt sill; **~ capon** *fam.* sill
yarn [*ja:n*] garn, *fam.* historia, skepparhistoria; **spin a ~** berätta (duka upp) en historia
yarrow [*jærou*] *bot.* rölleka
yashmak [*jæʃmæk*] muhammedansk kvinnas slöja
yaw [*jɔ:*] *sjö.* gir; gira
yawl [*jɔ:l*] *sjö.* jolle, kutterriggat fartyg; jama, tjuta
yawn [*jɔ:n*] gäspning, avgrund, svalg; gäspa, gapa öppna sig
yaws [*jɔ:z*] *med.* framboesi (trop. sjukdom)
ye [*ji:*] *åld.* I, Eder; **how d'ye do** = *how do you do* goddag; [*ji:, ði:*] gammal skrivning (på värdshusskyltar) f. *the*
yea [*jei*] ja; **~-and-nay man** *fam.* kväkare
yean [*ji:n*] få lamm, lamma; **~ling** nyfött lamm
year [*jiə, jə:*] år; **in ~s** till åren kommen; **it's ~s** (flera år) **since I saw him**; **~ by ~** år för år; **this ~ of grace** detta nådens år; **~-book** årsbok, kalender; **~ling** årsgammalt djur; **~-long** årslång; **~ly** årlig, årligen, varje år
yearn [*jə:n*] längta, trängta, tråna; **~ing** längtan, trängtan, åtrå; längtande, öm
yeast [*ji:st*] jäst; jäsa; **~-powder** bakpulver; **~y** jästlik, jäsande, *fig.* lös, luftig
yegg [*jeg*] *amr.* landstrykare (som samtidigt är tjuv), tjuv
yell [*jel*] tjut, *amr.* hejarop (använt av visst college etc.); tjuta
yellow [*jelou*] gult; gul, *sl* feg, sjaskig, *fam.* svartsjuk, avundsjuk, (om tidning) sensationslysten, 'skär'; gulna, bli gul; **the ~ fever** *med.* gula febern; **~ Jack** gul flagga, *sl* gula febern; **~ jacket** kinesisk festdräkt för förnäma personer; **the ~ peril** gula faran; **the ~ press** sensationspressen; **~-back** *fam.* billig roman; **~-boy** *sl* guldmynt, sovereign; **~ish** gulaktig
yelp [*jelp*] gläfs; gläfsa
yen [*jen*] jen (japanskt mynt); *amr.* längtan, lust, äregirighet, opium
yeoman [*joumən*] odalbonde, danneman, självägande bonde; **~['s] service** hjälp i nöden; **~ of the Guard** livgardist; **~ry** [*joumənri*] *mil.* frivillig kavallerikår

yep [*jep*] *amr. fam.* f. *yes*; **~ping** underdånighet, krypande sätt
yes [*jes*] ja, jo; **~, sir?** (sagt av expedit etc.) vad får det lov att vara? **~-man** *amr.* en som säger ja till allt, partigängare
yesterday [*jestədi, -dei*] i går, gårdagen; **~'s paper** gårdagstidningen; **the day before ~** i förrgår
yet [*jet*] ännu, dock, likväl, i alla fall, men [ändå]; redan, nu; **as ~** ännu, hittills; **nor ~** [och] inte heller
yew [*ju:*], **~-tree** *bot.* idegran
Yid [*jid*] *sl* jude; **~dish** [*jidiʃ*] jiddisch (judetyska)
yield [*ji:ld*] avkastning, utbyte; ge i utbyte, ge, skänka, avkasta, inbringa, medgiva, ge efter [för], uppgiva, underkasta sig
yip [*jip*] *amr. sl* hund, gläfs; skrika, gläfsa, beklaga sig
yo [*jou*], **~-heave-ho** [*jou'hi:vhou'*], **~-ho** [*jouhou'*] *sjö.* åh hi! åh hoj!
yodel [*joudl*] joddlande; joddla
Yoga [*jougə*] yoga (en indisk filosofi); **yogi** [*jougi*] anhängare av yoga
yoicks [*jɔiks*] jaktrop vid rävjakt
yoke [*jouk*] ok (*äv. fig.*), par dragoxar, hängslen på blus; lägga ok på, koppla samman, förena, passa samman; **they don't ~ well** de dra inte jämnt; **~elm** *bot.* avenbok; **~fellow, ~mate** kamrat, äkta hälft
yokel [*jouk(ə)l*] bondlurk
yolk [*jouk*] äggula; **~-bag** hinna kring äggula
yon [*jɔn*] (*poet.*), **yonder** [*jɔndə*] den där [borta]; där borta, dit bort
yore [*jɔ:*]; **of ~** ordom
York [*jɔ:k*] York; **Yorkist** anhängare av den vita rosens parti (under rosornas krig)
Yorkshire [*jɔ:kʃə*] grevskap i norra England; **~ and Cumberland** ett bollspel; **come ~ over** el. **on, put ~ on** lura, narra; **~ pudding** ett slags pannkaka, gräddad och serverad tillsammans med steken
you [*ju:, ju*] du, dig, ni, er, man; **~ never can tell** man vet aldrig
young [*jʌŋ*] de unga, ungar; ung, ungdomlig, liten, *fig.* oerfaren, grön; **with ~** med ungar, dräktig; **~ bird** fågelunge; **~ blood** ung herre, ungdomlig och energisk partimedlem; **~ child** litet barn; **her ~ man** hennes fästman; **~ ones** ungar (*äv.* om barn); **a ~ person** (is. bland tjänstefolk) ung dam; **~ things** ungdomar; **~ Turks** ungturkar; **~-'un** *fam.* gosse lilla; **his ~ woman** hans fästmö, flamma; **~ster** [*jʌŋstə*] ung pojke, spoling
your [*jɔ:, jɔə, juə,* (svagt) *jə*] din, ditt, dina, eder, er, ens
yours [*jɔ:z, jɔəz, juəz*] Edert brev; din, ditt, dina, eder, er; **~ is to hand** *hand.* vi ha mottagit Edert brev; **~ of the 4th inst.** *hand.* Eder ärade skrivelse av den 4 ds; **~ truly** (som underskrift) högaktningsfullt; **yourself** du el. dig [själv], Ni el. Eder [själv]; **be yourself** *amr. fam.* sansa dig! **how's yourself** *sl* hur mår du?
youth [*ju:þ*] ungdom[en], ung man, ungdomar; **~ hostel** ungdomshärbärge, vandrarhem; **~-wort** *bot.* sileshår (Drosera rotundifolia); **~ful** ung, ungdomlig; **~ify** [*ju:þifai*] *amr.* föryngra
yowl [*jaul*] tjuta, skrika (som en katt)
yo-yo [*joujou*] jojo (spel)
Yugo-Slav [*ju:'gousla:'v*] jugoslav; jugoslavisk; **Yugo-Slavia** [*ju:'gousla:'vjə*] Jugoslavien
yule [*ju:l*] jul; **~-tide** jultid

Z

Z, z [*zed*] (*pl Zs, Z's* [*zedz*]) Z, z
zany [*zeini*] narr, pajas, dumbom
zeal [*zi:l*] iver, nit; **~ot** [*zelət*] fanatiker, selot; **~otry** [*zelətri*] fanatism, iver; **~ous** [*zeləs*] ivrig, nitisk
zebra [*zi:brə*] *zool.* sebra; strimmig som en sebra
zebu [*zi:bu:*] *zool.* sebu, indisk puckeloxe
zed [*zed*] Z, z; **Zedland** *sl* Sydvästengland (där *s* uttalas tonande: [*z*])
zemindar [*zeminda:*] (indisk) godsägare
zemstvo [*zemstvou*] (ryskt) kretsråd
zenana [*zəna:'nə*] (*Ind.*) kvinnogemak, harem
Zend [*zend*] zend-avestiska språket; **the ~, the ~-Avesta** [*-əve'stə*] Zend-Avesta (persernas heliga bok)
zenith [*zeniþ, zi:niþ*] zenit, höjdpunkt
zep [*zep*] *amr. sl* hänförelse
Zephyr [*zefə*] (*myt.*) Zefyr; **z~** sefir, mild västanvind, sefirschal, tunn sportskjorta
Zepp, Zep [*zep*] *fam.* förk. f. **Zeppelin** [*zepəlin*] zeppelinare
zero [*ziərou*] noll, nollpunkt, fryspunkt
zest [*zest*] krydda, smak, entusiasm, iver
zeugma [*zju:gmə*] *gram.* zeugma (förbindelse av två substantiv med ett verb, som blott passar till det ena)
Zeus [*zju:s*] Zeus
zigzag [*zigzæg*] sicksacklinje; sicksack-; gå i sicksack
zinc [*ziŋk*] zink; förzinka, galvanisera; **~ white** zinkvitt
zinnia [*zinjə*] *bot.* zinnia
Zion [*zaiən*] Sion; **~ism** [*zaiənizm*] sionism; **~ist** [*zaiənist*] sionist, sionistisk
zip [*zip*] (kulas) vinande, sus, surr, energi; fara, flyga, stänga med blixtlås; **~-fastener, ~per** blixtlås
zircon [*zə:kɔn*] *min.* zirkon
zither[n] [*ziþə(n)*] *mus.* cittra
zloty [*zlouti*] zloty (polskt mynt)
zodiac [*zoudiæk*] *astr.* zodiak, djurkrets
zone [*zoun*] zon, bälte; **the frigid (temperate, torrid) ~** den kalla (tempererade, varma) zonen; **zoned** indelad i zoner, omgjordad; **zoning** *amr.* indelning av stad i särskilda distrikt (fabriks-, nöjes- etc.)
Zoo [*zu:*]; **the ~** förk. f. *the Zoological Garden* den zoologiska trädgården i London
zoological [*zouələ'dʒik(ə)l*] zoologisk; **zoologist** [*zouɔ'lədʒist*] zoolog; **zoology** [*zouɔ'lədʒi*] zoologi
zoom [*zu:m*] (flygar-*sl*) brant uppstigning; stiga snabbt och brant, *fig.* röna stor framgång
zoophyte [*zouo(u)fait*] zoofyt, växtdjur
zootomy [*zouɔ'təmi*] zootomi, djuranatomi
Zoroaster [*zɔro(u)æstə*] Zoroaster; **Zoroastrian** [*zɔrouæ'striən*] anhängare av Zoroaster; zoroastrisk; **Zoroastrianism** [*-izm*] Zoroasters lära
zouave [*zu(:)a:'v*] zuav
Zulu [*zu:lu:*] zulu
zymosis [*zaimou'sis*] *kem.* jäsning

Tillägg 1

NÅGRA EGENNAMN

MED UTTALSBETECKNING

Om ordet därjämte brukas som appellativ, hänvisas i regel till ordboken med förkortningen: se ordb.

Abel [*eibl*]. **Abercrombie** [*æbəkrəmbi, -krʌmbi*]. **Aberystwyth** [*æbəri'stwiþ*]. **Abner** [*æbnə*]. **Aboukir** [*a:bu:ki'ə*]. **Absalom** [*æbsələm*]. **Abukir** se *Aboukir*. **Acheson** [*ætʃisn*]. **Achil(l)** [*ækil*]. **Achilles** [*əki'li:z*] Akilles. **Ada** [*eidə*]. **Addison** [*ædisn*]. **Adela** [*ædilə*]. **Adelaide** [*ædəleid*]. **Adelina** [*ædili:'nə*]. **Adeline** [*ædili:n*]. **Adelphi** [*əde'lfi*], se ordb. **Aden** [*eidn*]. **Adirondack** [*æ'dirɔ'ndæk*]. **Adolf** [*æ'dɔlf*]. **Adolphus** [*ədɔ'lfəs*] Adolf. **Adonais** [*ædonei'is*] (dikt av Shelley). **Adria** [*eidriə*]. **Adriatic** [*eidriæ'tik*] adriatisk; **the ~** Adriatiska havet. **Ælfric** [*ælfrik*]. **Æschylus** [*i:skiləs*]. **Æsop** [*i:sɔp*] Aisopos (grek. fabeldiktare). **Æthiopia** [*i:þiou'pjə*] Etiopien. **Ætna** [*etnə*]. **Africa** [*æfrikə*]. **Agatha** [*ægəþə*]. **Agnes** [*ægnis*]. **Ahasuerus** [*əhæzjui'ərəs*] Ahasverus. **Ahmed** [*a:med*]. **Aiken** [*eikin*]. **Aileen** [*eili:n*]. **Ainslie** [*einzli*]. **Aitken** [*eitkin*]. **Akerman** [*ækəmən*]. **Alabama** [*æləba:'mə*]. **Aladdin** [*əlæ'din*]. **Alan** [*ælən*]. **Alaska** [*əlæ'skə*]. **Alastor** [*əlæ'stɔ:*] (dikt av Shelley). **Alban** [*ɔ(:)lbən*]. **Albania** [*ælbei'njə*] Albanien. **Albany** [*ɔ:lbəni*], se ordb. **Albemarle** [*ælbima:l*]. **Alberta** [*ælbə:'tə*]. **Albright** [*ɔ:lbrait*]. **Alcester** [*ɔ(:)lstə*]. **Alcock** [*ælkɔk*]. **Aldous** [*ɔ:ldəs*]. **Aldrich** [*ɔ:ldridʒ, -dritʃ*]. **Aldwych** [*ɔ:ldwitʃ*] (gata i London). **Alec(k)** [*ælik*] förk. av *Alexander* [*æligza:'ndə*]. **Alf** [*ælf*]. **Alford** [*ɔ:lfəd*]. **Alfred** [*ælfrid*]. **Algeria** [*ældʒi'əriə*] Algeriet. **Algernon** [*ældʒənən*]. **Algiers** [*ældʒi'əz*] Alger. **Ali** [*a:li*]. **Alice** [*ælis*]. **Alison** [*ælisn*]. **Allah** [*ælə*]. **Allan** [*ælən*]. **Alleghany** [*æligeini*]. **Allegheny** [*æligeni*]. **Allen** [*ælin*]. **Allenby** [*ælənbi*]. **Allison** [*ælisn*]. **Alloway** [*ælowei*]. **Almack** [*ɔ:lmək*]; **~'s** (förr namn på några samlingslokaler i London). **Alma-Tadema** [*æ'lmətæ'dimə*]. **Alne** [*a:n*]. **Alnwick** [*ænik*]. **Alresford** [*ɔ:lrisfəd, ɔ:lsfəd*]. **Alsace** [*ælsæs*] Elsass. **Altai** [*æltei'ai*]. **Alvechurch** [*ælvtʃə:tʃ*]. **Amanda** [*əmæ'ndə*]. **Ambrose** [*æmbrouz*] Ambrosius. **Amelia** [*əmi:'ljə*]. **America** [*əme'rikə*]. **Amersham** [*æməʃəm*]. **Ames** [*eimz*]. **Amos** [*eimɔs*]. **Amy** [*eimi*]. **Andalusia** [*ændəlu:'zjə,-lu:'siə*]. **Andaman** [*ændəmæn*]; **the ~ Islands, the ~s** Andamanerna (ögrupp). **Andersen, Anderson** [*ændəsn*]. **Andes** [*ændi:z*]; **the ~** Anderna. **Andover** [*ændouvə*]. **Andrew** [*ændru:*] Anders, Andreas; **St. ~** Skottlands skyddshelgon, Andreasdagen d. 30 nov. **Andronicus** [(hos Shakesp.) *ændrɔ'nikəs*, (annars) *ændrənai'kəs*]. **Aneurin** [*ənai'ərin*]. **Angeles** [*ændʒili:z, am. æŋgələs*]; **Los** [*lɔs*] **~**. **Angelina** [*ændʒili:'nə*]. **Anglesey** [*æŋglsi*]. **Anglia** [*æŋgliə*] Angeln, Anglia. **Angus** [*æŋgəs*]. **Ann** [*æn*]. **Anna** [*ænə*]. **Annabel** [*ænəbel*]. **Annabella** [*ænəbe'lə*]. **Annam** [*ænæm, ænæ'm*]. **Annapolis** [*ənæ'pəlis*]. **Anne** [*æn*]. **Annesley** [*ænzli*]. **Anstruther** [*ænstrʌðə*]. **Anthony** [*æntəni*]. **St. ~'s fire** *med.* ros. **Antilles** [*ænti'li:z*]; **the ~** Antillerna. **Antioch** [*æntiɔk*] Antiokia. **Anwick** [*ænik*]. **Apennines** [*æpinainz*]; **the ~** Apenninerna. **Aphrodite** [*æfrodai'ti*]. **Appalachian** [*æpəlei'tʃiən*]; **the ~ Mountains. Aquarius** [*əkwɛ'əriəs*] *astr.* Vattumannen. **Arabella** [*ærəbe'lə*]. **Arbuthnot** [*a:bʌ'þnət*]. **Archibald** [*a:tʃibəld*]. **Archie** [*a:tʃi*] förk. av Archibald; se också ordb. *archie-*. **Arcturus** [*a:ktju'ərəs*]. **Ardennes** [*a:de'n, a:de'nz*]; **the ~** Ardennerna. **Argentine** [*a:dʒəntain*] Argentina. **Argyle, Argyll** [*a:gai'l*]. **Aristotle** [*æristɔtl*] Aristoteles. **Arizona** [*ærizou'nə*]. **Arkansas** [(stat) *a:kənsɔ:*, (stad) *a:kæ'nsəs*]. **Arlington** [*a:liŋtən*]. **Armagh** [*a:ma:', a:ma:*]. **Armitage** [*a:mitidʒ*]. **Arnold** [*a:nld*]. **Artemis** [*a:timis*]. **Artemus** [*a:timəs*]. **Arthur** [*a:þə*]. **Arundel** [*ærəndl*]. **Ascham** [*æskəm*]. **Ascot** [*æskət*]. **Ashley** [*æʃli*]. **Asquith** [*æskwiþ*]. **Assam** [*æsæm, æsæ'm*]. **Assouan** [*æsuæ'n, æsuæn*]. **Astle** [*æsl*]. **Aston** [*æst(ə)n*]. **Astor** [*æstɔ:, æstə*]. **Astoria** [*æstɔ:'riə*] (hotell i New York). **Athene** [*əþi:'ni(:)*]. **Athens** [*æþinz*] Aten. **Attenborough** [*ætnbrə*]. **Atterbury** [*ætəbəri*]. **Attleborough** [*ætlbrə*]. **Attlee** [*ætli*]. **Aubrey** [*ɔ:bri*]. **Auchinleck** [*ɔxinle'k, ɔ:kinlek*]. **Auckland** [*ɔ:klənd*]. **Audley** [*ɔ:dli*]. **Audrey** [*ɔ:dri*] (flicknamn). **Austen, Austin** [*ɔ:stin, ɔstin*]. **Autolycus** [*ɔ:tɔ'likəs*]. **Avebury** [*eibəri, eivbəri*]. **Avon** [*eivən, ævən*]. **Axminster** [*æksminstə*]; **a-** axminstermatta. **Aylesbury** [*eilzb(ə)ri*]. **Aylesford** [*eilzfəd*]. **Ayr** [*ɛə*]. **Ayrshire** [*ɛəʃ(i)ə*]. **Ayscough** [*æskə, æskju:, eiskəf*]. **Azores** [*əzɔ:'z*]; **the ~** Azorerna.

Baal [*beiəl*]. **Babylon** [*bæbilən*]. **Babylonia** [*bæbilou'njə*]. **Bacchus** [*bækəs*]. **Baden** [*ba:dn*] Baden (i Tyskland); **~-Powell** [*bei'dnpou'əl*]. **Baedeker** [*beidikə*]. **Bagdad** [*bægdæd*]. **Bagehot** [*bædʒət*]. **Bahama** [*bəha:'mə*]; **the ~s** Bahamaöarna. **Bakerloo** [*bei'kəlu:*]. **Balchin** [*bɔ:ltʃin*]. **Baldwin** [*bɔ:ldwin*]. **Bale** [*ba:l*] Basel. **Balfour** [*bælfuə*]. **Balliol** [*beiljəl*]; **~ College** (i Oxford). **Balmoral** [*bælmɔ'rəl*]. **Balthasar** [(hos Shakesp.) *bælþəza:'*, (annars) *bælþæ'zə*]. **Baltimore** [*bɔ:ltimɔ:*]. **Baluchistan** [*bəlu:'kistæn*] Belutsjistan. **Banbury** [*bænb(ə)ri*], se ordb. **Bancroft** [*bænkrɔ(:)ft*]. **Banff** [*bæmf*]. **Banffshire** [*bæmfʃ(i)ə*]. **Bangkok** [*bæŋkɔk*]. **Bangor** [(i Wales) *bæŋgə*, (i Amerika) *bæŋgɔ:*]. **Banham** [*bænəm*]. **Banquo** [*bæŋkwou*]. **Bantu** [*bæntu:*]. **Barabbas** [*bəræ'bəs*]. **Barbado(e)s** [*ba:bei'douz*]. **Barbara** [*ba:b(ə)rə*]. **Barbary** [*ba:bəri*]; **the ~** Berberiet. **Barclay** [*ba:kli*]. **Bardell** [*ba:de'l, ba:'dəl*]. **Barham** [*bærəm*]. **Baring** [*bɛəriŋ*]. **Barlow(e)** [*ba:lou*]. **Barmouth** [*ba:məþ*]. **Barnabas** [*ba:nəbəs*]. **Barraclough** [*bærəklʌf*]. **Barratt, Barret** [*bærət*]. **Barrie** [*bæri*]. **Barrymore** [*bærimɔ:*]. **Bartholomew** [*ba:þɔ'ləmju:*] Bartolomeus; **St. ~** Bartolomeusnatten; **St. ~'s** (sjukhus i London). **Barwick** [*bærik*]. **Basingstoke** [*beiziŋstouk*]. **Baskervill(e)** [*bæskəvil*]. **Basle** [*ba:l*] Basel. **Bassanio** [*bəsa:'niou*]. **Basuto** [*bəsu:'tou*]. **Basutoland** [*bəsu:'toulænd*]. **Batavia** [*bətei'vjə*]. **Bateman** [*beitmən*]. **Bathurst** [*bæþə(:)st*]. **Bat(o)um** [*ba:tu:'m*]. **Bavaria** [*bəvɛ'əriə*] Bayern. **Baxter** [*bækstə*]. **Bayswater** [*beizwɔ:tə*] (del av London). **Beaconsfield** [*beknsfi:ld, bi:k-*]. **Beatrice** [*biətris*]. **Beattie** [*bi:ti*]. **Beauchamp** [*bi:tʃəm*]. **Beauclerc, -clerk** [*bouklɛə*]. **Beaufort** [*boufət*]. **Beaulieu** [*bju:li*]. **Beaumont** [*boumənt*]. **Beccles** [*beklz*]. **Bechuana** [*bekjua:'nə, betʃu-*]; **-(land)**. **Beckenham** [*beknəm*]. **Becket(t)** [*bekit*]. **Becky** [*beki*] *fam.* förk. av *Rebecca*. **Bede** [*bi:d*] Beda. **Bedford** [*bedfəd*]. **Bedfordshire** [*bedfədʃ(i)ə*], se ordb. **Bedlam** [*bedləm*], se ordb. **Beelzebub** [*bi(:)e'lzibʌb*]. **Beerbohm** [*biəboum*]. **Beersheba** [*biəʃibə*]; **from Dan to ~** från den ena ändan av landet till den andra. Jfr under *John o' Groats* i ordb. **Beethoven** [*beit(h)ouvn, bi:t-, bi:thou'vn, beithou'vn*]. **Beeton** [*bi:tn*]. **Beirut** [*beiru:t*]. **Belt** [*bait*]. **Belfast** [*belfa:st*]. **Belgium** [*beldʒəm*] Belgien. **Belgrade** [*belgrei'd*] Belgrad. **Belgrave** [*belgreiv*]. **Belgravia** [*belgrei'vjə*] (förnämt kvarter i London). **Belial** [*bi:liəl*]. **Bella** [*belə*]. **Bellamy** [*beləmi*]. **Belloc** [*belɔ'k, belɔk*]. **Beluchistan** [*bəlu:'kistæn*]. **Belvoir** [(slott) *bi:və*, (i namn på gator) *belvwɔ:*]. **Ben** [*ben*] *fam.* förk. av *Benjamin*; **Big ~** (ur på ett av tornen på parlamentsbyggnaden i London). **Benares** [*bina:'riz*]. **Benedick** [*benidik*]. **Benedict** [*benidikt* *benit*]. **Bengal** [*beŋgɔ:l*]. **Benham** [*benəm*]. **Benjamin** [*bendʒəmin*]. **Bennet(t)** [*benit*]. **Bensley** [*benzli*]. **Benson** [*bensn*]. **Bentham** [*bentəm*]. **Beowulf** [*beiowulf*]. **Beresford** [*berizfəd*]. **Berkeley** [*ba:kli*]. **Berkshire** [*ba:kʃ(i)ə*] (eng. grevskap). **Berlin** [*bə:li'n, bə:lin*]. **Bermondsey** [*bə:mən(d)zi*]. **Bermuda** [*bə(:)mju:'də*]; **the** ~**s** [*-z*] Bermudaöarna. **Bernard** [*bə:nəd*, (som tillnamn också) *bə:na:'d*] Bernhard; **St.** ~ St. B., sanktbernhardshund. **Bern(e)** [*bə:n*]. **Bertha** [*bə:þə*]. **Bertie** [*bə:li*] *fam.* förk. av *Albert* el. *Bertram*. **Bertram** [*bə:trəm*]. **Berwick** [*berik*]. **Berwickshire** [*berikʃ(i)ə*]. **Besant** [*bez(ə)nt, bizæ'nt*]. **Bess** [*bes*], **Bessie, Bessy** [*besi*] *fam.* f. *Elizabeth*. **Bethany** [*beþəni*] Bethania. **Bethel** [*beþəl*]. **Bethesda** [*beþe'zdə*]. **Bethnal** [*beþnəl*]. **Bethphage** [*beþfədʒi*]. **Bethune** [*bi:tn*; i gatunamn etc. *beþju:'n*]. **Betsy** [*betsi*]. **Betty** [*beti*] *fam.* f. *Elizabeth*. **Bevan** [*bevən*]. **Bicester** [*bistə*]. **Biddulph** [*bid(ə)lf*]. **Bideford** [*bidifəd*]. **Biden** [*baidn*]. **Bigelow** [*bigilou*]. **Billingsgate** [*biliŋzgit*] (Londons fisktorg); se ordb. *b-*. **Bingham** [*biŋəm*]. **Birchenough** [*bə:tʃinʌf*]. **Birkenhead** [*bə:k(ə)nhed*]. **Birmingham** [*bə:miŋəm*]. **Birrel** [*bir(ə)l*]. **Biscay** [*biskei*] Biskaya. **Bishopsgate** [*biʃəpsgit*] (gata i London). **Bismarck** [*bizma:k*]. **Bispham** [*bispəm*]. **Bithel** [*biþl*]. **Blachford** [*blæʃfəd*]. **Blackburn** [*blækbə:n*]. **Blackmoor** [*blækmuə*]. **Blackpool** [*blækpu:l*]. **Blanche** [*bla:n(t)ʃ*]. **Blandford** [*blæn(d)fəd*]. **Blawith** [*bla:iþ*]. **Blenheim** [*blenim*]. **Blighty** [*blaiti*] se ordb. **Blom(e)field** [*blu:mfi:ld*]. **Blount** [*blʌnt*]. **Blox(h)am** [*blɔksəm*]. **Blücher** [*blu:kə*]. **Blythe** [*blaið*]. **Boadicea** [*bo(u)ədisi'ə*]. **Boccaccio** [*boka:'tʃiou*]. **Bohemia** [*bo(u)hi:mjə*] Böhmen. **Bohun** [*bu:n*]. **Boise** [*bɔisi*]. **Boleyn** [*bulin*]. **Bolingbroke** [*bɔliŋbruk*]. **Bolitho** [*bolai'þou*]. **Bolsover** [*boulzouvə*]. **Bolton** [*boult(ə)n*]. **Bombay** [*bɔmbei'*]. **Bonaparte** [*bounəpa:t*]. **Bonar** [*bɔnə*]. **Boniface** [*bɔnifeis*] Bonifacius. **Boothby** [*bu:ðbi*]. **Boreas** [*bɔ(:)riæs*] Boreas (nordanvinden). **Boreham** [*bɔ:rəm*]. **Borneo** [*bɔ:niou*]. **Borwick** [*bɔrik*]. **Bosanquet** [*bouznkit*]. **Boscastle** [*bɔska:sl*]. **Bosham** [*bɔzəm*]. **Bosnia** [*bɔzniə*] Bosnien. **Bosporus** [*bɔspərəs*]; **the** ~ Bosporen. **Bossiney** [*bɔsi'ni*]. **Boston** [*bɔst(ə)n*]. **Boswell** [*bɔzw(ə)l*]. **Bosworth** [*bɔzwə(:)þ*]. **Botha** [*bouþə*]. **Botham** [*bɔþəm*]. **Bothnia** [*bɔþniə*]; **the Gulf of** ~ Bottniska viken. **Botolph** [*bɔtɔlf*]. **Bottomley** [*bɔtəmli*]. **Boughton** [*bɔ:tn*]. **Boulger** [*bouldʒə*]. **Bourke** [*bə:k*]. **Bourne** [*bə:n, buən, bɔ:n*]. **Bournemouth** [*bɔ:nməþ*]. **Bournville** [*bɔ:nvil*]. **Bouverie** [*bu:vəri*]. **Bowden** [*boudn, baudn*]. **Bowdler** [*baudlə*]. **Bowland** [*boulənd*]. **Bowles** [*boulz*]. **Brabant** [*brəbæ'nt*]. **Bradbury** [*brædb(ə)ri*]. **Braddon** [*brædn*]. **Bradford** [*brædfəd*]. **Bradgate** [*brædgit*]. **Bradlaw** [*brædlɔ:*]. **Bradley** [*brædli*]. **Bradshaw** [*brædʃɔ:*] *äv.* tågtidtabell. **Braham** [*breiəm*]. **Brahan** [*brɔ:n*]. **Bramah** [*bra:mə*]. **Brampton** [*bræm(p)tən*]. **Brasenose** [*breiznouz*]; ~ **College** (college i Oxford). **Braughing** [*bræfiŋ*]. **Brazil** [*brəzi'l*], se ordb. **Breadalbane** [*brədɔ:'lbin*]. **Brechin** [*bri:kin*]. **Breckinridge** [*breknridʒ*]. **Bremen** [*brimən*]. **Bret(t)** [*bret*]. **Brewster** [*bru:stə*]. **Bridewell** [*braidw(ə)l*]. **Bridges** [*bridʒiz*]. **Bridget** [*bridʒit*] Birgitta. **Bridgetown** [*bridʒtaun*]. **Bridgewater** [*bridʒwɔ:tə*]. **Bridlington** [*bridliŋtən*]. **Bridson** [*braidsn*]. **Brierley** [*braiəli*]. **Brighton** [*braitn*]. **Bristol** [*bristl*]. **Britain** [*brit(ə)n*], se ordb. **Britannia** [*britæ'njə*], se ordb. **Brittain** [*britei'n*]. **Brittany** [*britəni*] Bretagne. **Brixton** [*brikstən*]. **Broadway** [*brɔ:dwei*] (gata i New York). **Brobdingnag** [*brɔbdiŋnæg*] (jättarnas land i Swifts Gulliver's Travels). **Brod(e)rick** [*brɔdrik*]. **Brodie** [*broudi*]. **Broke** [*bruk*]. **Bromham** [*brɔməm*]. **Bromley** [*brʌmli, brɔm-*]. **Brompton** [*brʌm(p)tən, brɔm-*]. **Bromwich** [*brʌmidʒ, brɔm-*]. **Brontë** [*brɔnti*]. **Brooklyn** [*bruklin*]. **Brough** [*brʌf*]. **Brougham** [*bru:m*], se också ordb. *b-*. **Broughton** [*brɔ:tn*]. **Bruce** [*bru:s*]. **Bruges** [*bru:ʒ*] Brügge. **Brunswick** [*brʌnzwik*] Braunschweig. **Brussels** [*brʌslz*] Bryssel. **Bryan** [*braiən*] **Buccleuch** [*bəklu:'*]. **Buchan** [*bʌxən, bʌkən*]. **Buchanan** [*bju(:)kæ'nən*]. **Buchman** [*bʌkmən*]. **Buckingham** [*bʌkiŋəm*]; ~ **Palace** (kungligt slott i London). **Budapest** [*bju:dəpest*]. **Buddha** [*budə*], se ordb. **Bukarest** [*bju:kərest*]. **Bulgaria** [*bʌlgɛ'əriə*] Bulgarien. **Bullen** [*bulin*]. **Bullough** [*bulou*]. **Bulstrode** [*bʌlstroud*]. **Bulwer** [*bulwə*]. **Bunsen** [*bunsn*], se ordb. **Bunyan** [*bʌnjən*]. **Burbage** [*bə:bidʒ*]. **Burghley** [*bə:li*]. **Burke** [*bə:k*]. **Burlington** [*bə:liŋtən*]; ~ **Arcade** (valvbågsgång längs) ~ **House** (säte för the Royal Academy of Arts i London). **Burma(h)** [*bə:mə*] Burma; se också ordb. **Burnett** [*bə(:)ne't, bə:nit*]. **Burnham** [*bə:nəm*]. **Burns** [*bə:nz*]. **Burntisland** [*bə:ntai'lənd*]. **Burroughes** [*bʌro(u)z*]. **Bury** [(ortnamn) *beri*, (personnamn) *bjuəri*]. **Bushey** [*buʃi*]; ~ **Park** (park nära London). **Bushire** [*bju(:)ʃai'ə*]. **Butterick** [*bʌtərik*]. **Butterwick** [*bʌtərik, bʌtəwik*]. **Butterworth** [*bʌtəwə(:)þ*]. **Byng** [*biŋ*]. **Byrd** [*bə:d*]. **Byrne** [*bə:n*]. **Byron** [*baiərən*]. **Bysshe** [*biʃ*]. **Byzantium** [*baizæ'ntiəm*].

Cadbury [*kædb(ə)ri*]. **Cadillac** [*kæ'dijæk*]. **Cadogan** [*kədʌ'gən*]. **Caedmon** [*kædmən*]. **Caesar** [*si:zə*]. **Cain** [*kein*], se ordb. **Caine** [*kein*]. **Cairns** [*kɛənz*]. **Cairo** [*kaiərou*]. **Caithness** [*keiþnes*]. **Caius** [(*rom.* namn) *kaiəs*, (college i Cambridge) *ki:z*]. **Calais** [*kælis*]. **Calcutta** [*kælkʌ'tə*]. **Caledonia** [*kælidou'njə*] Kaledonien, Skottland. **Calgary** [*kælgəri*]. **Calhoun** [*kælhu:'n, kəhu:'n*]. **Caliban** [*kælibæn*]. **California** [*kælifɔ:'njə*]. **Callaghan** [*kæləhən, -gən*]. **Calne** [*ka:n*]. **Calvary** [*kælvəri*] Golgata. **Calvin** [*kælvin*]. **Cam** [*kæm*] Cam (floden vid Cambridge). **Camberwell** [*kæmbəw(ə)l*]. **Cambria** [*kæmbriə*] Cambria, Wales. **Cambridge** [*keimbridʒ*]. **Cambridgeshire** [*keimbrid(ʒ)ʃ(i)ə*] (eng. grevskap). **Camembert** [*kæməmbɛə*] camembertost. **Camilla** [*kəmi'lə*]. **Campbell** [*kæmbl*]. **Campden** [*kæm(p)dən*]. **Canaan** [*keinən*]. **Canada** [*kænədə*]. **Canning** [*kæniŋ*]. **Canterbury** [*kæntəb(ə)ri*]; ~ **Tales** (dikt av Chaucer, död 1400). **Canton** [(i Kina) *kæ'ntɔ'n*, (i Wales; personnamn) *kæntən*]. **Canute** [*kənju:'t*] Knut. **Capetown** [*kei'ptau'n*] Kapstaden. **Capricorn** [*kæprikɔ:n*] *astr.* Stenbocken. **Cardiff** [*ka:dif*]. **Carew** [*kəru:'*]. **Caribbees** [*kæribi:z*]; **the** ~ de karibiska öarna. **Carlisle** [*ka:lai'l, ka:'lai'l*]. **Carlton** [*ka:lt(ə)n*]. **Carlyle** [*ka:lai'l, ka:'lai'l*]. **Carmarthen** [*kəma:'ð(ə)n*]. **Carmel** [*ka:mel*]. **Carmichael** [*ka:maik(ə)l*]. **Carnarvon** [*kəna:'vən*]. **Carnegie** [*ka:ne'gi,-nei'gi*]. **Carolina** [*kærəlai'nə*]. **Caroline** [*kærəlain*]. **Carpathian** [*ka:pei'þjən*]; **the** ~**s** Karpaterna. **Carroll** [*kær(ə)l*]. **Carruthers** [*kərʌ'ðəz*]. **Carteret** [*ka:təret, -it*]. **Carthage** [*ka:þidʒ*] Kartago. **Caspian** [*kæspiən*]; **the** ~ **Sea** Kaspiska havet. **Castlerea(gh)** [*ka:'slrei'*]. **Caterham** [*keitərəm*]. **Catharine** [*kæþ(ə)rin*]. **Cathay** [*kæþei'*] (åld. namn för Kina). **Cathcart** [*kæþkət*]. **Catherine** [*kæþ(ə)rin*]. **Catiline** [*kætilain*] Catilina. **Caucasus** [*kɔ:kəsəs*]. **Cavell** [*kævl*]. **Cavendish** [*kæv(ə)ndiʃ*]. **Cawnpore** [*kɔ:npɔ:'*]. **Caxton** [*kækst(ə)n*]. **Cecil(e)** [*sesl*]. **Cecilia** [*sisi'ljə*]. **Cedric** [*sedrik, si:drik*]. **Celestine** [*selistain*]. **Celia** [*si:ljə*]. **Ceuta** [*sju:tə*]. **Ceylon** [*silɔ'n*]. **Chablis** [*ʃæbli:*]. **Chadwick** [*tʃædwik*]. **Chaldea** [*kældi(:)ə*] Kaldéen. **Chalfont** [*tʃa:f(ə)nt, tʃælfənt*]. **Chalmers** [*tʃa:məz*]. **Chamberlain** [*tʃeimbəlin*]. **Chambers** [*tʃeimbəz*]. **Chamonix** [*ʃæməni*]. **Chaplin** [*tʃæplin*]. **Charing Cross** [*tʃæ'riŋkrɔ(:)'s, tʃɛ'ər-*] (centr. belägen plats och bangård i London). **Charlemagne** [*ʃa:'ləmei'n*] Karl den store. **Charles** [*tʃa:lz*] Charles, Karl. **Charlotte** [*ʃa:lət*]. **Charterhouse** [*tʃa:təhaus*]; ~ **School** (förr i London, nu flyttad till Godalming). **Charteris** [*tʃa:təz*]. **Chatham** [*tʃætəm*]. **Chatterton** [*tʃætətn*]. **Chaucer** [*tʃɔ:sə*]. **Cheapside** [*tʃi:'psai'd*] (gata i London). **Cheatham** [*tʃi:təm*]. **Cheddar** [*tʃedə*]. **Cheetham** [*tʃi:təm*]. **Chelmsford** [*tʃe(l)msfəd*]. **Chelsea** [*tʃelsi*] (stadsdel i London vid Themsen). **Cheltenham** [*tʃeltnəm*]. **Cherwell** [*tʃa:w(ə)l*]. **Chesapeake** [*tʃesəpi:k*]. **Chesham** [*tʃeʃəm*]. **Cheshire** [*tʃeʃə*] (eng. grevskap). **Cheshunt** [*tʃesnt*]. **Chesney** [*tʃesni, tʃezni*]. **Chester** [*tʃestə*]. **Chesterton** [*tʃestətn*].

Chetham [*tʃetəm*]. **Cheves** [*tʃi:vz*]. **Cheviot** [*tʃeviət, tʃi:viət*]; **the ~ Hills** el. **~s** Cheviothöjderna i England. **Chevrolet** [*ʃevrəlei*]. **Cheyenne** [*ʃaie'n*]. **Cheyne** [*tʃein, tʃeini*]; **~ Walk** (gata i London). **Chi** [*ʃi*] *amr. sl* förk. f. **Chicago** [*ʃika:'gou*, (*amr.* stundom) *ʃikɔ:'gou*]. **Chichester** [*tʃitʃistə*]. **Childe** [*tʃaild*]. **Chile** [*tʃili*]. **Chisholm** [*tʃizəm*]. **Chiswick** [*tʃizik*]. **Cholmondeley** [*tʃʌmli*]. **Christabel** [*kristəbel*]. **Christchurch** [*krais(t)tʃə:tʃ*]. **Christie** [*kristi*]. **Christina** [*kristi:'nə*]. **Christine** [*kristi:n*]. **Christopher** [*kristəfə*]. **Christy** [*kristi*]; **~ Minstrels**, se ordb. **Churchill** [*tʃə:tʃil*]. **Chuzzlewit** [*tʃʌzlwit*]; **Martin ~** (roman av Dickens). **Cicely** [*sis(i)li*]. **Cicero** [*sisərou*]. **Cinci** [*sinsi*] *amr. sl* förk. f. **Cincinnati** [*sinsina:'ti, -næ'ti*]. **Cinderella** [*sindəre'lə*] Askungen. **Cirencester** [*saiər(ə)nsestə, sisistə*]. **Clapham** [*klæpəm*] (förstad till London). **Clara** [*klɛərə*]. **Clare** [*klɛə*] Klara. **Clarence** [*klærəns*]. **Clarendon** [*klærəndən*]; **the ~ Press** (universitetstryckeri i Oxford); se ordb. *c-*. **Claridge** [*klæridʒ*]. **Clarissa** [*kləri'sə*]. **Clark(e)** [*kla:k*]. **Claud(e)** [*klɔ:d*]. **Claus** [*klɔ:s*] Klaus; **Santa ~** jultomten i England. **Clayton** [*kleitn*]. **Clemens** [*klemənz*]. **Cleopatra** [*kliopa:'trə*]; **~'s Needle** obelisk på the Embankment (vid Themsen) i London. **Clerkenwell** [*kla:k(ə)nw(ə)l*] (del av London). **Clevedon** [*kli:vdən*]. **Cleveland** [*kli:vlənd*]. **Clio** [*klaiou*] (historiens musa). **Clive** [*klaiv*]. **Clough** [*klʌf, klu:*]. **Clyde** [*klaid*]; **the ~** Clydefloden. **Cnut** [*kənju:'t*] Knut. **Cochin-China** [*kɔ'tʃintʃai'nə*]. **Cochran(e)** [*kɔkrin*]. **Cockaigne** [*kɔkei'n*], se ordb. *c-*. **Cockburn** [*koubə:n*]. **Colchester** [*koultʃistə*]. **Colclough** [*koukli*]. **Colgate** [*koulgeit*]. **Collins** [*kɔlinz*]. **Colman** [*koulmən*]. **Colne** [*koun, kouln*]. **Colney** [*kouni*]; **~ Hatch**, se ordb. **Cologne** [*kəlou'n*] Köln. **Colorado** [*kɔləra:'dou*]. **Colosseum** [*kɔləsi'əm*]. **Colquhoun** [*kəhu:'n*]. **Columbia** [*kəlʌ'mbiə*]. **Columbus** [*kəlʌ'mbəs*]. **Conan** [*kɔnən, kounən*]. **Congo** [*kɔŋgou*]; **the ~** Kongo (floden el. staten). **Congreve** [*kɔŋgri:v*]. **Connaught** [*kɔnɔ:t*]. **Connecticut** [*kəne'tikət*]. **Connie** [*kɔni*]. **Conrad** [*kɔnræd*]. **Constance** [*kɔnst(ə)ns*]. **Constantine** [*kɔnst(ə)ntain*] Konstantin. **Constantinopel** [*kɔnstæntinou'pl*]. **Conway** [*kɔnwei*]. **Conybeare** [*kɔnibiə*]. **Cook(e)** [*kuk*]. **Coomb(e)** [*ku:m*]. **Coomber** [*ku:mbə*]. **Copenhagen** [*koupnhei'g(ə)n*] Köpenhamn. **Copperfield** [*kɔpəfi:ld*]; **David ~** (roman av Dickens). **Cora** [*kɔ:rə*]. **Corcoran** [*kɔ:kər(ə)n*]. **Cordelia** [*kɔ:di:'liə*]. **Cordillera** [*kɔ:diljɛ'ərə*]. **Corea** [*kori'ə*]. **Corfu** [*kɔ:fu:'*]. **Corinth** [*kɔrinþ*] Korint. **Cormac(k)** [*kɔ:mæk*]. **Cornhill** [*kɔ:'nhi'l*] (gata i London). **Cornwall** [*kɔ:nw(ə)l*]. **Corwen** [*kɔ:win*]. **Cotgrave** [*kɔtgreiv*]. **Couch** [*ku:tʃ*]. **Courtauld** [*kɔ:tould*]. **Courtenay** [*kɔ:tni*]. **Courthope** [*kɔ:təp*]. **Cousins** [*kʌznz*]. **Coutts** [*ku:ts*]. **Couzens** [*kʌznz*]. **Coventry** [*kɔv(ə)ntri*], se ordb. **Coverley** [*kʌvəli*]; **Roger de ~** en gammaldags dans (kontradans), en person i Spectator. **Cowes** [*kauz*] (på ön Wight. Årlig stor segelregatta). **Cowley** [*kauli*]. **Cowper** [*ku:pə, kaupə*]. **Cracow** [*kra:kou*] Krakau. **Creagh** [*krei*]. **Crete** [*kri:t*] Kreta. **Crichton** [*kraitn*]. **Crimea** [*kraimi'ə*]; **the ~** Krim. **Croesus** [*kri:səs*] Krösus. **Cromwell** [*krɔmw(ə)l*]. **Crowther** [*krauðə*]. **Croydon** [*krɔidn*]. **Cruikshank** [*krukʃæŋk*]. **Crusoe** [*kru:sou*]. **Culbertson** [*kʌlbəts(ə)n*]. **Culham** [*kʌləm*]. **Cullinan** [*kʌlinən*] (namn på en berömd diamant). **Culloden** [*kəlɔ'dn*]. **Cumberland** [*kʌmbələnd*]. **Cunard** [*kju:na:'d*]. **Cunningham** [*kʌniŋəm*]. **Curwen** [*kə:win*]. **Curzon** [*kə:zn*]. **Custance** [*kʌstəns*]. **Cuthbert** [*kʌþbət*], se ordb. **Cuyp** [*kaip*]. **Cyclades** [*sikladi:z*]; **the ~** Cykladerna (ögrupp). **Cymbeline** [*simbili:n*]. **Cynthia** [*sinþiə*]. **Cyprus** [*saiprəs*] Cypern. **Cyrene** [*sairi:'ni*]. **Cyril** [*siril*]. **Cyrus** [*saiərəs*]. **Czecho-Slovakia** [*tʃekousləva:'kiə*] Tjeckoslovakien.

Dacota [*dəkou'tə*]. **Daedalus** [*di:dələs*]. **Daimler** [*daimlə, deimlə*] (bilmärke). **Dakota** [*dəkou'tə*]. **Dalmatia** [*dælmei'ʃ(i)ə*]. **Dalry** [*dælrai'*]. **Dalrymple** [*dælri'mpl, dælrimpl*]. **Damascus** [*dəmæ'skəs*]. **Damocles** [*dæməkli:z*]. **Dampier** [*dæmpjə*]. **Dan** [*dæn*] *fam.* förk. f. *Daniel*. **Danby** [*dænbi*]. **Danelagh, Danelaw** [*deinlɔ:*] Danelagen. **Daniel** [*dænjəl*]. **Dante** [*dænti*]. **Danube** [*dænju:b*]; **the ~** Donau. **Daphne** [*dæfni*]. **Dardanelles** [*da:dənelz*]; **the ~** Dardanellerna. **Darius** [*dərai'əs*]. **Darjeeling** [*da:dʒi:'liŋ*]. **Darnley** [*da:nli*]. **Dartmoor** [*da:tmuə*], se ordb. **Dartmouth** [*da:tməþ*], se ordb. **Darwin** [*da:win*]. **Daubeney** [*dɔ:b(ə)ni*]. **Daventry** [*dævntri*, (lokalt uttal) *deintri*]. **David** [*deivid*]; **St. ~** Wales' skyddshelgon. **Davidson** [*deividsn*]. **Davies, Davis** [*deivis*]. **Davison** [*deivisn*]. **Davos** [*da:vɔs*]. **Davy** [*deivi*], se ordb. **Dealtry** [*dɔ(:)ltri*]. **Debenham** [*debnəm*]. **Deborah** [*debərə, -bo-*]. **Decameron** [*dikæ'mərən*]. **Deccan** [*dekən, -kæn*]. **Dedham** [*dedəm*]. **Defoe** [*dəfou', difou'*]. **Delaware** [*deləwɛə*]. **Delham** [*deləm*]. **Delhi** [*deli*]. **Delia** [*di:liə, di:ljə*]. **Delilah** [*dilai'lə*], se ordb. **Delos** [*di:lɔs*]. **Delphi** [*delfai*] (avledningar se ordb.). **Demeter** [*dimi:'tə*]. **Demetrius** [*dimi:'triəs*]. **Democritus** [*dimɔ'kritəs*] Demokritos. **Demosthenes** [*dimɔ'sþəni:z*] (se också ordb.). **Dempster** [*dem(p)stə*]. **Denbigh(shire)** [*denbi(ʃ(i)ə)*]. **Denby** [*denbi*]. **Denis** [*denis*]; **St. ~** Frankrikes skyddshelgon. **Denise** [*deni:'z*]. **Denison** [*denisn*]. **Denmark** [*denma:k*]. **Denver** [*denvə*]. **Deptford** [*detfəd*]. **De Quincey** [*dəkwi'nsi*]. **Derby** [*da:bi*, (sällan) *də:bi*], se ordb. **Dereham** [*diərəm*]. **Derham** [*derəm*]. **Derwent** [*də:wənt*]. **Descartes** [*deika:'t*]. **Desdemona** [*dezdimou'nə*] (i Shakespeares Othello). **Des Moines** [*dimɔi'n*]. **Desmond** [*dezmənd*]. **Detmold** [*detmould*]. **Detroit** [*dətrɔi't, ditrɔi't*]. **Deucalion** [*dju(:)kei'liən*]. **De Valera** [*dəvəli'ərə*]. **De Vere** [*dəvi'ə*]. **Devereux** [*devəru:, -ru:ks*]. **Devizes** [*divai'ziz*]. **Devon(shire)** [*devn(ʃ(i)ə)*], se ordb. **Dewar** [*dju(:)ə*]. **De Wet** [*dəve't, dəwe't*]. **Dewey** [*dju(:)i*]. **Dewsbury** [*dju:zb(ə)ri*]. **Diana** [*daiæ'nə*]. **Dickens, Dickins** [*dikinz*]. **Dickinson** [*dikinsn*]. **Dickson** [*diksn*]. **Dido** [*daidou*], se också ordb. *d-*. **Digby** [*digbi*]. **Dillwyn** [*dilən*]. **Dinah** [*dainə*], se också ordb. **Dinwiddie** [*dinwi'di*]. **Diocletian** [*daiokli:'ʃiən*]. **Diogenes** [*daiɔ'dʒini:z*]. **Diomedes** [*daiəmi:'di:z*]. **Dionys(i)us** [*daiənai's(i)əs*]. **Disraeli** [*dizrei'li*]. **Dives** [(som personnamn) *daivz*, (*bibl.*) *daivi:z*], se ordb. **Dizzy** [*dizi*] (smeknamn för *Disraeli*). **Dobson** [*dɔbsn*]. **Dodge** [*dɔdʒ*] (bl. a. bilmärke). **Dodgson** [*dɔdʒsn*]. **Dodo** [*doudou*]. **Dogger** [*dɔgə*]; **the ~ Bank** Doggerbanken. **Doherty** [*douhə:'ti, douəti*]. **Dolgelly** [*dɔlge'(þ)li*]. **Dolly** [*dɔli*] *fam.* förk. f. *Dorothy*. **Dolomites** [*dɔləmaits*], se ordb. **Dombey** [*dɔmbi*]; **~ & Son** (roman av Dickens). **Donalbain** [*dɔnəlbein*]. **Donald** [*dɔnəld*]. **Doncaster** [*dɔŋkəstə*]. **Donegal** [*dɔnigɔ:l, -gɔ:'l*]. **Don Giovanni** [*dɔ'ndʒiova:'ni*] (Mozarts) Don Juan. **Don Juan** [*dɔ'ndʒu(:)'ən*]. **Donne** [*dɔn*]. **Dono(g)hue** [*dʌnəhu:, dɔn-*]. **Donough** [*dɔnou*]. **Donoughmore** [*dʌnəmɔ:*]. **Don Quixote** [*dɔ'nkui'ksout, dɔnkwi'-*]. **Dora** [*dɔ:rə*], se också ordb. **Dorcas** [*dɔ:kəs*] *bibl.* Dorkas: se också ordb. **Dorchester** [*dɔ:tʃistə*]. **Doris** [*dɔ:ris*]. **Dorking** [*dɔ:kiŋ*]. **Dorothea** [*dɔrəþi'ə*]. **Dorothy** [*dɔrəþi*]. **Dorrit** [*dɔrit*]. **Dorset(shire)** [*dɔ:sit(ʃ(i)ə)*] (sydeng. grevskap). **Dougal(l)** [*du:gəl*]. **Doughty** [*dauti*]. **Douglas** [*dʌgləs*]. **Dover** [*douvə*]. **Dowden** [*daudn*]. **Dowgate** [*daugit*]. **Downham** [*daunəm*]. **Downing** [*dauniŋ*]; **~ Street**, se ordb. **Downs** [*daunz*]; **the ~** ,se ordb. *down* 1). **Dowson** [*dausn*]. **Doyle** [*dɔil*]. **Draco** [*dreikou*] Drakon; [*dra:kou*] (eng. personnamn). **Drage** [*dreidʒ*]. **Drake** [*dreik*]. **Drap(i)er** [*dreip(i)ə*]. **Drayton** [*dreitn*]. **Dresden** [*drezd(ə)n*], se också ordb. **Dreyfus** [*dreifəs, drai-*]. **Drinkwater** [*driŋkwɔ:tə*]. **Drogheda** [*drɔ:ədə, drɔidə*]. **Droitwich** [*drɔit(w)itʃ*]. **Drummond** [*drʌmənd*]. **Drury** [*druəri*]; **~ Lane** (gata i London med teater). **Drysdale** [*draizdeil*]. **Dublin** [*dʌblin*]. **Duckworth** [*dʌkwə:þ*]. **Duddell** [*dʌde'l, dju(:)de'l*]. **Dudley** [*dʌdli*]. **Dugald** [*du:gəld*]. **Dugdale** [*dʌgdeil*]. **Dulcinea** [*dʌlsini'ə*] Dulcinea; se också ordb. **Duluth** [*dju:lu:'þ, dulu:'þ*]. **Dulwich** [*dʌlidʒ, -itʃ*]. **Duma-**

resq [*du:me'rik*]. **Du Maurier** [*dju(:)-mɔ:'riei*]. **Dumbarton** [*dʌmba:'tn*]. **Dumfries(shire)** [*dʌmfri:'s(ʃ(i)ə)*]. **Dumphreys** [*dʌmfriz*]. **Dunbar** [*dʌnba:(')*]. **Duncan** [*dʌŋkən, dʌn-*]. **Dundee** [*dʌndi:'*]. **Dundonald** [*dʌndɔ'n(ə)ld*]. **Dunedin** [*dʌni:'din*]. **Dunholme** [*dʌnəm*]. **Dunkirk** [*dʌ(')nkə:'k*]. **Dunlop** [*dʌnlɔp*]. **Dunstable** [*dʌnstəbl*]. **Dunstan** [*dʌnstən*]. **Durban** [*də:bən, də:bæ'n*]. **Durham** [*dʌrəm*]. **Duse** [*du:zi*]. **Duthie** [*dʌþi*]. **Dutton** [*dʌtn*]. **Dwight** [*dwait*]. **Dwina** [*dwi:nə, dwainə*]. **Dyke** [*daik*]. **Dynevor** [*dinivə*].

Ealing [*i:liŋ*]. **Eames** [*i:mz, eimz*]. **Eardley** [*ə:dli*]. **Earl(e)** [*ə:l*]. **Eastbourne** [*i:s(t)bɔ:n*]. **Eastend** [*i:'ste'nd*]. **East Ham** [*i:'sthæ'm*]. **Eastham** [*i:stəm*]. **Eastman** [*i:stmən*]. **Ebenezer** [*ebini:'zə*]. **Ebury** [*i:bəri*]. **Ecuador** [*ekwədɔ:', ekwədɔ:*]. **Eddystone** [*edist(ə)n*]. **Eden** [*i:dn*]. **Edgar** [*edgə*]. **Edgecomb(e), Edgecumbe** [*edʒkəm*]. **Edgeworth** [*edʒwə:þ*]. **Edgware** [*edʒwɛə*]. **Edinburgh** [*edinb(ə)rə, -bʌrə*]. **Edison** [*edisn*]. **Edith** [*i:diþ*]. **Edmund** [*edmənd*]. **Edna** [*ednə*]. **Edward** [*edwəd*]. **Edwin** [*edwin*]. **Egan** [*i:gən*]. **Egerton** [*edʒətn*]. **Egham** [*egəm*]. **Egremont** [*egrəmənt*]. **Egypt** [*i:dʒipt*] (avledningar se ordb.). **Eire** [*ɛərə*]. **Eisenhower** [*ai'z(ə)nhauə*]. **Elaine** [*elei'n*]. **Elba** [*elbə*]. **Elbe** [*elb*]; **the ~** Elbe. **Eldridge** [*eldridʒ*]. **Eleanor** [*elinə*]. **Eleanora** [*eliənɔ:'rə*]. **Electra** [*ile'ktrə*]. **Eleonora** [*eliənɔ:'rə*]. **Elgar** [*elgə, elga:*]. **Elgin** [*elgin*]; **the ~ marbles** (en samling grekiska skulpturer, is. från Akropolis, nu i the Elgin Room i British Museum). **Eli** [*i:lai*]. **Elias** [*ilai'əs*]. **Eliezer** [*elii:'zə*]. **Elihu** [*ilai'hju:*]. **Elijah** [*ilai'dʒə*] ***bibl.*** Elias. **Elinor** [*elinə*]. **Eliot(t)** [*eljət*]. **Elisabeth** [*ili'zəbəþ*]. **Elisha** [*ilai'ʃə*] *bibl.* Elisa. **Eliza** [*ilai'zə*] Elise. **Elizabeth** [*ili'zəbəþ*]. **Ellen** [*elin*]. **Ellenborough** [*elinb(ə)rə*]. **Ellery** [*eləri*]. **Ellesmere** [*elzmiə*]. **Elliot(t)** [*eljət*]. **Ellis** [*elis*]. **Ellsworth** [*elzwə:þ*]. **Elmhurst** [*elmhə:st*]. **Elmo** [*elmou*] Erasmus; **St. ~'s fire** elmseld. **Elohim** [*elou'him*]. **Elsie** [*elsi*]. **Elsinore** [*elsinɔ:'*] Helsingör. **Elsmere** [*elzmiə*]. **Elvira** [*elvai'ərə*]. **Ely** [*i:li*]. **Elysium** [*ili'ziəm*], se ordb. **Em(m)anuel** [*imæ'njuəl*]. **Emaus** [*emɔ:s*]. **Emerson** [*eməsn*]. **Emilia** [*imi'liə*]. **Emily** [*emili*]. **Emma** [*emə*]. **Emmaus** [*emei'əs*]. **Emmeline** [*emili:n*]. **Emmie, Emmy** [*emi*]. **Endicott** [*endikət*]. **Eneas** [*i(:)ni:'æs*]. **Eneid** [*i:niid*]; **the ~** Eneiden. **Engadine** [*eŋgədi:n*]; **the ~** Engadin(dalen). **England** [*iŋglənd*]. **Enoch** [*i:nɔk*]. **Eothen** [*i(:)ou'þen*]. **Ephesus** [*efisəs*]. **Ephraim** [*i:freiim, -friəm*]. **Epictetus** [*epikti:'təs*] Epiktetos. **Epicurus** [*epikju'ərəs*]. **Epiphany** [*ipi'fəni,ep-*], se ordb. **Epirus** [*epai'ərəs*]. **Epsom** [*epsəm*], se ordb. **Erasmus** [*iræ'zməs*]. **Erebus** [*eribəs*]. **Eric** [*erik*]. **Erie** [*iəri*]. **Erin** [*erin, iərin*] (poet. namn för) Irland. **Eritrea** [*iri'triə*]. **Ernest** [*ə:nist*] Ernst. **Eros** [*iərɔs*]. **Erskine** [*ə:skin*]. **Esau** [*i:sɔ:*]. **Escombe** [*eskəm*]. **Escorial** [*eskɔ:'riəl*]; **the ~** Escorial (spanskt slott). **Esmond** [*ezmənd*]. **Essex** [*esiks*]. **Esther** [*estə*]. **Esthonia** [*esþou'niə*] Estland. **Ethel** [*eþəl*]. **Ethelred** [*eþəlred*]; **~ the Unready** E. den rådville. **Etherege** [*eþəridʒ*]. **Ethiopia** [*i:þiou'pjə*], se ordb. **Etna** [*etnə*]. **Eton** [*i:tn*], se ordb. **Etruria** [*itru'əriə*] Etrurien. **Euclid** [*ju:klid*] Euklides. **Eugene** [*ju:dʒi:n*]. **Eugenia** [*ju:dʒi:'niə*]. **Eulalia** [*ju:lei'liə*]. **Eunice** [*ju:nis, ju(:)nai'si* (*bibl.* blott det sistnämnda)]. **Euphemia** [*ju:fi:'miə*]. **Euphrates** [*ju:frei'ti:z*]; **the ~** Eufrat. **Euphues** [*ju:fju(:)i:z*]. **Euripides** [*ju(ə)ri'pidi:z*]. **Europa** [*juərou'pə*] (i grekisk mytologi). **Europe** [*juərəp*] Europa. **Eurydice** [*juəri'disi*]. **Eustace** [*ju:stəs*]. **Euston** [*ju:st(ə)n*]. **Euterpe** [*ju:tə:'pi*], se ordb. **Evan** [*evən*]. **Evangeline** [*ivæ'n(d)ʒili:n*]. **Evans** [*evənz*]. **Evelina** [*evili:'nə*]. **Evelyn** [*i:vlin*]. **Evesham** [*i:vʃəm*]. **Ewart** [*ju(:)ət*]. **Exeter** [*eksətə*], se ordb. **Exmoor** [*eksmuə*]. **Eyam** [*i:m*]. **Eyre** [*ɛə*]. **Ezekiel** [*izi:'kjəl*]. **Ezra** [*ezrə*].

Faber [(engelskt namn) *feibə*, (tyskt namn) *fa:bə*]. **Fabius** [*feibiəs*]. **Fagin** [*feigin*]. **Fairbanks** [*fɛəbæŋks*]. **Falconbridge** [*fɔ:knbridʒ*]. **Falkirk** [*fɔ:lkə:k*]. **Falmouth** [*fælməþ*]. **Falstaff** [*fɔ:lsta:f*] se ordb. **Faraday** [*færədi, -dei*]. **Farnborough** [*fa:nb(ə)rə*]. **Faroe** [*fɛərou*], se ordb. **Farquhar** [*fa:k(w)ə*]. **Farquharson** [*fa:k(w)əsn*]. **Fashoda** [*fəʃou'də*]. **Fatima** [*fætimə*]. **Faulconbridge** [*fɔ:knbridʒ*]. **Faulkner** [*fɔ:knə*]. **Fauntleroy** [*fɔ:ntlərɔi*]. **Faust** [*faust*]. **Faustus** [*fɔ:stəs*]. **Fear(e)nside** [*fə:nsaid*]. **Featherstonehaugh** [*feðəstənhɔ:, fænʃɔ:*]. **Felicia** [*fili'siə*]. **Felix** [*fi:liks*]. **Fenchurch** [*fentʃə:tʃ*]. **Fenham** [*fenəm*]. **Fennimore** [*fenimɔ:*]. **Fenwick** [*fenik*]. **Fergus** [*fə:gəs*]. **Fernhough** [*fə:nhou*]. **Fielding** [*fi:ldiŋ*]. **Fiennes** [*fainz*]. **Fife** [*faif*]. **Fiji** [*fi:dʒi:', fi:dʒi:*]; **the ~ Islands** Fijiöarna. **Finchley** [*fin(t)ʃli*]. **Findlater** [*fin(d)leitə*]. **Fingal** [*fiŋgəl*]. **Fingall** [*fiŋgɔ:l*]. **Finland** [*finlənd*]. **Finsbury** [*finzb(ə)ri*]. **Firth** [*fə:þ*]. **Flamborough** [*flæmb(ə)rə*]. **Flanders** [*fla:ndəz*], se ordb. **Flecknoe** [*fleknou*]. **Fletcher** [*fletʃə*]. **Flodden** [*flɔdn*]. **Florence** [*flɔrəns*]. **Florida** [*flɔridə*]. **Florrie** [*flɔri*]. **Flossie** [*flɔsi*]. **Fluellen** [*flu(:)e'lin*]. **Flushing** [*flʌʃiŋ*] Vliessingen. **Flynn** [*flin*]. **Folgate** [*fɔlgit*]. **Foljambe** [*fuldʒəm*]. **Folkestone** [*foukstən*]. **Ford** [*fɔ:d*], se också ordb. **Forester** [*fɔristə*]. **Forfar(shire)** [*fɔ:fə(ʃ(i)ə)*]. **Forsyte** [*fɔ:sait*]. **Forsyth** [*fɔ:saiþ*]. **Fortescue** [*fɔ:tiskju:*]. **Fothergill** [*fɔðəgil*]. **Fotheringay** [*fɔðəriŋgei*]. **Foulis** [*faulz*]. **Fowler** [*faulə*]. **Foyle** [*foil*]. **France** [*fra:ns*] Frankrike. **Frances** [*fra:nsis, -siz*]. **Francis** [*fra:nsis*] Frans. **Francisco** [*frænsi'skou*]. **Franconia** [*fræŋkou'niə*] Franken. **Frankfort** [*fræŋkfət*] Frankfurt. **Franklin** [*fræŋklin*]. **Frazer** [*freizə*]. **Frederick** [*fredrik*]. **Freud** [*frɔid*]. **Friesland** [*fri:zlənd*]. **Frisco** [*friskou*] *amr. fam.* förk. av *San Francisco*. **Frobisher** [*froubiʃə*]. **Frome** [*fru:m, froum*]. **Frothingham** [*frɔðiŋəm*]. **Froude** [*fru:d*]. **Frowde** [*fru:d, fraud*]. **Fulcher** [*fultʃə*]. **Fulford** [*fulfəd*]. **Fulham** [*fuləm*]; **~ Palace** biskopens av London bostad. **Fulke** [*fulk*]. **Fulton** [*fult(ə)n*]. **Furnival** [*fə:niv(ə)l*]. **Fyfe** [*faif*]. **Fyffe(s)** [*faif(s)*].

Gabriel [*geibriəl*]. **Gaby** [*ga:bi*]. **Gainsborough** [*geinzb(ə)rə*]. **Gaius** [*gaiəs*]. **Galatia** [*gəlei'ʃiə*] Galatien. **Galicia** [*gəli'ʃiə*] Galizien. **Galilee** [*gælili:*] Galileen. **Gallipoli** [*gəli'pəli*]. **Gallipolis** (i Amerika) [*gælipoli:'s*]. **Galsworthy** [*gɔ:lzwə:ði*]. **Galvani** [*gælva:'ni*]. **Galveston** [*gælvistən*]. **Galway** [*gɔ:lwei*]. **Gamaliel** [*gəmei'liəl*]. **Ganges** [*gæn(d)ʒi:z*]; **the ~** Gangesfloden. **Ganymede** [*gænimi:d*] Ganymedes. **Gard(i)ner** [*ga:dnə*]. **Garfield** [*ga:fi:ld*]. **Garibaldi** [*gæribɔ:'ldi, -bæ'ldi*]. **Garrett** [*gærit*]. **Garrick** [*gærik*]. **Gascony** [*gæskəni*] Gascogne. **Gaskell** [*gæsk(ə)l*]. **Gathorne** [*geiþɔ:n*]. **Gavestone** [*gævistən*]. **Gaza** [*geizə*]. **Geddes** [*gedis*]. **Gehenna** [*gihe'nə*]. **Geneva** [*dʒini:'və*] Genève. **Genezareth** [*gine'zərit*]. **Genoa** [*dʒenouə*], se ordb. **Geoffrey** [*dʒefri*] Gottfrid. **Geoghegan** [*geigən, gougən*]. **Geordie** [*dʒɔ:di*]. **George** [*dʒɔ:dʒ*], se ordb. **Georgia** [*dʒɔ:dʒə*]. **Georgie** [*dʒɔ:dʒi*] (smeknamn f.) Georg. **Georgina** [*dʒɔ:dʒi:'nə*]. **Gerald** [*dʒer(ə)ld*] Gerhard. **Gerizim** [*gerai'zim, gerizim*]; **Mount ~** *bibl.* Garizim. **Germany** [*dʒə:m(ə)ni*] Tyskland. **Gertie** [*gə:ti*]. **Gertrude** [*gə:tru:d*]. **Gethsemane** [*geþse'məni*]. **Gettysburg** [*getizbə:g*]. **Ghent** [*gent*] Gent. **Gib** [*dʒib*] *fam.* förk. f. *Gibraltar*. **Gibbon** [*gibən*]. **Gibbs** [*gibz*]. **Gibraltar** [*dʒibrɔ:'ltə*]. **Gibson** [*gibsn*]. **Gideon** [*gidiən*]. **Gifford** [*gifəd*]. **Gilbert** [*gilbət*]. **Gilchrist** [*gilkrist*]. **Gilead** [*giliæd*]. **Giles** [*dʒailz*]. **Gillespie** [*gile'spi*]. **Gillett(e)** [*dʒile't*]. **Ginn** [*gin*]. **Giovanni** [*dʒiova:'ni*]. **Girton** [*gə:tn*], se ordb. **Gissing** [*gisiŋ*]. **Gladstone** [*glædstən*], se ordb. **Gladys** [*glædis*]. **Glamis** [*gla:mz*]. **Glamorgan** [*gləmɔ:'g(ə)n*]. **Gloria** [*glɔ:riə*]. **Gloster, Gloucester** [*glɔstə*]. **Godalming** [*gɔdlmiŋ*]. **Goddard** [*gɔdəd*]. **Godfrey** [*gɔdfri*] Gottfrid. **Godiva** [*gɔdai'və*]. **Godmanchester** [*gɔntʃistə, gɔdməntʃestə*]. **Godolphin** [*gɔdɔ'lfin*]. **Godwin** [*gɔdwin*]. **Goethe** [*gə:tə, gö:tə*]. **Goldsmith** [*gouldsmiþ*]. **Golgotha** [*gɔlgəþə*] *bibl.* Golgata. **Goliath** [*golai'əþ*], se ordb. **Gollancz** [*gɔlæ(')ŋks*]. **Goneril** [*gɔnəril*]. **Goodge** [*gu(:)dʒ*]. **Goodrich** [*gudritʃ*]. **Goodwin** [*gudwin*]. **Goodwood**

[*gudwud*] (kapplöpningsbana i Sussex). **Goodyear** [*gudjə(:)*]. **Googe** [*gu(:)dʒ*]. **Goole** [*gu:l*]. **Gordon** [*gɔ:dn*]. **Goring** [*gɔ:riŋ*]. **Goshen** [*gouʃən*] *bibl. o. fig.* Gosen. **Gosse** [*gɔs*]. **Gotham** [(i Nottinghamshire) *gɔtəm*, (New York) *gouþəm*], se ordb. **Gothenburg** [*gɔþnbə:g, gɔtn-*] Göteborg. **Gothland** [*gɔþlənd*] Gotland. **Gough** [*gɔf*]. **Gould** [*gu:ld*]. **Gower** [*gauə*]; **Leveson-~** [*l(j)u:sn gɔ:*]. **Grace** [*greis*]. **Gradgrind** [*grædgraind*]. **Grady** [*greidi*]. **Graeme** [*greim*]. **Grafton** [*gra:ftn*]. **Graham(e)** [*greiəm*]. **Grainger** [*grein(d)ʒə*]. **Grampian** [*græmpiən*]; **the ~ Hills** Grampianbergen. **Granada** [*grəna:'də, grænədə*]. **Grandgent** [*græn(d)ʒent*]. **Grandison** [*grændisn*]. **Grantham** [*gra:ntəm*]. **Granville** [*grænvil*]. **Grasmere** [*gra:smiə*]. **Gratiano** [*greiʃia:'nou*] (person hos Shakespeare). **Grattan** [*grætn*]. **Graves** [*greivz*]. **Gravesend** [*greivzend*]. **Grayson** [*greisn*]. **Greaves** [*gri:vz*]. **Greece** [*gri:s*] Grekland. **Greenland** [*gri:nlənd*] Grönland. **Greenough** [*gri:nou*]. **Greenwich** [*grinidʒ*] (längdgraden 0 går genom G. observatorium öster om London). **Gregory** [*gregəri*]. **Greig** [*greg*]. **Grendel** [*grendl*] (vidunder i Beowulf-dikten). **Gresham** [*greʃəm*]. **Greta** [*gri:tə*]. **Gretna** [*gretnə*]; **~ Green** landsortsstad i Skottland, där folk förr kunde vigas med mindre svårigheter än annorstädes. **Greville** [*grevil*]. **Grieg** [*gri:g*]. **Grierson** [*griəsn*]. **Griffith** [*grifiþ*]. **Grimsby** [*grimzbi*]. **Grose** [*grous, grouz*]. **Grosvenor** [*grouvnə*]. **Grundy** [*grʌndi*], se ordb. **Guadalquivir** [*gwa:dəlkwi'və*]; **the ~** (flod i Spanien). **Guadeloupe** [*gwa:dəlu:'p*]. **Gudrun** [*gudru:n*] Gudrun. **Guiana** [*gia:'nə, gju:a:'nə*]. **Guildford** [*gilfəd*]. **Guildhall** [*gildhɔ:l*], se ordb. **Guinea** [*gini*]. **Guinivere** [*gwiniviə*]. **Guinness** [*ginis*] (eng. bryggeri). **Gulliver** [*gʌlivə*]. **Gurney** [*gə:ni*]. **Gustavus** [*gusta:'vəs*]. **Guthrie** [*gʌþri*]. **Gwendolen** [*gwendolin*]. **Gwynne** [*gwin*].

Haarlem [*ha:lem*]. **Habakkuk** [*hæbəkək*]. **Hades** [*heidi:z*], se ordb. **Hadrian** [*heidriən*]. **Hagar** [(*bibl.*) *heiga:*, (modernt) *heigə*]. **Haggai** [*hægeiai*]. **Hague** [*heig*], se ordb. **Haig** [*heig*]. **Haiti** [*heiti, hai-*]. **Hakluyt** [*hæklu:t*]. **Hal** [*hæl*] *fam.* f. Henry (is. konung Henrik V hos Shakespeare). **Haldane** [*hɔ:ldein*]. **Hales** [*heilz*]. **Haliburton** [*hælibə:tn*]. **Halifax** [*hælifæks*]. **Halkett** [*hɔ:lkit, hæ(l)kit*]. **Hallam** [*hæləm*]. **Ham** [*hæm*] *bibl.* Ham (Noaks son). **Hambro** [*hæmbrə*]. **Hamburg(h)** [*hæmbə:g*], se ordb. **Hamilton** [*hæmilt(ə)n*]. **Hammersmith** [*hæməsmiþ*] (del av London). **Hampden** [*hæmpdən*]. **Hampshire** [*hæmpʃ(i)ə*]. **Hampstead** [*hæm(p)stid*] (förstad till London). **Hampton** [*hæm(p)tən*]; **~ Court** (slott vid Themsen litet ovanför London). **Handel** [*hændl*] Händel. **Hannah** [*hænə*]. **Hannibal** [*hænib(ə)l*]. **Hanover** [*hænovə*], se ordb. **Hansa** [*hænsə*], se nedan *Hanse*. **Hansard** [*hænsəd*] det officiella parlamentstrycket. **Hanse** [*hæns*]; **the ~** Hansestäderna. **Hanwell** [*hænwəl*]. **Hapsburg** [*hæpsbə:g*] Habsburg. **Harcourt** [*ha:kət, -kɔ:t*]. **Hardicanute** [*ha:'dikənju:'t*] Hårdeknut. **Harlem** [*ha:lem*] (negerkvarteret i New York). **Harley** [*ha:li*], se ordb. **Harlow** [*ha:lou*]. **Harold** [*hærəld*]. **Harrap** [*hærəp*]. **Harriet** [*hæriət*] Harriet. **Harriman** [*hærimən*]. **Harris** [*hæris*], se ordb. **Harrod** [*hærəd*]; **~'s** (stort varuhus i London). **Harrogate** [*hærogit*]. **Harrow** [*hærou*], se ordb. **Harry** [*hæri*], se ordb. **Harvard** [*ha:vəd*]. **Harwich** [*hæridʒ*]. **Hastings** [*heistiŋz*]. **Hathaway** [*hæþəwei*]. **Hathorne** [*hɔ:þɔ:n*]. **Haughthon** [*hɔ:tn*]. **Havana** [*həvæ'nə*], se ordb. **Havelock** [*hævlɔk*]. **Havre** [*ha:vr, ha:və*]. **Hawaii** [*ha:wai'i*]. **Hawarden** [*hɔ:dn, ha:dn, ha:wədn*]. **Hawes** [*hɔ:z*]. **Hawick** [*hɔ:ik*]. **Hawkins** [*hɔ:kinz*]. **Haworth** [*hɔ:(w)əþ, hauəþ*]. **Hawthorne** [*hɔ:þɔ:n*]. **Haydn** [*haidn, heidn*]. **Haymarket** [*heima:kit*] (gata i London). **Hazledean** [*heizldi:n*]. **Hazlitt** [*hæzlit*]. **Hebe** [*hi:bi:*], se ordb. **Hebrides** [*hebridi:z*]; **the ~** Hebriderna. **Hebron** [*hi:brɔn*]. **Hecate** [*hekəti(:)*]. **Hector** [*hektə*]. **Hecuba** [*hekjubə*]. **Helen** [*helin*]. **Helena** [*helinə, heli:'nə*]; **St. ~** [(helgon) *snthe'linə*, (ön) *sentili:'nə*]. **Helicon** [*helikən*]. **Heligoland** [*heligo(u)lænd*] Helgoland. **Helios** [*hi:liɔs*]. **Hellas** [*helæs*]. **Helvetia** [*helvi:'ʃiə*], se ordb. **Hendon** [*hendən*]. **Henley** [*henli*] (stad vid Themsen med årlig regatta). **Henrietta** [*henrie'tə*], se ordb. **Henry** [*henri*], se ordb. **Hepburn** [*hebə(:)n*]. **Hephaestus** [*hifi:'stəs, he-*] Hefaistos (smidesguden). **Heracles** [*herəkli:z*]. **Herbert** [*hə:bət*]. **Hercules** [*hə:kjuli:z*]. **Hereford** (**-shire**) [*herifəd(ʃ(i)ə)*]. **Herford** [*hə:fəd, ha:fəd*]. **Herkomer** [*hə:komə*]. **Hermes** [*hə:mi:z*] Hermes (handelns gud). **Hermia** [*hə:miə*]. **Herne** [*hə:n*]. **Herod** [*herəd*] Herodes. **Herodias** [*herou'diæs*]. **Herodotus** [*herɔ'dətəs*] Herodotos. **Hertford** (i Amerika) [*hə:tfəd*; (i England) *ha:fəd*]. **Hertfordshire** [*ha:fədʃ(i)ə*]. **Hervey** [*ha:vi, hə:vi*]. **Hesiod** [*hi:siɔd*]. **Hesketh** [*heskiþ*]. **Hesperus** [*hespərəs*], se ordb. **Hesse** [*hesi*], se ordb. **Hester** [*hestə*]. **Hewlett** [*hju:lit*]. **Hezekiah** [*hezikai'ə*] Ezekias. **Hiawatha** [*haiəwɔ'þə*]. **Hibernia** [*haibə:'niə*] Irland. **Hichens** [*hitʃinz*]. **Hieronymus** [*haiərɔ'niməs*]. **Higgins** [*higinz*]. **Higham** [*haiəm*]. **Highgate** [*haigit, -get*] (förstad till London). **Hilaire** [*hilɛ'ə*]. **Hilary** [*hiləri*]. **Himalaya** [*himəlei'ə*]. **Hindustan** [*hindustæ'n, -sta:n*]. **Hippocrates** [*hipɔ'krəti:z*]. **Hippocrene** [*hipokri:'ni(:)*]; **Hippokrene** (musernas källa). **Hippolyta** [*hipɔ'litə*]. **Hoare** [*hɔ:*]. **Hobart** [*houbət*]. **Hobb(e)s** [*hɔbz*]. **Hoboken** [*houboukən*]. **Hobson** [*hɔbsn*]. **Hodges** [*hɔdʒiz*]. **Hogarth** [*houga:þ, hɔgəþ*]. **Holborn** [*houbən*] (del av London). **Holbrook** [*houlbruk, hɔl-*]. **Holinshed** [*hɔlinʃed*]. **Holland** [*hɔlənd*]. **Holles** [*hɔlis*]. **Hollywood** [*hɔliwud*]. **Holmes** [*houmz*]. **Holofernes** [*hɔlofə:'ni:z*]. **Holtby** [*houltbi*]. **Holyhead** [*hɔlihed*]. **Holyoake** [*houliouk*]. **Holyrood** [*hɔliru:d*]; **~ House** (slott i Edinburgh). **Homer** [*houmə*]. **Honolulu** [*hɔnəlu:'lu:*]. **Horace** [*hɔrəs, -ris*] Horace, Horatio, Horatius; se också ordb. **Horatio** [*horei'ʃiou*]. **Hornsey** [*hɔ:nzi*]. **Horsham** [*hɔ:ʃəm*]. **Horton** [*hɔ:tn*]. **Horwich** [*hɔridʒ*]. **Hosea** [*houzi'ə*] Hosea. **Houghton** [*hautn, hɔ:tn* (is. som personnamn), *houtn* (is. som ortnamn)]. **Houndsditch** [*haun(d)zditʃ*] (gata i London). **Hounslow** [*haunzlou*]. **Housman** [*hausmən*]. **Houston** [*hu:stən*]. **Houyhnhnms** [*huinəmz, winimz*] (hästfolket i Gulliver's Travels). **Howard** [*hauəd*]. **Howe** [*hau*]. **Howitt** [*hauit*]. **Hoxton** [*hɔkst(ə)n*]. **Hubbard** [*hʌbəd*]. **Hubert** [*hju:bə(:)t*]. **Huckleberry** [*hʌklb(ə)ri*]. **Huddersfield** [*hʌdəzfi:ld*]. **Hudibras** [*hju:dibræs*]. **Hugh** [*hju:*]. **Hughes** [*hju:z*]. **Hugo** [*hju:gou*]. **Hull** [*hʌl*]. **Humber** [*hʌmbə*]; **the ~** (floden) Humber. **Hume** [*hju:m*]. **Humphr(e)y** [*hʌmfri*]. **Hungary** [*hʌŋgəri*], se ordb. **Huntingdon(shire)** [*hʌntiŋdən* (*-ʃ(i)ə*)]. **Huron** [*hjuərən*]. **Hutchinson** [*hʌtʃinsn*]. **Hutton** [*hʌtn*]. **Huxley** [*hʌksli*]. **Hyde** [*haid*], se ordb. *Hyde* och *Jekyll*. **Hyderabad** [*haidərəbæd*]. **Hygeia** [*haidʒi(:)'ə*]. **Hyndman** [*haindmən*]. **Hypatia** [*haipei'ʃiə*]. **Hyperion** [*haipi'əriən*]. **Hythe** [*haið*].

Iago [*ia:'gou*]. **Ibbetson** [*ibitsn*]. **Ibrahim** [*ibrəhi:m*]. **Ibsen** [*ibsn*]. **Icarus** [*aikərəs*]. **Iceland** [*aislənd*], se ordb. **Ichabod** [*ikəbɔd*], se ordb. **Ida** [*aidə*]. **Idaho** [*aidəhou*]. **Ikey** [*aiki*] *fam.* f. Isak; se ordb. *i-*. **Ilfracombe** [*ilfrəku:'m, i'l-*]. **Illingworth** [*iliŋwə:þ*]. **Illinois** [*ilinɔi', -nɔi'z*]. **Illyria** [*ili'riə*] Illyrien. **Immanuel** [*imæ'njuəl*]. **Imogen** [*imoudʒen*]. **Inchcape** [*in(t)ʃkeip*]. **Incholm** [*in(t)ʃkəm*]. **Indiana** [*indiæ'nə*]. **Indianapolis** [*indiənæ'pəlis*]. **Indo-China** [*i'ndoutʃai'nə*]. **Indra** [*indrə*]. **Indus** [*indəs*]; **the ~** Indusfloden. **Inge** [*iŋ, indʒ*] (*Dean Inge* [*iŋ*]). **Ingersoll** [*iŋgəsɔl*]. **Ingham** [*iŋəm*]. **Inglis** [*iŋglz*]. **Ingoldsby** [*iŋgəldzbi*]. **Inigo** [*inigou*]. **Innes** [*inis*]. **Inverness** [*invəne's*]. **Iowa** [*aiəwə*] Iowa. **Iphigenia** [*ifidʒinai'ə*]. **Ipswich** [*ipswitʃ*]. **Iran** [*iəra:'n, ira:n, iəræn*]. **Ireland** [*aiələnd*]. **Irene** [*ai(ə)ri:'ni*]. **Iris** [*aiəris*], se ordb. **Irvine** [*ə:vin*]. **Irving** [*ə:viŋ*]. **Isaac** [*aizək*] Isak. **Isabel** [*izəbel*]. **Isabella** [*izəbe'lə*]. **Isaiah** [*aizai'ə*] Esajas, Jesaja. **Iscariot** [*iskæ'riət*]. **Ischia** [*iskiə*]. **Ishmael** [*iʃmeiəl*]. **Isis** [*aisis*]. **Islington** [*izliŋtən*]. **Islip** [*aizlip*] (landsortsstad nära London); [*izlip*] (personnamn). **Isocrates** [*aisɔ'krəti:z*]. **Isolda, Isolde** [*izɔ'ldə*]. **Ispahan** [*ispəha:'n, -hæ'n*]. **Israel** [*izreiəl, izriəl*]. **Italy** [*itəli*] Italien. **Ithaca** [*iþəkə*]. **Ivan** [*aiv(ə)n*]. **Ivanhoe** [*aiv(ə)nhou*] (roman av Walter Scott). **Ivatt** [*aivət, -væt*]. **Iveagh** [*aivə*]. **Ives** [*aivz*]. **Ivor** [*i:və*]. **Ixion** [*iksai'ən*].

Jabez [*dʒeibez, -iz*]. **Jack** [*dʒæk*]. **Jackie** [*dʒæki*]. **Jackson** [*dʒæksn*]. **Jacob** [*dʒeikəb*], se ordb. **Jacobs** [*dʒeikəbz*]. **Jaffa** [*dʒæfə*]. **Jairus** [*dʒeiai'ərəs, dʒaiərəs*]. **Jamaica** [*dʒəmei'kə*], se ordb. **James** [*dʒeimz*], se ordb. **Jamieson** [*dʒeimisn, dʒæ-*]. **Jane** [*dʒein*], se ordb. **Janet** [*dʒænit*]. **Janus** [*dʒeinəs*]. **Japhet** [*dʒeifet*]. **Jaques** [*dʒeiks*, (person hos Shakespeare) *dʒeikwiz*]. **Jarvis** [*dʒa:vis*]. **Jason** [*dʒeisn*]. **Jasper** [*dʒæspə*]. **Java** [*dʒa:və*], se ordb. **Jeames** [*dʒi:mz*]. **Jean** [*dʒi:n*]. **Jefferies** [*dʒefriz*]. **Jefferson** [*dʒefəsn*]. **Jeffery, Jeffrey** [*dʒefri*]. **Jehoiakim** [*dʒihɔi'əkim*] Joakim. **Jehoshaphat** [*dʒihɔ'ʃəfæt*], se ordb. **Jehovah** [*dʒihou'və*]. **Jehu** [*dʒi:hju:*], se ordb. **Jekyll** [*dʒi:kil, dʒe-*]. **Jellicoe** [*dʒelikou*]. **Jemima** [*dʒimai'mə*]. **Jena** [*jeinə*]. **Jenkins** [*dʒenkinz*]. **Jenner** [*dʒenə*]. **Jennings** [*dʒeniŋz*]. **Jenny** [*dʒeni*], se ordb. **Jephthah** [*dʒefþə*] *bibl.* Jefta. **Jeremiah** [*dʒerimai'ə*]. **Jeremy** [*dʒerimi*]. **Jericho** [*dʒerikou*], se ordb. **Jermyn** [*dʒə:min*]. **Jerome** [*dʒerəm, dʒərou'm*]. **Jerrold** [*dʒer(ə)ld*]. **Jerry** [*dʒeri*]. **Jersey** [*dʒə:zi*], se ordb. **Jerusalem** [*dʒəru:'sələm*]. **Jervaulx** [*dʒə:vou*]. **Jervis** [*dʒa:vis, dʒə:vis*]. **Jervois** [*dʒə:vis*]. **Jessamine** [*dʒesəmin*]. **Jess(i)e** [*dʒesi*]. **Jesus** [*dʒi:zəs*], se ordb. **Jevons** [*dʒevənz*]. **Jezebel** [*dʒezəbl*], se ordb. **Jezreel** [*dʒezri:'l*]. **Jill** [*dʒil*], se ordb. **Jim** [*dʒim*]. **Joachim** [*dʒouəkim*]. **Joan** [*dʒoun*]; **~ of Arc** [*a:k*] Jeanne d'Arc. **Job** [*dʒoub*], se ordb. **Jocelyn** [*dʒɔslin*]. **Joe** [*dʒou*], se ordb. **Joel** [*dʒouel, -əl*]. **Joey** [*dʒoui*] *fam.* f. *Joe, Joseph*; se också ordb. **Johannes** [*dʒouhæ'nis*]. **Johannesburg** [*dʒouhæ'nisbə:g*]. **John** [*dʒɔn*], se ordb. **Johnnie, Johnny** [*dʒɔni*], se ordb. **Johnson** [*dʒɔnsn*], se ordb. **Johnston(e)** [*dʒɔnstən, dʒɔnsn*]. **Jonadab** [*dʒɔnədæb*]. **Jonah** [*dʒounə*], se ordb. **Jonas** [*dʒounəs, -næs*]. **Jonathan** [*dʒɔnəþən*], se ordb. **Jones** [*dʒounz*]. **Jonson** [*dʒɔnsn*]. **Jordan** [*dʒɔ:dn*]; **the ~** Jordanfloden. **Joseph** [*dʒouzif*], se ordb. **Josephine** [*dʒouzifi:n*]. **Josephus** [*dʒousi:'fəs*]. **Joshua** [*dʒɔʃwə, dʒɔʃuə*] Josua. **Josiah** [*dʒousai'ə*] *bibl.* Josias. **Jove** [*dʒouv*], se ordb. **Jowett** [*dʒauit*]. **Joyce** [*dʒɔis*]. **Judaea** [*dʒu:di(:)'ə*] Judeen. **Juda(h)** [*dʒu:də*]. **Judas** [*dʒu:dəs*], se ordb. **Judd** [*dʒʌd*]. **Judea** [*dʒu:di(:)'ə*] Judeen. **Judith** [*dʒu:diþ*]. **Judson** [*dʒʌdsn*]. **Judy** [*dʒu:di*], se ordb. **Juggernaut** [*dʒʌgənɔ:t*], se ordb. **Juggins** [*dʒʌginz*]. **Jugo-Slavia** [*ju:'gousla:'viə*], se ordb. **Jugurtha** [*dʒugə:'þə*]. **Julia** [*dʒu:ljə*]. **Juliana** [*dʒu:lia:'nə*]. **Juliet** [*dʒu:ljət, -jet*] Julia. **Julius** [*dʒu:ljəs*]. **Junius** [*dʒu:njəs*]. **Juno** [*dʒu:nou*]. **Jupiter** [*dʒu:pitə*]. **Jura** [*dʒuərə*], se ordb. **Justin** [*dʒʌstin*]. **Justus** [*dzʌstəs*]. **Jutland** [*dʒʌtlənd*] Jylland. **Juvenal** [*dʒu:vin(ə)l*] Juvenalis.

Kaaba [*ka:bə*]. **Kabul** [*kəbu:'l, kɔ:bul, ka:bul*]. **Kamerun** [*kæməru:(')n*]. **Kandahar** [*kændəha:'*]. **Kansas** [*kænzəs*]. **Kant** [*kænt*], se ordb. **Karachi** [*kəra:'tʃi*]. **Kashmir** [*kæ'ʃmi'ə*]. **Kate** [*keit*], se ordb. **Katharina** [*kæþəri:'nə*]. **Katharine, Katherine** [*kæþ(ə)rin*]. **Kathleen** [*kæþli:n*]. **Katie** [*keiti*]. **Katrine** [*kætrin*]. **Katskill** [*kætskil*]. **Kattegat** [*kæ(')tigæ't*]. **Katty** [*kæti*]. **Kavanagh** [*kævənə, kəvæ'nə*]. **Kay(e)** [*kei*]. **Kean(e)** [*ki:n*]. **Kearny** [*kə:ni, ka:ni*]. **Keats** [*ki:ts*]. **Keble** [*ki:bl*]. **Kedleston** [*kedlstən, kelsn*]. **Kedron** [*ki:drɔn*]. **Keeble** [*ki:bl*]. **Keen(e)** [*ki:n*]. **Kehoe** [*kjou, ki:ou*]. **Keith** [*ki:þ*]. **Kekewich** [*kek(i)witʃ*]. **Kell(e)y** [*keli*]. **Kelvin** [*kelvin*]. **Kelway** [*kelwi, -wei*]. **Kendal(l)** [*kendl*]. **Kenilworth** [*ken(i)lwə:þ*]. **Kennaird** [*kenɛ'əd, kən-*]. **Kennard** [*kena:'d, kəna:'d*]. **Kennedy** [*kenidi*]. **Kenneth** [*keniþ*]. **Kennington** [*keniŋtən*]. **Kensington** [*kenziŋtən*] (del av London); **~ Gardens** (park i London i omedelbar anslutning till Hyde Park). **Kent** [*kent*], se ordb. **Kentucky** [*kentʌ'ki*]. **Kenya** [*keniə, ki:niə*]. **Kenyon** [*kenjən*]. **Keogh** [*kjou, ki(:)ou*]. **Ker** [*ka:, kɛə, kə:*]. **Kerguelen** [*kə:gilin, kə:gwe'lin*]. **Kerr** [*ka:, kə:*]. **Keswick** [*kezik*]. **Keux** [*kju:*]. **Kew** [*kju:*], se ordb. **Keyes** [*ki:z*]. **Keyne** [*ki:n*]. **Keynes** [*keinz*]. **Khartum** [*ka:tu:'m*]. **Khyber** [*kaibə*]; **the ~ Pass** Khyberpasset (i Afghanistan). **Kidderminster** [*kidəminstə*]. **Kilburn** [*kilbə:n*]. **Kildare** [*kildɛ'ə*]. **Kilima Njaro** [*ki'liməndʒa:'rou*]. **Kilkenny** [*kilke'ni*], se också *cat* i ordb. **Killarney** [*kila:'ni*]. **Killigrew** [*kiligru:*]. **Kilmarnock** [*kilma:'nək, -nɔk*]. **Kilpatrick** [*kilpæ'trik*]. **Kilsyth** [*kilsaiþ*]. **Kimberley** [*kimbəli*]. **Kincardine** [*kiŋka:'din, kin-*]. **Kingsborough** [*kiŋzb(ə)rə*]. **Kingsbury** [*kiŋzb(ə)ri*]. **Kingsley** [*kiŋzli*]. **Kingston(e)** [*kiŋstən*]. **Kingstown** [*kiŋstən, kiŋztaun*]. **Kingsway** [*kiŋzwei*] (gata i London). **Kinnaird** [*kinɛ'əd*]. **Kintyre** [*kintai'ə*]. **Kipling** [*kipliŋ*]. **Kirkby** [*kə:bi, kək:bi*] (personnamn); [*kə:bi*] (ortnamn). **Kirkcaldy** [*kə:kɔ:'ldi, -kɔ:'di, -ka:'di, -kæ'di*] (ortnamn); [*kə:kɔ:'ldi*] (personnamn). **Kirkcudbright** [*kə:ku:'bri*]. **Kirkpatrick** [*kə:kpæ'trik*]. **Kitchener** [*kitʃinə*]. **Kitty** [*kiti*]. **Klondike** [*klɔ(')ndai'k, klɔndaik*]. **Knighton** [*naitn*]. **Knightsbridge** [*naitsbridʒ*] (gata i London). **Knowles** [*noulz*]. **Koh-i-noor** [*kouinuə*], se ordb. **Kongo** [*kɔŋgou*]; **the ~** Kongofloden, -staten. **Korea** [*kori'ə*]. **Kough** [*kjou, kou*]. **Kremlin** [*kremlin*]; **the ~** Kreml (i Moskva). **Krishna** [*kriʃnə*] (indisk gud). **Kruger** [*kru:gə*]. **Krupp** [*krup, krʌp*]. **Ku-Klux-Klan** [*kju:'klʌ'ksklæ'n*], se ordb. **Kurdistan** [*kə:dista:'n, -tæ'n*]. **Kyd** [*kid*]. **Kynaston** [*kinəstən*]. **Kyrle** [*kə:l*]. **Kythe** [*kaiþi*].

Laban [*leibæn*]. **Labrador** [*læ'brədɔ:(')*]. **Laccadive** [*lækədaiv*]; **the ~s** Lackadiverna. **Ladbroke** [*lædbruk*]. **Ladislaw** [*lædislɔ:, lædzlɔ:*]. **Ladoga** [*la:dougə, lədou'gə*]. **Laertes** [*leiə:'ti:z*]. **Lahore** [*ləhɔ:', la:hɔ:'*]. **Laing** [*læŋ, leiŋ*]. **Lalage** [*lælədʒi(:), -lədʒi*]. **Lambert** [*læmbət*]. **Lambeth** [*læmbəþ*]; **~ Palace** ärkebiskopens av Canterbury ämbetsbostad i London. **Lamech** [*leimek*]. **Lamplough** [*læmplʌf*]. **Lanagan** [*lænəgən*]. **Lanark** [*lænək, læna:k*]. **Lancashire** [*læŋkəʃ(i)ə*]. **Lancaster** [*læŋkəstə*]. **Lancelot** [*la:nslət*]. **Lancing** [*la:nsiŋ*]. **Landon** [*lændən*]. **Landor** [*lændɔ:*]. **Landseer** [*læn(d)siə*]. **Land's End** [*læ'n(d)ze'nd*]. **Langton** [*læŋtən*]. **Lansbury** [*lænzb(ə)ri*]. **Lansdown(e)** [*lænzdaun*]. **Lansing** [*la:nsiŋ*]. **Laocoon** [*leiɔ'kouɔn*]. **Lapland** [*læplænd*], se ordb. **Lascelles** [*læs(ə)lz*]. **Lasker** [*læskə*]. **Latimer** [*lætimə*]. **Latium** [*leiʃiəm*]. **Lauder** [*lɔ:də*]. **Laughton** [*lɔ:tn*]. **Launcelot** [*la:nslət, lɔ:ns-*]. **Launceston** [*lɔ:nstən, la:n-*]. **Laurence** [*lɔr(ə)ns*]. **Laurie** [*lɔ:ri*]. **Lavengro** [*læviŋgrou*]. **Lawrance, Lawrence** [*lɔr(ə)ns*]. **Lawson** [*lɔ:sn*]. **Layamon** [*leiəmən, laiə-*]. **Lazarus** [*læzərəs*], se ordb. **Lead** [*li:d*]. **Leadenhall** [*le'dnhɔ:'l*], se ordb. **Leah** [*liə*] (*bibl.*) Lea. **Leamington** [*lemiŋtən*]. **Leander** [*liæ'ndə*]. **Leatham** [*li:þəm*]. **Leatherhead** [*leðəhed*]. **Leavenworth** [*levnwə:þ*]. **Leda** [*li:də*]. **Lediard** [*lediəd, -dia:d*]. **Leeds** [*li:dz*]. **Lefevre** [*ləfi:'və*]. **Legh** [*li:*]. **Leghorn** [*le'ghɔ:'n*], se ordb. **Lehmann** [*leimən*]. **Leicester** [*lestə*]. **Leidy** [(personnamn) *li:di*, (bergnamn) *laidi*]. **Leigh** [*li:*; (ort i Surrey) *lai*]. **Leighton** [*leitn*]. **Leila** [*li:lə*]. **Leinster** [*lenstə*]. **Leith** [*li:þ*]. **Leland** [*li:lənd*]. **Lely** [*li:li, lili*]. **Lemesurier** [*ləme'ʒərə*]. **Lemuel** [*lemjuəl*]. **Lennox** [*lenɔks*]. **Lenore** [*lənɔ:', li-*]. **Lenox** [*lenɔks*]. **Leo** [*li:ou*], se ordb. **Leominster** [*lemstə, leminstə*]. **Leon** [*li(:)ən*]. **Leonard** [*lenəd*]. **Leonardo** [*li(:)ouna:'dou*]. **Leonora** [*li(:)ənɔ:'rə*]. **Leopold** [*liəpould*]. **Lepel** [*ləpe'l*]. **Le Queux** [*ləkju:'*]. **Lerwick** [*lə:wik, lerik*]. **Lesbia** [*lezbiə*]. **Lesbos** [*lezbɔs*]. **Leslie** [*lezli*]. **Letchworth** [*letʃwə(:)þ*]. **Lethe** [*li:þi(:)*]. **Letitia** [*litiʃiə*]. **Levant** [*livæ'nt, ləvæ'nt*], se ordb. **Leverhulme** [*li:vəhju:m*]. **Leveson** [*l(j)u:sn*]; **~-Gower** [*-gɔ:*]. **Levey** [*li:vi, levi*]. **Levi** [*li:vai*]. **Leviathan** [*livai'əþən*], se ordb. **Levy** [*li:vi*] (personnamn); [*li:vai*] (amerikansk stad). **Lewes, Lewis** [*l(j)u(:)is*], se ordb. **Lew-**

isham [l(j)u(:)iʃəm]. **Leyden** [leidn, laidn], se ordb. **Lhasa** [læsə]. **Libanus** [libənəs] Libanon. **Liberia** [laibi'əriə]. **Libya** [libiə], se ordb. **Lichfield** [litʃfi:ld]. **Liguria** [ligju'əriə]. **Lilliput** [lilipʌt]. **Lilly** [lili]. **Lima** [li:mə] (i Peru); [laimə] (i USA). **Limerick** [limərik]. **Limoges** [limou'ʒ]. **Lincoln** [liŋkən]. **Lindsay** [lin(d)zi]. **Linlithgow** [linli'þgou]. **Lionel** [laiənəl]. **Lippincott** [lipiŋkət, -kɔt]. **Lipscomb(e)** [lipskəm]. **Lisbon** [lizbən] Lissabon. **Liskeard** [liska:'d]. **Lisle** [lail, li:l] Lille. **Lisson** [lisn]. **Litchfield** [litʃfi:ld]. **Litheby** [liðibi]. **Lithgow** [liþgou]. **Lithuania** [liþju(:)ei'njə] Litauen. **Liverpool** [livəpu:l]. **Livesey** [laivzi, livzi]. **Livia** [liviə]. **Livingston(e)** [liviŋstən]. **Livonia** [livou'njə] Livland. **Livy** [livi] Livius. **Lizzie** [lizi], se ordb. **Llandudno** [lændʌ'dnou, þlæn-]. **Llanelly** [læne'li, þlæne'þli]. **Llangattock** [længæ'tək, þlæn-]. **Llangollen** [længɔ'len, þlængɔ'þlen]. **Llewel(l)yn** [lu(:)e'lin]. **Lloyd** [lɔid], se ordb. **Locarno** [lɔka:'nou]. **Lochaber** [lɔxæ'bə, lɔkæ'bə]. **Lochiel** [lɔxi:'l, lɔki:'l]. **Lochinvar** [lɔxinva:', lɔkin-]. **Lochnager** [lɔxnəga:', lɔkn-]. **Locke** [lɔk]. **Lockhart** [lɔkət, lɔkha:t]. **Locksley** [lɔksli]. **Lodore** [loudɔ:']. **Logan** [lougən]. **Lohengrin** [louingrin]. **Lollard** [lɔləd]. **Lomax** [loumæks]. **Lombardy** [lʌmbədi]. **Lomond** [loumənd]; **Loch** [lɔx, lɔk] ~ (skotsk sjö). **London** [lʌndən], se ordb. **Londonderry** [lʌndənderi]. **Longfellow** [lɔŋfelou]. **Longford** [lɔŋfəd]. **Longman** [lɔŋmən]. **Lonsdale** [lɔnzdeil]. **Loos** [lous, lu:s]. **Loraine** [lorei'n, lɔrei'n] Lothringen. **Lorelei** [lɔ:rəlai]. **Lorenzo** [lore'nzou, lɔ-, lə-]. **Loretto** [lore'tou, lɔ-, lə-]. **Lorimer** [lɔrimə]. **Lorna** [lɔ:nə]. **Lorraine** [lorei'n, lɔ-]. **Los** [lɔs] *amr. sl* f. **Los Angeles** [lɔsæ'ŋgili:z, -æ'n(d)ʒili:z]. **Lothario** [louþɛ'əriou], se ordb. **Lothbury** [louþb(ə)ri, lɔþ-]. **Lottie** [lɔti]. **Lou** [lu:]. **Lough** [lʌf]. **Loughborough** [lʌfb(ə)rə]. **Loughrea** [lɔxrei', lɔkrei']. **Loughton** [lautn]. **Louis** [lu(:)i(s)]. **Louisa** [lu(:)i:'zə]. **Louise** [lu(:)i:'z]. **Lousiania** [lu(:)i:ziæ'nə]. **Lounsbury** [launzb(ə)ri]. **Lourdes** [luəd]. **Louth** [lauþ, på Irland äv. lauð]. **Louvre** [lu:vr, lu:və]. **Lovat** [lʌvət]. **Lovelace** [lʌvleis], se ordb. **Lowell** [louəl, -el]. **Lowestoft** [loustɔft]. **Lowndes** [laundz]. **Lowth** [lauþ]. **Lowther** [lauðə]. **Lubbock** [lʌbək]. **Lucas** [l(j)u:kəs]. **Lucerne** [l(j)u:sə:'n]. **Lucia** [l(j)u:siə]. **Lucifer** [lu:sifə], se ordb. **Lucknow** [lʌknau]. **Lucrece** [l(j)u:kri:'s]. **Lucretia** [l(j)u:kri:'ʃiə]. **Lucullus** [l(j)u:kʌ'ləs]. **Lucy** [l(j)u:si]. **Lud** [lʌd]. **Ludgate** [lʌdgit]; ~ **Hill** (gata i London). **Ludlow** [lʌdlou]. **Luke** [l(j)u:k] *bibl.* Lukas. **Lumley** [lʌmli]. **Luncarty** [lʌŋkəti]. **Lundy** [lʌndi]. **Lushington** [lʌʃiŋtən]. **Lusitania** [l(j)u:sitei'njə]. **Luther** [l(j)u:þə]. **Lutterworth** [lʌtəwə(:)þ]. **Luxemburg** [lʌksəmbə:g]. **Luxor** [lʌksɔ:, luk-]. **Lyall** [laiəl]. **Lyceum** [laisi(:)'əm], se ordb. **Lycoming** [laikɔ'miŋ]. **Lycurgus** [laikə:'gəs]. **Lydd** [lid]. **Lydia** [lidiə], se ordb. **Lyly** [lili]. **Lyon** [laiən]. **Lyons** [laiənz]. **Lysander** [laisæ'ndə]. **Lyte** [lait]. **Lytham** [liðəm]. **Lythe** [laið]. **Lyttleton** [litltən]. **Lytton** [litn]. **Lyveden** [livdən].

Mabel [meib(ə)l]. **MacAdam** [məkæ'dəm]. **Macalister** [məkæ'listə]. **MacArthur** [məka:'þə]. **Macaulay** [məkɔ:'li]. **Macaw** [məkɔ:']. **Macbeth** [mækbe'þ, mək-]. **Maccabeus** [mækəbi:'əs]. **MacCallum** [məkæ'ləm, məkʌ'ləm]. **MacCarthy** [məka:'þi]. **Macdonald** [məkdɔ'n(ə)ld]. **MacDonnell** [mækdɑne'l, (på Irland) məkdɔ'nl]. **Macdougal** [məkdu:'g(ə)l, mæk-]. **MacDuff** [mækdʌ'f, mək-]. **Macedonia** [mæsidou'njə] Makedonien. **Macfarren** [məkfæ'rən]. **MacGillicuddy** [məgi'likʌdi, mægəlikʌ'di]. **MacGregor** [məgre'gə]. **Machiavelli** [mækiəve'li]. **MacIntyre** [mækintaiə]. **MacIvor** [məki:'və]. **Mackay** [məkai', məkei']. **Mackenzie** [məke'nzi]. **Mackintosh** [mækintɔʃ]. **Maclaren** [məklæ'rən]. **Macleod** [məklau'd]. **Mac Mahon** [məkma:'n]. **Macmillan** [məkmi'lən, mæk-]. **Macnaghten** [məknɔ:'tn, mæk-] **Macnamara** [mæknəma:'rə]. **Maconochie** [məkɔ'nəki], se ordb. **MacPherson** [məkfə:'sn, mæk-]. **Macready** [məkri:'di]. **Madagascar** [mædəgæ'skə]. **Maddox** [mædəks]. **Madeira** [mədi'ərə]. **Madeleine** [mædəlein]. **Madge** [mædʒ]. **Madison** [madisn]. **Madras** [mədræ's, -dra:'s]. **Madrid** [mədri'd]. **Maecenas** [misi:'næs]. **Maeterlinck** [meitəliŋk, ma:t-]. **Mafeking** [mæfikiŋ]. **Magdalen** [mægdəlin] *bibl.*; ~ **College** [mɔ:dlin] (college i Oxford). **Magdalene** [mægdəli:'ni, mægdəli(:)'n] *bibl.*; ~ **College** [mɔ:dlin] (college i Cambridge). **Maggie** [mægi], se ordb. **Magrath** [məgra:']. **Maguire** [məgwai'ə]. **Mahomet** [məhɔ'mit], se ordb. **Mahommed** [məhɔ'mid]. **Mahon** [məhu:'n, məhou'n]. **Mahon(e)y** [ma:ni]. **Maida** [meidə]. **Maidenhead** [meidnhed]. **Maidstone** [meidstən]. **Main** [main, mein]; **the** ~ (floden) Main. **Maine** [mein]. **Mainwaring** [mænəriŋ]. **Maisie** [meizi]. **Makepeace** [meikpi:s]. **Malabar** [mæləba:']. **Malacca** [məlæ'kə]. **Malachi** [mæləkai]. **Malaga** [mæləgə]. **Malaprop** [mæləprɔp], se *m-* i ordb. **Malcolm** [mælkəm]. **Maldon** [mɔ:ld(ə)n]. **Mall** [mæl, mɔ:l], se ordb. **Malmesbury** [ma:mzb(ə)ri]. **Malone** [məlou'n]. **Malory** [mæləri]. **Malta** [mɔ:ltə], se ordb. **Malthus** [mælþəs], se ordb. **Malvern** [mɔ:lvə(:)n]. **Malvolio** [mælvou'liou]. **Man** [mæn]; **the Isle of** ~ ön Man. **Manasseh** [mənæ'si]. **Manchester** [mæntʃistə], se ordb. **Manchuria** [mæntʃu'əriə] Manchuriet. **Mandalay** [mæ(')ndəlei']. **Mandeville** [mændəvil]. **Manfred** [mænfred, -frid]. **Manhattan** [mænhæ't(ə)n]. **Manilla** [məni'lə]. **Manitoba** [mænitoba:', -tou'bə]. **Mansfield** [mænsfi:ld]. **Manuel** [mænjuəl]. **Marathon** [mærəþən]. **Marchbank(s)** [ma:tʃbæŋk(s)]. **Margaret** [ma:g(ə)rit]. **Margate** [ma:git]. **Margery** [ma:dʒəri]. **Maria** [mərai'ə]. **Marina** [məri:nə]. **Marion** [mɛəriən, mær-]. **Marius** [mɛəriəs]. **Marjoribanks** [ma:(t)ʃbæŋks]. **Marjory** [ma:dʒəri]. **Markham** [ma:kəm]. **Marlborough** [mɔ:lb(ə)rə, mɔ:l-], se ordb. **Marlowe** [ma:lou]. **Marmaduke** [ma:mədju:k]. **Marryat** [mæriət]. **Mars** [ma:z]. **Marsden** [ma:zdən]. **Marseilles** [ma:sei'lz]. **Marshall** [ma:ʃ(ə)l]. **Martel(l)** [ma:te'l]. **Martha** [ma:þə]. **Martin** [ma:tin], se ordb. **Martini** [ma:ti:'ni], se *m-* i ordb. **Marx** [ma:ks], se ordb. **Mary** [mɛəri], se ordb. **Maryland** [mɛərilænd, *amr.* merilənd]. **Marylebone** [mær(ə)ləbən, mæribən]. **Maskelyne** [mæskilain]. **Massachusetts** [mæsətʃu:'sets, -sits]. **Massinger** [mæsindʒə]. **Mather** [meiðə, mæðə]. **Matheson** [mæþisn]. **Mathew** [mæþju:]. **Mathilda** [məti'ldə]. **Matthew** [mæþju:]. **Matthias** [məþai'əs]. **Maud** [mɔ:d]. **Maugham** [mɔ:m]. **Maurice** [mɔris]. **Mauritius** [məri'ʃ(j)əs]. **Mavis** [meivis]. **Mawer** [mɔ:]. **Mavourneen** [məvu'əni:n]. **Maxwell** [mækswel]. **Mayfair** [meifɛə], se ordb. **Maynwaring** [mænəriŋ]. **Meagher** [ma:ə, mi:gə]. **Mecca** [mekə]. **Medici** [meditʃi(:)]. **Mediterranean** [meditərei'njən], se ordb. **Meiklejohn** [mikldʒɔn]. **Melbourne** [melbə(:)n], -bɔ:n]. **Melcombe** [melkəm]. **Melhuish** [meliʃ, melhjuiʃ]. **Melpomene** [melpɔ'mini(:)] (tragediens musa). **Melrose** [melrous]. **Mendelsohn** [mendlsn, -soun]. **Menelaus** [menilei'əs]. **Menzies** [menziz, meŋiz, menjiz, miŋiz]. **Mepham** [mefəm]. **Mercedes** [mə:si:'diz]. **Mercia** [mə:ʃiə]. **Mercury** [mə:kjuri], se *m-* i ordb. **Mercutio** [mə:kju:'ʃjou]. **Meredith** [merədiþ]. **Mersey** [mə:zi]. **Mesopotamia** [mesəpətei'mjə]. **Mespot** [mespɔt] *sl* förk. av *Mesopotamia*. **Messiah** [mesai'ə], se ordb. **Methuen** [meþjuin] (personnamn); [miþju'in] (stad i USA). **Methuselah** [miþju:'zələ] Metusalem. **Meyrick** [merik, meirik]. **Micah** [maikə] *bibl.* Mika. **Micawber** [mikɔ:'bə], se ordb. **Michael** [maikl], se ordb. **Michigan** [miʃigən]. **Midlothian** [midlou'ðiən]. **Mike** [maik], se ordb. **Milan** [milæ'n], se ordb. **Millais** [milei]. **Millicent** [milisnt]. **Milne** [mil, miln]. **Milo** [mailou]. **Milton** [milt(ə)n]. **Milwaukee** [milwɔ:'ki(:)]. **Minneapolis** [miniæ'pəlis]. **Minnehaha** [miniha:'ha:]. **Minnesota** [minisou'tə]. **Minnie** [mini] (flicknamn), *amr. sl* förk. av *Minneapolis*; se också *m-* i ordb. **Minotaur** [minətɔ:] Minotaurus. **Mississippi** [misisi'pi]. **Missouri** [misu'əri; *amr.* məzu:'ri]. **Mnemosyne** [nimɔ'zini:]. **Mogul** [mogʌ'l], se ordb.

Mohammed [*mouhæ'med, -id*]. **Mohawk** [*mouhɔ:k*]. **Moldavia** [*mɔldei'vjə*] Moldau. **Moleyns** [*mʌlinz*]. **Moll** [*mɔl*]. **Molly** [*mɔli*]. **Moloch** [*moulɔk*]. **Molyneux** [*mɔlinu(:)ks*]. **Monaco** [*mɔnəkou*]. **Moncrieff** [*mɔnkri:'f*]. **Mongolia** [*mɔŋgou'ljə*] Mongoliet. **Monkton** [*mʌŋ(k)tən*]. **Monmouth** [*mɔnməþ*]. **Monroe** [*mənrou', mʌn-*], se ordb. **Montague** [*mɔntəgju:*]. **Montenegro** [*mɔntini:'grou*]. **Montfort** [*mɔntfət, -fɔ:t*]. **Montgolfier** [*mɔntgɔ'lfiə*]. **Montgomery** [*məntgʌ'məri, mɔnt-, -gɔ'm-*]. **Montmorency** [*mɔntmɔre'nsi*]. **Montreal** [*mɔntriɔ:'l*]. **Moore** [*muə*]. **Moorgate** [*muəgit*]. **Moravia** [*mərei'vjə*], se ordb. **Morecambe** [*mɔ:kəm*]. **Morley** [*mɔ:li*]. **Morocco** [*mərɔ'kou*] Marocko; se också *m-* i ordb. **Morpheus** [*mɔ:fju:s*], se ordb. **Morrison** [*mɔrisn*]. **Moscow** [*mɔskou*] Moskva. **Moses** [*mouziz*]. **Mosley** [*mɔzli*]. **Moulmain** [*maulmei'n*]. **Moulton** [*moult(ə)n*]. **Moultrie** [*mɔ:ltri*]. **Mowbray** [*moubrei, -bri*]. **Mowgli** [*maugli*]. **Mozart** [*moutsa:t, moza:'t*]. **Muirhead** [*mjuəhed, mjɔ:-*]. **Muir** [*mjuə, mjɔ:*]. **Mulliner** [*mʌlinə*]. **Munchausen** [*mʌntʃɔ:'zn*] Münchhausen. **Munich** [*mju:nik*], se ordb. **Munro** [*mʌnrou'*]. **Munster** [*mʌnstə*]. **Murdoch** [*mə:dɔk*]. **Muriel** [*mjuəriəl*]. **Murray** [*mʌri*]. **Murtagh** [*mə:tə*]. **Mustapha** [*mʌstəfə*]. **Mycenae** [*maisi:'ni(:)*] Mykene.

Naboth [*neibɔþ*]. **Nahum** [*neihəm, -hʌm*]. **Nancy** [*nænsi*], se ordb. **Nannie, Nanny** [*næni*], se också *n-* i ordb. **Nantucket** [*næntʌ'kit*]. **Naomi** [*neiomi*]. **Naphtali** [*næftəlai*]. **Napier** [*neipiə*]. **Naples** [*neiplz*] Neapel. **Napoleon** [*nəpou'liən*]. **Naseby** [*neizbi*]. **Nasmyth** [*neizmiþ*]. **Nassau** [*næsɔ:*] (på Bahamaöarna); [*næsau*] (i Tyskl.). **Natal** [*nətæ'l*]. **Nathan** [*neiþən*]. **Nathaniel** [*nəþæ'njəl*]. **Nazareth** [*næzəriþ*]. **Naze** [*neiz*], se ordb. **Neagh** [*nei*]. **Nebraska** [*nibræ'skə*]. **Nebuchadnezzar** [*nebjukədne'zə*]. **Nehemiah** [*ni:imai'ə*]. **Neil(l)** [*ni:l*]. **Nell** [*nel*]. **Nellie, Nelly** [*neli*]. **Nelson** [*nelsn*]. **Nepa(u)l** [*ni:pɔ'l*] Nepal. **Neptune** [*neptju:n*]. **Nero** [*niərou*]. **Nestlé** [*nesli, nesl*]. **Nestor** [*nestɔ:*], se ordb. **Netherland** [*neðələnd*], se ordb. **Nevill(e)** [*nevil*]. **Newark** [*nju(:)ək*]. **Newcastle** [*nju:ka:sl*]. **Newfoundland** [*nju(:)fau'ndlənd*, (lokalt uttal) *nju:fəndlæ'nd*], se ordb. **Newgate** [*nju:git, -geit*], se ordb. **Newman** [*nju:mən*]. **Newmarket** [*nju:ma:kit*] (stad nära Cambridge med kapplöpningsbana). **Newnes** [*nju:nz*]. **Newton** [*nju:tn*]. **New York** [*nju:'jɔ:'k*]. **New Zeeland** [*nju:zi:'lənd*]. **Niagara** [*naiæ'gərə*]. **Nice** [*ni:s*] Nizza. **Nichol(s)** [*nikəl(z)*]. **Nicholas** [*nikələs*]. **Nick** [*nik*], se ordb. **Nickleby** [*niklbi*]. **Nigel** [*naidʒəl*]. **Nightingale** [*naitiŋgeil*]. **Nile** [*nail*]; **the** ~ Nilen. **Nineveh** [*ninivi*]. **Niobe** [*naiobi*]. **Nippon** [*nipɔ'n*]. **Noah** [*noua, nɔ:*], se ordb. **Noel** [*nouəl, -el, -il*]. **Norah** [*nɔ:rə*]. **Nore** [*nɔ:*]; **the** ~ (vid Themsens mynning). **Norfolk** [*nɔ:fək*], se ordb. **Norris** [*nɔris*]. **Northampton(shire)** [*nɔ:þæ'm(p)tən(ʃ(i)ə)*]. **Northcliffe** [*nɔ:þklif*]. **Northumberland** [*nɔ:þʌ'mbələnd, no-, nə-*]. **Norway** [*nɔ:wei*] Norge. **Norwich** [*nɔridʒ*] (i England); [*nɔ:witʃ*] (i Amerika). **Nottingham(shire)** [*nɔtiŋəm(ʃ(i)ə)*]. **Notting Hill** [*nɔ'tiŋhi'l*]. **Nova Scotia** [*nou'vəskou'ʃə*]. **Novello** [*nəve'lou, no-*]. **Noyes** [*nɔiz*]. **Nuremberg** [*njuərəmbə:g*] Nürnberg. **Nyanza** [*naiæ'nzə, niæ'-*]. **Nyassa** [*naiæ'sə, niæ'-*].

Oakland [*ouklənd*]. **Oakleigh** [*oukli*]. **Oates** [*outs*]. **Obadiah** [*oubədai'ə*]. **Oberon** [*oubərən, -rɔn*]. **O'Brien** [*obrai'ən*]. **Occleve** [*ɔkli:v*]. **Oceania** [*ouʃiei'niə*] Australien, Stillahavsöarna. **O'Connell** [*o(u)kɔ'nl*]. **Octavia** [*ɔktei'vjə*]. **Octavio** [*ɔkta:'viou*]. **Octavius** [*ɔktei'vjəs*]. **Odell** [*ode'l*]. **O'Doherty** [*o(u)dou'əti, -dɔ'xəti*]. **O'Donnell** [*o(u)dɔ'nl*]. **Odysseus** [*ədi'sju:s, ɔ-*]. **Odyssey** [*ɔdisi*], se ordb. **Oedipus** [*i:dipəs*], se ordb. **O'Flaherty** [*o(u)flei'əti, -flɛ'əti, -flæ'xəti*]. **O'Flynn** [*o(u)fli'n*]. **Ogham** [*ɔgəm*]. **Ogilvie** [*ouglvi*]. **O'Groat** [*ogrou't*]. **O'Hara** [*o(u)ha:'rə*]. **Ohio** [*o(u)hai'o(u)*]. **Oklahoma** [*ouklahou'mə, ɔk-*]. **O'Kelly** [*o(u)ke'li*]. **Oldbury** [*ouldb(ə)ri*]. **Oldham** [*ouldəm*]. **O'Leary** [*o(u)li'əri*]. **Olga** [*ɔlgə*]. **Oliphant** [*ɔlifənt*]. **Olive** [*ɔliv*]. **Oliver** [*ɔlivə*], se ordb. **Olivia** [*oli'viə, ɔl-, əl-*]. **Olney** [*ɔlni*]. **Olympia** [*oli'mpiə, ə-*], se ordb. **Olympus** [*oli'mpəs, ə-*], se ordb. **Omagh** [*ouma:*]. **Omaha** [*ouməha:', ouməha:*]. **Omdurman** [*ɔmdə:'mən, ɔmdə:mæ'n*]. **O'Morchoe** [*o(u)mʌ'ru:*]. **O'Neil(l)** [*o(u)ni:'l*]. **Onions** [*ʌnjənz*]. **Onslow** [*ɔnzlou*]. **Ontario** [*ɔntɛ'əriou*]. **Ophelia** [*o(u)fi:'ljə, ɔfi:'ljə*]. **Ophir** [*oufə*]. **Opie** [*oupi*]. **Orchard(son)** [*ɔ:tʃəd(sn)*]. **Oregon** [*ɔrigən, -gɔn*]. **O'Reilly** [*o(u)rai'li*]. **Orinoco** [*ɔrinou'kou*]; **the** ~ (floden) Orinoko. **Orion** [*orai'ən, ɔ:rai'ən*]. **Orkney** [*ɔ:kni*]; **the** ~ **Islands** Orkneyöarna. **Orleans** [*ɔ:li'ənz*] (i Frankrike); [*ɔ:liənz, ɔ:li:'nz*] (i Amerika). **Ormsby** [*ɔ:mzbi*]. **Ormulum** [*ɔ:mjuləm*]. **O'Rourke** [*o(u)rɔ:'k*]. **Orpheus** [*ɔ:fju:s*]. **Orpington** [*ɔ:piŋtən*], se ordb. **Osborn(e)** [*ɔzbən, -bɔ:n*]. **Oscar** [*ɔskə*], se ordb. **O'Shea** [*o(u)ʃi:'*]. **Ossian** [*ɔsiən*]. **Ossory** [*ɔsəri*]. **Ostend** [*ɔste'nd*]. **O'Sullivan** [*o(u)sʌ'livən*]. **Othello** [*o(u)þe'lou*]. **Ottawa** [*ɔtəwə*]. **Otway** [*ɔtwei*]. **Oudh** [*aud*]. **Ouse** [*u:z*]. **Outram** [*u:trəm*]. **Overto(u)n** [*ouvətn*]. **Ovid** [*ɔvid*]. **Owen** [*o(u)in*]. **Owles** [*oulz, ouls*]. **Owyhe** [*o(u)wai'hi:*]. **Oxford(shire)** [*ɔksfəd(ʃ(i)ə)*], se ordb.

Pacific [*pəsi'fik*]; **the** ~ Stilla havet. **Packard** [*pæka:d*]. **Paddington** [*pædiŋtən*] (stadsdel i London). **Paddy** [*pædi*], se ordb. **Paget** [*pædʒit*]. **Pain(e)** [*pein*]. **Palestine** [*pælistain*]. **Palestrina** [*pælistri:'nə*]. **Palfrey** [*pɔ(:)lfri*]. **Palgrave** [*pælgreiv, pɔ:l-*]. **Pall Mall** [*pe'lme'l, pæ'lmæ'l*] (gata i London med många klubbar). **Palmer** [*pa:mə*]. **Palmerston** [*pa:məstən*]. **Palsgrave** [*pælzgreiv, pɔ:lz-*]. **Pamela** [*pæmilə*]. **Pan** [*pæn*], se ordb. **Panama** [*pænəma:'*], se ordb. **Pancras** [*pæŋkrəs*]; **St.** ~ (barnens skyddshelgon; järnvägsstation i London). **Pandora** [*pændɔ:'rə*]. **Pankhurst** [*pæŋkhə:st*]. **Paraguay** [*pærəgwei, -gwai*]. **Paris** [*pæris*]. **Parkhurst** [*pa:khə:st*]. **Parkstone** [*pa:kstən*]. **Parma** [*pa:mə*]. **Parnassus** [*pa:næ'səs*], se ordb. **Parnell** [*pa:ne'l, pa:nel*]. **Parsifal** [*pa:sif(ə)l, -fa:l, -fæl*]. **Parsons** [*pa:snz*]. **Parthenon** [*pa:þinən*]. **Partridge** [*pa:tridʒ*]. **Pasteur** [*pæstə:', pa:stə:'*]. **Paston** [*pæstən*]. **Pat** [*pæt*], se ordb. **Pater** [*peitə*]. **Paterson** [*pætəsn*]. **Patricia** [*pətri'ʃə*]. **Patrick** [*pætrik*]; **St.** ~ (Irlands skyddshelgon). **Patterson** [*pætəsn*]. **Paul** [*pɔ:l*], se ordb. **Paulus** [*pɔ:ləs*]. **Payne** [*pein*]. **Peabody** [*pi:bɔdi*]. **Pearce** [*piəs*]. **Pears** [*pɛəz*]. **Pearsall** [*piəsɔ:l*]. **Pearson** [*piəsn*]. **Peary** [*piəri*]. **Peckham** [*pekəm*]. **Pecksniff** [*peksnif*], se ordb. **Pedro** [*pi:drou, pei-, pe-*]. **Peel** [*pi:l*]. **Peg** [*peg*]. **Pegasus** [*pegəsəs*]. **Pegotty** [*pegəti*]. **Peggy** [*pegi*]. **Pekin** [*pi:ki'n, pi:'kii'n*]. **Peking** [*pi:ki'ŋ, pi:'ki'ŋ*], se ordb. **Pelham** [*peləm*]. **Peloponnesus** [*peləpəni:'səs*], se ordb. **Pemberton** [*pembətn*]. **Pembroke(shire)** [*pembruk(ʃ(i)ə)*]. **Penang** [*pinæ'ŋ*]. **Pendennis** [*pende'nis*]. **Penelope** [*pine'ləpi*]. **Penge** [*pen(d)ʒ*]. **Pennsylvania** [*pensilvei'njə*]. **Penrhyn** [*penrin, penri'n*]. **Pentonville** [*pentənvil*]. **Penzance** [*penzæ'ns, -za:'ns*]. **Pepys** [*pi:ps, peps, pepis*]. **Percival** [*pə:siv(ə)l*]. **Percy** [*pə:si*]. **Pericles** [*perikli:z*]. **Perowne** [*pərou'n*]. **Perrault** [*perou*]. **Persepolis** [*pə:se'pəlis*]. **Persia** [*pə:ʃə*] Persien. **Perth(shire)** [*pə:þ(ʃ(i)ə)*]. **Peru** [*pəru:'*]. **Peshawar** [*pəʃɔ:'ə*]. **Pete** [*pi:t*]. **Peter** [*pi:tə*], se ordb. **Peterborough** [*pi:təb(ə)rə, -bʌrə*]. **Petersburg** [*pi:təzbə:g*]. **Petersham** [*pi:təʃəm*]. **Petruchio** [*pitru:'kiou, -tʃiou*]. **Pevensey** [*pevnzi*]. **Phaedo** [*fi:dou*] Faidon. **Phaethon** [*feiəþən*]. **Phelps** [*felps*]. **Phenicia** [*fi(:)ni'ʃiə*] Fenicien. **Phenix** [*fi:niks*] Fenix. **Phidias** [*fidiæs, fai-*]. **Philadelphia** [*filəde'lfiə*], se ordb. **Philemon** [*fili:'mɔn, faili:'-, -mən*]. **Philip** [*filip*]. **Philippi** [*fili'pai*]. **Philippine** [*filipain, -pi:n*], se ordb. **Philips** [*filips*]. **Philly** [*fili*], se ordb. **Philpot(ts)** [*filpɔt(s)*]. **Phipps** [*fips*]. **Phoebe** [*fi:bi*] Febe. **Phoebus** [*fi:bəs*], se ordb. **Phoenicia** [*fi(:)ni'ʃiə*] Fenicien. **Phoenix** [*fi:niks*] Fenix. **Phrygia** [*fridʒiə*], se ordb. **Phyllis** [*filis*]. **Picardy** [*pikədi, -ka:di*] Picardie. **Piccadilly**) [*pikədi'li*] (gata i London); ~ **Circus** (plats i London). **Pickford** [*pikfəd*]. **Pickwick**

[*pikwik*], se ordb. **Pilate** [*pailət*]. **Pilatus** [*pila:'təs*]. **Pillsbury** [*pilzb(ə)ri*]. **Piltdown** [*piltdaun*]. **Pimlico** [*pimlikou*]. **Pinero** [*pinɛ'ərou, pini'ərou, pinərou*]. **Pinkerton** [*piŋkətən*]. **Pisgah** [*pizgə*]. **Pitcairn** [*pitkɛən*]. **Pitman** [*pitmən*]. **Pitt** [*pit*]. **Pitts(burgh)** [*pits(bə:g)*]. **Pius** [*paiəs*]. **Plaistow** [*pleistou*]. **Plantagenet** [*plæntæ'dʒinit*], se ordb. **Plassey** [*plæsi*]. **Plato** [*pleitou*], se ordb. **Plautus** [*plɔ:təs*]. **Plimsoll** [*plims(ə)l, -sɔl*], se ordb. **Pliny** [*plini*] Plinius. **Plunkett** [*plʌŋkit*]. **Plutarch** [*plu:ta:k*]. **Pluto** [*plu:tou*], se ordb. **Plymouth** [*pliməþ*]. **Poe** [*pou*]. **Poitiers** [*pɔiti'əz*]. **Poitou** [*pɔitu:'*]. **Poland** [*poulənd*] Polen. **Polk** [*pouk*]. **Pollock** [*pɔlək*]. **Pollux** [*pɔləks*]. **Poll** [*pɔl*]. **Polly** [*pɔli*], se ordb. **Polonius** [*pəlou'njəs*]. **Polybius** [*pɔli'biəs*]. **Polynesia** [*pɔlini:'ziə*]. **Polyphemus** [*pɔlifi:'məs*]. **Pomerania** [*pɔmərei'niə*], se ordb. **Pomfret** [*pʌmfrit, pɔm-*]. **Pomona** [*pəmou'nə*], se ordb. **Pompeii** [*pɔmpi:'ai, pɔmpiai, pɔmpei'i:*]. **Pompey** [*pɔmpi*] Pompejus. **Ponsonby** [*pʌnsnbi*]. **Pontefract** [*pɔntifrækt*]. **Pontius** [*pɔnʃiəs*]. **Pontus** [*pɔntəs*]. **Pontypridd** [*pɔntipri:'ð, -pri'd*]. **Poole** [*pu:l*]. **Pope** [*poup*]. **Porchester** [*pɔ:tʃistə*]. **Portia** [*pɔ:ʃiə*]. **Portland** [*pɔ:tlənd*], se ordb. **Portsmouth** [*pɔ:tsməþ*]. **Portugal** [*pɔ:tjugəl*], se ordb. **Poseidon** [*pɔsai'd(ə)n*] (havets gud). **Postlethwaite** [*pɔslþweit*]. **Potiphar** [*pɔtifə, -fa:*]. **Potomac** [*pətou'mæk, pɔtou'-, potou'-*]. **Pou** [*pju:*]. **Poughill** [*pɔfil*]. **Powell** [*pouel, pauel, -il, -əl*]. **Powis** [*pouis*]. **Powlett** [*pɔ:lit*]. **Powys** [*po(u)is*]. **Praed** [*preid*]. **Prague** [*preig*] Prag. **Pratt** [*præt*]. **Prendergast** [*prendəgæst, -ga:st*]. **Prescot(t)** [*preskət*], se ordb. **Preston** [*prest(ə)n*]. **Prestonpans** [*pre'st(ə)npæ'nz*]. **Pretoria** [*pritɔ:'riə*]. **Prevesa** [*prəvei'sə, -zə, previsə*]. **Prevost** [*prevou, prevoust*]. **Priam** [*praiəm*] Priamus. **Priapus** [*praiei'pəs*]. **Prideaux** [*pri(:)dou*]. **Priestley** [*pri:stli*]. **Princeton** [*prinstən*]. **Pringle** [*priŋgl*]. **Priscian** [*priʃiən*]. **Priscilla** [*prisi'lə*]. **Pritchard** [*pritʃəd*]. **Procrustes** [*prokrʌ'sti:z*], se ordb. **Prometheus** [*prəmi:'þju:s*]. **Proserpine** [*prɔsəpain*]. **Prospero** [*prɔspərou*]. **Protagoras** [*pro(u)tæ'gəræs*]. **Proteus** [*proutju:s*]. **Protheroe** [*prɔðərou, prɔþə-*]. **Prout** [*praut*]. **Prowse** [*praus*]. **Prussia** [*prʌʃə*] Preussen; se ordb. **Prynne** [*prin*]. **Psyche** [*(p)saiki(:)*]. **Ptolemy** [*tɔləmi*] Ptolemeus. **Publius** [*pʌbliəs*]. **Puck** [*pʌk*], se ordb. **Pugh** [*pju:*]. **Puleston** [*pilstən*]. **Pullman** [*pulmən*], se ordb. **Pulteney** [*poultni*]. **Punch** [*pʌn(t)ʃ*], se ordb. **Punchinello** [*pʌn(t)ʃine'lou*], se ordb. **Punjab** [*pʌndʒa:'b, -dʒɔ:'b, pʌndʒa:b, -djɔ:b*]. **Purcell** [*pə:sl*]. **Putnam** [*pʌtnəm*]. **Puttenham** [*pʌt(ə)nəm*]. **Pwllheli** [*puþle'li, pulhe'li*]. **Pygmalion** [*pigmei'liən*]. **Pyramus** [*pirəməs*]. **Pyrenees** [*pirəni:'z*], se ordb. **Pytchley** [*paitʃli*]. **Pytheas** [*piþiæs*].

Quantock [*kwɔntɔk*]. **Quaritch** [*kwɔritʃ*]. **Quay** [*ki:*] (ortnamn); [*kwei*] (personnamn). **Quebec** [*kwibe'k*]. **Queenborough** [*kwi:nb(ə)rə*]. **Queensbury** [*kwi:nzb(ə)ri*]. **Queensland** [*kwi:nzlənd*]. **Quentin** [*kwentin*]. **Queux** [*kju:*]. **Quiller-Couch** [*kwi'ləku:'tʃ*]. **Quilp** [*kwilp*], se ordb. **Quin** [*kwin*]. **Quince** [*kwins*]. **Quinc(e)y** [*kwinsi*]. **Quinton** [*kwintən*]. **Quito** [*ki:tou, kwi:tou*]. **Quixote** [*kwiksət, -sout*], se ordb.

Rachel [*reitʃl*]. **Racine** [*ræ(')si:'n*]. **Raeburn** [*reibə:n*]. **Raemakers** [*ra:ma:kəz*]. **Raglan** [*ræglən*], se *r-* i ordb. **Rale(i)gh** [*rɔ:li, ra:li, ræli*]. **Ralph** [*reif, rælf, ra:(l)f*]. **Ralston** [*rɔ:lstən*]. **Ramah** [*ra:mə*]. **Rameses** [*ræmisi:z*] Ramses. **Ramsay** [*ræmzi*]. **Ramsden** [*ræmzdən*]. **Ramsgate** [*ræmzgit*]. **Randall** [*rændl*]. **Randolph** [*rændɔlf*]. **Ranelagh** [*rænilə*]. **Rangoon** [*ræŋgu:'n*]. **Ransom(e)** [*rænsəm*]. **Raphael** [*ræfeiəl, -fiəl*]. **Rasselas** [*ræsilæs*]. **Rathbone** [*ræþboun, -bən*]. **Ratisbon** [*rætizbɔn*] Regensburg. **Rawdon** [*rɔ:dn*]. **Rawlinson** [*rɔ:linsn*]. **Rayleigh** [*reili*]. **Raymond** [*reimənd*]. **Rea** [*rei*]. **Reade** [*ri:d*]. **Reading** [*rediŋ*]. **Réaumur** [*reiəmjuə*]. **Rebecca** [*ribe'kə*]. **Reculver** [*rikʌ'lvə*]. **Redmond** [*redmənd*]. **Redruth** [*redru:þ*]. **Regan** [*ri:gən*]. **Regina** [*ridʒai'nə*]. **Reginald** [*redʒin(ə)ld*]. **Rehan** [*reiən*]. **Reid** [*ri:d*]. **Reims** [*ri:mz*]. **Remington** [*remiŋtən*]. **Renfrew(shire)** [*renfru:(ʃ(i)ə)*]. **Renwick** [*renwik, renik*]. **Reuben** [*ru:bin*] Ruben. **Reuter** [*rɔitə*]. **Reykjavik** [*rekjəvik*]. **Reynold(s)** [*renəld(z)*]. **Rheims** [*ri:mz*]. **Rhine** [*rain*]; **the ~** (floden) Rhen. **Rhode(s)** [*roud(z)*], se ordb. **Rhodesia** [*ro(u)di:'ziə*]. **Rhondda** [*rɔndə*]. **Rhone** [*roun*]; **the ~** (floden) Rhone. **Rhyl** [*ri:l*]. **Rhys** [*ri:s*]. **Riach** [*ri(:)əx, ri(:)ək*]. **Rialto** [*riæ'ltou*]. **Richard** [*ritʃəd*], se ordb. **Richelieu** [*riʃəlju:*]. **Richmond** [*ritʃmənd*]. **Rickmansworth** [*rikmənzwə:þ*]. **Riddell** [*ridl, ride'l*]. **Ridg(e)way** [*ridʒwei*]. **Rievaulx** [*rivəz, ri:vouz*]. **Riga** [*ri:gə, raigə*]. **Rio** [*ri:ou, riou*]; **~ Janeiro** [*ri(:)'oudʒəni'ərou*]. **Ripon** [*rip(ə)n*]. **Rip van Winkle** [*ri'pvænwi'ŋkl*], se ordb. **Rivaulx** [*rivəz*]. **Robert** [*rɔbət*]. **Robeson** [*roubzn*]. **Robespierre** [*roubzpjɛə*]. **Robin** [*rɔbin*]. **Robinson** [*rɔbinsn*], se ordb. **Rochdale** [*rɔtʃdeil*]. **Rochester** [*rɔtʃistə*]. **Rockefeller** [*rɔkfelə, amr. rɔkifelə*]. **Roderick** [*rɔd(ə)rik*]. **Roedean** [*roudi:n*]. **Roger(s)** [*rɔdʒə(z)*]. **Roget** [*rɔʒei*]. **Roland** [*roulənd*], se ordb. **Rome** [*roum*] Rom. **Romeo** [*roumiou*]. **Romford** [*rʌmfəd, rɔm-*]. **Romney** [*rɔmni, rʌm-*]. **Romulus** [*rɔmjuləs*]. **Ronald** [*rɔn(ə)ld*]. **Rontgen** [*rɔntjən*]. **Rœntgen** [*rə:ntjən, rɔntjən*], se ordb. **Roosevelt** [*ru:svelt, amr. rouzəvelt, ru:sivelt*]. **Rosa** [*rouzə*]. **Rosalind** [*rɔzəlind*]. **Rosamond** [*rɔzəmənd*]. **Roscoe** [*rɔskou*]. **Rosebery** [*rouzb(ə)ri*]. **Rosetta** [*ro(u)ze'tə*]; **the ~ Stone** sten funnen i Egypten och nu utställd i British Museum, med inskriptioner, som möjliggjorde tydningen av de egyptiska hieroglyferna. **Ross** [*rɔs*]. **Rossall** [*rɔsl*]. **Rosetti** [*ro(u)ze'ti*]. **Ross-shire** [*rɔsʃ(iə)*]. **Rosy** [*rouzi*], se ordb. **Rotherhithe** [*rɔðəhaið*] (del av London). **Rothschild** [*rɔþtʃaild, rɔtʃ-*]. **Roumania** [*ru(:)mei'njə, -ma:'njə*] Rumänien. **Rousseau** [*ru:sou*]. **Routledge** [*rʌtlidʒ, -ledʒ, raut-*]. **Rowe** [*rou*]. **Rowena** [*rouwi:'nə*]. **Rowland** [*roulənd*]. **Rowntree** [*rauntri(:)*]. **Roxburgh(e)** [*rɔksbrə*]. **Rubens** [*ru:binz*]. **Rudyard** [*rʌdjəd*]. **Rufus** [*ru:fəs*]. **Rugby** [*rʌgbi*], se ordb. **Ruhr** [*ru:(ə)*]; **the ~** Ruhrdistriktet. **Ruislip** [*raislip, raiz-*] (förstad till London). **Ruiz** [*ru(:)i:'þ*]. **Rumania** [*ru(:)mei'njə, -ma:'njə*] Rumänien. **Runciman** [*rʌnsimən*]. **Rupert** [*ru:pət*]. **Ruskin** [*rʌskin*]. **Russell** [*rʌsl*]. **Russia** [*rʌʃə*], se ordb. **Rutherford** [*rʌðəfəd*]. **Ruthwell** [*rʌþwəl, rʌð-*, (lokalt) *riv(ə)l*]. **Rutland** [*rʌtlənd*] (eng. grevskap).

Sabaoth [*sæbei'ɔþ*] *bibl.* Sebaot. **Sacheverell** [*səʃe'vər(ə)l*]. **Sackville** [*sækvil*]. **Sahara** [*səha:'rə*]. **Said** [*seid, said*]; **Port ~**. **Saintsbury** [*sein(t)sb(ə)ri*]. **Sal** [*sæl*], se ordb. **Salcombe** [*sælkəm*]. **Salem** [*seilem*]. **Salesbury** [*seilzb(ə)ri*]. **Salford** [*sɔ:lfəd*]. **Salisbury** [*sɔ(:)lzb(ə)ri*]. **Sallust** [*sæləst*]. **Sally** [*sæli*], se ordb. **Salome** [*səlou'mi*]. **Salter** [*sɔ(:)ltə*]. **Saltoun** [*sɔ(:)ltən*]. **Sam** [*sæm*], se ordb. **Samaria** [*səmɛ'əriə*]. **Sambo** [*sæmbou*]. **Sammy** [*sæmi*]. **Samoa** [*səmou'ə*]. **Sampson** [*sæm(p)sn*]. **Samson** [*sæmsn*], se ordb. **Samuel** [*sæmjuəl*]. **Sanders** [*sa:ndəz*]. **Sandhurst** [*sændhə:st*] (stad i England med officersskola). **Sandringham** [*sændriŋəm*] (kgl. slott i Norfolk). **Sandwich** [*sæn(d)witʃ, -widʒ, sænidʒ*]. **Sandy** [*sændi*], se ordb. **Sandys** [*sændz*]. **San Francisco** [*sæn frənsi'skou*]. **Sanger** [*sæŋgə, sæŋə*]. **Santa Fé** [*sæ'ntəfei'*]. **Sappho** [*sæfou*]. **Sarah** [*sɛərə*]. **Saratoga** [*særətou'gə*], se ordb. **Sarawak** [*səra:'wæk, səra:'wə*]. **Sardinia** [*sa:di'njə*] Sardinien. **Sargent** [*sa:dʒ(ə)nt*]. **Satan** [*seit(ə)n*]. **Saturn** [*sætə:n*], se ordb. **Sauchiehall** [*sɔ:kihɔ:l*]. **Saul** [*sɔ:l*]. **Saunders** [*sɔ:ndəz, sa:n-*]. **Savile** [*sævil*]; **~ Row** (gata i London med många fina skrädderiaffärer). **Savoy** [*səvɔi'*], se ordb. **Sawbridgeworth** [*sɔ:bridʒwə:þ*, (lokalt) *sæpsed*]. **Sawney** [*sɔ:ni*], se ordb. **Sawyer** [*sɔ:jə*]. **Saxony** [*sæks(ə)ni*] Sachsen. **Sayce** [*seis*]. **Scandinavia** [*skændinei'vjə*], se ordb. **Scapa Flow** [*skæ'pəflou'*]. **Scarborough** [*ska:brə*]. **Scheldt** [*skelt, ʃelt*]; **the ~** (floden) Schelde. **Schiedam** [*ski:dæm*], se ordb. **Schiller** [*ʃilə*]. **Schofield** [*skoufi:ld*]. **Schubert**

[*fu:bə:t*]. **Schumann** [*fu:ma:n, -mən, -mæn*]. **Schwann** [*fwɔn*]. **Scilly** [*sili*]; **the ~ Isles. Scipio** [*sipiou*]. **Scone** [*sku:n*]. **Scotia** [*skoufə*]. **Scotland** [*skɔtlənd*], se ordb. **Scribner** [*skribnə*]. **Scrooge** [*skru:dʒ*]. **Scrymgeour** [*skrimdʒə*]. **Scylla** [*silə*], se ordb. **Seaton** [*si:tn*]. **Seattle** [*si(:)æ'tl*]. **Sebastian** [*sibæ'stjən*]. **Sedan** [*sidæ'n*]. **Sedgefield** [*sedʒfi:ld*]. **Seeley** [*si:li*]. **Seidlitz** [*sedlits*], se ordb. **Selkirk** [*selkə:k*]. **Seltzer** [*seltzə*]. **Selwyn** [*selwin*]. **Semele** [*semili*]. **Seneca** [*senikə*]. **Senegal** [*senigɔ:'l*]. **Sennacherib** [*senæ'kərib*] *bibl.* Sanherib. **Seoul** [*siu:'l*]. **Serbia** [*sə:bjə*] Serbien. **Serjeantson** [*sa:dʒ(ə)ntsn*]. **Servia** [*sə:vjə*] Serbien (före 1914). **Setebos** [*setibɔs*]. **Seth** [*seþ*]. **Seton** [*si:tn*]. **Severn** [*sevə(:)n*]; **the ~** (floden) Severn. **Seymour** [*si:mɔ:*]. **Shackleton** [*fækltən*]. **Shakespeare** [*feikspiə*]. **Shandy** [*fændi*]. **Shanghai** [*fæŋhai'*]. **Shaw** [*fɔ:*]. **Shea** [*fei*]. **Sheba** [*fi:bə*] *bibl.* Saba. **Shechem** [*fi:kem*] *bibl.* Sikem. **Sheffield** [*fefi:ld*]. **Sheila** [*fi:lə*]. **Shelley** [*feli*]. **Shem** [*fem*] *bibl.* Sem. **Sheppard** [*fepəd*]. **Sheraton** [*feratn*], se ordb. **Shere** [*fiə*]. **Sheridan** [*feridn*]. **Sherlock** [*fə:lɔk*], se ordb. **Sherwood** [*fə:wud*]. **Shetland** [*fetlənd*], se ordb. **Shiloh** [*failou*] *bibl.* Shilo. **Shirley** [*fə:li*]. **Shoolbred** [*fu:lbred*]. **Shoreditch** [*fɔ:ditf*]. **Shrewsbury** [*fru:zb(ə)ri, frouz-*]. **Shropshire** [*frɔpf(i)ə*]. **Shutte** [*fu:t*]. **Shylock** [*failɔk*], se ordb. **Siam** [*saiæ'm, saiæm*], se ordb. **Siberia** [*saibi'əriə*], se ordb. **Sichem** [*saikem*]. **Sicily** [*sisili*] Sicilien. **Siddons** [*sidnz*]. **Sidgwick** [*sidʒwik*]. **Sidon** [*saidn*]. **Sienna** [*sie'nə*]. **Sikes** [*saiks*]. **Silas** [*sailəs*]. **Silenus** [*saili:'nəs*], se ordb. **Silesia** [*saili:'ziə*] Schlesien. **Simeon** [*simiən*]. **Simla** [*simlə*]. **Simon** [*saimən*], se ordb. **Simpson** [*sim(p)sn*]. **Sims** [*simz*]. **Sinai** [*sainiai*]. **Sinclair** [*siŋklɛə*]. **Singapore** [*siŋgəpɔ:'*]. **Singer** [*siŋə, siŋgə*]. **Sinn Fein** [*si'nfei'n*], se ordb. **Sion** [*saiən*]. **Sirius** [*siriəs*], se ordb. **Sisam** [*saisəm*]. **Sisyphus** [*sisifəs*]. **Siward** [*sju(:)əd*]. **Skager Rack** [*skæ'gəræ'k, ska:'gəræ'k*]. **Skeat** [*ski:t*]. **Skelton** [*skeltn*]. **Skey** [*ski:*]. **Skrine** [*skri:n*]. **Skye** [*skai*]. **Slade** [*sleid*], se ordb. **Sleights** [*slaits*]. **Sloan(e)** [*sloun*]. **Slough** [*slau*]. **Smithfield** [*smiþfi:ld*] (Londons köttmarknad). **Smollett** [*smɔlit*]. **Smyrna** [*smə:nə*]. **Smyth** [*smiþ, smaiþ*]. **Smythe** [*smaið, smaiþ*]. **Snodgrass** [*snɔdgra:s*]. **Snowdon** [*snoudn*]. **Soames** [*soumz*]. **Soane** [*soun*]. **Socrates** [*sɔkrəti:z*]. **Sodom** [*sɔdəm*]. **Sofia** [*sofai'ə, sofi:'ə*] (huvudstad i Bulgarien). **Soho** [*sohou', sə-*], se ordb. **Solent** [*soulənt*]; **the ~** (sundet mellan ön Wight och Hampshire). **Solomon** [*sɔləmən*] Salomon. **Solon** [*soulɔn*], se ordb. **Solway** [*sɔlwei*]. **Somali(land)** [*soma:'li(lænd)*]. **Somerset** [*sʌməsit*]. **Somervell** [*sʌməvil*]. **Sonia** [*souniə*] Sonja. **Sophia** [*sofai'ə, sə-*]. **Sophocles** [*sɔfəkli:z*]. **Sophy** [*soufi*]. **Sotheby** [*sʌðəbi, sɔð-*]. **Soudan** [*su(:)dæ'n*] Sudan. **Southampton** [*sauþæ'm(p)tən*]. **Southdown** [*sauþdaun*]. **Southey** [*sauði, sʌði*]. **Southwark** [*sʌðək, sauþwək*]. **Southwell** [*sauþwəl, sʌðl*]. **Souza** [*su:zə*]. **Soviet** [*souviet, sɔv-*]. **Sowerby** [*sauəbi*]. **Spain** [*spein*] Spanien. **Sparta** [*spa:tə*]. **Speight** [*speit*]. **Spence(r)** [*spens(ə)*]. **Spenser** [*spensə*], se ordb. **Spinoza** [*spinou'zə*]. **Spitalfields** [*spitlfi:ldz*]. **Spithead** [*spi'the'd*]. **Spragge** [*spræg*]. **Sprague** [*spreig*]. **Spurgeon** [*spə:dʒ(ə)n*]. **Squeers** [*skwiəz*]. **Stafford(shire)** [*stæfəd(f(i)ə)*]. **Staines** [*steinz*]. **Staithes** [*steiðz*]. **St. Alban** [*sntɔ:'lbən*]. **Stalky** [*stɔ:ki*]. **Stamboul** [*stæmbu:'l*]. **Stamford** [*stæmfəd*]. **Stanford** [*stænfəd*]. **Stanhope** [*stænəp*]. **Stanley** [*stænli*]. **Stanton** [*sta:ntən, stæn-*]. **Stapleton** [*steipltən*]. **Staten (Island)** [*stætn*]. **Statham** [*steiþəm*]. **Staunton** [*stɔ:ntən, sta:n-*]. **Stavanger** [*stəvæ'ŋə*]. **St. Clair** [*siŋklɛə, sin-*] (personnamn); [*sn(t)klɛ'ə*] (ortnamn i Amerika). **Steele** [*sti:l*]. **Steevens** [*sti:vnz*]. **Steinway** [*stainwei*]. **Stella** [*stelə*]. **Stellenbosch** [*stelnbɔs, -bɔf*], se också ordb. **Stephen** [*sti:vn*]. **Stephenson** [*sti:vnsn*]. **Stepney** [*stepni*] (förstad till London). **Sterne** [*stə:n*]. **Stewart** [*stjuət*]. **Stirling** [*stə:liŋ*]. **Stockholm** [*stɔkhoum*]. **Stockton** [*stɔktən*]. **Stoddard** [*stɔdəd*]. **Stonehenge** [*stou'nhe'n(d)ʒ*]. **Stopford** [*stɔpfəd*]. **Stoughton** [*stɔ:tn*]. **Stour** [*stuə*]. **Stourton** [*stə:tn*]. **Strachan** [*strɔ:n*]. **Strachey** [*streitfi*]. **Strafford** [*stræfəd*]. **Straker** [*streikə*]. **Strand** [*strænd*]; **the ~** (gata i London). **Stranraer** [*strænra:'*]. **Stras(s)b(o)urg** [*stræzbə:g*]. **Stratford** [*strætfəd*]. **Strathavon** [*stræþæ'vən*, (lokalt) *strevən*]. **Straton** [*strætn*]. **Streatham** [*stretəm*]. **Streatley** [*stri:tli*]. **Struthers** [*strʌðəz*]. **Strutt** [*strʌt*]. **Stuart** [*stjuət*]. **Studebaker** [*stu:dəbeikə*]. **Styche** [*staitf*]. **Styx** [*stiks*], se ordb. **Suakim** [*sju(:)a:'kim, sjuəkim*]. **Sudan** [*su(:)dæ'n*]. **Sudeley** [*sju:dli*]. **Sue** [*sju:, su:*]. **Suez** [*su(:)iz, sju(:)iz*]. **Suffolk** [*sʌfək*]. **Sullivan** [*sʌlivən*]. **Sumatra** [*s(j)u(:)ma:'trə*]. **Surrey** [*sʌri*]. **Susan** [*su:zn*]. **Sussex** [*sʌsiks*]. **Sutherland** [*sʌðələnd*]. **Sutton** [*sʌtn*]. **Swabia** [*sweibiə*] Schwaben. **Swansea** [*swɔnzi, -si*]. **Swanwick** [*swɔnik*]. **Sweden** [*swi:dn*], se ordb. **Sweeny** [*swi:ni*], se ordb. **Swinburne** [*swinbə:n*]. **Swithin** [*swiðin, swiþin*]. **Switzerland** [*switsələnd*] Schweiz. **Sybil** [*sibil*]. **Sydenham** [*sidnəm*]. **Sydney** [*sidni*]. **Sylvia** [*silviə*]. **Symonds** [*saimən(d)z, sim-*]. **Symons** [*saimənz, sim-*]. **Synge** [*siŋ*]. **Syracuse** [*saiərəkju:z*] (på Sicilien); [*sirəkju:s, -u:z*] (i Amerika). **Syria** [*siriə*], se ordb.

Tacitus [*tæsitəs*]. **Tadema** [*tædimə*]. **Taffy** [*tæfi*], se ordb. **Taft** [*tæft, ta:ft*] (personnamn); [*ta:ft*] (stad i Persien). **Tahiti** [*ta:hi:'ti*]. **Talbot** [*tɔ:lbət*]. **Talfourd** [*tælfəd, tɔ(:)lfəd*]. **Tallahassee** [*tæləhæ'si:*]. **Tamerlane** [*tæmə(:)lein*]. **Tammany** [*tæməni*], se ordb. **Tanganyika** [*tæŋgænji:'kə*]. **Tangier** [*tændʒi'ə*] Tanger. **Tantalus** [*tæntələs*]. **Tartarus** [*ta:tərəs*] (underjorden i grekisk mytologi). **Tarzan** [*ta:zæn*]. **Tashkend** [*tæfke'nd*]. **Tasmania** [*tæzmei'njə*]. **Tate** [*teit*]. **Tattersall** [*tætəsɔ:l, -s(ə)l*], se ordb. **Tauchnitz** [*tauxnits, tauk-*]. **Taunton** [*tɔ:ntən, ta:n-*]. **Tavistock** [*tævistɔk*]. **Taylor** [*teilə*]. **Teague** [*ti:g*]. **Teazle** [*ti:zl*]. **Ted** [*ted*], se ordb. **Teddington** [*tediŋtən*]. **Teddy** [*tedi*], se ordb. **Teheran** [*tiəræ'n, -ra:'n*]. **Teignmouth** [*ti:nməþ*]. **Telemachus** [*tile'məkəs*]. **Temple** [*templ*]. **Tennessee** [*tenesi:', tenisi:'*]. **Tennyson** [*tenisn*]. **Terence** [*terəns*] Terentius. **Teresa** [*təri:'zə, te-, ti-*]. **Terpsichore** [*tə:psi'kəri*], se ordb. **Terry** [*teri*]. **Tertullian** [*tə:tʌ'ljən*]. **Tewkesbury** [*tju:ksb(ə)ri*]. **Texas** [*teksəs*]. **Thackeray** [*þækəri*]. **Thalia** [*þəlai'ə*], se ordb. **Thame** [*teim*]; **the ~** Thame (biflod till Themsen). **Thames** [*temz*]; **the ~**, se ordb. **Thanet** [*þænit*]. **Thebes** [*þi:bz*] Thebe. **Themis** [*þemis, þi:mis*], se ordb. **Themistocles** [*þimi'stəkli:z, þe-, þə-*]. **Theobald** [*þiəbɔ:ld, þib(ə)ld, tib(ə)ld*]. **Theocritus** [*þiɔ'kritəs*]. **Theodore** [*þiədɔ:*]. **Theodoric** [*þiɔ'dərik*]. **Theresa** [*təri:'zə, te-, ti-*]. **Thermopylae** [*þə(:)mɔ'pili:*]. **Theseus** [*þi:sju:s, -sjəs, -siəs*]. **Thessalonica** [*þesələnai'kə*]. **Thessaly** [*þesəli*] Thessalien. **Thisbe** [*þizbi*]. **Thomas** [*tɔməs*]. **Thompson** [*tɔm(p)sn*]. **Thomson** [*tɔmsn*]. **Thor** [*þɔ:*]. **Thorneycroft** [*þɔ:nikrɔ(:)ft*]. **Thornton** [*þɔ:ntən*]. **Thrace** [*þreis*] Trakien. **Thring** [*þriŋ*]. **Throgmorton** [*þrɔgmɔ:'tn*]. **Thucydides** [*þju(:)si'didi:z*]. **Thule** [*þju:li(:)*]. **Thuringia** [*þju(ə)ri'ndʒiə*] Thüringen. **Tiber** [*taibə*]; **the ~** Tibern. **Tiberias** [*t(a)ibi'əriæs, -əs*]. **Tibet** [*tibe't*]. **Tighe** [*tai*]. **Tigris** [*taigris*]. **Tillotson** [*tilətsn*]. **Timbuctoo** [*timbʌktu:', timbʌ'ktu:*]. **Timon** [*taimɔn*]. **Timothy** [*timəþi*] Timoteus. **Tindal(e)** [*tindl*]. **Tindall** [*tindl*]. **Tintern** [*tintə(:)n*]. **Tipperary** [*tipərɛ'əri*], se ordb. **Titania** [*taitei'niə*]. **Titian** [*tifiən*] Tizian. **Titus** [*taitəs*]. **Tivoli** [*tivəli*]. **Tobias** [*tobai'əs, tə-*]. **Tokyo** [*toukiou*]. **Tollesbury** [*toulzb(ə)ri*]. **Tom** [*tɔm*], **Tommy** [*tɔmi*], se ordb. **Tooley** [*tu:li*]. **Topeka** [*təpi:'kə*]. **Toronto** [*tərɔ'ntou*]. **Torphichen** [*tɔ:fi'kən*]. **Torquay** [*tɔ:'ki:'*]. **Tottenham** [*tɔtnəm*]. **Toulmin** [*tu:lmin*]. **Towcester** [*taustə*]. **Towle** [*toul*]. **Towler** [*taulə*]. **Townsend, Townshend** [*taunzend*]. **Toynbee** [*tɔinbi*]. **Tracey** [*treisi*]. **Trafalgar** [*trəfæ'lgə*], se ordb.; [*træfəlga:'*] (Viscount Trafalgar). **Trajan** [*treidʒən*]. **Tralee** [*treili:'*]. **Transvaal** [*trænzva:l, tra:nz-, træns-, tra:ns-*]. **Transylvania** [*trænsil-*

vei'njə, tra:n-] Transylvanien. **Travers** [*trævə(:)z*]. **Tremont** [*trimɔ'nt*]. **Trethewy** [*triþju(:)'i*]. **Trevelyan** [*trive'ljən*]. **Treves** [*tri:vz*] Trier. **Trevisa** [*trivi:'sə*]. **Trevor** [*trevə*]. **Trieste** [*tri(:)e'st*]. **Trilby** [*trilbi*]. **Tring** [*triŋ*]. **Tripoli** [*tripəli*]. **Tristram** [*tristrəm*]. **Troilus** [*trouiləs*]. **Trollope** [*trɔləp*]. **Trotsky** [*trɔtski*]. **Troubridge** [*troubridʒ, tru:-, trau-*]. **Trouton** [*trautn*]. **Trouville** [*tru:vil*]. **Trowbridge** [*troubridʒ*]. **Tubal** [*tju:b(ə)l*]. **Tudor** [*tju:də*]. **Tufnell** [*tʌfn(ə)l*]. **Tuileries** [*twi:ləriz*]; **the** ~ Tuilerierna (i Paris). **Tulloch** [*tʌləx, -ək*]. **Tunbridge** [*tʌnbridʒ, tʌm-*]. **Tunis** [*tju:nis*]. **Tuohy** [*tu:i*]. **Tupman** [*tʌpmən*]. **Turin** [*tjuri'n*]. **Turkestan** [*tə:kistæ'n,-ta:'n*]. **Turkey** [*tə:ki*], se ordb. **Turnbull** [*tə:nbul*]. **Turner** [*tə:nə*]. **Tuscany** [*tʌskəni*] Toskana. **Tusitala** [*tu:sita:lə*]. **Tussaud's** [*təsou'z, tu-*]; **Madame** ~ (vaxkabinett i London). **Twain** [*twein*]. **Twickenham** [*twiknəm*]. **Twyford** [*twaifəd*]. **Tyburn** [*taibə:n*], se ordb. **Tycho** [*taikou*]. **Tyldesley** [*tildzli*]. **Tyndale** [*tindl*]. **Tyne** [*tain*]; **the** ~ (floden) Tyne. **Tyrol** [*tirəl, tirou'l*]. **Tyrrell** [*tirəl*]. **Tyrrwhit** [*tirit*]. **Tytler** [*taitlə*].

Udall [*ju:d(ə)l*]. **Ukraine** [*ju:krai'n, -krei'n*]; **the** ~ Ukraina. **Ulfilas** [*ʌlfilæs, ul-*]. **Ullswater** [*ʌlzwɔ:tə*]. **Ulrica** [*ʌlri:'kə*]. **Ulster** [*ʌlstə*]. **Ulysses** [*ju(:)li'si:z*] Ulysses, Odysseus. **Ungoed** [*ʌŋgɔid*]. **Unwin** [*ʌnwin*]. **Upharsin** [*ju:fa:'sin*]. **Upjohn** [*ʌpdʒɔn*]. **Uppsala, Upsala** [*ʌpsa:lə*]. **Upton** [*ʌptən*]. **Ur** [*ə:*]. **Ural** [*juərəl*]. **Urania** [*ju(ə)rei'niə*]. **Uranus** [*juərənəs*]. **Urban** [*ə:bən*]. **Uriah** [*ju(ə)rai'ə*] Uria. **Urquhart** [*ə:kət, ə:ka:t, ə:kha:t*]. **Ursula** [*ə:sjulə*]. **Uruguay** [*urugwei, -gwai, juər-*]. **Ushant** [*ʌʃənt*]. **Utah** [*ju:ta:, ju:tə, amr. ju:tɔ*]. **Uther** [*ju:þə*]. **Utopia** [*ju(:)tou'piə*], se ordb. **Utrecht** [*ju:trekt*]. **Uxbridge** [*ʌksbridʒ*].

Vachel [*vætʃ(ə)l*]. **Vachell** [*veiʃ(ə)l, vætʃ(ə)l*]. **Valentine** [*væləntain*], se ordb. **Valhalla** [*vælhæ'lə*]. **Vanbrugh** [*vænbrə*]. **Vancouver** [*vænku:'və, væŋ-*]. **Vanderbilt** [*vændəbilt*]. **Van Diemen** [*vændi:'mən*]. **Vandyke (Van Dyck)** [*vændai'k*]. **Vanessa** [*vəne'sə*]. **Van Eyck** [*vænai'k*]. **Vaughan** [*vɔ:n*]. **Vaux** [*vɔ(:)ks, vouks*]. **Vauxhall** [*vɔ'kshɔ:'l, vɔ'ksɔ:'l*]. **Vega** [*vi:gə*] *astr.* Vega; [*veigə*] (förnamn). **Velasques** [*vilæ'skwiz, -kiz*]. **Venables** [*venəblz*]. **Venezuela** [*venizjui:'lə*]. **Venice** [*venis*] Venedig. **Venus** [*vi:nəs*]. **Verdun** [*və:d(ə)n*]. **Vere** [*viə*]. **Vergil** [*və:dʒil*]. **Vermont** [*və:mɔ'nt*]. **Verne** [*vɛən, və:n*]. **Verner** [*və:nə*]. **Vernon** [*və:nən*]. **Verona** [*vərou'nə, ve-, vi-*]. **Veronica** [*vərɔ'nikə*]. **Versailles** [*vɛəsai', -sai'lz*]. **Verulam** [*ver(j)uləm*]. **Vespasian** [*vespei'ʒiən*]. **Vesuvius** [*vis(j)u:'viəs*]. **Vichy** [*vi:ʃi:, viʃi*], se *v-* i ordb. **Vickers** [*vikəz*]. **Victor** [*viktə*]. **Victoria** [*viktɔ:'riə*], se ordb. **Vienna** [*vie'nə*] Wien. **Vigo** [*vaigou*]. **Vincent** [*vinsənt*]. **Vinci** [*vintʃi(:)*]. **Viola** [*vaiələ, viələ*]. **Virgil** [*və:dʒil*]. **Virginia** [*və(:)dʒi'njə*], se ordb. **Vistula** [*vistjulə*]; **the** ~ (floden) Weichsel. **Vitus** [*vaitəs*]. **Vivian, Vivien, Vivienne** [*viviən*]. **Volga** [*vɔlgə*]. **Volney** [*vɔlni*]. **Voltaire** [*vɔltɛə*]. **Vosges** [*vouʒ*]; **the** ~ Vogeserna. **Vulcan** [*vʌlkən*], se ordb.

Wace [*weis*]. **Waddy** [*wɔdi*]. **Wadham** [*wɔdəm*]. **Wagner** [*wægnə*] (eng. tillnamn); [*va:gnə*] (tysk kompositör). **Wainwright** [*weinrait*]. **Wakefield** [*weikfi:ld*]. **Waldo** [*wɔ(:)ldou*]. **Waldorf** [*wɔ(:)ldɔ:f*]. **Wales** [*weilz*], se ordb. **Walhalla** [*vælhæ'lə*]. **Walker** [*wɔ:kə*]. **Wallace** [*wɔləs, wɔlis*]. **Wallachia** [*wɔlei'kiə*], se ordb. **Waller** [*wɔlə*]. **Wallingford** [*wɔliŋfəd*]. **Wallis** [*wɔlis*]. **Walm(e)sley, Walmisley** [*wɔ:mzli*]. **Walpole** [*wɔ(:)lpoul*]. **Walsingham** [*wɔ(:)lsiŋəm*]. **Walter** [*wɔ(:)ltə*]. **Walthamstow** [*wɔ(:)ltəmstou*]. **Wandsworth** [*wɔn(d)zwəþ*]. **Wapping** [*wɔpiŋ*]. **Warburton** [*wɔ:bə(:)tn*]. **Wardour** [*wɔ:də*] **Street,** se ordb. **Wareham** [*wɛərəm*]. **Warham** [*wɔ:rəm*]. **Waring** [*wɛəriŋ*]. **Warre** [*wɔ:*]. **Warrington** [*wɔriŋtən*]. **Warsaw** [*wɔ:sɔ:*] Warszawa. **Warton** [*wɔ:tn*]. **Warwick(shire)** [*wɔrik(ʃ(i)ə*]. **Wasbrough** [*wɔzbrə*]. **Washington** [*wɔʃiŋtən*]. **Waterbury** [*wɔ:təb(ə)ri*]. **Waterford** [*wɔ:təfəd*]. **Waterloo** [*wɔ:təlu:'*, (is. attr.) *wɔ:təlu:*]. **Wauchope** [*wɔ:kəp*]. **Waugh** [*wɔx, wɔ:*]. **Waverley** [*weivəli*]. **Weald** [*wi:ld*]; **the** ~, se ordb. **Webb(e)** [*web*]. **Weber** [*wi:bə*] (eng. namn); [*veibə*] (tyskt namn). **Webster** [*webstə*]. **Wedgwood** [*wedʒwud*], se ordb. **Weekley** [*wi:kli*]. **Welcombe** [*welkəm*]. **Weldon** [*weld(ə)n*]. **Wellington** [*weliŋtən*], se ordb. **Wells** [*welz*]. **Welwyn** [*welin*]. **Wemyss** [*wi:mz*]. **Wenceslas** [*wensisləs, -læs*]. **Wendover** [*wendouvə*]. **Wesley** [*wezli, wesli*], se ordb. **Wessex** [*wesiks*]. **Westbrook** [*westbruk*]. **Westminster** [*westminstə*], se ordb. **Westphalia** [*westfei'ljə*]. **Weybridge** [*weibridʒ*]. **Wharton** [*(h)wɔ:tn*]. **Whateley** [*(h)weitli*]. **Whatman** [*(h)wɔtmən*], se ordb. **Whatmough** [*(h)wɔtmou*]. **Wheatley** [*(h)wi:tli*]. **Wheeler** [*(h)wi:lə*]. **Whewell** [*hju(:)əl*]. **Whigham** [*(h)wigəm*]. **Whitaker** [*(h)witikə, -əkə*]. **Whitechapel** [*(h)waittʃæpl*] (del av Londons Eastend). **Whitehall** [*(h)waithɔ:l*], se *white* i ordb. **Whiteley** [*(h)waitli*]. **Whitley** [*(h)witli*], se ordb. **Whitman** [*(h)witmən*]. **Whittaker** [*(h)witikə, -əkə*]. **Whittier** [*(h)witiə*]. **Wickham** [*wikəm*]. **Widdicombe** [*widikəm*]. **Wigmore** [*wigmɔ:*]. **Wilberforce** [*wilbəfɔ:s*]. **Wilbraham** [*wilbriəm*]. **Wilcox** [*wilkɔks*]. **Wilde** [*waild*]. **Wilfred** [*wilfrid*]. **Wilkes** [*wilks*]. **Willcocks** [*wilkɔks*]. **Willesden** [*wilzd(ə)n*]. **William** [*wiljəm*], se ordb. **Willie** [*wili*], se ordb. **Willoughby** [*wiləbi*]. **Wills** [*wilz*]. **Wilmcote** [*wiŋkət*]. **Wilmington** [*wilmiŋtən*]. **Wilson** [*wilsn*]. **Wilton** [*wilt(ə)n*], se ordb. **Wiltshire** [*wiltʃ(i)ə*]. **Wimbledon** [*wimbldən*], se ordb. **Wimms** [*wimz*]. **Wimpole** [*wimpoul*]. **Winchester** [*wintʃistə*], se ordb. **Windermere** [*windəmiə*]. **Windsor** [*winzə*], se ordb. **Windus** [*windəs*]. **Winifred** [*winifrid*]. **Winipeg** [*winipeg*]. **Winslow** [*winzlou*]. **Wisconsin** [*wiskɔ'nsin*]. **Wiseman** [*waizmən*]. **Witney** [*witni*]. **Wiveliscombe** [*wilskəm*]. **Woburn** [*woubə(:)n, wu:-*]. **Wodehouse** [*wudhaus*]. **Woden** [*woudn*] Oden. **Wolf(e), Wolff** [*wulf*]. **Wollaston** [*wuləstən*]. **Wollstonecraft** [*wulstənkra:ft*]. **Wolseley** [*wulzli*]. **Wolverhampton** [*wulvəhæ(')m(p)tən*]. **Wombwell** [*wumbl, wum(w)əl*]. **Woodbridge** [*wudbridʒ*]. **Woodford** [*wudfəd*]. **Woodhouse** [*wudhaus*]. **Woolf** [*wulf*]. **Woolwich** [*wulidʒ*]. **Woolworth** [*wulwə:þ*]. **Wootten** [*wutn*]. **Worcester** [*wustə*], se ordb. **Wordsworth** [*wə:dzwə(:)þ*]. **Wormwood** [*wə:mwud*]. **Worple(sden)** [*wɔ:pl(zdən)*]. **Wrath** [*rɔ:þ*, (i Skottland) *ra:þ*]. **Wrekin** [*ri:kin, re-*]. **Wren** [*ren*]. **Wright** [*rait*]. **Wriothesley** [*rɔtsli*]. **Wrotham** [*ru:təm*]. **Wroxham** [*rɔksəm*]. **Wurtemberg, Württemberg** [*wə:təmbə:g*]. **Wuthering** [*wʌðəriŋ*]. **Wyat(t)** [*waiət*]. **Wycherley** [*witʃəli*]. **Wyclif(fe)** [*wiklif*]. **Wycombe** [*wikəm*]. **Wye** [*wai*]. **Wykeham** [*wikəm*]. **Wyld(e)** [*waild*]. **Wymondham** [*wi(mə)ndəm*]. **Wyndham** [*windəm*]. **Wyoming** [*waiou'miŋ*].

Xanthippe [*zænti'pi, gz-*], se ordb. **Xavier** [*zæviə*]. **Xenophon** [*zenəfən, gz-*]. **Xerxes** [*zə:ksi:z, gz-*].

Yale [*jeil*]. **Yarborough** [*ja:bərə*]. **Yardley** [*ja:dli*]. **Yarmouth** [*ja:məþ*], se ordb. **Yarrow** [*jærou*]. **Yeat(e)s** [*jeits*]. **Yeo** [*jou*]. **Yetholm** [*jetəm*]. **Yonge** [*jʌŋ*]. **Yorick** [*jɔrik*]. **York(e)** [*jɔ:k*]. **Yorkshire** [*jɔ:kʃ(i)ə*], se ordb. **Yost** [*joust*]. **Youmans** [*ju:mənz*]. **Younghusband** [*jʌŋhʌzbənd*]. **Ypres** [*i:pə, i:prəz*, (skämtsamt) *aipəz, waipəz*] Ypres (Ypern) (i Belgien); [*waipəz*] (eng. slott). **Yukon** [*ju:kɔn*]; **the** ~ Yukonfloden. **Yussuf** [*jusuf, jʌs-*].

Zacchaeus [*zæki(:)'əs*]. **Zachariah** [*zækərai'ə*]. **Zachary** [*zækəri*]. **Zambezi** [*zæmbi:'zi*]. **Zangwill** [*zæŋgwil*]. **Zanzibar** [*zæ(')nziba:'*]. **Zarephath** [*zærifæþ*]. **Zarepta** [*zəre'ptə*]. **Zealand** [*zi:lənd*] Själland, Zeeland; **New** ~ Nya Zeeland. **Zebedee** [*zebidi:*] *bibl.* Sebedeus. **Zebulon** [*zibju:'lən, zebjulən*]. **Zechariah** [*zekərai'ə*] *bibl.* Sakarja. **Zedekiah** [*zedikai'ə*] *bibl.* Zedekias. **Zeeland** [*zi:lənd*]. **Zeno** [*zi:nou*]. **Zenobia** [*zinou'biə*]. **Zephaniah** [*zefənai'ə*] *bibl.* Sefanja. **Zepp** [*zep*]. **Zeppelin** [*zepəlin*], se ordb. **Zeus** [*zju:s*]. **Zion** [*zaiən*], se ordb. **Zola** [*zoulə*]. **Zoroaster** [*zɔro(u)æ'stə*], se ordb. **Zouch(e)** [*zu:(t)ʃ*]. **Zurich, Zürich** [*z(j)uərik*]. **Zuyder Zee** [*zai'dəzi:'*] Zuidersee.

Tillägg 2

FÖRKORTNINGAR

ALLMÄNT ANVÄNDA I ENGELSKAN

Blott förkortningar som tydligt karakteriseras som sådana genom punkt äro här medtagna. Andra återfinnas i ordboken. Härtill hänvisas någon gång med ett: se ordb.

A

A.A. *Automobile Association*
A.A.A. *Agricultural Adjustment Administration, Amateur Athletic Association*
abbr. *abbreviated* förkortat, *abbreviation* förkortning
A.B. *able-bodied seaman* helbefaren matros
A.B.C. Abc, tågtidtabell, *Aerated Bread Company* (firma med många kaféer i London, ~ *shops*); ~ *states* (Argentina, Brazil, Chile)
Abp *archbishop* ärkebiskop
abt *about*
A.C. *ante Christum* före Kristus, *alternating current* växelström (*a.c.*)
acc. *account* räkenskap, räkning etc., *accusative*
A.D. *anno Domini* i nådens år, år
A.D.C. *aide-de-camp* (*mil.*) adjutant
adj. *adjective*
Adjt *adjutant*
ad lib. *ad libitum* (*lat.*) efter behag
Adm. *admiral*
adv. *adverb*
advt *advertisement* annons
aet., aetat. *aetatis* (*suae*) (*lat.*) i sin ålders (på gravstenar)
A.F. *Admiral of the Fleet*
A.F.A. *Amateur Football Association*
A.F.L. *American Federation of Labor*
A.G. *adjutant-general* generaladjutant
Ala. *Alabama*
A.M. *anno mundi* år
a.m. *ante meridiem* på förmiddagen
anon. *anonymous*
Anzac [*ænzæk*] (soldat i) *The Australia and New Zealand Army Corps*
app. *appendix* tillägg
Apr. *April*
arch. *archaic* gammaldags, föråldrad
Ariz. *Arizona*
Ark. *Arkansas*
A.S. *Anglo-Saxon* anglosaxisk
A/S *account-sales* (*hand.*) försäljningsräkning
A.S.C. *Army Service Corps*
Assoc. *Association* förening, sammanslutning
Aug. *August*
av., ave. *avenue*
A.V. *Authorized Version* auktoriserad översättning (is. om den eng. bibelöversättningen av 1611)
avdp. *avoirdupois* handelsvikt
ave. se *av.*

B

b. *born* född
B.A. *Bachelor of Arts, British Academy*
Bart. (ibland på skämt uttalat [*ba:t*]) *baronet*
B.B.C. *British Broadcasting Corporation*
B.C. *before Christ* före Kristus, *British Columbia*
B.C.A. *Bureau of Current Affairs*
B.C.L. *Bachelor of Civil Law* (student, som avlagt den första delen av juridisk examen)
B.D. *Bachelor of Divinity* (teologie studerande, som avlagt den första delen av sin examen)
Beds. *Bedfordshire* (eng. grevskap)
B.E.F. *British Expeditionary Force*
B.E.M. *British Empire Medal*
Berks. *Berkshire* (eng. grevskap)
B.F.B.S. *British and Foreign Bible Society*
B.L. *Bachelor of Law* (juris studerande, som avlagt den första delen av sin examen)
B.Litt. *Bachelor of Letters*
B.N.C. *Brasenose College* (i Oxford)
B.O. *branch office* filial
B.O. A.C. *British Overseas Airways Corporatio*
bor. *borough*
B.O.T. *the Board of Trade*
Bp *bishop*
B.P. *the British Public* (*skämts.*)
Bros *brothers* (is. *hand.*)
B.S.A. *British South Africa*
B.Sc. *Bachelor of Science* (student, som avlagt den första delen av sin examen vid den matematisk-naturvetenskapliga fakulteten)
Bt *baronet*
Bucks. *Buckinghamshire* (eng. grevskap)
B.V.(M.) *the Blessed Virgin* (*Mary*)

C

C. *centrigrade* (*thermometer*) Celsius (termometer)
c. *cent, cents, century, circa, cubic*
C.A. *chartered accountant* auktoriserad revisor
Cal. *California*
Calif. *California*
Cambs. *Cambridgeshire* (eng. grevskap)
Can. *Canada*
Cantab. [*kæntæb*] *Cantabrigian* (student) från Cambridge univ.
cap. *caput* (*lat.*) kapitel
caps. *capital letters* stora bokstäver (kapitäler)
Capt. *captain*
Carn. *Carnavonshire* (grevskap i Wales)
Card. *cardinal*
C.B. *Companion of the Bath* riddare av Bath-orden
C.B.E. *Commander of the Order of the British Empire*
C.C. *County Council*(*lor*) (medl. av) grevskapsråd, *cricket club*
cc. *chapters, centuries*
C.C.C. *Corpus Christi College* (i Oxford), (*amr.*) *Civilian Conservation Corps*
C.D.Acts *contagious diseases acts* lagar om smittosamma sjukdomar
C.E. *Church of England, Civil Engineer*
Cels. *Celsius*
Cent. *centigrade*
cf. *confer* jämför
cg. *centigram*
C.G. *centre of gravity* tyngdpunkt, *Coldstream Guards* (ett gardesregemente), *Coast-Guard, Consul-General*
C.G.M. *conspicuous-gallantry medal* tapperhetsmedalj
ch., chap. *chapter*
Ches. *Cheshire* (eng. grevskap)
C.I. (*Imperial Order of the*) *Crown of India*
C.I.D. *Criminal Investigation Department* kriminalpolisen
c.i.f. (*cif*) *cost, insurance, freight* (*hand.*) fritt levererat (på köparens ort)
C.-in-C. *Commander-in-Chief* överbefälhavare
circ. *circa*
C.I.V. *City Imperial Volunteers* (frivillig kår under boerkriget)
C.J. *Chief Justice* rättspresident
cl. *centilitre, class, cloth* klotband
C.L.R. *Central London Railway*

cm. *centimetre*
C.M.G. *Companion of the Order of St. Michael and St. George*
Co. *company, county*
C.O. *Colonial Office, commanding officer, commissioned officer* officer (i motsats till underofficer), *conscientious objector* samvetsöm
c/o *care of* boende hos (på brev)
C.O.D. *cash on delivery* (per) efterkrav, *Concise Oxford Dictionary*
C. of E. *Church of England*
cogn. *cognate* besläktad
Col. *colonel* överste, *Columbia*
col. *column* spalt (i tidning etc.)
Coll. *college*
Col.-Sergt. *colour-sergeant* (*mil.*) fanjunkare
colloq. *colloquial(ly)* (i) dagligt tal
Colo. *Colorado*
Comm. *Commander*
commem. [kəme'm] univ.-*sl* f. *commemoration* minnesfest
comp. *comparative* (*gram.*)
compl. *complement* utfyllning, komplement
conj. *conjunction* (*gram.*), *conjunctive* (*gram.*)
Conn. *Connecticut*
constr. *construction, construct(ed)*
Coop. *Cooperative Society*
Corn. *Cornwall*
Corp. *corporal, Corporation*
cp. *compare* jämför
C.P. *charter party* (*hand.*) certeparti
c.p. *candle-power* (is. *elektr.*) normalljus-styrka
C.P.R. *Canadian Pacific Railway*
C.R. *Caledonian Railway* den skotska järnvägen, *Carolus Rex* (*lat.*) konung Karl
cres. *crescendo* (*mus.*)
crim. con. *criminal conversation* (*jur.*) brottsligt umgänge med gift kvinna
C.S.C.S. *Civil Service Cooperative Stores*
C.S.I. *Companion of the Order of the Star of India*
C.S.M. *company sergeant-major*
ct(s) *cent(s)*
C.T.C. *Cyclists' Touring Club*
C.U. *Cambridge University*
cub. *cubic* kubisk, kubik-
Cumb. *Cumberland* (eng. grevskap)
cum d., cum div. *cum dividend* med dividend
C.V.O. *Commander of the Victorian Order*
C.W.S. *Cooperative Wholesale Society* kooperativ förening för engrosinköp
cwt *hundredweight* centner

D

d. *daughter, denarius* penny, pence, *died*
d— *damn* för fan, förbannad
D.A. *District Attorney* (*amr.* ungefär = allmän åklagare)
dat. *dative* (*gram.*)
D.C. *da capo, direct current* likström (*d.c.*), *District of Columbia*
D.C.L. *Doctor of Civil Law*
D.C.M. *Distinguished Conduct Medal*
D.D. *Doctor of Divinity*
Dec. *December*
deg. *degree*
Del. *Delaware*
del. *delineavit* (*lat.*) tecknade detta
Dept. *department* departement, avdelning
Derb(s). *Derbyshire* (eng. grevskap)
deriv. *derivation* avledning
D.G. *Dei gratia* (*lat.*) av Guds nåde, *Director(ate)-General, Dragoon Guards*
dial. *dialect, dialogue*
div. *dividend*
dl. *decilitre*
D. Lit. *Doctor of Literature*
D. Litt. *Doctor litterarum* (*lat.*)
D.L.O. *Dead Letter Office* returpostkontor
dm. *decimetre*
D.N.B. *Dictionary of National Biography*
do *ditto*
doc. [dɔk] *fam.* f. *doctor*
D.O.R.A. [dɔ:rə] *Defence of the Realm Act* försvarslagen (under första världskriget)
doz. *dozen* dussin
D.P. *displaced person*
D.Phil. *Doctor of Philosophy*
Dr. *Doctor*
D.S.C. *Distinguished Service Cross*
D. Sc. *Doctor of Science*
D.S.M. *Distinguished Service Medal*
D.S.O. *Distinguished Service Order*
D.T. *Delirium tremens*
Dur. *Durham* (eng. grevskap)
D.V. *Deo volente* (*lat.*) om Gud vill

E

E. *East*, 2 klass fartyg i Lloyds register
E. & O.E. *errors and omissions excepted* (*hand.*) med förbehåll för fel och utelämnanden
E.C. *East Central* (postdistrikt i London)
Ed. *edited* utgiven (av), *editor* utgivare
E.D.D. *English Dialect Dictionary*
E.D.S. *English Dialect Society*
E.E.T.S. *Early English Text Society*
e.g. *exempli gratia* (*lat.*) t. ex.
E.I. *East Indies* Ostindien, *East Indian* ostindisk
El. [el] *Elevated Railroad* (*amr.*) högbana
E. long. *East longitude* (*sjö.*) östl. längd
ENE *East North-east*
E.R. *Edwardus Rex* konung Edward
ESE *East South-east*
esp. *especially* is., speciellt
Esq. *esquire* Hr. (satt efter namnet)
etc. *etcetera* osv.
et seq., et sq. *et sequentia* (*lat.*) och följande
ex. *example*
exam. [igzæ'm] *examination*
exc. *except*
excl. *exclusive*
exes. [eksiz] (*fam.*) *expenses* utgifter

F

F. *Fahrenheit, Fellow*
f. *feet, feminine, following, foot, franc(s), from*
F.A. *Football Association, Fanny Adams* (se ordb.)
Fahr. *Fahrenheit*
F.A.O. *Food and Agriculture Organisation* (of the United Nations)
f.a.s. *free alongside ship*
F.B.A. *Fellow of the British Academy*
F.B.I. *Federation of British Industries*
F.C. *Football Club*
F.D. *Fidei Defensor* (*lat.*) trons försvarare
Feb. *February*
fec. *fecit* (*lat.*) har utfört detta
fem. *feminine*
F.G. *the Foot Guards*
fig. *figure, figuratively* i bildlig betydelse
fl. *florin*
Fla. *Florida*
Flor. *Florida*
Flt. *Flight* (R.A.F.)
F.M. *Field-Marshal*
F.M.S. *Federated Malay States*
F.O. *Foreign Office* utrikesministeriet
f.o.b. (**fob**) *free on board*
fol. *folio*
foll. *following*
f.o.r. *free on rail* fritt på järnväg
Fr. *French*
F.R.S. *Fellow of the Royal Society*
F.S. *Fleet Surgeon* skeppsläkare (i flottan)
ft *feet, foot*
fur. *furlong* $^1/_8$ eng. mil (= 201,17 m)
fut. *future*

G

g *gramme(s), guinea(s)*
Ga. *Georgia*
gal. *gallon(s)*
G.B. *Great Britain*
G.B.E. *Knight* (*Dame*) *Grand Cross of the British Empire*
G.B.S. *George Bernard Shaw*
G.C. *Grand Cross*
G.C.F.(M.) *Greatest common factor* (*measure*) (*mat.*) den största gemensamma faktorn
Gen. *General*
gen. *general, genitive*
G.E.R. *Great Eastern Railway*
G.G. *Grenadier Guards*
G.H.Q. *General Headquarters* (*mil.*)
G.I. benämning på den amerikanske soldaten (eg. *Government Issue*)
Gib. *Gibraltar*
Glam. *Glamorganshire* (i Wales)
Glos. *Gloucestershire* (eng. grevskap)
G.M. *George Medal*
gm. *gramme(s)*
G-man *Government-man* (*amr.*) medlem av hemliga polisen
G.M.T. *Greenwich mean time* Greenwich medeltid
G.N.R. *Great Northern Railway*
G.O.M. *the Grand Old Man* dvs. Gladstone
G.P. *general practitioner* praktiserande läkare
G.P.O. *General Post Office* huvudpostkontoret (i London)
G.R. *General Reserve, Georgius Rex* (*lat.*) konung Georg
gr., gram. *grammar*
grm. *gramme*
gs *guineas*
G.W.R. *Great Western Railway*

H

h. *hour(s)*
h. and c. *hot and cold* (*water*)
H. and D. (*foto.*) angiver fotografiplåts ljuskänslighet
Hants. *Hampshire* (eng. grevskap)
H.B.M. *His* (*Her*) *Britannic Majesty*
H.C. *House of Commons*
H.C.B. *House of Commons Bill* lagförslag framlagt i underhuset
H.C.F. *highest common factor* (*mat.*) största gemensamma faktor
H.E. *His Excellency, His Eminence, high explosive*
hectog. *hectogram*
hectol. *hectolitre*
Herts. *Hertfordshire* (eng. grevskap)
H.G. *High German, the Holy Ghost, Home Guard, Horse Guards*
hg. *hectogram*
H.H. *His* (*Her*) *Highness*
hhd *hogshead* (*hand.*) oxhuvud (= ca 238 liter)
H.L. *House of Lords*
hl. *hectolitre*
H.M. *His* (*Her*) *Majesty*
H.M.S. *His* (*Her*) *Majesty's Service, His* (*Her*) *Majesty's ship*
H.O. *Home Office* inrikesministeriet
Hon. *honorary, Honourable* välboren (epitet före div. titlar)
Hon. Sec. *Honorary Secretary* oavlönad sekreterare
h.p. *horse-power*
H.Q. *head-quarters*
hr. *hour*
H.R.H. *His* (*Her*) *Royal Highness*
hrs *hours*
H.S.E. *hic sepultus est* (*lat.*) här vilar (eg. här är begraven)
H.T. *high tension* (*elektr.*) högspänning
Hunts. *Huntingdonshire* (eng. grevskap)

I

I. *Island(s), Isle*
Ia. *Iowa*
ib., ibid. *ibidem* (*lat.*) sammastädes
I.C.I. *Imperial Chemical Industries*
id. *idem* (*lat.*) densamme
Ida. *Idaho*
i.e. *id est* (*lat.*), dvs. (läses ofta: *that is*)
I.H.S. *Jesus* (*Hominum Salvator*)
Ill. *Illinois*
I.L.O. *International Labour Organization*
I.L.P. *Independent Labour Party*
in. *inch(es)*
Inc. *Incorporated* (*amr.*) = AB (aktiebolag)
incl. *inclusive*
incog. *incognito*
Ind. *Indiana*
inst. *instant* (*hand.*) (om innevarande månad) dennes
I. of M. *Isle of Man*
I. of W. *Isle of Wight*
I.O.U. *I owe you* (eg. jag är skyldig dig), skuldsedel, kvitto
Ir. *Ireland, Irish*
irreg. *irregular* oregelbunden
I.S.O. *Imperial Service Order*
It. *Italian*
ital. *italics* kursiv
I.W. *Isle of Wight*
I.W.T.D. *Inland Water Transport Department*
I.W.W. *Industrial Workers of the World.*

J

J. *Judge, Justice* domare
Jam. *Jamaica*
Jan. *January*
J.B. *John Bull*
J.C.R. *Junior Common Room* (för yngre studenter i Cambridge)
Jn *Junction* järnvägsknutpunkt
J.P. *Justice of the Peace* fredsdomare
Jr *junior* den yngre
jun., junr *junior* den yngre
Junc. *Junction*

K

Kan. *Kansas*
K.B. *King's Bench* en eng. domstol
K.B.E. *Knight Commander of the Order of the British Empire*
K.C. *King's Counsel* kronjurist, *King's College* (i London)
K.C.B. *Knight Commander of the Order of the Bath*
K.C.I.E. *Knight Commander of the Order of the Indian Empire*
K.C.M.G. *Knight Commander of the Order of St. Michael and St. George*
K.C.S.I. *Knight Commander of the Order of the Star of India*
K.C.V.O. *Knight Commander of the Royal Victorian Order*
K.G. *Knight of the Garter* riddare av strumpebandsorden
kg. *kilogram*
km. *kilometre*
Knt *knight* riddare
K.O. *knock(ed) out*
K.P. *Knight of St. Patrick*
K.T. *Knight of the Order of the Thistle* riddare av tistelorden
Kt *knight* riddare
Ky. *Kentucky*

L

L. *Learner* (på övningsbilar), *Elevated Railroad* (*amr.*) högbana
l. *left* vänster, *libra(e)* skålpund, *lira, lire, litre(s)*
La. *Louisiana*

L.A. *Los Angeles*
L.A.C. *London Athletic Club*
Lancs. *Lancashire* (eng. grevskap)
lat. *latitude*
l.b. *leg-by(e)* se ordb.
lb. *libra(e)* skålpund
l.b.w. *leg before wicket* ben för (i kricket)
l.c. *loc. cit.* på det anförda stället
L/C *letter of credit*
L.C.C. *London County Council* Londons stadsfullmäktige
L.C.J. *Lord Chief Justice* president i högsta domstolen
L.C.M. *lowest common multiple* (*mat.*) minsta gemensamma dividend
L.-Corp. *lance-corporal* (*mil.*) vicekorpral
Ld. *limited* AB (aktiebolag)
Leics. *Leicestershire* (eng. grevskap)
L.G. *Lloyd George, Low German, Life Guards*
L.G.B. *Local Government Board*
L.I. *Light Infantry*
Lieut. *Lieutenant*
Lieut.-Col. *Lieutenant-Colonel* överstelöjtnant
Lieut.-Gen. *Lieutenant-General* generallöjtnant
Lieut.-Gov. *Lieutenant-Governor* viceguvernör
Lincs. *Lincolnshire* (eng. grevskap)
Litt. D. *litterarum doctor* (*lat.*), *Doctor of Literature*
L.J. *Lord Justice* domare
ll. *lines*
LLB. *legum baccalaureus* (*lat.*) ung. juris kandidat
LL.D. *legum doctor* (*lat.*) juris doktor
LL.JJ. *Lords Justices* herrar domare
L.M.S.(R.) *London Midland & Scottish* (*Railway*)
L.N.E.R. *London & North-Eastern Railway*
loc.cit. [*lɔk sit*] *loco citato* (*lat.*) på det anförda stället
log. *logarithm*
long. *longitude*
L.P.T.B. *London Passenger Transport Board*
l.s. *locus sigilli* (*lat.*) sigillets plats
L.D.S. = *£ s. d.* (Pund, Shilling, Pence), *sl* pengar
Lt *Lieutenant*
Lt-Col. *Lieutenant-Colonel* överstelöjtnant
Ltd *limited* AB (aktiebolag)
Lt-Gen. *Lieutenant-General* generallöjtnant
Lt-Gov. *Lieutenant-Governor* viceguvernör

M

M. *Monsieur*
m. *mark(s)* (tyska) mark, *masculine* (*gram.*), *metre(s), mile(s), minute(s)*
M.A. *Master of Arts*
Maj. *Major*
Maj.-Gen. *Major-General* generalmajor
Man. *Manitoba*
Mar. *March*
masc. *masculine* (*gram.*)
Mass. *Massachusetts*
math(s) [*mæþ(s)*] *mathematics*
matric [*mətri'k*] *matriculation* immatrikulation, (ung.) studentexamen
M.B. *medicinae baccalaureus* (*lat.*), *Bachelor of Medicine*, medicine studerande, som tagit sin första examen
M.B.E. *Member of the Order of the British Empire*
M.C. *Member of Congress* medlem av kongressen (i USA.), *Military Cross*
M.D. *medicinae doctor* (*lat.*), *Doctor of Medicine*
Md. *Maryland*
m/d *months after date* (*hand.*) månader a dato
M.E. *Middle English* medelengelska
Me. *Maine*
mem. [*mem*] *memento* (*lat.*) minns!
Messrs. [*mesəz*] *Messieurs*
M.G. *Major-General*
m.g. *machine-gun* maskingevär
mg. *milligram*
M.G.C. *Machine Gun Corps*
M.G.M. *Metro-Goldwyn-Mayer* (filmbolag)
Mgr. *Monseigneur, Monsignor*
M.Hon. *Most Honourable*
Mich. *Michigan*
mil. *military*
Minn. *Minnesota*
Miss. *Mississippi*
Mk *mark(s)* (tyska) mark
mkt *market*
ml. *millilitre*
M. M. *Military Medal*
mm. *millimetre*
M.O. *medical officer* distriktsläkare, stadsläkare, bataljonsläkare
Mo. *Missouri*
mod. *modern*
M.O.H. *medical officer of health*
Mon. *Monmouthshire*
Mont. *Montana*
M.P. *Member of Parliament, Metropolitan Police,* (*amr.*) *military police*
m.p.h. *miles per hour*
M.R. *Midland Railway*
Mr. *Mister*
Mrs. [*misiz*] fru (förk. f. *mistress*)
MS. *manuscript*
M/S *motor ship*
M.Sc. *Master of Science*
M.S.L. *mean sea-level* medelvattenstånd
MSS. *manuscripts*
Mt. *Mount* berg (nästan enbart i namn)
M.V.O. *Member of the Royal Victorian Order*
Mx. *Middlesex*

N

N. *North(ern)*
n. *neuter* (*gram.*), *nominative* (*gram.*), *noon, noun* (*gram.*)
N.A.A.F.I. *Navy, Army and Air Force Institutes*
N.B. *nota bene*
N.B.C. *National Broadcasting Corp.* (*amr.*)
N.by E. *North by East* nord till ost
N.B.G. *no bloody good* (*sl*) dåligt
N.by W. *North by West* nord till väst
N.C. *North Carolina*
N.C.O. *non-commissioned officer* (*mil.*) underofficer
n.d. *no date* utan datumuppgift
N.Dak. *North Dakota*
N.E. *North-east*
Neb. *Nebraska*
N.E.by E. *North-east by East* nordost till ost
N.E.by N. *North-east by North* nordost till nord
N.E.D. *New English Dictionary* (= *O.E.D.*)
neut. *neuter* (*gram.*)
Nev. *Nevada*
N.F. *Newfoundland*
N.G. *no good*
N.H. *New Hampshire*
N.J. *New Jersey*
N. lat. *North latitude*
N.L.C. *National Liberal Club*
N. Mex. *New Mexico*
N.N.E. *North North-east*
N.N.W. *North North-west*
No. *number*
n.o. *not out* ej utkommen
nom. *nominative* (*gram.*)
non-com. *non-commissioned officer* (*mil.*) underofficer
Northants. *Northamptonshire* (eng. grevskap)
Northumb. *Northumberland* (eng. grevskap)
Nos *numbers*
Notts. *Nottinghamshire* (eng. grevskap)
Nov. *November*
n.p. or d. *no place or date* utan uppgift om ort och datum
N.R. *North Riding* (del av Yorkshire)
N.R.A. *National Rifle Association,* (*amr.*) *National Recovery Administration* (*Act*)

N.S.W. *New South Wales*
N.T. *New Testament*
N.W. *North-west* nordväst
N.W.by N. *North-west by North* nordväst till nord
N.W.by W. *North-west by West* nordväst till väst
N.Y. *New York (State)*

O

O. *Ohio, Old, Order*
ob. *obiit (lat.)* dog
O.B.E. *Officer of the Order of the British Empire*
obj. *object (gram.)*
obs. *obsolete* föråldrat (ord el. uttryck)
O.C. *officer commanding*
Oct. *October*
oct. *octavo* oktav (format)
O.E. *Old English* fornengelska
O.E.D. *Oxford English Dictionary* (= *N.E.D.*)
O.F.S. *Orange Free State*
O.H.M.S. *On His (Her) Majesty's Service* i Hans (Hennes) Majestäts tjänst, motsvarar det sv. *tjänstebrev*
O.K. *o'kay*
Okla. *Oklahoma*
Ol. *Olympiad, Olympic*
O.M. *Order of Merit*
Ont. *Ontario*
o.p. *out of print* utsåld (bok)
op. *opus (lat.)* verk, opus
op. cit. *opere citato* i anförda arbete
Ore. *Oregon*
O.S. *ordinary seaman* lättmatros
O.T. *Old Testament*
O.T.C. *Officers' Training Corps*
O.U. *Oxford University*
Oxon. *Oxfordshire, Oxford, Oxonian* (oxfordstudent)
oz *ounce(s)*

P

p. *page, participle, past*
Pa. *Pennsylvania*
P.A.A. *Pan American Airways*
P. & O. *Peninsular & Oriental Steam Navigation Co.*
par. *paragraph*
para *paragraph (fam.)*
pass. *passive (gram.)*
P.C. *police constable, Privy Council(lor)*
p.c. *per cent* procent, *post card*
Penn(a). *Pennsylvania*
perf. *perfect (gram.)*
per pro. *per procurationem (lat.)* p.p., per prokura
p.g. *paying guest* inackordering
Ph.D. *philosophiae doctor (lat.), Doctor of Philosophy*
pl. *plural (gram.)*
plup. *pluperfect (gram.)* pluskvamperfektum
P.M. *Prime Minister, Police Magistrate*
p.m. *post meridiem* eftermiddag
P.M.G. *Paymaster-General, Postmaster-General*
P.O. *petty officer* underofficer (vid flottan), *postal order* postanvisning, *Post Office*
P.O.S.B. *Post-Office Savings Bank* postsparbank
P.O.W. (**POW**) *prisoner of war*
p.p. *past participle (gram.), per procurationem (se per pro.)*
pp. *pages*
P.P.C. *pour prendre congé* för att taga avsked (skrives på visitkort)
P.R.A. *President of the Royal Academy*
pred. *predicate (gram. o. log.)*
prep. *preposition (gram.)*
pres. *present (gram.)*
pret. *preterite (gram.)*
P.R.O. *Public Record Office*
Prof. *Professor*
pron. *pronoun (gram.)*
pro tem. *pro tempore* p.t., för tillfället, tillsvidare
prox. *proximo* instundande månad
prox. acc. *proxime accessit* närmast pristagaren vid tävling
P.S. *postscript*
Pt. *Port* hamn
pt *part, point, pint*
Pte *private* menig
P.T.O. *please turn over* vänd! (vänd bladet!)
P.W.D. *Public Works Department.*

Q

Q.B. *Queen's Bench* (en domstol)
Q.C. *Queen's College, Queen's Counsel*
Q.E.D. *quod erat demonstrandum (lat.)* vilket skulle bevisas
Q.M. *quarter-master* kvartermästare, understyrman
Q.M.G. *quarter-master general* generalkvartermästare
qr *quarter* kvart(er)
qt *quantity, quart(s)*
Que. *Quebec*
q.v. *quod vide (lat.)* se detta!

R

R. *Réaumur, Regina (lat.)* drottning, *Rex (lat.)* konung, *River*
r. *right* höger, *rupee* (indiskt mynt)
R.A. *Royal Academy, Royal Artillery*
R.A.C. *Royal Automobile Club*
R.A.F. *Royal Aircraft Factory, Royal Air Force*
R.A.M. *Royal Academy of Music*
R.A.M.C., R.A.O.C., R.A.P.C., R.A.S.C., R.A.V.C. *Royal Army Medical, Ordnance, Pay, Service, Veterinary Corps*
R.B. *Rifle Brigade*
R.B.A. *Royal Society of British Artists*
R.C. *Red Cross, Roman Catholic*
Rd *Road*
R.E. *Royal Engineers*
recd *received*
Regt *Regiment*
R. et I. *Rex et Imperator (lat.)* konung och kejsare, *Regina et Imperatrix (lat.)* drottning och kejsarinna
Rev. *the Reverend*
Revd. *the Reverend* (se *Rev.*)
R.F. *Royal Fusiliers*
R.F.A. *Royal Field Artillery*
Rgt *Regiment*
R.H. *Royal Highlanders*
R.H.A. *Royal Horse Artillery*
R.H.G. *Royal Horse Guards*
R.I. *Rhode Island*
R.I.P. *requiesca(n)t in pace (lat.)* vile han (de) i frid
R.L.S. *Robert Louis Stevenson*
R.M. *Royal Mail, Royal Marines*
R.M.A. *Royal Marine Artillery, Royal Military Academy*
R.M.C. *Royal Marine Commandos, Royal Military College*
R.M.S. *Royal Mail Steamer*
R.N. *Royal Navy*
R.R.C. *Royal Red Cross*
R.S.P.C.A. *Royal Society for the Prevention of Cruelty to Animals*
R.S.V.P. *repondez, s'il vous plait (fr.)* om svar anhålles (o. s. a.)
R.T.C. *Royal Tank Corps*
Rt. Hon. *Right Honourable*
Rt. Rev. *Right Reverend*
R.T.S. *Religious Tract Society*
R.U. *Rugby Union*
R.V. *Revised Version* reviderad översättning (is. om den eng. bibelövers. av 1884)
Ry *railway* järnväg

S

S. *Saint, Signor (ital.), soprano, South*
s. *second, shilling, singular, son*
S.A. *Salvation Army, South Africa, sex appeal*
S.A.H. *Supreme Allied Headquarters*
Salop. [sæləp] *Shropshire* (eng. grevskap)
Sask. *Saskatchewan*
S.A.T.B. *soprano, alto, tenor, bass*
S.B. *simultaneous broadcasting* samtidig radioutsändning, transmission
S.by E. *South by East* syd till ost
S.by W. *South by West* syd till väst
S.C. *South Carolina*
sc. *scene, scilicet* (*lat.*) nämligen
s. caps *small capital letters* små kapitäler.
scil. *scilicet* (*lat.*) nämligen
S. Dak. *South Dakota*
S.E. *South-east* sydost
S/E *Stock Exchange* fondbörsen (i London)
S.E.by E. *South-east by East* sydost till ost
S.E.by S. *South-east by South* sydost till syd
Sec. *Secretary*
sec. *second*
sect. *section*
sen., senr *senior*
Sept. *September, Septuagint*
seq., seqq. *et seq.* och följande
Sergt. *sergeant*
sh. *shilling*
Shak. *Shakespeare*
S.I. *Order of the Star of India.*
sing. *singular* (*gram.*)
S/L. *Squadron Leader* (*R.A.F.*)
S.lat. *South latitude*
S.M. *sergeant-major*
Soc. *Society* sällskap
sov., sovs *sovereign(s)* (eng. guldmynt = 20 s.)
S.P.E. *Society for Pure English*
sp. gr. *specific gravity* specifik vikt
sq. *square*
sq., sqq. *et seq.* och följande
S.R. *Southern Railway*
Sr *senior*
S.S. *screw-steamer* propellerångare, *steamship*
S.S.E. *South South-east*
S.S.W. *South South-west*
St. *Saint*
st. *stone* lispund, *street*
Staffs. *Staffordshire* (eng. grevskap)
S.T.C. *Samuel Taylor Coleridge*
St. Ex. *Stock Exchange* fondbörs
stg *sterling*
subj. *subject, subjunctive* konjunktiv
subst. *substantive*
suf. *suffix* (*gram.*)
sup. *supra* (*lat.*) ovan
superl. *superlative* (*gram.*)
suppl. *supplement*
Supt *superintendent*
Surg. *Surgeon* kirurg
s.v. *sub voce* (*lat.*) under detta ord
S.W. *South-west*
S.W.by S. *South-west by South* sydväst till syd
S.W.by W. *South-west by West* sydväst till väst
syn. *synonym*

T

T.A. *Territorial Army*
T.B. *torpedo-boat, tuberculosis*
T.B.D. *torpedo-boat destroyer* torpedbåtsjagare
T.C. *temporary constable*
Tenn. *Tennessee*
Tex. *Texas*
T.F. *Territorial Force*
Thos *Thomas*
T.O. *turn over* vänd!
Toc. H. *Talbot House*, se ordb.
T.R. *Theodore Roosevelt*
trans. *transitive* (*gram.*)
transl. *translation*
T.R.C. *Thames Rowing Club*
Treas. *Treasurer* kassör, skattmästare
trig. [*trig*] (skol-*sl*) *trigonometry*
tu [*tju:*] (skol-*sl*) *tuition* privatundervisning
T.U.C. *Trades Union Congress* fackföreningskongress
tux [*tʌks*] *amr. fam.* f. *tuxedo* smoking
T.V. *television*
TVA *Tennessee Valley Authority*

U

U. *university, union*
U.K. *United Kingdom*
ult. *ultimo* (*hand.*) sistlidna månad
U.N. *United Nations*
U.N.E.S.C.O. (Unesco) *United Nations Educational Scientific and Cultural Organization*
U.N.R.R.A. (UNRRA) *United Nations Relief and Rehabilitation Administration*
U.S.A. *United States of America*
U.S.S.R.R. *Union of Soviet Socialist Republics*
Ut. *Utah*

V

V. *Vice*
v. *verb, verse, versus* mot, *vide* (*lat.*) se!
V.A. *Order of Victoria & Albert*
Va. *Virginia*
V.A.D. *Voluntary Aid Detachment* frivilliga sjuksköterskor under världskriget
var. *variant*
vb *verb*
V.C. *Vice-chancellor, Vice-Consul, Victoria Cross*
V.D. *Volunteer Officers' Decoration, venereal disease* könssjukdom
Ven. *Venerable* högvördig
verb. sap., verb. sat. sap. *verbum* (*satis*) *sapienti* (*lat.*) mera behöver ej sägas
v.g. *very good*
viz. *videlicet* (*lat.*) nämligen (läses i regel: *namely*)
V.O. *Victorian Order*
vol. *volume*
V.R. *Victoria Regina* (*lat.*) drottning Viktoria
V.S. *veterinary surgeon*
Vt. *Vermont*
V.T.C. *Volunteer Training Corps*
Vulg. *Vulgate* vulgata (se ordb.)
vulg. *vulgar(ly)*
vv. *verses*

W

W. *West*
W.A.A.C. *Women's Army Auxiliary Corps*
W.A.A.F. *Women's Auxiliary Air Force*
War. *Warwickshire* (eng. grevskap)
Wash. *Washington*
W.C. *West Central* (*London postal district*)
w.c. *water-closet* W. C.
W.E.A. *Workers' Educational Association*
W.G. *Westminister Gazette*
W.H.O. *World Health Organization*
W.I. *West Indies, Women's Institute*
Wilts. *Wiltshire* (eng. grevskap)
W.I.R. *West India Regiment*
Wis(c). *Wisconsin*
W.L.A. *Women's Land Army*
W. long. *West longitude*
Wm *William*
W.O. *War Office*
w.o. *walk-over*
Worcs. *Worcestershire* (eng. grevskap)
W.P. *weather permitting* om vädret tillåter
W.P.B. *waste-paper basket* papperskorg
W.R.A.F. *Women's Royal Air Force*
W.R.N.S. [*renz*] *Women's Royal Naval Service*
W.S.W. *West South-west*
W/T *Wireless Telegraphy*